ю. А. 1915.

让我们

一起追寻

# Rasputin

Douglas Smith

ю А. 1915.

# 拉 斯 普 京

## 信仰、权力和罗曼诺夫皇朝的黄昏

### Faith, Power, and the Twilight of the Romanovs

〔美〕道格拉斯·史密斯 著　　徐臻 译

社会科学文献出版社
SOCIAL SCIENCES ACADEMIC PRESS (CHINA)

献给斯蒂芬妮

以及纪念我的父亲 D. 威廉·史密斯（1929～2013）

也有人说，那些笨蛋，

当他们来到海边，

看见蔚蓝的波涛，

反映出蓝天一片，


以为大海便是天堂，

怀着对神的信赖，

一个个跳了下去；

结果全部葬身大海

海因里希·海涅

《阿塔·特罗尔》，第十二章①

① 中文译文引自《海涅全集》（第四卷），河北教育出版社，章国锋、胡其
鼎主编，潘子立译。

# 目　录

# 关于日期和拼写的说明

1918 年 2 月以前，俄国使用儒略历（Julian calendar）。19世纪时，它在纪年上比西方国家使用的格里高利历（Gregorian calender，亦被称为公历）晚 12 天（20 世纪时则晚 13 天）。1 月，布尔什维克政府宣布将从月底起采用公历纪年。因此，1918 年 1 月 31 日之后的一天便是 2 月 14 日。在 1918 年 1 月 31 日之前，我采用的是儒略历纪年，之后则是公历纪年。在容易产生混淆之处，我均标注了"儒略历"或"公历"。

我使用了美国国会图书馆（Library of Congress）的相应功能，将俄语中的专用名词、姓名转写成英文，但保留了俄罗斯人姓名中的阴阳性（比如，格里高利·拉斯普京、玛丽亚·拉斯普京娜）。在有些人的英文译名更知名的情况下，我采用的是英文译名，比如沙皇尼古拉二世。

# 导言：圣魔？

1912 年，一个明朗的春日，谢尔盖·普罗库金-戈斯基（Sergei Prokudin-Gorsky）带着他那台大型的带三脚架的相机来到图拉河（Tura River）河畔的西伯利亚偏远村庄博克维斯科（Pokrovskoe）。普罗库金-戈斯基堪称那个时代最伟大的影像创新者之一，发明了拍摄生动彩色照片的技术，令俄国沙皇尼古拉二世惊叹不已。因此，尼古拉委托这位摄影师用相机记录下帝国的斑斓色彩与壮观景致。

那天，普罗库金-戈斯基的相机捕捉了一幅典型农村的画面。一间白色的乡村教堂在阳光中晒得褪色，它的四周散布着几处棕色或白色的简陋屋舍、谷仓、木头搭建物。其中一间房子的窗台上架着一只花盆，一丛鲜红的花朵——或许是天竺葵——开得正盛，点亮了暗淡的窗格。两头奶牛在悠闲地吃草，那一抹新绿刚经历了漫长的西伯利亚隆冬，正破土而出。河边，两位身穿彩色衣服的妇女做着每日的活计。一艘孤零零的小船泊在泥潭里，仿佛已经准备好下一次驶向图拉河捕鱼的航程。这张相片令人不禁想起普罗库金-戈斯基在沙俄时代末期拍摄的诸多相似村庄的平日光景。

然而，眼下这个村庄与其他村庄截然不同。普罗库金-戈斯基明白，沙皇和皇后十分期待博克维斯科出现在他这次伟大的巡礼中。博克维斯科是当时俄国最臭名昭著的人物的家乡，而那个人在 1912 年卷入的丑闻前所未有地撼动着尼古拉的统治。围绕他的传闻在近几年间甚嚣尘上，但直到那时，帝国立法机构国家杜马中的政客及沙皇的大臣才首次大胆喊出这个名字，要求皇室向整个国家交代他是谁，以及澄清他与皇室要员的关系。谣言说他属于一个诡异的宗教派别，推崇令人不齿的性变态行为。这个冒牌圣者骗过了沙皇和皇后，使他们相信唯有他才是他们的精神领袖。俄罗斯正教会（Russian Orthodox Church）已经被他操纵，向他的不道德行径卑躬屈膝。这个龌龊的农夫不仅用他的方式渗透进皇宫，还用谎言和狡诈的手段攫取了皇冠背后的真正权力。许多人相信，这个男人已经对教会，对君主政体，乃至对俄罗斯帝国构成了实质性威胁。而这个男人，正是格里高利·叶菲莫维奇·拉斯普京（Grigory Yefimovich Rasputin）。

那天，上述这一切必定占据了普罗库金－戈斯基的脑海。这不是他的镜头曾对准的任何一个村庄，而是拉斯普京的家乡。普罗库金－戈斯基来博克维斯科拍摄是因为沙皇的要求，但奇怪的是，他小心翼翼地在自己的相片中剔除了那个最为声名狼藉的人物的痕迹——没有把那个男人的房子装入取景框。在席卷整个俄国的流言蜚语中，这或许是一名伟大摄影师对处于旋涡之中的那个男人的回应。

拉斯普京的一生在现代史上占据了极为引人注目的位置。它就像一部黑暗童话。一个寂寂无闻、出生在荒蛮的西伯利亚大地、从未接受过教育的农夫，听到了来自上帝的召唤，于是启程踏上寻找真正信仰的道路。而这场旅途会在之后数年引领他穿过广袤的俄罗斯帝国疆域，最终将他带往沙皇的宫殿。皇室接纳了他，被他对上帝的虔诚、对个人灵魂的精准洞察，甚至那农夫式的粗鄙举止深深蛊惑。他还奇迹般地拯救了皇储的生命。但是，作为一名"局外人"，他对沙皇以及皇后施加的影响力触怒了帝国的诸多权贵，他们为拉斯普京设下种种陷阱，最终谋杀了他。许多人认为，这个农夫出身的圣人早就预见了自己的死亡，并预言如果他遭遇不测，沙皇便会皇位不保。一语成谶。沙皇统治下的帝国在之后就陷入了无法言说的血腥屠杀与悲惨动荡。

甚至在 1916 年结束前的最后几天，在他因那次阴森的谋杀行动而瘫倒在彼得格勒的一间地窖里之前，他在绝大多数世人眼中已经是魔鬼的化身。人们竞相传播流言称，他的邪恶堕落永无底线，正如他那无论多少拜倒在他床前的女子也无法满足的性欲。拉斯普京是残暴、酒气熏天的好色之徒，举手投足如动物般粗俗，但有着俄国农夫与生俱来的精明，深知如何在沙皇和皇后面前伪装成纯粹的圣人。他诱骗沙皇夫妇相信，他能够拯救他们的儿子皇储阿列克谢（Alexei），并通过阿列克谢维系整个皇朝的未来。沙皇夫妇将自己，将整个国家拱手奉上，而他则用贪得无厌和腐败无度辜负了他们的信任，摧毁了君主体制，将俄国带往万劫不复的深渊。

在俄国人的历史上，拉斯普京很可能是对人们而言最为耳熟能详的名字。他是十几部传记和小说、虚构电影和纪录片、戏剧、歌剧以及音乐剧的主角。他的"丰功伟绩"在"三把钥匙"乐队（The Three Keys）1933 年的爵士乐作品《拉斯普京（那个自命不凡的情人）》，以及波尼·M 乐队（Boney M）[①]1978 年风靡一时的迪斯科舞曲中"传唱"。"拉，拉，拉斯

3

---

[①] 西德的迪斯科演唱组合，风靡于 20 世纪七八十年代，曾在欧洲乐坛引起巨大轰动。——译者注

普京，沙俄皇后的情人……拉，拉，拉斯普京，俄国最伟大的造爱机器。"世界上有不计其数的以拉斯普京命名的酒吧、餐厅、夜总会，有以"拉斯普京"为缩写的电脑软件［全称为"实时程控定时神经信号搜集系统"（Real-Time Aquisition System Programs for Unit Timing in Neuroscience）］，还有与他相关的漫画和动作游戏。他至少是两部游戏［《热血拉斯普京》（Hot Rasputin）和《影之心 2》（Shadow Hearts 2）］以及数部日本漫画和动画片的主角。有一款"拉斯普京俄罗斯帝国怀旧世涛黑啤"（Old Rasputin Russian Imperial Stout），还有一款以他的名字命名的伏特加——这毫不意外。拉斯普京的一生甚至是俄罗斯花样滑冰选手娜塔莉亚·别斯捷米亚诺娃（Natalya Bestemyanova）和安德烈·布金（Andrei Bukin）在 1991 年的一场表演的主题。在流行文化中，涉及拉斯普京的例子更是不胜枚举。

在拉斯普京离世整整一个世纪之后，他在世人的印象中依旧是"疯狂修道士"或者"圣魔"。这个矛盾重重的形象最初来自俄国神父伊利奥多尔（Iliodor），此人曾是拉斯普京的挚友之一，后来却成了他最大的宿敌。一百年过去，围绕拉斯普京的一切纷扰似乎已经令人无从添笔。但是，当真如此吗？

1991 年的苏联解体伴随着对俄罗斯历史激烈且痛苦的重新审视。旧政权的英雄沦为恶棍，恶棍则升格为英雄，人们对俄罗斯的过去的认识产生了巨大摇摆。沙皇尼古拉二世和他的妻子亚历山德拉（Alexandra）的地位的改变是最好的证明：苏联时期，沙皇夫妇和他们的五个孩子被鄙视为阶级敌人；但到了 2000 年，俄罗斯正教会将他们追封为圣人。他们的遗体与俄罗斯历史上的其他沙皇一样，被迁葬到了圣彼得堡的彼得保罗大教堂（Peter and Paul Cathedral）。①

在这轮对俄罗斯历史的重新审视中，人们从未遗忘拉斯普京。新一代历史学家正致力于揭露他们所坚信的真正的拉斯普京。[1]他们写道，过去一个世纪中，关于他的故事不过是他的敌人捏造的谎言、真假参半的传闻，以及扭曲的事实。他们认为，拉斯普京是被污名化程度最高的历史人物。他是一位满怀奉献精神的丈夫和父亲；是上帝的诚实子民、虔诚的东正教徒；是朴实的俄国农夫，在蒙受上帝的恩宠后，以自己的天赋为皇室和他深爱的俄国服务终身。他的放荡、酗酒、腐败，以及对国家事务的插手都只是谣言和传闻。

反拉斯普京运动是敌对势力为了推翻罗曼诺夫皇朝，乃至推翻神圣罗斯（Holy Russia）② 而掀起的对抗君主政体的运动。塑造恶魔拉斯普京的虚假形象，是为了削弱皇室的合法性与神圣光环。这一切都是为了促成一场革命，而革命将掀起一股共产主义无神论风潮，彻底扫除东正教和这个国家的宗教传统的影响。在这种表述中，拉斯普京是真正得人心的信仰的化身，是一个朴素又虔诚的农夫，为自己的罪孽付出了生命的代价。颇有影响力的东正教神父德米特里·杜德科（Dmitry Dudko）曾说："我在拉斯普京身上看到了俄国人的缩影——被拷打，被处决，但始终保有他们的信仰，哪怕这意味着死亡。正因为拥有如此信仰，他们终将成为最后的胜利者。"流

4

---

① 除了阿列克谢和他的姐姐玛丽亚·尼古拉耶芙娜女大公（Grand Duchess Maria）的遗体。在俄罗斯正教会的坚持下，他们的遗体仍被保留在一家俄罗斯档案馆，因为对遗体身份的确认尚未完成。——作者注

② 亦可写为"Holy Rus"。从8世纪到21世纪，"神圣罗斯"一直是东欧和中亚地区东正教信仰中的重要哲学理念，与西方世界中"上帝的国"（Kingdom of Heaven）的理念相近。——译者注

行歌手然娜·比切夫斯卡娅（Zhanna Bichevskaya）更进一步，宣称拉斯普京是俄罗斯历史上最伟大的殉道者。近年来，随着皇室成员得到平反，人们对拉斯普京萌生了好感。俄罗斯正教会内部的一些团体提出，要将拉斯普京追封为圣人。这绝非儿戏。教会经历了多年的调查和辩论，甚至为此在神圣宗教会议（Holy Synod）① 中成立了特别委员会，该委员会最终于 2004 年做出裁决，驳回了追封拉斯普京为圣人的诉求。根据代表该委员会意见的都主教尤维纳利（Juvenaly）的说法，这是因为在拉斯普京可能与神秘宗教派别有染一事上至今仍存在诸多疑点，还不得不考虑到他的酗酒和非道德行径。然而，同样属于东正教的俄罗斯正统正教会（Russian True Orthodox Church）早在 1991 年就已经追认拉斯普京为圣人。该教派声称他们是所谓的地下墓穴教会（Catacomb Church）的继承者，后者曾在 1920 年代宣布与正式的东正教会断绝往来。至少就目前而言，俄罗斯宗教界在拉斯普京的神圣性方面仍存在分歧。[2]

　　在丑陋的反犹主义和充满偏见的排外主义浪潮中，从民族主义视角为拉斯普京重新画像的做法不过揭示了一个更加普遍的问题，是用一种迷思取代另一种迷思：恶魔拉斯普京转眼成了圣徒拉斯普京。钟摆再一次发生了摆动。无论哪一种结论都不具备足够的说服力。于是，这成了摆在我们面前的问题：那个年代，究竟谁是真正的拉斯普京。

*

　　早年我在写作一本关于 1917 年俄国革命爆发后贵族命运

---

① 1721 年至 1918 年俄罗斯帝国东正教的最高领导机构，在 1722 年由彼得大帝设立，为的是将正教会置于他的直接控制之下。——译者注

的书时，与拉斯普京这个名字相逢。在研究旧政权最后数年的
文献时，我感受到了拉斯普京的无所不在。无论我阅读哪种文
献——个人信件、日记、报纸、回忆录或者政治档案——都能
碰到拉斯普京。这是个你无法回避的名字。正如象征派诗人亚
历山大·布洛克（Alexander Blok）对那个年代的归纳——
"拉斯普京就是一切，拉斯普京无所不在"。[3] 我认为他的说法
毫不夸张。几十年来，在对俄罗斯历史的学习和研究中，我从
未设想会遇上这种情况。其中很大一部分原因在于我在学术界
接受训练的方式：对俄罗斯学者而言，拉斯普京根本不是一个
有价值的研究对象。他太流行，在学术的高墙之外太知名，不
值得学界的严肃研究。他带着一种具有狂欢意味的自我属性，
这样的人物最好还是交给虚构作品或者流行文化作品的创作
者。甚至在我意识到这种偏见前，自己就已经是它的传播者
了。然而，我发现自己无法回避对这个男人日益高涨的好奇
心。阅读更多文献后，我愈加意识到他在罗曼诺夫皇朝末期以
及俄罗斯帝国的覆灭中有着举足轻重的地位。拉斯普京一潜入
我的大脑，就拒绝离开。

　　罗曼诺夫皇朝覆灭后，1917 年 3 月 11 日，俄国临时政府
成立了"关于行政部门与陆军和海军中前大臣、主要行政长
官及其他要职人员渎职行为的特别调查委员会"（Extraordinary
Commission of Inquiry for the Investigation of Malfeasance in Office
of Former Ministers, Chief Administrators, and other Persons in
High Office of both the Civil, as well as Military and Naval
Services）。该委员会的职责包括揭露拉斯普京干涉国事的恶劣
影响。几十位政府大臣、皇宫侍臣，以及拉斯普京的朋友被带
到调查委员会跟前接受问话。新政权建立后，他们中的许多人

6

被投入了监狱。在尽情侮辱与仇恨旧政权的氛围下，不少当事人出于自保，竭尽所能地刻画拉斯普京的丑陋形象，声称他们一向反感拉斯普京的影响力。总而言之，拉斯普京应该为沙皇政权的核心被腐蚀，以及随之而来的君主体制的终结负全责。他们不顾一切地把责任推给拉斯普京，使他成了俄国不幸命运的替罪羊。这种策略被运用在大量涉及拉斯普京的文献中，其中最值得一提的便是费利克斯·尤苏波夫亲王（Prince Felix Yusupov）所著的《失落的辉煌》（*Lost Splendor*），这是一部谋杀拉斯普京的凶手的回忆录。在书中，凶手的受害者成了撒旦本人。

在去世一百年后，拉斯普京的身上仍笼罩着层层谜团，它们尤其藏在徘徊不去的谣言、诽谤和讥讽背后。我阅读了他的多部传记，心中的疑虑却挥之不去，我仍看不清他的真实面目。这些书中尽是些他人的猜测、单一的二维形象，缺乏深度、复杂性，从中看不见一颗曾跳动过的血肉之心。其中部分原因在于，大部分苏联时期留下的 1920 年代的拉斯普京档案仍未向研究者开放，因而有限的几本公开出版物被不断引用，它们却总在重复相似的轶事和故事。直到近年，这种状况才得到改善——藏于俄罗斯的档案终于开始吐露它们的秘密。

我从一开始就明白，接近真实的拉斯普京的唯一方式就是回归档案，查阅在他生前就已存在的文件，回到拉斯普京的迷思被制造之前。各种线索指引我拜访了七个国家和地区，从西伯利亚横跨欧洲来到英国，最后又落脚美国。传记作者的首要任务是建立一种关于个体生命的客观外部真相，在我们对拉斯普京的了解中，缺乏的正是这一点。因此，我一点一滴地搜集相关信息，让拉斯普京真正回到他生活过的世界：在具体的每一天，他去了哪里，做了什么，见了谁，他们又谈论了什么。我试图以时间为尺度，追寻拉斯普京的足迹，将他拉出充斥着迷思的氛围，使他回归平凡的日常生活。对我而言，这是让拉斯普京摆脱"拉斯普京传奇"的唯一方式。

然而，在追寻真实又扑朔迷离的拉斯普京之足迹的过程中，我愈加感到好奇。随着研究深入，我更加相信关于拉斯普京的最重要真相——也是让他拥有超然地位并掌握至高无上的权力的因素——并非他做了什么，而是每个人以为他做了什么。没有人可以肯定地道出拉斯普京如何发迹，他有什么性嗜好，他与地下宗教派别的关系是怎样的。最关键的是，没有人可以肯定他究竟在多大程度上权倾宫廷，以及他与沙皇和皇后之间关系的本质是什么。关于拉斯普京的最重要事实，存在于每一个人对拉斯普京的想象之中。

列弗·季霍米罗夫（Lev Tikhomirov）曾是激进的革命派，到了 19 世纪末期却成了保守的保皇党。早在 1916 年，他就在日记中指出了这个残酷的真相：

> 人们在说，有人当着沙皇的面警告他，拉斯普京正在摧毁整个皇朝。沙皇回答："哦，这根本是一派胡言，他的重要性被夸大了。"这是一种让人完全无法理解的观点，因为这种夸大恰恰是动摇整个皇朝的根源。真正重要的不是格里高利究竟对沙皇施加了怎样的影响，而是人们认为他能够施加怎样的影响。正是这样，沙皇和这个皇朝的根基被掏空了。[4]

我渐渐意识到，从拉斯普京的迷思中还原真实的拉斯普京，不过是对他的一种彻底误读。根本不存在故事之外的拉斯普京。因此，我勤恳地搜集关于拉斯普京的所有故事，包括那些回荡在罗曼诺夫皇宫侍臣间的荒唐流言，那些充斥圣彼得堡贵族沙龙的猥琐之语，那些媒体上只为逗人一乐的报道，以及那些在俄国商人和士兵之中流传的色情笑话。通过追踪拉斯普京的故事，我还原了拉斯普京的迷思如何创造，由谁创造，又为何而创造。

拉斯普京的故事是一个悲剧，这不仅仅是对他个人而言，更是对整个民族而言。因为在他的一生中，在他关于信仰和道德、欢愉和罪恶、传统和变革、责任和权力的艰难挣扎中，在他的血液中，在他死前遭受的暴力中，我们都可以窥见俄国在20世纪之初的故事。拉斯普京既不是魔鬼，也不是圣人，但这丝毫不会动摇他的与众不同，以及他的一生对沙皇俄国垂暮之际的重要意义。

## 注　释

1. 主要参见 Platonov, Sergei Fomin, Alexander Bokhanov, Tatyana Gorian。"参考文献"部分列出了他们的作品。
2. VR, 443, 775 – 76, 768 – 86; Tereshchuk, *Grigorii Rasputin*, 488 – 98; PZ, 231 – 33.
3. Blok, *Sobranie sochinenii*, (1962 edn.), 6: 10.
4. Tikhomirov, *Dnevnik*, 211.

第一部

# 朝圣：
# 1869 年 ~ 1904 年

# 第一章　缘起

西伯利亚的北部与北冰洋相接，南部与广袤的中亚干草原接壤，从乌拉尔山起绵延近 3000 英里才抵达太平洋。搭火车从莫斯科前往乌拉尔山耗时约一天一夜，而从那里要再花五天时间才能到达太平洋。如果将美国本土平铺在西伯利亚中心地带，仍有近 200 万平方英里的西伯利亚土地得不到覆盖。在这片大地上，生长着松树林和桦树林，分布着湖泊和沼泽，几条水流强劲的大河向北冰洋奔流不息。这是一个气候极端的地区：温差可达 188 华氏度，冬季最低温为零下 95 华氏度（零下 71 摄氏度），夏季最高温为 93 华氏度（34 摄氏度）。这是一片严酷的、毫不留情的大地。

从很早以前起，外人提起这片辽阔、孤绝的土地，脑中便会浮想联翩。在传说中，那里的父母会杀死并吃掉自己的孩子。天寒地冻，西伯利亚人的鼻水顺着身体流下来，很快就会结冰，把他们封冻在原地。还有人说，西伯利亚人没有头，眼睛长在胸口，嘴巴长在双肩之间。直到进入 18 世纪，许多人仍对西伯利亚的风俗礼仪一无所知。法国天文学家让 - 巴蒂斯特·沙佩·奥特罗什（Jean-Baptiste Chappe d'Auteroche）在 1761 年拜访托博尔斯克（Tobolsk）——西伯利亚曾经的首府，离拉斯普京的出生地不远——之后写下："那里的人们，男人、女人、孩子，总是横七竖八地躺在一起，毫无羞耻感可言。男孩女孩年纪轻轻，便沉湎于肉体的欢愉。"[1] 西伯利亚早早就与苦难一词联系在一起。沙皇将不计其数的人驱逐至此，有些人是被流放（ssylka）的，另一些人则是更严苛的制度，也就是苦役（katorga）的牺牲品。几个世纪来，罪犯、革命者及颠覆分子从俄国沿着所谓的"镣铐之路"（road of chains），被一路驱赶至乌拉尔地区。

　　然而，并非所有离开俄国来到西伯利亚的人都出于被迫。对不少人而言，西伯利亚意味着追求更好生活的机会。俄国向西伯利亚的扩张始于 16 世纪，人们对动物皮毛这种"软黄金"，尤其是紫貂皮毛贪得无厌，仿佛它们能够带来无穷无尽的财富。皮毛交易使一些人迅速致富，而这又成了新的经济推动力，驱使俄国的土地进一步向北扩张。说来矛盾，西伯利亚也意味着自由，因为乌拉尔山以东没有实行农奴制，来自国家的控制虽称不上宽松，但也不算苛刻。自 17 世纪、18 世纪以来，俄国农奴的负担不断加重，逃往西伯利亚的农夫人数不断攀升。1678 年至 1710 年，西伯利亚地区的农户数量增加了近 50%，而俄罗斯帝国全境的农户数量则下降了 25%。在乌拉尔山的深处，不存在占有劳动力、白得好处的领主。然而在俄国的边陲，自由同样意味着野蛮与法律失序。数个世纪来，西伯利亚都是俄罗斯帝国辖下的"野蛮东方"。在那里，沙皇的军队要员贪婪、腐败又暴力，当地的商人和狩猎者也是如此。他们不仅交易皮毛，也买卖女人和烈酒。暴力就是现实生活的代名词。[2]

　　那些敢于逃至西伯利亚的俄国人是整个国家中最勤奋的人。1861 年，一位途经西伯利亚前往中国的英国旅行家在观察了当地农夫后写道："他们身上无疑流淌着自由的血液。"

这里的人和他在俄国其他地方见过的那些人截然不同，后者"贫穷、无知又可悲"。他接着写道："他们（指西伯利亚的居民）的家庭状况多少透露出一种不卑不亢的自尊。"在这些村子里，有着一种"粗糙的舒适"，这里的人们具备为了追求更好的生活而甘愿冒险的精神。³他们身上透着一种骄傲、自尊，以及对自己的生活的责任感，而这些在乌拉尔山以西的俄国农奴身上早已荡然无存。

*

伊佐西姆（Izosim），费奥多尔（Fyodor）的儿子，于 17世纪冒险进入西伯利亚，是在那里展开新生活的俄国先驱者之一。他来自莫斯科以北约 800 英里的维切格达河（River Vychegda）河畔的村庄帕列维奇（Palevitsy）。赤贫、无依无靠的他带着妻子和三个儿子，谢苗（Semyon）、内森（Nason）和叶夫谢（Yevsey），穿越乌拉尔山，于 1643 年前后在博克维斯科村的外围落脚。

一年前，博克维斯科村在当地大主教的命令下设立，伊佐西姆一家抵达时，那里居住着约二十户农家。那里位于波澜起伏的图拉河西岸，处于连接托博尔斯克和秋明（Tyumen）的村镇的驿道上。博克维斯科是个中继站，马夫们会在这里歇脚，更换马匹。村庄的名字来自村民修建的圣母玛利亚教堂，它恰好落成于神圣庇护日（*Pokrov Presviatoi Bogoroditsy*）① 这天。当地农夫靠在附近的树林中狩猎狐狸、熊、狼和貛来维持

13

---

① 在斯拉夫地区的东正教徒中，这个节日是除东正教十二大节（Twelve Great Feasts）和复活节（Pascha）外最重要的宗教节日。——译者注

生计，也在图拉河和大大小小的湖泊中捕捞小体鲟、梭鱼和鲟鱼。他们还从事畜牧业，饲养牲口，制作皮革。生活在西伯利亚这个地区的人过得相对富足，他们居住在舒适的木房子中，其中不少都有上下两层。到拉斯普京出生前不久的 1860 年时，博克维斯科已经发展成了一个拥有 200 栋房屋，生活着约 1000 位居民的村庄。村里还建了几处牛奶房和畜舍、几间面包房、酒馆、小旅馆，数个市场、伐木场，还有一家铁匠铺和一间小学。[4]

在村庄的早期记录中，"伊佐西姆"只留下了他的名字，直到 1650 年，他的儿子内森才开始使用"洛斯普京"（Rosputin）这个姓氏。内森选择这个姓的原因不明，也许是因为他曾有类似拉斯普塔（Rasputa）或洛斯普塔（Rosputa）的别名或昵称，后来它又变成了拉斯普京（Rasputin，这种拼写方法从 19 世纪开始采用），而拉斯普京是当时西伯利亚地区一个十分普遍的姓氏。尽管如此，内森的后人中只有少数几人选择沿用拉斯普京这个姓氏，以此繁衍后代。[5]在从内森·洛斯普京起的第八个世代，格里高利出生了。

拉斯普京这一姓氏是无数讨论的主题，但它们大多缺乏真实性。不少人认为它来自俄语中的 rasputnik，意为道德败坏之人、恶棍；或者是 rasputnichat'，意为纵情女色之人。这就好像拉斯普京的姓与他的道德堕落或卑鄙无耻的名声脱不开干系。早在拉斯普京生前，对他姓氏的臆测便存在了。比如《新闻晚报》（Evening Times）在 1911 年 12 月发表文章称，此人被叫作"拉斯普京"是因为他年轻时就道德败坏，后来在制作身份文件时这便成了他的正式用名。直到如今，仍有一些历史学家认为，拉斯普京姓氏的含义反映了他的整个家族长久以来的腐化堕落。[6]

这个姓氏的起源如今已无法考证。如果它来自家族中的某位道德败坏的祖先，那么拉斯普京家族姓氏的由来便乏善可陈，因为这在西伯利亚地区再普通不过了。但也存在其他可能性。"拉斯普塔"或"拉斯普特"（*rasput'e*）的含义是交叉路口。从前，这样的地方总被认为有恶灵出没。或者如果人们认为某人能与恶灵沟通，也会用这个词称呼对方。俄罗斯还有一句古语：愚蠢的人总在交叉路口徘徊。这句话用来暗指优柔寡断的人。除此之外，还有一个很难准确翻译的俄语词*rasputitsa*，其含义是潮湿的、泥泞的，特指道路在春季变得不适宜通行。在那个时节出生的孩子很有可能会被取名为拉斯普塔。[7]无论它的来源为何，拉斯普京是格里高利的姓氏，是他家族里其他成员的姓氏，而且他生来就继承了它，它与他日后的行事作风完全无关。

1842 年，格里高利的父亲叶菲姆·拉斯普京（Yefim Rasputin）在博克维斯科出生。根据档案记载，他"身形粗壮，是典型的西伯利亚农夫"，"敦实、邋遢又驼背"。1910年，有一位政治流亡者形容他是个"健康、勤奋、生机勃勃的老头"。[8]他的谋生活计不少，包括捕鱼、放牧、收割干草。有一段时间，他是航行于图拉河和托博尔河（Tobol River）上的轮船上的搬运工，后来他又在搭载乘客、运输物资、往来于托博尔斯克和秋明地区的轮船上找到了工作。叶菲姆早年收入微薄，日子过得紧巴巴。有一次，他还因逃税被捕。档案中，关于他的为人也出现过存在矛盾的表述。他在村里的教堂担任长老，当地人说叶菲姆"很有智慧，讲话头头是道"，另一些人则留意到他十分钟爱"烈性伏特加"。[9]尽管嗜好酒精，叶菲

14

姆仍慢慢积累起了财富。他买下了一块土地、十几头牛、近二十匹马。虽说不算大富大贵，但与普通俄国农夫相比，他活得相当滋润。

教堂的档案显示，1862 年 1 月 21 日，叶菲姆迎娶了来自乌萨尔卡村（Usalka）、年长他两岁的安娜·帕什科娃（Anna Parshukova）。接下来的数年中，他们生了几个孩子，但不幸都未能存活。1863 年至 1867 年，安娜生了四个孩子——三个女孩和一个男孩，但没有一个孩子活过一个月。第一个活下来的孩子出生于 1869 年 1 月 9 日。这个男婴降生时，距他们成婚已经过去了七年。1 月 10 日，他在受洗时被取名为格里高利，这个名字来自尼撒的圣格里高利（St. Gregory of Nyssa）。尼撒的圣格里高利是公元 4 世纪的基督教神秘主义者，他的纪念日在俄罗斯东正教的教历中就是 1 月 10 日。那天，现身教堂的除了叶菲姆、安娜和他们的男婴外，还有孩子的教父和教母——叶菲姆的哥哥马特维（Matvei）和一个名叫阿加菲娅·阿琳玛索瓦（Agafya Alemasova）的女人。[10]

此后，叶菲姆夫妇又生了两三个孩子。1874 年，安娜生了一对双胞胎，但两个孩子出生没几天就死了。接着，他们很可能生了第九个孩子。1875 年，一个名为费奥多西娅（Feodosiya）的女婴诞生了，她一直活到成年。尽管档案没能进一步证实她与格里高利究竟是亲兄妹还是亲戚，但两人十分亲近。1895 年，格里高利参加了费奥多西娅的婚礼，后来又成为她两个孩子的教父。许多故事流传说，格里高利有一个名叫德米特里（Dmitry）的兄弟或表兄弟死于溺水。格里高利在他遇害之日预言到了自己的死期。这种说法则纯属编造。[11]

拉斯普京的青年时代——准确而言是他人生的前三十

年——对我们来说是一片空白。我们对此几乎一无所知，因此出现了各式荒谬的传闻。1910年正值拉斯普京早期的一桩丑闻爆发，《俄罗斯晨报》（*Morning of Russia*）刊登了一个故事，称研究者们揭开了关于拉斯普京父母生活的惊人真相。那篇文章说，叶菲姆是个"淫荡之徒"，执意要在妻子怀孕期间与她发生性关系。一次，安娜试图拒绝，他朝她吼道："把裤子脱了，快点，快把裤子脱了！"因此，村民后来给安娜生的男孩取了"被脱裤子的格里卡"的外号。[12]另一个故事讲，在怀着格里高利的后期，安娜的肚子高高隆起，叶菲姆还坚持要与她肛交，据称这被在他们家工作的一个男人瞧见，于是故事传遍了整个村子。[13]此类故事都属于编造，为的是暗示蔓延在拉斯普京整个家族的性变态行径。

我们可以确切知道的是，拉斯普京从未接受正规教育，在刚成年的那段时间仍是文盲。这并不奇怪。绝大多数在地里劳作的农夫没上过学，1900年，西伯利亚的识字率为4%，而俄国全境的识字率也仅为20%。拉斯普京的父母亦未接受过教育。根据1897年的普查，拉斯普京全家都是文盲。[14]男孩格里高利同博克维斯科的其他男孩一样，到了一定年纪就开始给父亲打下手。他学会了捕鱼、照顾牲畜、在地里劳作。星期日，他会和家人一起前往教堂做礼拜。这便是平凡的农村生活。根据最早的记录，拉斯普京过着与他的祖先们别无二致的生活。

或许是由于拉斯普京这一时期的生活鲜为人知，人们才任凭想象驰骋，创造了各种版本的拉斯普京在家乡生活的图景。十分典型的一则描述来自《彼得格勒通讯》（*Petrograd Leaflet*），发表于1916年12月：

16

这位圣者的家乡十分贫穷，与世隔绝。即使以西伯利亚的标准而言，那里的村民也简直坏透了，整日无所事事，招摇撞骗，偷窃马匹。拉斯普京和所有人一样，只要他再长大一些，就会与他们沦为一丘之貉。

青年时代的拉斯普京十分不幸。他满嘴脏话，口齿不清，胡言乱语，整个人污秽不堪。他是个小偷，咒骂一切，连当地人都对他的行为感到震惊。[15]

《彼得格勒通讯》称拉斯普京是个游手好闲的青年，他的懒惰触怒了父亲，挨过数顿暴打。然而，最严重的指控来自他年轻时是小偷的说法，但当地政府的档案无一显示他曾因偷马或涉嫌做伪证遭到指控。

1917 年，来自博克维斯科的帕维尔·拉斯波波夫（Pavel Raspopov）在调查委员会面前讲述了一个如今世人耳熟能详的故事。他提及，自己和拉斯普京年轻时曾一起捕鱼，没有其他年轻人愿意接近拉斯普京。拉斯普京吃饭时总在流鼻涕，抽烟斗时口水常常从嘴角流出来。拉斯波波夫称，拉斯普京最终被踢出了合作社（artel），因为他被人抓住偷了那里的伏特加。[16]还有一些报道称拉斯普京偷过干草和柴火，尽管流传最广的说法是他偷盗马匹，而盗马是俄罗斯帝国爆发革命前一种十分严重的违法行为。[17]如同拉斯普京的其他故事，它们都来自不断的口耳相传。如果有人从一开始就提及拉斯普京偷过一两次马，那么盗马贼的身份会逐渐成为拉斯普京的标签。瑞典作曲家威廉·哈特韦德（Wilhelm Harteveld）见过拉斯普京几次。拉斯普京死后，哈特韦德说他出生在一个盗马贼世家，显然是叶菲姆自豪地将这门家族"手艺"传授给了儿子。待拉斯普京长到 16 岁时，他已经成了周围地区人尽皆知的盗马贼。费利克斯·尤苏波夫亲王在他风靡一时的回忆录中也有相似说法。[18]这些故事如果不假，必然会在托博尔斯克或秋明的档案中留下只言片语，但无论历史学家如何刨根究底，也没能发现任何拉斯普京因遭到他人指控而留下的案底。[19]

但的确有证据显示，拉斯普京在青年时代相当离经叛道。1909 年，秋明地区的一位宪兵从博克维斯科的当地人中搜集了不少资料，这些资料表明拉斯普京有"不少恶习"。他"总是醉醺醺的"，在从村子里消失前干过些"小偷小摸"的勾当；等他重新出现在人前时，则已经彻底改头换面。[20]这份文件的时间相当重要，因为它是在拉斯普京名声败坏之前留下的记录，因此很可能反映了部分真相（或事实的某个方面），而非后来村民们为了满足官员的期待而肆意捏造的各种传闻。

不仅如此，托博尔斯克的档案中还有一系列尚未引起人们注意的材料。一次由官方启动的正式调查显示，1914 年 1 月底，一位记者和他的秘书来到管辖博克维斯科的地方行政部门（volostnoe pravlenie）。他们声称自己是由圣彼得堡总督派来的工作人员，前来搜集拉斯普京年轻时参与盗马的官方证据。一位名叫奈罗宾（Nalobin）的当地办事员十分紧张，甚至没敢让对方证明自己的身份。他查阅了村庄的"过往犯罪记录簿"，告诉他们拉斯普京从未被捕或因任何罪行受罚。然而，他确实说查阅到一份文件，该文件显示地方长官（volostnoy starshina）曾在 1884 年因当时 15 岁的拉斯普京对自己"态度粗鲁"，而拘留过他两日。奈罗宾告诉对方，这是关于拉斯普京的唯一犯罪记录。他要求两人在查询日志上签名，但被对方拒绝，之后两人匆匆忙忙离开了当地。[21]后来，拉斯普京听闻此事极为愤怒，坚持要求托博尔斯克的长官介入。调查发现，奈罗宾向那两人提供了关于村民犯罪的记录簿。由于未要求对方出示可证明有效身份的文件，奈罗宾被罚款 5 卢布。

这是一个极为重大的发现，因为它推翻了其他指控拉斯普京是盗马贼的故事，以及他曾犯下其他罪行的说法。如果当真存在村民和拉斯波波夫口中的"小偷小摸"，那么它们实在是"微不足道"，甚至无法在村子的官方档案中留下痕迹。除此之外，这个故事还证实了拉斯普京青年时代的叛逆甚至鲁莽。许多人曾有如此猜想，连拉斯普京本人也隐晦地暗示过，但之前从未有可靠的文件来证实相关说法。当然，人在年轻时举止轻浮相当常见，甚至连基督教圣人圣奥古斯丁亦未能免俗。尽管奥古斯丁年轻时偷窃并与女性私通，但他在皈依基督教后便改过自新。然而，这套说辞无法套用在拉斯普京身上，他的一生都在各式恶习之中挣扎，时常堕落并向罪恶低头。不过值得留意的是，有时连他自己都不否认这一点。

18

\*

托博尔斯克东南方向 18 英里外坐落着圣兹纳缅斯基修道院（Holy Znamensky Monastery），它位于阿巴拉克（Abalak），从悬崖上方俯瞰着流经的额尔齐斯河。1636 年，一个上了年纪的农村女人从圣母的话语中得到启示，圣母要她修建一座教堂。因此这座修道院中安放着一尊显示神迹的圣母玛利亚圣像，它因拥有非同寻常的治愈能力而在西伯利亚地区声名远播。人们跋山涉水来到阿巴拉克，沉浸在修道院的圣光中，接受来自圣像的祝福。

正是在阿拉巴克，1886 年夏天拉斯普京遇见了一个名叫普拉斯科维亚·杜布罗维娜（Praskovya Dubrovina）的农村姑娘。她身材丰满，有一头金发和乌黑的眼珠。她比拉斯普京年长三岁，出生于 1865 年 10 月 25 日。对农村人而言，她这个年纪已经算老处女了。[22] 和拉斯普京一样，普拉斯科维亚也在那年夏天来此庆祝圣母升天节。他们交往了数月，1887 年 2 月，拉斯普京年满 18 岁之后不久，两人结婚了。[23] 鲜为人知的是，认识普拉斯科维亚的人对她的为人交口称赞。她勤奋、忠诚，是个尽责（甚至是顺从）的妻子和儿媳。当时已算老处女的普拉斯科维亚或许对拉斯普京的求婚心存感恩，因为这对她来说意味着一个落脚之处，一个家，一种安全又稳定的生活。俄国农村对于单身女性来说算不上好地方。尽管拉斯普京日后沉迷女色、酗酒、长时间离家，但在拉斯普京的余生中，她始终将自己完全奉献给他。普拉斯科维亚总是把博克维斯科的家打理得井井有条，耐心等待丈夫归来。而拉斯普京总是确保满足她与这个家的各种需求，雇用年轻的女性协助她打理日常琐事，让她们在他离家时伴在普拉斯科维亚左右。

依据习俗，两人结婚后搬到了格里高利父母的家中。他们很快有了孩子——共生了七个，尽管大多数没能熬过幼儿时期。米哈伊尔（Mikhail）出生于 1889 年 9 月 29 日，在 5 岁时死于猩红热。1894 年，普拉斯科维亚生了一对双胞胎——格奥尔基（Georgy）和安娜（Anna）。两年后，他们和村里的其他一些孩子一样患上了百日咳。出生于 1895 年 10 月 25 日的德米特里（Dmitry）是他们第一个活到成年的孩子。之后，这对夫妇又在 1898 年 3 月 26 日迎来了马特廖娜〔Matryona，她后来更为人所知的名字是玛利亚（Maria）〕。1900 年 11 月 28 日，瓦尔瓦拉（Varvara）出生了。他们的第七个孩子——与

19

母亲同名的普拉斯科维亚——诞生在瓦尔瓦拉 3 岁时，但她只活了三个月。[24]

根据 1897 年的普查记录，拉斯普京当时 28 岁，没有自己的房子，与 55 岁的父亲、57 岁的母亲、妻子，以及年仅 1 岁的德米特里一起生活。家中每位成员都被登记为文盲，身份属性为农夫。[25]直到那时，拉斯普京的生活与其他数百万俄国农夫并无二致：在田间劳作，参加教堂礼拜，潜心祷告，臣服于父亲的权威，结婚，生儿育女，重复着农村生活亘古不变的节奏。然而此后，一切都发生了天翻地覆的变化。

## 注　释

1. Haywood, *Siberia*, xii – xv, 74；Lincoln, *Conquest*, xxi, 55.

2. Wood, *History*, 4 – 8, 11；Lincoln, *Conquest*, 55, 58, 81 – 89, 163 – 67.

3. Lincoln, *Conquest*, 257 – 62.

4. PZ, 11；FR, 4；Haywood, *Siberia*, 52 – 55；FStr, 52, 60.

5. 关于拉斯普京家族的宗谱：FR, 4 – 5；Chernyshev, "O vozraste," 112；Smirnov, *Neizvestnoe*, 9 – 15。

6. *VV*, 16 December 1911. At：www. starosti. ru；RR, 26.

7. Kniazev, "Rasputiny."

8. *Iuzhnaia zaria*, 30 May 1910, p. 2. On Yefim's birth：GATO, I – 205. 1. 1, 138；FR, 6.

9. FR, 6 – 7；HL/Sokolov, Vol. VII：testimony of M. Solovyova（Rasputina）, undated.

10. GATO, I – 177.1.109, 2ob – 3；VR, 9；FR, 7；Amal'rik, *Rasputin*, 18. On Matvei Rasputin：GATO, I – 205.1.1, 138；I – 205.1.2, 121；I – 205.1.3, 9.

11. FR, 8 – 10; Chernyshev, "O vozraste," 113; VR, 9 – 10; GATO 的出生记录（I – 205. 1. 1 – 3）完全没有提及德米特里。

12. 12 June 1910. At: www. starosti. ru.

13. GARF, 1467. 1. 479, 1 – 7.

14. FR, 7, 9. 66.

15. *Petrogradskii listok*, 21 December 1916, p. 66. And also *Kievlianin*, 24 December 1916, p. 75; *PK*, 7 July 1914, p. 1.

16. GARF, 1467. 1. 479, 1 – 7.

17. VR, 11 – 12; HIA, Nikolaevsky Papers, Series No. 74, 129 – 1; Smirnov, *Neizvestnoe*, 36.

18. "Min Bekantskap med Rasputin," In: Riksarkivet, Wilhelm Sarwe Papers, Svenska Missionsförbundet, Om Rasputin（Svenska Publikationer）; YLS, 205.

19. Smirnov, *Neizvestnoe*, 51 – 52.

20. GATO, I – 239. 1. 90, 200 – 200ob.

21. GBUTO/GAGT, I – 331. 19. 809, 118 – 21.

22. 她的出生证明从前不为人所知，目前可参见 GBUTO/GAGT, I – 154. 24. 58, 8 – 9, 19ob。

23. 关于结婚日期存在多种说法，但托博尔斯克的档案文件显示的是 1887 年 2 月 22 日。GBUTO/GAGT, I – 733. 1. 49, 8 – 9.

24. FR, 12 – 14; Chernyshev, "O vozraste," 113; GATO, I – 255. 1. 3, 192; I – 255. 1. 88, 48; GBUTO/GAGT, I – 733. 1. 49, 10 – 11, 12 – 13.

25. PZ, 13; GATO, I – 205. 1. 1, 15, 138 – 39; I – 205. 1. 2, 121.

# 第二章　朝圣

　　1907 年，拉斯普京向他的一位助手，一个名叫卡尤娅·白雷斯科娅（Khionya Berladskaya）的女人提起自己的早年生活。她负责在平时记下拉斯普京说的话，后来她整理出版了一本名为《一位资深朝圣者的人生》（*The Life of an Experienced Pilgrim*）的小册子。拉斯普京告诉白雷斯科娅：

> 在满 28 岁以前，正如他们所说，我在这个世界上，生活得十分平静。也就是说，我十分热爱这个世界，举止得体，在世俗中寻求内心的安慰。我经常加入搬运行李的车队。当马夫时，我相当勤奋地工作。我捕鱼又耕地。对农夫而言，这一切都太美好了！
>
> 我也有许多悲伤的时刻：在某些地方，我犯了某些错误，被人责备了，虽然都是被冤枉的。那些粗人总聚在一起嘲笑我。我更加勤奋地耕地，睡得更少了。我在内心不停问自己，怎样才能获得拯救。我望向神父，他们是我的榜样，可我无法找到自己真正想要的……因此，我踏上了朝圣之路。我思维敏捷，又善于观察。我对一切充满好奇，不管是好的还是坏的。我总是有许多疑问，但找不到人提问并获得答案。我四处旅行、寻觅，尽量尝试生活中的一切新鲜事物。[1]

拉斯普京生活中的转变最终将他从博克维斯科带往沙皇的宫殿，而导致这转变的是什么，一直不为人所知。1919年，负责调查罗曼诺夫皇族谋杀案件的尼古拉·索科洛夫（Nikolai Sokolov）认为，拉斯普京离开博克维斯科不是为了追寻上帝，而是为了逃避艰苦的工作。其他说法认为，拉斯普京的动机是盗马之举败露，要逃避被投入狱的命运。还有一种说法认为他踏上朝圣之路，前往维尔霍图里耶（Verkhoturye）的圣尼古拉斯修道院（St. Nicholas Monastery，远在300英里之外），是为了给自己赎罪。[2]这些说法都缺乏说服力。1914年，拉斯普京多年的朋友德米特里·斯特亚普什（Dmitry Stryapchev）告诉媒体，拉斯普京年轻时在村里的名声不太好。他时常沉湎于酒精，还有些其他坏习惯。但突然有一晚，他做了一个梦。维尔霍图里耶的圣西默盎（St. Simeon of Verkhotury）①出现在他跟前，告诉他："停止你到目前为止的所作所为，做一个洗心革面的人，我会在今后助你一臂之力。"[3]拉斯普京在《一位资深朝圣者的人生》中亦提到了维尔霍图里耶的圣西默盎，称其治好了自己的失眠，以及直到成年都没改掉的半夜尿床的毛病。正是由于他的生活中出现了上述奇迹，他的人生才被引向了侍奉上帝的全新方向。[4]拉斯普京的女儿玛丽亚后来写道（父亲的转变发生时她尚未出生），她的父亲本来像其他农夫一样抽烟、喝酒、吃肉，但突然有一天他变了。他抛弃了所有陋习，踏上了前往远方的朝圣之路。在她的回忆录的一个版本中，玛丽亚曾声称父亲看到过圣母显灵：当他在田间劳作时，

21

---

① 维尔霍图里耶的圣西默盎是俄罗斯东正教的一位圣徒，大约生活于17世纪。——译者注

圣母玛利亚出现在空中，手指向了地平线的方向。拉斯普京感受到圣母正看顾着自己，指引他踏上云游之路，去寻找来自上帝的启示。他花了整整一个晚上单独与圣母画像待在一起。第二天早晨醒来，他看见泪珠从圣母的脸上滚落。他听到一个声音："我的泪是为人类的罪孽而流。格里高利，去吧，去远方，去清除人们身上的罪。"[5]

即便这个故事不假，但要真正说服拉斯普京去地平线的另一端寻找上帝，只靠圣母的鼓励显然还不够。几位村民在1910年时告诉一位访客，拉斯普京的突然转变出现在一次前往秋明的旅行之后，与他同行的是神学院的年轻学生梅里提·扎波洛夫斯基（Melity Zaborovsky）。日后，扎波洛夫斯基成为修道士，还出任过托木斯克神学院（Tomsk Theological Seminar）院长一职。玛丽亚也提到过扎波洛夫斯基的名字。某日，她的父亲在从磨粉厂回家的途中遇见这个年轻人。拉斯普京告诉扎波洛夫斯基自己看到的事，询问对方的意见。这个学生回答："这是上帝对你的召唤。对其置之不理是一种罪。"[6]

拉斯普京开始转变的理由暧昧不明，同样无法确认的还有转变发生的时间。这部分要归咎于拉斯普京本人。比如，早在1908年，他表示自己是在1893年踏上朝圣之路的，在他年满24岁之际。[7]但是，拉斯普京显然记错了。他的《一位资深朝圣者的人生》一书曾记录，他是在28岁那年开始朝圣的，即1897年。1907年他在西伯利亚与神父亚历山大·尤洛夫斯基（Alexander Yurevsky）交谈时，提到的也是这个时间。[8]因此，第二种表述似乎更加可信。

就那个时代的标准而言，拉斯普京决定离开村子寻找上帝时，已经算是个中年的农夫。这是个极为重大的决定。可能是

因为当时他遇到了某种情绪问题或精神危机，又或者这是某
种形式的中年危机：他已经结婚十年，有一个尚且年幼的儿
子，很快他又会再有一个孩子。他的生活被艰辛的劳作填
满，漫长而望不见尽头。站起身，离开这个家是一种逃避，
但这同样意味着开启另一种生活的可能性。拉斯普京已经在
前往阿拉巴克的修道院和托博尔斯克大教堂的短途朝圣中，
稍稍尝到了这种滋味。但现在，他想走得更远，离家更久。
拉斯普京有着不安分的天性，不可能在同一个地方停留太
久，不可能让自己的余生被捆绑在一处。但是，他做出这个
决定又不光是为了逃避。在以上自述中，那种宗教的驱动力
同样十分真实。只是，拉斯普京在追寻宗教时也很不安分，
他对上帝和宗教的本质的质疑超出了当地神父的应对能力
（可能是他们能力有限）。

　　如今已经无法查证在他决定寻找上帝后，家人对此有何反
应。显然，这是个十分艰难的决定。格里高利是叶菲姆的独生
子，叶菲姆需要儿子协助工作，不可能开开心心地送儿子走。
有证据表明，他们的关系因为这个决定而出现了问题。[9]普拉斯
科维亚也不可能对这个决定满意，但在农村的父权社会中，她
没有其他选择，只能顺从地接受丈夫的做法。一个长久以来被
忽视的事实是，当拉斯普京决定踏出家门时，他的人生已经过
了大半。他余下的生命只有十九年。

　　在过去的俄国，*stranniki*，即朝圣或云游，是十分普遍的
现象。在整个 18 世纪和 19 世纪，无论生活贫穷还是富贵，踏
上朝圣之路都是相当普遍的做法。富人也许能负担雇车去朝圣
的费用，穷人则靠自己的两条腿和手上的一个行囊。朝圣者们
从一个村庄云游到另一个，靠好心的陌生人施舍食物和过夜之

处。但他们总是饥肠辘辘，经常被迫露宿野外。他们身上只穿几片破布，光脚是最明显的特征之一，许多人还戴着脚镣。这绝不是一种轻松的生活。1900 年，俄国约有 100 万名朝圣者在寻找启示与救赎，永无止境地从一处圣地跋涉往另一处圣地。他们在朝圣途中经常重复耶稣的祷告："耶稣基督，上帝的儿子，请怜悯我，一个罪人。"[10]

许多俄国人给予朝圣者极高的评价。19 世纪的伟大诗人费奥多尔·秋切夫（Fyodor Tyutchev）曾在《云游者》（"The Wanderer"）一诗中赞颂他们："他们有宙斯的庇护/步履沉重、孤独地走过大地！……/尽管没有平常人家的壁炉，他们在众神之间有安息之处。"[11]然而，在政府官员眼中，朝圣者绝不是单纯的寻找上帝之人。沙皇时期秘密警察的最后一任负责人阿列克谢·瓦西列夫（Alexei Vasilev）写道，这些男人和女人"是俄国农夫中最彻底的无政府主义个体的代表"。他们不安分，没有目标，避免与帝国发生一切联系，主要是为了尽可能逃避所有社会义务。瓦西列夫深信，应该出于公共考虑，镇压所有云游者。[12]

"当我踏上朝圣之路时，"拉斯普京在多年后回忆道，"我感受到了生活在一个与众不同的世界的乐趣。"他观察人们侍奉上帝的不同方式，逐渐意识到只要可以深刻领会上帝的恩典，就可以一边在俗世生活，一边为上帝服务。朝圣者的生活非常艰苦。无论是晴天还是下雨天，拉斯普京每天都要步行约 30 英里。他乞求别人施舍食物，打一些古怪的零工，挣上几戈比。他经常遇到土匪，还常被杀人犯追杀，而恶魔总在用"邪恶的欲望"引诱他。他会用自我羞辱的方式考验自己的决心，会强迫自己几天不吃不喝。他六个月没有换过内衣，没有触碰过自己的身体。他花了整整三年，戴着镣铐穿越了俄国全境。依照自古以来的基督教传统，禁欲和苦行会使他更加接近基督教的精神真谛。随着时间推移，拉斯普京解下了身上的金属镣铐，挂上了"称颂爱的枷锁"。他学会了阅读福音书，思考字句的意义，在万事万物中发现上帝的存在，尤其是在俄国蔚为壮观的自然景色之中。基督的爱填满了他的灵魂。"我没有分别地爱着每一个人。"他说。遇上土匪，他会交出身上的所有东西，告诉他们"这不是我的，而是上帝的"，这常令面前的人震惊不已。他会把仅剩的食物分给其他朝圣者、云游者，因为一切都来自上帝。[13]

他行走在美丽的自然之中；他目睹魔鬼在我们身边的世界犯下的罪行；他挣扎在身体的欲望之中；他摒弃金钱与物质；他惊叹于爱的力量；他在禁欲主义与非正统的宗教实践中巩固了独立的灵魂。他历经着这一切，它们也奠定了拉斯普京一生的主题。

\*

位于乌拉尔山上的维尔霍图里耶是俄罗斯最神圣的地方之一，那里坐落着几十座教堂，以及圣尼古拉斯修道院。那里是众多朝圣者（也包括拉斯普京）的目的地。正是在那里，他遇见了当时最受尊崇的一位圣人。马卡里［Makary，俗名米哈伊尔·波利卡尔波夫（Mikhail Polikarpov）］是俄罗斯东正教会的长老（starets），住在修道院不远处的树林里。象征派诗人马克西米利安·沃洛辛（Maximilian Voloshin）的第一任太太玛格丽塔·沙巴什尼科娃（Margarita Sabashnikova）曾于1910年拜访马卡里的小屋。小屋四周到处有鸡在来回走动，马卡里十分乐意照顾它们。"他的脸转向别处，"她写道，"脸上的皱纹传达出一种惊慌，显然不是针对他自己，而是针对面前的访客。"他的双眼似乎从不知睡眠为何物。他穿得像个农夫，举止怪异，死死盯着天空，但突然又转头与鸡群对话。尽管如此，马卡里还是让她感受到一股神秘的力量。"在我们眼神交会时，他的外表有着某种令人着迷的东西，一种说不上来的气质。他肯定是一位长老。我这么想。不由自主地在他面前跪下双膝。"[14]

费奥多尔·陀思妥耶夫斯基在《卡拉马佐夫兄弟》（The Brothers Karamazov）一书中写道：

> 长老，就是那个带走你的灵魂、你的意志，注入他的灵魂、他的意志的存在。一旦你选择了一位长老就意味着你放弃了自己的意志，绝对地臣服于他，绝对地自我牺牲……这种牺牲完全出于自愿，来自一种对自我克制、自我约束的渴望。牺牲者相信一旦过上这种生活，就可以获得完全的自由，那种来自自我的自由，可以因此摆脱活在人世却始终无法找到真正自我的那个躯体。[15]

长老被认为掌握着一种可贵的内在智慧，一种因上帝而散发的魅力。他们从上帝处获得能量，成为其他人寻找启蒙的精神指引。第一位，亦是最知名的长老是埃及的圣安东尼（St. Antony of Egypt，251～356）①。他远离俗世，独自在沙漠生活

---

① 即伟大的圣安东尼（St. Anthony the Great），罗马帝国时期的埃及基督徒，是基督教隐修生活的先驱。——译者注

了二十余年，正是在这震慑人心的隐居生活和刻苦冥想之后，越来越多寻找智慧和信仰的人来到他的跟前。安东尼一生的核心成了未来长老的一种典范，即归隐求志，在做好万全准备后再重新回到俗世。

谢尔盖·拉多涅日斯基（Sergius of Radonezh，1314？~ 1392）被视为俄国最伟大的圣人。他过着长老式的生活，抛开尘世，在人迹罕至的森林中修建了住处，生活自律，潜心祷告。时光流逝，森林中的遁世之地和圣者拉多涅日斯基的故事也流传开来，人们纷至沓来，将他视作精神导师。信徒的数量不断增加，于是他在莫斯科的北部修建了一座修道院，那里成了莫斯科公国①最神圣的地方。然而，拉多涅日斯基从未放弃苦修式的生活，不时踏上朝圣之路。人们常为他的不修边幅大感震惊。尽管出身贵族，他始终在菜园里劳作，一身装束与贫穷农夫一样。他的衣服总是脏兮兮的，他也极少洗浴。他的外表与乞丐无异，他总是向往荒蛮之地。但是，他没有回避政治。他的朋友中有身份显赫的莫斯科公国大公。1380 年，在与蒙古人正面交锋的库里科沃战役（Battle of Kulikovo）前夜，莫斯科公国的统治者德米特里·顿斯科伊（Dmitry Donskoy）还向他寻求过上帝的保佑。

尽管长老形象在东正教中十分普遍，且贯穿了其漫长的历史，但长老文化的鼎盛阶段出现在 19 世纪的俄罗斯帝国，那个时期有"长老时代"（the age of the *starets*）之称。从萨罗夫的谢拉菲姆（St. Seraphim of Sarov）到奥普蒂纳修道院（Optina Monastery）的三大长老［列昂尼德（Leonid）、马卡

25

---

①　以莫斯科为中心的政权，于 1283 年至 1547 年存在。——译者注

里乌斯（Macarius）和安布罗斯（Ambrose）]，这些充满人格魅力的圣者在俄国人的精神生活中发挥着巨大影响，受他们感召的不仅有平民，还有作家和思想家。《卡拉马佐夫兄弟》中的长老佐西马神父（Father Zosima）的形象，在某种程度上受到了奥普蒂纳修道院的启发。[16]像其他人一样，拉斯普京被马卡里深深打动。这位谦卑的圣者让自己全身心地沉浸在东正教信仰之中，能够默记《圣经》中的大量内容。他的信徒们认为，马卡里不仅懂得引用《圣经》，还将它作为自己生活的指引，仿佛他就是基督教导的化身。如今已经很难查证拉斯普京与马卡里的交往细节。拉斯普京可能在维尔霍图里耶的修道院住了数月，在某种意义上成了马卡里的门徒。也可能拉斯普京从维尔霍图里耶的修道士而非马卡里本人（他不识字）那里学习了阅读和写作，尽管拉斯普京从来称不上精通文字。[17]

拉斯普京十分佩服马卡里而非修道院本身或其他修道士。他后来告诉玛丽亚，太多修道院已经堕落，维尔霍图里耶的那些亦未能幸免。他所指的堕落很可能是同性性行为。此外，他也感受到修道院生活中存在着一种无形的威压。他曾说："我不适合修道院的生活，人们总能在那里发现恃强凌弱的暴力。"拉斯普京坚称，基督教徒真正该走的道路就是在世界之中寻找救赎。鉴于拉斯普京不安分的天性，这种结论并不让人意外。他是那种从不向惯例和更高权威——除了上帝和沙皇——屈服的人。根据玛丽亚的说法，她的父亲正是由于拜访了马卡里，才相信云游是更适合自己的生活方式。[18]

26　　拉斯普京走过的地方离家越来越远。他很可能于 1900 年到过阿索斯山（Mt. Athos）。自 10 世纪起，那里就是东正教隐修主义（monasticism）的重要中心。阿索斯山从希腊爱琴海海域的一座岩石遍布的半岛上拔地而起，以"圣山"之名为人所知，海拔 6670 英尺，山上有着约二十处修道院、修道士村落以及隐修地。有一个名为德米特里·皮什金（Dmitry Pecherkin）的人和拉斯普京一同前往当地。他也是一名朝圣者，两人还可能是亲戚。皮什金被阿索斯山上的生活深深打动，决定留在那里，进入了圣潘代莱蒙修道院（St. Panteleimon Monastery）。削发后，他以丹尼尔（Daniil）之名过起了修道士生活。德米特里会在那里生活至 1913 年，直到修道院被卷入一场争议，才返回博克维斯科。[19]

　　每当踏上类似的旅途，拉斯普京便会离家数月乃至数年。当他回到家中时，人们甚至家人都无法一下子认出他。玛丽亚关于父亲离家归来的最早记忆是在 1903 年。那天，在一个秋日的傍晚，她和德米特里在外边和村里其他的孩子一起玩耍，母亲来喊他们回家吃饭。此时，一个身材高大的陌生人向他们走来。男人面露倦容，身穿一件脏兮兮的羊皮外套，手上拿着一个包袱。他看起来就像其他经过村子的朝圣者一样。突然间，普拉斯科维亚认出了这是自己的丈夫，欢喜地高喊他的名字。他们已经两年没见了。玛丽亚和她的哥哥一下蹦到父亲的手臂上，疯狂地亲吻他的脸颊。

　　玛丽亚的回忆录中详细记录了父亲对家乡的热爱，而且这种热爱在他的余生中从未改变。尽管如此，每到春天，他仍迫不及待地想要离开。"在附近的村子走动，"她写道，"远远不能令他满足。一种对云游的渴望会突然摄住他的内心。接着，在某个晴朗的清晨，他会背上行囊出发，踏上遥远的旅途；或是去往某个圣地朝圣，或是单纯地四处乱走，相信途经村子的村民的善意，相信自己身为传教士和说故事者的天赋。"玛丽亚和德米特里会恳求父亲带他们一起上路，多数时候是因为实在无法忍受村里平庸的神父彼得·奥斯特罗乌莫夫（Father Pyotr Ostroumov），他总喜欢搬出一套套宗教教诲。显然，拉斯普京对这位神父也谈不上崇敬。[20]

朝圣者很少有固定的家、妻子或孩子。因此，拉斯普京认为自己和其他云游者不同。他从没有屈服于既有的规则与教条，始终在寻找自己的道路，由自己来定义朝圣者。拉斯普京决定取下脚镣就是反映他内心思考的最好例证之一。1907 年，他告诉神父亚历山大·尤洛夫斯基，他是怎样第一次开始怀疑戴脚镣的意义的。"但是，戴着它们并不是一件好事：你开始只为自己着想，以为你已经是圣者。所以，我把它们取下，开始在一整年里穿同一件外衣，从不脱掉。这才是让自己变得更谦卑的更好方式。"[21]好奇、勤奋、开明，与此同时又保持着独立乃至叛逆——拉斯普京吸收着俄罗斯宗教世界的一切思想，却只保留适合自己的部分，开创了一种属于他个人的农夫式东正教。

在旅途中度过的时光拓宽了拉斯普京的眼界。正如马克西姆·高尔基的作品《在底层》（*The Lower Depths*）中的云游者卢卡（Luka），拉斯普京几乎看尽了广袤的沙皇俄国中的形形色色的人物，被所有人的命运打动——勤恳的农夫和劳动者、骗子、小偷、杀人犯、朴素的圣人和村里的神父（有些人情操高尚，有些人则相反）、贪官污吏、乞丐和瘸子、贪婪的贵族、总在忏悔的修女、凶残的警察和强硬的士兵。这增进了他对俄国不同社会阶层的了解，令他对人心的洞察更加深刻。拉斯普京在旅途中培养了读懂他人的才能。他可以在第一次与人见面时便令人惊奇地看穿对方的内心——他们在想什么，过去遇到过什么麻烦，他们是哪类人。他知道如何与人交谈，可以信手拈来地引用《圣经》和上帝的旨意，和其他照本宣科的神父不同。他的用语十分直接、个人化、生动、朴实，总能从日常的生活和美妙的大自然中找到依据。

"我的父亲总会把我们，我的哥哥米蒂亚（Mitia）①、妹妹瓦拉瓦尔，还有我抱在膝上。"玛丽亚如此记录那段时光，"他会给我们讲精彩的故事，带着他特有的温柔、出神的表情，似乎这样做勾起了他对到访过的城镇村庄，以及旅途中的离奇冒险经历的回忆。"他说起过沙皇帝国的许多伟大之处——数千座指向高空的炮塔、鞑靼人市场上流动的财富、壮观的河流、西伯利亚森林中神圣的静谧、干草原的狂野之美。有时，他在描述这些画面时，声音会渐渐变得低沉。玛丽亚从没有忘记他讲述一位美丽的女性带着"圣母玛利亚的可贵品质"出现在他面前，向他诉说上帝的奇迹。每当讲完故事，他都会条件反射般地在孩子们的额前画十字。拉斯普京告诉他们，上帝给生活带来抚慰。他教孩子们如何祷告。他说，这并非每个人都能做到的事，个人必须相信自己的内心，清空大脑中的一切念头，只留下上帝。他强迫孩子们斋戒，为祷告做准备。拉斯普京告诉他们，和受过教育的俄国人所相信的不同，他这么做不是为了健康，"而是为了拯救我们的灵魂"。拉斯普京会在每次吃饭前祷告，在每天晚上举行一场小小的仪式。他在院子里搭了一间木屋，在里面安放了圣像，让途经博克维斯科的云游者落脚。

28

———————————

① 指德米特里。——译者注

不过，宗教和上帝并不是家中谈论的唯一话题。拉斯普京十分享受与孩子们一起打闹、玩球、搭运货马车。德米特里正是从父亲那儿学会了如何控制马匹。拉斯普京十分热爱村里每年一度的秋季传统节日，会和大家一同沉浸在音乐和舞蹈之中。[22]

玛丽亚和她的兄弟姐妹逐渐意识到，他们父亲的身上有些与众不同之处。开始有人出现在家中，他们是当地的农夫，以及来自更遥远地方的陌生人。他们希望向拉斯普京敞开内心，寻求他的指引和建议。拉斯普京和普拉斯科维亚总是热情地在家中接待来客，给他们食物，让他们落脚，慷慨地与他们分享格里高利式的精神养料。玛丽亚听说当地人视她的父亲为长老时，她感到十分骄傲。

20世纪初叶，拉斯普京吸引了一小群自己的信徒，包括妹夫尼古拉·拉斯波波夫（Nikolai Raspopov）、堂兄尼古拉·拉斯普京（Nikolai Rasputin，叶菲姆的哥哥马特维的儿子），以及博克维斯科的农夫伊利亚·阿拉波夫（Ilya Arapov）。还有两名女性加入了这个圈子：德米特里的姐妹、托博尔斯克地区的农妇叶夫多基娅·皮什金娜（Yevdokiya Pecherkina），以及皮什金娜的侄女叶卡捷琳娜·皮什金娜（Yekaterina Pecherkina）。这两名女性——她们分别被称作杜尼娅（Dunya）和卡佳（Katya）——在1906年的某个时间点搬入拉斯普京家中。刚开始她们是为了协助普拉斯科维亚打理家务，但很快就成了这个家庭的一员。她们一直与拉斯普京家的人一同生活，直到格里高利被谋杀。拉斯普京的信徒们会在星期天、宗教节日或他们空闲时，聚到拉斯普京家中。他们一起唱圣歌、读《圣经》，而拉斯普京会诠释相关经文。拉斯普京在父亲家中的牲畜房里挖了一间简陋的地窖（那时他仍与父母住在一起），把它当作众人聚会时用的祈祷室。这些聚会逐渐透出神秘的氛围。村民们开始产生怀疑，有了闲言碎语。有人传说，皮什金娜姑侄会在澡堂用仪式感十足的方式为拉斯普京洗澡。另外一些人声称，从拉斯普京家中传出了一些古怪的歌声，他们唱的不是平常星期天在教堂能听到的圣歌，还说拉斯普京正在自己的小圈子里举行一些神秘的宗教仪式。[23]

玛丽亚回忆道，父亲每次结束朝圣回到家中后，前来拜访的人就会增加，同时不少村民对他的怀疑与不信任也与日俱增。有说法认为，拉斯普京在朝圣途中与一些年轻女性相伴，但没有证据支撑。对神父奥斯特罗乌莫夫而言，这直接威胁了他在村里的地位。归根结底，他才是博克维斯科的精神领袖，而不是那个半路杀出的农夫。越来越多人前来寻求拉斯普京的精神指引以及神奇的治愈能力。奥斯特罗乌莫夫对此越发感到不安，试图打散拉斯普京身边的圈子，还让伊利亚·阿拉波夫不要靠近拉斯普京的家。[24]毫无疑问，他只是在孤军奋战。奥斯特罗乌莫夫打了一场败仗，从博克维斯科发出的睿智声音开始传遍西伯利亚的整片土地。

## 注　释

1. 这份极为罕见的原始资料重印于 PZ, 235 - 47。关于它的历史，请参见 FB, 522；*Iuzhanaia zaria*, 2 June 1910, p. 2。

2. VR, 12 - 13；FR, 14。

3. *PK*, 7 July 1914, p. 1。

4. PZ, 241。

5. FR, 20; VR, 14.

6. *Iuzhnaia zaria*, 30 May 1910, pp. 2 – 3; VR, 14.

7. GBUTO/GAGT, 156. 18. 565, 7; FB, 585 – 86.

8. FB, 582.

9. VR, 12 – 13.

10. FR, 15, 21; Ware, *Orthodox Church*, 73 – 74; PZ, 13 – 14.

11. Liberman, *On the Heights*, 53.

12. Vasili'ev, *Ochrana*, 111.

13. PZ, 242 – 44.

14. VR, 23 – 24.

15. *Brothers*, 24 – 27.

16. Ware, *Orthodox Church*, 48, 93 – 95, 130 – 35; Crummey, *Formation*, 120 – 21.

17. FR, 16 – 18; VR, 22 – 26.

18. VR, 19 – 20; Buranov, "Strannik," 55; *Iuzhnaia zaria*, 2 June 1910, p. 2; RRR, 18 – 22.

19. VR, 20; FB, 590; Ware, *Orthodox Church*, 47; FStr, 33 – 34n2; Buranov, "Strannik," 55.

20. RRR, 8 – 13.

21. FB, 582; Rassulin, *Vernaia Bogu*, 321; PZ, 14.

22. RRR, 18 – 22; Buranova, "Strannik," 56.

23. FB, 471, 590 – 93; FR, 18 – 19; FStr, 33 – 34n2; VR, 20 – 22. On Nikolai Rasputin: GATO, I – 205. 1. 1, 138 – 39; I – 205. 1. 2, 120 – 21. 在有些文献中，Arapov 被错写为 Arsenov 或 Aronov。

24. RRR, 17; FB, 471, 592. 关于这些女性的传言，见 GBUTO/GAGT, 156. 18. 565, 11。

# 第三章　尼古拉与亚历山德拉

　　时年 16 岁的俄罗斯帝国皇储尼古拉·亚历山德罗维奇（Nicholas Alexandrovich）第一次见到她，是在 1884 年的 6 月。阿历克斯公主（Princess Alix）当时年仅 12 岁。她是来俄国参加她的姐姐伊丽莎白（Elisabeth）与俄国沙皇亚历山大三世的弟弟谢尔盖·亚历山德罗维奇大公（Grand Duke Sergei Alexandrovich）的婚礼的。尼古拉和阿历克斯站在冬宫的教堂中，情不自禁地偷偷望向对方。阿历克斯启程返回德意志时，尼古拉送给了她一小枚胸针。

　　阿历克斯是英国维多利亚女王的外孙女，她的母亲是爱丽斯公主，父亲是路德维希王子——黑森大公（Grand Duke of Hesse）爵位的继承人。她于 1872 年 6 月出生在安静的德意志小城达姆施塔特（Darmstadt）。历史上，阿历克斯以亚历山德拉（Alexandra）的名字为人所知，这是她皈依东正教后使用的名字。她是个漂亮又快乐的女孩，家人都喜欢叫她"阳光宝贝"（Sunny），而这个昵称与她日后个性之间的巨大反差令人唏嘘不已。她是维多利亚女王最宠爱的外孙。"简直太漂亮了，"她如此形容这个小女孩，"我从没见过这么可人的孩子。"

　　两人第一次见面的五年后，阿历克斯再一次见到了尼古拉。尼古拉从没有忘记她。当她又一次来到俄国时，他决定要让她成为自己的妻子。晚上，他们一起吃晚餐并参加舞会；白天，尼古拉会带着她滑雪。然而，阿历克斯一开始没有接受求婚，主要是因为他们的宗教信仰不同。她是虔诚的路德派教徒，从没考虑过为任何人放弃自己的信仰。

当时，阿历克斯还有其他几个丈夫人选，包括英国威尔士亲王伯蒂（Bertie，Prince of Wales）的第二个儿子乔治王子（Prince George）。1889 年，她又拒绝了来自克拉伦斯公爵埃迪（Eddy，Duke of Clarence）的求婚，而埃迪是位列他的父亲威尔士亲王之后的英国王位继承人。维多利亚女王十分盼望心爱的阿历克斯能嫁给英国人，但阿历克斯却对成为英国王后的可能性不为所动。维多利亚越发担心阿历克斯会嫁到俄国。她写道，这桩婚姻"不可能幸福……俄国太落后，太堕落，随时都可能发生可怕的事情"。[1]

31 尼古拉再一次见到阿历克斯是在 1894 年春天她的兄弟恩斯特（Ernst）在科堡（Coburg）的婚礼上。尼古拉下定决心要赢得她的芳心，但做出决定对阿历克斯而言太艰难，她难过地流下了眼泪。当时已经皈依东正教的埃拉（Ella）——人们此时如此称呼伊丽莎白——来到妹妹跟前，安慰她。一番谈心后，阿历克斯接受了尼古拉的求婚。

然而，两人结婚前，不幸发生了。1894 年 11 月 1 日，尼古拉的父亲亚历山大三世突然在克里米亚的里瓦几亚宫（Livadia Palace）去世。当时正与阿历克斯在一起的尼古拉立刻陷入了绝望。如今，一切重担都落到了他的肩上，他无法想象这是多么重大的责任。他哭着向妹夫亚历山大·米哈伊洛维奇大公［Grand Duke Alexander Mikhailovich，也就是桑德罗（Sandro）］求助："桑德罗，我究竟该怎么办？……接下来我、你、谢妮娅（Xenia）、阿历克斯、母亲、整个俄国，我们该怎么办呢？我还没有准备好成为沙皇。我从来不想成为沙皇。我根本不懂该如何统治国家。我甚至不知道该怎么与大臣们对话。"日后的事将证明，他当时的这番话是多么可怕的预言。[2]

第二天，阿历克斯——现在她的新名字是亚历山德拉·费奥多罗芙娜（Alexandra Fyodorovna）——第一次在东正教的教堂里领了圣餐。不久后的 11 月 26 日，尼古拉和亚历山德拉在圣彼得堡的冬宫举行了婚礼。

这是一桩十分美满的婚姻。他们深爱对方，直到死亡都不曾分开。这不是说他们的生活相当轻松，因为从一开始，沙皇妻子的身份就给亚历山德拉造成了巨大的压力。让人意外的是，亚历山德拉完全没有意识到她的地位要求她成为公众人物，要求她对人民担起不可推卸的责任。相反，她一再坚持过不受打扰的生活，拼命保护家人隐私，仿佛他们只是一个生活在乡村的微不足道的德意志贵族家庭，不愿受外界影响。德意志有一种说法是 *Würde bringt Bürde*，意为在其位，谋其职。然而，亚历山德拉只看到人民该为皇室承担的责任，却对自己应该扮演的角色视而不见。（虽然在此期间，她从没忘记俄罗斯帝国的皇冠赋予她的权力，可她连一点儿关于俄国改革的建议都听不进去。）然而，她渴望的隐私只让她感到更加被孤立，更不为人爱戴。她无法理解为什么罗曼诺夫皇室的一些远亲也开始在她背后说闲话，虽然他们之所以会传播风言风语完全是因为他们被挡在了宫廷生活之外。这最终导致了十分可悲的后果。至于尼古拉，他实在是太盲目、太软弱了，既没有意识到眼前的问题，也没有让亚历山德拉做出改变。他太需要她，以

32

至于不敢对她提太多要求。亚历山德拉的亲兄弟曾说："沙皇是一位天使，但他不知道该如何应对她。她需要的其实是一种至高无上的意志，可以主宰她、驾驭她的那种。"[3]

亚历山德拉最主要的责任是诞下皇储，然而，在这一点上，她被证明是非常令人失望的，她痛苦地意识到了这一点。在他们结婚的前六年，也就是从 1895 年至 1901 年，她生下了四个女儿——奥尔加（Olga）、塔季扬娜（Tatyana）、玛丽亚（Maria）和阿纳斯塔西娅（Anastasia）。没有儿子。整个国家正在失去耐心。

## 注　释

1. Rappaport, *Four Sisters*, 9 – 17；Massie, *Nicholas*, 27 – 34.
2. Massie, *Nicholas*, 42 – 43；Alexander, *Once*, 168 – 69.
3. FR，156—orig：Naryshkin-Kurakin, *Under Three Tsars*, 203 – 204；关于他的需求，见 Vyrubova, *Stranitsy*, 27。

# 第四章　菲利普先生

人们对这对姐妹有不少称呼：黑夫人（The Black Ladies）、黑色危险（The Black Peril）、黑山蜘蛛（The Montenegrin Spiders）、黑暗灵魂（The Black Souls）、黑乌鸦（The Black Crows），以及黑公主（The Black Princesses）。米莉恰（Militsa）和阿纳斯塔西娅（Anastasia）两姐妹先后于1866年和1868年出生在巴尔干城市采蒂涅（Cetinje）。她们是当地统治者、后来的黑山国王尼古拉一世米科夫·彼得罗维奇－奈伊戈什（Nicholas I Mirkov Petrovich-Nyegosh）的女儿。两个女孩年幼时，沙皇亚历山大三世就邀请她们来俄国入读斯莫尔尼贵族女子学校（Smolny Institute of Noble Maidens）。不久后，她们便进入了首都的上流社交圈。1889年夏天，米莉恰公主（人们常这样称呼她）嫁给了未来的尼古拉二世的表兄彼得·尼古拉耶维奇大公（Grand Duke Pyotr Nikolaevich）；而阿纳斯塔西娅［常被叫作斯塔娜（Stana）］嫁给了罗曼诺夫皇族的一位远房亲戚洛伊希滕贝格的乔治王子（Prince George of Leuchtenberg，后来成为大公）。斯塔娜的婚姻十分不幸，乔治为了他在比亚里茨（Biarritz）① 的情妇抛弃了她，离开了俄国。但是，斯塔娜并没有从此一蹶不振，因为她也给自己找了情人。

---

① 位于法国西南部的比利牛斯－大西洋省（Pyrénées-Atlantiques），海滨胜地，自18世纪起，吸引了众多欧洲王室成员前往度假。——译者注

这对姐妹一向形影不离，斯塔娜大部分时间在她的姐姐和姐夫家中度过，有时是在圣彼得堡加勒纳雅街（Galernaya Street）上的大宅，有时是在芬兰湾那里距离彼得霍夫宫（Peterhof）不远的兹纳缅卡宫（Znamenka）。正是在她姐姐的家中，斯塔娜遇见并爱上了彼得的哥哥尼古拉·尼古拉耶维奇大公〔Grand Duke Nikolai Nikolaevich，家人叫他尼古拉沙（Nikolasha）〕。尼古拉沙是个身材高大的男人，有一对碧蓝的眼珠以及严苛的军人脾气。他十分强势，喜欢恶狠狠地训斥下属，使他们对他充满畏惧。据说，他曾在一次晚宴上亲手杀死了自己的宠物狗——一只俄罗斯狼犬（borzoi），只为向大感震惊的客人证明，他拥有俄国军队中最锋利的佩刀。有人在背后叫他"恶魔"，在家人口中，他则是"恐怖叔叔"。尼古拉二世的母亲皇太后玛丽亚·费奥多罗芙娜（Dowager Empress Maria Fyodorovna）曾说，他"患上了不治之症——是个十足的蠢货"。当时，俄国最知名的政治家则直指尼古拉沙"精神失常"。[1] 斯塔娜等待了数年，沙皇才批准她于1906年离婚。第二年，她就与尼古拉沙举行了婚礼。两人的结合使这对夫妇拥有了举足轻重的影响力。斯塔娜是亚历山德拉最亲密的朋友之一，尼古拉沙则是与沙皇关系最铁的兄弟。对许多贵族而言，斯塔娜和大公在皇宫中的地位不可小觑。

两位大公都十分顺从妻子，尤其是彼得大公。他对一头黑发、意志坚定的米莉恰几乎言听计从。米莉恰自称拥有超能力。她接受过高等教育，精通波斯文，对所有密契主义①和神

---

① 研究与"感官力量""意识"相关的直接经验、直觉、领悟。——译者注

秘主义①的流派都充满兴趣，还让她的丈夫、斯塔娜和尼古拉沙培养了相同的爱好。1900 年 9 月，位于巴黎的赫尔墨斯科学高级学院（Advanced School of Hermetic Sciences）授予米莉恰"赫尔墨斯神智学"（Doctor of Hermeticism）荣誉博士学位。这所学校由法国神秘主义学说的领导人物热拉尔·昂科斯[Gérard Encausse，常被人称作帕皮斯（Papus），1865～1916]运营。帕皮斯虽然接受过医学训练，却选择把自己奉献给从埃及、巴比伦乃至亚特兰蒂斯传承下来的古老、神秘的知识。他撰写了一系列畅销书，孜孜不倦地探索不同象征符号的传统和寓意。帕皮斯不仅是教师、作家，还是十分杰出的共济会成员。他是法国马丁教派门徒会（L'Ordre du Martinisme）以及受卡巴拉思想影响成立的玫瑰十字会（Rose-Croix）②的领导人。19 世纪与 20 世纪之交，帕皮斯曾数次访问俄国。1900 年至 1901 年的那个冬天，他给一群大公和大公夫人们开设私人讲座，讲座话题广泛，包括度量原则（archeometre）③的知识等。参加者中就有黑山姐妹和她们的丈夫。据信在此期间，帕皮斯在圣彼得堡创立了马丁教派门徒会（作为法国共济会的一部分，它的历史一直可以追溯到 18 世纪）的分支，成员包括彼得和尼古拉沙。有种说法是，尼古拉沙还把帕皮斯介绍给了尼古拉二世，因此沙皇也加入了这个秘密集会。据日后的法国驻俄大使莫里斯·帕莱奥洛格（Maurice Paléologue）说，帕

① 研究不可视的、隐藏的力量，及如何掌握它们的"知识"。——译者注
② 起源于犹太教，尝试解释永恒的造物主与有限的宇宙之间的关系。相传玫瑰十字会的创始人罗森克洛兹（Rosenkreutz）早年受卡巴拉教派影响，前往中东游历，最终发展出了自己的思想。——译者注
③ 来自希腊语，指"对万物原则的度量"，与赫尔墨斯学说有紧密联系，有一套解读符号和含义的系统。——译者注

皮斯曾于 1905 年在沙皇宫中举行降神会，让沙皇亚历山大三世显灵，指导他的儿子在危机面前坚定和保持勇气，不惜一切代价抵制革命。帕皮斯告诉尼古拉二世，他会动用自己的一切力量阻止俄国爆发革命，但这种能力仅在他有生之年奏效。帕皮斯于 1916 年 10 月去世，四个月后，罗曼诺夫皇朝崩溃。[2]

在法国，帕皮斯把俄国的军事代表瓦莱里安·穆拉维约夫·阿穆尔斯基伯爵（Count Valerian Muravyov-Amursky）介绍给了神秘的法国男子菲利普先生，一个日后在俄国社会引起巨大轰动的人物。"他是一位圣人。"帕皮斯宣称，"只要他开口说话，他吐露的每一个字都包含惊人的神秘力量。"[3]此人的全名是菲利普·纳齐尔－瓦绍［Philippe Nazier-Vachot，有时也被称作安瑟米·纳齐尔·菲利普（Anthèlme Nizier Philippe）或纳齐尔－安瑟米·瓦绍德（Nizier-Anthèlme Vachod）］。1849年，菲利普出生在萨伏依（Savoy）的一个农夫家庭。年轻时，他在叔叔的肉店学习屠宰手艺，后来到里昂学医。无论菲利普是自愿离开学校，还是被学校开除，他从未获颁医学学位，但这丝毫没有阻碍他的事业发展。据菲利普说，他在 13 岁那年发现自己拥有罕见的治愈能力。离开大学后，他就致力于开发自己这方面的潜能，深入钻研了神秘术、催眠术，以及一些所谓的魔法。1881 年，他开设研究所，开始接收病人，用各种技术和物质为他们治病，包括他所谓的"超自然流与精神力"。没有任何一所欧洲学术机构愿意为他颁发证书。但根据一条记录，他的确曾于 1884 年向美国辛辛那提大学（University of Cincinnati）提交了一篇题为《怀孕、生产与婴幼儿时期的应用卫生原则》（"Principles of Hygiene Applicable in Pregnancy，Childbirth，and Infancy"）的博士论文。[4]无论是否拥有学位，菲利普先生的名声在法国迅速传开，他在上流社会的精英中培养了一大批信徒。尽管他相貌平平——乏善可陈的身高、厚实的体型、深色的头发、夸张的胡子、下垂的双眼——人们却热情地称赞"他的魅力"，媒体甚至将他称为"我们这个时代的卡里奥斯特罗（Cagliostro）①"。[5]

　　一次集会中，曾有人亲眼见证了他对女性的魅力。菲利普走进房间，脚上穿着一双绣着小狗抽烟斗图案的拖鞋，十分绅士地与房间中的每个人握手。接着，女士相继走到他跟前，在他耳边"带着充满爱意的信任感"轻声说话。他告诉众人，时间有限，自己不可能逐一为每个人治疗，但只要怀抱一颗虔诚的心，所有人都会痊愈。他微笑着望向每一位女性，似乎正在念咒施展悬浮术。然后，他用一套含糊不清的术语向众人讲述了上帝与催眠术，以及为什么自己的存在不值一提。这些话似乎让听众更加坚定地相信他拥有神奇的能量。阿穆尔斯基在法王路易十六被处决的周年纪念日参加了一场菲利普的集会。当时的场面相当不可思议：菲利普唤醒了国王的灵魂，令众人震惊不已。昏暗房间的半空中，浮现出了被割断的脖子，且鲜血正不断流淌下来。忽然，在众人不经意间，一切都消失在了黑暗之中。[6]

　　1900 年初，黑山姐妹很可能是通过阿穆尔斯基的介绍认识菲利普的。斯塔娜希望菲利普可以治疗自己的偏头痛，而米莉恰和彼得希望他治愈他们生病的儿子罗曼（Roman）。他们都十分钦佩菲利普的能力，于是邀请他前往俄国，试图向皇室

36

①　意大利人，生活于 18 世纪，曾因自称拥有魔法，在欧洲的皇室引起过巨大轰动，号称擅长心灵治愈、炼金术，懂得运用水晶球。——译者注

引荐他，尤其想把他介绍给皇后。[7]亚历山德拉来到俄国后，这对姐妹是宫廷中少有的向她展开双臂的贵族之一。她们设法让她感到被人爱戴、受人欢迎，保证她获得一位皇后应得到的尊敬。米莉恰很喜欢和亚历山德拉谈论密契主义和神秘主义的世界。她总是自信地谈起上帝与先知在世间真正的代言人，以及在平凡人之中诞生的预言家。她说服皇后，这些人的确存在于周围的世界中，不贪图富贵，不受宫廷和上流社会的腐蚀。米莉恰不仅坚信敌基督①真实存在，还相信他的力量正在干扰当时的社会。亚历山德拉听多了这些，渐渐开始对此深信不疑。根据皇后最亲密的朋友安娜·维鲁波娃（Anna Vyrubova）的说法，亚历山德拉视米莉恰为"女先知"，对她的所有话信以为真。米莉恰甚至让亚历山德拉相信，意大利王后，也就是"黑乌鸦"的妹妹埃琳娜（Elena）被恶魔附身。[8]这对姐妹从法国归来后告诉沙皇夫妇，她们在国外遇见了一位与众不同的人物，希望可以引荐给他们。

1901 年 3 月 26 日，尼古拉在日记中记下了他们的第一次会面："我见到了一位令人惊叹的法国人，菲利普先生！我们交谈了很长时间。"菲利普在俄国停留了约三个月，又在 7 月回到这里。7 月 9 日他第二次抵达俄国时，尼古拉和亚历山德拉在当天就接见了他。在兹纳缅卡宫，沙皇夫妇与菲利普、黑山姐妹、彼得、尼古拉沙共度了一整晚。他们听这位远道而来的客人侃侃而谈，完全被他的话迷住了。第二天，尼古拉和亚历山德拉又去见他。"多么神奇的时光！"与菲利普共度第二个夜晚后，皇后在日记中写道。7 月 11 日，菲利普与沙皇夫

---

① 假冒基督并在暗地里敌对或意图取缔真基督的人。——译者注

妇共进午餐。他与亚历山德拉交谈了很长时间，接着沙皇夫妇把他们的孩子带到菲利普跟前，包括上个月刚出生、尚在襁褓之中的阿纳斯塔西娅。"我们把孩子带到他跟前，"充满狂喜之情的尼古拉写道，"还和他一起在卧室祷告！"那时，他们已经称他是"我们的朋友"。尼古拉和亚历山德拉每天都会和菲利普见面，直到 7 月 21 日菲利普返回法国。

　　尼古拉对菲利普格外着迷。7 月 12 日，他前往兹纳缅卡宫见他，两人单独交谈了三小时。"上帝，这真令人感到不可思议！"回到皇宫，他在日记中写道。沙皇夫妇无时无刻不想着这个法国人。7 月 15 日，他们在一场歌剧表演的中场休息时间赶去见他，听菲利普侃侃而谈至凌晨 2 点 30 分。菲利普总会在他们面前洋洋洒洒地讲起上帝创造的奇迹，有时还会陷入某种宗教的狂喜，对面的听众则一直屏息凝神地聆听他的教诲。沙皇夫妇会匆匆赶完他们的官方活动，就为了留出更多的时间与菲利普见面。见面的时刻是他们一天中最快乐的时刻。沙皇甚至邀请菲利普出席官方仪式。7 月 14 日，他和尼古拉在红村（Krasnoe Selo）① 附近检阅军队；7 月 17 日，他又和尼古拉一起出席了另一场阅兵式。7 月 18 日晚，用尼古拉的话说，他们在兹纳缅卡宫进行了一次"重要的谈话"。两天后，他们又聚在一起祷告。7 月 21 日下午，尼古拉和亚历山德拉亲自送别了菲利普。"我们都感到突然失去了依靠！"那天夜里，沮丧的尼古拉在日记中写道。八天后，他前往兹纳缅卡宫，"奇怪地"发现"我们的朋友"竟然不在那儿。[9]

　　菲利普离开了俄国，他的影响力却没有消失。8 月 27 日，

①　位于圣彼得堡西南方向，于 1925 年建市。——译者注

37

亚历山德拉给搭乘皇家游艇"斯坦达特"号（*Standart*）前往但泽湾（Danzig）① 的尼古拉写信。尼古拉将在那里会见德意志帝国皇帝威廉二世（Kaiser Wilhelm of Germany），共同商讨远东问题（威廉二世正在寻求尼古拉的协助），以及观察德意志帝国海军。亚历山德拉写道："我的信念和祷告一直与你同在。我知道，P 先生（菲利普）也一定如此。一想到这些，我就感到了无限的安慰，否则我一定无法忍受与你分离。……不要忘记，星期六晚上 10 点 30 分前后——我们恨不能飞奔向里昂。自从遇见了他，我们的生活就变得多么充实，似乎一切都不再那么难以忍受了。"10

从但泽湾，尼古拉在法国总统埃米勒·卢贝（Émile Loubet）的陪同下搭乘火车前往巴黎东北部的贡比涅（Compiègne），在那里与亚历山德拉会合。9 月 6 日，菲利普出人意料地在当地拜访了他们。第二天，尼古拉和亚历山德拉再次和他见面。那天，菲利普把自己的女婿埃马纽埃尔·亨利·拉朗德（Emmanuel Henri Lalande）医生引荐给了沙皇夫妇。拉朗德以马克·黑文（Marc Haven）为笔名出版了多部神秘主义著作。在贡比涅停留期间，尼古拉有一次在和法国外交部长泰奥菲勒·德尔卡塞（Théophile Delcassé）谈话时提及菲利普，敦促对方尽快给自己的朋友颁发一个医学学位。德尔卡塞和卢贝一样，对沙皇的要求，尤其是他的那种固执态度感到十分震惊。对他们而言，菲利普根本不值一提，不过是个江湖医生。他们没有理睬尼古拉的要求。11

重要的谈话。在一起祷告。执拗地向法国总统提需求。很

---

① 现波兰的格但斯克湾（Gulf of Cdańsk）。——译者注

明显，菲利普从一开始就对尼古拉和亚历山德拉造成了极大影响。对他们而言，这不是有趣的消遣。事实恰恰相反。从新朋友处，沙皇和皇后找到了转移肩上负担的方式。几乎在一夜之间，菲利普就让自己成了沙皇最信赖的朋友，而他无疑在利用这种便利对沙皇的统治提出建议。根据一份可能是米莉恰在兹纳缅卡宫的一次聚会后做的记录，菲利普告诉尼古拉："战争正在逼近英格兰。"他如此预言后又表示："维特正在制造麻烦。"谢尔盖·维特伯爵（Count Sergei Witte）是当时的俄国财政大臣，后来出任了帝国大臣会议主席（相当于首相）一职，对俄国的经济、政治架构发起了工业化和现代化改造。他的做法似乎格外令菲利普不满。据称，菲利普曾向黑山姐妹形容维特是难缠的"蜘蛛"，其灵魂已经被一种不明的幽灵占据。菲利普试图说服尼古拉抵制一切形式的改革，称这么做会危及沙皇的地位，还告诉他立宪制对俄国和尼古拉本人都意味着毁灭。尼古拉和亚历山德拉一直牢记这种说法。菲利普想让尼古拉明白，他将来并不该成为一个温和的立宪君主，而是应变成更高权力的象征。他会成为"远东地区光芒四射的沙皇"、欧洲在东方利益的捍卫者。而对皇后，他说她拥有一种不容置疑的阅读人心的能力，能够靠直觉分辨朋友和敌人。

菲利普的影响不止于此，还扩张到了亚历山德拉的子宫。据称，有人告诉沙皇夫妇，菲利普的神奇能力之一是能决定肚中胎儿的性别。至于他是如何做到这一点的，就不得而知了。有人说，他会在腹部采取一系列"催眠式按压"；另一些人说，他动用了天文学、炼金术和冥想术。[12]那年春天，阿纳斯塔西娅作为他们的第四个女儿出生后，亚历山德拉、尼古拉乃至整个帝国都十分失望，沙皇夫妇迫切需要诞下一位男性皇位继承人。菲利普是他们最大的希望。于是，尼古拉和亚历山德拉便欣喜地把自己的信任赋予了他。

1901 年 11 月，菲利普回到俄国，住在皇村（Tsarskoe Selo）亚历山大宫（Alexander Palace）附近的一栋小公寓里。皇村是罗曼诺夫皇族在圣彼得堡郊外的住处。7 日晚，尼古拉与菲利普、尼古拉沙、彼得，以及他们的妻子共度了一夜。黑山姐妹夫妇结束了在克里米亚对一批法国朋友的招待，刚刚回来。10 日，他们再次在兹纳缅卡宫聚会，在场者还包括菲利普、他的女儿维多利亚（Victoria）、他的女婿拉朗德。尼古拉给他的客人们带来了好消息：那天早些时候，沙皇为菲利普争取到了军事医学院（Military-Medical Academy）的博士学位。为了彰显这份荣誉，尼古拉沙还为他定制了一套军事医学博士制服。菲利普停留了两个月。在此期间，他告诉亚历山德拉，她已经怀孕，而且这次怀的是一个男孩。据说亚历山德拉异常兴奋地亲吻了他的手背。离开俄国前，菲利普告诉亚历山德拉，必须先将这个消息保密，不要让她的医生知道或做任何检查。菲利普离开后，他成了尼古拉、亚历山德拉、黑山姐妹及其丈夫的唯一话题。

1902 年 3 月菲利普再次与他们见面时，亚历山德拉的确露出了孕态。她的腹部隆起，已经不再穿束腹。这位朋友的预言成真了。那个月底，尼古拉、亚历山德拉与菲利普共度了三个夜晚。29 日，他们一起待到凌晨 1 点。根据尼古拉的说法，他们聆听了菲利普的"教诲"。"我可以一直听他讲话。"他感叹道。沙皇夫妇邀请菲利普前往冬宫花园与他们一起度过他在俄国的最后时光。30 日，他们"满怀伤感"地与他告别。菲利普回国后，他的到访造成的影响仍萦绕在沙皇夫妇周围。[13]

\*

1902 年春，罗曼诺夫家族的其他成员和宫廷上下都注意到了这个神秘的陌生人，很快就传出了闲言碎语。5 月 8 日，国务大臣亚历山大·波洛夫佐夫（Alexander Polovtsov）在日记中写道，他从一个极为可靠的消息来源那里得知，沙皇的心已经彻底被一位来自里昂的神秘术士收服。此人最早是在黑山姐妹的邀请下来到俄国的。他为尼古拉、亚历山德拉举行了降神会，召唤了诸多亡灵，最常出现的是亚历山大三世，他前来指导儿子如何统治国家。维特听说菲利普试图说服尼古拉，他不需要向任何人征求治理国家的建议，只要按照教会权威，也就是他菲利普发出的指示行事即可。传言称，菲利普在皇宫中拥有一个施行神秘术的专用房间，以及他是由一小撮犹太人和共济会成员派来控制沙皇的。[14]

对传言信以为真的人就包括皇太后玛丽亚·费奥多罗芙娜。她十分担心菲利普对儿子的影响，因此派皇宫卫戍司令长彼得·热斯将军（General Pyotr Gesse）调查他的底细。她相信菲利普是"魔鬼"，是共济会国际组织派出的间谍，意图颠覆俄国皇室。热斯把这项任务交给了沙皇秘密警察巴黎分局的负责人彼得·拉齐科夫斯基（Pyotr Rachkovsky）。不久后，拉齐科夫斯基就向国内报告，菲利普是个"令人疑窦丛生的阴暗角色"、半吊子黑巫术术师、与世界以色列联盟（Lodge Grande Alliance Israélite）① 有关系的"犹太人"。他在报告中

①　总部位于巴黎的国际犹太组织，成立于 1860 年，宗旨是保护世界各地犹太人的人权。——译者注

附上了《时报》（*Le Temps*）的报道以及来自法国警方的消息，称菲利普是个江湖骗子。据说，热斯把这份报告交给尼古拉时，尼古拉只瞟了一眼就把它撕得粉碎，把碎片撒了一地，还对着它们猛踩了几脚。接着，尼古拉命令内政大臣维亚切斯拉夫·冯·普勒韦（Vyacheslav von Plehve）立刻终止拉齐科夫斯基的调查，亚历山德拉则通过米莉恰向菲利普转达了对他个人及家庭所面临不便的最诚挚歉意。[15]10月，普勒韦解雇了拉齐科夫斯基，主要是为了取悦沙皇。他的落马肯定和菲利普事件有关，但这不是唯一甚至主要因素。尽管如此，人们还是无法避免地评论说，是菲利普终结了拉齐科夫斯基的仕途。桑德罗的兄弟谢尔盖·米哈伊洛维奇大公（Grand Duke Sergei Mikhailovich）到处跟人说，尼古拉读过报告后下令，必须在二十四小时内将拉齐科夫斯基革职。据称，菲利普通过米莉恰向沙皇传话，解雇拉齐科夫斯基是来自"上帝"的旨意。

　　7月，亚历山德拉的姐姐埃拉来到彼得霍夫宫，谈起了菲利普的坏名声。7月23日，亚历山德拉给尼古拉写信："她听说了许多不利于他的传闻，说他不值得我们信任。我没问她是从哪里听来的——我向她解释说，肯定是有人出于嫉妒，专爱打听别人的隐私。她说类似秘密已经传得到处都是。我告诉她，不，一切都是公开的，我们从不隐瞒自己的态度，我们光明正大地生活在全世界的目光之下。"[16]亚历山德拉对埃拉的话无动于衷，这并不让人意外。一天前，菲利普刚在一封信中向她传达了自己"教诲"的重要性。亚历山德拉给前往列威利〔Reval，塔林（Tallinn）的旧称〕途中的尼古拉写信。尼古拉即将在那里与威廉二世对话。"你独自上路，实在令我痛苦极了，我知道你要面对多么棘手的麻烦。但我们的朋友会陪伴在你左右，他会协助你回应威廉提出的要求。"俄国的外交政策完全被一名法国术士玩弄于股掌之间。

8月初，菲利普回到俄国，尼古拉和亚历山德拉欣喜若狂。"真是令人开心的一天，"1902年8月12日，尼古拉在日记中写道，"5点左右，'我们的朋友'到了兹纳缅卡……我们一起用了晚餐，并在'我们的朋友'的陪伴下，在兹纳缅卡度过了整个夜晚。能够见到他实在太让人高兴了!"然而，在菲利普停留期间，危机正在步步逼近这个家庭。夏天时，皇后身上显然出了古怪的问题。她的腹部没有继续隆起，没有任何迹象显示胎儿正在发育。尽管如此，整个皇宫仍在热切地准备迎接万众期待的新生儿，还发布了沙皇夫妇将迎来又一个孩子的公告。在犹豫了很久之后，亚历山德拉终于同意让俄国最顶尖的妇科医生德米特里·奥特（Dmitry Ott）为她做检查，而奥特发现皇后根本没有怀孕。这是个巨大的打击。为了保住面子，皇宫只能追发另一份公告称皇后不幸流产了。[17]

8月18日，尴尬不已的亚历山德拉不得不向皇太后和其他皇室成员告知真相。接着，她和尼古拉前往兹纳缅卡宫见菲利普，菲利普尽最大努力宽慰了亚历山德拉和尼古拉，要他们尽快忘记这一切。尼古拉从他的话中感受到了"不可思议的魔力"。然而，其他皇室成员不愿轻易将此事抛诸脑后。20日，尼古拉的母亲玛利亚皇太后和妹妹谢妮娅亲自来到沙皇夫妇的宫殿，想对古怪法国人在背后搞的动作一探究竟。沙皇夫妇坚称他们和菲利普之间的关系没有问题，他们从未试图掩盖这种交往，但拒绝就此做出进一步说明。谢妮娅感到沮丧极了。那天，她给常年伴随皇太后的侍女亚历山德拉·欧本兰斯卡娅公主（Princess Alexandra Obolenskaya）写信："虽然谜团重重，但我们还是不清楚他究竟是谁！他们说他是位谦逊的绅士，与他交谈十分愉快，因为他善解人意，总是让他们'多做好事'！就算 *la glace est rompue*（脚下的冰都裂了），他们还认为这是好事！"21 日，气急败坏的尼古拉在日记中写道："人们竟然如此诽谤他，这让人感到恶心。我不知道他们为什么相信那些胡言乱语，还喋喋不休，说个不停。"至此，事情发展成了一出荒诞剧。康斯坦丁·康斯坦丁诺维奇大公（Grand Duke Konstantin Konstantinovich，也就是 K. R.）对传言深信不疑，比如菲利普出席过参议院（Council of State）的数场会议。[18]他还相信，尼古拉正在根据菲利普的建议向大臣们发出指示。上述说法由于来自尼古拉和亚历山德拉本人，真实性应该很高。国务大臣波洛夫佐夫认为，一切闹剧，包括假怀孕，都让他深信这是"投机分子"施展的催眠术，实在令人不齿。"如果事件本身不那么可悲，作为旁观者看热闹一定十分有趣。"他在日记中如此评论道。[19]

尼古拉没有让家人妨碍自己。21 日，他出席了库尔斯克（Kursk）的军事演习。"不知道为什么，来到这里的前一天，我感到内心十分平静，"他在给亚历山德拉的信中写道，"这就是'我们的朋友'实现的诺言。"[20]那究竟是什么诺言，我们不得而知，但他的话表明，他完全信任菲利普的预言能力。尼古拉抵达库尔斯克这天，埃拉给皇太后写信，谈到了她与亚历山德拉的会面，以及她对尼古拉同菲利普这类人交往之事的担心。她理解尼古拉想要认识一些有意思的人，不一定要是"皇室成员或官员"，但认为他应该多注意自己的言行，因为他身边人太多，很容易传出闲话。如果这些会面以神神秘秘的方式进行，上帝绝不会允许。她接着写道，这样肯定会导致"致命的后果"。埃拉始终没有消除对菲利普的怀疑，以及他与她的妹妹和妹夫交往的根本意图。她在信中谴责黑山姐妹，称她们是"一对蟑螂"，竟然把这种人带到俄国。人们传言说，这对姐妹正在通过灵魂术控制沙皇和皇后。"C'est une crime."（"这是犯罪。"）尼古拉的母亲曾如此形容当时宫廷中的状况。[21]

8 月的最后一天，谢妮娅再次给欧本兰斯卡娅公主写信：

> 我不再怀疑 A. F.（亚历山德拉）身上发生的一切都是传言，虽然他们自己意识不到这一点。尽管她愿意向她的姐姐承认，她的确曾与 Ph.（菲利普）一起祷告。这实在太奇怪了，简直让我感到可怕。上帝才知道最后会怎样收场！我担心他们与这些人的交往和情谊会持续下去——一切都不会改变，而我们看起来就像一群蠢货。但是，我们绝不会继续保持沉默，虽然我们还需要寻找一种正确的方式。这不是件容易事——他们已经被完全迷住了。我还听说了许多事，但实在不想一一写下来。[22]

到了夏天，关于菲利普的流言已经传遍了宫廷和贵族圈子，成了众人皆知的秘密。10 月，在巴黎和斯图加特出版的俄国期刊《解放》（Liberation）刊登了一篇报道，称菲利普权倾朝野，如果没有他的同意，无论是私事还是政务，尼古拉都不敢自己做决定。治理这个国家的人，成了自称能够召唤亡灵，且仅用"心理治疗术"[23]就让皇后怀孕的人。虽然该期刊在俄国被禁，但它还是被走私到俄国国内，在人们手中传递。

11 月 1 日，年长的弗拉基米尔·梅什谢斯基亲王（Prince Vladimir Meshchersky）来到尼古拉和亚历山德拉跟前，向他们解释菲利普这类人会对皇室造成的威胁。梅什谢斯基本人是极端保守派，与亚历山大三世私交甚笃。他把矛头对准了亚历山德拉，用关于他们法国朋友的各种荒诞谣言警告她，称危险的谣言已经传遍了整个国家。亚历山德拉对他的说法置之不理："我没有赋予任何人谈论这些事的权利，我不准任何人干扰我的私生活。"

梅什谢斯基告诉皇后，她可以对他的话置若罔闻，但她需要认识到，俄国皇后的精神生活并非与臣民毫无关系，他们不该漠视，甚至可以且应该关心皇后的精神状况。他接着向两人转述了几则谣言，包括在彼得大公和米莉恰的家中菲利普几乎被视为上帝，他们从来不会在菲利普面前坐下，甚至会向他深深鞠躬。还有传言说，彼得、米莉恰、菲利普三人已经设法让亚历山德拉抛弃了东正教信仰，连沙皇本人也开始对自己的信仰产生了动摇。在平民之中，人们乐此不疲地谈论外国人送来了一位"男巫师"，他蛊惑了皇后，控制了她的子宫。当然，亲王承认，这些都是空穴来风，但年迈的亲王问亚历山德拉：如果敌人利用此事，让谣言继续在受教育者、纳罗德（narod，即广大农夫阶层）中传播，这会对皇室的威望、安全和君主制本身造成多大威胁？但亚历山德拉面对他的警告没有丝毫动摇。

尽管如此，他的话似乎打动了尼古拉。虽然不清楚尼古拉是在何时，以及出于何种原因做出了决定，但他似乎逐渐意识到为了阻止丑闻进一步发酵，应该送走自己的朋友，与对方切断联系。这个决定很可能和当时受人尊敬的圣者喀琅施塔得的约翰（John of Kronstadt）有关。约翰给尼古拉写了一封信，劝他不要再继续和菲利普来往。菲利普返回法国前，与沙皇夫妇交换了礼物。尼古拉赠送给他一辆昂贵的塞波莱三轮蒸汽动力汽车，这是尼古拉上次去欧洲时购买的。菲利普赠送给亚历山德拉一些干花瓣，告诉她基督本人曾抚摸它们。他还送给她一幅画像、一个铃铛，告诉她如果心怀不轨的人靠近她，铃铛就会发出声音。他告诉亚历山德拉这能守护他们远离一切敌人。亚历山德拉给花瓣裱了框，把它们放在自己的卧室，而且她从来没有忘记那个铃铛的神奇魔力，并让它在此后守护自己的家庭。[24]菲利普的女儿维多利亚·拉朗德给斯塔娜写了一封忧伤的信，为他们必须离开感到惋惜，抱怨她父亲遭受的不公正对待。[25]亚历山德拉和尼古拉同样心烦意乱。他们离开时，亚历山德拉的眼中含着泪光。但是，菲利普给她留下了一丝希望。他说，她会找到新的导师，在方方面面指引、开导她。"请安心，皇后，"他告诉亚历山德拉，"我离开后，会出现另一位朋友保护您。"[26]亚历山德拉把他的话视作一种预言。她显然将菲利普的话告诉了别人，这种说法很快便流传开来。康斯坦丁大公在日记中写道，人们又在传说，"菲利普的使命即将终结，他很快就会死去，假借另一个人的躯体重新出现在沙皇的交友圈中。简直是一派胡言"。[27]

　　1902 年 11 月中旬，极为杰出的保守派理论家列弗·季霍米罗夫（曾是革命派，后来成了保皇党人）极为准确地总结了人们在菲利普事件中的普遍心态："菲利普是皇室最大的耻辱。他不过是从外国来的江湖骗子，却号称自己是催眠师，拥有魔法，可以使用神秘法术。"季霍米罗夫相信，喀琅施塔得的约翰对尼古拉的警告拯救了沙皇一家，并且希望他们已经吸取教训，会尽早忘记关于菲利普的一切。[28]然而，事实证明当事人仍对菲利普念念不忘。1907 年，尼古拉沙和斯塔娜终于

45

得以成婚，尼古拉沙将两人的结合视为菲利普的神秘力量创造的奇迹。[29]

*

叶卡捷琳娜二世统治时期，不少皇宫中的年轻侍臣梦想着通过成为女沙皇面前的红人来为自己创造可观的财富与辉煌的未来。类似情形发生在了尼古拉统治时期：络绎不绝的神秘主义者、朝圣者和长老怀揣各种心思，试图接近这对夫妇。菲利普之后，皇宫中相继出现了多名骗子，包括云游者维希亚〔Vasia，又名特卡琴科（Tkachenko）〕、光脚的马特廖娜（Matryona the Barefooted），以及"有鼻音的"圣愚米佳·科泽尔斯基（holy fool Mitya Kozelsky）。童年时，米佳便丧失了清楚发音的能力。尽管如此，他却以预言和充满智慧的言辞为人所知。他的口中会发出一阵阵低沉的嗫嚅，再由一个名叫叶尔皮季福尔（Elpidifor）的男人向众人解释其中的寓意。人们逐渐视米佳为圣人，这很快引起了上流社会的注意，人们把他从奥普蒂纳修道院带到了皇宫。米佳和他的"翻译"被带到沙皇跟前，尼古拉一度对圣愚的能力十分着迷。但是，米佳在宫廷中的地位似乎很快就被拉斯普京取代。米佳从高位跌落后，有人曾看见他光着双脚在首都的街道四处游荡，甚至连寒冷的冬季也不例外。他披着一套黑色教士服，头发一直长到肩膀处。[30]

## 注 释

1. FA, 634; *WC*, 13n1; RR, 50 – 51; King, *Court*, 90 – 91; Witte,

*Vospominaniia*, 91.

2. Carlson, *No Religion*, 20; HIA, Nikolaevsky Papers, Series No. 74, 129 – 6; FA, 682 – 84; Shishkin, *Rasputin*, 270 – 71.

3. Schewäbel, "Un précurseur," 639 – 43; FA, 575 – 77.

4. FR, 36; Schewäbel, "Un précurseur," 638; FA, 617 – 24. 请 Fomin 原谅, 我没有在辛辛那提大学的资料库里找到为这样的论文授予学位的记录。

5. Schewäbel, "Un précurseur," 639 – 43; HIA, Nikolaevsky Papers, Series No. 74, 129 – 6; Mille, "Esquisses."

6. HIA, Nikolaevsky Papers, Series No. 74, 129 – 6; Mille, "Esquisses"; FA, 565 – 66.

7. FA, 577 – 78, 631 – 33; Rappaport, *Four Sisters*, 61 – 64.

8. Shemanskii, *Poslednie Romanovy*, 85; Vyrubova, *Neizvestnye fragmenty*, 66.

9. Nicholas II, *Dnevniki*, 1: 588; 1: 605 – 09, 887; *LP*, 206; Shemanskii, *Poslednie Romanovy*, 85.

10. FA, 702.

11. Nicholas II, *Dnevniki*, 1: 617, 886; FA, 701, 704.

12. HIA, Nikolaevsky Papers, Series No. 74, 129 – 6; Shemanskii, *Poslednie Romanovy*, 85; FA, 709; VR, 54; Rappaport, *Four Sisters*, 65.

13. Nicholas II, *Dnevniki*, 1: 628 – 29, 633, 642, 654; FA, 709, 724; Rappaport, *Four Sisters*, 65.

14. HIA, Nikolaevsky Papers, Series No. 74, 129 – 6; FA, 548 – 51, 565; Kireev, *Dnevnik*, 241; Bricaud, "Un mage," 437 – 38.

15. FA, 708 – 709, 548 – 59, 565; *LP*, 208 – 09; Shemanskii, *Poslednie Romanovy*, 84.

16. *LP*, 216 – 19; Shemanskii, *Poslednie Romanovy*, 86. And FA, 546 – 47.

17. Nicholas II, *Dnevniki*, 1: 677; FA, 702, 711 – 15; Shemanskii, *Poslednie Romanovy*, 88. 历史学家 Helen Rappaport 写道, 亚历山德拉怀的是"葡萄胎", 即受精卵在妊娠第四周后停止发育, 在 8 月被排出体外。Rappaport, *Four Sisters*, 66.

18. Nicholas II, *Dnevniki*, 1: 677 – 78; *LP*, 217 – 19; FA, 717 – 19.

19. FA, 549 - 52.

20. *LP*, 220.

21. Elizaveta Fedorovna, "Pis'ma," 469; FA, 549 - 52, 565.

22. *LP*, 221.

23. Gul', *Ia unes*, 2: 206; FA, 545 - 46.

24. FA, 553 - 57; 705. 722; Vyrubova, *Neizvestnye fragmenty*, 66; *WC*, 149.

25. Shemanskii, *Poslednie Romanovy*, 87.

26. FA, 734 - 35; VR, 55.

27. *LP*, 219.

28. FA, 553 - 54.

29. *LP*, 297.

30. *Za kulisami*, v; RR, 57 - 58. 1912 年的一份警方文件显示，他出生时的姓名登记为 Dmitry Andreevich Znobishin，有时 Znobishin 也写作 Oznobshin。GARF, 111. 1. 2974, 295; Mel'gunov, *Poslednii samoderzhets*, 10 - 11; *PK*, 5 July 1914, p. 2.

# 第五章 阿列克谢

据说菲利普在永久性地离开俄国前曾陷入一阵昏睡，从中
得到了启示。他声称自己已代亚历山德拉向萨罗夫的圣塞拉芬
祷告，皇后会因此得到一个儿子。但有一个问题：当时俄罗斯
正教会还没有承认塞拉芬的圣人地位。19 世纪初，一位名叫
塞拉芬的德高望重的长老在极度贫穷中与世隔绝地度过了一
生。起初他住在树林中的小屋里，后来搬入萨罗夫一座修道
院的小房间。他确实堪称圣贤，是一位充满灵性的人物，谦
逊而信仰坚定。然而，他没能通过封圣的考验：他的尸体未
能保持原形，而是逐渐腐烂，因此教会拒绝承认他为圣人。
这惹怒了尼古拉。他不顾神圣宗教会议的决定（气急败坏的
亚历山德拉坚称"沙皇可以自行决定"），命令必须为塞拉芬
举行封圣仪式。在一些上流社会人士看来，似乎菲利普才是
真正的奇迹创造者。"很难清楚地指出菲利普的影响力从何
时终结，塞拉芬的时代从何时开始。"宫女伊丽莎白·娜丽
什金娜（Yelizaveta Naryshkina）用挖苦的语气评论道。

1903 年 7 月，尼古拉和亚历山德拉出席了封圣仪式，参
加者还有皇室其他成员以及约 30 万名朝圣者。仪式现场的气
氛令人震动，使亚历山德拉相信，沙皇与他的臣民紧密地联系
在一起。为塞拉芬封圣还有一丝政治意味：尼古拉沿袭了父辈
的政策，通过重拾前彼得时代的传统，将罗曼诺夫皇室与俄国

普罗大众紧紧联系在一起。而塞拉芬恰好能够满足沙皇的这一意图，因为他本人对欧洲启蒙运动给俄国人的信仰造成的打击深感惋惜。尼古拉试图培养中世纪的宗教理念，即沙皇与他的人民之间有某种神秘的关系，封塞拉芬为圣人有助于实现此目的。7 月 19 日晚，沙皇夫妇按照菲利普的指示，接受了来自萨罗瓦河（Sarova River）的圣水的祝福，希望上帝能够保佑他们，保佑俄国，让万众期待的皇储降生。[1]

47　　三个月后，亚历山德拉怀孕了。1904 年 7 月 30 日，下午 1 点 15 分，亚历山德拉诞下皇子。他们给他取名阿列克谢。皇室喜出望外，大大舒了口气。不仅仅是皇宫，整个国家都成了欢乐的海洋——礼炮齐鸣，教堂的钟声响彻整个帝国。在婴儿房，皇后详细记录了孩子的体征："体重 4660 克，身长 58 厘米，头围 38 厘米，胸围 39 厘米。"[2] 然而，她无法观察到并记下婴儿最致命的特征——血友病。

　　阿列克谢的血友病来自母亲的遗传。亚历山德拉的祖母维多利亚女王是血友病基因携带者。她诞下的一个儿子和两个女儿（包括亚历山德拉的母亲）也都是血友病基因携带者。亚历山德拉从母亲那里继承了这种基因，同样遗传了这种基因的还包括她的哥哥弗雷德里克（Frederick）。［亚历山德拉的姐姐伊莲妮（Irene）同样是这种基因的携带者。］弗雷德里克［昵称为弗里提（Frittie）］最早于 1872 年，也就是亚历山德拉出生的那年出现症状。1873 年 5 月，年仅 3 岁且深受家人宠爱的弗里提从母亲房间的窗口摔到了石露台上。他没有摔断骨头，看起来没什么问题。但几小时后，他便死于内出血。亚历山德拉的两个外甥同样是血友病患者。其中，普鲁士的亨利王子（Prince Henry of Prussia）1904 年很可能就是因此死亡，当时他年仅 4 岁。这发生在阿列克谢出生前不久。

阿列克谢患上血友病对沙皇夫妇是一个沉重的打击。其实早在 19 世纪中叶，人们就掌握了这种疾病的遗传属性。1876年，一位法国医生甚至写道："有血友病患者的家庭的所有成员都应该慎重考虑婚姻问题。"然而，欧洲的皇室显然对此不以为意，或者他们根本就没想过在科学规律的指导下生活。正如英国遗传学家 J. B. S. 霍尔丹（J. B. S. Haldane）所说："阿列克谢·尼古拉耶维奇的血友病，是皇室成员不愿面对现实的最好证明。"[3] 不需要太久，罗曼诺夫皇朝便不得不直面现实。婴儿出生不满两个月，尼古拉和亚历山德拉就发现他的肚脐处有原因不明的流血现象。接着，他的身上又出现了乌青和肿块。对母亲而言，结论再清楚不过：阿列克谢是血友病患者。他们立刻从欣喜若狂坠入绝望的深渊。

尼古拉二世的堂妹、德米特里·帕夫洛维奇大公（Grand Duke Dmitry Pavlovich）的姐姐玛丽亚·帕夫洛芙娜女大公（Grand Duchess Maria Pavlovna）——日后谋杀拉斯普京计划的参与者之一——在回忆录中写道：

> 就连我们家中都弥漫起一股悲伤。显然，我的伯父和伯母都知道那个孩子生来不幸，天生携带不可治愈的疾病……在可怕的现实面前，没有人知道他们经历了怎样的内心挣扎。从那一刻起，在无法排解的不安和忧虑之中，皇后性情大变，且她的身体状况乃至她的道德情操都发生了改变。[4]

也许尼古拉和亚历山德拉认为儿子的诞生和他们的朋友菲

利普有很紧密的关联，但在其他人看来，真正与阿列克谢脱不开关系的是菲利普的"继任者"。据说拉斯普京预言了阿列克谢的诞生，亚历山德拉相信是由于他的祷告，他们夫妇才梦想成真。许多人坚信，这是拉斯普京能够笼络皇后的根本原因。还有不少更加居心不良的人传出谣言说，拉斯普京不只是为皇后祷告，事实上他才是孩子的父亲。[5]当然，以上全是空穴来风。这个对尼古拉和亚历山德拉的生活造成重大影响，乃至影响了整个俄国的人物，要到一年后才会第一次与沙皇夫妇见面。

英国历史学家伯纳德·帕雷斯爵士（Sir Bernard Pares）早在几十年前就写道："育婴房是俄国所有麻烦的源泉。"他认为，皇储阿列克谢的疾病让拉斯普京乘虚而入，而安抚男孩的神奇能力是拉斯普京发挥影响力和施展权力的依据。[6]这种对拉斯普京与沙皇夫妇，尤其是与亚历山德拉关系之本质的诠释，早已深入人心。亚历山德拉无疑为儿子的健康忧心不已，而且她相信只有拉斯普京才可以守护他。皇后的心情不容忽视，但很难仅凭这一点解释亚历山德拉对拉斯普京更加深刻、复杂的需求。

正如菲利普事件所揭示的，早在皇储诞生之前，亚历山德拉——以及尼古拉——就在寻找一位能够给她启示、安慰她、指引她的圣者。部分原因在于她是一位母亲，急需一个人来告诉她怎样才能诞下皇储，不管对方是何出身。但同时，从一开始起，亚历山德拉就无意把菲利普的影响力局限在她的子宫，或者她个人精神信仰的层面，而这是个被忽略的重要事实。正如她在给尼古拉的信中写下的，亚历山德拉还希望从菲利普那里得到治理国家的建议，希望从中寻找到勇气。而这种勇气并非她自己的需要，而是为了尼古拉寻找的，因为她一向清楚丈夫内心的软弱，以及这将导致的致命后果。亚历山德拉深爱着尼古拉，她无法眼睁睁地看着尼古拉因为个人弱点而丧失他身为沙皇应有的权力和声望。她决定尽一切努力协助他，尽管这意味找到另一个男人来提供沙皇欠缺的意志和决心。

从菲利普事件这个插曲，我们可一窥即将到来的拉斯普京时代的全貌：亚历山德拉需要一位精神信仰的导师，一位圣人，愿意全心全意地信赖他，期望从他那里得到更纯粹的真理和预言；她迷恋神秘主义，有着强烈的宗教热情；她不惮于涉足政治，会采纳圣人的建议，以此指导尼古拉统治国家；这对夫妇看不清他们的私人生活其实无法与现实切割；罗曼诺夫皇室成员之间互不信任，以及这种不信任带来了反感心理和闲言碎语，而这又进一步恶化了皇室成员之间的关系，重创了他们的亲情，使谣言迅速传遍了整个上流阶层，玷污了皇室的名誉；皇室成员希望对圣者展开调查，试图说服沙皇正视现实，但这只不过再次加深了沙皇和整个俄国之间的巨大分歧。而通过拉斯普京，这一切，将掀起一场真正的革命。

## 注　释

1. *LP*, 228 – 30；Rappaport, *Four Sisters*, 68 – 70；Ware, *Orthodox Church*, 130 – 33；Naryshkin, *Under Three Tsars*, 175；Dixon, "Superstition."

2. *LP*, 239 – 43；Bokhanov, *Romanovs*, 210；Massie, *Nicholas*, 112.

3. Massie, *Nicholas*, 150 – 51.

4. *LP*, 248.

5. IMM, 178；Hanbury-Williams, *Emperor*, 140；Vladykin, *Taina*, 8.

6. Pares, *Fall*, 16. See also Massie, *Nicholas*, 200.

# 第六章　燃烧的火炬

50　　　他正在走来，提着背囊，

穿过森林的小径，

哼唱着绵长的歌曲，温柔但神秘的歌曲，

啊，那下流的歌曲。

……

他来了——上帝保佑我们！——

正在靠近我们引以为傲的首都。

他迷上了生生不息的俄罗斯帝国

的皇后。

尼古拉·古米廖夫，《农夫》[1]

　　1904 年 5 月至 1905 年年初的某个时刻，拉斯普京第一次来到鞑靼的历史名城——位于伏尔加河上的喀山（Kazan）。1552 年，伊凡雷帝（Ivan the Terrible）在这里发动了一场血腥的围攻，从此将它划入俄国的版图。[2]拉斯普京是在一位富商的寡妇——一个名叫巴什马科娃（Bashmakova）的女人的带领下来到这里的。两人在朝圣途中相识，可能是在阿巴拉克的修道院附近，那时她的丈夫刚去世不久。她陷入了深深的悲伤，但拉斯普京与她交谈，安慰她，慢慢抚平了她内心的创伤。因此，她迷上了拉斯普京的神秘能力，成了他最早的信徒之一，

开始邀请他一同踏上前往圣城的旅途，而她会提供路费。"她
拥有朴实的灵魂，"拉斯普京如此评价这位寡妇，"她很有钱，
有很多钱，但把钱都给了别人……她继承了大笔遗产，把遗产
也给了别人……如果她继承了更巨额的遗产，也一定会拱手把
它们送给需要的人。她就是这么一个人。"[3]在喀山，巴什马科
娃把拉斯普京介绍给当地富商和享有声望的神职人员。拉斯普
京给所有人留下了好印象。这个来自西伯利亚的 35 岁男人强
壮、精干、健康。他独立，身上带着一种骄傲。那时，拉斯普
京已经自称长老，他的内在力量、对灵魂的洞悉以及丰富的
《圣经》知识，让众人钦佩不已。他依旧带着一种粗鲁、野蛮
和无知，但俨然在履行宗教使命的过程中成了真正的圣人，因
此没有时间过分讲究举止的细节。西伯利亚圣者的智慧之言很
快流传开来，人们开始上门向他求助。一对刚失去两个幼儿的
年轻夫妇找到拉斯普京。"我的妻子实在太绝望了，以致出现
了精神恍惚。"那位丈夫后来说，"医生们对此一筹莫展。一些
人建议我去找拉斯普京……试想一下，他和我的太太交谈了约
半小时，然后她就完全冷静了下来。不管你怎么说他不好，或
许你说的都是真的，但他拯救了我的妻子——这就是事实！"

　　拉斯普京还会见了数位神职人员，包括七湖修道院
(Seven Lakes Monastery) 的神父加夫里尔（Gavriil）。两个男
人有不少相似之处。他们都是农夫出身，都曾前往维尔霍图里
耶修道院朝圣，在维尔霍图里耶的圣西默盎遗迹前祷告过。
他们还有共同的熟人，比如日后升任主教和都主教的修道士
梅鲁提〔Melety，俗名为米哈伊尔·扎波洛夫斯基（Mikhail
Zaborovsky）〕。另外，据说两人都有奇特的治愈能力。加夫里
尔甚至引起了皇后的姐姐埃拉的注意，后者曾数次拜访他。拉

51

斯普京还赢得了修士大司祭安德烈（Archimandrite Andrei）的信任。安德烈的俗名是亚历山大·乌赫托姆斯基（Alexander Ukhtomsky），出生在俄国最古老的贵族家庭之一。拉斯普京经常去安德烈的住处拜访，安德烈甚至向圣彼得堡引荐了拉斯普京。对于安德烈，拉斯普京曾评价说："他是我认识的人中最有爱心的人。"[4]

拉斯普京后来回忆过与喀山神职人员的交往。"我主要和他们谈论爱，但他们对我体验过的爱大感震惊。"[5]拉斯普京没有叙述细节，但后来传出了他在喀山期间与几位女性有不正当关系：和不同女性进行可疑的会面；和年轻女性一同前往城里的浴室；在玷污她们之后，引诱她们抛弃家庭。[6]据说，拉斯普京曾在加夫里尔面前坦承自己的罪行，讲他如何抚摸和亲吻那些女人，虽然他坚持这是以一种充满爱意的合理方式进行的。加夫里尔相信了他。但和许多拉斯普京早期的支持者一样，他也选择了疏远他。他日后说，拉斯普京和其他骗子没什么两样：杀掉他，上帝就会赦免你的四十条罪行。

一天，拉斯普京边喝茶，边与加夫里尔及一群神学院的学生谈起他想去圣彼得堡。加夫里尔不同意，心想："你一定会在圣彼得堡迷失自我，这座城市会毁掉你。"突然，拉斯普京靠近加夫里尔说："那么上帝呢？上帝会怎么样？"对加夫里尔而言，这是拉斯普京能够阅读人心的确凿证据。[7]

\*

拉斯普京从喀山动身前往圣彼得堡。"每当我被一种想法迷住，它就会在我的心中挥之不去。"拉斯普京在《一位资深朝圣者的人生》中说道。他的梦想是在博克维斯科修建一座教堂。据拉斯普京说，正如基督的使徒保罗曾说的，修建教堂者将永远不会被地狱之门征服。但拉斯普京很穷，他怎么才能筹到足够的钱——近 2 万卢布——来修建他心中的教堂呢？拉斯普京写道，他走遍了托博尔斯克的各个角落去寻找资助者，可那里的贵族宁愿肆意挥霍金钱，也不愿施舍给他一个卢布。因此，他决定踏上前往俄罗斯帝国首都的旅途。

"接着，我来到了圣彼得堡。在街道上，我觉得自己就像个瞎子。这就是我的第一印象。"首先，他前往亚历山大·涅夫斯基修道院（Alexander Nevsky Lavra）祷告。他身无长物，只带着几件脏衣服和几戈比。他用这些钱买了蜡烛。离开修道院时，他向一位路过的警察要求见一见主教谢尔盖。"你能和主教有什么关系，"警察威胁面前穿破烂衣服的贫穷农夫，"你肯定是个流氓。"拉斯普京感到一阵惊慌，匆忙跑向修道院的后门，在那里被一位守门人拦下来。拉斯普京跪在对方跟前，向其解释自己的来历，以及想见主教的原因。守门人被拉斯普京的话打动了，找来了圣彼得堡神学院（St. Petersburg Theological Seminary）院长谢尔盖主教［俗名为伊万·斯塔古洛德斯基（Ivan Stragorodsky）］。谢尔盖不仅接见了这个从西伯利亚远道而来的农夫，还和他交谈了数个小时。谢尔盖成了拉斯普京的保护人，把他介绍给城中的精英，还把他引荐到皇宫，让他得以面见沙皇。尼古拉倾听了拉斯普京想要修建教堂的心愿，给了他一大笔钱，拉斯普京心满意足地回到了家乡。[8]

这的确是个感人的故事，但完全不是事实。拉斯普京前往修道院时，根本不是一个贫穷又寂寂无闻的农夫修行者，而是带着喀山主教区声名显赫的主教赫里桑夫［Khrisanf，俗名为

赫里斯托福尔·谢赫特科夫斯基（Khristofor Shchetkovsky）]
的推荐信。不是拉斯普京跪在守门人跟前讲述的故事打动了谢
尔盖，而是赫里桑夫的推荐信说服了他。[9]这件事可能发生在
1904 年秋末至 1905 年春。[10]

当时的神学院学生、圣愚米佳的支持者伊万·费德切科夫
（Ivan Fedchenkov）后来回忆了谢尔盖在修道院的居所与拉斯
普京见面的场景。1907 年，费德切科夫削发成为修道士，改
名为韦尼阿明（Veniamin）①。在斯大林统治时期，他一度担
任都主教。"拉斯普京立刻给我留下了深刻的印象，一方面是
因为他与众不同的鲜明个性（他就像拉紧的弓或绷紧的弹
簧），另一方面是因为他洞察人心的能力。"韦尼阿明未发一
言拉斯普京就猜到了他将来的打算，这让这个神学院学生目瞪
口呆。

> 总的来说，拉斯普京因他的敏锐以及他对宗教的专
> 注，在普通人中是个与众不同的存在。你必须亲眼看看他
> 在教堂中祷告的模样：他站立的方式就像一根绷紧的弦，
> 他的脸朝向天际，接着他会飞快地画十字和鞠躬。
>
> 我认为，正是他在宗教事务中展现的非凡精力，使其
> 他人臣服于他的影响之下。……不知不觉，我们都成了
> "未受启发者"，或者用我们救世主的话来说，我们身上
> 的盐失去了效用，我们不再是"这世上的盐，这世上的
> 光"……慢慢失去了光辉……
>
> 突然，我们面前出现了一把燃烧的火炬。我们并不想

---

① 为了表述清晰，本书此后均将他称作韦尼阿明。——作者注

知道他拥有怎样的精神力量、怎样的品质，甚至我们可能根本不具备鉴别能力。然而，这颗新出现的彗星，非常自然地吸引了众人的注意。[11]

主教谢尔盖个性务实，他是少数几个没被西伯利亚燃烧的火炬打动的人之一。他很可能只见过拉斯普京一次，此后便不再与他来往。[12]谢尔盖在神学院的同僚费奥凡（Feofan）却与之相反。

1873 年，俗名瓦西里·比斯特罗夫（Vasily Bystrov）的修士大司祭费奥凡出生在一个贫穷的乡村牧师家庭。费奥凡在圣彼得堡神学院学习时表现得聪颖过人。1905 年他成为神学院的学督，四年后又升任院长。无论从哪方面衡量，费奥凡都可被称为真正的圣人，信仰坚定，灵魂深邃。宗教作家、政府官员尼古拉·扎法科夫（Nikolai Zhevakhov）曾形容费奥凡是"修道士中与众不同的存在，拥有至高无上的权威"。费奥凡不仅影响了神学院的学生，连首都的上流社会圈子都感受到了他的不同凡响。一向对俄国神职人员持批判态度的作家季娜伊达·吉皮乌斯（Zinaida Gippius）甚至也形容费奥凡"拥有罕见的品质，过着平静、正直的生活"。吉皮乌斯从没忘记与费奥凡会面时的情形："我记得这个人，他身材矮小而清瘦，看上去很安静，有着一张暗沉、严肃的脸。那一头打理得十分柔顺的黑发就像直接贴上去似的。"[13]如同那个时代的许多神职人员，费奥凡喜欢从普罗大众中发掘信仰虔诚的人，因为他们尚未经过打磨，没有接受过教育，在信仰层面却无比纯粹。费奥凡告诉学生们："世上依旧存在上帝的使者。直到今天，在我们的神圣罗斯还生活着许多圣人。上帝不时通过正直的人显示

54

他对我们的安慰，那些圣人是神圣罗斯的重要精神支柱。"[14] 费奥凡的身边不乏这样的圣人。他喜欢与他们交谈，留意他们谈论上帝和信仰的方式。他们的话将他带到了远离圣彼得堡的世俗生活的另一个世界。拉斯普京第一次来圣彼得堡时，主教谢尔盖邀请费奥凡与自己一同去见他。费奥凡很快被这个名叫格里高利的教友、这个来自西伯利亚的圣人迷住了。费奥凡惊讶于这个陌生人展现的精神洞察力和预言能力。显然，费奥凡从他们的谈话中得知，拉斯普京没有接受过教育，但他在革命爆发后曾回忆说，拉斯普京拥有"一种从个人经验中获取精神体验的能力"。[15] 费奥凡开始定期与拉斯普京见面，对这个西伯利亚圣者的兴趣与日俱增。不久后，他频频向其他人谈起这个格里高利，召集人们聆听他的智慧之言。听众中有被邀请到神学院听费奥凡谈论新发现的两名女性。当她们经过神学院的花园时，费奥凡兴奋地向她们提起这个与众不同、见解独到、刚从西伯利亚来到首都的男人。"我从没见过任何人像他那样祷告。"他说。费奥凡告诉两位年轻女子，和拉斯普京一起祷告后，自己感到整个人生变得更加清晰了，痛苦也不再那么难以忍受了。不仅如此，这个陌生人还有预言天赋：他可以通过观察每个人的面部来了解他们的过去并预言将来。这是一种他从斋戒和祷告中获得的神奇天赋。[16]

费奥凡开始向所有对拉斯普京的神奇能力感兴趣的人讲述他的故事。费奥凡 1906 年夏天拜访日托米尔（Zhitomir）时住在安娜·奥布霍娃（Anna Obukhova）的家中。安娜是一位富商的女儿，当时遭遇了精神危机，在考虑成为修女。费奥凡和她讨论了这个重大决定。"在俗世中拯救自己吧。"他说，然后告诉她有一位来自西伯利亚的圣者。"他是一位圣人，一位真正的圣人。"他建议他们见一面，因为费奥凡相信拉斯普京一定能够帮助她。[17]

*

拉斯普京为什么要去圣彼得堡？这个问题并没有明确的答案。拉斯普京本人以及一些当代俄罗斯民族主义史家或许想让我们相信，他这样做是为了筹钱在博克维斯科修建一座教堂。历史学家兼剧作家爱德华·拉津斯基（Edvard Radzinsky）甚至提出了一种更大胆、更有阴谋论色彩的假设："为了摧毁圣彼得堡和沙皇统治的帝国……"而拉斯普京的女儿玛丽亚给出的理由则朴实得多：为她找一所更好的学校，让她在喀山能有一个富裕的寄宿家庭；讨好费奥凡和其他神职人员，以便再次受邀以及有个落脚之地。[18]

最准确的答案或许是拉斯普京的个性、他对精神生活的追求、他在喀山取得的成功这三个因素的共同作用。作为云游者与朝圣者，拉斯普京不由自主地被这一想法吸引。他的双脚已经走过数千英里，拜访过许多城市、教堂和修道院，亚历山大·涅夫斯基修道院的景象久久徘徊在他的脑海之中。哪个俄国人不向往亲眼看看沙皇的首都呢？拉斯普京有一种与生俱来的好奇心，但其中一定也夹带着野心。他到过许多俄国的圣城，与许多圣人交谈过，他在宗教信仰上的天赋给人留下了难以磨灭的印象。那个年代，人们对这种天赋十分着迷，拉斯普京也为拥有这种天赋而自豪。我们或许永远无法知道，赫里桑夫究竟是主动给主教谢尔盖写的推荐信，还是为了回应拉斯普京的要求。但是，赫里桑夫在提笔时似乎十分慷慨、确信（否则他没有理由写这封信）；而拉斯普京对踏出人生旅途中这关键的一步也没有丝毫恐惧和犹豫。

玛丽亚回忆说，随着拉斯普京抵达圣彼得堡，他也来到了"生命中诸多滋扰与混乱的起点"。

> 我的父亲那时快40岁了（他当时即将满36岁）。也就是说，他的个性已经定型。过去二十年的徒步朝圣和云游、农夫生活、对土地的热爱和对孤独的追逐，渐渐让他成了一个温暖且善良的人。他作风朴实，直言不讳，拥有在隐士身上常见的独立品格。人们说他举止粗俗，不负责任，太在意金钱——我不否认这些。但与此同时，他展现出一种非凡的洞察力，他能够立刻看穿人们最隐秘的冲动。……
>
> 大大咧咧，总是想到什么说什么，从不羞怯，他总能知道人们的真正想法。这就是我的父亲。……
>
> 但首都是个讲究地位礼节的、国际化的、充斥着冷嘲热讽的地方，对一个农夫并不友善。人们的眼光扫过他的外表，就把头转向别处。他们说他脏，尽管他并不邋遢，只是没有精心梳理头发，或没有留和圣彼得堡其他男人一样的胡子。他拒绝向富人和权贵卑躬屈膝，这在别人眼中就成了没有教养。[19]

在圣彼得堡，拉斯普京迷失了方向。多年后，他告诉弗拉基米尔·梅什谢斯基亲王（一个极端保皇党，曾公开声称自己是同性恋和沙皇亚历山大三世的情人）："在这里活下去很不容易。没有规律的作息，一天也不消停，只有意味着灵魂死去的假期……命运将我带到了首都。这里嘈杂不已，让人失去理智……这里就像一只不停滚动并发出噪声的轮子……所有这一切经常让我头昏脑涨。"[20]

拉斯普京说过，他经常在街上迷路。整座城市熙熙攘攘，让他晕头转向，但这一切在让他感到不适的同时，也深深吸引着他。在这里的人被他迷住后，他就再也不愿离开，不愿再踏上风餐露宿的朝圣之路，也不再甘心只做个朴实的乡村教师。他原本贴近普罗大众，活得独立而自由，蔑视上流社会和权力的诱惑，但这些品质在圣彼得堡消失了。不过，他从未忘记当年的云游生活，很清楚该怎么善用那段经历。加夫里尔对拉斯普京前往圣彼得堡心怀恐惧，认为这会毁掉他的一生。他的话终将得到应验。

玛丽亚写道，搬往圣彼得堡是他父亲人生中一个十分关键的时刻。假以时日，他就会被城市生活彻底腐蚀。如果说起初他的生活和在博克维斯科时相比只是稍有不同，那么随着时间推移，她的父亲渐渐地向诱惑屈服，"在首都的光鲜亮丽中迷失了自我"。[21]但这一切并不是在一夜之间发生的。韦尼阿明还记得拉斯普京刚来圣彼得堡的那段日子："虔诚的人，尤其是女性，开始赞颂这个少见的男人，他的交际圈慢慢扩大。'他是个圣人。'随着他的名气渐长，人们对他交口称颂。于是，那些在精神上十分饥渴的贵族们，抓住了眼前的这道'光'。"

扎法科夫留意到，虽然圣彼得堡的精英们对宗教问题很感兴趣，但他们其实对东正教所知甚少，也不太与神职人员来往。他们十分天真，很容易就被来自西伯利亚的农夫迷住了。拉斯普京的奇怪举止、神秘发音都对他们有着天然的吸引力。他似乎毫不在意财富、地位、贵族们的雄伟宅邸、繁复的头衔。他遇见每个人时都称呼对方为"你"（*ty*），从不使用敬称。[22] 费奥凡希望向众人展示他的新发现，开始把拉斯普京介绍到圣彼得堡的各个沙龙。沙龙在当时的城市文化生活中扮演着十分重要的角色，它将来自贵族家庭、教会、文艺界、媒体、皇宫和政府的精英聚在一起，而他们的话题常常离不开精神信仰。

圣彼得堡最知名的沙龙由索菲亚·伊格纳季耶娃伯爵夫人［Countess Sofia Ignatieva，嫁人前被称为梅谢尔斯卡娅公主（Princess Meshcherskaya）］和她的丈夫、内政部副大臣阿列克谢·伊格纳季耶夫伯爵（Count Alexei Ignatiev）举办。在他们位于法国河岸大街（French Embankment）26号的奢华大宅中，夜晚的灯光总是朦朦胧胧。室内聚集着最杰出的神职人员，如修道士泽拉菲姆［Seraphim，他后来升任都主教，俗名是列昂尼德·奇恰戈夫（Leonid Chichagov）］和主教格尔莫根［Germogen，俗名是格奥尔基·多尔加诺夫（Georgy Dolganov）］；作家和记者，如保皇派日报《钟鸣》（*Bell*）的编辑瓦西里·斯科沃尔佐夫（Vasily Skvortsov）；上流社会的贵族，如柳博夫·高罗维纳（Lyubov Golovina）和亚历山德拉·塔尼耶娃（Alexandra Taneeva）。费奥凡在伊格纳季耶娃的宅邸里介绍了拉斯普京后，他们中的许多人先是成为拉斯普京的信徒，后来又与他反目成仇。伯爵夫人对各种形式的神秘主义都非常感兴趣，经常在沙龙中谈起具有启示意义的梦境。一次，泽拉菲姆神父说："我们之中有一位伟大的预言者。他的存在就是为了向沙皇揭示上帝的意志，将沙皇带上光辉的坦途。"[23] 毫无疑问，伯爵夫人知道他指的是谁：拉斯普京。

拉斯普京还经常现身男爵夫人瓦尔瓦拉·伊斯古·冯·希

尔德布兰德（Varvara Iskul von Gildebrand）的沙龙。她是寡妇，居住在克洛切那亚街（Kirochnaya Street）18 号的豪华公寓里。夫人的兴趣相当广泛，涉及文学、艺术、政治以及宗教领域。这个沙龙的来宾的背景十分多样化，大公和大公夫人、政府高官、社会主义者、神父，以及托尔斯泰主义者。她虽然没有彻底拜服在拉斯普京的神奇能力之下，但认为他是个有趣的人，能为她的圣彼得堡朋友带来一丝异国情调。拉斯普京每次来访和告别时都会亲吻每一个人，这让她觉得十分新奇，圣彼得堡的人没有这个习惯，因此她以为这是俄国乡村普通人的打招呼方式。[24]

弗拉基米尔·邦奇 - 布鲁耶维奇（Vladimir Bonch-Bruevich）不仅是历史学家、俄罗斯宗教派别的研究者，还是坚定的布尔什维克党人、列宁的私人秘书。他留下了一份描绘自己在男爵夫人家中第一次与拉斯普京见面的详细记录：

> 时间刚过八点，拉斯普京出现了。他踏着轻快的步子走进瓦尔瓦拉·伊万诺娃家的客厅。看起来，他似乎是第一次来。他的双脚刚踩上地毯，就对女主人说："看看你都干了些什么，我亲爱的女士。你的墙上挂满了画，这里简直像座博物馆，一面墙恐怕就可以喂饱五个饥肠辘辘的村里人。噢，看看你们的奢华生活，而贫穷的农夫们还在挨饿……"接着，瓦尔瓦拉·伊万诺娃把拉斯普京介绍给她的客人。他立刻连连发问：这位女士结婚了吗？她的丈夫在哪里？为什么她独自一人前来？如果我们在一起，我会好好照顾你的，就像你……他继续以这种方式和人们交谈，相当轻浮，像在开玩笑似的，语气幽默又轻

58

松。……我的注意力很快集中到了他那对眼睛上。他的眼神如此直截了当、不容置疑，双眼中常常泛出诡异的荧光。他不停将目光投向聆听者。有时，他会减慢语速，变得吞吞吐吐，好像思绪已经飘向了别处。一回神，他又会紧紧盯住某个人，但在他的目光中却找不到焦点。他只是直直地看向那些人的眼睛，看上好几分钟，其间口中不时蹦出不连贯的句子，举止也十分古怪。转眼之间，他似乎又回到了现实之中，好像有些尴尬地转移话题。我留意到，他的注视对客人产生了巨大的影响，尤其是对女性，她们在这样的目光中变得格外不安、焦虑，又会害羞地用眼角的余光看着他。但有时，她们也会走到他身边，与他交谈，倾听更多他的话语。他在与人谈话时，有时会突然转向另一个人，可能在十分钟或二十分钟前他曾盯着那个人看。他会停下对话，口中喃喃说道："不，母亲，这可不好，这完全不好……我们不可能这么生活，看看你自己……你真的以为采取侮辱的方式就可以解决问题吗……你需要的是爱……是的……你需要的正是爱……"但很快，他又会回到之前的对话，或者在房间里随便找个人，开始新一轮的交谈。有时他会坐一会儿，或者莫名其妙地弯腰蹲下。他总在不停搓手。所有这一切都给在场者留下了深刻的印象。人们开始耳语，说他确实在某些事上道出了真相，他有着惊人的洞察力，总能制造出某种紧张的氛围，就像人们在修道院的长老和预言家身上感受到的那样。[25]

1912 年，在拉斯普京的名声越来越响（或者更准确地说，越来越声名狼藉）之际，男爵夫人想邀请季娜伊达·吉皮乌斯出席她的沙龙。但吉皮乌斯和她的丈夫——作家和哲学家德米特里·梅列日科夫斯基（Dmitry Merezhkovsky）拒绝了。她坚称，自己和城里的其他人不同，完全没兴趣一睹拉斯普京的真容。她将这一决定视为他们夫妇的一种荣誉。[26]

但是，他们只是少数派。人们似乎都对拉斯普京，以及其他出现在城中沙龙上的圣人乐此不疲。在一位记者看来，其中的原因显而易见：

> 在光鲜亮丽的客厅中，人们喜新厌旧的速度远远超过中产阶级家庭和生活在简朴房屋中的人。只要有钱，你就可以得到一切。但现在，即便是最眼花缭乱的东西都不能令人满足。人们对一切感到厌倦。在这种情况下，人们很容易就被无法理解的事物吸引，无论是活生生的长老，还是圣愚或疯子。也许只有这些人才能带来新鲜的体验，提供全新的机会和崭新的现实。正是出于这个原因，阴暗、神秘的人物，比如拉斯普京，登场了。[27]

他总结道，俄国正在迎来一个"怪异的时代"。

## 注　释

1. Gumilev, *Selected Works*, 98 – 99.

2. 长久以来，我们只知道拉斯普京拜访此地的大致时间，但现在基本有了一个比较明确的说法。参见 VR, 30；FB, 20。

3. VR, 30；*Iuzhnaia zaria*, 30 May 1910, pp. 2 – 3；*Kievlianin*, 24 December 1916, p. 75.

4. FB, 8, 14, 25.

5. PZ, 242.

6. FR, 23 - 26; *Sovremennoe slovo*, 20 December 1916, p. 2; *Rech'*, 26 May 1910, No. 142.

7. VR, 28.

8. PZ, 246 - 47. 谢尔盖在 1942 年成为斯大林治下的全俄第一任牧首。

9. VR, 27; FB, 19.

10. 关于他抵达的时间存在许多说法，基本在 1902 年至 1905 年之间。这里使用的时间应该是最确切的，来自修士大司祭费奥凡在调查委员会面前的说法。见 RR, 47 - 48; VR, 31 - 33。

11. Veniamin, *Na rubezhe*, 134 - 37. Also: Shavel'skii, *Vospominaniia*, 1: 55, incl. n. 10a.

12. Zhevakhov, *Vospominaniia*, 1: 203 - 204, 239 - 40; VR, 41 - 42.

13. *GRS*, 4: 9. See also FB, 24 - 25; Betts, *Dukhovnik*, 39.

14. IMM, 87 - 88.

15. Zhevakhov, *Vospominaniia*, 1: 203 - 04, 239 - 40; RR, 49.

16. VR, 33 - 34.

17. SML, Spiridovich Papers, No. 359, Box 14, Folder 2, pp. 1 - 5.

18. PZ, 22; RR, 46; RRR, 26 - 36.

19. RRR, 17, 41 - 43.

20. FB, 216.

21. RRR, 49.

22. VR, 45, 48.

23. Witte, *Vospominaniia*, 492; Witte, *Iz arkhiva*, vol. 1, bk. 2, 841; Shishkin, *Rasputin*, 60 - 67; FB, 213 - 58 ( pp. 218 - 23 for quote ); Vladykin, *Taina*, 3. Also: Vasilevskii, *Nikolai II*, 73 - 74; Kovalevskii, *Grishka Rasputin*, 19 - 30; OR/RNB, 585. 5696, 28ob.

24. Evlogii, *Put'*, 201; FB, 241 - 42; OR/RNB, 1000. 3. 439, 8.

25. GARF, 1467. 1. 479, 7 - 13.

26. Gippius, *Vospominaniia*, 371 - 72.

27. *Novaia voskresnaia vecherniaia gazeta*, 18 March 1912, p. 3.

# 第七章　狂妄修道士

在圣彼得堡神学院，拉斯普京还结识了一位神职人员。他 在早期是拉斯普京最坚定的支持者，日后却成为其最难对付的仇敌。1880 年，谢尔盖·特鲁法诺夫（Sergei Trufanov）出生在俄国南部顿河沿岸的一个哥萨克人家。和拉斯普京一样，他的人生也充满传奇色彩。他于 1901 年入读神学院，成为费奥凡和主教谢尔盖的弟子。1903 年 11 月，他获得教名伊利奥多尔。1905 年夏天，伊利奥多尔从神学院毕业，先是在雅罗斯拉夫尔神学院（Yaroslavl Theological Academy）教授布道术（homiletics）。随后，他于 1906 年前往诺夫哥罗德神学院（Novgorod Seminary）执教。那年晚些时候，他又被调往乌克兰西部的波察耶夫修道院（Pochaevskaya Lavra）。

伊利奥多尔职位频繁变动并非因为受到提拔，而是由于他天性叛逆。波察耶夫的媒体如此形容这位年轻的修道士："这个与众不同的男人——他几乎还是个孩子——有着温和、俊美、阴柔的面孔，意志异常坚定。无论他出现在哪里，都能立刻吸引一大批人。他的热情、对圣灵默示的诠释、对沙皇和祖国的热爱，都给人们留下了难以磨灭的印象，满足了人们对英雄事迹的追求和渴望。"[1]

即便是伊利奥多尔的敌人，也不得不承认他是一位出类拔萃的演说家。就像其他神职人员一样，他可以感召、说服人们跟随他，但让人感到可怕的是他试图带领自己的信徒所走上的道路。一位传记作家形容说，他具有法西斯倾向。在那个反犹主义盛行的时代，伊利奥多尔坚决支持仇恨犹太人的极端暴力行为。他还公开支持俄国人民同盟［Union of the Russian People，隶属于臭名昭著的黑色百人团（Black Hundreds）］，向任何被他视为敌人的对象毫不犹豫地发起攻击。他在一系列文章和小册子中阐述自己的观点，称俄国被"束缚在了犹太人的锁链之下"。[2]

1906 年，他在小册子《何时终结？》（*When Will This Finally End？*）中，直接向沙皇描述了他心目中的俄国。伊利奥多尔大声疾呼，犹太人、记者、杜马，以及俄国法律系统的"罪恶天性"，正在毁掉这个国家。他警告说世界末日正在逼近，"我们十分肯定，而且应该不断告诫自己，敌基督会在某一天出现在神圣罗斯"。伊利奥多尔告诉他的听众，俄国还没有走到穷途末路，一切尚有转圜的余地，但沙皇必须行动起来，而且必须强硬一点：暴力是唯一的答案。必须严格执行死刑。任何侮辱上帝的人必须"以最残忍的方式被处死"。俄国法庭必须重拾它的传统角色，"成为通往绞刑架、斧头和子弹的最短路径"。惩罚对象不该局限在罪犯中，还应该包括"诽谤者、说谎的媒体工作者，还有煽动者"！在整个国家，尤其是沙皇的宫廷中，"任何流着外国血液的人"都应该被围捕，被逐出俄国。出于当下的需求以及国家的利益，两百年来，由彼得大帝开启的通往西方的大门必须关闭。为了在新时代更好地辅佐沙皇，伊利奥多尔向尼古拉自荐，称自己是最忠诚的子民，已经做好将一切西方余孽逐出俄国的准备。他向沙皇吹嘘，在他身边的不是黑色百人团，而是黑色百万人团："我们不是黑色百人团，我们有数百万人，是黑色百万人团，名副其实的数百万人。"[3]

他从前的保护人大主教安东尼［Archbishop Antony，俗名为阿列克谢·赫拉波维茨基（Alexei Khrapovitsky）］被迫承认伊利奥多尔堕入了"癔症性精神病"的深渊。然而，列宁在其中捕捉到了关键信息，他形容伊利奥多尔在俄国传播了一种全新的观点："黑暗的、农夫式的民主是最粗俗的，但也是最深刻最彻底的。"[4]正教会还没准备好迎接任何农夫式的民主（不管是黑暗的还是其他形式的），因此伊利奥多尔不断成为麻烦的根源。在雅罗斯拉夫尔神学院，他顶撞反对俄国人民同盟的院长耶夫赛维神父［Father Yevsevy，俗名是耶夫塞塔费·德罗兹多夫（Yevstafy Grozdov）］，导致他被调往诺夫哥罗德。类似情况在接下来几年成了伊利奥多尔生活的常态：屡遭调职，被贴身监视，被威胁恐吓。数年后，伊利奥多尔才在一阵盛怒之中做出抛弃信仰的决定。

伊利奥多尔将自传取名为《俄国的狂妄修道士伊利奥多尔：谢尔盖·米哈伊洛维奇·特鲁法诺夫的生活、回忆录和自白》（*The Mad Monk of Russia*，*Iliodor：Life*，*Memoirs and Confessions of Sergei Michailovich Trufanoff*，简称《俄国的狂妄修道士》）。他的文字中充斥着偏执和狂妄自大，古怪地混合了各种事实、错误、不知羞耻的谎言。而这些说法在把拉斯普京塑造成俄国"圣魔"的过程中发挥着重大作用。他在数次攻击拉斯普京并受挫后逃离俄国，写下这本书。面对无法杀死拉斯普京的事实，伊利奥多尔决定用手上那支笔摧毁他。

"我的生命从一间落魄的农村小屋开始。"伊利奥多尔愤愤不平地写道，"它曾在皇宫中迸发绚丽的光芒，最终却被驱

62

逐，焦躁不安地在异国他乡走向终点。"接着，他开始畅想，如果他能走上一条与拉斯普京相似的道路会怎样——从一贫如洗到获得权力、影响力、地位，乃至显赫的名声。伊利奥多尔表示，就像拉斯普京，他本人也曾得到沙皇的宠幸。但这对他而言还远远不够。不同于拉斯普京，俗世中的得失并不能满足他，伊利奥多尔想要更多。他认为自己追求的是"真理之光"，而在追求它的道路上他看清了拉斯普京身上邪恶的真相。[5]他不断与自己的良心博弈。最终，他决心与拉斯普京为敌，试图从其手中拯救俄国。正因如此，伊利奥多尔声称，拉斯普京毁了他的人生。

伊利奥多尔比拉斯普京多活了三十余年，但他在余生中从未摆脱拉斯普京的阴影。

## 注 释

1. VR, 247.
2. Dixon, "'Mad Monk',"382, 389.
3. Iliodor, *Kogda-zhe konets?*, 3, 10 – 15.
4. Dixon, "'Mad Monk',"384 – 85.
5. IMM, esp. 3, 6 – 7, 13, 15, 21.

第二部

# 我们的朋友：
# 1905 年~1909 年

# 第八章　通往宫廷

1905 年 11 月 1 日，尼古拉二世在首都郊外的彼得霍夫宫
中写下了当天的日记：

> 星期四。刮风的寒冷天气。从海边到运河尽头都结了
> 冰。整个早上忙个不停。
>
> 与奥尔洛夫亲王（Pr. Orlov）和列辛（Resin）一起
> 吃了午餐。外出散步。下午 4 点，我们去了谢尔盖耶夫卡
> （Sergeevka）。与米莉恰和斯塔娜喝了下午茶。我们认识
> 了一位来自托博尔斯克的圣人，叫格里高利。
>
> 晚上，放松了一段时间。又认真工作了一会儿。接
> 着，去了阿历克斯那儿。[1]

这是尼古拉和亚历山德拉第一次与拉斯普京见面。那天
下午，他们听拉斯普京谈了三个小时。仅花了一年时间，拉
斯普京就从俄国的最底层跃升至宫廷。谁都没能预见他的这
种成就。

我们不知道拉斯普京离开喀山后在圣彼得堡住了多久。他
可能回过博克维斯科一次，在 1905 年再次来到首都；也可能
一直住在那里，直到与沙皇夫妇第一次见面。但我们知道，停
留在圣彼得堡期间他一直住在亚历山大·涅夫斯基修道院。那

年的某个时候，他还搬进了神学院院长费奥凡的住处所在的那一翼。[2] 平日里会来神学院拜访费奥凡的人中，就包括米莉恰及其丈夫彼得。据大主教说，自己和黑山姐妹一样，都对"生命的神奇一面"十分着迷，因此他们慢慢亲近起来。米莉恰开始邀请费奥凡前往家中，后来又请求他成为自己的告解神父。他在一次拜访中告诉米莉恰，自己遇见了一位名叫格里高利·拉斯普京的圣人。米莉恰对此人有了兴趣，便邀请这位格里高利来家中做客。拉斯普京没有令米莉恰失望，他很快成了她家中的常客。在那里，拉斯普京被介绍给斯塔娜和尼古拉沙，他们同样对从西伯利亚来的长老十分着迷。[3] 通往宫廷的大道就此铺好。

66　　革命爆发后，被驱逐到索非亚（Sofia）的费奥凡十分懊悔提拔拉斯普京，否认他曾把这个西伯利亚人介绍给黑山姐妹，或尼古拉和亚历山德拉。他甚至声称，自己第一次见到拉斯普京是在黑山姐妹的家中。这显然是个谎言（他第一次见拉斯普京是在主教谢尔盖的住处）。但到那时，已经没人愿意承认曾与拉斯普京为友，或者曾相信他以及他在宗教上的天赋。[4]

沙皇身边的副官、最后一任皇宫卫戍司令弗拉基米尔·弗艾柯夫（Vladimir Voeikov）在罗曼诺夫皇朝覆灭后，告诉调查委员会的相关人员，是尼古拉沙在和黑山姐妹商量后第一次把拉斯普京带到了皇宫。其他接近皇宫的消息来源也证实，黑山姐妹应该为把拉斯普京介绍给尼古拉和亚历山德拉负责，她们试图利用他巩固自己在沙皇夫妇身边的地位。这对姐妹似乎认为，一个朴实的农夫很容易控制：她们可以利用他搜集宫中的信息，同时维系她们与尼古拉、亚历山德拉的关系。[5] 作为意图控制拉斯普京计划的一部分，米莉恰曾告诉他，不要在没有她们姐妹陪同的情况下前往皇宫，因为那里充满各式阴谋、嫉妒和诱惑，如果没有她们的引导，他肯定会迷失自我。但拉斯普京没有按她们的话行事，黑山姐妹最终对他大失所望，因为他比她们想象中的要更加聪明、独立，从没想过要沦为任何人的工具。

另外有些人认为，拉斯普京的平步青云得益于一群接近皇宫的东正教神职人员。持此类看法者亲眼见证过远道而来的"圣者"（比如帕皮斯或菲利普先生）的巨大影响力。弗艾柯夫便是这些人中的一个。他相信，正是出于这个理由，费奥凡才把拉斯普京介绍给黑山姐妹，暗中希望她们再把他引荐给尼古拉和亚历山德拉。费奥凡等教会的高级神职人员相信，神圣罗斯的沙皇应该寻求正统的俄罗斯正教会信仰，而不是找个法国催眠师引导自己。[6]随着时间的推移，类似故事流传开来，人们不断添油加醋，按自己的意图编造夸张的情节。1914年，《彼得堡信使报》（*Petersburg Courier*，后改名为《彼得格勒信使报》）在揭露把拉斯普京引向皇宫的神秘道路时，引用了一位"显要人物"的说法："一些教会的神职人员看上了这个朴素的农夫，把他包装成一个拥有神秘能力的'先知'，利用他来实现他们的目的。因此，拉斯普京显然是我们教会的'政治游戏'的产物。"[7]值得一提的是，费奥凡从拉斯普京地位的扶摇直上中获益良多。沙皇夫妇与拉斯普京初次见面不到两星期后，费奥凡就成了罗曼诺夫皇室家族的私人告解神父。这绝对不是一个巧合。[8]

其他说法还包括，拉斯普京背后的推手是黑色百人团或其他民族主义团体，而他绝不是这些势力推举的唯一人选。名单

67

中还可能包括一个名叫谢尔盖·尼卢斯（Sergei Nilus）的神秘术士。尼卢斯出生在一个富裕的地主家庭，经历宗教上的觉醒后，他离家并踏上了朝圣之路，成为一名云游者。他在《少数派及敌基督的巨大隐忧，一种迫在眉睫的政治可能性：一位东正教徒的笔记》（*The Great within the Small and Antichrist, an Imminent Political Possibility：Notes of an Orthodox Believer*）一书中记述了自己的宗教发现。1905 年，此书再版时被载入了史册，因为它收录了一部完全胡编乱造、如今声名狼藉的作品《锡安长老会纪要》（*The Protocols of the Elders of Zion*）。尼卢斯新书的第一版（没有收录《锡安长老会纪要》）面市后，在教会和保皇党圈子中口碑极佳，皇后的姐姐埃拉是忠实读者中的一员。据说她曾邀请尼卢斯前往皇村，试图将他引荐给沙皇夫妇，作为接替菲利普之人。然而，事实上什么也没发生，这个故事很可能纯属编造。多年后，前宫廷事务大臣亚历山大·莫索洛夫将军（General Alexander Mosolov）提及此事时说，这不过是"一派胡言"。[9]

对不同团体而言，拉斯普京都可以作为他们的工具。扎法科夫也有一套自己的说法，他编造了大量稀奇古怪的涉及拉斯普京的阴谋论。革命爆发后，扎法科夫称，拉斯普京是"国际犹太民族"的产物，他们利用他（歪打正着地）实现了摧毁俄国基督教传统的阴谋。他们扶植了出身卑微的拉斯普京，将他神圣化。从一开始，他们的计划就是让黑山姐妹把他带进皇宫，通过他破坏君主制。"这个组织中，神秘的代理人一手伪造了拉斯普京的名声，让他站在犹太人一边，成为他们的合作者。他们启动了这场微妙又复杂的游戏，从很久之前起就策划了煽动革命的剧情。"[10]

\*

拉斯普京在宫廷中的出现与革命爆发之间的确有关系，但绝不是扎法科夫扭曲的头脑中的这种幻觉。1904 年至 1905 年，俄国和日本之间爆发了一场不受欢迎的战争，最终以俄国签署耻辱的《朴次茅斯和约》（Treaty of Portsmouth）告终。与此同时，俄国饱受蔓延全国的工人罢工之扰。1905 年 1 月 9 日，数百名和平示威者在冬宫外遭士兵枪杀。如今，该事件以"血腥星期日"（Bloody Sunday）之名为人所知。它点燃了1905 年的革命怒火，差点推翻俄国的君主政体。数百万工人离开岗位；整个国家的铁路陷入瘫痪；大学生走上街头抗议；陆军中骚乱不乱；海军中爆发了兵变［最知名的属战舰"波将金"号（Potemkin）上的兵变］；全国各地的农夫们联合起来，烧毁贵族的庄园，攻击沙皇在当地的权力机构。

1905 年夏天，危机进入白热化阶段，尼古拉终于同意妥协。他签署了《十月宣言》（October Manifesto）以及其他文件，确立了基本的公民自由（言论自由、集会自由和宗教自由），允许组建不同政治党派，接受新成立的国家杜马（State Duma）作为实质上的立法机构。实际上，《十月宣言》已经将俄国转型为君主立宪制。沙皇象征性地拥有"至高无上的专制权"，他的权力不再毫无制约。1906 年颁布的《俄罗斯帝国基本法》（Fundamental Laws）在沙皇和杜马之间制造了一种尴尬的权力平衡。《十月宣言》换来全国的一片欢欣鼓舞，高涨的革命热情逐渐消退。但是，尼古拉因此深受打击。为了挽救他的帝国，他打破了继承皇位时的承诺，即维护沙皇的专制权力。[11]他无比羞愧，在余生中尽一切努力弥补那年秋天对

68

皇朝造成的伤害，致力于重塑他的至高权威。

1905 年的整个 10 月，尼古拉和亚历山德拉不时与黑山姐妹和尼古拉沙见面。他们一起度过了这段艰难的时光——这些尼古拉执政期间最困难的日子。此时，米莉恰已经准备向他们引荐来自西伯利亚的圣人。她一定对沙皇夫妇讲述了他的神奇能力，以及她为什么仰慕他。拉斯普京的推荐人中有费奥凡，这更加确保了他的神圣性。对亚历山德拉而言，这似乎应验了她的朋友菲利普的承诺。这一刻，她无比需要一个人在精神上指引她。如今，预言成真了。

69　　　我们不知道拉斯普京和尼古拉在第一次见面时谈论了什么。日后，费奥凡回忆说，拉斯普京曾告诉他，沙皇在那天晚上就被他深深吸引，但皇后花了更长时间才接纳他。从以下这封信中，我们大致可以猜测他们谈话的内容。这是拉斯普京写给尼古拉的第一封信，时间为 11 月 5 日，即他们见面后的第四天。

　　　　伟大的君主、沙皇、俄国的至高权力！向你问好！愿上帝赐予你明智的劝告。当劝告来自上帝时，我们的内心会充满喜悦，而且这种喜悦无比真实。但如果我们听到的声音既生硬又刻板，我们的内心就会感到失望，头脑会十分困惑。如今，俄国饱受困扰，她陷入了一种可怕的自我对峙。她在喜悦中颤抖，敲响寻求上帝指示的钟。上帝教导我们仁慈，使我们的敌人敬畏。因此，他们，那些疯狂的人，如今已经体无完肤，他们的头脑不再敏锐，就像人们传唱的："恶魔已经忙碌了很长时间，终于要从后门被赶走。"这是上帝的能量，是他展示的奇迹！不要轻视我

们朴实的话。你是我们的主人，而我们作为你的奴仆，必
定会尽我们所能。我们颤抖着，我们向上帝祷告，愿他保
佑你远离恶魔，远离一切伤害，无论现在还是将来。于
是，你得以永生，就像不断流淌的、孕育生命的泉水。[12]

这封信极少在之前的拉斯普京传记中被提及，但十分重
要。[13]我们从中得知，从一开始，拉斯普京就不惮于和沙皇讨
论国事。不仅如此，他还敢于向尼古拉建言说，在如此困苦的
时期，尼古拉应留意来自上帝的旨意，而不是"生硬又刻板"
的声音（拉斯普京在此处指的应该是沙皇身边的大臣们的建
议）。关于该如何统治俄国的子民，拉斯普京告诉尼古拉，他
只要听从上帝的声音。拉斯普京没有说出口的是，这种声音只
有"圣人"才能听到，而尼古拉在日记中第一次提及拉斯普
京时，正是用这个词形容他的。这封信还预示了拉斯普京和沙
皇之间即将发展出的另一层关系。拉斯普京总是慷慨地给予尼
古拉治理国家所需的自信，鼓励他保持坚强，对自己和自己的
国家秉持坚定的信念。实际上，拉斯普京去世不久后出现了一
种说法，称在 1905 年暴力肆虐的最艰难时期，正是拉斯普京
说服沙皇不要抛弃国家。拉斯普京向尼古拉保证，一切都会过
去，他和他的家人不需要担心性命安危。就这样，拉斯普京在
皇宫中确立了自己的地位。[14] 1915 年，沙皇的秘密警察机构
"奥克瑞那"① 报告说，1905 年，拉斯普京甚至向沙皇提出了
实质性的治理建议，比如当时在俄国实行君主立宪制还"为

70

① "奥克瑞那"（Okhrana）的字面意思为"保卫"，全称为公共安全与秩序
保卫部，隶属于内政部，是俄罗斯帝国的秘密警察机构。——译者注

时过早"。[15]但这种说法的真实性如今已很难评估。

这封信中没有涉及的内容也值得我们留意。它只字未提筹钱修建教堂。更关键的是，信中没有出现阿列克谢的名字。长久以来，拉斯普京和沙皇夫妇之间的关系一直被解读为维系在生病的皇储身上：因沙皇需要一位神奇的治愈者，拉斯普京才巩固了其在宫廷中的地位。但是，现实远比我们想象的要复杂。从一开始，拉斯普京会吸引尼古拉和亚历山德拉就是因为他们需要他的支持和智慧，不仅仅是为了沙皇的继承人，更是为了整个俄罗斯帝国。理由甚至还不止这些。如今国家到处都在爆发叛乱，但沙皇夫妇眼前突然出现了一位谦卑的农夫，讲了一番十分中听的话：需要相信上帝和他的奇迹；沙皇是这个国家合法的主宰者；他的子民必须顺从和臣服，因为沙皇统治的安宁稳定与整个俄罗斯帝国的安宁稳定密不可分。

## 注　释

1. *KVD*, 7；Nicholas II, *Dnevniki*, 1：1042. 谢尔盖耶夫卡也被称为洛伊希滕贝格宫（Leuchtenberg Palace），位于彼得霍夫宫内，是尼古拉一世送给女儿玛丽亚女大公（Grand Duchesses Maria）的礼物。玛丽亚在 1839 年嫁给了洛伊希滕贝格公爵马克西米利安（Maximilian）。

2. FB, 354.

3. RR, 50 – 52. 其他来源也证实了费奥凡曾将拉斯普京介绍给黑山公主。参见 VR, 35 – 36；Rassulin, Vernaia Bogu, 297。

4. OR/RNB, 307. 80, 2；VR, 36 – 40；RR, 52.

5. VR, 48 – 49；FR, 40 – 41；Veniamin, *Na rubezhe*, 138；Den, *Podlinnaia tsaritsa*, 62；Amal'rik, *Rasputin*, 8；Smirnov, *Neizvestnoe*, 48；RR, 71.

6. VR, 49 – 50；Voeikov, *S tsarem*, 58.

7. *PK*, 5 July 1914, p. 2.

8. Betts, *Dukhovnik*, 32 – 33; FB, 25.

9. Vasilevskii, *Nikolai II*, 72; VR, 51 – 52.

10. Zhevakhov, *Vospominaniia*, 1：207. 当时的人对这种观点的回应，见
   FB, 414 – 16。

11. Steinberg, "Russia's fi n de siecle," 70 – 71.

12. GARF, 640. 1. 323, 20ob – 21.

13. 但这些信的确出现在了 KVD, 8, 尽管没有任何评论性文字。

14. GARF, 102. 316. 1910. 381, ch. 2, 99 – 102.

15. GARF, 111. 1. 2978, 17ob.

# 第九章　拉斯普京－诺维

　　给沙皇写信后不久，拉斯普京启程返回博克维斯科。与他同行的是他在首都认识的几位新友人，包括神父罗曼·梅德韦德（Roman Medved）及其妻子安娜（Anna）。

　　罗曼是圣彼得堡抹大拉的马利亚使徒教堂（Mary Magdalene Apostolic Church）的神父。早年他在神学院学习，因此与费奥凡相熟。一如费奥凡，他也和喀琅施塔得的约翰走得十分近。拉斯普京发迹前，神父约翰是俄国最知名的宗教人物。引用他最新传记中的说法，他是"现代俄国第一位宗教名人"。约翰出生于 1829 年，俗名伊万·伊里奇·谢尔盖（Ioann Ilich Sergiev）。19 世纪晚期，他已经是魅力十足的神父了（他于 1989 年被封圣），吸引了数量庞大的信徒。人们竞相传说，他的双手能够治愈一切疾病痛苦。他在教堂举行的弥撒相当受欢迎，因此得以主持主日弥撒。他在穷人和贵族中受到同样的推崇，他的信徒们甚至会亲吻他走过的路。他的形象出现在明信片、布告乃至作为纪念品的教士肩布上，他几乎享受了身为神父的最高荣誉。亚历山大三世去世之际，他被召唤至沙皇的床边，但他的祷告最终没能挽回亚历山大三世的性命。神父约翰去世后，他的女性仰慕者们搜遍了他的房间，只为了得到他衣服上的一小块布，她们把其视作圣人的遗物。

　　拉斯普京生前，有些说法将他和神父约翰联系在一起。有人说，那位长老神父认定拉斯普京是自己的接班人，甚至把他推荐给了尼古拉和亚历山德拉。有人则说，神父公开叱责过拉斯普京，且当着后者的面表示，他的名字正是他放荡生活方式的写照。这些说法都不准确。根据已有的文献，两人从未谋面。但是，由于罗曼和神父约翰十分亲近，罗曼经常拜访约翰，约翰和拉斯普京虽然从未被正式介绍给对方，但神父至少应该听过这位来自西伯利亚的不可思议的圣者。至于神父约翰会怎么评价对方，就不得而知了。[1]

费奥凡不仅把罗曼介绍给了黑山姐妹，还让他结识了拉斯普京。罗曼和安娜立刻被格里高利迷住了，拉斯普京成了他们家的常客。1905 年末至 1906 年初的某个时间点，拉斯普京搬进了他们位于罗迪斯特文斯科亚第二大街（Second Rozhdestvenskaya Street）上的家。拉斯普京的新接待家庭相信，他拥有罕见的治愈能力，甚至可以远距离施展它。此后多年，每当安娜或她的丈夫身体抱恙，安娜都会给拉斯普京写信，请求他为他们的康复祷告。[2]

另一位和罗曼一同前往博克维斯科的访客是奥尔加·鲁克缇娜（Olga Lokhtina）。1867 年，鲁克缇娜出生在一个富裕的喀山贵族家庭。很快她就成为拉斯普京最狂热的信仰者。她不时做出古怪的举动，在许多人眼中这是拉斯普京邪恶影响力的最佳证据。她像中了拉斯普京的邪一般。也许刚开始时，鲁克缇娜只是将拉斯普京视为一位圣者，然而，随着时间推移，他在她的眼中成了圣人、基督乃至上帝本人。鲁克缇娜还深信，她是圣三一中的一部分，伊利奥多尔是圣子（基督），而她是圣母玛利亚。但这是后话了。1905 年时，她还是圣彼得堡最传统的那种美丽的妻子与母亲，丈夫是一位名叫弗拉基米尔·

72

鲁克提恩（Vladimir Lokhtin）的工程师。正是在这一年，她在罗曼家遇见了拉斯普京。她日后提起过，那段时间她被肠神经官能症所扰，因此神父罗曼把她介绍给拉斯普京，认为她一定能得到医治。就像罗曼，鲁克缇娜很快拜倒在拉斯普京的魅力之下。因此，她带着自己的女儿在 11 月加入了拜访博克维斯科的旅行，希望看看她心中无与伦比的圣人究竟生活在怎样的地方。[3]

"与拉斯普京一起旅行令我感到无比喜悦，"鲁克缇娜说，"因为他为灵魂注入了生命。"她也相当喜欢博克维斯科。"我十分喜欢他的生活方式。"她在日后告诉调查委员会。

> 他的妻子一见到丈夫便立刻在他面前跪下……我为他妻子的谦卑感到震惊。如果我没有犯错，我不会向任何人屈服。但在这里，我看到拉斯普京的妻子总是避免与丈夫起冲突，尽管在我看来，有时对的人是她，而不是她的丈夫。这让我……实在太惊讶了。她说："丈夫和妻子应该同心，有时你该控制自己的脾气，有时是对方……"我们经常睡在同一个房间，但我们很少真正有时间睡觉。大多数时候，我们都在倾听神父格里高利充满灵性的谈话，这令我们久久无法入眠。早晨，我如果起得早，就会和神父格里高利一起祷告……和他一起祷告让我觉得自己像从地面升起来了一样……在家中，我们常常吟诵《旧约》中的《诗篇》，或者唱赞美诗。

73

她还说：

> 的确，他在和人见面时有亲吻乃至拥抱对方的习惯，

但只有内心龌龊的人才会把它想象成肮脏的事……我也不会否认，有一次拜访博克维斯科时，我曾和拉斯普京、他的家人们，即他的妻子和两个女儿一起沐浴。我从没多想，我们之间不存在任何古怪或不适的感觉。我当真把拉斯普京视为一位"长者"，不仅因为他治愈了我的疾病，还因为我不时见证他的预言成真。[4]

1907 年 6 月 1 日，鲁克缇娜在一封寄给托博尔斯克主教安东尼［俗名卡尔扎温（Karzhavin）］的信中写道，拉斯普京"教会了我如何以基督的名义爱人"，如何斋戒、定期前往教堂，以及在圣人的遗物前祷告。她称，拉斯普京神奇地治愈了她姐妹的未婚夫那严重的神经失调症。当时连医生都束手无策，他已经失去了一切希望。他本人不是信徒，但拉斯普京教他如何亲吻自己胸前的金十字架。忽然之间，就在鲁克缇娜眼前，他的疾病痊愈了，而且决定视基督为自己的拯救者。[5]从 1907 年至 1908 年 11 月，从罗曼家迁出的拉斯普京住在了鲁克缇娜夫妇位于格雷切斯基大街（Grechesky Prospect）13 号的公寓里。

*

1906 年 4 月 1 日，在博克维斯科，拉斯普京给尼古拉发去了复活节的祝福："基督正在升天！我们因此感到无比喜悦——他正在升天，与我们共享喜悦。"[6]那年夏天，他在村庄的主干道上给自己和家人买了一套昂贵的新房（花了 1700 卢布）。[7]资金主要来自圣彼得堡的一些支持者，其中很可能有奥尔加·鲁克缇娜。7 月 12 日，拉斯普京离开博克维斯科，前往圣彼得堡。六天后，他第二次见到尼古拉和亚历山德拉。"我们在谢尔盖耶夫卡度过了整个夜晚，还见到了格里高利!"兴奋不已的尼古拉在日记中写道。[8]

在此期间，罗曼家中的访客还包括作家、哲学家瓦西里·罗扎诺夫（Vasily Rozanov）及其家人。罗扎诺夫认为罗曼相当无趣（此人让罗扎诺夫想起青蛙），但罗扎诺夫的第二任妻子瓦尔瓦拉·布提吉娜（Varvara Butyagina），以及他的几个较年长的孩子，尤其是他的继女亚历山德拉·布提吉娜（Alexandra Butyagina），被罗曼家中强烈的宗教氛围吸引，开始每周多次拜访那里。

亚历山德拉时年 23 岁，未婚。最终，她选择离家出走，搬进罗曼家中，与罗曼家的女性发展出了某种姐妹情谊。如今，她的家人只有在拜访罗曼家时才能见到女儿。他们慢慢注意到女儿身上出现的变化。她完全像变了一个人，无法按自己的意志行事，好像她的内在已经死去，成了一名"梦游者"（somnambula）。这种情况持续了整个冬季，没有人可以解释他们亲爱的亚历山德拉身上到底发生了什么。

罗扎诺夫知道，罗曼的朋友还包括修士大司祭费奥凡和一位他尚未谋面的西伯利亚朝圣者。费奥凡的名字多少令他宽慰，因为此人的人品无可挑剔。一次，他们在拜访罗曼家时，正好看见一位与众不同的女子离开——她是一位优雅的女子，披着一件昂贵的斗篷。罗扎诺夫打算跟踪她，搞清楚罗曼家中的名堂。他暗自寻思：他们为什么要在自己周围营造神秘的氛围？为什么在锁着门的房间里举行秘密聚会？那个女子就是奥尔加·鲁克缇娜。罗扎诺夫前去她的家中拜访。她告诉他，自己曾饱受疾病困扰，常年卧床不起，医生们束手无策，但在罗曼家中，她通过宗教获得了治愈。身体的痛苦可怕极了，几乎让她丧失了理智，但祷告和信仰拯救了她的生命。

罗扎诺夫不知该如何回应。如果她的故事是真实的，就意味着罗曼家中的宗教活动的确在她身上产生了积极作用。他的面前站着一位美丽的女性。"她的每个举动都十分优雅、可人，散发出一股内在的魅力。而这种魅力和她的真诚、热情、清醒的头脑一样一目了然。"

不久后，罗扎诺夫又前往罗曼家中喝下午茶。桌旁出现了一张陌生的面孔。他回忆说："这个人既不像出身体面的中产阶级，也不像农夫。"在罗扎诺夫边喝茶边和罗曼交谈之际，这个陌生人一言不发地喝光茶水，把杯子放回面前的茶碟，然后向他们道谢，离开了公寓。罗扎诺夫认为"他从没见过如此沉默的人"。直到那男人离开，罗扎诺夫才知道，他就是让罗曼家中每个人都深受吸引的西伯利亚云游者。

75

罗扎诺夫听说了不少关于他的故事，听说了他那无与伦比的精神能量以及他对人们的影响。很快，几乎每个人都开始谈论此人在圣彼得堡施展的"奇迹"。但是，罗扎诺夫也听到了一些其他说法，简而言之，他有亲吻和拥抱妇女和女孩的习惯。有一次，罗扎诺夫向神父罗曼提及此事，对方十分生气。"他的亲吻，"罗曼坚称，"完全是纯洁的，丝毫没有不道德的元素。"在罗扎诺夫看来，罗曼对拉斯普京的信赖几乎是病态的："神父对朝圣者的名誉深信不疑。哪怕一点点对那人'无瑕信誉'的怀疑，也会引起神父的勃然大怒。他会因此失去控制，咒骂个不停。"[9]

虽然罗扎诺夫与拉斯普京及其信徒在罗曼家中的初次相遇曾令他感到困惑和矛盾（尽管罗扎诺夫后来表示，最初他也被拉斯普京吸引了），但他并没有因此提高警惕，强迫继女搬回自己家中，即使已有传言说拉斯普京正在追求她（或暗示发生了更糟糕的事）。也许，罗扎诺夫认为，即便西伯利亚朝圣者在云游途中受过一些旁门左道的影响，但这还不至于让自己采取行动。然而，亚历山德拉的故事没有就此画上句号，而是不停在圣彼得堡更广泛的宗教群体中传播。[10]大约一年后的1907 年 11 月，罗扎诺夫收到一封信，寄信者是圣彼得堡的疗愈者圣潘捷列伊蒙教堂（Church of St. Panteleimon the Healer）的大主教尼古拉·德罗兹多夫（Nikolai Drozdov）。

我希望了解并尽可能公开一切与西伯利亚骗子预言家有关的故事，包括令爱离家出走一事。这里是我的公开呼吁的草稿，如有任何疏漏，请不吝赐教；如有任何不妥之处，请随意修改。也许我不该直呼那朝圣者的姓名（尽管我之前这么做了），这样他便无法反驳我们对他的攻击。我们对他所知甚少。从罗曼和特纳夫采夫①那里，我们只得知了一件事：他是一位"圣人"。我们对他的话语和事迹几乎一无所知。因此，他才可以和令爱一起躲在罗曼身后。我们必须小心行事。修改完草稿后，烦请寄还。我会在《钟鸣》或其他世俗媒体上刊登这篇文章。

---

① 瓦伦丁·特纳夫采夫（Valentin Ternavtsev），宗教哲学家、神圣宗教会议成员、圣彼得堡宗教哲学学会（Religious-Philosophical Society）的联合创始人之一，其他创始人还包括吉皮乌斯、梅列日科夫斯基和罗扎诺夫。——作者注

德罗兹多夫将文章取名为《西伯利亚先知》（"The Siberian Prophet"）。

　　在首都，有一位从西伯利亚而来的男人，在信徒中他被尊称为"圣人"。坦白说，他是如何"获得"这种荣耀和名誉的，我们不得而知。他从未经过教会的官方封圣程序，但让我们祈祷，为他"封圣"的那群人会履行他们的神圣义务，向我们指出这位西伯利亚的初到者如何在生活和教导中显示出"神圣的一面"。我们的任务十分艰巨——我们希望公开与他言行有关的一些质疑和令人不安的惊人事实。

　　西伯利亚"圣人"在与人交谈时有个古怪的习惯：亲吻和拥抱女性，即便她们与他是初次见面。据一位拒绝被亲吻的女士所言，他在讲话时有许多手势和身体动作，使她感到"轻浮""形同儿戏"。有时，这位"圣人"会进入诡异的状态，犹如被人占据了身体，或陷入了胡言乱语的疯狂。有些照片捕捉到他一些奇怪的表情，可能就是出于这个原因。

　　那种行为——拥抱和亲吻——究竟意味着什么？那是否有必要？自然，"圣人"的信徒们会解释说，这种"行为"是他对女性同伴充满博爱、仁慈、慷慨的表现。他们称他的亲吻是"神圣的吻"，在其他伟大的"长老"，比如萨罗夫的圣塞拉芬和奥普蒂纳的安布罗斯身上也很普遍。……

　　目前，我们还不敢说这位西伯利亚"先知"一定属于某个神秘的宗派，但从他的"姿态和行为"，从他亲吻和握手的方式中，我们可以肯定，他与神圣的长老们，与塞拉芬和安布罗斯，是不同的。"先知"还没到那个年纪，这是第一点。第二点，他是个平信徒，而且是已婚男性，就他的情况而言，模仿隐士的亲吻并不得体。修士可以这么做，是因为他们已经与俗世中的欲与情斩断了一切联系。我相信，长老们在亲吻信徒时一定经过了慎重考虑，绝不会让某位女性产生西伯利亚朝圣者的亲吻会引发的如下不妥感受："那些亲吻和拥抱让人觉得十分恶心。"长老们的亲吻令信徒的灵魂得到充实，令其身体焕发活力，让他们恢复平和，充满神圣的喜悦。西伯利亚朝圣者的亲吻——据说来自对"长老的模仿"和忠诚的信徒们的默许——却使一位天生具有癔症体质的年轻女性离家出走。她不仅没有丝毫愧疚、悲伤，还对新生活充满喜悦，甚至诅咒将她抚养成人的家人。在家中，她本来享有生活所需的一切——从每天的面包，到合理的行动自由和信仰自由。在和西伯利亚"先知"以及他的仰慕者会面、交谈后，恶魔入侵了她的内心：父母的家不再令年轻的女子感到温暖，她对之前的生活产生厌倦。先知和他的信徒们认为，这是因为她的内心"正在生长出一个全新的灵魂"。她"逃出"父母的家，仿佛是在逃离索多玛。实际上，我需要再次强调，她的父母一直以正直的方式养育她。现在，她却想拥有《圣经》故事中那个臭名昭著之人的那种自由。对这种"把她的灵魂带向死亡"或摧毁她所有希望的自由，上帝不会容忍。

接着，德罗兹多夫在文章中断言，拉斯普京属于一个诡异的宗教派别，他们会举办狂野、疯狂的仪式。他不确定，亚历山德拉是真的获得了一个崭新的灵魂，还是实际上她原来的灵魂被彻底摧毁了。[11]

我们不知道罗扎诺夫是如何回应德罗兹多夫的文章和信的。没有证据表明他曾给德罗兹多夫回信，媒体也从未发表相关文章。至于亚历山德拉，她最终离开了罗曼家和拉斯普京。似乎对罗扎诺夫而言，没有插手的确是个不错的选择。

\*

秋天，拉斯普京回到首都。他托罗曼向沙皇转交一封信：

沙皇陛下！

我从西伯利亚回到了这里，希望向你献上一幅奇迹缔造者维尔霍图里耶的圣西默盎圣像。我们那里常向这位圣人祷告，希望他会保佑你永远平安，肯定你对上帝的崇敬，以及保佑皇子们快乐成长。[12]

10 月 12 日，尼古拉召见了米哈伊尔·普佳京（Mikhail Putyatin）。普佳京是普列奥布拉仁斯基近卫团（Preobrazhensky Life Guards）① 团长，以及日后皇村皇宫管理局（Tsarskoe Selo Palace Administration）负责人。尼古拉让普佳京第二天去火车站接拉斯普京，带他来彼得霍夫宫见自己。那天天黑后不久拉斯普京就到了，然后他被带到沙皇和皇后跟前。他把圣像献给了沙皇夫妇，还给他们的每个孩子分别带了一幅小圣像。拉斯

---

① 俄罗斯帝国军队中最古老、最精锐的近卫军。——译者注

普京温柔地抚摸着年幼的阿列克谢。这次会面持续了一个多小时。拉斯普京离开前，沙皇夫妇请他喝了茶。根据记录皇宫访客的宫廷日志（其实它留下的拉斯普京来访记录极少），这位访客的姓名被写为"拉斯布丁"（Rasbudin），身份为"一位来自托博尔斯克的农夫"。[13]

后来，一位名叫亚历山大·戴默（Alexander Damer）的宫中男侍回忆说，拉斯普京每次来访时，都会先脱掉农夫常穿的厚重外套。进宫前，他会先在镜子前简单整理自己的仪容，理顺头发和胡须，然后再匆匆上楼进入通往内室的过道。通常他会在一间面积不大但很舒适的会客厅里与尼古拉和亚历山德拉见面，隔壁就是沙皇的私人办公室。离开时，他也像来时一样匆忙，给人留下这纯粹是事务性访问的印象。[14]

13日晚，拉斯普京离开彼得霍夫宫后，尼古拉问普佳京怎么评价这个男人。普佳京告诉沙皇，他认为这位长老并不真诚，很可能有些"头脑发热"。很显然，沙皇并不在意普佳京的意见。尼古拉沉默了，用手背碰了碰自己的胡须。在类似情形下他总习惯这么做。他望向身侧，说对拉斯普京带来的圣像很满意。他们再也没有提起关于拉斯普京的话题。可能普佳京对沙皇足够坦诚，但他私下里并不忌讳与拉斯普京交往。那个时期，他还在照相馆留下了一张与拉斯普京的合影。也许普佳京改变了自己的想法；也许沙皇的态度让他认为，还是与沙皇的想法保持一致比较明智。[15]

16日，会见拉斯普京后的第三天，尼古拉给彼得·斯托雷平（Pyotr Stolypin）写信。斯托雷平是当时的内政大臣和帝国大臣会议主席（实质上等同于首相）：

彼得·阿尔卡季耶维奇（Pyotr Arkadevich）！

几天前，我会见了一位从托博尔斯克来的农夫，叫格里高利·拉斯普京。他带给我一幅维尔霍图里耶的圣西默盎的圣像。他给我和皇后都留下了深刻的印象。我们本以为只会和他聊上五分钟，但我们的谈话竟然持续了一个多小时！

他很快就会返回家乡。他很想见你，想给你生病的女儿赠送一幅圣像。我很希望你这个星期能够抽出时间见他。[16]

两个月前，在圣彼得堡，恐怖分子炸毁了斯托雷平在阿普捷卡尔斯基岛（Aptekarsky Island）上的夏日度假屋。恐怖分子原计划谋杀大臣会议主席，但斯托雷平毫发无损。然而，54人在这次袭击中遇难或受伤，包括斯托雷平的女儿纳塔利娅（Natalya）。她的两条腿都骨折了。尼古拉让纳塔利娅来冬宫休养。当月，拉斯普京正是在冬宫见了那女孩。可无论是她，还是她严厉的父亲，都没有被拉斯普京用信仰治愈伤口的说法打动。据说，拉斯普京离开她的床边后，她还要求仆人喷点儿古龙水。

在返回博克维斯科的途中，拉斯普京绕道去了乌克兰西北部的日托米尔，为的是和安娜·奥布霍娃见面。费奥凡在那年夏天拜访当地时，向安娜提起了拉斯普京的神奇能力。她在火车站见到了他，他亲吻了她三次，让她感到十分古怪。拉斯普京对她的家流露出了极其浓厚的兴趣，向她打听各种事情，甚至包括她为什么喜欢睡在这么硬的床上。接着，他问起了费奥凡的事，问她是否会向费奥凡坦白一切。她回答说是。他们在屋子里参观时，拉斯普京说："我知道该怎么爱人！我知道该怎么创造美妙的爱。"安娜假装听不懂他说的。他尝试说服她成为自己的"教女"，却被拒绝了。这惹怒了拉斯普京，但转眼之间，他又奇怪地平复了心情，就像他刚来时一样。他开始谈论各位大公和大公夫人，以非正式的名字称呼他们，这让安娜感到十分不适。他在那里停留了数天，从没停止向安娜献殷勤。他离开后，仆人们简直欢天喜地。他们告诉女主人，他令他们害怕。[17]

12 月 6 日，拉斯普京从博克维斯科给尼古拉写信，为他送上了圣尼古拉日的祝福："天使们为你送来祝福，天国的智天使们歌唱上帝，我们在属于你的这一天感到欢欣鼓舞……我们祝愿沙皇的统治万寿无疆，我们的歌声让敌人恐惧，为自己带来荣耀，我们的荣耀属于你……"[18]九天后，拉斯普京再次给沙皇写信，还提出了一个特别的要求。

> 1906 年 12 月 15 日
>
> 在博克维斯科，我使用拉斯普京这一姓氏。这个姓在村里的农夫中很普遍，这不时会造成一些困扰。我跪倒在你，至高无上的沙皇面前，求你赐予我和我的后人"拉斯普京－诺维"这个新的姓氏。
>
> 沙皇陛下最忠诚的子民格里高利[19]

拉斯普京提出这个要求的原因不明。流传最广的说法是，在他刚进宫不久时，年幼的阿列克谢看到他便大喊"诺维，诺维，诺维！"，意为"那个新人，那个新人，那个新人！"。有些人甚至说，那是阿列克谢开口讲的第一个词，尼古拉和亚历山德拉因此欣喜万分，决定把"诺维"作为全新的姓氏赐予拉斯普京。但正如信中所示，提出改姓的是拉斯普京本人，而不是沙皇夫妇。此外，当时阿列克谢已经两岁半，不太可能刚开口说话。[20]或许"新"这层寓意可以追溯到菲利普时期，他曾告诉尼古拉和亚历山德拉，他离开后会出现一位新朋友。也许这并不是说拉斯普京本人有什么"新"的可言，而是为了照应那个预言。无论原因是什么，拉斯普京并不想换掉自己的旧姓，人们对旧姓字面含义的解读似乎并没有令他困扰，因为他从没停止使用他的家族姓氏，只是在某些情况下，会在"拉斯普京"的后面加上"诺维"。

21日，尼古拉把拉斯普京的信转交给自己的侍从——国务大臣布德伯格男爵（Baron Budberg）。布德伯格首先确认了这个要求会不会太出格，因为传统上只有贵族才能使用复姓。但考虑到这是沙皇批准的事，他不想太过拘泥于规矩。之后，在数位官员办了多道手续后，1907年1月11日，正式文件终于下达了。[21]听到消息后，拉斯普京充满感激之情地告诉尼古拉："我会派出天使保佑你。"[22]到了3月底，博克维斯科的村民被集中到一起，聆听了诏书。诏书写道，按照沙皇的指示，村民格里高利·拉斯普京被赐予了一个全新的姓氏。从此以后，他将被称为"拉斯普京－诺维"。[23]我们很难想象众人在听到这个奇怪的消息时，脑袋中冒出了什么想法。

尼古拉和亚历山德拉还是习惯称呼他为"格里高利"，或者"我们的朋友"，他们从没使用过他的姓氏，无论是新姓氏还是旧姓氏。但是对拉斯普京而言，在这个时间点改姓的确让他焕然一新，至少从此他人生中全新的一页展开了。他和还没有见到沙皇和皇后并与他们为友时的那个他，不是同一个人了。媒体当然不会放过这个消息。当时很受欢迎的莫斯科日报《俄国消息报》（*Russian Word*）报道了这则新闻，相关文章问道："通过更改姓氏，拉斯普京将开启全新的生活吗？"[24]

## 注 释

1. VR，127－30；Kizenko，*Prodigal*，esp. 1－5，114－16，158；Dixon，"Superstition，"225－26；PK，2 July 1914，p. 2；3 July，p. 2；Nicholas，Dnevniki，1：119－23。

2. FB，9－13，355，560－61，567；VR，131－32；Vinogradoff，"Nicholas，"116n8；and，with caution，Igumen Damaskin（Orlovskii），"Sviashchennoispovednik Roman（Medved'）."Accessed at http：//www. fond. ru. 3 July 2013。

3. FB，354，571－72；GARF，102. 316. 1910. 381，165；RR，72－74。

4. RR，72－74。

5. FB，566－67。

6. KVD，9。

7. *Iuzhnaia zaria*，2 June 1910，p. 2。GBUTO／GAGT（I－154. 24. 58，18ob）中的文件给出的购买日期是 1906 年 12 月 19 日。

8. KVD，9；FB，560－61。

9. Rozanov，*Vozrazhdaiushchiisia Egipet*，426－35；idem，*V nashei smute*，373－74；FStr，9－28；OR／RNB，1000. 1975. 22，21ob－22；VR，219－20。

10. Rozanov，*O sebe*，17n。

11. NIOR／RGB，249. 4213. 7，26，29ob，32－33ob。

12. GARF，640. 1. 323，20ob。

13. *KVD*，10－11。

14. Damer，"Rasputin vo dvortse，"7。

15. SML，Spiridovich，No. 359，Box 6，Folder 3，pp. 50－51；*KVD*，10－11；Vinogradoff，"Nicholas II，"116。

16. KVD, 11；*LP*, 296；Vinogradoff, "Nicholas," 114 – 16.

17. SML, Spiridovich Papers, No. 359, Box 14, Folder 2, pp. 1 – 5.

18. GARF, 651. 1. 10, 1ob – 2.

19. GARF, 601. 1. 1088, 1 – 1ob.

20. IMM, 111；Rasputin, *Mon père*, 48；VR, 58 – 59. 拉斯普京通常把名字拼为"Novy", 有时也会拼为"Novykh"。显然, 有些西伯利亚人更喜欢这样写, 是因为它听上去更气派、更高贵, 给人一种古教会斯拉夫语的感觉。见 FR, 244n43。

21. 传记中往往使用 12 月 22 日的日期作为官方认可的更改姓名的时间, 但俄罗斯国家历史档案馆中的档案清晰地显示, 其生效时间其实要更晚一些。RGIA, 1412. 16. 121, 1 – 8；FR, 59；*KVD*, 13；GATO, I – 205. 1. 3, 98.

22. *KVD*, 13.

23. *Iuzhnaia zaria*, 2 June 1910, p. 2.

24. 15 December 1911. At：www. starosti. ru.

# 第十章　教派主义与鞭身派

　　神父德罗兹多夫在写给罗扎诺夫的信中暗示，拉斯普京属于一个危险的宗派，其教徒们以宣扬异端邪说和性变态行为而臭名昭著。这种指控已经超出了人身攻击，试图揭露这个西伯利亚人身上的诡异之处，以及他令人不安的行事方式。

　　17 世纪中叶，俄罗斯正教会经历了一系列严峻危机，最终导致了教会内部的分裂。教会拒绝接受牧首尼孔（Patriarch Nikon）提倡的礼拜传统革新及其他改革措施。在正教会大分裂（raskol）中，一股重要的少数派力量脱离了正统教会，开始以旧礼仪派自称。虽然在大分裂之前，俄国就存在各种教派主义，但大分裂事件正式终结了俄罗斯正教会的大一统局面，后来许多其他东正教教派也因此诞生。

　　从一开始，官方和正教会就不信任旧礼仪派。他们曾多次涉足煽动暴乱罪和其他犯罪：1682 年，在正教会拒绝接受尼孔的改革后，大主教阿瓦库姆（Archpriest Avvakum）被残忍地烧死。不久后，政府颁布了一项法令，禁止在俄国国内发展异端宗教。如果有人揭发异端宗教的领袖，就可以得到一笔奖金。这些领袖如果认罪，就会被驱逐或关入监狱；如果不认罪，就会被活活烧死。作为回应，正教会的反叛者开始宣扬积极的抵抗和自杀（通常是自焚）。到 17 世纪末，近 2 万名反叛者自行结束了生命。自焚的做法一直持续到 19 世纪，甚至直到 20 世纪还可以查找到集体自杀的记录。俄国的教派从未能摆脱外界对他们的怀疑。在官方和欧化的社会精英眼中，他们一直是危险的存在。[1]

教派主义具有多种形式（通常很诡异）。有一个名为"奔跑派"（beguny）的教派，其成员会与国家、各自的家庭、金钱、印刷品乃至自己的名字断绝一切联系。其他教派包括"饮奶派"（molokane）、"灵魂摔跤派"（dukhobory）、"跳高派"（pryguny）等。在"阉割派"（skoptsy）中，成员通过自我阉割来接近上帝，还会切除女性的乳房。他们以及其他几个从正教会中分裂出来的派别，都属于一个更大型、更令人生畏的宗派——"鞭身派"（khlysty）。

根据传说，1631 年，一个名叫丹尼拉·菲利波维奇（Danila Filippovich）的逃兵把《圣经》扔进伏尔加河，创立了自己的宗派。他宣布："我就是先知们所预言的上帝，来这个世界拯救众生。不要再追随其他上帝。"菲利波维奇教导信徒以秘密的方式举行仪式、遵守戒律，连家人也不能告诉。他倡导的生活方式完全置主流宗教和社会规则于不顾——他不承认婚姻、洗礼和忏悔。菲利波维奇和他的信徒们相信，基督不仅活着，而且就在人类中转世。通过仪式，基督会来到他们的身边。此后，这个教派的领导人常被称为"基督"（Christ）。他们的信众人数不断增加。到 19 世纪后半叶，它已经成为继俄罗斯正教会、旧礼仪派之后的第三大基督教团体。就像震教徒（Shakers）① 和贵格会教徒（Quakers）② 均得名于他们的批

---

① 1774 年由安·李（Ann Lee）在美国建立。教徒在集会上会集体震颤身体，仪式通常由某一名震教徒开头，然后所有到场者都加入。——译者注

② 兴起于 17 世纪中叶的英国及其北美殖民地，"贵格"的原意为"颤抖"。贵格会没有成文的教义，最初也没有专职的牧师，而是直接依靠圣灵的启示来指导信徒的宗教活动和社会生活，一直带有神秘主义色彩。——译者注

判者，"鞭身派"这一说法亦来自外界对该教派的解读，"鞭身"（khlysty）是"基督"（Khryity）一词的变形。他们也常被称为新以色列派（New Israel）。据说，教徒参与的奇特仪式包括纵欲和自残。鞭身派信徒会边唱歌边围成一圈旋转。接着，他们会割掉裸体处女的乳房并一起吃掉它。然后他们会躺在地上集体性交。失去乳房的处女被教徒称为"圣母"，而她的伴侣就是他们的"基督"。此外，还有不少关于地下礼拜堂和秘密手势的传说。

鞭身派视自己为基督徒，尽管外界并不接受他们的堕落仪式。他们摘选基督教的基本教义重新诠释，再加入新的教条。他们称自己的教堂为"大船"，认为它将载着他们穿过凶险的俄罗斯正教会的大洋，而他们将在另一端的遥远海岸得到拯救。他们的神父被称为"先知"。他们的神秘仪式（俄语称之为 radenie）常在秘密的封闭房间和地窖中举行，其中最重要的是一种激烈的旋转舞蹈。弗拉基米尔·邦奇-布鲁耶维奇曾在一场鞭身派仪式上目睹过这种"神圣的舞蹈"，他形容它"十分优雅，给人启示，迷人，充满内在的挣扎和热情"。激烈的旋转使参与者头晕眼花，继而产生幻觉。旋转的速度反映了参与者的优雅程度，转得越快就越接近完美。有些人只是旋转，而另一些人还会歌唱。那些旋转者会将头向后仰，双眼望向上方，用一种特别的方式急促呼吸。教徒旋转时，据说圣灵会来到他们跟前。他们因此会进入一种宗教极乐的状态，有些人会弹跳、颤抖、摇摆乃至奔跑。有时，这种状态会导致情绪突然爆发、痉挛和抽搐。众人在一起旋转，营造了一种充满喜悦的集体氛围。准备仪式期间，鞭身派教徒（他们不饮酒，也不碰烟草）会斋戒，以此引导自身接近最激烈的体验。仪式中最关键的元素被称为"大缸"（chan），它象征着所有参与者通过践行仪式融为一体。大缸的周围会形成两个圈子：男人围成一个圈，处于靠近大缸的位置；女人围成另一个圈，处于远离大缸的位置。两个圈子朝相反的方向移动——男人朝着太阳的方向，女人则朝着远离太阳的方向。

在旋转让众人筋疲力尽后，先知们（有男有女）会开始讲话。此时，教徒们聚集到一起，有人跪着，有人匍匐在地。先知会给出具体的建议（关于务农或其他日常事务），或者开始进行语义模糊、篇幅冗长的讲话，或者做出预言。据说，有些先知可以指出哪些人有罪。先知讲话时带着一种特殊的韵律和节奏，有时还会押韵。这种诗歌式的语言被视为他们的灵魂足够纯洁的标志。先知会让自己的想法肆意驰骋，说出一切浮现在脑海中的语句。有些时候，他们的语义过于模糊，需要"诠释者"为众人解释。他们还会从口中发出无法辨认的音节，甚至模拟动物的声音，包括鸟儿的鸣叫。

人们传说，在鞭身派的仪式中，教徒们十分放纵，会做出包括鞭打（"鞭身"说法的由来）和食人在内的残忍行为。但是，相关说法从未得到有力的证实，至于放肆的媾和与集体性交很可能只是人们的想象。然而，依旧可以查找到许多指控鞭身派堕落以及涉及虐待的报告。1825 年，有人向沙皇亚历山大一世（Alexander I）告发，在一个鞭身派社群中，有先知在仪式中途殴打教徒（包括扯着头发把他们摔向地面），甚至践踏他们的身体。但出人意料的是，受害者并不怪罪施暴者，认为圣灵有时会惩罚一些人，而另一些人则会在其他时刻受到惩罚。1911 年，据说在萨拉托夫（Saratov）附近，一个鞭身派教徒在与教友的"相互折磨"中杀死了一名女性。

85      还有些教派的故事几乎带着奇幻色彩。1853 年，一位名叫瓦西里·瓦德夫（Vasily Radaev）的鞭身派先知被逮捕，并被指控涉嫌从事"鞭身主义说教和堕落勾当"。据称他曾在阿扎马斯基（Arzamasky）的一些村庄散布关于死亡和重生的异端思想，还与数名女性信徒通奸。但他声称，与那几名女性性交的并不是他本人，而是寄居在他体内的圣灵："这并非出自我的个人意志，而是圣灵在我的体内驱使我如此行为。"他曾诱惑一个年仅 17 岁的女孩，向她保证如果臣服于他，她就会获得一对"燃烧的翅膀"。在一次集体仪式中，他让一个女孩脱光衣服，然后用软鞭抽打她的外阴。尽管如此，瓦德夫在他的村庄仍被视为"一个正直的人"。与信徒发生性关系时，瓦德夫会告诉她们，"基督从亚当身上取了肉……正如我现在的所作所为。通过交合，你们身上的罪就能去除。"瓦德夫在审讯期间接受了检查，被确诊患有精神疾病。他在被处以鞭刑后，被驱逐到西伯利亚，而他那贤惠的妻子一直没有离开他。

伊利亚·科维林（Ilya Kovylin）是一个莫斯科商人，出生于 1731 年。他是旧礼仪派中费德赛弗茨分支（Fedoseevtsy）的创始人之一。他告诉自己的信徒们："没有罪，就没有忏悔；没有忏悔，就没有救赎。因此天堂里存在各种罪人。"正是科维林首创了著名（或臭名昭著）的说法："如果你不犯罪，就不会忏悔；如果你不忏悔，就不会得到拯救。"这个科维林十分关键，因为他的这番话后来被嫁接到了拉斯普京身上。人们误以为是拉斯普京创造了这套有违常理的说法，而实际上，它早就存在，一直在俄国不同的教派之间流传。

到 1900 年，鞭身派教徒的人数也许已接近 10 万，其中还不包括其他举行相似仪式的宗派。当然，和其他教派的情况一样，鞭身派的人数主要基于人们的猜测，因为他们对仪式和自己的成员均秘而不宣。然而，正如共济会和其他组织，试图掩盖自身仪式的行为催生了大量谣言和怀疑。官方会跟踪他们，监视他们的活动，以免他们煽动暴乱。但对国家而言，最大的难题恰恰是如何甄别鞭身派教徒。按照所谓的辨别标准，似乎每个人都可能是鞭身派教徒。官方一直饱受如何正确辨别鞭身派这一问题的困扰。1897 年，第三届全俄传教士大会（III All-Russian Congress of Missionaries）列出了鞭身派教徒的十项特征：

1. 如果情况允许，直接确认可疑教徒的身份；……
3. 轻率的性行为，通常出现在破碎的家庭及公开的通奸行为中；4. 拒食肉类，尤其是猪肉；5. 绝对禁酒；6. 外貌特征：筋疲力尽，肤色泛黄，眼眶深陷，眼神呆滞。男性的头发常梳理得十分柔顺，会抹发油。女性常包头巾。他们常常讨好、迎合别人，带着一种虚假的谦卑。他们常常叹气，伴有神经质的动作、紧张的身体抽搐和士兵走路般的奇怪步伐；…… 9. 鞭身派常在彼此之间使用化名；10. 他们都喜欢甜食。[2]

86

与许多人想象中的不同，鞭身派其实不存在煽动与颠覆的意图。到了 1900 年，无论"鞭身派"一词的原意为何，它已经被用来指控一切敌对的行为，成为一种涵盖面甚广的谴责语，正如美国在 1950 年代对"共产党"一词的滥用。它可以指异端，可以用来形容精神失常，可以指颠覆破坏者，还可以指腐化堕落者。[3]

　　然而，有一个时期，俄国的教派主义曾被视为正义的力量。来自阉割派的孔德拉季·谢利瓦诺夫（Kondraty Selivanov）自称是基督和沙皇彼得三世（Peter Ⅲ）的化身。他曾是 19 世纪早期极受欢迎的人物。圣彼得堡的精英们络绎不绝地前往谢利瓦诺夫家中，聆听他的启示和预言。据说，亚历山大一世在 1805 年亲自参加奥斯特里茨战役（Battle of Austerlitz）与拿破仑对峙前，曾征询谢利瓦诺夫的意见。但沙皇没有听取他给出的不要和奥地利结盟的忠告，因此在这场战争中大败。二十余年间，谢利瓦诺夫一直是上流社会和政府人士中十分有力的一个声音。信徒们崇敬他，把他的残羹剩饭当作圣物，就像一个世纪后的拉斯普京信徒一样。[4] 1819 年，圣彼得堡的总督听说，他的两个侄子出席了阉割派集会，几名皇家卫队的年轻军官甚至实施了自我阉割。此后，官方才取缔谢利瓦诺夫的教派，并于第二年把他驱逐到一座修道院，让他在那里度过余生。

　　对一些上流社会的贵族而言，这些表现激烈、饱含热情的教派为他们提供了一种对抗现实生活中的精神空虚的方法。和所有神秘的团体一样，俄国的各个教派都扮演着旁观者的角色，他们散发着危险、可疑的气息，但同时又如此充满活力与诱惑，透出生命的激情。1905 年 5 月，象征主义诗人、激进报纸《新时代》（*New Times*）的编辑尼古拉·明斯基（Nikolai Minsky）在自己家中聚集了数位作家和知识分子，包括维亚切斯拉夫·伊万诺夫（Vyacheslav Ivanov）、瓦西里·罗扎诺夫、费奥多尔·索洛古布（Fyodor Sologub）、尼古拉·别尔嘉耶夫（Nikolai Berdyaev）、阿列克谢·列米佐夫（Alexei Remizov），以及他们的太太，举行了一场具有实验性的仪式。他们围成一个圈，关掉灯，像鞭身派一样旋转。接着，伊万诺夫带着一名年轻的音乐家来到房间，这位金发的犹太人被象征性地"钉"在十字架上。之后，他的手腕被割开，血液滴在一只酒杯中，每个人都从杯中喝了一口。仪式结束后，人们相互亲吻。离开时，每个人都心满意足（尽管音乐家本人可能不是这样），保证他们还会参加下一次鞭身派式的仪式。他们愿意再次把自己奉献给神秘的狄俄尼索斯。[5]

实际上，俄国的象征主义艺术家们整体上将鞭身派等教派的狂欢仪式解读为古时的狄俄尼索斯崇拜在现代化浪潮围攻下的残余。[6]随着一些教派仪式逐渐消亡，他们的领袖离开乡村来到城市，与欧化的俄国发生更深的接触。这是一种令人振奋的文化发现。作家米哈伊尔·普里什文（Mikhail Prishvin）写道："他们就像来自另一个世界的信使，不为人知，但令人倍感亲切。他们充满魅力但难以接近，就像我们的梦境和已经逝去的童年时光。他们来自文明世界的人——作家和读者——都试图抵达但未能接近的那个世界。"[7]知识分子们将自己的想法投射在这些教派上，认为他们是善良的、非暴力的，存在于公共社会中，为公正的秩序提供了一种更好的范本。

但是，那些更熟悉俄国教派主义的知识分子就不存在这种浪漫（而且天真）的想法了。研究旧礼仪派和俄国教派主义的专家亚历山大·普鲁加温（Alexander Prugavin）认为，社会对各式教派的包容，尤其是对鞭身派的迷恋，终将埋下重大的隐患。"那些不健康、迷信的神秘主义掀起的一波波混乱，令人们彻底陷入了一种歇斯底里的状态。这种氛围不断扩散，进入上流社会，乃至使他们产生了认同……影响了知识分子、政府官员和正统教会。"普鲁加温所谓的"新鞭身神秘主义"（neo-khlystovshchina）的核心思想是，认为男人和女人都应与放纵的激情做斗争，一边将自己从最基本的欲望中解放出来，一边尝试通过直面诱惑来战胜诱惑。普鲁加温提到首都的一些女人会与"先知"们共度一夜，竭力保持镇静和无动于衷，尽管他们之间的爱抚和挑逗与常人无异。普鲁加温认为，教会的人，比如费奥凡等，必须为这种堕落负主要责任。他们从下层阶级中一手发掘、提拔所谓的"长老"，误信了这些人是该受拥戴的圣人。[8]

普鲁加温的观点在当时赢得了不少认可：19 世纪末的俄国正痛苦地为宗教生活中的恶疾所扰。所有对农夫圣人、预言家、信仰治愈师的推崇，对先知和奇迹的推崇，都象征着俄国的精神生活，尤其是上流社会的精神世界的崩塌。[9]然而，莫斯科大学的历史学家米哈伊尔·博戈斯洛夫斯基（Mikhail Bogoslovsky）不同意这种观点。他认为，知识界对拉斯普京式的神秘人物的好奇算不上新鲜事。关于这一点，他所说的很正确，谢利瓦诺夫的故事就是证明。在博戈斯洛夫斯基看来，这是俄国人生活中十分自然而且不断重复的现象。他认为，社会底层的宗教领袖受到的欢迎不应该被视为上流精英在宗教信仰上堕落的体现，而应该被视作正统教会的过错——用他的话来说就是"俄国的高级神职人员们所坚持的那种陈腐又干巴巴的教条主义"。他在日记中这样形容那些宗教人士："在现实生活中与政府公务员没有差别，整天忙着签署文件，在他们身上完全找不到宗教的激情和冲动。"[10]

然而，有博戈斯洛夫斯基这样的想法的人只是少数。俄国人更愿意认同伊波利特·霍夫施泰特尔（Ippolit Gofshtetter）在《鞭身神秘主义的秘密》（*The Secret of the khlystovshchina,*

发表于《新时代》）一文中提出的观点。他警告说，俄国正面临着巨大的威胁。1905 年的革命未能满足俄国人求变的愿望。他们因此感到绝望、空虚，逐渐转向神秘主义，试图从中寻找救赎。这些先知并不像他们看上去那么神圣。实际上，俄国人正盲目地把信任投注在"狂热、残忍又黑暗的一群人"身上。鞭身派的神秘仪式，他再次提醒道，将使俄国走向"彻底和无法挽回的毁灭"。[11]

## 注　释

1. 除非另有说明，以下细节均来自：Etkind，*Khlyst*，4，25 – 50，72 – 73，138 – 39，475 – 79；idem，*Internal Colonization*，194 – 98；Riasanovsky，*History*，182 – 86。

2. FB，502 – 503.

3. Amal'rik，*Rasputin*，28；Etkind，*Khlyst*，4，588.

4. Etkind，*Khlyst*，595 – 98.

5. Etkind，*Khlyst*，8 – 10.

6. Rosenthal，*Occult in Russia*，10.

7. Etkind，*Khlyst*，476.

8. *Otklik na zhizn'*，No. 1，1916，pp. 17 – 25.

9. VR，119，145.

10. Bogoslovskii，*Dnevniki*，139 – 40，281 – 82. Also：Zhevakhov，*Vospominaniia*，1：203 – 204.

11. "Taina khlystovshchiny,"*Novoe vremia*，20 March 1912，pp. 4 – 5；21 March，p. 5. 霍夫施泰特尔的这篇文章其实有些奇怪，因为据说直到 1910 年底，他都是拉斯普京的坚定支持者。请参见 Tikhomirov，"Iz dnevnika,"1：182，184。

# 第十一章　白银时代的魔鬼

　　19 世纪与 20 世纪之交，俄国进入了一个急于寻找精神寄托的动荡时期。知识分子们抛弃了 19 世纪盛行的唯物实证主义，重新回到教会，或者沉迷于各种形式的通灵术，那时堪称真正的宗教复兴时代。许多人尝试改变在外界眼中僵化的、官僚主义严重的、信仰濒临瓦解的俄罗斯正教会，重新为它注入神秘的色彩、激情和生命力；另一些人则完全拒绝教会，用一种更加新颖的心灵体验取代它，相信这种新方式更有力、更纯粹。这个时代的标志之一便是于 1901 年在圣彼得堡成立的宗教哲学学会。它的共同创始人包括作家德米特里·梅列日科夫斯基、季娜伊达·吉皮乌斯，以及德米特里·费罗索福夫（Dmitry Filosofov）。他们以"上帝追寻者"（*Bogoiskateli*）的身份为人所知。梅列日科夫斯基视自己为先知，试图创立一种新的宗教，理念主要基于即将到来的"基督再临"，以及将随之出现的《第三圣约》（Third Testament）。[1]

　　俄国的白银时代（Silver Age）始于 1890 年前后，终于 1914 年，它几乎与拉斯普京起起落落的那段时间相吻合。在此期间，俄国的知识阶层对神秘主义、超自然主义以及一切形式的迷信——从桌灵转①、催眠术、手相，到玫瑰十字会、占

---

　　①　参与者围桌子而坐，将手放在桌上，等待旋转的到来。据说，桌子是用来与圣灵沟通的媒介。有人会逐个报出字母，在某些时刻，桌子会突然倾斜，单词和句子就会以这种方式拼写出来。——译者注

卜和心灵感应——展现出了浓厚的兴趣。这是一个神智学（Theosophy）当道的时代。在俄国出生的海伦娜·布拉瓦茨基（Helena Blavatsky）曾提倡一套神秘的教义，它部分来自福音书，部分来自佛教，据称可以融合世界各大文明的古老智慧，连接世界各地的兄弟姐妹。神智学的神秘魅力吸引了俄国许多首屈一指的人物：哲学家弗拉基米尔·索洛维约夫（Vladimir Solovyov）和尼古拉·别尔嘉耶夫，诗人、作家康斯坦丁·巴尔蒙特（Konstantin Balmont）和安德烈·别雷（Andrei Bely），作曲家亚历山大·斯克里亚宾（Alexander Scriabin），以及艺术家瓦西里·康定斯基（Vasily Kandinsky）。这也是一个属于唯灵主义（Spiritualism）的时代。它最早诞生在1848年的纽约，由凯特·福克斯（Kate Fox）和玛格丽特·福克斯（Margaret Fox）姐妹创立，她们称可以通过特殊的"媒介"与死人沟通。唯灵主义横扫了美国、英国（女王维多利亚和阿瑟·柯南·道尔爵士都是它的信徒）、德意志帝国，以及俄国。人们参加降神会，希望与死去的爱人相会。已逝之人的意志通过敲击、幽灵般的声音、自动书写，甚至灵气①等形式被感应。降神会十分流行，位于圣彼得堡的帝国大学（Imperial University）还创立了"通灵现象科学研究委员会"，由发明化学元素周期表的德米特里·门捷列夫（Dmitry Mendeleev）担任负责人。

20世纪早期，催眠术在俄国比在西欧国家更加盛行，是精神科医师常用的一种治疗手段。诗人奥西普·曼德尔施塔姆（Osip Mandelstam）经常拜访圣彼得堡的医师鲍里斯·西纳尼

① 灵媒在降神的恍惚状态中发出的气息。——译者注

(Boris Sinani)。如曼德尔施塔姆所言，鲍里斯仅靠"提供建议"就能治愈病人，因此闻名遐迩。当时，最知名的催眠治疗医师是弗拉基米尔·别赫捷列夫（Vladimir Bekhterev），他将催眠术整合成了"精神神经病学"的一部分。[2]

神秘主义不仅影响了俄国的艺术家、知识分子，还深入中产阶级家庭，成为当时一种流行的文化消遣。1914 年，圣彼得堡有 35 个正式注册的神秘主义团体，未注册的团体估计可达数百个。神秘主义热潮并不局限于首都，莫斯科以及大部分省会城市、重要城镇都受到了波及。也许对一些人而言，神秘主义是十分严肃的话题；对另一些人而言，它则纯粹是一种娱乐。俄国的每个省份都存在各式灵媒、透视眼和所谓的专家：有一个名叫"神秘狗杰克"的人可以猜测每个人的年龄、结婚时间、口袋中装了多少钱；纳因德拉夫人（Princess Madame Naindra）被称为"印第安梦游者"；波兰灵媒扬·古济克（Yan Guzik）自称不仅可以召唤亚历山大大帝、拿破仑和普希金的灵魂，还可以召唤动物的魂魄。据称，有些被他召唤的灵魂十分强大，导致有人需要在降神会结束后寻求医疗看护。[3]

不仅如此，连俄国人口中占比最大的农夫和工人都积极拥抱了这种全新的精神运动和宗教实践。更多人加入朝圣队伍，包括像拉斯普京一样的下层人。不管在哪里，人们普遍相信灵魂、附体、奇迹和魔法。农夫自行成立了基督教团体，不再寻求教会的祝福，有些团体中甚至没有神父。城市中，工人也对灵魂和精神的存在十分着迷，一窝蜂拥向拥有所谓的魔法的神父，向他们寻求救赎。[4]

在这些人中，最为人所知的也许要属阿列克谢·谢季宁

(Alexei Shchetinin)。1854 年，谢季宁出生在沃罗涅日（Voronezh）附近，童年时随家人搬到斯塔夫罗波尔（Stavropol）。1879年，他因犯罪而短暂坐牢，妻子因此离他而去。出狱后，谢季宁开始布道，以鞭身派先知的身份开启了全新的人生，自称"以太的自由之子"。这个名字是他从米哈伊尔·莱蒙托夫（Mikhail Lermontov）的诗《恶魔》中获得的灵感。谢季宁本人极为粗鲁，是个让人讨厌的家伙。他不断诅咒其他东正教教派的传教士，还谴责东正教迫害他的信徒。据说，为了阻止正教会传教士打扰他布道，他会派年轻的女人去诱惑他们。[5]

1906 年，谢季宁来到圣彼得堡，很快就吸引了一大群城里的工人。据说，工人们被他的法力惊得目瞪口呆。对此深感好奇的米哈伊尔·普里什文曾拜访他位于城市边缘的拥挤又闷热的公寓。普里什文发现，被信徒们围在正中的谢季宁醉醺醺的，口中不断冒出粗俗的字眼。人群中，一个名叫帕维尔·莱格科博托夫（Pavel Legkobytov）的男人开口了：

> 我是这个男人的奴隶。我知道，世界上可能再也找不出比他更粗俗的人，但我愿意献身于他，成为他的奴隶。如今，我认识了真正的上帝，而不仅仅是知道上帝之名……他接受了我，杀死了我。我死在他的手中，现在又获得了新的生命。因此，你们这些知识分子也应该像我一样死一次，再获得重生，回到我们中间。看看我们大家，看看我们是如何通过救赎而彼此熟悉起来的，重生令我们找回了自己的本质。

普里什文对目睹的一切感到十分震惊。这个所谓的"基督－沙皇"不过是个酒鬼和流氓，但他的信徒们对他忠心耿耿，愿意为他奉献一切——无论是他们微薄的收入，还是他们的妻子。谢季宁的名言是"你比我更伟大"。他教导信徒们不断重复这句话，粉碎自己的意志，说服自己"跃入重生的大缸"。他是个虐待狂，很享受目睹自己的信徒受苦。"我不得不脱光自己的衣服，躺在他的身边。"一位女性信徒回忆说，"他强迫我亲吻他的身体，为他口交，与此同时他的口中念着《圣经》的经文——'在洁净的人，凡物都洁净'。"[6]

92　　有些知识分子认为谢季宁充满魅力，比如梅列日科夫斯基。谢季宁试图说服他加入他们的仪式，高唱："我们的生命是一口沸腾的大缸，我们跃入缸中烧煮自己。我们其实都一无所有……加入我们吧，与我们一起奔向死亡。我们会让你复活，再次成为人们的领袖。"梅列日科夫斯基邀请谢季宁参加了一次宗教哲学学会的聚会。季娜伊达·吉皮乌斯对谢季宁起了疑心，认为他不过是"平民版"拉斯普京。她留意到，两人连衣着都十分相似，只不过谢季宁没能和教会的高层搭上关系，只能在社会底层而非贵族中确立自己的地位。"的确是个十分有活力的人。"吉皮乌斯写道，"他显然拥有坚强的意志，专横傲慢，总在滔滔不绝地讲话。"她认为，谢季宁思想的核心就是鼓吹自我牺牲，以及在追求更高生命境界时象征性地杀死自我，这让她看到了马克思主义思想的影子。[7]革命爆发后，吉皮乌斯拿到了警方提供的谢季宁档案，其中有一张大幅照片。照片中，谢季宁装扮成一个女人，被围在一群女性当中。档案的内容让她惊惧不已。她意识到，不，谢季宁和拉斯普京是截然不同的两种人。"拉斯普京的卑鄙和欲望在谢季宁的面前会黯然失色。谢季宁那不可遏制的淫欲、邪恶和堕落接近虐待狂。"[8]

　　为了考验信徒的忠诚度，谢季宁要求父母把孩子送到他指定的孤儿院，这样他们不仅会失去孩子，还将无法获得孩子的任何音讯。这种做法实在太过残忍了。1909 年，他的信徒们挺身反抗，把他带到帕维尔·莱格科博托夫，那个曾与普里什文交谈过的男人跟前。莱格科博托夫作为众人的新领袖，做的第一件事就是要求教派中的所有女性与男性举行集体婚礼。[9]

　　1912 年，谢季宁被逮捕并被投入监狱。研究俄国教派主义的亚历山大·普鲁加温建议自己的侄女薇拉·茹科夫斯卡娅（Vera Zhukovskaya）亲自去监狱见这个男人。茹科夫斯卡娅曾十分迷恋谢季宁。她对普鲁加温的建议大感震惊："这是最后一个先知，甚至可以说是人间的最后一个上帝。他可以将自己的意志强加在他人的灵魂和肉体上，甚至把女信徒的身体据为己有，这简直令人惊叹，尤其是这个男人还如此放荡。他不止一次地受到法庭审判，甚至被控犯下强奸罪。现在，他被投入监狱，不是因为散布异端邪说，而是因为引诱未成年人。"[10]

　　在监狱中，茹科夫斯卡娅惊讶于自己所目睹的一切。"他用一种充满饥渴的眼神死死盯着我，两颗眼珠闪着光芒，眼睛一眨不眨。这绝对是鞭身派教徒才有的眼睛。"她感到被关在牢里的谢季宁因精力过剩而蠢蠢欲动，就像一匹被关在笼子里的狼，不停地跳来跳去。他开始大声说话，做着夸张的手势，手舞足蹈。他解释起生命的奥秘，但他的话不过是一堆不连贯的表述，"话只是不停从他的口中蹦出来"，这让人根本并不明白他的意思。他的能量突然让人感到恶心，但又

93

难以抗拒："从我的喉咙中升起一朵甜美而让人痛苦的幸福玫瑰。我想着，总有一天你会噎死自己，那就是你的结局。你不会再有任何知觉。"茹科夫斯卡娅离开监狱时，被眼前这个同时被上帝与魔鬼之力左右、拥有动物般神秘力量的男人深深震动。

早年，谢季宁试图娶达里娅·斯米尔诺娃（Darya Smirnova）为妻。斯米尔诺娃被称为"奥克汀斯卡娅圣母"（Okhtinskaya Virgin），是涅瓦河支流奥赫塔河（Okhta River）上的一个鞭身派分支的领袖。她的外表十分美丽动人，她穿着一袭绿色的长裙，脸上精心涂抹着胭脂和口红，有一对普里什文眼中的"冰冷双眸"。除了普里什文外，其他知识分子，例如维亚切斯拉夫·伊万诺夫和诗人亚历山大·布洛克，也对她十分倾心。他们会拜访斯米尔诺娃的住处，邀请她前往宗教哲学学会做演讲。她教他们操控他人的秘术，告诉他们："那些把我当作女人的人，终将获得他们的女人；那些把我当作上帝的人，终将找到他们的上帝。"她擅长用时而清晰时而模糊的语言勾勒神秘的精神世界。

1914年3月，斯米尔诺娃因一系列指控在圣彼得堡的法院受审，指控包括宗教迫害以及涉嫌杀害两名女性。斯米尔诺娃要求她们斋戒长达四十天。普里什文以被告证人的身份出现在法庭上，称他将斯米尔诺娃视为"农夫中的夏娃"。其他人不同意。弗拉基米尔·邦奇-布鲁耶维奇以专家身份被传唤出庭。他称斯米尔诺娃在仪式期间不仅强迫信徒喝下她肮脏的洗澡水，甚至要他们喝她的尿。针对她的其他指控还包括性变态。最终，法庭判处斯米尔诺娃罪名成立。她被剥夺一切财产，流放到西伯利亚。

接下来登场的是一个名叫瓦连京·斯文茨特斯基（Valentin Sventsitsky）的人。他是东正教神父、作家、"基督教奋斗兄弟会"（Christian Brotherhood of Struggle）和莫斯科宗教哲学学会的联合创始人。他声称，在通往基督的道路上必须经历苦痛、性爱，甚至折磨和虐待。1910年，他如此谈及那些只采取平和方式寻求灵魂重生的基督徒们： 94

> 让我们唤醒他们强烈的欲望，唤醒他们炙热的性欲之火。愿他们此生至少堕入一次狂野的放荡，抛弃一切人类的规矩……愿上帝给他们的妻子送去情人。一个还不够，要送去许许多多个。不是纯洁、正直的情人，而是最粗鲁、变态的情人。愿这些妻子学会如何欺骗丈夫……愿她们学会如何亵渎神灵，尽情享受身体的欢愉，用肉体的享受毒害她们"纯洁"的灵魂，唤醒她们最原始的本能。愿他们经历这一切，只有这样，他们才会得到拯救。

1908年，斯文茨特斯基出版了小说《敌基督》（The Antichrist）。小说中充斥诽谤言论，主人公是一个带着尼采哲学色彩的人物。他在树立自己的道德准则时，按自己的心意混合了高尚和堕落以及些许"健康"的施虐倾向。斯文茨特斯基的朋友马克·维什尼亚克（Mark Vishnyak）这样形容他的信仰："来自普通人的凡俗智慧——如果你没有罪，便不需要忏悔；如果你不忏悔，便不会得到拯救。"

女人、维什尼亚克和其他许多知名人士为斯文茨特斯基疯狂，人们传出了各式关于他性生活的离谱说法。没有人知道真相，一切都是神话。不过，他确实引诱过三个外貌姣好的年轻女人，她们各自为他生下了一个女儿。三个女人从不相互憎恨，也不认为斯文茨特斯基不忠诚。但是，宗教哲学学会的其他成员不这么认为，他被逐出了学会。1909 年前后，他曾协助推动新运动"受难基督"（Golgotha Christianity），声称如果人类想得到拯救，必须像基督一样经历被钉上十字架之苦。运动参与者们的思想发表在《新大陆》（The New Land）上。为这本刊物撰稿的作者还包括亚历山大·布洛克、象征主义诗人瓦列里·勃留索夫（Valery Bryusov），以及未来的诺贝尔文学奖得主伊凡·蒲宁（Ivan Bunin）。神父约纳·布里克尼切夫（Iona Brikhnichyov）曾在该刊物上如此描述斯文茨特斯基："因你，一切谜团都已解开……/因你，《圣经》的经文得到诠释……/你并非偶然来到这里/你是遥远的光/去吧，将这光洒向天地/行动的时刻已经到来/不必怜悯/先知不该怀抱怜悯之情。"[11]

*

95      放眼望向世纪之交的整片欧洲大地，不安分地追求新鲜、神秘的事物是十分普遍的精神现象。很大一部分原因在于西方世界中教会影响力的日益衰弱，以及整体上的宗教制度化倾向。但在俄国，还有其他特别的内在因素促使人们奋不顾身地投身于精神追求。自 1861 年农奴制被废除至 20 世纪早期，俄国经历的内部动荡比任何欧洲国家都更为剧烈。人们几乎在一夜之间感受到，曾经传统的农业社会在向一个现代化社会急剧转型。伴随着这种巨大的转变，俄国先是饱尝了俄日战争的战败苦果，后又迎来了 1905 年革命的震荡。它们动摇了俄国的旧秩序，在整个国家散播着一种彷徨、恐慌的情绪，爆发更大规模的危机似乎不可避免。人们熟悉的典章制度、传统信仰已经不再能应对新出现的问题。许多人都面对着一个崭新、充满不确定性以及令人担惊受怕的世界，他们突然感到不知所措。[12]

神秘主义的流行使得更多人开始相信魔鬼力量正当道。这种信仰又不断滋生阴谋论、对密谋的搜寻，以及隐藏在表面之下的敌意。在政治上，右翼分子把俄国经历的伤痛归咎于犹太 – 共济阴谋论①。第一次世界大战加速了各种疑神疑鬼的说法的流行，直到整个国家陷入一场精神危机。到冲突爆发时，"黑暗势力"（Dark Forces）的说法已经风行了数年。比如 1906 年前后，维亚切斯拉夫·伊万诺夫和通神学家安娜·明特斯洛娃（Anna Mintslova）曾给小说家安德烈·别雷写信，称"敌人"的确埋伏在人们身边，试图用邪恶的精神力量毒害俄国。这些敌人正是鼓吹神秘主义的那群术士，他们操控了俄国人的潜意识，试图释放"残月隐去，新月升起时的狂野激情"。他们两人因此饱受"黑暗世界的攻击，而这恰恰是在摧毁俄国的力量"。[13]

对"黑暗势力"的迷恋伴随着对魔鬼本身的好奇。第一次世界大战爆发前，撒旦似乎无处不在，从安东·鲁宾施泰因（Anton Rubinstein）的歌剧《恶魔》，到米哈伊尔·弗鲁贝尔（Mikhail Vrubel）的画作《坐着的天魔》（"Demon Seated"，1890）、《卧倒的天魔》（"Demon Prostrate"，1902）、《被推翻的天魔》（"Demon Cast Down"，1902）。弗拉基米尔·索洛维约夫认为，传统教会主张的信仰已经崩塌，人们的身边充斥着各式魔鬼，他甚至相信自己曾亲眼看见撒旦，且将自己的最后

---

① 一种声称犹太人和共济会之间存在秘密联盟的阴谋论。这些说法在法国、西班牙、俄国的右翼分子中尤为盛行。——译者注

96　一部作品取名为《一则关于敌基督的小故事》（*A Short Tale of the Antichrist*，1899 年）。[14]1909 年，知名作家列昂尼德·安德列耶夫（Leonid Andreev）在发表悲剧作品《诅咒》（*Anathema*）时，也以魔鬼为故事的主角。作曲家亚历山大·斯克里亚宾开始惧怕自己创作的《第六钢琴奏鸣曲》，认为它受到了邪恶势力的腐蚀，因此拒绝在公开场合演奏它。斯克里亚宾把自己视为上帝（如果人们相信他晚年写作的一些诗歌），甚至尝试在日内瓦湖上行走（以失败告终）。他以驱魔为目的创作了《第七钢琴奏鸣曲》，接着又在 1913 年创作了《第九钢琴奏鸣曲》。《第九钢琴奏鸣曲》以《黑色弥撒》（"The Black Mass"）之名为人所知，表现了人们对恶魔的崇拜，乃至虐待狂、恋尸癖的流行。[15]

亚历山大·杜勃罗留波夫（Alexander Dobrolyubov）、勃留索夫、别雷等作家，均十分迷恋黑魔法和魔鬼论。宗教哲学家米特罗凡·洛蒂泽斯基（Mitrofan Lodyzhensky）在他的《神秘三部曲》（*Mystical Trilogy*）的第三部《黑暗势力》（*Dark Forces*，1914 年）中，全面检视了这种影响，包括人类灵魂中的恶魔以及敌基督的概念。亚历山大·布洛克是另一位值得一提的为恶魔着迷的作家。他不仅在自己的文学作品中讨论恶魔，甚至相信俄国国内有一股实实在在的恶魔势力。1917 年，布洛克在为调查委员会工作期间写道，想要理解罗曼诺夫皇朝最后的日子，就必须具备一种"恶魔"的视角。[16]

对超能力以及黑暗势力的笃信，悄悄地把俄国引入了对世界末日（Apocalypse）的假设，俄国被认为将与魔鬼本人发生不可避免的正面对峙。这一切要素汇聚在一起，才塑造了时人及后世对拉斯普京的普遍评价。有必要在此处强调，第一次世界大战之前，外界对拉斯普京的观感（这种观感一直流传到今天）并不完全取决于拉斯普京本人是一个怎样的人，他的真实天性是怎样的，以及关于他所言所行的有据可查的真实记录是怎样的，而更多取决于 20 世纪早期俄国病态的时代思潮。宇宙之力正在影响俄国的未来。一位平凡的农夫不仅在沙皇的宫廷中获得了自己的一席之地，而且得到了沙皇夫妇的充分信任，这只意味着两种可能性：他要么是上帝派来的天使，要么是魔鬼的奴仆。伊利奥多尔的传记在俄国出版时，书名被定为《圣魔》（*The Holy Devil*），这绝对不是一种隐喻。[17] 随着时间的推移，俄国的危机日益加深，对每个人而言，来自博克维斯科的那个农夫只可能是后一种。布洛克的母亲相信，拉斯普京不是魔鬼就是敌基督，是俄国一切麻烦的根源。甚至，俄国外交大臣谢尔盖·萨佐诺夫（Sergei Sazonov）也将拉斯普京称为敌基督。[18]

拉斯普京在他生前就不再是个平凡的人类，而是成了那个令人战栗的时代的化身。《新星期日晚报》（*New Sunday Evening Newspaper*）曾如此形容这种现象：　　　　　　　　97

> 拉斯普京是一个符号。他不是一个真正的人。他是我们这个畸形的时代最具代表性的产物。我们的苦难没有尽头，周围被恶毒的氛围萦绕，众人在一片沼泽中挣扎求生。暮色正要笼罩我们。此时，一个半阴半明的古怪形象爬出了我们所深陷的泥潭——那泥潭里尽是食尸鬼、僵尸、蝙蝠，以及一切堕落邪恶的灵魂。[19]

# 注 释

1. See Steinberg, "Fin de siecle"; Carlson, *No Religion*, 3 – 5, 22 – 28; idem, "Fashionable Occultism," in Rosenthal, *Occult*; Etkind, *Eros*, 83, 115 – 19; Rosenthal, *Occult*, 8, 18 – 19; Lachapelle, *Investigating*.

2. Etkind, *Eros*, 83, 115 – 19; Carlson, "Fashionable Occultism," 135.

3. Shishkin, *Rasputin*, 141 – 48; FA, 685 – 86; Carlson, *No Religion*, 27 – 29.

4. Steinberg, "Fin de siecle," 80 – 81, 86 – 87.

5. Etkind, *Khlyst*, 125, 525 – 26. And discussion in Firsov, *Pravoslavnaia tserkov'*, 239 – 62.

6. Etkind, *Khlyst*, 527 – 28. 这种说法来自圣徒保罗："在洁净的人，凡物都洁净；在污秽不信的人，什么都不洁净。连心地和天良，也都污秽了。"（《提多书》，1：15）

7. Etkind, *Khlyst*, 143 – 44, 228 – 29, 525; Gippius, *Dnevniki*, 1：416 – 17.

8. Gippius, *Vospominaniia*, 373 – 75.

9. VR, 111 – 12; Etkind, *Khlyst*, 122, 143 – 44, 526 – 28.

10. NIOR/RGB, 869. 86. 18, 2 – 13.

11. 上述引文和细节，见 Etkind, *Khlyst*, 244 – 46, 346 – 54, 468 – 69; FB, 5 – 9。

12. Rosenthal, *Occult*, 7; Carlson, *No Religion*, 22.

13. Rosenthal, *Occult*, 379 – 82, 392 – 93. "黑暗势力"的说法一直可以追溯到 1910 年。请参见 "Nechto o 'reaktsii'," *Moskovskie vedomosti*, 29 July 1910, p. 1。

14. Rosenthal, *Occult*, 102 – 103.

15. 关于弗鲁贝尔和斯克里亚宾，可参见 Billington, *Icon*, 474 – 81, 503。

16. Groberg, "Shade," 116 – 31, in Rosenthal, *Occult*; Lodyzhenskii, *Misticheskaia trilogiia*; Etkind, *Khlyst*, 121.

17. 格奥尔基·丘尔科夫（Georgy Chulkov）为 1914 年出版的反拉斯普京小说取名为《撒旦》（*Satan*）。

18. Etkind, *Khlyst*, 587, including n5.

19. *Novaia voskresnaia vecherniaia gazeta*, 18 March 1912, p. 3.

# 第十二章　安娜·维鲁波娃

　　1907 年春天，拉斯普京结识了一名女性。日后，她将成为他最虔诚的信徒和最坚定的捍卫者。1884 年，安娜·维鲁波娃出生在一个显赫的家庭。她的母亲是娜杰日达·托尔斯塔亚女伯爵（Countess Nadezhda Tolstaya），父亲是亚历山大·塔涅耶夫（Alexander Taneev）。塔涅耶夫是知名御用作曲家，也是沙皇个人助理的负责人。自亚历山大一世以来，安娜的家族就世袭了这个职位。

　　除拉斯普京以外，维鲁波娃也许是罗曼诺夫皇朝末年宫廷中最具争议性、评价最两极化的人物。没有人同她一般引发过如此激烈的矛盾，或激起过如此势不两立的态度。1917 年，调查委员会的成员对她进行了评估。皇朝覆灭后，维鲁波娃遭逮捕，被关在彼得保罗要塞（Peter and Paul Fortress）[1] 的特鲁别茨科依堡垒（Trubetskoy bastion）。弗拉基米尔·鲁德涅夫（Vladimir Rudnev）是她的审讯者之一。鲁德涅夫第一次见到维鲁波娃时，就被她罕见的眼神镇住了——"充满了一种神秘的温柔"。交叉验证过她的口供和其他人的证词、资料后，鲁德涅夫相信，她交代的都是实话。他认为，她的话

---

　　① 由彼得大帝建于1703 年，位于涅瓦河北岸的兔子岛（Hare Island），由六座堡垒组成，原先是为了防备来自瑞典的袭击，后关押了大量政治犯。——译者注

"十分真诚，没有欺骗的意思"。她不在意自己的处境，尽管看守对她使用了近乎侮辱的手段，而且暴力相向。她不算聪明，但坦率、诚实，身上完全没有一丝狡猾的痕迹。关于维鲁波娃曾向尼古拉，或亚历山德拉，或拉斯普京施加影响力的指控在鲁德涅夫看来，完全是个笑话。[1]

但是，鲁德涅夫在调查委员会的同僚亚历山大·布洛克不同意这种看法。布洛克坚称："维鲁波娃的口供没有一句真话。"在他看来，像维鲁波娃这样的女人只会让人感到"可怕"。除了"深恶痛绝"之外，他再找不到其他词形容。[2]调查委员会负责人鲍里斯·斯密滕（Boris Smitten）同意这种观点："她不仅狭隘，而且脾气倔强、武断……迷信，又缺乏教养。"[3]吉皮乌斯和维鲁波娃有过数面之缘，但自称与她不熟。吉皮乌斯的评价是，这个女人"愚蠢、顽固，而且狡猾，是典型的俄罗斯变态，总喜欢围在所谓的'长老'身边"。[4]沙皇的妹妹奥尔加·亚历山德罗芙娜女大公（Grand Duchess Olga Alexandrovna）形容她是个"完全不负责任的人，极其孩子气，乃至让人觉得她愚蠢，而且经常会歇斯底里地爆发情绪"。[5]

意见分歧同样存在于她在皇室中扮演的角色。鲁德涅夫相信，维鲁波娃绝不可能蛊惑沙皇夫妇〔他的看法与帝国最后一位内政大臣亚历山大·普罗托波波夫（Alexander Protopopov）相近，认为她不过是拉斯普京思想的"传声筒"〕，其他人则形容她是躲在皇冠背后的恶魔。[6]剧作家爱德华·拉津斯基称维鲁波娃是俄国皇室的"看不见的统治者"，并指责她——虽然没有证据——不仅按自己的喜好任命、解雇大臣，甚至操控了皇后本人，同时又装出一副无辜的模样。他认为，在维鲁波娃与皇后的关系的核心，隐藏着一个肮脏的秘密：安娜狂热地爱着亚历山德拉。[7]维鲁波娃和亚历山德拉之间的同性恋传闻并不新鲜。在拉斯普京开始出入宫廷，地位扶摇直上之际，首都的贵族沙龙中就传出了类似的闲言碎语。有一个在圣彼得堡流传的故事说，两个女人会和拉斯普京一起纵情狂欢，正是这种三人性爱让他们建立了牢固的关系。[8]维鲁波娃的确爱着皇后，但没有证据显示两人之间存在性关系，亦没有证据表明她曾试图操控亚历山德拉。皇后无疑是她们之中更强势的那个人。维鲁波娃不可能操控皇后，她所做的一切只是为了讨好皇后。

1905年，也就是亚历山德拉结识拉斯普京的那一年，两个女人才开始亲近起来。那年夏天，维鲁波娃和皇室家族一起搭乘"北极星"号（Polar Star），一路沿着芬兰多礁的海岸线旅行。维鲁波娃很喜欢亚历山德拉。她们都生性害羞，喜欢音乐（亚历山德拉和维鲁波娃常常花数个小时聚在一起练习二重唱），对宗教有很深的依赖性。维鲁波娃的信仰来自她个人的经历。16岁时，她一度因斑疹伤寒而差点没命。医生告诉她的父母，她的病已经回天乏术。一天夜晚，喀琅施塔得的约翰出现在她的梦中，告诉她，她一定会好起来。第二天，她让父母找来神父。神父在她的身边祷告，在她的身上洒了几滴圣水。又过了一天，她便奇迹般地康复了。这次经历让维鲁波娃感受到了宗教的力量。她相信，世间的确有人拥有无与伦比的精神和信仰天赋。[9]

维鲁波娃在宫廷中的身份是侍女，有一段时间专门负责服侍亚历山德拉。但她对皇后的重要性从来不局限在她的官方职位上。她是亚历山德拉最亲密的朋友、知己、最信任的人，尽管亚历山德拉有时觉得她有些过分热情。"那头母牛"（The Cow）——亚历山德拉有时会如此喊她，对于一个以讨好皇后

100

和她的家人为生的人来说这并不是个好昵称。[10]维鲁波娃的体型的确壮实（但还称不上像一头牛），不过关于她外貌的评价常取决于外人对她个性的看法。吉皮乌斯认为，她柔软的外表下隐藏着固执和具有欺诈性的坚硬内核。在她眼中，这种内核就是"开明、包容、明朗……但极度盲目"。[11]维鲁波娃年轻时的舞伴费利克斯·尤苏波夫亲王则认为她"极其阴险"，而且"长着五短身材，脸上总像抹着一层油。总之，毫无魅力可言"。[12]然而，玛丽亚·拉斯普京娜眼中的维鲁波娃拥有"一头浓密的棕色长发，温和的眼神中透着智慧"，虽然按通用标准来看算不上美人，但她的"声音充满魅力，温柔而爽朗。她的举手投足吸引了所有人的目光"。[13]

*

1907 年春天维鲁波娃结识拉斯普京时年仅 22 岁。介绍人是米莉恰，她很可能是在按照亚历山德拉的指示行事。米莉恰告诉维鲁波娃，自己通过神父费奥凡认识了一位"传道者"，并提议在她位于圣彼得堡英国河岸大街（English Embankment）的公寓中安排两人见面。维鲁波娃按时赴约。她与米莉恰边喝茶边谈论宗教话题。一两个小时后，拉斯普京出现了。

我记得，当得知是拉斯普京来了时，我感到十分紧张。"别太惊讶，"她说，"有时我会与他亲吻三次。"格里高利·叶菲莫维奇进来了。他身材细长，有着一张苍白、疲惫的脸，穿一身宽松的黑色短袍。他的眼神很有穿透力，让我想起了喀琅施塔得的约翰神父。"让他为你祈

祷些具体的事。"米莉恰用法语说。我让他替我祷告，让
我终身服侍在皇后身边。"你会愿望成真的。"他这么说。
之后，我便离开了。[14]

也有迹象显示，引导两人相识的人是亚历山德拉本人，而
非米莉恰。那时，皇后已经担心黑山姐妹和她们的丈夫会有意
利用拉斯普京向宫廷施加影响。亚历山德拉想让维鲁波娃结识
拉斯普京，从而瓦解黑山姐妹的企图，建立一条更容易被她掌
控的与拉斯普京沟通的渠道。[15]

1907 年 4 月 30 日，也就是这次会面的一个月后，维鲁波娃
结婚了。她的丈夫亚历山大·维鲁博夫（Alexander Vyrubov）
是俄日战争中的授勋海军军官，也是弗拉基米尔·弗艾柯夫的
表兄弟。这段婚姻十分短暂、不幸，而且助长了许多夸张的
谣言。维鲁波娃在日后写道，拉斯普京曾预言她的婚姻会不
幸福。但拉斯普京在那个时期写给她的信与这种说法不符。
他形容这桩婚事是"一个真正的复活节"，称她的丈夫"就
像金色的十字架"。[16]然而婚礼之后，夫妻两人之间的分歧实
在太大。拉斯普京曾写信让她耐心一点，坚信他们一定可以
度过艰难的时期："你的确正在经历十分痛苦的时期，我们
亲爱的父亲、母亲（指沙皇夫妇）也有这样的时刻……尽管
如此，上帝仍会承诺给你一个甜美的天堂。作为见证者，我
保证一切都会有一个好的结局。是的，上帝赐予了你一段合
法的婚姻，你一定可以等到那棵香柏树结满沉甸甸的果实。
时间一到，你就会成为柏树林中的典范，尽情享受婚姻带给
你的愉悦。"[17]

拉斯普京的另一封信透露，维鲁博夫可能有性功能障碍

（暂时性的，因为他后来和另一个女人生下了两个女儿）："上帝让你与你聪明、可靠的丈夫结合在了一起……不要勉强，不要给他压力。慢慢地，他会找到自己的方式。他现在十分忙碌，等过了这段时间，他一定会渴求你，毫不犹豫地吞下你为他准备的一切。"[18]

但是，拉斯普京错了。这段婚姻在第二年即宣告结束。维鲁波娃曾透露，她的丈夫"阳痿，而且有虐待倾向"。一次，他想和她做爱但怎么都不成功，他把安娜推到地上，对她拳打脚踢。[19]有一些人谣传，这段婚姻之所以破裂是因为维鲁波娃对皇后的性欲，另一些人则说是因为她曾与拉斯普京发生性关系。[20]伊利奥多尔称，他曾亲眼看见拉斯普京抓住她的乳房，在别人跟前不知羞耻地抚摸它们。[21]这些应该都是人们凭空想象的。1908 年 7 月 1 日，拉斯普京写信安慰安娜：就像上帝曾将圣灵赐予使徒，她现在虽然遭到丈夫的"诋毁辱骂"，但一定会在"悲伤之后，在全能的上帝面前"找回平和的心境。[22]婚姻给维鲁波娃带来的不幸和痛苦进一步激化了她对宗教的热情，前所未有地拉近了她与亚历山德拉和拉斯普京的距离。

102   1908 年，安娜又把拉斯普京介绍给她的妹妹亚历山德拉［又称萨娜（Sana）］，以及其丈夫亚历山大·皮斯托尔科尔斯（Alexander Pistolkors），这进一步壮大了拉斯普京信徒的规模。俄罗斯的档案馆中还保存着萨娜发送给拉斯普京的电报——

> 1910 年 7 月 24 日。从圣彼得堡发至博克维斯科。收件人：拉斯普京。我病了。我乞求你的帮助。我想要活下去。萨娜。

1910 年 11 月 1 日。从圣彼得堡发至博克维斯科。收件人：拉斯普京。我感到很痛苦。整日卧床不起。我害怕极了。请为我祷告。萨娜。[23]

这个时期，亚历山大·皮斯托尔科尔斯的姑妈柳博夫·高罗维纳［婚前姓卡尔波维奇（Karpovich）］和她的女儿玛丽亚［Maria，人们称她穆娅（Munya）］也被引荐给了拉斯普京，并成了他忠实的信徒。但是，亚历山大的母亲奥尔加·佩利王妃（Princess Olga Paley）和她的第二任丈夫、亚历山大的继父保罗·亚历山德罗维奇大公（Grand Duke Paul Alexandrovich）不相信拉斯普京的那一套。保罗的儿子德米特里·帕夫洛维奇大公（Grand Duke Dmitry Pavlovich）也与他们意见一致，他甚至在日后参与了对拉斯普京的谋杀。让事情更加复杂的是，亚历山大的妹妹玛丽安娜·皮斯托尔科尔斯［Marianna Pistolkors，嫁给了德费尔登（Derfelden）］和她同母异父的兄弟德米特里十分亲近，也认同德米特里对拉斯普京的看法。[24]有些人称，拉斯普京被谋杀时她就在现场。拉斯普京撕裂了这个家庭，正如他撕裂了整个国家。

有一段时间，维鲁波娃视拉斯普京为上帝，而她对拉斯普京的信仰甚至比对上帝的信仰更坚定。根据歌唱家亚历山德拉·贝林（Alexandra Belling）的回忆录，维鲁波娃和她的客人们在把食物送入口中前，会先让拉斯普京祷告。当有人发表某种见解时，除非拉斯普京先表态，否则没人会开口说一个字。如果有人胆敢和她讨论到处流传的拉斯普京的负面消息，或者给她看关于那些事的批评文章，维鲁波娃会给出预备好的说辞："正如所有正直之人的成就往往在死后才能得到追认，正如长老们的预言往往在他们死后才会应验，人们到那时才会知道他们失去了什么，才会后悔在那些人活着时没能好好珍惜。毫无疑问，到那时，人们会争相收集他的遗物，等待见证尚未应验的奇迹。"[25]

至于拉斯普京，他有时对维鲁波娃十分严厉，甚至朝她大喊大叫，但这无法掩饰他对她长久以来的真切爱护。"亲吻你，"他写道，"我用我的整个灵魂爱你。"[26]

## 注 释

1. GARF, 602. 2. 62；Rudnev, "Pravda," n. p. 沙皇的妹妹奥尔加在这件事上同意鲁德涅夫的看法。Vorres, *Last*, 132 – 33.

2. Blok, *Sobranie sochinenii*, 5：363.

3. VR, 72.

4. Gippius, *Dnevniki*, 2：159.

5. Vorres, *Last*, 133.

6. *GRS*, 4：270；Shulgin, *Years*, 270.

7. RR, 78 – 80, 91, 93. See also VR, 73.

8. Kolonitskii, *Tragicheskaia erotika*, 320；OR/RNB, 585. 5696, 21.

9. Vyrubova, *Stranitsy*, 20 – 21.

10. *WC*, 264, 698, 701.

11. *GRS*, 4：5 – 6.

12. YLS, 46.

13. RRR, 73.

14. Vyrubova, *Stranitsy*, 115.

15. VR, 71.

16. Vyrubova, *Stranitsy*, 115；GARF, 651. 1. 27, 35ob – 38.

17. GARF, 640. 1. 323, 27ob.

18. GARF, 651. 1. 27, 35ob – 37.

19. Rassulin, *Vernaia Bogu*, 359.

20. RR, 91；VR, 78 – 81；Vyrubova, *Stranitsy*, 34 – 37；OR/RNB, 585. 5696, 21；FR, 74.

21. GARF, 713. 1. 24, 3 – 4ob.

22. GARF, 640. 1. 323, 35.

23. GARF, 1467. 1. 710, 251, 282, 283.

24. Marie, *Education*, 277；FDNO, 237 – 38n7, 8, 9. 玛丽安娜结过四次婚。此处使用了她最广为人知的夫姓德费尔登。

25. Belling, *Iz nedavnego*, 3, 17.

26. GARF, 612. 1. 61, 114ob.

# 第十三章　那双眼睛

　　1907 年 7 月，尼古拉离开俄国前往德国检阅海军联合演习。17 日，忧心忡忡的亚历山德拉从彼得霍夫宫给他写信："我真心希望一切顺利，不会碰上任何波折，遇上不愉快的谈话。Gr（格里高利）会一直看顾我们。我们不会有事的。"[1] 那年夏天，沙皇一家在芬兰海岸附近航行时，亚历山德拉靠近高级海军军官、沙皇身边的武官尼古拉·萨布林（Nikolai Sablin），私下里询问他是否听过拉斯普京的名字，以及如果听过，他如何看待这个人。萨布林回答，他知道有一位简朴的男子经常拜访皇宫，除此之外就没听说什么了。"他是一位十分虔诚的、有远见的、真正的俄国农夫。"亚历山德拉告诉他，"他打从心底知道该如何崇敬上帝。当然，他不属于我们的圈子，但你如果有机会见他，一定会觉得他是个有趣的人。"[2] 她接着补充说，有一些祈祷者由于践行禁欲和苦行而拥有特殊的能力，拉斯普京就是其中之一。[3] 她把拉斯普京的住址交给萨布林，让他去见拉斯普京。

　　萨布林发现，拉斯普京和鲁克提一家住在格雷切斯基大街 13 号。刚到那里，萨布林就知道拉斯普京对自己的来访早有准备。拉斯普京十分友好，热情地问候了他。拉斯普京身材修长，透着一股虚弱感，比平均身高略矮一些。他穿着俄式长衫和简单朴素的外套，裤子塞进了长筒靴里。萨布林留意到，他有着一头棕发，胡须没有经过精心打理，剪得参差不齐，给人留下了不怎么好的印象。拉斯普京和萨布林讨论了宗教、上帝，为沙皇一家进行了祷告。萨布林几乎没怎么开口。接着，拉斯普京突然问萨布林是否喝酒。这个问题惹怒了萨布林，他起身打算离开。走出屋子时，拉斯普京问他要5卢布。"亲爱的，请给我5卢布，谢谢。我已经穷得没钱了。"萨布林大吃一惊，但还是给了他钱。他对拉斯普京几乎没有任何好印象。

但基于亚历山德拉的愿望，萨布林又拜访了拉斯普京数次。他日后说，皇后希望他多了解拉斯普京，进而得到拉斯普京的祝福。不过，萨布林最终还是忍无可忍地告诉亚历山德拉，拉斯普京没有给他留下好印象。皇后回答道："你不了解他，是因为你和那样的人截然不同。但你的印象就算没错，也依旧是上帝的旨意，上帝希望他以这样的面目示人。"[4]

然而，拉斯普京身上的确有一个地方给萨布林留下了深刻印象。他不得不承认："（眼睛）里面一定有着'那什么'。"在这一点上，萨布林并不孤单。如果要寻找人们对拉斯普京的一点共识，便是他眼中的"那什么"。

"他的眼神就像一根针，能够瞬间刺透你。"莉迪娅·巴齐勒夫斯卡娅（Lydia Bazilevskaya）回忆道。她在遇见拉斯普京时28岁，富有而美丽，但早早离了婚。[5]普鲁加温形容说："这是一对绿眼珠，闪着纵情享乐的贪婪光芒。"[6]他的侄女薇拉·茹科夫斯卡娅记得："长老拥有一对令人惊叹的特别的眼睛——瞳仁呈灰色，但一瞬间就会燃烧起炙热的红光。他的眼睛令人无法抵抗，它们充满内在的魔力。当有女性在场时，它们会流露出一种非同寻常的激情并吸引她们的目光。"[7]沃尔沃夫称："这是一对流氓的眼睛，总看向你身上的各处，从不直视你的脸。"[8]《彼得堡新闻报》（*Petersburg Newspaper*）的一位记者写道："在那双冰冷的灰色眼珠中，透出一种令人不安、与金属质感相似的感觉，直刺人心。"[9]（拉斯普京眼珠的颜色应该是某种灰绿色，这不存在任何疑问。）

1915 年秋，拉斯普京的一位女性朋友写道：

> 好吧，说说他的那双眼睛。每次我望向这双眼睛，都不禁惊讶于它们竟拥有如此强烈的表现力，如此深邃。在他的注视之下，你绝不可能坚持很久。他的眼神中有着某些十分沉重的东西，就像你从他的凝视中体会到了某种物质的力量。他的眼睛常常闪着慈祥的光芒，但有时也透出一股精明。那里还有着无边无际的平和与温柔。毫无疑问，在他生气时，这双眼睛会变得非常凶残，让人感到恐怖。[10]

玛丽亚也承认，她的父亲拥有"一对充满魔力的眼睛"，极其令人不安，轻易就能让人病倒。[11]有一位女性因对拉斯普京的注视感到太恐惧，以至于跑去教堂忏悔。虽然拉斯普京除了将眼光投向她以外什么也没做，但她仍认为需要净化自己。[12]一位波兰的伯爵夫人在看过拉斯普京的眼睛后陷入崩溃。"我没办法，没办法面对这样的眼睛。它们可以看见一切。我没办法面对！"她惊呼道。[13]

许多俄国人相信，拉斯普京的眼睛是他力量的来源。他的好友尼古拉·索洛维约夫（Nikolai Solovyov）曾道出人们的普遍观点，告诉媒体："这个男人的魅力来自他的眼睛。它们之中有什么吸引着你，强迫你臣服于他的意志。这完全无法用常理来解释。"[14]一位女性信徒提到拉斯普京的注视拥有强大的力量，让女性颤抖、被催眠。[15]英国大使的女儿梅里埃尔·布坎南（Meriel Buchanan）曾在圣彼得堡的大街上意外撞上拉斯普京的眼睛。"苍白的灰色，深邃，但在望向我时又闪着神奇的光辉。"她回忆道，"当它们看向我时，我突然不知该如何移动……被一种无力感深深地笼罩着。"[16]

至于拉斯普京的其他外表特征，每个人的印象各有不同。皇后的好友莉莉·德恩（Lily Dehn）于1911年前后结识拉斯普京，对他感到万分恐惧。她不得不承认，除了眼睛之外，他身上的其他地方也"让她感到自己受控于无可名状的力量"。他看起来就像个身高平庸的典型俄国农夫（尽管他看起来比实际身高更挺拔一些）。他的脸十分消瘦、苍白，他留着一头长发，蓬乱的胡须呈暗褐色。[17]1912年初，拉斯普京来到艺术家亚历山大·拉耶夫斯基（Alexander Raevsky）面前。那是拉耶夫斯基第一次亲眼见到他，他对拉斯普京的外表十分惊讶。"我的面前站着一个身材匀称且结实的高个子男人。让我意外的是，他的头上没有一根白发，走路时的步伐是如此轻盈又坚定。他一下就登上了六楼，没喘一口气。"[18]斯捷潘·贝莱特斯基（Stepan Beletsky）在1912年至1915年担任警察局长，因此对拉斯普京十分熟悉。他同样提到了拉斯普京的身体："在焕发活力时透出一股紧绷感，但身材又十分纤细。"[19]

许多人都认为拉斯普京的声音十分有磁性。战争期间担任"奥克瑞那"负责人的康斯坦丁·格洛巴切夫（Konstantin Globachev）留意到，他的声音"柔和、悦耳，他发声时用的是典型的农夫的说话方式，但透着一股智慧"。[20]据说，他讲话时语速平稳、不急不缓，歌声亦十分动人。[21]

106　人们对拉斯普京还存在一种刻板印象，认为他是个"肮脏的农夫"，但这只是上流社会的偏见。根据十分了解他的那些人的说法，拉斯普京很注意清洁自己的身体。我们知道实际上在博克维斯科和圣彼得堡时，他会定期前往澡堂。连俄国的媒体——他们从来不是拉斯普京的朋友，而是时刻准备刊登一切有关他的荒唐至极的谎言——也评论称，他的双手宽大，手指格外修长，"十分干净"。[22]拉斯普京的好友阿列克谢·菲利波夫（Alexei Filippov）曾说，他"十分注意清洁：经常更换衣物和去澡堂，身上从来不散发出奇怪的味道……他的躯体异常结实，毫不松弛，红润而且匀称。他没有那个年纪的人常有的大肚腩"。至于拉斯普京的私处，菲利波夫留意到它并没有什么特别之处。但是，它不像其他那个年纪的人的性器官那样，已经开始呈现出一种暗棕色，而是"还没出现色素沉淀"。[23]不过，在为何他对朋友身体的最隐秘部分了如指掌这一问题上，菲利波夫没有给出任何惊人的爆料。

## 注　释

1. *KVD*, 17 – 18.
2. Gul', *Ia unes*, 2：276. 此处指的是尼古拉·帕夫洛维奇·萨布林。
3. *KVD*, 23.
4. Gul', *Ia unes*, 2：276 – 77；关于公寓：FB, 354。
5. Belling, *Iz nedavnego*, 7；on her：RR, 370.
6. Prugavin, *Leontii*, n. p.
7. Mel'gunov, *Vospominaniia*, 1：205.
8. Voeikov, *S tsarem*, 57 – 58. See also Bonch – Bruevich, *Vsia vlast'*, 80.
9. RGIA, 472. 50. 1619, 3.

10. Dzhanumova, *Moi vstrechi*, 34 – 36.

11. RRR, 41.

12. Shulgin, *Years*, 264 – 65.

13. Dzhanumova, *Moi vstrechi*, 34 – 36.

14. GARF, 102. 242. 1912. 297, ch. 2, 1. Also: *Rannee utro*, 20 December 1916, p. 2; Beletskii, *Vospominaniia*, 15 – 16; VR, 370; Schelking, *Recollections*, 117; Shelley, *Blue Steppes*, 83; idem, *Speckled Domes*, 35 – 36; Murat, *Raspoutine*, 62; Rozanov, *Mimoletnoe*, 66; Den, *Podlinnaia tsaritsa*, 62 – 63; GARF, 102. 242. 1912. 297, ch. 1, 137; OR/RNB, 1000. 1975. 22, 50ob.

15. Dzhanumova, *Moi vstrechi*, 34 – 36.

16. Buchanan, *Dissolution*, 139.

17. Den, *Podlinnaia tsaritsa*, 62 – 63.

18. OR/RNB, 1000. 1975. 22, 26ob.

19. Beletskii, *Vospominaniia*, 15 – 16.

20. Globachev, *Pravda*, 68.

21. HIA, Batyushin, "V chem byla sila Rasputina," 5 – 6; Dzhanumova, *Moi vstrechi*, 19.

22. OR/RNB, 1000. 1975. 22, 25.

23. RR, 235.

# 第十四章 "让我们得到净化 和庇护的祈祷"

　　1907 年 9 月，拉斯普京返回博克维斯科。他回到村里时，已经是个大人物了。有人尊称他"先生"（*gospodin*），就好像他已经成了贵族。他从米莉恰那里得到金钱上的资助，把这些钱捐给教会，还给村民准备礼物（包括现金），为穷人修建房屋，为葬礼出钱。他搬到了村中主干道上一座暗灰色的宽敞木屋里。那里原来住着一位内河引航员。房子有两层，四周围着篱笆。开阔的院子里建了浴室、小型谷仓和一间小屋子。主屋周围装饰着花盆，其中一只大型花盆朝向主街。窗框上镶嵌着精致的雕花。屋顶是锡皮的。拉斯普京的母亲于 1904 年去世了，他的父亲成了鳏夫。他没有选择与儿子同住，而是留在图拉河边格里高利家狭窄的旧房子里。[1]

　　拉斯普京一家住在一楼。那里有一间厨房和三间独立房间，其中一间房里挂满了圣像，包括一幅巨大的喀山圣母像。当地人相信喀山圣母具有创造奇迹的能力。木制楼梯上铺着杂色地毯，通往二楼。二楼主要是为客人准备的。那里有一间面积不大的接待室，里面摆着长凳。有一间较宽敞的厅房，地上铺着同样的杂色地毯，还安放了书桌、宽大的椅子、看起来相当厚实的橡木餐柜、钢琴，以及一口黑檀木大钟。墙上贴着墙纸，挂着拉斯普京与神学院的神职人员和学生、数位神父以及圣彼得堡贵族的合影。那里还有一幅沙皇和皇后的画像，以及一些宗教小饰物。窗户旁边种着一棵无花果属植物。拉斯普京的生活堪称优渥，但并非每个人都能接受这样的现实。1917年，费奥凡告诉调查委员会，拉斯普京的家体现了"不那么富有的农夫对城中富人家庭生活的构想"。[2]

和拉斯普京一起返回博克维斯科的人中，有奥尔加·鲁克缇娜以及另三名女性。其中，阿基林娜·拉普汀斯科娅（Akilina Laptinskaya）将成为拉斯普京余生中与他走得最近的信徒之一。1879年，拉普汀斯科娅出生在莫吉廖夫（Mogilyov）的巴克胡瓦（Bakhovo）附近的一个农夫家庭。在圣彼得堡时，她是一名护士，俄日战争期间曾在野战医院工作。在圣特罗伊茨基护理公会（St. Troitsky Commune of Nurses），她第一次听说了拉斯普京的名字。之后，她找到鲁克缇娜，后者于1907年9月安排两人见了面。拉斯普京很快就成了拉普汀斯科娅眼中与众不同的真正长老。"格里高利·叶菲莫维奇与人真诚的交往给我留下了极为深刻的印象。我从没见过像他这样善良且对他人怀抱纯洁爱意的人。他对生命的见解相当独到，可以毫不犹豫地解答任何疑问。"得知有几位女性会随拉斯普京返回博克维斯科，看看他生活的地方、向他学习后，她请求加入这支队伍。这趟旅行没有令她失望。此后，拉普汀斯科娅一直追随着拉斯普京，直到他被谋杀。她在拉斯普京身边扮演了类似于秘书的角色，协助他打理圣彼得堡的家中的一切。[3]

季娜伊达·曼什达特（Zinaida Manshtedt）来自斯摩棱斯克（Smolensk），是一位高级政府官员的太太。一个认识她的人形容她"善良、美丽又亲切"。拉斯普京在到达首都圣彼得堡不久后就吸引了她。虽然她的着迷程度不及拉普汀斯科娅，

108

但她会经常去圣彼得堡拜访他。从博克维斯科返回家乡后，季娜（Zina，人们常这么称呼她）写过一封信，这封信反映了拉斯普京身边女性信徒的普遍心理，以及她们和拉斯普京之间关系的本质。

> 您好，亲爱的神父格里高利！
>
> 谢谢，谢谢，我必须感谢您无边的大爱，在您的温柔和看顾下，我的灵魂得到了重生。我回家时健康又快乐，现在过着安静、平和的生活。您最后的话——我不该离开的——给我留下了深刻的印象。既然您这么说了，那我相信它们一定是真的。在回家的整个旅途中，它们久久地回荡在我的耳边，强迫我检视自己灵魂的每一个角落。当然，我有许多软弱之处，我总是需要您的帮助，需要您那让我们得到净化和庇护的祈祷。回到家时，我在内心深处已经成了一个不同的人。上帝，就让我一直这么保持下去吧。现在，我又充满了活力，而愤怒曾不停地折磨我，让我无法思考任何事情。让我热烈地亲吻您的双手，若有不当，请赐予我谅解和包容。
>
> 您卑微的季娜[4]

还有一名叫卡尤娅·白雷斯科娅的女性，当时29岁，是个寡妇，丈夫在两年前自杀。丈夫的死给卡尤娅造成了巨大打击，她不断自责，认为自己对此负有责任。一位将军的妻子十分同情她的遭遇，在1906年秋把她带到了拉斯普京面前。拉斯普京死死盯着卡尤娅的脸，说道："你在想什么？难道你不知道我们的上帝有十二位使徒，其中的犹大就是上吊自杀的吗？这样的事，就算在我们上帝的身边也会发生，更何况是你呢？"他的话改变了她的一生。

这些话解开了我灵魂的枷锁。我对丈夫的死亡感到深深的自责。但是如果这样的事也会发生在上帝身边，那么我这样一个软弱的人，怎么可能希求让死去的丈夫重新回到我的身边呢？我立刻释怀了，内心感到了前所未有的平静。任何催眠术和药物都不曾发挥这样的作用。那时，我已经有整整一年没有斋戒，甚至不敢踏入教堂，人们诵读经文的声音令我沮丧，我还以为自己患了心脏病。整整两年，我几乎没怎么吃东西，精神和肉体都已濒临崩溃。认识格里高利·叶菲莫维奇之后，我相信他可以用福音书中的准确经文解答我遇上的所有问题。因此，我对格里高利·叶菲莫维奇充满了深深的感激和爱意。

白雷斯科娅第一次拜访博克维斯科是在 1907 年 4 月。她和拉斯普京及他的家人一起住了四个月。用她的话说，她是在学习"如何生活"。这是一次收获颇丰的体验，她在 11 月离开。但是，不同于其他三位女性，白雷斯科娅日后转变了对拉斯普京的态度。她的说法还将被用来煽动其他人反对拉斯普京。[5]

\*

11 月中旬，拉斯普京回到了圣彼得堡。一天晚上，尼古拉邀请他的妹妹奥尔加·亚历山德罗芙娜女大公来皇村的亚历山大宫用晚餐。吃过饭后，尼古拉让奥尔加与自己一起会见一位俄国农夫。他们走上楼梯，沙皇的四个女儿和阿列克谢都穿着白色睡衣，保姆正在为他们铺床，准备服侍他们就寝。房间的正中站着拉斯普京：

110

> 见到他时，我感受到了他身上散发出的温柔和热情。所有的孩子看起来都十分喜欢他，和他在一起时他们很放松。我依旧记得当时的欢声笑语，阿列克谢扮成一只兔子，在房间里蹦来蹦去。接着，拉斯普京有些突然地抓住了男孩的手，把他带去了自己的卧房，我们三个跟在他们身后。我们周围有一种肃穆的氛围，就好像进入了教堂。阿列克谢的房间里一盏灯也没有点。唯一的光亮来自摇曳在一些美丽的圣像前的烛光。男孩在那个大人身边十分安静。拉斯普京弯下腰。我知道，他正在祈祷。所有这一切都让人无比感动。我还知道，我的小侄子会和他一起祷告。我真的很难形容这画面，但是，在那一刻我感受到了那个男人身上的镇静与温和。

孩子们上床后，几个大人下楼，来到淡紫色的会客室继续交谈。

> 我知道，尼基和阿历基①都希望我能喜欢上拉斯普京。在儿童房中目睹的一切给我留下了相当深刻的印象，我也认可他的真诚。但十分不幸，我从来没能喜欢上这个人。

---

① 对沙皇夫妇的昵称。——译者注

我从没有被拉斯普京催眠，也不觉得他的人格中有任何我无法抵抗的东西。如果说我对他有什么评价，那就是他实在不够文雅……我们认识的第一个夜晚，和他的交谈不断在不同话题之间跳跃。当然，他常常引用《圣经》中的说法。不过，我没有被这打动……我知道在农夫之中，有些人可以大篇大篇地背诵《圣经》的内容。

奥尔加不仅没有被拉斯普京打动，还觉得他有些放肆：

我想说的是他那放肆且有些让人尴尬的好奇心。在阿历基的会客厅，拉斯普京与她和尼基交谈了好几分钟，同时等着侍者准备晚茶。此时，他开始向我抛出一连串无礼的提问。我开心吗？我爱自己的丈夫吗？我为什么没生孩子？他根本没有权利这么问。当然，我也没有回答他。我担心尼基和阿历基会觉得尴尬。我还记得晚上离开时我大大地松了口气，对自己说："感谢上帝，他没有跟着我去车站。"

那次见面之后，奥尔加又在距皇村不远的维鲁波娃家中见过拉斯普京一次。某个时刻，他们身边刚好没有其他人，拉斯普京走到她身边坐下，搂住她的胳膊，抚摸起她的肩膀。奥尔加站起身，一言不发地走向了其他人所在的地方。尽管他曾再三告诉维鲁波娃想再见奥尔加一次，但奥尔加已经彻底对他失去了兴趣。

111

\*

差不多就在奥尔加结识拉斯普京的那段时间，当时年仅
3 岁的阿列克谢在皇村的花园里玩耍时摔伤了腿。他开始内出
血，还伴随着剧烈的疼痛。"可怜的孩子受尽了折磨，"奥尔
加回忆道，"他的眼中弥漫着阴郁，小小的身子扭曲着，腿部
严重肿胀，但医生们束手无策。"他们比房间里的任何人看起
来都忧心忡忡，低声交谈着。几个小时后，他们终于承认已经
爱莫能助。那天晚些时候，亚历山德拉给当时身在首都的拉斯
普京传了信，让他赶紧进宫。拉斯普京来了，在男孩身边默默
地祷告。第二天，奥尔加回到宫中，简直不敢相信自己的眼
睛："男孩不仅还活着，而且情况大为改善。他坐在床上，已
经退了烧，眼中重新闪耀着活力和光芒，腿上已经不见淤青的
痕迹。前一个晚上的惊恐万分仿佛成了一场遥远的噩梦。之
后，我从阿历基处得知，拉斯普京根本没碰那男孩一下，只是
站在床边祷告了一阵。"[6]奥尔加坚信，阿列克谢的康复绝不是
巧合。她无法解释拉斯普京如何奇迹般地让这个小男孩恢复了
健康，但她再也没有质疑过他的治愈能力。

拉斯普京在深夜拜访阿列克谢病房的消息很快在皇宫中传
开了。有些人说，拉斯普京碰触了男孩，告诉他不会有事的，
且他还补充了一句：只有上帝才能宣布我们的死亡。其他人
说，拉斯普京离开男孩身边后告诉皇后不用担心，因为阿列克
谢满 20 岁之后就不会再受这种疾病折磨，它肯定会消失得无
影无踪。[7]

毋庸置疑的是，1907 年的最后几个月，拉斯普京对自己
和沙皇夫妇的关系十分自信。11 月 15 日，他甚至在没有受到

邀请的情况下唐突地拜访了这对夫妇。尼古拉和亚历山德拉对他的出现十分惊讶，但非常高兴。[8]那天在皇宫，他还见到了曾在 1905 年照顾阿列克谢起居的保姆玛丽亚·维什尼亚科娃（Maria Vishnyakova）。维什尼亚科娃原是斯塔娜的孩子的保姆，后来斯塔娜把她推荐给皇后，于是她在 1897 年成了塔季扬娜的保姆。维什尼亚科娃那时刚过 30 岁，彬彬有礼，十分温柔，还相当漂亮。那天回家后，兴奋的拉斯普京给维什尼亚科娃写了信：

> 欢乐在主，你是基督的无价之宝。你的身边笼罩着光辉，以及皇储阿列克谢·尼古拉耶维奇的荣耀。啊！这是多么有力的一个词，多么无价的形象。我热爱上帝的妹妹，对这样一个朝气蓬勃的年轻人而言，你是多么深切的问候！我亲爱的，请教导他，这将成为你的使命——我亲爱的，向他展示上帝的所有教诲，在所有的童年游戏中为他寻找启迪。让他更自由地玩耍吧，让他尽情地蹦跳。在他眼中，你的身边萦绕着上帝的光辉，你是杰出的榜样，他会将此永远记在灵魂深处……因此，你应该成为大地的母亲。听着，我那热爱上帝的妹妹。亲爱的妈妈。这意味着什么呢？你知道这种无价的召唤意味着什么吗？上帝究竟赐予了你什么天赋，能够让你享有这对父母的尊重……如果我们爱所有人，请不要让我们变得骄傲。我们应该让自己沐浴在这片荣耀中，感受如置身天堂般的愉悦。当然，魔鬼总是伺机而动，他知道我们与众不同，而且总是隐藏在我们身边。这是魔鬼的天性。但是，我在你的身上看到了某种骄傲，在你的灵魂中感受到了对我的欢迎和接

112

纳。从你见到我的那一刻起，你就懂得我。我非常、非常希望能够再次见到你。让我们的爸爸、妈妈再次召见我，因为我只匆匆地看过你一眼，还来不及仔细打量你。如果我待得太久，一定会让人尴尬的。[9]

不管从哪个方面而言，这封信都十分有趣。比如，拉斯普京明明知道阿列克谢的病以及不久前的事故，为什么还鼓励维什尼亚科娃让那男孩尽情地蹦跳？他是否真的不清楚自己如此怂恿的危险性？显然，拉斯普京是想在皇宫中和维什尼亚科娃结成盟友关系。他一边要求她履行自己神圣的使命，就如他被赋予了使命一样；一边又强调两人和沙皇夫妇的关系都十分亲密。他在信中提及魔鬼，一方面是为了将她拉向自己，另一方面是为了暗示皇宫中有人十分嫉妒他们和皇室家族的亲密关系，可能会密谋反对他们。该如何正确理解当维什尼亚科娃第一次站在拉斯普京面前时，他内心的活动呢？有一点不用怀疑：他希望能有机会再次见她。如果两人见面只是为了谈论皇储，那么拉斯普京根本不需要为此感到尴尬。但是，拉斯普京似乎在此处暗示了其他的，即他们两个人之间有某种更私人的事。我们既不知道维什尼亚科娃是否请求过再见拉斯普京，也不知道她是否答复了这封信。但三年后，维什尼亚科娃在皇后面前激烈地指控拉斯普京，从而引发一场闹得满城风雨的丑闻。

\*

那年年末，拉斯普京离开圣彼得堡前往喀山。在那里，他见到了 14 岁的奥尔加·伊雷因（Olga Ilyin）。奥尔加惊讶万分地看着一位农夫跨进自家的前门。她从没遇到过这种情况，因为下层人只能走后门。拉斯普京带着一封她在圣彼得堡的姨妈写的信。她的姨妈在认识拉斯普京不久后就迷上了他，但还是想把拉斯普京介绍给奥尔加的父亲，问问他的意见。

拉斯普京留下来吃了晚餐。他让奥尔加感到十分不适，因为他总是奇怪地打量她，行为举止也惹人讨厌。汤端上来后，他竟然拿出梳子，在餐桌旁梳起头发，这引起了每个人的不满。用餐时，他们问起拉斯普京的生活和旅行。他被问及像他这么虔诚的信徒在决心将自己完全奉献给祈祷和孤独后，为什么最终还是选择了圣彼得堡。拉斯普京回答说："我第一次去圣彼得堡时曾问过上帝同样的问题：'你为什么让我来这儿？'我问他：'为什么要用这种方式考验我？'上帝回答：'不管我让你去哪儿，那里便是你该去的地方。人们可能会憎恨你，因为他们嫉妒你。但你必须忍受这一切，这就是你存在的价值。'"

伊雷因一家和其他客人对这个陌生人的态度不停地在着迷和排斥之间摇摆。有些时候，他们几乎就要相信他所说的一切，相信奥尔加的姨妈所认定的一切，相信他是一位真正的长者。拉斯普京告诉众人，上帝赐予了自己阅读人心的能力。为了证明这一点，拉斯普京转向伊雷因的艺术老师，说他是个罪人，因为他总在一开始时起劲地做事，但往往半途而废，而上帝非常不喜欢这一点。众人被他的话震惊了，不得不承认他的说法完全正确。之后，其他人也让他分析他们的内心。拉斯普京照做了，而且他的表现足够让在场的每个人相信他拥有这种能力。

1907 年至 1910 年，奥尔加在圣彼得堡的姨妈家又见过拉斯普京几次。她的姨妈一直视拉斯普京为上帝真正的仆人，会邀请他拜访自己的住处。但是，奥尔加从来不信任他，尽管她

114

没对别人提起过这事。她十分确信，他在欺骗姨妈，只告诉她事情的一面。有一次，他们又聚在一起喝茶，其间她的姨妈离开了房间。拉斯普京站起身，坐到奥尔加身边。拉斯普京要求她开口，向他坦诚一切，她气得一动不动。奥尔加拒绝了这个要求。拉斯普京问她，是什么让她感到害怕。

"我一点都不怕你。"

"不，你的确怕我。"他说，"但是，你其实应该爱我。上帝派我来到你的身边。因此，每个人都应该爱我胜过爱这世上的其他任何人。沙皇和皇后都很爱我，所以你应该爱我超过爱其他任何人。"

他直视着奥尔加，一只手越过沙发不断向她靠近。她突然挣开他，跑回了自己的房间。此后奥尔加再也没有见过拉斯普京。[10]

## 注　释

1. FR, 49 – 50; *KVD*, 16; Den, *Podlinnaia tsaritsa*, 69.

2. *Iuzhnaia zaria*, 2 June 1910, p. 2; FB, 637; FR, 50; SML, Spiridovich Papers, No. 359, Box 14, Folder 5, pp. 1 – 9.

3. FB, 589 – 90. Quote: FDNO, 249n13.

4. GARF, 1467. 1. 710, 227 – 28. 这封信可能写于同一年对博克维斯科的另一次拜访之后。相关引文见 SML, Spiridovich Papers, No. 359, Box 14, Folder 5, p. 8. Also: Al'ferev, *Pis'ma*, 521; OR/RNB, 1000. 3. 349, 6ob; FDNO, 246. 1912 年的一份报告说曼什达特是斯摩棱斯克列奇耶（Porechye）一位贵族的太太。GBUTO/GAGT, I – 156. 18. 920, 8 – 9.

5. HIA, Nikolaevsky Papers, Series 74, 129 – 1, pp. 27 – 40; FB, 588.

6. Vorres, *Last*, 134 – 39.

7. SML, Spiridovich Papers, Box 6, Folder 3, pp. 64 – 65; Rasputin, *Mon père*, 47.

8. *KVD*, 20.

9. GARF, 651. 1. 27, 39 – 40ob. On Vishnyakova: SML, Spiridovich Papers, No. 349, Box 6, Folder 3, pp. 65, 80; RR, 128 – 29; Rappaport, *Four Sisters*, 162.

10. Ilyin, "The Court," 35 – 57.

# 第十五章　调查：第一次启动

　　拉斯普京生活中的显著转变没有逃过西伯利亚当局的注意。当地人开始对他博克维斯科的家中发生的一连串怪事产生好奇。

　　1906 年 7 月 23 日，也就是拉斯普京第二次见尼古拉和亚历山德拉的两天前，秋明地区的警司维什涅夫斯基（Vishnevsky）向当地的警察局长提交了一份关于农夫格里高利·叶菲莫维奇的报告，以及拉斯普京最近接待的来自首都的客人的名单。名单上有神父梅德韦德（报告中称他是尼古拉·尼古拉耶维奇大公的孩子的导师），还提到了一位名叫奥尔加·鲁克缇娜的女性。报告写道，两人都曾说农夫拉斯普京在圣彼得堡"创造了奇迹"。维什涅夫斯基还提到，拉斯普京经常通过邮政系统收到从圣彼得堡寄来的资助，有时是 100 卢布，甚至可能更多；此外他还会收到他口中的上流社会人士——甚至包括沙皇夫妇——赠送给他的礼物。客人在拉斯普京家中停留时，大多数时间在诵读福音书或者唱赞美诗。

　　这是目前已知的第一份针对拉斯普京的个性和生活状况的官方报告。我们不知道是谁向维什涅夫斯基下达的命令，让他调查一个寂寂无闻的博克维斯科农夫。命令究竟来自秋明、托博尔斯克当局，还是首都？第一种假设的可能性最高。无论如何，警察局长把维什涅夫斯基的报告转交给了托博尔斯克的政府高官尼古拉·冈达提（Nikolai Gondatti）。冈达提认为，这种事不值得他或当地政府关心。因此，他又在 1906 年 8 月 4 日把报告转交给了托博尔斯克的主教安东尼（亚历山大·卡尔扎温），想"听听主教的意见"。冈达提对报告漫不经心的态度也反映出调查极可能是地方当局下达的指令。如果这是圣彼得堡的指示，那他肯定会花更多心思在这件事上。

安东尼也没太把报告放在心上，这件与农夫拉斯普京有关的事看来就此告一段落。但一年后的 1907 年 9 月 1 日，安东尼又突然采取行动。他给托博尔斯克所属教区的都主教写了一封信，详细罗列了拉斯普京的可疑行为，称自己已经花时间搜集了相关资料。按照安东尼的说法，拉斯普京在"彼尔姆（Perm）的工厂"学习了鞭身派教义，逐渐以"异端领袖"的身份为人所知。接着，拉斯普京在圣彼得堡吸引了一群女性信徒，她们还跟他一起回到博克维斯科，共同生活了相当长的时间。安东尼称，他掌握了这些女性写给拉斯普京的信，其中谈论了他倡导的特别教义、奇迹般的治愈能力，以及她们如何视他为"大爱"。

过去五年，先后有八名年轻女性在拉斯普京家中留宿。她们身穿黑衣，头裹白色头巾，无时无刻不跟随在拉斯普京身边，称呼他为"神父格里高利"。他抚摸、拥抱甚至亲吻她们。众人会在拉斯普京家的二楼聚会，吟唱语义不明的宗教歌曲，其间，拉斯普京会披上一件黑色的教士袍，在胸前挂一枚巨大的金十字架。同村的农夫们传说，他在传播鞭身派教义，还说曾有一名年轻健康的女性突然病入膏肓，在离奇的状况下死去。他们告诉安东尼，在一张拍摄于叶卡捷琳

116

堡（Yekaterinburg）的照片中，拉斯普京身穿"黑色教袍，两边各站着一位修女。她们把横幅举到拉斯普京的头顶上方，上面写着'在耶路撒冷寻找天堂'的字样"。不仅如此，连神父雅科夫·巴尔巴林（Yakov Barbarin）也是拉斯普京家中的常客，会参加夜间的仪式。不久前，巴尔巴林因传播鞭身派教义而被神圣宗教会议取消了传教资格，并被驱逐到了卡累利阿（Karelia）的瓦拉姆修道院（Valaam Monastery）。

基于上述情报，安东尼要求宗教法院下令让神父尼科迪姆·格卢霍夫采夫（Father Nikodim Glukhovtsev）对拉斯普京采取初步调查。如果相关指控得到证实，就再启动正式调查，弄清楚他们夜间集会的真正目的。安东尼还附上了个人对拉斯普京的观感。他写道，拉斯普京曾数次拜访托博尔斯克，坚持见主教，称想用自己的钱扩建村里的教堂，并修建一些类似女性聚会场所的设施。"我对他异常消瘦的脸颊、深陷的眼窝，以及一对病态（好像发炎了一般）的眼睛印象尤为深刻。他在布道时的奇怪举止，围绕他的各种别称、昵称等，在非主流教派中均十分常见。"[1]安东尼还留意到，拉斯普京几乎没有俄语阅读能力，更别提书写和通晓古教会斯拉夫语的造诣了。

尽管拉斯普京没有给安东尼留下好印象，但这还不足以让他启动调查来证明对方和鞭身派之间的关系。真正让安东尼烦心的是，两人见面后的那年夏天，他收到了三封信，信中详细描述了拉斯普京近来的奇怪举动。他收到第一封信是在 8 月，来自托博尔斯克的女子玛丽亚·考罗维纳（Maria Korovina）。当地的神父亚历山大·尤洛夫斯基曾两次把拉斯普京带到她家中。她的故事让人感到意外而不安。考罗维纳从见到拉斯普京第一眼起，就认为"他是个外表古怪的人，不仅是他的衣着，他脸上的表情，尤其是那双眼睛也让人这么觉得"。

他们谈话时，拉斯普京从没安分过。他不停打出奇怪的手势，或者碰触神父尤洛夫斯基。第二天，他独自一人来见考罗维纳。他告诉她，他很快就要离开，而且他对这次托博尔斯克之行相当失望，因为许多人都认为他是异端。"我怎么可能是异端？"他反问考罗维纳，"我只是拥有许多爱。我爱每一个人，我爱你以及其他任何人。为什么这样就会被人称作异端？"她回答说，他们彼此还不熟悉时，她发现他会触碰或抚摸其他人，比如神父尤洛夫斯基，且他还企图摸她。拉斯普京回应说："如果我伸出手碰了你的手，那只是因为我拥有许多爱……我也对此无能为力。如果不碰别人的手，我就没法得到启示。"

接下来，拉斯普京引用了新神学家圣西默盎（St. Symeon the New Theologian，949～1022）的一段话。圣西默盎是拜占庭时期的传教士、东正教的圣人。他曾说："一个冷淡的男人被围在一群衣不附体的人中间也会安然无恙。他可以碰触他们赤裸的身体，却不会造成任何伤害。"对此，考罗维纳说："是的，我听说过这个故事。但它说的是有人在无意间碰上的这种状况，而不是刻意制造的。什么人可以完全不受诱惑呢？"（圣西默盎同样强调过，在寻求上帝之旅中，每个人都需要臣服于一位精神领袖，但拉斯普京终其一生都没有这么做。人们经常用这点攻击拉斯普京，有些神职人员认为，正是因为这样他才会精神堕落。）尽管两人间的关系十分紧张，拉斯普京告辞时，他们还是亲吻了对方。"在我看来，格里高利·叶菲莫维奇根本不是个正常人。"考罗维纳如此总结。

神父尤洛夫斯基也描述过两人之间的见面，还提到了两人一起拜访玛丽亚·考罗维纳的经过。拉斯普京来到尤洛夫斯基所在的托博尔斯克的教堂，一上来就向他卖弄自己和高级神职人员的私交，比如主教赫里桑夫和喀山的修士大司祭安德烈（俗名为乌赫托姆斯基）。拉斯普京还提到他曾和主教安东尼（俗名为赫拉波维茨基）一起拜访米莉恰大公夫人。尤洛夫斯基知道拉斯普京是在自吹自擂，但认为他的话中还透露了其他信息。尤洛夫斯基认为，拉斯普京肯定知道有人在暗中搜集他是异端的证据，因而试图提高自己的身价。他这么做无疑是想让尤洛夫斯基相信，高级神职人员也将他视为虔诚的东正教徒。拉斯普京告诉尤洛夫斯基，他来托博尔斯克是为了见一位建筑师，他将在博克维斯科建一座新教堂。他告诉尤洛夫斯基，还需要两万卢布才能完成这项工程。当尤洛夫斯基质疑他筹集这笔钱的能力时，拉斯普京十分含糊地说：

"她会给我的！"

"谁？"

"皇后。"

尤洛夫斯基感到十分震惊，他听到的一切让他困惑不已，不知该如何理解。

在考罗维纳家，拉斯普京吹嘘自己进过宫。"连沙皇都知道我。他是最善良的人，是最伟大的受难者！他赐给我一个新姓氏。不是我主动要求的，我不知道他为什么这么做。他告诉我：从现在起，你就姓'诺维'。"说到这里，他拿出自己的身份证件。他们发现他说的没错。但是，他们当时不可能知道拉斯普京在撒谎：明明是他本人主动要求获得一个新姓氏的，而非沙皇要给他赐姓。尤洛夫斯基问拉斯普京为什么要接近上流社会的人，他过去不是说，那种人只是在"拔高自己，追求自我满足"吗？尤洛夫斯基不明白，拉斯普京为什么不留在家中宽慰普通人的灵魂。"是他们邀请我的。"拉斯普京回答，"他们也是人，他们的灵魂也需要滋养。此外，我爱每一个人。我的心中满怀大爱。他们也这样爱着我。"

考罗维纳问，博克维斯科的村民是否"在精神上十分满足"。她更进一步地问道："为什么你不花精力抚慰邻居的灵魂呢？为什么要大老远跑到首都和其他城市？如今整个国家都在寻求精神上的安慰，但到处都是假圣人。"拉斯普京尝试回避这个问题。他明显感到了不安，含糊地表示在他生活的村子，人们没有这种需求。

拉斯普京很快就离开了，但在离开前，他还是向尤洛夫斯基寻求了祝福。"拉斯普京究竟是怎样的人？"尤洛夫斯基不禁自问，"一个异端？还是他认为自己拥有别的什么身份？"单靠一次会面，根本无法弄清楚他是谁。

　　无论如何，拉斯普京给我留下了他是个怪人的印象。他的装束十分独特。他讲话时断时续，并非总能用合适的语言表达自己的想法。此外，他的手指总在做奇怪的动作。他的所有动作，包括鞠躬，都非常迅速、急促且僵硬。他那双深陷的眼睛总在肆无忌惮地打量你，甚至有些无礼。光凭这些，就有足够充分的理由相信他不是个正常人。他刻意展现自己对达官显贵的魅力，不停吹嘘与这些人的私交。哪怕仅靠一个新的名字，他也要尝试将自己和身边的普通农夫区分开来。这一切都不得不让人认为，拉斯普京即使不是异端，也中了"魔鬼的法术"（demonic prelest）。[2]

*Prelest* 一词通常被翻译为"魔力"或"魔法"，在宗教上的含义更接近"蛊惑"。正教会专门用该词形容夸大自己宗教天赋的人。有时，它还被用来形容一种精神病。罹患此病的人常常陷入精神错乱或感到极度不安。[3]对拉斯普京的这种指控将伴随他的余生。

7月底，安东尼收到了来自伊丽莎白·卡扎科娃（Yelizaveta Kazakova）的信。尤洛夫斯基认识卡扎科娃，还向拉斯普京提起过她。听到这个名字时，拉斯普京突然变得非常不耐烦，想知道尤洛夫斯基为什么问起她的事。"她说你蛊惑人心。"尤洛夫斯基回答。拉斯普京被激怒了。"他的眼中燃烧起怨恨的火焰，渐渐不能控制自己的情绪。他的声音传达出忧虑，脸上却浮现了一抹带着愤怒的冷笑。他说道：'她说我蛊惑人心？怎么可能？'"[4]

卡扎科娃第一次见拉斯普京是在1903年的秋天。她姐妹的葬礼结束后，拉斯普京突然走到她身边。她不知道该怎么做，也不知道他为什么接近她。拉斯普京告诉她，他正在寻找愿意和他一起去浴室的年轻未婚女子。她们会在那里体验"彻底的忏悔"，并学习如何"抑制她们的激情"。他向卡扎科娃保证，自己绝对没有一丝不轨之心，因为他把每个人都看作自己的家人。

说完这些后，拉斯普京走开了，卡扎科娃望向这个陌生人。她后来听说他曾向村里的年轻女性布道，说现在有许多假朝圣者，拿修道士的身份引诱她们。拉斯普京告诉这些女孩，保护她们远离骗子以及抵御诱惑的唯一方法，就是接受他的亲吻，直到她们不再对这种行为感到别扭，只有这样做，她们才能主宰自己的欲望和激情。卡扎科娃第二次见到拉斯普京时，向他提起了自己听说的这些事。一开始，他否认了类似说法，辩称"那是魔鬼的把戏"。但过了一会儿，他又走回卡扎科娃身边，告诉她这些都是真的。他对卡扎科娃说，没什么好害羞的，因为他会消除掉这些女子身上所有的罪，把它们转移到自己身上。[5]

卡扎科娃相信了他的话。不仅如此，她还在 1904 年 5 月带自己的女儿玛丽亚（Maria）和叶卡捷琳娜（Yekaterina）一起去了博克维斯科，想看看拉斯普京生活的地方。她发现，他的身边聚拢了一大群出身高贵的女性，她们满足他的各种需求，把他当作一个伟大的圣者。她们甚至会剪下他的指甲，缝在自己的衣服上，把它们当成圣物。他们一行人在村里走动时，拉斯普京总会公开亲吻和拥抱女性。他再次强调，大家都不会因此感到害羞，因为"我们是一家人"。

1907 年 6 月，卡扎科娃和她的女儿玛丽亚再次拜访了拉斯普京。但是，和他生活一周后，她改变了想法，决定不再继续追随、奉承他。那个月，她给博克维斯科的神父费奥多尔·什麦金（Fyodor Chemagin）写了三封信来抱怨拉斯普京，坚称他在行骗。由于没有等来任何反馈，她在第二个月把信寄给了主教安东尼。卡扎科娃坦白，最初被拉斯普京吸引是因为"她迷失的灵魂需要温情"，但她现在相信，拉斯普京根本不是圣人，她被骗了。她希望这些信会成为一种警醒，尤其是对卡尤娅·白雷斯科娅而言。卡扎科娃担心，白雷斯科娅还继续把拉斯普京视作自己的光。她迫切希望自己的经历、所受的"痛苦"，能够使那些对拉斯普京深信不疑的女性清醒过来。在卡扎科娃看来，拉斯普京身边围绕着"上流社会的可怜女性，她们因为首都的生活而堕落，现在就像苍蝇看到果酱一样飞扑向拉斯普京"。新一代的权贵们竟因此向一个农夫卑躬屈膝，决定把拉斯普京当作她们的偶像。拉斯普京曾亲自向卡扎科娃坦白，他是个"圣人，但尚未经历考验"。对卡扎科娃而言，这恰恰意味着最可怕的危险。[6]

并非所有人都认为拉斯普京的做法不道德。托博尔斯克有一个名叫扎伊采夫（Zaitsev）的政治犯认识卡扎科娃。他在那时告诉记者，他和拉斯普京属于同一个秘密团体，他们纯粹是为了改善人们的道德情操。在团体内部，兄弟姐妹之间只是"单纯的家人关系"。[7]

然而，扎伊采夫的观点无法得到更多人的认同。实际上，那年夏天，在博克维斯科及其附近地区，关于拉斯普京的传言流传更广了。6月16日，拉斯普京的妻子收到一封从秋明地区寄来的匿名信，信中对她的处境表示了同情，还让她不要担心，因为"他们"（可能是指拉斯普京的家人）会受到"整个村子"的保护。至少有一位拉斯普京的信徒曾站出来为他辩护。6月1日，奥尔加·鲁克缇娜给主教安东尼写了一封信，提到她听说了谣言，但还是决定捍卫拉斯普京的神圣性，认为他是能够创造奇迹的治愈者。她写道，她已经与拉斯普京认识了两年，拜访过他的住处四次，曾"与他的家人相处，聆听他的教诲"。她从没改变自己的态度。"格里高利·叶菲莫维奇教给我们爱和朴素的生活，让我们知道如何平复自己的心情，全心全意地投入爱。他不单是为了自己而活，而是把自己的灵魂奉献给了他的朋友们。"[8]

\*

对于还原这次针对拉斯普京和鞭身派的关系的第一次调查

来说，这些细节十分关键。这次调查始于 1907 年 9 月，在 1908 年 5 月中止，直到四年半后的 1912 年 9 月才再次启动。报告书长达 108 页，被标记为"保密"文件，收入名为"托博尔斯克宗教法院关于秋明地区博克维斯科村庄的农夫格里高利·叶菲莫维奇·'拉斯普京－诺维'涉嫌传播鞭身派教义，以及利用自己的虚假信条招揽信徒"的档案。这份文件有一段十分曲折的经历。革命爆发后，它消失在了俄国，直到 1994 年才在伦敦的苏富比（Sotheby）公开拍卖会上重见天日。它最终又回到了俄罗斯，于 2002 年初被捐赠给莫斯科的俄罗斯联邦国家档案馆（State Archive of the Russian Federation）。此后，它就一直被保存在那里。它的项目编号为 1467－1－479a，但很少有拉斯普京传记的作者有机会阅读这份宝贵的文件。[9]

　　报告揭露的事实之一便是，启动调查的导火索无疑是西伯利亚发生的事，和圣彼得堡完全无关（尽管许多人认为圣彼得堡是关键）。一种常见的说法是，鼓动人们进行这项调查的不是别人，正是米莉恰大公夫人，她这样做是因为拉斯普京变得越来越不受控制。由于他的放肆，她想毁掉他。[10]但上述文件确凿地证明，既不是米莉恰，也不是首都的任何人，启动了对拉斯普京的第一次调查。实际上，拉斯普京和黑山姐妹的友谊一直持续到 1907 年。根据 1909 年博克维斯科搜集的材料，米莉恰甚至在 1907 年偷偷拜访过拉斯普京，还是当时持续向他"汇去大笔卢布"的资助者之一。[11]毋庸置疑，调查的启动是因为当地人的疑心，以及以西伯利亚西部的拉斯普京家乡为中心逐渐扩散的嫉妒情绪。[12]

　　拉斯普京曾在《一位资深朝圣者的人生》中提到这件事——这本书正好写于这一年。他写道，他带着尼古拉赏赐给

122

他的修建教堂的钱返回家乡，然后嫉妒他的神父们开始散布关于他的不实谣言，称他是异端，属于一个"低下而且肮脏的教派"。拉斯普京相信，托博尔斯克的主教安东尼也加入了谴责者的队伍。[13] 1907 年 5 月 9 日，在村里的一次集会上，拉斯普京拿出了沙皇赠予他的 5000 卢布。他对村民的唯一期望就是他们也力所能及地捐一些钱，但是他的提议没有得到任何响应。教会的长老们坚持认为，现在的教堂没有任何问题，拒绝进行募资。村民也对此事不满，认为村里真正需要的其实是一所学校。最后，博克维斯科没有修建新教堂，拉斯普京用这笔钱购买了一批宗教用品赠送给村里的老教堂，包括一些巨大的十字架（一个是金的，其他是银的），还有安放在圣壁四周的银制灯架。（那年 5 月，当地媒体报道了村民们对拉斯普京提议的不满。这是拉斯普京的名字第一次出现在媒体上。[14]）但是，拉斯普京似乎没有放弃自己的愿望。1908 年 12 月，他在一封写给尼古拉和亚历山德拉的信中提出会用他们的钱在村里建一座教堂。他告诉沙皇夫妇，工程还没有启动，但"已经快了"，新落成的教堂一定会给每个人带去安慰。[15] 最终，拉斯普京的教堂仍然只存在于他的梦中。

　　村民们——至少大多数村民——对拉斯普京生出了疑心。拉斯普京明明和他们一样是农夫，却不在田里干活，也不外出打工，竟然还买下了一栋体面的房子。凭什么？他的钱从哪里来？是谁给的？他们为什么要给？当年拉斯普京踏上朝圣之路时，依靠的只是他的一双脚和一丁点儿食物。但现在，他竟搭乘蒸汽轮船和火车四处旅行，到处吹嘘他在圣彼得堡结识的贵族朋友。为什么？他们脑中的疑问越来越多。肯定有哪里不对劲。于是有些人开始反对拉斯普京。

\*

为了回应主教安东尼在 9 月 1 日写的信，五天后，神父尼科迪姆·格卢霍夫采夫来到博克维斯科，搜集当地人对拉斯普京的评价。

格卢霍夫采夫首先拜访了神父彼得·奥斯特罗乌莫夫。奥斯特罗乌莫夫对拉斯普京本人、他的家庭，以及他的生活方式均评价甚高。奥斯特罗乌莫夫 1897 年来到这个村庄时就结识了拉斯普京，留意到拉斯普京一直过着正直的基督徒生活，尊重一切礼仪、仪式和宗教节日。他的家人也是如此——他的妻子、三个年幼的孩子、他的父亲，以及和他们一起生活的那些女性。拉斯普京甚至认为，这家人堪称"典范"，严格遵守斋戒，风雨无阻地出席每周的礼拜。拉斯普京从前是个农夫，不算特别富裕，亲自打理家中的所有事务。但从两年半前起，他开始频繁离家，家里开始雇用其他劳动力。关于他曾前往首都旅行的事，奥斯特罗乌莫夫说，拉斯普京的确给他看过他和费奥凡、圣彼得堡神学院的谢尔盖，以及其他高级神职人员的合影。

尽管如此，谣言还是传到了他耳中。他听说，有些村民认为拉斯普京"不诚实"，另一些人认为"他改变了自己的东正教信仰"。神父奥斯特罗乌莫夫还提到，村民对拉斯普京的长途旅行、从天而降的财富、在他家中生活的女性，以及他和这些女性交往的方式心存怀疑。有些人甚至提到一个来自杜布罗夫斯卡亚（Dubrovskaya）的农村女孩的悲惨命运。据说，拉斯普京在一次朝圣途中带上了这个女孩，强迫她在雪中光脚走了几英里路。她后来患上肺痨，不幸英年早逝。[16]值得一提的是，拉斯普京作为真正朝圣者的名声开始广为流传后，奥斯特罗乌莫夫是最早那批站出来的反对者之一。

面对格卢霍夫采夫的提问，教堂司事彼得·贝科夫（Pyotr Bykov）对拉斯普京的评价亦十分正面。贝科夫留意到，过去六年拉斯普京在博克维斯科生活期间一直是一位非常虔诚的基督教徒，定期前往教堂祷告，而且歌声十分动人。每次礼拜后，他都会亲吻圣像。但是，他的祷告方式有些古怪："他会大幅挥动自己的双臂，同时露出痛苦的表情。"

接下来，格卢霍夫采夫又找上了当年 28 岁、在博克维斯科的教堂做帮手的叶夫多基娅·卡妮娃（Yevdokia Karneeva）。她的故事却和之前几人的大相径庭。六年前，她在一次朝圣途中经过这个村庄，借宿在拉斯普京家中。她说，拉斯普京多次尝试亲吻她。她让他停止，告诉他这样做不对。拉斯普京回答道，他没有带一丝恶意，这种"宗教性的亲吻"是非常普通的行为。之后，拉斯普京带她参观了马厩下方的祈祷室，其间，他突然跳到叶夫多基娅身边，亲吻了她的脸颊。他还告诉她，自己曾在和妻子做爱时看到了浮现在"空中"的圣三一画面。[17]

那天，格卢霍夫采夫搜集到的情报相互矛盾，不足以让他得出结论。因此，他在两个月后又回到当地，访问了一个更熟悉拉斯普京的人。神父费奥多尔·什麦金是在 1905 年结识拉斯普京的。此后，他多次去拉斯普京家中参加集会，主要是读《圣经》、祷告和唱赞美诗。他们第一次见面时，拉斯普京向什麦金提起过自己的朝圣之旅，以及在教会中认识的高级神职人员，比如费奥凡（拉斯普京称呼其为"费奥凡什卡"），还给什麦金看过一张自己和七湖修道院的神父加夫里尔的合影。他告诉什麦金，自己第一次去圣彼得堡是在 1905 年，主要是为了和皇室搭上关系。回程途中，他带来了奥尔加·鲁克缇娜，以及神父梅德韦德的妻子。恰好在此期间，什麦金曾在一个夜晚偶然遇上浑身湿漉漉的拉斯普京从浴室出来。几分钟后，他看见和拉斯普京同住的几个女人也湿漉漉地出现了。在那之后，拉斯普京曾向什麦金忏悔，说"他有一个弱点是总会抚摸和亲吻年轻的'女性们'，还承认会和她们一起去浴室"。关于前来拜访拉斯普京的人，什麦金提到了卡尤娅·白雷斯科娅和季娜伊达·曼什达特。拉斯普京很喜欢抚摸她们，拉她们的手，喊她们的昵称"卡尤娅"（Khonya）和"季娜查卡"（Zinochka）。尽管如此，他还是认为拉斯普京一家是基督徒的典范，因为他们定期做礼拜，足够虔诚，经常向教会捐赠财物。[18]关于他提到的最后一点，后来也得到博克维斯科一个农夫的证实。1918年初，谢尔盖·马尔科夫（Sergei Markov）经过村子时，曾和一位农夫交谈。"他是个圣人，"农夫如此形容当时已经死去的拉斯普京，"一个心地善良的人。"他总是乐于帮助村民，几乎每个人在他们人生中的某个时候，都收到过他的礼物或金钱资助。[19]

125

\*

1908年1月1日，格卢霍夫采夫撰写了一份调查的前期总结，提及他对拉斯普京的怀疑，尤其是他和女性相处时的举止。他认为有理由怀疑，拉斯普京利用别人眼中圣人和奇迹创造者的身份，占了一些女性的便宜。他在家中举行的聚会让人联想到异端教派。他的外貌也有些古怪，给人以和鞭身派走得很近的感觉。他近来迅速积累的财富，以及信徒队伍——包括从圣彼得堡远道而来的信徒——的突然壮大，都证明这位自封的圣人取得了巨大成功。掌握这些情报后，格卢霍夫采夫还想更进一步，想去拜访拉斯普京的家，与他本人以及家中的其他人（包括从其他城镇来的客人）对话。这些人都被要求暂时留在博克维斯科，直到调查结束。[20]

第二天，格卢霍夫采夫、神父彼得·奥斯特罗乌莫夫、村里的巡警、长老以及三位农夫见证人来到拉斯普京家中。格卢霍夫采夫把他撰写的报告递给拉斯普京，让他阅读、确认并签字。拉斯普京照做了，留下大写的"格里高利"的签名。他被告知，他们是来考察他的家庭环境，搜集每个人的证词的。对拉斯普京而言，这是个极为尴尬的时刻。白雷斯科娅回忆道："格里高利害怕极了，脸上露出一副惊恐的表情……他担心会被他们送去监狱。"[21]一行人首先检查了墙壁，上面挂满圣像、宗教画，还有拉斯普京和高级神职人员以及上流精英的合影。他们又检查了他的书架和橱柜，没有发现任何可疑之处。接下来的两天中，他们与家中的每个人进行了面谈。第一个接受问话的就是拉斯普京。

拉斯普京告诉他们，他时年 42 岁（实际上，要再过一周他才满 39 岁），已婚，是东正教徒。他的朝圣之旅始于十五年之前。早期，他只是在西伯利亚一带游历。直到近年，他才到访圣彼得堡和基辅的修道院。他还会照顾途经博克维斯科的朝圣者。两位来自卡玛斯卡亚（Kumarskaya）的年轻女性——叶卡捷琳娜·皮什金娜和叶夫多基娅·皮什金娜——现在正借住在他家中，平时会帮忙打理家务，以换取免费住宿和食物。叶夫多基娅是拉斯普京的朋友德米特里·皮什金的姑妈，叶卡捷琳娜是她的姐妹。拉斯普京从没想过收留男性，因为他经常离家，家人不希望家中有其他男性。他的"基督徒兄弟姐妹"，即伊利娅·阿拉波夫、尼古拉·拉斯普京，以及尼古拉·拉斯波波夫，常来这里聚会。他们一起唱圣歌，读《圣经》，尽己所能地诠释《圣经》中的教导。拉斯普京告诉调查人员，如今的大部分时间他都在各地的修道院拜访熟人，他们会谈论和宗教有关的一切话题。这些旅行常常是对方提议的，他们总邀请他去做客。他承认，家中的确常有访客、朋友，有些人就像现在留在家中帮忙的那些女性，希望从他那里学习"如何认识上帝的爱"。见到熟悉的女性，他会在打招呼和分别时亲吻她们的脸颊，但这"完全出于一种真正的爱"；至于不熟悉的女性，他从来不会碰触她们。他说，自己从未声称亲眼见过上帝，但承认"我是一个罪人，也会犯错，如果正直的人把我拦下，我也会改变自己的行事方式"。最后，拉斯普京告诉格卢霍夫采夫，他从十五年前起就不再吃肉，在那五年后他又戒了烟，也不再喝酒。他承认道："我一旦喝多了就简直是个蠢货。"[22]

　　拉斯普京的父亲告诉他们，儿子经常离家是为了"向上帝祷告"，此外没有提供更多信息。拉斯普京的妻子普拉斯科维亚补充说，丈夫之所以常常外出，是因为"地位显赫的人"越来越频繁地召见他，并非出于他个人之愿。她本人也曾在俄国旅行——一次是在 1906 年，为了治病；另一次是在 1907 年 11 月，为了去圣彼得堡和丈夫团聚，奥尔加·鲁克缇娜接待了他们夫妇。至于两位皮什金娜，拉斯普京家的人对她们就像对自己的女儿一样，满怀欢喜和爱意。她们只会和三名男性"亲戚"一起参加聚会，大家一起唱歌、读《圣经》，讨论"对灵魂有启示的话题"。

　　拉斯普京的访客——奥尔加·鲁克缇娜、卡尤娅·白雷斯科娅、叶卡捷琳娜·索科洛娃（Yekaterina Sokolova）和叶连娜·索科洛娃（Yelena Sokolova）两姐妹，以及阿基林娜·拉普汀斯科娅——都接受了问话。鲁克缇娜的口供和她在1907年6月1日写的信如出一辙。索科洛娃姐妹俩当时是二十多岁的年纪，在上一年经神父费奥凡介绍结识了拉斯普京。从一开始，她们就被拉斯普京的"对答如流、真挚朴素，以及对所有人的爱"折服了，因此也想学习如何像他这样生活。至于白雷斯科娅，她承认，是的，拉斯普京的确会亲吻她们，但又补充说："我并不觉得这有什么奇怪，这对他是很自然的事。我们的上帝也会这么做。"拉普汀斯科娅的说法与其他人大致吻合。她表示，亲吻女性是他的一种习惯，她从来不认为这是奇怪的举动，因为他们之间是纯粹的兄弟姐妹关系，这种关系充满了基督徒的爱。她还补充了一句：城里那些受过良好教育的人不也会这么做吗？他们不也在与朋友、亲人相见和告别时亲吻和拥抱对方吗？

所有证言听起来都十分可信，但调查人员对叶夫多基娅·卡妮娃早前的说法还有些怀疑。格卢霍夫采夫在1月4日又见了她一次，让她再说一遍自己的经历。她告诉格卢霍夫采夫，六年前，她在前往基辅的朝圣途中于拉斯普京家中留宿过一夜。那是个繁忙的季节，拉斯普京几乎一直在田里工作，但不时会回到家中检查各项事务，且每一次这么做时都会尝试亲吻她。她抵抗，坚持认为这么做不对，但拉斯普京告诉她："作为朝圣者，我们都希望得到救赎，但也存在一种宗教式的亲吻，就像圣徒保罗亲吻德克拉（Thekla）①。"叶夫多基娅再次

①　早期的基督教圣人，相传是使徒保罗的女门徒。——译者注

讲述了当天她如何尝试离开马厩下方的祷告室，但拉斯普京一把抓住她，亲吻了她的脸颊。那个时候，拉斯普京还向她说起了圣三合一的画面。那天晚些时候，格卢霍夫采夫把叶夫多基娅带到拉斯普京跟前，进行当面对质，试图弄明白究竟发生了什么。叶夫多基娅坐在拉斯普京的对面，原封不动地复述了一遍给格卢霍夫采夫讲的故事。无论她说什么，拉斯普京都不停地重复"那是很久之前的事了，我不记得了"，或者"我不记得那么久之前的事了"，抑或只是说"我不记得了"。

此后，格卢霍夫采夫又和神父奥斯特罗乌莫夫、什麦金交谈了一次。奥斯特罗乌莫夫维持了原来的说法，表示没有想补充的内容。但什麦金补充道，在一次私下谈话中，拉斯普京曾承认他犯过"许多错误"，即他亲吻过许多女性，以及有几次在教堂祷告时有些"心不在焉"。拉斯普京听了所有这些证词，但否认了他属于鞭身派，或曾和不同女性在浴室共浴。他说那些说法纯粹是世人的"诽谤"。[23]

1908 年 1 月 10 日，格卢霍夫采夫写完了报告，把它送往托博尔斯克的宗教法院。之后，这份报告和多份证词又被转交给托博尔斯克神学院的督学德米特里·别列兹金（Dmitry Berezkin）。等别列兹金评估完报告内容后，它将被交给主教安东尼。3 月 28 日，别列兹金得出的结论是，尽管报告中仍存在不少没法解答的疑问，但凭借此并不足以发动针对拉斯普京的全面正式调查。毫无疑问，拉斯普京和他的信徒们根据自己的信仰组建了一个"不同于正统东正教"的特殊群体，但没有证据证明他们属于鞭身派。的确，拉斯普京的外貌、举止与典型的鞭身派领袖十分相像，但在别列兹金看来，迄今为止的调查没能挖出更多实质性的东西，没有掌握确凿的证据说明他们在做什么。唱赞美诗能说明什么呢？他们读的是怎样的教义？拉斯普京如何解读它们？拉斯普京家的其他地方是否存在举行鞭身派仪式的场所？在他看来，需要重新进行前期调查。而且这一次，他们需要一位对俄国各教派有所研究的专家，格卢霍夫采夫显然无法胜任。

宗教法院评估了别列兹金的结论，对此表示认可。根据那年 5 月的一些其他情报，宗教法院决定重启调查，并让别列兹金负责此事。主要爆料者斯米尔诺夫（Smirnov）写道，拉斯普京在赢得太多女性的关注后，身上发生了恶劣的转变："那种顺从、尊重乃至崇拜，最初都来自他拥有的某种撒旦式自负。之后，他越走越远，最终堕入了'魔鬼的法术'。这一点都不令人意外，尤其是在 1905 年格里高利·诺维成为许多显赫人物的导师、精神领袖、顾问和安抚者之后。"但我们不得不承认拉斯普京过着一种真正的东正教基督徒的生活，他做礼拜、祷告、斋戒并且为教会捐赠财物。然而，这些事无法说明任何问题，拉斯普京身上存在太多自相矛盾之处。他究竟是谁，对此我们依旧一无所知。[24]5 月调查的结论是，现在的调查手段太正式，而且主要停留在搜集外部证据上。另一次更加深入、彻底的调查在所难免。[25]

但不知出于何种原因，宗教法院在 5 月得出的结论没有付诸实践，没有人继续对拉斯普京采取行动，针对他和鞭身派关系的调查就这么中止了，直到 1912 年秋天才再次启动。由于这次调查是秘密进行的，所以事态很快就在 1908 年平息下来。没有任何其他消息能够解答当时悬而未决的疑问。[26]据说，鲁克缇娜在那年春天匆忙赶回圣彼得堡向皇室传话，导致调查中止。这不是不可能，但这只是一种假设。另一种说法认为，费奥凡——很可能还包括首都的其他高级神职人员——插手了此事，让沙皇停止调查。日后，国家杜马主席——和拉斯普京势不两立的米哈伊尔·罗将柯（Mikhail Rodzianko）称，的确是沙皇下令停止了调查，他给了主教安东尼两种选择：要么停止调查，然后被提拔为特维尔（Tver）教区的大主教，要么就被贬去一座偏远的修道院。1910 年 1 月底，特维尔的大主教阿列克谢〔Archbishop Alexei，俗名为阿列克谢·奥波斯基（Alexei Opotsky）〕退休，安东尼接替了他，但没有任何书面证据支持罗将柯的说法。毕竟，他在事情发生后才提出这种说法，此事在当时很可能只是一种巧合。[27]但不容争辩的事实是，调查虽然从西伯利亚开始，最后却在圣彼得堡结束。西伯利亚当局的文件证实，他们已经决定更加深入地调查拉斯普京，只有首都的强大势力——或者宫廷的权力——才能阻止调查进行下去。

尽管这次调查是秘密进行的，风声还是走漏了。比如，《西伯利亚处女地》在 1910 年 1 月发表了一篇短小的文章，提及由于被怀疑和鞭身派有染，拉斯普京家中遭到了搜查，但文章也明确指出，搜查者没有找到不利于他的证据。此外，神父彼得·奥斯特罗乌莫夫也与被流放到西伯利亚的政治犯亚历山大·谢宁（Alexander Senin）谈起了这次调查。1910 年 6 月，谢宁在报纸《南方黎明》（Southern Dawn）上发表了相关文章。[28]类似的故事十分容易满足读者的好奇心。

"拉斯普京，曾经的农夫，"《西伯利亚处女地》上的文章写道，"现在成了一个神秘的人物，即使对博克维斯科的村民来说也是如此……这个'傻子'格里什卡（指拉斯普京），能够变身为'神父'格里高利的秘密究竟是什么，我们依旧不得而知，而它引发了有关这位'圣者'的生活的最大胆的谣言和猜测。"

## 注　释

1. FB，468，554 – 55，559 – 61；GBUTO/GAGT，I – 156.18.565，1. 杜马主席米哈伊尔·罗将柯在回忆录中写道，对拉斯普京和鞭身派的关系的调查始于 1902 年。这种说法显然不正确。*Reign*，56 – 57.

2. FB，556 – 66，576 – 84.

3. Dixon，"'Mad Monk',"412.

4. FB，561 – 66.

5. GARF，1467.1.479，4 – 4ob.

6. FB，561 – 66.

7. *Iuzhnaia zaria*，4 June 1910，p. 2.

8. FB，566 – 67，587 – 88，613.

9. 2013 年 10 月，我在莫斯科阅读了原始文件，正是 Sergei Fomin 在 *Bozhe! Khrani svoikh!*（Moscow，2009，546 – 645）一书中引用的内容。在此处，我没有引用原始档案，而是引用福明的这本书，这是为了让其他学者更方便地了解我是怎样找到引文的。

10. 关于这种观点，见 RR，83；PZ，397。

11. GATO，I – 239.1.90，199 – 200ob.

12. 类似的观点可参见 FR，51 以及 VR，89 – 80。

13. PZ，246 – 47；*KVD*，17；FB，554 – 55；FR，52 – 53.

14. VR，91；FR，51 – 52；FB，570 – 76；"Nepriiatnyi podarok. S. Pokrovskoe，Tiumenskogo uezda."*Tobol*，No. 30，29 May 1907，p. 3.

15. GARF，640.1.323，25ob – 26.

16. FB，571 – 72. 最后一个女孩的故事还会随着时间推移不停发酵，成为拉斯普京传奇的一部分。参见 Kievlianin，24 December 1916，p.75。

17. FB，571 – 73，593. 卡妮娃的话出现在米哈伊尔·诺沃肖洛夫的 *Grigorii Rasputin i misticheskoe rasputstvo* 中。那是一封写于 1911 年 12

月 13 日的信，寄信人是"托博尔斯克教区的一位牧师"。她在信中被称为"E. K - va"。参见 HIA, Nikolaevsky Papers, Series No. 74, 129 - 1, pp. 42 - 43。

18. FB, 573 - 75.

19. Markow, *Wie*, 145.

20. FB, 575 - 76.

21. Amal'rik, *Rasputin*, 109 - 10.

22. FB, 585 - 86. 关于两位皮什金娜，见 HL/Sokolov, Vol. VII, Testimony of Maria Solovyova（Rasputina）。

23. 上述引文和信息见 FB, 585 - 90, 595 - 97。

24. GBUTO/GAGT, I - 156. 18. 565, 11ob - 12.

25. GBUTO/GAGT, I - 156. 18. 565, 12 - 14.

26. FB, 599 - 632.

27. VR, 100 - 101；RR, 84；Rodzianko, *Reign*, 58.

28. *Sibirskaia nov'*, No. 19, 24 January 1910, p. 4；*Iuzhnaia zaria*, 4 June 1910, p. 2.

# 第十六章　第一次考验

调查没有对拉斯普京造成实质性伤害。在圣彼得堡和皇宫里，他继续扶摇直上。罕有人知的是，刚在圣彼得堡落脚的那几年里，拉斯普京行事十分低调。拉斯普京的仰慕者、宫廷侍卫德米特里·洛曼上校（Colonel Dmitry Loman）曾如此回忆那段时光：

> 那时，拉斯普京的举止无可挑剔，他从不会让自己喝醉，也不会有出格行为。拉斯普京给我留下了极好的印象。正如医生诊断人们身体上的疾病，拉斯普京会治疗精神上受伤的人，他很快就能弄明白他们在寻找什么，为了什么而困扰。他待人接物的质朴方式以及他的温柔，宽慰了他们的心灵。[1]

然而，前一年对拉斯普京的调查让亚历山德拉决定亲自介入拉斯普京的事。1908 年冬天，她让费奥凡随拉斯普京一起回博克维斯科考察拉斯普京在老家的生活，并向她报告。拉斯普京离开前，亚历山德拉送给他一件她亲手缝制的衬衣。拉斯普京写信感谢她："一件衬衣——仅仅是一件衣服——让我的生命获得了无限的喜悦。你的精心缝制让它闪耀着金币般的光辉。我无法表达有多么感激你。"

博克维斯科之行进展得很顺利，尽管这件衬衣给拉斯普京带来了不少麻烦。拉斯普京在村民面前拿出衬衣，可没有人相信这是皇后亲自缝制的。正如拉斯普京在 3 月 8 日的信中写下的，大家只是变得更加嫉妒了：

> 你们好，妈妈、爸爸，我最亲爱、最敬重的人！……他们无法容忍这件衬衣，认为这是个巨大的谎言，是他们无法理解的东西。从一开始，他们就不可能喜欢它，因为实际上它超出了他们的期望。这件衬衣太重要了，有着超乎寻常的沉重分量。但是，它让你的辛勤劳作更有价值，它就是一块金子。未来基督再临时，这件金衣会遮挡我所有的罪。他们都明白这一点，而且他们从没交过真心的朋友，因此才会这么嫉妒。[2]

131

两人在返程途中经过下诺夫哥罗德（Nizhny Novgorod）时，据说费奥凡打算改变原来的计划，向南前往萨罗夫的季韦耶沃女修道院（Diveevo Convent）。拉斯普京决定不与他同行，而是直接回圣彼得堡。之后，有说法认为，拉斯普京没有去，是因为当地的主教曾警告他不准再踏足此地。费奥凡会见女修道院负责人时，负责人把餐叉狠狠摔到地上，咒骂道："你就该像这样赶走拉斯普京。"这些说法多次在拉斯普京的传记中出现，但很可能是杜撰的。费奥凡回到首都后，与亚历山德拉分享了自己在旅途中的各种见闻但汇报的内容都十分正面。[3]

3 月 12 日，拉斯普京和费奥凡在安娜·维鲁波娃位于皇村附近的教堂街（Church Street）2 号的舒适公寓中，与尼古拉和亚历山德拉见了面。"简直是太美好了！"尼古拉在日记中如此形容这次见面。[4]那个感叹号充分表现了他的情绪。尼古拉几乎不在日记中使用感叹号，因此它十分可靠地反映了沙皇内心深处对拉斯普京的情感。拉斯普京一定也对这次见面非常满意。几天前，他刚给尼古拉和亚历山德拉写信，表达自己多么后悔曾说出一些不合适的话，想要寻求他们的原谅："我不太明白为什么能得到现在的一切，但请不要凭我身上的罪审判我，请用上帝的仁慈对待我——让我们以此作为基础相互交谈，并在交谈中得到安慰。"他还随信附上了一幅自己画的圣像。画中，基督正在祝福尼古拉、亚历山德拉和阿列克谢，旁边写着"基督将亲自拯救他们"。上一年9月发生了一起搁浅事件。沙皇夫妇搭乘皇家游艇"斯坦达特"号旅行时发生了意外，不得不弃船而逃。拉斯普京写道，这幅圣像是一种提醒，上帝其实一直在看顾他们。"你们的信仰绝不会被辜负。这就是最好的提醒，他总是与你们在一起，拯救你们，保护你们，守护你们。"他让沙皇晚些时候把这幅圣像交给阿列克谢，作为"纪念品"。拉斯普京在最后写道："耶稣基督，上帝的儿子。赐福与我——一个罪人，请拯救我。"[5]

5月10日和23日，尼古拉和亚历山德拉又会见了拉斯普京，地点都是在维鲁波娃的家中。他们与他共度了夜晚，并交谈了很长时间。[6]

*

正是在此期间，尼古拉·扎法科夫在安娜·维鲁波娃的妹夫亚历山大·皮斯托尔科尔斯家中，第一次见到了拉斯普京。扎法科夫是神秘主义者，沉迷于各种天启，经常前往俄国各地的修道院朝圣。

让我感到奇怪的并不是拉斯普京（他举止得体，我很同情他），而是围绕在他身边的人的行为。无论拉斯普京的口中说出什么，哪怕是没有任何意义的话，都有人把它们当作启示，或认为话里存在隐藏的意义。另一些人虔诚地颤抖着，害羞地靠近他，向他的双手深深鞠躬……拉斯普京就像一只被猎人追赶的野兔，眼神不停扫视房间各处。他显然很尴尬，但又担心会不小心损害自己的魅力，尽管他本人也没搞清楚这种魅力从何而来。是不经意说出口的哪个词，哪个手势，还是哪个动作？那个夜晚，人们都是装成那样的吗？我不知道……可能许多人是……但大多数人真心而且真诚地相信拉斯普京的神圣性，这些人中不乏各种上流社会人士。这些怀有最纯洁、最高尚宗教情操的人，都犯有这样一种罪行：竟然没有一个人懂得"长老"的真正本质，以及他所处的世界。

后来，皮斯托尔科尔斯又邀请扎法科夫出席了财政部官员尼古拉·劳施·冯·特拉温伯格男爵（Baron Nikolai Rausch von Trauenberg）家中的聚会。聚会在瓦西里岛（Vasilevsky Island）上举行，拉斯普京是受邀发言的嘉宾。那一次，拉斯普京的布道——如果它可以被称作一次布道的话——引起了骚动。他的发言不长，只引述了几句箴言。讲话中，他不时停顿，再蹦出几个不连贯的词，每一个都显得非常神秘、语义模糊。会客厅里聚集了众多贵族，以及扎法科夫口中的"可疑人士"。所有人都注视着拉斯普京，试图引起他的注意。有一个人突然高声谈论起拉斯普京如何治愈了他。但拉斯普京听到这番讲话后，严厉地打断了他。一个角落里站着一名睁大眼睛注视着拉斯普京的女性，她显然已经入迷，正竭力控制自己。皮斯托尔科尔斯在扎法科夫耳边低语，向他介绍说这就是抛弃丈夫和家庭、搬去和拉斯普京一家一起生活的奥尔加·鲁克缇娜。扎法科夫完全不敢相信自己的双眼，认为自己一定是来到了一间疯人院。

拉斯普京坐在桌边，双手摆弄着坚果，弄出了很大声响。当他留意到皮斯托尔科尔斯和扎法科夫时，便粗暴地推开挡在他面前的年轻女性，让他们快来自己的身边坐下。拉斯普京问，你们怎么来了，然后得到了前来向他学习如何在俗世中拯救自己的回答。鲁克缇娜高呼："他是个圣人，是个圣人！""快闭嘴，傻子。"拉斯普京突然打断她。接着，拉斯普京告诉他们，只有极少数人才能抛下世俗世界，开始修道士的生活，大部分人只能留在俗世中。但他们怎么才能在充满诱惑的世界中拯救自己呢？按照让上帝满意的方式生活还不够，虽然这是每个人在教堂都被告知过的答案。让上帝满意的方式究竟指什么？更加确切地说，它的含义是什么呢？一个人究竟要怎样做才能找到上帝呢？他说这番话时，房间里的每个人都将目光投向他。四周安静下来，人们悉心聆听他的教诲。

他告诉大家，在教堂向上帝祷告后，不妨尝试在某个星期日去郊区，去开阔的田野走走，不停地行走，直到视线中不再有城市里冒着黑烟的烟囱，直到视野里出现碧蓝的天际线。然后可以停下脚步，思考一下。你会感到自己十分渺小、不值一提、孤立无助。你面前的城市小得就像一个蚂蚁窝，在里面匆忙生活的人就像虫子。拉斯普京说，在这样的时刻应思考你的骄傲、名利、权力、地位，它们从何而来。你会看到天堂中的上帝，第一次感受到他充盈你灵魂的每一个角落。你会在内心深处感受到他的存在，体验到他的温情和宽厚。这是接近上帝的第一步。

他接着说，带着这种体验回到都市，让它守护你的生活。无论你说什么、做什么，都要先经过存在于你内心的上帝的检视。只有这么做，你的行为、言论才可以改变世界。接下来，你便会得到救赎，因为你的生命不再被禁锢在社会地位上，而是奉献给了上帝，开始为上帝服务。拉斯普京告诉众人：记住，基督告诉我们，上帝的天国就存在于你们的心中。找到上帝，理解上帝，用上帝的方式贯彻自己的生活。

说到这里，拉斯普京停下了。扎法科夫已经被深深打动。拉斯普京并没有创造出新的理论，这些讲法早被前人一再重复。然而，在他讲述的方式、朴素的用词、对理念的准确诠释中，完全不存在死板的说教，没有教条式的引用，这令他的布道显得如此与众不同、充满力量。扎法科夫认为，在诠释《圣经》内涵时加入自己的生活经验是拉斯普京的天赋。这正是他能够获得强大影响力的秘密和原因。这一刻，扎法科夫终于明白为什么有些女性，比如鲁克缇娜，很容易陷进"宗教式的入迷"以及把拉斯普京视为圣人了。[7]扎法科夫本人也成了拉斯普京的虔诚信徒。作为回报，1916 年 9 月，原本只是低级官员的扎法科夫被提拔为神圣宗教会议的总督查。

另一个被拉斯普京吸引的人是大主教格尔莫根。"那个人是上帝的奴仆。"格尔莫根告诉扎法科夫，"你的头脑中只要闪过他有罪的念头，就足以让你成为罪人。"格尔莫根的俗名是格奥尔基·多尔加诺夫，他出生于 1858 年。此时他才认识拉斯普京不久，之后他会先成为拉斯普京最忠诚的支持者，然后再与拉斯普京反目成仇。就像拉斯普京的恩主费

134

奥凡和伊利奥多尔，格尔莫根也毕业于圣彼得堡神学院。此外，他和伊利奥多尔相似，在宗教信仰上十分极端。1890 年12 月，他在削发成为修道士前亲手阉割了自己，希望通过身体上的禁欲追求更纯粹的道德完美。这也引发了后来的格尔莫根是阉割派教徒的谣言。[8]1890 年代早期，他在格鲁吉亚的第比利斯神学院（Tiflis Seminary）担任督学。神学院中有个学生名叫约瑟夫·维萨里奥诺维奇·朱加什维利（Josef Vissarionovich Djugashvili），日后他将以斯大林的名字为世人所知。当时，格尔莫根发现年轻的约瑟夫偷藏了一本维克多·雨果的小说——《九三年》。因为书中有美化法国革命的描述，它在当时是一本禁书。格尔莫根把约瑟夫关进了惩罚室反省。1903 年 3 月，格尔莫根升任萨拉托夫和察里津（Tsaritsyn）①的大主教，此后一直担任此职，直到 1912 年初他和拉斯普京彻底决裂。作为反犹人士和民族主义者，格尔莫根是极右翼团体"黑色百人团"的坚定支持者，他有很强的仇外情绪，对俄国贵族怀有盲目的忠诚。在 19 世纪与 20 世纪之交，他是俄罗斯正教会中最具影响力的人物之一。[9]

在相对温和的高级神职人员眼中，格尔莫根是个存在严重缺陷的人物。他虽然严格禁欲，但处事十分不公正，而且喜欢诉诸暴力。许多人认为，向右翼人士靠拢毁掉了他的宗教信仰。他反感知识分子，提倡应该镇压每一次革命。大主教安东尼曾给一位朋友写信说："格尔莫根是个只会自我欺骗的傻子，极其狭隘，不像个正常人。在新俄罗斯大学（Novorossiisky University）念书期间，他就阉割了自己，因此

———————

① 伏尔加格勒 1589 ~ 1925 年的旧称。——译者注

丧失了正常的情绪调节能力。"[10]

1908 年，格尔莫根通过他十分敬重的费奥凡的介绍，结识了拉斯普京。起初，拉斯普京丝毫没有令他失望。格尔莫根说过，拉斯普京的确"闪耀着上帝的光芒"，还拥有许多其他天赋，曾数次解开格尔莫根在宗教方面的困惑。"他征服了我，"格尔莫根说，"就像他征服了其他人。"但格尔莫根后来指控说拉斯普京变了，自己看清了这个人的真面目。"我，本人，也犯了错误。但是，感谢上帝，我最终还是看透了他。"[11]

135

\*

虽然 1908 年前后扎法科夫和大主教格尔莫根先后成为拉斯普京的拥趸，但圣彼得堡涌现了不少针对这个西伯利亚人的不利传言。有些说法甚至传到了扎法科夫耳中。

伊丽莎白·娜丽什金娜公主［Princess Yelizaveta Naryshkina，又被称为济济（Zizi）］是宫中最资深的侍女之一。她出生于 1840 年，曾贴身服侍皇太后玛丽亚·费奥多罗芙娜。1909 年，亚历山德拉将她提拔为女侍长，她因此成为皇后身边 240 位侍女中最重要的人物，负责打理皇后的官方事务。当时有人曾说，娜丽什金娜有"一双透视眼"，可以看清楚"一切"。[12]而她十分不喜欢自己看到的画面。她告诉扎法科夫，拉斯普京常来宫里拜访亚历山德拉，但他总是走后门，因此不会在正式的皇宫访客记录簿上留下名字。扎法科夫非常惊讶娜丽什金娜会告诉他这些，因为那是两人第一次见面。他严肃警告她，类似说法很可能会招致不必要的危险："相信我，伊丽莎白·阿列克谢耶芙娜（Yelizaveta Alexeevna，指娜丽什金娜），这些关于拉斯普京的说法比拉斯普京本人更可怕。这是沙皇夫妇的私生活，我们没有权利刺探他们的隐私。如果人们可以少谈一些类似话题，流言就不会继续扩散，皇朝的名声也不会败坏。"[13]

御医叶夫根尼·博特金（Yevgeny Botkin）认同扎法科夫的担心。他无法忍受家中出现任何关于沙皇夫妇的谣言，别人说起这些也能令他极为不安。他为谣言闷闷不乐，对自己的家人说："我不明白，认为自己是保皇党、热切地向沙皇表达崇敬的那些人，为什么这么轻易就相信了四处传播的谣言，还亲自推波助澜，诽谤皇后。难道他们不明白，用这种方式冒犯她就意味着冒犯他们所崇敬的沙皇吗？"[14]

叶夫根尼·波格丹诺维奇将军（General Yevgeny Bogdanovich）和他的太太亚历山德拉（Alexandra）就是博特金口中的这种保皇党。波格丹诺维奇是帝国大臣会议成员、圣以撒大教堂（St. Isaac's Cathedral）的监察，以及一系列保皇党东正教出版物的出版人。他在教会中享有极佳的名声，神父喀琅施塔得的约翰曾称赞他为"好消息的播撒者"。谢尔盖·亚历山德罗维奇大公的前助理、1908 年至 1913 年担任莫斯科市长的弗拉基米尔·扎克夫斯基（Vladimir Dzhunkovsky）形容叶夫根尼的妻子亚历山德拉"是虔诚的女性，能用俄国人独有的魅力温暖贵族和平民大众的内心"。波格丹诺维奇夫妇都是热心的民族主义者、俄国人民同盟的坚定支持者。

三十多年来，这对夫妻一同主持了首都最具影响力的沙龙。自 1908 年起，上流人士会定期聚在他们位于圣以撒广场（St. Isaac's Square）9 号的家中。波格丹诺维奇会组织早餐会，供人们没有任何禁忌地交换城里最新鲜的传言。一个经过挑选的小圈子会受邀留下来吃晚餐。这个沙龙的常客包括：弗拉基米尔·弗雷德里克斯（Vladimir Fredericks）伯爵（后来成为男爵），他自 1897 年起在帝国大臣会议任职；列弗·季霍米罗夫；弗拉基米尔·普里什克维奇（Vladimir Purishkevich），他是俄国人民同盟的创始人之一，曾鼓吹多种关于拉斯普京的阴谋论；保守派出版人米哈伊尔·缅希科夫（Mikhail Menshikov）；未来的大臣会议主席鲍里斯·施蒂默尔（Boris Stürmer）。波格丹诺维奇的家将成为酝酿关于拉斯普京的谣言——以及诽谤——的最主要温床。1910 年，波格丹诺维奇在给沙皇的一封信中写道：“这些聚会是为了表达我们对祖国的热爱。”波格丹诺维奇夫妇从多处得知了宫廷生活中最私密的细节，这些消息源包括：亚历山德拉·波格丹诺维奇的姐姐、皇宫侍女尤利娅（Yulia）、1906 年至 1913 年担任皇宫卫戍司令的弗拉基米尔·杰久林（Vladimir Dedyulin），以及从 1877 年到沙皇去世的 1918 年一直贴身服务沙皇的男仆尼古拉·拉德希克（Nikolai Radtsig）。“我忠诚的老朋友。”尼古拉二世喜欢这么称呼拉德希克，却从不知道拉德希克向外透露了多少内情。[15]

　　1908 年 11 月 8 日，拉德希克给沙龙带来了令人格外不安的消息。最近，他刚和维鲁波娃的侍女费奥多西娅·沃伊诺（Feodosia Voino）成了朋友。一次，他赞扬沃伊诺的女主人是一位正直、严肃的女性，沃伊诺突然哈哈大笑，说曾看过一些肯定会让他改变想法的照片。沃伊诺说，维鲁波娃常陪在一个奇怪的农夫身边，两人还拍摄了一张合影。他告诉沙龙上的客人，那个男人有一双极其野蛮的眼睛，外表丑陋无比。维鲁波娃小心地收藏着照片，不愿给外人瞧见，通常把它夹在她的《圣经》里。据说，维鲁波娃还为那个男人亲手缝制了一件真丝衬衣。拉德希克的故事中最糟糕的部分是，拉斯普京去维鲁波娃家中做客时，皇后碰巧也在那里，尽管拉德希克向众人保

137 证，农夫还没获得入宫准许（实际上他弄错了）。[16]这年还没过完，波格丹诺维奇夫人就又从这位男仆嘴里听说，维鲁波娃和皇后是情人关系。[17]这个故事太过匪夷所思，波格丹诺维奇夫妇和他们的客人都没太当真。

接下来的数年里，拉德希克会继续在波格丹诺维奇家的沙龙上散布猥琐的谣言。1910年12月，他告诉众人，宫里的每个人都看不起维鲁波娃，但她总和皇后待在一起，因此没人敢顶撞她。每天上午11点30分，沙皇会去书房工作，而皇后和维鲁波娃会双双回到寝宫。亚历山德拉·波格丹诺维奇在日记中写道："这是多么令人感到羞耻和悲哀的画面！"她显然相信那两个女性之间存在某种性关系。拉德希克曾如此形容皇后的健康状况：她没有患严重的疾病，大多是她造出来的。皇后唯一的病症是她"神经兮兮"的天性。他告诉众人，她躺在床上就像快要死去一样，然后突然又从床上跳起，就像是什么都没有发生。但没过一会儿，她又像受到打击一般，瘫倒在床上。[18]

卫戍司令杰久林也和"奥克瑞那"负责人亚历山大·格拉西莫夫将军（General Alexander Gerasimov）谈论过那个拜访维鲁波娃的陌生人。他认为整件事十分蹊跷。他试图搜集关于那个男人的更多信息，但一无所获。杰久林开始担心，那个所谓的圣人很可能是恐怖分子，正在策划谋杀沙皇。杰久林联络了格拉西莫夫，但格拉西莫夫也没听过拉斯普京这个名字。杰久林要格拉西莫夫调查这个男人，弄清楚他究竟是谁。他们的担心并不完全是空穴来风。当时，一个名叫安娜·拉斯普京娜（Anna Rasputina）的农妇是社会革命党（Socialist Revolutionary）的恐怖分子，曾参与暗杀尼古拉·尼古拉耶维奇大公和司法大臣伊万·谢格洛维托夫（Ivan Shcheglovitov）。安娜和几个相关人士在实施行动前被逮捕。1908 年 2 月 17 日，她和其他 16 人一起被处以绞刑。[19] 相同的姓氏、相同的社会阶层，以及（他们所知的）拉斯普京被引荐到皇室的时间——这一切都非常可疑，似乎埋下了某种隐患。

　　格拉西莫夫要求西伯利亚方面提供更多信息。他日后在回忆录中称，他曾收到一份报告，描述了拉斯普京在家乡的放荡生活——偷窃、酗酒、勾引女性。他得知，拉斯普京不止一次因犯罪被捕，最终被逐出家乡。[20]（这些当然都不是真的，格拉西莫夫显然是在回忆录中捏造事实。）与此同时，格拉西莫夫开始让手下的秘密警察在圣彼得堡偷偷跟踪拉斯普京。他在回忆录中写道，他们也都认为拉斯普京是个残忍堕落的魔鬼。他总结道，绝不允许拉斯普京进入皇宫的"大炮射程范围"。

　　格拉西莫夫向大臣会议主席彼得·阿尔卡季耶维奇·斯托雷平报告了自己的发现。根据拉格西莫夫的说法，他说服了斯托雷平向沙皇提起拉斯普京的事。斯托雷平在下一次见到沙皇时的确这么做了，但尼古拉告诉大臣会议主席，他根本不需要担心拉斯普京。"可是，这究竟是为什么呢？因为你对这个人很有兴趣吗？"据说沙皇当时问他的大臣会议主席，"这是我的私事，完全和政治无关。难道我们，我的太太和我，没有权利拥有自己的朋友吗？难道我们和让我们感兴趣的人见面也不行吗？"

　　沙皇的天真让斯托雷平惊讶不已。斯托雷平尝试向尼古拉解释：俄罗斯帝国的沙皇不可能为所欲为，即便在私人生

138

活领域也是如此；作为俄罗斯帝国的代表，沙皇的一举一动都受到所有臣民关注，因此他不该和任何可能玷污他形象的人接触，不然皇室的形象无疑会被抹黑。尼古拉显然被他的这番话打动了，保证再也不会见拉斯普京。斯托雷平离开皇宫时相信，自己已经让沙皇认清了拉斯普京内在的危险面目，沙皇肯定会改变行事方式。然而，格拉西莫夫依旧心存疑虑。他派自己的手下加强了对拉斯普京的监视。如今我们都知道，拉斯普京根本没有远离维鲁波娃，而是继续在她家中与皇后见面。

与此同时，尼古拉让杰久林和身边的副官亚历山大·德伦特林上校（Colonel Alexander Drenteln）分别去见拉斯普京，然后向自己汇报。两人的评价都非常负面。"他是个聪明人，但也是狡猾又虚伪的农夫，"杰久林告诉沙皇，"他似乎拥有催眠能力，并决定利用它改变自己的前途。"

格拉西莫夫第二次和斯托雷平讨论此事时，建议他把拉斯普京逐出首都。作为内政大臣，斯托雷平有权利这么做。（当时，斯托雷平同时担任大臣会议主席和内政大臣这两项最重要的职务。）犹豫了一阵后，斯托雷平同意了。但是，拉斯普京似乎提前得知了他们的计划，改变了平时的行动模式。他搬到了关系亲近的信徒家中，还事事都比格拉西莫夫的手下提前一步。一次，他从皇村回来时，设法躲过了火车站的警察，跳上早已等在附近的彼得·尼古拉耶维奇大公的汽车，绝尘而去。接下来的三个星期，"奥克瑞那"的人一直在监视大公的宅邸，等待拉斯普京现身。但是，他们失望地从托博尔斯克的官员处得知，拉斯普京已经在最近回到了博克维斯科。"奥克瑞那"被拉斯普京耍了。[21]

斯托雷平和格拉西莫夫针对拉斯普京采取的行动，是拉斯普京的宫廷地位受到的第一次严峻考验，但拉斯普京取得了完美的胜利。

\*

皇后与拉斯普京的会面仍在继续。1908 年 8 月 4 日，尼古拉在日记中写道，他在下午 6 点 30 分返回彼得霍夫宫时，看见亚历山德拉正在和拉斯普京单独交谈。[22] 这本该是个让人立刻警惕起来的发现。拉斯普京竟然在皇宫中与亚历山德拉单独见面，在没有沙皇本人陪伴的情形下。但尼古拉没有意识到此事的重要性。亚历山德拉当时在想什么？她怎么会没有想到，皇宫里的那些满脑子疑惑的人一定会谈论、扭曲这件事，继而把它传到宫外？但尼古拉完全没有生气或不安，甚至不曾流露一丝失望，纯粹把它当作一种愉快的巧合——因为提早回家，他恰好可以加入他们的谈话。

沙皇夫妇下一次会见拉斯普京是在 11 月 6 日。这一次，也是在维鲁波娃家中，几个人交谈了很长时间。拉斯普京不在他们身边时会给两人写信。

"我的内心十分平静。你们从我的身上获得了智慧。但再过一段时间，就会发生各种灾难。到那时，你们才会做好准备，好好看清和理解这些智慧。"[23]

"你们会为所爱的事物感到悲伤，但上帝带走了你们的悲伤，因为他从信仰的喜悦中，看到了你们内心的坚强和勇气。"[24]

那年圣诞节，尼古拉和亚历山德拉与拉斯普京一起在维鲁波娃家点亮圣诞树，直到深夜才离开。尼古拉写道："我感到十分开心。"[25] 那年，尼古拉的妹妹奥尔加也在维鲁波娃的家中。对她而言，那个夜晚却不太令人愉快。

拉斯普京也在那里，似乎很开心能再次见到我。当女主人、尼基和亚历暂时离开会客厅时，拉斯普京站起身，用手臂环绕住我的肩膀，开始抚摸我的胳膊。我立刻站到远一些的地方，什么都没说。我只是离开了那里，加入其他人的谈话。对这个男人，我已经受够了。我对他厌恶至极。不管你相不相信，我在回到圣彼得堡后做了一件奇怪的事——我前往我丈夫的书房，告诉他在维鲁波娃家中发生的一切。他耐心倾听我的诉说，表情逐渐严肃起来。他建议我以后再也不要见拉斯普京。这是第一次，也是唯一一次，我认为我丈夫说的话没错。[26]

## 注 释

1. VR，116 – 17.

2. GARF，640.1.323，24ob – 25.

3. SML，Spiridovich Papers，Box 6，Folder 3，p. 67；FR，60.

4. *KVD*，23.

5. GARF，640.1.323，32 – 33；*KVD*，19.

6. *KVD*，24 – 25.

7. Zhevakhov，*Vospominaniia*，1：212 – 16. 关于特拉温伯格，见 FB，246n1；Spiridovich，*Raspoutine*，ch. 6。

8. HHStA，P. A. X，Russland，Karton 138，p. 114.

9. VR，245 – 46；Dixon，"'Mad Monk'，"388；FSu，634；Montefiore，*Young Stalin*，55，62.

10. RGIA，1101.1.1111，7 – 7ob.

11. VR，43；FStr，546.

12. King，*Court*，105.

13. Zhevakhov，*Vospominaniia*，1：215 – 18. 皇宫中出现了新神秘术士的谣言最早可以追溯到 1906 年 11 月。参见 Teliakovskii，*Dnevniki*，4：68。

14. Mel'nik，*Vospominaniia*，42 – 43.

15. FB，225 – 26，226n1，227 – 32，including 229n1；Dzhunkovskii，*Vospominaniia*，2：171 – 72；Evlogii，*Put'*，199 – 200；Dixon，"'Mad Monk'，"384；VR，158. 也可参见萨布林对康斯坦丁·尼洛夫（Konstantin Nilov）家沙龙的描述。Sablin，*Desiat' let*，252 – 54.

16. Bogdanovich，*Tri poslednikh*，465；RR，416.

17. Kolonitskii，*Tragicheskaia erotika*，320.

18. FB，233.

19. *Russkoe slovo*，19 February 1908. At：www.starosti.ru；VR，134；FB，433.

20. VR，136 – 37.

21. Gerasimov's memoirs in Peregudova，*Okhranka*，2：309 – 13. 格拉西莫夫的数本回忆录，尤其是涉及拉斯普京的内容，并不可信。比如他写道，在他说起拉斯普京前，斯托雷平从没听说过这个人。这种说法显然不正确。同样参见 VR，136 – 37；FB，346。

22. *KVD*，25.

23. GARF，640.1.323，21ob.

24. GARF，651.1.10，4ob – 5.

25. *KVD*，28.

26. Vorres，*Once*，135.

# 第十七章 "十个拉斯普京也好过……"

1906 年 1 月，安娜·施德洛克（Anna Sederkholm）第一次在奥尔加·鲁克缇娜家中见到拉斯普京。她时年 28 岁，丈夫是在皇村的皇家卫队服役的军官。施德洛克向拉斯普京提到丈夫在工作中遇到的麻烦，还抱怨了他们的艰难处境。"什么？你难道希望生活中事事都能如意吗？"拉斯普京生硬地反问，"但凭什么你要比别人过得好？你更加接近上帝。"鲁克缇娜开始带拉斯普京和他的其他几位信徒——皮斯托尔科尔斯、季娜伊达·曼什达特等——一起去施德洛克家做客。他们聚在一起时，拉斯普京会为众人念《圣经》并谈起宗教话题。

施德洛克感到，拉斯普京想把她培养为自己圈子中的一分子。她虽然对此感到受宠若惊，但心中不免产生一丝疑虑。很快，这个圈子又吸收了维鲁波娃，以及照顾罗曼诺夫皇室的几个孩子的女佣：安娜·尤特金娜（Anna Utkina）、亚历山德拉·吉格勒娃［Alexandra Tegleva，又被称为舒拉（Shura）］和玛丽亚·维什尼亚科娃。尤特金娜和吉格勒娃似乎有些手足无措。拉斯普京出现时，她们总在走神，不知该说些或做些什么。但施德洛克认为，维什尼亚科娃和她们不同：她显然很信任拉斯普京，好像他就是圣人，从不怀疑他可以动用自己的能力守护阿列克谢的健康。[1]施德洛克还发现了更奇怪的事：鲁特缇娜会亲吻拉斯普京的双脚。一次,她太过兴奋,甚至声称看到了他周身浮现的光环。"他变化了,"鲁克缇娜高呼,"他变化了。他就是基督。"施德洛克给维鲁波娃打电话,让她赶来看正在发生的事。维鲁波娃推脱了,说自己当时正忙。这让施德洛克感到,维鲁波娃其实不太想和这些事扯上关系。

1909 年 5 月,皇后决定派数名女性前往博克维斯科,考察拉斯普京在当地的生活,检验他的神圣性。[2] 这些人中有维鲁波娃、她的女侍、奥尔洛娃夫人(Madame Orlova)、安娜·尤特金娜,以及一个名叫叶连娜(Yelena)的女性。叶连娜是一位神父的女儿,之前在宫里见过拉斯普京。玛丽亚·维什尼亚科娃很可能也在这支队伍中。亚历山德拉甚至慷慨地包了所有人的旅费。起初安娜有几分勉强,但最后还是加入了。维鲁波娃告诉安娜,皇后对她的决定感到十分欣慰,等她们回到宫里还能得到赏赐。

她们首先搭火车前往彼尔姆,在那里与拉斯普京会合。拉斯普京上了车,与她们继续火车上的旅行。他谈了很久家中供奉的"流泪的喀山圣母像"。在叶卡捷琳堡,他们换了一列火车,被分到两节不同的车厢:拉斯普京、叶连娜和施德洛克在一节车厢,维鲁波娃、奥尔洛娃和尤特金娜在另一节车厢。(我们无法得知维什尼亚科娃在哪节车厢。)施德洛克留意到,叶连娜陷入了"宗教式的狂喜",能和拉斯普京共处让她很兴奋,尤特金娜的反应则截然相反,流露出了几分失落。拉斯普京和叶连娜一起爬上车厢的上铺,开始"做些不道德的事"。施德洛克警告叶连娜,让她快下来,但被拒绝了。叶连娜说,她对现在的状况十分满意。施德洛克在两人发出的声音中坠入了睡眠。那天半夜,施德洛克从惊吓中醒来,因为她在枕边发

142

现了男人粗糙的胡须。她从床上跳起，朝拉斯普京大喊大叫，质问他究竟哪本圣书说过这是得体的行为。拉斯普京什么也没说，回到了自己的铺位，没有再理会施德洛克。第二天早晨，她把晚上发生的事告诉了尤特金娜和维鲁波娃，但谁都没把它放在心上。维鲁波娃告诉她："他来你的身边是为了和你探讨宗教，这是多么神圣的行为啊。"

到了秋明，他们决定乘马车继续前进，由拉斯普京控制缰绳。这段路灰尘很大、崎岖不平，年迈的奥尔洛娃一路都在喋喋不休地抱怨。拉斯普京生气了："我为什么要把她带来这里！"一行人于凌晨2点抵达博克维斯科。女人们被带到拉斯普京家的二楼，睡在地上铺好的毛毯上，四周闪烁着用于供奉圣像的烛光。

早晨，拉斯普京告诉施德洛克可以去河里洗澡。她擦洗身体时，一位女性提着自己的小木桶出现了。"亲爱的，你是从哪儿来的？"她问。施德洛克告诉她，自己和几名女士一起来这里拜访拉斯普京。女人露出了一幅不怎么开心的表情，抓起自己的木桶，走远了。施德洛克心想，这个村里应该没人喜欢她们的东道主。

那天晚些时候，拉斯普京和普拉斯科维亚、叶连娜一起去洗澡。他的妻子帮他擦洗了身体，叶连娜一直坐在旁边的长凳上。没过多久，维鲁波娃跑回屋子，让大家快过去，说拉斯普京刚目睹了神迹，马上要开始布道。尤特金娜大喊她不想去。维鲁波娃好心劝说，但最后还是放弃了。没有人打算去听拉斯普京布道。一行人从浴室回来后聚在二楼喝茶，接着又和拉斯普京的两个"基督徒兄弟"一起，拜访了村里的教堂。走出门外时，拉斯普京给每位女性准备了一条头巾，维鲁波娃给大

143

家拍了照片留念。那天的主餐中有白面包、葡萄干、果酱、松子和鱼肉馅饼。拉斯普京让施德洛克坐在离他最远的地方。她感到拉斯普京一定对自己警惕的态度十分不满。拉斯普京用餐时的习惯更让她生出几分反感。他把食物掰成小片，舔了舔勺子，再把餐具传给下一个人使用。

许多人和施德洛克一样，认为拉斯普京不太注意自己的举止。他从没真正搞懂该如何使用餐巾和餐具。他吃东西时完全是一副农夫模样，总是用手拿食物，弄得手上油油的，然后再舔一舔手或干脆把油蹭在桌布上。他嚼东西时会发出吧唧声，胡子上经常沾有食物。一位记者称，一次拉斯普京接过一把刀和一只苹果，然后拿起刀切掉苹果的顶部，再放下刀，把苹果掰成几块分给身边的人。还有一些人认为，这是拉斯普京采取的策略。大司祭约安·沃斯托尔戈夫（Archpriest Ioann Vostorgov）表示，他曾试图教拉斯普京餐桌礼仪，但拉斯普京明白，自己的一部分魅力正是来自自己的粗俗，把自己改造成一位绅士只会让自己失去光彩。沃斯托尔戈夫相信，拉斯普京肯定心知肚明，他的魅力在于"他是农夫中的翘楚，而不是城市里的普通人"。[3]

那一天在众人一起吟唱赞美诗中结束。施德洛克留意到，拉斯普京一直挥舞着手臂，好像在指挥大家。接下来，他们在能够创造奇迹的"流泪的喀山圣母像"前祷告。拉斯普京领祷，其他人照做。他的祷告方式十分狂热，先是慢慢鞠躬并在身上画十字，然后逐渐加快速度。但是，施德洛克并不认为拉斯普京属于鞭身派。第二天，她们搭船在图拉河上游玩（维鲁波娃一直担心船会翻，她们会溺水），还捕到了一些鱼。

一行女人回到博克维斯科时，奥尔加·鲁克缇娜已经等在

那里了。她给圣彼得堡发了电报，叙述他们如何共度了三一主
日。三一主日是俄国的重要宗教节日，农民们会用鲜花、青
草、树枝装饰自己的家和教堂。"今天，我感觉棒极了，可以
就这样连续几个小时写下去、谈下去。神父格里高利交给我、
季娜（季娜伊达·曼什达特）、梅里（维鲁波娃）和连娜（叶
连娜）一些松枝。5月19日中午，我们在博克维斯科的教堂
里把它们分给大家。"在信中，她还列出了停留期间收集的一
些圣物：

    1. 几根桦树枝。1909 年 5 月 7 日。

    2. G. Y.（指拉斯普京）在博克维斯科的花园里的
樱花。由他亲自交给我们。

    3. 几粒向日葵籽。由 G. Y. 亲自捣碎的，放在我面
前的桌上。

    4. G. Y. 的几根胡须。[4]

    施德洛克对保存拉斯普京的胡子完全没兴趣，但她担心自
己不信任的态度已经毁掉了整趟旅行。她暗自思考，这是否就
是维鲁波娃举止古怪的原因。"在博克维斯科，维鲁波娃总
是十分紧张，好像害怕些什么，但怕的并不是她自己。拉斯
普京的脾气很坏，显然都是因为我。拉斯普京的太太不止一
次对他说：'喂，格里高利，你这是在跟她浪费时间！'"此处
的"她"指的正是施德洛克。不过，施德洛克还是觉得普拉
斯科维亚"十分善良"。她热情地招待大家，承担着这里真正
的女主人的角色。她们在博克维斯科住了三天，之后便回家
了。回程期间，拉斯普京试图亲吻施德洛克。她打了他，之后

他再也没有这么做过。施德洛克如今已经确信,拉斯普京根本不是圣人。尽管如此,她依旧承认,他具有格外犀利的洞察力。一次,她亲眼看见有人拿给拉斯普京一张照片,里面都是他不认识的人。拉斯普京凝视这些人的脸,指向某个具体的人,说:"这个人不信上帝。"他说对了,他指出的那个人是无神论者。施德洛克认为,根本无法用逻辑解释这件事。

回到圣彼得堡后,施德洛克给皇后写信,感谢她的慷慨大度,还提到拉斯普京不值得她信任。她没有描述任何细节,只说这对她来说不是一件容易的事,还说奥尔洛娃夫人会为她的话作证。然而,奥尔洛娃对施德洛克冷眼相待,拒绝了她的提议,只是告诉皇后施德洛克在旅途中的悲惨经历完全是因为她"太紧张"。施德洛克又央求尤特金娜告诉皇后发生的一切,但尤特金娜很害怕,装作什么也没看见。维鲁波娃的确向亚历山德拉转达了施德洛克对拉斯普京的反感,但认为这是因为施德洛克忽视了"她们心目中圣人的真诚和天真"。维鲁波娃没有放弃让施德洛克接受拉斯普京的神迹,但被施德洛克拒绝了。此后,施德洛克没有再与他发生任何瓜葛。

数年后,维鲁波娃再次前往博克维斯科。这一次,与她同行的是柳博夫·高罗维纳、穆娅和瓦尔瓦拉·伊斯古·冯·希尔德布兰德男爵夫人。穆娅显然被拉斯普京和他家人的质朴生活打动了。她们拜访了他的朋友、亲人,在图拉河上钓鱼、喝布拉扎卡(brazhka,俄国农村的一种家酿啤酒),有几位女性喝到脑袋发晕。穆娅认为,普拉斯科维亚是一个"严谨而且好心肠的女人",总是热情地接待客人。当柳博夫告诉普拉斯科维亚,拉斯普京如何劝说穆娅放弃进入修道院时,普拉斯科

145

维亚如此回应：

> 看吧，这就是格里高利必须离开我们的原因。他需要照顾所有人！可怜的阿廖沙（阿列克谢）病了，如果拉斯普京不在他的身边，会发生什么事呢？但是柳博贝（柳博夫）姑妈，那里真的有邪恶的人时刻准备对付我们亲爱的沙皇和皇后吗？为什么他们总是一而再再而三地针对格里高利？告诉他们快收手吧，告诉他们这违背了上帝的意志！

穆娅离开时，博克维斯科的生活给她留下了温馨的印象，她感到能够更加理解拉斯普京的话了。他曾说："纯真来自上帝，我们必须做纯真的人，就像小孩一般，才能进入天堂。"这段话原出《圣经》，但直到现在，她才感受到其中蕴藏的大智慧。[5]

\*

拉斯普京在圣彼得堡大约停留了一个月才和费奥凡一起返回西伯利亚。1909 年 2 月 4 日，两人一起在皇村拜访了尼古拉和亚历山德拉。那是一次愉快的会面：费奥凡在当天被任命为圣彼得堡神学院的院长。[6]那个月晚些时候，他又被任命为辛菲罗波尔（Simferopol）的主教。有些人认为，费奥凡不断得到提拔都是因为拉斯普京。根据相关记录，拉斯普京第一次见尼古拉和亚历山德拉几天后，沙皇夫妇便在 1905 年 11 月 13 日提出让费奥凡当他们的私人告解神父。[7]拉斯普京和费奥凡第二次共同前往宫中是在 6 月 23 日，与他们同行的还有维尔霍图里耶的长老马卡里。后来韦尼阿明称，拉斯普京是故意把马卡里带到圣彼得堡并介绍给尼古拉和亚历山德拉认识的，为的是向反对他的声音证明，他还拥有这样一个虔诚崇高的朋友。[8] 没有证据能够证实或否认这种说法。拜访过皇宫后，三人很快离开圣彼得堡，前往维尔霍图里耶。在那里，他们留下了一张合影。接下来，拉斯普京和费奥凡又上路了，准备前往博克维斯科。[9]

在返回圣彼得堡的途中，费奥凡再次与拉斯普京分开，独自前往萨罗夫的修道院祷告，就和之前一样。但这次他消失的时间太长，以至于修道士开始担心他是否遭遇了不测。实际上，费奥凡因在祷告时太过投入而陷入了昏迷。他终于苏醒过来后，却无法向身边的人们解释究竟发生了什么。八年后，费奥凡告诉调查委员会，他在地下祷告室向上帝和圣西默盎祷告，请求他们帮助他认清拉斯普京的真面目。然而，他得到的启示是："拉斯普京……走入了歪门邪道。"[10]

在圣彼得堡，费奥凡让拉斯普京出席了一次会议，参会者中还有韦尼阿明。其他人开始质问拉斯普京和女性相处时的古怪举止（一起去浴室、抚摸她们的双手、亲吻）。他们也留意到了这些行为，而且已经无法置甚嚣尘上的传言于不顾。（值得注意的是，费奥凡由于奉行"禁欲主义"，甚至不会和女性握手，也不会与她们共处一节火车车厢。）拉斯普京承认，这些说法都是真的，他的确曾和女性一起去浴室。他被告知，在神父眼中，这种做法绝对无法容忍。于是，拉斯普京保证不会再这么做。质问的人就此作罢。后来，费奥凡说，他们没有严厉谴责拉斯普京，因为他只是个普通的农夫，而且他们在奥洛涅茨（Olonetsk）和诺夫哥罗德省都看到当地人有类似的做

146

法。这不代表有这种举动的人道德败坏，这只是一种农夫天性的流露。"不仅如此，拜占庭时期的圣愚圣西默盎和圣伊望（Saint Ioann）都曾和女性一起去浴室，"费奥凡告诉调查委员会，"后来都遭到了叱责和辱骂，尽管他们依旧是当之无愧的圣人。"拉斯普京告诉费奥凡，他通过注视女性的身体来考验自己的意志，确认自己是否已经摒弃了所有欲望。费奥凡警告他，这种做法十分危险，"只有伟大的圣人才能做到这一点。他如果这么做，不过是在自我欺骗，而且已经走上了一条危险的道路"。[11]

那年夏天，费奥凡和韦尼阿明回到圣彼得堡后，第二次叫来了拉斯普京。他们还在持续收到关于拉斯普京举止不妥当的报告，现在，他们开始谴责他"信仰堕落"。费奥凡注意到一件事：有人称拉斯普京指示自己的女信徒不再向神父忏悔通奸等罪过，还告诉她们，神父不仅不会理解她们，还会让她们更加困扰。"费奥凡是个傻子，"据称拉斯普京曾如此告诉女信徒，"他不会理解这些秘密，只会谴责它们，而这相当于谴责圣灵，并令他自己犯下不可饶恕的大罪。"[12]费奥凡和韦尼阿明告诉拉斯普京，这是他的最后改正机会，否则就会和他断绝一切关系，公开谴责他，向沙皇报告他们所知的一切。后来，媒体报道（很可能使用了夸张手法），费奥凡告诉拉斯普京："不要靠近我，撒旦，你不会得到祝福，你这个骗子。"[13]费奥凡后来回忆说，拉斯普京当时被镇住了，随后完全崩溃，大哭起来。他承认自己犯了错，保证一定会改正，摒弃世俗欲望，臣服于费奥凡的权威。费奥凡和韦尼阿明对拉斯普京的反应很满意，因此允许他和他们一起祷告。

然而，费奥凡很快得知，拉斯普京既没有回乡下，也没有在举止上有所收敛。他还听说，拉斯普京正在采取行动保护自己。因此，费奥凡决定面见沙皇。但费奥凡来到皇宫后，接见他的人不是沙皇，而是亚历山德拉和维鲁波娃。费奥凡整整讲了一个小时，尽力向皇后证明拉斯普京的信仰已经腐化。但亚历山德拉一个字也听不进去，坚持认为这些都是谎言和诽谤。费奥凡相信，拉斯普京肯定提醒过皇后，她是有备而来的。后来费奥凡只见过拉斯普京一次，并在当时当面谴责他是骗子。拉斯普京写信请求费奥凡的原谅，想与其和解，但费奥凡没有理会。

那年夏天，费奥凡显然将自己的担心转告给了安东尼（Antony）〔俗名为瓦科夫斯基（Vadkovsky）〕。瓦科夫斯基是圣彼得堡的都主教，也是教会中最具权威的人物之一。瓦科夫斯基相信了费奥凡的说法。到 8 月，他已经认定拉斯普京是追求神秘主义的不健康社会风气的代表人物之一。这些担心也传入了神圣宗教会议的新任主席谢尔盖·卢基扬诺夫（Sergei Lukyanov，1909 年 2 月 5 日上任）的耳中。据说，尼古拉和亚历山德拉当时十分不满对卢基扬诺夫的任命，因为他和斯托雷平都试图曝光拉斯普京的丑闻。在安东尼的协助下，卢基扬诺夫搜集了许多对拉斯普京不利的证据，把它们交给斯托雷平，而斯托雷平打算利用这些材料再次劝说沙皇，让他清醒过来。但斯托雷平失败了。安东尼——显然是在卢基扬诺夫的默许下——让首都的宗教媒体转载了一些主要世俗报纸上的反拉斯普京文章。[14]

148

\*

1909 年夏天，拉斯普京和尼古拉、亚历山德拉以及他们的孩子见面的机会很少。这种状况一直持续到沙皇一家在秋天离开皇村，前往克里米亚的里瓦几亚宫。10 月的第一个星期，尼古拉独自一人踏上了另一段旅途。忧心忡忡的亚历山德拉给他写信："我亲爱的珍宝，我的智者，我的挚爱，愿上帝保佑你，与你同行。格里高利的祷告会陪伴你的整趟旅行。我全心将你交到他的庇护下。"[15]

秋天，拉斯普京在弗拉基米尔·科罗连科（Vladimir Korolenko）位于圣彼得堡的公寓中留宿了几个星期。科罗连科是作家、自由派媒体《俄罗斯财富》（*Russian Wealth*）编辑、前革命党人、人权斗士。他和妻子叶夫多基娅·伊万诺夫斯卡亚（Yevdokia Ivanovskaya）是激进的民族主义者，他们共同拥有的公寓位于卡宾涅茨卡亚大街（Kabinetskaya Street）7 号。[16]我们不知道，当时科罗连科和他的妻子是否也住在那里〔1900 年以后，他们主要居住在波尔塔瓦（Poltava）〕，但他们在不在那里都无所谓，因为拉斯普京完全不在意党派联系，可以和政治光谱上各个位置的人成为朋友。11 月，拉斯普京前往萨拉托夫，与格尔莫根会合。两人又一同前往察里津，拜访了伊利奥多尔。伊利奥多尔离开圣彼得堡神学院后，他的极端言论经常给他带来各种麻烦。1907 年，神圣宗教会议将他从波察耶夫修道院调往日托米尔，让神父安东尼（赫拉波维茨基）亲自管教他。他在那里住了不到一年，又被调往察里津。在那里，他成为圣灵修道院的传教士，处于格尔莫根的管理之下。当时，格尔莫根是萨拉托夫的主教。神圣宗教会议选择把伊利奥多尔送到察里津，可能是考虑到那里的犹太人口极少。但伊利奥多尔根本不在乎，又把矛头对准了当地记者、神父、商人和官员。[17]日后，他如此形容这段经历："我变成了一个无所畏惧的怪物。"[18]

伊利奥多尔首次扬名全国是在 1908 年 8 月，那时他在修道院同警察发生了一次暴力冲突。之后，萨拉托夫的政府官员向斯托雷平求助，想将他调离察里津，格尔莫根和其他人却挺身为他辩护。伊利奥多尔最终留了下来。接下来，伊利奥多尔又在一系列发言中攻击斯托雷平。1908 年 11 月，神圣宗教会议下达命令，伊利奥多尔必须前往明斯克主教教区。伊利奥多尔不服，一直拖到了 1909 年春天。格尔莫根竭尽全力地保护伊利奥多尔，鼓励他亲自去圣彼得堡向拉斯普京求助，因为已经没有其他人愿意为他说话了。拉斯普京为伊利奥多尔和皇后安排了一次私下会面。4 月 3 日，他们在维鲁波娃家中相见。亚历山德拉让伊利奥多尔保证，不会再攻击沙皇的大臣。他同意了。她还要他服从拉斯普京："你应该听从神父格里高利的话……他会带领你走向光明之地。他是这个时代最伟大的苦行者，一直为俄国的福祉祈祷。他是圣者，是伟大的先知。"[19]根据伊利奥多尔的回忆，皇后当时这么告诉他，尽管他的话一向可信度不高。拉斯普京胜利了。尼古拉驳回了神圣宗教会议的决定，伊利奥多尔得以留在察里津。"他是一位天使，"伊利奥多尔在信中赞美拉斯普京，"他是我的救世主。"[20]然后，这位狂妄的修道士更有恃无恐地回到了察里津。

11 月初，格尔莫根和拉斯普京抵达察里津，一直在那里住到月末。伊利奥多尔后来在 1912 年写下，在这次访问期间，拉斯普京于某天夜间潜入了一位修女的卧室。修女名为列别杰娃（Lebedeva），当时 29 岁，借住在一位商人家中。伊利奥多尔称，拉斯普京整整折磨了她四个小时，[21]而自己不久前才得知这件事，否则肯定会早早与拉斯普京断绝关系。但是，如今已经很难查证伊利奥多尔的说法。

11 月底，拉斯普京和伊利奥多尔离开察里津，一起前往博克维斯科，格尔莫根则独自返回萨拉托夫。据说在他们前往西伯利亚的旅途中，拉斯普京向伊利奥多尔透露了他和尼古拉、亚历山德拉的真正关系。"沙皇相信我是基督。沙皇和皇后会向我鞠躬。他们在我面前下跪，亲吻我的双手……我用双臂搂着亚历山德拉。我抱着她，抚摸她，亲吻她。"[22] 伊利奥多尔的话完全出自想象。他在回忆录中写道，他们在博克维斯科停留期间，拉斯普京于一天夜里派皮什金娜姑侄来他的房间与他发生性关系，劝他加入鞭身派。他还诽谤拉斯普京的儿子德米特里，称其是个懒汉，是堕落又邪恶的人。根据伊利奥多尔的说法，拉斯普京和他分享了许多风流韵事，讲述了自己如何在浴室和维鲁波娃以及其他女人性交，以及在维尔霍图里耶马卡里的祈祷室里，数位女性如何用自己赤裸的大腿摩擦他的面颊和身体的其他部分。伊利奥多尔称，"他的生殖器无法变硬"，但拉斯普京还是能够利用其他方式和大量女性发生性关系。[23]

伊利奥多尔的说法中，比较可信的部分是拉斯普京曾给他看过皇后亲自缝制的衬衣，以及皇后和她的孩子们、其他大公和女大公写给他的信。伊利奥多尔央求拉斯普京把这些信交给他，拉斯普京同意了，只有一封寄自阿列克谢的信是例外。这些信很快就将引发一场大丑闻。在博克维斯科停留的最后一夜，据说伊利奥多尔不顾拉斯普京的反对，会见了神父彼得·奥斯特罗乌莫夫。根据伊利奥多尔的说法，奥斯特罗乌莫夫称拉斯普京是恶棍、浪荡子和酒鬼。第二天，12 月 5 日，伊利奥多尔和拉斯普京离开了博克维斯科。之后伊利奥多尔再也没有拜访过拉斯普京的家乡。伊利奥多尔和拉斯普京均被蒙在鼓里的是，他们逗留博克维斯科期间，一直受到警察的监视。秘密警察记录了他们离开的时间，还试图弄清伊利奥多尔拜访此地的目的。根据秋明地区保存的档案，伊利奥多尔来博克维斯科是为了捐赠 2 万卢布，用于建造拉斯普京一直梦寐以求的新教堂。[24]但是，没有人收到过一分钱。

两人在察里津度过了圣诞节。12 月 30 日，拉斯普京启程前往圣彼得堡时，伊利奥多尔组织了一场盛大的送别会，约有 1500 名信徒出席，向伊利奥多尔口中的"热心的仆人、格里高利兄弟"告别。在火车站，伊利奥多尔告诉人们，他为格里高利的离开感到无比伤心，那些没有听他谈论"上帝的话"的信徒根本就是"无神论者、恶棍、我们甚至整个东正教信仰的敌人"。人群一边唱着圣歌《许多年》（"Many Years"），一边送别了拉斯普京。[25]那天夜里，拉斯普京就抵达了圣彼得堡。日后，伊利奥多尔写道，正是在 1909 年的最后几个月，他开始对拉斯普京起了疑心。

如果伊利奥多尔的陈述可信，那么在他对拉斯普京的公开支持背后，一直隐藏着不停累积的怀疑。他在《圣魔》一书中写道，他于 1909 年底向上帝祷告，请求得到拉斯普京究竟是天使还是恶魔的启示。上帝的答案是："他是恶魔的化身。"[26]

根据 1909 年至 1911 年担任副内政大臣（1910 年成为中将）的帕维尔·库尔洛夫（Pavel Kurlov）的说法，斯托雷平在 1909 年底至 1910 年初接到一道命令（库尔洛夫没有透露下达命令的是谁），要求他停止监视拉斯普京。但斯托雷平向库尔洛夫下令，要他继续进行监视。几天后，斯托雷平让库尔洛夫去办公室见他，因为他安排了一次和拉斯普京的会面，想听听库尔洛夫对此人的意见。库尔洛夫假装在上司办公室的角落里查阅资料，仔细听了这场超过一小时的谈话。其间，拉斯普京一直试图让斯托雷平相信，对他的怀疑是不实指控，他只不过是一个谦卑、无害的人。斯托雷平几乎没有开口。听完这些，斯托雷平只是让拉斯普京离开，并告诉他如果他的所有辩解属实，如果他没有不轨行为，那就不需要再担心秘密警察的骚扰。拉斯普京离开后，斯托雷平询问库尔洛夫的意见。库尔洛夫告诉他，拉斯普京是那种狡猾的、精于算计的俄国农夫，但看起来不像个骗子。"尽管如此，"斯托雷平回答，"我们还是要找出一个对付他的办法。"（日后，相关人士再次评估了库尔洛夫给出的意见的准确性与公正性。最初，"奥克瑞那"负责人格拉西莫夫是在接到杰久林将军的命令后才对拉斯普京进行监视的。格拉西莫夫认为，1909 年对库尔洛夫的任命背后有拉斯普京的朋友出力。到 1909 年底时，库尔洛夫又利用自己的影响力阻止了把拉斯普京逐出首都。[27]）

斯托雷平从未留下任何关于拉斯普京的回忆录，我们只能从别人口中推测他的想法。米哈伊尔·罗将柯曾说，斯托雷平向他说过以下这番话：

> 他将那对苍白的眼睛转向我，口中嗫嚅着一些似乎来自《圣经》的含混不清的、神秘兮兮的句子，双手同时打着夸张的手势。我开始对坐在面前的这条寄生虫生出一种无法形容的恶心感。但我还是认为，这个男人拥有强大的催眠能力，给我留下了深刻的印象，尽管我对这个人只有厌恶。[28]

斯托雷平的女儿玛丽亚·博克（Maria Bok）回忆了自己数次在父亲面前提起拉斯普京时的情况。1911 年夏天，斯托雷平被暗杀前不久，她再次提到这个话题：

> 听到拉斯普京的名字，我父亲的脸上露出了一种扭曲的表情，从他的声音中透出深沉的悲伤："我们已经无能为力了。只要有机会，我肯定会提醒沙皇。可是，他最近这么跟我说：'我同意你的看法，彼得·阿卡迪维奇（Pyotr Arkadievich，指斯托雷平），但十个拉斯普京也好过皇后受癔症性抽搐的折磨。'这就是原因所在。皇后病了，而且病得很重。她相信，拉斯普京是整个世界唯一能够拯救皇储的人，根本没有人能在这件事上劝阻她。"[29]

据称，尼古拉还对斯托雷平说过："彼得·阿卡迪维奇，我从不怀疑你的忠心。也许你说的每件事都是真的，但是我请求你不要再向我谈起拉斯普京的名字。反正在这件事上，我什么也做不了。"[30]尼古拉对皇后癔症的描述并不仅仅出现在他和大臣会议主席两人的对话间，而是很快传遍了整个上流社会。俄国沙皇似乎已经决定，放手让自己对妻子的恐惧主宰他领导整个帝国的方式。

瓦西里·舒尔金（Vasily Shulgin）完全无法相信在他眼前发生的一切。"这就是可怕的难题……皇后竟然让一个浪荡子进入皇宫，这简直是在侮辱整个国家，因为即使是高尚的人也不一定能进入那里。整个国家则用他们险恶的疑心侮辱了皇后……花了数个世纪才将整个国家联合起来的纽带逐

152

渐瓦解了……为什么会这样呢？完全是因为一个男人面对他
妻子时的软弱……"[31]

## 注　释

1. 施德洛克的回忆：SML, Spiridovich Papers, No. 359, Box 14, Folder 5,
   pp. 1 – 9。伊利奥多尔声称，维什尼亚科娃爱上了拉斯普京，两人之
   间有性关系，且如果其他女人也向她的情人求欢，她就会扯她们的头
   发。OR/RNB, 1000. 3. 439, 2ob。

2. 不同传记对这次旅行的时间存在不同表述，有些人认为可能是在
   1908 年或 1910 年，但确切证据显示应该是在 1909 年。参见 VR, 156 –
   57；RGALI, 2167. 2. 22, 2。

3. Vasilevskii, *Nikolai II*, 72 – 73. Also VR, 214；*Rech'*, 21 December
   1916, p. 3.

4. RGALI, 2167. 2. 22, 2, 12.

5. FDNO, 258 – 61.

6. *LP*, 320.

7. Betts, *Dukhovnik*, 32 – 33；VR, 192 – 93.

8. Veniamin, *Na rubezhe*, 133 – 34.

9. *LP*, 321；VR, 193 – 97；RR, 119. 这份文献没有显示这次谁去了博克
   维斯科。

10. VR, 195 – 96；RR, 119 – 21.

11. Veniamin, *Na rubezhe*, 141 – 42；RR, 117；VR, 192 – 93. 虽然资料没
    有给出清楚的信息，但这次见面可能发生在 6 月费奥凡和拉斯普京
    拜访博克维斯科之前。

12. VR, 198 – 99；RR, 127 – 28.

13. *TsM*, 29 May 1910, p. 3.

14. VR, 197 – 98, 236 – 37.

15. *LP*, 322 – 23.

16. FB, 355.

17. IMM，105 – 06；FStr，546，574；Dixon，"'Mad Monk'，"385.

18. IMM，52.

19. IMM，59；VR，253；OR∕RNB，1000.3.439，1 – 1ob；Dixon，"'Mad Monk'，"391 – 93.

20. IMM，103.

21. GARF，713.1.24，3 – 4ob；OR∕RBN，1000.3.439，1ob – 2.

22. IMM，108 – 113；OR∕RNB，1000.3.439，2.

23. OR∕RNB，1000.3.439，2；IMM，114 – 19.

24. IMM，116，120 – 25；GATO，I – 239.1.90，199 – 99ob.

25. *Sibirskaia nov'*，2 February 1910，p. 2；*TsV*，3 January 1910，p. 3；14 January 1911，p. 2；*KVD*，39；Dixon，"'Mad Monk'，"397. 一些文献显示拉斯普京是在 12 月 31 日离开的。

26. IMM，132 – 33.

27. Peregudova，*Okhranka*，2：320.

28. Rodzianko，*Reign*，24.

29. Bok，*Vospominaniia*，332 – 33. 一些其他文献给出的说法不是"十个拉斯普京"，而是"一百个拉斯普京"，见 *Istoriia tsarstvovaniia Nikolaia*，Vyp. II，p. 25；Shulgin，*Years*，256 – 60。

30. Gurko，*Tsar'*，226.

31. Shul'gin，*Dni*，96 – 97，100 – 101.

第三部

# 丑闻：
# 1910 年～1911 年

# 第十八章　儿童室的风波

1910 年的头两个月，拉斯普京经常会见尼古拉和亚历山德拉——1 月有 7 次，2 月有 4 次。拉斯普京通常会在晚上拜访他们，但不一定同时见两人。比如 1 月 6 日，尼古拉在日记中写道："9 点 30 分，我们去了城里。格里高利先见了阿历克斯，然后我们又一起交谈了很长时间。"那时，这种夜晚长谈已经成了常事。2 月 14 日，拉斯普京返回西伯利亚之前前往皇宫与沙皇夫妇道别。[1]

在拉斯普京返回家乡期间，当地警方一直忙于调查他的过去。1910 年 3 月 7 日，队长 A. M. 波利亚科夫（Captain A. M. Polyakov）向托博尔斯克地方宪兵管理局的负责人报告：拉斯普京时年 45 岁，是来自秋明地区托博尔斯克的一位农夫，和那里的其他农夫一样，他在家中主要靠务农为生。他经常去俄国内陆地带，在那里有许多地位高贵的朋友，包括米莉恰·尼古拉耶芙娜大公夫人。他"让人肃然起敬，在物质上十分宽裕，很受人们尊重。俄国各个地方的人都会给他寄来大笔金钱；普通人也认为他'正直'又'有智慧'。有时，他会去莫斯科和圣彼得堡等地旅行，与高级神职人员来往。1907 年春天，尊贵的米莉恰·尼古拉耶芙娜大公夫人还曾亲自拜访博克维斯科"。波利亚科夫还不忘提到，拉斯普京过着一种"相当清醒"的生活。[2]

　　波利亚科夫撰写报告的那天，拉斯普京回到了皇村。[3]他的归来在沙皇夫妇和他们最亲近的侍从之间制造了紧张的气氛。当时，罗曼诺夫皇朝的几位女儿似乎隐瞒了一些秘密，关于"我们的朋友"的秘密。拉斯普京回来这天，亚历山德拉给女儿玛丽亚写信，告诉她拉斯普京回来了，要她乖一些，不要再藏秘密，因为自己不喜欢秘密。[4]第二天，塔季扬娜给母亲写信，请求她的原谅（但没有说明要原谅什么），保证自己再也不会这么做了。"我很担心 S. I. 会对玛丽亚说我们的朋友的坏话。"亚历山德拉烦恼不已，"希望我们的保姆现在对我们的朋友会好一些。"

　　S. I. 指的是索菲亚·伊万诺娃·图雅切娃（Sofia Ivanovna Tyutcheva）。1910 年春天，图雅切娃已经确信拉斯普京品行不正，而她的指控也给她自己造成了威胁。她对于拉斯普京可以随意出入儿童室十分担心，而且毫不畏惧地指出了这一点。1910 年 3 月 15 日，尼古拉的妹妹谢妮亚在日记中写道：

　　　　我和 S. D.① 交谈了很长时间，她仍然没有从昨天 S. I. 图雅切娃在皇村的那番话以及那里发生的每件事带来的震惊中恢复过来：阿历克斯和孩子们对待阴险的拉斯普京的态度（他们都相信他是圣人，而实际上他不过是个鞭身派教徒！）。

　　　　他总是在那里，在孩子准备睡觉时出现在儿童室，拜访奥尔加和塔季扬娜，与她们谈话，抚摸她们。她们总是

①　亚历山德拉的侍女索菲亚·德米特里耶夫娜·萨马里纳（Sofia Dmitrievna Samarina）。——作者注

小心不让索菲亚·伊万诺娃看见，而且孩子们也不敢和她谈起拉斯普京。这实在是令人难以置信，而且令人费解。

她们都深受他的影响，和他一起祷告。这些说法太让我惊讶了。

奥尔加和我在阿尼奇科夫①一起吃了晚餐。而我的脑子里只有这一件事，除了它，我不知道该说些什么。但谁能帮上忙呢？这实在太难了，对整个家庭来说"太难应付"了。关于拉斯普京，到处都流传着最难以启齿的谣言！[5]

皇宫里的麻烦很快传到了宫外。1910 年 3 月 20 日，亚历山德拉·波格丹诺维奇在日记中写道，她听说皇宫中的侍者对拉斯普京的言行感到十分吃惊，但他背后有皇后的支持。听说这个"道德败坏"的人可以随时进出皇宫，还可以进入皇后的卧室，对此沙皇竟没有一丝担心。波格丹诺维奇听说，在回博克维斯科的旅途中，拉斯普京"侵犯"了数位维鲁波娃的侍女，有一个还怀上了拉斯普京的孩子。宫中有传言说，拉斯普京公开告诉每个人，维鲁波娃同意将那孩子视如己出。波格丹诺维奇写道，拉斯普京不仅道德败坏，而且会和沙皇长时间会面，为其提供政治上的建议。此外，其他人也开始慢慢认可他的威权。据说，谢尔盖·维特伯爵正在拍拉斯普京的马屁，希望可以重新得到重用。"这些竟然都发生在 20 世纪！简直是太可怕了！"[6]

157

---

① 指阿尼奇科夫宫（Anichkov Palace），位于涅瓦大街与丰坦卡河（Fontanka River）的交汇处，是巴洛克风格的建筑，现为圣彼得堡市博物馆。——译者注

儿童室风波不断恶化。除了图雅切娃，另一个处于风暴中心的人物是玛丽亚·维什尼亚科娃，那个负责照料阿列克谢的侍女。她早前就被拉斯普京迷住了。关于两人之间的关系，目前无法找到可靠的证据，尽管所有说法都指向维什尼亚科娃曾是拉斯普京的盟友，或许还不仅仅是"盟友"这么简单。实际上，"奥克瑞那"当时相信，维什尼亚科娃应该为把拉斯普京引入皇宫负责。[7]然而，1910 年 3 月似乎发生了什么，使两人的关系急速恶化。那究竟是什么事，具体发生在什么时间，哪个地点，如今却无从考证了。伊利奥多尔称，拉斯普京在 1907 年夏天或 1908 年强奸了维什尼亚科娃，地点是维尔霍图里耶或博克维斯科。[8]1917 年，图雅切娃告诉调查委员会，在 1910 年拜访博克维斯科的一次旅行期间，拉斯普京一天夜里潜入了维什尼亚科娃的房间，占了她的便宜。[9]（图雅切娃肯定记错了，如果事情是真的，那它应该发生在 1909 年而不是 1910 年。）图雅切娃作证数年后，曾是皇后私人侍女的马德莱娜·扎诺蒂［Madeleine Zanotti，被称为玛格达林娜（Magdalina）］同样指证，维什尼亚科娃曾亲口述说拉斯普京如何诱惑了她，尽管马德莱娜称事情并非发生在博克维斯科，而是在亚历山大宫。根据马德莱娜的说法，维什尼亚科娃谴责拉斯普京"是条狗"。[10]维什尼亚科娃也向调查委员会讲述了一个相似的故事。她提到，那是在去博克维斯科的旅途中，有一天夜晚，拉斯普京蹑手蹑脚地进入她的房间，开始亲吻她。接着，维什尼亚科娃被催眠了，在此期间遭到了强奸。她说在返程途中，拉斯普京完全忽视了她的存在，在火车上和季娜伊达·曼什达特躺在同一张铺位上。[11]

但是，如果拉斯普京确实在 1909 年去博克维斯科的途中强奸了维什尼亚科娃，为什么她在整整一年里都没有提起此事或抱怨拉斯普京？[12]也许她太害怕了，认为这其实都是她自己的错；也许她认为不会有人相信她；也许因为到1910年初，她的同伴图雅切娃已经受够了拉斯普京，这让她认为应该在那个时候站出来，让自己彻底解脱。图雅切娃还对调查委员会说了另一个故事。

> 我进入孩子们的房间，正好遇上一阵骚动。维什尼亚科娃含着眼泪告诉我，她……和其他信徒参加了一场"庆祝"仪式。她眼中的圣人其实是个彻头彻尾的魔鬼……我从她的话中得知，她的告解神父费奥凡……一定会为把拉斯普京介绍给她们感到羞愧万分，因为他还以为拉斯普京是上帝最忠诚的仆人。拉斯普京常常强人所难，好像自己正在履行圣灵的义务……与此同时，他警告众人不准告诉费奥凡，还搬出了一套诡辩：费奥凡是个傻子，他不会理解这些秘密，只会谴责它们，而这相当于谴责圣灵，并令他自己犯下不可饶恕的大罪。[13]

无论出于什么原因，维什尼亚科娃这次的确在亚历山德拉面前抱怨了拉斯普京的做法。她告诉皇后她被强奸了吗？还是说她只不过应他人的要求拿给亚历山德拉一份《彼得堡通讯》（*Petersburg Leaflet*），上面刊登了批评拉斯普京的文章？[14]我们没有能证实这些猜测的确切证据。但是，无论维什尼亚科娃说了什么，亚历山德拉都拒绝相信她。根据图雅切娃的说法，亚历山德拉告诉维什尼亚科娃，自己不会把这些谣言放在心上，它们都是来自"黑暗势力"的攻击，意图摧毁拉斯普京。亚

158

历山德拉不准维什尼亚科娃再提起这件事。[15]许多年后，尼古拉的妹妹奥尔加坚持说，维什尼亚科娃被强奸的故事是编造的。奥尔加承认，是的，维什尼亚科娃的确被牵扯进了一桩丑闻，但那件事和拉斯普京无关，维什尼亚科娃是在一个哥萨克皇宫守卫的床上被人发现的。[16]

马德莱娜称，维什尼亚科娃似乎是因为向皇后揭露拉斯普京在皇宫的势力，才遭到解雇的，但这并不准确。之后三年里，维什尼亚科娃依旧是阿列克谢的保姆。她离开皇宫与拉斯普京无关，而主要是因为那时阿列克谢已经不再需要像她这样的保姆了。[17]二月革命爆发不久后，瓦莲京娜·查波特拉尤娃（Valentina Chebotaryova）在日记中写道，在博克维斯科的拉斯普京家中经历"可怕的事情"后，维什尼亚科娃再也没有恢复正常。查波特拉尤娃于第一次世界大战期间在皇家医院工作，早年便结识了玛丽亚·维什尼亚科娃。我们无法查证查波特拉尤娃是从维什尼亚科娃嘴里亲耳听说了此事，还是在传播别人嘴里的谣言。1917 年，受尽折磨的维什尼亚科娃抛弃了世俗生活，进入修道院。查波特拉尤娃曾问她，是否还疼爱阿列克谢。她回答："比从前更爱他了。"[18]

*

159　　1910 年春天，无论拉斯普京和维什尼亚科娃之间发生了什么，他频繁拜访皇宫一事都无疑已经引发了大量争议和讨论。我们从拉斯普京写给孩子们的信中得知，他确实在儿童室和他们见面。他们一起玩耍，甚至打打闹闹。1909 年 2 月，他写道："我亲爱的金子般的孩子们，我和你们同在。我亲爱的亚历山德拉和孩子们，我一直和你们在一起，而且经常想起我们在儿童室度过的时光。我和你们同在。我很快便会回来。"他在信中告诉他们信仰和爱的重要性，让他们必须相信上帝的神秘性："重要的不是能力，而是信仰和爱……通往上帝的道路十分神秘。有些事情看起来糟糕透了，但或许它们会被证明带着神迹。"[19]拉斯普京常在信中称赞自然的壮美，正如他写给玛丽亚的这封信："我亲爱的小珍珠 M（指玛丽亚）！告诉我，你会对大海、对自然说些什么。我想念你的灵魂。很快就能见面。从我的内心深处亲吻你。"

孩子们的母亲生病时，他会尽力安抚他们和尼古拉：

"我亲爱的孩子们……小天使守护着你们。上帝正陪伴在妈妈的病床边。她很欣慰，但我们感到非常痛苦，这是因为我们总是用自己的眼睛看待外界事物，无法用上帝的眼睛观察。妈妈正和天使们躺在一起，但我们伤心极了。爸爸，不要沮丧！妈妈会没事的，她已经是个大人了。只要再耐心一点，她就会恢复健康。"（1909 年初，亚历山德拉曾在寄给奥尔加的信中写道，上帝会让我们生病，因为这"不全是坏事"。我们必须相信这件事，相信上帝会在合适的时间让人恢复健康，因此必须耐心一些。不仅如此，她还补充说，她"十分高兴"能再次见到"我们的朋友"。[20]）

拉斯普京在写给沙皇夫妇和孩子们的信中，会把世界上的人划分成真正的基督徒和他们的敌人，或者"我们和他们"（"整个世界都受到了诅咒，尽管基督的手臂以爱的名义笼罩我们、保护我们"）。他还写道，应该包容所有信仰（"所有信仰都来自上帝，不应该谴责与自己不同的信仰"）。1909 年春天，他在多封信中称赞奥里亚（Olya，他对阿列克谢的昵称），其中一封信写道：

奥里亚一定会胜过他的祖先，因为奥里亚会视他们为榜样，因为他不是一个平凡的人。俄国从未有过这样的沙皇，以后也不会有。

160 　　他的眼神和彼得大帝非常神似，彼得虽然充满智慧，但某些举止很恶劣（尽管称不上卑贱）……然而奥里亚的身边不会发生任何坏事，除非有人树立了坏榜样……我时刻在心中记挂着阿列克谢，祈求上帝让他长成一个像黎巴嫩雪松般挺拔的男子，期待他有一天开枝散叶，让整个俄国都为他的果实感到喜悦。[21]

拉斯普京鼓励阿列克谢在基督的生活中寻找勇气："我亲爱的！看看我们挚爱的上帝，看看他受过的创伤。他每次耐心地默默忍受后，就会变得更加坚强、全能。你也是如此，我亲爱的。你也会好起来的，我们会一直生活在一起。"[22]有几次，他单独给沙皇夫妇的女儿写信。以下这封信是他在1909年写给奥尔加的：

上帝的平静——我们热爱上帝，这种爱是十分温柔的。奥尔加，祈祷吧，然后光明就会降临你的房间，带给你欢乐。

会祈祷的人内心都是善良的，他们的欢乐更是无可估量。我们都是祈祷者。那些认为不该祈祷的人都是让自己坠入地狱的施虐者。他们并没有因此死去，而是把地狱带到了这个世界。

差不多在同一时期，他在给玛丽亚的信中写道："玛丽亚，亲爱的，不要惧怕坏人，因为上帝和我都在你的身边。他们之所以不敢对你愤怒，异教徒之所以不敢接近你，就是出于这个原因。你永远都会得到呵护，会慢慢感受到平和。没有任何声音，只有上帝。与上帝同在的人不会惧怕我，而那些远离上帝的人才会惧怕别人。上帝不是他们的堡垒。"[23]

他写给塔季扬娜的几封信同样留存至今：

> 塔娅（指塔季扬娜），塔娅在哪里，我在博克维斯科的家中看到了你，我亲爱的小朋友，你没有大声喊我，因此我没有听清，没有收到你的电报。但是，我的朋友，朋友，我想念你。我们的上帝正在天堂，而你在克里米亚，你离我实在太远了。亲爱的上帝和我们在一起，与我们同在，但是我们现在看不见他。可那很快就会成真的，我们亲爱的上帝会来到我们身边……

> 亲爱的小伙伴，就像之前一样，我与你在一起，即使在这一刻我也惦记着你。你的爱充满了我的生命，它满足了最高造物主的希望，上帝会与你同在。

> 你的日子会充满爱和天使的愉悦，祈祷爱会成为你的堡垒。[24]

亚历山德拉全心全意地相信拉斯普京，欣喜于他给孩子们带来的积极影响。她在寄给最年长的孩子奥尔加的信中写道："永远记住，要成为你的妹妹和弟弟的榜样，只有这样，我们的朋友才会一直和你在一起。"[25]有时，尼古拉与亚历山德拉夫妇会和拉斯普京一起去儿童室探望孩子们。至少有一次，拉斯普京单独和奥尔加相处了很长时间，亚历山德拉十分高兴，完全没有流露出一丝担心。孩子们显然也乐在其中。1909 年 7 月 25 日，当时尼古拉不在宫中，奥尔加兴奋地给父亲写信，说"格里高利"晚上来探望他们了。"能够再次见到他让我们喜出望外。"[26]

*

圣彼得堡"奥克瑞那"最后一任负责人康斯坦丁·格洛巴切夫少将一直负责监视拉斯普京。他留意到，拉斯普京和皇室的关系"没有任何不得体之处"，但这不重要，重要的是拉斯普京的身影经常出现在宫里。[27]随着时间的推移，外界编造的故事越来越离谱，令人匪夷所思。1912 年，社会革命党报纸《为了人民！》（For the People！）在一篇文章中写道，拉斯普京想对奥尔加为所欲为，但在被人发现后，受到了皇宫中一群侍卫的威胁。[28]战争期间，拉斯普京曾强奸奥尔加的传闻流传得更广了，甚至了解内情或有基本常识的人都开始对此信以为真。一位俄国将军在日记中写道，谣言说（他本人则认为这完全是空穴来风），塔季扬娜女大公怀了拉斯普京的孩子。[29]

图雅切娃虽然知道这些说法荒唐透顶，但仍对拉斯普京进出儿童室非常不满。让这样一个充满争议的农夫进入沙皇女儿们——而且是快成年的女孩——的私人房间十分不妥，她们的名声（和身体）应该得到最完善的保护。在这一点上，图雅切娃完全正确。图雅切娃听说了维什尼亚科娃在博克维斯科的遭遇后，认为自己已经别无选择，必须直面亚历山德拉。虽然亚历山德拉一个字也听不进去，但沙皇似乎想知道更多关于拉斯普京的事。第二天，他召见了图雅切娃。日后，她向调查委员会回忆了这次会面。

"索菲亚·伊万诺娃，想必你已经知道为什么我今天让你来这里。"她刚走进书房，尼古拉便说道。

"儿童室里发生了什么？"接下来，我告诉了他在那里发生的一切。"所以，你也不相信格里高利的人品吗？"沙皇问。我说不相信。沙皇随后说："如果我告诉你，这些年我能够挺过来，都是因为那人的祈祷呢？"

"您能够挺过所有艰难的岁月，是因为整个俄国的祷告，沙皇陛下。"我如此回答。沙皇开始说，他认为那些都是谎言，他根本不相信 R（拉斯普京）的故事。那些单纯的人总会被污秽的东西吸引。[30]

索菲亚回应道："我的陛下，您拥有一颗纯洁的心，看不见身边的污秽。"

"我已经成了自己的孩子们的敌人了吗？"他问。

他让我再也不准提拉斯普京的名字。为了做到这一点，我请求陛下妥善处理相关事宜，不准拉斯普京再出现在孩子们的房间。在此之前，皇后曾告诉我，每天六点之后是我的自由时间，好像在暗示她不希望我六点之后出现在孩子们面前。与陛下谈完话后，我仍然可以随时出入儿童室，但我和沙皇夫妇的隔阂却不断加深。[31]

索菲亚继续和她的朋友们谈论拉斯普京，她的话传播得更广了。维鲁波娃回忆说，她在拜访莫斯科的亲戚时被问到，拉斯普京是否每天都出现在皇宫，甚至还和孩子们一起洗澡。维鲁波娃十分震惊，问他们是从哪里听说的。对方告诉她，是图雅切娃本人告诉他们的。图雅切娃出生在一个古老的俄国贵族家庭，在亚历山德拉的姐姐埃拉（拉斯普京的仇敌）的推荐下进入皇宫。这些联系将促使莫斯科成为反对拉斯普京的重要阵地。假以时日，那里也将成为反对尼古拉和亚历山德拉的重镇。（1910 年 3 月，埃拉在给尼古拉的信中写道："那个人并不像别人认为的那样是个圣人。"她所指的正是拉斯普京。[32]）

维鲁波娃坚持认为，在和尼古拉、亚历山德拉谈完后，图雅切娃依旧不停传播让人不安的故事，在沙皇夫妇和罗曼诺夫皇室间种下了不信任的种子。她编造丑闻，挑拨其他保姆与沙皇夫妇的关系，企图让皇宫中的侍女、侍从与亚历山德拉作对，常年侍奉皇太后的侍女亚历山大·欧本兰斯卡娅公主当时就受到了她的影响。据说，女大公们曾向她们的母亲抱怨图雅切娃的阴谋诡计，但谣言传开后，她们与自己母亲却开始针锋相对。

丑闻造成了巨大的谣言旋涡。图雅切娃把自己打造成拉斯普京的受害者，许多人都信了她的话。图雅切娃完全没有意识到，她出于对女孩们真挚的爱和奉献而说出口的那番话，实际是在为刻薄的谣言的传播推波助澜。她本以为只要好好和尼古拉、亚历山德拉谈谈，就能平息事态，但矛盾的是，她在试图让人们正视拉斯普京之危险性的同时，也让谣言传播得更加厉害了。维鲁波娃写道，所有关于拉斯普京和孩子们的荒唐说法都来自图雅切娃，没有人比她更应该为皇室"可怕的谣言"负责。[33] 1910 年 6 月，沙皇的贴身男仆拉德希克告诉波格丹诺维奇沙龙中的宾客，现在皇宫中的每个人都厌恶皇后，皇后则继续对每个敢说拉斯普京坏话的人发脾气。他说，图雅切娃和维什尼亚科娃因为说拉斯普京的坏话，被送走了两个月。据说，维鲁波娃已经取代了图雅切娃的位置。"可怜的孩子们！"
亚历山德拉·波格丹诺维奇在日记中潦草地写道。[34]

在皇后的朋友莉莉·德恩看来，丑闻完全出自图雅切娃的
搅和和嫉妒。[35]但是，只有很少人同意她的这种看法。在多数
人眼中，图雅切娃已经成了一位英雄。虽然图雅切娃和皇后之
间的关系十分紧张，但她保住了自己的职位，在接下来的两年
中继续照顾女孩们。

*

那年春天，图雅切娃和沙皇谈论拉斯普京时，在沙皇的桌
上发现了一封费奥凡的来信。显然，这是费奥凡第二次因为拉
斯普京向沙皇谏言。信中，他重复了去年的说法，称拉斯普京
的"信仰已经腐化"，还补充说此人现在"是宗教和道德上的
双重罪人"。他警告说，拉斯普京是"披着羊皮的狼"。起初，
费奥凡请求图雅切娃把信交给尼古拉，但她由于已经惹了一身
麻烦，便拒绝了。其他人帮了他这个忙。尼古拉告诉图雅切
娃，费奥凡的话让他感到非常震惊，因为费奥凡从前总说多么
喜爱拉斯普京。[36]

费奥凡收到的新情报不仅佐证了他去年的怀疑，还让他在
想象中勾勒了更加黑暗的拉斯普京形象。费奥凡被新近得知的
事实震惊得说不出话来，又意识到沙皇和皇后都不可能相信他
的话，因而患上了面瘫。[37]费奥凡搜集的新情报包括卡尤娅·
白雷斯科娅这位拉斯普京最忠实的信徒之一写的陈情书。如
今，她称拉斯普京是鞭身派教徒和性欲狂。白雷斯科娅罗列
了拉斯普京的暴力天性，提到他多么沉迷于用暴力对待普拉
斯科维亚和他身边的其他女性，把她们囚禁在博克维斯科的

家里——那无形的监狱中。她称，数年前，拉斯普京在从圣彼得堡开往博克维斯科的火车上强奸了她。白雷斯科娅的表述的可信度相当令人怀疑，她的话似乎是为了达到某种目的而精心编造的。弗拉基米尔·邦奇－布鲁耶维奇认为，她的坦白不过是一连串谎言，以及对事实的极度夸大。[38]韦尼阿明为费奥凡保存了一份白雷斯科娅陈情书的副本，原件则被送往圣彼得堡都主教安东尼（瓦科夫斯基）处，再由他交给沙皇。根据伊利奥多尔的说法，尼古拉召见了拉斯普京，拿给他记有白雷斯科娅口供的笔记本，问他是否想读。拉斯普京反问沙皇，他是否乐意阅读诽谤者嘲笑圣人生活的故事。不，沙皇回答，接着就把笔记本扔进了壁炉。[39]考虑到伊利奥多尔的个人诚信问题，读者应该抱着怀疑精神看待他的描述。

另一份针对拉斯普京的破坏性证词来自叶连娜·蒂玛费娃（Yelena Timofeeva）。蒂玛费娃毕业于圣彼得堡的女子宗教学校，是当地神父瓦西里·斯皮里多诺夫（Vasily Spiridonov）的小姨子。她是拉斯普京早期的信徒之一，而且深得他的欢心。拉斯普京一直称呼她是"我的小白鸽"，直到有一天，她突然消失了。据说，蒂玛费娃向费奥凡坦白说遭到了拉斯普京和鲁克缇娜的虐待。费奥凡因此说服她离开拉斯普京并进入一间修道院。后来，维鲁波娃回忆道，叶连娜实际上是拉斯普京的狂热信徒，她之所以会离开拉斯普京不是因为被虐待，而是因为拉斯普京在别人面前开玩笑，说年轻的学生叶连娜对他一见倾心，而这话让这个女孩无地自容。各类说法中究竟哪种才是事实，我们依旧不得而知。[40]

接下来，费奥凡和韦尼阿明尝试把伊利奥多尔拉入他们的行动，与他分享了白雷斯科娅和维什尼亚科娃的自白。他们写信告诉伊利奥多尔，拉斯普京的真面目是"名副其实的魔鬼"。拉斯普京显然知道他们在拉拢伊利奥多尔，因此给后者写信："我亲爱的伊利奥多尔沙卡！不要相信那些诽谤者。他们是在诋毁我。你知道为什么吗？因为嫉妒！我比他们更接近皇室。沙皇和皇后都十分喜爱我，而且完全不在意他们。这就是他们针对我、想要扳倒我的原因。不要相信他们。这种罪会令他们万劫不复。"[41]伊利奥多尔当时决定忠于拉斯普京的原因不得而知。他在日后写道，他是因为担心拉斯普京与他作对，才没有加入费奥凡那边。其实当时还有另一种可能性：他仍不相信那些指控的真实性。[42]整个 1910 年，他都竭力为拉斯普京辩护，乃至成为媒体上大量批判文章的靶子。他从未对拉斯普京的神圣地位表现过丝毫怀疑。

5 月，《演讲报》（Speech）报道，费奥凡和韦尼阿明攻击拉斯普京后，伊利奥多尔"隐姓埋名"地来到圣彼得堡捍卫拉斯普京，一度挽回了他的名声。但那时，首都的许多沙龙已经不再欢迎拉斯普京这个名字。文章写道，拉斯普京在贵族圈子中太活跃，威胁了费奥凡的地位："我会让你们看看，你们这些温顺的苦行者。我会让你们看看，应该如何对一位长老表达尊敬。我会回到圣彼得堡，没有人能够阻拦我。"[43]显然，这些话都是杜撰的。伊利奥多尔可能从没去圣彼得堡捍卫拉斯普京的地位。尽管如此，在这个时期，伊利奥多尔的古怪的事业达到了新高度。在察里津，他监督修建了一座能够容纳 7000 名朝圣者的修道院。修道院的商店里出售宗教饰品和纪念品，包括一幅名为《神圣罗斯》的画像，画中一个基督模样的人物和伊利奥多尔本人十分神似。他认为自己是圣徒的候选人，察里津的许多人也如此相信。约一万名信徒聚在他身边，倾听他充满愤恨和埋怨的布道。有几次，他甚至怂恿教徒们集体叛变，这种行为简直是令人发指。伊利奥多尔曾高举列夫·托尔斯泰的巨幅画像，鼓励他的信徒们向它吐口水。人们依次走过画像，他则咒骂着"最可耻又堕落的无神论者"。[44]伊利奥多尔相信，已经没有人能够伤害他，未来是属于他的。

在伊利奥多尔处受挫后，费奥凡想到了格尔莫根。他当然清楚格尔莫根是拉斯普京的坚定支持者，但费奥凡在信中写道，希望他透露的新情报能够让格尔莫根认清事实，并像费奥凡自己一样因此转变态度。据说，拉斯普京得知费奥凡的行动后，亲自赶往萨拉托夫会见格尔莫根，试图让他相信那些指控没有任何依据。格尔莫根后来称，在和拉斯普京会面，以及就费奥凡的指控与拉斯普京当面对质后，自己改变了想法。格尔莫根说自己终于认清了拉斯普京的真面目，不再见他，还试图让伊利奥多尔也认清事实，但失败了。[45]6月初，媒体报道了相关争执，并引用格尔莫根的话："毫无疑问，他是魔鬼的儿子。"[46]不过，媒体的报道为时过早：格尔莫根虽然表明了态度，但直到1911年底才彻底与拉斯普京撇清关系。

*

对费奥凡而言，反对拉斯普京需要极大的勇气，但他愿意赌上自己和沙皇、皇后之间的融洽关系，因为他认定自己掌握的是事实。费奥凡的坦诚并没有让他付出代价。的确，神父亚历山大·瓦西列夫（Alexander Vasilev）于那年取代了费奥凡，成为阿列克谢的私人告解神父，但费奥凡在1914年前都是沙皇

的私人告解神父。11 月，费奥凡被任命为塔夫利（Tauride）和辛
菲罗波尔的主教。这次任命看似一种惩罚，但其实不是这么一
回事。11 月后，费奥凡和亚历山德拉之间依旧保持着亲密关
系，费奥凡本人也不认为自己失宠了。事实可能完全相反。克
里米亚的新职务恰恰是沙皇夫妇体恤费奥凡的表现，圣彼得堡
的气候对他的身体状况极为不利，相对温暖的南方可能更适合
让他调理休养。在沙皇一家最后一次拜访克里米亚时，孩子们
为了费奥凡的健康在森林中采摘了蓝莓，费奥凡还多次搭乘沙
皇的汽车去山中旅行。

　　费奥凡尽力避免让攻击集中在拉斯普京的生活方式上。在
他看来，还有更重要的因素在发挥作用：

> 　　他不是伪君子，不是恶棍。他是上帝的真正奴仆，是
> 朴素单纯的人。但在上流社会的影响下，人们无法理解这
> 样一个朴素的人，因此一场凶险的信仰灾难爆发了，他也
> 跌落神坛。这场灾难的始作俑者却高高在上地以最轻浮的
> 态度看待它。对上流社会而言，这什么都不是，纯属一堆
> "笑料"。可这种跌落，在精神层面可能会导致最严重的
> 后果。[47]

167

换句话说，拉斯普京才是真正的受害者。这在当时也是一种十
分普遍的观点：那个名叫拉斯普京的人，一位朴素的俄国农
夫，毁在了一群堕落、欧化的首都精英手中。这种观点应该引
起足够的重视。

## 注 释

1. *LP*, 328 – 30.

2. GATO, F. I – 239. 1. 90, 200 – 201.

3. *LP*, 330.

4. *KVD*, 43.

5. *LP*, 330 – 31. 阿尼奇科夫宫是皇太后玛丽亚·费奥多罗芙娜的住处。

6. Bogdanovich, *Tri poslednikh*, 484；and see Stoeckl, *Not All Vanity*, 133.

7. GARF, 102. 316. 1910. 381, 2ob.

8. GARF, 713. 1. 24, 3 – 4ob.

9. *LP*, 331.

10. VR, 184. On Madlena Frantsevna Zanotti：Damer, "Rasputin vo dvortse," 7 – 8.

11. RR, 128 – 29.

12. 维什尼亚科娃告诉调查委员会，那趟旅行发生在 1910 年，但她似乎 弄错了。

13. RR, 126 – 27.

14. Bogdanovich, *Tri poslednikh*, 488.

15. VR, 184.

16. Vorres, *Last*, 137.

17. VR, 184, 187；Rappaport, *Four Sisters*, 162.

18. Chebotaryova, "V dvortsovom lazarete," 182：239.

19. GARF, 651. 1. 10, 6 – 8, 16ob – 21.

20. *KVD*, 27, 29 – 30. 31.

21. GARF, 640. 1. 323, 22 – 22ob；*KVD*, 33 – 34.

22. 拉斯普京写给孩子们的信，见 GARF, 651. 1. 10, 6 – 8, 13 – 13ob, 15ob, 16ob – 21。

23. GARF, 640. 1. 323, 44, 47ob – 48.

24. GARF, 651. 1. 27, 26 – 28.

25. *LP*, 318 – 19.

26. *KVD*, 32, 35.

27. Globachev, *Pravda*, 5.

28. GARF, 102. 316. 1910. 381, 3 – 6.

29. Kakurin, "Iz dnevnika," 116.

30. *LP*, 331 – 32.

31. RR, 127 – 28.

32. Dixon, "'Mad Monk'," 387.

33. Vyrubova, *Stranitsy*, 78 – 79.

34. Bogdanovich, *Tri poslednikh*, 488.

35. Den, *Podlinnaia tsaritsa*, 46.

36. RR, 127 – 28; VR, 199.

37. VR, 199; *KVD*, 44.

38. 白雷斯科娅的说法的记录（题为《N 的忏悔》）以及邦奇 – 布鲁耶维奇对此的评估，可参见 HIA, Nikolaevsky Papers, Series 74, 129 – 1。也可参见 VR, 202。

39. IMM, 134, 186 – 87; VR, 202.

40. FDNO, 250 – 51, including n14; *GRS*, 1: 362 – 63.

41. IMM, 218 – 19.

42. OR/RNB, 1000. 3. 439, 3.

43. *Rech'*, 30 May 1910, No. 146. No p. n.

44. Dixon, "'Mad Monk'," 395, 412; VR, 252, 254 – 55.

45. VR, 223, 244; FStr, 547.

46. *Rech'*, 7 June 1910, No. 154. Missing p. n.

47. VR, 230 – 33.

# 第十九章　媒体发现拉斯普京

　　尽管有儿童室风波、沙龙的谣言、费奥凡发起的抵制行动，在 1910 年初，仍不难找到对拉斯普京一无所知的人。就连罗曼诺夫皇室中也有这样的人存在。1910 年 1 月 19 日，沙皇的叔叔康斯坦丁·康斯坦丁诺维奇在日记中写道，两天前，他从喀琅施塔得的主教弗拉基米尔 ［Vladimir，俗名为普特亚塔（Putyata）］处听说了"上帝的某个圣愚拉斯普京，他是一位朴素的农夫，被米莉恰引荐给皇后。据说，他对沙皇一家具有巨大影响力。主教突然提起这个我们不熟悉的话题，让我感到几分不悦和惊讶。在这种事情上，人们很难分辨哪些是真相，哪些是谣言"。[1]

　　但这种情况很快就会发生彻底转变。1910 年 3 月 2 日，《莫斯科公报》（*Moscow Gazette*）发表了长篇报道，题为《扮演信仰导师的格里高利·拉斯普京》。到那个月底，几乎全国都知道了拉斯普京的名字。

　　"最近，上流社会中经常提起一位叫格里高利的'长老'，他的姓氏为'拉斯普京 – 诺维'。"故事如此开头，"不久前，格里高利通过恳求沙皇，刚被赐予了这个新姓氏，以取代他的旧姓'拉斯普京'。我们不禁悲伤地发现，随着姓氏的改变，这位'长老'的生活方式也出现了显著的变化。"[2]

　　文章的作者是米哈伊尔·诺沃肖洛夫（Mikhail Novoselov）。

他提供了有关拉斯普京的三份资料。资料中，三位不具名人士谈到了拉斯普京的教诲和个性——一位是察里津的记者，一位是学生，一位和拉斯普京一样是长老。诺沃肖洛夫称，他们都十分熟悉这个西伯利亚的圣人。文件描绘了丑陋的拉斯普京：一个精于算计的江湖骗子，总在贪得无厌地攀附权贵；沉迷女色；精通催眠术；轻浮地抚摸女性，令身边亲近的女信徒相信他就是真正的上帝（据说他可以让这些女性犹如"沐身于天堂"），但实际上他是个冒牌货。他的理念和真正的基督教信仰大相径庭，只不过反映了一个"信仰堕落"的男人的痛苦挣扎。文章说，拉斯普京非常懒惰，是个十恶不赦的农夫，抛弃家庭，不再继续供养家人，且他的孩子"都是顽劣的小恶棍"。他的淫荡已经毁掉了许多美好的家庭和女性的生活。诺沃肖洛夫总结道，一位大司铎（或许是费奥凡？）最近告诉他，拉斯普京是"鞭身派教徒和性欲狂"。根据诺沃肖洛夫的说法，虽然证据确凿，但他担心教会和政府会出于一贯的"软弱"放过拉斯普京。因此，他希望这篇文章可以唤醒"更多神父和信徒们的健康思想、道德良知"。

文章勾勒的画面可谓不堪入目，但几乎通篇都是谎言。不过，这丝毫没有妨碍到作者。诺沃肖洛夫的父亲和母亲都是神职人员，因此他从小就对宗教感兴趣。从圣彼得堡大学毕业后，他深受列夫·托尔斯泰的影响，两人不时交换信件，诺沃肖洛夫后来因为散布这位伟大作家的某些非法作品而被捕，后被逐出首都。30岁时，诺沃肖洛夫和托尔斯泰主义断绝了关系，开始和宗教哲学家弗拉基米尔·索洛维约夫以及宗教哲学学会频繁来往。他不仅认识喀琅施塔得的约翰，还认识其他追寻上帝的人，比如别尔嘉耶夫、罗扎诺夫和谢尔盖·布尔加科夫（Sergei Bulgakov）①。在莫斯科，他是皇后的姐姐埃拉的社交圈中的一员。别尔嘉耶夫写道，诺沃肖洛夫的公寓里有一种修道士房间的氛围，他的身边总是围绕着各式长老、苦行者，以及其他虔诚的宗教人士。诺沃肖洛夫对教会的大主教们不屑一顾，只承认谦卑的圣人们的信仰和权威。[3]

从1907年起，诺沃肖洛夫就对拉斯普京起了疑心。1910年以前，他肯定已经和一些人讨论过此事。他开始搜集材料，撰写攻击拉斯普京的文章，但文章还没发表就被警方收走了。[4]没有任何事能够平息他对拉斯普京的恨意。波格丹诺维奇将军认为，诺沃肖洛夫相信拉斯普京就是魔鬼的化身。[5]这种仇恨在很大程度上源自拉斯普京的意外发迹，以及诺沃肖洛夫对拉斯普京声称代表的那个宗教世界的认同：在诺沃肖洛夫看来，拉斯普京的长老身份相当于一种对信仰的背叛，是对民间信仰最卑鄙的扭曲，是对所有真正圣人的侮辱。

那篇文章背后还有一位重要人物——《莫斯科公报》的编辑列弗·季霍米罗夫。他在日后称，这篇文章首次揭开了拉斯普京的真正面目。[6]如果诺沃肖洛夫憎恨的是拉斯普京错误地诠释了一种民间信仰，季霍米罗夫憎恨的则是拉斯普京颠覆了他所相信的"民众专制"（popular autocracy）。季霍米罗夫早年是激进的民粹主义者，后来成为保皇党人。因此，这位农夫进入皇宫的方式，以及他在农夫阶层和沙皇之间架设的桥梁，恰恰是季霍米罗夫所梦寐以求的成就。季霍米罗夫绝对无法容忍一位农夫轻而易举就实现了它。在季霍米罗夫眼中，拉斯普

---

① 俄罗斯哲学家、经济学家和东正教神学家，早年研究并推崇马克思主义哲学，进入20世纪后转向宗教思考。——译者注

Филипп, шарлатан и авантюрист,
в форме военного врача

左图：也许是保存至今的拉斯普京最早的照片，摄于 19 世纪与 20 世纪之交。那时，拉斯普京已经开始摆出他最具标志性的姿势之一。

右图：在拉斯普京之前曾有一位"菲利普先生"，他是尼古拉和亚历山德拉的巫师、先知和顾问。沙皇夫妇称他为"我们的朋友"，就像日后他们对拉斯普京的称呼。

左图: 皇储阿列克谢与亚历山德拉、尼古拉。

右图: "黑乌鸦"米莉恰和阿纳斯塔西娅。

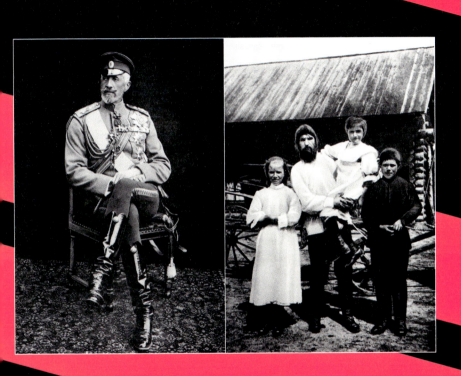

左图：尼古拉·尼古拉耶维奇大公。

右图：1910 年，拉斯普京在博克维斯科家中，他抱着瓦尔瓦拉，两侧站着玛利亚和德米特里。

上图：拉斯普京在博克维斯科的家。

下左：拉斯普京坐在德米特里·洛曼上校（左）和米哈伊尔·普佳京亲王（右）中间，很可能摄于 1906 年。

下右：1908 年前后，拉斯普京和两位最亲密的友人——日后他最大的仇敌格尔莫根主教和"狂妄修道士"伊利奥多尔——在一起。请留意，拉斯普京当时穿着类似神职人员的服装。

左图：1906 年，拉斯普京在皇宫托儿所，他的身边围绕着亚历山德拉和她的孩子们。阿列克谢的保姆玛利亚·维什尼亚科娃微笑地坐着，位于下方右侧；她的右边坐着表情阴郁的塔季扬娜和快活的玛利亚。玛利亚光着的脚从白裙子下露出来。奥尔加站在拉斯普京身边的一件家具旁。

右图：拉斯普京的一张诡异的照片，很可能和托儿所的照片拍摄于同一天。

左图：皇后亚历山德拉和安娜·维鲁波娃。

右图：1905 年，伊丽莎白女大公（埃拉）的丈夫被革命者杀死。之后，亚历山德拉的姐姐埃拉开始在莫斯科的修道院担任院长。埃拉对拉斯普京的憎恨造成了她与妹妹关系的破裂。

左图：1913 年，奥尔加·鲁克缇娜。她是拉斯普京最早、最疯狂的信徒之一。离开自己的家庭和拉斯普京之后，她生活在伊利奥多尔的住处附近。鲁克缇娜奇怪的举止（她患有未确诊的精神疾病）和古怪的裙子使她成为拉斯普京身边最臭名昭著的，也许亦是最可悲的女信徒。

右图：1912 年，莫斯科暗探局收缴了米哈伊尔·诺沃肖洛夫的插画《拉斯普京与隐秘的放荡》（*Grigory Rasputin and Mystical Libertinage*），只有诺沃肖洛夫的手稿得以幸存。在这幅罕见并珍贵的插画上，拉斯普京摆出一副修道士的模样，但这张画很可能只是耍小聪明的造假作品。

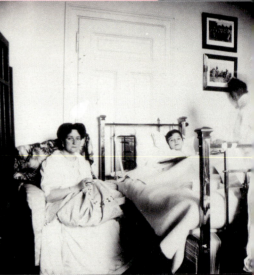

左图：一份报纸刊登的 1912 年年初关于拉斯普京的杜马丑闻的作品。画面上，拉斯普京正和亚历山大·古奇科夫握手，大标题写着"当今英雄"（Heroes of the Day）。拉斯普京的形象主要来自同一时期成为话题的拉耶夫斯基创作的肖像画。

右图：躺在床上的阿列克谢和看起来筋疲力尽的亚历山德拉，以及女佣，很可能摄于 1912 年 9 月，斯帕瓦。"上帝看见了你的眼泪，听见了你的祷告。请不要悲伤。"拉斯普京从博克维斯科给皇后写信道，"小男孩不会死。"

左图：穿"正装"的伊利奥多尔。1913 年 2 月，这位卑鄙的修道士登上了当时非常流行的杂志《火花》（*Sparks*）的封面。返回在顿河流域的家乡前，伊利奥多尔制作了他身穿这套崭新的世俗服装的明信片，并寄给他的信徒们。"真理永存。为那些无法秉持真理的人而悲哀！" 他在明信片的右下方写道，以告知全世界他的最新动态。

右图：拉斯普京的涂鸦。文字写着："1914 年 3 月 9 日，星期天，下午 1 点。英格兰大街 3 号 5 楼。格里高利·叶菲莫维奇·拉斯普京画。"

1914 年 3 月，圣彼得堡的聚会。图中人物为：亚历山德拉（萨娜）和亚历山大·皮斯托尔科尔斯（最左侧）；旁边的是列昂尼德·莫尔恰诺夫（Leonid Molchanov）；然后是尼古拉·扎法科夫亲王，他的脸被身穿白衣的安娜·维鲁波娃挡住了一部分；莉莉·德恩穿白色衣服，站在门口附近；她的前面是拉斯普京的父亲叶菲姆；穆娅·高罗维纳双手交叠坐着（拉斯普京左侧的第二个女人）；阿基林娜·普拉汀斯科娅蹲在拉斯普京跟前；右边远处穿黑衣的三个女人分别是洛曼夫人（Madame Loman）和娜杰日达·洛曼（Nadezhda Loman，德米特里·洛曼上校的妻子和女儿），以及一位可能是安娜·里什特尼科娃（Anna Reshetnikova）的女性（拉斯普京拜访莫斯科时常住在她母亲家中）。

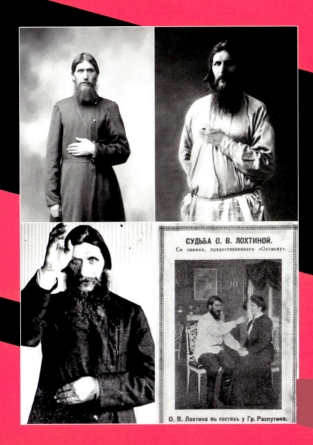

上左：拉斯普京的标志性照片，摄于 1910 年前后。拍摄这张照片的很可能是皇村火车站附近的 C.E. 德·哈恩（C.E. de Hahn）照相馆。这家照相馆只为皇室家族服务。摄影师可能是亚历山大·叶戈斯基（Alexander Yagelsky）——1911 年以来的"御用摄影师"。

上右：穿农夫服装的拉斯普京。

下左：东正教神父绝不可能在照相机面前摆出这种姿势，拉斯普京真正祝福的究竟是哪些人？这张照片进一步破坏了他在官方神职人员心目中的信用。

下右：《O.V. 鲁克缇娜的命运》（"The Fate of O.V. Lokhtina"）。人们大多认为拉斯普京是催眠师——虽然是误会。《微小的火焰》刊登的这张照片显然是捏造的。画面上，拉斯普京正在为奥尔加·鲁克缇娜催眠。

左图：拉斯普京穿着不常见的服装。

右图：拉斯普京在博克维斯科。他正在图拉河捕鱼，休息时和一位圣彼得堡的信徒留下合影。留意这位信徒脸上洋溢的笑容。

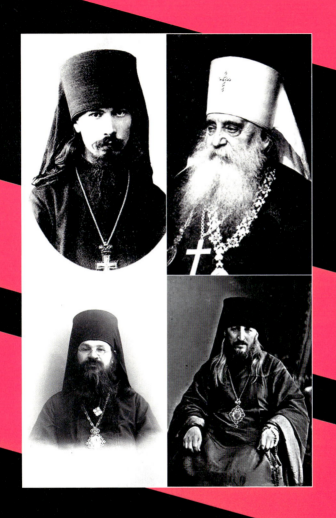

上左：修士大司祭费奥凡（比斯特罗夫）。

上右：大主教（日后升任都主教）安东尼（赫拉波维茨基）。

下左：主教阿列克谢（莫尔恰诺夫）。

下右：大主教瓦尔纳瓦（纳克罗平）。

左图：都主教皮季里姆（奥克诺夫）。

右图：弗拉基米尔·萨布勒，神圣宗教会议主席（1911~1915）。

左图：亚历山大·萨马林，神圣宗教会议主席（1915）。

右图：谢尔盖·维特伯爵，俄罗斯帝国第一任首相（1905~1906）。

左图：彼得·斯托雷平，首相及内政大臣（1906~1911）。

右图：弗拉基米尔·科科夫佐夫伯爵，首相（1911~1914）、财政大臣（1906~1914）。

左图：伊万·戈列梅金，首相（1906，1914~1916）。

右图：弗拉基米尔·扎克夫斯基，莫斯科市长（1908~1913）、内政部副大臣（1913~1915）。

上左：弗拉基米尔·苏霍姆利诺夫，战争大臣（1909~1915）。

上右：鲍里斯·施蒂默尔，首相（1916）。

下左：亚历山大·普罗托波波夫，内政大臣（1916~1917）。

下右：亚历山大·古奇科夫。

左图：米哈伊尔·罗将柯，杜马主席。

右图：帕维尔·米留科夫。

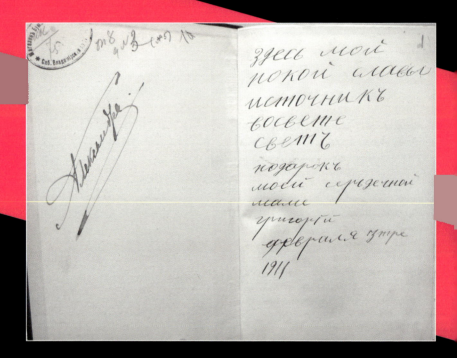

"献上我的平和、荣耀的源泉以及光明的源头。送给我真诚的妈妈的礼物。格里高利。"1911年2月，拉斯普京在送给亚历山德拉的笔记本上写的话。皇后的签名在左页。给沙皇和皇后写信时，拉斯普京总是尽量把字写得十分工整。

1914 年 6 月 29 日，卡尤娅·古谢娃在博克维斯科试图谋杀拉斯普京后被关押。

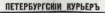

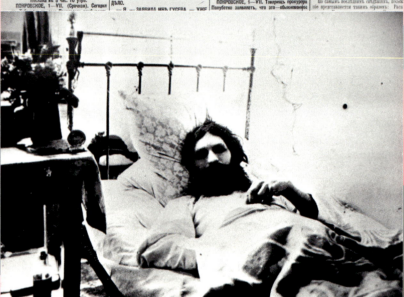

上图：古谢娃暗杀事件后《彼得堡信使报》的头条。拉斯普京旁边是他的女儿玛利亚和"秘书"阿波里娜利亚·尼齐迪莎·拉普辛斯卡娅（Apolinaria Nikitishna Lapshinskaya）。俄国及外国媒体对拉斯普京差点被谋杀的故事非常感兴趣。

下图：拉斯普京在秋明的医院休养。

拉斯普京在医院。他在一系列照片上签名，写下名言警句。这张写道："上帝才知道明天醒来我们会怎样，格里高利。"

上图：拉斯普京的家乡博克维斯科，位于图拉河边。伟大的俄罗斯摄影师谢尔盖·普罗库金 — 戈斯基作品，摄于 1912 年。

下左：拉斯普京生前留下的屈指可数的彩色肖像画之一（原画为彩色）。创作此作品的艺术家是叶连娜·科卡切娃（Yelena Klokacheva），她毕业于圣彼得堡美术学院（St. Petersburg Academy of Fine Arts）。这是她的代表作，以铅笔和蜡笔创作于 1914 年。

下右：丹麦艺术家西奥多拉·克拉鲁普仅存的两幅拉斯普京肖像画之一，于 1914 年在圣彼得堡的工作室创作。

京的背叛不可饶恕。[7]3 月 25 日，季霍米罗夫在与诺沃肖洛夫见面时告诉对方，就他所知，报道没有对沙皇造成任何影响。他甚至不清楚尼古拉是否读过这篇文章，尽管他相信，只要尼古拉读一读，就会气得火冒三丈。[8]

对广大公众而言，这篇文章堪比一颗大炸弹。俄国的媒体纷纷转载文章中的某些段落，包括圣彼得堡的一些媒体，它们对事态起到了煽风点火的作用。[9]伊利奥多尔挺身而出，在媒体上撰文捍卫拉斯普京，认定拉斯普京是一位真正的长老，能够完全克制肉体本能，甚至已经不再与妻子同房。[10]3 月 23 日，《俄罗斯晨报》报道，伊利奥多尔发表了一则声明，威胁诺沃肖洛夫和那篇文章的编辑，他们将被抓起来绑在"俄国的耻辱柱"上，殴打至流血。伊利奥多尔认为，那篇文章体现了《莫斯科公报》新上任的编辑弗拉基米尔·格林格穆特（Vladimir Gringmut）的背叛。格林格穆特曾是黑色百人团的领导人。伊利奥多尔相信，诺沃肖洛夫的终极目标是黑色百人团而不是拉斯普京，拉斯普京不过是个便利的切入点。[11]（拉斯普京从未加入过黑色百人团，虽然他的名字不时和这个反叛团体联系在一起，这主要是因为他和伊利奥多尔、格尔莫根的交情。）季霍米罗夫读了伊利奥多尔的文章后目瞪口呆：他相当有先见之明地看清了丑闻引发的盲目仇恨，看清了罗曼诺夫皇朝的丧钟已经敲响。他在日记中写道：

> 那就是你们所谓的"黑色百人团的古老俄国"！还有什么是这荒诞的黑暗势力无法企及的？……
>
> 我不知道教会将如何处理此事，但君主制看起来已经完蛋了。除非此时出现一位强大而富有智慧的救世主，他

必须同时拥有威力无边的双手和足智多谋的头脑。[12]

诺沃肖洛夫的文章引发了巨大回响，因此他在 3 月 30 日又发表了一篇后续——《关于格里高利·拉斯普京的另一件事》。他写道，上篇文章发表后，他收到了大量认识拉斯普京的人的来信，证实了第一篇文章对拉斯普京的指控。他坚称，发表第二篇文章不是为了攻击黑色百人团，而纯粹是为了攻击拉斯普京。不仅如此，文章还提到，就连费奥凡——拉斯普京最大的恩主——如今也站到了拉斯普京的对立面，与这位冒牌长老断绝了一切关系。读过诺沃肖洛夫的文章后，费奥凡写道，拉斯普京已经无可救药："他在错觉中越陷越深，被魔鬼的力量控制。他满口虚言，无疑永远坠入了黑暗的深渊和无边的谎言。"[13]

《莫斯科公报》没有就此收手，4 月 30 日又旧事重提。编辑摘选了伊利奥多尔近期发表在察里津数份报纸上的文字。伊利奥多尔写道：的确，这就是真正的拉斯普京，"热爱女性，抚摸并亲吻她们，但完全不带任何罪恶的念头，而是把这当作一种表现神圣的特殊方式"。《莫斯科公报》称，这只能证明拉斯普京属于鞭身派，而法律早就认定这种神秘教派违法并有害。季霍米罗夫和报纸要求得到一连串问题的答案：为什么神圣宗教会议没有调查拉斯普京？为什么总检察长不关心此事？如果文章的内容不假，拉斯普京真的是鞭身派的话，神圣宗教会议为什么允许伊利奥多尔这样的神父继续公开为他辩护？"我们必须向公众揭开格里高利·拉斯普京的真面目，必须终止他的蛊惑。"《莫斯科公报》呼吁道。[14]

季霍米罗夫尝试利用媒体让沙皇看清拉斯普京的真面目

（正如他自己所见的），以及拉斯普京对皇室造成的威胁。但是，他失败了。尼古拉得知丑闻后，对季霍米罗夫的做法深感失望，拒绝再接见他。季霍米罗夫非常伤心、深感受挫，却没有为自己的举动后悔："好吧，那就只能这样了，但我必须曝光这种信仰的堕落。"斯托雷平日后告诉季霍米罗夫，他的举动十分英勇，但失去沙皇的信任也是一种致命的损失。失望是双向的。季霍米罗夫更加消沉了：他失去了对国家的所有信任。在清醒的人看来，区区一个拉斯普京，竟然就让沙皇最忠诚的支持者倒戈，成了他的仇敌。季霍米罗夫在日记中描述了幻想的破灭，以及对俄国之未来的悲观：

> 面对这样一位沙皇，除了"煽动"革命，已经没有其他希望了。……一个"俄国的聪明人"登上了皇位，他当然不是某种革命家，而是一个"崇尚自由"的、意志薄弱的、软弱的人，一个拥有"美丽灵魂"的人，但他对人生和世间的真正法则一无所知……已经没有沙皇了，没有人再需要沙皇……教会……也正在崩塌。信仰正在消逝……哦，俄国人民！[15]

保皇党报纸《莫斯科公报》发起的攻击很快由自由派媒体跟进，主要是立宪民主党（Kadet）的《演讲报》。3月20日至6月26日，《演讲报》发表了十篇主题为"拉斯普京－诺维"的文章，声称是对"罪恶长老"的生活的第一次深度揭露。这一系列报道就像那些耸人听闻的谣言一样，详细介绍了那位古怪的长老如何从西伯利亚挑选出十二位年轻女性，把她们囚禁在博克维斯科的家中。她们的生活十分奢靡，但必须臣服于拉斯普京的暴力意志。没有一个人——哪怕是他的太太——敢说"不"。他掌握着无边的权力。"他可以为所欲为。"据说，其中一位女性如此评价。就像其他女性一样，她也想逃跑，但知道这根本不可能做到。拉斯普京还招募了两名男性信徒（即像他一样的长老），允许他们为了享乐各自保留两位"姐妹"以及合法的妻子。文章承认，拉斯普京确实拥有独特的天赋，尤其是预言未来的能力，但作者主要还是把笔墨放在刻画拉斯普京道德败坏的一面。《演讲报》引用拉斯普京的话："我的身上有着耶稣基督的印迹，只有通过我，人们才能得到拯救。因此，必须在身体和灵魂上与我紧密结合。来自我身体的东西都是能带走所有罪恶的光。"[16]文章作者的署名为"S. V."。隐藏在这两个首字母背后的人可能是神父弗拉基米尔·沃斯托科夫（Vladimir Vostokov）。沃斯托科夫是自由派神父，后来成了与拉斯普京不共戴天的仇敌。在布尔什维克人革命后，他变成了试图利用臭名昭著的"犹太－共济会"阴谋来摧毁这个国家的人。[17]《演讲报》发表的文章非常受欢迎，很快就被转载到俄国各个地方的报纸、刊物上。[18]

173　　5月30日至6月4日，叶卡捷琳诺斯拉夫（Yekaterinoslav）①的报纸《南方黎明》分几次发表了关于拉斯普京生活的长篇报道。作者亚历山大·谢宁称自己曾在博克维斯科生活，早在1907年就认识了拉斯普京。谢宁的文章充斥着谎言和夸张的虚构故事，重复了那年春天其他报纸上的众多说法。他提到，有两个年轻健康的女孩搬去和拉斯普京同住，后来却变得体弱多病，在神秘的情形下死亡。还有一个女孩在和拉斯普京一起

---

① 即现在的乌克兰第四大城市第聂伯罗（Dnipro）。——译者注

生活时怀孕，后神秘失踪。[19]

5月，《演讲报》报道，拉斯普京希望伊利奥多尔和格尔莫根能够捍卫他。据说，格尔莫根已经抵达首都，正着手恢复他的声誉。4月，格尔莫根曾代表拉斯普京发表了措辞强硬的演说，伊利奥多尔很快也采取行动。不过，据说两人这样做完全是为了自己。文章指出，过去两三年来，格尔莫根和伊利奥多尔认为自己的影响力之所以不断扩大，主要是因为他们和拉斯普京的关系。《演讲报》报道，春天时，伊利奥多尔在察里津继续公开为拉斯普京辩护，甚至把拉斯普京称为《旧约》中的先知和圣徒。[20]

7月，保皇党作家、出版人、东正教传教士瓦西里·斯科沃尔佐夫在《察里津思考》（*Tsaritsyn Thought*）上发表了他对拉斯普京的看法。他认为，拉斯普京在心理操控上很有"天分"，是那些鞭身派长老的典型代表，天赋异禀。他提出，拉斯普京和一个名为斯蒂芬（Stefan）的长老是同一类人，斯蒂芬于25年前首次出现在公众面前，同样吸引了当局的注意。后来，斯蒂芬接受调查，被驱逐到苏兹达尔（Suzdal）。他接受了惩罚，如今以修道士身份生活在当地一所修道院里。据说，斯蒂芬能够创造奇迹并精通催眠术。他会催眠向他求助的女信徒，并在催眠效果下利用手部的奇怪动作使她们相信，她们的灵魂正被"恶魔"侵袭，唯一的希望就是允许他为她们驱邪。而他驱邪的方式是一边和魔鬼交谈，一边抚摸女性的胸口和肩膀，再慢慢把手伸向她们身体的敏感部位。只有在和女性发生性关系后，他才会宣布魔鬼被赶跑了。斯科沃尔佐夫怀疑，拉斯普京可能和斯蒂芬一样，他们运用了同样的手法对待受害者。后续跟进的一篇文章详细叙述了这位斯蒂芬曾利用

"拉斯普京式的肉体神圣论"在修道院强奸了两百名女性。《察里津思考》总结道，斯蒂芬和拉斯普京是同一类人。[21]

现在，连外国大使馆也开始关注此事。在一份时间标记为"1910年3月25日/4月7日"的报告中，奥地利大使利奥波德·贝希托尔德伯爵（Leopold Graf Berchthold）向维也纳政府提及了这起不断发酵的丑闻："和从前一样，皇宫中经常出现一位身份可疑的神父，他属于一个违法的神秘教派。他融入了皇后身边的小圈子，在皇宫中给她带来了许多麻烦。任何提醒皇后他们的来往存在隐患的人，都彻底失败了。"[22]大使们可能认为拉斯普京很难被扳倒，但媒体认为他快完蛋了。6月13日，《察里津思考》刊登了一篇题为《拉斯普京的末日》的文章。"在察里津，辩论已经结束。"文章如此开头，"每个人都知道，拉斯普京就是一个粗鄙、邪恶又堕落的猎手，不停地追逐金钱和女人。"[23]

*

尼古拉对贯穿整个春季的媒体攻势愤怒不已。他给斯托雷平写了一张字条，用最严厉的语言表明他已经受够了那些文章，外人无权评论他的私生活，并下令必须立刻让它们消失。沙皇还告诉大臣会议主席，他本该早早了结这件事。[24]但是，这一切没有这么简单。1905年革命后的政治改革基本确保了媒体的言论自由，尽管当时出版人依旧需要面对持续性的骚扰和惩罚，甚至会因为发表过激言论而被迫停刊。实际上，在斯托雷平出任大臣会议主席的1907年至1909年，数百份报纸被停刊，超过三百名编辑被投入监狱。一些知名报纸的编辑，如《新时代》的阿列克谢·苏沃林（Alexei Suvorin）、《演讲报》的约瑟夫·格森（Iosef Gessen），从1910年起就受到"奥克瑞那"的监视。然而，警察局的媒体管理部门向斯托雷平指出，虽然关于拉斯普京的文章中有一些内容涉嫌违法，但他们要采取行动只能等到报纸印刷发行后，那时已经来不及阻止报纸被出售给公众了。[25]

尽管如此，斯托雷平仍然必须采取行动。他会见了国家新闻事务管理局（State Administration for Matters of the Press）局长阿列克谢·贝尔加德（Alexei Belgard）并征求了此人的意见。贝尔加德认为，粗暴地让媒体停刊法理不容，于是他们决定列出一份重点媒体的名单，逐一和它们的编辑谈话，提醒他们今后慎重对待涉及拉斯普京的报道。有些编辑勉强同意了，比如《公民报》（Citizen）的编辑弗拉基米尔·梅什谢斯基亲王；其他人，比如《演讲报》的约瑟夫·格森则表态说，如果拉斯普京消失，他很乐意马上在这件事上闭嘴，否则媒体没有理由自我审查。[26]与此同时，斯托雷平命令内政部副大臣亚历山大·马卡罗夫（Alexander Makarov）给莫斯科总督亚历山大·阿德里阿诺夫（Alexander Adrianov）写信，告知总督"对托博尔斯克、秋明以及博克维斯科媒体上所有涉及格里高利·叶菲莫维奇·拉斯普京 – 诺维的文章或报道，均不可容忍"。为了达到这种效果，阿德里阿诺夫必须立刻和编辑以及出版人联系，让他们得知相关决定，但"必须确保用有礼有节的态度，让他们明白事态的迫切性，不准采取行政威胁手段。要运用你的权威和说服力去影响那些编辑和出版人"。[27]12月15日，阿德里阿诺夫联络季霍米罗夫，向他转告了政府的意愿。"这简直糟糕透了。"季霍米罗夫回应道。[28]

警察开始在媒体上搜寻关于拉斯普京的一切蛛丝马迹。每篇文章，无论长短，都会被存档，然后被收入警方档案的特别

175

文件夹。警方的行动不局限于此。外国媒体也被监视了。外国出版物——主要是欧洲和英国的——要接受审查，涉及拉斯普京的文章都会被撤掉，并被翻译成俄语存档。1912 年 4 月，因革命而流亡的弗拉基米尔·布尔采夫（Vladimir Burtsev）接受法国媒体采访的文章，变成了"奥克瑞那"关于拉斯普京的特别文档；瑞典报纸《每日新闻》（Dagens Nyheter）发表的凯瑟琳·拉齐维尔王妃（Princess Catherine Radziwill）撰写的一篇诽谤性文章遭遇了同样的命运。1912 年，俄国在德国的暗探听说，一部关于拉斯普京的内容耸人听闻的小说即将出版。秘密警察向其在柏林、巴黎和圣彼得堡的人员下达命令说，必须弄清楚书中的每个细节。1913 年 11 月 9 日，内政大臣收到一份外国媒体关于拉斯普京的报道的简报，其中包括一篇在《北莱茵－威斯特法伦报》（Rheinisch－Westfälische Zeitung）上发表的文章，它以时间先后顺序罗列了拉斯普京逐步影响俄国沙皇和皇后的一系列事件。[29]

176　　　然而到了秋天，虽然不清楚原因，但针对拉斯普京的攻势逐渐减弱。这或许是因为内政部采取的措施取得了预期效果，或许是因为沙皇一家当时不在俄国，而是在德国疗养休假。[30]无论原因是什么，平静并不意味着敌对状态的结束，只是暂时停火。瞄准拉斯普京的第一轮子弹已经射出。现在，没有谁能够阻止他的敌人了。

## 注　释

1. K. K. Romanov, *Dnevniki*, 321.

2. *Moskovskie vedomosti*, 2 March 1910, pp. 2 – 3.

3. VR, 160 – 63; Dixon, "'Mad Monk'," 397.

4. Bulgakov, *Avtobiografi cheskie zapiski*, 82.

5. Nikol'skii, "Vyderzhki," 159.

6. Tikhomirov, *Dnevnik*, 354.

7. VR, 164 – 65.

8. Tikhomirov, "Iz dnevnika," 1: 171.

9. See *Moskovskie vedomosti*, 30 March 1910, p. 2.

10. Dixon, "'Mad Monk'," 397.

11. *Utro Rossii*, 23 March 1910. At: www. starosti. ru.

12. Tikhomirov, "Iz dnevnika," 1: 171.

13. *Moskovskie vedomosti*, 30 March 1910, p. 2. Also: Dixon, "'Mad Monk'," 397n122.

14. *Moskovskie vedomosti*, 30 April 1910, p. 1.

15. Tikhomirov, "Iz dnevnika," 1: 171 – 72; 3: 105.

16. Quotes from *Rech'*, 26 and 28 May 1910, Nos. 144, 146, missing p. n.

17. See Budnitskii, *Russian Jews*, 211.

18. VR, 169; Amal'rik, *Rasputin*, 117 – 18; FSu, 550 – 52. See, for example, *TsM*, 6, 26 29 May; 1, 2, 3, 6, 10, 11, 13 June; 3 July; 11 August 1910; and *TsV*, 10 March 1910.

19. *Iuzhnaia zaria*, "Grigorii Rasputin," 30 May 1910, pp. 2 – 3; 2 June, p. 2; 4 June, p. 2. On Senin: VR, 92. 这位谢宁会是《纽约时报》提到的"记者"亚历山大·谢宁吗? 参见 *New York Times*, 2 August 1925, p. 1。

20. *Rech'*, 30 May 1910, No. 146, missing p. n. ; 7 June 1910, No. 154, missing p. n.

21. *TsM*, 3 July 1910, p. 2; 11 August 1910, pp. 2 – 3.

22. HHStA, P. A. I, Karton 135, 7 April/25 March 1910.

23. *TsM*, 13 June 1910, p. 1.

24. Bel'gard, "Pechat'," 345 – 46; VR, 139 – 40, 170; Tikhomirov, "Iz dnevnika," 1: 184.

25. Lauchlan, *Hide*, 309 – 10; Bel'gard, "Pechat'," 345 – 46.

26. Bel'gard, "Pechat'," 345 – 46.

27. GARF, 63. 47. 484 (35), 97 – 98.

28. Tikhomirov, "Iz dnevnika," No. 1, 184.

29. GARF, 102. 316. 1910. 381, 5 – 6, 58 – 59ob, 66 – 73, 84, 161, 169; and ch. 1, 220 – 32.

30. Amal'rik, *Rasputin*, 118.

# 第二十章 搜寻拉斯普京

就像之前图雅切娃和费奥凡的努力付诸东流，媒体也没能让尼古拉和亚历山德拉断绝与拉斯普京的来往。尽管如此，1910 年 5 月前后，媒体上还是弥漫着一股喜悦之情，认为拉斯普京已经被捕，且被逐回了博克维斯科，再也不能返回首都。[1]实际上，1910 年春至 1911 年 2 月拉斯普京从宫里消失了这件事，很可能是他和沙皇夫妇间的一种默契，为的是等待丑闻逐渐平息。5 月，拉斯普京离开圣彼得堡，前往萨拉托夫会见格尔莫根和伊利奥多尔。夏天，他又从那里返回博克维斯科。亚历山德拉身体抱恙时，宫中常有人怀念他。8 月 8 日，尼古拉·萨布林从圣彼得堡给拉斯普京发电报："祈祷。为妈妈打气。她的状况不太好。我一直惦记着你。我们总是想念你，你不在我们身边让我们很难过。亲吻你。你会来吗？"[2]

拉斯普京的确回过首都，但不清楚他是否拜访了皇宫。8 月的第三个星期，秘密警察在库兹内奇大道（Kuznechny Lane）8 号的公寓中发现了他的身影。这套公寓属于格奥尔基·萨佐诺夫（Georgy Sazonov）和他的太太玛丽亚（Maria）。[3]萨佐诺夫是资质平平的作家和出版人，维特伯爵认为他"不太正常"。19 世纪末，他在政治上靠近极左翼；但 1905 年革命爆发后，他先是接近黑色百人团以及弗拉基米尔·普里什克维奇这样的政客，接着又被不同的右翼宗教人士吸引，比如当时处于上升期的伊利奥多尔和格尔莫根，他希望通过结交这些人来积累财富。[4]萨佐诺夫夫妇对鲁克缇娜一家十分友好，是奥尔加告诉萨佐诺夫拉斯普京愿意会见他。[5]拉斯普京来到萨佐诺夫家，显然感到自己很受欢迎。格奥尔基知道，当时谣言传得满天飞，他这么做必然要承担风险，但他并未因此却步，而且从不为自己的决定后悔。

178　　　　我发现自己正望向拜占庭绘画中的那种典型隐修士。他眼窝深陷，目光坚定而极具穿透力。令人印象最深刻的是他那异乎寻常的神经质，以及他动作中的跳跃感。他拥有谜一般的灵魂。他绝对虔诚，没有一丝虚伪的迹象。他的语调是如此真诚。他有时突然开口，话语不太连贯，似乎在各种话题间跳跃。他不自恋，没有伪饰，和媒体描述的那个人截然不同。他的灵魂，他的气场，他的存在，都如此不同凡响。[6]

萨佐诺夫邀请拉斯普京与自己同住，他们全家都被他的虔诚打动了。一天，一位仆人告诉萨佐诺夫，他们的新客人经常彻夜不眠，不停祷告。拉斯普京和他们一家前往乡间别墅度假时，会在夜晚走进树林，持续数小时热烈地祷告。费奥凡过去也注意到了这件事，称只在极少数最虔诚的修道士身上看到过这种全身心投入的祷告。不久后，就传出了关于拉斯普京和玛丽亚·萨佐诺夫的谣言。我们无法证实它的真伪，但拉斯普京和萨佐诺夫一家的情谊一直维持到他被谋杀，而且萨佐诺夫从未怀疑过他的道德情操。[7]维特伯爵认为，萨佐诺夫和拉斯普京的关系"类似博物馆的策展人到处炫耀自己的珍品"。如果维特的说法可信，那么萨佐诺夫不过是在利用他和新朋友的关系，为的是把他自己抬到原本平凡的他所无法企及的高度。[8]

在此期间，他介绍给拉斯普京一些人，其中之一是出版人米哈伊尔·缅希科夫。缅希科夫是波格丹诺维奇沙龙的一员，听说过关于拉斯普京的所有谣言，对拉斯普京非常好奇，现在终于有机会亲眼见到这个人。他们一起吃晚餐，交谈了很长时间。缅希科夫十分惊讶，因为拉斯普京竟然如此年轻，与他想象中的长老完全不同，而且这个堪称野蛮的西伯利亚人能够爬到如此高位也让他难以置信。随着交谈的深入，缅希科夫对拉斯普京越发着迷。他形容拉斯普京"是出身底层农夫的哲学家"，几乎没有受过教育，但掌握了丰富的圣经知识，头脑极其聪明。缅希科夫认为，拉斯普京的某些表达毫无疑问是他所独有的，却奇怪地让自己联想到一些古代先贤的教诲，比如德尔斐的皮提亚（Pythia）预言①。缅希科夫从拉斯普京身上察觉到一种狡猾，尽管他对此并不反感。他开始相信，拉斯普京有能力唤醒众多"正在昏睡的"俄罗斯正教会信徒。他唯一感到别扭的地方是拉斯普京的那双靴子——靴筒很高，皮革坚硬而漆黑发亮。俄国人称这种鞋子为"大罐子"。在一位出身底层的长老身上，它们显得实在太过优雅，而且有种炫耀的意味。[9]不，缅希科夫见到的拉斯普京和他在波格丹诺维奇家中听说的那个人完全不同。他在日后称，自己常常在沙龙的聚会中表示拉斯普京是个真诚的人，是位真正的基督教徒，但他的话只引来一阵充满怀疑的沉默。[10]

179

---

① 据说，在德尔斐城的阿波罗神庙里，被称为皮提亚的女祭司在进入类似昏迷的催眠通神状态后可以预测未来。——译者注

一段时间后，拉斯普京问萨佐诺夫，是否可以带女儿玛丽亚和他们同住。萨佐诺夫没有拒绝，部分是因为他有个与玛丽亚年龄相仿的女儿，两个女孩后来很快成了朋友。早前，拉斯普京把玛丽亚送去了喀山的马林斯基学校（Mariinsky School），但玛丽亚在那里十分孤独，因此他把她带来圣彼得堡，让她入读铸造厂大街（Liteiny Prospect）上的斯捷布林－卡缅斯基学校（Steblin-Kamensky School）。之后，她的妹妹瓦尔瓦拉也来了，两人成了寄宿生，只有在假期才会和父亲或老家的家人见面。起初，两姐妹入读的是博克维斯科当地的学校，但根据玛丽亚的说法，皇后本人认为她们应该接受更好的教育，于是要求拉斯普京把她们送入首都的好学校。德米特里则被送到萨拉托夫，跟着格尔莫根学习，但他一直对书本没兴趣，十分怀念家乡的生活，因此又回到了博克维斯科。普拉斯科维亚曾和丈夫一起数次到访首都，但她还是更喜欢博克维斯科的生活。拉斯普京的父亲叶菲姆也是如此。他只到过圣彼得堡一次。他认为圣彼得堡太嘈杂，到处都乱糟糟的。玛丽亚写道，过马路前，他总会先在胸前画十字，然后才小心翼翼地迈向车流。[11]

*

8月24日，秘密警察报告称，拉斯普京已离开圣彼得堡，前往莫斯科。莫斯科的"奥克瑞那"的暗探接到了通知，但直到10月24日，他们仍未能确定他的行踪。"奥克瑞那"再次派人确认了皇村周边地区，亦一无所获。[12]1910年年末的那几个月，拉斯普京的行踪成了一个巨大的谜团。9月14日，《俄罗斯晨报》报道，早前拉斯普京被禁止踏入首都及俄国中

部的一些重要城市；近两个月来，他一直在为得到回来的许
可而四处游说，而且真的成功回到了圣彼得堡。[13] 第二天，
《掌舵人报》（*The Rudder*）发表文章更正了上述说法：实际
上，拉斯普京在维里察（Vyritsa）租了一套乡间别墅，那里
距城市南部约一小时火车车程。"他回来的目的，"该文章胡
说道，"是恢复自己的名誉。"[14] 同一天，另一家报纸报道说，
为了恢复名誉，拉斯普京正竭力争取和神圣宗教会议的成员
会面，但他失败了，再次被禁止在首都生活，于是决定暂时
在特维尔落脚。[15]

　　与此同时，暗探仍没有放弃监视。斯托雷平作为内政大臣
负责调度数个维持公共秩序的组织，包括警察部门、"奥克瑞
那"和数支宪兵队。他下令让手下的人必须找到拉斯普京。[16]
10 月 24 日，斯托雷平收到一份圣彼得堡"奥克瑞那"的密
报，称拉斯普京并不在首都或首都附近的郊区。"奥克瑞那"
开始向萨佐诺夫打听拉斯普京的行踪。萨佐诺夫告诉对方，拉
斯普京 8 月时曾住在自己家中，接着去了莫斯科，但现在已经
"回到他的家乡"。萨佐诺夫称，他随时欢迎拉斯普京的妻子
从西伯利亚来此做客。"奥克瑞那"还收到情报称，拉斯普京
最后一次现身首都时拜访了皇村。一位暗探被派去核实这则消
息，最后证实相关说法毫无根据。最终，莫斯科和托博尔斯克
的暗探都收到了电报，要求他们确认拉斯普京的行踪。斯托雷
平要求，如果拉斯普京回到首都，就必须对他实行"严
密监视"。

　　两天后，传来了另一则可靠的情报，它被记录在警察局特
别行动部门（*Osobyi otdel*）的"保密日志"中：

以下是我通过秘密途径搜集的关于格里高利·叶菲莫维奇·拉斯普京-诺维，一位来自托博尔斯克省秋明地区博克维斯科村的农夫的资料。

外貌特征：38岁至40岁之间；身材高大；头发呈浅棕色，眼窝深陷。目前不清楚他的行踪或居住地，但这信息可以通过访问不同人士、秘密监视以及其他手段获得。有情报称，他住在奥尔加·鲁克缇娜家中，她是一位工程师的太太，住处在小奥赫塔河附近，该地址很可能没有被合法登记在案。五天前，有人看见拉斯普京搭乘一辆汽车，来到圣抹大拉的马利亚教堂附近的小奥赫塔河渡口。他可能是从鲁克缇娜的家中前往他的信徒、资助者、前待女安娜·亚历山德罗芙娜·维鲁波娃的住处（位于皇村教堂街2号）。鲁克缇娜居住在圣拉赫塔的情报，是由熟悉她的人士以及拉斯普京的一位名叫叶卡捷琳娜的女信徒提供的。叶卡捷琳娜是缝纫学校的老师，住在铸造厂大街58号。此外，鲁克缇娜的丈夫，工程师、国事顾问弗拉基米尔·鲁克提（居住在第五大街和格雷切斯基大街的交界处）亦提供了相当有价值的信息，尽管他现在并不和太太一起生活。鲁克缇娜已经成了拉斯普京的狂热信徒，将他视为救世主，而其他人认为拉斯普京是鞭身派教徒、罪犯。他虐待过神父瓦西里·斯皮里多诺夫的太太的姐妹①，那位女性居住在西弗哥夫斯卡亚街（Sivkovskaya Street）32号，离圣谢尔盖·拉多涅日斯基教堂（St. Sergei of Radonezh Church）很近。拉斯普京还涉嫌侵犯其

---

① 拉斯普京之前的信徒叶连娜·蒂玛费娃。——作者注

他女性。

许多人都知道拉斯普京，而且直到最近都对他十分友好，比如 D. N. 诺维科夫（D. N. Novikov）、帕维尔·波利卡尔波维奇·斯米尔诺夫（Pavel Polikarpovich Smirnov）、商人彼得罗夫（Petrov）、《俄罗斯报》（*Russia*）的前出版人格奥尔基·彼得洛维奇·萨佐诺夫。这位拉斯普京还常常拜访皇储阿列克谢·尼古拉耶维奇大公的保姆玛丽亚·伊万诺娃·维什尼亚科娃。

读过报告后，斯托雷平下达了一道秘密调查拉斯普京的命令。[17]

与此同时，西伯利亚方面也为确认拉斯普京的行踪而投入了警力。10 月 25 日，托博尔斯克的少将维克（Velk）给秋明的警察队长舒法洛夫斯基（Chufarovsky）发电报，让后者寻找"农夫格里高利·叶菲莫维奇·诺维"。三天后，秋明的秘密警察报告说，拉斯普京自春天以来一直住在博克维斯科，只在那年夏天去过一次圣彼得堡。[18]（但这个月早些时候，多份报告称有人在圣彼得堡的街上看到了拉斯普京的身影。沙皇的警察部门就和媒体一样，常常对拉斯普京的行踪摸不着头脑。）10 月 28 日，一份来自托博尔斯克的电报确认，拉斯普京正在博克维斯科。[19]

两天后，即 1910 年 10 月 30 日，由米哈伊尔·冯·科滕（Mikhail von Koten）领导的"奥克瑞那"圣彼得堡分部发布了一道被标记为"最高机密"的命令：搜集更多关于拉斯普京及其行踪的情报，以便确认他从夏天至初秋的行动。很快，消息便纷至沓来。第一份报告来自秋明宪兵管理局的下级军官

182

阿列克谢·普列林（Alexei Prelin）。11 月 13 日，普列林从博克维斯科给托博尔斯克的宪兵管理局发来报告称，8 月初，拉斯普京带女儿玛丽亚前往了喀山的学校。接着，拉斯普京去了圣彼得堡，然后又回到博克维斯科。最近，他被人目击和三名修女一起"寻欢作乐"，并共度了假期。[20]

1910 年 12 月 4 日，拉斯普京在圣彼得堡停留时写下了一篇题为《我对耶稣的畏惧》的短文。普列林对拉斯普京状况的描述，与这篇文章流露的情绪并不一致。

> 我深信你，上帝，而且我不为此感到羞愧。我赞美你，但我的敌人一直不肯放过我。他们夜以继日地想要逮捕我，无论我到哪里，我的话都被人扭曲，以他人希望的方式传播。人们似乎变成了野兽，上帝的恩泽遥不可及。我向自己的灵魂倾诉：上帝，请保护我，保佑我。敌人不会离我而去，而是会想方设法地逮住我，会朝我的灵魂射出利箭，用他们狡诈的眼神注视我，想要夺走一切真相。但是，他们不会成功，他们不会夺去真相……当谣言从恶魔的口中传出时，许多人都死于悲伤，但这是属于烈士的皇冠。
>
> 耶稣同样饱经苦难，曾背负十字架度过艰难的时光。他的十字架仍留在爱戴他且愿意为基督牺牲的人的心中。还是有许多敌人想要追逐、抓捕基督。上帝啊，数千人聚集起来针对我……邪恶究竟还要耀武扬威多久，向我们展示上帝的光环吧……我的敌人们究竟是怎么走到一起，严密监视我的一举一动的？那些暗探正陶醉于他们胜利的勇气，让我们坚定地朝他们的头顶撒灰，而不是为他们送去

香脂……

　　如今，折磨人的不是刀剑，而是流言蜚语——它们造成的伤害比刀剑更深。一言一语都像利剑，它们比刀刃更让人疼痛。

　　上帝！请救救您身边的人吧！[21]

　　这的确是十分难熬的一年，或许是拉斯普京人生中最艰难的一段时光。他承受着来自四面八方的攻击。他的名字如今已经发臭，在整个帝国人尽皆知。他的敌人们在报纸上写下最荒诞的谣言，却没有一丝悔意。秘密警察竖起了耳朵，只要稍有动静，他就会被监视、跟踪。他的整个余生都无法再摆脱暗探的身影。拉斯普京再也无法隐姓埋名地生活，平和的日子从此离他远去了。

　　拉斯普京将这些话写给皇后看，她把这些信件保存了下来。亚历山德拉同情他的遭遇，相信他写下的每一个字。到年底，拉斯普京已经从沙皇夫妇那里重新获得了信任。在莫斯科，作家伊波利特·霍夫施泰特尔与列弗·季霍米罗夫见面，告诉对方拉斯普京再次得到了沙皇和皇后那"宽容的爱"，重新拥有了"巨大的影响力"。12 月 13 日，深受打击的季霍米罗夫在日记中写道："他们不可能得到救赎。'弥尼，提客勒，乌法珥新（Mene，tekel，peres）。[①]'噢，这个国家究竟怎么了，阴魂不散的格里沙·拉斯普京！"[22]

183

---

　　①　出自《但以理书》5：26 - 28。公元前 6 世纪，巴比伦国王伯沙撒（Belshazzar）斋戒时，墙上神秘地出现了这三个词，预言了其帝国的覆灭。是但以理解开了这三个词的谜团和它们的含义。——作者注

## 注 释

1. *TsM*, 29 May 1910, p. 3; and 6 June 1910, pp. 1 – 2.

2. GARF, 1467. 1. 710, 104.

3. GARF, 102. 316. 1910. 381, 1 – 1ob.

4. Witte, *Iz arkhiva*, vol. 1, bk. 2, 893; idem, *Vospominaniia*, 565.

5. FB, 356.

6. RGIA, 1659. 1. 63, 81ob.

7. VR, 118; Gurko, *Tsar'*, 248; GARF, 111. 1. 2979a, 122ob.

8. Vitte, *Iz arkhiva*, vol. 1, bk. 2, 893; idem, *Vospominaniia*, 565.

9. OR/RNB, 1000. 1975. 22, 21ob – 22.

10. Bogdanovich, *Tri poslednikh*, 504.

11. RRR, 37 – 38; Buranov, "Strannik," 55 – 56.

12. GARF, 102. 316. 1910. 381, 1 – 1ob.

13. *Utro Rossii*, 14 September 1910. At: www. starosti. ru.

14. *Rul'*, 15 September 1910. At: www. starosti. ru.

15. *Stolichnaia molva*, 15 September 1910. At: www. starosti. ru.

16. GARF, 111. 1. 2978, 1 – 4.

17. GARF, 102. 316. 1910. 381, 1 – 2ob.

18. GATO, I – 239. 1. 95, 186 – 88.

19. GARF, 63. 30. 1910. 1513, 1 – 9.

20. GATO, I – 239. 1. 119, 52 – 53ob. 之前的传记错误地将他的名字拼写为 Prilin，但 GATO 的文件清楚地显示应该是 Prelin。这件事也在 Zotin, *Iurkin*, 172 中得到了证实。

21. GARF, 640. 1. 309, 25 – 27.

22. Tikhomirov, *Iz dnevnika*, 1: 182, 184.

# 第二十一章　尤苏波夫

尤苏波夫家族是俄国最古老、最富有的贵族之一。据称，他们的祖先一直可以追溯到先知穆罕默德的一位侄子，以及古埃及的数位统治者。16 世纪，这个家族与伊凡四世结盟，作为军阀与从东方攻来的蒙古人抗衡，首次踏上了俄国的土地。此后，尤苏波夫家族皈依东正教，被赐予亲王头衔，历经数代沙皇的统治，获得了广袤的土地。费利克斯·尤苏波夫亲王的母亲季娜伊达·尤苏波娃公主（Princess Zinaida Yusupova）十分美丽、高傲，有很强的控制欲。根据西班牙女王伊莎贝拉二世（Queen Isabella II of Spain）的女儿尤拉莉亚公主（Infanta Eulalia）的说法，季娜伊达尽享"拜占庭皇后的雍容华贵。……她的生活奢华超凡，散发着无与伦比的辉煌。……俄国的富丽堂皇加上法国的精致文雅，在尤苏波夫宫得到了极致的呈现"。[1] 莫伊卡河（Moika）河畔的尤苏波夫宫中的一间小客厅里摆放的家具是曾属于玛丽·安托瓦内特的珍品。

1882 年，时年 21 岁的尤苏波娃公主嫁给了费利克斯·苏马罗科夫 – 埃尔斯顿伯爵（Count Felix Sumarokov – Elston）。他的父亲费利克斯·尼古拉耶维奇·埃尔斯顿伯爵（Count Felix Nikolaevich Elston）据说是普鲁士国王腓特烈·威廉四世（King Frederick Wilhelm IV of Prussia）和一名侍女的私生子。老费利克斯从他的英国保姆那里继承了"埃尔斯顿"的姓氏，在迎娶叶连娜·苏马罗科娃女伯爵（Countess Yelena Sumarokova）后，又得到了"苏马罗科夫"（Sumarokov）这个姓。苏马罗科夫家族虽然是俄国一个极为尊贵的家族，但完全无法与尤苏波夫家族相提并论。因此，沙皇准许季娜伊达这个尤苏波夫亲王的独生女和她的丈夫生下的儿子使用尤苏波夫亲王和苏马罗科夫－埃尔斯顿伯爵的联合头衔。[2]老费利克斯是个冷酷、死板的男人，但不是不懂奢侈的浪漫：他曾为太太买下一座山，作为她的生日礼物。[3]多年来，他一直是谢尔盖·亚历山德罗维奇大公的助手。大公被暗杀后，他成为莫斯科总督，但因未能阻止 1915 年爆发的反德骚乱而被革职。

尤苏波夫夫妇有两个儿子：出生于 1883 年的尼古拉（Nikolai）和出生于 1887 年的费利克斯。尼古拉是这对夫妻眼中的珍宝。他毕业于圣彼得堡大学的法学院，是一位极有天赋的作家［以"罗科夫"（Rokov）为笔名发表作品］、业余演员，以及一个喜剧团的创始人。1908 年 6 月，时年 25 岁的尼古拉本打算加入一个精英兵团，却在和阿尔维德·曼泰菲尔伯爵（Count Arvid Manteifel）的决斗中意外身亡，因为他爱上了伯爵的妻子玛丽娜·海登（Marina Heiden）。[4]尼古拉去世后，季娜伊达陷入绝望，再未走出阴影。她开始寻求圣人、精神导师，最终把自己的信仰寄托在喀琅施塔得的约翰身上。她和费利克斯相信，喀琅施塔得的约翰拥有通过祈祷获得的神奇治愈能力。这位母亲和她的另一个儿子都相信，约翰的祈祷曾挽救过她的生命，因为那时医生已经宣布对她的身体状况束手无策了。

费利克斯与他才能出众的哥哥很不一样。他在回忆录中写道，他从小体弱多病，所有人都宠着他，因此他脾气很坏，也不爱学习。长大后，这些毛病越来越严重。"我十分任性，"他回忆道，"而且极其懒惰。"不出所料，他的父母对此非常生气。这本回忆录的边角处有一幅他的讽刺画，画中费利克斯·尤苏波夫被描绘成一个自负且被宠坏了的贵族子弟，为所欲为，视一切为儿戏，仿佛整个世界和所有事物（包括所有人）都是为听他使唤或取悦他而生。费利克斯的兴趣转瞬即逝，一生都在寻找刺激。他的大冒险从变装开始，以谋杀告终。

　　年轻时，他的消遣之一便是装扮成苏丹的模样，身上戴满母亲的珠宝，强迫家中的阿拉伯、鞑靼和非洲仆人扮演奴隶，而他则在尤苏波夫宫内装饰奢靡的摩尔风格的房间里，施展他的无限权力。一次，角色扮演或被他称作"活人画"（tableaux vivants）的游戏玩得太过火，费利克斯差点刺死一个扮演反叛奴隶的仆人。多亏他的父亲意外现身，这场拙劣的演出才结束。毫无疑问，仆人们都大舒了一口气。[5]

　　尤苏波夫一点也不缺少想象力。他十分享受借用他人的身份，特别是比他更强大的、拥有更高权力的男性的身份。在他们家族位于莫斯科郊外的阿尔汉格尔斯克庄园（Arkhangelskoe）中，他扮演过家族的祖先尼古拉·尤苏波夫亲王（Prince Nicholas Yusupov），此人是一位极其慷慨的艺术赞助人，一个世纪前曾把自己的宅邸打造得可与皇宫媲美。尼古拉亲王还拥有一个剧团，成员都是他的农奴。费利克斯喜欢坐在空荡荡的剧场内，想象那些农奴如今正在他的跟前为他歌唱跳舞。有时，他会想象自己是剧场里的歌星，"我实在太过沉溺于想象，乃至过去的观众的灵魂好像都苏醒了过来，为我爆发出雷鸣般的掌声"。每次不得不回到现实后，费利克斯总是垂头丧气。他的第一次性经历（如果他的回忆录可靠的话）是三人性爱，对象是一个阿根廷男人和他的情妇，地点在孔特雷克塞维尔（Contrexéville）的一间酒店里。当时他年仅 12 岁。这段经历冲击力极大，"让年幼无知的我竟一时无法分辨不同性别"。

青春期时，他和表兄弟弗拉基米尔·拉扎列夫（Vladimir Lazarev）喜欢戴着尤苏波娃公主的珠宝和假发，穿着天鹅绒长外套，在涅瓦大街上游荡，吸引男人的注意或和妓女们厮混。一次，他们吸引了太多人的目光以致无法收场。于是，这对表兄弟跑进一家高级餐厅，受到一群年轻官员的邀请，在私人包房用了餐。虽然他们曾为此受罚，可费利克斯在尝到其中的乐趣后不肯轻易罢休。他表兄弟的情人开始为他打扮。"我过上了一种双重生活：白天，我是学校里的男生；晚上，我则成了一位优雅的女士。"年轻的尤苏波夫在拜访巴黎时，也喜欢在听歌剧和咖啡厅音乐会（*café - concerts*）[①] 时男扮女装。回到圣彼得堡后，他给水族馆咖啡厅（The Aquarium Cafe）的经理留下了深刻印象，对方允许他担任两星期驻唱歌手。那位经理从没想到自己雇的是一名男性，还是俄国显赫家族的继承人。尤苏波夫的咖啡厅歌手生涯结束得很快，因为他的身份很快就暴露了，尽管他的变装癖好一直保持了下来。

他的兄长很关注他，担心费利克斯会把事态弄得无法收场。尽管如此，兄长并不总能让费利克斯远离麻烦。一次，费利克斯接受了四位守卫的邀请。其中领头的那个人是出了名的游手好闲，他殷勤地邀请费利克斯在熊餐厅（The Bear）共进

---

① 法国"美好年代"（Belle Époque，19 世纪末至第一次世界大战爆发）的一种音乐表演形式。早期形式是表演家在咖啡馆外演奏流行音乐。——译者注

晚餐。他们进了一个包间，至于几个人如何寻欢作乐，费利克斯谨慎地在回忆录中略过不提。终于，费利克斯的双重生活传到了父母耳中，暴跳如雷的父亲责骂他玷污家族名声，"没有教养，耍流氓"，简直该被流放到西伯利亚的囚犯定居点。每天早晨，他的父亲强迫他冲冷水澡，企图以此治愈他。费利克斯浑浑噩噩的生活由此暂时告一段落。为了取悦父母，他尝试把注意力放到女人身上。但根据他的说法，这只让他的生活"变得更加复杂"，"习惯了和女性通奸后，我对讨好和献殷勤彻底失去了兴趣，我谁也不关心，只关心自己……我想成为众星捧月的人，被崇拜者包围"。

187

　　尤苏波夫兄弟都对唯灵主义感兴趣，不时会参加降神会。他们向对方保证，如果自己先死，就一定会通过灵魂召唤归来，在对方面前现身。（费利克斯在日后称，一天夜里，他的兄弟确实以灵魂的形态出现在了自己面前。）显然，费利克斯比他的哥哥更加沉迷于神秘主义、通神学和瑜伽。据说巴黎的弗雷亚夫人（Madame Freya）可以预见未来。她曾告诉费利克斯："几年后，你会参与一场政治谋杀。这会给你带来痛苦的折磨，但胜利终将完全属于你。"他相信神圣的真理已经显现，于是开始挖掘自己的超能力，进行了一系列呼吸训练，最终自以为掌握了催眠术，不仅可以控制自己身体的疼痛，还可以用这种精神力量控制其他人。尤苏波夫在回忆录中称，在英国牛津念书时，自己被赋予了不可思议的视觉预知能力。一次，在和父母的一位朋友吃饭时，他的眼前出现了一片古怪的云彩，他将此视为不祥之兆，果然几天后，那个人就去世了。如果真的存在比他自身更强的力量，那就只有鸦片。他第一次品尝鸦片是在战前的巴黎，后来无论怎样努力都无法再摆脱它。[6]

安娜·维鲁波娃和费利克斯相识多年，自认为是受他信赖的老朋友。他的哥哥去世时，维鲁波娃给他写了情真意切的信安慰他，还向他提供了建议：

> 现在到了考验你的时刻，亲爱的费利克斯，愿上帝赐予你力量，以他希望的方式重塑你的生活。你已经得到了许多，人们也会向你要求许多，比向其他人要求的都多。一直以来，你都是个孩子，总想着怎么好玩，怎么打发时间，不是吗？上帝把尼古拉召唤到了他的身边。现在，对父母的责任，以及上帝要我们承担的责任，都落到了你一个人身上。[7]

188 　　年轻的尤苏波夫虽然为哥哥的死而悲伤，但不可能意识不到，这也意味着他成了家族财富的唯一继承人。他坦承："我知道，总有一天这些都会是我的……总有一天，我会成为俄国最富有的人。这种想法就像美酒一般，流淌过我的脑海……财富、显赫的地位、权力——我无法想象失去它们的生活。"哥哥去世后，费利克斯向皇后的姐姐埃拉寻求精神上的指引。埃拉要他把信仰交给上帝，相信并且信任上帝全能的爱和智慧。费利克斯从她的话中得到了安慰，却担心上帝永远不会原谅自己的性放纵。他向埃拉坦白了这一点，但埃拉鼓励他不要害怕，因为"任何有能力犯下错误的人，都有能力向善。只要他走上正确的道路，无论是多么严重的冒犯，都会在真诚的悔改中得到救赎。记住，唯一能够玷污灵魂的，只有精神上的罪恶。肉体的软弱无碍于精神的纯洁无瑕"。[8]她的这番话与拉斯普京的说教堪称如出一辙。

尤苏波夫一家经常拜访谢尔盖·亚历山德罗维奇和其夫人埃拉在伊林斯科（Ilinskoe）的宅邸。在那里，费利克斯结识了德米特里·帕夫洛维奇大公和他的姐妹玛丽亚·帕夫洛芙娜，他们和叔叔婶婶同住。1902 年，他们的父亲保罗·亚历山德罗维奇大公（Grand Duke Paul Alexandrovich）因为和离婚妇人奥尔加·皮斯托尔科尔斯（后来的佩利女王妃）的贵庶通婚而被逐出俄国。德米特里和玛丽亚的父亲作为沙皇亚历山大二世最年幼的儿子，最初迎娶了希腊公主亚历山德拉（Princess Alexandra of Greece），她是希腊国王乔治一世（King George I）和俄国女大公奥尔加·康斯坦丁诺芙娜（Olga Konstantinovna）的女儿。但不幸的是，1891 年，21 岁的她在生德米特里时去世了。在玛丽亚的记忆中，她的"埃拉婶婶"傲慢、冷酷、自负，但十分美丽："……她是我此生见过的最美丽的女人。身材挺拔而纤细，有一头金发，焕发着健康和纯粹的活力。"她"灰蓝色"的双眼透出一股"寒意和锐利"，"让我的心脏发颤"，使人感到真正的她其实躲藏在一张面具之后。但是，1905 年，在谢尔盖在莫斯科市中心死于一场恐怖袭击后，一切都变了。听说这场爆炸后，埃拉前去收拾了雪地里已被炸得支离破碎的尸体。之后，她不再过问世事，全身心投入宗教，资助修建了玛莎和玛丽女修道院（Convent of Martha and Mary），专门帮助莫斯科的穷人。她和侄子、侄女走得很近。玛丽亚写道，从此以后，婶婶埃拉和德米特里"维系着一种发自内心的爱，直到日后的风波让他们分道扬镳"。根据费利克斯的说法，德米特里打从心底里尊敬和喜爱埃拉。

189

德米特里身材挺拔，而且生得十分英俊。第一次世界大战爆发前，他在皇家骑兵卫队（Imperial Horse Guards）服役，和皇室一起在亚历山大宫生活。玛丽亚说，这些年来，她的弟弟一直是"一位雄心勃勃的年轻军官"，充满自信与活力，时刻散发着魅力。尼古拉和亚历山德拉待他如亲生儿子，两人都非常喜爱他活跃的个性。[9]德米特里写给他"亲爱的舅舅"的信中有一些带有性暗示的话，还时不时开一些带颜色的玩笑，这反映了这个年轻男人和沙皇之间轻松、熟络的关系。[10]有谣言称，德米特里曾在 1912 年和沙皇最年长的女儿奥尔加女大公订婚。但是，亚历山德拉显然不赞成这门亲事，因为她无法欣赏他的某些生活作风。据说，德米特里是双性恋，当时与费利克斯坠入爱河——这就是皇后反对这门婚事的主要原因。[11]或许这种说法不假，但也找不到值得取信的证据来证实它。毫无疑问，亚历山德拉从未停止对德米特里的"夜间越轨行为"的担忧。她认为，德米特里只要看上某个人，就很容易受那个人影响。1916 年 2 月，她还给尼古拉写信，让他把德米特里送回军队，因为她在城里听说了一些关于他的"惊悚"故事。"城市和女人是他的毒药。"[12]

日后，费利克斯的说法证实了皇后对德米特里的评价：

> 德米特里实在是太迷人了：高大、优雅、有教养、眼神深邃，令人想起他祖先的画像。他身上满是矛盾和冲动。他既浪漫又神秘，头脑十分灵活。与此同时，他又是如此大胆，时刻准备迎接最狂野的越轨行为。他的魅力赢得了所有人的心，但他个性上的弱点让他极易受他人影响。我比他年长几岁，因此他相当尊敬我。他能够在某种

程度上了解我"可耻的"生活方式，认为我十分有趣，而且神秘。他信任我，珍视我的建议，不仅向我透露内心中最隐秘的想法，还会告诉我在他身边发生的一切。

费利克斯在回忆录中用了整整 37 页回顾祖先的事迹，但涉及父亲家族轶事的仅有两页。费利克斯几乎不与父亲来往，却和母亲亲密无间。她是费利克斯生命中最珍爱的人，而尼古拉去世后，费利克斯也成了她的一切。就像皇后亚历山德拉，季娜伊达也饱受神经衰弱的困扰（虽然她没有物理症状），十分虚弱。在生病时，唯一能够抚慰她的只有她深爱的儿子。[13] 奥尔加·亚历山德罗芙娜女大公曾说："唉，她是位悲情的母亲——她实在太宠自己的孩子了。"[14] 费利克斯写道，直到 29 岁时，他还会在写给母亲的信中，边跺脚边坚称自己是成年男子："真的，我已经不是总在担心会受惩罚的孩子了。别忘了，我快 30 岁了，已经结婚了，我们有各自的生活。"[15]

季娜伊达试图控制一切，由她决定费利克斯该什么时候结婚，该和谁结婚。费利克斯调动所有热忱，去赶赴母亲为他安排的聚会。伊琳娜·亚历山德罗芙娜（Irina Alexandrovna）是亚历山大·米哈伊洛维奇大公（桑德罗）和谢妮亚·亚历山德罗芙娜（Xenia Alexandrovna）的女儿。因此，她也是亚历山大三世的外孙女，以及尼古拉二世的侄女。她比费利克斯年轻八岁，是个美丽动人的姑娘。费利克斯唯一的竞争对手便是他的朋友德米特里，但伊琳娜最终选择了费利克斯。1914 年 2 月 9 日，他们在阿尼奇科夫宫结婚，沙皇牵着她的手走过教堂的通道。两人随后在法国、埃及和耶路撒冷度了蜜月。费利克斯认为耶路撒冷十分无趣，非常反感那里的疾

190

病和穷人身上散发的"恶臭"。与耶路撒冷牧首的会面也让他感到"无聊"。[16]

*

尤苏波夫家族是拉斯普京的坚定反对者。费利克斯的父亲甚至无法容忍别人在他面前提起这个名字。他的母亲则清楚地告诉皇后，她憎恨这个男人，这件事破坏了两人之间的关系。[17]费利克斯对拉斯普京的看法在很大程度上受了父母和埃拉的影响，但令人意外的是，他似乎想主动结识拉斯普京。介绍两人相识的女人，正是他们的共同好朋友穆娅·高罗维纳。

高罗维纳和费利克斯以及他的哥哥已经认识多年。尼古拉去世时，她正暗自对其满怀爱恋。高罗维纳在回忆录中写道，他们三人总是随时准备迎接崭新的体验。1907 年末的一个夜晚，他们一起拜访了一位名叫金斯奇（Chinsky）的神秘术士。他们隐藏着身份来到金斯奇的小型工作室，让他预言三人的未来。金斯奇表示，他们正站在悬崖边上，即将迎来一场巨大的灾难，如果他们愿意再来，并允许他向他们传授神秘术（付费教学），就可以避免这场不幸。尼古拉对金斯奇很着迷，于是三人继续拜访他，向他诉说他们的生活、热情、欲望和恐惧，允许他提供建议和指引。

尼古拉的死让穆娅悲痛欲绝。她让母亲柳博夫·高罗维纳带她去意大利暂住，远离悲剧发生地。她回莫斯科时，费利克斯亲自驾车去接她，两人一起去了阿尔汉格尔斯克庄园，在尼古拉的墓碑前祷告。穆娅继续沉迷于神秘主义和唯灵主义，为她所受的痛苦寻求解答。她在日后写道，她在精神力上取得了长足的进步：她向自己提问，接着把所有精力集中在答案上，就可以获得"自动书写"的能力——虽然没有人握着笔，但字迹会神奇地出现在纸上。尽管如此，她还是无法满足，她的生命中充满痛苦和困惑。她开始考虑搬到埃拉筹资修建的女修道院中生活。

正是在这个时候，她从表姐妹亚历山德拉·塔尼耶娃（萨娜），也就是安娜·维鲁波娃的妹妹那里，听说了一个到达圣彼得堡不久的神秘圣人，知道他赢得了沙皇和皇后的信任。一天，她去萨娜那里见他。从见到他的那一刻起，穆娅就被这个人深深打动，认为他"拥有神秘、全能的力量"。那次见面时人很多，穆娅因此没有机会向他诉说自己的困境，但他将手放在穆娅的头顶，告诉她，她将成为被选中的人之一，他们还有机会再见面。穆娅有些心烦意乱。她需要他告诉自己是否该搬去修道院，因此她向上帝祷告，希望上帝能将她引向拉斯普京。她的祷告得到了回应。她下一次见到这个男人是在喀山大教堂，她当时和其他人在一起。她上前和拉斯普京交谈，随后与他一起离开教堂，前往高罗维纳的家。在那里，他见到了她的母亲，并与其一起商量她的问题。"对我而言，这是通往新世界的一扇大门。"穆娅坦言道，"我在一个西伯利亚农夫身上找到了自己的精神指引。在我们第一次见面时，我就对他的见解惊叹不已。他那双灰色的眼睛射出权威的光芒。这种眼神蕴藏着力量，就像他内在的意志一样，让人们完全暴露在他的面前。对我来说，这真是令人振奋的一天。"

拉斯普京说服穆娅停止参加降神会，终止在灵魂驱使下练习"自动书写"的行为。他告诉她，这种人们口中的灵魂不过是魔鬼，引诱我们相信自己能够和生死相隔的爱人交流。拉斯普京告诉穆娅和她的母亲，只有极少数从未沾染这个世界的罪恶的人，才能驱使他们的灵魂去和逝去的人沟通，其他人的勉强尝试只会让自己染上更多罪恶。至于去埃拉的修道院的事，拉斯普京也说服她打消念头，听从他自己的建议："我们并非总能在修道院中寻找到自己向上帝发的誓。……这些誓言在我们的日常责任中，在生活的愉悦中，比如要热爱赞颂上帝，感受他与我们同在的事实。想要做到这一点，秘密就在于敞开你的心胸，践行每一个善举。"自那天起直到她们去世，穆娅和柳博夫一直是拉斯普京的忠实信徒。

在留下上述记录多年后，穆娅在一份回忆录的草稿中补充了一些细节，如拉斯普京那天说过的其他一些话："她会给我带来厄运，比其他人更可怕，因为她将引发一场无法避免的风波。"[18]这场风波指的无疑就是他被谋杀的事。但拉斯普京说这番话的可能性不大。穆娅在此描述的应该不是拉斯普京的预言，而是她因把尤苏波夫引荐给拉斯普京而产生的愧疚。

在其痛苦得到了拉斯普京的宽慰后，她迫不及待地想把这个人介绍给尤苏波夫，助他面对失去兄长的事实。尤苏波夫在拉斯普京被谋杀后告诉调查人员："我对这个人很感兴趣，人人都知道他，他还拥有强大的催眠能力。"尤苏波夫完全没有提到哥哥的死对他自己造成的打击（当时已经有人怀疑他是凶手），只提到因为"一些小伤小病"，且在穆娅的坚持下，他决定和拉斯普京见面。[19]我们并不清楚这次会面是在什么时候、什么地方进行的。费利克斯不止一次地说过，他是在高罗维纳位于圣彼得堡的家中见到拉斯普京的。但在他的叙述中，这件事发生的时间一直在变，可能是在 1909 年的圣诞节，也可能迟至 1911 年——这是穆娅在拉斯普京被谋杀后提供给警方的证词中提到的见面时间。[20]

尤苏波夫在回忆录中写道，他立刻就被拉斯普京的"自大"激怒了。这似乎不是谎话。出生在贵族家庭的费利克斯早就习惯了农夫的顺从，从未见过如此个性鲜明的底层人。他刚描写没几行就开始说谎。他声称在拉斯普京头上看到一道"明显的伤疤"，而拉斯普京告诉他"这是在西伯利亚的一次拦路抢劫中留下的"。尤苏波夫写道，拉斯普京的脸显得"沮丧，和普通人无异"，他的举止"粗俗"，双眼"闪烁着狡诈的光芒"，留给人的整体印象是他是个"邪恶的好色之徒"。阅读尤苏波夫对拉斯普京的描述让人觉得拉斯普京更像野兽，而非人类。[21]

拉斯普京被谋杀后，穆娅告诉警方，这两人结识后，每年会在她家中见面两次左右。尤苏波夫仅拜访过拉斯普京几次，且每次都是和穆娅一起。[22] 为了躲避"奥克瑞那"的间谍，拉斯普京总是让他们走后门。为了避免引起他人的注意，尤苏波夫会特别留意穿着。玛丽亚·拉斯普京娜证实了尤苏波夫曾悄悄拜访她的父亲。她认为这个人"体态轻盈而优雅，举止相当讨人喜欢"，从没想过他会杀人。[23]

由于尤苏波夫的回忆录不太可信（之后还有更多夸张说法），穆娅在写给尤苏波夫的信中提及拉斯普京的部分，成了拉斯普京与尤苏波夫两人关系的更可靠证明。显然，穆娅不仅介绍了两人认识，还试图作为拉斯普京的信徒打开费利克斯的眼界，让他看清她所坚信的真相，忘记他在家中和上流社会听到的各种谣言。1910 年 8 月 20 日①，她写道：

193

---

① 这封信为尤苏波夫与拉斯普京的可能见面时间提供了最好的证明。——作者注

亲爱的费利克斯·费利克斯维奇：

　　给你写这封信是为了告诉你，不要把我在亚历山德拉·皮斯托尔科尔斯家给你的那张纸拿给任何人看。今天，你新认识的朋友来看我们了，是他要求你这么做的。而且我也认为，关于他的谈话还是越少越好。我十分想知道你怎么看他。我想，他很难给你留下特别好的印象。如果想要有好印象，你必须保持一种特别的心境，用一种特别的方式感受他的话，它们总是带着某种启示，和我们每日的平庸生活不同。

　　如果你可以感受到这一点，我会十分欣慰。我也非常开心你见到了他。我相信，这对你和你的生活而言，是件好事。请不要诋毁他。如果你不喜欢他，那就忘了这次见面吧。

1910 年 9 月初，尤苏波夫正准备返回牛津。一年前，他刚开始在那里学习。穆娅从她在乡下的老家给他写了这封信：

194　　　　一回到家，我就收到了你从圣彼得堡发出的信。读了你关于我们的朋友的描述后，我想起他在你的照片背面写下的字。我给了他好些照片，他只在其中几张的背面写了字。他写道，你是非常好的人，我甚至没有权利把这张属于你的照片一直留在我身边……我们的朋友现在不在我的身边，我无法安心祷告——有他在时，我在祷告时总是很愉悦，很轻松。他现在不在这里让我很难过。很遗憾，我们竟然没有一起祷告过。尽管参加祷告的人的心是连在一起的，但我仍不知该向谁倾诉这种感受。[24]

尤苏波夫的回忆录中收录了这张照片和拉斯普京的留言。费利克斯独自一人站在空荡荡的城市街道上，身穿整洁的黑色西装，系着领带。他头戴一顶草帽，拿着一根手杖，左手提着一只黑色的小行李箱。无论从哪个角度观察，这都是一个富裕、精致、自信的年轻贵族。照片背面，拉斯普京潦草地写道："祝福你，我的孩子。愿你的生活不是一场错觉，而是充满快乐和光明。格里高利。"[25]这是十分典型的拉斯普京式的祝福，和往常一样语义模糊，但他使用了 *zabluzhdenie*（错觉或者错误）这个词，可能因为拉斯普京视尤苏波夫的性偏好为一种罪恶。

穆娅的信清晰地表明，费利克斯正纠结于该如何评价拉斯普京。在家族中他只听过最恶毒的谣言，他的老朋友如今却说，这些都是谎言，拉斯普京并非像人们想象的那样。穆娅深爱着这两个男人，坚定不移地希望他们也能彼此喜欢。费利克斯被拉扯向两个不同的方向。拉斯普京感受到了尤苏波夫的谨慎（或许这么说太过保守），但穆娅尽了自己最大的努力来促成两人之间的友谊。"我们的朋友离开了。"她在于克里米亚停留期间写道，"他都知道了，但他同样不喜欢你什么都不告诉我。我让他为你祷告，这样你就会没事。他让我告诉你，'他从上流社会落荒而逃，但最终只能再蹑手蹑脚地回去'。不过，我尝试说服他和其他人相信，你是一个非常非常善良的人，一个好人。证明给我看，快来这里——雅尔塔并不远。愿上帝保佑你。玛丽亚。"[26]

1911 年 6 月中旬的某个时候，穆娅在拜访布洛涅苏塞纳（Boulogne sur Seine）① 时，怒气冲冲地给身在英格兰的费利克

---

① 位于巴黎西部郊区，现在的名字是布洛涅 - 比扬古（Boulogne-Billancourt），是巴黎郊区人口最稠密的区域。——译者注

斯写了一封长信，抱怨他向别人讲的那些关于她和拉斯普京的刻薄话：

195 　　你怎么可以讲这么不公平、这么残忍的话！我读了好几遍你的信，试图理解你究竟受了什么影响才会这样写。我真希望我们可以找一个时间好好讨论所有细节；但现在，我只想说你是在毫无根据地批评我——我没有做错任何事。如果你认为，我认识格里高利·叶菲莫维奇，尊敬地视他为虔诚的信徒，是一种自我欺骗和毁灭，那你就实在太差劲了。我不可能因为一些二手谣言就改变对一个人的看法。因为如果别人说什么我就信什么，那么我肯定也会对你感到失望！但我只会相信自己内心的感觉。我的内心在说，格里高利·叶菲莫维奇令上帝感到愉悦。我让自己成了他的奴隶，这种话根本是胡说八道。我明白自己做的每一件事，而且都做得心甘情愿。每个人在精神成长中都需要一位导师，但这不意味着一定要变成奴隶；这只是承认他的精神体验比你的丰富，你还是可以保留不断完善自己的自由，可以检视自己的感受。他最近给我写信，让我告诉你，在你身处困境时不要忘记他，让他和你一起向造物主祷告：一切都会好起来的！不准再污蔑他，我不喜欢从你口中听到别人说的这些话……我很欣慰，你在信中毫无保留地写下了自己的想法，但如果你真的那么想，那些话就深深地伤害了我。那不是你的想法，至少你上次见我时不是这么想的。上次你说你想见他，你自己是这么写的，甚至说你会说服你的母亲去见他。是你说关于他的谎言让你不堪其扰的。现在一切都突然变了！如果真是这样，我情愿你没有见过他！

看看你都做了些什么好事！难道你不知道吗？今天鄙视你的人，明天可能就在赞美你，人们总是热衷于利用自己的地位对他人颐指气使！最让我失望的毫无疑问就是你母亲对发生的这一切事的态度。当然，我知道她很痛苦。我问自己：你的母亲会愤怒，是因为你见了格里高利，还是因为她打心底就对我和你的友谊（真是一段真挚的友谊！）感到不满？为什么我会受到谴责？为什么你不能与我交谈或与我见面？你难道永远不敢冒犯你的母亲，不敢做出哪怕一件会让她沮丧的事吗？……我只是不敢相信，你竟然如此轻易地就放弃了自己身为一个成年人的立场，没有为我说话，反过来又无情地审判我的做法……你爱你的母亲，胜过爱这个世界上的任何人，这无可厚非，尤其是考虑到你的母亲是如此杰出的女性。但你真的打算为了迎合她的爱，违背的自己天性，做一些肮脏、罪恶的事情吗？我非常爱戴、尊敬你的母亲，不敢想象她会刻意中伤他人，尤其是我。她总是对我如此温柔，即使她知道我认识格里高利。我崇敬我们的母亲，但如果我认为她做错了什么，一定会动用自己的全部力量去说服她做出改变。[27]

穆娅从没有放弃说服费利克斯，让他看见拉斯普京的善良，缓和她心目中两个最重要的男人之间的关系。除了以上几封信外，她还给费利克斯写过：

当所有人都在追求信仰，趁着年轻利用一切方法调动神经、让自己兴奋、弄坏身体、侵蚀灵魂时，为什么从来没有人在意？为什么人们能够看见的唯一危险，只是一个没有受过教育的男人向他们谈起上帝，谈起信仰生活中的祷告，谈起他读过更多的宗教典籍，谈起他定期做礼拜、斋戒，不憎恨任何人，要人们经常聚在一起讨论上帝以及我们即将迎来的生活？在我看来，这些人荒唐至极，我完全无法理解他们的想法。如果他们用没有根据的谣言影响了你，而你又相信了这些说法，我会永远为此感到悲伤……

上帝保佑你。我给你寄了一本小册子，抄写了你的"新朋友"的一些想法，还有一封信。我重写了一封信，但没有全部重写。请读一读它，告诉我你的想法——在简单的表述背后，有着丰富的思想和真相。[28]

1913 年 10 月 3 日，穆娅在雅尔塔的俄国大酒店（Hotel Russia）的房间里，再次给尤苏波夫写信：

我亲爱的费利克斯·费利克斯维奇：

如果不是我们的朋友要我给你写这封信，我绝对不会提笔。我只是无法无视或者违背他的想法。你还愿意见他吗？趁他还在雅尔塔的时候。他很快便要离开了……[29]

从穆娅毫不掩饰的话中我们可以清楚地看到，她因这么多年来都无法说服费利克斯再见拉斯普京一面而感到愤怒和悲伤。至于拉斯普京，他似乎从未放弃赢得费利克斯的信任。尤苏波夫对他感兴趣这件事意味着什么呢？拉斯普京已经赢得许多身份显赫、家财万贯的俄国人的信任，还是沙皇夫妇的宠儿，在这种背景下追求尤苏波夫的友谊又对他意味着什么呢？我们不知道答案。但是，拉斯普京对尤苏波夫的耐心确实解释了一件事：当尤苏波夫改变心意，准备换一种方式看待拉斯普京（其实是想谋杀拉斯普京）时，拉斯普京为何会回应他的"好感"，欢迎他的归来。穆娅从未让这两个男人成为真正的朋友。1913年以后，费利克斯见过拉斯普京数次，但在1915年1月再次与他彻底断绝来往。[30]在下定决心谋杀拉斯普京之前，尤苏波夫都没有再见拉斯普京一面。

## 注　释

1. YLS, 34, 66 – 67.

2. *Reka vremen*, 2：98 – 100；YLS, 28 – 29.

3. YLS, 102.

4. *Reka vremen*, 2：100 – 101；YLS, 120 – 23；RR, 107 – 108.

5. YLS, 43 – 44, 66, 83, 152 – 53.

6. YLS, 46 – 48, 70, 78, 83 – 91, 104 – 105, 117 – 21, 141, 152 – 59.

7. OPI／GIM, 411. 47, 143 – 53ob.

8. YLS, 100, 124, 131 – 35.

9. Marie, *Education*, 19 – 22, 66 – 73, 153 – 54；YLS, 94, 100, 131 – 33.

10. *Lettres des Grands – Ducs*, 50, 52, 55 – 56, 60 – 61, 64.

11. RR, 181 – 82.

12. *WC*, 407.

13. YLS, 94, 154 – 55.

14. *LP*, 382.

15. Dolgova, *Nakanune*, 164 – 65.

16. YLS, 138 – 39, 165, 187 – 89.

17. NIOR／RGB, 261. 20. 6, 47；YLS, 200 – 201；Stoeckl, *Not All Vanity*,

133 – 34.

18. FDNO, 246 – 47, 296 – 302.

19. OR/RNB, 307. 80, 10. 关于费利克斯和费利克斯兄长与别人的决斗，见 FDNO, 302n52。

20. Compare OPI/GIM, 411. 48, 9 – 10ob; OR/RNB, 307. 80, 10; GARF, 102. 314. 35, 25 – 27; YLS, 147.

21. YLS, 147 – 49.

22. OR/RNB, 307. 80, 10.

23. RRR, 118.

24. OPI/GIM, 411. 48, 26 – 27, 76 – 77ob.

25. YLS, 258 – 59. 请注意在尤苏波夫的回忆录中，对拉斯普京所写之话的翻译并不准确。

26. OPI/GIM, 411. 48, 34.

27. OPI/GIM, 411. 48, 90 – 93ob.

28. Undated letter. OPI/GIM, 411. 48, 114 – 17ob.

29. OPI/GIM, 411. 48, 81 – 82ob.

30. OR/RNB, 307. 80, 10.

# 第二十二章  圣地

1911 年 1 月初，沙皇一家从克里米亚的里瓦几亚宫返回
首都。他们回来没多久，尼古拉就再次被无法忽视的丑闻
缠上了。

伊利奥多尔继续毫无节制地公开抨击沙皇的官员和教会的
高级神职人员。到 1 月，神圣宗教会议已经忍无可忍，认为是
时候让这个叛逆者乖乖就范了。20 日，他们把伊利奥多尔从察
里津调往更加偏远的位于图拉地区诺沃西利（Novosil）的圣灵
修道院（Holy Spirit Monastery）。[1]伊利奥多尔一听到这个消息，
就惊恐万分地给身在博克维斯科的拉斯普京连发两封电报，恳
求他的帮助："今天，神圣宗教会议决定把我调去图拉。爸爸
（指沙皇）还没有确认这项命令。我亲爱的朋友，不要让他把我
调走。"同一天，奥尔加·鲁克缇娜也发来电报，请拉斯普京助
伊利奥多尔一臂之力。她告诉拉斯普京，即使沙皇对伊利奥多
尔恼羞成怒，那个叛逆的修道士也不会离开察里津——就算修
道院的每一块砖都染上伊利奥多尔的鲜血，他也不会改变主意。
伊利奥多尔已经准备好让修道院成为他的坟墓。[2]拉斯普京显然
给沙皇发过电报，请求他重新考虑神圣宗教会议的决定，尽管
目前已经无法找到相关记录。维鲁波娃也恳求尼古拉在收到拉
斯普京的意见前，不要轻举妄动。但是，最终没人能说服尼古
拉。这一次，他决定支持神圣宗教会议，批准他们的决定，在 1

月 22 日把伊利奥多尔调走。从未把神圣宗教会议放在眼中的伊利奥多尔这一次也拒绝承认沙皇的权威。"英雄绝不屈服，"他说，"他们只会选择牺牲。我绝不会活着去图拉！"[3] 那个月底，媒体相继开始报道此事。1 月 29 日，《俄国消息报》称，伊利奥多尔打算向拉斯普京求助，让后者推翻调令。[4] 一个星期后，该报纸又称，拉斯普京已经离开西伯利亚，前往察里津会见伊利奥多尔。[5] 这份报纸后来再次报道，伊利奥多尔和他的一万个信徒把自己关在修道院里，发起了绝食运动。

199　　尼古拉不清楚察里津发生了什么，又为神圣宗教会议和拉斯普京的建议（由亚历山德拉和维鲁波娃代为传达）左右为难，于是决定派人前去调查。他选择了深受他信任的副官亚历山大·曼德雷卡（Alexander Mandryka）。曼德雷卡在第四皇家护卫步枪团服役，刚正不阿。[6] 但是，根据斯托雷平的手下、内政部副大臣弗拉基米尔·古尔科（Vladimir Gurko）的说法，选择派曼德雷卡并不像尼古拉以为的那么简单。古尔科后来称，拉斯普京向皇后推荐了曼德雷卡，知道她会把人选转告尼古拉，而沙皇会把它当作自己的主意。拉斯普京之所以希望曼德雷卡介入此事，是因为曼德雷卡的堂姐妹玛丽亚不仅是萨拉托夫巴拉绍夫（Balashov）地区波克罗夫斯基女修道院（Pokrovsky Convent）的院长，还对格尔莫根尤其是拉斯普京十分忠心。古尔科认为，这种关系让她能够影响曼德雷卡的报告。[7]

　　2 月初，曼德雷卡来到察里津。斯托雷平之前派出了警察局副局长尼古拉·哈尔拉莫夫（Nikolai Kharlamov）和萨拉托夫省副省长彼得·博亚尔斯基（Pyotr Boyarsky）去解决危机。曼德雷卡在他们的陪同下见到了伊利奥多尔。根据伊利奥多尔的说法，曼德雷卡告诉他，自己前来转达沙皇的命令，要他立刻前往诺沃西利。伊利奥多尔回答，他不相信这是沙皇的命令，而认为这是"爱挑事的斯托雷平"的指示。接着，伊利奥多尔告诉曼德雷卡，他不会服从任何要他求离开察里津的命令，不管这一命令由谁下达。[8]哈尔拉莫夫认为，伊利奥多尔既聪明又有天赋，尤其是在与人打交道时，但他同时情绪很不稳定、容易激动。哈尔拉莫夫拜访了城里的一些人，得知过去数年取得的成功让伊利奥多尔得意忘形，如今他相信自己已经无所不能。哈尔拉莫夫留意到，伊利奥多尔会吹嘘他和皇室的亲密关系，会编造故事从而让人们对他肃然起敬。比如，他说前一年夏天，皇后和她的一个女儿扮成贫穷的朝圣者拜访了他。哈尔拉莫夫认为，伊利奥多尔对沙皇的各位大臣、"有犹太血统的媒体人"和富人的不停抨击，是对1905年以后政治氛围变化的一种回应。随着革命失败且受到镇压，伊利奥多尔清楚地认识到，他必须靠创造新的敌人来扩大自己的信徒队伍。这一切都经过了他的精心算计。

　　曼德雷卡向沙皇报告了他的调查。整整两个小时中，他向尼古拉和亚历山德拉描述了在察里津见到伊利奥多尔的情形。他提到，这位自负的神父的支持者们曾试图影响自己的判断，包括维鲁波娃和他自己的堂姐妹。女修道院院长显然不止一次地劝曼德雷卡放过伊利奥多尔，甚至在曼德雷卡结束调查后跟着他来到首都，尝试说服他。当然，曼德雷卡也没有忽视拉斯普京在其中扮演的角色，甚至敢告诉沙皇："请原谅我话语粗俗，陛下，但他就是个无耻的流氓。"听完这些，沙皇没有任何回应。据说，曼德雷卡十分担心沙皇对自己说的话的看法，禁不住流下了眼泪。但是，尼古拉和亚历山德拉都没有因此而不悦，沙皇还感谢了他的诚实。[9]

沙皇夫妇接见曼德雷卡的故事不断发酵，逐渐成了拉斯普京传奇的一部分。比如，米哈伊尔·罗将柯添油加醋地说，曼德雷卡在察里津揭露了拉斯普京参加鞭身派活动的事。曼德雷卡从未这样做，也没有在报告中提及相关内容。[10]古尔科则称，曼德雷卡不仅泪流满面，还差点崩溃。他向尼古拉和亚历山德拉提到拉斯普京时恨得咬牙切齿，还在察里津之行中发现了拉斯普京和年轻修女们的放荡生活。古尔科还称，在拉斯普京和维鲁波娃的协助下，女修道院院长见到了皇后，试图消除她的堂兄弟所撰写报告造成的恶劣影响。[11]

最终，格尔莫根说服了伊利奥多尔前往图拉。2月12日，伊利奥多尔抵达当地。[12]

根据罗将柯的说法，在事件戏剧化的进展中，斯托雷平决定是时候再次向尼古拉提起拉斯普京，希望能够最终说服沙皇摆脱他的影响。沙皇静静聆听了大臣会议主席的话，接着提议说他该再见一见拉斯普京，亲自评判对方是个怎样的人。斯托雷平安排了一次和拉斯普京的见面。他告诉拉斯普京，自己已经掌握了充足的证据，能够证明其与鞭身派之间的关系。然后，斯托雷平给拉斯普京指出了一个自救的方法：永远离开圣彼得堡，再也不要踏足此地。然而，威胁没有取得预想中的效果，拉斯普京拒绝离开。斯托雷平是整个皇朝中除了沙皇以外权力最大的人，但他的能力仍不足以让他赶走这个农夫。拉斯普京深知一点：只要他自己依然享有沙皇和皇后的爱戴和尊重，就没有人可以动他，或者他相信至少在当时是这样的。至于斯托雷平，当时政府中有不少人提醒他，让他不要和拉斯普京起正面冲突。他们的话没错。斯托雷平和拉斯普京对峙的唯一后果，只不过是皇后对前者的敌意。[13]

\*

就算斯托雷平和拉斯普京之间真的爆发过冲突（每一部拉斯普京传记都重复了这个故事），此事也不可能发生在2月初拉斯普京刚返回首都之际。从1910年春季媒体争相揭露他的丑闻起到2月初，拉斯普京很可能一直没有见过尼古拉和亚历山德拉。拉斯普京再次拜访沙皇夫妇是在2月12日的晚餐之后，伊利奥多尔和格尔莫根也是在这一天一起到达了图拉。拉斯普京和沙皇夫妇交谈了很长时间。[14]沙皇夫妇似乎为相隔如此之久再次见到拉斯普京而真心感到喜悦。拉斯普京送给亚历山德拉一本空白的记事簿，让她记下他说的话。拉斯普京在本子的第一页写道："献上我的平和、荣耀的源泉以及光明的源头。送给我真诚的妈妈的礼物。格里高利。"在第二页，亚历山德拉记下了她的朋友的话："我的每分钟都是煎熬，我的每一天都充满悲伤！没有比无法认清自己更让人悲伤的事了。"[15]第二天，拉斯普京离开了。沮丧的亚历山德拉给女儿玛丽亚写信，说她"为我们的朋友的离去而感到悲伤——但当他不在的时候，我们必须努力按照他教导的方式生活。这样一来，我们就能在祷告和冥想时感受到他的存在"。[16]

此时，拉斯普京正准备踏上他一生中最漫长的旅途——去耶路撒冷朝圣。他为什么选择去那里，为什么选择在那个时刻去？答案已经无从得知。有一种说法认为，拉斯普京的仇人们在芬兰芭蕾舞者莉萨·丹辛（Lisa Tansin）的家中为他设了局。他被灌醉，又被剥光衣服和几名妓女合照。沙皇得知此事后，建议拉斯普京离开，直到丑闻平息。[17]古尔科则称，拉斯普京的离开和曼德雷卡的报告有关。[18]穆娅·高罗维纳在回忆录中写道，拉斯普京决定离开时，正值他最钟爱的年轻信徒叶连娜·蒂玛费娃在费奥凡的怂恿下无故失踪，未留下哪怕只言片语。根据高罗维纳的说法，拉斯普京几乎心如刀割。在此期间，拉斯普京被召进宫中面见沙皇夫妇。他们像往常一样充满爱意地对待拉斯普京，但告诉他他们已经批准大臣们的请愿，因此，为了拉斯普京好也为了他们自己好，他应该前往圣地朝圣，而且必须立刻动身。拉斯普京没有辩解。几乎可以肯定，上一年他惹的麻烦是促成这趟旅行的关键因素。也许尼古拉和亚历山德拉同意了大臣们的建议，即把拉斯普京送走一段时间，或者说他们至少没有激烈反对并据理力争。让拉斯普京消失也许可以平息各种丑闻，而且让他拜访基督生活和去世的地方也许可以重建他在朋友们心中的圣人形象。拉斯普京离开圣彼得堡前，会见了数名他的信徒。"大臣们打算把我送去阿索斯山和耶路撒冷。"他告诉众人，"他们认为，四处走走对我有好处。"[19]

那个年代，俄国人去圣地朝圣的事并不罕见。在皇家东正教巴勒斯坦协会（Imperial Orthodox Palestine Society）的协助下，每年约有 2000 个俄国人踏上这条朝圣之路。该协会此前已经为 7000 个前往耶路撒冷的朝圣者，以及 1000 个前往拿撒勒（Nazareth）的朝圣者解决了膳宿问题。1911 年拉斯普京抵达耶路撒冷时，那里约有 9000 个俄国朝圣者，超过 4000 人在那里过了复活节。[20]这趟旅行（很可能得到了沙皇的资助）中的舒适体验（他全程搭乘火车，而不是像大部分俄国朝圣者那样徒步前往当地）给拉斯普京留下了极为深刻的印象。一路上，他经常给尼古拉、亚历山德拉以及安娜·维鲁波娃写信。之后，他在旅途中写下的文字被集结成册，由亚历山德拉出资，以《我的思考与反思》（*My Thoughts and Reflections*）为题出版。小册子从未在市面上销售，拉斯普京把它当作礼物送给仰慕他的人。[21]

2 月 13 日，拉斯普京离开圣彼得堡，前往俄罗斯东正教诞生的摇篮——基辅。18 日，他参观了基辅的洞窟修道院（Kievo - Pecherskaya Lavra）①。从那里他又前往乌克兰东部古老的波察耶夫修道院，在圣母玛利亚的圣像前祷告，接着向南往黑海沿岸的敖德萨行进。他在敖德萨与其他 600 个俄国朝圣者会合，登上了驶往君士坦丁堡的蒸汽船。[22] 这是拉斯普京的第一次海上之旅，他兴奋极了。

> 我该怎么形容这种沉静呢？我沿着黑海海岸前往敖德萨，从海上升腾起一种沉静。我从灵魂深处感受到了喜悦，在这种沉静中睡去。我的眼前闪烁着金色的光点，没有比这更让人着迷的光景了。……
>
> 大海不费吹灰之力就能安抚你的心。早晨醒来时，你听到波涛正在窃窃私语、翻腾，于是感到一阵愉悦。太阳从海平面上渐渐升起，洒下光芒。那一刻，灵魂可以宽恕一切。望着闪闪发光的太阳，灵魂开始充盈着喜悦，你会感到正在阅读人生之书——多么令人难以置信的画面！大海将你从虚荣心中唤醒，许多想法如此轻而易举地自然涌上心头。……
>
> 多么神奇的沉静啊……鸟儿没有发出鸣叫，人们开始

203

---

①　基辅最古老的宗教建筑，是包括乌克兰和俄罗斯在内的古代罗斯的宗教圣地和学术中心。——译者注

潜入内心深处，记起自己的童年，将此刻拥有的沉静与浮华的尘世相比。你会开始暗中自言自语，希望卸下内心的重负（从厌倦中解脱），不再受制于仇人造成的负面情绪……

当望向海岸上闪着金光的树时，谁会感觉不到喜悦呢？……我们凝视着上帝创造的自然，感恩他，感谢他的赐予，感谢几乎无法用任何人类的语言或智慧来形容的自然之美。

海上之旅的景色或许十分壮美，他却因为晕船受了不少罪。

他们踏上了君士坦丁堡的土地，参观了圣索菲亚大教堂（Hagia Sophia）。拉斯普京被眼前的景象深深打动："我该怎么用人类有限的智慧来形容索菲亚大教堂的壮观——这世界上独一无二的存在呢？圣索菲亚大教堂就像山顶上的云朵，它就是最好的教堂。"他虽然为大教堂落入"土耳其异教徒"之手而痛苦，但认为基督徒也难辞其咎。他写道，他们的骄傲让上帝从他们手中夺走了大教堂，把它拱手让给嘲笑上帝、亵渎上帝、拥有另一种信仰的人们。拉斯普京相信，大教堂总有一天会回到东正教信徒的手中，但人们一定要有耐心，为犯下的罪深深忏悔。

从那里，他们驶往爱琴海，追随着公元 1 世纪圣保罗的足迹，沿土耳其海岸线经过了米蒂利尼（Mitylene）、士麦那（Smyrna）、以弗所（Ephesus）、希俄斯岛（Chios）、帕特莫斯岛（Patmos）。他感到被带回了早期的教会时代，为信仰、权力以及那时基督徒所受的苦难惊叹不已："我的上帝，您的使徒们在此汇聚了多么强大的信仰，在这些沿海地区！他们让不

计其数的人皈依基督教，因此到处都能看到殉道者，无论是在
地中海的此岸还是彼岸。"

　　然而，进入使徒时代（Apostolic Age）①后，一切都开始　204
走下坡路。"希腊人对自己的哲学感到十分骄傲。上帝因此心
生不满，把使徒们创造和累积的所有成品都交给土耳其人。"
没错，希腊神父们确实受过教育且遵守教条，但根据拉斯普京
的说法，他们缺乏信仰所需的精神基础。在这里，神父们总是
把目光聚焦在外在的象征物上——他们想要上等的十字架，而
不是简陋的教士袍。拉斯普京不得不承认，俄国也未能幸免。
他写道，我们国家的教会"缺乏精神上的指引"，太执着于
"正规的教条"，因此教会的传道总是如此空洞。许多神父都
很懒惰，对朴素的修道士中燃起的"圣火"感到惊恐不已。

　　他们继续向南航行，经过罗德岛（Rhodes，"罗德岛拥有
人们可以想象到的一切"）、贝鲁特（Beirut），在古老的港口
雅法（Jaffa）下船。从那里，他们经陆路抵达了耶路撒冷。踏
上耶路撒冷土地的那一刻，拉斯普京几乎无法抑制自己的感
受，情不自禁地流下泪来：

　　　　我们沿着主干道行进，终于来到了圣城耶路撒冷。

　　　　……我无法形容内心的喜悦——我的笔无法描述它，
　　任何朝圣者都会在那一刻泪如泉涌。

　　　　……上帝曾在这里饱受折磨。噢，你可以想象十字架

————————

①　是从十二使徒在耶稣复活显现后接受使命开始传教，直到最后一个使徒
　　死亡的时期，大约始于公元33年，终于公元100年。——译者注

上的圣母玛利亚。想象力在这里是如此活跃，尤其要想到他在阿提卡（Attica）如何为我们受苦。……

我无法形容抵达圣墓大教堂的那一刻！

我感到，圣墓大教堂是一座充满爱的坟墓。我的情感是如此强烈，以至于我想要拥抱每一个人，让他们感受这种爱，让每个人都成为圣人，因为爱不准你看到人类的弱点。你知道，圣墓大教堂附近的人都怀着同样的情感，就算他们日后回到家乡，它也不会消失。……

噢，基督被钉上十字架的这个地方给我留下了多么深刻的印象啊！……当你的眼光掠过圣母玛利亚曾伫立的地方时，你的眼泪情不自禁地涌出眼眶，你的内心会把一切都看得清清楚楚。

上帝，这里发生的事是多么伟大啊！尸体瘫倒在地上。多么悲伤，多少眼泪为这具尸体而流！上帝，上帝，这究竟是为了什么？上帝，我们不会再犯罪，请你用受难拯救我们！[23]

205　这就是圣地带给拉斯普京的冲击，他感到沙皇一家就在他的身边：

我珍爱的人，我已经来到圣城……上帝，圣墓大教堂让我充满喜悦，而你们就站在我的身边：安努什卡（指安娜·维鲁波娃）、妈妈和爸爸，你们都成了我，我们从未如此靠近彼此，我的手指甚至可以触碰到你们，因为爱超越了一切。妈妈，您明白吗？安努什卡，这里没有羞耻，没有。亲吻你，将我献给你们每一个人。格里高利。[24]

他参观了客西马尼园（Gethsemane，"人们甚至因敬畏而不敢踏进那里，每一株蒲草都是如此神圣"）①、约旦河（River Jordan）、耶利哥（Jericho）和伯利恒（Bethlehem）。盘踞在拉斯普京脑海中的不仅仅是基督教。"这里的犹太人特别漂亮。"他在给圣彼得堡的朋友的信中写道。[25] 4 月 10 日，东正教的基督徒们在圣地庆祝了复活节。正如拉斯普京的其他见闻，这也是一次让人无法忘怀的经历，但中间发生了一些小插曲。他惊讶地发现，并非每个人都像他一样满怀敬畏之心。他被兜售宗教饰品的小贩们反复推搡。女人们为了做买卖，拿着俗气又华而不实的东西追着他和其他朝圣者不放。修女在最神圣的地方售卖酒精饮品，因为售价便宜，几乎每个人都会买一杯。这些都让拉斯普京更加深信，魔鬼无处不在，诱惑无法回避。拉斯普京对那里的不道德行径的描述毫不夸张：那些日子，在圣城等待朝圣者们的不仅有酒鬼、妓女，还有打架斗殴和蓄意破坏。[26]

就像他对希腊教会的空洞信仰大失所望，天主教的弥撒也让他扫兴。"该怎么形容他们的复活节呢？我们庆祝时，每个人——就算不是东正教徒——都显得那么开心。人们的脸上闪着光……而这里的人在最重要的大教堂中过节，却让人丝毫感受不到他们的喜悦。这里没有任何骚动，每个人都知道，复活节并不存在于他们心中……身为东正教徒，我们是多么快活！我们的信仰无与伦比！"

根据他的朝圣经历，拉斯普京为俄国总结了一个关键的提议。朝圣期间，他发现了一种在俄国人中培养信仰以及对沙皇

---

① 基督在犹大的出卖下被捕之地，亦称蒙难地。——译者注

的崇敬的方式，尤其是在穷人之中。因此，他催促政府支持并

206 鼓励俄国人去圣城朝圣。他相信，在他们回到家乡后，这些重新充满精神力量的朝圣者一定会复苏祖国的信仰，巩固沙皇作为世俗和宗教权力的最高象征的地位，他们会成为东正教和君主制之间的桥梁。因此，拉斯普京建议改善东正教徒在朝圣途中的恶劣条件，应该为他们减少旅行花费，不应该向他们收热水钱、住宿费和交通费，而且他们不应该"像牲口一样"几百个人挤在一起。[27]富裕的朝圣者在旅行时享受了一切便利，穷人只能受苦。拉斯普京认为，这样显然不对。

6月4日晚，拉斯普京在亚历山大宫见到了尼古拉和亚历山德拉。时隔数月再见到他让沙皇夫妇欣喜若狂。[28]他给他们带来了礼物。阿列克谢得到了球、梳子、陀螺和一小盒彩笔，男孩开心极了。[29]索菲亚·布克斯格夫登（Sofia Buksgevden）留意到，拉斯普京回来后，他的信徒数量出现了显著增长，因为他们都热切盼望倾听他的旅途见闻。[30]在一些人看来，拉斯普京踏上朝圣之路的事实证明了他的深厚信仰，为他周身的光环又添上了浓重的一笔。如果沙皇的大臣们曾坚持用朝圣削弱拉斯普京的影响力，那他们显然失败了。

## 注　释

1. Dixon，"'Mad Monk'，"398 – 99.

2. GARF，1467. 1. 710，117 – 18，231 – 32ob.

3. Dixon，"'Mad Monk'，"399.

4. *Russkoe slovo*，29 January 1911. At：www. starosti. ru.

5. *Russkoe slovo*，7 February 1911. At：www. starosti. ru.

6. SML, Spiridovich Papers, Box 6, Folder 3, p. 125.

7. Gurko, *Tsar'*, 230 – 31; FSu, 440 – 45.

8. VR, 261 – 62.

9. NIOR/RGB, 261. 20. 2, 10 – 12, 15 – 19, 70 – 72.

10. VR, 261.

11. Gurko, *Tsar'*, 231.

12. Dixon, " 'Mad Monk'," 399 – 402.

13. VR, 140; *LP*, 342 – 43.

14. *LP*, 341.

15. GARF, 640. 1. 309, 1, 2.

16. *KVD*, 59 – 60.

17. FR, 72; RR, 139.

18. Gurko, *Tsar'*, 231.

19. FDNO, 250 – 54.

20. FR, 73; FSu, 467 – 68; *Rossiia v sviatoi zemle*, 1: 27 – 31.

21. FR, 73 – 74; *WC*, 103n84; *KVD*, 62.

22. *KVD*, 59 – 60; PZ, 249; SML, Spiridovich Papers, Box 6, Folder 3, pp. 133 – 34; RGALI, 2167. 2. 22, 3.

23. 上述引文来自 PZ, 249 – 57。

24. *KVD*, 61.

25. FDNO, 254.

26. Montefiore, *Jerusalem*, 386 – 88.

27. PZ, 257, 260, 263 – 64.

28. *LP*, 343.

29. FDNO, 255.

30. FSu, 480.

# 第二十三章 拉斯普京的话

与人们固有的印象不同，拉斯普京不是文盲。他虽然从没上过学，但学会了阅读和书写。多年的朝圣生活还让他吸收了大量圣经知识。他的写作能力很糟。的确，他写的东西几乎谈不上遵循文法，辞藻不停堆砌，动词没有变化，他不注意变格，也从不使用逗号。他的拼写也让人大伤脑筋。也许，这可以解释为什么早期的传记作家大多选择忽略他的文字，把它们视为一个半文盲农夫留下的漏洞百出的书写。

当时的媒体准确地捕捉到了这一点。《证券交易公报》（*Stock Exchange Gazette*）的一位评论员注意到，拉斯普京的文字"十分无聊，缺乏深度，完全称不上原创"。这份报纸质问拉斯普京的匿名编辑怎么能没有留意到"'皇帝没穿衣服'，还邀请我们欣赏这个'穿着皇帝新衣'、有名无实的人"。[1] 1911 年，《晚报》发表文章称，拉斯普京在朝圣时学会了传道，认为自己创造了某种新哲学。但实际上，他不过是在模仿公元 2 世纪的隐士马吉安（Marcion）① 的思想。马吉安曾提出，为了提升一个人的灵魂，必须先用尽一切方法摧毁他的肉体。[2] 诚然，拉斯普京缺乏原创性，称不上重要的思想家，没有对东正教神学做出举足轻重的诠释，但他关于信仰和当时俄国

---

① 早期基督教的神学家，自立马吉安派，这是第一个被基督教会判为异端的派别。——译者注

社会的观点非常坚定。从他的书写中，我们也许能够一窥他的想法。拉斯普京从不是一位真正的牧师。他很少在人群前发言，但并非言行不一致的人。在他的信徒们——比如皇后——的协助下，拉斯普京生前出版过几本记载其发言的小册子。[3]奥尔加·鲁克缇娜告诉调查委员会，拉斯普京喜欢在一本小笔记本上记下自己的想法，接着由她抄写下来，改正文法错误，但她不会改动其他地方。1911 年，这些发言集结成《虔诚的冥想》（*Pious Meditations*）一书，公开出版。[4]1915 年，在皇后的支持下，记录拉斯普京的耶路撒冷朝圣经历的《我的思考与反思》付梓。

208

亚历山德拉常在拉斯普京 1911 年 2 月送给她的笔记本上记录他的教诲。这本笔记本对皇后至关重要。1915 年 5 月 5 日，她给尼古拉写信："这些日子实在太漫长、太寂寞了……头疼发作时，我会写下我们的朋友的箴言，这样时间就会过得快一些。"革命爆发后，她带着这本笔记本踏上流亡之路，把它视作心灵的慰藉。[5]拉斯普京的文字不容易阅读，而且很难对其做出准确的翻译。此外，他的大部分发言并没有收录其中，而是通过其他渠道得到保存，曾在很长一段时间内没有公开。拉斯普京留下的文字隐晦、不完整，常常令人感到费解。（为了语义清晰，在引用以下段落时，我没有保留拉斯普京最初的表达。）尽管如此，他的文字经常会涉及某些话题。拉斯普京总是强调祷告和信仰的力量、施舍的奇迹、善行的神圣以及仁慈的真谛。他很少谈及罪，但对魔鬼十分着迷。他将它们称为 *bes*，直译便是"恶魔"（demon）——一种在人们身边真实有力的、需要时刻提防的存在。[6]

爱是拉斯普京的教诲的核心。

热爱天堂，它是由爱创造的。我们随自己的灵魂而去，热爱云朵，我们生活在那里。

爱是伟大的受难，它让你不吃不喝，辗转难眠。

它掺杂了罪。尽管如此，我们最好还是去爱。人们会在爱中犯错，因爱而痛苦。这种痛苦会净化他的错误。

上帝……请教导我如何去爱，然后爱所造成的伤害便不会再令我受伤，受难也会使我感到愉快。我知道，爱会让人受苦和挣扎（我自己就饱受折磨），但我是因爱而生，因爱我的人而生……不要从我的身上夺走爱——让我身边最亲近、正在受苦的人教会我去爱。我会因此而痛苦，但会继续爱。虽然我会犯错，但有使徒说过："爱能遮掩许多的罪。"

爱是一切，爱会为你挡住子弹。

在涌动的爱意中，拉斯普京引出了帮助他人，尤其是救济和施舍的理念。他曾长篇大论地讨论施舍，这是其教诲的核心主题。1910 年，塔季扬娜·尼古拉耶芙娜女大公以《施舍的妙处》（*The Marvelous Deeds of Alms*）为题，在自己的笔记本上记录了他的相关说法。

那些懂得给予的人，经验会告诉他们，给予不会让他们贫穷，而是会让他们获得更多。

但是，魔鬼的诱惑不会离我们而去，他会送来各种形式的幻影，它们会在我们耳边窃窃私语："你在这个世上无依无靠，不要再给予。"或者它们会伪装成醉汉与懒汉的模样，更大声地喊道："你一定会破产。"

人不可能平白无故地进入天堂。我们需要象征各种美德的十字架，而施舍无疑比其他举动更美妙。

魔鬼总在不停让人向贫困屈服，正如他总是试图让人抛弃上帝，踏入歧途。"苦难实在是太令人痛苦了！魔鬼很有经验，它已经存在了数个世纪，它总是夺走一个人真正热爱的东西。许多人无法战胜它，他们因此死去，而这些人不会成为上帝的朋友。与上帝为友意味着严酷的迫害和失去你的所爱。"

魔鬼的存在使拉斯普京相信，他必须面对许多仇人。他会一而再再而三地在布道中谈到这个话题。

悲伤是上帝的圣殿！……我熬过了最糟糕的诽谤。我简直无法相信人们是如何谈论我的。上帝！请赐予我耐心，让我的仇人们闭嘴！或者请赐予我来自天堂的眷顾，它会让我永远沐浴在您的光辉之中。

哦，可怜的魔鬼让所有俄国人都站到了我的对立面，就好像我是个罪犯！魔鬼和其他每个人都渴望得到天赐之福！但魔鬼永远不会取胜。上帝！请救救你自己！

真相只掌握在殉道者手中。那些内心神圣的人一定会挨过所有骚扰，最终戴上胜利的皇冠。[7]

拉斯普京多次提及，他本人也无法完全摆脱魔鬼的影响。他不止一次地说过："我也会被敌人诱惑。"正如拉斯普京所言，敌人们嫉妒追寻上帝的人。因此，只要有人尝试接近上帝，敌人就会给他制造痛苦和折磨：那些谦卑的人将因此受苦；那些斋戒的人将无法忍受喉咙的干渴；那些抵御肉体欲望的人将被带到异性面前，其脑海中会浮现出罪恶的画面。在《一位资深朝圣者的人生》一书中，拉斯普京从自己的经验出发，陈述了该如何抵制各种诱惑。

> 你应该尝试一切方法。努力祷告，并在没人的时候抽打自己。要狠狠地，真真正正地抽打，使出你的全部力气，让大地也因此震颤。但要注意，只有在无人打扰的情况下才可以这么做。接着，一切都会好起来，一切（诱惑）都会离你而去。你会因此增长经验，满怀喜悦地接受自己的做法，因为敌人给了你教训，但你没有落入他诱惑的陷阱——他让你更加热爱上帝了。[8]

拉斯普京最常谈论的受难说、魔鬼的影响和敌人的迫害，都引起了亚历山德拉的共鸣。她看待世界的方式大致和拉斯普京相同。不难发现，她很赞同拉斯普京的那套说辞，因此，两人之间建立了一种深刻的联系。亚历山德拉认为她处于敌人的包围之中，别人总想伤害她、她的家庭以及拉斯普京。在她眼中，这个世界非黑即白，美德的对面只有罪。随着时间的推移，亚历山德拉变得愈加固执，只要对方的做法令她不悦，便会被她归为彻头彻尾的敌人。从早年她在达姆施塔特生活时就开始服侍她的马德莱娜·扎诺蒂留意到，皇后越来越难包容其他人的见解，只能接受她自己的想法。那些观点和她不同的人很快就会被排斥。[9]除了最亲近的家人，符合皇后那几乎无法企及的标准的就只有拉斯普京。

210

　　我们几乎可以肯定，将皇后和拉斯普京联系到一起的是他们遭受迫害的共同体验，但并不清楚拉斯普京为了实现这个效果，营造出了怎样的受难氛围。他在表达受难的体验时，无疑是真挚且有根有据的。可是，为了在皇宫中以及亚历山德拉和尼古拉的心中巩固自己的地位（如果他真有此意图），他究竟在多大程度上故意放大了这种感受呢？我们没有答案。拉斯普京有好几次在与亚历山德拉交流时，一边试图安慰逆境中的她，一边又在利用她的虚荣心：

　　　　这些日子，我们在世上听到、看到不少麻烦。它们让人害怕并感到世事艰难。但上帝的仁慈一定会眷顾我们的皇后，因为我们都知道她的虔诚……正是因为我们的放肆和罪，才会有如今的局面。上帝离我们而去了，每个人都感到惋惜和羞愧。她也受到了影响，我们亲爱的皇后，她的内心和灵魂深处……经历了所有苦难，她病了，她内心的力量动摇了。她不停地盼望和祈祷，期待仁慈降临。她没有向世俗的医生求助，但她的力量会不停凝聚，她的灵魂终将恢复原样。

以及：

　　　　她可以感受到上帝的存在，就像我们这些谦卑的人一样。开口说话时，她就和上帝的恩典融合了。皇后的光辉无与伦比。敌人们想方设法令她软弱，但她是一名战士。她从经验中得到教训，聪明地还击，做法巧妙又不失分寸。她是所有人的榜样，用自己的经验和处事艺术教诲他人。因此，她现在也是孩子们的榜样，教他们要怎么做才不会受伤，以及如何从恩典中获得持续的耐心。上帝在我们的祖国——俄罗斯帝国创造了奇妙的万事万物，可人们仍无法避免受难。好在他们也会虔诚地祷告，苦难的日子终将过去。上帝会做出了结，我们不会再因此受苦。上帝不会永远让我们困在异教徒的手中。历史上出现过圣人，而现在，他们也会来到我们中间。阿门。

不难想象，亚历山德拉一定会因这些话深感欣慰。

亚历山德拉很难接受他人的不完美，但拉斯普京总是在鼓励她原谅，尽管他连篇累牍地谈论迫害，却很少提及惩罚。对拉斯普京而言，复仇是一个十分陌生的概念——最终，一切都会由上帝做出裁决；而这正是皇后身上缺少的一种仁慈。

除了少数几次，拉斯普京总在毫不吝惜地展现他对世人的同情。正因为人类是不完美的，他才产生了这种认识：罪无所不在，我们无法成为真正的基督徒，无法全身心地感受到上帝的爱和智慧的美妙之处。"每个人都知道上帝，上帝的智慧是无价之宝，但并不是每个人都可以清楚地看到上帝。同样，并不是每个人都适合宗教生活。"谦卑和贫穷的人更容易接近上帝；平凡的人，而不是官僚和富人，更容易将上帝放在心中。拉斯普京把这种诠释当作对抗贵族、知识分子、商人和正统神父的一种武器。拉斯普京总是把至高无上的爱挂在嘴边，可一旦涉及某些特定的社会群体，他便极少流露类似情感。

212　　　能够使贵族们的灵魂升华是多么让人高兴的事啊……为什么？因为首先，他们未被允许和普通人交谈。什么是普通人呢？他们不懂外语，只会使用朴实的词语，能够与自然平和共处。大自然养育了他们，用智慧点醒了他们的灵魂……这就是他们为什么会说：越重要的，听起来越不足为道。为什么不足为道？因为智慧藏在平凡的事物里。

傲慢和自大会让你头脑松懈。"噢，我不想这么骄傲，但我的祖父总在和大臣们打交道。我就出生在这样的家庭，从小就生活在国外。"噢，你们这些不幸的贵族！所以你们才会毁掉自己的产业，所以你们才会发疯……啊，撒旦知道该怎么逮住贵族。只有几个人，绝对不是多数——正如他们所说，只有在强烈的光线下才能找到他们——还保持着谦卑。他们不会阻止孩子们去厨房学习煮饭这类琐事。这些人有良好的教养，而且懂得平凡的智慧，他们的头脑是神圣的。拥有一颗神圣的头脑才可以感受一切。他们才是这个世界的主宰者。[10]

以及：

噢，你们这些贵族！我只花 3 戈比就可以在一个小酒馆里喝得酩酊大醉。而你们呢？在国外的哪个城市，柏林？你都忘了吗？……那些可恶的贵族根本没见过上帝之光……只有上帝掌握着真相——你的子子孙孙可能享受着安稳的生活，但绝不会懂得生活的真相！上帝绝不准你们靠近基督徒和东正教徒！

1914 年 6 月，拉斯普京接受《彼得堡信使报》采访，说"每个贵族都在剥削平民"。[11]根据弗拉基米尔·邦奇-布鲁耶维奇的说法，拉斯普京总喜欢说："一个人必须为平凡的人而活，时时把平凡的人放在心上。"邦奇－布鲁耶维奇从没怀疑过拉斯普京是真的这么认为的。[12]

*

1915 年春，拉斯普京在彼得格勒拜访了丹麦艺术家西奥多拉·克拉鲁普（Theodora Krarup）的工作室。她和皇太后走得很近，给几位皇室成员画过肖像画。现在，拉斯普京来到她跟前，出价 300 卢布（比她通常的要价低不少，要她为自己画像）。他们很快熟络起来，拉斯普京开始定期现身她的工作室。克拉鲁普共为拉斯普京画了 12 幅肖像画，还把其中一幅送给了皇储阿列克谢。[13]

213

拉斯普京被工作室的简陋打动了。在他看来，这象征着克拉鲁普的谦卑，表明她真的全身心投入在工作中。他比较了克拉鲁普与战争期间那些骄傲的俄国将军：

> 我们的力量只存在于我们的才能之中。如今为什么不再有武士和胜利者了？因为我们遗失了那种美，他们心中存在的美好不是为了胜利，而是为了把刀刺向某人，让对方不可能再得到提拔或赢得勋章……真的，看看艺术家们，他们如此贫穷，没有十字架，没有奖章，只有手中之物——他们手中的就是画笔，他们的才能源于他们的精神。上帝啊！为什么你不在那些将军的头脑中播种胜利的信念，而让他们肆意挥舞手中的刀剑。他们没有资格成为艺术家的朋友，不管是男艺术家还是女艺术家！看看一位真正的艺术家：你来到他的工作室，被他的作品包围，他

只有一张床、一块垫子，这里就像一道战壕。他不会获得勋章，从不计较名望，而那些将军才是该拯救我们的人……但我对他们实在不抱信心……

从一开始，克拉鲁普就不排斥拉斯普京。拉斯普京总是和穆娅·高罗维纳一起来访。拉斯普京摆好姿势后，常常会谈起俄国的社会生活，他多次提及的话题之一便是对贵族剥削农夫的仇恨。在克拉鲁普眼中，拉斯普京是具有社会主义精神的基督徒。

拉斯普京在克拉鲁普的工作室中感受到了质朴的美，那里能够让他放松身心，就像回到了博克维斯科的家中。在标注写作日期为 1911 年 10 月 27 日、题为《在我的村庄中漫步》（"A Walk through My Village"）的文章中，拉斯普京回忆了自己在一天夜晚从窗口观察村里的人时的所思所想。他欣慰地看见几个男孩正在学习《圣经》，一个男人在修理雪橇，女人们正在缝制垫子。在这里，在这简陋的屋子中，他看见了喜悦和上帝的光辉。即使是边工作边欢乐地唱着世俗歌曲的女人，也会让上帝满足，上帝赞许她们的劳作。"农夫们的夜晚时光充满正义和神圣性。"接着，拉斯普京路过神父们的家。他看见三位神职人员正在边聊天边赌钱。"他们的脸上闪烁着赌博的贪婪"，从屋子里"透出沉重压抑的光线"。拉斯普京这么说绝不算刻薄。"让我们先不要妄下判断，"他说，"但我们绝不该视他们为榜样。我们会等待，直到他们恢复得体的举止，等到他们做祷告而非玩牌时再向他们学习。"

拉斯普京经常用激烈的言辞抨击俄国的神父：

214

我们经常谈论爱，可往往只是听说过它，实际离它很远。爱往往降临在经历丰富的人身上，但它不会降临在生活舒适的人身上，即使那个人是神父。因为，神父通常有两种——一种为教区工作，另一种则通过自身的历练成为神父。后者才是真正的神父，他们全心全意地侍奉上帝。但前一种神父总是告发他们、谴责他们。那些经上帝选择的人才懂得什么是永恒的爱。人们应该聚拢在这样的人身边，聆听他们的教诲。他们不会拘泥于书本，而是从自己的经验出发，因为获得爱绝不是一件容易的事。

此处，拉斯普京显然在谈论他自己，把自己的地位置于官方任命的神职人员，尤其是那些针对他的人之上。他的这番话无疑带有一种骄傲，但他很快就会在其他人身上谴责骄傲这种罪，还连带抨击了贵族、将军、神父和知识分子。"受过教育并不意味着懂得正义！我不是谴责那些会读会写的人。人们都应该学习，但接受教育不会让人更接近上帝，他只是学会了字母、单词，但不知道如何呼唤上帝。知识混淆了他的头脑，禁锢了他的双足，使他无法跟随上帝的脚步。"[14] 有一次，他甚至提出忠告："别什么都往哲学上扯——你只会把自己弄得筋疲力尽。"

\*

1913 年春天，拉斯普京拜访了圣彼得堡育婴堂，那里收留了被抛弃和没有合法身份的孩子。遭人遗弃的瘦小婴儿令他潸然泪下。拉斯普京十分悲伤，因为很少有人知道这个地方，也没有人会特地前来看他们，"这里反映了各种人性"。他认为，这些没人关心也没人爱的孩子，是"那些不受控制的、发狂的肉体的产物。他们因罪而出现，因被我们称为罪的一切事物而出现，因每个人的恐惧而出现"。拉斯普京没有否认他们的出生就伴随着罪这一点，但他强调每个人都有罪，而上帝总是充满仁慈。

"从他们的脸上看不到一点罪的印迹，"他说，"这些小生命已经摆脱了疯狂的记忆。"他们都"毫无防备之力"。他赞扬那里的护理人员和医生："他们比上流社会的人更加朴素，更容易获得内心的平静。你应该选择相信护理人员，而不是指使她们的人。权力会腐蚀并束缚一个人的灵魂。在这里，没有人需要权力，只要有爱就够了。能够理解这些道理的人，会在他们的一生中得到祝福。"

拉斯普京捍卫社会上最弱势的群体，敢于对抗时人的偏见。他坚持说，不，这些孩子不该被人轻视，不该被遗弃。实际上，他们的存在体现了一种特别的价值：

> 爱的珍贵果实不该被运往遥远的仓库，这会让我们损失许多本可以存活的幼苗和灵魂，是一种对抛弃子孙的虚假掩饰。想想吧：最健康的孩子其实来自偷偷摸摸的爱，因为这种爱是如此生生不息；而光明正大的爱不过是世间的平常事物。当爱光明正大时，你总有些不情愿，你虚弱地生下孩子。……这个国家里最伟大、最耀眼的事物，来自一种强大的精神力量，这种力量是对孩子和他们的童年的爱护。让我们为这些天使般的小可怜虫提供更多保护

215

吧。他们身上不带一点罪恶，他们不是为了罪恶而来到这个世界的。所谓的罪恶，不过是对与众不同之事物的谴责，我们排斥某些人的灵魂和身体，仅仅是因为他们与众不同。但是我们总是害怕这样。为什么要害怕呢？难道不该满怀喜悦，感谢造物主创造了一切吗？[15]

拉斯普京这种对自然、对普通人的讴歌，使他在某种程度上成了"俄国的卢梭"。他敬畏天真无邪的儿童，不信任受过教育的知识分子和贵族，提倡过简朴的生活，以及回归某种最原始的纯粹。[16]值得注意的是，拉斯普京并没有因此成为独一无二的人物。喀琅施塔得的约翰也表达过类似见解，也谴责过俄国精英阶层的冷漠，谴责他们对底层人民造成的不良影响，以及他们自身的道德败坏。[17]但是，拉斯普京提倡的观点与其他人相似这个事实，并没有使这些观点本身失去价值，反而让我们看到他十分关心当时俄国社会的种种问题。我们也许很容易把拉斯普京的话当作一种愤世嫉俗又虚伪空洞的控诉。也许他根本不相信自己的话，只是把它们作为一种狡猾的策略，从而让自己获得影响力，或者不幸地因此臭名昭著。但我认为，这种说法并不全面。一个人并非总能做到心口如一，而拉斯普京践行理念的时候显然多于他言行不一致的时候。

## 注　释

1. RGADA, 1290. 2. 4765, 3. 对这本书的另一则批评，见 GARF, 63. 47. 484（35），57（1915 年 11 月 4 日的剪报）。还可见 N.

Konstantinov，"Malogramotnyi favorit，"*Zhurnal zhurnalov* 16（1915）。

2. *VV*，16 December 1911. At：www. starosti. ru.

3. For one reference to his public preaching, see *Voskresnaia vecherniaia gazeta*，15 September 1913，p. 2.

4. RR，131. 都主教韦尼阿明称，他的确接到皇后的指示，要求他用得体的俄语"翻译"拉斯普京留在黄色笔记本上的自传性文字，但他没有完成这项任务，这个笔记本后来下落不明。Veniamin，*Na rubezhe*，133.

5. FB，527 – 28.

6. 除非另有说明，所有引文都来自亚历山德拉的笔记本，见 GARF，640. 1. 309，1 – 62ob。这份文件的全文见 PZ，265 – 90。

7. GARF，651. 1. 10，95ob – 99，126ob.

8. PZ，239.

9. Sokolov，*Ubiistvo*，85 – 86，89.

10. GARF，651. 1. 27，30 – 32.

11. GARF，102. 242. 1912. 297，ch. 1，80.

12. *Grigorii Rasputin v vospominaniiakh*，71 – 73.

13. 她对他们关系的描述见 Krarup，*42 Aar*，123 – 52。也可见 Christie's，Sale 6827，25 November 2003，Notes to Lot 164：Krarup，Portrait of Rasputin。

14. PZ，243，246 – 47.

15. *Dym otechestva*，16 May 1913，pp. 10 – 11.

16. See Etkind，*Khlyst*，594 – 95.

17. Kizenko，*Prodigal*，85 – 86.

# 第二十四章　伊利奥多尔的胜利

　　伊利奥多尔在抵达诺沃西利不久后的 2 月 15 日，让圣彼得堡的萨佐诺夫转交给拉斯普京一封求情电报："我亲爱的朋友，尽快来这里。情况实在是太糟了。"[1]但是，这封电报发得太晚，拉斯普京那时已经动身去耶路撒冷了。因此，伊利奥多尔只能向别人求助。他在鲁克缇娜和一个曾是莫斯科神学院学生的兄弟的协助下，策划了一次出逃。伊利奥多尔取下胸前的十字架，戴上一副深色眼镜和一顶宽大的皮草帽，悄悄离开诺沃西利，前往莫斯科。在莫斯科，他们三人又搭上一列快车，朝南赶往察里津。[2]伊利奥多尔是如何避人耳目，偷偷回到察里津的，至今仍是个谜。萨拉托夫总督彼得·斯特列穆霍夫（Pyotr Stremoukhov）在回忆录中写道，当时斯托雷平所在内政部的副大臣库尔洛夫应该为此事负责。库尔洛夫偷偷命令手下放伊利奥多尔回察里津（作为内政部的二把手，他有权力调动暗探），将之作为他动摇他的上司斯托雷平同时巩固自己地位的计划的一部分。斯特列穆霍夫称，库尔洛夫知道宫中仍然存在支持伊利奥多尔和拉斯普京的势力。[3]

　　3 月 12 日，伊利奥多尔回到察里津后，将自己关在修道院内，身边有成千上万名支持者的守护。同一天，他给拉斯普京发了一封电报："我突破了数百名警察和暗探的封锁，在圣母玛利亚的保佑下平安回到了自己的修道院。人们很快聚集起

来，欢乐地迎接我的归来。城里的警察、宪兵、守卫都因此而
蒙羞。早日让这场风波过去吧。"那天晚些时候，他又发了一
封电报，沮丧地写道："尽量避免引发一场灾难。"[4]

但同时，伊利奥多尔似乎又在煽动一场他想让拉斯普京竭
力避免的灾难，继续发表激进讲话。他大声疾呼，沙皇已经落
到了"犹太－共济会"大臣的手中，其中最危险的就是斯托
雷平。伊利奥多尔呼吁，所有大臣都应受鞭刑，尤其应粉碎斯
托雷平的"共济会阴谋"。斯特列穆霍夫下令，不准让更多信
徒混入现场的人群，而且在得到进一步指示前，面对伊利奥多
尔不要轻举妄动。斯托雷平要求神圣宗教会议的官员联手格尔
莫根平息事态，但种种努力均告失败。接着，库尔洛夫命令斯
特列穆霍夫派警察在夜间冲入修道院，抓捕伊利奥多尔。斯特
列穆霍夫知道，这么做一定会酿成血腥惨剧，因此拒绝执行命
令。但库尔洛夫想要的可能正是一场流血事件，这样他就能把
责任推到斯托雷平身上。伊利奥多尔煽动信徒们，宣称单凭他
们的力量就可以拯救他，还承诺他们会因此进入天堂。伊利奥
多尔把修道院变成了一座森严的堡垒。他的信徒们开始用来复
枪和棍棒武装自己，包围了整栋建筑，随时准备击退警方任何
试图拘捕伊利奥多尔的攻势。

根据库尔洛夫的说法，秘密警察拦截了伊利奥多尔和格尔
莫根发给拉斯普京的电报。格尔莫根作为伊利奥多尔的恩主，
也曾恳求拉斯普京向沙皇求情。然而，拉斯普京当时距离他们
太远，朝圣期间他显然没有收到他们的任何电报。（伊利奥多
尔不知道拉斯普京去圣城的事，说明他是临时决定要从诺沃西
利逃走的。）不过，伊利奥多尔称拉斯普京回应了他的求助电
报，曾给沙皇发电报为他辩护，还写信向他保证一定会救他。[5]

217

3月27日，《俄国消息报》刊登了一封电报，据称它是拉斯普京从耶路撒冷发给伊利奥多尔的："上帝是你唯一的希望，向受难的圣母玛利亚祈祷吧。送上格里高利神父的一切祝福。他们（尼古拉和亚历山德拉）在圣彼得堡十分生气，风波打乱了他们平静的生活。他们同意给你赏下你要求的那些钱，还说为什么你不直接告诉他们。"[6]古尔科后来说，拉斯普京给亚历山德拉发了电报，称如果她不原谅伊利奥多尔，不让他继续留在察里津，皇储就会面临"一场巨大的危机"。古尔科认为，拉斯普京和维鲁波娃都想出手拯救伊利奥多尔，虽然他没有拿出任何证据。[7]多年后，伊利奥多尔在《俄国的狂妄修道士》中写道，拉斯普京给尼古拉发了以下电报："我希望伊利奥多尔可以留在察里津。"但这不过是伊利奥多尔编造的说法。他还在同一本书中写道，危机期间他从来没有向拉斯普京求助，从没想过要让拉斯普京为自己求情。保存在俄罗斯档案馆的电报同样证明他在说谎。[8]而且他的说法与他写于1912年1月的长信的内容也不一致。他在这封信中写道，虽然鲁克缇娜和其他人都恳求拉斯普京提供帮助，但拉斯普京什么都没做。[9]

2月26日，斯托雷平给沙皇写信，谈了自己对这桩丑闻的想法以及它释放的危险信号。在这位大臣会议主席看来，"伊利奥多尔事件"成了关于教会的软弱和失序的最糟糕证据，必须采取行动，包括让神圣宗教会议主席谢尔盖·卢基扬诺夫下台。但是他又强调，这些行动不可立刻执行，因为人们肯定会视其为叛逆神父的胜利，伊利奥多尔本人更是会这样想。这会使伊利奥多尔和政府、教会中的其他异见人士更加胆大妄为，从而进一步削弱官方机构的权威。现在必须采取一切可能的手段，阻止最坏的结果出现。"在俄国，"斯托雷平写道，"没有什么比软弱更让人恐惧。"这不仅事关教会，而且更事关沙皇本人，伊利奥多尔正在公然藐视他们的存在。[10]

僵局持续到了春天。5月底，斯特列穆霍夫回到圣彼得堡，和斯托雷平讨论最新局势。斯特列穆霍夫完全无法理解，沙皇怎么能容忍伊利奥多尔不停践踏自己的存在和权威。许多人相信了传言，而这些谣言显然最早是由伊利奥多尔本人放出的。人们相信，尼古拉之所以不敢对付伊利奥多尔，是因为伊利奥多尔是他同父异母的兄弟，是已故的亚历山大三世的私生子。斯特列穆霍夫想弄清楚斯托雷平为什么不采取行动，但大臣会议主席回答说，他已经尽了全力。斯托雷平告诉斯特列穆霍夫，他还是有所顾虑，担心弄走伊利奥多尔就会如同捅了马蜂窝一般，让左翼和右翼对他发动全方位的攻击，而这必将重挫他在宫中的威信。他们决定让斯特列穆霍夫和尼古拉谈话，不仅要谈伊利奥多尔，还要谈他的盟友格尔莫根和拉斯普京。但是，就在斯特列穆霍夫见尼古拉的前一天，他收到一通匿名电话，对方指示他只能提伊利奥多尔和格尔莫根的名字，而不准提起拉斯普京。斯特列穆霍夫刚想问对方是谁，电话就被挂断了。对此大感惊讶的斯特列穆霍夫虽然不敢确定，但猜测电话那头的人正是斯托雷平，认为斯托雷平试图警告自己不要和沙皇讨论拉斯普京的事。

第二天，斯特列穆霍夫告诉沙皇，他前来汇报伊利奥多尔事件的进展。他还没进入正题，尼古拉就打断他的话，告诉他事情已经了结，而自己决定原谅伊利奥多尔。斯特列穆霍夫简直不敢相信自己的耳朵。[11]尼古拉竟然退缩了，他竟然允许伊利奥多尔继续留在察里津。叛逆修道士赢了沙皇，赢了沙皇的大臣们，赢了神圣宗教会议。尼古拉的决定大大损害了神圣宗

219

教会议和皇室的权威。神圣宗教会议面对木已成舟的事实拖延了一周，终于在 4 月 2 日发布公告，批准伊利奥多尔离开诺沃西利，回到察里津，服从格尔莫根的管理。该公告解释，做出上述决定是因为沙皇听取了民意；但其实每个人都知道，伊利奥多尔早就回到了察里津。尽管沙皇才是真正判断失误的人，但几位有地位的神父非但没有谴责沙皇，反而抨击拉斯普京。实际上，拉斯普京和沙皇的决定完全无关。[12]拯救了伊利奥多尔的不是拉斯普京的权势，而是尼古拉的软弱。不管拉斯普京扮演了何种角色，鉴于两人之间的亲密关系，伊利奥多尔的胜利都很容易被等同于拉斯普京的胜利。然而，只有伊利奥多尔一人才是最终赢家。他深知这一点，而且早就预料到了结果。

随着丑闻不断发酵，罗曼诺夫皇室的其他成员越发担心。2 月 26 日，即斯托雷平给沙皇写信的那天，皇太后玛丽亚·费奥多罗芙娜来到亚历山大宫，提醒儿子和儿媳应留意拉斯普京制造的危机，而且要他们保证永远不让他回来。亚历山德拉表示反对，拼命为拉斯普京说话，尼古拉则始终保持沉默。皇太后十分难过，痛心地看着自己的儿子被儿媳主导。尼古拉从没有在写给母亲的信中提起过拉斯普京的名字，这个话题是他们之间的禁忌。玛丽亚·费奥多罗芙娜流下眼泪："我可怜的儿媳没能意识到她正在毁灭这个国家和她自己。但她选择全心全意地相信一个投机之徒的神圣性。我们都无力阻止悲剧的到来。那一天迟早会到来。"那一刻，她可能记起了 1866 年她从家乡丹麦来到俄国时，一个老妇人预言说她的儿子将以无边的财富和权力统治整个俄国，却会让一切都断送于"一个农夫之手"。[13]

5月20日，玛丽亚·费奥多罗芙娜在用午餐时，和沙皇的叔叔康斯坦丁·康斯坦丁诺维奇大公有过一次关于拉斯普京的长谈。康斯坦丁在日记中写道："她很沮丧，因为他们还在持续接见神秘的'圣愚'格里沙（指拉斯普京）。他要皇后和孩子们保密，让他们不要告诉别人见过他。实在不该让孩子们习惯讲这种谎话。斯托雷平尝试告诉沙皇，格里沙是个流氓，但他被告知别再插手这件事。"[14]

220

伊利奥多尔的胜利意味着卢基扬诺夫的失败，5月2日，他被解职，弗拉基米尔·萨布勒（Vladimir Sabler）取而代之。谣言称拉斯普京影响了这次任命。有些人甚至说，萨布勒在获得正式任命前，已经在拉斯普京家的大厅参加了"受膏仪式"。[15]但这种可能性很低，因为拉斯普京那时还没返回俄国。卢基扬诺夫去职后不久，大获全胜的伊利奥多尔拜访了圣彼得堡。他成了索菲亚·伊格纳季耶娃伯爵夫人沙龙上的宠儿，也得到了斯托雷平的对手的热情拥抱。日后，他甚至称在皇村得到了尼古拉的亲自接见。[16]但这一切只是他的妄想。

于6月4日见过尼古拉和亚历山德拉后，拉斯普京动身前往察里津探望伊利奥多尔，并于6月14日抵达当地。他在那里停留了两周，从没离开过媒体的视线。[17]18日，拉斯普京为200名女性布道，并分享了他的圣城之旅。25日，他、伊利奥多尔和格尔莫根三人在近40名女性的陪同下，搭船前往杜博夫卡（Dubovka），拜访了圣沃兹涅先斯基女修道院（Holy Voznesensky Convent）的修女们。媒体报道，伊利奥多尔在修道院的田里挥起镰刀，收割了一些燕麦，然后把工具交给拉斯普京。拉斯普京尝试接住，但镰刀还是落到地上，摔散架了。媒体想传达的信息十分清楚：拉斯普京根本不是真正的农夫。文章集中描写了拉斯普京如何受到修女们的热情欢迎。她们紧紧地跟在他身后，思考他说的每一个字。文章还写道，伊利奥多尔不久就厌倦了这些场面，于是一行人决定离开。返程的前一天晚上，一大群人赶来为他们送行，第二天还有近两百名女性跟随他们登上蒸汽船，一起返回察里津。28 日晚，伊利奥多尔向信徒们布完道后，拉斯普京讲了几句话。接着，他在教堂的一个角落单独接见女性，一对一地为她们预测未来，开解她们。[18]教堂外的宽阔空地上，伊利奥多尔向人群喊话：拉斯普京明天就会离开，届时会举行一场特别的祷告仪式，结束后大家再一起前往码头。第二天早晨的圣餐仪式后，伊利奥多尔再次在数千人前布道。当时的场景更像政治集会，而不是宗教仪式。他说十分感激拉斯普京帮助捍卫自己的权利，并与自己共同抵抗犹太人和"犹太媒体"。伊利奥多尔称拉斯普京是"基督世界中我们最热爱的朋友和兄弟"。

"无神论者和犹太人诽谤你时，"伊利奥多尔高呼，"你身边所有的朋友都会躲起来，只有我们不会也不想躲开敌人，此外，我们为你奔走疾呼，让整个世界听到你的声音，起身捍卫你的权利。正如这些天来，我的头顶和你们的头顶都曾有乌云飘过，但我们已经驱散了它们。"结束讲话前，伊利奥多尔称拉斯普京是"伟大的人，拥有天使般的美好灵魂"，是"上帝的真正使者"。他离开自己的家庭，四处云游，只为"给人带去温暖、爱和人性的关怀"。拉斯普京高举一幅圣像，也称赞起伊利奥多尔，说在"如此腐败的察里津"，竟然还有"像伊利奥多尔一样纯洁的人"。伊利奥多尔的信徒们给拉斯普京送上一套昂贵的茶具，又为他举行了英雄般的送别仪式。两个男人从修道院出发，搭乘装饰着假花的马车穿过全城。随行队伍

中，一大群妇女和少女唱着赞歌并高呼"万岁"，大部分人的
胸前戴着俄国人民同盟的徽章。几位摄影师在码头记录了拉斯
普京登上蒸汽船"沙皇尼古拉二世"号（*Emperor Nicholas II*）
时的场面。《教会》（*The Church*）的一位记者描述了当时的拉
斯普京：

> 拉斯普京的脸显得惨白且没有一丝生机，他是不喜欢
> 被人注视的那种人。一旦你与他的视线相撞，他很快就会
> 望向其他地方，好像担心有人会提出出人意料且令人尴尬
> 的问题。他身材瘦削，鼻子挺拔，眼珠呈灰色，眼窝深
> 陷。他大部分时间里在打量地面，只会偶尔抬头，偷偷扫
> 视一下周围的情况。这就是拉斯普京给人留下的印象。

这位记者继续写道：

> "格里高利·叶菲莫维奇！"远处传来伊利奥多尔高
> 亢的喊声，"格里高利！你知道你的敌人是谁吗？"
> "我知道！"拉斯普京用同样的音量回答，还点了
> 点头。
> "现在，他们就和我在一起！"伊利奥多尔再次高喊，
> 把自己的拳头高举到人群之上，"这就是他们的下场。"话
> 音刚落，他便松开拳头，撒下一把纸屑。纸屑飞向半空
> 然后纷纷落向地面。伊利奥多尔被欢呼声和笑声包围了。

222

人群朝拉斯普京唱起传统歌谣《许多年》，拉斯普京挥舞着手
中的花束，转身离开。一些女人冲破守卫组成的人墙拥向他，

亲吻他的双手和他长袍的边缘，拼命塞给他面包和小包裹。他鞠躬，向所有人道谢。终于，蒸汽船开动了。伊利奥多尔最后一次高呼："格里高利！坚强无比！所向披靡！"[19]

几天后，伊利奥多尔开始了一场热热闹闹的朝圣，某种程度上这是他宣示自己对教会和政府取得的胜利的巡回旅行。他搭上一艘改造过的蒸汽船，驶向伏尔加河，身边有奥尔加·鲁克缇娜和近 1700 名信徒同行。一路上，伊利奥多尔带着一只小包，据说里面有 3000 卢布，是皇后让拉斯普京转交给他的旅行资金。[20]这真是一支丑态百出的队伍。船上的年轻人会冲着岸边大叫，让向伊利奥多尔表达崇敬的人脱下帽子；如果有人不从，就会遭到粗暴对待。他们在船上大喊道："该死的犹太人！诅咒你们！"伊利奥多尔在下诺夫哥罗德下船，受到了总督阿列克谢·赫沃斯托夫（Alexei Khvostov）的热烈欢迎。他们一起现身总督公寓的阳台，接受人群的奉承。赫沃斯托夫和伊利奥多尔的人生轨迹之后将再次重叠——他们将在 1916 年年初共同面对险境。不过现在，伊利奥多尔正在攀上事业的顶峰，对他来说一切皆有可能。正如一位记者在那年夏天所说，对伊利奥多尔而言，他的眼中只存在一件事——"他自己"。[21]

## 注　释

1. RGALI, 2167. 2. 22, 1.

2. *Russkoe slovo*, 11 March 1911. At：www. starosti. ru.

3. Stremoukhov, "Moia bor'ba," 33 – 34；Dixon, "'Mad Monk'," 399 – 402.

4. RGALI, 2167. 2. 22 , 1ob.

5. VR, 255 – 57 , 263. For comparison, see IMM, 70 – 72.

6. *Russkoe slovo*, 27 March 1911. At: www. starosti. ru.

7. Gurko, *Tsar'*, 231 – 32.

8. IMM, 71 – 72; VR, 257.

9. OR/RNB, 1000. 3. 439 , 3ob.

10. "Iz perepiski P. A. Stolypina," 85.

11. Stremoukhov, "Moia bor'ba," 39 – 41.

12. VR, 258; Dixon, " 'Mad Monk'," 402.

13. Hall, *Little Mother*, 236 – 39.

14. *LP*, 342 – 43.

15. VR, 235 – 36 , 267 – 68.

16. Dixon, " 'Mad Monk'," 402 – 403; VR, 268.

17. See *TsM*, 21 June 1911, p. 3; and stories in 22 – 24 , 26 , 28 June; 1 , 7 July.

18. *TsM*, 26 June 1911, "Khronika"; 28 June, p. 3; 1 July 1911, pp. 3 – 4.

19. *Tserkov'*, No. 32 , 1911, pp. 779 – 80; *TsM*, 1 July 1911, pp. 3 – 4; *Utro Rossii*, 7 July 1911, No. 155 in HIA, SCAN 87162 – 64.

20. *TsM*, 7 July 1911, p. 3.

21. Dixon, " 'Mad Monk'," 404 – 405 , 415; FSu, 496 – 98.

# 第二十五章　两宗谋杀

　　离开察里津后，拉斯普京回西伯利亚生活了一个月。1911年 8 月 4 日，他再次出现在亚历山大宫，并在晚餐后和尼古拉、亚历山德拉聊了一个多小时。[1] 几个星期后，尼古拉和亚历山德拉去基辅参加一尊亚历山大二世像的揭幕仪式，以纪念俄国废除农奴制 50 周年，拉斯普京也加入了此次活动。不久后，他出版了一本记录这趟旅行中的见闻的小册子，题为《在基辅庆祝的伟大日子！》（*Great Days of Celebration in Kiev！*）。小册子在圣彼得堡印刷了 2 万份，引来了一家报纸的评论："很难想象这些放荡的文字除了引发嘲笑和愤怒外，会给人带来任何启示。"[2]

　　"沙皇的莅临给祖国带来了全新的气象。"拉斯普京写道，"军队的士气得到鼓舞，士兵们浑身充满力量。这些天，他们都准备把余生奉献给自己的国家。他们感受到一股强烈的正面力量以及身为武士的勇气。除了爸爸沙皇的亲自到访，没有人能创造出如此新气象。没有人知道为什么会这样，但每个人都从爸爸沙皇身上得到了神圣的力量。"

　　拉斯普京对沙皇莅临现场表示了赞扬，鼓励他多出席类似活动，多出现在民众的视野中，用行动打动他们。这有利于他治理国家，也会激励基督徒团结起来，击退他们的敌人：

　　　　没有人能形容当基督徒亲眼看见爸爸沙皇时，他们的

内心经历了什么！那些邪恶和不信神的人会感到浑身不舒
服。他们试图造成破坏，但已经失去了力量，因为他们被
充满喜悦的人包围了。邪恶势力和心怀嫉妒的人没法再做
坏事，他们的数量不停减少，就像冰块遇见火焰。喜悦和
"万岁"的呼声是闪电，是雷鸣。雷声响起时，我们就在
胸前画十字；"万岁"声传来时，我们就得到了力量。邪
恶势力是软弱的，听到"万岁"声就会逃跑，就像魔鬼
会从祷告者的身边跑开；俄国的敌人正在战栗、逃
窜、躲藏……

224

你该怎么理解这种现象呢？唯一的解释就是，东正教
信仰如此伟大，而且被上帝选中的人和受膏者已经出现在
我们面前。我无法用语言形容，无法用其他事物类比。上
帝，我们多么快活！……他的旅行唤醒了每一个沉睡的
人。也许如果他能多出门旅行，就会更加明白人们都期盼
见他、爱戴他，而这种爱已经点亮了万事万物……

我们的爸爸沙皇赐予我们喜悦，他的现身让我们一次
又一次地得到重生：上帝，请给我们降下恩惠！请赐予我
们的爸爸以勇气，让他多来探访我们，视察这个已经为他
的到来做好准备的花园。[3]

拉斯普京多次提起敌人，因此这本小册子的写作目的不只
是讴歌沙皇，它还含有一些更加黑暗的信息，让人联想到那年
夏天轰动基辅的一桩罪案。1911 年 3 月，人们在城中的一个洞
穴里发现了 13 岁的安德烈·尤夫金斯基（Andrei Yushchinsky）
残缺不全的尸体。警方开始搜查凶手后（他们最终未能将凶手
缉拿归案），当地的俄国人民同盟成员就开始散布谣言，说安德

烈是在犹太人的宗教仪式上被谋杀的。黑色百人团号召人们屠杀城里的犹太人，很快俄国各地的媒体都开始报道此事，引起了首都各部大臣的注意。7月，也就是沙皇夫妇抵达基辅的前一个月，警方逮捕了一个名叫门德尔·贝利斯（Mendel Beilis）的犹太人，指控他是这起谋杀案的凶手。贝利斯显然是清白的，但他在牢狱中关了两年多才重获自由。在此期间，"贝利斯事件"成为震惊世界的新闻，常被人用来谴责沙皇政权。[4]

拉斯普京的名字也被卷入这个耸人听闻的事件，因为在当时的俄国，几乎所有事都和他脱不了干系。据说安德烈遇害的那天，拉斯普京在基辅的街上遇见男孩的母亲，还给了她5卢布。当时碰巧从拉斯普京身边经过的男人问他，为什么要给这个女人钱。他回答：这个可怜的女人不知道他做了什么；她不可能再等到儿子回家，因为她儿子刚刚被谋杀了。[5]这故事编得不错，但纯属虚构。

拉斯普京在小册子里直接回应了"贝利斯事件"。他热情
225 地赞扬俄国人民同盟，称他们是"盟友"以及"教会和沙皇的真正仆人"——该组织简直就像"最伟大的圣者"。他鼓励沙皇接见黑色百人团和其他民族主义组织，比如大天使米迦勒联盟（Union of the Archangel Michael），还提议他资助这类组织，鼓励全国各地成立类似团体：

> 成立这些组织很有必要，能够防备犹太人。犹太人很怕这些组织的成员。当他们走在基辅的大街上时，犹太人会窃窃私语、不断颤抖。犹太人不怕军队，因为士兵要守军纪，没法为所欲为，但俄国人民同盟没有那么多条条框

框。这样的组织越多越好，他们不该内讧，这样一来犹太人就不敢奢望追求平等了。[6]

拉斯普京和犹太人之间的故事十分复杂。上述文字——应该出自他的手笔——是他公开发表的唯一反犹言论。众所周知，他和当时俄国最激进的反犹神父们走得很近。他后来虽然转变了态度，但从来没有公开谴责过伊利奥多尔等反犹神父的言论。拉斯普京本人是俄国人民同盟的成员吗？有些人说他是，但没有人给出确凿的证据。[7]媒体有时会视拉斯普京为黑色百人团用来影响皇室的工具。1914 年 5 月，有媒体报道，拉斯普京是俄国人民同盟莫斯科分支的成员，曾数次在停留莫斯科期间会见右翼组织俄国君主主义者联盟（Russian Monarchist Union）的副会长。[8]1915 年 11 月，警方收到一封匿名信，称拉斯普京是大天使米迦勒联盟的成员，曾发誓要拯救俄国，避免国家走向混乱和革命。[9]没有任何证据可以佐证以上指控。此外，拉斯普京在人生的最后几年里曾和多个犹太人保持密切关系，还公开捍卫过他们的权利。以上事实与前述指控显然相悖。

\*

安德烈的死不是当时唯一一起造成严重政治影响的谋杀案。9 月 1 日晚，尼古拉、他的女儿奥尔加和塔季扬娜，还有数位权贵前往基辅歌剧院（Kiev Opera House）欣赏尼古拉·里姆斯基 – 柯萨科夫（Nikolai Rimsky-Korsakov）的歌剧作品《沙皇萨尔坦的故事》（*The Tale of the Tsar Saltan*）。幕间休息时，无政府主义者、"奥克瑞那"的暗探德米特里·博格罗夫（Dmitry Bogrov）接近斯托雷平，用一把左轮手枪向他连开两

226

枪。四天后，斯托雷平去世。之后很长一段时间里，人们一直在谈论与斯托雷平暗杀事件有关的话题，尤其是思考那天晚上博格罗夫究竟是为谁拔枪：是为革命者、敌视政府的犹太人，还是为政府中原本就反对斯托雷平改革的右翼分子？博格罗夫能够带一把左轮手枪突破剧院严密的守卫，最终作案成功，这个事实使一些人相信，事件的幕后指使者正是库尔洛夫。[1]

人们没有放过拉斯普京当时身在基辅的巧合。伊利奥多尔后来曾暗示，拉斯普京在某程度上和这宗谋杀案有关。费利克斯·尤苏波夫亲王在回忆录中写道，博格罗夫和拉斯普京一直是朋友，因此沙皇后来才会宣布终止调查谋杀案的真相。[11] 还有一种说法认为，斯托雷平会送命是因为他一直针对拉斯普京。[12] 没有任何证据显示拉斯普京认识博格罗夫，两人更不可能是朋友关系。后来临时政府曾调查这桩案件，但也没有发现任何与拉斯普京有关的线索。[13]

有些人虽然认为拉斯普京和暗杀无关，但相信他预言过斯托雷平的死期。杜马的右翼议员瓦西里·舒尔金写道，1913年秋天，一位基辅的邮递员曾拜访自己。那个男人告诉舒尔金，1911年，他在基辅曾和拉斯普京住在同一栋房子里。一天，他们走在街上时，皇家马车从他们跟前驶过，接着驶来了斯托雷平乘坐的马车。邮递员告诉舒尔金，拉斯普京"突然开始颤抖，叫喊道：'死亡正逼近这个男人！死亡正追着他不放！就在彼得的身后！'"。那天晚上，邮递员又听见拉斯普京的呻吟："噢，一定会发生悲剧的，会发生一场悲剧。"他问拉斯普京究竟会发生什么事，对方回答："噢，一场灾难。有人会因此送命。"第二天夜晚，斯托雷平就遇刺了。[14]

在波格丹诺维奇的沙龙上，人们传言说在斯托雷平死后，亚历山德拉曾就该让谁取代他的位置征求拉斯普京的意见。[15]
德意志帝国的大使赫尔穆特·卢修斯·冯·斯托登（Hellmuth
Lucius von Stoedten）给其首相特奥巴登·冯·贝特曼·霍尔维
格（Theobald von Bethmann Hollweg）写信，说沙皇曾派"修
道士"拉斯普京去见斯托雷平亲自挑选的接班人。拉斯普京
见过那个人后告诉沙皇，那是"可以接受的人选"。这位大使
断言，斯托雷平被暗杀只会让沙皇和皇后愈加确信，必须
"相信那个修道士会保护他们并对他言听计从"。[16]

227

　　时任财政大臣的弗拉基米尔·科科夫佐夫（Vladimir
Kokovtsov）接替了大臣会议主席之职。科科夫佐夫出生在一
个没落的贵族家庭，天资聪颖，能力出众，正直无私，这些品
质却将在三年后导致他落马。[17]在媒体铺天盖地地刊登与拉斯
普京有关的报道，指控他影响皇室之际，科科夫佐夫和新内政
大臣亚历山大·马卡罗夫都才上任不久。科科夫佐夫回忆，那
时发生的事对两人而言都不是愉快的经历，而且他们明白最终
自己一定会被迫处理相关事宜。实际上，尼古拉对媒体的报道
震怒万分，命令马卡罗夫制止媒体的"迫害"。他们尝试说服
几家最有影响力的媒体——包括《演讲报》和《俄国消息
报》——的编辑停止刊发相关报道，但遭到了拒绝。编辑们
告诉内政大臣这是越权行为，还表示想解决问题很简单：只要
把拉斯普京送回秋明，他们就不会再撰写关于他的报道。大臣
知道这显然不可能做到。之后，科科夫佐夫给畅销刊物《新
时代》的编辑阿列克谢·苏沃林和他的助手马扎弗（Mazaev）
打电话，尝试向他们证明，媒体对拉斯普京连篇累牍的报道只
起到了"宣传"拉斯普京的作用，还会被革命者用来削弱君
主制的正当性。两人基本同意科科夫佐夫的观点，但他们声称

自己的目的很单纯，而且（十分真诚地）坚持认为真正有错的其实是《演讲报》和《俄国消息报》。[18]最后，媒体依然我行我素。

那年秋天，费奥凡最后一次尝试和沙皇、皇后谈论拉斯普京。1911 年年初，费奥凡要求神圣宗教会议以官方机构的立场向亚历山德拉表达对拉斯普京言行的不满。但该组织里的高级神职人员提出异议，认为费奥凡身为沙皇夫妇的私人告解神父，应该亲自向他们提起这个话题。在里瓦几亚宫，费奥凡和亚历山德拉就拉斯普京展开了一场长达一个半小时的谈话，但最终白费口舌。皇后坚持认为，费奥凡是在传播诽谤言论，而且严重冒犯了她。亚历山德拉气急败坏，有几次甚至称他"让人感到恶心"。费奥凡对亚历山德拉完全没有恶意；实际上，拉斯普京也从来没有迁怒于自己曾经的恩主费奥凡。"他现在对我充满了恶意，"拉斯普京在 1914 年说道，"但我并不生他的气，因为他知道如何祷告。如果他不和我作对，也许现在能够更专心地祷告。"[19]

## 注　释

1. *KVD*, 62.
2. FB, 522 – 23.
3. *KVD*, 63 – 66.
4. 关于这个案件，见 Levin, *Child*。
5. Shul'gin, *Dni*, 105 – 106.
6. *KVD*, 63 – 66.
7. VR, 613.

8. GARF, 102. 316. 1910. 381, 3 – 6; PZ, 106 – 107.

9. GARF, 102. OO. 245. 1915g. 244, ch. 1, 220 – 21.

10. Stremoukhov, "Moia bor'ba," 34.

11. IMM, 199 – 200; YLS, 153.

12. Guchkov, *Guchkov*, 83 – 84.

13. VR, 141.

14. Shulgin, *Years*, 261 – 63.

15. Bogdanovich, *Tri poslednikh*, 499.

16. PAAA, 15029, R. 10680.

17. Schelking, *Recollections*, 269 – 71.

18. Kokovtsov, *Out*, 290 – 91; Ioffe, "Rasputiniada," 108.

19. VR, 234 – 36; Betts, *Dukhovnik*, 65 – 68; Rasputin quote: *PK*, 3 July 1914, p. 2.

# 第二十六章　直面"敌基督"

　　11 月 3 日，伊利奥多尔从察里津给身在博克维斯科的拉斯普京发了一封热情洋溢的电报："亲爱的朋友，我真心感谢你的爱。请原谅我，我来不了了。我很想见你，但百事缠身。请给我安努什卡（指维鲁波娃）的地址吧。看在上帝的分上，请别生气……我的灵魂全心全意地爱着你。修道司祭伊利奥多尔。"[1] 直到 12 月 16 日，两人才找到机会在圣彼得堡见了面，而那天发生的事是拉斯普京一生中最诡异、最令人费解的片段之一。

　　那天一早，从雅尔塔出发的拉斯普京就抵达了圣彼得堡。他给伊利奥多尔打电话，问他什么时候方便见面。两人约定晚上一起去瓦西里岛尼克拉夫斯基河岸路（Nikolaevsky Embankment）的雅罗斯拉夫斯基宗教会议（Yaroslavsky Synod）召开地。当时，格尔莫根正住在那里。拉斯普京先在城里与伊利奥多尔见面，然后两人一起去见格尔莫根。他们刚到不久，拉斯普京就察觉到一丝异样。现场除了伊利奥多尔和格尔莫根外，还有两个人：伊万·罗迪奥诺夫（Ivan Rodionov）和"圣愚"米佳·科泽尔斯基（Mitya Kozelsky）。罗迪奥诺夫是哥萨克人、黑色百人团的写手、《新时代》的记者，以及伊利奥多尔的盟友（察里津危机期间，他曾为支持伊利奥多尔发表公开演讲，还出版了一本书）。[2] 根据 1912 年 1 月的秘密警察档案，拉斯普京和米佳是来往多年的亲密友人。有一次，拉斯普京撞见米佳拥抱并亲吻了一位自己的"姐妹"，于是谴责他"道德败坏"，但米佳辩解，他只是在用拉斯普京教导他的方式"净化肉体"。之后，米佳发动了一场抵制拉斯普京的运动。他告诉自己的信徒，拉斯普京不是"圣人"，而是个"流氓"。据说拉斯普京动用自己在宫里的关系，把米佳逐出了首都。[3]

伊利奥多尔和罗迪奥诺夫都留下了当天之事的记录（但他们各执一词）。伊利奥多尔写道，拉斯普京突然紧张起来。他的目光扫过整个房间，显得十分困惑。他们把拉斯普京逼到墙角，然后伊利奥多尔告诉米佳开始吧。"哦！你是个无耻的男人！你玷污了许多女人、许多修女，还和皇后搞在一起。你是个流氓。"米佳一瘸一拐地走向前，挥舞着枯瘦而残缺的手臂，拉斯普京很快就被他逼到门边。（我们不知道，在没有人为他解释的情况下，只能发出呜咽声的米佳是如何讲出这番话的。）米佳用他那只健全的手一把抓住拉斯普京，将其带到一幅圣像前，开始更加大声地斥责："你是个无耻的男人。你是敌基督。"拉斯普京颤抖不已，蜷成一团，指着米佳嗫嚅道："不，你才是无耻的男人。你这个无耻的男人。"伊利奥多尔还在另一篇文章中写道，米佳抓住的是拉斯普京的生殖器。[4]

接着出场的是伊利奥多尔。伊利奥多尔控诉拉斯普京强迫自己与他交好，还威胁自己不准背叛。伊利奥多尔说，自己之前不够强大，但现在，在朋友们的陪伴下，自己选择了站在拉斯普京的面前谴责他、告发他，列举出他的种种恶行。"格里高利，"伊利奥多尔总结道，"我保护过你，现在也可以摧毁你以及你所有的信徒。"伊利奥多尔写道，拉斯普京此时浑身颤抖，

229

脸色发白，不停咬指甲，完全被恐惧击溃了。格尔莫根举起一个十字架，质问拉斯普京这个"魔鬼的门徒"是否已经准备好承认刚才伊利奥多尔罗列的罪行。"是的，"拉斯普京发出了仿佛来自地狱的声音，"是的，是真的，是真的，所有事都是真的。"话音刚落，格尔莫根就抓住拉斯普京的身体，一边用十字架打他的头部，一边高喊："魔鬼，我以上帝的名义禁止你接近任何女性。不准你这个杀人犯靠近皇宫，不准你和皇后有任何接触。"然后，格尔莫根要求拉斯普京在圣像前发誓：只要没有格尔莫根和伊利奥多尔的批准，他就不会进入皇宫。拉斯普京的脸色像死人一样苍白。他亲吻了圣像，保证一定不会违背誓言。[5]至此，伊利奥多尔讲完了他那个版本的故事。

但是，罗迪奥诺夫却给出了一份截然不同的记录（出现在米哈伊尔·罗将柯的回忆录中）。在他的故事版本中，是格尔莫根而不是伊利奥多尔扮演了与拉斯普京起正面冲突的重要角色。更加关键的是，罗迪奥诺夫形容道，拉斯普京丝毫没有畏缩或恐惧，而是摆出来反叛且好斗的姿态，拒绝承认针对他的任何指控，并且拒绝远离皇宫，甚至威胁会摧毁背叛他的格尔莫根。拉斯普京骑坐在格尔莫根身上，用拳头将其暴打一顿后，才被其他人拉开。拉斯普京诅咒说，即使格尔莫根想要逃跑，自己也会把他抓回来。[6]随着时间的推移，人们不停地给这个故事添油加醋，但大体内容都是有人想阉割拉斯普京，但被他设法逃脱了。[7]

事到如今已不难理解，就像当年的费奥凡，格尔莫根已经意识到拉斯普京配不上圣人之名和宫中的高位。格尔莫根逐渐相信，拉斯普京接近沙皇夫妇只会损害帝国的威信。作为和费奥凡相似的君主主义者，格尔莫根认为，为了捍卫罗曼诺夫皇朝，直面拉斯普京是自己的责任所在。从这两人的行动来看，很难说他们怀有某种个人野心。我们也无法轻易断言其他参与者有私心，尽管米佳或许会因为"菲利普先生"的丑闻而对拉斯普京怀恨在心；伊利奥多尔和一些人还相信，米佳本想夺取拉斯普京在皇宫中的地位。[8]但如果说有人完全是受私心驱使，那个人就只能是伊利奥多尔。有一种说法是，伊利奥多尔之所以会背叛拉斯普京，是因为后者没有为伊利奥多尔筹措到足够多的资金，来运营报纸《雷鸣与闪电》（*Thunder and Lightning*）以及支付日后的朝圣费用。[9]伊利奥多尔本人则提供了与此不同的好几个理由。他写道，他在察里津僵局中赢得胜利后，沙皇曾保证把他提拔为首席修道司祭，但拉斯普京的插手让沙皇撤回了这一任命。多年后，他对此评论说："一位圣人亲手断送了另一位圣人的前程。"[10]他还提供了另一个故事。那年夏天，在巴拉绍夫的波克罗夫斯基女修道院，拉斯普京试图诱惑一位神父的妻子，却被伊利奥多尔和格尔莫根撞了个正着。但实际上，这是他们为拉斯普京设下的陷阱，目的在于验证关于他的种种谣言。[11]伊利奥多尔在某一处还写道，米佳向他证实拉斯普京和皇后之间有苟且之事后，他才决定站出来反抗拉斯普京。他发誓："我比任何人都更愿意保护他，因此我一定要毁掉他。"[12]

伊利奥多尔曾说，他早在1910年初就看透了拉斯普京，但为了自身安危着想没有采取行动。这个说法的可信度同样存疑。

伊利奥多尔的说法几乎都不值得采信。各种证据表明，他下定决心对抗自己多年来的朋友，很可能只是这次交锋前不久的事。而当面谴责拉斯普京（伊利奥多尔在《俄国的狂妄修道士》中说此事让他迈出了重要的一步）很可能完全是格尔莫根的主意，可能是在格尔莫根的说服下，伊利奥多尔才专程赶来圣彼得堡。[13] 理解伊利奥多尔的动机的关键在于他和拉斯普京两人之间命运的起落对比，或者更准确地说，在于他们命运表面上的起落对比。伊利奥多尔和许多人一样，以为从1910 年春天起，拉斯普京就在宫中日渐失宠。他可能以为，拉斯普京决定去耶路撒冷朝圣是因为失去了皇宫中的位置；与此同时，伊利奥多尔把自己视为一颗冉冉升起的新星。他不仅在察里津事件中赢得胜利，还受到圣彼得堡上流社会中的许多重要人物的热情款待。那年 5 月，伊利奥多尔甚至听说尼古拉打算把他提拔为都主教。[14] 伊利奥多尔相信，经过夏天那次朝圣，已经没有任何事或任何人能够阻挡他的崛起。值得留意的是，11 月 3 日伊利奥多尔在写给拉斯普京的信中询问了维鲁波娃的地址。他是在盘算把她培养成自己人，为他在皇宫中的下一步计划铺路吗？总之，伊利奥多尔坚信，自己击败拉斯普京的时刻到来了，然后自己就能取代拉斯普京，在尼古拉和亚历山德拉身边占有一席之地。格尔莫根的邀请来得正是时候。

也可能伊利奥多尔以为，他已经可以把拉斯普京玩弄于股掌之间。但事实会证明，他即将为此付出极为惨重的代价。

## 注　释

1. RGALI, 2167. 2. 22, 1.

2. FSu, 623 – 27; Stremoukhov, "Moia bor'ba," 39.

3. GARF, 111. 1. 2974, 293, 295.

4. OR/RNB, 1000. 3. 439, 4.

5. IMM, 233 – 35.

6. Rodzianko, *Reign*, 15 – 17.

7. VR, 279 – 80; Evglogii, *Put'*, 183 – 84.

8. IMM, 235 – 36; VR, 279 – 80.

9. Dixon, " 'Mad Monk'," 406; PZ, 133 – 36.

10. IMM, 83 – 84.

11. FR, 82 – 83.

12. OR/RNB, 1000. 3. 439, 4.

13. IMM, 219, 225; FStr, 547 – 48.

14. "Gor'kii i russkaia zhurnalistika," 981n8.

第四部

# 奇迹时刻：
# 1912 年 ~ 1914 年 7 月

# 第二十七章　格尔莫根的跌落

1912 年 1 月 7 日，格尔莫根得知他已在四天前被解除萨拉托夫主教一职，还被逐出了神圣宗教会议。他非常震惊、愤怒，但他清楚谁该为此事负责。格尔莫根没有把消息限制在神职人员的圈子中，而是选择公开自己的遭遇，在 11 日接受了《证券交易公报》的采访："我认为弗拉基米尔·萨布勒该为此事负主要责任，还有那个臭名昭著的'鞭身派'教徒拉斯普京。这是信仰的堕落，是传播新鞭身神秘主义思想的危险信号……我再重复一遍，他是危险又坚定的鞭身派教徒……用一种亵渎神明的虔诚隐藏了自己的真面目。"1

事件发生的时间点相当可疑，就在瓦西里岛对峙的几个星期之后。格尔莫根怀疑，这是拉斯普京的报复。他认为，拉斯普京肯定立刻面见了亚历山德拉，告诉了她发生了什么，还让她对尼古拉吹枕头风，导致自己被革职。但是，没有任何证据表明拉斯普京做过这样的事，甚至没有证据表明在此期间拉斯普京和沙皇夫妇或维鲁波娃有过接触。格尔莫根误会了。他的仕途并非断送在拉斯普京手上，一切都归咎于他自己。

一年前，神圣宗教会议提议进行一系列宗教仪式上的改革，最重要的内容包括设立女执事，以及为非东正教基督徒举行葬礼。格尔莫根强烈反对改革。他在 1911 年 12 月 15 日给沙皇发电报，请求沙皇介入此事，称类似做法是"一种异端"，为了保卫正教会，必须停止教会的敌人所倡导的革新。神圣宗教会议对格尔莫根的做法很生气，责怪他竟然把教会的内部事务捅到沙皇那里，决定投票罢免他。（格尔莫根的麻烦不断发酵：他只要参加神圣宗教会议的讨论，最后都会和其他神职人员爆发冲突。）火上浇油的是，《新时代》在1月14日刊登了格尔莫根的电报全文。如今，连沙皇也无法对麻烦视而不见了。第二天，尼古拉发电报告诉萨布勒，让神圣宗教会议立刻送走格尔莫根，命令他再也不能回来。同一天神圣宗教会议召开，会上神职人员们决定，格尔莫根和伊利奥多尔应该在第二天返回他们的城市。但是，格尔莫根拒绝照做。他请求面见沙皇，还告诉媒体，在自己的名誉恢复前，他不会离开这座城市。[2]

媒体开始连篇累牍地报道相关事件。大量文章写道，格尔莫根被解职的真正原因是，他反对神圣宗教会议任命拉斯普京为神父。[3]谣言传遍了整座城市。罗将柯称，神圣宗教会议的一名成员告诉他，萨布勒曾在一次秘密会议上提议把拉斯普京提拔为神父。其他成员震怒了，坚决反对这种做法，尽管萨布勒坚持这是"来自高层的意思"。据说，格尔莫根在这场会议上发表了激烈的演说，谴责拉斯普京道德败坏。最后，拉斯普京既没有成为神父，也没有成为修道士，但人们仍对这个话题津津乐道。2月16日，《圣彼得堡新闻》发表了据说引用拉斯普京原话的报道，称提拔神父一事是格尔莫根的计划，而非拉斯普京本人的意图。拉斯普京在相关对话的最后告诉格尔莫根："我还认不全字母表上的所有字母。我……真的吗？……我才不是什么神父。"[4]一位名叫伊万·多布雷夫（Ivan Dobrov）的神父给莫斯科首席司祭约安·沃斯托尔戈夫写信，称该想法实际来自沙皇，因为他想让拉斯普京成为自己的私人告解神父。格尔莫根知道后大为震惊，决定公开此事，这才是他受到惩罚的真正原因。沮丧的多布雷夫感叹道："简直无法想象。"[5] 两年后，媒体上出现了另一个故事。拉斯普京最终在家乡博克维斯科成为一名神父，托博尔斯克的主教瓦尔纳瓦（Varnava）为他举行了仪式，拉斯普京很快就会和妻子离婚，搬进修道院。[6] 这则谣言的生命力极强，人们在很长时间里都对它信以为真。

\*

瓦尔纳瓦的名字会出现在谣言中并不让人意外。这位主教是拉斯普京的朋友，他在教会中的平步青云完全得益于拉斯普京的提携。瓦尔纳瓦的俗名是瓦西里·纳克罗平（Vasily Nakropin），他出生在俄国西北部奥洛涅茨的一个农夫家庭，幼年时便展现出了宗教上的天赋。他先在离家不远的克里米尼斯基修道院（Klimenetsky Monastery）做庶务修道士，主要负责打杂。1898 年，瓦尔纳瓦被提拔为修道司祭，第二年成为该修道院的资深神父，后来又晋升为首席修道司祭。1908 年，在莫斯科都主教弗拉基米尔［波戈雅夫连斯基（Bogoyavlensky）］的举荐下，瓦尔纳瓦成为莫斯科附近地区科洛姆纳（Kolomna）的特罗伊茨基·诺沃－格鲁廷修道院（Troitsky Novo－Golutvin）的资深神父。该教区的人都喜欢瓦尔纳瓦，尤其喜欢他慷慨激昂的布道，以及和人们谈论信仰时简洁明了的表达。很快，他便成了莫斯科上流社会人士家中的座上宾。有说法称，瓦尔纳瓦还十分擅长管理修道院。

瓦尔纳瓦在仕途上的晋升出乎许多人的意料，因为他几乎没受过教育。他从没念过神学院，甚至是否完成了基础教育都

237

很难说。瓦尔纳瓦几乎不识字，据说，他写每个单词时都以大写字母开头，而且会在每个单词后加上句号。广为流传的还有一些其他有意思的发现。身材纤瘦矮小、说话细声细语的瓦尔纳瓦据说喜欢穿女性服装、在修道院举办狂野的派对，以及和男孩们上床。俄罗斯帝国陆军和海军部的最后一位首席司祭格奥尔基·沙弗斯基（Georgy Shavelsky）曾在写给神父沃斯托科夫的信中说，瓦尔纳瓦是个精明、心术不正、野心勃勃的恶心家伙。他写道，瓦尔纳瓦是"共济会成员维特伯爵（Count Witte）的私人告解神父，而瓦尔纳瓦本人也是奉行无神论的共济会成员"。沙弗斯基甚至称，瓦尔纳瓦在科洛姆纳猥亵并谋杀了一个漂亮的年轻男侍者。人们在一架水车底下发现了男侍者的尸体。[7]

瓦尔纳瓦和拉斯普京在首都的一个沙龙上相识。他们可能称不上朋友，但这两个出身相似的人显然意识到他们能互相帮助：拉斯普京可以在事业上扶植瓦尔纳瓦，瓦尔纳瓦则可以为拉斯普京抵御教会内部的攻击。拉斯普京把瓦尔纳瓦介绍给尼古拉和亚历山德拉，说他可以为死板的教会注入新的活力。亚历山德拉认为瓦尔纳瓦做作且虚情假意，但拉斯普京说服了她，还让尼古拉命令神圣宗教会议把瓦尔纳瓦提拔为主教。尼古拉指示神圣宗教会议主席萨布勒在开会时对此事做出妥当安排。萨布勒十分震惊，他知道神圣宗教会议绝不可能提拔瓦尔纳瓦这样的人。

虽然不情愿，萨布勒还是向神圣宗教会议提出了对瓦尔纳瓦的任命，但没有透露推荐人是谁。大主教安东尼（赫拉波维茨基）全然不顾推荐人出于什么原因提名瓦尔纳瓦，直接让萨布勒进行下一项议程，事情就这么被搁置了。过了一段时间，沙皇问萨布勒为什么瓦尔纳瓦还没被任命为主教。听萨布勒解释时，尼古拉越来越生气，坚称是上帝向神圣宗教会议提名了瓦尔纳瓦，而不是其他任何人。很快，萨布勒再次提议讨论任命瓦尔纳瓦。十分惊讶的安东尼问萨布勒，背后的推荐人究竟是谁。这次，萨布勒打破了沉默，告诉安东尼这是沙皇的旨意。神圣宗教会议的 11 名成员几乎不敢相信他们的耳朵。赫尔松（Kherson）的主教德米特里（Dmitry）反问："那么，接下来该轮到我们任命拉斯普京为神父吗？"

　　萨布勒早有准备，打开面前的文件夹，抽出一封辞职信。他告诉众人，如果神圣宗教会议不任命瓦尔纳瓦，他就必须辞职，因为他无法再充当沙皇和神圣宗教会议之间的中间人。主教长们担心丑闻被公开，或者出现比萨布勒更糟糕的继任者，于是选择了退让。安东尼表示："为了保住你的职位，我们同意任命这个野蛮人。"1911 年 8 月中旬，神圣宗教会议任命瓦尔纳瓦为卡尔戈波雷（Kargopol）的主教以及奥洛涅茨的副主教。安东尼和神圣宗教会议的其他成员都对这个决定愤慨万分。"现在，拉斯普京让瓦尔纳瓦当了主教，"安东尼在给基辅都主教弗拉维安（Flavian）的信中写道，"拉斯普京要为神圣宗教会议的卑鄙做法负责。他是个鞭身派教徒，还参加鞭身派的仪式。"[8]

*

　　神圣宗教会议给格尔莫根 24 个小时离开首都，但格尔莫根拒绝在与沙皇对话前离开。他又给尼古拉发了一封电报，表达了虔诚和忠心，并重申了自己的诉求。为了让沙皇转变心意，格尔莫根还承诺会"告诉他一个秘密"。沙皇没有被打动。1 月

17 日，尼古拉给萨布勒写信："我不在乎任何秘密。尼古拉。"
格尔莫根又转而向亚历山德拉求助，说自己的身体大不如前，
请求她帮忙撤回驱逐的命令。亚历山德拉也无动于衷，反而要
他服从"上帝赋予神圣宗教会议的权力"。[9]尼古拉再次要求萨布
勒把格尔莫根送去远离圣彼得堡和莫斯科的地方。格尔莫根知
道自己已经无路可走。22 日，杰久林和萨布勒到访了内政大臣
马卡罗夫的办公室，带去了在当日把格尔莫根送走的命令。杰
久林转达了沙皇的原话，即他不会再容忍任何拖延，如有必要，
可以批准马卡罗夫使用暴力。那天深夜 11 点 30 分左右，格尔
莫根在米佳·科泽尔斯基、彼得·百德莫夫（Pyotr Badmaev）
以及数位警察的陪同下，抵达华沙车站。踏上列车前，他再次
犹豫了，似乎认为自己还有机会可以摆脱当下的命运。但是，
米佳制止了他。米佳不停告诉格尔莫根："每个人都必须服从沙
皇，臣服于他的意志。"在米佳的劝说中，格尔莫根离开了。他
来到明斯克芝若维茨（Zhirovits）地区的圣乌斯宾斯基修道院
（St. Uspensky Monastery）。他一直在那里住到 1915 年，在有两
个小房间的屋子里过着平静的生活，在教堂参加仪式，为当地
人布道。[10]

\*

这桩丑闻让皇后的姐姐埃拉格外心烦。她在莫斯科的一位
朋友给谢尔吉耶夫（Sergiev Posad）的修道司祭格门（German）
写信："我无法形容她的悲伤和惊慌。她似乎随时都会流泪，我
丝毫不怀疑她在祷告时会泪流满面。"他提到，埃拉曾说，还有
一个人或许可以让沙皇看清拉斯普京的真面目，但所有努力都
在皇后"强硬又自负"的坚持下付诸东流。尼古拉再一次中了

皇后的魔咒。在皇后那里，一切都为时已晚。"想说服她不过是在浪费时间和精力——她被鞭身神秘主义催眠了。她冥顽不化，完全不讲逻辑。"因此，埃拉没再说什么。"这样的状况实在太让人痛心了。"

埃拉让她的老朋友、首席修道司祭加夫里尔为沙皇祷告，因为现在已经到了"十分艰难的时刻，甚至可以说是整个俄国受到威胁的时刻"。她写道，从1910年诺沃肖洛夫的抨击到最近爆发的丑闻，事态已经到了让人忍无可忍的地步。

> 人们已经使用过暴力，饱尝了羞辱。现在，莫斯科的每一位东正教信徒都对沙皇和皇后恨得咬牙切齿。每个人都可怜他们被骗了。所有的怒火都指向拉斯普京，而沙皇夫妇竭力为他辩护，相信他能够拯救自己的灵魂。（这些都是秘密。）祷告吧，让上帝打开他们的双眼，让他们的头脑变得清醒，赐予他们可忍受一切羞辱和后悔的力量。噢，希望他们还有清醒的一天。他们对整个俄国如此重要、珍贵，只要他们能够醒悟，就会开始悔改、祈祷上帝的宽恕。让他们清醒吧，请指引他们，上帝。

但是，埃拉没有信心。她担心，沙皇夫妇会继续守护"格里沙"，并使他们和子民之间的分歧进一步加深，"让这个俄国和东正教信仰的敌人获得不怀好意的欣喜"。[11]

格尔莫根的遭遇激怒了公众。几个星期以来，媒体不停煽风点火。诺沃肖洛夫发表在《莫斯科之声》（*Voice of Moscow*）上的这篇文章十分典型：

为什么所有主教都选择保持沉默？他们明明知道背后的无耻勾当和欺骗。为什么上帝的选民同样在沉默？他们在写给我的信中公开称这个冒牌导师是"鞭身派教徒"，是性欲狂，是骗子。上帝在哪里？难道是因为疏忽，因为懦弱，他不再引导教会坚持纯粹的信仰，竟然允许一个堕落的鞭身派教徒胡作非为。上帝的右手在哪里？难道他不愿再动一下指尖，从教堂的花园中赶走粗俗的骗子和异教徒？难道是因为他还不清楚格里高利·拉斯普京的事吗？如果是这样，请原谅我冒犯、放肆的言辞。我谦卑地等待教会的召唤，准备在所有人面前全盘托出有关这个鞭身派骗子的所有真相。[12]

2 月 18 日，《新时代》刊登了题为《格里高利·拉斯普京说》的长篇报道。作者署名为"I. M-v."，很可能是伊万·马纳谢维奇－马努伊洛夫（Ivan Manasevich‐Manuilov）。犹太人马努伊洛夫原本姓马纳谢维奇（Manasevich），在孩提时代他被一个姓马努伊洛夫的富裕商人家庭收养。这个家族给他留下了巨额遗产，让他得以纵情赌博和饮酒。后来，马努伊洛夫皈依路德教，搬到首都，成为公开的同性恋者弗拉基米尔·梅什谢斯基亲王的门徒（也有一说是情人）。在梅什谢斯基亲王的助力下，马努伊洛夫成为活跃在俄国内外的间谍、警察局线人和记者。马努伊洛夫长着一头松软的黑色短发，他的身份千变万化，是双重乃至三重间谍，被人称为"面具人"和"俄国的罗坎博雷"［罗坎博雷（Rocambole）是由 19 世纪的法国作家皮埃尔·亚历克西斯·蓬松·杜·泰拉伊（Pierre Alexis Ponson du Terrail）虚构的著名探险家］。马努伊洛夫的公开身份是记者，但他也会秘密为"奥克瑞那"和内政部工作，执行反间谍任务。他曾立下大功，为了表彰他为国家做出的贡献，沙皇授予他四等圣弗拉基米尔勋章（Order of St. Vladimir 4th Class）。马努伊洛夫不按常理出牌、寡廉鲜耻、腐败堕落，是个让人既敬佩又恐惧的人物。亚历山大·布洛克曾用"令人憎恶"一词来形容他。[13]日后马努伊洛夫将和拉斯普京成为知己，但最初他为拉斯普京的仇敌效力。在斯捷潘·贝莱特斯基（1912 年至 1914 年担任警察局局长）的授意下，马努伊洛夫的任务是为媒体撰写拉斯普京的负面报道，尤其是为《新时代》供稿。他还曾在圣彼得堡的大街上手持相机跟踪拉斯普京，导致后者向警察局投诉。[14]

　　《格里高利·拉斯普京说》给人的感觉是这篇文章是拉斯普京对危机的回应。它大段引用了拉斯普京的话，拉斯普京不仅为自己辩护，还攻击了格尔莫根和伊利奥多尔："我究竟是什么怪物呢……我的灵魂的确十分靠近上帝，而且他们，我的敌人们，知道自己在撒谎……只要有人说谎，就不会有好事……这会毁了撒谎者。上帝让格尔莫根和伊利奥多尔停止了思考……他们的心中充满恶意。"这篇文章无法令人信服，也绝不是为了恭维拉斯普京。文中引用了拉斯普京的原话（很可能出于杜撰）："我是一个罪人……我不止一次被强烈的罪恶感折磨。它们最终战胜了我。"[15]马努伊洛夫的文章被翻译成英文和法文，出现在国外的报纸上。这件事彻底激怒了拉斯普京。出点子写这篇文章的人是叶夫根尼·波格丹诺维奇，他找机会让贝莱特斯基促成了此事。

　　2 月，波格丹诺维奇写信给列弗·季霍米罗夫，在抱怨中传播了更多谣言："究竟发生了什么！那个可怕的安纽特卡（指维鲁波娃）该为所有事负责。格里沙（拉斯普京）是他们的主人，不然他还会是什么身份呢？她（皇后）会在上锁的房间里和他交谈。沙皇在外面敲门，但皇后不让他进去……和格里沙在一起……夜里她甚至不准沙皇陪在她身边。还有，格里沙会哄孩子们睡觉，还会为他们披被角。这究竟是怎么回事！"接着，波格丹诺维奇开始悲叹："想想吧，他可是至高无上的人物，至少他是俄国沙皇。无与伦比、纯洁又神圣……究竟发生了什么？他的显赫在哪里？他的权势在哪里？肮脏。恶心。一切都被愚蠢的格里沙控制了。"波格丹诺维奇心烦意乱。他在那个月给沙皇写信，恳求沙皇摆脱拉斯普京的影响，甚至说拉斯普京应该从地球上彻底消失。尼古拉没有因为这封信生气，而是选择对这个老怪物的话置若罔闻。于是，波格丹诺维奇在 1913 年 10 月又向沙皇提起此事。这一次，沙皇召他进宫，告诉他自己不会再容忍任何谈论拉斯普京的书信。尼古拉还补充道，自己已经 46 岁了，已经过了需要别人教他该怎么做事的年纪。[16]

　　拉斯普京似乎对格尔莫根没有恶意。贝莱特斯基在数年后告诉调查委员会，自己出席过一次晚宴，拉斯普京和特维尔的大主教塞拉芬（奇恰戈夫）也在场。当有人提起格尔莫根的名字时，拉斯普京只说了一句话："只有上帝可以审判我们。"塞拉芬当即被拉斯普京的宽容打动了，但格尔莫根显然没这么容易释怀。格尔莫根在那年晚些时候说，拉斯普京是"一切美好事物的仇敌"。[17]

## 注　释

1. VR, 281; Dixon, "'Mad Monk',"406; Mramornov, *Tserkovnaia*, 284 – 85.

2. Mramornov, *Tserkovnaia*, 278 – 79, 285 – 86, 300 – 301; idem, " 'Delo'," 211 – 12.

3. OR/RNB, 1000. 1975. 22, 21 ob – 22; *Ekaterinburgskie eparkhial'nye vedomosti*, No. 4, 1912, pp. 86 – 90; *VV*, 14 February 1912. At: www. starosti. ru.

4. OR/RNB, 1000. 1975. 22, 25 ob.

5. RGIA, 1101. 1. 111, 8.

6. *PK*, 23 April 1914, p. 6.

7. VR, 240 – 43; BA, Vostokov Papers, Untitled Ms. , p. 1.

8. "V tserkovnykh krugakh"; VR, 241 n, 243 – 44; FR, 77 – 80; Firsov, *Pravoslavnaia tserkov'*, 234 – 37.

9. Vatala, *Bez mifov*, 251; VR, 281 – 82.

10. Kokovtsov, *Out*, 293 – 94; VR, 282 – 84, 287; Mramornov, *Tserkovnaia*, 290 – 92.

11. RGIA, 1101. 1. 1111, 10 – 11 ob.

12. VR, 284 – 85; Amal'rik, *Rasputin*, 148; see also the untitled article by S. Nikitin in *Peterburgskaia gazeta*, 16 February 1912.

13. FN, 360 – 63; RR, 299 – 300; Mel'gunov, *Legenda*, 397.

14. VR, 623.

15. *Novoe vremia*, 18 February 1912, p. 3.

16. FB, 234 – 35, 239; "Aleksandro – Nevskaya lavra," 204 – 205.

17. Mramornov, *Tserkovnaia*, 316.

# 第二十八章　背叛者伊利奥多尔

　　被驱逐的格尔莫根踏上火车后，伊利奥多尔的日子越发艰难。失去了格尔莫根的保护与拉斯普京的支持，伊利奥多尔也被逐出首都，即将前往弗拉基米尔地区的弗罗里什夫修道院（Florishchev Monastery）。他被要求不准离开修道院半步，而且永远不能出现在圣彼得堡和察里津。但伊利奥多尔打起了其他主意。他边打出他惯有的手势边告诉媒体，他不会搭火车去弗罗里什夫，而是要徒步穿越冰原前往那里。这只是混淆视听的一种策略，在罗迪奥诺夫和米佳·科泽尔斯基的协助下，伊利奥多尔乔装潜入铸造厂大街 16 号的彼得·百德莫夫的公寓。伊利奥多尔乞求这位医生让他藏身一段时间，并请求他以他的名义向皇室求情。

　　百德莫夫的医生头衔是自封的，据说他十分精通藏药，接受过良好的教育且聪明能干。百德莫夫的职业生涯发端于亚历山大三世执政期间。他成立了一间实验室，开发出各种使用东方草药的疗法，而这些疗法曾在追逐潮流的圣彼得堡人中风行一时。治疗病人并非他的主要兴趣，他更愿意通过这种方式建立自己的人脉，再和他们做生意。得知尼古拉和亚历山德拉对圣人和神秘主义者感兴趣后，百德莫夫敏锐地察觉到可以利用这些人巩固自己在皇室的影响力。因此，他先结识了伊利奥多尔，再是拉斯普京。百德莫夫对丑闻并不陌生。1902 年，他曾起诉一个名叫坎德尔（Krandel）的医生。坎德尔在《每日新闻》上发表了一系列文章，揭露百德莫夫没有行医资格。然后，百德莫夫的一位病人公开了自己的怀疑，斥责他是个骗子。这位藏医的病人不断流失，他被迫关闭了实验室。随后，他搬到巴黎生活。[1]1911年，百德莫夫希望政府成立藏医协会，并在圣彼得堡和其他城市开设多家药局、诊所和门诊中心，但该提议被卫生部门否决了。百德莫夫没有就此罢休，他找到库尔洛夫和杰久林。最后他得到批准，成立了一个机构，专门研究藏药。虽然主管部门对他将信将疑，但百德莫夫继续在圣彼得堡以外的地方积极经营诊所，用各种粉末和药物治愈了许多社会精英。[2]"他是一个聪明又狡猾的亚洲人，"亚历山大·布洛克如此评价他，"脑袋里塞满了政治八卦，总在讲笑话，不仅沉迷于藏药，还对布里亚特人学校和混凝土输水管的生意感兴趣。"[3]

　　百德莫夫承诺会帮助伊利奥多尔，让伊利奥多尔写下所有他知道的与拉斯普京有关的事情，然后自己把文件交给杰久林，再由杰久林将文件转交给沙皇。百德莫夫告诉伊利奥多尔，毁掉拉斯普京是自救的唯一方法。[4]由于拒绝离开并且躲藏了起来，伊利奥多尔他如今成了圣彼得堡警察局的搜寻对象。拉斯普京显然对他的老朋友彻底失去了耐心。"亲爱的爸爸，妈妈！伊利奥多尔现在成了魔鬼的朋友，"他写道，"他是叛徒。这样的修道士以前会受鞭刑。沙皇会这么做……他是个叛徒。格里高利。"他又在另一封信中写道："如果你原谅谢尔盖·特鲁法诺夫（伊利奥多尔的俗名）这条狗，那么他就会吃掉所有人。"[5]

　　伊利奥多尔接到了杰久林的具体指示，清楚如何描述拉斯普京对自己最有利。1月25日，他坐到书桌前，在接下来的四个小时中进入狂热状态，挥笔写了一篇题为《格里沙》的文章。文章的作者佯装给一位"接近皇宫高层"的匿名人士写信爆料，陈述了伊利奥多尔和拉斯普京之间的关系，且一直追溯到 1904 年伊利奥多尔在圣彼得堡神学院的大厅第一次听人们谈论拉斯普京的时候。这封信充斥着不实信息、谣言，它含沙射影，堪称谎话连篇。拉斯普京被描绘成虐待狂、强奸犯、鞭身派教徒以及皇后的情人。伊利奥多尔编造了夸张的情节（比如在维尔霍图里耶修道院，玛丽亚·维什尼亚科娃如何在主教马卡里的房间里用赤裸的双腿环住拉斯普京的脸），给拉斯普京强加了绝不可能出自他口的话（如"沙皇相信我是上帝。沙皇和皇后都会在我的面前下跪……我的怀中抱着皇储……"），还捏造了许多其他谣言（"他的生殖器无法勃起"，尽管他曾和包括皇后在内的许多女人上床）。就拉斯普京尽情发挥了一通后，伊利奥多尔又把目光对准了拉斯普京的孩子们。他形容德米特里道德败坏、满嘴脏话，而玛丽亚是个"卑鄙而让人感到恶心的女孩"。伊利奥多尔的文章中，唯一可信的部分是他对事件发展做出的警告："人们应该从沙皇夫妇身边除掉他，让他像一个浪荡子那样接受惩罚。他竟敢说自己是正直的人，甚至把自己的魔爪伸向沙皇。如果不除掉格里沙，让一切维持现状，沙皇的国家肯定会被颠覆，俄国将走向灭亡。"[6]

伊利奥多尔的信从未被交到沙皇手上。出于某种原因，百德莫夫和杰久林之间的共识破裂，文章一直留在百德莫夫手里。百德莫夫相当失望、沮丧，认为不该白白浪费伊利奥多尔揭露拉斯普京真面目的努力。于是，他把文章的副本交给了米哈伊尔·罗将柯和国家杜马的其他成员。文章引起了巨大的反响，再次将拉斯普京置于一桩举国关注的丑闻中心。[7]1914 年 4

月，伊利奥多尔亲自给神圣宗教会议寄了一份副本。一个月后，信件内容开始出现在俄国各地的报纸上。当时，每一个识字的俄国人都能不费吹灰之力地读到它。[8]百德莫夫虽然将信的副本寄给了沙皇的敌人，但他还想最后一次努力与皇室沟通。2月17日，他给尼古拉写信，称格尔莫根和伊利奥多尔是"狂热的信徒"，但他们从内心深处爱戴沙皇，他们认为自己有责任保护这个国家，要让拉斯普京尽量远离皇室，正因为这样，拉斯普京才想毁掉他们。百德莫夫告诉尼古拉，他，百德莫夫，凭借自己的广大人脉（由神职人员、政府官员、杜马成员构成），是在情况恶化到无法挽回前唯一能够"了结整个事件"的人。[9]百德莫夫从没有收到回信。

接着，百德莫夫打算向杰久林求情，告诉对方强迫伊利奥多尔离开只会让他成为一名殉道者，而伊利奥多尔肯定会利用这一点。但是，杰久林没有改变态度，称这个男人"对一切正常以及所谓的和平秩序都有害"。百德莫夫不得不就此放弃。[10]如今，伊利奥多尔已经没有选择，只能认输，动身前往弗罗里什夫。然而，这并不意味他决定向拉斯普京屈服。

\*

伊利奥多尔不停从弗罗里什夫给百德莫夫寄去各种故事，描述拉斯普京穷凶极恶的个性和古怪诡异的举止。然后，伊利奥多尔搬出一种新武器。他在信中告诉百德莫夫，在他1909年12月7日拜访博克维斯科时，拉斯普京曾亲手交给他几封皇后和女大公们写给他自己的信。[11]其他人不相信这种说法。玛丽亚在1919年表示，她的父亲"出于淳厚朴实的天性"，不可能给伊利奥多尔看皇后的信，这些信肯定是伊利奥多尔偷

246

走的。[12]1913 年初，拉斯普京在写给奥尔加·鲁克缇娜的信中也提到了这件事："他是个混账，他偷了信……"[13]也许拉斯普京为了吹嘘自己和皇室的亲密关系，曾把信拿给伊利奥多尔看；他甚至可能曾把信借给伊利奥多尔，而后者在看完后为了省事从未归还。但考虑到伊利奥多尔狡诈的个性，他也可能趁拉斯普京没注意偷了这些信。这个精明的修道士明白，或许有一天它们会派上用场。

这些信来自亚历山德拉和她的四个女儿，均写于 1909 年。[14]孩子们的信无伤大雅。她们写了自己有多么想念拉斯普京，他如何出现在她们的梦中，她们如何按照他的要求做了乖孩子，以及母亲生病时她们感到多么痛心。奥尔加女大公问拉斯普京，该如何与她深爱的父亲相处，他快把她逼疯了。[15]然而，亚历山德拉的信可以用来大做文章：

亲爱的、让我无法忘怀的导师、救世主、良师益友，没有你的日子我感到了无生趣。只有当你，我的导师，坐在我的身边时，我的灵魂才能得到平静，我才能休息一会儿。亲吻你的双手，将头靠在你被祝福的肩膀，噢！那时候，事情简单多了。我只乞求一件事：睡着，睡着，在你的肩头深深睡去，在你的怀抱里。噢！在你的身边让我多么快活。你在哪里？你去了哪里呢？我的日子太难熬了，我的内心深深地渴望着……但是你，我亲爱的导师，不要对阿妮娅（维鲁波娃）提起我因为你不在身边而承受的痛苦。阿妮娅是个好人，很善良，她爱我，但是不要告诉她我的悲伤。你会很快回到我的身边吗？快回来吧。我正在等你，没有你的日子，我是多么可悲啊。请赐给我你的祝福，让我轻吻你那被祝福的双手。永远爱你。妈妈。[16]

伊利奥多尔告诉百德莫夫，自己已经把这些信的原件交给了罗迪奥诺夫，罗迪奥诺夫会把它们转交给了一位神职人员，但伊利奥多尔没有透露那个人的名字。[17]不过，伊利奥多尔给百德莫夫寄了副本和以下这封信：

> 对我来说，这些信本身并不能说明多少问题，但一想到她们写信的对象是那个执迷不悟的浪荡子，你的皮肤就会瞬间冰凉，不由自主地为俄国人民的命运感到无比担忧，为受到祝福的沙皇一家担忧。他们的神圣不可侵犯。……
>
> 我恳求你，尽早搞定格里沙。每一天，他都在变得更加强大。他的信徒队伍不断壮大。他的名字在"下层社会"传播。我所担心的不是自己的下场，而是他们！也许，即将爆发最恶劣的丑闻，一切都可能在最糟糕的革命中落幕。看在上帝的分上，尽快弄走拉斯普京，让他闭嘴。每一天都很关键。[18]

一种说法是原件被交到了内政大臣亚历山大·马卡罗夫手中，但我们不清楚它们是怎么到那儿的。是由那位匿名的神职人员转交的，还是罗迪奥诺夫？或者如斯捷潘·贝莱特斯基在回忆录中所写，它们是由一位哥萨克军官、某位斯梅斯洛夫先生（Mr. Zamyslovsky），以及维尔纽斯（Vilnius）的某位卡拉波维奇女士（Madame Karabovich）一起合作转交的？[19]又或者像其他人（比如科科夫佐夫）在回忆录中所写，一些匿名人

247

士把信交给了马卡罗夫，还告诉他："如果我不把信还给他们，这些人（拉斯普京、伊利奥多尔和他们的朋友）一定会掐死我。"[20]

2月初，马卡罗夫给科科夫佐夫打电话，让他来自己家（当时马卡罗夫正在家中养病），说想给他看一些相当重要的东西。马卡罗夫在家中把信的原件拿给大臣会议主席。科科夫佐夫读了一遍，发现亚历山德拉的信和杜马议员亚历山大·古奇科夫（Alexander Guchkov）在圣彼得堡散布的副本内容一致。在贵族间传递的信中有十分恶毒的指控，称皇后在宫中和一个道德败坏的农夫发生了性关系。如今，在全国各地的沙龙与起居室，这则谣言都在传播。每个人似乎都准备好要把最龌龊的想法套到皇后身上，没有任何人挺身为她辩护。

2月18日，亚历山德拉·波格丹诺维奇在日记中写道：

> 我坐下来，记录当下涌起的悲伤和挫败感。我从没想过，自己会生活在一个如此令人羞耻的时代。俄国的统治者不是沙皇，而是那个投机分子拉斯普京，他大声宣布皇后更需要他，而不是尼古拉。这难道还不够可怕吗！皇后写给他，写给拉斯普京的信，正被到处传阅。她写道，只有靠在他的肩膀，才能得到平静。这实在太可耻了，不是吗！
>
> 如今，人们已经丧失了对沙皇的所有尊敬。但是，皇后还在这里宣布，多亏了拉斯普京的祷告，沙皇和皇储才身体健康、充满活力。此外，拉斯普京竟敢还宣称，尼古拉（沙皇本人）而非皇后才是更需要他的那个人。这种说法真叫人发疯。岂有此理！[21]

　　马卡罗夫和科科夫佐夫讨论了该怎么处理此事才好。一开始，马卡罗夫提议不如把信藏起来，别让它们落入心怀不轨的人手中。但科科夫佐夫不同意，认为这可能导致别人指控他们参与了某种阴谋。接着，马卡罗夫又提议，可以通过科科夫佐夫把信交给皇后。大臣会议主席也不同意这种做法，认为这会让皇后陷入十分尴尬的境地，而他自己肯定会向皇后和盘托出这件事，但这么做又可能会伤害到马卡罗夫。科科夫佐夫建议马卡罗夫亲自去见皇后，把信交给她，坦诚地告诉她信怎么会落到他手中。马卡罗夫答应了科科夫佐夫。

　　但是，马卡罗夫没有信守承诺。根据科科夫佐夫回忆录中的说法，马卡罗夫反而去见了沙皇，告诉了他关于信的事，还交给他一个信封。尼古拉原本心情不错，但在听说这件事后脸色瞬间发白，突然紧张起来，迅速从信封中抽出信读了起来。他边看皇后的笔迹边说："这封信是真的。"然后，他怒气冲冲地把信封扔到书桌上。沙皇的话让马卡罗夫和科科夫佐夫打消了信可能属于伪造的念头。虽然科科夫佐夫在回忆录中说，尼古拉读到的信确实出自亚历山德拉的手笔（相关历史人物中，科科夫佐夫是少数几个值得信赖的诚实人，我们可以放心地相信他的话），但我们依旧无法确认，尼古拉读到的那封信和伊利奥多尔拿给百德莫夫的那封信是不是同一封。事实在于，从此以后，再也没有人读过原件。唯一留存下来的是伊利奥多尔的"副本"，其内容在全国各地流传。鉴于伊利奥多尔的名声，那封信的真实性相当值得怀疑。伊利奥多尔的"副本"和原件在内容上存在多少出入？对这些问题，我们将永远无法找到答案。[22]

　　杜马主席米哈伊尔·罗将柯的回忆录让事情变得更加复杂。

249　　他写道，伊利奥多尔拿到亚历山德拉写给拉斯普京的信不是在博克维斯科，而是在 1911 年 12 月 16 日他在格尔莫根的住处和拉斯普京起冲突的时候。那封信和其他女大公的信落到了罗迪奥诺夫手中。罗迪奥诺夫为了搜集针对拉斯普京的证据，在 1912 年初把它们交给了罗将柯。罗将柯称，他向皇太后报告他掌握了亚历山德拉写给拉斯普京的信，皇太后让他尽快处理掉它们。"是的，陛下，我会毁掉它们。"罗将柯告诉皇太后。但是根据他的说法，他没有信守承诺，而是偷偷留下了信，只不过从没把它们拿给沙皇。罗将柯的回忆录写于 1920 年代初他被流放期间，他当时仍声称亚历山德拉的信的原件在他手上。而且，罗将柯还有一个十分有意思的说法，即社会上"流传的那封信的内容被扭曲了"。[23] 如果这是事实，我们是否可以假设，马卡罗夫拿给科科夫佐夫看，并亲手交给沙皇的信其实是假的？科科夫佐夫在写回忆录时，会不会弄错了什么？罗将柯说亚历山德拉的信还在他手上，他是否在说谎？我们可以说，目前已经无法得知亚历山德拉的自白究竟是她的真心话，还是他人为勾起人们的邪念而捏造的谎话之一。在当时，各种各样的类似说法在俄国上下传得沸沸扬扬。

　　我们同样不清楚，马卡罗夫为什么违背了对大臣会议主席的承诺。他是想给亚历山德拉致命一击，所以才把信交给她的丈夫吗？还是说和外界的某些猜想一样，他是为了向沙皇揭露亚历山德拉和拉斯普京之间的肉体关系，好让尼古拉把两人一起送走？[24] 后一种说法的可能性不大，因为亚历山德拉的那封信无法证明他们是情人。也许如科科夫佐夫所说，皇后的话被人曲解了，她谈的是别的事："信中所写的其实是她对生病的儿子全心全意的爱。她在信仰中挣扎，试图相信一种能够拯救他生命的奇迹。信中反映的其实是一个郁郁寡欢的女人在宗教的神秘主义氛围下表现出了一种狂热。"[25]后来科科夫佐夫和古尔科都提到，皇后对马卡罗夫的做法相当生气，这直接导致他被革职。但实际情况似乎不是这么一回事。实际上，马卡罗夫在原来的岗位上留任了整整十个月，直到12月才被革职，且原因不是这些信，而是对斯托雷平暗杀事件的调查。在这件事中，马卡罗夫认为的库尔洛夫扮演的角色才是导致马卡罗夫落马的真正原因。[26]

*

弗罗里什夫的生活十分艰难，简直就像一种羞辱。伊利奥多尔被关在一间狭窄潮湿、装有铁窗的房间里。他睡在木板上，无法和任何修道士联络。他不再出席宗教仪式，不再读经、祷告。然而，仍有几位客人设法混进修道院看他，包括鲁克缇娜和几位记者。[27]其中的一位记者名叫斯捷潘·孔杜鲁什金（Stepan Kondurushkin）。由于被伊利奥多尔的困境触动，孔杜鲁什金在3月20日给马克西姆·高尔基写信求助。孔杜鲁什金说，伊利奥多尔是一个"对信仰真诚、热情的人"。伊利奥多尔告诉孔杜鲁什金，拉斯普京彻底摧毁了他对俄国最神圣的宗教象征——皇室和教会的信任。因此，他决定写作《圣魔》一书来起底这位仇敌。伊利奥多尔向孔杜鲁什金保证，这本书会在国外出版，它不仅会曝光惊人的丑闻，还会掀起一场"政变"。伊利奥多尔知道，他在说出所谓的"可怕真相"后，必将承担风险，但他已经做好准备。"我已经做好一切准备，因为我的灵魂、我的信念、我的理想都被抽空，剩下的只有被驱逐的命运、惊慌失措和一颗悲痛而伤痕累累的

250

心。"孔杜鲁什金认为伊利奥多尔的想法太过天真（他写道，这么做不会有任何效果，只会引发"没有意义的喧嚣"），但还是想听听高尔基的建议。高尔基答复，这么做很有必要，而且迫在眉睫，他自己会尽一切努力让这本书在国外出版。"行动起来！说实在的，这太好了！"高尔基写道。

伊利奥多尔最终写完了这本书，书也出版了，但这些都是数年之后的事了，在此期间发生了所有人都不曾预料到的事。尽管如此，孔杜鲁什金仍没有放弃伊利奥多尔。孔杜鲁什金开始在《演讲报》上撰文为伊利奥多尔辩护，在公开演讲中诉说他的遭遇，形容他是"针对失去信仰的民主制度的民众反抗运动"领头人。孔杜鲁什金发表的关于伊利奥多尔的文章吸引了两个人的注意，他们是谢尔盖·梅格诺夫（Sergei Melgunov）和亚历山大·普鲁加温。这两人都积极捍卫俄国人权，而他们的命运也将在此后与伊利奥多尔发生交集。[28]

*

尽管伊利奥多尔在1月写了那样一封信，尽管他对孔杜鲁什金说了那样一番话，他还是做出了最后一次与拉斯普京和解的努力。11月19日，他给自己的老朋友、老伙伴写了最后一封信："我恳求你，亲爱的朋友，请看看向你求助的这个人吧。"[29]拉斯普京没有回信。那天晚上，伊利奥多尔给神圣宗教会议写信，宣布与他们断绝一切关系。他没有用墨水，而是用刀片割破自己的手臂，写下一封血书。

251

整整十个月我都在请求你们清醒过来。为了捍卫基督教的纯洁，为了使教会免受无耻的格里沙·拉斯普京的践踏和玷污，我恳求过，哀求过，但你们没有后悔，甚至没有流露一丝悔意。现在，我对你们只剩这句话可说："诅咒你们的殿堂空无一人！"我诅咒你们受到真相的审判！现在，我宣布与你们的信仰断绝关系，与你们的教会断绝关系，不再承认你们的地位。你们掩护了"圣魔"格里高利·叶菲莫维奇·拉斯普京。他目无王法，假装成圣人，而且已经毁掉了许多人。你们知道这些，但你们在袒护他。在这样做的同时，你们也诋毁了基督教的纯洁和神圣。整个教会都像一只受伤的鸟儿般颤抖，像落入老鹰之爪牙的鸽子，像单纯的女仆被推到野蛮的施暴者跟前，而你们竟然庄严地在神圣宗教会议上歌颂老鹰，歌颂施暴者，视他为告解神父。……

　　你们也许得到了某种批准，可以嘲笑他人。但我不会同意，我决不同意。我不准你们嘲笑我的信仰。因此从现在起，我拒绝承认你们的上帝，拒绝承认你们的高位神职者身份。[30]

　　一个月后，伊利奥多尔被逐出教会。拉斯普京给尼古拉和亚历山德拉写信："亲爱的爸爸、妈妈。伊利奥多尔是魔鬼，是叛徒。他受到了诅咒，他一定是疯了。他需要去看医生或什么人，一切都乱套了。魔鬼正随着他的乐声起舞。"[31]《圣彼得堡新闻》问拉斯普京如何评价伊利奥多尔的所作所为，他回答："就算我犯下了这么大的罪——每个人都是罪人——就算我受到人们或命运的压迫，或者我必须面对这样的处境，我也不会背叛自己的信仰。绝不可能。"拉斯普京似乎不太想谴责伊利奥多尔："祝他好运，祝伊利奥多尔好运。上帝会做出审判。"我们不知道这是不是拉斯普京的真心话。[32] 1913 年初，他曾给伊利奥多尔写了数封较短的信，威胁会把削尖的木棒插进他的"屁眼"，斥责伊利奥多尔是"撒旦"。他还给鲁克缇娜写信，不准她再去看伊利奥多尔，让她认清这个男人的真面目，因为他是条"狗"，应该早日"被绞死"。[33] 虽然格尔莫根的话没有到这个地步，但他也承认伊利奥多尔站到了无神论者的那一边，掉入了"深不见底的黑洞"。[34] 媒体如此形容伊利奥多尔的堕落："一开始，他们是朋友，手牵着手。接着，他们成了相互毫不留情的仇敌。他们之所以反目，是因为他们都在为同一个目标算计、奋斗。因此，其中的一个人必将成为多余者。"[35]

伊利奥多尔放弃了自己的信仰和神父的身份，重新做回了谢尔盖·特鲁法诺夫①。他离开弗罗里什夫修道院，回到出生地。那是顿河地区的哥萨克村庄博索伊（Bolshoy），在顿河畔罗斯托夫（Rostov-on-Don）东北方向数百英里处。他在父母住所的边上修建了一座小屋，给它取名为"新加利利"（New Galilee）。他结了婚，试图过安稳的生活，但从没忘记自己的仇敌。伊利奥多尔深陷在愤怒之中。他无法放下自己的冤屈，一段时间后他决定策划一场报复。他视自己为当代的叶梅利扬·普加乔夫（Yemelian Pugachev）。普加乔夫是一位哥萨克反抗者，在叶卡捷琳娜二世统治期间掀起了俄国最大规模的反抗运动之一。伊利奥多尔相信，他可以发动一场革命，动摇整个皇朝的根基。他购买了 120 颗炸弹，计划用它们在全国各地暗杀

① 为了避免混淆，本书将继续使用伊利奥多尔来称呼谢尔盖·特鲁法诺夫，除非引用的文献中使用了他的原名。——作者注

60 名副总督和 40 名主教。他准备在 1913 年 10 月 6 日发动袭击。这一天是沙皇的命名日，100 个人将装扮成神父，在官员和神职人员们离开教堂时，向他们抛出手中的炸弹。他希望通过这次恐怖袭击掀起席卷俄国全境的革命。但是，伊利奥多尔的一位信徒出卖了他，警方破坏了他们的计划。伊利奥多尔被逮捕，然后被软禁在村子里等待审判。他后来写道，就是在那期间，一个名叫卡尤娅·古谢娃（Khionya Guseva）的女人来到他的身边。古谢娃发誓一定会为他报仇，要让导致伊利奥多尔落到如此下场的那个男人，也就是格里高利·拉斯普京，付出代价。[36]

## 注 释

1. *Novosti dnia*, 19 December 1902；*Moskovskii listok*, 3 October；4, 14 November 1902. At：www. starosti. ru；*Za kulisami*, iii.

2. *Rech'*, 2 November 1911. At：www. starosti. ru.

3. *GRS*, 4：272.

4. Dixon, "'Mad Monk',"407；*Za kulisami*, vii, 7 – 8；IMM, 245；VR, 282.

5. SML, Spiridovich Papers, Box 6, Folder 3, p. 186；VR, 291.

6. 信件副本见 RGALI, 2167. 2. 26；OR/RNB, 1000. 3. 439, 1 – 5。杜德林的指示，见 GARF, 102. 242. 1912. 297, ch. 1, 57。

7. *Za kulisami*, vii；GARF, 102. 242. 1912. 297, ch. 1, 57.

8. GARF, 102. 242. 1912. 297, ch. 1, 46；102. 316. 381, ch. 1, 2；102. 316. 1910. 381, ch. 2, 87, 89, 99 – 102.

9. GARF, 713. 1. 18, 1 – 1ob.

10. Dixon, "'Mad Monk',"407.

11. GARF, 612. 1. 42, 5；IMM, 116.

12. Buranov, "Strannik," 56; VR, 294.

13. FStr, 595 – 97.

14. 在究竟有多少封信的问题上存在一些分歧。科科夫佐夫后来称，还有一封来自阿列克谢的信。Kokovtsov, *Out*, 292, 299 – 300. 伊利奥多尔写道，有一封来自阿列克谢的信，但拉斯普京把这封信留在了自己身边。IMM, 116.

15. VR, 292 – 94.

16. Amal'rik, *Rasputin*, 103 – 106.（据说）还有一封来自亚历山德拉的信于 1917 年被公开。参见 Vladykin, Taina, 14 – 15。

17. OR/RNB, 1000. 3. 439, 2ob; GARF, 713. 1. 24, 5 – 5ob.

18. GARF, 713. 1. 24, 3 – 5ob.

19. Beletskii, *Vospominaniia*, 8; and see RR, 163. 她被错误地称为卡波维奇（Karbovich）。

20. VR, 299.

21. Bogdanovich, *Tri poslednikh*, 502.

22. 关于这封信属于伪造的可能性，见 Betts, *Pshenitsy*, 69。

23. Rodzianko, *Reign*, 35 – 38.

24. RR, 163 – 64.

25. Kokovtsov, *Out*, 299.

26. VR, 300 – 301; Gurko, *Cherty*, 617.

27. Dixon, "'Mad Monk'," 407.

28. "Gor'kii i russkaia zhurnalistika," 981 – 82; VR, 414 – 17; FStr, 248n2.

29. GARF, 1467. 1. 710, 218.

30. IMM, 264 – 66; Dixon, "'Mad Monk'," 409.

31. SML, Spiridovi. ch Papers, Box 6, Folder 3, p. 186.

32. *Peterburgskaia gazeta*, 7 December 1912. Accessed at：www. starosti. ru.

33. FStr, 595 – 97; IMM, 203.

34. Mramornov, *Tserkovnaia*, 317.

35. OR/RNB, 1000. 1975. 22, 32ob.

36. IMM, 269 – 80; *PK*, 29 January 1914, p. 2; *Voskresnaia vecherniaia gazeta*, 12 January 1914, p. 2.

# 第二十九章　你还想滥用我们的耐心多久？

1912 年 1 月 3 日（也是格尔莫根被神圣宗教会议开除的 那天），宗教哲学文库系列丛书的出版人米哈伊尔·诺沃肖洛夫带着小册子《格里高利·拉斯普京与他那不为人知的放荡生活》的书稿，来到莫斯科的塞内吉尔夫印刷厂。他提出印刷 1200 份，包括里面的两幅肖像，然后便离开了。书的底稿被他小心地保管在莫斯科的公寓。正如书名所示，这是对拉斯普京的一次攻击，收录了一系列已经在报纸上发表的文章及相关评论、一位西伯利亚匿名神职人员的数封信〔可能来自主教安东尼（卡尔扎温）〕，以及一篇由卡尤娅·白雷斯科娅撰写的题为《N 的忏悔》的文章。书中的指控一如既往：拉斯普京是鞭身派教徒、性欲狂，他受到"魔鬼诱惑"，还丧失了人性，殴打自己的妻子和其他女性，把她们囚禁在博克维斯科的家中。我们几乎不必费心考证这些内容的真实性。弗拉基米尔·邦奇－布鲁耶维奇曾相当公允地总结说，其内容不过是一堆谎话和极度夸张的指控。[1]

"奥克瑞那"迅速得到书稿即将出版的风声（莫斯科有许多人在谈论它），因此命令莫斯科当局在它公开出版前找到底稿，并扣下所有影印本。1 月 16 日凌晨，莫斯科警察局接到一道密令，让他们搜查城内的出版社。他们找到了书稿的副本，并暂时封锁了塞内吉尔夫印刷厂。当时，印刷还没有完成，据说所有印完的书都被送到警察局总部销毁，甚至连印刷机上的印版都遭到了破坏。诺沃肖洛夫和印刷厂的老板格奥尔基·塞内吉尔夫（Georgy Snegirev）均被带走问话。警方试图弄清楚底稿从哪里来，以及是否还有漏网的影印本，但诺沃肖诺夫拒绝回答。警方最终也没找到他藏在家中的底稿。[2]印刷厂被封的消息很快传开。埃拉也在为此感到忧心忡忡的人中。她读过诺沃肖洛夫手上的底稿，十分希望它能被公之于众，从而把拉斯普京从皇宫逼走。她建议诺沃肖洛夫准备一份副本给内政大臣马卡罗夫，要求他澄清收缴原因，因为他没有镇压自由言论的权力，除非该言论涉及沙皇或会破坏国家秩序。

那年 1 月发生的有关拉斯普京的种种事件让沙皇度日如年。他对媒体方面层出不穷的关于拉斯普京的报道恼羞成怒，责怪手下的大臣们竟没有能力控制事态发展。大臣会议主席科科夫佐夫回忆说，1 月中旬他曾瞧见马卡罗夫，他一副垂头丧气的模样。当时，马卡罗夫刚接到尼古拉要求他采取一切必要措施遏制媒体的命令。随命令一同下达的，还有一份尼古拉 1910 年 12 月 10 日出于同样的原因向斯托雷平下达的、措辞更为严厉的命令的副本。马卡罗夫不知该怎么做。科科夫佐夫建议马卡罗夫在下次见沙皇时告诉他，无论是说服编辑不再刊登关于拉斯普京的报道，还是没收已经出版的报纸都没有用，都只会恶化局势，让公众舆论与皇室针锋相对，并使公众与政府发生不必要的冲突。科科夫佐夫本人已经这样劝过沙皇，如果沙皇仍然拒绝接受建议，马卡罗夫的明智做法是提出辞职。[3]马卡罗夫没有心情为了拉斯普京和媒体对着干，于是把一切责任都推到国家新闻事务管理局主席阿列克谢·贝尔加德身上。

贝尔加德告诉马卡罗夫，他本人和斯托雷平早在 1910 年就尝试过和几份主要报纸的编辑沟通，这是他们唯一能做的事了，而且如果不是因为政府高层的授意，他本人根本无意采取行动。

　　根据贝尔加德的说法，经两人劝说，马卡罗夫下决心采取行动。就在同一天，他给莫斯科总督发了一份电报，要求采取一切必要手段禁止当地媒体刊发任何有关拉斯普京的文章。[4]第二个月，"奥克瑞那"莫斯科分部仅因为《莫斯科之声》刊登了拉斯普京的两幅肖像，就对它展开调查。5 月，扎瓦尔津上校（Colonel Zavarzin）从柏林给圣彼得堡的警察局总部发来电报，称他手下的暗探得知，拉德日尼科夫出版公司（Ladyzhnikov）正筹备出版一部关于拉斯普京的"轰动小说"，而且相信它绝对会成为超级畅销书。上校保证，他一定会追查此事。[5]

　　1905 年的《十月宣言》确保了媒体的言论自由，因此很难简单地以沙皇的意志为借口控制日益活跃的媒体。诺沃肖洛夫深知这一点，所以不打算轻易放弃。他就原定出版的书稿撰写了一封简单的介绍信，寄给《莫斯科之声》（该报纸的出资者是亚历山大·古奇科夫）。1 月 24 日，《莫斯科之声》以《一位东正教平信徒的话》（"The Voice of an Orthodox Layman"）为题，刊登了这封信。诺沃肖洛夫知道，媒体在拉斯普京一事上已经受到严密监控，因此没有选择写一篇报道，而是采用了给报纸编辑写信的形式，后者的尺度往往比主要栏目的大。这封信以一个问题开头：你还想滥用我们的耐心多久？（*Quousque tandem abutere patientia nostra?* ）这句话取自公元前 1 世纪西塞罗著名的反喀提林演说。"这些愤愤不平的话不知不觉地撕裂着我的胸口。"这封信写道，"一个狡猾的阴谋家正在与一切神圣的事物和教会作对。他像魔鬼一样腐蚀人们的灵魂和头脑，格里高利·拉斯普京竟然放肆地用教会给自己打掩护。"诺沃肖洛夫尽情地在这出"犯罪悲喜剧"中抒发他的愤怒。面对神圣宗教会议的不作为，诺沃肖洛夫质问他们为什么迟迟不采取行动，不去制止"彻头彻尾的骗子和叛徒"，不去制止"他的谎言"。如果说神圣宗教会议对拉斯普京视而不见，这封信的作者便是在要求他们正视拉斯普京的存在，而他本人则会让他们看到隐藏在"狡猾骗子"面具背后的真相。同一天，《新闻晚报》也节选刊登了诺沃肖洛夫的信。[6]第二天，内政部同时对两家报社展开调查。出版事务中央办公室收缴了报纸，编辑被带走问话，还被威胁将受到法律制裁。《莫斯科之声》的办公室遭到全面搜查，莫斯科总督还下令它停刊一周。官方行动反而激发了公众对故事的兴趣。几份漏网的报纸在黑市被大量翻印，那封信也被秘密重印，并在相当广的范围内流传。[7]

杜马迅速做出反应。他们在同一天召开会议，抗议对言论自由的非法镇压。1 月 25 日，杜马正式将此事列入议程。杜马议员就拉斯普京已经谈论了很长时间，但他们只在议事厅外或私下里谈话，从未公开讨论相关事宜，因为这么做无异于发起挑战，很可能威胁到杜马本身的存在。对杜马议员而言，光表达对拉斯普京的愤慨已经不够了，他们需要有效的政治手段。现在，杜马认为到了伸张正义的时刻。"这个奇怪的格里高利·拉斯普京究竟有什么通天能力能让他凌驾于媒体之上，有什么能力能让人相信他的神秘莫测，并且他因此享有固若金汤的地位？"俄罗斯帝国正教会事务委员会（Commission on Russian Orthodox Church Affairs）主席弗拉基米尔·李沃夫

（Vladimir Lvov）说道："赶走他，这就是我们要启动调查的原因……我认为，媒体已是揭发这一黑暗真相的唯一手段，让媒体噤声的做法配不上这个伟大的国家。因此，我希望你们同意立刻展开正式调查。"

接着，古奇科夫起身发表了激进的演说：

俄国正在经历一段黑暗、艰难的日子，公众的良知已经苏醒。我们面前出现了某种中世纪的邪恶灵魂。我们的国家一定出了问题。我们视之为神圣的事物正受到威胁。为什么主教都在保持沉默，为什么政府无动于衷？……

我们肩负的责任要求我们面对自己的良心，让公众不断积聚的愤怒被听见。[8]

根据在莫斯科流传的说法，尼古拉得知此事后说："绞死古奇科夫也不足为惜。"[9]只有一位议员［右翼十月党人尼古拉·切尔卡索夫男爵（Baron Nikolai Cherkasov）］投了反对票，其他人一致支持启动调查。[10]

李沃夫在膨胀的野心的驱使下，联合几位议员撰写了一份请愿书，把它交给杜马主席罗将柯，希望由他转交给马卡罗夫。杜马要求对内政部在滥用权力收缴报纸一事中的作用启动调查。他们向马卡罗夫抛出两个问题：第一，内政大臣是否知情，他手下的人要求圣彼得堡和莫斯科的报纸编辑不准刊发一切有关拉斯普京的报道，且如有违反，报纸就会被没收，编辑就会被问话？第二，如果他知情，该如何重建已遭破坏的法律秩序？请愿书的后面，杜马议员附上了诺沃肖洛夫的信的副本。那天，有人在全体议员面前朗读了这封信，赢得了众人的掌声。[11]几位议员偷偷把敦促启动调查的请愿书和诺沃肖洛夫的信拿给了《圣彼得堡新闻》的编辑，它们于 26 日被刊出。[12]罗将柯虽然把杜马的请愿书交给了马卡罗夫，最终却没有启动任何调查。[13]但是，这一举动跨过了一条界线：这是有史以来杜马第一次触及皇室成员的私生活。

科科夫佐夫对马卡罗夫的警告一语成谶，政府与拉斯普京针锋相对的丑闻终究还是爆发了。拉斯普京做到了其他人都做不到的事：团结一切反对尼古拉的难缠势力。所有人——自由派与保守派，左翼和右翼，传统的俄国东正教徒和现代国际主义的怀疑论者——前所未有地走到了一起。而且，这场对峙在最高层的两大势力间展开：杜马和沙皇。这已经是第三波针对拉斯普京的打击——第一波由神圣宗教会议发动，第二波由斯托雷平主导，现在轮到了杜马出力，而这将成为最致命的一轮攻击。人们把诺沃肖洛夫捧为名流，莫斯科神学院授予他名誉会员身份。俄国媒体的编辑都不是懦夫，他们更大胆地刊登关于拉斯普京的报道，即便他们可能因此付出惨重的代价。他们不仅与整个国家同仇敌忾，还赚到了钱：拉斯普京让报纸的销量节节攀升。

然而，还是有人察觉到了公众集体反对拉斯普京一事中的危险性，其中之一便是《莫斯科公报》的出版人、诺沃肖洛夫的朋友列弗·季霍米罗夫。他曾于 1910 年在自己的报纸上抨击拉斯普京，以为能拉其下马。可是，他一意识到这不奏效就收手了。他知道，公众在诽谤拉斯普京的同时，亦削弱了俄国皇室的神圣性。[14]身为君主主义者，季霍米罗夫选择了立刻闭嘴，但俄国的革命派们反其道而行之，因为他们明白，拉斯普京是扳倒皇室的最完美工具。东正教哲学家、经济学家谢尔盖·布尔加科夫（Sergei Bulgakov）写道，明智的批评者都看到了这一点。因此，在古奇科夫向埃拉征求关于杜马请愿书的建议时，埃拉清楚公共丑闻将造成巨大危害，拒绝与他们合作。她提议说自己会暗中协助他们反对拉斯普京，但要尽量保护皇室的威严。[15] 还有一些人则更加激进。头脑中充斥着阴谋论的扎法科夫称，批评拉斯普京是为了大声展现他对皇室的忠心和对沙皇的爱戴。这种做法不仅正中杜马、"犹太媒体"的下怀，还会被那个由犹太人、银行家、共济会成员组成的（神秘的）世界性秘密组织利用，后者的意图就是摧毁神圣罗斯。[16]

到 1912 年 1 月底，拉斯普京的名字在俄国的每个村子里都如雷贯耳，每个人都听过关于他的污秽谣言，不仅知道他给首都上流社会的女性提供了"性愉悦"，还知道他会"以亲密的方式造访"皇宫。[17]

258

\*

罗曼诺夫皇室的其他成员越发担心。1 月 25 日，沙皇的妹妹谢妮亚在日记中写道，每个人都在谈论拉斯普京有多么可怕，他们说的事甚至涉及亚历山德拉，真令人毛骨悚然。无论她去哪里，人们都在谈论同样的话题——拉斯普京。她不禁问："这什么时候才能到头？"[18]

那个月底，皇宫中的气氛更加紧张。报纸继续刊登关于拉斯普京的报道，杜马现在主张把他从首都赶走。29 日，尼古拉再次和马卡罗夫谈到了封锁言论："我只是不明白，难道我的意志真的无法执行吗？"[19] 他命令马卡罗夫立刻和科科夫佐夫、萨布勒商量该怎么做。科科夫佐夫几乎不抱希望，因为谣言说萨布勒的职位被拉斯普京牢牢掌控，还说他甚至向拉斯普京下跪，以表达自己的敬意。不仅如此，据说他的助理彼得·达曼斯基（Pyotr Damansky）也是拉斯普京的人，所以他们才对此束手无策。但是，科科夫佐夫错了。萨布勒的态度十分明确：他认为为了捍卫皇室尊严，拉斯普京必须返回博克维斯科，而且他打算亲自把这事告诉沙皇。

30 日晚，科科夫佐夫和马卡罗夫向弗雷德里克斯男爵求助。弗雷德里克斯长期负责皇宫事务。虽然他年事已高，但他正直忠诚的品质不容置疑。他告诉科科夫佐夫和马卡罗夫，自己完全同意两人对拉斯普京以及他造成的危险局面的看法，并保证自己一有机会就会跟沙皇谈一谈。男爵没有食言。2 月 1日，他给科科夫佐夫打电话，转告了他的彻底失败。沙皇和皇后恼羞成怒，对这件事十分不满，拒绝听取弗雷德里克斯或其他人的任何建议。他们责怪杜马的混乱，尤其是古奇科夫和马卡罗夫的软弱，认为正因如此媒体才如此猖狂。尼古拉拒绝送走拉斯普京。如果今天是拉斯普京，那么明天他们又会被迫赶谁走呢？对沙皇而言，这是个原则性问题。[20]

259　　拉斯普京在圣彼得堡又过了整整一个月，依旧住在克洛切那亚街上的萨佐诺夫家。警察监视着他的一举一动。月底，他们跟踪拉斯普京和萨佐诺夫的妻子，发现他们去了史帕勒那亚街（Shpalernaya Street）上的"家庭浴室"，因此认定两人是情人关系。他们还跟踪他和数名女性信徒，发现他们去了许多教堂，包括格里博耶多夫运河（Griboedov Canal）边上的救世主滴血教堂，1881 年，沙皇亚历山大二世便是在那附近遭到暗杀的。他们参加教堂的仪式，在圣像前祷告。秘密警察的记录显示，拉斯普京还在街上搭讪妓女：2 月 4 日，他见了波特文基娅（Botvinkina）和科兹洛娃（Kozlova）两人；2 月 6 日，他见了一个名叫彼得罗娃（Petrova）的女人。[21]

2 月 11 日，尼古拉、亚历山德拉以及他们的孩子一起在亚历山大宫接见拉斯普京。"能够见到他并和他谈话实在是太好了。"丑闻显然没有影响到他们的关系。四天后，尼古拉的母亲来到皇宫和儿子、儿媳谈话。谢妮亚在日记中写道：

> 昨天，妈妈向我提起了他们的谈话。她很欣慰，因为她终于说出了这番话。现在，他们已经知道人们在谈论什么了，即便阿历克斯不停为拉斯普京辩护，说他是与众不同的人，妈妈应该多了解他，等等。妈妈唯一的建议是把他送走。杜马正在等待答复，尼克说他不知该怎么做，皇后却坚持他们不该让步。
>
> 统括而言，皇后说的每句话都不在重点上，显然她在很多事情上都完全没弄明白——她严厉抨击社会（污秽的谣言），抨击图雅切娃的多嘴多舌和谎言，称大臣们"都是懦夫"。[22]

2 月 12 日，科科夫佐夫惊讶地收到拉斯普京的信，信中他宣布自己打算永远离开圣彼得堡，但希望在离开前见见科科夫佐夫，以便他们两人"交换想法"。三天后，拉斯普京来到大臣会议主席的办公室，在场的还有科科夫佐夫的舅舅瓦列里·马蒙托夫（Valery Mamontov），他是这次会面的见证人。

> 拉斯普京走进我的书房，他冷淡的眼神让我惊讶极了。他的两只眼睛靠得很近，那是一对灰色眼珠。有好一

会儿，拉斯普京用它们盯着我，好像在催眠我，或者准备在第一次见我时好好研究一番。接着，他突然抬头凝视天花板，屋里一阵沉默。我不知道这样的状况会维持多久，于是问："你想告诉我些什么？"

但拉斯普京没有开口，而是把视线又转回天花板上。然后，马蒙托夫问他，是否真的打算回村里。

"好吧，我应该回去吗？我在这里的日子很不好过，人们捏造了许多关于我的故事。"

"实际上，如果你离开的话更好。"我回复道，"无论人们是在说谎，还是说这一切都是真的，你都必须明白这里已经没有你的立足之地。你出现在皇宫，尤其是你告诉每个人你和他们走得很近这件事本身，就已经伤害了沙皇。"

"我说了什么？对谁说的？都是谎话，都是诽谤！不是我坚持要去皇宫的，是他们要召见我。"拉斯普京几乎在大喊大叫。

他们坐下，望着对方。科科夫佐夫认为拉斯普京在催眠他。最后，拉斯普京勉强同意了："好吧，我会离开。但注意，别让他们再喊我回来，因为我实在太坏，会伤害沙皇。"科科夫佐夫总结了他对拉斯普京的印象：

我认为他是个典型的西伯利亚流浪汉，是一个努力让自己成为傻子与疯子的聪明人，是在根据一套方法扮演自己的角色。他自己都不信那些把戏，但掌握了一种行事方法，可以欺骗那些为他的古怪买账的人。而其他人只不过是在假装崇敬他，希望通过他获得从别的途径无法得到的特权。[23]

会面的消息很快传开，还被加了料。奥地利大使给维也纳写信说，由于拉斯普京身上的臭味，科科夫佐夫在他离开后立刻打开了办公室的所有窗户。[24]其他一些说法则更像阴谋论。据说科科夫佐夫付给拉斯普京 20 万卢布让他离开。[25]拉斯普京对这种说法的反应是暴跳如雷。"抛弃沙皇和皇后？他们以为我是哪种无赖？"他这样告诉穆娅·高罗维纳，同时眼泪从他的脸庞滚落。[26]

2 月 17 日，科科夫佐夫向沙皇报告了自己和拉斯普京的会面。科科夫佐夫刚开口，沙皇便打断这位大臣会议主席的话，向他求证他或者马卡罗夫是不是曾命令拉斯普京离开。科科夫佐夫否认了。接着，沙皇听完大臣会议主席描述的会面细节，知道了拉斯普京表示自愿返回博克维斯科。然后，沙皇向科科夫佐夫问起他对拉斯普京的印象。

我告诉他，拉斯普京给我留下了十分令人不悦的印象。经过一小时的谈话后，我认为在我面前的就是一个典型的西伯利亚流浪汉。我曾在中转监狱里和囚车上见过这类人。这些"无依无靠"的人总想方设法地隐藏自己劣迹斑斑的过去，随时准备用各种手段达成目的。我甚至告诉他（指沙皇），拉斯普京那令人厌恶的外表以及他不知从哪里学来的鬼鬼祟祟的催眠术让我不愿私下见他。还有他那假惺惺的圣愚模样——在简单的日常对话中，它转瞬就消失了，但很快他就会故技重施。为了避免被指责是带了偏见和夸大其词，我告诉沙皇，我尽管谴责拉斯普京喜欢吹嘘自己的人脉，但也更严厉地谴责了向拉斯普京寻求庇护、尝试用他的影响力牟取私利的那些人。

科科夫佐夫讲话时，尼古拉一直凝视窗外，一言不发，这是一种他感到不悦的信号。但大臣会议主席说完后，尼古拉感谢了他的坦诚。如果科科夫佐夫的回忆录可信，沙皇接下来说了谎话。他告诉科科夫佐夫，他和"那个男人"不熟，只见过他两三次，而且都是很短暂的会面。这是他们最后一次谈起拉斯普京，虽然科科夫佐夫还会再当两年大臣会议主席。[27]

2 月 18 日，"奥克瑞那"报告，拉斯普京动身前往博克维斯科。离开前，他给尼古拉和亚历山德拉写了一封信：

> 最亲爱的妈妈、爸爸！魔鬼是如此强大，但愿他受到惩罚。杜马被他骗了，那里有太多犹太人和革命者。他们在乎什么呢？只在乎赶走一个上帝的受膏者。他们的领头人古奇科夫是一个骗子，他传播诽谤，煽动混乱，启动调查。爸爸，这是你的杜马，你可以按自己的想法行事。格里高利有什么地方值得调查呢？这是魔鬼的恶作剧。下令吧。不需要调查。格里高利。[28]

22 日，拉斯普京回到博克维斯科。[29]

\*

虽然拉斯普京离开了首都，但他仍是圣彼得堡公众最热衷的话题。2 月，美术学院的春季展开幕。评论家严厉批评了那年的作品，参观者寥寥无几，因此展览者必须做些什么来挽救这场展览。19 日，展览中增加了一幅新作品，它是由亚历山大·拉耶夫斯基创作的拉斯普京全身像。转眼间，展览场地便挤满了人。

29 日，《证券交易公报》刊登了一篇对拉耶夫斯基的长篇专访，谈论他正在展出的作品。他接受了拉斯普京的一位女信徒的委托，对方希望在画布上留下这位伟大长老的形象。肖像画在拉耶夫斯基的工作室分十次完成。每一次，拉斯普京都乘汽车来。拉耶夫斯基回忆说，作画过程不算顺利，因为他的模特无法保持安静不动，总是变换姿势，有"严重"的"神经质"问题。从他的身体内爆发出一股电流，火花从他的指尖飞出。然而，当他触摸你，亲吻你时，这股电流拥有一种奇怪的镇静、愉悦效果。拉耶夫斯基被拉斯普京身上孩子气的一面吸引，也对他的人文精神印象深刻。一次作画时，有人开始攻击犹太人。拉斯普京突然生气，打断了发言者："那不是真的！上帝面前人人平等！"每一次作画时画室里都人头攒动，因为拉斯普京的女性友人们都争着一睹画家的工作成果。拉耶夫斯基告诉记者，长期以来，他都试图揭开拉斯普京与众不同的一面。

"我尝试发现拉斯普京吸引人的秘密。"他说，"老实说，他的身上流淌着一股精神力量，让他不同凡响。从你见到他的那一刻起，他就控制了你的灵魂。他可以触及你灵魂中最隐秘的地方，道出你的悲伤、怀疑和喜悦。"

拉斯普京对这幅肖像十分满意。（据说他曾高呼："果然是艺术家！"）他身边的女信徒亦是如此，其中有人想付一大笔钱买下它，但被拉耶夫斯基拒绝了。不过，并非所有人都喜

263

欢拉斯普京的巨幅肖像出现在展览中。据说，策展人听说皇太后玛丽亚·费奥多罗芙娜会来参观后，保证会暂时让这幅画消失，等她离开后再让画出现在展厅。他们很清楚公众要的是什么。[30]

## 注 释

1. HIA, Nikolaevsky Papers, Series 74, 129 – 1.
2. GARF, 63. 32. 1912. 82, 1 – 13; RGIA, 1101. 1. 1111, 7ob, 11 – 11ob; FB, 470.
3. VR, 304, 391.
4. Bel'gard, "Pechat'," 347 – 48.
5. GARF, 63. 32. 1912. 82, 9, 14.
6. RGIA, 1278. 2. 2641, 1 – 2; Dzhunkovskii, *Vospominaniia*, 1：628; FR, 91.
7. VR, 307; Guchkov, *Guchkov*, 86.
8. Shulgin, *Years*, 230 – 32.
9. RGIA, 1101. 1. 1111, 10.
10. Dzhunkovskii, *Vospominaniia*, 1：628; *Novoe vremia*, 26 January 1912, p. 2; FR, 91.
11. Shulgin, *Years*, 230 – 32; RGIA, 1278. 2. 2641, 1 – 3; VR, 306. 关于李沃夫，见 Gurko, *Cherty*, 696。
12. *Novoe vremia*, 26 January 1912, p. 2.
13. RGIA, 1278. 2. 2641, 1 – 3.
14. VR, 302, 304 – 308.
15. Bulgakov, *Avtobiografi cheskie zapiski*, 82 – 83.
16. VR, 303.
17. Dzhunkovskii, *Vospominaniia*, 1：628. 引文部分出自一封信，写信人是库尔斯克的一个名叫 V. Berez 的人，收件人是国家杜马中的 Stishinsky。RGIA, 1101. 1. 1111, 10 – 11.

18. *LP*, 156.

19. VR, 309.

20. Kokovtsov, *Out*, 294 – 95; VR, 309 – 11.

21. GARF, 111. 1. 2978, 1 – 4; 111. 1. 2981b, 35.

22. *LP*, 350 – 51.

23. Kokovtsov, *Out*, 296 – 98.

24. HHStA, P. A. X, Karton 139, 24/11 October 1913.

25. VR, 318 – 19.

26. FDNO, 256 – 57.

27. VR, 315 – 18.

28. *KVD*, 82, 86.

29. GARF, 102. 316. 1910. 381, 51.

30. OR/RNB, 1000. 1975. 22, 26ob; Mordvinov, "Poslednii imperator," 4:
49 – 50; *Peterburgskaia gazeta*, 20 February 1912; *VV*, 23 February
1916: Both at: www. starosti. ru.

# 第三十章　对内帏的打击

　　拉斯普京的离开引发了各种猜测。2 月 18 日，《新闻晚报》引用了一位与拉斯普京相交甚笃的匿名女性的说法：人们以为拉斯普京终于被打败了，但完全不是如此。实际上，这种想法错得离谱。虽然媒体的攻势和杜马的质询对他造成了打击，但他并未输掉这场战斗。他的离开不说明任何问题，只是种"小策略"。他会离开，等待事态平息，然后再回来。每个人都应该注意，"和他的斗争离结束还早着呢"。[1]

　　日期标注为 2 月 24 日的一份警方机密文件与此种说法吻合。如果拉斯普京的离开被视为皇太后玛丽亚·费奥多罗芙娜一方的胜利，那么在他离开时，为他送行的维鲁波娃、她的妹妹萨娜，以及从宫里送来的一束白玫瑰，则意味着亚历山德拉并未就此屈服。历史将证明，"拉斯普京时代"尚未落下帷幕。实际上，拉斯普京对《新时代》的说辞完全不可信——他说他是去接玛丽亚回圣彼得堡，亚历山德拉承诺让她和皇后的女儿们一起学习生活。拉斯普京甚至计划在那年春天和尼古拉、亚历山德拉一起去克里米亚。但是，我们依然无法无视一件事：拉斯普京引发的争议可能会"彻底摧毁"整个国家的秩序。[2]

　　接下来与沙皇交涉拉斯普京一事的人是米哈伊尔·罗将柯。1859 年，罗将柯出生在俄国一个古老的贵族家庭，从小过着养尊处优的生活。他曾在皇家骑兵团服役，后被任命为宫廷事务大臣。杜马组建后，他当选为叶卡捷琳诺斯拉夫省的议员，还是十月党的创始人之一；作为杜马中的一股势力，十月党人的目标是通过渐进改革为俄国带来转变。罗将柯的个人立场被认为接近英国的保守党。作为自由派或者温和派，他反对政治右翼和极左翼。1911 年，古奇科夫卸任杜马主席，罗将柯取而代之，并一直任职到俄罗斯帝国覆灭。罗将柯身材高大而结实（据说，他向小阿列克谢自我介绍时称自己是"俄国最胖的人"），长得仪表堂堂，试图用自己的存在感树立杜马的权威，尤其是通过经常拜访沙皇。但他最终还是失败了，他无法理解他的君主，也无法令对方足够重视他。[3]

格尔莫根被赶走后，气急败坏的杜马议员弗拉基米尔·普里什克维奇会见了罗将柯。普里什克维奇质问罗将柯时，声音发抖而夹带着恐惧：

> 我们会往哪里去？我们的中流砥柱——神圣的东正教会已经被毁了。人们正在发动革命，意图针对君主；革命失败了……黑暗力量正在袭击作为俄国最后指望的教会。最糟糕的是，这力量似乎来自君主本人。一个骗子、鞭身派教徒、猥琐之人、文盲农夫正把我们的高级神职人员玩弄于股掌之间。我们正被赶往怎样的深渊？噢，上帝！我愿意牺牲自己，来除掉拉斯普京那只害虫！

四年后，普里什克维奇会和费利克斯·尤苏波夫亲王及另外三人一起谋杀拉斯普京。

在罗将柯被广为引用的回忆录中，他把自己的形象塑造得冷静而理性，且及时制止了气急败坏的普里什克维奇采取草率的行动。其中一章还写道，他说服激动的古奇科夫在杜马调查拉斯普京前不要轻举妄动，因为这将不可避免地煽动公众舆论。罗将柯似乎以为他和杜马能够劝尼古拉重归正道。最后，在古奇科夫、百德莫夫、费利克斯·尤苏波夫和罗迪奥诺夫的协助下，他整理了拉斯普京的卷宗，甚至指派苏马罗科夫伯爵的一名手下去搜集海外情报。罗将柯称，他已经掌握了一大批拉斯普京的黑材料，包括多位母亲叙述自己的女儿如何被诱惑的信件，以及拉斯普京与鞭身派教徒的合影。其中一张照片上，拉斯普京身披教士服，胸前挂着金十字架。罗将柯还收到流亡中的格尔莫根寄来的一封信，请求他向沙皇揭露丑陋的真相，警告沙皇危机四伏。[4]除了埋首处理这些事之外，罗将柯还去见了皇太后费奥多罗芙娜。她听说罗将柯的计划后尝试劝他放弃，坚称沙皇很单纯，绝不会相信他，只会变得更加消沉。罗将柯告诉皇太后，事态已经相当严重，整个皇朝正面临威胁，并请求得到她的祝福。皇太后没有拒绝。[5]2 月末，好事者们已经急不可耐地把谣言传遍了整个圣彼得堡。忠心耿耿但经常喝得酩酊大醉的海军司令康斯坦丁·尼洛夫（Konstantin Nilov）几乎时刻陪伴在沙皇左右，他同样不看好罗将柯的计划。那段时间，他也劝过沙皇，但一无所获。最后，他似乎和当下的处境达成了某种和解，冷漠地表示："革命终将爆发，我们都难逃一死，到时被挂在哪根灯柱上示众都无所谓了。"[6]

罗将柯请求大臣会议主席科科夫佐夫和神圣宗教会议的安东尼都主教（瓦科夫斯基）一起劝说沙皇，但被拒绝了。因此，他准备在 2 月 26 日晚上 6 点独自面见沙皇。那天早晨，他和妻子一起去喀山大教堂祈祷会面成功。这次谈话持续了近两个小时，做完惯常的报告后，罗将柯恳求与尼古拉谈一谈拉斯普京：

> 沙皇陛下，允许一个声名狼藉的男人出现在与皇室关系最紧密的圈子里，这样的事在俄国的历史上前所未有……拉斯普京是俄国的敌人手上的工具；他们利用他诋毁教会，诋毁皇室本身。仅仅允许拉斯普京在皇宫出没，就是推动革命的最好借口。每个人都在担心他和皇室成员的亲密关系。公众的情绪已经十分激动。

接着，罗将柯罗列了一长串因反对拉斯普京而被惩罚的高级神职人员的名字——格尔莫根、伊利奥多尔、费奥凡、主教安东尼，坚称任何人只要敢说一个"不"字，就不会有好下场。他断言拉斯普京属于鞭身派，并朗读了他手中的信件，以及诺沃肖洛夫的书稿中的片段。罗将柯指出，让媒体噤声只会使情况恶化，因为这等于证实了公众对拉斯普京和皇家间关系的猜测。他告诉尼古拉，对拉斯普京和鞭身派关系的调查是如何被神秘地叫停的，然后拿出一份国外的剪报。该报重点关注布鲁塞尔的共济会组织，提到拉斯普京正被这个神秘社团用来对付俄国。[7]

这对沙皇而言信息量太大了，他紧张得开始一根接一根地点燃香烟。

罗将柯强调了他对皇室和教会的忠诚之心，坚称是出于保护两者之心才开口恳求沙皇驱逐拉斯普京。尼古拉表示，他相信罗将柯的报告是真诚的，但无法给出承诺。28 日，罗将柯从老朋友皇宫卫戍司令杰久林处得知（值得一提的是，许多人认为杰久林和拉斯普京交好是为了在宫中步步高升。罗将柯要么对此假装不知情，要么奇怪地没有意识到这一点[8]），尼古拉下令神圣宗教会议向罗将柯提供所有关于拉斯普京的机密文件，协助他展开调查，但沙皇要求罗将柯必须保密，不准与任何人讨论此事。第二天，神圣宗教会议的首席助理达曼斯基送来相关文件，罗将柯立刻指示手下复制其内容。

第三天，达曼斯基和皇后的告解神父亚历山大·瓦西列夫出人意料地现身杜马，要求取回所有文件。达曼斯基称命令由皇后直接下达，但罗将柯不肯让步，表示亚历山德拉和他都必须服从沙皇，而他正按照沙皇的意愿行事。亚历山德拉还指示瓦西列夫说服罗将柯相信拉斯普京的确是圣人。听闻此言，罗将柯突然情绪失控，罗列了拉斯普京的种种罪行，几乎用攮的方式让两人离开了办公室。[9]

罗将柯取得的文件中包括托博尔斯克教会宗教法院对拉斯普京是否为鞭身派教徒的调查。这份报告自 1908 年春天以来一直无人问津。（奇怪的是，俄罗斯国家历史档案馆所藏的文件显示，该报告在 2 月 18 日发出，于 25 日，也就是罗将柯面见沙皇的前一天送达圣彼得堡。罗将柯是否在得到尼古拉的许可前就先发制人了呢?[10]）尼古拉相信，罗将柯只要读完文件就会明白，拉斯普京不是鞭身派教徒，但罗将柯不满足于只阅读文件，他要追根究底：他要求查看撰写最终报告时采用的原始素材、访问目击者、召见权威专家。科科夫佐夫很谨慎，反对了他的计划，认为这会造成无穷无尽的丑闻，而丑闻会摧毁人们对沙皇极为关键的信任。科科夫佐夫表示，罗将柯最好按自己的说法行事：阅读文件、归纳自己的结论、面见沙皇，再决定是否采取进一步行动。罗将柯听取了科科夫佐夫的建议，但依旧认为需要别人协助他理解手头的文件，因此让杜马中的十月党人尼古拉·舒宾斯基（Nikolai Shubinsky）和古奇科夫帮忙。三人开始阅读文件，并准备提交一份报告给沙皇。

根据科科夫佐夫的说法，罗将柯考虑过一切情况：

> 罗将柯告诉每个人他们肩负了什么任务，不管对方是左翼还是右翼，并且毫不客气地说他的使命是用这份报告从拉斯普京手中拯救沙皇和俄国。他对这项"任务"十分热情，给我看了两三页报告的草稿，包括一些对拉斯普京相当不利的评价。他正在筹备最终版本，打算亲自将之呈送给沙皇。[11]

罗将柯不仅准备了副本，还向其他杜马议员泄露了消息。这不但违背了沙皇的旨意，还伤害了沙皇对他的信任。他的不忠将进一步煽动丑闻。

第二年，宫廷事务大臣弗雷德里克斯男爵的女婿弗拉基米尔·弗艾柯夫取代杰久林成为皇宫卫戍司令。弗艾柯夫回忆说，罗将柯仍拒绝改变对拉斯普京的看法。

> 我们两人在他的办公室坐了两三个小时，我被迫听他历数拉斯普京的种种危险之处，以及该怎么对付他。原来，他认为应该由我把拉斯普京赶出皇宫，禁止沙皇和皇后与他见面。
>
> 我就该如何完成这项任务向他征求建议，他毫不意外地回避了我的问题。统括而言，我和 M. V. 罗将柯的谈话给我留下的印象是，他对拉斯普京本人不怎么在意，却在

尽一切可能利用这个名字制造围绕沙皇和皇后的纷争和丑闻。

269 　　弗艾柯夫相信，博克维斯科教会宗教法院的秘密文件充斥着未经证实的指控，但当时人们不会指出这些事："在那个野蛮时期，不可能有人承认在蓄意传播关于统治者的谣言。事实如何根本不重要。"[12]科科夫佐夫赞同弗艾柯夫对罗将柯的看法。他认为，杜马主席受忠诚和虚荣的双重驱使，不仅夸大事实，还在拉斯普京一事上撒谎。[13]根据莉莉·德恩的说法，这是所有向尼古拉谏言，试图指出拉斯普京之危险性的人的通病：

> 他们告诉他拉斯普京"暗中"的不堪举动，他不愿意相信他们。为什么？理由十分简单：人们在描摹拉斯普京时使用了太过黑暗的色彩。如果那些"怀抱好意的人"不那么努力，沙皇也许会听他们的话。那些想要毁掉两人友谊的人，如果把他们想要毁掉的人贬得一文不值，就会犯下巨大的错误。如果你在谴责他或她时稍加几句好话，会更容易达到预期的效果。[14]

当话题转向拉斯普京时，弗雷德里克斯告诉沙皇身边的副官阿纳托利·莫尔德维诺夫（Anatoly Mordvinov）：

> 你知道我像沙皇的儿子一样热爱沙皇，因此忍不住问陛下拉斯普京是个怎样的人。沙皇的回答平静而简洁："是的，是真的，有太多太多错误的传言了。就像从前，

一旦有外人尝试进入我们的圈子，我们总会听到这些说法。皇后欣赏他的真诚，他就像个普通人……她相信他的忠诚，他的祈祷之力能够保护我们一家，保护阿列克谢……但这些都不值一提，问题在于这是我们的私事。人们竟这么喜欢插手和他们无关的事，这实在很令人惊讶。他究竟碍着谁了？"[15]

各式稀奇古怪的故事让沙皇一家无法相信，因为他们从没看过别人口中的拉斯普京的这一面。莉莉·德恩继续道：

如果我说，我从未目睹格里高利·拉斯普京有任何不 270
妥的举止，人们一定会说我是骗子或是个愚蠢的女人。实际上，后一种说法可能是他们对我最手下留情的形容。尽管如此，我们从未在他身上见过丑陋的一面，这确实是真相。或许这是因为有些人有双重人格。我曾听说有人拥有天使般完美的肉身，可一旦跨出家门，立刻就会暴露一切陋习，让现代法国小说也相形见绌。[16]

研究过机密文件和其他材料后，罗将柯于3月8日撰写完交给沙皇的简要报告［杜马主席的助手雅科夫·格林卡（Yakov Glinka）为报告中过分情绪化的用词润了色］，请求面见沙皇。沙皇马上接见了他，真诚地感谢他的努力，尤其是他的速度和报告的全面性，保证自己会读完它。罗将柯凯旋般地回到杜马，开始等待。实际上，他等了数日，宫里却没有传出任何音信，只有沉默。尼古拉在拖延。罗将柯被激怒了。他告诉科科夫佐夫，认为这是对杜马权威的一种侮辱，威胁要辞职，科科夫佐夫保证会向沙皇提及这件事。罗将柯离开后，沙皇的信使送来一个大包裹，尼古拉的答复就在里面，被潦草地写在罗将柯之前请求见他的信上："我不想见罗将柯，几天前我才见过他。请转告他这件事。杜马的做法让我十分反感，尤其是古奇科夫对神圣宗教会议充满敌意的讲话。我十分乐意让这些先生了解我的不满，对于不停向他们鞠躬微笑这一套，我已经累了。"[17]

罗将柯将永远铭记，而且永远不会原谅沙皇对待他的方式。

3月12日，亚历山德拉·波格丹诺维奇在日记中记录了这次谈话：

> 今天来了许多人。话题总是围着拉斯普京打转。他昨天刚回圣彼得堡，今天就去了皇村。提到皇后的品位，真是让人郁闷，她怎么会相信那个鞭身派教徒呢？
>
> ……人们可以理解沙皇。根据米罗拉多伯爵夫人（Countess Miloradovich）的说法，她从杜马主席罗将柯的太太处听说了她丈夫和沙皇会面的事，罗将柯在沙皇面前罗列了拉斯普京的种种不是，沙皇当场和拉斯普京划清了界限，说自己从不见拉斯普京。但他是怎么让格里沙进入皇宫的呢？显然，沙皇从罗将柯的话中明白了拉斯普京会造成什么伤害，以及他来自什么圈子。每个人都在谈论同一件事，沙皇有极好的自控能力，但缺乏意志力——他的意志太薄弱了。多么可怕！明天沙皇一家就要去克里米亚，拉斯普京也会同行。沙皇唯一该做的事，便是让杰久林摆脱那个家伙，做个了断。但问题来了——他缺乏意志力。你一旦仔细思考俄国的艰难处境，就会感到这实在是

271

太可怕了！

传来的消息似乎越来越不好。一周后，波格丹诺维奇在日记中写道，亚历山德拉的侍女、副官尼古拉·欧本兰斯基（Nikolai Obolensky）的女儿伊丽莎白·欧本兰斯卡娅（Yelizaveta Obolenskaya，又名莉莉）透露，皇后本人就是鞭身派教徒。欧本兰斯卡娅在《新时代》上读到两篇以《鞭身神秘主义》为题的文章，发现皇后的举止相当符合文中的描述。她无法保持沉默，甚至两次向皇后表达她的担心，这让皇后对她产生了不满。据说，欧本兰斯卡娅将会被逐出皇宫。[18]

*

3月9日，古奇科夫在杜马发表演讲，让尼古拉勃然大怒。这番讲话后来被称为"对内帏的打击"（The Blow to the Alcove），古奇科夫的严厉抨击甚至让他的十月党人同僚都震惊不已。

1862年，古奇科夫出生在一个富裕的莫斯科商人家庭。他在莫斯科大学学习历史，十分聪明，日后又前往柏林和海德堡深造。古奇科夫的才华毋庸置疑，他却不是个容易相处的人。别人眼中的古奇科夫"雄辩机智，好争论，容易兴奋。他还经常夸夸其谈，仗势欺人，四处拈花惹草。他的女儿悲伤地回忆，古奇科夫家'从不会连续两年在同一处海滨胜地度假，因为到了第二年，所有婴儿车里的孩子看起来都尴尬地和我如出一辙'"。他易怒而狂妄、自负，对自己享有的荣誉缺乏安全感，曾向数人发出决斗书。在他的想象中，他是至关重要的人物，必须出现在世界上的任何动荡地区：1899年，他在南非与布尔人作战；1900 年，他抵达中国东北镇压义和团；1905 年，他出现在马其顿的民族主义革命中。他乐于吹嘘在军队中的丰富经历，和杜马议员聊天时他总是希望成为万众瞩目的焦点。[19]尽管如此，那天没有一个人料到古奇科夫会在讲坛上做出此等发言：

> 人们想开口，人们想高呼，教会正处于危机之中，我们的国家也是……你们都知道，俄国的这场闹剧有多么糟糕……身处闹剧中心的，便是一个神秘的悲喜剧式的人物。他似乎来自另一个世界，就像黑暗时代的残余者，在20 世纪显得古怪至极……也许他是传播黑暗思想的狂热的教派主义者，也许他是忙着敛财的流氓和骗子。这个人究竟如何取得了现在的重要地位，拥有了这般影响力，让国家的政治精英和教会权威在他的面前卑躬屈膝？请稍微想一想——是谁在负责最高层的事务，是谁在推动让它们运转起来的轴……

就在此刻，黑色百人团的代表尼古拉·马尔科夫（Nikolai Markov）从座位上高喊"那不过是女人们的闲言碎语"！但他的话立刻被人群的欢呼声淹没了。

古奇科夫继续道：

> ……方向改变了，面孔改变了，一些人崛起，另一些人陨落？如果我们面对的是一种孤立现象，且它源自某一宗教追求的病态土壤或者遥不可及的神秘主义，我们可能会悲伤地伫立，垂下头，就像我们在病入膏肓的深爱之人

的床前一样。也许，我们会哭泣，会祷告，但我们不会交头接耳。可是，格里高利·拉斯普京不是一个人。他的身后难道不是站着一伙人，他们由各色人等组成，肆意地利用他这个人和他的魅力？他们是贪得无厌、好高骛远之人，想通过捡漏得到权力，是独断专行、唯利是图者，是一群失败的记者……

"萨佐诺夫！"中立派议员代表帕维尔·库朋斯基（Pavel Krupensky）在座位上高喊。

古奇科夫继续道：

> 那些长老企业家！是他们使他名声大振、人尽皆知。[273]他们构成了一整个商业帝国，熟练而巧妙地玩着这个游戏。面对这种可能性，我们的义务便是喊出警醒之言：教会正处于危机之中，我们的国家也是！过去几年里，没有任何革命或者反对教会的宣传能在短短几天内达到这样的效果。

"没错！"声音从人群中传来。

古奇科夫没有停止。"格格奇科里（Gegechkori）[①]的话没错，他说'拉斯普京很有用'。我甚至可以补充：（拉斯普京）越放荡，对格格奇科里的朋友们就越有利用价值。"

"没错。"一位右翼代表高喊道。

---

① 叶夫根尼·格格奇科里（Yevgeny Gegechkori），格鲁吉亚革命家、社会民主党（孟什维克党）人、第三届杜马议员。——作者注

　　古奇科夫称，很少有人拥有足够的勇气公开表达自己的观点（不言而喻，他自己是其中之一）。然后，他谴责了萨布勒的不作为，说萨勒布被一群马屁精包围了。"关于 1911 年到 1912 年发生了什么，俄国编年史家将会写道：这些年，东正教会在神圣宗教会议主席、时任枢密院顾问的弗拉基米尔·卡尔洛维奇·萨布勒的带领下，受尽了前所未有的耻辱。"

　　目瞪口呆的萨布勒高声反对说，古奇科夫不清楚事实。然而，自我抗辩不管用，没有人在意萨布勒的意见。第二天，城里的人在《新时代》上读到了古奇科夫的大部分发言。[20]

　　这次讲话对古奇科夫个人而言是极为重要的，使他成了沙皇和皇后的敌人。他的话直指他们的"内帏"——沙皇夫妇最私密的场所。这与罗将柯在之前几周采取的行动一起，成为压垮沙皇和杜马之间关系的最后一根稻草。尼古拉再也没有接见过杜马主席。

　　罗将柯在日后声称，他曾试图阻止古奇科夫采取如此激进的做法。他告诉古奇科夫，这么做就好比另一次珍珠项链事件。珍珠项链事件是 18 世纪 80 年代围绕法国王后玛丽·安托瓦内特发生的丑闻，对法国王室的权威造成了严重打击，法国不久便爆发了革命。古奇科夫在 1917 年告诉调查委员会，他别无选择。拉斯普京积聚的势力必将让国家面临灭亡的威胁。在古奇柯夫看来，政府和大臣们要么对此熟视无睹，要么太懒惰，要么不敢摆出宣战的姿势，因此他势在必行。得知沙皇想绞死他后，古奇科夫回答：我的生命属于沙皇，但良知属于自己，我会继续战斗。[21]

　　可是，他要与之战斗的是谁，又为什么要战斗呢？杜马中，古奇科夫的十月党人同僚尼坎多·萨维奇（Nikandor

Savich）写道，让古奇科夫讲出这番话的不是拉斯普京，而是沙皇本人。古奇科夫认为，尼古拉在过去没有给予他应有的尊重，这是他报复的机会。虽然该讲话表面上谈的是政治问题，但其核心是十分个人化的。也许，古奇科夫提前告知了罗将柯他的计划，但后者从没向十月党人同僚透露过这件事，他们难以置信地听完了他的整场演讲。萨维奇和其他人一样，明白皇室永远不会忘记，更不可能原谅这次发言。"从现在起，"他在回忆录中写道，"不仅仅是古奇科夫，整个杜马其实都与皇后为敌了。改善沙皇和政府代表之间关系的最后一丝希望已经破灭了。"[22] 这就是俄国将为古奇科夫那伤痕累累的荣誉所付出的惨重代价。

古奇科夫的动机并不完全如他自己所言，他对拉斯普京的特征和影响力的描述既不公正又漏洞百出。拉斯普京是邪恶的鞭身派教徒；拉斯普京是皇冠背后的男人；拉斯普京操控政府，凭个人喜好论功行赏，能够决定大臣们的命运，让一伙骗子劫持了政府官员——这些都是谎言，所有指控都是谣言，古奇科夫对此心知肚明，但他没有收手。古奇科夫说过，拉斯普京和萨布勒的行事方式已经成了革命者——比如叶夫根尼·格格奇科里等人——手中的弹药。他们越堕落，就越能够为人所用。然而，为国家的敌人准备弹药的正是古奇科夫本人，他不仅为左翼提供了借口，也为右翼提供了。教会危在旦夕，国家危在旦夕，古奇科夫是这么说的，但通过他的演讲，危机进一步恶化了。

这次演讲引起了空前的反响。18 日，《新星期日晚报》发表了一幅古奇科夫和拉斯普京握手的讽刺画，还配上了一句简短的讽刺诗——引自莱蒙托夫的著名诗歌《争吵》（"The

Dispute"）——对整件事冷嘲热讽了一番。[23] 古奇科夫给国家的反对者们制造了足够的谈资。一位社会民主党高层评论道："格里沙·拉斯普京是社会民主党最好的朋友和同谋，因为他所做的一切比我们任何人所做的都更能引发第二次革命。"[24] 舒尔金留意到："沙皇深深冒犯了整个国家。皇宫如此神圣，甚至最优秀的人都难以涉足，而他竟然接纳了一个街上的无赖。"[25] 拉斯普京的朋友萨佐诺夫可能是唯一站出来为他辩护的人。萨佐诺夫写了一篇短文，题为《关于格里高利·诺维/拉斯普京的真相》（"The Truth about Grigory Novykh Rasputin"），发表在当时一份短命的期刊上。他否认了对拉斯普京的指控，呼吁人们正视虚假信息和媒体的肮脏把戏，比如《微小的火焰》（Little Flame）刊过一幅漫画，它描绘的是拉斯普京在浴室中拿着《圣经》和女信徒们一起祷告。[26] 但没有人在意萨佐诺夫的话。

杜马引发的丑闻没有逃过外国大使的注意，拉斯普京第一次成了关键人物。3 月 29 日，奥地利大使给维也纳的外交部部长发送了一份长篇机密报告，详细叙述了古奇科夫的讲话及它造成的负面影响，还尽力提供了有关神秘的拉斯普京的情报。

关于这个男人的出身我们所知甚少。他是西伯利亚地区的一个农夫（有人说他曾是一名囚犯），显然拥有某种预言或催眠能力。不仅如此他还是狂热的宗教信徒（这才是最重要的），据说属于某个苦修派别。他没有接受过教育，但有着天生的才华，而且掌握了丰富的圣经知识。

自从拉斯普京招募了一批女信徒后，俄国宫廷中出现了一个女性小圈子。最诡异的传言都是关于拉斯普京是如何追逐这些女人的。我认为，这个拥有魔法的人总是充当那种按摩师，没有在宗教入迷和性堕落之间划出清晰的界限。[27]

同样，英国大使乔治·布坎南（George Buchanan）也撰写了他笔下的第一份有关拉斯普京的报告，形容其和格尔莫根、伊利奥多尔一样，是当代的"中世纪病患者"之一，以及出生在一个"良好又富裕的俄国家庭"。在伦敦，一名官员圈出了报告的最后几行字，写道："不过是个西伯利亚农夫。"[28]

*

3月12日，沙皇一家前往克里米亚。仅有寥寥数人在车站为他们送行，其中之一便是科科夫佐夫。他回忆说，沙皇的心情"和平日一样"，还开玩笑般地告诉他："你最好羡慕我，而我只会可怜你，因为你不得不留在这片大沼泽里。"面无表情的亚历山德拉在上车前对车站的人未发一言。[29]关于拉斯普京，媒体上充斥着自相矛盾的报道。有些说法称，他可能在任何一天抵达圣彼得堡；另一些说法则称，他正动身前往克里米亚，或者他其实是与沙皇和皇后同行，已经入住雅尔塔的俄国大酒店。[30]媒体狂热地猜测拉斯普京身在何处，而有些人对此已经受够了。《新星期日晚报》在一篇题为《拉斯普京热》的文章中捕捉到了这一情绪：

> 我们似乎已经无法从这个故事中脱身。
> 就像你会染上的一些疾病，比如湿疹。一个人如果患

276

了这种恶心的病，之后几年内都不得不被它折磨。

拉斯普京热持续得太久。我们已经厌烦了，却无法摆脱它。

——拉斯普京已经离开……

——拉斯普京已经抵达……

——拉斯普京去了这里……

——拉斯普京去了那里……

我们难道还没受够拉斯普京吗？

小报竟然还把追逐拉斯普京变成了一种运动——一种恶性竞争……[31]

但是，拉斯普京身在何处十分关键。整个国家都知道他被正式赶回了博克维斯科。因此他回了首都或是他正前往克里米亚的说法，不仅是人们对其影响力的一种解读（即使不正确），也被理解成他能够对国家的权力机构嗤之以鼻。

实际上，拉斯普京没有在博克维斯科停留太久，他于3月中旬返回圣彼得堡，且正如许多人猜测的那样，很快又动身前往克里米亚。[32]这年的前三个月中，皇室不顾丑闻，执意接纳他，这是一种明显的表态：他们不会允许任何人告诉他们该接近谁，该远离谁。

\*

277　　3月16日，沙皇的妹妹谢妮亚和季娜伊达·尤苏波娃公主共进下午茶。话题毫不意外地聚焦到拉斯普京身上。[33]公主已经密切关注了拉斯普京一段时间。2月12日，她曾在信中提醒儿子费利克斯注意拉斯普京以及与其结盟的"黑山姐妹"

的危险性。这是"一个艰难的时期",她写道,并警告他不要在信中透露任何秘密或提出任何妥协方案,因为"奥克瑞那"会审查每一封信。[34] 费利克斯给穆娅·高罗维纳发电报,询问她对丑闻的看法。她在 2 月 14 日回信,让他不要相信媒体上的任何谣言和故事。她坚持,所有的纷乱嘈杂之声都是人为制造的,为的是毁掉皇室。

> 人们如此愤怒,但最重要的是,他们如此嫉妒!他们用尽一切手段摧毁、抹黑所有美丽的、光明的事物。诚然,他成了众矢之的,为基督背负着十字架,承受着痛苦。多么希望你能看一眼,看看他在这些旋涡之中走了多远——他完全身处另一个半球,而那个属于灵魂的半球是我们无法认知和忍受的。但是,我们竟用平凡世界的标准对他指指点点,在这个世界中,我们背负着罪,被诱惑包围,因此我们无法理解他所宣扬的真正纯洁,无法将它带入我们的生活。……

> 你还不够了解他。你们见面的次数不够多,不足以让你理解他的性格和指引他的力量。但我认识他已经有两年多了,我深信他背负着上帝的十字架,为我们无法理解的真相饱受折磨。如果你对神秘主义有一些了解,就会明白伟大的事物都隐藏在迷雾之后,而迷雾阻挡了世人通往真相的道路。……

> 你有任何想法都请写信告诉我,因为你的建议对我十分宝贵,我希望感受到你就在我的身边。但请保持真诚,因为我深深地爱着你,至纯至洁,直到死亡,所以不希望那些肮脏的把戏玷污了我们的友谊。[35]

但费利克斯甚至懒得回信。

1月底，杜马请求质询拉斯普京不久后，心烦意乱的皇后给尤苏波娃公主写了一封长达八页的信，抱怨这种做法的不公。"没有人爱我们，"她哭诉道，"每个人都想伤害我们。这项调查是革命分子的举动。"[36]虽然尤苏波娃公主视拉斯普京为敌人，却仍为皇后感到惋惜。在埃拉的提议下，她尝试在古奇科夫发表讲话后和亚历山德拉谈论拉斯普京一事，但结果并不理想。亚历山德拉格外消沉。除了惹人不快的谣言外，她还收到了一份令人不安的匿名报告。报告的日期标注为3月7日，题为《关于长老格里高利·拉斯普京》，声称内容主要基于圣彼得堡以南的维里察和郊区的奥赫塔河流域的拉斯普京信徒提供的信息。报告说，虽然和报告作者交谈过的每个人都承认了拉斯普京的美好人格和手足之爱，但维里察有一些人分享了他们的"导师""庇护者"更加黑暗的故事。"朝圣者格里高利在私底下是个彻底的无赖、恶棍，"报告写道，"与此同时，他让自己的男性和女性信徒参与所有鞭身派的仪式，假装只有这么做才能让他们的灵魂得救，才能表达他们对兄弟姐妹的爱。大部分女性竭力取悦朝圣者格里高利，而她们总会得到他充满爱意的劝告。"[37]

根据尤苏波娃公主的说法，她一边安抚皇后，一边尝试让其看清真相，正视罗将柯和古奇科夫指出的重点。但皇后充耳不闻。"不，不！"她高呼，"绞死罗将柯和古奇科夫简直太仁慈了！"公主表示反对，坚称他们都是诚实正直的人，企图让她清醒过来，但亚历山德拉一句话也听不进去。[38]尤苏波娃公主离开时就明白，自己失败了。

尽管如此，拉斯普京的反对者们仍没有放弃。不久后，埃拉得知亚历山德拉的哥哥黑森大公恩斯特·路德维希（Ernst Ludwig）和他的家人即将来访。她十分欣喜，给皇太后玛丽亚·费奥多罗芙娜写信，请求她向上帝祷告，"在上帝的保佑下，他或许会在彻底的黑暗中带来一线光明，驱散那种为这家人、为这个国家、为所有爱他们的人带来阴影的盲目"。[39]

## 注 释

1. *VV*，18 February 1912. At：www. starosti. ru.

2. GARF，612. 1. 12，1 – 3.

3. See the "New Introduction" to his memoirs by David R. Jones，*Reign*，xv – xxvi. 正如 Jones 所指出的，罗将柯的回忆很不可靠，从他回忆录的标题便可看出他的偏见，以及他对末代沙皇治下俄国的真实情况的无知。

4. Rodzianko，*Reign*，8 – 21，35 – 36；VR，308 – 10.

5. VR，319 – 20.

6. Blok，*Poslednie dni*，10；Bogdanovich，*Tri poslednikh*，502 – 503. 关于尼洛夫和拉斯普京，还可参见 Sablin，*Desiat' let*，252 – 55，294 – 95，327 – 29。

7. 关于拉斯普京和共济会，见 Rodzianko，*Reign*，30。

8. Bogdanovich，*Tri poslednikh*，502 – 503.

9. Rodzianko，*Reign*，40 – 54；VR，320.

10. RGIA，797. 82. 77/3/2，1 – 8.

11. VR，321 – 22.

12. Voeikov，*S tsarem*，60 – 61，131.

13. VR，322.

14. Den，*Podlinnaia tsaritsa*，65.

15. Mordvinov，"Poslednii imperator，" 54.

16. Den，*Podlinnaia tsaritsa*，58.

17. VR，324 – 26；Kokovtsov，*Out*，302 – 303.

18. Bogdanovich, *Tri poslednikh*, 505, 507. 她读到的文章很可能是 "Taina khlystovshchiny," by Ippolit Gofshtetter, *Novoe vremia*, 20 March 1912, pp. 4 – 5; 21 March, p. 5。

19. Fuller, *Foe*, 83 – 84.

20. *Novoe vremia*, 10 March 1912, "Razdel: V Gosudarstvennoi Dume."

21. Savich, *Vospominaniia*, 83; VR, 329.

22. Savich, *Vospominaniia*, 83; Ioffe, "Rasputiniada," 107 – 108. See also: K. K. Romanov, *Dnevniki*, 429.

23. *Novaia voskresnaia vecherniaia gazeta*, 18 March 1912, p. 3.

24. RGIA, 1101. 1. 111, 1.

25. VR, 33.

26. RGALI, 2167. 2. 42, 18 – 28.

27. HHStA, P. A. X, Karton 138, 11 April /29 March 1912.

28. NA, FO 371/1467, No. 8227, Buchanan to Sir Edward Grey, 14 February 1912 (NS).

29. VR, 334.

30. *Novaia voskresnaia vecherniaia gazeta*, 11 March 1912, p. 1; *Novoe vremia*, 13 March 1912, p. 3; *Peterburgskaia gazeta*, 17 March 1912. At: www. starosti. ru; *Russkaia riv'era*, 21, 22 March 1912. At: www. starosti. ru; GARF, 102. 316. 1910. 381, 134; Polivanov, *Iz dnevnikov*, 110 – 11.

31. 18 March 1912, p. 3.

32. Sablin, *Desiat' let*, 254 – 55.

33. *LP*, 352.

34. Iusupov, *Pered izgnaniem*, 230.

35. OPI/GIM, 411. 48, 40 – 43.

36. Rodzianko, *Reign*, 55.

37. RGIA, 525. 1 (205/2693). 202, 6 – 7.

38. Rodzianko, *Reign*, 55 – 56.

39. Elizaveta Fedorovna, "Pis'ma," 482; GARF, 642. 1. 1584, 74 – 75ob.

# 第三十一章　第二次调查：拉斯普京是鞭身派教徒吗？

　　6月29日，拉斯普京从克里米亚返回圣彼得堡，直接去了彼得·达曼斯基在铸造厂大街34号的公寓。拉斯普京全程都被"奥克瑞那"的人以及急于拍摄他并与他交谈的记者跟踪。媒体报道说他的回归引发了一场骚动；一大群好奇的圣彼得堡人等在公寓大楼外，期待一睹他的真容。《首都传闻》（*Capital Rumor*）质问，为什么一个被定性为鞭身派教徒的人，一个被逐出圣彼得堡的人，还可以住在神圣宗教会议高级官员的家中？一些人说，他很快就会离开，再次踏上前往耶路撒冷的朝圣之路；另外一些人则说，他接受了圣职任命，即将搬往修道院。[1]

　　拉斯普京仅短暂停留至7月3日，然后便启程返回博克维斯科，一直在那里住到月底。秋明地区的暗探记录了"俄罗斯人"（拉斯普京在"奥克瑞那"的代号）如何于7月31日中午11点40分，在一位身份不明的绅士和大主教约安·沃斯托尔戈夫的助手瓦西列夫（Vasilev）神父的陪同下，一起登上3号列车，返回圣彼得堡。8月3日下午6点10分他们抵达目的地后，拉斯普京再次直接去了达曼斯基家中。媒体一如既往地在尼克拉夫斯基车站（Nikolaevsky Station）等待他现身。第二天，《证券交易公报》写道："从外形看，他像是受了折磨，更加憔悴、消瘦了，几乎只剩一把骨头。他的眼窝越发深陷，但目光始终热烈而直抵人心。他穿着一件德式风衣，里面是典型的俄式衬衣，戴着一顶软帽。没有人来车站迎接这位'长老'。"接下来数日，一直有间谍跟踪他，他们的记录显示他拜访了冬运河（Winter Canal）沿岸的高罗维纳家、澡堂、几座教堂、一家上好的酒窖，还和一个妓女一起进入苏沃洛夫斯基大道（Suvorovsky Lane）上的"旅馆 D"（Hotel D.）。他在里面待了约三十分钟，然后独自一人回家。报告写道："'俄罗斯人'一个人走路时——尤其是在夜晚——常常自言

280 自语，挥舞手臂，拍打自己的身体，引来路人的注意。"[2]

　　就算这些细节属实，也没什么好惊讶的，因为拉斯普京的压力不断累积，丑闻在 1912 年上半年持续发酵：先是格尔莫根和伊利奥多尔的事；接着是杜马的调查风波，以及随之而来的科科夫佐夫和罗将柯与沙皇的会面；3 月，古奇科夫又在杜马发表了言辞激烈的演讲。这段时间内，媒体和秘密警察从没给拉斯普京留喘息的空间，他就像一只被人围捕的动物。有传言说他已经无法承受，打算弄本外国护照，离开俄国。这种说法流传甚广，乃至托博尔斯克的行政长官安德烈·斯坦克维奇（Andrei Stankevich）不得不在 1912 年 2 月给圣彼得堡的警察局总部发电报，澄清这不过是谣言。[3]如果说拉斯普京是受到了压力的折磨，那没人会觉得意外。但现在，他又有了新麻烦：中止了相当长时间的关于他是不是鞭身派教徒的调查将再次启动。

　　我们不清楚是谁、出于什么原因重启了这项调查，但似乎不止一股势力在背后推动此事。在圣彼得堡，罗将柯和古奇科夫都希望调查重启。根据媒体的说法，神圣宗教会议也准备再次审视拉斯普京和鞭身派之间的联系。[4]2 月，神圣宗教会议主

席办公室（处于萨布勒的管理之下）确实要求托博尔斯克教会宗教法院送来有关拉斯普京的文件，这显然得到了沙皇的授意。根据科科夫佐夫的说法，尼古拉认为罗将柯只要读过文件就会被说服，相信拉斯普京和鞭身派有染的说法毫无根据，从而终结谣言。[5]与此同时，于1910年3月取代安东尼（卡尔扎温）担任托博尔斯克主教的耶夫赛维下令，每月都要就拉斯普京的行踪和活动细节——包括一切可能的他和鞭身派的联系——写报告。所有行动都在高度保密的情况下进行。1905年时，耶夫赛维是雅罗斯拉夫尔神学院的院长，曾因从黑色百人团中提拔新修道士的事和年轻的伊利奥多尔发生冲突。他很可能会从最坏的角度评价伊利奥多尔的那个知名朋友（虽然这两人现在已经成了敌人）。据说，主教曾因撰写了一份谴责拉斯普京的报告，于1912年4月17日被意外调往普斯科夫（Pskov）教区。临时主教季奥尼西［Dionisy，俗名为帕维尔·索斯诺夫斯基（Pavel Sosnovsky）〕取代了耶夫赛维的位置，直到正式继任者阿列克谢［Alexei，俗名为阿列克谢·莫尔恰诺夫（Alexei Molchanov）〕于6月就位。季奥尼西并不满足于当临时主教。5月14日，他下令托博尔斯克的宗教法院继续搜集有关拉斯普京的情报。在阿列克谢离开圣彼得堡前往西伯利亚之际，达曼斯基交给他一份宗教法院的机密文件，内容与拉斯普京的鞭身派身份有关，以便阿列克谢全面了解事态。[6]

　　5月21日，神父彼得·奥斯特罗乌莫夫从博克维斯科向季奥西尼报告说，整个春天，拉斯普京都定期拜访教堂或在田里劳作。他继续在宗教节日斋戒，去阿巴拉克修道院朝圣，唯一特别一点的活动则和奥尔加·鲁克缇娜有关。自1月以来，

281

她一直住在拉斯普京家中且举止怪异。奥斯特罗乌莫夫认为，她那宗教式的狂热已经发展到了病态的地步，甚至具有危险性。她开始称呼拉斯普京为"上帝"，告诉其他人要么承认他是圣人，要么就做好接受上帝惩罚的准备。鲁克缇娜的情况确实不容乐观。她对拉斯普京的痴迷已经令她家庭破裂。在她的丈夫拒绝在家中接待拉斯普京后，她离开了丈夫和孩子，索性搬去和拉斯普京同住。有一段时间，她因精神错乱而进了医院，但又自己跑了出来。她的家人继续在经济上资助她，但她再也没有回去。她不是住在拉斯普京处，便是住在伊利奥多尔处。[7]

　　4月23日的某个时刻，她离开了博克维斯科，因为她和拉斯普京的妻子大吵了一架。有人看见鲁克缇娜光着脚从拉斯普京的家中跑出来，手上拿着一只枕头。拉斯普京追在她身后，把她带回了家中。有人听到她说，她再也无法在那个家里生活下去。拉斯普京设法找到了一个当地农夫，陪她前往秋明地区，之后她便消失了一段时间。秘密警察一直监视着事态的发展，认为她肯定"患了情绪病"。[8]5月9日，《西伯利亚西部先驱报》（*Western Siberian Herald*）报道，有村民在秋明地区的比尔基（Borki）看见了鲁克缇娜，她举止古怪，在路上光着脚游荡，还衣衫不整。[9]那个月晚些时候，她出现在弗罗里什夫修道院附近，当时伊利奥多尔正被软禁在那里。她衣不蔽体，身上只有几块碎布，还威胁要自杀。[10]18日，《新闻晚报》发表了一篇有关她的长篇报道，题为《拉斯普京的受害者之一》（"One of Rasputin's Victims"）。文章描述，鲁克缇娜曾是一位美丽的女性，是满怀爱意的母亲，却受到神秘主义的诱惑，落入了拉斯普京的魔掌。这位曾经意志坚强的女性已经

"被一个西伯利亚的文盲农夫玩弄于股掌之间"。该报道厌恶地写道，他摧毁了她的灵魂，破坏了她的家庭，甚至强奸了她家族中的一名年轻女性。[11]同一时期，一篇类似的文章出现在《西伯利亚西部先驱报》上，称拉斯普京的妻子和他的其他信徒都嘲笑、威胁可怜的鲁克缇娜这头美丽的昔日"社交雌狮"，因此她为自保而不得不逃出了拉斯普京的家。[12]5月21日，神父奥斯特罗乌莫夫在报告中写道，鲁克缇娜逃走的原因是普拉斯科维亚不愿接受她的丈夫是上帝的事实。她爱自己的丈夫，但这显然超出了她（或任何一位妻子）的承受能力。

鲁克缇娜离开后，拉斯普京拜访了阿巴拉克的修道院。整个5月，不少人看见他不停在博克维斯科和该地区的其他地方"大量分发"他撰写的小册子《在基辅庆祝伟大的日子!》和《虔诚的冥想》。他似乎不担心发生在鲁克缇娜身上的一切。奥斯特罗乌莫夫在7月的报告中写道，整个6月，拉斯普京都留在家中，季娜伊达·曼什达特和阿基林娜·拉普汀斯科娅曾前来拜访他，主教瓦尔纳瓦也来过两天。[13]拉斯普京没有值得一提的举动。

那年春天，耶夫赛维也让神父亚历山大·尤洛夫斯基（他是首位在1907年提出拉斯普京可能和鞭身派有关的人）撰写一份有关拉斯普京的报告。1913年5月，尤洛夫斯基告诉托博尔斯克神学院的一群学生，他如何花费了三个月来搜集信息，并了解到许多爆炸性内容。尤洛夫斯基表示，拉斯普京年轻时曾是盗马贼，因此受过惩罚。碰见这种情况，村里的长者通常会鞭打这个人，或者让几个年轻人把他抛向空中，让他背朝地重重摔下，直到他动弹不得。这种惩罚非常严厉、疼痛。一次，拉斯普京在摔向地面时差点弄断了生殖器。但是，这么摔过一次后，拉斯普京的身上发生了神秘的变化：他现在只要愿意，就可以一直保持勃起状态。拉斯普京意识到这点后，开始利用这种能力接近因性饥渴而闷闷不乐的女人。他比任何人都更能满足她们，因此她们总是离不开他。拉斯普京告诉她们，他不会因此产生快感，因为他真正在做的事是从她们的身体中驱离魔鬼。"肉体的魔鬼，快走！"尤洛夫斯基说拉斯普京在他的受害者们迎来高潮时常如此高呼。

283　　耶夫赛维提议把拉斯普京流放到极北地区的索洛维茨基修道院（Solovetsky Monastery）①，以惩罚他所犯下的罪。但就在此时，阿列克谢接替了耶夫赛维的职位。耶夫赛维认为，新任主教是拉斯普京的支持者，因为他接过耶夫赛维那长达 200 页的报告后，一把火烧了它们。[14]拉斯普京得救了。如果阿列克谢真的把报告烧了，那也很可能是因为他明白其内容是一派谎言，而事实的确如此。（关于拉斯普京的阴茎的故事显然太夸张了。）然而，如果阿列克谢支持拉斯普京，那他又为什么要命令刚在博克维斯科履职的神父费奥多尔·昆古洛夫（Fyodor Kungurov）在"绝对保密的情况下"，寻找德米特里·别列兹金在 1908 年的首次调查中提出的诸多问题的答案呢？阿列克谢显然认为，通过这些答案可以判断拉斯普京是不是鞭身派教徒。

　　然而，神父昆古洛夫不想和这事扯上关系。他答复主教，他在 7 月来村庄后才听说拉斯普京这个人。不仅如此，他们需要一位掌握丰富宗派知识的专家来揭开这些神秘组织的面纱，而他自己显然不具备这方面的知识。昆古洛夫两次写信推掉这

---

①　位于索洛维茨基群岛（Solovetsky Islands），是俄罗斯北部地区最大的基督教建筑。——译者注

项任务，但都没有成功。直到阿列克斯威胁说，如果他不这么做，就把他贬去更加偏远的小村庄时，昆古洛夫才被迫接受命令。因此，1912 年 10 月，昆古洛夫在神父奥斯特罗乌莫夫和教堂执事弗拉基米尔·布良采夫（Vladimir Bryantsev）的陪同下，搜查了拉斯普京的家和他的所有地产，试图找出可疑的蛛丝马迹，但他们一无所获。他们得出的结论只有一个：拉斯普京不是鞭身派教徒。

阿列克谢表示认同。6 月，在前往博尔斯克就任主教的途中，他曾在博克维斯科稍做停留。阿列克谢见了拉斯普京，与他长时间讨论了他的信仰和愿景，还接触了熟悉他的人。之后，阿列克谢又让拉斯普京两次前来托博尔斯克，以便考验他的"宗教信念"。阿列克谢在多次谈话中均未找到可以认定拉斯普京是鞭身派教徒的依据。他所掌握的一切信息都和他从媒体上读到的报道背道而驰。阿列克谢认为，拉斯普京是一位"东正教徒，一个十分聪明的人，拥有天生的灵性，一直在探索基督的真理，有能力为需要帮助的人提供良好的建议"。阿列克谢表示，会有这次调查的唯一原因只可能是他的前任们"完全缺乏教派和教派主义的相关知识"。

11 月 3 日，阿列克谢进一步在他的报告中阐明此事：

> 我无法支持博托尔斯克的宗教法院利用他们的势力干涉此事，因为这次调查已经被沙皇的敌人以及最尊贵家族的仇人玩弄于股掌之间。俄国君主制的敌人，以及每一个和古奇科夫站在一起的大臣，都是如此理解这次调查的……在调查开始前，他们就得出了可能的结论。

284

1912 年 11 月 29 日，在第一次调查启动五年后，关于拉斯普京和鞭身派关系的第二次调查终于结束了。[15]

然而，并非每个人都相信这次调查的结论。有些人怀疑阿列克谢及其在整件事中扮演的角色。阿列克谢于那年 6 月在博克维斯科会见拉斯普京之前，就已经是拉斯普京的熟人。1912年 12 月 12 日，他写信给达曼斯基表示应该终止调查时，隐瞒了这个事实。实际上，阿列克谢与拉斯普京的第一次见面也许可以追溯到 1904 年，那时他在喀山的神学院担任院长。为什么他没有向东正教会高层提起他们的这段交往，对此我们并不清楚。[16]

有说法认为，阿列克谢因被调往托博尔斯克一事万分沮丧。据说神圣宗教会议让他去那里，是为了惩罚他藏有情妇〔一个名叫伊丽莎白·科什娃（Yelizaveta Kosheva）的教师〕，以及他在普斯科夫担任主教期间庇护过一批喀琅施塔得的约翰的信徒。有证据表明，拉斯普京是从阿列克谢的儿子，即在普斯科夫地方法院担任秘书的列昂尼德·莫尔恰诺夫（Leonid Molchanov）处得知的自己被调查了的事。1912 年 7 月，莫尔恰诺夫曾在拜访父亲的途中经过博克维斯科。掌握消息后，拉斯普京就知道了该怎么为自己洗清罪名。他去托博尔斯克会见阿列克谢，提出一项交易：停止调查，然后阿列克谢就可以被调离寒冷的西伯利亚（这一任命使他的肾炎越发严重），回到温暖的南方。实际上，1913 年 10 月，沙皇确实将阿列克谢任命为格鲁吉亚的督主教（俄罗斯正教会中排名第四的主教），把他提拔到了大主教的地位，还让他成为神圣宗教会议的一员。广为流传的谣言认为，拉斯普京插手了阿列克谢的任命，阿列克谢的儿子也是如此坚称的，但拉斯普京在《圣彼

得堡新闻》1913 年 10 月的报道中否认了这一说法。神圣宗
教会议主席萨布勒相信，在提拔阿列克谢的背后，拉斯普京
肯定扮演了见不得人的角色。[17] 我们无法证实拉斯普京和此事
有关，这种说法看似更像谣言而非事实。此外，它很可能是    285
由萨布勒本人传出的。1911 年，据说萨布勒为了得到主席的
职位，曾在拉斯普京面前卑躬屈膝，因此人们普遍视他为拉斯
普京的人。

　　另一种可能性相当高的情况是，阿列克谢和拉斯普京达成
了某种临时约定。他们都视自己为教会内部势力的受害者，因
而可能为了达到共同的目标而联合起来保护彼此。1913 年 3
月，阿列克谢任命自己的兄弟尼古拉·莫尔恰诺夫（Nikolai
Molchanov）担任博克维斯科的神父，而这个村子的执事之一
则是弗拉基米尔·西里凡诺夫斯基（Vladimir Selivanovsky），
即阿列克谢的侄女婿。[18] 阿列克谢是否在村里安插了"他的人"
保护拉斯普京？有这种可能，但在 1912 年，博克维斯科的其
他神职人员也都没有说过拉斯普京的坏话，这说明阿列克谢没
必要这么做。

　　圣彼得堡的俄罗斯国家历史档案馆收藏了一封很有意思的
信（被其他拉斯普京传记的作者忽略了）。其寄信人是托博尔
斯克宗教法院一个名叫雅科夫·阿凡斯夫（Yakov Afanasev）
的秘书，收信人是神圣宗教会议主席办公室的负责人维克托·
亚茨克维奇（Viktor Yatskevich），时间是 1912 年 11 月 8 日。
阿凡斯夫小心翼翼地用隐晦的语言告诉亚茨克维奇，阿列克谢
过于匆忙地得出了调查拉斯普京的结论，并暗示说他没有采取
恰当的方式充分证明拉斯普京是无辜的。阿凡斯夫不确定主席
是否知道此事，询问自己接下来该怎么做：是保持沉默（可

能会惹主席不满），还是透露消息（可能会惹他的直属上司阿列克谢主教不满）？阿凡斯夫在最后要求他们之间的沟通必须"保密"。阿凡斯夫似乎没什么好担心的，因为神圣宗教会议主席本人在第二个月亲自给他回信，表明已经知道阿列克谢的态度和宗教法院的最终决定，而且他对结果相当满意。[19]

此外，还有俄国教派主义专家弗拉基米尔·邦奇-布鲁耶维奇的观点。让邦奇-布鲁耶维奇与拉斯普京面谈并给出评价的人，正是古奇科夫。在男爵夫人瓦尔瓦拉·伊斯古·冯·希尔德布兰德的引荐下，邦奇-布鲁耶维奇第一次在她家中见到拉斯普京。之后两人又面谈了数次，讨论的话题涉猎广泛，有时只有他们两人，有时还有旁观者。经过数小时的仔细观察，邦奇-布鲁耶维奇认为拉斯普京确实是一位忠实而虔诚的东正教徒，而非教派主义者，更不可能属于鞭身派。他在一次小范围的十月党人聚会上表达了上述观点。（邦奇-布鲁耶维奇十分乐于讲述拉斯普京来他公寓时的故事。拉斯普京死死盯住墙上的一幅巨型肖像画，说"这是谁？告诉我，这是谁？……好吧，那可是个人类……哦，上帝！参孙，我的朋友，他肯定是参孙……你必须把他介绍给我！他是谁？他住在哪里？我们直接去找他吧。他是很多人愿意追随的那种人。"对此困惑不已的邦奇-布鲁耶维奇向他解释，这是早已过世的伟大思想家，一个叫卡尔·马克思的人。在邦奇-布鲁耶维奇看来，拉斯普京肯定是第一次听说这个名字。[20]）

然而，并非每个人都准备认同邦奇-布鲁耶维奇的专业评估。古奇科夫后来怀疑，身为布尔什维克党人的邦奇-布鲁耶维奇是在刻意撒谎，因为他很清楚拉斯普京在推动革命运动上的价值。[21]撒谎说是十分有趣的观点，但可能性并不大。

在官方层面，对拉斯普京是否和鞭身派有关的调查正式宣告结束。不过最终，教会的结论仍无法推翻公众对拉斯普京的普遍认识。那年 11 月 15 日，拉斯普京返回圣彼得堡，《新闻晚报》很快便宣布"著名鞭身派教徒格里高利·拉斯普京于昨晚抵达"。[22]他住在尼克拉夫斯基街（Nikolaevsky Street）70号一位名叫伊万·泽曼（Ivan Zeiman）的教师家中。秘密警察异常忙碌地监视着他的一举一动。实际上，那年的最后两个月，"奥克瑞那"的人完成了长达 140 页的监视报告。例如来自 11 月 18 日的记录说，那天晚上，拉斯普京（"俄罗斯人"）与"寒鸦"和"乌鸦"一起外出。暗探确定自己记下了所有细节："寒鸦提着一只小篮子，由黄色的纸盖着。"暗探们记录道，25 日和 26 日，"俄罗斯人"在街上的举动"极为谨慎、缓慢"。他们跟踪的不仅是拉斯普京，还包括所有和他有过接触的人。有好几天，拉斯普京都搭乘车牌号为 15 的汽车出行。于是，暗探们调查了这辆汽车，得知它属于桑德罗的兄弟格奥尔基·米哈伊洛维奇大公（Grand Duke Georgy Mikhailovich）。

和拉斯普京有过接触的每个人（包括他们的关键外表特征和背景信息）都会出现在一份名为《参考》（*spravka*）的文件中。比如 1912 年 12 月 1 日的记录就十分典型：

关于"俄罗斯人"的参考信息 287

　　一名不知名的女性穿着奇装异服出现在莫伊卡河畔10 号。她不是这里的住客，但多次拜访著名的 2 号公寓，里面居住的是高罗维纳一家：柳博夫·维勒耶夫娜，59岁，皇宫大臣、顾问的遗孀；她的女儿奥尔加·耶夫吉耶芙娜，37 岁；另一个女儿玛丽亚·耶夫吉耶芙娜，25 岁。

> 那个奇怪的女人今天也在这里。从她的服装看，她应
> 该是受过教育的鞭身派教徒。
>
> 　　　　　　　　　　　　　警官：伊万诺夫

这名穿着奇装异服的女性其实就是奥尔加·鲁克缇娜。[23]暗探认为她格外可疑。在另一份报告中，暗探如此描述她：国事顾问、喀山地区通讯负责人的妻子，O. 弗拉德·鲁克缇娜，50岁，显然是个沉迷宗教、精神变态的教派主义者，自称是圣母玛利亚。鲁克缇娜的装束引发了特别的关注——红色的圆帽、白色长裙、红色的蝴蝶结。[24]暗探们确信，鲁克缇娜和拉斯普京一样，肯定是鞭身派教徒。

但拉斯普京真的和鞭身派有关吗？二月革命爆发后，临时政府对此展开了第三次调查。负责此次调查的是莫斯科神学院的教派主义研究专家格罗莫格拉索夫教授（Professor Gromoglasov）。格罗莫格拉索夫浏览过所有证据，包括关于拉斯普京和女性共浴的报告（这种做法显然在西伯利亚的某些地区十分盛行），以及拉斯普京对宗教的论述，但他没有找到任何证据表明拉斯普京是鞭身派教徒。[25]调查委员会成员弗拉基米尔·鲁德涅夫（Vladimir Rudnev）在革命后得到授权，可以查看与拉斯普京有关的所有文件，他也得出了相同的结论。[26]进入现代后，一些俄罗斯民族主义者屡次要求追封拉斯普京为圣人，俄罗斯正教会在他们的坚持下又启动了第五次调查。2004 年，大主教尤维纳利（Juvenaly）在一次重要的教会会议上签署了一项声明，称无法找到充分的证据为拉斯普京恢复名誉，更别说允许他进入圣人行列。根据教会的官方说辞，拉斯普京和鞭身派间关系的问题仍悬而未决。[27]

　　教会也许尚未做出决定，但绝大多数历史学家已经达成共识，相信拉斯普京不是鞭身派教徒。[28]或许，最有力的证据就在著名异见者、作家安德烈·阿马尔里克（Andrei Amalrik）未完成的传记中。阿马尔里克留意到了以下事实：拉斯普京虔诚地定期参加教会活动；他尊重并毫无保留地热爱俄罗斯东正教的仪式和惯例；他忠于婚姻（当然是以他自己的方式），努力做好父亲角色；他为所有信徒祈祷，相信每个人都能得到拯救，不只是"自己教派"的成员。阿马尔里克振振有词地表示，拉斯普京实践宗教的方式和典型的基督徒无异，他没有向任何教派的非难屈服，也没有向官方教会屈服。[29]

　　拉斯普京是鞭身派教徒吗？答案是否定的。

## 注　释

1. *Voskresnaia vecherniaia gazeta*, 1 July 1912, p. 2；*Peterburgskaia gazeta*, 30 June 1912, n. p.；*Russkoe slovo*, 30 June 1912, n. p., *Stolichnaia molva*, 2 July 1912, n. p., and *Gazeta – kopeika*, 30 June 1912, n. p. —all at www. starosti. ru；GARF, 102. 316. 1910. 381, 104, 108 – 12.

2. GARF, 102. 316. 1910. 381, 15 – 20, 28, 114, 126；111. 1. 2975, 43, 76；FSu, 707n2498.

3. GARF, 102. 316. 1910. 381, 90 – 91, 122.

4. FB, 521, 536 – 38；VR, 104, 346 – 47.

5. RGIA, 797. 82. 77/3/2, 1 – 6；Kokovtsov, *Out*, 295；Rodzianko, *Reign*, 50 – 51.

6. VR, 347 – 48；FB, 521, 643 – 45；RGIA, 797. 82. 77/3/2, 8；GBUTO/ GAGT, I – 156. 18. 920, 7.

7. VR, 348 – 49；FB, 521 – 22；GARF, 102. 316. 1910. 381, 165.

8. GARF, 102. 316. 1910. 381, 121.

9. *Vestnik zapadnoi Sibiri*, 9 May 1912, p. 3.

10. RGALI, 2167. 2. 22, 2.

11. GARF, 102. 316. 1910. 381, 63 – 64.

12. *Vestnik zapadnoi Sibiri*, 9 May 1912, p. 3.

13. GBUTO/GAGT, I – 156. 18. 920, 4 – 6, 8 – 9.

14. 这些细节主要出自 M. V. Andreev 简短的回忆录。GAUKTO/TIAMZ：
    TMKP 12223. "Vospominaniia M. V. Andreeva：'Neizvestnoe o
    Rasputine'."更多细节，见：PZ, 81 – 83；FB, 576 – 84。

15. FB, 633 – 38, 643 – 45；GARF, 612. 1. 13, 1 – 2.

16. VR, 356.

17. RR, 184 – 86；VR, 357 – 59；FR, 80 – 81. On Sabler：VR, 309 – 11.
    媒体中的拉斯普京，见 GARF, 102. 316. 1910. 381, 152 – 53, 199 –
    199ob。

18. OR/RNB, 1000. 3. 439, 8.

19. RGIA, 797. 82. 77/3/2, 9 – 11.

20. Bonch – Brucvich, "O Rasputine," *Den'*, 1 July 1914.

21. Guchkov, *Guchkov*, 85.

22. *VV*, 16 November 1912. At：www. starosti. ru；GARF, 102. 316. 1910. 381,
    32.

23. GARF, 111. 1. 2976, 13, 18, 58, 64, 92 – 92ob, 106, 105.

24. GARF, 111. 1. 2978, 1 – 4.

25. VR, 106 – 107.

26. Roudnieff, "La vérité," 7；GARF, 602. 2. 62.

27. VR, 106.

28. 持不同政见、来自不同国家的传记作者都在这一问题上取得了共识，
    包括 Fuhrmann、Varlamov、FominPlatonov、Amalrik。唯一坚持认定
    拉斯普京是鞭身派教徒的传记作者是 Radzinsky，但他的论据没有说
    服力。

29. Amal'rik, *Rasputin*, 111.

# 第三十二章　斯帕瓦的奇迹

9月中旬，皇室在莫斯科的博罗金诺战役（Battle of Borodino）百年纪念活动结束后，乘火车前往波兰比亚沃韦扎（Białowieża）的狩猎小屋，然后又在斯帕瓦（Spata）的木屋别墅停留了两周。斯帕瓦位于一片茂密森林的深处，曾是波兰国王的老家。一天，亚历山德拉带着阿列克谢和安娜·维鲁波娃上了她的马车。当他们行驶在颠簸不平的路面上时，尚未从最近一次受伤中完全恢复的皇储开始喊脚痛和肚子痛。担心不已的亚历山德拉让车夫调转车头返回住处。马车的每一次颠簸都让8岁的阿列克谢痛苦地叫出声。日后，维鲁波娃回忆这次出行时称它是一次"恐怖的经历"。等他们回到斯帕瓦时，阿列克谢几乎失去了知觉。

尤金·波特金医生（Dr. Eugene Botkin）迅速为他做了诊断，发现男孩的大腿和腹股沟附近有严重出血。由于无法止血，血液在他身体中流淌时形成了巨大的血肿。他的腹股沟和腹部开始肿胀变硬。阿列克谢非常痛苦。皇室命令圣彼得堡的医疗力量前来增援，包括儿科医师谢尔盖·奥斯特洛格尔斯基（Sergei Ostrogorsky）、医师劳赫富斯（Rauchfuss）、皇家外科医师谢尔盖·费奥多罗夫（Sergei Fyodorov）以及他的助手医师弗拉基米尔·德伦文柯（Vladimir Derevenko）。但是，没人可以帮到男孩哪怕一点儿。他的尖叫声听上去越来越痛苦，仆人和工作人员戴上了耳塞。这种折磨持续了超过十天。心烦意乱的亚历山德拉一直守在他的床边。在男孩因为无法忍受疼痛而哭泣时，她握起他的手，抚摸他的额头，不断祷告、流泪。"妈妈，"他嗫嚅着，"帮帮我。你会帮我的吧。"尼古拉甚至没有勇气留在男孩的房间里，只瞧一眼可怜的儿子就会让他潸然泪下，逃出房间。"亚历山德拉比我更能忍受这种折磨。"后来他这样向自己的母亲坦白。尼古拉和亚历山德拉相信，他们就快失去这个儿子了。阿列克谢也知道他的时间不多了，可这反而给他带来些许安慰。"等我死了，就不会再痛，是这样吗，妈妈？"[1]

290　　　首都出现了皇储出事的传言，皇室决定发布男孩病情的官方公告，但没有详述病因。公告提及了"腹腔出血"、"大面积出血"和"血肿"，但没有提起血友病。闲言碎语和各种臆测在整个国家散播开来。法国大使乔治·路易（Georges Louis）告诉巴黎方面，阿列克谢遭到暗杀，亚历山德拉过度紧张，以至于医生不得不限制她的活动，免得她从窗子跳出去。[2]整个帝国的教堂都在举办祈祷活动，尽管如此，男孩的情况还是在持续恶化。阿列克谢参加了临终圣礼，领了最后一次圣餐。皇室已经准备好宣布继承人去世的消息。[3]

　　　就在此时，亚历山德拉找到拉斯普京，把他视为最后的希望。临终圣礼后，她在午夜前让维鲁波娃给身在博克维斯科的拉斯普京发电报，请求他为阿列克谢祷告。拉斯普京立刻回复了电报。该电报的原件已经遗失，媒体曾刊出各种版本，但其内容大同小异。"上帝看见了你的眼泪，听见了你的祷告。请不要悲伤。小男孩不会死。不要让那些医生太过折磨他。"[4]第二天，阿列克谢的情况没有任何改善。尽管如此，亚历山德拉却舒了一口气。"医生认为没有任何好转，"她说，"但我现在一点也不焦虑了。昨天晚上，我收到了神父格里高利的一封电报，他让我彻底平静了下来。"确实如此，一切即将过去。又过了一天，出血停止了。阿列克谢活了下来。

＊

正如历史学家罗伯特·K. 马西（Robert K. Massie）所言："拉斯普京的电报在斯帕瓦的阿列克谢的康复中发挥的作用，是拉斯普京的所有传奇中最神秘的一章。"但该事件的亲历者亚历山德拉、维鲁波娃、阿列克谢本人很少或几乎没有谈及拉斯普京对此事的影响。10 月 20 日，尼古拉在一封寄给母亲的长信中提到了医生们，以及在 10 日为男孩举行圣礼的神父瓦西列夫，但对拉斯普京及其电报只字未提。就连拉斯普京本人也没有评论此事。[5]那么，拉斯普京究竟在男孩的康复中扮演了什么角色呢？

这个问题没有明确的答案。20 世纪早期，医生尚无法治疗血友病，但他们不停为男孩做检查的行为很可能导致了内出血恶化，因为这扰乱了他本来就非常脆弱的凝血功能。如今看来，医生的最佳处理方式是放任男孩不管——对当时罹患此病的人而言，唯一的希望便是出血会自己止住，而阿列克谢的情况正是如此。

阿列克谢在斯帕瓦奇迹般地恢复健康后，拉斯普京在其中扮演的角色引发了外界的巨大疑问。人们无法理解他具有浓重神话色彩的治疗能力，但普遍相信拉斯普京是一位强大的信仰治疗师。然而，他真的拥有治疗能力吗？如果有，他如何发挥这种能力呢？他那与众不同的能力究竟来自哪里，又是如何运作的？

自然，当时的许多人不相信拉斯普京拥有这种能力。有些人称，拉斯普京的话和男孩康复之间的关系纯属巧合。换句话说，拉斯普京十分幸运，当他出现在病床前，或做出祷告，或发出安慰人的电报时，出血碰巧自己停止了，这和拉斯普京完全无关。这是最接近亚历山德拉的人之一莉莉·德恩的观点，她的身份对我们理解此事有不少帮助。[6]

其他人则认为有更阴险的东西在起作用。据说，维鲁波娃并非真心与皇后为友，实际上，她和拉斯普京、百德莫夫站在同一战线上，利用亚历山德拉对儿子健康的关心操控对方。这种阴谋是如此自圆其说的：百德莫夫十分了解古怪的中药，懂得制造一种药粉，它由西伯利亚被阉割的幼年雄鹿的鹿茸和人参制成，仅需摄入一丁点就能唤醒老年人的性功能，但大量摄入会导致内出血。他把这种粉末交给维鲁波娃，后者偷偷把它混入了阿列克谢的食物和饮料中。很快，男孩就开始内出血，逐渐重病不起。医生们想尽一切方法拯救他，但只是徒劳，因为维鲁波娃会不停给皇储下毒，只有等到拉斯普京被召见时她才会收手。拉斯普京会出现在男孩的病床边，不久后男孩便会痊愈，这会使亚历山德拉彻底相信拉斯普京拥有神奇能力。

这种说法最早可能来自伊利奥多尔，它的出处本身就比其他任何事都能说明它有多么荒诞。[7]故事的这个版本流传甚广，曾重复出现在不同人的口中，包括费利克斯·尤苏波夫亲王、尼古拉·索科洛夫，以及流行作家、记者威廉·勒丘（William Le Queux）。1916 年初，一位与皇室关系较近的俄国人"N 女士"（Madame N.）向德意志帝国外交部的一名官员讲述了一个类似的故事。[8]索科洛夫则更进一步，得出了一个看似符合逻辑的险恶结论。他写道，拉斯普京在向亚历山德拉证明自己的价值后便开始威胁她，称皇储无法在没有他的情况下生存。很快，拉斯普京的威胁再次升级，他表示如果自己死了，皇室成员亦无人能够幸免。[9]

虽然拉斯普京享有治疗师的显赫声誉，我们却很难找到他治愈患者的案例。根据相关说法，一个案例是他的秘书亚伦·西马诺维奇（Aaron Simanovich）的儿子，据说拉斯普京治好了此人的西登哈姆氏舞蹈病。另外还有奥尔加·鲁克缇娜。她告诉调查委员会，拉斯普京治愈了她的"肠神经官能症"。她因此受了五年折磨，没有医生能帮上忙，连西欧的专家也对此束手无策。但我们必须对这两个案例保持高度怀疑：西马诺维奇的回忆录根本不可信；而鲁克缇娜显然患有精神疾病，很可能因此她才以为自己得了听起来十分神秘的疾病。[10] 1916 年初，德意志帝国大使报告，拉斯普京在沙皇的女儿们还小时治愈了她们的疾病，暗示他以可疑的方式接近了年轻女性。[11] 当然，这是空穴来风，不过是社会中流传的谣言而已。

然后便是维鲁波娃的故事，它也被视作拉斯普京拥有治疗能力的证据。1915 年 1 月 2 日，维鲁波娃乘坐的火车在彼得格勒和皇村之间发生事故。她被埋在车体残骸中，动弹不得，在寒冷的大雪中等待了数个小时，差点因此丧命。她双腿骨折，好不容易才被送到医院。她失去了意识，情况十分危险，医生断言她活不了几个小时。一位神父为她诵读了临终经文。接着，拉斯普京来到她的床边，握着她的手，大声说道："安努什卡，快醒醒，看看我。"此时，她张开双眼，看见了拉斯普京，微笑着说："格里高利，是你吗？感谢上帝。"他抚摸着她的手，用足以让其他人听到的声音说："她会活下来的，

293

但腿部会落下残疾。"[12]

拉斯普京没说错。她确实活下来了，而且从此需要依靠拐杖走路。这个故事被不同人重复了无数次，但绝大多数讲述者当时并不在现场，让我们不得不怀疑它的真实性。

瓦莲京娜·查波特拉尤娃是皇村中以亚历山德拉的名义开设的战地医院的资深护士。她后来从维鲁波娃当时的主治医生薇拉·格德罗伊茨公主（Princess Vera Gedroits）处听到了以下说法："他们请来了格里高利。我无法忍受这点，又无法责怪任何人。这个女人正在死去，她相信格里高利，相信他的神圣和他的祷告。他看上去惊慌失措，颤抖着，眼珠如老鼠般不停打转。"他握住格德罗伊茨医生的手说："她会活下去的，她会活下去的……因为我会拯救她。"根据格德罗伊茨的说法，沙皇得知这个故事后只觉得有趣，他微微一笑，说道："每个人都有自我痊愈的方式。"查波特拉尤娃认为，尼古拉不相信拉斯普京的神圣性或魔力，但也不排斥别人选择相信他。[13]

维鲁波娃本人的回忆并没有强调拉斯普京的任何神奇能力。她记得拉斯普京走进她的房间（其他人说当拉斯普京出现时，她还没恢复意识），告诉围在病床边的人她会活下去的，虽然她会成为一个瘸子。接着，她回忆道，他靠近她的病床，她问他为什么他的祷告没有减轻她的痛楚。事情经过就是这样。[14]拉斯普京除了来到她的病床边，抚摸她的双手，表示她会活下去之外，还为她做了些什么呢？也许，他只需要现身病房，就可以拯救她的生命。

亚历山德拉从不怀疑拉斯普京是上帝的使者，拥有治愈她儿子的能力，但人们往往忽略了拉斯普京从未真正治愈皇储的事实：阿列克谢终其一生都没能摆脱血友病。阿列克谢在拉斯普京还活着时并没有去世，对这位焦虑的母亲来说这也许就是最大安慰。（值得留意的是，拉斯普京去世后，阿列克谢也没有因疾病而死亡。）亚历山德拉相信是信仰——她的信仰和拉斯普京的信仰——在守护她儿子的生命。正是在信仰的光辉中，拉斯普京施展了奇迹。陀思妥耶夫斯基曾在《卡拉马佐夫兄弟》中表达过类似观点。"在现实主义者看来，"他写道，"事实并非信念出自奇迹，而是奇迹脱胎于信念。"[15]只有拥有信念，才可能产生奇迹。

294

拉斯普京的能力远远不止通过祷告和碰触来让事物重新充满活力。1916 年初，维鲁波娃生了一次病。亚历山德拉让她躺下，喝下一杯拉斯普京祝福过的热红酒。亚历山德拉自己也喝了一些，还把剩下的拿给了当时在军事指挥部的尼古拉。一起送去的还有其他类似护身符的东西。战争期间，亚历山德拉喜欢给尼古拉送去花朵和面包皮（所谓的"拉斯普京面包干"），以保佑尼古拉的平安以及军队的胜利。[16]在人们看来，拉斯普京神通广大，因此围绕他出现了种种迷思。最广为人知的故事之一是：手术医生在阿列克谢的床单下发现了一件脏背心，在他们大感震惊之际，尼古拉告诉他们不用慌张，这是拉斯普京的东西，可协助医生的治疗。[17]伊利奥多尔称，拉斯普京曾向自己吹嘘他如何治好了皇储的咽喉痛：他给男孩送去衬衣的领子，让男孩睡觉前把它裹在脖子上，第二天疼痛就消失了。尼古拉因此感叹说这真是个奇迹。[18]

奇怪的是，亚历山德拉没有因为折磨自己的种种健康问题（有些是真的，有些是她想象的）而向拉斯普京求助。这并不是说他没有常常去安抚她。1916 年 11 月，她在给尼古拉的信中写道，多亏了拉斯普京的帮助，她得到了几晚的安稳睡眠。[19]但她从来没有提及拉斯普京究竟为她做了什么。作家娜杰日达·洛赫维茨卡娅［Nadezhda Lokhvitskaya，更为人所知的名字是苔菲（Teffi）］写道，在1915年4月的一次晚餐派对上，拉斯普京说了他如何帮助皇后："她病了。她的胸口很痛。我把手放在那里，祈祷。祈祷很顺利。每次我祈祷后，她总能感到好受一些。她真的病了。你必须为她和孩子们祷告。太糟了……太糟了……"[20]当宫里的其他人或他们的爱人生病时，亚历山德拉常建议他们向拉斯普京求助，但她本人似乎从没请拉斯普京治愈她的神经痛和神经衰弱，尽管她常常因此卧床不起。[21]实际上，拉斯普京做的似乎只是不时给予皇后一些安慰，缓解她的烦躁、不适和失眠。[22]

*

295　　皇储的医生费奥多罗夫和奥斯特洛格尔斯基都非常讨厌拉斯普京，但他们不止一次地公开宣称，他们见证了整个事件，拉斯普京安抚了皇储，止住了他的内出血。沙皇的妹妹奥尔加女大公也有过类似表示，称拉斯普京在男孩身上施展了神奇的能力，她同样不是拉斯普京的支持者。[23]

　　韦尼阿明提出一种理论：拉斯普京的能力即一些农夫的"和血液对话"的能力，他们仅通过讲话就可以止血。[24]索菲·布克斯霍夫登男爵夫人（Baroness Sophie Buexhoeveden）在回忆录中称自己见证过一件类似的事。她童年时曾住在祖父的宅邸，某一天祖父最心爱的一匹成年公马摔断了腿。人们找来兽医，但他无法为马止血。然而，他告诉她祖父，当地有个名叫亚历山大（Alexander）的农夫，据说懂得"用一些神秘的话止住各种情况的出血"。医生承认这不是什么了不起的能力，只是关于农夫的迷信，但焦急万分的祖父还是找来了这个亚历山大。年幼的索菲被这个男人的古怪模样和阴险眼神吓到了："他的眼神似乎能穿透一切。"亚历山大轻轻捧起马的断腿，温柔地把手放在不停涌出鲜血的伤口上。他边碰触伤口边跟随自己呼吸的节奏嗫嚅出一些字句。他的声音是如此之轻，没人知道他在说什么。接着，让每个人都感到惊讶的是，马腿的出血停止了。在场的人亲眼看见了一切，却无法解释其背后的原因。

后来，祖父告诉索菲，传说有一种特殊的兽医，他们原本是农夫，因为和动物们朝夕相处而慢慢培养出了对动物的了解，懂得该如何通过轻轻按压止住各式各样的出血。他们严格保守自己的秘密，由父亲把止血之法传授给自己的儿子。有些人相信他们拥有超能力。有时，他们也会在人类身上施展这种技巧。索菲怀疑拉斯普京也是这种兽医。[25]另外有一种猜测认为，拉斯普京拥有某种罕见的碰触能力，伊利奥多尔称这是拉斯普京亲自向他吹嘘过的。实际上，拉斯普京的碰触带有神奇力量，且强大到就算是最轻微的碰触也具有治疗功效的说法一直流传到今天。[26]

有些人认为，拉斯普京使用的是催眠术。但拉斯普京的女儿玛丽亚坚持称，她的父亲完全不懂催眠术，既不知道它如何运作，也不知道如何施展它。韦尼阿明的观点和玛丽亚类似。[27]尽管如此，许多和拉斯普京同时代的人不同意这种说法。伊利奥多尔相信拉斯普京可以运用催眠术（以及从他的双手和双眼中发出"电流"）。持这种观点的人还包括沙皇的孩子们的英语家教查尔斯·悉尼·吉布斯（Charles Sydney Gibbes）、皇宫卫戍司令弗艾柯夫及数位大臣。俄国媒体曾刊出一张拉斯普京正在催眠奥尔加·鲁克缇娜的照片，拉斯普京

296

很快就公开表示这是假的，并在 1914 年 1 月的《圣彼得堡新闻》上承认他从未学习过催眠术，不具备这种能力。[28]

许多人愿意相信，拉斯普京利用催眠术治疗和操控他人。[29]科科夫佐夫在回忆录中写道，他相信拉斯普京很可能曾尝试在他的办公室催眠他（他补充道，拉斯普京也可能只是在仔细研究他，这是两人的第一次见面，因此他不太能确定）。根据罗将柯的说法，斯托雷平会见拉斯普京时同样感受到一股"强大的催眠力量"，但斯托雷平最终抵挡住了它。[30]这种观点在政府中的拉斯普京反对者间十分普遍。换句话说，他们认为拉斯普京拥有十分强大的催眠能力，但他们足够坚定（因为拥有强大的意志），从而抵挡住了他的蛊惑。以下这些人均表达过类似观点：费利克斯·尤苏波夫、皇家马厩的负责人亚历山大·里姆斯基 – 柯萨科夫（Alexander Rimsky – Korsakov），以及内政大臣阿列克谢·赫沃斯托夫。赫沃斯托夫留意到，他手下的大部分暗探在监视拉斯普京时不够坚定，很快就屈服于拉斯普京的能量，他因此不得不频繁更换人员。[31]（但赫沃斯托夫在 1915 年秋告诉出版人谢尔盖·梅格诺夫，拉斯普京的心理暗示力量确实发挥了作用，让他终于改掉了咬手指的习惯。）[32]有些人，如剧作家尼古拉·叶夫列伊诺夫［Nikolai Yevreinov，曾出演《拉斯普京之谜》（*The Mystery of Rasputin*，1924）中的角色］认为，拉斯普京的能量不是"普通的催眠术"，而是特殊的"性催眠"，这使他在女性中大受欢迎。[33]苔菲称，拉斯普京曾尝试催眠她，告诉她他会利用触碰和他的强大意志征服她。她相信拉斯普京有催眠能力，是催眠师，虽然他的能量还没有强大到操控她的地步。[34]威廉·勒丘透露，一位知名俄国精神科医师曾告诉他，除了天生的催眠能力外，拉斯普京还可以不顾房间明暗，凭自身意志收缩双眼瞳孔。这一罕见的能力使拉斯普京在其信徒看来拥有超凡的魔力，但根据这位精神科医师的说法，它毫无疑问是"罪恶堕落"的象征。[35]

秘密警察的文件十分模糊地提到拉斯普京曾于1914年2月初在圣彼得堡马利大街（Maly Prospect）上的格拉西姆·迪尼西维奇·帕帕纳达特（Gerasim Dionisievich Papnadato）的家里学习催眠术。帕帕纳达特（在文件中的代号为"音乐家"）25岁，身材瘦削，看起来"像亚美尼亚人，皮肤黝黑"，有一头黑发，还拄着一根黑色拐杖。那个月，秘密警察跟踪了他一段时间，但在拉斯普京不再与他见面后，跟踪活动便停止了。事实表明，不仅拉斯普京对催眠师帕帕纳达特感兴趣，帕帕纳达特也可能有兴趣学习拉斯普京的神秘能力。[36]

斯捷潘·贝莱特斯基在回忆录中提到，1913年底还是警察局长的他在负责监视拉斯普京之际，发现拉斯普京与数位"彼得格勒的催眠师"保持着联系，这个帕帕纳达特可能就是其中之一。贝莱特斯基截获了这个男人寄给他在萨马拉（Samara）的情妇的一封信，信中提及他希望利用和拉斯普京的关系获取物质上的回报。他还提到，拉斯普京拥有一对催眠师所特有的瞳孔，以及把强大的意志力集中起来的罕见天赋。贝莱特斯基派手下打探更多关于这个人的情况，但帕帕纳达特听到了自己被监视的风声，赶在警察逮捕他之前从城里逃走了。因此，贝莱特斯基并不清楚拉斯普京是否还在学习催眠术。[37]然而，不管是"凝血能力"还是催眠术，都无法解释斯帕瓦发生的事。原因很简单：拉斯普京并不在现场。

对亚历山德拉而言，答案很简单：拉斯普京是圣人，上帝会通过他展现自己的力量；作为真正的圣人，拉斯普京的祷告拥有治愈她生病的儿子的能力。在仓促否认这种观点之前应该指出，直到今天，仍有很多人相信代祷能够治愈疾病。以美国为例，1996 年的一项盖洛普调查显示，82% 的美国人相信"个人祷告的治愈能力"，77% 的美国人认同"上帝有时会出手治愈病入膏肓的人"。这种想法在医生群体中也很普遍。在 2004 年一项涉及 1100 名美国医生的调查中，73% 的人相信的确存在医学奇迹。由于类似观点的普遍存在，科学家和主流大学的研究者们不得不去检视相关课题，且很多享有盛誉的学术期刊发表过与此有关的专题论文。[38] 2000 年至 2005 年，美国政府拨款 200 万美元，用于资助对祷告的潜在功效的研究。然而，对支持这一观点的人而言，研究成果不算鼓舞人心。2006 年，哈佛大学医学院的心脏病专家、马萨诸塞州综合医院身心研究所（Mind/Body Institute at Massachusetts General Hospital）的创始人赫伯特·本森（Herbert Benson）开展了一项大型研究，发现在 1802 个患者接受心脏冠脉搭桥手术的案例中，代祷没有发挥显著功效。实际上，该研究显示病人在得知有陌生人为他们祷告后（作为研究的一部分，有些病人被告知了这种情况，有些则没有），更容易在手术后出现并发症。这一结果与 1997 年新墨西哥大学（University of New Mexico）的另一项研究的结果——戒酒中的人得知有其他人为他们祷告后，其情况会变得更加糟糕——一致。[39]

然而，很多研究者承认，祷告、宗教信仰和健康之间的关联极其复杂，很可能尚无法用科学手段解释。至于拉斯普京，他从没说过自己是能够创造奇迹之人，而是坚称如果他的话在治疗中发挥了积极作用，那也是出于上帝的意志，出于一种神圣的恩典。[40]维鲁波娃回忆说，拉斯普京在为病人祷告时常常十分犹豫。"我知道许多人在生病时都请求拉斯普京为他们祷告,"她写道,"如果他愿意为他们这么做,那么类似请求一定会纷至沓来,而他也会获得大笔金钱。但事实是,他经常极不愿意施展任何他拥有的神奇能力。在病人是孩子时,他甚至会拒绝,并表示'上帝现在想带走他,或许是为了拯救他,让他不用在未来受罪'。"[41]

拉斯普京的祷告拯救了身在斯帕瓦的阿列克谢的生命吗?有这种可能,尽管我们不确定他是否曾像亚历山德拉请求的那样为男孩祷告。根据我们掌握的信息,他只在答复的电报中写道,不要让医生插手男孩的事,这样男孩就可以活下来。除此之外,电报中再无其他内容——它没提到他是否祷告了,也没说上帝向他传达了什么信息。实际上,拉斯普京的这种做法十分典型。1915 年时他没有为维鲁波娃祷告,也没有证据表明除告诉皇后皇储会活下来之外,他还为阿列克谢祷告了。拉斯普京的祷告并不重要,重要的是他的话——言之凿凿、充满自信、富有权威。拉斯普京在生病的小男孩身上施展的神奇法术体现在他的话中,或者在亚历山德拉对这些话做出的反应中。

拉斯普京在 1912 年 10 月告诉亚历山德拉,阿列克谢会好起来,而亚历山德拉全心全意地相信了他。对拉斯普京的信赖使这个焦虑、忧心忡忡的母亲平静下来,让她重新充满难以撼动的信心。然后,她又把这种信心传递给了病入膏肓的儿子,让他凭借意志重新恢复了健康。

乍一看,这似乎是种牵强附会的说法,但我们会有这种感觉与其说是因为该说法的荒谬性,不如说是因为我们对心理因素在人类健康中扮演的角色还所知甚少。直到近五十年,我们才开始研究压力和生理健康之间的关系,各大研究机构——比如我之前提到的马萨诸塞州综合医院身心研究所，以及加州大学洛杉矶分校心理神经免疫学中心（Cousins Center for Psychoneuroimmunology）——的研究人员才开始探索身体和大脑的互动方式，以及从大脑产生的物质如何让病人的病情得到缓解或康复。通过一系列技巧（冥想、重复祷告、瑜伽、腹式呼吸）获得的身体放松不仅能够降低血压，还可以缓解失眠、心律失常、过敏和剧烈疼痛。[42]过去数十年中，人们逐渐明白，焦虑与负面情绪会让血友病恶化，放松和镇静则能降低毛细血管中的血流量，从而加快康复进程。[43]

另一个和身心平衡有关的因素是安慰剂效应。最近，哈佛大学医学院和波士顿的贝斯以色列女执事医疗中心（Beth Israel Deaconess Medical Center）联合启动了安慰剂和治疗性接触项目（Program in Placebo Studies and Therapeutic Encounter），以研究医学惯例、文化背景以及想象力在康复过程中发挥的作用。研究人员相信，安慰剂不只是一小颗糖丸，实际上安慰剂效应在医生和患者的互动中处于十分关键的位置。最新研究显示，医学文化，包括医生的白大褂、诊室墙上悬挂着的医师学位证书、医生的语调，乃至医患间眼神交流的频率，都在患者的康复中扮演了关键角色。安慰剂效应的作用范围相当广泛，它可以改变心率、大脑的化学活性，还能缓解帕金森综合征的症状。[44]

在医学无法治疗血友病的年代，医生们的手忙脚乱只会加重阿列克谢的痛苦。在这种背景下，拉斯普京的建议，即让皇储平静地躺一会儿，以及他的话语带去的希望与信心，对皇储的康复至关重要。阿列克谢靠母亲平静下来，开始放松，他的血压很可能因此下降，他的痛苦因此减轻，他的身体便逐渐复原。必须承认，亚历山德拉选择了正确的做法，即全心全意地相信拉斯普京，而她已经没有其他选择了。最终，只有信仰的力量才能止血，这正是拉斯普京给予亚历山德拉，再通过她传达给病中男孩的能量。如此解读拉斯普京的能力不仅符合医学常识，而且可以得到当时的人的佐证。不少人表示，他们十分惊讶地发现，拉斯普京的话缓解了阿列克谢所受的折磨，减轻了他所受的折磨，让他放松并平静下来，重拾了之前已经消失的希望。[45]

300

*

如果说多年来皇室一直对皇储的慢性病秘而不宣，那么在斯帕瓦危机之后，这就成了众人皆知的秘密，即使人们并不清楚那到底是什么病以及它有多危险。有人建议，尼古拉和亚历山德拉只能通过公开皇储的病情，以及拉斯普京作为治疗者的角色，来消除他的影响力的神秘性，化解因他和皇室成员的关系而爆发的丑闻危机。尽管不太符合实情，但这是个十分有意思的想法。沙皇的妹妹奥尔加形容这种说法是"诽谤"，她没说错。[46]公开这种关系不一定会赢得理解和赞同。"事实就是，帝国的继承人患有致命疾病，"一次，内政部副大臣告诉瓦西里·舒尔金，"持续的恐惧迫使皇后对这个男人产生深深的依赖。她相信皇储之所以还活着，都该归功于这个男人。与此同时，与他有关的每件事都让人感到像是一脚踩进了猪圈。我告诉你，舒尔金，他就是个无赖。"[47]

斯帕瓦的奇迹极大巩固了这个"无赖"在沙皇夫妇心中的地位。如果说过去两年的丑闻在他们之间制造了一些紧张，那么如今它们也已经烟消云散。拉斯普京再次确立了自己的地位。社会上的流言蜚语一度让大臣会议主席科科夫佐夫把拉斯普京从皇宫中赶走，他那离奇的发迹轨迹曾眼看着就要走到终点，但他竟奇迹般地治愈了皇储，重拾了昔日的地位。[48]拉斯普京回来了，而且再也不会离开。但是，他从来不是沙皇夫妇眼中那个伫立在病中男孩床前的先知。维鲁波娃在多年后回忆了他曾如何向沙皇和皇后保证，阿列克谢的身体在12岁后就会好起来，皇储此后便能强壮健康地活下去。[49]但等阿列克谢真的活到12岁时，他的寿命就只剩两年了。

## 注　释

1. Massie, *Nicholas*, 180 – 83；*LP*, 355, 357.

2. *LP*, 357, 359 – 60；AD, Correspondance politique et commerciale, Nouvelle série, 1896 – 1918, NS 14, Questions Dynastiques, 1896 – 1914, No. 309.

3. Massie, *Nicholas*, 183 – 85.

4. *KVD*, 100；Vyrubova, *Stranitsy*, 67；VR, 361 – 62.

5. Massie, *Nicholas*, 185 – 86；*LP*, 357 – 59；Bing, ed. , *Secret Letters*, 275 – 78.

6. Den, *Podlinnaia tsaritsa*, 82. 但德恩记录了拉斯普京治愈她发高烧的儿子的事，见第 64 页。

7. IMM, 181 – 82.

8. PAAA, AS 251, R. 10694.

9. VR, 362 – 65；Sokolov, *Temnye sily*, 10 – 11；Maud, *One Year*, 196；Le Queux, *Rasputin*, 21 – 22；Marsden, *Rasputin*, 34 – 35. 其他关于拉斯普京和维鲁波娃如何通过皇储控制亚历山德拉的故事，见 Omessa, *Rasputin*, 65 – 67；以及 G. A. Benua 的回忆录，见 OR/RNB, 1000. 6. 4, 243。

10. GARF, 602. 2. 62；1467. 1. 949, 2 – 5；Amal'rik, *Rasputin*, 45 – 46.
    See also：Shul'gin, *Dni*, 108.

11. PAAA, AS 251, R. 10694.

12. Vyrubova, *Stranitsy*, 82 – 85；VR, 356 – 57；KVD, 175；LP, 416.

13. Chebotaryova, "V dvortsovom lazarete," 181：181 – 82；FSA, 294 – 95.
    关于格德罗伊茨，见 Bennett, "Princess," 1532 – 34；Mordvinov,
    "Poslednii," 52 – 53。

14. Vyrubova, *Stranitsy*, 82 – 85.

15. Dostoevsky, *Brothers*, 25.

16. *WC*, 355, 362 – 63.

17. Vasilevskii, *Nikolai II*, 93. 也有脏衬衫或脏帽子的说法，见 OR/
    RNB, 585. 5696, 13ob；*Golos minuvshego*, No. 4 – 6, 1918, p. 35。

18. IMM, 117, 120 – 21.

19. *WC*, 651. 根据服侍皇后多年的侍女马德莱娜·扎诺蒂的说法，皇后
    的心脏没有问题。她的问题实际上是心理和情绪毛病的躯干化反应，
    这在她生命中的最后几年里表现为一种"癔症"。参见 Sokolov,
    *Ubiistvo*, 85 – 86。

20. *GRS*, 2：236.

21. Grabbe, *Okna*, 130.

22. Vorres, *Last*, 138 – 40.

23. FR, 102；Vorres, *Last*, 138 – 40；VR, 362.

24. VR, 67.

25. Buxhoeveden, *Before*, 116 – 19.

26. IMM, 135 – 36. 另有一则不可信的故事，见 Shelley, *Blue Steppes*, 86 –
    87。今天仍在流传的一个例子见 Shishkin, *Rasputin*, 73。

27. VR, 366.

28. GARF, 102. 316. 1910. 381, 165, 175.

29. IMM, 136, 209 – 10；Evreinov, *Taina*, 49 – 50；Mel'gunov,
    *Vospominaniia*, 1：207；FR, 103；HHStA, P. A. 38, Karton 364, 4 July
    1914；Voeikov, *S tsarem*, 57 – 58；Gurko, *Tsar'*, 235.

30. Kokovtsov, *Out*, 296 – 97；Rodzianko, *Reign*, 24, 76.

31. YLS, 211；VR, 370；Khvostov, "Iz vospominanii," 166 – 67；FB, 312 – 13.

32. Mel'gunov, *Vospominaniia*, 1：202.

33. Evreinov, *Taina*; Etkind, *Eros*, 126 – 27.

34. *GRS*, 2：230 – 31, 234 – 35.

35. Le Queux, *Rasputin*, 4. 同样的故事在 Marsden, *Rasputin*, 25 中又讲了一次。

36. GARF, 111. 1. 2981a, l. 9 – 10ob. 在有些传记作品中，他的名字被错误地拼写为 Papandato。

37. Beletskii, *Grigorii*, 21 – 22.

38. Brown, *Testing*, 1 – 2.

39. Carey, "Long – Awaited Medical Study;" Stein, "Researchers."

40. FR, 105.

41. *LP*, 444 – 45.

42. See http：//www. massgeneral. org/bhi/about/; http：//www. semel. ucla. edu/cousins.

43. Massie, *Nicholas*, 201 – 202.

44. On Harvard's program, see http：//www. programplacebostudies. org. /关于安慰剂效果，见 Ofri, "A Powerful Tool;" Niemi, "Placebo;" Feinberg, "Placebo;" Guess, et al. , *Science*; Marchant, *Cure*。

45. See Dzhanumova, *Moi vstrechi*, 28 – 29; Beletskii, *Vospominaniia*, 56; HHStA, P. A. X, Karton 139, 11/24 October 1913. 其他历史学家认为，虽然没有利用当时最新的科学知识，但拉斯普京对皇储救治的核心在于建立身心联系。见 Amal'rik, *Rasputin*, 45 – 46; FR, 103; Massie, *Nicholas*, 201 – 202。

46. Vorres, *Last*, 140; VR, 143.

47. Shulgin, *Years*, 263; VR, 61.

48. PAAA, 19432, R. 10680; dispatch of Ambassador Pourtales to Bethmann Hollweg, 4 November 1912 (NS); Voeikov, *S tsarem*, 58 – 59.

49. Vyrubova, *Stranitsy*, 61.

# 第三十三章 战争与庆祝

10月，阿列克谢在斯帕瓦休养期间，《俄国消息报》称，拉斯普京近来做了一些古怪而神秘的梦。首都有权有势的小圈子对这些梦非常感兴趣。其中一个梦里出现了一个身形彪悍的女人，象征着俄罗斯帝国。她的头顶上方悬着一柄置于熊熊燃烧的火焰中的神剑。女人伸手抓住剑柄，把它轻轻插入剑鞘，然后灭了大火。人们传言说，拉斯普京很快就会离开西伯利亚，再次"返回舞台"。[1]

这个梦（无疑由想象力过于旺盛的圣彼得堡记者编造）让人联想到巴尔干地区那可能将俄国拖入战争的日益紧张的局势。1912年春天，保加利亚、塞尔维亚、希腊和黑山共和国在俄国的支持下结为联盟，并且达成了秘密协议，其条款之一是向土耳其发起联合军事行动，从而瓦解土耳其对周边地区的威胁。阿尔巴尼亚爆发的反抗土耳其人的起义引来了一系列血腥报复，于是黑山在1912年10月8日（公历）向奥斯曼帝国宣战。几天后，巴尔干同盟（Balkan League）的其他国家也加入了打击土耳其的行列。第一次巴尔干战争（First Balkan War）爆发，战火一直延续至1913年5月。巴尔干同盟在半岛成功击溃奥斯曼军队，到11月初，土耳其战败几乎已成定局。

整个俄国都处于对战争的狂热之中。人们兴奋地走上街头，呼吁发动战争，以捍卫生活在奥斯曼异教徒淫威下的斯拉夫同胞的权益。有人呼吁在君士坦丁堡的圣索菲亚大教堂顶部升起基督的十字架；还有人强调要捍卫俄国在巴尔干地区的利益。在所有要求开战的呼声中，最响亮的来自杜马主席米哈伊尔·罗将柯。

302　　然而，拉斯普京做了一个有关和平的梦。他是那年秋天最强烈地反对战争狂热情绪的人士之一。1912 年 10 月 13 日，他告诉《圣彼得堡新闻》：

> 我们的"小兄弟们"——我们的作家为他们呼吁，想保卫他们——给我们看了什么呢？……我们已经看到他们的所作所为，现在我们理解了……一切……是的……考虑到各盟友，好吧，结盟是件好事，只要不爆发战争。可是如果战争升温，这些盟友又会在哪里呢？他们会消失得无影无踪。
>
> 所以，人们，就说你们吧，要睁大眼睛！巴尔干爆发了战争。因此，所有作家都在媒体上叫嚣："让我们宣战吧，让我们投身战场吧！毋庸置疑，我们必须战斗。"……他们动员每个人加入战争，煽动狂热的火焰……所以我要问问他们……我想问问那些作者："先生们！为什么你们要这么做？你们认为这正确吗？局势紧张时必须保持克制，否则大战就会爆发，人们的愤怒和仇恨就会被点燃。"[2]

12 月，他在被问及俄国被拖入战争的危险时，又告诉同一家报纸："愿上帝保佑我们，拯救我们（不必参战）。上帝曾保佑俄国的祖先不必受这种威胁。每一场战争——即便我们赢得胜利——对爱、对和平、对上帝的恩典而言，都是致命的。愿上帝保佑俄国，保佑所有国家避开战争。我们每一个人都必须关注这个问题。"[3] 1913 年 1 月，拉斯普京告诉《故国之烟》（*Smoke of the Fatherland*）：

> 基督徒正在筹备战争，他们正在劝别人投入战争，正在折磨自己，折磨其他人。战争不是好事，这些基督徒不去维护人权，反而渴望拥抱战争。就说战争不会爆发，至少不会在我们国家爆发。我们不能这样想。战争爆发，让他人失去生命和祝福，这都是不值得的。这违背了《圣经》的教诲，是在命数到头之前就杀死自己的灵魂。我打败你之后，我会怎么样呢？为此，我必须时刻关注你的动向，关注你的一举一动，但无论如何，你终会起身反抗我。这便是刀剑的逻辑。然而，如果我用基督的爱感化你，便不需要担心任何事。让其他人，让那些日耳曼人和土耳其人相互残杀吧——那是他们的不幸和盲目。他们不会得到任何东西，只会加速自身的灭亡。我们则安静地、充满爱意地看顾自己，我们必将再次崛起于强者之林。[4]

就算在海外，拉斯普京也以反战著称。《法兰克福汇报》（*Frankfurter Zeitung*）曾发表一篇题为《俄国和巴尔干国家》（"Russia and the Balkans"）的报道（1913 年 3 月 1 日），引述了"仍与有权有势之人保持联络的那位长老"的话："巴尔干人用忘恩负义和仇恨回报俄国人的爱——我们现在必须想想自己，不要再想那些没有价值的事。"[5] 1914 年 5 月，《福斯日报》（*Vossische Zeitung*）发表了对谢尔盖·维特伯爵的采访（很快就被俄国媒体转载）。维特讲述了巴尔干危机期间拉斯普京是

303

如何在关键时刻挺身谏言，把俄国从战争中拯救出来的。"整个世界都在谴责拉斯普京，"他说，"但是你知道吗，拉斯普京让我们躲过了一场战争！"[6]那年7月，《敖德萨新闻》（Odessa News）刊登了类似文章，称多亏了拉斯普京，俄国才没有在巴尔干地区和奥地利开战。[7]

维鲁波娃回忆说："1912年，尼古拉·尼古拉耶维奇大公和他的妻子尝试说服沙皇让俄国加入巴尔干战争，但拉斯普京跪下恳求沙皇不要这么做，称俄国的敌人们正等着俄国参战，参战会让俄国面临无法逃脱的厄运。"[8]

阻止俄国在巴尔干地区开战的拉斯普京为他的个人神话增添了新的篇章。拉斯普京无疑是反战的，而且希望每个人都清楚他的态度，但我们并不清楚他是否就是让和平得以维持的决定性声音。[9]实际上，其他更有影响力的人物也表达了相同的观点。比如，外交大臣谢尔盖·萨佐诺夫坚定不移地把巴尔干问题限制在当地（虽然第一次巴尔干战争的爆发和他脱不了干系），坚决反对俄国或奥地利插手。此外，尼古拉曾在1911年初告诉俄国驻保加利亚大使，永远不要忘记俄国在未来五六年之内不会涉足战争。在各大国施加的压力下，巴尔干同盟同意于1913年5月签署和平条约，但不到一个月，保加利亚便对塞尔维亚和希腊发动了攻击。这次冲突被称为第二次巴尔干战争（Second Balkan War），它比之前的战争更加血腥也更快结束。保加利亚战败，于8月求和。"我们赢得了第一轮胜利，"容光焕发、信心大增的塞尔维亚外交部长欢呼，"现在，我们必须准备对阵奥地利的第二轮战斗。"种种负面想法在尼古拉的脑海中挥之不去，他给母亲写信："根本不存在欧洲共同体这种东西——只有大国之间的互不信任。"[10]

\*

1913 年 1 月，拉斯普京回到首都。18 日，尼古拉在日记 304
中写道："4 点，我们见到了老朋友格里高利，他和我们待了
1 小时 15 分钟。"[11]这是他们自 1912 年 6 月的克里米亚之旅后
的第一次见面。当时，宫里正在筹备罗曼诺夫皇朝掌权三百周
年纪念活动的相关事宜。庆祝活动于 2 月 21 日早晨拉开帷幕，
彼得保罗要塞发射了 21 枚礼炮。那天早晨，尼古拉率领游行
队伍从冬宫前往涅瓦大街上的喀山大教堂，出席中午的感恩仪
式。教堂里挤满了侍从、外国代表和高级官员。罗将柯也在
场，当他得知杜马成员的座位被安排在教堂后排时，心情立刻
一落千丈。[12]

　　然而，更让他沮丧的是拉斯普京。拉斯普京穿着昂贵的丝
绸外套和闪闪发光的直筒靴，胸前挂着一个金色大十字架，站
在杜马成员的前面。根据罗将柯的回忆录，他上前质问拉斯普
京为什么出现在这里。拉斯普京从衣袋中抽出一封邀请函，称
他受到了比杜马主席更位高权重的人物的邀请。拉斯普京相当
傲慢，一点也不尊重罗将柯，甚至想催眠他，但罗将柯既没有
被吓倒，也没有向拉斯普京的魔力屈服。他命令拉斯普京立刻
离开教堂，而拉斯普京照做了。罗将柯跟在他身后，看着他披
上一件精致的貂皮外套，上了一辆等在附近的汽车，扬
长而去。[13]

　　这个场面多次出现在各类拉斯普京的传记中，但我们不知
道两人之间是否真的发生过这件事；就算发生了，我们也不清
楚实际情况是否和罗将柯在回忆录中叙述的一样。2 月 23 日，
即庆祝活动两天后，罗将柯的确向 1 月就任内政部副大臣的弗

拉基米尔·扎克夫斯基将军汇报了此事。但有意思的是，在罗
将柯讲述他和拉斯普京的会面的报告正文旁边，扎克夫斯基或
他办公室的某个人用蓝色粗铅笔写下了批注："不是真的。"[14]
我可以肯定一点：罗将柯总是喜欢在回忆录里让读者相信，他
才是唯一知道该怎么对付拉斯普京的人。他认为应用坚决、强
硬的手段，称如果尼古拉效仿他的做法，本可以终结拉斯普京
在宫中的上升轨迹，皇朝或许也不必走向穷途末路。[15]不过，
这样的事绝不会发生在生性软弱的尼古拉身上。

305　　　拉斯普京也许被赶出了喀山大教堂的庆祝仪式（也许没
有），但他没有在三百周年纪念活动的事上保持沉默。《故国
之烟》发表了一篇对拉斯普京的采访，他赞扬了庆祝活动和
罗曼诺夫家族。有批评的声音认为庆祝活动会导致动荡乃至谋
杀，会暴露皇室统治的摇摇欲坠。拉斯普京对此表示反对，认
为庆祝活动能彰显人们有多么热爱他们的沙皇和年轻的皇储。
"他拥有罕见的聪明头脑，"拉斯普京如此评价皇储，"是如此
漂亮、聪慧，更重要的是，他个性坚强。"他把阿列克谢的疾
病视为"上帝对其及这个国家的考验"，但又补充说阿列克谢
几乎已经康复。拉斯普京告诉记者，阿列克谢"是我们的
希望"。[16]

　　节庆期间，穆娅·高罗维纳和拉斯普京、尼古拉、阿列克
谢一起拜访了夏园（Summer Gardens）中彼得大帝曾居住过的
小屋。彼得大帝那间简朴的卧室已被改造成一间小礼拜堂，沙
皇和皇储一起在基督圣像前祷告。当他们屈膝祷告并磕头时，
拉斯普京向穆娅低语："可怜的男孩，生活将给予你怎样的考
验啊！"

　　穆娅问："格里高利·叶菲莫维奇，你认为会爆发革命吗？"

"你为什么这么问？我怎么知道？"他回答，露出一副可疑的表情。"只是一场小革命，"他边说边眯起眼睛，"前提是由我来阻止它。"[17]这是段很有意思的小插曲，但它的真实性和罗将柯的回忆录一样让人生疑。

\*

当时，秘密警察正严密监视拉斯普京。所有参与跟踪拉斯普京的暗探都收到了以下关于他的描述：

"俄罗斯人"的特征：

35 岁到 40 岁，高于平均身高，中等身材。人种：俄国人。毛发：长发，浅棕色，略带红棕色的胡子被修剪成常见的形状。脸颊泛红而细长，眼窝深陷。头戴神父常用的海狸帽，穿着棕色镶边的黑色外套、海狸皮领的紫色上衣、棕色俄式长筒橡胶靴。

扎克夫斯基作为负责人时，拉斯普京那平淡无奇的"奥克瑞那"代号"俄罗斯人"很快就被改为不祥的"黑暗势力"（*Tyomny*）。庆祝活动期间，暗探每天都在圣彼得堡跟踪拉斯普京，他们从早上 9 点一直工作到晚上 7 点。和他有关的人也受到关注，他们各自都有代号："乌鸦"是格奥尔基·萨佐诺夫，"寒鸦"是莉莉·德恩，"鸽子"是季娜伊达·曼什达特，"猫头鹰"是阿基林娜·拉普汀斯科娅，"鸟"是穆娅·高罗维纳，"冬天"是柳博夫·高罗维纳，"夏天"是娜杰日达·塔尼耶娃（Nadezhda Taneeva），"假面具"是奥尔加·鲁克缇娜，"修道士"是主教瓦尔纳瓦。[18]

306

值得留意的是，对取代号感兴趣的人不只是秘密警察。皇后在信中称瓦尔纳瓦为"囊地鼠"（但拉斯普京称他为"蛾子"），称大臣鲍里斯·施蒂默尔为"老家伙"，称阿列克谢·赫沃斯托夫为"尾巴"或者"大肚腩"。[19] 费利克斯的母亲季娜伊达·尤苏波娃也会在信中使用代号：皇后是"瓦丽达"①，拉斯普京是"启示录"，尼古拉沙是"博纳尔"。这种做法表明，俄国警察正在大量拦截、拆阅私人信件，尤其是重要人物的信，甚至罗曼诺夫家族的人也不能幸免。人们知道自己在被监视，因此行事时更加谨慎、保密，且对人缺乏信任。没有人认为自己能摆脱监视，即便是皇后也不行。

*

5 月 19 日，拉斯普京和罗曼诺夫家族一起在科斯特罗马（Kostroma）的伊帕契夫修道院（Ipatiev Monastery）参加了更多庆祝活动。1613 年，米哈伊尔·罗曼诺夫（Mikhail Romanov）正是在此地接见了来自莫斯科的代表，得知了自己被推选为沙皇一事。扎克夫斯基将军（General Dzhunkovsky），这个拉斯普京最大的仇敌在回忆录中称，他试图不让拉斯普京参加当地的庆祝活动，但皇后否决了他的做法，而是让"奥克瑞那"派人跟在拉斯普京身边，以确保其就在她自己和其他皇室成员附近。扎克夫斯基因此大为光火，在日后展开了报复。[20] 5 月 24 日罗曼诺夫家族抵达莫斯科时，拉斯普京也在现场。这是三百周年纪念活动的高潮。根据沙皇的妹妹谢妮亚的说法，尼古拉在克里姆林宫（Kremlin）天使长大教堂（Cathedral of the

---

① 也是一种毒素的名称。——译者注

Archangel）中的米哈伊尔·罗曼诺夫之墓前点燃蜡烛时，拉斯普京就在现场。她本人没有见到拉斯普京，但其他所有人都注意到了他。"拉斯普京再次向众人证明了他在宫中的地位，"她在日记中写道，"神职人员产生了不满和抵触情绪！他们说马克拉科夫①准备向尼基呈交一份报告！这是多么不幸啊！他如果是大臣，就不敢如此出头了。"[21]

那年晚些时候，俄国陆军和海军首席神父格奥尔基·沙弗斯基尝试在尼古拉的妹妹奥尔加面前提起拉斯普京一事。"我们都知道这是怎么回事，"她告诉他，"这是我们家族的悲剧，但我们不敢做什么。"沙弗斯基试着告诉奥尔加很有必要和沙皇谈一谈。她回答说，他们的母亲已经试过了，但根本无济于事。他说奥尔加本人也该这么做，因为她的哥哥深爱并且信任她。"是的，我准备去说些什么了，神父，但我知道这没有用。我不擅长讲话。他会用一两句话彻底毁掉我的论证，之后我便会慌张，然后输得一败涂地。"[22]

拉斯普京在 6 月 1 日的午茶时间后于皇村见了尼古拉和亚历山德拉，接着便返回了博克维斯科。[23]在他离开圣彼得堡的这段时间里，阿列克谢和亚历山德拉相继病倒。维鲁波娃请求他为他们祷告，拉斯普京照做了。7 月 17 日晚，拉斯普京回到皇宫，和亚历山德拉、前一天刚弄伤胳膊的阿列克谢共处了一段时光。尼古拉在日记中写道，拉斯普京离开后不久，阿列克谢的手臂就开始好转，且他能够平静地入睡了。[24]30 日，拉斯普京向阿列克谢发去生日祝福："节日快乐！愿你信仰坚

307

① 即尼古拉·马克拉科夫（Nikolai Maklakov），他从 1912 年 12 月 16 日起负责内政部的运作，并于 1913 年 2 月 21 日获得正式任命。——作者注

定、头脑聪慧。你会战胜敌人，每个人、万事万物都会打从心底热爱你。他们有时会为这个无与伦比、容光焕发的年轻人，为皇储阿列克谢·尼古拉耶维奇的健康哭泣。"[25]

## 注 释

1. *Russkoe slovo*, 18 October 1912. At：www. starosti. ru.

2. GARF, 102. 316. 1910. 381, 152. 关于拉斯普京对泛斯拉夫主义的冷淡态度，见 Sokolov, "Predvaritel'noe sledstvie," 284。

3. *Peterburgskaia gazeta*, 7 December 1912. At：www. starosti. ru.

4. *Dym otechestva*, 24 January 1913, pp. 6 – 8.

5. PAAA, R. 10897.

6. *PK*, 7 May 1914, p. 1.

7. GARF, 102. 242. 1912. 297, ch. 2, 168.

8. VR, 376.

9. RR, 190 – 91. 他认为拉斯普京是关键原因，拉斯普京甚至赋予了尼古拉拒绝插手冲突的力量。

10. Lincoln, *In War's*, 408 – 13.

11. *LP*, 374.

12. FR, 107.

13. Rodzianko, *Reign*, 75 – 77.

14. GARF, 270. 1. 46, 3.

15. VR, 327 – 28；Amal'rik, *Rasputin*, 156.

16. *Dym otechestva*, 14 March 1913, p. 5.

17. FDNO, 257 – 58.

18. GARF, 111. 1. 2977, 2, 5, 32 – 33ob, 35 – 35ob；111. 1. 2981b, 35 – 36；*KVD*, 82.

19. RR, 346, 410 – 11；GARF, 602. 2. 62.

20. FR, 108；Sablin, *Desiat' let*, 294；Dzhunkovskii, *Vospominaniia*, 2：201 – 02；OR/RNB, 585. 5696, 35.

21. *LP*, 377 – 78.

22. VR, 61.

23. *KVD*, 111.

24. *LP*, 378 – 80; GARF, 1467. 1. 710, 288.

25. *KVD*, 114.

# 第三十四章　粗鄙之言、颂名派与暗杀阴谋

　　1913 年 1 月，拉斯普京回到首都。24 日，《故国之烟》借此发表了一篇相当正面的长文，题为《与拉斯普京同行》（"With Grigory Rasputin"）。据说，记者 D. 拉兹莫夫斯基（D. Razumovsky）四天前在一列火车的二等车厢偶遇拉斯普京。起初，拉兹莫夫斯基并不知道那个男人是谁。拉斯普京安静而羞涩地坐在他身边："有一头棕色长发，没有一根白发；胡子凌乱，且他常用手抓它们；他的手指神经质地抽动着，显然疏于保养；他眼窝深陷，眼角处皱纹明显。他外在的一切都让人联想到列宾（Repin）创作的舒塔夫（Syutaev）肖像画。舒塔夫出生在特维亚，早年是农夫，后来成为教派主义者。这位舒塔夫的布道曾彻底重塑了列夫·托尔斯泰的灵魂。"①

　　两人开始交谈，谈论农民，谈论外国人及其对俄国的影响，还谈到俄国人的心灵和东正教。这个陌生人给拉兹莫夫斯基留下了深刻印象。他向拉兹莫夫斯基谈起俄国人在"心灵"上的优越性："即使最底层的人也拥有比外国人更美好的心

---

　　① 瓦西里·舒塔夫（Vasily Syutaev, 1819 ~ 1892），他基于兄弟之爱，创立了自己的道德－宗教式布道，极受托尔斯泰推崇。1882 年，伊里亚·列宾为舒塔夫创作了肖像画。——作者注

灵。他们有机器。他们知道这点，因此希望来这里充实内心。你不能光靠机器生活。他们身边的一切看上去都是好的，他们的内心却空空如也。这才是最关键的。"他向拉兹莫夫斯基谈起和平的重要性，说应该远离巴尔干的战争。他告诉拉兹莫夫斯基，他不是教派主义者，但确实对神职人员的"懒散和在遵循宗教传统时所缺乏的美感"感到不满。他说太多人尝试抵制邪恶，但对他们来说真正重要的是不要去抵制善良，而这比抵制邪恶要难多了。他还告诉这位记者，许多人造谣中伤他，但那些都不是真相，他不会往心里去，且他对此无能为力："盲人无法看见色彩，上帝只会在用童真之心待人者面前现身。我只遵守这条戒律。"

然后，陌生人告诉他的旅伴："那么，你该很清楚我是谁了。让我来告诉你，我是拉斯普京。"

拉兹莫夫斯基深感震惊。人们写尽这个男人的不堪事迹，他被太多神话包围，而他就是眼前的这个男人？不可能，这个男人是如此镇静，如此真诚，如此纯粹，"像个孩子一样"。他的举止太天真，太谦卑，太诚实。不，人们所构建的拉斯普京与他的真实形象相去甚远，而且随着时间的推移越发远离真相："他不是我们这个时代的任何一种谜团，不过是这个可悲而粗鄙的世纪的受害者。这个时代既没有产生英雄，也没有出现正义之士。除了虫洞，它什么都没留下。在这个时代，人们关注马匹，关注他们的祖先，关注他们的心情，关注他们的子孙，却忽视人类的心灵。如今，探讨心灵已经没有价值，没人对此感兴趣，因此人类沦为了机器。"

拉兹莫夫斯基写道，实际上这个名叫拉斯普京的男人身上存在某种非同凡响的特质：

309

也许，他才是唯一正确的人。他说俄罗斯人的灵魂善于接纳，十分温柔；俄罗斯人容易沉迷，有艺术家般的心灵；俄罗斯人的文化强大而独特，它们脱离日常生活实践，为生命打开了全新的可能性，具有无法抗拒的魅力。如果其他民族试图用其天性奴役我们，就只会取得相反的效果，因为我们总能赢得心灵上的胜利。[1]

《故国之烟》是一本泛民族主义周刊，由亚历山大·格雷金（Alexander Garyazin）于1912年创设。格雷金是企业家、出版人，也是俄罗斯民族主义俱乐部（Russian National Club）和俄罗斯民族主义联盟（Russian National Union）的创始人。在黑色百人团的问题上，格雷金的处理方式和伊利奥多尔不同，但他坚持认为俄罗斯人应该在帝国受到优待。"只有当俄罗斯人的自觉意识赢得胜利，俄罗斯民族在帝国领土上全面确立领导地位时，数百个民族才可能一起和平发展。"格雷金曾如此表示。他是俄国少数几个愿意公开接受拉斯普京的人之一，甚至还会公开抨击拉斯普京的敌人，比如大主教约安·沃斯托尔戈夫，而且不愿和其他君主主义者共同进退。[2]拉兹莫夫斯基真的在火车上偶遇过拉斯普京吗？他们之间真的有过上述谈话吗？我们不知道，但似乎也没有人在意答案，因为重要的只有如下事实：现在有一位有影响力的人物愿意公开支持拉斯普京。

格雷金的周刊发表的这篇文章是对拉斯普京的敌人发起的一次先发制人的打击。有传言说，杜马中的左翼政党成员打算再次提出拉斯普京的问题。拉斯普京本人得到了风声，怒气冲冲地在通信中告诉奥尔加·鲁克缇娜，罪魁祸首正是伊利奥多尔和他在察里津的同伙。尼古拉得知杜马即将采取行动后，命令内政大臣马克拉科夫立即平息事态。马克拉科夫向罗将柯转达了这条命令，警告罗将柯不得在杜马提及拉斯普京的名字，并告诉罗将柯，如果他从别人口中听到不同的说法，那人必定是在撒谎。[3]

3月，反对拉斯普京的力量在道德宗教期刊《生命的回答》（*Responses to Life*）上发表《我们的时代》（"Our Time"）一文，作为反击。文章作者和该期刊出版人是莫斯科的神父弗拉基米尔·沃斯托科夫，也就是和三年前的一系列抨击拉斯普京的文章有关的那个沃斯托科夫。那年春天，沃斯托科夫与皇后的侍女欧本兰斯卡娅公主见了一面，见面地点是莫斯科的一间公寓，它属于19世纪最伟大的诗人丘特切夫的后人。"可悲的沙皇，"沃斯托科夫对公主说，"可悲的俄罗斯，可悲的我们的未来。（我们要）在首都四处追捕那个长老、流浪汉、骗子，把他送回老家，再也不准他离开。想想上帝的警告吧：赶走沙皇身边不干净的人，他的皇位就将得到拯救。"欧本兰斯卡娅告诉他，他们正在努力，但没有成效。不久前，有几个人刚向大臣会议主席科科夫佐夫恳求过同样的事，但他告诉对方这不可能，还无奈地耸了耸肩。

沃斯托科夫在此期间得知，他的期刊会被使用在奥尔加女大公和玛丽亚女大公的宗教教学中。这让他产生了一个念头：为什么不试试通过《生命的回答》上的文章与皇室对话呢？《我们的时代》是一则寓言故事，发生在一个美丽、富裕的俄国贵族庄园，那里生活着好心但天真的主人和他的妻子。主人轻信他人，让所有不诚实的人占了便宜。主人的妻子则深受一位过路的流浪汉的影响，而他实际上是鞭身派教徒。

311 这个骗子强行玷污了所有女仆。他在当地酒馆吹嘘自己的能力，拼命喝酒，尽情跳舞。一些深得主人信任的人试图让主人看清这个外来者的真实面目，但主人实在是太天真、太被动、太软弱了，没有采取任何行动。他担心会让妻子失望，即使别人都在恳求他赶走这个男人。慢慢地，庄园里的善良诚实之人都被迫离开，外来者让他的共谋者和骗子取代了他们的位置。最终，每个对现状心知肚明的人都选择了离开，留下的只有懦夫和阿谀奉承者，而他们的好日子也不长了。人们饱受折磨，渐渐失去耐心，开始怀疑庄园主和支撑其世界的古老真理。"为什么这个流氓会拥有这样的力量？"这篇文章质问道，"噢，我们迷失了，整个庄园也失去了方向。"

　　沃斯托科夫的故事的深层含义不言自明，他还因为这一对抗拉斯普京的举动受到了惩罚。5月1日，萨布勒以主席身份说服神圣宗教会议做出了裁决：此后沃斯托科夫的刊物在出版前必须先接受审查，沃斯托科夫还被调离了莫斯科教区。沃斯托科夫所在教区的教徒们无比愤怒，向埃拉求助。作为沃斯托科夫的支持者，埃拉保证会尽一切努力扭转局面。5月11日，埃拉在莫斯科和萨布勒见面，交给他一份请愿书，请求他不要将沃斯托科夫送走，但她的要求被驳回了。那个月晚些时候，沙皇途经莫斯科，一群教会领袖又交给他一份类似的请愿书。尼古拉读了请愿书，把它拿给萨布勒，说："告诉那些请愿者，沃斯托科夫神父利用他的期刊干涉了我的家庭生活。"请愿再一次被拒绝。8月，教会决定把沃斯托科夫调往莫斯科郊外的科洛姆纳的一座教堂。9月1日，沃斯托科夫在一大群支持者和他所在教区的教徒的陪伴下离开了。众人得到莫斯科都主教马卡里[Makary，俗名为米哈伊尔·涅夫斯基（Mikhail Nevsky）]的批准，献给沃斯托科夫一个巨大的金色胸前十字架，上面刻着：
"被神祝福的人为了真相遭到驱逐，对他们而言，这就是天堂。
1913 年 9 月。"没有人会误读这段话。但比这段话更重要的是，
现在连献上一个十字架也会被视为反叛举动，因为神父只有在
获得神圣宗教会议批准的情况下，才能在胸前佩戴金十字架。
沃斯托科夫显然没有得到这样的允许。上了年纪、经常糊里糊
涂的马卡里在被问及此事时，解释说自己曾允许沃斯托科夫的
信徒给他十字架，但从没说过沃斯托科夫可以佩戴它。[4]

　　因为这件事，有人认为马卡里属于拉斯普京的敌对方，但
在另一些人眼中，他是拉斯普京最为信赖的盟友之一。有谣言
说，他能够在 1912 年 11 月获得都主教的任命全靠拉斯普京出
力，尽管两人素未谋面。马卡里唯一的罪过便是收到一封拉斯
普京的贺电。在许多人看来，这足以说明问题，他被标记为
"拉斯普京的人"。实际上，马卡里再也没能洗脱这一污名：
二月革命爆发后，由于和拉斯普京的可疑联系，他很快失去了
都主教职位。那是一个捕风捉影的时代。[5]

　　在沃斯托科夫的丑闻发酵期间，《故国之烟》持续为拉斯普
京辩护。他们全力报道了拉斯普京于 5 月拜访一座孤儿院的事，
引用拉斯普京的话说，这些被抛弃的婴儿是"我们国家的力量，
代表我们美丽的心灵……他们身上不带一丝罪"。[6]君主主义者瓦
西里·斯科沃尔佐夫在《钟鸣》上毫无根据地回应说，格雷金
的周刊在秘密接受维特伯爵和共济会的资助，它不过是一个协
助拉斯普京在宫廷和政府高级官员中恢复影响力的工具。[7]

　　媒体战持续了整个春天和夏天。6 月 20 日，《故国之烟》
刊登了另一篇为拉斯普京辩护的长文，作者是阿列克谢·菲利
波夫。他曾在莫斯科大学学习法律，在为格雷金的周刊撰稿

前，发行了一系列期刊［如《黑海沿岸》（*Black Sea Coast*）、《俄罗斯评论》（*Russian Review*）］。1912 年，菲利波夫搬到圣彼得堡，开始关注财经新闻，创办了报纸《财富》（*Money*）。那时他的声誉不算好。他会搜集银行和其他金融机构不宜公开的信息，再以高价"卖"给相关机构。机构可以选择做这笔交易，也可以赌一把，看看在他们的秘密被曝光后是不是还能全身而退。不久后，菲利波夫娶了费利克斯·捷尔任斯基（Felix Dzerzhinsky）的姐妹，而捷尔任斯基后来成了令人生畏的"契卡"（Cheka）①的负责人。[8]有证据表明，菲利波夫第一次遇见拉斯普京的时间是 1912 年，地点是莫斯科郊外的一列火车上。拉斯普京立刻给他留下了深刻印象。用菲利波夫的话说，打动他的是拉斯普京"对俄国人民的深厚信任以及他的深思熟虑，而非他在独裁政权面前卑躬屈膝的态度"。[9]几年后，他们的人生轨迹还将多次重合。

313　　菲利波夫不认同那些大量出现的有关拉斯普京的故事。这种报纸上以及杜马的"小说家"讲述的故事，不过是一种"幻想"，它们就像意图扳倒某人的一种广告。菲利波夫坚持认为，真相比人们所想象的要乏味得多：拉斯普京只是一个"普通的西伯利亚农夫"，他聪明、正直、勤奋，和普通人打交道，因此才会得到人民和"亲近和重视普通人的上层社会人士"的信赖。这便是人们对这个男人如此感兴趣的原因，仅此而已。拉斯普京表现出了"曾塑造俄国农夫的那种高涨的热情和象征美好过往的文化"。

---

① 全称为全俄肃清反革命及怠工非常委员会，是克格勃的前身。——译者注

此外，菲利波夫却认为，人们如今整天都听到"粗鄙之言"，受到"污秽、嫉妒、谣言和阴谋"的煽动，这严重影响了俄国社会。受影响最深的是神职人员，他们总是想象皇宫里的人完全出于一种"宗教式性饥渴"被拉斯普京吸引。他们把最恶劣的语言强加在他身上，用它们解释他崛起的原因，并在没有任何事实依据的情况下，将费奥凡被调职、格尔莫根从高位跌落、伊利奥多尔被软禁这些事归咎于他，这不仅夸大了他的影响力，还是在就俄国提出一种更宏大、更严肃的主张：

> 他们应该明白，在公共场合提出这样的主张不是一件好事，人们可能会以为俄国现在缺乏法纪、常识和最基本的团结。那位叫米留科夫（Milyukov）① 的先生在发表批评拉斯普京的演讲时，难道没有意识到恰恰是自己被彻底边缘化了吗？那些媒体，如《新闻晚报》等，实际上帮拉斯普京打了广告，而他不过是一个真正的谦卑之人，并不享有无边的影响力和权力。

六天后，媒体刊登了 A. K. 加夫里洛夫（A. K. Gavrilov）的来信，此人自称认识拉斯普京超过两年。这封信被同时寄往《彼得堡信使报》、《基辅思想》（Kievan Thought）、《俄国消息报》、《日报》（Day）、《新纽带》（New Link）的编辑部，谴责媒体把拉斯普京描绘成某种"男巫"。他同意菲利波夫的观点，认为大量涉及拉斯普京的报道在描述他的个性和影响力时

314

---

① 帕维尔·米留科夫（Pavel Milyukov），历史学家、宪政民主党的创始人和领袖，曾猛烈抨击拉斯普京和俄罗斯帝国的状况。——作者注

不够准确。加夫里洛夫呼吁媒体以及米留科夫和古奇科夫等政客，应弄明白他们真正想要的是什么：

> 显而易见，这么做的效果是向沙皇证明拉斯普京的全能。此外，这种攻击方式在道德上站不住脚，只会激发廉价的勇气。这么做相当幼稚，针对的只是极易受骗、被蒙在鼓里的人民。利用神话故事让他们认识拉斯普京的影响力并不难：在大街上的普通人的想象中，政府不是强大的、不可或缺的、自给自足的力量，而是一个偶然形成的小圈子，很容易被任意的无名小卒用来达成任意目的。在这种情况下，整个社会都把注意力集中到个体身上，从而忽视了藏身在阴影之中的真正该为俄国的麻烦负责的人。

《故国之烟》的编辑在加夫里洛夫的来信后附上了自己的评论，认为媒体散布的恐怖谣言不仅诋毁了神圣宗教会议与俄罗斯正教会，还侮辱了政府。

拉斯普京似乎不想被扯进这场争论。"那些对我的诋毁不过是飘过头顶的云朵，我一点也不怕它们。"他告诉拉兹莫夫斯基。他的女儿玛丽亚经常在父亲面前提起媒体上的攻击，问他为什么不反击，他总是这么回答："我知道我是谁。那些亲近我的人也知道。至于其他人的问题，等到下辈子再去解决吧。"[10]但有些报道称拉斯普京关注着媒体上的每篇文章，让阿基林娜·拉普汀斯科娅搜集整理每个和他有关的故事，发誓会报复所有对他的抨击。[11]1914 年 5 月，《新闻晚报》发表了一篇关于拉斯普京的报道。拉斯普京在文章中谈到了媒体的做法，他问记者："他们想从我的身上得到什么？"

他们难道真的不愿相信我不过是只微不足道的苍蝇，不需要任何人和任何事？除了我之外，他们难道没有别的话题可以写、可以谈论吗？我的一举一动都是他们的谈资……他们仔细调查每件事，把它们翻个底朝天……显然，有人真心想拖着我到处跑并嘲笑我……我告诉你，我没法影响任何人……我用自己最擅长的方式做我想做的小事……有些人赞美我，有些人诅咒我……但没有一个人愿意让我静一静……每个人都在我的身边忙得团团转。他们什么也不做，只会围着我打转。

关于是否应该在公开场合讨论拉斯普京的争论从未停止，且直到他死后仍未平息。该谴责拉斯普京，还是该对他保持沉默？这是罗曼诺夫皇朝末期的一个极具争议性的问题。1914年6月，一个名叫 M. 柳比莫夫（M. Lyubimov）的人在《莫斯科之声》上以《时下的话题》（"Topic of the Day"）为题，用洋洋洒洒的文字探讨了这一问题。他指出，拉斯普京应该受到攻击，不必为这种攻击可能产生的宣传效果而感到恐惧。他写道，拉斯普京不像伊利奥多尔那样渴求公众支持，只在乎几个位高权重的人物。因此，我们必须揭露其"投机者"属性，曝光那几个被"伪智者"的话弄得神魂颠倒的人。俄国应该继续在这桩丑闻上保持沉默吗？他的答案是：不。

人们应该夜以继日地高喊，应该在每个街角发出自己的声音，让这个"长老"成为千夫所指之人。他侵入其他人的房间，成为那里的常客，把那里当作自己的地盘。
伊利奥多尔总在旅行，不可能像这个"谦卑的长老"

那样为非作歹，造成诸多不幸……

拉斯普京和他的思想就像我们这个社会的溃疡和脓包……宣传他？这便是我们最大的惨剧。换句话说，我们关于他的无耻的醒悟来得太迟了，应该从更早之前起就讨论他造成的问题。[12]

春夏两季出现的关于拉斯普京的纷争，在一定程度上和生活在阿索斯山圣潘代莱蒙修道院的修道士有关。他们被卷入了一桩丑闻，而丑闻的根源可以追溯到 1907 年。当时，一位名叫伊拉里翁（Ilarion）的长老出版了《在高加索山上》（*In the Mountains of the Caucasus*）一书，描述了一次与耶稣基督之名有关的罕见心灵体验。他提出，救世主的名字不单是一个词，还是某种更为宏大的存在："救世主本人"就在这个名字中。伊拉里翁写道："上帝的名字中存在着上帝本人——他无所不在，全德全能。"[13]

316　　伊拉里翁获得这个发现的途径不是某种得到认可的宗教教育（他从未接受这种教育），也不是严谨的研究（他从未发表任何学术作品），而是他的个人体验，这个事实在即将爆发的危机中相当关键。他的书于 1912 年再版时，得到很多宗教界人士的推崇，包括费奥凡、韦尼阿明、哲学家阿列克谢·洛谢夫（Alexei Losev）、神学家谢尔盖·布尔加科夫、米哈伊尔·诺沃肖洛夫，甚至还得到了埃拉的认可。阿索斯山上，伊拉里翁的信徒以 *imiaslavtsy*（或者 *imiabozhtsy*）之名而为人所知，从字面理解，即颂上帝之名派（简称颂名派）。

日后被称为"阿索斯叛乱"（Athos Sedition）的事件由大主教安东尼（赫拉波维茨基）挑起。1912 年，即伊拉里翁的书再版的那一年，安东尼在《俄罗斯修道士》（*Russian Monk*）上恶毒地抨击了颂名派，其他地位显赫的宗教人士，包括神圣宗教会议的成员和君士坦丁堡牧首，迅速站到他那边。这些反对者认为伊拉里翁的主张是异端，他们则被称为 *imiabortsy*。双方对彼此成见极深。为了表达对颂名派的蔑视，芬兰和维堡（Vyborg）的大主教谢尔盖［Sergei，俗名为伊万·斯特拉戈罗德斯基（Ivan Stragorodsky），在斯大林统治时期担任全俄东正教大牧首］在纸上写下"上帝"一词，然后用脚狠狠踩它。阿索斯山上的颂名派在曾是军官的修道士安东尼［Antony，俗名为布拉托维奇（Bulatovich）］的带领下拒绝退让，继续宣扬他们的信仰。俄罗斯正教会发起了一场威慑性质的运动。1913年5月，神圣宗教会议宣布，颂名派的布道是"渎神的异端邪说"，下令让其所有信徒抛弃信仰，归顺正统教会。

颂名派不愿屈服，于是正统教会的领袖向尼古拉寻求支持。1913年5月，高层决定派出尼孔［Nikon，俗名为罗日杰斯特文斯基（Rozhdestvensky），曾任沃洛格达（Vologda）大主教、神圣宗教会议以及帝国议会成员］，并且调动一艘军舰前往阿索斯山，用武力终结这场争议。6月11日，在超过100名士兵和军官的陪同下，尼孔抵达修道院。在一排机关枪面前，那里的修道士被迫在俄罗斯正教会的忠诚奴仆和颂名派的异端分子这两种身份间做选择。公开宣告自己的信仰还不够，颂名派的成员还被士兵（共833人，超过山上修道士总人数的一半）从修道院押送到战舰"赫尔松"号（Kherson）上，然后被遣送至俄国。在此期间，超过25名修道士负伤。

官方宗教媒体宣称，他们取得了一场击败异端的大胜，那些颂名派信徒如今已被定性为"革命分子和教派主义者"。[14]修道士的命运让人怜悯。他们遭到"赫尔松"号上水手的粗暴对待。7月13日他们抵达敖德萨后，情况进一步恶化。他们被分成几个小组，有些人被监禁，有些人被发配到偏远的修道院。许多人被迫签署了羞辱性质的文件，不得不背叛自己的信仰。有些修道士还在生命的最后时刻被剥夺了接受临终仪式的权利。[15]

7月17日，神圣宗教会议主席萨布勒面见尼古拉，告诉他"阿索斯叛乱"已经平息。那天夜晚，尼古拉和亚历山德拉接见了拉斯普京，他似乎利用了这次会面为颂名派辩护，还谴责了他们受到的严苛对待。一系列证据——包括警察局局长斯捷潘·贝莱特斯基的口供——表明，拉斯普京是颂名派的支持者。贝莱特斯基在1917年告诉调查委员会，拉斯普京出于"完全无私的信念"，全心全意支持那些修道士。拉斯普京告诉贝莱特斯基，他同情颂名派，且他在俄国各地的修道院中遇见过很多他们的支持者。[16]拉斯普京不是一个人。甚至他的一些敌人，如费奥凡、格尔莫根和米哈伊尔·诺沃肖洛夫，也是这些不幸修道士的支持者。媒体不知该如何诠释这种仇人间的古怪结盟，于是称费奥凡对颂名派的支持不过是拉斯普京的信徒散布的谣言，目的在于进一步诋毁费奥凡。[17]米哈伊尔·扎泽斯基（Mikhail Zaozersky）从前是神父，后来成为激进派记者，还是1912年出任莫斯科都主教的弗拉基米尔（波戈雅夫连斯基）的知己。他在《新闻晚报》上发文称，整个丑闻都由拉斯普京一手操纵，拉斯普京唯一的目的就是彻底毁掉费奥凡。[18]这种观点荒唐至极，但许多人对此深信不疑，因为俄国人在那时相信，拉斯普京正是那种既能一手遮天又擅于煽动仇恨的邪恶人物。

让拉斯普京同情颂名派的原因显然有很多，但它们和该教派的信仰本身无关。安东尼（赫拉波维茨基）曾宣称他们是鞭身派教徒，暗示他们可能对俄国的宗教信仰和社会生活构成巨大威胁，这种说法和人们对臭名昭著的拉斯普京的谴责如出一辙。安东尼是坚定的拉斯普京反对者，考虑到"敌人的敌人便是朋友"的因素，我们不难理解拉斯普京为什么愿意向那些陷入困境的修道士伸出双手。除此之外，还有一个十分个人化的理由。在阿索斯山上被带走的修道士中，有一位是拉斯普京的朋友德米特里·皮什金，早年和拉斯普京一起走过朝圣之路。离开阿索斯山后，皮什金随拉斯普京在博克维斯科生活，在此期间他一定向拉斯普京描述过宗教和世俗权力机构如何折磨他们。[19]最终，拉斯普京选择站在少数派和弱势者的一边，抵制高层下达的命令，无论它们来自教会还是政府。他同情这些贫穷、真诚的信徒，他们被追捕、拷打、监禁、流放，仅仅是因为他们的理念与众不同。他同样深知因个人信仰而受到折磨、被教会排斥、被贴上异端和危险教派主义者的标签意味着什么。

拉斯普京从没有忘记他们的苦难。1914 年 2 月 13 日，他为几位颂名派的信徒安排了一次面见沙皇的机会。尼古拉饱含同情地倾听他们诉说自己如何被赶出修道院，如何因见到沙皇而感到荣幸之至。与此同时，尼古拉——显然受拉斯普京影响——不再支持神圣宗教会议的立场。4 月 30 日，复活节节庆期间，尼古拉设法结束了这场争议，让神圣宗教会议出于对基督徒的仁慈撤回指控，允许修道士恢复原职，批准他们再次举行自己的仪式。神圣宗教会议的部分成员认为，尼古拉对颂名派的宽恕是三年前对伊利奥多尔的屈服的重演。沙皇的呼吁

318

的唯一作用便是激怒神圣宗教会议，加深教会和皇室的分歧。[20]

媒体自然没有放过拉斯普京扮演的角色。1914 年 7 月 1 日，《俄国消息报》刊登了据说是拉斯普京本人关于此事的看法：

> 他们（颂名派）闹出了如此大的动静，这毫无疑问是一种罪。他们应该默默地祈祷，而不是大吵大闹。但神父米赛尔 [Misail，阿索斯山修道院院长，俗名为米哈伊尔·索比金（Mikhail Sopegin）] 竟然出面，让他们签署这些（文件）。我们在这里讨论的是信仰，他却在说什么"签字"。怎么可能凭一个签名就决定某人的信仰！这里是阿索斯山，不是某个政府部门。但那些人还是来了，告诉他们：签字，签字！因此，我要让弗拉基米尔·卡尔洛维奇（Vladimir Karlovich，即萨布勒）知道，这是一种罪！我告诉每一个我认为应该明白的人，这件事做错了。他们终于意识到我是对的。[21]

319

媒体还刊登了以下说法："人们都知道，拉斯普京在颂名派事件中扮演了最为关键的角色。拉斯普京从《故国之烟》的出版人格雷金处得知了发生在阿索斯山上的一切，他做出多番努力，解救了许多阿索斯山上的修道士。在他以颂名派的代言人的身份介入此事后，对教徒的镇压便停止了。"[22]这故事讲得没错：拉斯普京保护了这个少数团体，但媒体从没看到他这一举动的高尚之处，只关心他作为一个鞭身派搅局者如何干扰了高层的决策。

虽然第一次世界大战爆发后，媒体从头版移走了对"阿索斯山叛乱"的报道，但这桩丑闻从未彻底平息，而是成了俄罗斯正教会难以愈合的伤口。拉斯普京从没忘记这些修道士，他继续在亚历山德拉面前讲述他们的困境，皇后渐渐感同身受，同情他们仍须承受的痛苦和不公。多年后，在围绕托博尔斯克的约安·马克西莫维奇（Ioann Maximovich）的封圣产生的丑闻中，激烈反对为马克西莫维奇封圣的亚历山德拉严厉谴责尼孔，并且提到了他在颂名派事件中扮演的可耻角色，称他是"阿索斯山上的恶人"。1916 年 9 月 15 日，她在给尼古拉的信中写道，拉斯普京请求她接见新上任的神圣宗教会议主席尼古拉·雷夫（Nikolai Raev），向雷夫转达阿索斯山修道士的遭遇，告诉他他们至今未能获准举行宗教仪式和接受圣餐。[23]

我们不知道亚历山德拉是否向雷夫提起过这件事，但毋庸置疑的是，这件事让皇室和教会之间的矛盾持续加剧，并且分化了教会高层。如今，没有任何神职人员可以在拉斯普京的问题上保持中立，他们必须在两大对立阵营中做出选择：要么是"拉斯普京派"，要么是"倒拉斯普京派"。教会被危机感笼罩了。"倒拉斯普京派"认为，教会已经被拉斯普京控制。许多人相信，整个教会都受到了严重侮辱，失去了独立性和真正的基督教精神。[24]而神圣宗教会议则把矛头对准了其他方向。其成员辩称，问题的根源主要在于媒体。1910 年，在神圣宗教会议的一次会议上，一名成员指控教派主义者和各式"假先知，比如拉斯普京－诺维"的崛起是完全由媒体的失误导致的。他认为，媒体近年发表了大量涉及教会的报道，但只选择关注负面新闻。这种反宗教的舆论让"信念不够坚定的人产生怀疑，开始倾听教派主义者和假导师的布道"。[25]

尽管人们无法在问题的起因上达成一致，但每个人都承认

320

他们正遭遇一场信仰危机，它存在于教会，存在于国家内部，甚至存在于宗教本身。这个问题越来越棘手，波及了俄国各地。

*

9月，拉斯普京前往克里米亚，在那里住到了10月中旬。根据《南方公报》（*Southern Gazette*）的说法，他仅带了一个小型行李箱，入住了雅尔塔饭店的一间舒适的客房（有大阳台，正对大海），每日房费为5卢布。他在那里度过了一段平静的时光，只与朋友、信徒和一些上流社会的贵族见面。工作人员待他很热情，他也慷慨付给他们小费。他每天都早早就寝，很享受在城中散步。有几次，人们看见皇室的汽车载他去里瓦几亚宫面见沙皇夫妇。[26] 虽然不少报道称拉斯普京在雅尔塔停留期间"情绪低落，十分沮丧"，《南方公报》却告诉读者，拉斯普京根本不像受了挫折，而是过着"开心、充实的生活"。[27]

拉斯普京有充分的理由感到消沉，这不仅是因为媒体那年对他的攻击，还因为在雅尔塔有更大的危险在等着他。伊万·杜姆巴泽将军（General Ivan Dumbadze）是雅尔塔的总督。他是个严厉、果决的男人，是黑色百人团的热心支持者，也是拉斯普京的坚定反对者。相当长的一段时间以来，杜姆巴泽都在想该拿拉斯普京怎么办，还把这个想法告诉了他的朋友叶夫根尼·波格丹诺维奇将军，而且他深受这位朋友的影响。1912年2月，波格丹诺维奇曾在家中召集几十位杜马、参议院的成员，还有一些市长和贵族代表。列弗·季霍米罗夫形容此次聚会是1789年革命爆发前夕在法国召开的"三级会议"的翻版。他们聚在一起只为找到一个答案：他们该为除掉拉斯普京采取什么行动？现身波格丹诺维奇家中的人简直不敢相信自己的耳朵。将军所指的真的是谋杀吗？他们的问题并没有得到解答。不久后，波格丹诺维奇见到杜姆巴泽。当他们的话题转向拉斯普京时，杜姆巴泽告诉波格丹诺维奇，如果拉斯普京敢在雅尔塔露面，自己会亲自让拉斯普京淹死在黑海中。波格丹诺维奇十分激动，但也承认这并不好办。[28]

321

贝莱特斯基写道，在拉斯普京于秋天抵达雅尔塔后，自己曾收到一封来自杜姆巴泽的私人加密电报："在拉斯普京搭船从塞瓦斯托波尔（Sevastopol）来雅尔塔时，请允许我除掉他。"贝莱特斯基非常震惊，立刻把电报交给他的上司——内政大臣尼古拉·马克拉科夫，还通过加密电话询问大臣是否该答复杜姆巴泽。马克拉科夫告诉贝莱特斯基，不用答复，他会亲自处理此事，尽管贝莱特斯基不知道马克拉科夫有没有采取行动。贝莱特斯基在回忆录中写道，马克拉科夫和拉斯普京相处融洽，因此他可能命令杜姆巴泽不准轻举妄动。（那年6月，马克拉科夫叫停了秘密警察对拉斯普京的监视，命令所有托博尔斯克的暗探返回圣彼得堡。他这样做的原因不明，但可能得到了沙皇的授意。）[29]

拉斯普京在数名警探的陪同下，经水路安然无恙地抵达了雅尔塔。数年后会有另一桩阴谋严重威胁到拉斯普京的生命安全，贝莱特斯基将因此失宠。那时贝莱特斯基向雅尔塔的托洛茨基中校（Colonel Trotsky）透露过杜姆巴泽的计划。托洛茨基告诉贝莱特斯基，杜姆巴泽从没提过溺死拉斯普京的事，但的确提起过其他阴谋，比如把拉斯普京引到悬崖附近一座俯瞰黑海的小城堡并把他推下去，或者在一次事先策划好的土匪斗殴中弄死他。但是，托洛茨基认为这些谈话只是"出自他（杜姆巴泽）爱幻想的天性”。[30]值得指出的是，尼古拉对杜姆巴泽评价很高，很信任他。不过，沙皇的垂青似乎没能动摇这位总督内心的信念，他深信捍卫君主制的最佳方式便是忽视自己对沙皇的个人感情，谋杀和皇室关系非同寻常的“忠诚子民”。

最终，在拉斯普京停留雅尔塔期间没有发生任何风波。10月12日前后，他安全返回了圣彼得堡。[31]他借住在一套奢华的公寓中，它属于退休少将阿列克谢·韦列坚尼科夫（Alexei Veretennikov）和他的妻子薇拉（Vera）。直到1914年4月，韦列坚尼科夫家都是拉斯普京在圣彼得堡的大本营。[32]和过去一样，拉斯普京的房间不大，而且朴素。著名摔跤手“钢铁之王”伊万·扎伊金（Ivan Zaikin）曾前去拜访拉斯普京，后来向《早报》（*Early Morning*）描述了他的房间，说那里只有桌子、椅子、床，一个角落里悬挂着几幅圣像，还有一张沙皇亚历山大二世的肖像，肖像前方点着一盏永明灯。“拉斯普京的生活十分简朴。”扎伊金说。[33] 8月，《首都见闻》（*Capital Talk*）刊登了一则故事（可信度存疑），称拉斯普京在卡缅内岛大街（Kamennoostrovsky Prospect）63号的公寓中设立了他的“军事总部”。据说为了扩大他的权力和影响力，他几乎每天都在这里召开“优雅女士”的聚会，其他人则挤在门外等待被召见。文章评论，那里的场面让人想起争相一睹伟大男低音费奥多尔·夏里亚宾（Fyodor Chaliapin）真容的人群。[34]

到了11月，拉斯普京已回到博克维斯科。维鲁波娃写信告诉他阿列克谢的腿受伤了，请求他为男孩祷告。拉斯普京直接给皇储发了电报：“我亲爱的小男孩！看看我们可亲的上帝，看看他哪儿受过伤。他曾受伤病折磨，但变得更加坚强，更加有力——就像你，我亲爱的男孩。你会快乐起来，我们会在一起生活。我会来看你的。我们很快就会见面。"[35]

　　12 月 31 日，拉斯普京回到圣彼得堡，他一路都被记者和秘密警察尾随。媒体报道，拉斯普京在回程中从来不缺欢迎他的人群，但秘密警察的记录否认了这一说法。不过，彼尔姆省宪兵管理局负责人叶夫根尼·弗洛林斯基（Yevgeny Florinsky）确实在一份给贝莱特斯基的机密报告中写道，在彼尔姆省送拉斯普京离开的人中，有该省税务部门的负责人尼古拉·阿尔多夫斯基 - 塔纳夫斯基（Nikolai Ordovsky - Tanaevsky），他与拉斯普京坐在同一个车厢里离开了。弗洛林斯基不知道的是，阿尔多夫斯基在那年早些时候接到密令，让他去托博尔斯克调查拉斯普京，尤其是拉斯普京与托博尔斯克和叶卡捷琳堡的女修道院的关系。阿尔多夫斯基在回忆录中写道，他的任务由杜马中的右翼成员下达，当时他们准备发起另一次针对拉斯普京的调查。显然，他在调查中没有发现负面情况，然后任务就结束了。[36]弗洛林斯基认为，阿尔多夫斯基只是为了卖拉斯普京一个人情。有说法称，拉斯普京可以协助阿尔多夫斯基当上托博尔斯克的行政长官。这个谣言似乎并非完全站不住脚。1915年 11 月，阿尔多夫斯基确实被委任为行政长官，许多人认为这项任命不公正，是由拉斯普京一手促成的。[37]

## 注　释

1. *Dym otechestva*, No. 4, 1913, pp. 6 - 8.

2. See：http：//www. hrono. ru/biograf/bio_ g/garjazin. html. Accessed on 17 August 2015.

3. VR, 338 – 39; FStr, 595.

4. BA, Vostokov Papers, "Tochnyia dannye," pp. 5 – 10, 20.

5. VR, 390 – 91; *Padenie*, 4: 188 – 89.

6. *Dym otechestva*, 16 May 1913, pp. 10 – 11; and 11 June 1913, pp. 4 – 5.

7. Http: //www. hrono. ru/biograf/bio_ g/garjazin. html. Accessed: 17 August 2015.

8. FB, 525 – 26; GARF, 102, 242. 1912. 297, ch. 2, 195; 111. 1. 2980, 196 – 96ob.

9. RR, 176 – 79.

10. *Dym otechestva*, 20 June 1913, pp. 7 – 8; 26 June 1913, pp. 2 – 3; 24 January 1913, pp. 6 – 7; Buranov, "Strannik," 57.

11. See, for example, the piece in *Volzhsko – Donskoi krai* from 1914. In: GARF, 102. 242. 1912. 297, ch. 2, 154.

12. GARF, 102. 242. 1912. 297, ch. 1, 50, 82.

13. 关于阿索斯叛乱的讨论，主要基于 Firsov, *Pravoslavnaia tserkov'*, 462 – 502; Leskin, *Spor*; Ilarion, *Spory*; VR, 380 – 81。

14. Firsov, *Pravoslavnaia tserkov'*, 475, 480 – 83, 493; Leskin, *Spor*, 67.

15. VR, 382 – 83.

16. Firsov, *Pravoslavnaia tserkov'*, 493 – 94, 499n65.

17. *Golos Moskvy*, 7 June 1913. At: www. starosti. ru; *VV*, 12 June 1913, p. 3.

18. GARF, 102. 316. 1910. 381, 153, 190 – 90ob, 199 – 99ob. On Paozersky: Dixon, " 'Mad Monk'," 398n126.

19. VR, 384; FStr, 33 – 34n2.

20. VR, 385 – 86; Leskin, *Spor*, 71 – 73.

21. Leskin, *Spor*, 71 – 72n2.

22. VR, 387.

23. Firsov, *Pravoslavnaia tserkov'*, 497 – 98.

24. VR, 392.

25. *Utro Rossii*, 1 July 1910. At: www. starosti. ru.

26. *KVD*, 115; GBUTO/GAGT, I – 331. 19. 809, 34.

27. *Iuzhnye vedomosti*, 13 October 1913. At: www. starosti. ru.

28. FB, 237 – 39; Bogdanovich, *Tri poslednikh*, 503 – 504.

29. GARF, 102. 316. 1910. 381, 36.

30. Beletskii, "Vospominaniia", 7 – 9; Bonch – Bruevich, *Vsia vlast'*, 78.

31. GARF, 102. 316. 1910. 381, 198.

32. *KVD*, 117; FB, 426, 456 – 57, 357 – 58; GARF, 102. 316. 381, ch. 1, 220 – 32.

33. *Rannee utro*, 26 May 1913. At: www. starosti. ru.

34. *Stolichnaia molva*, 12 August 1913. At: www. starosti. ru.

35. GARF, 640. 1. 323, 27 – 27ob.

36. Ordovskii – Tanaevskii, *Vospominaniia*, 310.

37. GARF, 102. 316. 1910. 381, 170, 172 – 73, 178 – 78ob; *Den'*, 3 January 1914, p. 5. 关于阿尔多夫斯基的任命，见 *WC*, 181, 188 – 89; Ordovskii – Tanevskii, *Vospominaniia*, 366 – 69; VR, 643 – 44; Gurko, *Tsar'*, 241 – 42。

# 第三十五章　悬崖边缘

　　1914 年 1 月 2 日，尼古拉在日记中写道："我们很高兴在晚上见到拉斯普京。这次见面十分平静、安宁。"20 日晚，拉斯普京回到皇村，他们又坐在一起喝茶、聊天。宫廷日志几乎从不提及拉斯普京的来访，却记录了亚历山德拉在 2 月 18 日晚 10 点 30 分接见了"朝圣者拉斯普京"（记录中，他的名字被写成"Rosputin"）。[1] 这次会面值得一提，不仅因为它在官方记录中留下了痕迹，而且拉斯普京是在时间相当晚的情况下单独会见亚历山德拉的，没有尼古拉在场。这种会面，不用说，肯定会给疑神疑鬼的人制造谈资。20 日晚，他再次回到皇宫，和沙皇夫妇一同出席了一场晚间祷告。

　　1 月 30 日，科科夫佐夫被解除了大臣会议主席和财政大臣的职务。当时拉斯普京身在圣彼得堡的事实使一些人认定他该为此事负责。那年春天，谢尔盖·维特伯爵言之凿凿地在德国的《福斯日报》上发表了相关言论。故事很快流传开来，被转载到俄国报刊上。[2] 科科夫佐夫去职第二天，奥地利大使写道，在圣彼得堡，每个人都在谈论这件事，尤其是科科夫佐夫被解雇时的可怜模样。大使无意中在涅瓦游艇俱乐部（Yacht Club）① 听一位大公说，"他被炒鱿鱼时就像个仆人"。大使没

---

① 　在 1718 年由彼得大帝创建。1892 年起，除了贵族外，帝国海军中的人也可以加入，会定期举办一些比赛。——译者注

有提到拉斯普京，但形容这次解雇是"右翼政党，以及由女性主导的沙皇秘密顾问团体的胜利"。他所指的女性肯定是亚历山德拉和维鲁波娃。他用一种不祥的语气结束了这份急报，称随着科科夫佐夫的离开，主战派一定会变得更加强势："看似平静的表面下正闪烁着火光。一只笨拙的手就可以点燃一切。"³当时，大使没有意识到自己多么有先见之明。

科科夫佐夫在回忆录中写道，在 1910 年他向沙皇直言关于拉斯普京的事后，沙皇解雇他不过是个时间问题。据他所知，拉斯普京从没要求赶走他，也没有任何证据显示拉斯普京这么做过。更准确地说，决定科科夫佐夫命运的事实是，他没能按亚历山德拉的意愿让媒体和杜马停止对拉斯普京指手画脚。没人可以做到这件事，但皇后认定科科夫佐夫只是不愿意这么做。在她眼中，身为沙皇的仆人的他竟然把武器交到了敌人手上。因此，唯一的选择便是让他离开。⁴

当时流传着各种故事版本。比如，1 月 9 日，《日报》发表了一篇短文，讲述了两天前发生在圣彼得堡喀山大教堂的一场意外：一个女人试图上前轻吻拉斯普京的双手时，他一巴掌重重打在她脸上。他的举动让人震惊万分，教堂里的所有女人都开始尖叫并四散逃跑。⁵"奥克瑞那"迅速介入调查这件事，唯一的发现便是它纯属虚构。⁶像《日报》这样的媒体根本不在乎所刊登故事的准确性。拉斯普京就是销量保证，编辑部才不会顾虑事实到底如何。亚历山德拉知道这点，因此相当明智地希望采取某种措施制止这种行为。但在这件事上，她得到的只有一次又一次的失望。

2 月 25 日，媒体称拉斯普京正离开圣彼得堡前往莫斯科，他会从那里返回西伯利亚，并在西伯利亚住上一段不短的时

324

间。[7]如今，媒体不再放过拉斯普京的任何行踪，就像关注沙皇本人的行踪一样追踪拉斯普京。3月9日，拉斯普京和他的父亲叶菲姆一起返回首都。这是叶菲姆平生唯一一次拜访首都。他住了不到两周，仅仅和他那被信徒包围的儿子拍了几张照片。[8]每个人都可以看出叶菲姆脸上不适的表情。他不喜欢嘈杂、尘土飞扬、拥挤的都市，迫不及待地想要回老家。拉斯普京带父亲返回了博克维斯科，在那里和家人共度了复活节假期。[9]

2月，在拉斯普京离开圣彼得堡前，针对他的新一波攻击已经蓄势待发。打头炮的是乌法（Ufa）的主教安德烈〔Andrei，俗名为亚历山大·乌赫托姆斯基（Alexander Ukhtomsky）〕，他在《黎明报》（*Dawn*）发表文章，驳斥了在右翼中十分流行的观点，即俄国正受到外国势力攻击。他强调真正的威胁其实在国内，而且在最古老的俄国纳罗德阶层中。他写道，俄国已经进入了一个新时代，一个"假先知、假圣人横行的时代"，一个以纳罗德阶层的衰败为特征的时代，而国家领导人被那些危险人物"催眠"，至今仍未能认清现实。他警告，因为瞎子带着瞎子走路，俄国人已经来到"悬崖边缘"。安德烈称新崛起的那个假先知为"背叛者"。他从没给出那个人的名字，也没有必要给，因为每个人都知道那个人是谁。安德烈写道，他认识这个男人很久了（实际上，他们是在拉斯普京来到喀山以后认识的），此人是"罪犯"、披着羊皮的狼、"一流的骗子"。这位"背叛者先生"曾告诉他，如果他可以正确回答一个十分简单的问题，就能得到一个很高的职位："你相信我吗？"安德烈拒绝回答。俄国正面临一场"精神灾难"。无人能够免除惩罚。即将到来的"黑暗纪元"

会在历史上留下"浓墨重彩"的一笔，他们唯一的指望便是向上帝祷告它不会持续太久。[10]

主教安德烈的文章影响力极大，尤其是在教会的上层。它被不断转载，其他媒体又追加发表评论。如果有人真的不清楚他所指的男人是谁，那些故事则会确保拉斯普京的名字被提到。一份报纸断言，发动此次攻击后，安德烈的职业生涯已经走到尽头，[11]拉斯普京一定会毁掉他。实际上，厄运并没有降临到安德烈头上——1921年前，他一直在乌法担任主教，却在1937年的肃反运动中成了受害者。拉斯普京没对安德烈动过哪怕一根手指，但《新星期日晚报》在3月中旬报道，拉斯普京即将发行自己的周刊《俄罗斯人的生活》（*Life of the Russian Man*）。这可能意味着他准备在自家的媒体上和敌人针锋相对。[12]整个3月和4月，风波都在持续。拉斯普京曾得到教会任命的过时谣言再次出现，作为教会堕落的证据之一。据说，拉斯普京已经和妻子离婚，他身边有权有势的朋友正忙着实现他成为主教的心愿。[13]

4月，杜马加入了这场争论。神父费奥多尔·菲洛宁科（Fyodor Filonenko）首先发难，惋惜说教会在以"长老"自称的鞭身派教徒的巨大影响下，一步步走向堕落。（一个声音在大厅中响起："拉斯普京！"）然后是立宪民主党领袖帕维尔·米留科夫，他重复了拉斯普京即将被提拔为神父的谣言，就好像它是真的一样。接着，他拿出伊利奥多尔在1912年写下的那封臭名昭著的信挥了挥，说他本不该透露其中的内容，但无论如何他还是决定要这么做。他称萨布勒是"拉斯普京的傀儡"，且其职位是在拉斯普京的帮助下得来的。米留科夫比菲洛宁科更进一步，扬言说不只是教会，甚至连政府都落入了

326　"骗子"拉斯普京之手。[14] 谢拉菲姆·曼瑟列夫（Serafim Mansyrev）亲王也走上讲台，告诉杜马拉斯普京已经权倾朝野，甚至敢"威胁"挺身而出批评教会和政府的人。教会的大主教们屈服在"这个人"面前，"那些不幸地沉溺在性欲中的女性和上流社会的年轻小姐们"向他祷告，就好像他是上帝。"发生了这一切，我们还能怎么做呢？"他质问。杜马成员听完后，爆发出了热烈的掌声。[15]

以上讲话均被刊登在报纸上，以确保人人都知道杜马发起的攻击。1914 年 4 月 29 日，列弗·季霍米罗夫在日记中写道：

> 报纸上杜马讨论教会预算案时爆发的丑闻铺天盖地。遭到恶意攻击的萨布勒疲于应付人们对教会政治的抗议，众人的怒气都直指拉斯普京……统括而言，这是一桩令人难以想象的丑闻……我认为，关于拉斯普京的谣言不会有得到澄清的一天。毫无疑问，这个流氓该为吹嘘自己影响力的行为负责，它导致了谣言的出现。皇室的敌人们自然十分乐意使用这个可怕的武器。[16]

值得一提的是，媒体确实跟进求证了某些指控。《彼得堡信使报》调查了拉斯普京离婚和担任神父的谣言。5 月 7 日，它刊登了一则故事，称从西伯利亚来的有力证据证明，上述说法均不属实。[17] 但这没有起到任何作用。

5 月，关于拉斯普京的另一则故事引起了公众注意。据说拉斯普京试图让他的女儿玛丽亚入读斯莫尔尼贵族女子学校。该学校创建于叶卡捷琳娜二世统治时期，是只接收俄国贵族女子的精修学校。学校校长叶连娜·利芬（Yelena Lieven）亲王夫人告诉《彼得堡信使报》，这只是谣言，连普通平民的女儿都无法入学，更别说像格里高利·拉斯普京这样的人，他的家人绝无可能入读斯莫尔尼学校。[18]亲王夫人表示，即使无法指望他们的沙皇捍卫皇室声誉，她也必须站出来捍卫这所学校的名声。

　　在此期间，喀山的罗蒂诺夫斯基贵族女子学校（Rodionovsky Institute of Noble Maidens，这所学校确实接收平民）校长奥尔加·叶尔莫拉耶娃（Olga Yermolaeva）收到了一封奇怪又措辞含糊的恐吓信，信的落款为"圣米迦勒大天使联合会（Union of St. Michael the Archangel）和菲拉列特协会（Filaret Society）"。信中提及了亲王夫人利芬拒绝拉斯普京的女儿入读斯莫尔尼的事，用嘲讽的语气称赞了叶尔莫拉耶娃允许玛丽亚入学的决定。写匿名信的人特别提到，众所周知，玛丽亚的父亲是真正的爱国者，"十多年来，他都是皇后亚历山德拉·费奥多罗芙娜的秘密情人、皇储殿下阿列克谢·尼古拉耶维奇的父亲、未来的俄国沙皇"。叶尔莫拉耶娃吓坏了，立刻把信交给喀山宪兵管理局，发誓没有向任何人泄露信中的内容。[19]那时，玛丽亚早已离开喀山在首都生活，如果她曾在那所学校就读，那也是多年之前的事了。我们不清楚玛丽亚的教育背景和学历。薇拉·茹科夫斯卡娅称，有一次，她听玛丽亚抱怨学习历史没用，但又说很喜欢数学，至少它可以教人怎么数钱。[20]茹科夫斯卡娅口中的这段轶事听来并不可信。

*

　　5月初，拉斯普京离开西伯利亚。在秋明地区时，他曾允许一位"舒斯特尔先生"（Mr. Shuster）拍摄了一段他的影像

（有证据表明，他至少还在博克维斯科拍过一次影像，但两段影像都没能保存下来）。[21]几天后，他短暂拜访了莫斯科和圣彼得堡，然后前往雅尔塔见沙皇一家。他总共见了他们三次，分别在 5 月 15 日、16 日和 21 日，接着又登上了驶往圣彼得堡的火车。[22]拉斯普京的行程一如既往地受到媒体关注。他抵达圣彼得堡时，已经有一大群记者等在车站。事到如今，拉斯普京已经厌倦了人们的关注，尤其是那些公开针对他的负面言论。据说，他向圣彼得堡警察局抱怨自己受到的骚扰，提到记者们在他的公寓外挤得水泄不通。他说记者"让他感到紧张"，因此请求警方把他们赶走。还有说法称，他换掉了自己的电话号码。[23]拉斯普京很快否认了这些说法。一个月后，他告诉《证券交易公报》的记者："告诉他们，我从没让警察局禁止记者来访……我随时欢迎任何人……每个人都令我感到愉快。"[24]

328　　　但这是谎话，并非每个人都让拉斯普京感到愉快。早在 3 月，米哈伊尔·诺沃肖洛夫、《钟鸣》的瓦西里·斯科沃尔佐夫和大主教安东尼（赫拉波维茨基）在《生命的归总》（*Sum of Life*）和《莫斯科之声》上称，拉斯普京是"鞭身派教徒、性欲狂"，甚至是"敌基督的仆人"。[25]恼羞成怒的拉斯普京立即发了两封电报：其中一封的收件人是内政大臣马克拉科夫，电报中拉斯普京要求他保护自己免遭此种"非法攻击"；另一封的收件人是萨布勒，电报中拉斯普京要求他捍卫自己，对抗自己的敌人和他们的攻击。[26]这是个与过去截然不同的拉斯普京。那个曾经视公开抨击为头顶上的浮云的男人如今已筋疲力尽，转而向权力机构寻求保护。

　　那年春天，对拉斯普京的攻击行动也在暗中展开。5 月下半月，杜马副主席、内政部副大臣（1915 年 7 月至 1916 年 12 月）

弗拉基米尔·沃尔孔斯基亲王（Prince Vladimir Volkonsky），以及沙皇的随行队伍负责人、皇室军事行动公署负责人（1906 年至1915 年 8 月）、沙皇的密友之一弗拉基米尔·尼古拉耶维奇·奥尔洛夫亲王（Prince Vladimir Nikolaevich Orlov）拜访了大司祭沙弗斯基。他们告诉沙弗斯基，这次见面必须"绝对保密"，因此他把他带到一间无人能偷听的后屋。他们说，拉斯普京对沙皇和皇后的影响力不断增强，几乎就像媒体所说的那样。这两人可悲地表示，闲言碎语不止在受过教育的人中流传，连平民大众都讨论得热火朝天。他们认为，俄国离一场公开叛乱不远了。许多人都在帮助拉斯普京，很少有人反对他，一些知道内情的人却对此无动于衷，其中之一便是瓦西列夫，他在上一年刚成为沙皇夫妇的私人告解神父。他们都认为瓦西列夫是个无可挑剔的人——善良、诚实、温和，但走错了路，竟和拉斯普京交朋友，并且尊重拉斯普京。奥尔洛夫已经和瓦西列夫谈过他的错误，但没有用。因此，他们请求沙弗斯基再和他谈一次。

　　沙弗斯基同意见一见瓦西列夫。他们制订了一个计划，确保皇宫中没人能察觉他们的意图。沙弗斯基将单独和瓦西列夫见面，表现出十分随意的样子，似乎没什么特别的意图，只是为了联络感情。他好几次邀请瓦西列夫在夜间来自己家。沙弗斯基很谨慎，他不知道瓦西列夫如何看待拉斯普京，因此没有直接提起那个话题，只是慢慢把谈话引向西伯利亚。沙弗斯基欣慰地得知，瓦西列夫和他们三人一样，因当下的情形而忧心不已。瓦西列夫认为拉斯普京是皇室和国家的真正威胁，还告诉沙弗斯基要不惜用一切手段瓦解他的影响力。沙弗斯基指出，瓦西列夫的告解神父角色十分有利，可以以此为武器把拉斯普京赶出皇宫。他们的交谈就此结束，两人在接下来的一年半之

329

内再未见面。显而易见的是，拉斯普京从没离开，沙弗斯基也未能得知瓦西列夫是否向陛下夫妇提起过这件事。[27]

瓦西列夫从没透露他是否遵守了两人之间的约定。过了些日子，他确实告诉贝莱特斯基，皇储有一次在父母面前问他，拉斯普京是否真的是圣人。现场陷入了一阵尴尬的沉默。瓦西列夫不知该怎么做，尼古拉望向他，让他回答男孩的问题。亚历山德拉紧张地盯着她的告解神父，想知道他会怎么回答。为了不出错，瓦西列夫没有直接回答问题，而是向阿列克谢解释了《圣经》如何教导每一个人都要爱戴上帝。听到此处，沙皇起身离开桌子，谈话就此结束。[28]

## 注　释

1. *KVD*, 119 – 21. 宫廷日志只记录了三次拉斯普京的到访。GARF, 1467. 1. 479, 18ob – 19.

2. *PK*, 7 May 1914, p. 1.

3. HHStA, P. A. X, Karton 140, 31 January/13 February 1914.

4. VR, 376.

5. GARF, 102. 316. 1910. 381, 171.

6. GARF, 102. 242. 1912. 297, ch. 1, 8.

7. *PK*, 25 February 1914, p. 4.

8. GARF, 102. 242. 1912. 297, ch. 1, 13 – 14, 16, 20, 23; *KVD*, 121 – 22.

9. *KVD*, 122; FStr, 37, 46.

10. NIOR RGB, 249. 4214. 16, 11 – 11ob.

11. GARF, 102. 242. 1912. 297, ch. 1, 17; *PK*, 21 March 1914, p. 2.

12. *Voskresnaia vecherniaia gazeta*, 16 March 1914, p. 3.

13. *PK*, 26 January 1914, p. 1; *Russkoe slovo*, 30 April 1914; *Svet*, 30 April 1914; *Rech'*, 23 April 1914; GARF, 102. 316. 1910. 381, 176 – 77.

14. *PK*, 29 April 1914, p. 2; NA, FO 371/2093, No. 22097, Letter of 14 May 1914 (NS) to Sir Edward Gray from George Buchanan.

15. *PK*, 30 April 1914, p. 2.

16. VR, 393.

17. *PK*, 7 May 1914, p. 2.

18. *PK*, 18 May 1914, p. 4; HIA, Nikolaevsky Papers, Series No. 74, 129 – 6, "Pis'mo v redaktsiiu;" GARF, 102. 242. 1912. 297, ch. 1, 67 – 69.

19. GARF, 102. 316. 381, ch. 1, 10 – 13ob.

20. Zhukovskaia, *Moi vospominaniia*, 305.

21. FA, 118 – 19n1; Grashchenkova, *Kino*, 135.

22. GARF, 102. 242. 1912. 297, ch. 1, 44; FStr, 461 – 62; *PK*, 7 May 1914, p. 1; *KVD*, 123 – 24; Sablin, *Desiat' let*, 327 – 28.

23. GARF, 102. 242. 1912. 297, ch. 1, 56; *PK*, 4 June 1914, p. 4.

24. FStr, 80.

25. GARF, 102. 316. 381, ch. 1, 1.

26. GARF, 102. 242. 1912. 297, ch. 1, 21, 45 – 45ob, 52 – 52ob, 54, 61.

27. Shavel'skii, *Vospominaniia*, 1: 64 – 68.

28. *Padenie*, 4: 297.

# 第三十六章　刺杀事件

　　1914 年 6 月 17 日晚，尼古拉和亚历山德拉会见了拉斯普京。四天后，他的朋友们在尼克拉夫斯基车站为他送别。现身车站的每个人都留意到拉斯普京心情很好，似乎很开心自己可以返回博克维斯科。他说自己可以休整一番，精神饱满地在夏天再来首都。后来没有一个人觉得他那天曾有丝毫担心或不祥的预感。[1]

　　28 日晚上 8 点左右，拉斯普京搭乘蒸汽船"索科洛夫斯基"号（Sokolovsky）抵达博克维斯科。第二天早晨，他和家人一起参加了村里教堂的祷告仪式；午后，全家人聚在一起享用丰盛的午餐。[2]那是段忙碌的日子。拉斯普京的朋友尼古拉·索洛维约夫前来拜访他，带来一个名叫斯捷潘·埃拉兹（Stepan Erzy）的雕塑家。曾和拉斯普京一起踏上朝圣之路的老朋友、不久前刚被逐出阿索斯山的德米特里·皮什金也出现在他家的餐桌上。木匠安德烈（Andrei）和德米特里·图皮岑（Dmitry Tupitsyn）正在他的家里安装新窗户，他们也和这家人一起用餐。下午 2 点左右，他们仍在用餐，这时邮递员米哈伊尔·拉斯普京（Mikhail Rasputin）送来一封秋明来的电报，发件人是约瑟夫·舒斯特尔（Iosef Shuster），他询问自己是否能前来拍摄拉斯普京及其家人的生活照。拉斯普京抓起一支笔，迅速答复道：可以，来吧。接着，他追出去赶上了米哈伊尔。"等一等，带上这封电报！"他喊道，挥舞着手中的纸片。

拉斯普京路过自家院子门口时，突然留意到一个陌生人。那是个身穿黑衣的女人，她把头发包得严严实实，脸上蒙着白色面纱，只露出两只眼睛。她在拉斯普京面前躬下身。拉斯普京告诉她不必这么做，然后摸向自己的钱包，以为这个可怜人想讨些施舍。此时，她的身体突然一动，拉斯普京看见一道金属的光芒，接着肚脐处便感到一阵刺痛。他的手不由自主地摸向胃部，感觉那里正在流血。他发出一声大喊："我受伤了！我受伤了！她刺伤了我！"他从袭击者身边跑开，往教堂方向跑去。跑出约二十步远时，他回头看了一下。女人右手举着一把沾有鲜血的刀，在他身后追赶。他继续跑，瞥见地上横着一根木棍，于是停下捡起它。女人靠近他身边时，他把木棍狠狠地向她的头部砸去。女人倒下了，刀割破了她的左手腕。皮什金从窗口望见有个女人正追着拉斯普京跑。他和普拉斯科维亚冲到街上。拉斯普京的妻子大喊："她刺伤了他！她刺伤了他！"人群很快聚拢起来，包围了躺在地上的袭击者。据说，有人当场高呼正义何在，另一些人则似乎相当乐意看到她的所作所为。他们抓住那女人，把她拖回街上，扭送到博克维斯科的地方行政大楼，后面跟着一伙大喊大叫的村民。然后，女人被关进了那里的监狱。

人们搀扶拉斯普京回到屋里，让他在长椅上躺下。他的家人陷入慌乱。人们找来当地的一个卫生员，为他止血并包扎伤口。不久后，从博克维斯科以北几英里外的伊洛夫村（Ievlovo）赶来一个名叫韦尼阿明·维索茨基（Veniamin Vysotsky）的医生。拉斯普京昏迷了两个小时。每个围在他身边的人都以为他就要死了。[3]

331

索洛维约夫回忆说：

> 当我走进那个躺着拉斯普京的昏暗房间时，卫生员刚
> 为他包扎完，某种无法想象的事似乎正在发生。拉斯普京
> 的孩子们在哭泣……人们在讨论该从秋明请哪位医生
> 来……两个半小时后，他醒来了。"感觉怎么样？"我问。
> "很糟糕……"拉斯普京回答，"有个女人拿她的刀捅我。
> 这……一定是该死的伊利奥多尔在捣鬼……难以置信……
> 哦，为什么我这么倒霉？凭借上帝的旨意，我会挺过来
> 的……我会好起来的。"[4]

众人立刻给秋明市立医院的资深医师亚历山大·弗拉基米
罗夫（Alexander Vladimirov）发电报。他让手下的首席护士普
拉斯科维亚·库兹涅佐娃（Praskovya Kuznetsova）马上打包手
术所需的一切用具，以最快速度跟着他出发。他们乘坐的马车
在通往博克维斯科的驿道上飞驰，医生向车夫承诺，如果他让
马跑得更快一些，自己就会多付一笔买伏特加的钱。途中，弗
拉基米罗夫才告诉库兹涅佐娃发生了什么，以及他们要去哪
里。他们在13日凌晨抵达目的地。后来普拉斯科维亚回忆说：

332

> 我们到达时，四周一片漆黑。我们停在村里某栋两层
> 高的大房子前。拉斯普京躺在一楼的一个裹着羊皮的长凳
> 上，伤口处包着毛巾。他的身体正在发抖。我们就在房间
> 里做了手术。我们不得不用火炉煮一些开水。房里的女人
> 们——其中一位是他的妻子——打了下手。[5]

弗拉基米罗夫医生揭开毛巾，检查伤口。情况很糟糕。如果不立刻做手术，而是把拉斯普京送去秋明的医院，他一定会因为失血过多而死亡。但手术条件十分不理想。房子正在改建，室内很脏。他们只有几根蜡烛用来照明。在这里做手术可能导致严重感染，但他们别无选择。弗拉基米罗夫配制了麻药，让拉斯普京昏睡过去。他用手术刀从伤口处划了约 3.46 英寸（8.8 厘米）长的口子，一直划到拉斯普京的肚脐处，以便更仔细地检查受伤情况。一部分小肠出现了扭结，因此医生在腹腔内切除了受损部分，修补伤口，然后再检查是否还有其问题。膀胱没事，但刀在肠子上留下了数个伤口，而且刺穿了腹膜。医生缝合了撕裂的腹膜和其他几处的伤口，又缝合了手术刀口，再用消毒绷带覆盖手术部位。手术后，弗拉基米罗夫和库兹涅佐娃返回秋明，留下卫生员继续照顾拉斯普京。[6] 之后两天，拉斯普京时而清醒，时而昏迷。人们找来神父为他做了临终祷告。[7]

*

行凶者是卡尤娅·古谢娃，33 岁，单身，住在察里津，她和她的姐妹一起靠做裁缝为生。她有一张肉鼓鼓的圆脸，散乱的深色头发从中间分开，双手十分有力，鼻子上有一道很深的伤口，鼻孔几乎呈尖锐的三角形。她的衬衣外别着一枚圆形徽章，图案是戴荆棘王冠的基督。

29 日和 30 日，她在行政大楼的档案室里接受问话。她很快就承认自己拿刀捅了拉斯普京，说他"是假先知、诽谤者，曾玷污女性清白，还引诱过诚实的女佣"。古谢娃告诉警方，她第一次见到拉斯普京是在四年前的察里津。带拉斯普京去到那里的是伊利奥多尔，而她是伊利奥多尔的信徒，视其为

333

"闪着金光"的伟大上帝。但她说，拉斯普京背叛了伊利奥多尔和格尔莫根。伊利奥多尔告诉她，拉斯普京曾承认自己人品低劣，还是假先知。1914 年 5 月，她在《曙光报》（*Light*）上读到作家、批评家亚历山大·阿姆菲捷阿特罗夫（Alexander Amfiteatrov）撰写的文章，题为《伊利奥多尔和格里沙》（"Iliodor and Grisha"），它让她下定决心刺杀拉斯普京。她告诉警方，自己是在效仿先知以利亚（Elijah）。以利亚是迦南主神巴力（Baal）的信徒，曾杀害 450 个假先知（《列王纪上》，18：40）。阿姆菲捷阿特罗夫提出的一系列对拉斯普京的指控包括伊利奥多尔在 1912 年的谴责信中写到的事，即拉斯普京曾在察里津强奸过一名修女。

古谢娃在察里津的市场花 3 卢布买了一把 15 英寸长的匕首，然后便开始寻找拉斯普京。她先去了雅尔塔，但没在那里找到他，于是又往北去了圣彼得堡，也未能如愿（尽管那时拉斯普京就在城里）。在这之后，她才来到了博克维斯科。她称离家时只带了 40 卢布。一路上，她尽量不吃东西。她没有在食物上花过一戈比，而是向别人讨要面包。让自己承受种种苦难使她在行凶时生出一种自己在替天行道的感觉。为了赚钱，她还会为船上的水手缝补衣服。

她在 6 月 22 日抵达博克维斯科，那是拉斯普京离开圣彼得堡的第二天。她使用了假名，告诉一位农夫自己想找拉斯普京，对方把她带了过去。接着，她便开始等待。她表示从来没有人怂恿她作案，她是单独行动的。[8]

\*

6 月 30 日，《彼得堡信使报》的头版满是拉斯普京遇刺的报道。报纸在"刺杀格里高利·拉斯普京"的专题下，详细叙述了案发经过（许多内容是虚构的），介绍了神秘的无鼻袭击者以及拉斯普京的情况。"我们得知，"其中一篇文章写道，"那个来自察里津的神秘女性极可能收了前修道士伊利奥多尔的钱。拉斯普京正在死亡边缘挣扎。"[9]

没人知道偏远的西伯利亚究竟发生了什么。圣彼得堡和莫斯科的沙龙里充斥着各种谣言，而且人们只对这一个话题感兴趣。消息很快传遍了欧洲大陆、英国乃至美国，甚至登上了《纽约时报》头版。《纽约时报》一连数日对此事做了跟踪报道。"奥克瑞那"搜集、翻译并归档了几乎所有与之相关的海外报道。[10]起初，人们以为拉斯普京死了。7月1日，《彼得堡信使报》称，拉斯普京处于生死边缘。他在床上翻来覆去，不断呻吟，呼吸困难，体温居高不下。"病人已经陷入昏迷，谁也认不出。死神正在步步逼近。除了医生，没人能见到他。他几乎没有活下来的可能性。"[11]

在《故国之烟》上屡屡为拉斯普京辩护的阿列克谢·菲利波夫是最早听说拉斯普京死讯的人之一。他立刻给一位朋友发电报："用普希金的话说，'到处是无法摆脱的激情，谁也无法与命运抗争'。拉斯普京遇刺身亡。"[12]康斯坦丁·康斯坦丁诺维奇大公在德国治疗期间得知了消息。7月1日，他在日记中写道："他快要死了。一个人的死让另一个人欣喜万分，后者还要千方百计地压制这种罪恶的快感。"[13]

媒体开始刊登讣闻。7月1日，弗拉基米尔·邦奇－布鲁耶维奇在《日报》上发文："这个完全出人意料的可悲结局一定会给他多年来受到的仇恨和嫉妒画一个句号，也会让许多人开始搜集关于这个男人无与伦比的一生的各种素材。他的一生折射了我

334

们这个奇特的时代里的种种矛盾。"[14]两天后，《故国之烟》提醒读者，虽然有各种关于拉斯普京的"催眠能力"的说法，但他从来不是政治人物，只是上帝谦卑的奴仆，总把"必须为了普通人而活，必须时刻记挂他们"等话挂在嘴边。[15]《俄国消息报》则看到了某些阴暗面："拉斯普京显然是某种'旧秩序'的遗留物，在那种秩序下，政治权利不掌握在国家机构手上，不在公民手上，而是通过个人阴谋来行使。拉斯普京是我们可悲时代的悲剧性受害者，一切仿佛都已失控，俄国正在被拽回已被抛弃的老路上。"[16]《敖德萨通讯》（Odessa Leaflet）则表达了一种担心：某些人可能会把遇刺的拉斯普京塑造为殉道者。[17]

335　　但突然之间，人们发现原来一切都搞错了。"我们从报纸上得知，拉斯普京在30日遇刺身亡，"7月2日，亚历山大·布洛克在日记中写道，"但他还活着。"[18]沙皇时代最后一位司法大臣尼古拉·多布罗沃尔斯基（Nikolai Dobrovolsky）得知拉斯普京活下来了的消息时，正和一群俄国人在伦敦，他们异口同声地高呼："这真是灾难!"[19]那年夏天，英国媒体报道说，亚历山德拉飞奔到拉斯普京的病床边，亲自照料他，直到他恢复健康。她还把刺杀拉斯普京的那把刀带回皇宫，藏在枕头下，就好像它是一件圣物。[20]

　　拉斯普京遇刺后，玛丽亚立刻给尼古拉和亚历山德拉发了电报："一个女人严重刺伤了他的胃部，但不知怎么回事，就像发生了某种奇迹似的，他得救了，依然和我们、和每一个人在一起。多亏了圣母玛利亚的眼泪。他们找来了医生。"[21]

　　消息传来时，沙皇一家正在芬兰的海岸边搭乘"斯坦达特"号。孩子们的家庭教师皮埃尔·吉利亚尔（Pierre Gilliard）留意到，随行人员突然奇怪地做起了"兴奋的祷告"。他问一位上校发生了什么，然后从对方口中得知了刺杀事件以及拉斯普京危在旦夕的消息。"船上涌动着一股激动之情，人人都在交头接耳，神秘兮兮地谈话。一旦有被怀疑是拉斯普京的信徒的人接近，人们就会立刻闭嘴。其他人则像受到了极大的鼓舞，终于可以从令人苦恼的影响中解脱，但没有人敢把自己的喜悦之情表现得很明显。"[22]

　　皇室的真实反应如何，我们不得而知。奇怪的是，尼古拉没有在 30 日的日记中提到刺杀事件，那天他记录自己打了网球（输了），游了泳，坐了小艇。实际上，在这几天的日记中，他对拉斯普京只字未提。[23]但是，尼古拉肯定知道刺杀一事，因为他在 30 日给内政大臣马克拉科夫写了以下这封信：

　　　　昨天，我听说在托博尔斯克的博克维斯科发生了长老格里高利·叶菲莫维奇·拉斯普京遇刺一事。他是我们十分尊敬的人，他被一位女性伤到了腹部。

　　　　我担心这次袭击是出自一群愚蠢的人的恶意，我现在要求你密切关注这一事件，确保他不会再受到类似攻击。
　　　　……

　　　　　　　　　　　　　　　　　　　　　　　尼古拉[24]

　　马克拉科夫立刻命令内政部副大臣扎克夫斯基将军彻查此事：要从博克维斯科搜集一切必要情报，并且接管当地的调查。扎克夫斯基接到的最重要指示是，派人在暗中保护拉斯普京，监视每个和他接触、向他寻求帮助的人。[25]这道命令正是扎克夫斯基这个拉斯普京多年来的死对头所期盼的——他得以在官方批准下，光明正大地监视拉斯普京生活的方方面面。7 月 2 日，扎克夫斯基派出四名暗探去负责拉斯普京的事（两个在明，两个在暗），记录有关他的所有情报，包括与他联络的人、他的访客和他参加的一切活动，[26]不能放过任何蛛丝马迹。

一队经过武装的农夫守在拉斯普京的房子周围。警察没收了村民的身份证件，开始审问村里的每一个人。此时，有一个人引起了人们的注意。这个人是韦尼阿明·鲍里索维奇·戴维森［（Veniamin Borisovich Davidson，也被称作杜维森（Duvidson）或杜维尊（Duvidzon）］，他是一个受洗犹太人，来自乌克兰的利波韦茨（Lypovets）。他是《彼得堡信使报》的记者，经常以韦尼阿明·阿诺尔多夫·帕格尼尼（Veniamin Arnoldov Paganini）的名字发表文章。刺杀发生时，一家主流报社记者恰好在博克维斯科，此事很快引起了人们的怀疑。他被带走问话，还被没收了一些资料。但警方发现他和罪案无关，因此让他和他的助手尼古拉·列伐科夫斯基［Nikolai Levakovsky，也作列伐诺夫斯基（Levanovsky）］尽快离开博克维斯科。但戴维森没有遵守命令，而是继续在村里停留了一段时间，从那里给编辑部发送了几封电报。[27]

至今，戴维森扮演的角色仍然令人费解。没有可信的说法能解释他当时为何在博克维斯科。玛丽亚·拉斯普京娜在回忆录中提供了一种说法。

1914年春天，玛丽亚和她的朋友玛丽亚·萨佐诺娃（Maria Sazonova）常常通过打恶作剧电话取乐。一天，有人对她们使出了同样的把戏。一个男人的声音从电话那头传来，要求找玛丽亚·拉斯普京娜。他告诉玛丽亚，他曾两次在涅瓦大街跟踪她，已经爱上了她，请求和她见面。玛丽亚挂了电话，但那个人没有就此罢休。他又打来几次电话，告诉她当天她都去了什么地方，以此证明他还在关注她。那位跟踪者坚持要求见面，但玛丽亚没有松口。6 月，玛丽亚、她的父亲和姐妹离开圣彼得堡，返回博克维斯科。在火车上，他们遇到一个"肤色黝黑的年轻男人，矮个子，看起来像是犹太人，健谈又聪明"。这个人是记者，他告诉玛丽亚，他在圣彼得堡上的车，和他们的目的地相同。在秋明，他和他们一起下车，又一起登上他们搭乘的那艘蒸汽船。玛丽亚起了疑心。船行驶在图拉河上时，他接近玛丽亚，向她坦白对她的暗恋。她承认，"这趟旅行和别人对我的感情让我感到受宠若惊"，但发现他也在博克维斯科下船时，她突然警觉起来。玛丽亚担心他会告诉父亲他们两人的来往，想劝他不要这么做，但那男人不愿再回到船上。[28]

玛丽亚没有再见到戴维森，直到刺杀事件后她发现他偷偷藏在自己家门口。"快走开，"她高喊，"都怪你，让我的爸爸受苦，都是因为你。"那天下午 3 点 45 分，她给维鲁波娃发电报，提到"这个可疑的编辑帕格尼尼打扰了我们的家庭"。警方也证实了相关说法。这个戴维森和他的助手是否和刺杀事件有关？第二天，也就是 6 月 30 日，一封署名为格里高利·拉斯普京（当时他仍处于昏迷状态）的电报被发往托博尔斯克的行政长官斯坦克维奇处，请求斯坦克维奇通知地方警司 N. E. 斯卡托夫（N. E. Skatov）下令逮捕那两个可疑的记者。斯坦克维奇立刻批准了这个要求。斯卡托夫让戴维森（也就是帕格尼尼）过去接受问话，但没有在他和他的助手身上发现任何可疑之处。尽管如此，斯卡托夫还是命令戴维森马上离开博克维斯科。7 月 2 日，戴维森照做了。[29]

戴维森是否和刺杀事件有关？是否存在更大的阴谋？玛丽

亚·拉斯普京娜虽然提供了自己的说法，但并不认为他是阴谋的一部分，不过她相信他事先知道此事，所以才会跟着他们一家前往博克维斯科。[30] 近些年，数位民族主义历史学家的确将 338 戴维森视为一个更大阴谋中的一环，其他与此阴谋有关的人还包括圣彼得堡数位大臣级别的人物。他们指出，戴维森对古谢娃的审问记录了如指掌，尽管被要求离开村子，但还是获准多停留了数日。这证明了博克维斯科事件背后有一个强大的操纵者。在他们（并不能让人信服）的解读中，更关键的一点是戴维森的犹太人身份。他们偏执的、带有反犹倾向的解读是，拉斯普京是国际犹太－共济会阴谋的受害者，杀手的目标不仅是长老，还包括俄国本身。[31]

我们无法找到任何令人信服的证据表明戴维森和刺杀有关系，事件发生时他在博克维斯科似乎只是一种巧合。他前往博克维斯科实际上可能只是为了赚钱，而不是出于某种阴谋。拉斯普京是报纸销量的保证，戴维森跟着拉斯普京可能只是为了挖掘更多故事。[32]《彼得堡信使报》掌握了重大独家新闻的情况让其他媒体起了疑心。右翼媒体《大地》（Zemshchina）质问：为什么案发现场的唯一一名记者正好来自被"犹太银行家"收买的《彼得堡信使报》？这真的只是巧合吗？《大地》暗示，肯定存在某些见不得人的阴谋。[33]

7 月 2 日，戴维森抵达秋明，在《西伯利亚西部先驱报》发文讲述了他的故事。他自称"V. A. 帕格尼尼"，透露自己经历了"数次审问"，刚从博克维斯科回来。他是圣彼得堡的记者，为了撰写有关拉斯普京的生活的文章去那里搜集素材。他说自己在途中偶遇拉斯普京，两人非常投缘。他对拉斯普京毫无偏见，只有欣赏，村民也都向他谈起拉斯普京的善良和慷慨。刺杀事件发生时，他就在当地。根据戴维森的说法，把拉斯普京送回家的正是他。然后，他匆忙去给拉斯普京拿一些"古龙水和液氨"，回来时却发现拉斯普京的妻子用异样的眼光打量他，好像他该为意外负责似的，而且坚称他是要毒死她的丈夫。他忙着给编辑部发电报一事让当地人起了疑心，这时他才开始担心自己的安危。对方甚至威胁会对他动用"私刑"。他能够逃出博克维斯科简直是个奇迹。

毫无疑问，他的话大部分是假的，只有一件事似乎是真的：戴维森当时确实在那里，在和助手利戈夫斯基一起挖掘素材，准备撰写关于拉斯普京的故事。实际上，袭击发生的两天前，戴维森和利戈夫斯基主动在地方行政大楼找到办事员奈罗宾（Nalobin），谎称他们是圣彼得堡总督派来的暗探，要搜集关于拉斯普京曾因盗马被捕一事的证据。[34]古谢娃袭击拉斯普京后，两人在审问中向斯卡托夫隐瞒了这件事，奈罗宾显然也从来没接受过警方的问话。奈罗宾如果和警方有过接触，肯定会告诉他们自己接待过两名来自首都的记者。[这不是戴维森唯一一次戏耍警方。1916 年 8 月 16 日，《早报》发表了一则简短消息，称记者戴维森因出版"有关拉斯普京的书"而被捕。几天后，"奥克瑞那"开始调查此事，因为他们从没听说关于书或逮捕的任何事。提供消息的人是某个"温斯坦"（Weinstein），为《彼得格勒新闻报》（*Petrograd Newspaper*）和《彼得格勒戈比》（*Petrograd Kopeck*）工作。这便是秘密警察掌握的所有信息。似乎报纸刊登的那则消息要不就是弄错了，要不就是某种挑衅。][35]

《彼得堡信使报》对袭击案的报道迅速升级为一场关于是

否要继续跟进报道此事的全国性大讨论。7 月 5 日，亚历山大·斯塔霍维奇（Alexander Stakhovich）表示，很难相信有人竟然对拉斯普京这种"不值一提"的人的故事感兴趣。人们对这些故事和拉斯普京本人的痴迷，正是以耸人听闻为目的的报道的产物，而这类新闻聚焦于毫无意义的事情，只有发疯的女信徒才会关心。[36]但其他媒体的观点与之大相径庭：无论前提是什么，关心拉斯普京的一举一动都十分重要，因为这样能揭露拉斯普京的真面目，以及他对俄国的意义。7 月 2 日，《工人报》（*Our Workers' Newspaper*）写道，当时有许多人仍以为拉斯普京已经死了。

> 他的背后隐藏着一股神秘势力，因为我们没有欧洲式的自由，没有宪法，他们便能够在幕后作祟，悄悄操纵政治，指使大臣，解除他们的职务，让另一些人取而代之，为国家的改革制造各种阻力。
>
> 这股神秘势力无所不能，甚至可以把一个无耻的流氓变成皇室的宠儿，赋予他无与伦比的权力……在这种情况下，曝光拉斯普京就是揭露他们的底细，揭露黑暗的反对势力对国家的威胁，从而制止他们再出手。[37]

文章发表数小时后，权力机关就关停了这家报社。

乐此不疲地谈论拉斯普京的人不只是城里的知识分子和精英。俄罗斯联邦国家档案馆保存了一封意义非凡的信，是由一个匿名地方官员寄给警方的：

> 我恳请你们注意。十年前，我给《国家报》（*State*

*Gazette*）写过一封信，强烈建议政府尽一切努力避免与日本开战……

现在，我再次给你们写信。然而，如果一位诚实的官员能够用笔写下真相，却不敢公开他的姓名，又该怎么办呢……出于对祖国的爱，我必须讲出你们不愿听的话。在物价高企的艰难时期，人们为维持生计被迫拼命工作，被迫思考这些困难背后的原因，而我们的政府竟在大张旗鼓地关心……格里高利·拉斯普京的健康?! 快清醒过来吧！看清楚，这个拉斯普京一文不值，只是革命派手中的王牌。你们必须明白，地方上的民众和圣彼得堡的工人一样消息灵通，他们很清楚拉斯普京的角色。因此，地方政府非常焦虑。除我以外，不会再有第二个地方官员敢向你们转告如此真实的情报，而我这么做，是出于对不幸的祖国的爱和对和平的渴望。不是每个地方长官都像我一样，可以知道当地的小圈子里在谈论什么。他们的话简直不堪入耳："我们有两位沙皇""我们正在见证波特金、奥尔洛夫和祖博夫回魂……"等。我已经说得明白到能让你们改变做法了吗？我已经说得明白到能让你们意识到地方形势之不稳了吗？大臣们每次流露出对"亲爱的伤者"的"关心"时，都在将民众推向疯狂。

我是个穷人。为了写这封信，我可能花掉了最后一个戈比。请至少向我保证，别让我再从媒体上看到你们对拉斯普京的纵容了。[38]

## 注　释

1. *KVD*, 128；FStr, 83 – 85.

2. PZ, 111；FStr, 85 – 87；Smirnov, *Neizvestnoe*, 66. 后文关于古谢娃的袭击及相关调查的讨论，主要基于数家西伯利亚档案馆中的警察记录：GBUTO/GAGT, 164.1.436, 437, 439；Kazennoe uchrezhdenie Omskoi oblasti "Istorichicheskii arkhiv Omskoi oblasti," 190.1.1881 – 1917gg.332。这些重要但少有人研究的文件全文见 FStr, 378 – 826。

3. FStr, 101 – 105, 109, 117 – 18, 204, 385 – 88, 407, 486；Smirnov, *Neizvestnoe*, 66；GARF, 102. 242. 1912. 297, ch. 2, 1.

4. GARF, 102. 242. 1912. 297, ch. 2, 1.

5. Smirnov, *Neizvestnoe*, 66.

6. Vladimirov's description of the operation：RGIA, 472. 2（195/2683）. 7, 8 – 9.

7. FStr, 117 – 20.

8. GARF, 102. 316. 381, ch. 1, 5ob – 6, 8 – 8ob；102. 242. 1912. 297, ch. 1, 162；102. 242. 1912. 297, ch. 2, 30 – 30ob；FStr, 391 – 93；FR, 125. 这篇文章可在 *Svet*, No. 127, 18 May 1914 中找到，但它首次公开是在其他一些报纸中。参见 PZ, 97；FStr, 95, 413 – 19, 426 – 25, 290 – 92；GARF, 102. 242. 1912. 297, ch. 1, 180 – 81ob；Faleev, "Za chto," 180 – 81。

9. *PK*, 30 June 1914, p. 1.

10. See GARF, 102. 242. 1912, ch. 2. *New York Times*, 14 July（NS）1914, p. 1, 3；15 July（NS）, p. 4；16 July（NS）, p. 4；17 July（NS）, p. 4.

11. *PK*, 1 July 1914, p. 2.

12. GARF, 102. 242. 1912. 297, ch. 2, 195. "到处是无法摆脱的激情，谁也无法与命运抗争" 出自普希金 1827 年发表的叙事诗《茨冈人》（"The Gypsies"）的最后一句。

13. PAAA, R. 10684. Also：K. K. Romanov, *Dnevniki*, 440.

14. VR, 419.

15. *Dym otechestva*, 3 July 1914, p. 7.

16. VR, 419.

17. GARF, 102. 242. 1912. 297, ch. 2, 85.

18. FN, 553.

19. VR, 419 – 20.

20. RGIA, 1617. 1. 45, 1 – 2.

21. FStr, 136.

22. Gilliard, *Thirteen Years*, 97 – 98.

23. Nicholas II, *Dnevniki*, 2（2）：42 – 43.

24. SML, Spiridovich Papers, Box 6, Folder 3, p. 198.

25. GARF, 612. 1. 21, 1.

26. Dzhunkovskii, *Vospominaniia*, 2：330 – 35；GARF, 102. 242. 1912. 297, ch. 1, 172.

27. GARF, 102. 242. 1912. 297, ch. 1, 164 – 65；*PK*, 30 June 1914, p. 1；1 July 1914, p. 2；FStr, 86n1, 418, 434. Also on Davidson：GARF, 102. 242. 1912. 297, ch. 2, 67 and Faleev, "Za chto," 181. 一位历史学家声称，戴维森也是利用 V. 鲍里索夫和 "Ven. Bor." 这两个署名在 1915 年写下一系列反拉斯普京的文章的人。FStr, 204 – 206. And：PZ, 148.

28. RRR, 78 – 82.

29. GBUTO/GAGT, I – 331. 19. 809, 54, 77, 79 – 81, 95.

30. RRR, 84 – 85, 87. 在晚年撰写的可信度不高的回忆录中，玛丽亚称戴维森实际上是阴谋的一部分。见 VR, 408 – 409。

31. PZ, 113；FStr, 211 – 18；Faleev, "Za chto," 181.

32. See FR, 125；VR, 409 – 410.

33. GARF, 102. 242. 1912. 297, ch. 1, 111.

34. GBUTO/GAGT, I – 331. 19. 809, 99 – 101, 118 – 21.

35. GARF, 102. 316. 1910. 381, ch. 2, 76, 77, 79.

36. GARF, 102. 242. 1912. 297, ch. 2, 2, 6, 17, 21.

37. GARF, 102. 242. 1912. 297, ch. 1, 134. And see*PK*, "Tragediia russkogo byta," 3 July 1914, p. 2；4 July, p. 2.

38. GARF, 102. 242. 1912. 297 ch. 2, 108 – 109ob.

# 第三十七章 "这次他们没有
## 得逞……"

7 月 2 日晚，拉斯普京被人从家中转移到蒸汽船"苏霍京"号（Sukhotin）上，身后跟着一大群村民，他们中的一些妇人发出了撕心裂肺的哭声。3 日凌晨，蒸汽船抵达秋明，他被转运到当地一家大医院。[1]根据《彼得堡信使报》的说法，他被抬上码头时，一位名叫克托夫（Ketov）的神父走到身负重伤的拉斯普京身前，哭喊着："格里高利再也不在了！格里高利再也不在了！"[2]

医院被拉斯普京的家人和朋友，以及记者和好事者挤得水泄不通。警方不得不在附近驻扎，阻止人群靠近。拉斯普京似乎很享受他人的关注。身体刚恢复一点，他就让阿基林娜·拉普汀斯科娅给他读报上所有关于此事的文章。4 日，摄影师给病床上的拉斯普京拍了照。他在一些照片上签名，还随意地写下一些话，如"明天会怎样？上帝，你就是我们的明灯。一生中我们要经历多少苦难？"[3]弗拉基米罗夫医生继续为拉斯普京治疗，他的努力拯救了拉斯普京的生命，虽然他日后十分谦虚地说："我没做什么特别的事。每年我都会在秋明的小混混身上做几十场类似的手术。"[4]7 月初，沙皇派御医罗曼·弗列坚（Roman Vreden）与弗拉基米罗夫一超照顾拉斯普京。弗列坚为这趟差事得到了 1000 卢布的报酬。[5]

拉斯普京会定期给维鲁波娃发电报，请她转告尼古拉和亚历山德拉他没事，正在逐渐康复。[6]刺杀事件第二天，亚历山德拉给玛丽亚发了一封电报，让她转告她父亲："我们万分担心。我们和你承受着同样的痛苦。全心全意为你祷告。"7月2日，她再次写道："我们的祷告、挂念包围着你。我们的痛苦无法言说。愿上帝施以仁慈。"[7]

在维鲁波娃转交给尼古拉的电报中，拉斯普京含糊地表示刺杀事件背后存在更大的阴谋："我的亲爱的、挚爱的陛下，她不是一个人，她的背后还有其他人。请仔细观察周围。他们的骄傲让他们不停制造麻烦。别给他们吵架的机会。"6日，拉斯普京在电报中承认，他担心这不是最后一次针对他的刺杀："我的身体正在慢慢康复，别多想，别担心，我没有被恐惧困住。这次他们没有得逞，至于下一次——就让上帝裁决吧。"[8]

来自全国各地的信件、电报如雪花般飞向拉斯普京，它们表达了对他的同情，祝愿他早日康复，还为如何揪出暗杀行动的背后主使者出谋划策。[9]下面这封从第比利斯寄来的信就十分典型。

亲爱的格里沙叔叔！

你的信让我感到万分喜悦。首先，它让我知道了上帝从疯婆子的刀下救了你一命，没让伊利奥多尔得逞，而是让他空怀一腔愤怒。其次，这意味着你没有忘记我。我虽然远在第比利斯，但我不是一个人，我在心灵上和你紧紧相连。

说实在的，这真是奇迹中的奇迹。恐怕只有上帝才知道你是怎么活下来的。这是你欠他的，你永远也还不清。

我希望你早点好起来，让你的死对头恐惧、愤怒，让爱你的人安心。我毫不怀疑伊利奥多尔参与谋划了刺杀事件，你必须万分小心、警惕。不要单独出门，在街上要时刻关注周围的情况。你的仇敌绝不会轻易放过你，但上帝一定会在关键时刻挽救你的生命。等你康复后，那些躲在角落里的杀手就不会再让你恐惧了。

还有一封信是穆娅·高罗维纳写的，措辞十分古怪：

亲爱的格里高利·叶菲莫维奇：

可怕的魔鬼没有毁掉我的灵魂，反而让我更加相信您。这是我在经历那一切后写的第一封信。您就是太阳，照亮我们的生命，为我们驱散了阴霾。您可能会离我们而去的念头从各个角落涌出，让四周变得越发灰暗。但赞美上帝，您活了下来，并且和我们同在，这太让人高兴了。我们必须整日整夜地感激上帝。也要感谢圣母玛利亚，她保护了您，知道有人计划袭击您。当然，我们不可能完全放松，我们必须争取自己的喜悦。知道您还活着让我高兴到想亲吻您口中说出的每个字、每句话。您却不相信我，我为此痛苦地流泪。但我没想到的是，我对那些竟敢向您动手的人无比愤怒。我不理解您怎么能说他们是我们的朋友……您的朋友就是我的朋友，您的敌人就是我的敌人！您知道的，如果我有别的想法，也全是因为您。但我向您保证，绝对不会告诉您的敌人您在哪里。只要有可能对您造成哪怕一丁点伤害，我都绝对不会提起您的名字！我所做的一切，便是请求上帝告诉我该怎么帮助您，怎么侍奉您，怎么向您转达我的全部感受！对我来说，您比任何人都更加意义重大，我不会告诉任何人您会来看我们！！！我今天祷告了，还戴着有您肖像画的吊坠——我是在暴行发生前一天才戴上它的。亲吻您的双手，请求您的祝福。

您的穆娅[10]

拉斯普京对穆娅说了什么？他为什么要指责她？拉斯普京心中的敌人究竟是谁？遗憾的是，我们无法在档案中找到答案，但穆娅的回忆录向我们提供了一些线索。两年前离开拉斯普京家后，奥尔加·鲁克缇娜在伊利奥多尔生活的"新加利利"附近安顿下来，在莫罗佐夫斯基村（Morozovsky）给自己盖了栋小房子。在拉斯普京和亲近他的人看来，奥尔加显然站到了伊利奥多尔那一边，也就是拉斯普京的对立面。袭击发生后，拉斯普京认为奥尔加一定参与了这次阴谋，或者提供了某种协助——她至少默认了伊利奥多尔谋杀他的计划。当时，穆娅正打算去看望奥尔加。拉斯普京及其家人与朋友得知此事后，都认为穆娅背叛了他们。穆娅因他人的疑心而悲痛欲绝，告诉拉斯普京她是绝对真诚的。她请求回秋明照顾他，却被拉斯普京生硬地拒绝了。[11]

穆娅讲述的是事实。她和刺杀拉斯普京一事完全无关。但讽刺的是，两年后，她将会把对拉斯普京心怀杀意的男人带到拉斯普京的住处。这一次拉斯普京对穆娅的不信任是一种错误，但之后他则错在信任她。

344

\*

戴维森称，他设法在博克维斯科潜入了关押古谢娃的监狱，从而记录了她的故事。"从很久之前起，我就决定杀死拉斯普京，为这个可怕的魔鬼和他在俄国各地散布的谎言做个了结。他躲在先知面具之后诋毁基督教，播下诱惑的种子，引诱纳罗德，亵渎并嘲讽基督徒最为神圣的情感。"她谈到拉斯普京如何公开和其他女性一起生活，如何在她眼前引诱她的好朋友谢妮亚，如何毁掉"虔诚的伊利奥多尔"。古谢娃说，她已经病入膏肓、命不久矣，因此决定牺牲自己。早在一年前，她就打算杀死拉斯普京。她在雅尔塔跟踪他，但他的信徒不准她靠近。这次，她本可以杀死拉斯普京的，但她的手抖了，因而没有向他刺出第二刀。"否则他肯定不会活下来！俄国人无法忍受这种耻辱！"她高喊。[12]

关于这桩未遂谋杀案和谋杀动机的谣言出现了。有一个故事说，她这样做是为了给两个漂亮的女儿——阿纳斯塔西娅（Anastasia）和纳塔利娅（Nataly）——报仇，因为拉斯普京在察里津占了她们的便宜。[13]另外有说法认为，古谢娃是达里娅·斯米尔诺娃的信徒，后者以"奥克汀斯卡娅圣母"之名为人所知，是她让古谢娃刺杀拉斯普京的。还有一种说法称，古谢娃刺杀拉斯普京是为了考验他是不是圣人，据说他如果是真先知，就会在她的刀下幸存。[14]

关于同谋也存在各种说法。爱德华·冯·德·罗普男爵（Baron Eduard von der Ropp）这个波罗的海的日耳曼人、天主教高级教士告诉媒体，他认为刺杀拉斯普京的人嫉妒其扶摇直上的地位，且他们在请求拉斯普京助他们一臂之力时遭到了冷漠的拒绝。还有说法认为，警方事先就知道会发生袭击，但没有阻止它。然而另一些人坚持说这些都是一派胡言。女子医学院（Institute of Female Medicine）的教授库涅夫（Kulnev）告诉《彼得堡信使报》，刺杀拉斯普京的真正理由和他的"性机能失调"有关。库涅夫称从拉斯普京的"性关系"判断，他"不是个普通人"，虽然女性身上更容易出现这种"性失调"，但男性——尤其在 40 岁左右——也会遇上类似问题。库涅夫表示，这种疾病不仅很难治疗，还会让患者变得危险。拉斯普京的性变态导致一连串女性受害，有受害者站出来反击只是时间问题。《故国之烟》的编辑格雷金反驳说，这些又是胡说八道，事件背后没有隐情，拉斯普京也不该被谴责，袭击只是"歇斯底里症女性患者"的个人行动。[15]

古谢娃在博克维斯科被押上前往秋明的船，然后被关进了那里的市立监狱。之后数年，警方提审过她无数次。袭击者的形象因此逐渐清晰起来。她告诉警方，她在 1910 年去察里津拜访伊利奥多尔时结识了拉斯普京。拉斯普京"放荡的生活"让她相信他是个假圣人。她试图在伊利奥多尔面前提起这件事，但对方不准她讨论。接着，伊利奥多尔在被"迫害"后向她坦白，拉斯普京确实是流氓和假先知。古谢娃甚至更进一步，在 1914 年 9 月告诉审问者拉斯普京是敌基督。她相信伊利奥多尔是圣人，是能够创造奇迹之人，但坚持说没有受到他人怂恿。袭击完全是出自她自己的想法，是一次个人行动。[16]

警方和医生都担心古谢娃的精神状况。这个谋杀案的关键在于，她是不是精神病患者。她告诉医生，长期以来，她习惯边斋戒边投入地祷告。一次，她的面前出现了伪装成修道士的魔鬼；还有一次，她面前的圣像突然向她发出神秘信息。显然，她的祷告常以出现幻觉结束。[17]他们向她求证，是否像传言说的那样，她是因为患上梅毒才失去了鼻子，但古谢娃坚决否认这种说法。她告诉审问者，她的家族中没有这种病例。她在 13 岁前后患上一种奇怪又无法确诊的疾病，之后才失去了鼻子。但她承认，她的家族确实有精神病史。她去世的兄弟就是精神病患者，他和他们的父亲都有割自己大腿的习惯。[18]

调查人员验证了古谢娃的供词。他们得知，她兄弟曾入住精神病院。出院后，他在极度寒冷的冬季仅穿单衣走入一片森林，因此冻死了。古谢娃的姐妹佩拉格娅·扎瓦洛特科娃（Pelageya Zavorotkova）告诉警方，古谢娃曾说她被不知名的"敌人"包围，而且她拒绝喝别人杯子里的饮品，只喝自己的，认为别人都想毒死她。她的家人表示，她曾患淋巴结核，这是她面部畸形的原因。患病后，她就变成了另一个人。古谢娃不时做出奇怪举动，用语速极快且含糊不清的方式说话。之后，她会说这不是她本人的话，而是出自撒旦之口。[19]

11 月，调查人员在芝若维茨的一间修道院（就在格尔莫根居住的修道院附近）里找到了谢妮亚。古谢娃曾称，拉斯普京在她眼前亵渎了这位女修道士。谢妮亚的全名是谢妮亚·古查林科娃（Xenia Goncharenkova）。她告诉警方，过去十八年中，她都是伊利奥多尔的信徒。她承认 1909 年或 1910 年，她随着伊利奥多尔在察里津结识了拉斯普京，但她从未和拉斯普京单独相处过，而且拉斯普京从未对她做出不轨举动，更别说强奸她了。关于古谢娃，谢妮亚说自己认识这个女人，但跟她不熟，曾在 1912 前后留意到她举止古怪——她会做奇怪的动作，磕磕巴巴地说出语义不明的话。[20]

暗探还去察里津调查了古谢娃在那里的生活，尤其是她和伊利奥多尔的关系。他们得知，她在开始跟踪拉斯普京的几周前拜访过伊利奥多尔，这证实了她的口供，即她先去了雅尔塔，接着是圣彼得堡，最后才来到博克维斯科。为表彰警司斯卡托夫付出的努力，尼古拉授予他圣安娜二等功勋章（Order of St. Anne, 2nd class）。[21]为期一年的调查证实古谢娃有精神问题，因此她没有遭到诉讼。警方认为，古谢娃袭击拉斯普京时"受到了宗教和政治狂热的驱使，处于精神错乱的状态"。她被送往托木斯克精神病诊所（Tomsk Regional Clinic for the Insane），在状况得到改善前不得出院。[22]不起诉的决定被解读为一种掩饰。谣言称，拉斯普京或他的某些位高权重的信徒担心公开审判会暴露他们想隐藏的事。只要把古谢娃弄走，就可以不动声色地埋葬一切。[23]

1916 年 7 月，托木斯克精神病诊所负责人出具的报告显示，虽然古谢娃没有了典型的"情绪病"症状，但存在明显的"歇斯底里症状，而且智力上出现了退化"。她从被送来诊所起就一直和其他女病人打架，乱扔房间里的东西，还打人、咒骂和诅咒。有几次，诊所不得不把她送进特殊观察病房。她不停和男患者调情，施展女性魅力，甚至会跳舞。她的脸上从来都带着微笑，喜欢和任何人谈论她所犯下的罪行。她称自己是"俄国的女英雄"，如果可以出院，她不会再刺杀拉斯普京，因为让拉斯普京活下来的是上帝的旨意。诊所的医学报告称，她患有"脑梅毒"（cerebral syphilis）。[24]

拉斯普京被问过四次话，分别在 6 月 30 日、7 月 6 日、7 月 22 日和 8 月 9 日。从一开始，他就认为幕后黑手是伊利奥多尔，坚称派古谢娃前来杀他的是伊利奥多尔。拉斯普京强调，伊利奥多尔之所以这么做，是因为自己曾阻止他和他的信徒沿伏尔加河朝圣，而且曾反对沙皇出资支持伊利奥多尔发行的报纸。[25]如今回想起来，拉斯普京意识到自己得到过提醒。在他离开圣彼得堡的两周前，一封来自哈尔科夫（Kharkov）

347

的匿名信说他时日无多。拉斯普京认不出字迹，就把信撕了，没有多想。[26]

\*

从一开始，人们就非常怀疑伊利奥多尔在袭击中扮演的角色。媒体报道，在拉斯普京离开圣彼得堡不久前，有两位伊利奥多尔的信徒来找他，分别是一个戴面纱的女人和一个戴假胡子的男人。他们没在家中找到拉斯普京，但给他留下一封信。读过信后，受到惊吓的拉斯普京决定立刻离开首都。他登上火车时，两位神秘人士突然出现在车站，一路跟踪他到西伯利亚。[27]拉斯普京的信徒认为伊利奥多尔肯定和此事有关。但这位失宠修道士的兄弟阿波隆（Apollon）告诉《彼得堡信使报》，这不太可能，如果说真有什么，实际情况更可能是他兄弟的性命受到了拉斯普京信徒的威胁。[28]

7月2日，拉斯普京在秋明休养期间，收到一封从圣彼得堡寄来的匿名信："我赢得了这场胜利，而不是你，格里高利！你的催眠完全不奏效，就像太阳下升起的薄雾。我告诉你，无论如何你都会死。我就是复仇者！"[29]拉斯普京把信交给警察，告诉他们这是伊利奥多尔的笔迹。警方聘请了两位笔迹学专家研究这封信。他们把这封信和伊利奥多尔留在其他地方的字迹做比较，得出结论：匿名信的写信人应该就是伊利奥多尔。5月，《证券交易公报》曾刊登一封据说是伊利奥多尔写给拉斯普京的信，信中伊利奥多尔称拉斯普京为异教徒，威胁说自己会像狼一样追踪他的下落。[30]

当时伊利奥多尔坚称自己和袭击事件无关，但日后他在两本书中推翻了这一说法。他在《俄国的狂妄修道士》中写道，他认识古谢娃多年，和她十分亲近，甚至称呼她为"教女"。她来"新加利利"把刺杀"魔鬼格里沙"的计划告诉他，并希望得到他的祝福。"我决定支持她，"伊利奥多尔写道，"告诉她：你必须跟踪拉斯普京，无论他去到哪里。杀死他。"据称古谢娃临走前，伊利奥多尔还给了她那把刀。[31]

1943 年，伊利奥多尔在纽约出版了另一本没什么名气的小册子，它讲述了另一个版本的故事。他的一群女信徒来到"新加利利"，决定杀死拉斯普京，因为他让伊利奥多尔在沙皇面前失宠。她们挑选了最漂亮的三人：寡妇玛丽亚·扎弗蒂娜（Maria Zavertkina）、寡妇佩拉格娅·扎瓦洛特科娃（古谢娃的姐妹），以及年轻的女佣、后来成了伊利奥多尔妻子的娜杰日达·皮菲勒娃（Nadezhda Perfileva）。三人感谢其他人赋予她们的"荣誉"，发誓一定会使用最有效的手段，而且愿意牺牲自己的性命。她们决定穿上自己缝制的雪白真丝裙出现在拉斯普京跟前，吸引他的注意，再谋杀他。几天后，她们穿着新裙子再次聚会，又一次发誓要除掉拉斯普京。有人还为她们举行了一场盛大的舞会。正是在该舞会上，卡尤娅·古谢娃起身质问道，为什么要牺牲她们之中最美丽的女人？为什么不让她这个丑陋、贫穷、没人看得上的人去呢？她转向伊利奥多尔："我一个人就可以杀死拉斯普京！请让我这么做吧！神父，请祝福我，我要拯救俄国，就像古代先知刺杀假先知那样刺杀拉斯普京。"伊利奥多尔祝福了她。[32]

毫无疑问，这个故事纯属虚构。没错，古谢娃愿意挺身而出杀死拉斯普京，但伊利奥多尔肯定扮演了更为重要的角色，而不仅仅是祝福她或递给她那把刀。

1914 年的头两个月，警方审问了伊利奥多尔的前弟子，一个名叫伊万·西尼岑（Ivan Sinitsyn）的哥萨克人。正是西尼岑透露了伊利奥多尔的计划，即伊利奥多尔打算在全国发动恐怖袭击，以及一个名叫玛丽亚·基斯塔诺娃（Maria Kistanova）的女人以做慈善的名义募集到了 2000 卢布，并用它们购买了大量炸药。西尼岑还提供了其他证据，揭露了另一次针对拉斯普京的袭击。他交给警方伊利奥多尔写给古谢娃和她姐妹的两封信，及其给另一位女信徒的信。第三封信提到了他们的计划。"第一步，为格里沙施洗礼（baptize）。"在阉割派的语言中，"施洗礼"即阉割。伊利奥多尔告诉三位女弟子，她们必须严格遵守计划，绝对不能动摇。另一位伊利奥多尔的前信徒也提到他打算杀害拉斯普京。作为计划的一部分，他们筹集了 150 卢布交给古谢娃。[33]坦波夫（Tambov）的一个名叫伊万·涅姆科夫（Ivan Nemkov）的 28 岁农夫证实了有关这笔钱的说法。1914 年 10 月 13 日，他告诉调查人员，当地的一名警察接到伊利奥多尔的指示，协助筹集了这笔给古谢娃的钱。涅姆科夫称，伊利奥多尔的信徒都知道，这笔钱是用来刺杀拉斯普京的。此外，警方还发现了一封伊利奥多尔写给古谢娃和她的姐妹佩拉格娅的信，信中他称赞她们的"努力"，告诉她们别忘了自己的"任务"。

1914 年 2 月 2 日，西尼岑告诉警方，他十分担心自己的安危。他相信，伊利奥多尔及其信徒已经发现他向当局告密，并打算杀死他。不久后，他便死于食物中毒。[34]4 月，媒体报道，这个西尼岑曾协助伊利奥多尔逃往顿河，但之后又向警方出卖了他。[35]是伊利奥多尔谋杀了西尼岑吗？考虑到伊利奥多尔的暴虐天性，这并非完全不可能的事。

1914 年 10 月 12 日，秋明地区的调查负责人发布了一则公告称，有可靠证据表明伊利奥多尔煽动了这次袭击。该公告称，虽然他没有直接参与袭击计划，但曾在那年5月18日前后，说服前来拜访他的古谢娃杀死拉斯普京。该调查负责人命令手下逮捕伊利奥多尔，把他送上法庭接受审判。[36]但此人不知道的是，伊利奥多尔已经从警方的眼皮底下溜走了。

## 注 释

1. FStr, 127 – 30, 499；RGIA, 472. 2（195/2683）. 7, 8 – 9. 报纸错误地称他搭乘的是"拉斯托什卡"号（*Lastochka*），大部分传记重复了这个错误。

2. *PK*, 4 July 1914, p. 2.

3. FR, 120 – 21；FStr, 126, 131, 143；*PK*, 3 July 1914, p. 2.

4. OR/RNB, 1000. 1975. 22, 31ob.

5. RGIA, 472. 2（195/2683）. 7, 3 – 4, 10 – 14；FStr, 139.

6. *KVD*, 132 – 35.

7. GARF, 1467. 1. 710, 24 – 25.

8. *KVD*, 133 – 34.

9. See FStr, 123 – 24；GARF, 1467. 1. 710.

10. GARF, 1467. 1. 710, 205 – 205ob, 235 – 36ob.

11. FDNO, 261 – 62n30.

12. *PK*, 2 July 1914, p. 2.

13. VR, 407.

14. VR, 408；*PK*, 2 July 1914, p. 2；5 July, p. 2.

15. *PK*, 1 July 1914, p. 2；3 July, p. 2.

16. GARF, 102. 242. 1912. 297, ch. 2, 30 – 30ob. Also, 102. 242. 1912. 297, ch. 1, 172 – 73ob, 180 – 81ob；FStr, 455, 521, 634 – 35, 793 – 95.

17. FStr, 521, 793 – 95.

18. VR, 411 – 12；PZ, 122 – 23.

19. FStr, 147, 522, 553 – 57.

20. PZ, 95 – 97, 113, 128 – 33; FStr, 186 – 91, 548, 615 – 17.

21. GARF, 102. 242. 1912. 297, ch. 2, 30 – 30ob, 168; GBUTO/GAGT, I – 331. 19. 809, 128.

22. FR, 126; FStr, 161 – 62, 701 – 702; PZ, 136 – 37.

23. GARF, 102. 242. 1912. 297, ch. 2, 196; *PK*, 3 July 1914, p. 2; 6 July, p. 2; 12 July, p. 1.

24. FStr, 710 – 11, 790 – 92, 799 – 800.

25. GARF, 102. 316. 381, ch. 1, 9; Smirnov, *Neizvestnoe*, 67 – 68.

26. FStr, 445 – 46.

27. GARF, 102. 242. 1912. 297, ch. 2, 193.

28. *PK*, 1 July 1914, p. 2.

29. GARF, 1467. 1. 709, 92.

30. FStr, 231 – 32, 468, 471, 519 – 20; Smirnov, *Neizvestnoe*, 71.

31. IMM, 275 – 80.

32. Iliodor, *Velikaia Stalingradskaia*, 51 – 52.

33. PZ, 90 – 93, 124 – 25. FStr, 148 – 50.

34. FStr, 107, 148 – 50, 437 – 43, 550 – 51; VR, 405 – 406; PZ, 121, 124 – 25.

35. *Voskresnaia vecherniaia gazeta*, 20 April 1914, p. 1.

36. FStr, 535 – 36. 贝莱特斯基也相信，袭击事件背后有伊利奥多尔在捣鬼。*Vospominaniia*, 48.

# 第三十八章　伊利奥多尔的出逃

7月2日深夜，伊利奥多尔刮净胡子，在双颊抹上胭脂，换上女人的衣服，包上一条白色头巾，钻进一条地下通道，逃出"新加利利"。有几人在等着接应他，然后他们一起奔向顿河附近藏身。"韦涅拉"号（Venera）停靠码头后，伊利奥多尔佯装镇静地登船，然后船沿着亚速海（Sea of Azov）海岸驶向顿河畔罗斯托夫。[1]

4日抵达目的地时，伊利奥多尔依旧一身女装。（耐人寻味的是，日后取代伊利奥多尔成功杀死拉斯普京的尤苏波夫也有异装癖。）有一位熟人在那里等他，把他带到《南方晨报》（Morning of the South）的编辑部。他和编辑们谈笑风生，每个人都留意到他十分开心、情绪高涨。他还摆出姿势给摄影师拍照，并为此得到了40卢布。许多媒体都刊登了伊利奥多尔的照片，《早报》是其中之一，还附上一份他发来的电报："在这个世界上，一切皆有可能。"一位记者还花10卢布从伊利奥多尔处买下一张拉斯普京斥责伊利奥多尔的字条。伊利奥多尔给这家报纸讲了一个拉斯普京的故事，还称自己和古谢娃刺杀拉斯普京一事无关，但补充说，拉斯普京侮辱了俄国人的道德和宗教情感，只有杀死他才能换来人们的平静。[2]伊利奥多尔没有在罗斯托夫停留太久，很快登上一列火车（这次是男装）离开了。没人知道他去了哪里。媒体开始兴奋地猜测伊利奥多尔的去向。有一种可能性是他去了敖德萨，还有一些人称他逃到了高加索乃至君士坦丁堡。实际上，对伊利奥多尔究竟去了哪里，没有人知道答案。但几乎可以肯定的是，他曾于7月中旬出现在圣彼得堡。[3]

伊利奥多尔必须逃跑，因为警察正在追捕他。他们去了"新加利利"，打算审问他，却发现他已经消失。他们留意到地下通道出口附近有刚留下的马车车轮痕迹，准备凭此追踪他。但不久后天开始下雨，他们失去了这条线索。"奥克瑞那"开始监视一切和伊利奥多尔有关的人，认为他一定会去某人的家中藏身。关于伊利奥多尔的情报纷至沓来，"奥克瑞那"忙得无法跟踪每条线索。[4]负责这次搜查的是米哈伊尔·科米萨罗夫上校（Colonel Mikhail Komissarov）。一年后，他将在另一次暗杀拉斯普京的阴谋中扮演重要角色。7月5日，科米萨罗夫抵达察里津，开始就伊利奥多尔的下落审问相关人士。他们还搜查了很多人的房间，想找到和伊利奥多尔的出逃有关的线索。接受问话的人包括《俄国消息报》驻当地记者莫尔恰诺夫（Molchanov）。他一得知拉斯普京遇袭的消息，就跑去给伊利奥多尔通风报信。在莫尔恰诺夫家中，科米萨罗夫的人发现，伊利奥多尔能逃走是因为莫尔恰诺夫曾提醒他警察正赶来。他们还发现一封伊利奥多尔写给其信徒叶夫多基娅·斯库德尼娃（Yevdokia Skudneva）的信，要她交给古谢娃和她的姐妹100卢布，在经济上资助她们袭击拉斯普京。[5]根据察里津方面的记录，古谢娃最后一次拜访伊利奥多尔是在6月底，即她去博克维斯科的几周前。[6]两天后，警察局长给顿河地方宪兵队负责人发去电报，命令他务必找到伊利奥多尔。[7]

352

\*

　　在圣彼得堡，伊利奥多尔径直去了朋友亚历山大·普鲁加温的家。普鲁加温意识到这很危险，又把他带去作家马克西姆·高尔基处，当时高尔基在芬兰大公国境内，而芬兰大公国受俄罗斯帝国管辖。普鲁加温会把伊利奥多尔带去那位知名作家的家中并非偶然。早在 1912 年，高尔基就听说伊利奥多尔打算写一本有关拉斯普京的书，他十分乐意提供帮助。高尔基热情地接待了伊利奥多尔，保证一定会和柏林的出版人伊万·拉德日尼科夫（Ivan Ladyzhnikov）联络，讨论伊利奥多尔的书稿。高尔基还给了伊利奥多尔一笔钱，安排他逃到瑞典。[8]伊利奥多尔曾是黑色百人团惩罚左派的工具之一，如今却拥抱了马克思主义革命家，成为其盟友，与其一起对抗君主制。

　　和伊利奥多尔会面后，高尔基对拉斯普京兴趣大增。他在当时写下的这封信中表露了自己的想法：

　　　　"社会上"对长老拉斯普京的故事很感兴趣……渐渐形成了关于这位长老的最古怪的传说：首先，消息人士称，他是长老费奥多尔·库兹米奇（Fyodor Kuzmich）的儿子；其次，他让皇后诞下了皇储。情形相当诡异，但也让人充满巨大的希望：沙皇 - 长老一头扎进纳罗德的世界，他一定在那里获得了新的能量，并通过他的儿子把它传递给孙子。因此，我们可以笃定地等待这个孙子的祝福，他是沙皇和纳罗德的合体。然而，这真的可信吗？[9]

　　根据民间传说，隐士费奥多尔·库兹米奇正是沙皇亚历山

353

大一世。据说他假装死亡，溜出宫过起了谦卑的长老生活。1914 年夏天，人们开始传说拉斯普京是库兹米奇的儿子。有人认为，是首都的威权人士在散布谣言，为的是对抗说拉斯普京是鞭身派教徒和流氓的传言。但是，高尔基在信中竟然把库兹米奇－拉斯普京的谜团和拉斯普京是皇储阿列克谢生父的谣言组合到一起。毫无疑问，库兹米奇是拉斯普京之父的说法荒诞至极，因为库兹米奇长老在拉斯普京出生前五年便去世了。[10]

高尔基把伊利奥多尔引荐给叶夫根尼 · 奇里科夫（Yevgeny Chirikov），让奇里科夫带他偷渡过境。奇里科夫是左翼记者、作家，曾屡次被捕，经常受到监视。他对这位前修道士并不陌生：1911 年，伊利奥多尔经水路朝圣时，他是随行记者之一，但当时他在报道中使用的措辞相当负面。[11] 和其他近距离接触过伊利奥多尔的人一样，奇里科夫对他印象深刻。[12]

7 月 19 日，伊利奥多尔和奇里科夫在距离官方边界关卡几公里处，穿过托尔内奥河（River Torneo），进入瑞典境内。伊利奥多尔踩着石块过河时弄丢了一只靴子，后来他干脆脱掉另一只，把它扔向俄国境内，喊道："我抖掉了脚上的尘土，也抖掉了这个国家的那些折磨我、嘲笑我的脏东西。"（伊利奥多尔对媒体讲述了另一个版本："永别了，受诅咒的俄国。永别了，可怜的受折磨的俄国。我一直在你怀中被侵略者、蒙昧者、叛徒以及无能的弟子和信徒折磨。"[13]）伊利奥多尔来到克里斯蒂安尼亚（Kristiania，奥斯陆的旧称）。三个月后，他的妻子娜杰日达和年幼的孩子前来与他会合。他们在博格斯塔维恩街（Bogstadveien）73 号的简陋的公寓中安顿下来。他开始使用浦尔费里叶夫（Perfilieff）这个姓（他妻子的婚前姓），并找到一份在工厂扫地的工作。[14]

由于在克里斯蒂安尼亚已无生命之忧，伊利奥多尔给察里津的报纸《伏尔加－顿河之地》（*Land of the Volga－Don*）寄去一篇题为《一位受虐待的难民之遭遇》的文章，向读者讲述他抛弃俄国的真实原因。他称，他知道他的一些信徒想除掉那个"国家和教会的罪人"，甚至听说有些人想割掉拉斯普京的生殖器，但否认自己和袭击拉斯普京一事有关。他称古谢娃是"真正的英雄"，应该为她的所作所为嘉奖她。如果她要接受审判伊利奥多尔愿意履行律师之责，并且向全世界揭露魔鬼拉斯普京的真面目，因为这个男人就算"被千刀万剐也不足为惜"。如果"叛徒 I. 西尼岑"没有走漏风声，拉斯普京早该命丧黄泉了。至于伊利奥多尔自己，他被迫离开俄国是由于他因侮辱沙皇陛下的荣誉和运营一个地下恐怖组织而即将被捕。他表示愿意面对指控，但他的这一举动肯定会让他的信徒陷入困境。所以，为了他们的安危，他必须逃跑。[15]

如今，伊利奥多尔全身心投入写书，一心要向世界揭露拉斯普京的真实一面及其在俄国宫廷中的龌龊生活。普鲁加温和高尔基督促他以最快的速度完成此书。7 月 29 日，高尔基给阿姆菲捷阿特罗夫（古谢娃读了此人的文章后才决定刺杀拉斯普京）写信，告诉他"很快会有一个有趣的人前去拜访你，对方还会带来一些更有意思的文件。如果你可以安抚他躁动的灵魂，整理他所知的一切，那就再好不过了"。伊利奥多尔自己也给当时生活在热那亚附近的阿姆菲捷阿特罗夫写了一封信，称高尔基全力支持自己写书，而且会为自己提供一切帮助。高尔基让伊利奥多尔搬到阿姆菲捷阿特罗夫的住处附近，这样他们就可以一起工作。但战争很快爆发，伊利奥多尔被困在了克里斯蒂安尼亚。与在柏林的拉德日尼科夫共事的计划同样落空了。那

355 年夏天，伊利奥多尔给《俄罗斯工人》（*Russian Worker*）位于伦敦的出版社写信，告诉对方自己的书快写完了。

> 书名是《圣魔》。……我在这本书中揭露了拉斯普京丑陋但有趣的故事，甚至连外国读者对它们都闻所未闻。基于文献资料，我努力证明了拉斯普京是放荡的农夫和卑鄙之人，和皇后亚历山德拉通奸，是皇储阿列克谢的亲生父亲。拉斯普京是俄国的非官方沙皇和大牧首。[16]

全是一派胡言。

俄国媒体从头到尾地报道了这件荒诞的事。"伊利奥多尔在做什么？" 11 月 13 日，《彼得堡信使报》发出这样的疑问。"在彼得格勒，人们收到一封来自 S. M. 特鲁法诺夫（前修道司祭伊利奥多尔）的信。他称刚写完一本关于拉斯普京的书。伊利奥多尔写道，这是至今为止关于此人最有趣、素材最丰富的书。用他的话说，这本书具有重大历史价值。"[17]

第二天，官方正式起诉伊利奥多尔。[18] 12 月底，秋明地区的调查负责人再次重申 10 月发出的命令，即会动用一切手段追捕伊利奥多尔，无论他身在何处。但官方最终不得不放弃追捕。1915 年 7 月 6 日以后，逮捕伊利奥多尔或者让他接受公开审判的努力均结束了。[19] 伊利奥多尔依然是自由之身。

## 注　释

1. FStr, 239 – 42, 453; IMM, 281 – 84; GARF, 102. 242. 1912. 297, ch. 2, 58, 179 – 89ob.

2. OR/RNB, 1000. 1975. 22, 32ob; FStr, 242 – 45; GARF, 102. 242. 1912. 297, ch. 2, 58; *Rannee utro*, 11 July 1914.

3. FStr, 250, 256; GARF, 102. 242. 1912. 297, ch. 2, 80, 176, 172; *PK*, 12 July 1914, pp. 1 – 2.

4. GARF, 102. 242. 1912. 297, ch. 2, 36, 43.

5. GARF, 102. 242. 1912. 297, ch. 1, 174, 176.

6. GARF, 102. 242. 1912. 297, ch. 2, 44 – 44ob; GARF, 102. 242. 1912. 297, ch. 1, 176.

7. GARF, 102. 242. 1912. 297, ch. 2, 36, 43, 48.

8. FStr, 250, 256; IMM, 281 – 84; VR, 412 – 14, 419.

9. "Gor'kii i russkaia zhurnalistika," 452.

10. 关于这个传说，见 *Rannee utro*, 20 December 1916, p. 2; GARF, 102. 242. 1912. 297, ch. 1, 127。

11. VR, 419.

12. Dixon, "'Mad Monk'," 410; FStr, 251 – 54; "Gor'kii i russkaia zhurnalistika," 452n5.

13. GARF, 102. 242. 1912. 297, ch. 2, 179 – 89ob.

14. IMM, 285 – 86; FStr, 254 – 55; *Aftenposten*, 29 March 1916（NS）, in RGIA, 1101. 1. 1073.

15. GARF, 102. 242. 1912. 297, ch. 2, 179 – 89ob.

16. VR, 417 – 18; GARF, 102. 242. 1912. 297, ch. 2, 179 – 89ob; *PK*, 13 October 1914, p. 4.

17. *PK*, 13 October 1914, p. 4.

18. FStr, 258.

19. FStr, 258, 631 – 32, 702.

# Rasputin

Douglas Smith

Ю. А. 1915.

# 拉　斯　普　京

## 信仰、权力和罗曼诺夫皇朝的黄昏
### Faith, Power, and the Twilight of the Romanovs

〔美〕道格拉斯·史密斯　著　　徐　臻　译

社会科学文献出版社
SOCIAL SCIENCES ACADEMIC PRESS (CHINA)

# 目　录

· 上 ·

第五部

# 战争：
# 1914 年 7 月 ~ 1915 年

# 第三十九章　黑云压境

在拉斯普京躺在西伯利亚医院的病床上等待康复之际，战
争正逐步逼近欧洲。1914 年 6 月 28 日（公历），塞尔维亚民
族主义者加夫里洛·普林西普（Gavrilo Princip）在萨拉热窝
谋杀了弗朗茨·斐迪南大公（Archduke Franz Ferdinand）。这
是第一次世界大战的导火线，也导致了拉斯普京在两年半后的
遇害，以及罗曼诺夫皇朝的覆灭。

拉斯普京遇袭和大公被刺杀的时间相近，这让历史学家和
传记作者的作品中出现了大量混乱的叙述和彻头彻尾的谎言。
两人的遇刺时间只差一天（分别在 6 月 28 日和 29 日），这乍
一看相当可疑，但任何时间上（或其他方面）的关联都只是
臆想，因为他们弄错了一点：西方国家当时使用的是公历纪
年，而俄国使用的是儒略历。根据儒略历，弗朗茨·斐迪南是
在 6 月 15 日遇刺的，比古谢娃刺杀拉斯普京早整整两周。

不幸的是，阴谋论者没有因为这个明显的事实而停止认为
这两件事背后有更大的国际阴谋。在当代俄罗斯民族主义历史
学家眼中，这两场袭击是犹太 – 共济会阴谋的两个环节，目的
是除掉仅有的两个可能制止战争的人，从而把世界推入血腥的
争斗，毁灭欧洲和俄国的基督教帝国，引发世界范围内的革命。
［公历的 7 月 31 日，法国社会学家、杰出的反战人士让·饶勒
斯（Jean Jaurès）在巴黎的新月咖啡馆（Café du Croissant）遇

刺，此事也被视为该阴谋的一个环节。[1]] 实际上，一些在这种说法上走极端的人甚至（抛开理性、不讲证据地）以为，两起谋杀不仅发生在同一天，而且在同一时刻。柯林·威尔逊（Colin Wilson）在 1964 年撰写的拉斯普京传记中称，自己是第一个注意到两起案件时间上的巧合的人。他写道："斐迪南的死大大增加了战争爆发的可能性，而拉斯普京受伤一事则几乎让战争成了板上钉钉的事，因为拉斯普京是俄国唯一一个能够阻止战争爆发的人。"[2]

360　　　实际上，斐迪南大公被暗杀时拉斯普京还在圣彼得堡，《证券交易公报》的一位记者曾询问他对此事的看法，他回答：

> 好吧，小兄弟，格里高利·叶菲莫维奇该说什么呢？他（斐迪南大公）已经死了。无论你如何痛哭、哀号，他都不会活过来。无论你做什么，都无法改变这个结果。这就是命运。我们那些在圣彼得堡的英国客人们却感到精神振奋。这（对他们来说）是好事。我的农夫脑子告诉我，这是件大事——俄国人和英国人即将成为朋友。亲爱的，这意味着英国和俄国的结盟；如果我们还能得到法国的友谊，我们就能组成一股无与伦比的势力，真是好极了。

他告诉一位意大利记者的话听起来就没有这么乐观了："是的，他们都说即将爆发战争，而且他们已经准备好了。上帝保证过不会有战争。这真是让我十分困扰。"[3]

拉斯普京爱好和平，天生反感杀戮。他那虔诚的基督教信仰教导他，战争是一种罪。他那些如今被激起杀欲的敌人，再次提起一年前巴尔干战争爆发时拉斯普京的反战态度。由神父沃斯托科夫创办的《生命的回答》发表了攻击拉斯普京的文章：

> 鉴于拉斯普京在《故国之烟》上发表的观点，他是基督教的神圣教会、东正教信仰和俄国的最大敌人。我们不知道这个基督教叛徒会在多大程度上影响俄国的外交政策，但在把巴尔干基督徒从土耳其人手中解放出来的战争（1912 年）中，他不仅没有支持基督徒，反而拥护假先知穆罕默德。……他教导我们不要抵制邪恶，建议在每一项俄国外交事务上做妥协……他不在意俄国的光辉与权威，光想着亵渎她的尊严和荣誉。他以为可以背叛我们精神上的同伴，眼睁睁看着他们落入土耳其人和斯瓦比亚人（Swabian）手中。他已经准备好迎接即将降临到我们祖国的各种不幸，而它们是上帝的旨意，因为我们背叛了祖先。尽管如此，他的信徒仍把这个与上帝作对的人视为圣人。[4]

这便是沃斯托科夫，一个受人拥戴的神父、教会的中流砥柱、出版人和作家（他的期刊还被选为罗曼诺夫皇室的孩子们用来认识基督教的读物）。他竟然公开用如此恶劣的措辞攻击拉斯普京，只因拉斯普京对其他信仰的包容和对战争的憎恶便把其定义为基督教和整个国家的叛徒。俄罗斯正教会中的许多神职人员在 19 世纪与 20 世纪之交竟然沦落到如此地步，这实在是令人震惊，且让人感到深刻的不安。

古谢娃实施刺杀计划的几天前，维鲁波娃给拉斯普京（他正在返回博克韦斯科的途中）发电报，传达了尼古拉和亚历山德拉对国际局势的想法。[5]拉斯普京被转移到秋明养伤后，试图在病床上追踪事态进展，以便向沙皇提供建议。记者们踏破医院大门，想知道他如何评价巴尔干局势。[6]根据玛丽亚的说法，拉斯普京十分担心尼古拉会加入战争。据说，他在康复期间曾说："我来了，我来了，不要阻止我。……噢，上帝，他们做了些什么？我的祖国俄罗斯帝国会因此灭亡！"[7]拉斯普京给尼古拉写信，让他"保持坚定"，不要听从怂恿他参战的声音。拉斯普京甚至因为焦虑而伤口崩开，再次流血。[8]

7月12日，拉斯普京给维鲁波娃发电报："这是严峻的时刻，战争很可能会爆发。"[9]第二天，他又发了一封电报，催促她告诉沙皇要尽一切努力避免战争。[10]第三天，即7月14日，他收到一封从彼得霍夫宫发来的电报（上面没有落款，很可能来自维鲁波娃），请求他改变主意，支持发动战争："你知道，我们长久以来的敌人奥地利正准备攻击弱小的塞尔维亚。那个国家中几乎只有农民，而且他们一直对俄国忠心耿耿。如果我们纵容无耻的报复，一定会让自己声名扫地。如果有机会，请利用您的影响力支持这项事业。祝早日康复。"

接着，拉斯普京陆续收到更多类似的电报：

1914年7月16日，彼得霍夫宫寄往秋明，拉斯普京收。

　　坏消息。可怕的时刻。请为他祷告。已经没有力气和他人抗争了。

1914年7月17日，彼得霍夫宫寄往秋明，拉斯普京收。

　　阴云密布。为了保护自己，我们必须忍受痛苦，公开做好准备。

彼得霍夫宫寄给拉斯普京的助手拉普汀斯科娅①。

362

　　如果长老的健康状况允许，请让他赶快来首都。沙皇需要他的帮助，来应对这波谲云诡的世界局势。他喜欢听长老的建议。献上我的吻。等待你的答复。[11]

　　事到如今，人们认为拉斯普京应该为每个迫在眉睫的问题负责（虽然这并不令人意外），有些人甚至把战争爆发的责任推到他身上。7月14日，古奇科夫给外交大臣谢尔盖·萨佐诺夫写了一封措辞激烈的信，称俄国在维也纳问题上的软弱态度直接导致奥地利向塞尔维亚发出最后通牒。他总结道："现在，我们不幸地走向了被羞辱的最后一步。（这真的是最后一步吗？）沙皇的懦弱和你的纵容让国事被拉斯普京操纵。"[12]这种对时局的解读简直武断到了让人震惊的地步。

　　在此期间，拉斯普京给尼古拉发了电报，请求他千万不要参战。这份电报如今已经找不到了，但维鲁波娃说读过它，其内容大致如下："不要让沙皇加入战争，因为战争意味着俄国的终结和你的死亡，你会输得一干二净。"据说，尼古拉对电报恼羞成怒，怨恨拉斯普京干涉和他无关的国家大事。[13]1915年夏天，拉斯普京告诉"奥克瑞那"的人，在医院休养期间，他给沙皇前后发送了约二十封电报，恳求他不要参战。他称，其中一封电报的措辞十分激烈，以至于沙皇身边的一些人威胁要向他提起诉讼。但尼古拉不同意，说道："这是我们的私事，和宫中的任何人无关。"[14]

———————————

　　①　阿基林娜·拉普汀斯科娅当时在医院照顾拉斯普京。——作者注

　　然后，拉斯普京做出了说服尼古拉的最后一次努力，试图阻止俄国走向战争。他要人拿来纸和笔，写下了堪称沙俄时代臣民向君主发出的最为坦诚、最具预见性的谏言：

> 亲爱的朋友，我要再说一遍，乌云正笼罩着俄罗斯帝国，这里充满悲伤与痛苦，一片黑暗，找不到一丝希望。泪水如汪洋般无边无际。还有，那是鲜血吗？我还能说什么呢？我哑口无言，无法形容的恐惧。我知道，所有人都希望你发动战争，他们显然没有意识到这意味着毁灭。人们丧失理性时，最难忍受的便是上帝的惩罚，这是末日的开始。你是人民的沙皇，不要让疯子得逞，不要让他们自我毁灭，不要让他们毁灭人民。是的，他们会征服德国，但俄国会怎么样呢？从没有一个国家像俄国一样被自己所流的血淹没。损失将是惨重的，只有痛苦绵绵无绝期。
>
> 格里高利[15]

　　这封信神奇地得以保留到今天。尽管并非如外界所言，战争期间沙皇一直把它带在身上，但它确实对尼古拉意义非凡。出于这个原因，尼古拉全家在 1917 年 8 月被逐出皇村时，他也没有忘记带上这封信。1918 年初，罗曼诺夫家族被软禁在托博尔斯克期间，尼古拉偷偷把这封信交给了玛丽亚·拉斯普京娜的丈夫鲍里斯·索洛维约夫（Boris Solovyov），后者当时正在西伯利亚组织对沙皇一家的营救。后来，玛丽亚逃出俄国，在维也纳落脚，于 1922 年把这封信卖给了尼古拉·奥尔洛夫亲王（Prince Nikolai Orlov）。随后，它至少经历两次易手，才落到一个名叫罗伯特·D. 布鲁斯特（Robert D. Brewster）的人手中。最后，布鲁斯特在 1951 年把它捐给了耶鲁大学。[16]

这让人忍不住思考：如果尼古拉留心听了拉斯普京的话，如果拉斯普京那充满情感的字句所描绘的画面能够让沙皇看清可怕的后果以及从 1914 年夏天起俄国所面临的危险，会怎么样？如果尼古拉听从拉斯普京的建议，那么俄国历史乃至世界历史都会发生根本性的改变。如果俄国没有参战，很难想象会爆发如此暴力的革命。我们无法想象，俄国人民究竟能因此少受多少苦。如果俄国没有在 1917 年爆发革命，也很难想象纳粹势力会在德国迅速壮大。但是，尼古拉选择了忽略拉斯普京的话，而这番话本可以拯救他的国家、他自己的生命以及他家人的生命；这番话本可以大大弥补拉斯普京对国家造成的伤害。因为没有听从这番话，皇室搭上了它的全部威望。

痊愈的拉斯普京在回到圣彼得堡后常说，如果当时他在首都，在沙皇身边，就一定能够说服沙皇不让俄国参战。[17]谢尔盖·维特伯爵在复述拉斯普京对巴尔干危机的意见时，几乎给出了同样的说法。[18]我们很难验证这整个故事的可信度。我们听到了一个生动的故事，但它还是缺乏根本的说服力，因为自 1914 年起，尼古拉几乎从没有在重大事务上听取过拉斯普京的建议；即使他听取了，也仅局限在宗教事务上。直到一年之后的 1915 年，他出任军队最高统帅，并离开皇村，坐镇最高统帅部（Stavka）时①，他才开始重视拉斯普京的建议。但这

364

---

① 最高统帅部原本位于今白俄罗斯的巴拉诺维奇（Baranovichi），于 1915 年 8 月迁至莫吉廖夫。——作者注

种状况没有持续太久，他很快又变得不情愿听取，甚至几乎不接受拉斯普京的建议了。

还有一点值得注意，拉斯普京不是呼吁和平的唯一声音。前驻美大使罗曼·罗森男爵（Baron Roman Rosen）、弗拉基米尔·梅什谢斯基亲王（亚历山大三世和尼古拉多年的朋友）和维特伯爵均反对战争。除拉斯普京外，没有人像前内政大臣彼得·杜尔诺沃（Pyotr Durnovo）那样一针见血地向沙皇指出战争必将造成的灾难，而杜尔诺沃是在 1914 年 2 月的一份著名备忘录中做出相关表态的。[19]

拉斯普京给沙皇写信后，媒体不停猜测这个长老在国际局势上打的是什么主意。例如《彼得堡信使报》7 月 16 日的一篇文章写道，拉斯普京通过从首都来的电报得知奥地利在前一天向塞尔维亚宣战，变得"万分沮丧"。[20]巴尔干危机期间，连欧洲媒体也在揣测拉斯普京的想法。6 月 21 日（公历），阿克塞尔·施密特（Axel Schmidt）在《汉堡新闻》（*Hamburger Fremdenblatt*）上写道，据说"曾经的和平主义支持者"如今唱起了泛斯拉夫主义的赞歌，呼吁所有斯拉夫民族和东正教信徒在俄国的领导下团结起来。施密特还说，如果这是真的，这将对欧洲的和平构成巨大威胁，因为只有宗教才能让俄国人拧成一股绳，投身战争。"无论事实如何，"他总结道，"只要一想到如今欧洲的和平竟然取决于一种朦胧的愿望，以及一个狡猾而神秘的术士或一个冒险家的想法，就让人觉得荒诞至极。相反，在一片彻底无望的大地上，一切反而皆有可能。"[21]

人们的猜测越发离谱。图卢兹（Toulouse）① 的一份报纸

---

① 法国南部城市。——译者注

称，维特正利用拉斯普京说服沙皇：俄国应联合德国共同对抗"无神论"的法国。德国报纸［《福斯日报》和《柏林日报》（Berliner Tageblatt）］认为，正如过去拉斯普京能够说服沙皇避免战争，如今的他也能轻松动用影响力让尼古拉参战。另一份德国报纸问，拉斯普京是不是死在了俄国国内反对和平的人的手下，后者现在一心要将俄国推向战争（古谢娃刺杀拉斯普京后，该报纸一度以为拉斯普京已经去世）。[22]

365

＊

7月17日，面对军事将领施加给他的巨大压力，尼古拉命令军队在第二天全面出动。战争一触即发。亚历山德拉得知消息后，匆忙赶去尼古拉的办公室，两人就此争论了半个小时。沙皇的决定让皇后措手不及、非常激动。她跑回自己房间，猛地在沙发上坐下，开始痛哭。"一切都完了，"她告诉维鲁波娃，"我们要打仗了。"至于尼古拉，维鲁波娃认为他看起来相当平静。这个让人痛苦的、一直悬而未决的问题，现在终于有了答案。[23]

7月19日（公历8月1日），德意志帝国向俄国宣战。拉斯普京给维鲁波娃发电报，让她转告尼古拉和亚历山德拉："我亲爱的朋友们，不要绝望！"[24]第二天，他直接给尼古拉发电报："我亲爱的朋友，我们用爱对待他们，但这么多年后，他们还打算用刀剑和罪恶回报我们。我相信，任何犯下这种罪的狡猾之人都会受到比这严厉一百倍的惩罚；上帝的仁慈无边无际，我们都在他的保护之下。"

7月24日（公历8月6日），奥匈帝国向俄国宣战。拉斯普京给亚历山德拉发电报，让她继续怀有希望："上帝永远不会把他的手从你的头顶移开。他会给你安慰，给你力量。"[25]拉斯普京曾坚持维护和平，但现在战争打响了，他决定相信俄国一定会取得胜利，不再质疑俄国的选择。[26]7 月 26 日，他给维鲁波娃发了电报："从东部到西部的每一个人都被对祖国共同的信念连在一起。这是一种巨大的喜悦。"

8 月中旬，拉斯普京告诉尼古拉，他相信俄国一定会取胜："上帝是明智的，他通过十字架向我们显示他的光辉，你会戴着十字架赢得这场胜利。胜利的时刻一定会到来。上帝与我们站在一起，敌人们会怕得瑟瑟发抖。"[27]

366　　　一周后，拉斯普京出院，径直前往首都。8 月 22 日傍晚，他在皇村受到了尼古拉的接见。[28]随着他现身圣彼得堡，谣言再次兴起。刚被任命为法国驻俄大使的莫里斯·帕莱奥洛格写道，拉斯普京告诉皇后，他奇迹般的幸存再次显示了上帝对他的看顾。对于拉斯普京对战争持有怎样的立场，存在着许多猜测。帕莱奥洛格认为，拉斯普京一直在敦促尼古拉和德国结盟。正如当时上流社会的许多人不相信一介农夫会有他自己的观点，这位大使也认为，拉斯普京的建议并非来自他本人，他只是在重复梅什谢斯基亲王的话。[29]

至于媒体方面，《彼得堡信使报》报道说，拉斯普京现在不仅支持战争，还打算亲自上前线。这是从索菲亚·伊格纳季耶娃伯爵夫人的沙龙上传出的说法。拉斯普京的女信徒们听说此事后，担心得哭了出来，坚持认为他不该将自己置于危险之中。[30]报上的这个故事让达吉斯坦（Dagestan）的一位名叫 I. A. 卡列夫（I. A. Karev）的地方政府官员格外沮丧，他认为自己必须给拉斯普京写一封信：

那天，我从报纸上得知你打算上前线。每一个俄国人都必须为保卫自己的祖国而不惜牺牲生命，因此你的好意绝对是一种巨大的美德。但请别这么做。请想一想，这场可怕的战争和它造成的恐惧已经吞噬了许多人的生命，你也无法摆脱这种命运。但是，如果你留在原地，还可以为人们做不少好事。如果你已经打定主意上战场，什么也无法阻止你，那么就去吧。上帝会保佑你。许多人都会为你向上帝祷告……[31]

拉斯普京当然没有去前线，也从没有过这种打算。伊利奥多尔的残党却迅速行动起来。他们联络了《彼得堡信使报》，称伊利奥多尔已经赶往西伯利亚前线，手中高举巨大的十字架，呼吁斯拉夫的勇士们跟随他一起前进。[32]

\*

8 月 20 日，拉斯普京返回圣彼得堡。尽管弗拉基米罗夫在这一时期做的记录显示，拉斯普京的伤口并没有感染的迹象，但拉斯普京依然很虚弱，且常常感到疼痛。他视自己的康复为一种奇迹。直到 9 月初，他才开始吃固态食物——他吃了一点面包和一块鱼肉饼。[33]

如果说拉斯普京从秋明发来的电报和信可能惹恼了尼古拉，那么后者也没有把愤怒表现在脸上。22 日，沙皇在用过正餐后接见了拉斯普京；25 日，他们再次见面；9 月 5 日晚，他们谈了两个多小时。接着，尼古拉在 14 日的日记中写道："今天晚上，我们等了很久才见到格里高利。我们聊了很长时间。"[34] 由于担心受到袭击，拉斯普京不再搭乘火车进出皇村，而是改坐"奥克瑞那"的人驾驶的汽车。[35]整个10月和11月，拉斯普京和沙皇夫妇都会定期在皇宫见面。[36]

战争让这三人的关系发生了显著的变化。尼古拉从1915年夏天起常常离家，几乎算是住进了最高统帅部，亚历山德拉因此越发依赖拉斯普京，常向他寻求私人和政治事务上的建议。他十分乐意帮忙。那年9月，拉斯普京开始为尼古拉·尼古拉耶维奇大公（尼古拉沙）的野心感到忧心。后者是他的前恩主，现为俄军总指挥。9月19日，亚历山德拉给尼古拉写信传达了拉斯普京的不安：博纳尔（Bonheur，她如此称呼大公）受到黑山姐妹的怂恿，正对皇位垂涎三尺。而亚历山德拉和拉斯普京绝不可能容忍这一点。[37]警察局局长斯捷潘·贝莱特斯基不停向尼古拉沙诋毁拉斯普京。[38]这时，一种传言出现了：拉斯普京希望尼古拉沙批准他拜访最高统帅部，称这是圣母玛利亚本人的意愿，她曾在拉斯普京面前现身。据说尼古拉沙如此回应：玛利亚前一天正好也出现在他面前，告诉他"如果那个混蛋敢溜进最高统帅部，你就直接把他吊死在附近的灯柱上。相信我，我一定会贯彻圣母玛利亚的旨意"。拉斯普京从未踏入最高统帅部。[39]

不过，尼古拉十分欢迎拉斯普京前往皇宫。10月17日，尼古拉罕见地在日记中坦白：因为日耳曼人和土耳其人在黑海附近的行动，他一整天都感到"情绪极差"。但那天晚上，拉斯普京来了，一切都因此好了起来——"只有在格里高利那镇定人心的话语的影响下，我的灵魂才能找回往日的平静！"[40]与此同时，拉斯普京鼓励亚历山德拉和她的女儿们走出皇宫，探望负伤的战士。他坚称，她们穿上护士装的模样一定能激励士气，让军队创造奇迹。拉斯普京告诉皇后：

"你在安抚伤者时，上帝会因你的关爱和高尚而得到更多人的爱戴。"她认为他的话"十分感人"，尝试在其中"寻找勇气，克服我的害羞"。如果皇后照顾过的士兵去世了，他就会写信安慰她，让她不要因此消沉或放弃她的重要工作。[41]

为了筹备对军营的走访，亚历山德拉尝试让拉斯普京充实她的灵魂。她写信告诉尼古拉，这么做一定对可怜的士兵有好处："我认为这很自然。为什么那些病重之人在我到了之后就平静下来且开始好转了呢？因为当我安静地坐在他们身边或轻轻安抚他们时，我总是想着我们的朋友，为他们轻声祷告。如果有人想伸出援助之手，心灵必须先做好准备。让我们帮助他们渡过难关，或者让他们成为我们的朋友的信徒，从而使他们走出困境。"[42]

关于皇后安抚伤者一事，玛丽亚·帕夫洛芙娜女大公提供了另一种叙述：

> 无论皇后多么同情他们所受的痛苦，无论她用何种方式表达同情，她身上的某个地方总好像在逃避，这妨碍了她的真情流露，让她无法安慰面前的人。……她在病房中探视时，他们用焦虑而恐惧的眼神看着她。在她走近并开始说话后，他们也没有改变自己的表情。[43]

10月底，拉斯普京急着回家，但尼古拉还没回宫，因此他只能干等，希望在离开前再见沙皇一面。11月4日，他们见面了，在场的还有亚历山德拉。尼古拉称，这次会面让他"感到舒心"。[44]拉斯普京想和沙皇谈的原因和塔夫利的行政长官尼古拉·拉文诺夫斯基（Nikolai Lavrinovsky）有关。近来，拉斯普京从克里米亚来的"穆夫提斯坦夫人"（Madame Muftizde）口中听说，拉文诺夫斯基这个与黑色百人团有关的民族主义者在辖地上残酷对待鞑靼人，甚至强迫他们中的一些人前往土耳其。拉斯普京听说此事后十分难过，告诉亚历山德拉必须弄走拉文诺夫斯基，让尼古拉·纳泽维奇（Nikolai Knyazevich）取而代之。他建议亚历山德拉立刻向内政大臣马克拉科夫反映此事，不用等尼古拉回来批准。亚历山德拉照做了：拉文诺夫斯基被调往切尔尼戈夫（Chernigov），纳泽维奇取代了他的位置。值得一提的是，纳泽维奇在这个岗位上表现很好，做出了让人交口称赞的成绩，也与当地人相处得十分融洽。尽管如此，这还是开启了一个危险的先例：亚历山德拉和拉斯普京都越界了。亚历山德拉知道自己做了什么，给尼古拉写信说："请别生我的气，并回复我，不管是表示同意还是为我的搅局感到遗憾……"尼古拉没有生气，而是批准了她的做法。[45]

11 月 17 日，尼古拉再次前往前线。他离开后，亚历山德拉唯一的慰藉便是拉斯普京发来的电报。他告诉皇后，自己已经祈求上帝保佑沙皇此行平安。拉斯普京也给沙皇写信，鼓励他，并预言战争会取得胜利："亲爱的，不要为他们的狡猾沮丧。英明的上帝会用他的十字架指明光辉的道路。有了这个十字架，你一定能够获胜。胜利的时刻必将到来。上帝与我们同在，我们的敌人正怕得发抖。"[46] 12 月 14 日，亚历山德拉给尼古拉写信，说拉斯普京告诉她前线一定会传来好消息。两天后，拉斯普京在电话里告诉亚历山德拉，俄国人民期望尼古拉成为"他们的精神堡垒"。她后来不止一次地向丈夫提起这种说法。[47] 尼古拉离开期间，亚历山德拉和拉斯普京都担心他不够坚定，会产生动摇，然后按照别人的要求和希望行事。他们都做到了在关键时刻提醒尼古拉，怎样做才能领导俄国人民。

圣诞节，拉斯普京回皇宫见了沙皇一家。他们欢聚在灯光闪烁的圣诞树下。他知道，这是"迄今为止最艰难的一年"，但他向亚历山德拉保证，"上帝与我们同在，敌人不堪一击。人们正紧紧地围绕在沙皇身边，眼中涌出热泪"。[48]

## 注　释

1. On his murder, see Goldberg, *Life*, 458 – 74.

2. Wilson, *Rasputin*, 156；VR, 426 – 28；Groian, *Muchenik*, 95 – 96；Rassulin, *Vernaia Bogu*, 545.

3. FR, 115, 118；VR, 422 – 23.

4. *Otkliki na zhizn'*, No. 11 – 12（1914）：pp. 71 – 72.

5. GARF, 1467. 1. 710, 151 – 55.

6. GARF, 102. 242. 1912. 297, ch. 1, 94.

7. *KVD*, 140 – 41.

8. Sokolov, *Ubiistvo*, 94.

9. *KVD*, 136.

10. GARF, 640. 1. 323, 2.

11. GARF, 1467. 1. 710, 159, 161 – 63.

12. GARF, 555. 1. 1432, 1.

13. FR, 129；*LP*, 397；Vyrubova, *Strannitsy*, 73 – 74.

14. GARF, 111. 1. 2978, 19.

15. Yale University, Beinecke Library, Romanov Collection, GEN MSS 313, Series 1, Box 1, Folder 100.

16. Yale University, Beinecke Library, Romanov Collection, GEN MSS 313, Series 1, Box 1, Folder 100; and GEN MSS 313, Box 8, Folder 111；VR, 424 – 25；FStr, 279 – 81. 1918 年，马尔科夫和索洛维约夫在托博尔斯克读了信，虽然马尔科夫在回忆录中暗示，皇后之前就让他

保管这封以及其他拉斯普京写给她的信。*Pokinutaia*，54.

17. ［Belling］，*Iz nedavnego*，11；VR，425 – 26.

18. FR，128 – 29.

19. Raupakh，*Facies*，141；FStr，272 – 75，313n1；FN，*Nakazanie*，493；Amal'rik，*Rasputin*，163 – 64，185；Lieven，*Nicholas II*，205.

20. *PK*，16 July 1914，p. 1. 奥匈帝国在 7 月 15 日或 28 日宣战。

21. GARF，102. 242. 1912. 297，ch. 1，69. 对里加的类似评论，请参见 *Dsihwes Spehks*，Ibid.，88 – 88ob。

22. GARF，102. 242. 1912. 297，ch. 2，82 – 84，204，206 – 206ob.

23. Rassulin，*Vernaia bogu*，73 – 74.

24. *KVD*，141.

25. GARF，640. 1. 323，3，3ob.

26. VR，429 – 31.

27. *KVD*，144，147.

28. Nicholas II，*Dnevniki*，2（2）：54.

29. Paléologue，*Ambassador's Memoirs*，1：136 – 38.

30. *PK*，16 August 1914，p. 4；18 August，p. 2.

31. GARF，1467. 1. 710，208 – 209.

32. *PK*，17 August 1914，p. 1.

33. *KVD*，147 – 48；FStr，290；RGIA，472. 2（195/2683）. 7，9ob.

34. VR，421 – 22；*KVD*，147 – 49.

35. GARF，111. 1. 2979a，19 – 19ob，24，28.

36. *KVD*，155 – 56.

37. *WC*，16 – 17.

38. Beletskii，*Vospominaniia*，9 – 10.

39. CU，Bakhmeteff Archive，Tikhobrazov Papers，Box 3，"Rasputin i stavka，" pp. 30 – 31.

40. Nicholas II，*Dnevniki*，2（2）：66；*KVD*，156 – 57.

41. *WC*，39，47 – 49，57，86，88 – 90；*KVD*，162 – 63；GARF，640. 1. 323，5ob.

42. *WC*，296.

43. Marie，*Education*，193 – 94.

44. *KVD*，162 – 63.

45. *WC*, 35, 40.

46. *WC*, 41; GARF, 640.1.323, 6. Also: GARF, 640.1.323, 5 – 5ob;
*KVD*, 165.

47. *KVD*, 170; *WC*, 66.

48. GARF, 640.1.323, 5ob – 6.

# 第四十章 雅餐厅事件

1915 年 1 月 10 日，拉斯普京给维鲁波娃发了一封电报。八天前维鲁波娃遇上了致命的火车事故，此时正在皇村的皇家医院休养。电报写道："虽然我不在你的身边，但我的心和你在一起。我能感受上帝的感受。让天使安慰你，使你平静。快去叫医生吧。"[1]

拉斯普京可能没有亲自探望她，因为他当时正在家中养伤。两天前，媒体刊登了一个故事：拉斯普京在回程途中去了弗拉基米尔大教堂（Vladimirsky Cathedral），但他乘坐的雪橇被一辆行驶速度很快的汽车撞了一下，拉斯普京径直飞到了人行道上。路人把昏迷不醒的拉斯普京送到附近的诊所。他后来被转移到一家医院，尽管他在途中醒来，坚持要人们送他回家。根据这篇文章的说法，医生形容说他的伤势十分严重。[2]

即便真的发生过这起（似乎有些可疑的）事故，拉斯普京的伤势也不可能像医生最初估计的那么严重，因为他和妻子、女儿玛丽亚一起，在 1 月 17 日拜访了皇宫。[3]进出皇宫还是通过"奥克瑞那"的汽车。这是一辆陈旧的毫无特别之处的小型汽车，但彼得格勒还是充斥着关于它的各种谣言。许多人相信，为了保护拉斯普京，车门处安装了两架机关枪。那年春天，有人称看见这辆黑色轿车在夜间飞驰过街道，向人行道开枪，路人相继倒下，鲜血染红了街道，汽车却消失在夜色之中。[4]

1 月 26 日，拉斯普京再次出现在皇宫，给亚历山德拉送来一大沓呈给沙皇的请愿书。[5]他下一次见沙皇是 2 月 27 日，在维鲁波娃家中。沙皇去前线之前他们交谈了一个半小时。尼古拉走后，亚历山德拉给他写信："致我从内心深处爱着的人……我们的朋友的祝福和祷告会起作用的。很欣慰今晚你见了他，他也祝福了你！……温柔地把你拉近我一直深爱着你的内心，我将始终是你的妻子。"[6]

1915 年的前三个月，秘密警察报告说拉斯普京酗酒严重，经常举办狂野的派对，直到深夜。2 月底，有人看见他在涅瓦大街上的北方大饭店（Great Northern Hotel）和一个名叫叶夫根尼娅·捷列霍夫娃 – 米克拉什夫斯卡娅（Yevgenia Terekhova – Miklashevskaya）的年轻"高级妓女"共度了近两小时。[7]类似的幽会对拉斯普京已经成了家常便饭，但没有一次能够与即将爆发的丑闻相提并论。

\*

1915 年春天，莫斯科雅餐厅（Yar）中发生的纵情放荡的故事成了拉斯普京一生中最为臭名昭著的经历。每位传记作家都描写过它，几乎每个对拉斯普京有所耳闻的人都知道这件事。

那是在 3 月末，拉斯普京搭火车从彼得格勒（比圣彼得堡更加斯拉夫化的新名字）抵达了莫斯科。他和一群朋友去了名为雅的知名夜生活场所，在那里喝酒、吃饭、找乐子。但事态很快失控了。拉斯普京被灌下很多酒，失去控制，开始对吉卜赛合唱团中的女孩动手动脚。他用下三滥的语言高声吹嘘自己和皇后的关系，疯狂跳舞，让自己成为关注的焦点。接着，就在人们认为他不可能做出更放荡的举止时，他突然脱下裤子，向所有人展示他的生殖器，好像在炫耀他用以驯服皇后和上流社会女性的物件。最后，警察来了，逮捕了拉斯普京。那天晚上，英国大使罗伯特·布鲁斯·洛克哈特（Robert Bruce Lockhart）亲眼看见拉斯普京边骂骂咧咧边被人拉出餐厅。拉斯普京被关进了监狱。第二天，从宫里传来命令：释放拉斯普京。然后他迅速返回了彼得格勒。这一事件成为巨大的丑闻，登上了全国各地的报纸。[8]

雅餐厅事件是拉斯普京道德败坏的最佳证明，也是他出于虚荣，利用与沙皇夫妇的关系的最直接表现。那天夜晚，拉斯普京终于暴露了他真实的一面。但真的如此吗？人们口中流传的、已被重复了一个世纪的雅餐厅的故事真的可信吗？也许，那个夜晚的真相并非如人们所想象的一般。

事实上，近年来有些传记作家指出，这桩丑闻比人们所知的更为复杂。爱德华·拉津斯基称，那天晚上，拉斯普京完全清楚自己在做什么，他从没有失控，他的举动是扳倒内政部副大臣弗拉基米尔·扎克夫斯基（也是拉斯普京最大的仇敌）的计划的一部分。根据拉津斯基的说法，拉斯普京想制造一起扎克夫斯基无法忽视的丑闻，这样他一定会向沙皇报告，然后拉斯普京就能抓住他的把柄，使沙皇夫妇反感扎克夫斯基，继而令他失宠。该事件是拉斯普京为扎克夫斯基设下的陷阱，目的是让后者落马。[9]

一位与拉斯普京同时代的俄罗斯学者提出了另一种有趣的说法，称喝醉酒的不是拉斯普京，而是他的"替身"。根据这种说法，这个拉斯普京的"替身"是为制造雅餐厅事件特意找来的，目的是诋毁皇室的名誉。这种说法背后有一个

名叫谢苗·库古斯基（Semyon Kugulsky）的犹太男人（这位
学者是民族主义人士，因此，他的推论并不让人意外）。身
为记者的库古斯基制造了这桩丑闻，为的是激起公众的愤
怒，并为杜马制造一个介入此事的理由，从而动摇俄国的政
权。[10]这是个剑走偏锋的想法，但并不新奇。根据杜马议员阿
列克谢·苏哈诺夫（Alexei Sukhanov）的说法，当时一些杜马
成员确实认为这个故事有可信之处，觉得那个醉酒发疯的拉斯
普京其实是由穿上西伯利亚长老服装的革命者假扮的。但苏哈
诺夫回忆说，每个人后来都意识到这种想法是多么愚蠢。[11]

　　最后一种说法来自数位当代传记作家，他们认为拉斯普京
当晚不在雅餐厅，甚至什么都没发生。作为证据，他们指出当
天晚上的警方档案神秘失踪，因此无法确认当时拉斯普京身在
何处，做了什么。他们坚称，没有留下档案是因为没有发生丑
闻。[12]但是，这种说法并不正确。确实有档案，而且它们没有
消失，目前正被安全地存放在莫斯科的俄罗斯联邦国家档案
馆。这些档案正是解开雅餐厅丑闻之谜的关键。

＊

　　3月25日，"奥克瑞那"在彼得格勒的负责人康斯坦丁·格
洛巴切夫上校给莫斯科的同事亚历山大·马丁诺夫上校（Colonel
Alexander Martynov）发了一封电报，告诉他"黑暗势力"在那天
晚上搭乘"一号快车"前往莫斯科，指示他"立即对此人进行全
天候的绝密监视，无论（他）前往何处，都必须贴身跟踪。以
139 的代号给我发电报"。第二天，拉斯普京乘坐的火车抵达尼克
拉夫斯基车站时，秘密警察已经等在那里了。几位暗探悄悄跟踪
他进城，一个名叫格拉祖诺夫（Glazunov）的暗探还尽责地与格

洛巴切夫保持沟通。[13]接下来的四天中，八个"奥克瑞那"暗探——叶夫根涅夫（Yevgenev）、尤先科（Yushchenko）、贝奇科夫（Bychkov）、杰里亚宾（Deryabin）、弗里尔（Freer）、帕霍莫夫（Pakhomov）、列昂诺夫（Leonov）、奥斯米宁（Osminin）跟踪了他。他们记录了拉斯普京去过的所有地方及见过的每一个人，并持续不断地向总部报告他的行踪，有时两次报告仅间隔 5 分钟。暗探调查了所有相关人士，找到了这些人的住址和一切他们能够弄到的个人信息。[14]

暗探记录道，叶夫根尼娅·捷列霍夫娃－米克拉什夫斯卡娅在车站迎接"黑暗势力"。拉斯普京上个月在彼得格勒的北方大饭店也拜访了这名"高级妓女"，但莫斯科的"奥克瑞那"当时没有意识到这点。在他们的报告中，她只被简单地描述为一名 43 岁的寡妇。也许，彼得格勒的"奥克瑞那"早前在确认拉斯普京朋友的身份时过于仓促。两人驾驶汽车前往捷列霍夫娃位于大卢布扬卡街（Bolshaya Lubyanka）和库斯内茨大桥（Kuznetsky Bridge）交界处的公寓。拉斯普京在那里停留至下午 2 点，然后独自出门，并在两小时后返回。晚上 7 点，一辆汽车载来"一个名叫叶若娃的人"，拉斯普京和她一起离开。午夜时分，那辆汽车回到公寓，这次带来了一个男人，显然是叶若娃的丈夫。一个小时后的 27 日凌晨 1 点，他们三人回到街上，一起驾车前往"市郊的雅餐厅"，一直在那里"待到晚上"。

这便是 3 月 26 日至 27 日秘密警察报告的全部内容。没有一个字提到拉斯普京喝醉、骚扰吉卜赛合唱团的女孩、说出污言秽语、当众出丑。最为重要的是，没有拘捕记录。

27 日，暗探们花了很多时间搜集拉斯普京前一天的同伴的信息。他们得知，叶夫根尼娅·叶若娃（Yevgenia Yezhova）和伊万·叶若夫（Ivan Yezhov）都是 40 岁的农民，和伊万 65 岁的母亲一起住在博索伊基斯洛夫斯基大道（Bolshoy Kislovsky Lane）上的一栋属于舍列梅捷夫伯爵（Count Sheremetev）的公寓大楼中。[15]

374

拉斯普京直到 27 日中午才重新出现在街上。一名身份不明的女性接走了他，把他带到阿尼西娅·里什特尼科娃（Anisya Reshetnikova）的公寓中。拉斯普京认识里什特尼科娃有一段时间了，于 5 月拜访莫斯科时他甚至住在她的家中。她是个富有的寡妇，70 多岁，和两个成年的儿子尼古拉（Nikolai）和弗拉基米尔（Vladimir）同住。[16]根据某一消息来源，在拉斯普京的提携下，尼古拉被聘为维鲁波娃的私人秘书，享有国家顾问（State Councilor）的地位；弗拉基米尔则是教堂管理人员，这显然也出自拉斯普京的安排。[17]他们在莫斯科的家中常常聚集了包括莫斯科都主教马卡里在内的高级神职人员。

结束二十分钟的拜访后，拉斯普京再次和捷列霍夫娃一起动身，这次是去她担任管理者的医院探望一些受伤士兵。他和伤者们交谈，亲自递给他们一些卡片（写有"上帝爱你，必会给你回报""别担心，上帝正看顾你。格里高利"等）。之后，他去菲舍尔工作室（Fisher Studio）用三种不同姿势拍摄了三组照片，又回到捷列霍夫娃的公寓。他在那里一直待到傍晚 6 点。暗探留意到，那时他已经"喝醉了"，尝试接近捷列霍夫娃的女仆亚历山德拉·斯勒波娃（Alexandra Slepova），并让这个年仅 17 岁的女孩亲吻他。（秘密警察的报告中并未说明暗探是如何得知发生在公寓内的情形的。）下午 6 点，叶若夫来接"醉醺醺的"拉斯普京，与他们一同离开的还有两个身份不明的人。晚 9 点，烂醉如泥的拉斯普京离开公寓，坐车绕着街区兜风。暗探认为，这显然是为了帮他醒酒。不久后，他再次回到叶若夫家中。数个小时内，同样的场景上演了多次：拉斯普京被带到街上，坐车兜风，又返回房间。在此期间，更多男人和女人来到公寓，加入派对。那天晚些时候来了一群被暗探认为是歌手的女人，接着从房里传出欢歌笑语，人们开始尽情饮酒、跳舞。他们制造的噪音甚至导致楼下住户向公寓管理人员投诉。在公寓管理人员的要求下，他们在 28 日凌晨结束了派对。所有客人都离开了，只有拉斯普京留下过夜。[18] 这类派对在叶若夫家是常有的事。据说，有一次伊万打牌输了大钱，还向拉斯普京要钱。拉斯普京没有拒绝，并和他以及他的太太达成协议：两人会作为"中间人"让拉斯普京赚回这笔钱。他们也保证当拉斯普京在莫斯科时给他介绍许多女歌手。[19]

28 日，暗探留下了相似的记录，虽然这天没有开狂野的派对。（他们还记录下那天深夜，拉斯普京和斯勒波娃一起坐车离开了相当长一段时间。或许她最终选择了乖乖就范？[20]）他们调查了派对客人的身份，甚至记下了拉斯普京每次搭乘汽车的车牌号："1592""727""840"。一旦汽车拥有者的身份得到确认，暗探便会深入挖掘他们的私生活。拉斯普京离开后，调查行动仍在进行，一直到 4 月的第二个星期才停止。[21]

3 月 29 日傍晚，暗探列昂诺夫和奥斯米宁跟踪拉斯普京到了库尔斯克火车站（Kursky Station）。拉斯普京登上 6 号火车，进入一等车厢的一个单人包间（编号 2249）。火车于下午 6 时发车驶向彼得格勒。陪同他的是一名身份不明的女性。暗探报告，他们会查清她是谁，以及截至目前所有身份不明的人士的身份。[22]第二天，拉斯普京抵达彼得格勒。他立刻给叶连娜·思诺莫娃（Yelena Dzhanumova）发电报，她是他的众多女性友人之一。他写道："让我感到无限满足的宝贝，我的心和你在一起，吻你。"[23]

4月1日，亚历山大·马丁诺夫根据暗探们的记录，撰写了一份有关拉斯普京的详细报告，并把它发给莫斯科总督亚历山大·阿德里阿诺夫。马丁诺夫的报告如实反映了他手下暗探搜集的信息，还附上了一份拉斯普京停留期间和他有过接触的16人名单。库古斯基（Kugulsky）和塞伊多夫（Soedov）都不在这份名单上，这一事实将在以后成为重要线索。[24]之后，阿德里阿诺夫又把报告发送给了内政部副大臣弗拉基米尔·扎克夫斯基。

拉斯普京前往莫斯科一事的相关工作就此告一段落。但5月底，即马丁诺夫的报告被转发给彼得格勒的两个月后，扎克夫斯基突然给马丁诺夫发了一封标注为"特急"的电报，命令马丁诺夫详细报告在拉斯普京于莫斯科雅餐厅停留期间，那里发生的一切。[25]

马丁诺夫知道他的上司想听到什么，因为扎克夫斯基对拉斯普京的憎恨以及他和反拉斯普京人士的密切来往早就不是秘密。实际上，扎克夫斯基在5月底来过莫斯科，他很可能利用这个机会见到了马丁诺夫和阿德里阿诺夫，向他们透露了他想要什么。[26]扎克夫斯基的姐妹叶夫多基娅（Yevdokia）跟埃拉走得很近，也是索菲亚·图雅切娃的好友。而且，扎克夫斯基显然放走了伊利奥多尔的妻子，让她携带拉斯普京的材料逃出俄国。毫无疑问，他希望伊利奥多尔有朝一日能利用这些材料扳倒他们共同的敌人。[27]扎克夫斯基自己也在搜集对拉斯普京不利的材料，准备等到时机合适再公开。[28]实际上，根据扎克夫斯基的回忆录，他在 1913 年访问柏林之际，皇后的家人曾把他拉到一边，交代他尽一切努力说服亚历山德拉摆脱拉斯普京，从而解除拉斯普京对皇室的威胁。[29]扎克夫斯基还得到消息：他手下的几个暗探打算拍拉斯普京的马屁，其中一人甚至愿意为了讨好拉斯普京而献出自己的妻子。[30]扎克夫斯基的手下本该设法针对拉斯普京，如今却站到了敌人的一边，这让扎克夫斯基勃然大怒。阿德里阿诺夫告诉扎克夫斯基，拉斯普京那天晚上在雅餐厅没有"任何不妥举动"，但这根本没用。扎克夫斯基想给不利材料增加些内容，他也可以搞到它们。[31]

6 月 5 日，马丁诺夫回复了扎克夫斯基的命令，并附了一份陆军中校谢苗诺夫（Semyonov）撰写的报告。报告称，3 月 26 日晚上 11 点前后，拉斯普京和阿尼西娅·里什特尼科娃、一名身份不明的女性，以及一名姓塞伊多夫的男性一起抵达雅餐厅。在餐厅，他们给一个名叫库古斯基的人打了电话，让他加入他们。报告接着写道，拉斯普京跳起了舞，告诉合唱团的女孩们他的衣服是来自他"妻子"的礼物，是由她亲手缝制的。"然后，拉斯普京做出了令人发指的事，简直就像性变态一样——他露出了自己的生殖器。在此期间，他继续和歌手们交谈，给她们写了一些卡片。"谢苗诺夫写道。有歌手说，他不该这么做。拉斯普京回应说"身边有女人陪伴时他经常这样做，因此他没有做出任何改变，继续坐在那里"。最后，那名身份不明的女性为聚会支付了账单。27 日凌晨 2 点前后，所有人都离开了餐厅。[32]据说，另一份日期为 6 月 6 日、记录人是一个叫作雅科夫列夫（Yakovlev）的暗探的报告，也讲述了那天晚上的事。那份报告连事件日期都没弄对（写成了 3

月 28 日），只是重复了谢苗诺夫的报告中关于哪些人和拉斯普京同在雅餐厅的错误。

拉斯普京在这次旅行中从没见过塞伊多夫和库古斯基，他们出现在报告里的事反映了某种特别的用心。该报告称，尼古拉·塞伊多夫时年 54 岁，为《圣彼得堡公报》（*St. Petersburg Gazette*）工作；谢苗·库古斯基时年 51 岁，是《当季新闻》（*News of the Season*）的编辑和出版人。马丁诺夫在标注日期为 7 月 29 日的提交给扎克夫斯基的报告中写道，自己通过"秘密渠道"揭露了那两人和拉斯普京的关系，以及他们当晚到场的真正意图。马丁诺夫说塞伊多夫是一个挥霍无度的贵族，兼职记者，和数宗灰色交易有关，"个性阴暗"。那年早些时候，他曾在彼得格勒向拉斯普京求助，希望拉斯普京能促成一桩涉及士兵内衣的腐败交易，事成后两人均可以从中获得暴利。拉斯普京不排斥这个主意，保证会利用自己和"高层人士"的关系。他们找到库古斯基帮忙。因为交易取得了巨大成功，他们那天夜晚才聚在雅餐厅庆祝。场面逐渐失控，其他在场人士开始询问那个喝醉的男人到底是不是拉斯普京。雅餐厅的老板苏达科夫先生（Mr. Sudakov）尝试解释他们弄错了，那只是一个声称自己是拉斯普京的人。就在这个时候，拉斯普京做出了"惊人的举动"：他脱下裤子，想证明他正是拉斯普京本人。[33]

如此一来，这个原本只关乎道德败坏的故事的严重性立刻就被提升到了政治腐败的高度。

接着，6 月的一个夜晚，扎克夫斯基在和沙皇的一次例行会面中描述了雅餐厅中发生的事。尼古拉全程保持沉默。[34] 扎克夫斯基说完后，尼古拉问他是否已将一切记录下来。扎克夫斯基说"是的"，递出一张纸。沙皇看了一眼，把它收进了自己的书桌。扎克夫斯基后来称，向沙皇报告拉斯普京的所作所为及其对皇室的威胁，是自己的职责所在。实际上，在这个事件中，正是扎克夫斯基为了击垮拉斯普京而编造的极其荒唐的故事，是最大的危害所在。那天晚上，扎克夫斯基甚至进一步告诉沙皇，拉斯普京是一些秘密团体的武器（他很可能指的是共济会），其目的是摧毁俄国。他一直滔滔不绝地讲了两个小时。根据扎克夫斯基的说法，尼古拉感谢了他的坦诚，让他以后再向自己报告，而且不要向第三人泄露这些信息。扎克夫斯基做出了保证，离开皇宫，感到"愉快又满足"。[35]

然而，这两个人都没有遵守承诺。尼古拉向亚历山德拉透露了这件事，扎克夫斯基则没有瞒着德米特里大公和其他一些人。扎克夫斯基显然复印了自己部门的文件，让其在志同道合的反拉斯普京人士中传阅。6月22日，气急败坏的亚历山德拉在信中告诉尼古拉，扎克夫斯基是"骗子"、"背叛者"、他们的"敌人"之一，坚持认为他该为散布他们的朋友的谣言而受罚。她提醒丈夫，他们一心认为只有迫害"他们的朋友"，俄国才能得救。他们对拉斯普京的攻击弄垮了她的身体，使她的心脏疼痛不已。"如果我们放任我们的朋友遭受迫害，我们的国家就一定会受到惩罚。一年多之前就有人打算刺杀他，人们还很过分地造谣中伤他。难道那件事①发生时，没人想到要报警吗？太可怕了！"

她又在同一天（6月22日）写道：

啊，我的爱人，你什么时候才会在扎克夫斯基和其他

---

① 指发生在雅餐厅的事件。——作者注

人做错事时，用手砸桌子并向他们咆哮？他们一点也不怕你，可他们必须敬畏你。不能让他们骑在我们头上。这一切已经够了，亲爱的，别再让我白费口舌。如果扎克夫斯基和你在一起，就让他撕掉那份报告，绝不允许他再这么诽谤格里高利。他的行为让他像个叛徒，而不是您忠诚的仆人，而他们本应为沙皇的朋友挺身而出。噢，我亲爱的，让人们在你的面前战栗吧——爱你还远远不够，他们还必须惧怕你！……[36]

亚历山德拉立刻看穿了扎克夫斯基的意图，他毁掉拉斯普京的尝试产生了反效果：皇后如今更加深信，所有报告中指出的拉斯普京的陋习——酗酒、玩弄女性、口无遮拦——都是谎言，其目的是把他从她身边赶走。雅餐厅事件造成的意外后果之一是，皇后开始对一切谴责拉斯普京的言论免疫。拉斯普京的敌人进一步巩固了他的地位，但扎克夫斯基当时并没有意识到这一点，他视亚历山德拉的反应为"歇斯底里症造成的精神错乱"。[37]如果这真的是一种癔症，那她的反应也说得通：她似乎比自己的丈夫更加确信，扎克夫斯基所说的是彻头彻尾的谎言，尽管他们身边的每个人都把这当作真相。

　　每一次重述都会让故事发生变化。有人说，当时拉斯普京的衣服被剥了个精光，人们纵酒狂欢，秘密警察还用特殊的"镁光灯"拍下了现场照片，但被拉斯普京的信徒发现，他们处理了照片，隐去了他的身份，让扎克夫斯基曝光拉斯普京的英勇尝试落了空。[38]关于雅餐厅事件的一种神奇说法是，扎克夫斯基因为大胆向尼古拉报告此事而被革职：拉斯普京——在亚历山德拉的支持下——坚决要求尼古拉立刻开除他。但这不

379

是事实。扎克夫斯基到 8 月中旬才被沙皇解除职务，那时离他提交报告已过去了整整两个月。他被革职的原因扑朔迷离，存在多种说法。但是，扎克夫斯基和他的支持者们不在意对他的革职。他视自己为拉斯普京的受害者，是一名殉道者。拉斯普京的敌人们也十分乐于这样看待扎克夫斯基。[39]

和扎克夫斯基一起被革职的还有弗拉基米尔·尼古拉耶维奇·奥尔洛夫大公和亚历山大·德伦特林。8 月 22 日，皇后向瓦莲京娜·查波特拉尤娃提起此事："他们两人都和我对着干，大臣们都是懦夫。当沙皇必须做某些决定时，他们就立刻跳出来反对，提出各种存在于想象中的风险。我现在就像在自己的裙子下还要穿裤子一样。"[40]

还有一种说法称，拉斯普京在雅餐厅的丑闻让尼古拉大动肝火，于是沙皇召见了拉斯普京，要后者给一个解释。拉斯普京没有否认这件事。恼羞成怒的沙皇命令他立刻返回西伯利亚，之后好几个月都没有接见他。[41] 当然，这也不是事实。4月，拉斯普京拜访了皇村十几次。他在 4 月 1 日晚见到了尼古拉，27 日尼古拉回到宫里后也接见了他。5 月 4 日的晚餐后，尼古拉在日记中写道："格里高利在我启程前祝福了我。"[42] 5月 14 日尼古拉返回皇村，他于 31 日和亚历山德拉一起与拉斯普京共度夜晚时光，6 月 9 日他们又见了一次。10 日，尼古拉前往最高统帅部，然后在那里待了一段时间，五天后，拉斯普京从彼得格勒返回家乡。[43] 没有任何证据表明尼古拉曾就雅餐厅的丑闻质问拉斯普京，也没有证据表明他曾因此动怒。

\*

一个名叫杰拉德·雪莱（Gerard Shelley）的英国人在丑闻

传开不久后拜访了雅餐厅。他和一位朋友收买了一名侍者，让其和盘托出那个臭名昭著的长老身上发生的事。但让他们震惊的是，那个侍者竟然什么都说不出，甚至不能肯定拉斯普京真的来过餐厅。"魔鬼才知道谁来了这里，"侍者说，"对我们来说，拉斯普京和其他人没什么区别。我们见过各种颜色的脸，有红的、白的、黑的、绿的。至于拉斯普京，那都是一派胡言！"[44]

我们又该如何理解洛克哈特的说法呢？那天晚上他在雅餐厅亲眼看见了一切吗？当然，我们不该忽略他的证词，但仔细研究他的说法，便会发现其实它不那么可信。洛克哈特写道，事件发生在"一个夏日的夜晚"，还提到在拉斯普京"被捕"的二十四小时后，扎克夫斯基就被革职了。也许这位外交官在撰写回忆录时对多年前发生的事已经记不太清。幸运的是，他的日记得以留存下来，如今被收藏在伦敦威斯敏斯特宫的议会档案馆中。它显示，拉斯普京停留莫斯科期间，洛克哈特并不在城里，而是在基辅。不仅如此，他的日记中丝毫没有提及发生在雅餐厅的丑闻。[45]为什么？因为它从来没有发生过。正如扎克夫斯基所说，洛克哈特说了谎。

## 注　释

1. GARF, 111. 1. 2978, 14.

2. *Moskovskii listok*, 8 January 1915, p. 3.

3. *KVD*, 178.

4. Globachev, *Pravda*, 73, 201；*GRS*, 2：226.

5. *WC*, 73.

6. *LP*, 419；*WC*, 82 – 83.

7. Vulliamy, *Red Archives*, 26 – 27；"Rasputin v osveshchenii ' okhranki'," 273, 275.

8. VR, 457；SML, Spiridovich Papers, Box 6, Folder 3, p. 215；FR, 138 – 39；RR, 293 – 96；Lockhart, *Memoirs*, 128 – 29.

9. RR, 298 – 99.

10. Mironova, *Iz pod lzhi*；AV, 466 – 68. 其他右翼传记作家也支持这种荒唐的说法。参见 PZ, 219 – 20；Smirnov, *Neizvestnoe*, 61。

11. OR/RNB, 1000. 1975. 22, 31ob.

12. See PZ, 202 – 204；Bokhanov, *Rasputin*, 233 – 34；Nelipa, *Murder*, 89 – 92.

13. GARF, 63. 47. 484（35）, 1 – 2.

14. GARF, 63. 47. 484（35）, 12 – 14ob；63. 44. 6281, 2 – 7ob.

15. GARF, 63. 47. 484（35）, 7 – 7ob, 10 – 11.

16. GARF, 102. 242. 1912. 297, ch. 1, 52 – 52ob；PZ, 201；Tikhomirov, *Dnevnik*, 410n300.

17. RGIA, 797. 86/3/5. 62, 1.

18. GARF, 63. 47. 484（35）, 7 – 7ob；63. 44. 6281, 4 – 5ob.

19. Mel'gunov, *Vospominaniia*, 1：206.

20. GARF, 63. 47. 484（35）, 8ob – 9.

21. 关于个人身份，见 GARF, 63. 47. 484（35）, 20 – 22ob；关于汽车的主人，见 folios 23, 26 – 39。

22. GARF, 63. 47. 484（35）, 9；63. 44. 6281, 6 – 7ob.

23. GARF, 111. 1. 2978, 15 – 15ob.

24. GARF, 63. 47. 484（35）, 6 – 9, 40 – 41；102. 316. 381, ch. 1, 24 – 26.

25. GARF, 63. 47. 484（35）, 43.

26. VR, 463.

27. FStr, 214；VR, 460 – 61；Beletskii, *Vospominaniia*, 7.

28. Lemke, *250 dnei*, 1：31.

29. Dzhunkovskii, *Vospominaniia*, 2：190.

30. GARF, 270. 1. 46, 75.

31. Amal'rik, *Rasputin*, 190 – 91.

32. GARF, 63. 47. 484（35）, 50 – 50ob；same report in GARF, 612. 1. 22,

56 – 56ob.

33. GARF, 63. 47. 484（35）, 46 – 47ob, 50 – 50ob, 52 – 53ob.

34. 扎克夫斯基告诉调查委员会，他不记得这次见面的时间了。*Padenie*，5：100 – 106；VR，461 – 63.

35. VR，461 – 63. 沙弗斯基认为扎克夫斯基向沙皇所做的报告是"诚实的"，这也是当时的普遍观点。*Vospominaniia*，2：23.

36. *WC*，160 – 61；*KVD*，213 – 15.

37. VR，466.

38. BA, Vostokov Papers, "Tochnyia dannye," pp. 20 – 21; Lemke, *250 dnei*, 1：345; *Zhivoe slovo*, 10 March 1917, No. 3, p. 3; Mel'gunov, *Vospominaniia*, 1：205, 212.

39. VR, 472 – 74; Romanov, *Voennyi dnevnik*, 174; PZ, 206; Peregudova, *Okhranka*, 1：347 – 48; Shavel'skii, *Vospominaniia*, 2：23n7.

40. Chebotaryova, "V dvortsovom lazarete," 181：192.

41. FR, 139; Vasil'ev, *Okhrana*, 152; VR, 463 – 64; GARF, 1467. 1. 479, 54ob – 55.

42. GARF, 111. 1. 2979a; *KVD*, 186, 194 – 95.

43. *KVD*, 196 – 97, 206.

44. Shelley, *Blue Steppes*, 89 – 90.

45. PA, Lockhart Papers, Diaries, LOC/1. 洛克哈特也没有在公开出版的日记中提及雅餐厅事件，参见 Lockhart, *Diaries*。关于洛克哈特回忆录的不可靠之处，请参见 Service, *Spies*, 347 – 48。

# 第四十一章　拉斯普京的女人们

　　拉斯普京的性生活具有传奇色彩，无论是从其极高的传播度还是从其极低的可证实度来看，那都是传说般的存在。据说他的性欲从来无法得到满足，持久力惊人，技巧也无与伦比。"拉斯普京无与伦比。"瓦西里·舒尔金引用了一位俄国大臣之女的说法，后者亲自体验过拉斯普京的能力。据说她曾叹了口气说："他是个与众不同的男人，能够带来非同寻常的感受。其他男人简直一无是处。"[1]根据玛丽亚的说法，关于拉斯普京的说法——他是"恶魔的化身、色情狂、神秘性团体的领袖"等——大部分出自男性的幻想。米哈伊尔·罗将柯在回忆录中写道，拉斯普京在首都的公寓中被性欲冲昏了头，强奸了数名年轻女仆。罗将柯说自己那里有许多封母亲控诉她们的女儿如何被这个"浪荡子"玷污的亲笔信，还拥有一张拉斯普京被数百名女信徒围住的照片。[2]在拉斯普京走上人生巅峰时，关于他如何蹂躏年轻处女的报道也不时见诸报端。[3]

　　虽然疯狂的性欲和大批沉溺于性欲的女孩只是一种想象，但毫无疑问，拉斯普京有好几个情人，他的女儿玛丽亚也不得不承认这是事实。她写道，他来圣彼得堡的头几年还尝试抵制各种诱惑。女人们向他寻求帮助，男人们又给他送去各种女人，有些把她们当成礼物，有些把她们当成陷阱。有一段时间，他的确洁身自好，但后来便放弃这样做了。比如说，他会在圣彼得堡郊外的餐厅和女人幽会，和她们一起钻入私人客房。

"不用怀疑，他们肯定喝了酒，并热情洋溢地跳舞。我那精力旺盛的父亲从小在乡下长大，把这种事看得和其他事一样自然。他保持了一贯的开放态度，在享乐和激情中随波逐流。"在另一个更为坦率的时刻，她承认："我绝不会否认父亲在圣彼得堡有情妇，而且在较长的一段时间内过着相当放纵的生活。像他这样顺从于天性且充满雄性魅力的强壮男子在被女人环绕时，肯定无法抵制诱惑。不仅如此，他身边的人也坚持不懈地怂恿他，终于让他在各种诱惑面前低下了头。"[4]

拉斯普京身边的女人大多在情感上十分脆弱，经历了某种痛苦。她们被他的内在力量及感知能力吸引。在某种程度上，他甚至比她们本人更了解她们。上流社会中有如此之多的女人因丈夫的不忠或漠视而过着悲惨的生活。她们很孤独，精神生活十分空虚。拉斯普京聆听她们的诉说，关心她们，抚摸、亲吻她们，而这种关注正是她们中有些人极度缺乏的。早些年，这些举动还是纯洁朴素的——一个可依靠的肩膀，一个能够交谈的人。但到后来，一切都变质了。

不同女人在他的生命中来来去去，随着时光流逝，一个被他称为"亲爱的女士们"的小圈子形成了。她们照顾他，帮他打理圣彼得堡的家务，为他安排行程，送给他礼物和金钱，痴迷于记录他说的每句话。她们还收集他吃剩的食物和旧内衣。[5]一个女信徒告诉调查委员会，她们都是神经质的女人，心灵早已破碎，身体内只剩下巨大的空洞。她们寻求精神上的慰藉，而教会中的人无法理解，更无法满足她们的需求。拉斯普京给了她们安慰。和他共度的时光安抚了她们悲伤的灵魂，使她们重生，看见希望，甚至找回喜悦。她们相信他那神秘的宠爱中存在一种灵性，于是把自己的灵魂交给他，常常还交出了身体。

一位已婚女信徒在信中向拉斯普京表达了她的感受：

> 亲爱的格里高利·叶菲莫维奇！
>
> 我感到痛苦，我不值得您用神圣的话安慰、开导我。收到您的信让我获得了无限喜悦。……您找到了我这只迷途的羔羊，如果没有您的指引，我永远无法找到自己的路。如果不是您，我的灵魂永远无法看见上帝。我太软弱了，无法相信自己！我走得越远就越相信，除了信仰上帝的生活，真正的喜悦不可能存在。我无法忘记和您交谈的每一分钟，即便我不配拥有这些时光，我有罪，将它们从我身边带走只会让我们的上帝喜悦。请宽恕我，格里高利·叶菲莫维奇，我如此痛苦，我痛苦是因为我至今仍然无法找到真正的光。
>
> 永远有罪的、卑微的姐妹亚历山德拉[6]

弗拉基米尔·扎克夫斯基将"拉斯普京现象"主要归咎于这类女人："如果我们的社会上少一些歇斯底里的、追求刺激的饥渴女人……拉斯普京就无法获得任何影响力。"[7]但他没有提到，如果圣彼得堡的女人被迫离家寻找"特殊刺激"，那么她们的丈夫必定存在可指责之处。一位杜马代表在和舒尔金交谈时解释道，上流社会的女人会沉迷于拉斯普京的魅力这件事并不出人意料，她们追求的感受是那些"死板无趣"的丈夫所无法提供的。因此，她们开始寻找情人，但上流社会的男人和她们的丈夫如出一辙，也是些无法满足这些女人的需求的人。于是，她们转向其他阶层的人，渐渐抛弃了阶级偏见和与生俱来的优越感，甚至放弃了对"审美和正直品质"的追求。最后，她们聚拢到拉斯普京身边。到那时，她们基本上已彻底迷失，走完了"让她们沦为上流社会的荡妇的漫长道路"。[8]

舒尔金称这是"'失落灵魂'的圆舞曲，她们对生活和爱生出了不满。在寻找快乐之秘密的途中，有些人被神秘主义蛊惑，有些人过上了放荡的生活，还有些人两种情况都有"。[9]奥尔加·鲁克缇娜无疑是其中最为彷徨的灵魂。她的精神病让她忍受了拉斯普京对她的折磨。她的自卑让他困扰，他无法用温柔的方式对待她。她会跪在他跟前，满怀爱意地脱下他的靴子，亲吻他的双脚，再将它们移到附近的椅子上。据说，她偷过他的调羹和外套，对着它们祈祷，好像它们是圣人的遗物。她求拉斯普京原谅她古怪的举止，他却会举起鞋子或手边的任何东西打她。他认为鲁克缇娜会有奇怪的举动不是因为疾病，而是因为魔鬼在作祟，但他无法为她驱魔。[10]拉斯普京的记者朋友菲利波夫告诉调查委员会，有一次他拜访拉斯普京的公寓时，刚好遇上拉斯普京在卧室里暴打鲁克缇娜。她抓着拉斯普京的肩膀不停哭泣，喊着"你是上帝"，而他却回应说，"你这个婊子"。菲利波夫大声喝止拉斯普京，谴责他殴打女人。"反正这个婊子不会离开我！"拉斯普京说。与此同时，鲁克缇娜一直高喊："我是你的羔羊，你是上帝！"[11]玛丽亚证实，他的父亲脾气不好，有时十分易怒，喜爱与人争论。[12]

384

没有任何女人愿意看到拉斯普京和鲁克缇娜保持这种可悲关系。他最忠诚的信徒阿基林娜·拉普汀斯科娅不仅没有站在奥尔加一边，还对奥尔加嫉妒得要命。穆娅·高罗维纳称阿基林娜是个丑陋的泼妇，没有其他女人能忍受她。她对阿基林娜唯一的好话是称赞她拥有甜美的嗓音，拉斯普京总能在她的歌声中平静下来。[13]穆娅和她的母亲柳博夫都喜欢鲁克缇娜，但两人同样无法理解或原谅她和拉斯普京之间发生的一切。一次，柳博夫说鲁克缇娜夺走了拉斯普京身上最珍贵的东西——他的宽恕、洞察力和理性，并且选择无视拉斯普京对待女性的轻浮。穆娅尝试向一位外人解释鲁克缇娜的行为，称那是对拉斯普京的教诲，即"谦卑能够让灵魂喜悦"的一种曲解。这位母亲和她的女儿不是拉斯普京的情妇，但她们似乎都受到了他那诡异爱抚的影响。

柳博夫称，拉斯普京能够通过物理碰触把精神传递到其他地方，因此他无法停止碰触他人。拉斯普京从来管不住他的那双手，他永远都在抚摸女人的肩头、大腿和背部，把手伸向她们的乳房，还用一个个湿润的吻让她们喘不过气。他如果喝了酒，就会更加过分。他会抓住任何一个进入他视线的猎物，把她带到卧室，留下客人一边独自喝茶，一边听从门后传来的做爱的喘息声。拉斯普京对新认识的女人尤其感兴趣，很享受追逐她们的乐趣。一旦得到这个女人，他的热情便立刻消退，但他身边的女人不太在意这点。另外，不仅仅是他有欲望，他的身边总有几个女人乐意向他发出幽会的邀约。[14]

穆娅相信，她们从认识拉斯普京的那一刻起便被他的魔力俘虏了，在余生中都不会再去质疑它。她写道：

385    我们中间有一个男人自愿帮我们卸下肩头的重担，在上帝面前担起重任，向上帝献出自己的全部，上帝则回报给他强大的精神天赋。我们都得到了他的滋养。为了他人，他永远承受着苦难，换来的只有嘲弄、不理解、冷酷、不知感恩和刻薄！他那无边无际的爱和同情，只换来了怀疑和指责他沉溺于感官享受的声音，而他——作为上帝的选民和仆人——已经远离这种快感多年！诽谤总是追着他不放，而且永远不会离他而去，因为这是对他的伟大试炼，真正的圣人必然会经历迫害和追捕，会被审判和定罪！[15]

当然，不是每个人都能感受到拉斯普京的天赋。穆娅的姐妹奥尔加·高罗维纳就没有被拉斯普京触动，这让她对自己十分失望，也在奥尔加和她的姐妹与母亲之间造成了令人痛苦的情感隔阂。"看看穆娅，"她告诉作家薇拉·茹科夫斯卡娅，"她如此平静、快乐，而我总是这样迷茫，无法在任何地方找到自己的精神支柱。"

从文法学校毕业不久的茹科夫斯卡娅为了完成她的文学-社会学研究课题，见过拉斯普京好几次。她对性嗜好古怪的人感兴趣，总是勇于尝试被学校的女孩视为禁忌的事情。她在后来写道，拉斯普京被她迷倒了，渴望和她上床。"如果不靠爱抚，我连一件事都做不成，"他告诉她，"因为人们总是通过身体来了解对方的灵魂。"[16]她称自己抵制了他的一切攻势，尽管并非每个人都相信她的话。[17]调查委员会甚至形容茹科夫斯卡娅是"性欲狂、撒旦崇拜者"。[18]

茹科夫斯卡娅接近了拉斯普京圈子中的女性，观察了她们和拉斯普京的来往。拉斯普京告诉她，鲁克缇娜是他"沉重的十字架"。他移除了她身上所有的罪，现在她是清白的，而那些罪由他一个人承担下来了。为了拯救她，他做出了牺牲。茹科夫斯卡娅眼看着拉斯普京乱摸这些女人，她们却心甘情愿地聚拢在他身边。他那些令人费解的话换来的是一阵阵惊呼："哦，神父，神父，您的话是如此神圣！"。她们还常常颤抖着凝视他为她们的茶加糖。一次，安娜·维鲁波娃的姐妹萨娜·皮斯托尔科尔斯坚持要和拉斯普京私下聊天。他跟着她进了房间，双手就放在她的臀部。卧室里不时传出萨娜尴尬的笑声，余下的人却若无其事地继续聊天。接着，传出的声音变成娇喘与呻吟，然后是床那吱呀吱呀的摇晃声。茹科夫斯卡娅身边的女人渐渐涨红了脸。起初，茹科夫斯卡娅不理解她们。[19]她说，最夸张的一次，他的床上同时有四名女性。他白天让这些女人忏悔、祷告，晚上却让她们来自己的房间。那些拒绝他的女人会被迫和他一起祷告，直到她们相信他的举动是由纯粹的神圣驱使的。茹科夫斯卡娅称，她曾刻意挑逗拉斯普京，想知道他究竟有多大能耐。一次，他一把抓住她，把她拖进自己的房间，打算强迫她躺到床上。她拒绝了，他也没有坚持。但为了以防万一，她总是随身带着一把手枪。

茹科夫斯卡娅的叙述非常生动，但它真的可信吗？谢尔盖·梅格诺夫（他不是拉斯普京的支持者）通过普鲁加温的介绍结识了茹科夫斯卡娅。他总结说："她肯定患有癔症，因此在看待她的叙述时必须带着怀疑的态度。"[20]她对拉斯普京放纵堕落的表述经常是对事实的夸大。然而，她说的话里有一点值得关注，即在她表达拒绝后，拉斯普京便没有强迫她。其他女性也有类似表述。这种说法不免让人怀疑，拉斯普京对女性施暴并性侵她们的指控是否站得住脚，尽管我们也无法证否这些指控。另外值得一提的是，这些女人中没有任何一人怀上过拉斯普京的孩子。这是个让人震惊的事实。如果他的身边确实环绕着数十个情人，很难想象他没让任何一个人怀孕。有意思的是，拉斯普京的敌人们从未提过私生子问题。如果真的有这样的孩子存在，那他们一定不会放过这件事。

\*

1915 年春天，莫斯科商人的妻子、32 岁的叶连娜·思诺莫娃为了母亲的事找到拉斯普京。她的母亲在德国出生，因为战争爆发被俄国政府驱逐。第一次见思诺莫娃时，拉斯普京便看上了她，他周围的女人也很快察觉到了这点，生出嫉妒之情。他亲热地称呼她为"黑美人"，还给她写过一张字条："不要回避爱——它是你的母亲。"[21] 那年秋天，她再次来彼得格勒时没有通知拉斯普京，他得知此事后气得火冒三丈。"他生气时脸上会浮现出捕食中的动物般的扭曲表情。他双眼发黑，瞳孔放大，眼珠瞪得几乎要掉出眼眶。但他的情绪会一点一点好转。他的皱纹渐渐舒展开，眼中重新透出光芒，还带着一丝善意和温柔。他拥有令人惊讶的多变而生动的脸孔。"

在餐桌上，阿基林娜·拉普汀斯科娅制止思诺莫娃往茶杯中加糖。阿基林娜抓住她的手，转向拉斯普京："请祝福它，神父。"他的手指伸进装糖的碗里，取出一块，放进思诺莫娃的茶杯。"神父亲自给你加糖，这是上帝的仁慈。"阿基林娜告诉她。与此同时，其他女人也把茶杯推到他面前。女人们离开前都亲吻了他的手，他则吻了她们的嘴唇。她们问他要一些干面包屑，然后把它们小心地收在纸或手帕里，再将其塞进包中。几个女人提前向杜尼娅·皮什金娜讨要特别的纪念品，也就是拉斯普京穿过的内衣。她们说："杜尼娅，越脏越好，越旧越好。请给我那些留有他汗渍的内衣。"于是，杜尼娅递给她们每人一件用纸包好的内衣。思诺莫娃说："我觉得自己像是进了一家疯人院。我完全不理解这里发生的一切，感到头昏眼花。"

几个月来，思诺莫娃数次拜访拉斯普京，希望他帮助自己的母亲，但没有取得任何进展。她在日后写道，拉斯普京尝试把她弄上床，但她拒绝了，他也没有强求，而是把注意力转移到她的朋友廖利娅（Lelya）身上。奇怪的是，即使思诺莫娃知道没有正当的理由继续与他见面，她和廖利娅也还是忍不住找他。她不得不承认自己被他的洞察力吸引了。就像人们常说的，他知道她在想什么，经常知道在某个时刻该说什么。虽然她告诉自己不要去见他，但还是会不由自主地出现在他住处的门前。这太奇怪了，她自己也无法解释。"好像我的意志瘫痪了。这实在是很古怪。我们都不相信他、怀疑他，但只要他在场，我们就对他身边发生的一切充满兴趣。这相当不寻常，而且很吸引人。"[22]

思诺莫娃没有在回忆录中记下她和拉斯普京之间发生的所有事。1915 年 12 月 8 日，暗探留意到思诺莫娃、拉斯普京、出版人菲利波夫，还有其他几个人在彼得格勒的多农餐厅（Donon）吃饭。之后，拉斯普京带着思诺莫娃和其他几名女性去了思诺莫娃的住处。[23] 警方的报告没有提到拉斯普京在那里停留了多久。

388

＊

这些年，拉斯普京在首都还结识了其他女性。以下内容来自 1912 年 1 月至 1913 年 1 月秘密警察对拉斯普京的监视记录："拉斯普京很少独自外出，但每当他一个人出门时，他都会去涅瓦大街或其他妓女经常出没的地方。他勾引她们，带走其中一人，和她一起去酒店或公共浴室。他 1912 年第一次前往首都期间，监视他的暗探们共记录了六次相关事件，以下是它们的细节……"

　　接着，报告罗列了一长串拉斯普京的堕落行径：

　　　　（1912 年）2 月 4 日，离开妓女波特文基娅和科兹洛
　　娃的住处（斯维什尼大道 11 号）后，拉斯普京在一些人
　　的陪同下直接去了高罗维纳家。两小时后，他离开那里，
　　前往涅瓦大街，又找了个妓女，两人一起去了康尤森纳亚
　　街上的浴室。

　　　　2 月 6 日，拉斯普京与季娜伊达·曼什达特一起待了
　　一个半小时，然后离开她，径直前往涅瓦大街，找到妓女
　　彼得罗娃，两人一起前往莫伊卡河畔 26 号的浴室。

1912 年的另一份报告显示，11 月 21 日，拉斯普京在不到一小
时内勾搭了两名妓女。暗探后来盘问了其中一人，对方称拉斯
普京给她买了两瓶啤酒，让她脱掉衣服，欣赏了一阵她的裸
体，付给她 2 卢布，然后就离开了。到 1913 年 1 月，报告称
拉斯普京已经不再掩饰他的行为，而是公开召妓，有时还醉倒
在街上，甚至"朝教堂的廊柱撒尿"。[24]

　　罗曼诺夫皇朝的精神导师在首都的主要街道上公然召妓，
这可能吗？实际上，近年的一些历史学家坚称这不可能，而警
方的档案不像历史学家们想象中的那么明了。秘密警察的监视
档案分两种：手写体记录，出自在街上监视拉斯普京的暗探之
手；印刷体报告，根据原始记录整理编辑而成。印刷体报告由
警察部门根据"奥克瑞那"和内政部上司的要求撰写。可以
确定的是，目前得到公开的只有这部分档案，而且拉斯普京每
部传记的作者引用的也是这部分档案，它们是他经常召妓的

证据。[25]

拉斯普京的一些辩护者认为，这些报告在虚构事实，一切都是捏造的，是旨在诋毁拉斯普京在沙皇心中形象的阴谋的又一体现。作为他们的论据的事实是，他们指出，没有任何手写体的报告幸存下来。根据他们的说法，手写体报告被销毁了，因为它们可以证明印刷体报告的内容纯属无稽之谈。[26]但这是一种大胆且站不住脚的说法，因为数百页手写体的原始记录得以幸存，如今就保存在俄罗斯联邦国家档案馆中。[27]相关文件显示，拉斯普京的确有召妓行为。比如，暗探史林尼科夫（Shilnikov）记录道，1913 年 1 月 9 日，拉斯普京从"雅玛斯卡亚街（Yamskaya Street）14 号的院子里"带走两名妓女。很快，暗探们就确认了那两人的身份：玛丽亚·莱索艾娃（Maria Lysoeva）和娜杰日达·拉什科娃（Nadezhda Lashkova）。史林尼科夫写道，警方会调查两人的背景。[28]

另一份 1914 年的报告显示：

格拉泽瓦亚街 2 号，5 号房。

10 月 5 日，拉斯普京带着一个在涅瓦大街和花园大街交会处勾搭上的妓女来此地，待了三十分钟。和她在一起时，（他）十分谨慎。妓女的身份有待进一步调查。[29]

类似由暗探撰写的关于拉斯普京召妓的报告并不少见。根据俄罗斯国立图书馆（Russian National Library）手稿部珍藏的警方档案，1913 年拉斯普京曾与以下妓女有染：安娜·彼得罗娃（Anna Petrova）、纳塔利娅·萨芙洛诺娃（Natalya Safronova）、玛丽亚·沃罗宁娜（Maria Voronina）、玛丽亚·

特鲁索娃（Maria Trusova）、玛丽亚·莱索艾娃、伊丽莎白·加尔金娜（Yelizaveta Galkina），以及娜杰日达·拉什科娃。[30]

报告中还出现了一个名字：薇拉·特雷古波娃（Vera Tregubova）。一名暗探记录道，1915 年 3 月 11 日上午 10 点 15 分，拉斯普京在普希金大街（Pushkinskaya Street）8 号勾搭上了特雷古波娃。[31]另一份报告说她 26 岁，是"化浓妆的犹太女人"，已婚，但不和丈夫同住，"没什么道德感"。我们知道，拉斯普京经常与特雷古波娃见面。但她是妓女吗？实际上，特雷古波娃是一位接受过传统训练的歌唱家，想让拉斯普京在帝国剧院帮她谋职，因为那里对犹太人不太友好。她告诉调查委员会，拉斯普京同意帮她，但前提是她愿意晚上去他的住处。她知道拉斯普京打的是什么主意，拒绝了他的邀请。然而，秘密警察在 1915 年 5 月 26 日的报告中记录，她曾搭汽车前往拉斯普京的住处。下车前，醉醺醺的拉斯普京"在告别时曾与特雷古波娃热吻，还拍了拍她的脸颊"。[报告接着写道，拉斯普京告诉大楼管理人的妻子，让住在 31 号的裁缝卡佳（Katya）去他家里，但卡佳当时没有在家。][32]此外，至少有一个亲眼见过拉斯普京和特雷古波娃的女人根据他们的举止，认为他们是恋人。[33]

谢尔盖·梅格诺夫说特雷古波娃是拉斯普京的"秘书"，其他证据也表明他们之间的主要联系不是性交易。[34]秘密警察经调查得知，特雷古波娃没有正式工作，但她利用自己和拉斯普京的关系向富人——主要是犹太人——销售商品，每个月可以赚约 300 卢布。这才是她每天拜访拉斯普京住处的原因。[35]后来，拉斯普京确实看上了特雷古波娃。1916 年 1 月，她告诉调查委员会，因为拒绝"和他发生亲密关系"，拉斯普京要

390

求时任内政部副大臣斯捷潘·贝莱特斯基把她赶出首都。贝莱特斯基照办了。不过还有一种可能性：她向拉斯普京屈服了，但拉斯普京后来厌倦了她，希望她离开自己。[36]文献中的证据无法让我们完全重现真相。拉斯普京身边的其他女人可能也有类似情况。例如，1915 年 11 月，拉斯普京在彼得格勒的精选酒店（Hotel Select）结识了耶夫弗洛西尼娅·多莉娜［Yevfrosinya Dolina，又称蒂琳（Dlin）或蒂琳－多莉娜（Dlin-Dolina）］。暗探在报告中称她不仅是骗子、妓女，还曾参与组织儿童卖淫。但是，秘密警察的档案并没有就上述指控提供确切证据。[37]此外，警方也称叶夫根尼娅·捷列霍夫娃为"高级妓女"，但很难想象一个圣彼得堡的妓女还负责组建并且打理莫斯科的一家接收受伤士兵的医院。显然，"奥克瑞那"的人很草率地就给拉斯普京身边的女人贴了标签。这种事其实更多要归咎于他们的上司，后者往往不顾真相，只想让拉斯普京出丑。

暗探的报告还记录了拉斯普京经常和女人一起去城里的公共浴室，且拉斯普京本人不回避谈论此事，这样做时也不像召妓那么小心翼翼。一次，格奥尔基·萨佐诺夫（其妻子也和拉斯普京一起去过浴室）问拉斯普京那些传闻是不是真的。拉斯普京说是真的，"'但我不会单独和她们去，我们总是一大群人一起。'我追问他为什么要这么做，拉斯普京告诉我，他认为骄傲是最大的罪过。上流社会的女人也有这种罪，为了除去她们身上的罪，必须迫使她们谦卑地和一个农夫一起洗澡"[38]。

在浴室，拉斯普京会和她们发生性关系吗？很可能。但这么做的不止他一个人。康斯坦丁·康斯坦丁诺维奇大公是没有出柜的同性恋，有妻子，还有四个孩子。他喜欢在浴室里猎艳，再把他们带到一个私密的隔间里发生陌生人间的性行为。[39]康斯坦丁还在自己家里修建了蒸汽浴室，会强迫年轻的男仆在那里和他性交。从他的日记可知，只要能让他获得快感，男仆的感受不值一提。他尤其喜欢和社会地位比他低的男性性交，这种性癖并不新奇：数个世纪以来，俄国贵族一直利用农奴——无论是男是女——来获得生理快感。这就是他们与生俱来的权力。但如果角色互换，就完全是另一回事了，这似乎可以解释当时上流社会的一些人为什么格外看不惯拉斯普京。他是一个农夫，却在首都的沙龙上爱抚贵族女性（数量还不少）。这令人发指，是对既有秩序的颠覆，释放出了社会即将崩溃的信号。拉斯普京的批评者们普遍忽视了这种社会偏见，而这恰恰决定了他们看待拉斯普京和女性交往时的态度。

拉斯普京那常年饱受折磨的妻子似乎从没抱怨过丈夫的行为。拉斯普京的秘书之一亚伦·西马诺维奇称，这对夫妻在婚姻中始终相处融洽。普拉斯科维亚从不表现出嫉妒之情或对丈夫发怒，即便他当着她的面爱抚其他女人。她接受了他的一切。这就是她的男人。"他想做什么都可以，"据说，她曾如此告诉西马诺维奇，"他可以满足每一个人。"[40]艺术家西奥多拉·克拉鲁普十分尊敬拉斯普京，坚称他在自己面前从未有过不当举止。她相当了解普拉斯科维亚，形容她是"一个朴素、安静的农妇"，即便她丈夫的命运发生了彻底的转变，"她也没有改变自己的生活态度"。在克拉鲁普看来，是女人们追着拉斯普京不放，而不是相反的情况，有时她们还成了他的负担，尽管在很多人眼中，他对此并不介意。[41]

他确实满足了每一个人，我们对此几乎不怀疑。但这是出

392

自对个人快感的追求，还是其他原因呢？为了证明拉斯普京的邪恶堕落，费奥凡曾向沙皇呈上了卡尤娅·白雷斯科娅的证词，其内容相当令人震惊：拉斯普京强迫她像他的妻子那样躺在他身边。她问拉斯普京，是否还有其他方式可让她排解欲望，拉斯普京说没有。她意识到，他这么做原来不是为了他自己，他甚至不觉得享受，而是把它当作一种责任，直到她彻底释放肉体的激情。[42]她真的这么认为吗？还是说这种说法是出于受害者的自我谴责？我们很难知道答案。一次，普拉斯科维亚和一位神职人员的太太一起散步，撞见自己的丈夫正抱着另一个女人。神职人员的太太大惊失色，普拉斯科维亚却相当镇定。她说："每个人都有他必须背负的十字架，这就是他的十字架。"[43]

## 注　释

1. Shulgin, *Years*, 264 – 65.

2. RRR, 59 – 60; Rodzianko, *Reign*, 7 – 9.

3. For example, "Iz startsev, da rannii," *Nov'*, 11 April 1914 in GARF, 102. 242. 1912. 297, ch. 1, 33.

4. RRR, 59 – 61.

5. FR, 45 – 46; Zhukovskaia, *Moi vospominaniia*, 313.

6. GARF, 1467. 1. 701, 233 – 34. 这封信可能来自萨娜·皮斯托尔科尔斯。

7. Dzhunkovskii, *Vospominaniia*, 2：335.

8. Shul'gin, *Dni*, 111 – 12.

9. Shulgin, *Years*, 264 – 65.

10. GARF, 713. 1. 48, 7; [ Belling ], *Iz nedavnego*, 23 – 24, 50; RR, 400;

*PK*, 7 July 1914, p. 1; Zhukovskaia, *Moi vospominaniia*, 269.

11. GARF, 1467. 1. 479, 5.

12. RRR, 55.

13. FDNO, 249.

14. VR, 184, 445 – 46; Zhukovskaia, *Moi vospominaniia*, 295 – 301, 304.

15. PZ, 177.

16. Zhukovskaia, *Moi vospominaniia*, 254 – 61, 295 – 310.

17. RR, 379; Etkind, *Khlyst*, 522 – 23.

18. GARF, 1467. 1. 479, 10 – 11.

19. Zhukovskaia, *Moi vospominaniia*, 271, 280 – 84.

20. Mel'gunov, *Vospominaniia*, 1：212.

21. *Moi vstrechi*, 11 – 12. "奥克瑞那"当时正在跟踪她。GARF, 63. 47. 484（35）, 40 – 41ob.

22. *Moi vstrechi*, 14, 16 – 20, 30. For a similar comment, see Sablin, *Desiat' let*, 307.

23. GARF, 111. 1. 2980, 354.

24. *LP*, 373 – 74; and see PZ, 138.

25. 经过加工后的报告中的一个经常被引用的例子，见"Rasputin v osveshchenii 'okhranki'," 272 – 83。又见 Vulliamy, *Red Archives*, 25 – 47; *LP*, 373 – 74; Shishkin, *Rasputin*, 85 – 86。报告见 GARF, 111. 1. 2978, 14 – 28ob。

26. See PZ, 145 – 46, 148; Globachev, *Pravda*, 5 – 6; VR, 442 – 43. 他的女儿玛丽亚首先提出了这种观点。RRR, 60.

27. GARF, 111. 1. 2975, 2976, 2977 中有数百份类似记录。

28. GARF, 111. 1. 2977, 32, 35 – 35ob.

29. GARF, 111. 1. 2979a, 22.

30. OR/RNB, 1000. 3. 439, 6 – 8.

31. GARF, 111. 1. 2980, 398.

32. "Rasputin v osveshchenii 'okhranki'," 273, 275.

33. RR, 292 – 93, 377.

34. Mel'gunov, *Vospominaniia*, 1：213 – 14.

35. PZ, 197.

36. RR, 377, 381.

37. GARF, 111. 1. 2980, 81 - 91ob. 更多关于拉斯普京和妓女交往的内容，请谨慎参考 RR, ch. 7, and 159 - 60, 236 - 37。

38. GARF, 1467. 1. 479, 5ob. Also GARF, 111. 1. 2981b, 35.

39. *LP*, 238, 239, 241 - 43.

40. Simanovich, *Rasputin*, 24.

41. Krarup, *42 Aar*, 124, 130 - 31.

42. HIA, Nikolaevsky Papers, Series No. 74, 129 - 1, pp. 27 - 40.

43. RR, 175.

# 第四十二章　与拉斯普京共进晚餐

"奥克瑞那"留意到，1915年3月拉斯普京从莫斯科回彼
得格勒后，经常和朋友阿列克谢·菲利波夫在一起。当时，这
两人在筹备出版拉斯普京关于圣城之旅的作品的合辑，书名为
《我的思考与反思》。[1]［拉斯普京还为此成了雕塑家瑙姆·阿伦
森（Naum Aronson）的模特，阿伦森准备为该书作者创作一座
半身像。][2]在拉斯普京的新书面世之际，菲利波夫在家中为他组
织了一场晚宴，精挑细选了一些记者和作家作为来宾，包括：
瓦西里·罗扎诺夫（他和拉斯普京最初于1906年在梅德韦德家
相识）、《证券交易公报》的文学批评家亚历山大·伊斯梅洛夫
（Alexander Izmailov）、剧作家阿纳托利·卡缅斯基（Anatoly
Kamensky），以及《俄国消息报》的娜杰日达·洛赫维茨卡娅
（她的笔名苔菲更为人熟知）。上述客人、几家大型电影公司和
主流出版社的负责人，以及四位标致的女宾，在4月9日晚9
点45分抵达菲利波夫位于花园大街18号的公寓。[3]

之后，苔菲详细记录了当晚的见闻。[4]她写道，举办派对的
主意来自伊万·马纳谢维奇-马努伊洛夫（即"俄国的罗坎
博雷"）。他是拉斯普京多年来的仇敌，打算从这个圈子的边
缘挤到中央。起初，苔菲不愿意出席，她对认识拉斯普京没兴
趣，但最后还是被伊斯梅洛夫说服。派对前夜，她受邀和一群
朋友吃饭。用餐时，她惊讶地发现餐厅壁炉的上方有一行字：

"这里不准谈论拉斯普京。"她也在其他房间见到了类似标志，但还是十分想讲出拉斯普京的名字，因为她第二天就会见到他。因此，她决定打破规矩，缓慢且语调平淡地大声朗读了标志上的字："这——里不准谈——论拉斯——普——京。"可是，她企图打开话匣子的尝试失败了，其他人不敢不守规矩。众人离开餐厅后，一位年轻的 E 女士来到苔菲身边，开始告诉她自己和拉斯普京的交往。她自称是宫中侍女，见过拉斯普京两三次。她为这个男人着迷，他的注视让她"心悸"。他曾多次邀她见面，但她不敢去。谈起拉斯普京时，E 女士变得相当不安，这让苔菲觉得十分古怪。

苔菲抵达菲利波夫家时，其他人已经坐在那不算宽敞且烟雾缭绕的房间中了。她穿戴了自己最高级的服饰和珠宝（罗扎诺夫的要求），看起来像是上流社会的女士，而不是作家。这样做是为了不吓到将置身于一群记者中的拉斯普京。（菲利波夫显然没有告知拉斯普京客人们都是谁。）不久后，拉斯普京也到了，身穿一件俄国教士的黑袍，脚上是那双标志性的锃亮靴子。苔菲和其他人一样，情不自禁地注视起他的眼睛：它们闪着光，这让她一时无法分辨眼珠的颜色。他看起来有些焦虑不安，打量着每一个人，不放过任何人因他而起的反应。他开口了，苔菲称他做的是"一番彬彬有礼的讲话"。

　　"是的，是的，我希望尽快回家，回托博尔斯克。我想祈祷。在我的村子里，人们总能更好地祷告。在那里，上帝能听见你的声音……除了罪，这里什么都没有。你无法在这里祷告。人无法祷告时总会感到格外艰难。噢，太难了。这里什么也没有，只有空虚。我不喜欢这样。周围总是一成不变。你从村子来到这里，然后你的所有积累都打了水漂。"

"你指的想必是精神上的积累吧？"伊斯梅洛夫问。

"当然，精神上的，"他强调，打消了人们认为他追求物质的疑心，"我喜欢村子。喜欢村子里的简单生活。你是个有学问的人，肯定读过赞美诗。诗里说得真好。在那里，在村里，我拥有森林、牲口和小鸟，它们对灵魂有益。但在这里，我总被各种人包围。"

拉斯普京打量众人的眼神让苔菲怀疑他已经看穿了他们，知道他们是记者。她开始感到不适，想离开。他们来到餐厅，坐下喝起了鱼汤和白葡萄酒。侍者最先为拉斯普京服务。他们一起举杯，礼貌地干杯。伊斯梅洛夫写道："他突然变得活力四射、单纯且欢乐，他的眼中泛起笑意，闪着光。他那双农夫特有的粗糙大手不停拍打着肩膀和身体两侧，他可能是感到有些冷。他看起来一点也不高高在上或端着架子——他就是他，一个兴致颇高的粗人。他的注意力转移到了身边的女人身上，座位是故意这样安排的。"

他的身边正是苔菲，她不再年轻，但依旧相当漂亮。菲利波夫估计，她是最有可能让拉斯普京滔滔不绝的人。苔菲的另一边坐着罗扎诺夫，后者不停地低声让她把讨论往"色情"话题上引。罗扎诺夫告诉苔菲："他一定对这些很感兴趣。我们也想听这些。"菲利波夫来到他们附近，往他们的玻璃杯里添了酒，还拿来了小点心。桌子最远端坐着几位音乐家。"有时，格里沙会想跳舞，尤其是在音乐响起的时刻。"男主人向客人们解释，"这些音乐家甚至为尤苏波夫亲王演奏过。他们

395

都是杰出的音乐人。"苔菲留意到拉斯普京开始大口大口地喝酒。他靠近她，对她低语："你为什么不喝？喝吧，快喝。上帝会饶恕你的。快喝。"苔菲告诉他，她不喜欢酒，但拉斯普京继续向她劝酒，甚至命令她喝。罗扎诺夫十分好奇，凑过来问拉斯普京说了什么。他想让苔菲告诉拉斯普京说话大声些，因为他听不太清。她回答，拉斯普京的话不值得一听。罗扎诺夫突然生气地说："让他谈谈下流的事。上帝！难道你真的不懂如何引导话题吗？"

　　苔菲转向拉斯普京。

　　……拉斯普京锐利的眼神将我劈成两半，看穿了我。

　　"什么，你不想喝？噢，你真固执。我都这么说了，你竟然还不喝。"

　　然后，就在一瞬间，他温柔地触碰了我的肩膀，这似乎是他的习惯性动作。总而言之，他会催眠，正尝试通过身体碰触传达他的意志。

　　这绝非偶然。

苔菲依旧无动于衷。E女士已经向她形容过拉斯普京的特殊手段。她只是抬了下眉毛，对他微微一笑，十分镇静。拉斯普京陷入沉默，望向另一边。他受到了冒犯，露出生气的样子，好像对她失去了兴趣。但他又转回身："啊，你刚才笑了。但你的眼睛没笑，你知道吗？你的眼睛里透着悲伤。听着，告诉我，他折磨你了吗？好吧，为什么你不说话？我们都有落泪的时候，我们都喜欢女人的眼泪。明白吗？我知道一切。"苔菲问他，他知道什么，还提高了声音，期待拉斯普京会用同样的音量回答她，以满足邻座的好奇心。但他继续小声说：“我们如何被爱折磨，以及我们如何不得不彼此折磨——我知道的就是这些。但我不希望你痛苦。明白吗？”怒气冲冲的罗扎诺夫在苔菲耳边咕哝：“我什么都听不见！”拉斯普京接着说：“你来我这里吧，我会告诉你更多你不知道的事。”苔菲告诉他，她不会去。他引诱她的手段和用在 E 女士身上的如出一辙，苔菲不会束手就擒。但拉斯普京没有放弃，他告诉苔菲，她一定会来。[5]

派对上，众人不停举杯、祝酒。接着，拉斯普京拿出一张纸，上面是他写的诗。苔菲称它采用了“散文式的字句，和雅歌的风格相近，像隐晦的情诗”。后来她只记得其中的一句：“群山如此壮美、高耸，但我的爱比它更高、更瑰丽，因为爱就是上帝。”她告诉拉斯普京，她很喜欢这首诗，他显然很满足。随后，他又拿起一张纸，写下送给她的诗歌，还签了名。他让苔菲好好保管，而她真的这么做了，多年后还带着它流亡巴黎。罗扎诺夫也记下了拉斯普京的一首诗，题为《关于爱》（“On Love”）：

我的爱——辉煌如太阳。我深爱的朋友，我深深渴求的朋友，它比阳光还要耀眼：太阳十分温暖，但我对朋友的爱，是抚摸，是拥抱。

壮丽的高山，壮丽的场所——难道它们不是由爱创造的吗？

尽管如此，我的爱依旧比山更高，比太阳更明亮。

上帝，您把爱给了他们。

不管这种爱有多高多真实，我都感到踏实，因为我从上帝的爱中获得了纯粹的欢愉。

爱最伟大。[6]

"啊，他简直是克努特·汉姆生（Knut Hamsun）[①]！"一个女人高呼。接着，传来另一个人的声音："或者是泰戈尔！"伊斯梅洛夫留意到，赞美之声让拉斯普京开心得像个孩子。

拉斯普京整晚都在和苔菲调情。一次，他把手搭在她手上，脱下了她的戒指。他开玩笑说不会把它还给她，除非她第二天去见他。但苔菲没兴趣开玩笑，让他马上还回来，因为不管他拿走什么，她都不可能去见他。

忧心忡忡的菲利波夫跑进房间，告诉拉斯普京有人从皇村给他打电话。随后，拉斯普京便出去了。众人等待他返回时，罗扎诺夫不停地布置任务。他尤其希望大家抛出鞭身派仪式的话题。但拉斯普京没有再回来，直接去了皇宫。不过，他离开前给菲利波夫留下口讯："别让她走。让她等在这儿。我会回来的。"可拉斯普京一走，苔菲便和其他人一起离开了。

苔菲向她的朋友讲述了这个奇怪的夜晚，他们都听得很入迷，产生了各种疑问。他们十分惊讶她对拉斯普京的印象竟如此负面，还让她多加小心，因为他现在是掌握实权的重要人物，不好得罪。[7]

第二天，有人（可能是马努伊洛夫）向《彼得堡信使报》曝光了这场派对。文章的标题为《被记者包围的格里高利·拉斯普京》，提到了几位出席者，对当晚的情形做了大体正面的描述，尽管与事实有许多不符之处。[8]阿纳托利·卡缅斯

---

① 挪威作家，1920 年诺贝尔文学奖得主。——译者注

基用那天晚上搜集的素材创作了剧本《或许明天》（*Maybe Tomorrow*）。它原定于 1915 年 12 月 8 日在彼得格勒的雅洛夫斯卡亚剧院（Yarovskaya Theater）首演，但被内政部副大臣斯捷潘·贝莱特斯基叫停，显然他收到了被惹恼的拉斯普京的指示。剧本在做了一定调整（主演从一个俄国人换成一个瑞士人）后才获准演出，但每位观众都一眼看穿了改动之处，人人都知道剧中主角的真实身份。最终，这出戏在俄国被禁，据说是因为拉斯普京和维鲁波娃的坚持。[9]

4 月 10 日或 11 日晚，彼得格勒"奥克瑞那"的人搜查了菲利波夫的公寓。他们收缴了一批信件和照片，盘问菲利波夫派对当晚究竟发生了什么。菲利波夫承认组织了这次聚会，但坚称聚会不涉及任何非法或不道德的行为，强调说自己是沙皇的忠诚仆人。[10]我们不知道是什么导致了这次搜查，但起因很可能只是"奥克瑞那"的好奇，正如有关该事件的一份文件所写，搜查是为了寻找"一张留声机唱片，上面有格里高利·拉斯普京 - 诺维拜访皇宫时的'录音'"。显然，暗探没有找到这张唱片，"奥克瑞那"最后放走了菲利波夫。[11]

398

三四天后，伊斯梅洛夫给苔菲打电话。他称那晚不够尽兴，因为拉斯普京离开得太仓促，他们打算再组织一次类似的聚会。苔菲答应会出席。这次来了更多宾客。见到苔菲让拉斯普京十分高兴，虽然他没忘了责备她那天晚上没留下等他。众人坐下后，音乐响起。苔菲写道：

> 就在那一刻，拉斯普京突然站了起来。他的动作是如此迅速，以致弄翻了椅子（那是个宽敞的房间）。他突然开始跳跃、舞蹈。他弯曲膝盖，开始踢腿。他的胡子因此

颤动，他不停转圈……他的脸开始扭曲、绷紧，他的动作和跳跃完全没有跟上音乐的节奏，就好像他不受自己的意志控制，陷入了某种疯狂的状态，无法停止……

尽管如此，他仍不停跳跃，快速转动，我们都只能看着他……

……

没有一个人发出笑声。我们就这么看着，有些害怕，且相当严肃。

当时的场面实在令人惊叹。太狂野了。人们凝视着他，便会试图加入他并像他一样跳跃、旋转，直到用尽所有力气。[12]

罗扎诺夫坐在苔菲身边，说："看吧，还有什么好怀疑的？他就是个鞭身派！"拉斯普京又猛地停下（和他开始动作时一样突然），精疲力竭地瘫坐在椅子上。他拿起一杯酒，用"癫狂的眼神"扫视了一圈房间。

\*

拉斯普京很喜欢跳舞。"吉卜赛乐队奏起动感的旋律，伴着女声合唱团的高音，"他的女儿玛丽亚回忆道，"这种时候他总会沉醉地舞蹈，他的那种热情和油然而生的喜悦如今只能在哥萨克人和吉卜赛人的舞蹈中看到。"[13]

歌手亚历山德拉·贝林回忆了相似的场景："我一边演奏，一边观察拉斯普京。他无法安分地坐着看别人跳舞。他似乎很难控制自己的身体。他的膝盖剧烈抖动，双手抬起，给人以他打算和魔鬼共舞的感觉……他跳舞时，整张脸都亮了。你

可以感觉到他不是为自己而舞，而是进入了某种宗教入迷状 399
态。他自然地在整个房间舞动，挥动手臂。连乐队也被他不知
疲倦的模样感染。"[14]

对拉斯普京而言，有跳舞就有酒。他主要喝葡萄酒，尤其
是马德拉酒。他从不掩饰自己的贪杯，且于 1916 年承认："我
喜欢酒。"[15]但他不是典型的俄国醉汉。玛丽亚留意到，他一喝
醉就喜欢跳舞，而且跳得十分出色。喝醉时，他从不会失去意
识。酒精不会让他突然变得粗暴或愤怒，而是会调动他的情
绪。实际上，她写道，他喝醉时所说的赞美上帝的话语最为动
人。她还写道，她的父亲在朝圣时会戒酒，可一旦抵达圣彼得
堡，就会重拾旧习。有证据表明，在被古谢娃袭击后，他更依
赖酒精了，一方面是为了减轻伤口的疼痛，另一方面是为了缓
解成为刺杀目标而感受到的压力。在他生命的最后两年里，拉
斯普京深深地沉溺于酒精，主要是为了麻痹自己，哪怕这种麻
痹只是暂时性的。随着想要毁掉他的人的声音越来越响且越来
越急迫，他的内心便也越来越不安。大部分时间里，他会在餐
厅或朋友家中饮酒，偶尔也会在家里喝。玛丽亚写道，沙皇夫
妇知道他酗酒，但从未对此指指点点，甚至从未向他提起这件
事。他的家人则不同，不过他总让他们别太担心。他的女儿相
信，他在生命的最后几年中酗酒，是因为预见了即将降临的
灾难。[16]

在饮酒一事上，其他人也证实了玛丽亚的说法。米哈伊
尔·安德罗尼克夫亲王（Prince Mikhail Andronikov）告诉调查
委员会，拉斯普京可以一口气灌下一整瓶马德拉酒，之后却一
点喝醉的迹象都没有。他的举止保持正常，从来不会失去控
制。安德罗尼克夫说他从没见过拉斯普京因醉酒而造成"污

秒"场面。[17]但彼得格勒"奥克瑞那"的负责人康斯坦丁·格洛巴切夫的说法与之大相径庭。他说拉斯普京的确曾因喝得酩酊大醉而意识不清，但他亲眼看见醉得不省人事的拉斯普京在几分钟之内又突然清醒过来，而他根本无法解释究竟发生了什么。不仅如此，在一整夜的狂野派对后，拉斯普京依旧可能在第二天一早先前往浴室，再回家睡上两小时，之后他便能精神抖擞、充满热情地迎接新的一天。[18]菲利波夫记录道，1914 年，拉斯普京疯狂酗酒——菲利波夫的公寓一度变成"如假包换的酒馆"；同时他还惊讶地发现，醉酒的拉斯普京从不表现出野蛮、鲁莽、暴力的样子。一整夜的畅饮后，他还是和原来差不多；他虽然几乎没睡，但仍能在第二天精神饱满。[19]

饮酒、跳舞，然后上帝便会携起拉斯普京的手。他在舞蹈和酒精中失去自我的模样就和他祈祷时差不多。玛丽亚回忆道：

> 音乐一响起，他的身体就会被唤醒，情不自禁地舞动起来。他在精神上对节奏的沉迷类似于宗教带给他的启示。与此同时，我的父亲从不回避宗教中的喜悦：他在精神上的升华往往来自世间万物带给他的愉悦。其他人以为他笨手笨脚、荒唐可笑，他却可以感受到难以抗拒的力量。它能让他的灵魂获得升华，与祈祷时的投入无异。[20]

拉斯普京的传记作者们十分清楚他对酒精的热爱，却很少提到他在俄国禁酒运动中扮演的角色。拉斯普京不止一次地公开控诉伏特加的危险性，认为俄国必须和古已有之的酗酒行为相抗争。[21]早在 1907 年，拉斯普京就支持在博克维斯科成立戒酒协会。1914 年 5 月，《西伯利亚处女地》报道说，拉斯普京和俄国君主主义者联盟决定发起一轮大型禁酒运动，包括在该报纸上发表一系列文章，以及在俄国各地成立多个禁酒组织。[22] 5 月底，拉斯普京在报纸上回应此事："关于你们提到的谣言，我只想说，冒烟的地方，一定有火。"[23] 1890 年代，来自俄国东部的农夫伊万·丘里科夫 [Ivan Churikov，又被称为伊凡努什卡大哥（Brother Ivanushka）] 曾在圣彼得堡的穷人之中发起了禁酒运动。此人十分欣赏那年夏天《彼得堡信使报》刊出的拉斯普京反对酒精的言论。[24] 有意思的是，就像拉斯普京，丘里科夫也常被丑闻缠身。媒体和杜马不止一次地指控他是危险宗派分子，很可能是鞭身派教徒，他是用禁酒和健康的生活方式做掩护，引诱单纯的人堕入危险的异端陷阱。[25]

*

那个夜晚，拉斯普京一直没有放过苔菲。他怎么都不愿离开她，多次说她应该单独见他，而不是与罗扎诺夫和其他人一起，还保证会为她修建一座"石头宫殿"。

401

我可以做到的。一座石头做的宫殿，你就等着瞧吧。我可以为你付出许多。来吧，看在上帝的分上，快点。我们会一起祷告。还等什么呢！每个人都等着把我杀了。现在，只要我走在街上，就会环视四周，确保没被哪个蠢货跟踪。是的。他们都要我死。那又怎样！那些白痴不知道我是谁。是巫师吗？或许吧。他们会烧死巫师，那就让他们行动起来，烧死我吧。有一件事他们不会明白：如果他们杀死我，俄国便会迎来末日。所有人都会为我陪葬。

苔菲和罗扎诺夫一起坐汽车离开。在与拉斯普京的交谈中，苔菲意识到，拉斯普京不是傻瓜。相反，他相当聪明，甚至称得上精明。她相信，他对她的强迫并非为了性（至少不仅仅是为了性），而是要把她塑造成他"全新的妻子以及和平使者"。她会成为他的笔杆子，拉斯普京会给她指示，然后他想告诉世界什么，就会让她按部就班地写下来。苔菲承认，这个想法的确很有吸引力。不过，拉斯普京就算真的有这样的打算，也没有进一步采取行动。此后，他们就再也没有见过。[26]

## 注　释

1. GARF, 111. 1. 2978; 102. 242. 1912. 297, ch. 2, 219 – 19ob; Vulliamy, *Red Archives*, 28.

2. *Iskry*, No. 27, 1915, p. 215.

3. RR, 306.

4. 苔菲完整叙述了聚会细节，见 *GRS*, 2：221 – 44。伊斯梅洛夫的叙述见 *Petrogradskii listok*。From：RGIA, 472. 50. 1619, 66.

5. *GRS*, 2：224 – 31.

6. RGALI, 419. 1. 799, 1.

7. *GRS*, 2：232 – 35.

8. GARF, 102. 316. 381, ch. 1, 30ob.

9. RR, 310; Beletskii, *Vospominaniia*, 48.

10. GARF, 102. 316. 381, ch. 1, 37 – 40.

11. GARF, 111. 1. 2980, 196 – 96ob. See also FB, 353 – 54.

12. *GRS*, 2：237 – 38.

13. RRR, 62 – 63.

14. ［Belling］, *Iz nedavnego*, 17, 35.

15. GARF, 713. 1. 52, 3.

16. Buranov, "Strannik," 56.

17. *Padenie*, 1: 376 – 77.

18. Globachev, *Pravda*, 69 – 71.

19. RR, 271 – 72.

20. RRR, 62 – 63.

21. *KVD*, 63 – 66; FR, 112 – 13.

22. Smirnov, *Neizvestnoe*, 35 – 36; *PK*, 28 May 1914.

23. PZ, 106 – 107.

24. *PK*, 2 July 1914, p. 2. On Churikov: McKee, "Sobering."

25. *Moskovskie vedomosti*, 7 March 1910, p. 3; *PK*, 26 January 1914, p. 3; GARF, 102. 242. 1912. 297, ch. 1, 30.

26. *GRS*, 2: 239 – 41.

# 第四十三章　拉斯普京的宗教面孔

　　鞭身派教徒。根据苔菲的说法，罗扎诺夫见到拉斯普京舞动和快速旋转身体时，口中惊呼的便是这个词。他的确有可能这样说了；但如果真是如此，那他在这样说时带有的感情肯定与苔菲或大多数俄国人不同。罗扎诺夫会以一种惊叹的语调说出这个词。

　　他曾写道，在菲利波夫家的 4 月 15 日那个夜晚，他们一起坐着听法国表演家迪扎里（Dezarie）边唱歌边弹奏吉他。每个人都被打动了，尤其是拉斯普京。他高喊："快给我些纸！"然后他让邻座递给法国人一张字条："你的才华抚慰了我们的心灵……你的才华来自上帝，但你还没有意识到这一点。"随后，人群高呼："格里沙，跳舞吧。"拉斯普京于是开始"像个俄国人那样舞蹈，带着一种我从未在任何剧院见过的艺术性……他从头到尾都是自由的，眼睛没有望向任何一个人"。一个穿着黑衣、安静拘谨的年轻女人走到他身边，他们开始一起舞动身体。每个人都在拍手，为他们叫好。女人微笑着。伊斯梅洛夫对罗扎诺夫低语：她今晚一定会向拉斯普京献身，然后就会发生"悲剧"。罗扎诺夫暗自琢磨："嗯？什么悲剧？谁敢对你情我愿的事指指点点？"

　　"格里沙是高明的音乐家，"两天后，罗扎诺夫写道，"他不可能是鞭身派教徒。"他不仅不相信拉斯普京属于鞭身派，还视其为当代的伊利亚·穆罗梅茨（Ilya Muromets）。穆罗梅茨是中世纪最伟大的"博加特耶尔"（bogatyri）①，他掌握了非凡的力量，有很强的灵性，是俄国大地的捍卫者，后来，教会追封他为圣人。拉斯普京代表的是彼得大帝之前的老俄国，它还没有吸收任何欧洲的思想、礼仪和科技。罗扎诺夫称18世纪后经彼得大帝改造的新俄国为"施图达"（Shtunda）。"施图达"来自德语 Stunde（小时），意为规则、自我控制、早起、勤勉工作一整天。它还有干净的地板、乖巧的孩子之意，指代的均为整洁利落但极其乏味的事物。俄国的官僚体制是"施图达"的最好例证，而谢尔盖·维特大公也在个人生活中践行这种理念。

> 然而，长老格里沙的身上有一种极强的艺术性，他还充满趣味和智慧，尽管他是个文盲。
>
> 维特则是浅薄、乏味的男人，但他工作起来充满干劲，而且表现出色。他无法停止工作，甚至在梦里都在工作。
>
> 格里沙光芒四射、十分生动，但他整天都和女仆、其他男人的妻子一起虚度光阴，他不想也不可能有任何"成就"。他拥有"神性"，十分敏锐，知道怎么跳舞，知道怎么理解这个世界的美好，而且他也是美好的。
>
> 但他丝毫不具备维特的智慧。"格里沙完全就是老俄国。"[1]

403

---

① 指俄罗斯古代民间传说中的英雄人物，在现代俄语中指武士、骑士。——译者注

根据一位学者的说法，罗扎诺夫或许是首位"俄国文学界的拉斯普京，离经叛道的文学家"。除了诗人尼古拉·克留耶夫（Nikolai Klyuev）外，他是白银时代的杰出作家中唯一反对公众舆论且能接受拉斯普京之人。安娜·阿赫玛托娃（Anna Akhmatova）① 察觉到他们志趣相投，在描述圣彼得堡的知名咖啡馆"丧家之犬"时写道："我敢肯定在某个角落，罗扎诺夫的眼睛一定在闪光，且拉斯普京的胡子一定翘得老高。"2

菲利波夫家的派对结束后，罗扎诺夫总会情不自禁地想起拉斯普京。他一次又一次和拉斯普京见面。4月底，他给神学家、博物学家帕维尔·弗洛伦斯基（Pavel Florensky）神父写信："我见了拉斯普京两次……这两次见面都让我印象极为深刻，一切都明了了。他不是鞭身派教徒，但也绝不是光明正大的人物。尽管如此，他依旧是个聪明的农夫。当然，在宫里，和他交谈比和一些大臣交谈有趣得多。我很喜欢他。"3

罗扎诺夫关注拉斯普京已经有一段时间了。1914年，他在文集《末日教派》（The Apocalyptic Sect）中描述了不久前和拉斯普京的一次见面，认为其创造了一种全新的宗教。罗扎诺夫望着桌子对面被忠实信徒包围的拉斯普京，想起了哈西德主义（Hasidism）② 中的"义人"（Zaddik）。"义人"不是拉比，而是拥有强大精神力量的人物。他们是极少数能够通过特殊渠道与上帝沟通的人，身上流动着一股神性，他们的祷告格外强大、灵验。崇拜者们会争抢他们吃剩的东西，有些人甚至会收集他们的衣物，希望把他们的祝福带回家。人们为了获得疗愈

---

① 1889~1966年，俄罗斯诗人，以抒情诗闻名。——译者注
② 属于犹太教正统教派，受到犹太神秘主义影响，创立于18世纪。——译者注

或精神上的指引而聚拢到"义人"身边，有时也会向他们提出世俗的要求。他们会带去"灵魂的救赎金"（pidyon nefesh），也就是对"义人"的资助。[4]

望着拉斯普京时，罗扎诺夫相信，他正在见证神性的产生："我们看到了神性但不止如此——这还是宗教诞生的时刻……这就是'宗教'的本质，它自一股'神秘能量'中而来，又通过其显身，这就是'神圣'本身。从哈西德主义的'义人'和这个'圣彼得堡巫师'的身上，我们可以清楚地看到一切宗教的起源……"

拉斯普京是真正的"宗教个体"，不同于俄国大部分神职人员。正如伟大的先知，他释放了信号，让人们相信他是接近上帝之人。根据罗扎诺夫的说法，不仅如此，拉斯普京还完全不顾"欧洲宗教那一套"，这让其他人感到十分恐慌。至于他和他那些情人的关系，罗扎诺夫认为这和《旧约》中的先知的情况十分类似。他质问亚伯拉罕难道不是和撒拉的奴隶夏甲发生了关系吗？亚伯拉罕的孙子雅各难道不是同时拥有拉结和利亚这两位妻子吗？雅各难道不是和女仆做爱，诞下了私生子吗？罗扎诺夫写道，是的，这些事实对俄国人来说自然是"无法想象"的。

在拉斯普京身上，俄国的宗教得到了划时代的重塑：

> 关于这位西伯利亚朝圣者，我们可用客观的态度和科学的方式说：他并不追求物质的起源，他将"俄罗斯的虔诚"（自从它在这个国家扎根，便无意识地和"禁欲主义""戒酒禁食""远离女性"以及后来的男女之别联系在了一起），转化为亚洲的宗教诗意和亚洲的智慧（亚伯拉罕、以

撒、大卫和他的诗篇、所罗门和雅歌、穆罕默德）。它们不仅不分隔两性，还试图让两者融合为一体。

他的治愈能力只是他故事中的很小一部分，更重要的反而是他对俄国的历史使命："在历史上，朝圣显然意味信仰的升华，'一切都如此与众不同'……这正是他的'举止'超出'我们有限的行为'的原因。正在俄国上演的不是什么奇闻逸事，而是一段格外严肃的历史。"[5]

405

罗扎诺夫对拉斯普京的解读非常极端，但至少有一个人和他观点相近。读过《末日教派》后，诺夫哥罗德的亚历山大·乌斯汀斯基（Alexander Ustinsky）给罗扎诺夫写了一封热情洋溢的信："您十分正确而且完美地理解、定义了格里高利的使命。拉斯普京就在您的书中。这本书是一次动真格的反抗，质疑了我们十分片面的禁欲主义思想。它还强力地支持了古老的《圣经》中关于两性关系的观念。我完全同意您的观点。最后三页的内容是如此美妙！愿上帝助您不懈奋斗并赢得胜利。"[6]

皇后本人也在拉斯普京身上看到了《旧约》式先知的特质。她告诉莉莉·德恩："我们的上帝没有选择出生良好的犹太人作为他的信徒。"[7]上帝也有他的不满，他不愿和上流社会精英为伍。

然而，持类似观点者极为罕见。1914年3月4日，蒂拉斯波尔（Tiraspol，位于赫尔松）的诺沃-尼亚美斯基修道院（Novo-Niametsky Monastery）的修道司祭谢拉皮翁（Serapion）大惊失色地给罗扎诺夫写信，认为他的书"极其野蛮"。罗扎诺夫在宗教上一无所知，而且没有任何迹象显示他看到了拉斯普京真实的一面。因此，谢拉皮翁建议他多关注费奥凡和米哈伊尔·诺沃肖洛夫。

> 前者（费奥凡）掌握了一手资料（他甚至向沙皇坦白了，但是，唉！……那个神经病控制了整个皇宫）。这个放荡的朝圣者多次亲吻女性……他用性器官散布自己的"神圣能量"。两年前，后者（诺沃肖洛夫）复印了这位"长老"的几名前"教女"的信，信中详细叙述了他是怎么带她们去浴室的。但对俄国教会来说，不幸的是，这些小册子在印刷厂被没收了。如果你真的热爱教会，你的责任就是保护它，使它尽量远离这个卑鄙的"圣人"。他从来不是（也绝不会成为）教会的一分子。

罗扎诺夫在谢拉皮翁的信上潦草地写道："难道大卫和所罗门没有和女人做过这种事吗？……实际上，拉斯普京打破了禁欲主义传统。他的放荡举止本身（对谢拉皮翁而言）并不重要，让谢拉皮翁愤愤不平的是，他竟然同时还未忘了祈祷。"[8]

诗人尼古拉·克留耶夫比罗扎诺夫更进一步。他不仅赞美拉斯普京，还想成为像拉斯普京一样的人。克留耶夫和谢尔盖·叶赛宁（Sergei Yesenin）同为所谓的"农夫诗人"，不仅与鞭身派和阉割派有关，还喜欢穿农夫的袍子、使用夸张的乡村口音。克留耶夫写了一本幻想色彩很重的自传《疯子的命运》（The Loon's Fate），记述了他如何"从农村的破屋子走向皇宫"，这和拉斯普京的经历吻合。克留耶夫从没见过拉斯普京，但丝毫不介意别人误会两人有来往。当时，人们的确留意到了两人的相似之处：农夫出身，和受打压的教派主义存在

406

（或真实或想象的）关系，具有表演式人格，用疯狂的方式让爱神厄洛斯与宗教融为一体。[9]但这种比较并非总对克留耶夫有利。诗人米哈伊尔·库兹明（Mikhail Kuzmin）认为：“克留耶夫是失败的拉斯普京。”作家阿列克谢·列米佐夫评论克留耶夫时称，克留耶夫“希望通过模仿拉斯普京来接近沙皇”，但他从未实现这个愿望。[10]

克留耶夫不是文学圈子中声称和拉斯普京有交集的唯一一人，他只是走向了某种极端。人人都在讨论拉斯普京。哪个自视甚高的作家不想吹嘘自己和这个极有存在感的人物有过来往呢？比如，安娜·阿赫玛托娃称，她曾在从圣彼得堡开往皇村的火车上见过拉斯普京。“他看起来就像个衣冠楚楚的农民领袖，那双催眠师特有的眼睛中透出的光可以直接穿透你的头颅。有人说：‘他正准备盛装出席萨沙（指亚历山德拉）的生日宴会。’”[11]莉莉娅·布里克（Lili/Lilya Brik）——诗人弗拉基米尔·马雅可夫斯基（Vladimir Mayakovsky）的灵感女神也说在去皇村的火车上见过拉斯普京。她在回忆录中写道，拉斯普京坐在她身边，开始询问她各种私人问题。“你一定要来见我，我们会一起喝茶，别害怕。”布里克很想去，但她的丈夫坚决不同意。[12]两个女人说的或许都是事实。她们至少都讲了好故事。

\*

鞭身派、朝圣者、长老、博加特耶尔、先知、义人、圣愚。在《哥林多前书》（4：10-13）中，圣徒保罗说：“我们为基督的缘故算是愚拙的……你们有荣耀，我们倒被藐视。直到如今，我们还是又饥又渴，又赤身露体，又挨打，又没有一

定的住处……被人咒骂，我们就祝福；被人逼迫，我们就忍
受；被人诽谤，我们就善劝。直到如今，人还把我们看作世界
上的污秽，万物中的渣滓。"圣愚是一种古老的宗教文化，发 407
源于拜占庭地区，西方没有类似的宗教形象。圣愚自愿陷入癫
狂，过着极端禁欲的被放逐般的生活，常常做出让人意外乃至
亵渎神灵的行为，引发人们的反感和攻击。他们这么做是为了
模仿基督。他们卸下骄傲，同时强迫折磨他们的人正视自己的
道德堕落，而道德堕落的表现之一就是对圣愚的迫害。他们常
常赤着双脚，穿着破烂的衣服，有时甚至不穿衣服，口中嗫嚅
着语义不明的话。他们拥有预言能力，经常不顾教会规定和妓
女结伴同行，沉溺性爱，当众大小便，辱骂骄傲和虚荣
的人。[13]

　　圣愚的定义和形象一直十分模糊，有人视他们为真正的圣
人，有人则不同意。早期的数名圣愚曾被追封为圣人，但彼得
大帝实行西化改革后，圣愚开始遭到官方禁止。国家逮捕圣
愚，驱逐并折磨他们，甚至迫害他们至死。但真正的圣愚能够
幸存——特别是在民众间。20 世纪，俄国著名的修道院和宗
教场所都有圣愚。拉斯普京年轻时经常拜访这些地方，他显然
被他们打动，受到了他们的影响。

　　亚历山德拉相信拉斯普京是圣愚，并在 1913 年出版的修
道司祭阿列克谢［Alexei，俗名库兹涅佐夫（Kuznetsov）］的
著作《圣愚与支柱：宗教心理学研究》中找到了证据。她津
津有味地读完全书，用彩色铅笔在最震撼的部分做了标记，比
如作者对一些圣愚会通过性行为传递思想的评论。她还把书分
享给其他人，而这些人立刻就领会了皇后的意思。当时，人们
都认为该作者是"拉斯普京主义者"，而且这本书漏洞百出

（直到如今，一些历史学家仍如此相信）。但事实并非如此。阿列克谢的这篇文章是通过答辩的博士论文。2000 年，俄罗斯最负盛名的修道院谢尔盖圣三一修道院（Trinity Monastery of St. Sergius）还再版了这篇文章。[14]这件事似乎可以说明亚历山德拉理解拉斯普京的方式。当拉斯普京喜欢抚摸亲吻女性的消息传到她耳中时，她回应道："过去，人们会不加区别地亲吻每个人。看看关于使徒的著作——他们也会用亲吻欢迎人们的到来。"[15]

408　　拉斯普京是圣愚吗？这个问题极其复杂，正如关于他性格的种种争议。亚历山德拉和尼古拉·扎法科夫都相信他是，尽管在那个时代，他们是绝对的少数派。当今研究相关问题的学者中，有几位也认同这一观点，将拉斯普京归为圣愚，至少认为他沿袭了古代传统。[16]然而，大部分与拉斯普京同时代的人认为，他那圣愚般的外在表现只是一种骗局。"拉斯普京身上不存在任何真正圣愚的影子，"季娜伊达·吉皮乌斯称，"但他常常假装自己是圣愚，带着强烈的目的性，总想从中得到什么好处。"[17]

这种认识上的混乱，一部分和圣愚形象本身的神秘性与矛盾性有关。此外，值得关注的是，拉斯普京融合了各种宗教和传统。他没有进入过神学院，对宗教学习从不热心，而且对纯粹的教条不感兴趣。他接触过各种宗教形式，从它们中汲取了一些养分，形成了自己的风格。拉斯普京是基督教各大教派的集成者。认为拉斯普京不是圣愚的最大反对声音针对的主要是他的世俗化。他抵达圣彼得堡时已经放弃禁欲生活。他有自己的家，视照顾妻儿为己任，衣衫整洁而不是穿几块破布，还拥有皇后缝制的上等衬衣。他召妓、养情人，但这似乎单单是为了满足他的性欲，而不是为了哗众取宠。

至少有一件事是不容置疑的：拉斯普京信仰上帝。纵观拉斯普京的一生，他一直是一位虔诚的信徒。他的女儿玛丽亚回忆道：

> 他经常和我们谈论上帝。他说，上帝是我们生活中的慰藉，但我们需要知道该如何祷告以获得这种慰藉。一位祷告者若想接近上帝，就必须完全忠于自己的信仰，剔除一切杂念。他说并非每个人都能够祷告，这不是件容易的事。他经常斋戒，而且要求我们斋戒。斋戒期间，他只吃干面包，非常自制。他说，斋戒并不像科学家所说的那样是为了健康，而是为了拯救灵魂。[18]

## 注　释

1. Rozanov, *Mimoletnoe*, 56 – 57, 60, 65 – 66; idem, *Listva*, 175 – 76. 罗扎诺夫似乎没有把施图达和 "shtundisty" 一词关联起来，"shtundisty" 指乌克兰的农民，他们在遇见生活在当地的德裔浸信会教徒后，发展出一种宗教运动。请参见 Coleman, *Russian Baptists*, 13 – 26。

2. Erdmann-Pandžič, "*Poema*," lxxiv. Translation by Mariana Markova.

3. FStr, 27.

4. Rozanov, *Apokalipticheskaia sekta*, 202. On the Zaddik, Dresner, *Zaddik*; and Idel, *Hasidism*, esp. p. 201.

5. Rozanov, *Apokalipticheskaia sekta*, 202, 204, 206.

6. NIOR/RGB, 249. 4209. 13, 65 – 66.

7. FR, 65.

8. NIOR/RGB, 249. 4214. 16, 1 – 2. 这封信被警方截获，扎克夫斯基收到了它的副本，将它保存在他的"特别秘密通信"中。参见 GARF, 270. 1. 60, 42。

9. VR, 114; Etkind, *Khlyst*, 292 – 303.

10. VR, 114; Kuz'min, *Dnevnik*, 564.

11. VR, 342 – 43; FN, 645 – 48.

12. FB, 352.

13. See Hunt and Kobets, *Holy Foolishness*; Ivanov, *Holy Fools.*

14. VR, 203 – 205; FR, 64 – 65; Kobets, *Holy Foolishness*, 27 – 28.

15. *WC*, 599.

16. 比如说斯维特拉纳·库比兹（Svitlana Kobits）和谢尔盖·伊万诺夫（Sergey Ivanov）。见 *Holy Foolishness*, 16; Ivanov, *Holy Fools*, 358。值得注意的是，伊万诺夫对拉斯普京的判断主要基于扎法科夫的回忆录。

17. *GRS*, 4: 9 – 10.

18. VR, 210.

# 第四十四章　麻烦不断的夏天

　1915 年 4 月和 5 月的大部分时间里，尼古拉不在皇村，寂寞的亚历山德拉更加依赖拉斯普京的宽慰。这个时期，她写给尼古拉的信反映了拉斯普京如何在很短的时间内大幅提升自己的影响力。亚历山德拉经常担心尼古拉，因此希望拉斯普京为他的平安祈祷。4 月 4 日，尼古拉去最高统帅部时忘了带走拉斯普京送给他的圣约翰战士（St. John the Warrior）像，亚历山德拉立刻派人在第二天把圣像送到了统帅部。除了圣像和护身符，她还会让拉斯普京祈祷沙皇旅途顺利。那个月，尼古拉计划视察利沃夫（Lvov）和佩列梅什利（Peremyshl）周边刚拿下的领地，但他让亚历山德拉不要告诉其他人。不过，她还是忍不住告诉了维鲁波娃，因为她需要通过维鲁波娃请求拉斯普京为沙皇进行"特别的祷告"。她不止一次这么做。那年 11 月，尼古拉安排了另一次行程，也希望她保密，但她又违背了沙皇的意愿，告诉了拉斯普京，如此便可"无论你在哪里，他都能保佑你"。尼古拉不仅没有生气，还亲自给拉斯普京写信，感谢他的祝福和祷告。

　　拉斯普京不仅为沙皇祷告、在精神上保佑他，还会为他的旅行给出意见。在维鲁波娃向拉斯普京透露沙皇在利沃夫和佩列梅什利的行程后，他回复称不喜欢这个主意，沙皇太着急，更明智的做法是等到战争结束之后再去。拉斯普京说得没错。

沙皇的视察刚结束不久，敌人就收复了失地，还俘虏了近25万俄国士兵。这一行程让沙皇陷入了十分尴尬的境地。拉斯普京也不喜欢尼古拉和尼古拉·尼古拉耶维奇大公一起出行，而且完全没有对尼古拉隐瞒自己的看法。拉斯普京和亚历山德拉都不喜欢尼古拉耶维奇，认为其作为总司令太趾高气扬，一副要篡夺沙皇的权力的样子。[1]当年是这个男人把拉斯普京介绍给尼古拉和亚历山德拉，他现在却成了拉斯普京眼中最大的敌人。[2]6月24日，亚历山德拉提醒尼古拉，他，而不是尼古拉耶维奇才是沙皇，因此他应该按自己的意愿行事。最重要的是，尼古拉应该听她和"我们的朋友"的话。亚历山德拉要求尼古拉不向尼古拉耶维奇透露其在前线的行动，因为最高统帅部里到处是德国间谍。她相信，间谍一定会把消息传给他们的政府，用他们的"飞机"炸毁沙皇的座驾。第二天，她催促尼古拉赶紧从最高统帅部回家，否则就会受到大公的不利影响："记住，我们的朋友恳求你不要久留——他了解并且可以看穿N（指尼古拉耶维奇），他也知道你的软弱和善良。"[3]

　　这个月早些时候，皇后给身在最高统帅部的尼古拉写了许多信，提供了不少建议。她称，大臣们"应该知道必须在你面前低头——你还记得吗，菲利普先生和格里高利说过一样的话。你就应该简单直接地下达命令，而不是询问他们是否可以这么做。……你知道我们的人民是多么聪明，多么有天赋，但很懒惰，缺乏主观能动性，只要让他们动起来，他们可以做任何事。别问，直接让他们去做，为你的国家打起精神来"。她接着写道：

　　因此，我们的朋友担心，即使你在最高统帅部时有正确的直觉，但只要不符合身边人的想法，他们就会给出各种理由，让你屈服并接受他们的想法。记住，你已经在位多年，比他们更有经验。N的心里只有军队和胜利，而你打从心底想为这个国家负责。如果他犯错（战争结束后，他什么都不是），你必须惩罚他，以正视听。不，听我们的朋友的话，相信他，他打从心底想让你和俄国更好，上帝把他派到我们身边不是没有意义的。我们必须更认真地听他的话，他不是随口说说——有分量的不仅是他的祷告，还有他的建议。

在这封信中，亚历山德拉提到了一件具体的事。到1915年春天，俄国已经损失了380万士兵，他们或是死亡，或是负伤，或是被俘。尼古拉正考虑在21～43岁的男性公民中发起第二轮征兵。这是自1812年拿破仑入侵以来便没再发生过的事，肯定会引发民众的不满。不仅如此，如此大规模的征兵还会导致农村和工厂丧失大量劳动力。[4]6月14日晚，亚历山德拉在维鲁波娃家中会见了拉斯普京，他们聊了一个半小时。她一回到亚历山大宫就给尼古拉写信，转达了拉斯普京的建议：如果不征兵，尼古拉就可以保住自己的皇位。拉斯普京还告诉沙皇，只要下令让俄国工厂加快生产，少跟大臣们谈条件，就可以解决弹药大量短缺的问题。他让亚历山德拉转交给尼古拉一个护身符，亚历山德拉给尼古拉写信道："我随信寄给了你一根棍子（鱼抓着鸟的图案），是新阿索斯修道院（New Athos）寄给他（拉斯普京），他再让我转交给你的。他自己用过一段时间，现在把它当作祝福献给你。如果你愿意用它的话，就太好了。你可以把它放在自己的房间里，和P先生

411

（指菲利普）的护身符放在一起。"她鼓励尼古拉在陷入彷徨时向拉斯普京求助："如果你有任何问题想问拉斯普京，就立刻写信给他。满怀爱意地吻你千万遍。你永远的妻子。"

\*

那个月，拉斯普京和亚历山德拉最大的担心是尼古拉准备对内阁成员做出一系列调整。尼古拉留意到，民众对战况的不满情绪日益高涨，由尼古拉沙主导的最高统帅部也不断受到批评。因此，他决定罢免几名最不得人心的大臣，以换取民众的支持。仅一个月内就将有四人下台：尼古拉·谢尔巴托夫亲王（Prince Nikolai Shcherbatov）取代尼古拉·马克拉科夫出任内政大臣；阿列克谢·波利瓦诺夫将军（General Alexei Polivanov）取代弗拉基米尔·苏霍姆利诺夫（Vladimir Sukhomlinov）出任战争大臣；亚历山大·萨马林（Alexander Samarin）取代弗拉基米尔·萨布勒出任神圣宗教会议主席；亚历山大·赫沃斯托夫（Alexander Khvostov）取代伊万·谢格洛维托夫出任司法大臣。拉斯普京担心新上任的大臣比他们的前任对他更不友好（这种担心很快就得到了证实）。他得知消息后，几乎连续五天彻夜未眠。6月15日，在拉斯普京打算离开彼得格勒回西伯利亚之际，亚历山德拉给尼古拉写信，担心这些人会对拉斯普京不利，还称更换大臣一事让拉斯普京"因不知道什么是真实的而非常焦虑"。她还给沙皇附上了一张拉斯普京的字条。

别太担心人们会说什么，不要受别人影响，相信你自己的直觉，听从它，要有自信，不要听别人的，不要向别

人妥协，他们知道的不比你多……上帝感到很遗憾，因为
你没有常常和他交流想法，告诉他你打算怎么安排新大
臣，打算做什么改变。他一直祝福你和俄国。如果你对他
坦白一些，他会更好地协助你。

这是一张相当关键的字条。拉斯普京指示沙皇要相信自己的直
觉，忽略大臣的意见，而且拉斯普京希望第一个获知尼古拉的
想法。这么一来，拉斯普京就能以他和亚历山德拉以为的最好
方式来指点沙皇。

　　第一场大臣人事任免发生在6月5日，谢尔巴托夫亲王取
代了对拉斯普京更友善的马克拉科夫。这个时间点非常关键。
几个星期后，扎克夫斯基就开始拿无中生有的雅餐厅事件攻击
拉斯普京。扎克夫斯基可能和谢尔巴托夫结成了同盟，向后者
透露了自己的计划，而新上任的内政大臣则为他开了绿灯。[5]但
在大臣换届中，最让拉斯普京和亚历山德拉不安的是任命亚历
山大·萨马林——萨马林和埃拉、索菲亚·图雅切娃走得十分
近。亚历山德拉在给尼古拉的信中写道："现在你对莫斯科的
安排就像在我们四周布了一张蜘蛛网，我们的朋友的敌人就是
我们的敌人。"她告诉丈夫，拉斯普京得知消息后非常生气，
陷入了"彻底的绝望"。她同样认为这个决定"不妥"，而且
她现在终于完全理解了为什么拉斯普京不喜欢沙皇长时间待在
最高统帅部——如果尼古拉留在她身边，她一定会帮他做出更
好的决定。她知道最高统帅部的男人忌惮她的影响力，才会设
法把沙皇留在那里。她要求尼古拉和萨马林进行一次"严肃"
的谈话，"用强硬的语气，禁止萨马林采取任何针对我们的朋
友的措施，或者发表关于他的任何言论，或者伤害他一星半

点，告诉萨马林，如有违反，你就会将他革职。一个真正的仆人绝不敢反对获得沙皇尊崇的男人"。"如果我们不保护我们的朋友，"她警告尼古拉，"上帝不会原谅我们的。"

亚历山德拉的失望弄垮了她的身体。她写道，尼古拉的决定让她心痛，她十分想念他，希望他可以多征求她的意见。她告诉尼古拉，自己身边如今没有他和拉斯普京的陪伴，但幸好还有多年之前"我们的一位朋友"（指菲利普先生）送的铃铛，一旦敌人靠近，它就会发出响声。上帝希望她成为沙皇的左臂右膀，亚历山德拉十分确信这点，因为菲利普和拉斯普京都这样告诉过她。他们必须听拉斯普京的话："多考虑考虑格里沙，亲爱的。在每一个困难的时刻，请求他让上帝为你指出正确的道路……你还记得《上帝的朋友》（'Les Amis de Dieu'）吧，它说，一个国家如果由圣人指引，就绝不会失败。噢，让上帝为你指明道路吧！"[6]

拉斯普京建议，在找到合适人选（指不会和拉斯普京作对的人）前，先不要替换萨布勒，但尼古拉还是一意孤行。他了解、喜欢并尊敬萨马林，相信其能彻底解决教会的麻烦。萨马林的父亲是著名的斯拉夫主义者，萨马林则从小接受良好教育，受人尊敬，是无可指摘的东正教徒。与此同时，他也是莫斯科人，受贵族爱戴，是公认的反拉斯普京人士。[7]

萨马林曾前往最高统帅部讨论对他的这项任命。6月20日，他告诉沙皇，良知不允许他在"陛下和您的家人身边存在一个没有价值的男人"的情况下接受任命。沙皇问他，是否相信他和亚历山德拉是真正的东正教徒。萨马林说是，可他接着告诉沙皇，他们都被拉斯普京骗了："陛下，他显然是个狡猾的人。他在您面前和在其他俄国人面前的面孔截然不同。"根据萨马林的描述，泪水从沙皇的面颊滚落。尼古拉暗示萨马林，自己或许有办法让拉斯普京离开彼得格勒。萨马林回答，如果沙皇真的决定这么做，就必须采取决定性措施，从而让每个人相信，拉斯普京对教会的恶劣影响已经结束，而且永远结束了。沙皇沉默了一阵，告诉萨马林，自己经过仔细考虑，仍希望他接受神圣宗教会议主席一职。萨马林认为这意味着尼古拉接受了他的条件，但他很快就会发现他错了。

从最高统帅部传出消息说，沙皇和萨马林两人的共识意味着拉斯普京时代的彻底终结。所有人都为此欣喜若狂。那天，尼古拉沙从首席神父沙弗斯基处得知此事后，兴奋地跳了起来，迫不及待地亲吻了沙弗斯基的十字架。"我太高兴了，简直可以翻个跟头！"他边说边哈哈大笑。萨马林在尼古拉沙的汽车中见到了他。尼古拉沙告诉萨马林："今天，你是全俄国最幸运的男人。你拯救了沙皇。你拯救了整个俄国。"他接着说：

> 你知道，他（拉斯普京）其实是个不同凡响的男人。 414
> 我自己也受过他的影响，学习过他的教诲，可以向神圣宗教会议解释这个鞭身派教徒是什么样的。我的弟妹尤其清楚这些。她很快就能让你熟悉他的教诲。但是，当我看清他的真面目后，就决定远离他。于是他开始威胁我，说会让沙皇生我的气。实际上，他的确这么做了。我已经有一段时间没有见到沙皇了。啊，你是全俄国最幸运的男人。[8]

弗拉基米尔·沃斯托科夫神父（Father Vladimir Vostokov）是萨马林的孩子们的宗教老师，他给俄国保守派的中流砥柱谢尔盖·舍列梅捷夫写信说，这次任命"将使教会的光明重新降临到黑暗的地方"。[9]亚历山大·瓦西列夫神父也表达了对教会的希望，称它即将迎来"一位洁净、拥有独立灵魂的"领导人。

拉斯普京别无选择，只能接受对萨马林的任命。根据萨马林女儿的说法，7月底，拉斯普京甚至尝试在彼得格勒和新主席见面。他来到萨马林下榻的欧洲大酒店（Hotel Europe），同行的还有托博尔斯克主教，即他多年来的盟友瓦尔纳瓦。萨马林出于对瓦尔纳瓦之身份的尊重，同意见他并送上问候。但萨马林在发现瓦尔纳瓦的身后站着拉斯普京时，立刻停下脚步，推开瓦尔纳瓦伸出的手，说道："我不认识你，不会和你握手。"[10]无论这件事是否真的发生过，它的确传达了萨马林对拉斯普京的真实观感。

毫无疑问，任命萨马林是拉斯普京的仇敌的一次胜利。但是，如今拉斯普京的影响力极大，已经渗透到各个方面，最高层的每一个决定都和他有关，尽管人们无法对此给出合理解释。比如，7月21日，"奥克瑞那"在托博尔斯克的负责人向扎克夫斯基报告说，几天前，有人无意中听见拉斯普京吹嘘，对萨马林的新任命完全归功于自己的影响力。[11]当然，没有比这更荒唐的说法了。

*

6月21日，拉斯普京在"奥克瑞那"的丹尼尔·捷列霍夫（Daniil Terekhov）和彼得·斯维斯图诺夫（Pyotr Svistunov）的陪同下回到博克维斯科。之后三天里，他接待了数位客人。暗探们留意到，拉斯普京喝酒，跟着留声机的音乐跳舞，谈论他如何让 300 名不愿上前线的俄国浸信会教徒免受惩罚——据说他们每人要付给他 5000 卢布。他还吹嘘了自己如何说服沙皇在夏季谷物收割前暂停新一轮征兵。那个月的最后一天，主教瓦尔纳瓦和一座修道院的院长马特米安神父（Father Martemian）前去拜访拉斯普京，还为他准备了两桶酒。[12]

捷列霍夫和斯维斯图诺夫的主要任务是担任拉斯普京的保镖，去年发生古谢娃的袭击后，这已经是一种必不可少的保护。虽然他们也会记录拉斯普京的日常活动，但显然搜集情报不是他们的最重要目的。然而，扎克夫斯基不满意这种安排。雅餐厅的丑闻没能让他除掉拉斯普京，他不愿认输。7 月 1 日，"奥克瑞那"在彼得格勒的负责人在接到扎克夫斯基的指示后，向托博尔斯克省宪兵队的负责人弗拉基米尔·杜波德夫上校（Colonel Vladimir Dobrodeev）下达了命令：对拉斯普京进行秘密监视，并直接汇报所有细节。杜波德夫把这道命令转达给了秋明地区的卡尔梅科夫上尉（Captain Kalmykov）。杜波德夫告诉卡尔梅科夫，他想知道拉斯普京见过的每一个人的信息，以及他们与拉斯普京的关系。他还补充说，自己尤其想知道"他在'布什么道'，是否说了与当下欧洲的战争有关的事"。接着，卡尔梅科夫命令基层军官阿列克谢·普列林去博克维斯科搜集情报。[13]扎克夫斯基下定决心，无论如何都要找到一些可以打击拉斯普京的信息。

7 月，一个名叫沃尔夫·伯杰（Wolf Berger）的犹太人见了拉斯普京。身在托博尔斯克的杜波德夫得知消息后，让卡尔梅科夫调查这个男人的身份以及两人见面的目的。他想知道"'长老'拉斯普京和这个犹太人的关系究竟是怎样的"。虽然花费了一些时间，但卡尔梅科夫顺藤摸瓜，最终查到了明斯克。为了利用伯杰抹黑拉斯普京，他给当地政府写了信，希望获得有用信息，但当地政府回复道，伯杰只是个爱国、忠诚的国民。[14] 那个月，拉斯普京还见了其他客人，包括亚卢托罗夫斯克市（Yalutorovsk）市长的太太格里高利·帕图金斯基（Grigory Patushinsky）。暗探们认为，她接近拉斯普京是因为她相信这样做对丈夫的事业有利。他们还留意到，拉斯普京、帕图金斯基以及 30 岁的伊丽莎白·索洛尤娃（Yelizaveta Solovyova，一名神圣宗教会议官员的太太）手挽着手在村中散步、喝酒、欣赏从留声机中传出的音乐。据说帕图金斯基在离开时"用带有肉欲的方式"亲吻了拉斯普京的嘴唇与脸颊，甚至还有鼻子和双手。另一次，他们看到拉斯普京拜访了教堂司事叶莫拉耶维（Yermolaev）的妻子，和她共度了 30 分钟的"亲密时光"。[15]

　　然而，这些材料都不够致命，无法帮助扎克夫斯基实现野心。于是，他们决定提高监视级别，全天候地关注村里的动静。普列林建议招募 37 岁的塔季扬娜·瑟吉娃（Tatyana Sergeeva）。四年前，她曾协助他们监视拉斯普京，她现在还住在村里，在一家商店工作。她表示，如果报酬足够丰厚，她就愿意提供协助。普列林认为她非常适合这项工作。他注意到，拉斯普京及其妻子已经违反法律规定，不再去村管理办公室登记访客名字。他们称"我们家没有收留任何流浪汉"。瑟吉娃的身份非常有利，可以弄清楚他们家在发生什么。普列林的方案得到了批准，瑟吉娃将于 8 月 1 日开始工作。

　　在此之前，杜波德夫先去首都拜访了扎克夫斯基。杜波德夫在给卡尔梅科夫的信中写道，扎克夫斯基坚持要记录拉斯普京说的每一句话，尤其是他如何谈论沙皇。扎克夫斯基希望得到决定性的情报，它不仅可以让拉斯普京被赶出彼得格勒，还可以作为把他赶回遥远的西伯利亚的理由。[16]西伯利亚的警察非常认真地完成了这项工作，追踪了每一条可能的线索。比如，普列林在 7 月底见了一个名叫帕拉斯克娃·克莱亚泽娃（Paraskeva Kryazheva）的老妇人。老妇人称，自己近期乘蒸汽船时意外听到了拉斯普京和一名乘客（似乎是个农夫）的谈话。对话内容大致是，如果拉斯普京希望战争结束，只要跟沙皇说一声就够了。普列林接到去寻找这个克莱亚泽娃、记录她的证言的命令。警方在托木斯克找到了她，在一次问话中她转述了船上的见闻，称事件发生时间为 7 月 23 日或 24 日，地点为从秋明开往托博尔斯克的蒸汽船"科梅"号（Comet）上。但除此之外，她没有任何可补充的了。卡尔梅科夫对此不满意，写信给托木斯克的地方宪兵队，要他们再盘问克莱亚泽娃一次。他罗列了如下问题：1. 拉斯普京说这些话的确切时间是什么？2. 对话是在蒸汽船的哪个位置发生的？3. 当时的情况是怎样的？4. 拉斯普京具体是怎么说的？5. 还有谁听到了这些话？6. 她还向谁透露过此事？7. 她知道和拉斯普京交谈的男人是谁吗？面对这些问题，克莱亚泽娃告诉警方，她已经说了她所知道的一切，无法再提供任何细节了。线索就此中断。[17]尽管如此，暗探们仍不愿放弃，而是继续追查，直到 10 月才完全收手。

8 月，警方开始调查一个相似的案件，这次的主角是博克维斯科的农夫瓦西里·拉斯波波夫（Vasily Raspopov）。据说，他前一个月在乘蒸汽船时，意外听到拉斯普京"公开而且毫不尴尬地表示，他很清楚战争的结局会非常惨"。警方得知此事后，立刻展开了又一次调查，但最终也白费力气。他们发

417

现，拉斯波波夫从没亲耳听过拉斯普京说这些话，只是在传播某种二手八卦。高强度的调查持续了数月，但警方仍无法掌握对拉斯普京不利的证据。

在此期间，拉斯普京却不得不处理他个人最为重大的危机之一。6月底，他收到一封电报，电报通知，他的儿子德米特里即将被征召入伍。这让拉斯普京十分绝望。"我在心里告诉自己，就像很久以前的亚伯拉罕一样，"他给亚历山德拉写信，"我也有一个儿子和一个支持者。我希望能够亲自看护、调教他。"这种担心是真实存在的，且不只是他和他的家庭有这种想法。正如他在6月初建议的，第二次征兵很可能不利于国内稳定。亚历山德拉请求尼古拉为那个男孩做些什么，但被拒绝了，德米特里进入了军队。[18]7月27日，拉斯普京、德米特里、捷列霍夫、斯维斯图诺夫一起骑马从博克维斯科前往秋明，再从那里坐火车去首都，并在当月的最后一天抵达了目的地。那天晚上，他们在维鲁波娃家中见到了尼古拉和亚历山德拉。[19]

拉斯普京希望让德米特里免服兵役，便带儿子看了医生，觉得医生或许可以证明德米特里不适合服兵役。但拉斯普京在次月得知，儿子的身体非常健康。[20]8月，德米特里加入了第35步兵团后备营第7连。他的父母因为担心他的安危而心力交瘁。普拉斯科维亚担心再也见不到儿子。亚历山德拉给尼古拉写信："我们的朋友很难过，他的儿子必须上战场吗？他只有这一个儿子。他出远门时，家里全靠这个儿子照料。"[21]经过拉斯普京和亚历山德拉的一番争取，军队保证不会让德米特里上前线。10月，他被派往皇村，在运送伤员的火车上工作，这才让他的父母松了口气。[22]

\*

麻烦还不止于此。1915 年夏天，媒体掀起了针对拉斯普京的新一轮攻击。此前没有任何一次攻击的涉及面像这次一样大，它几乎席卷了俄国全境。

这轮攻击始于 6 月。《西伯利亚贸易报》（*Siberian Trade Newspaper*）指控拉斯普京年轻时是盗马贼。这是相关指控第一次登上大众媒介。7 月 29 日，气急败坏的拉斯普京以"长老的愤怒"（The Anger of the Starets）为题，给报社写了一封信："寄自秋明，编辑克雷洛夫（Krylov）收。请立刻提供报纸上所指事件的证据，即我在哪里、在什么时候、从谁家里偷了马。想必你一定掌握了详细资料，我会等你三天。如果我没有收到答复，你知道我会向谁抱怨。拉斯普京。"[23] 与此同时，拉斯普京给托博尔斯克的副市长写信，给了其两种选择：要么起诉他犯罪，要么"全面"惩罚克雷洛夫。拉斯普京威胁道，如果不妥善处理这件事，他会"向更高层的人士投诉"。[24]克雷洛夫和副市长都没理会拉斯普京的要求，拉斯普京似乎也没把他的威胁付诸实践。

这篇文章为更大规模的攻击揭开了序幕。8 月中旬，在短短五天内，《证券交易公报》就发表了两篇长文，称文章作者深入调查了拉斯普京的生活，因此文章内容可信度相当高。第一篇文章的作者是一个名叫卢基扬（Lukyan）的记者。他在开头处写道，审查程序让他无法如实发表关于拉斯普京的完整故事，因为媒体不允许刊登拉斯普京和女性之间的"肉体来往"，他也无法描写拉斯普京"一夫多妻"的生活。卢基扬批评政府禁止媒体报道拉斯普京。"他是一个普通公民，没有任何公职。……但媒体受到警告（或是通过暗示，或是接到电话），要求他们不得谈论拉斯普京；如有违反，就会受到严厉制裁。"但卢基扬称，媒体必须承担风险，揭露真相，因为那些原本应该奋斗在一线的人，如谢格洛维托夫、马克拉科夫或萨布勒，出于"天生的奴性"竟选择保持沉默，或是试图引导大众攻击犹太人和其他非基督徒。[25]

419

卢基扬的这篇文章饱含愤怒，但和第二篇相比还是温和多了。第二篇报道的题目是《长老拉斯普京的生活》（"The Life of the Starets Rasputin"），作者署名为韦尼阿明·鲍里索夫（Veniamin Borisov）。有证据表明，作者的真实身份可能是拉斯普京的仇敌戴维森。[26]鲍里索夫写道，拉斯普京一家都是"罪犯"。拉斯普京的父亲常常因为"偷窃和行为不端"而遭受毒打；拉斯普京年轻时也曾因为醉酒和偷窃被打。作者称，拉斯普京20多岁时强奸了70岁的寡妇列科尼杜莎科（Lekonidushka），以及数个尚处于发育期的女孩。离家云游期间，他仍不改过往的蛮横，强奸修女和女性平信徒。现在，拉斯普京一进入修道院，院长就知道他想要什么，并会给他安排安静的房间和最漂亮的女孩，让他们进行特殊的"拯救灵魂的对话"。据说，拉斯普京会组织鞭身派教徒特有的纵欲仪式，仪式中父亲会和他们的女儿性交，母亲则会和儿子发生性关系。鲍里索夫称，托博尔斯克的地方法院保存了拉斯普京偷窃马匹和做伪证的档案。[27]

鲍里索夫的文章被数家报纸转载，包括《萨拉托夫先驱报》（Saratov Herald）、《西伯利亚贸易报》和《叶尔马克报》（Yermak）。[28]那个月中旬，《彼得格勒通讯》连续四天发表了主题为"格里沙·拉斯普京"（"Grishka Rasputin"）的系列报道,《新闻晚报》也刊登了类似的故事。[29]《叶尔马克报》称,"这个黑暗人物"和"日耳曼人"串通一气,企图说服权力圈子里的人与德国讲和。拉斯普京的谜团中出现了新元素——他被视为叛徒、外国间谍。几年后,人们将逐渐接受这种说法,把它当作事实,而它最终在谋杀拉斯普京的阴谋中扮演了关键角色。《新闻晚报》甚至直接称拉斯普京是德国间谍,要求政府逮捕他。读完这个故事,安德烈·弗拉基米罗维奇大公(Grand Duke Andrei Vladimirovich)在 8 月 17 日的日记中写道:

> 这是一种非常危险的攻击,或许会造成无法想象的后果。但危险并非遥不可及……谁会站出来反驳呢? 现在唯一的方法就是果断地表明他们的做法太天真——别再管拉斯普京了,无论他是否清白。他做了什么、是谁根本不重要,唯一重要的事实是,因为这篇文章,有人受到了最卑鄙的人身攻击。我们必须对此保持谨慎,避免引起民众不满,尤其是在整个国家的状况不容乐观的现在。[30]

瓦莲京娜·查波特拉尤娃厌倦了这些攻击。"实在是太糟糕、太让人难过了。"她在日记中写道。[31]亚历山大·斯皮里多维奇(Alexander Spiridovich)负责皇宫和沙皇的安全,他同意她的部分看法。他认为《新闻晚报》的文章"是彻头彻尾的恶意诽谤",反而把鲍里索夫发表在《证券交易公报》上的文章衬托成了"相对可信的人物特写"。斯皮里多维奇写道,值得注意的是,两篇文章的政治立场大相径庭:后一篇文章的编辑是犹太人米哈伊尔·格叶柯布什 - 戈列洛夫(Mikhail

420

Gakkebush-Gorelov）；前一篇文章的编辑则是俄罗斯民族主义者鲍里斯·苏沃林（Boris Suvorin），此人和亚历山大·伊万诺维奇·古奇科夫一起编造并传播了拉斯普京是德国间谍的谎言。持各类政治立场的人都没有放过拉斯普京。对此，尼古拉、亚历山德拉、拉斯普京最直接的反应是怪罪新上任的内政大臣谢尔巴托夫，他们认为他对媒体太过仁慈。[32]

气急败坏的拉斯普京广发电报给他有权有势的朋友们，让他们尽一切努力制止谣言传播。[33]他给维鲁波娃写信，要求她安排弗艾柯夫审查《证券交易公报》，不许媒体再发表"污秽、搬弄是非的文章"。[34]9月2日，他向她抱怨："撒旦创造了媒体来散布恐慌情绪。"[35]托博尔斯克的行政长官安德烈·斯坦克维奇显然是唯一公开为拉斯普京辩护的官员。斯坦克维奇给编辑部写信，指出鲍里索夫的多个错误，坚称自己和副市长从没有为拉斯普京举办过派对，而且博克维斯科的村民从没有向他们投诉过拉斯普京。[36]他的声音太微弱了，很快就被控诉拉斯普京的声潮吞噬了。

这波攻击给拉斯普京多年前的仇敌沃斯托科夫壮了胆。8月29日，他在科洛姆纳的一群朝圣者面前大声指责拉斯普京。他要求所有信仰上帝、热爱祖国的人立刻在逮捕拉斯普京的请愿书上签名，称那个男人"蛊惑俄国人，壮大了国际上威胁俄国的势力"。沃斯托科夫告诉众人，战争期间，国家的和平与安定高于一切，拉斯普京造成的影响比成百上千名煽动革命的人所造成的更加恶劣。对这种罪行视而不见就是"在上帝面前犯下重罪，并且会剥夺上帝对这个国家的仁慈和祝福"。很难想象还有什么比这更严重的控诉。500人在请愿书上签了名，之后请愿书被送到内政大臣谢尔巴托夫手中。拉斯普京没有放过沃斯托科夫的发言。他向内政大臣投诉，要求针对沃斯托科夫"污蔑和亵渎他人"的行为展开调查。但内政大臣对两人的要求均视而不见。[37]最后，是亚历山德拉亲自出手对付了"恶劣的沃斯托科夫"（她如此称呼他）。她联系了莫斯科都主教马卡里，在后者的安排下沃斯托科夫被迫离开科洛姆纳，被调到莫斯科边缘地区任职。[38]

## 注　释

1. *WC*, 100, 101n83, 102, 106, 111, 288; Gatrell, *Russia's First*, 19.

2. *LP*, 429; *WC*, 147 – 51, 282.

3. *WC*, 164 – 66, 167.

4. *WC*, 134 – 135n93; Gatrell, *Russia's First*, 22 – 23.

5. *WC*, 140 – 47; VR, 481 – 82.

6. *WC*, 146 – 51; *LP*, 428 – 29.

7. VR, 482 – 83; FB, 231.

8. Samarin, "Vstrecha," 178 – 85; VR, 485 – 87.

9. VR, 486; BA, Vostokov Papers, "Tochnyia dannye," p. 13.

10. VR, 492 – 93.

11. GARF, 612. 1. 22, 66 – 66ob.

12. PZ, 207; "Rasputin v osveshchenii," 275 – 76.

13. GARF, 612. 1. 22, 66; GATO, I – 239. 1. 183, 33 – 36ob, 52 – 53ob.

14. GATO, I – 239. 1. 183, 40, 41, 43 – 45, 49, 52 – 53ob.

15. GARF, 612. 1. 22, 64 – 65; PZ, 208 – 209.

16. GATO, I – 239. 1. 183, 35 – 39, 53, 64 – 65ob.

17. GBUTO/GAGT, I – 331. 19. 809, 170 – 74; GATO, I – 239. 1. 183, 64 – 65ob, 100 – 100ob.

18. *WC*, 158.

19. PZ, 209; GARF, 111. 1. 2978, 20 – 21ob; *KVD*, 222.

20. GARF, 612. 1. 61, 101.

21. GARF, 111. 1. 2978, 22ob；*WC*, 193 – 95, 196, 198, 223.

22. GATO, I – 239. 1. 219, 20；I – 239. 1. 183, 103 – 103ob.

23. GARF, 612. 1. 22, 76 – 76a. 1920 年代，彼得·戈罗佐夫（Pyotr Gorodtsov）在《西伯利亚活古董》（*Living Siberian Antiquities*）上发表文章，重新提起拉斯普京是盗马贼的说法。尽管如此，没有任何档案可以证实这一说法。参见 Onchukov, "P. A. Gorodtsov," 122 – 24；Gorodtsov, *Pis'ma*。

34. GARF, 612. 1. 57, 20.

25. *BV*, 14 August 1915, p. 2；RGADA, 1290. 2. 4765, 1.

26. PZ, 212 – 13.

27. *BV*, 15, 16, and 17 August 1915, all on p. 3.

28. GARF, 102. 316. 381, ch. 1, 71；612. 1. 22, 81, 89, 91.

29. GARF, 102. 316. 381, ch. 1, 64, 66, 69, 70；Romanov, *Voennyi dnevnik*, 174.

30. Romanov, *Voennyi dnevnik*, 174；VR, 520 – 21.

31. Chebotaryova, "V dvortsovom lazarete," 181：190.

32. VR, 521；Polivanov, *Iz dnevnikov*, 214；*WC*, 155n108；GARF, 612. 1. 22, 87 – 88.

33. GARF, 612. 1. 57, 4, 47, 48；612. 1. 61, 147.

34. GARF, 612. 1. 61, 81.

35. *KVD*, 235.

36. GARF, 612. 1. 22, 91.

37. GARF, 102. 242. 1912. 297, ch. 2, 221 – 22；BA, Vostokov Papers, "Tochnyia dannye," pp. 13 – 14.

38. *WC*, 259 – 60.

# 第四十五章 "托瓦帕"号

俄军经过数日激战，还是在 8 月 4 日输掉了对俄国防御最为关键的要塞城市考纳斯（Kaunas，位于今立陶宛）。俄军的伤亡人数约为 2 万人，还损失了数量十分可观的武器。俄军总司令弗拉基米尔·格里戈里耶夫将军（General Vladimir Grigoriev）遭到革职，并在军事法庭上被判入狱十五年。那天晚上，拉斯普京在皇宫拜访了心情低落的尼古拉和亚历山德拉。他们交谈了一阵，拉斯普京在一幅圣像前祝福了沙皇。第二天，拉斯普京给尼古拉写信打气："和平与仁慈。上帝和我们同在。保持坚定。"[1]那天晚些时候，拉斯普京和他的儿子德米特里离开彼得格勒，返回家乡。后来，拉斯普京告诉维鲁波娃，彼得格勒市市长曾给扎克夫斯基以及警察局局长发电报，试图阻止他离开，但不知出于什么原因，他和德米特里并未在火车站受到阻拦。他写道："上帝总是如此善良。"[2]

秋明的秘密警察及时记录了他们的到达：8 月 9 日，从彼得格勒出发的 4 号火车搭载拉斯普京、德米特里，以及"奥克瑞那"的捷列霍夫和斯维斯图诺夫，于凌晨 5 点进站。拉斯普京带着德米特里登上一辆汽车，去拜访老朋友德米特里·斯特亚普什。同时，捷列霍夫和斯维斯图诺夫去码头等待驶往博克维斯科的蒸汽船。斯特亚普什和拉斯普京于早上 9 点左右抵达码头（德米特里留在了秋明）。斯特亚普什为拉斯普京买了一张"托瓦帕"号（*Tovarpar*）头等舱的船票。中午 11 点，蒸汽船从秋明起航驶往托博尔斯克，中途会停靠博克维斯科。汽船出发前，暗探报告说"拉斯普京没在火车站或码头说出任何需要注意的话"。[3] 当天夜晚，拉斯普京回到家中。根据警方报告，第二天上午 10 点，拉斯普京来到院子里，不停叹气、抱怨，说自己前天喝了整整三瓶酒，醉得不省人事。"噢，孩子们，"他告诉捷列霍夫和斯维斯图诺夫，"那可真不好受。"[4]

其他人也在谈论拉斯普京不太顺利的旅途。8 月 13 日，托博尔斯克的行政长官斯坦克维奇命令警察局局长赫鲁晓夫（Khrushchev）采集船上一名乘客的证词，弄清"托瓦帕"号上发生的麻烦。该乘客是瑞典人威廉·哈特韦德（Wilhelm Harteveld），56 岁，职业为作曲家、钢琴家，自 1882 年起便在俄国生活。那天，他和太太一起搭乘"托瓦帕"号旅行。他们第一次留意到拉斯普京时，他正在头等舱的沙龙喝茶。拉斯普京身穿粉色锦缎上衣和军服式样的裤子，脚上穿着棉袜和拖鞋，显得十分不修边幅：上衣脏了，内裤的一部分露在外面。拉斯普京看起来非常紧张不安，但举止依然得体。

拉斯普京走到哈特韦德、哈特韦德太太以及他们的朋友身边，递给他们他的新书《我的思考与反思》，还写了赠言"爱比山更高"。他的注意力集中到了哈特韦德太太身上，大多数时间都在谈论和爱有关的话题，尽管他偶尔也会看向其他人。他说："每个人都说我只会亲吻女人，但对面这位男性也很有魅力，我也很乐意亲吻他。"拉斯普京不时离开桌子，回自己房间，每次重新出现时都比之前更加醉醺醺。下午 2 点，他已经酩酊大醉，表现得像个"流氓"，不停打扰他们玩纸牌游戏。几个人对此表示反感后，拉斯普京还威胁要把他们扔出沙龙。

然后，拉斯普京带来 15 名士兵，围坐在他们的桌子四周。士兵们看起来相当紧张，因为他们知道头等舱是为军官保留的，不是自己该来的地方。拉斯普京让大家别担心，因为他有权做任何自己认为该做的事。接着，拉斯普京要求众人为他唱歌。此时，几位女士匆忙离开了沙龙。作为感谢，拉斯普京拿出 125 卢布分给士兵。头等舱的风波引起了船长 M. K. 马特维夫（M. K. Matveev）的注意，他让士兵立刻离开沙龙，于是他们便起身走了。拉斯普京和马特维夫之间爆发了争执，突然，不知出于什么原因，拉斯普京走到一位侍者身边，指责他从自己的船舱里偷走了 3000 卢布。但眨眼间，拉斯普京又转变态度，给了侍者 10 卢布，开始拥抱和亲吻他。

拉斯普京步履蹒跚地回到自己的船舱，躺到床上。外面的人听见他突然开始放声歌唱、大笑，然后又哭泣，情绪从一个极端摇摆至另一个极端。他忘了关上房间的百叶窗，人们聚拢到附近观察他的古怪举止。有些人嘲笑他，有些人嗫嚅着咒骂的话。拉斯普京对这一切都视而不见。他昏睡过去，呕吐，清醒一阵，又昏睡过去。晚上 8 点，蒸汽船抵达博克维斯科，他不得不在船员的协助下上岸。许多乘客在"托瓦帕"号的甲板上嬉笑着观赏了这出闹剧。[5]

革命爆发后，回到瑞典的哈特韦德为这个故事增添了更多细节。他回忆说，拉斯普京唱的歌是宗教和淫秽的古怪结合体，其中一段反复出现的歌词是："让我尽情地享乐吧，在这个晚上！/我想抚摸你雪白的胸部/来吧，沉醉在我的魅力中！"他出示了一份有拉斯普京签名的字条，上面写着"献给我有教养的兄弟 V. 哈特韦德"，还引用了《圣经》里的话：

424

"你们不要论断人，免得你们被论断。"

"托瓦帕"号事件的发生时间和捏造而成的雅餐厅丑闻十分接近，那个时期，媒体正好对拉斯普京发起了猛烈的抨击，因此我们有理由怀疑这可能是另一桩人为制造的丑闻。这是秘密警察用来扳倒拉斯普京的一种手段吗？捷列霍夫和斯维斯图诺夫当时做了什么呢？我们都知道他们那天和拉斯普京在一起。他们难道没有阻止他，或者至少为他拉上船舱的窗帘吗？一切似乎都太戏剧化、太简单、太微妙了。但哈特韦德坚持是他主动向当局报告此事的。此外，值得注意的是，他在旅行结束后几天就这么做了，而没有等到数个月之后。哈特韦德还称，斯坦克维奇对他的叙述不满意，就好像这个故事会让其十分尴尬。根据哈特韦德的说法，市长之后甚至坚持要求他撤回原来的证词，希望他尽快忘了这件事。[6]至于捷列霍夫和斯维斯图诺夫，他们的职责是保护拉斯普京。他们并不需要汇报他的行踪和举止，只需要保证他远离危险。如果拉斯普京想哗众取宠，也不关他们的事。

\*

425　　8 月 14 日，赫鲁晓夫盘问哈特韦德的第二天，秋明地区的警司斯卡托夫给斯坦克维奇发送了一份标记为"最高机密"的报告，称基层官员佩什科夫（Peshkov）搜集了许多关于这次旅行的情报，可证实哈特韦德的话。两天后，斯卡托夫又给斯坦克维奇寄去了佩什科夫的报告，但奇怪的是，如今在托博尔斯克的西伯利亚档案馆中这份文件已经找不到了。[7]接着，8 月 21 日，佩什科夫审问了船上的两名乘客，分别是来自叶卡捷琳堡的三等舱乘客尼古拉·舍列霍夫（Nikolai Shelekhov），以及来自沙佐诺夫斯基村（Sazonovskoe）的农夫亚历山大·克利姆申（Alexander Klimshin）。两人对事件的描述都和哈特韦德差不多。[8]警方还采集了另外三名乘客的证词，内容也和其他人的表述几乎一致。23 日，佩什科夫把总结报告发给了托博尔斯克省宪兵队队长杜波德夫上校。[9]

第二天杜波德夫收到了报告，非常生气。早在 7 月初，他就按照扎克夫斯基的指示，派助手卡尔梅科夫在西伯利亚严密监视拉斯普京，让助手有任何风吹草动都要立刻向他汇报。然而，他整整晚了两周才听说这场风波，而且向他报告的人竟然不是卡尔梅科夫。[10]卡尔梅科夫惊恐万分，马上给身在托博尔斯克的上司发了一份关于此事的详细报告。8 月 27 日，杜波德夫把它转发给了扎克夫斯基。值得指出的是，杜波德夫不满足于简单转发下属的报告，还决定为扎克夫斯基的阅读体验增加几味调料，添加了几处虚构的情节。他写道，拉斯普京让船长非常难堪，因此船长不得不威胁要把拉斯普京扔下船。此外，拉斯普京还缠着一位托博尔斯克市长助手的妻子不放，拒绝离开她。最后，拉斯普京不仅在自己的船舱里昏睡过去，还尿湿了裤子。[11]这下，扎克夫斯基满意了，但他还想要更多爆炸性的细节。忠心耿耿的杜波德夫再次向手下施压，甚至威胁要对无法热心搜集"可口"情报的官员实施处分。[12]

9 月 9 日，斯坦克维奇汇总了证词，将它们发送给内政大臣谢尔巴托夫，还附上一封信，强调了拉斯普京"令人难以置信的可耻举止"以及他引发的"不堪入目的公共骚动"。斯坦克维奇还补充了一个细节："犯错的当事人"曾"吹嘘他在'彼得格勒的地位'。"基于确凿的证据，斯坦克维奇得出结论：他希望大臣能够同意援引法律中的第 7 条起诉拉斯普京在

426

7月10日的醉酒行为。第一次触犯这条法律的人将面临7～14日的监禁或5万卢布以下的罚款。但谢尔巴托夫不愿擅自行动，而是通报了大臣会议主席伊万·戈列梅金（Ivan Goremykin），征求他的建议。9月23日，上了年纪又不愿惹麻烦的戈列梅金（这位大臣会议主席留着极其夸张的络腮胡，称自己是沙皇的"贴身管家"）告诉谢尔巴托夫，这件事和"影响国家命运的事件"不可相提并论，因此不值得他费心，让地方当局对拉斯普京采取适当的惩罚措施就可以了。[13]扎克夫斯基虽然不惜为扳倒拉斯普京搭上自己的事业，但肯定在8月19日这天发现，前述两人都不愿看到事态升级。简而言之，谢尔巴托夫和戈列梅金都不敢在这件事上轻举妄动，他们都知道坚持惩戒或许只会自打嘴巴。因此，该事件最后不了了之。

然而，如同拉斯普京一生中的其他经历，随着时间的推移和人们每一次的口耳相传，关于这件事的描述变得越发夸张。那年晚些时候，《生命的回答》刊登了一篇文章，形容此事为"拉斯普京的'壮举'"。一个气得差点向拉斯普京挥拳的商人和那位被侮辱的侍者本打算向法院起诉他，但拉斯普京身边的一名高级神职人员用100卢布摆平了这件事。[14]杜马代表阿列克谢·苏哈诺夫在《证券交易公报》上发文称，拉斯普京在蒸汽船上当众脱光了衣服。被激怒的乘客们要求向当局报告，却被人压了下来；如果不是哈特韦德拒绝保持沉默，此事绝不可能曝光。[15]

拉斯普京似乎也没有忘记这件事。那个月，他告诉亚历山德拉，斯坦克维奇在针对他。她在给尼古拉的信中提到了此事，要求尼古拉调离斯坦克维奇。拉斯普京还告诉亚历山德拉，他希望继任者是尼古拉·阿尔多夫斯基－塔纳夫斯基。不

久前，阿尔多夫斯基刚被派到西伯利亚调查拉斯普京，据说1913 年底他曾为升职向拉斯普京求助。亚历山德拉不止一次 427
地向尼古拉重复了拉斯普京的要求，拉斯普京最终如愿以偿。
11 月中旬，斯坦克维奇被调往萨马拉，阿尔多夫斯基成了托
博尔斯克的新市长。[16]

## 注 释

1. *KVD*, 223；VR, 474.

2. GARF, 612. 1. 61, 59.

3. GATO, I – 239. 1. 183, 69 – 71；GARF, 111. 1. 2978, 20 – 21ob.

4. "Rasputin v osveshchenii," 279.

5. RGIA, 1276. 11. 1484, 3 – 4ob.

6. "Min Bekantskap med Rasputin," in：Riksarkivet, Wilhelm Sarwe Papers, Svenska Missionsförbundet, Om Rasputin（Svenska Publikationer）.

7. GBUTO/GAGT, I – 331. 19. 809, 159 – 60.

8. RGIA, 1276. 11. 1484, 5 – 5ob.

9. GATO, I – 239. 1. 183, 73 – 74. 哈特韦德和另外五名乘客的证词，请参见 RGIA, 1276. 11. 1484, 3 – 8ob；GBUTO/GAGT, I – 331. 19. 809, 166 – 69ob。

10. GATO, I – 239. 1. 183, 34 – 34ob, 72 – 72ob.

11. GARF, 612. 1. 22, 84 – 84ob.

12. GATO, I – 239. 1. 183, 78 – 78ob, 96 – 97.

13. RGIA, 1276. 11. 1484, 1 – 2ob, 9 – 11；Schelking, *Recollections*, 275 – 76.

14. Chernyshev, *Grigorii*, 79 – 81.

15. *BV*, 21 December 1916, p. 3.

16. *WC*, 181, 188 – 89；Beletskii, *Vospominaniia*, 28；VR, 643 – 45.

# 第四十六章　尼古拉出任总司令

　　1915 年 8 月的第一天，尼古拉做出了或许对整个国家而言最为重大的一个决定：解除尼古拉沙的职务，自己取代他成为俄军总司令。日后，尤苏波夫亲王在回忆录中如此描述沙皇的决定：

> 总而言之，这个决定非常糟糕，因为每个人都知道拉斯普京向沙皇施加了很大压力，这个决定的背后一定有拉斯普京的煽动。这个长老利用宗教情感来让沙皇克服优柔寡断的毛病。虽然沙皇的反对者十分软弱，但拉斯普京为了自己的利益让沙皇离开了首都。现在，沙皇到了前线，为拉斯普京扫清了障碍。此后，拉斯普京几乎每天拜访皇村。他的观点和建议等同于命令，会被立刻送往总指挥部。前线在做出每一个重大决定前都会参考他的建议。皇后对他的盲目信任让他接触到了最关键、最机密的事务。通过她，拉斯普京掌控了整个俄国。[1]

长久以来，尤苏波夫对此事的叙述被视为非常重要的史料。历史学家直到今天仍相信，拉斯普京和亚历山德拉的诡计让尼古拉突然做出了灾难性的决定：为了不受干扰地统治这个国家，他们说服沙皇接手尼古拉沙的工作，离开首都，前往最高统帅部，而这为他们的行动"扫清了障碍"。[2]

　　但事实恰恰相反。1915 年上半年，尼古拉和亚历山德拉之间的通信清楚地表明，她和拉斯普京都很不愿尼古拉长时间滞留最高统帅部，因为他们知道他性格软弱，容易受人影响。如果无法消除尼古拉的弱点，他们希望至少可以把尼古拉引往他们心中的正确方向，防止他做出错误决定。两人都很了解尼古拉，知道必须把他留在皇村才能让他免受他人影响。远在最高统帅部的尼古拉是一个他们够不着的尼古拉，且他会被大量军官和文官包围，那些人是皇宫的"敌人"，一定会设法让沙皇改变想法。当时，斯捷潘·贝莱特斯基意识到了这个事实。他因此写道，拉斯普京甚至清楚地告诉过他，亚历山德拉每天都给尼古拉写信，就是因为想让尼古拉每天都能听到她和拉斯普京的想法。出于这个原因，拉斯普京还鼓励亚历山德拉拜访最高统帅部，甚至他本人也想前往，但被贝莱特斯基和维鲁波娃劝阻了。[3]

　　然而，像贝莱特斯基这样知道真相的人在当时只是少数。法国大使莫里斯·帕莱奥洛格在日记中写道，拉斯普京和亚历山德拉不停告诉尼古拉："在皇室和国家面临危险之际，沙皇的专制应该体现在对军队的控制上。将那个位置拱手让人违背了上帝的旨意。"[4]季娜伊达·吉皮乌斯称，拉斯普京说服沙皇这样做在很大程度上是为了报复尼古拉沙这个拉斯普京从前的恩主、如今的仇敌。她在日记中写道，这个消息影响很大，每个人——乃至出租车司机——都在说这体现了拉斯普京惊人的势力。[5]叶卡捷琳娜·斯维亚托波尔克 - 米斯卡娅王妃［Princess Yekaterina Svyatopolk-Mirskaya，婚前姓为鲍勃林斯卡娅（Bobrinskaya）］是已故内政大臣彼得·斯维亚托波尔克 - 米尔斯基亲王（Prince

Pyotr Svyatopolk-Mirsky）的寡妇。8 月中旬，她在日记中写道："每个人都沮丧极了。昨天，所有人都在谈论尼古拉沙被革职，沙皇将亲自担任总司令一事。从任何角度而言，这都是一场巨大的灾难……人们在说，该决定体现了拉斯普京和亚历山德拉的影响力，尽管这不是事实。还有些人说这是所谓的'亲德派'的胜利，革命很快就会爆发。天知道会发生什么……"[6]

王妃提到了关键一点：即使说服尼古拉这么做的不是拉斯普京和亚历山德拉，所有人也会这么想。真相是什么根本不重要。8 月 4 日，内政大臣谢尔巴托夫在参加帝国大臣会议的一次秘密讨论时也表达过类似观点，称革命派和反政府人士绝不会放过这桩丑闻为他们创造的机会。[7]实际上，尼古拉早就计划统领全军。1914 年 7 月 19 日，他就在日记中写道："午餐时，我召见尼古拉沙并告诉他，一旦我决定亲自指挥军队，就会解除他的总司令职务。"[8]两年后，同时也是尼古拉出任总司令一周年之际，尼古拉在信中告诉亚历山德拉，他是在皇村皇家教堂的巨幅基督像前做出这个决定的："我还记得十分清楚，当时我背对教堂上方的救世主的巨幅画像，从内心传来的声音让我下定决心，立刻做出对尼古拉沙的决定。我的决定和我们的朋友的话无关。"[9]

这个消息让罗曼诺夫家族的其他成员震惊万分。德米特里大公来到皇村，试图劝尼古拉收回决定。他们进行了漫长而艰难的谈话，德米特里离开时以为自己成功了。谈话让两人都十分感动，分别时他们拥抱了对方，眼中几乎涌出泪水。两天后，德米特里惊讶地从彼得格勒的报纸上得知，尼古拉决定坚持原来的想法，甚至没有通知自己一声。德米特里的姐姐玛丽亚·帕夫洛芙娜回忆道，那时和尼古拉、亚历山德拉讲道理就像"对着影子争辩"，沙皇本人的心理则"成了一个永远无法解开的谜"。[10]皇太后玛丽亚·费奥多罗芙娜敦促儿子不要这么做。她告诉他，每个人都会以为是拉斯普京在背后作祟。沙皇的脸红了。皇太后对他那危险的天真感到震惊极了。整整两个小时，她都在试图说服尼古拉，却遭到了拒绝。他告诉皇太后"拯救俄国是他的使命"。[11]

　　政府官员也用尽了办法。8月16日的大臣会议上，神圣宗教会议主席萨马林表示，出于"神圣的职责"，他们必须说服沙皇收回那个"灾难性的决定"。他说，他十分确信沙皇在这件事上受到"某种势力（指拉斯普京）的影响"，如果大臣们不打算一起行动，他就会亲自和沙皇提起此事。萨马林告诉众人，他接受这一职务前，沙皇曾向他保证会消除拉斯普京的影响，但他现在知道了根本不是这么一回事。萨马林决定最后再问沙皇一次，如果沙皇不打算履行自己的承诺，他就会请求辞职。"我已经做好准备为沙皇奉献一生，"他宣布，"直到流尽最后一滴血，而不是……"[12]大臣会议主席戈列梅金不同意，坚持说沙皇是独立做出这一决定的，是他内心里的信念让他这样做。戈列梅金告诉其他大臣，尼古拉经常讲起当年没能在前线指挥俄日战争（Russo-Japanese War）是多么让他无法释怀。他不会再犯同样的错误。但萨马林完全不买账："不，这不是个人问题，而是事关整个俄国和君权的问题。"[13]八位大臣签署了一封联名信，表达了他们的担心，沙皇依旧无动于衷。那些直接向沙皇提起此事的人——比如外交大臣萨佐诺夫——知道，这无异于一场政治自杀。[14]

　　俄裔德国社会主义者、列宁的盟友亚历山大·黑尔凡特

431

［Alexander Helphand，即帕尔乌斯（Parvus）］当时正与德意志帝国的政府合作，意图推翻俄国皇室。他手下的一名线人告诉德意志帝国外交部的情报人员说，尼古拉的决定遭到了军官和士兵的"一阵嘲笑和讽刺"，现在他们已经对取胜不抱希望。他补充道，皇后曾告诉她的私人医生："沙皇曾看见圣母玛利亚在他面前现身，一手拿着十字架，一手拿着剑。在沙皇看来，这显然是他将赢得胜利的信号。"[15]

\*

被解职后，尼古拉·尼古拉耶维奇大公又出任了俄国-土耳其前线总司令以及高加索地区总督。他不是唯一被迫离开最高统帅部，又被发配到南方的人。很快，弗拉基米尔·尼古拉耶维奇·奥尔洛夫有了相似的遭遇。奥尔洛夫是沙皇的随行负责人、皇室军事行动公署负责人。他和沙皇的关系非常亲密，他们是几十年的旧友。奥尔洛夫是圣彼得堡第一批拥有汽车的人之一，尼古拉十分喜欢和他一起在城里驾车兜风。但最近的多数夜晚，奥尔洛夫待在尼古拉沙的专用火车车厢里，里面只有他们两人，没人能听到他们的谈话。他们的神秘举动引起了弗艾柯夫和其他人的注意。最高统帅部中开始出现谣言，说两人正在策划如何让亚历山德拉搬去修道院。奥尔洛夫甚至说，他想要掌握拉斯普京和皇后曾发生性关系的证据，但他也十分遗憾地表示，这目前只是一种猜想。至于尼古拉沙，他把俄国面临的麻烦都归咎于亚历山德拉，坚称"她毁掉了我们所有人"。有人曾在最高统帅部听到他的妻子阿纳斯塔西娅说类似的话。[16]亚历山德拉口中的"胖子奥尔洛夫"在此期间的发言越来越放肆。当时，沙皇的所有随从

和仆人都听说皇后被关了禁闭。根据斯皮里多维奇的说法， **432**
谣言甚至传到了沙皇孩子们的耳中。据说，御医费多罗夫
(Fedorov) 曾听到从宫中传出玛丽亚女大公的哭泣声。他问
女孩发生了什么事，她抽泣着说，"尼古拉沙叔叔"想把妈
妈送去修道院。医生尽一切努力安抚女孩，告诉她那些都是
毫无根据的谣言。[17]

　　皇太后玛丽亚·费奥多罗芙娜在 8 月 23 日得知奥尔洛夫
被解职的消息后，十分惊讶、难过。"他简直是疯了，竟然要
弄走他身边最真心、最忠诚的朋友。难以置信。他只有寥寥几
位朋友，还要把他们都送走。"[18]两天后，叶卡捷琳娜·斯维亚
托波尔克－米斯卡娅在日记中写道："奥尔洛夫被革职了，可
能是阿妮娅（维鲁波娃）和弗艾柯夫动的手脚，他们的灵魂
罪孽深重。奥尔洛夫是唯一对 E（沙皇）说真话的人，他是
那么忠心耿耿。"[19]在这件事中，人们又看到了拉斯普京的影
子。"奥克瑞那"在喀山的暗探发现当地正流传着一则谣言：
奥尔洛夫之所以会被革职，是因为他是皇宫中唯一拒绝亲吻拉
斯普京双手的人。[20]

*

　　去年，拉斯普京曾恳求尼古拉不要参战，可沙皇一下定
决心，他便转而全心全意地支持沙皇的决定。今年也是一样。
这一次，拉斯普京察觉不可能让尼古拉回心转意后，除了给
予沙皇鼓励外就什么也没做。8 月 4 日晚，他们讨论的可能
就是这件事，拉斯普京还在一幅圣像前祝福了沙皇。回到博
克维斯科后，拉斯普京又给尼古拉发了好几封电报，赞扬他
的决心和勇气。8 月 17 日，拉斯普京写道："奇迹创造者圣

尼古拉(St. Nicholas)① 会祝福你，让你的皇位得到巩固，皇室坚不可摧。你的决心、坚强和对上帝的信仰将让你赢得胜利。"几天后，拉斯普京又给尼古拉写信，将其比喻为大卫，向他保证圣尼古拉的圣像会给予他"创造奇迹"所需的"英雄主义气概和勇气"。[21]

亚历山德拉附和了拉斯普京的说法。8 月 22 日，她给身在最高统帅部的尼古拉写信：

> 亲爱的，我在这里，别嘲笑陪伴你多年的妻子，她穿着别人都看不见的"裤子"……

433

> 我们的朋友会夜以继日地为你祈祷，上天和造物主一定能够听到他的声音。
>
> 那些害怕且无法理解你的决定的人，最终一定会理解你的伟大智慧。这是你的统治开花结果的时刻。他（指拉斯普京）就是这么说的，我也对此深信不疑。你的太阳在冉冉升起——今天，它正发出耀眼的光芒。
>
> ……就像我们的朋友所说，一切都会好起来，最艰难的时刻已经过去了。[22]

8 月底，拉斯普京、普拉斯科维亚和他们的女儿都来到彼得格勒送德米特里参军。28 日晚，他们聚在维鲁波娃家中，在场的还有亚历山德拉和她的女儿奥尔加。奥尔加在信中告诉父亲，她发现拉斯普京的太太"很好相处、十分善良"。[23]那天

---

① 基督教圣徒，米拉城（Myra，位于今土耳其境内）的主教，被认为是悄悄给人送礼物的圣人。——译者注

晚上，亚历山德拉给尼古拉写信，传达了普拉斯科维亚对他的
"爱"，还说普拉斯科维亚为他祈祷，请求大天使米迦勒保佑
他平安。普拉斯科维亚告诉皇后，在得知尼古拉平安抵达最高
统帅部前，她的丈夫"一直惴惴不安"。[24] 几天后，拉斯普京回
到博克维斯科。他与尼古拉分享了送德米特里入伍的感受：
"按照基督教传统，我们用面包和盐为儿子送行。我不停流
泪，喜悦和光辉充盈了我的灵魂……"[25]

　　这封电报的发送时间——9 月 9 日——十分关键。同一
天，博克维斯科的暗探报告说，拉斯普京在兄弟尼古拉·拉斯
普京家和自己的父亲爆发了激烈冲突。在朋友和家人聚在一起
向德米特里告别时，叶菲姆到了。他用最恶毒的语言大声叱责
自己的儿子，他要让每个人都知道自己有多么看不起格里高
利，称格里高利"除了会摸杜尼娅（皮什金娜）的胸部外一
无是处"。拉斯普京立刻怒不可遏地冲向父亲。两个男人都喝
了酒，粗暴地扭打成一团。众人把两人拉开后，叶菲姆的一只
眼睛在流血，肿得几乎睁不开，拉斯普京则被打伤了臀部，之
后一段时间走路都一瘸一拐的。[26] 这对父子似乎没有关系融洽
的时候。第二年叶菲姆去世，拉斯普京甚至没有回博克维斯科
参加父亲的葬礼。[27]

　　如果 9 月 9 日的确发生了上述事件，它就能帮我们更好地
理解拉斯普京的行为。虽然在沙皇面前表现出一副坚强的模
样，但拉斯普京的内心深处一定十分悲伤、忧虑。他送走德米
特里，却不知道还有没有机会再见儿子一面。那天的压力或许
让拉斯普京喝了酒，情绪爆发，乃至诉诸暴力。无论导致这难
堪画面的是什么，都很难否认拉斯普京是个脾气火爆的人。

　　让拉斯普京心烦的不仅仅是与儿子分离。沙皇将亲自指挥

434

军队的消息被公之于众后，媒体又开始抨击拉斯普京。拉斯普京感受到了前所未有的沮丧和折磨。几天后，他告诉"奥克瑞那"派来的人说，"我的灵魂"因为这些卑鄙的故事"而深感痛苦"。他告诉他们，人们不该这么做，这对整个国家都有害，"我一定会起诉他们"。[28]亚历山德拉十分理解拉斯普京的痛苦。她给尼古拉写信说："报纸对每件事都吹毛求疵——绞死他们！"亚历山德拉告诉尼古拉，普拉斯科维亚现在"非常担心格里高利会有生命危险"。[29]

尼古拉采取了行动。9月3日，他让弗雷德里克斯伯爵从最高统帅部给首都的亚历山大·莫罗索夫将军写信，让他不惜一切手段制止媒体报道拉斯普京。这项工作被赋予了很高的优先度，乃至内政大臣谢尔巴托夫在9月5日拜访了最高统帅部，和沙皇讨论了相关事宜。他们决定追踪每一篇和拉斯普京有关的文章，禁止任何负面报道。如有违反，就没收出版物，对编辑采取强硬措施，制止他们继续发声。这种策略在彼得格勒取得了显著成效，在莫斯科却完全是另一回事——反对拉斯普京的声音在莫斯科越来越响，当局担心自己无法阻止任何媒体的攻击。[30]

审查员也常常不知该如何行动。10月，彼得格勒新闻事务委员会军事审查处（Military Censorship of the Petrograd Committee）的一名官员给上司德米特里·斯特鲁科夫（Dmitry Strukov）写信，称他们近期发现一篇题为《关于托博尔斯克农夫长老格里高利·叶菲莫维奇·拉斯普京的真相》（"The Truth about the Starets Peasant from the Tobolsk Province Grigory Yefimovich Rasputin"）的文章。审查员不知所措，因为这篇文章的立场是为拉斯普京辩护，但它又的确暗示了拉斯普京享有巨大权力，尽管说的是他没有公权私用，而是为农民阶层发声。审查员担心，任何涉及拉斯普京拥有特殊权力的描述都会导致"新的指控"。不仅如此，审查员甚至不清楚官方的具体审查政策。他们留意到，现有的指示是"不准刊发任何有关G. Y. 拉斯普京的文章和细节"，但不清楚报纸文章和手稿是否在审查范围内。[31]

俄国的军事审查员还会监视外国媒体。所有涉及拉斯普京的文章都会被记录、翻译、归档。这些剪报表明，有关拉斯普京的信息是多么失实。英国期刊《夏日阅读》（*Summer Reading*）发表的《拉斯普京，沙皇的顾问之一》（"Rasputin, One of the Tsar's Advisors"）就相当典型。该文章称，拉斯普京曾是伊尔库茨克（Irkutsk）的圣因诺肯提修道院（St. Innokenty Monastery）的修道士，后来成为沙皇的御用神父和私人告解神父。[32]当审查员们埋首在数百种欧洲报纸和杂志中搜寻有关拉斯普京的报道时，俄国国内都在说由于拉斯普京的势力太大了，现在法国和英国媒体已经被禁止刊登与他有关的文章。[33]

在俄国国内，当局仍在设法处理围绕拉斯普京发生的公关灾难。10 月，沙皇被授予四级圣乔治勋章（Order of St. George, 4th class）①。尼古拉为这一荣誉深受感动，官员们却担心该如何报道这则消息：乔治和格里高利的拼写太相近了②，人们很容易就能玩起文字游戏。因此，首都当局决定，电影院不准播放沙皇接受勋章的新闻影片，他们担心会引发观众的讥笑："沙皇有乔治，皇后则有格里高利！"[34]

————————

① 由叶卡捷琳娜二世于 1769 年 11 月 26 日创立，是俄罗斯帝国的最高军事荣誉。如今是俄罗斯联邦政府的最高军事荣誉。——译者注

② 乔治的拼写为 George，格里高利的拼写为 Grigory。——译者注

## 注　释

1. YLS, 201.

2. 例如见 Figes, *Tragedy*, 270；FR, 147. Also Gurko, *Cherty*, 678 – 82。

3. Beletskii, *Vospominaniia*, 46 – 47。调查委员会的辛普森（Simpson）得出了相似的结论，强调亚历山德拉和拉斯普京都不希望尼古拉受大公影响，因此两人对尼古拉决定接管指挥工作十分不满。GARF, 1467. 1. 479, 47ob.

4. VR, 510 – 12.

5. Gippius, *Vospominaniia*, 384；idem, *Dnevniki*, 1：414. And see Prishvin, *Dnevniki*, 1914 – 17, 221.

6. NIOR/RGB, 218. 1325. 2, 11ob – 12.

7. Iakhontov, *Prologue*, 80 – 81.

8. *LP*, 394.

9. *WC*, 554.

10. Marie, *Education*, 223 – 25.

11. Hall, *Little Mother*, 264；Mariia Fedorovna, *Dnevniki imperatritsy*, 88 – 89.

12. Iakhontov, *Prologue*, 113 – 14.

13. Warth, *Nicholas*, 209；VR, 513 – 14.

14. Sazonov, *Fateful*, 291, 294.

15. PAAA, AS 5771, R. 20992.

16. Shavel'skii, *Vospominaniia*, 1：190 – 92, 196 – 99；FB, 405 – 406；VR, 533.

17. *VVFR*, 1：260 – 63.

18. VR, 532.

19. NIOR/RGB, 218. 1325. 2, 15 – 15ob.

20. GARF, 102. 316. 381, ch. 1, 146.

21. GARF, 640. 1. 323, 8ob – 9；*KVD*, 223.

22. *WC*, 171 – 73.

23. *KVD*, 232.

24. *WC*, 195.

25. GARF, 640. 1. 323, 10ob.

26. GARF, 111. 1. 2978, 22 – 22ob.

27. Beletskii, *Vospominaniia*, 51.

28. "Rasputin v osveshchenii," 40.

29. *WC*, 196, 202, 206 – 07, 235.

30. RGIA, 472. 40（194/2682）. 47, 1 – 4.

31. RGIA, 777. 22. 3, 186 – 86ob.

32. RGIA, 1617. 1. 45, 1 – 2.

33. Mel'gunov, *Vospominaniia*, 1：212.

34. Shulgin, *Years*, 268 – 69；Kolonitskii, *Tragicheskaia erotika*, 176 – 78.

# 第四十七章　宠臣拉斯普京

　　　玛丽亚曾如此描述她的父亲和尼古拉、亚历山德拉之间的关系：

> 父亲喜欢沙皇一家，对他们忠心耿耿。他总给他们很高的评价，爱戴他们。但是，他认为沙皇的善良是一种失败。在他眼中，沙皇"太仁慈，太单纯"；至于皇后，父亲说她也多次这么告诉沙皇。他对待沙皇和皇后的方式完全和对待其他人一样。他对他们使用非敬称的"你"，就像他称呼其他人那样，而且从不拘泥于仪式。父亲天生脾气不好，有时也会朝沙皇大吼大叫，有几次生气时还当着沙皇的面跺脚。一次，父亲朝沙皇大喊了一番，没得到允许便离开了。所有争执都是因为沙皇有时不愿听取父亲的建议而发生的……父亲多次告诉沙皇必须亲近人民，沙皇是纳罗德的父亲，应该尽可能出现在纳罗德面前，纳罗德也必须像爱父亲那样爱戴沙皇。但沙皇总是一副高高在上的样子，纳罗德见不到他，只会害怕他的名字：如果纳罗德见过他，了解他，就不会害怕，而只会热爱他。沙皇告诉父亲，如果他按父亲的话做，人民一定会杀了他。父亲告诉沙皇，人民永远不会刺杀沙皇，但知识分子会设法干掉他。[1]

玛丽亚对她父亲和尼古拉、亚历山德拉间的关系概括得相当中肯、准确。拉斯普京确实敬爱沙皇，但也看到了他的不足。"你可以这么想，"一次，拉斯普京这么说，"但你真的可以相信他吗？他可以在下一分钟就改变想法。他是个不快乐的男人，内心缺乏力量。"[2]许多没有争议的证据表明，尼古拉尝试在拉斯普京身上寻找安慰。皇宫卫戍司令杰久林表达了对拉斯普京的负面看法后，沙皇告诉杰久林："你不该这么想。他是个善良、单纯、有信仰的俄国人。每当我产生疑惑或遭遇精神困境时，都很乐意和他聊天，而且谈话过后，我的灵魂常常感到更平静、更轻松了。"[3]贝莱特斯基赞成沙皇和拉斯普京在本质上是两种不同的人："我想说的是，他一旦认定某件事就会特别强势，根本不管对方是不是沙皇。有好几次，我得知他甚至在沙皇面前挥了拳。这是一场意志薄弱之人和意志顽强之人的战争。那个男人行走在皇宫时，比任何侍者都更有自信。他了解并懂得如何利用所有人类的弱点。那是个非常聪明的男人。"[4]

这是当时俄国激烈辩论的话题之一。有些人像贝莱特斯基一样，坚持认为拉斯普京个性罕见，充满力量，拥有真正的智慧以及精神上和心理上的天赋。比如，薇拉·茹科夫斯卡娅就赞同贝莱特斯基的看法："人们需要一些勇气才愿意承认 R（指拉斯普京）天生就是与众不同的存在，拥有巨大的能量。"但对另外一些人而言，拉斯普京"一无是处"。罗曼诺夫皇族谋杀案的调查员尼古拉·索科洛夫认为，拉斯普京没有特别的能力，而且精神上非常空虚。[5]季娜伊达·吉皮乌斯表达过相似的观点："在个性上，拉斯普京有些卑鄙，且资质平平。……我认为，他是个极其普通、毫无价值的平凡农夫。"[6]她认为有

437

些人相信拉斯普京有政治意图的想法十分可笑，他乏善可陈，根本不该被提拔到现在的地位。有一次，她和作家、未来的诺贝尔奖得主伊凡·蒲宁，还有他的妻子薇拉·穆洛姆茨艾娃（Vera Muromtseva）分享了对拉斯普京的这种看法。薇拉几乎不敢相信自己的耳朵。薇拉承认吉皮乌斯是优秀的作家，但"她完全不了解人性。他根本不是资质平平的农夫，更不是乏善可陈的傻瓜"。[7]

薇拉说得没错。值得指出的是，那些说拉斯普京一无是处的人几乎都不了解他，没有和他接触的经历，比如索科洛夫和吉皮乌斯。拉斯普京有不同凡响之处，绝不是普通人。此外，尼古拉根本不像批评者所说的那么软弱，从文字记录中可以找出许多沙皇没有接受拉斯普京建议的证据。关于怎么做对沙皇、对俄国最好，拉斯普京有自己的想法，而且从不羞于表达，但他绝不是邪恶的斯文加利①，并没有控制沙皇，让他成为自己的傀儡。对拉斯普京的传统观点实际上脱胎于由来已久的关于宠臣的政治表述。执政者身边的影子顾问通常是所谓"外人"，而非社会－政治精英，且他们没有正式官职。这样的人物在历史上反复登场。17世纪的欧洲迎来了皇室宠臣的最高潮，代表人物有西班牙腓力四世（King Philip IV）身边的奥利瓦雷斯伯爵公爵（Count-Duke of Olivares），以及法国路易十三世身边的红衣主教黎塞留（Cardinal Richelieu）。宠臣总是被视为头脑精明且很有手段之人，是躲在王座背后的邪恶影子。人们常形容皇室宠臣有两副面孔，擅于欺骗，野心勃勃，

438

---

① 英国小说家乔治·杜·莫里耶（George du Maurier）笔下用催眠术控制女主人公的邪恶音乐家。——译者注

为了争权夺利不惜谄媚讨好。奥利瓦雷斯据说曾亲吻国王的便壶，以此表达自己对国王永恒的爱和忠心。黎塞留据说可以随时挤出眼泪，只要他认为这样做能取悦国王。在皇室内部人士看来，他们出现在统治者身边后便篡夺了常规的国家官员和机构的权力；在外人看来，他们的势力范围大得惊人，政府所犯的任何错误中都有他们的影子。[8]

　　18 世纪的俄国就涌现过一波这样的皇室宠臣。彼得大帝的女儿女皇伊丽莎白一世（Empress Elizabeth，执政时间为 1741 ~ 1761 年）有两位宠臣。俄国皇室宠臣的"鼻祖"拉祖莫夫斯基早年是乌克兰的牧羊人，原名欧莱克西·罗祖姆（Oleksy Rozum）。他加入宫廷合唱团后，伊丽莎白留意到了这张俊俏的面孔，让他爬上了自己的床，送给他巨额财富、宫殿、农奴，还封他为陆军元帅，为他赐名阿列克谢·拉祖莫夫斯基（Alexei Razumovsky）。宫中的人在背后却恶意称他为"晚上的沙皇"（The Night Emperor）。在他之后又有伊万·舒瓦洛夫（Ivan Shuvalov）。此人是一位陆军上尉的儿子，后来入宫成为男侍者。伊丽莎白执政晚年，他成了实质上的大臣首领，拥有大到无法想象的权力，可以操控女沙皇。一种很流行的说法出现了：*Iz griazi da v kniazi*。其含义说得直观一些就是：走出泥地，成为亲王。

　　没有任何统治者比叶卡捷琳娜二世在听信皇室宠臣一事上更有名（或更臭名昭著），她的统治时间为 1762 年至 1796 年。她的故事常常离不开她床上的男人如何辅佐她的情节，其中涉及格里高利·奥尔洛夫伯爵（Count Gregory Orlov）、格里高利·波将金亲王（Prince Grigory Potemkin）以及普拉东·祖博夫亲王（Prince Platon Zubov）。他们不仅是她的情人、伴侣（据说波将金很可能是她的秘密丈夫），还协助她处理政务。她统治俄国长达三十四年之久，而这三十四年正是俄国历史上政治文化最活跃的时期。对于他们的付出，她也给出了惊人的回报。皇室宠臣令人梦寐以求的地位意味着他们会遭到皇宫中其他人的嫉恨，成为毫无根据的诽谤目标。但没有一个人像叶卡捷琳娜那样受到如此不公正的评价，历史记录中的她被贬低成了色情狂和泼妇。

拉斯普京应该被视为罗曼诺夫皇朝由来已久的宠臣传统中的一环。但是，执政者的更替加上拉斯普京的个性导致了他和前人之间的巨大区别。拉斯普京的确来自泥地，但和之前的宠臣不同，他从没离开那里。他没有搬到皇宫居住，没有谨慎地隐瞒自己的过去，没有积极适应上流社会的生活，没有野心勃勃地跻身贵族之列，也没有觊觎头衔、官职、土地和金钱。实际上，拉斯普京并没有变得更富有，也没有得到一官半职或任何土地。他保持着和家人、他所处的阶层以及家乡的联系，这是他本人的愿望。皇室中的恩主和首都上流社会中的女性都希望通过他来了解地位低下但心怀上帝的纳罗德阶层。如果他拔除自己的根，接受爵位，反而会丧失魅力。拉斯普京很清楚这一点，且他也真的不想抛弃自己的出身。在这一点上，拉斯普京不是攀龙附凤之人。他崇敬沙皇和皇后，但对贵族没有多大兴趣。他最不愿面对的状况便是成为他们中的一员，这一事实更加激发了贵族对他的仇恨。但这一切都不重要。到最后，他还是被视为宠臣，当时的人只会以为他和之前的拉祖莫夫斯基、奥尔洛夫、波将金一样，和皇后行苟且之事，掏空国库，将国家权力牢牢抓在自己手中。不过，拉斯普京并非完全对权力免疫。他知道亲近沙皇夫妇会给自己带来无上荣耀，而且十分享受这一切。拉斯普京被困在任何宠臣都无法逃脱的由权力、阴谋和影响力织成的巨网中。多年来，他在权力游戏中以精湛的技巧击败了其他对手，让他们饱尝失败的苦涩和挫折，而他却从未失去沙皇和皇后的信任。

　　拉斯普京对俄国的大臣们颐指气使的故事不少。1916 年，娜杰日达·普拉托诺娃（Nadezhda Platonova）在日记中写下的故事便十分典型。拉斯普京给战争大臣德米特里·舒沃夫（Dmitry Shuvaev）打电话说自己要立刻见到他。舒沃夫让助手答复说，他十分期待拉斯普京在公开接待日来访，而且自己会立刻接见他。但拉斯普京认为这远远不够，据说他答复："你要搞清楚，皇后和我不需要这样的大臣。"[9]

　　然而到拉斯普京被谋杀时，舒沃夫仍是战争大臣，邪恶的宠臣拉斯普京凭自己喜好解雇和聘用大臣不过是人们的一种虚构。很大程度上，拉斯普京的权力只存在于人们的想象中，而且这种想象随时间的推移越发不着边际。在伊利亚·苏尔古乔夫（Ilya Surguchyov）创作的剧本《拉斯普京》中，虚构的内政大臣祖尼斯基亲王（Prince Dzhunitsky）和他的妻子之间唯一的话题便是拉斯普京："拉斯普京，又是他！一次又一次，我已经受够了！就好像没有其他可讨论的事了。……你不停提起他，吹嘘他，接着又沉浸在因他的强大而产生的震惊中。"[10]苏尔古乔夫准确地捕捉到了人们对拉斯普京所享权力的想象。一次，舒尔金向内政部副大臣求证，拉斯普京是否真的会给各位大臣写"就像《圣经》一样让人无法拒绝的"字条。副大臣笑着说，唯一关心这些字条的人只有那些像拉斯普京一样的"流氓"。接着，他告诉舒尔金："不存在拉斯普京，只存在 *rasputstvo*（意为道德败坏）。"[11]这便是一手遮天的宠臣拉斯普

440

京背后的真相：它只是一种想象中的存在。

"拉斯普京是什么？"1914年夏天，《阿斯特拉罕通讯》（*Astrakhan Leaflet*）质问道。"拉斯普京什么都不是。拉斯普京是一个空洞的名字。一个洞！一种堕落！一切事物的崩塌——信仰、思想、政治和国家。拉斯普京什么都不是，只是一个让人恐惧、害怕的词。它只是一个名字，即使它不存在，也会被编造出来，成为一种象征、一个标志、一种计划、一面反映当下社会的镜子。"[12]

*

正如宠臣们要么被描述为一手遮天，要么被视为一无是处，关于他们个性的说法也常常相互矛盾。人们一般认为宠臣有两副面孔：在皇族面前露出经过克制的虚假一面，在其他人面前则露出邪恶、狡猾的真实一面。拉斯普京自然也没有免俗。"他在沙皇一家面前露出'长老'的一面。看着这张脸，皇后便深信上帝存在于这位圣人的内心。"舒尔金写道，"但对其他俄国人，他露出的却是作为醉酒的好色之徒、托博尔斯克森林中的妖人的堕落一面。……这位死亡使者就阻隔在沙皇和整个俄国之间……他应该被处死，因为他是两面派。"[13]伊利奥多尔通过《圣魔》一书噱头十足的书名也展示出了拉斯普京的两副面孔，但这种双重形象并不是由他创造的。1910年，《演讲报》刊登了一名自称在拉斯普京家住了六个月的女性的话。"现在，我不知道他是谁了，"文章引述该女士的话，"是一位圣人，还是这个世界上最罪孽深重的人？"[14]古尔科写道，拉斯普京的灵魂深处有两股极端的力量在相互缠斗：一股力量向往修道院，另一股力量随时准备烧毁整个村庄。科科夫佐夫称，拉斯普京可以在前一分钟虔诚地画十字，后一分钟便带着微笑掐死自己的邻居。[15]

作为典型的拉斯普京抨击者（和捍卫者），古尔科和科科夫佐夫在谴责（和赞扬）他时有些过火：烧毁村庄或掐死邻居从来不是拉斯普京的作风。拉斯普京的魔鬼形象虽然非常引人注目，但并不成立。即使是伊利奥多尔，他在创造关于拉斯普京的神话后也很难为它提供支撑。他在书中的某一处甚至承认拉斯普京不过是"一个长着一张麻子脸的普通农夫"。[16]玛丽亚也有类似的表述（虽然没提到麻子脸）："他从出生到去世都是普通农夫。"[17]

虽然驳斥拉斯普京是纵火犯、杀人犯的说法很容易，但其真诚与否仍然是一个很具争议性的问题。他真的拥有虔诚信仰和罕见的精神领悟能力吗？还是说这一切都只是一种欺骗性的表演？尽管他在沙皇一家面前和在其他俄国人面前的表现大相径庭，但这是否意味着其中一副面孔是真实的，另一副则是虚伪的？关于这些问题，当时的人各执己见。对他的信徒而言，他毫无疑问是真诚的；但对绝大部分俄国人而言，问题就在这里。贝莱特斯基代表了许多人的看法，他形容拉斯普京"神秘、可疑而虚伪"，但他这么说只是出于自身利益，和价值观等更宏观的考虑无关。[18]一些人则认同法国大使帕莱奥洛格对拉斯普京的评价："我从来没有怀疑过他的真诚。如果连他都不相信自己有特殊天赋，他就不可能拥有这么强的吸引力。他对自身神秘能量的自信正是让他获得影响力的关键因素。"[19]

我们几乎可以确定，帕莱奥洛格比贝莱特斯基更接近真相，但这并不意味拉斯普京不神秘、不可疑，尤其是对贝莱特斯基这样的人而言。1915 年，拉斯普京有许多理由相信，不　442

能信任警察或内政部的任何人：他知道国家安全部门的人正设法毁掉他而非保护他。正是出于这个原因，他才在生命最后几年里频繁地插手政府大臣及高级神职人员的任命。他的敌人队伍不停壮大，而且他们决心要置他于死地，于是拉斯普京只能尽力把自己的盟友拱上关键位置。这就是一种可悲的悖论：拉斯普京的仇敌不停把他塑造成皇室宠臣，长期以来一直谴责他是皇座背后的隐形势力，而他也表现得越来越与这一形象契合。但与此同时，仇敌们的举动反而让拉斯普京和沙皇夫妇之间的关系得到巩固。

从一开始，亚历山德拉就欣赏拉斯普京的直白和坦诚。一次，她告诉神父沙弗斯基，俄国的神职人员让她失望透顶，因为每次她向他们寻求建议时，得到的唯一答案便是："'按您喜欢的方式就好，皇后陛下！'但如果我知道该怎么做，为什么还要征求他们的建议？格里高利·叶菲莫维奇却总是坚持不懈、想方设法地与我分享他的想法。"这么想的不止亚历山德拉一人。1916 年，尼古拉也在给最高统帅部参谋长米哈伊尔·阿列克谢耶夫将军（General Mikhail Alexeev）的信中写过类似的话，称在皇宫这个镀金的牢笼中，拉斯普京代表了民众之声。但他们也知道，垂青拉斯普京必定会让他们付出代价。亚历山德拉从侍女玛丽亚·塔特尔伯格（Maria Tutelberg）处听到关于拉斯普京的坏话，即他只不过是出身低微、没有受过教育的农夫后回复道："基督甘愿做学徒，做地位卑微的渔夫或木匠，而不是学者或神学家。福音书中说，信仰可以挪山。这样的上帝今天依然存在。……我知道，因为我的信仰，许多人以为我疯了。如果这就是事实，那么所有信徒都是殉道者。"[20]沙皇身边的副官谢苗·菲波利特斯基（Semyon

Fabritsky）在回忆录中引用亚历山德拉的话说，她和尼古拉都知道，无论他们选择亲近谁，那个人都会因为这种亲密关系而受到口诛笔伐。[21]

宠臣能够给执政者带来安慰，但他们不可避免地会玷污皇权的神圣性。尽管宠臣可能会"剥夺你的部分光辉"，法国国王路易十四说，"但他有时的确能为你分忧"。[22]对俄国的最后一位沙皇而言，宠臣剥夺了他所有的光辉；可在这种关系中，受损的并非只有统治者。很多宠臣的结局都很悲惨，这个名单长到令人胆战心惊。赛扬努斯（Sejanus）原本只是普通士兵，后来成为罗马皇帝提比略的朋友和最信赖的顾问。他能够呼风唤雨，但身边始终有仇敌出没，这导致他最终从高处跌落，在公元 31 年被勒死和分尸。被谋杀的皮尔斯·加韦斯顿（Piers Gaveston）是英国国王爱德华二世的宠臣，1312 年，一群复仇的贵族刺死他并砍下了他的头。阿尔瓦罗·德·卢纳（Alvaro de Luna）是西班牙卡斯蒂利亚王国国王胡安二世的宠臣，1453 年，在国王第二任妻子——葡萄牙的伊莎贝拉（Isabella of Portugal）的授意下，他被砍了头。法王路易十一的理发师奥利维尔·勒·戴姆（Olivier Le Daim）得到了国王的信任以及各种高贵的头衔、财富和权力，王朝覆灭后，勒·戴姆在 1484 年被复仇的贵族们杀死。1915 年时，拉斯普京就很清楚，和统治者保持亲密关系同样意味着危险重重。

# 注　释

1. Buranov, "Strannik," 56.

2. GARF, 1467. 1. 479, 13 – 16.

3. VR, 152 – 53.

4. *Padenie*, 3：408.

5. VR, 46. See also Den, *Podlinnaia tsaritsa*, 80；Vasil'ev, *Ochrana*, 133.

6. *GRS*, 4：10 – 11, 21；VR, 115.

7. VR, 436.

8. Elliott, *World*, 113, 280, 290.

9. OR/RNB, 585, 5696, l. 22.

10. BA, Il'ia D. Surgachev Collection. Box 7, "Rasputin," pp. 9 – 10.

11. Shulgin, *Years*, 263.

12. GARF, 102. 242. 1912. 297, ch. 2, 143.

13. Shulgin, *Years*, 266 – 67；VR, 142 – 44.

14. *Rech'*, 28 May 1910, No. 144, no p. n.

15. Gurko, *Tsar'*, 235；VR, 182, 314.

16. IMM, 209.

17. Buranov, "Strannik," 56.

18. Beletskii, *Vospominaniia*, 20, 39 – 40.

19. VR, 372 – 73.

20. VR, 145, 147, 153.

21. Fabritskii, *Iz proshlogo*, 54.

22. Elliot, *World*, 219.

# 第四十八章　最新丑闻

1915 年 9 月，教会再次爆发丑闻。8 月 27 日晚，托博尔斯克的圣索菲亚大教堂（St. Sophia Cathedral）响起了钟声，召集主教瓦尔纳瓦的信众聚集到约安·马克西莫维奇的遗迹前祷告。马克西莫维奇是 18 世纪初托博尔斯克的都主教，也是西伯利亚地区东正教历史上的一位重要人物。那年夏天，瓦尔纳瓦和他的朋友拉斯普京一起给沙皇写信，请求为马克西莫维奇封圣。8 月，沙皇批准了他们的请求，同意进行册封圣人的第一步——宣福礼。人们为这个消息欢欣鼓舞，如潮水般涌向了托博尔斯克的教堂。[1]

托博尔斯克的仪式震惊了彼得格勒的神圣宗教会议成员。主席萨马林勃然大怒，因为神圣宗教会议没有批准为马克西莫维奇封圣，只有他们——而非沙皇——才拥有这项权力。瓦尔纳瓦收到通知，要求他亲自在神圣宗教会议面前做出解释。9 月 7 日，瓦尔纳瓦出席了会议，但过程并不顺利。萨马林和其他神圣宗教会议成员高高端坐在一张巨大的桌子后，瓦尔纳瓦却被迫全程站立。这种对权力的赤裸裸的展示令瓦尔纳瓦心生不悦。萨马林想知道，瓦尔纳瓦是在谁的授意下筹备为马克西莫维奇封圣的，并指出这属于神圣宗教会议的职权范围。瓦尔纳瓦回答，他是在更高权力，即沙皇的授意下举行仪式的，还呈上一封信，表明沙皇批准了封圣。神圣宗教会议的成员面面相觑，不敢相信沙皇竟然未征得他们的同意便做出这一行为。会面结束时，瓦尔纳瓦被告知暂时不准离开，他们还会和他进行第二次谈话，但他不顾命令立刻打道回府了。最后，神圣宗教会议宣布，对都主教马克西莫维奇的封圣无效，并解除了瓦尔纳瓦的主教职务。[2]

445　　　萨马林没有就此止步。那天，他还谴责了瓦尔纳瓦和拉斯普京之间的关系，坚称会向沙皇揭露拉斯普京的放荡生活。实际上，萨马林正是从自己与拉斯普京的斗争的视角来看待马克西莫维奇封圣一事的。萨马林认为，此事本质上是教会向西伯利亚农夫的意志屈服的又一案例。[3]持这种想法的不仅仅是他一人。托博尔斯克宪兵队报告，那年 4 月，反对瓦尔纳瓦的文章在城中四处传播。一些文章甚至被贴在人们家中的大门和篱笆上。9 月初，《新时代》抨击了瓦尔纳瓦，称他在夏天布道时谴责了国家杜马。警方开始监视瓦尔纳瓦的一举一动。[4]萨马林联络了托博尔斯克行政长官斯坦克维奇，要求他拦截拉斯普京和瓦尔纳瓦之间的信件，将它们悉数发回彼得格勒。[5]

　　　瓦尔纳瓦在神圣宗教会议并不受欢迎，因为沙皇于 1911 年执意将他提拔为卡尔戈波雷的主教。担任奥格涅茨教区的副主教时，瓦尔纳瓦曾放肆地冒犯自己的主管尼卡诺尔主教（Bishop Nikanor），而且他不仅轻视主教，还羞辱了许多受过高等教育的神父。瓦尔纳瓦过于狂妄，不好对付，尼卡诺尔不得不向神圣宗教会议求助，要求惩处他，而这些故事在媒体上最终又演化成拉斯普京干预教会的又一项有力证据。1913 年 11 月，瓦尔纳瓦被任命为托博尔斯克主教，但他的自大以及和其他神职人员势不两立的态度并未收敛。安东尼被调往高加索后，瓦尔纳瓦能够得到这个职位很可能是因为获得了拉斯普京的支持。在托博尔斯克履职期间,瓦尔纳瓦的野心进一步膨胀,甚至企图在皇宫中排挤拉斯普京。这一举动终于引起了拉斯普京的注意,两人的关系自 1916 年初起日渐疏远。[6]

整个俄国社会都赞同神圣宗教会议对封圣丑闻的看法。例如,9 月 19 日,莫斯科建筑师阿列克谢·奥列什尼科夫(Alexei Oreshnikov)在日记中写道,瓦尔纳瓦被召回神圣宗教会议接受审问,但因为有拉斯普京为他撑腰,事情后来在宫里的指示下不了了之。"简直无法无天,权力被滥用了!"[7]他如此回应 14 日和 19 日在《莫斯科通讯》(Moscow Leaflet)上刊出的报道。该报道文章认为,拉斯普京的门徒瓦尔纳瓦毫无疑问是在越权,而他理应受到萨马林的管教。[8]季娜伊达·吉皮乌斯写道,瓦尔纳瓦"这个拉斯普京式的不起眼的农夫"竟然胆敢在拉斯普京的庇护下公然背叛神圣宗教会议,"要求"追封一些微不足道的神职人员为圣人,这整件事都散发出一股"傲慢无礼的味道"。

但是,追封约安·马克西莫维奇为圣人的经过,比萨马林、吉皮乌斯以及其他人所想象的更复杂。首先,最早提出这一想法的不是瓦尔纳瓦,而是耶夫赛维。他在 1910 年至 1912 年担任托博尔斯克的主教,但他不是拉斯普京的友人。他的继任者主教安东尼(卡尔扎温)也十分敬重马克西莫维奇,花大力气整修了马克西莫维奇在教堂中的纪念碑。1913 年,当地的神职人员委员会给神圣宗教会议和沙皇写请愿信,要求在 1915 年 6 月,也就是马克西莫维奇去世 200 周年之际追封他为圣人。起初,神圣宗教会议批准了这一请求,但后来不知出于什么原因从未正式颁布公文。因此,瓦尔纳瓦和拉斯普京才在那年夏天直接给沙皇写信,希望得到他的帮助,解决悬而未

446

决的封圣一事。[9] 然而，格尔莫根和颂名派这两桩教会丑闻发生后，事实究竟如何变得不再重要，一切都被拉斯普京的阴影笼罩了。萨马林和神圣宗教会议要么不知道封圣曾得到批准，要么故意对此事视而不见，只想炮制一桩可以把拉斯普京牵扯进来的丑闻。

返回托博尔斯克前，瓦尔纳瓦拜访了亚历山德拉和维鲁波娃。9月8日，亚历山德拉在给尼古拉的信中提到瓦尔纳瓦，赞扬他"为了我们和我们的朋友"站到了神圣宗教会议的面前。她写道，在整件事背后捣鬼的可能是尼古拉沙和"黑山姐妹"，以及芬兰大主教谢尔盖、前沃洛格达大主教尼孔（罗日杰斯特文斯基），甚至还有格尔莫根和神父沃斯托科夫。她坚称，现在是时候让神圣宗教会议"明白谁才是他们的主人"了，必须把谢尔盖和尼孔从神圣宗教会议开除，让拉斯普京的朋友、格鲁吉亚都主教皮季里姆［Pitirim，俗名为帕维尔·奥克诺夫（Pavel Oknov）］取代他们。至于萨马林，亚历山德拉认为他也必须离开。

9日，亚历山德拉又写了一封信，补充了更多细节和指示。她告诉尼古拉，萨马林向瓦尔纳瓦提到拉斯普京时使用了"恶毒的话"，还称沙皇只是神圣宗教会议的"仆人"。她还得知，托博尔斯克的行政长官斯坦克维奇和萨马林他们是一伙的。他到处向人展示拉斯普京的私人电报，还无礼地告诉瓦尔纳瓦"我（亚历山德拉）是个疯女人，阿妮娅（指维鲁波娃）是个卑鄙的女人，等等。怎么还能让他保住职位？你绝不能允许这种事。这是魔鬼对我们的最后考验，他把所有事都弄得一团糟，他绝不该获胜"。（同一天，斯坦克维奇给内政大臣谢尔巴托夫写信，要求就拉斯普京在"托瓦帕"号上的过分举止对其实施逮捕。斯坦克维奇加入了拉斯普京的敌人的一方，他关于皇后的恶言恶语决定了他的命运。两个月后，斯坦克维奇被革职。）

虽然没有根据，但亚历山德拉认为她的身边到处都是叛徒。然而，她告诉尼古拉不用担心，因为她有一件武器：

> 昨天，1911 年得到的画像和铃铛真正让我"感受"到了身边的人。起初，我没有很在意，不太相信自己的想法，但现在画像和我们的朋友会帮助我迅速鉴别身边之人的态度。如果感受到人们的恶意，铃铛就会发出声响。别让他们靠近——奥尔洛夫、扎克夫斯基及德伦特林，他们都对我怀有一种古怪的恐惧之情，都在用异样的眼光打量我。亲爱的，请留心我说的这些话，这并非来自我的智慧，而是某种上帝赋予的直觉，上帝希望通过我助你一臂之力。

9 月 11 日和 12 日，亚历山德拉再次要求尼古拉解雇萨马林。现在，她还在解雇名单中加上了内政大臣谢尔巴托夫的名字。皇后极其不安，生怕丈夫不满足她的愿望。就像在艰难的日子里她把圣像和铃铛当作自己的指引，她也提醒丈夫不要忘记拉斯普京送给他的圣像和梳子。"亲爱的，别忘了用那把小梳子……记得随身带着那幅圣像，见大臣们前先用那把梳子梳几次头发。"虽然拉斯普京不在尼古拉身边，但亚历山德拉相信，尼古拉只要用正确的方式梳头，就可以召唤他的力量。（尽管她深信这种护身符的功效，但在同一个月，她嘲笑了一则谣言，该谣言说她派人给前线送去了拉斯普京祝福过的"腰带"

以保佑士兵们的平安。"胡说八道。"她向尼古拉抱怨道。[10]）

至于拉斯普京，他在 17 日给沙皇写信，鼓励对方无视神圣宗教会议，相信自己的判断："上帝会保佑你的意志和你那平和、仁爱的话语，以及你雷鸣电闪般的双手。你的双手能遮挡一切。"[11]

448　　亚历山德拉越来越担心尼古拉可能会无动于衷，于是又写了一封信。这次写信时还带着一丝怒意："萨马林和谢尔巴托夫正在出卖我们——那群懦夫！"她接着写道："萨马林和谢尔巴托夫诽谤格里高利。谢尔巴托夫把你的电报，以及我们的朋友和瓦尔纳瓦的信件拿给许多人看。想想吧，（在约安·马克西莫维奇这件事上）这太卑鄙了！那可是私人信件！"

那个月，其他人呼吁沙皇证明自己才是国家的主人。在全俄地方自治和城市联合会（Convention of the Union of Zemstvos and Cities）的一次聚会上，弗拉基米尔·古尔科宣称："我们需要一个能够挥动大鞭的领袖，而不是一个受大鞭指挥的领袖。"这句话是暗讽尼古拉和拉斯普京之关系的巧妙双关：鞭身派的名字来自"鞭子"一词，现在不是沙皇在挥动大鞭，而是那根鞭子在指挥他和整个俄国。[12]古尔科的话被刊登在莫斯科的各大报纸上，有如一声惊雷。亚历山德拉把剪报寄给尼古拉。"诽谤的双关语，"她称，"直接针对你和我们的朋友。（尤其是在针对我！）上帝啊，快惩罚他们……让他们忏悔吧。"[13]和从前一样，拉斯普京试图安抚亚历山德拉。古尔科发表讲话的当天，拉斯普京给维鲁波娃写信："别着急，事情不会变得更糟。信仰和报纸的大标题不会不顾我们的感受。"[14]

但其他人根本没有这个意思。19 日，拉斯普京在博克维斯科的家中收到一封匿名信：

致格里高利。我们的祖国正在被摧毁，而人民渴望达成可耻的和平条约。既然你可以收到沙皇从最高统帅部发来的加密电报，那么你肯定拥有巨大的影响力。因此，我们向你提出一个要求：让各位大臣对纳罗德负责，让国家杜马在今年 9 月 23 日召开会议，拯救我们的国家。如果你不这么做，我们就会毫不留情地杀了你。我们的双手可不会像古谢娃那样发抖。无论你到哪里都无法逃离我们。

决定命运的时刻降临到了我们这十个人的手中。[15]

拉斯普京显然没有受这封信影响，但普拉斯科维亚害怕极了，为丈夫的安危坐立不安。[16]

几天后，亚历山德拉也收到一封匿名信，题为"人民的声音，致陛下"。写信人称，阅读了拉斯普京在今年出版的《我的思考与反思》后，他感觉有必要写下这封信。此书卷首的拉斯普京肖像画让他非常不安："格里高利·拉斯普京的肖像画十分不祥，从他的脸上看不到值得信任的地方，他的表情神神秘秘，眼中闪着妒忌的光芒——这种眼神有一股蛊惑人心的力量，十分狡诈。他长着捕手式的鼻子，眉毛体现了他的邪恶而不是智慧。他消瘦的身材和紧闭的嘴唇也证明了这一点。"这封信继续写道，毫无疑问，这是"假圣人"的模样，"……别想从这个人身上得到什么好处，真正的善意只能在纳罗德的身上找到。在您祈祷时，您面前的这只蜘蛛从没做过任何好事，也不可能做任何好事。您必须保持警惕，要明白他是邪恶的，不可能为了做善事而自我牺牲"。匿名信作者写道，自己如果是沙皇，一定会毁掉拉斯普京，但不会幻想沙皇这么做，因为沙皇已经向外国人出卖了这个国家，没能守护俄国曾经的伟大领袖留下的珍贵遗产。[17]

不仅皇后收到了这封信，全国各地的贵族和政府官员也收到了。[18]"奥克瑞那"迅速发起调查，1916 年 1 月，他们找到了这封信的作者，他是 38 岁的雕刻师阿列克谢·别利亚耶夫（Alexei Belyaev），住在涅瓦大街 22—24 号。根据"奥克瑞那"的说法，这名嫌疑人"非常紧张，他的表现给人一种精神不正常的印象"。3 月中旬，别利亚耶夫被逐出彼得格勒，并被流放至卢加（Luga）。[19]

9 月 23 日，尼古拉回到皇村。三天后，萨马林和谢尔巴托夫被解职。[20]萨马林担任神圣宗教会议主席仅两个半月，谢尔巴托夫担任内政大臣也不到四个月。"想想教会中发生了什么就让人不战而栗，"尼孔（罗日杰斯特文斯基）写道，"一个鞭身派教徒毁掉了一切。"[21]列弗·季霍米罗夫在日记中写道：

> 萨马林被赶走了……谣言说，萨马林绝不是最后一个牺牲品，所有大主教都无法幸免于难。还有谣言称，瓦尔纳瓦可能会被任命为彼得格勒的都主教，且拉斯普京已经离婚，即将削发成为修道士，继而升任大主教。……沙皇的信誉正面临严重危机。为了支持拉斯普京和瓦尔纳瓦等人，他甚至疏远了贵族和神职人员……我不知道战争将以何种方式结束，但那之后，一场革命似乎无法避免。事情变化得太快了，向皇室效忠的只剩下狭隘、计较个人利益的人，可在关键时刻，他们肯定是最早叛变的人。……我为沙皇感到深深的惋惜，但我也为俄国、为教会感到惋惜，因为他们都是这出闹剧的受害者。

　　萨马林被解雇促使哲学家尼古拉·别尔嘉耶夫在10月发表了一篇题为《苦酒》的长文。别尔嘉耶夫认为，这件事的影响比以往任何一件事都更为深远、重大乃至危险。俄国被一股"丧失理智的黑暗势力"控制了，它的化身就是格里高利·拉斯普京。这个国家以及教会都"被控制在黑暗势力的手中"。萨马林闯进了"一个疯狂的、迷醉的隐秘势力的范围，尝到了俄国大地上的苦酒的滋味"。这个国家的文化被弥漫在纳罗德阶层中的不理智与不开化污染了，饮过这苦酒的人几乎都无法从醉酒的狂欢中醒来。苦酒正在整个俄国流淌，渗入社会的各个阶层。"原本诱惑社会底层的非理智冲动，如今开始蚕食上流社会。古老的俄国堕入了伸手不见五指的黑暗深渊。"[22]

　　10月2日，震怒的季娜伊达·尤苏波娃公主给她的儿子尤苏波夫写信：

　　　　我必须说，我对皇村中发生的一切深感震惊，甚至想从此离开，不再回来！格里高利又回来了。据说，瓦尔纳瓦还会得到提拔！他们竟然为了这些败类而解雇了萨马林，已经发疯的瓦丽达[①]快把自己的丈夫逼疯了。这股愤慨简直让我透不过气来，再也无法多忍受一刻。我鄙视还在忍受并保持沉默的每一个人！[23]

　　她重复了两遍最后一句话：我鄙视还在忍受并保持沉默的每一个人！深爱着母亲并极力讨好她的费利克斯·尤苏波夫是否就是在读到这句话的这一刻，第一次萌生了谋杀拉斯普京的念头？

451

──────────

　　①　指皇后亚历山德拉。——作者注

## 注　释

1. *WC*, 211n143; GARF, 640.1.323, 9ob; VR, 494 – 501.

2. *WC*, 211n143; GARF, 102.316.381, ch. 1, 74; Shavel'skii, *Vospominaniia*, 1：370 – 73.

3. VR, 496 – 97; *VVRF*, 1：229 – 30.

4. GARF, 102. OO. 245. 1915. 297, 1, 4 – 5ob, 12, 17.

5. *WC*, 219.

6. Firsov, *Pravoslavnaia tserkov'*, 235 – 36. Cites："Stavlennik Rasputina," *Golos Moskvy*, 11 August 1913; "Iz pisem gnoma," RGIA, 796. 205. 809.

7. Oreshnikov, *Dnevnik*, 45 – 46. See also Romanov, *Voennyi dnevnik*, 183.

8. *Moskovskii listok*, 14 September 1915, pp. 1 – 2; 19 September, p. 2; 20 September, p. 2.

9. VR, 494 – 96.

10. *WC*, 215 – 22, 229 – 33, 237, 239, 254 – 55.

11. GARF, 640.1.323, 11.

12. VR, 522.

13. *WC*, 215 – 18.

14. GARF, 612.1.61, 93.

15. GARF, 111.1.2978, 22ob – 23.

16. *WC*, 254.

17. RGIA, 525.3.529, 2 – 2ob.

18. RGADA, 1290.2.4765, 5 – 6ob; RGALI, 2167.2.30, 1 – 1ob.

19. GARF, 102.316.381, ch. 1, 169 – 69ob, 203.

20. *WC*, 251, 252, 254; *KVD*, 259.

21. VR, 205.

22. Berdiaev, *Sud'ba*, 50 – 55.

23. "Iz semeinoi perepiski," 2：140 – 41.

# 第四十九章 "三驾马车"

在内政大臣谢尔巴托夫被解雇前，亚历山德拉就找好了他的继任者。阿列克谢·赫沃斯托夫出身贵族家庭，拥有大片土地，而且是黑色百人团成员。他先后在数个地方从事行政管理工作，于1910年出任了下诺夫哥罗德的行政长官。两年后，他当选第四届国家杜马成员。赫沃斯托夫既自负又不乏野心，在杜马中不与激烈反德的代表们为伍，反而喜欢就右翼观点夸夸其谈，卖弄他的一颗爱国心。他还常称自己是"缺乏内在控制力的男人"。[1]赫沃斯托夫身形肥硕（或许可以挑战罗将柯成为俄国最胖的男人），长着一双肉手，眼神炽热。他很快就沉浸在强烈的优越感中，称其他大臣为"那些蠢货"。[2]同时代的人在评价他时毫不留情。谢尔盖·维特伯爵形容他是"最恶劣的流氓之一……完全不把法律放在眼中"。[3]"奥克瑞那"彼得格勒分局局长格洛巴切夫称，赫沃斯托夫"天生就是罪犯"。[4]拉斯普京叫他"大肚子"或者"尾巴"，气得赫沃斯托夫火冒三丈。[5]第二年，拉斯普京改称他是"杀人犯"——拉斯普京确实有充分的理由这么称呼他。[6]

9月，亚历山德拉多次给尼古拉写信，催促他任命赫沃斯托夫，坚称赫沃斯托夫是保护他们和拉斯普京免受敌人骚扰的最佳人选。[7]她承认提名赫沃斯托夫不是她的主意，而是维鲁波娃的，后者则受到了米哈伊尔·安德罗尼克夫亲王的影响。[8]安德罗尼克夫出生于 1875 年，母亲是波罗的海地区的德意志贵族，父亲是格鲁吉亚亲王。他是那个时代最有名的投机者与阴谋家。"他身材矮小，整洁利落，长着滚圆的粉色脸庞，眼神锐利却似乎总是透着笑意。""奥克瑞那"在皇宫的负责人亚历山大·斯皮里多维奇写道："他说话声音很轻，随时带着一只公文包，总爱和人开玩笑。安德罗尼克夫亲王知道怎么挤入权贵们的客厅，至少他知道怎么进入每位大臣的接待室。"安德罗尼克夫常年在内政部担任一项闲职，但由于经常旷工，于 1914 年被马克拉科夫解雇。第二年，安德罗尼克夫说服萨布勒雇用自己为"特殊助理"。安德罗尼克夫的特长是搜集情报。他善于奉承，喜欢送人昂贵的礼物，还懂得玩弄花招，因此俄国各政府部门、皇宫、杜马、彼得格勒各大沙龙的闲言碎语完全逃不过他的耳朵。私密的情报据说都被放在他从不离身的黄色公文包中，但实际上里面只有一些旧报纸。对各种事件和个人秘密的掌握便是亲王的资产，让他与众不同，有了一种独特的力量。任何大臣都不敢怠慢安德罗尼克夫，因为他会在背后传播不利于他们的谣言。[9]安德罗尼克夫自己也有秘密。他曾入读精英云集的贵族军事学校，但从未毕业，有人说这是因为他身体欠佳，另一些人则说是因为他是同性恋。他在丰坦卡街 54 号的家中有一个特殊房间，墙上挂满了宗教圣像，圣像下是一张巨大的床，他经常在床上和城中的年轻男性玩乐。据说，费利克斯·尤苏波夫亲王对安德罗尼克夫的卧室熟门熟路。安德罗尼克夫的家是花天酒地的乐园。后来，他甚至收藏了一幅拉斯普京的大型肖像画。[10]

　　1914 年夏天，安德罗尼克夫第一次见到拉斯普京，并邀请拉斯普京到自己家中做客。亲王带他欣赏卧室中的巨幅拉斯普京像，拉斯普京对此印象极为深刻。"一个聪明的农夫，相当相当聪明，"据说安德罗尼克夫如此评价他的新朋友，"还十分精明。是的，他太精明了。人们可以和他做生意，而我们会带他一起，尝试与他合作。"[11]这正是安德罗尼克夫亲王在1915年夏天的计划。当时，俄国的各位大臣都铆足干劲想要打击拉斯普京，削弱他的影响力，但诡计多端的亲王想出了一套新策略：如果无法打倒拉斯普京，那为什么不与他合作，或至少利用他？为什么不把他当作盟友，与他一起追求权力、影响力和财富？然而亲王知道，仅凭他一个人是无法实现这种设想的。他需要帮助。因此，他找到赫沃斯托夫和斯捷潘·贝莱特斯基。

安德罗尼克夫利用维鲁波娃向亚历山德拉传达了内政大臣的新人选。他在一封没有注明日期的信中（很可能写于9月初）向皇后的这位友人提名赫沃斯托夫。为了表达对拉斯普京的忠诚，他开始攻击沃斯托科夫，称如果一个人"会被自己的脚后跟绊倒"，那么这种人再怎么受罚都不为过。不仅如此，亲王还补充道，虽然沃斯托科夫很可恶，但他之所以如此放肆，完全是因为背后有萨马林和谢尔巴托夫为他撑腰。他们都不相信拉斯普京这个"来自西伯利亚的纯朴天真的俄国人会一心一意为皇室服务"，因为他们的真正意图是"诋毁象征最高权力的皇室，为这个国家播下反叛的种子"。沙皇需要有人为他抵挡这些"邪恶、堕落、背叛祖国的人"（在这里，他还提到了扎克夫斯基、古奇科夫和尼古拉·尼古拉耶维奇大公的名字），而能够做到这件事的人就是阿列克谢·赫沃斯托夫，一个"强硬的俄国人，拥有丰富的政府工作经验，精力充沛，作为政客手段灵活。他也许是当下唯一懂得如何与纳罗

454

德阶层对话的人。他能够安抚对方日益不满的情绪，还能够打破藩篱，让人们的爱如潮水般涌向祖国的最高统治者"。

　　安德罗尼克夫在这种事情上是专家，他完美策划了一切。他向皇后暗示，沃斯托科夫在《生命的回答》上发表了反对拉斯普京的文章，但让她不要告诉赫沃斯托夫。他写道，让这件事到此为止，他们都是忠诚的人。[12]当然，他知道她一定不会听自己的话。皇后果然没有让他失望。维鲁波娃开始向亚历山德拉说赫沃斯托夫的好话："他十分聪明，精力充沛，深深热爱陛下。此外，他十分尊敬格里高利·叶菲莫维奇。"她被"他格外单纯、善良、明亮的双眸"，还有他"英俊、胖嘟嘟"的外形吸引了。[13]

　　说服野心勃勃的赫沃斯托夫接受这个方案不难。实际上，赫沃斯托夫希望更进一步，出任大臣会议主席。当时的大臣会议主席是 76 岁的戈列梅金（拉斯普京亲热地称呼他为"耳聋的老家伙"）。赫沃斯托夫坚信，如果不能拿下内政大臣和大臣会议主席这两个职位，自己便像只"没有毛线球的猫"一样一无是处。[14]但劝说贝莱特斯基费了安德罗尼克夫好一番劲。安德罗尼克夫打电话告诉贝莱特斯基，形势即将发生重大变化，而自己作为拉斯普京和维鲁波娃的朋友，能够帮助贝莱特斯基提升事业运——1914 年，贝莱特斯基因为和内政大臣扎克夫斯基关系紧张而被解除警察局局长的职务。然而，贝莱特斯基坚持说自己不是合适人选，担任警察局局长期间，他不仅拒绝接见拉斯普京，还向拉斯普京的敌人——包括大臣会议主席科科夫佐夫、波格丹诺维奇将军以及尼古拉·尼古拉耶维奇大公——透露了破坏性极大的情报。安德罗尼克夫知道自己需要贝莱特斯基，尽管对方还有所保留。贝莱特斯基头脑聪明，经验丰富，对警察局和它的运作方式知根知底。调查委员会的亚历山大·布洛克曾和贝莱特斯基谈话，形容他"务实、乐于助人、迷人，知道'该怎么潜入各个地方'。……他信仰上帝吗？不，他不相信任何事"。[15]如果贝莱特斯基有什么信仰，那便是工作。即使是批评他的那些人，包括扎克夫斯基，也不得不承认，没有人比斯捷潘·贝莱特斯基更勤奋。

为此，安德罗尼克夫为贝莱特斯基和拉斯普京安排了一系列秘密会面，让他们熟悉彼此，以形成自己的判断。[16]拉斯普京愿意给前警察局局长一个机会，因为他自己的生活也被扎克夫斯基搞得十分痛苦——差点被古谢娃谋杀、被雅餐厅丑闻陷害，以及其他各种迫害。此外，贝莱特斯基其实是扎克夫斯基的死对头，他十分不满后者担任内政部副大臣期间的所作所为。贝莱特斯基认为扎克夫斯基是右翼的敌人、左翼的盟友，是此人让人们把目光聚焦到拉斯普京身上。贝莱特斯基在自费出版的小册子中毫不隐瞒上述观点，还直接送了几本去拉斯普京和维鲁波娃的住处。[17]拉斯普京最终相信，贝莱特斯基没什么好怕的。"斯乔帕（Styopa），"拉斯普京用贝莱特斯基的笔名称呼他，"是个好人。"[18]之后，贝莱特斯基又去见了维鲁波娃，说服她自己会保护拉斯普京。维鲁波娃原封不动地把这些话转告给了皇后。

9月17日，亚历山德拉接见赫沃斯托夫。整整一小时中，他向皇后详细描述了自己会如何管理政府，保证一定会严厉谴责萨马林、谢尔巴托夫和古奇科夫，还将自己美化成拉斯普京的坚定支持者。根据赫沃斯托夫的说法，皇后表示会支持他，但提出了三个条件：1.必须任命贝莱特斯基为他的副手；2.所有涉及皇室成员和拉斯普京安全的事务均交给贝莱特斯基负责；3. 保证不干涉皇室的任何私人事务。赫沃斯托夫同意了，因此赢得了皇后的信任。[19]他离开后，皇后给尼古拉写信，称赫沃斯托夫让她印象深刻，他是个"真正的男人，不扭捏……保证不会让我们难堪，一定会尽全力制止对我们的朋友的攻击"。[20]9 月 23 日，尼古拉回到皇村，接见了赫沃斯托夫。[21]三天后，谢尔巴托夫出局，赫沃斯托夫接替了他的位置。贝莱特斯基成为新任内政部副大臣，这意味他掌握了调动各类警察机构的大权。

456

赫沃斯托夫称，在 17 日的会面中，亚历山德拉告诉他，她收到一封拉斯普京祝贺他新官上任的电报，但历史学家从未找到这封电报，而且拉斯普京在整件事中扮演的角色依旧存在不少疑点。没有任何证据表明，最早提出这个主意的人是拉斯普京。安德罗尼克夫似乎才是此事的策划者，他这样做为的是提升自己的地位，可能还想为他参与的一系列不正当交易找一个强大的保护人。格洛巴切夫认为，赫沃斯托夫是右翼圈子推选的人物，考虑到赫沃斯托夫的政治立场和安德罗尼克夫的反犹倾向（他常在信中贬称自己的敌人为"犹太佬"），这种观点有一定说服力。虽然不能十分肯定，但格洛巴切夫确实曾听说赫沃斯托夫直接或通过贝莱特斯基向拉斯普京求情，希望拉斯普京支持对自己的任命。[22]

在这个"三驾马车"式的计划中，安德罗尼克夫要充当拉斯普京的联络人。拉斯普京通过安德罗尼克夫把指示和要求转告给另外两人。与此同时，安德罗尼克夫还要确保另外两人不直接和拉斯普京打交道。每个月，他都会从大臣的"小金库"中拿出 1500 卢布贿赂拉斯普京，免得拉斯普京从求情办事的人那里拿钱。这么做还有另一个目的：通过频繁的见面，安德罗尼克夫可以更好地监视拉斯普京，同时进一步培养两人的关系。三个人还打算在拉斯普京的私人圈子里安插一个值得信赖的人，那个人会监视拉斯普京在家中的一举一动，或许还可以让他避开某些不良的影响。他们锁定了纳塔利娅·切夫文斯科娅（Natalya Chervinskaya），一个上了年纪的妇人。她在拉斯普京面前始终保持清醒，而且和维鲁波娃很熟，和战争大臣苏霍姆利诺夫的太太交情也不错，是个可靠的人选。拉斯普京称呼她为"伏巴拉"（vobla）——"伏巴拉"是一种常见的腌渍鱼干，俄国人喝啤酒时的下酒菜。[23]

9月27日，拉斯普京回到彼得格勒。第二天，他在安德罗尼克夫家中和"三驾马车"共进晚餐。[24]后来，贝莱特斯基回忆说，他们三人及切夫文斯科娅都对拉斯普京的变化震惊不已。他比以前更泰然自若、充满自信。他告诉众人，他不喜欢别人在他的背后搞阴谋，把矛头主要对准了安德罗尼克夫。接着，他转向赫沃斯托夫，提起两人1911年在下诺夫哥罗德的见面。那时，拉斯普京和格奥尔基·萨佐诺夫奉沙皇的命令一起前往诺夫哥罗德，评估赫沃斯托夫是不是接替刚被谋杀的内政大臣斯托雷平的合适人选。关于拉斯普京给尼古拉的反馈，存在不同说法。赫沃斯托夫称，自己的手下拦截了当天拉斯普京发给维鲁波娃、再由她转交给沙皇的电报："他蒙受上帝的恩宠。"但实际上，这件事最后不了了之。在这次会面中，贝莱特斯基留意到，拉斯普京对赫沃斯托夫说话的语气十分不悦，提起当时他抵达诺夫哥罗德时口袋里仅剩下可怜巴巴的3卢布，而作为行政长官的赫沃斯托夫竟然没有为他举行欢迎仪式，只是草草填饱了他的肚子。[25]

"三驾马车"向拉斯普京解释，他们会全力保护他，向陛下表达对他的支持，相信他不仅是沙皇的忠实仆人，还是一位圣者，他所做的一切都是为了帮助沙皇夫妇和祖国。他们会常常给拉斯普京钱，询问他神圣宗教会议主席的合适人选，并确保那个人获得任命。拉斯普京要通过安德罗尼克夫表达自己的意见，再由后者转告给另外两人。[26]

存在一种说法：在安德罗尼克夫不遗余力的恭维和奉承的影响下，且赫沃斯托夫于一幅圣像前发誓会保证拉斯普京的安全后，拉斯普京终于抛开了对赫沃斯托夫的一切疑虑。据格洛巴切夫的观察，拉斯普京看人的眼光不太准。对拉斯普京而言，世上只有两种人——自己人和非自己人，或者说朋友和敌人。（他对亚历山德拉说过类似的话。）只要得到拉斯普京的朋友的引荐，就可以成为"自己人"。因此，随着时间推移，"自己人"的规模不断膨胀，包括官员、银行家、投机分子、冒险家、上流社会的女人、妓女以及神职人员。接近他的所有人几乎都有自己的目的。他们在拉斯普京面前表现得友善、热情，在背后却说着诽谤他的话。[27]拉斯普京至少有两个"朋友"曾试图谋杀他，而第三个朋友最后取得了成功。

从一开始，事情就发展得不妙。拉斯普京不愿按众人商量的方式行事。他会和安德罗尼克夫一起去见赫沃斯托夫、贝莱特斯基，直接给他们的下属布置任务，甚至对他们的妻子指手画脚。贝莱特斯基提高了给拉斯普京的贿款，但没有让安德罗尼克夫知道，还指示安德罗尼克夫、切夫文斯科娅尝试回绝拉斯普京的各种要求，但这种做法不怎么奏效。[28]贝莱特斯基命令格洛巴切夫加强手下暗探对拉斯普京的监视，并且每天都要向自己报告。暗探的监视主要分两种：内部监视和外部监视。内部监视包括密切跟踪拉斯普京，去他到过的所有地方；外部监视则由特殊的暗探负责，他们主要是拉斯普京的保镖和仆人。暗探们详细记录了拉斯普京的行踪以及他见过的每一个人。[29] 每次执行任务，"奥克瑞那"都会同时派出五六名暗探：两名"保镖"，还有三四人负责监视拉斯普京所住公寓的外部情况。拉斯普京还有一辆"奥克瑞那"派出的汽车和专用司机雅科夫·格里戈里耶夫（Yakov Grigorev），司机负责接送他往返皇村和参加首都附近举办的活动。[30] 有一名暗探专门把守在拉斯普京所住大楼的楼梯处，另一名守在他家门口，或在得到允许的情况下进入公寓。这些安排不久便让拉斯普京产生怀疑，他甚至确信那些声称要保护他的人其实是为了监视他的一举一动。最终，近五千名警察或暗探参与了监视、保护、跟踪拉斯普京，以及调查他和数百位他接见的访客。甚至大楼的门卫和门卫的妻子也被列入了"奥克瑞那"的雇员名单。

即使访客和拉斯普京的接触十分短暂，暗探们也要"搜集一切和他们有关的秘密情报，包括他们的活动、生活方式、收入来源、人际关系、行为举止和道德水准"。[31] 他们会调查所有和拉斯普京有接触的人的政治倾向，即使只是点头之交。仅在 1916 年 4 月中旬至 6 月中旬的两个月内，暗探们就积累了厚达 760 页的监视报告，大多用棕色墨水写成，使用的纸张没有横格，长 7 英寸、宽 5 英寸。拉斯普京写的和收到的每一封信均受到调查。实际上，情报网扩张得几乎失去了理性。西伯利亚东部地区的一位铁路工程师曾收到一封从澳大利亚寄来的信，其中只出现了几句关于拉斯普京的负面评价，即便如此，它也引起了符拉迪沃斯托克、伊尔库茨克，乃至彼得格勒的秘密警察的调查。监视拉斯普京耗费了惊人的政府资源。[32]

就算受到如此严密的监视，拉斯普京仍能钻空子。"今天早晨，'黑暗势力'离开家不知道去了哪里，但在上午 10 点又回来了。"其中一份报告写道。"不知道'黑暗势力'昨天是几点回家的。"另一份报告写道。[33]拉斯普京向维鲁波娃和皇后抱怨了这种机制，亚历山德拉让赫沃斯托夫命令格洛巴切夫撤回他的人。拉斯普京会闪进后街，给街上的人一些小费，或对暗探撒谎，告诉他们今晚他会待在家中。等暗探离开后，拉斯普京再伺机出门。[34]实际上，这正是 1916 年 12 月 16 日晚上发生的事。拉斯普京利用这个方法躲过暗探的监视，拜访了尤苏波夫亲王。

*

"三驾马车"不信任拉斯普京。因此，他们保留了大量所谓的"黑材料"（*kompromat*）。贝莱特斯基整理了"托瓦帕"号事件的调查文件，还有喝醉酒的拉斯普京（据说）侮辱一位女大公的文件。赫沃斯托夫有一个特别的笔记本，里面记录了拉斯普京犯下的各种类型的罪行。[35]尽管如此，有一段时间，"三驾马车"仍希望他们的计划能奏效。11 月 25 日，拉斯普京见过赫沃斯托夫后告诉亚历山德拉，他对这位大臣"十分满意"。[36]两天后，赫沃斯托夫向所有行政区域的长官下令，不能让拉斯普京的名字出现在任何报纸或杂志上。[37]贝莱特斯基也在设法摆平媒体。在《证券交易公报》发表一系列抨击拉斯普京的文章后，贝莱特斯基拜访了报纸编辑米哈伊尔·格叶柯布什-戈列洛夫，命令他就此收手。这位编辑告诉贝莱特斯基，文章提及的情报都来自一个名叫戴维森的人，此人正是古谢娃刺杀案发生之际碰巧在博克维斯科的那位记者。贝莱特斯基早就听说过戴维森——他在刺杀事件发生前就见过这个人，后来又从警方的"小金库"里付给戴维森600卢布，试图让戴维森闭嘴，不再撰写攻击拉斯普京的文章。这招显然失败了。贝莱特斯基开始派手下搜集戴维森参与不法活动的证据。接着，贝莱特斯基利用这份"黑材料"说服戴维森接受1200卢布贿款，交出他所拥有的涉及拉斯普京的"文件"作为交换。对方没有拒绝。于是，故事就此告一段落。

赫沃斯托夫和贝莱特斯基还拜访了主要杜马成员，尝试说服他们放过拉斯普京，告诉他们一意孤行只会适得其反，会巩固拉斯普京在亚历山德拉身边的地位。[38]赫沃斯托夫想出一个主意：让沙皇以某种名义为罗将柯颁发奖章，因为这样做必然会在损害他在左翼杜马成员中的威信。赫沃斯托夫恳求维鲁波娃向皇后提出这一建议，强调他已经和拉斯普京讨论过，拉斯普京也支持他这么做。（实际上，拉斯普京认为可以就此通过"卖"奖章为国家筹钱。[39]）

1915年11月13日，警察局副局长伊万·斯米尔诺夫（Ivan Smirnov）给"奥克瑞那"在莫斯科的负责人亚历山大·马丁诺夫写了一封被标为最高保密等级的信，让马丁诺夫暗中调查萨马林针对拉斯普京的行动。马丁诺夫答复，萨马林一直都在为"莫斯科上流知识分子"的私人聚会提供有关拉斯普京和皇宫秘密顾问团体的消息，这些"上流知识分子"包括很有人气的前市长弗拉基米尔·戈利岑亲王（Prince Vladimir Golitsyn）和莫斯科神学院的教授尼古拉·库兹涅佐夫（Nikolai Kuznetsov）。警方得知，库兹涅佐夫准备和其他34名激进神父一起公开发表抨击拉斯普京的联合声明。10月，警方发现库兹涅佐夫在《奔萨地方报》（Penza Country）上发表了一系列文章，曝光了拉斯普京奢靡的生活，甚至指控他强奸了一名妇女。贝莱特斯基得知此事后给报纸编辑写信，命令对方立刻停止刊登有关拉斯普京的一切文章。库兹涅佐夫是米哈伊尔·诺沃肖洛夫家的常客，他们经常一起讨论拉斯普京向教会施加的各种影响。诺沃肖洛夫的母亲知道儿子的意图后，深信拉斯普京会得到风声，毁掉她的儿子，这种深深的恐惧最终让她精神崩溃，被送进了精神病院。[40]在莫斯科，人们也出于同样的意图聚在一起讨论有关拉斯普京的事，比如纺织业富商阿布拉姆·莫罗佐夫（Abram Morozov）的遗孀瓦尔瓦拉·莫罗佐瓦德（Varvara Morozovad）便经常在家中组织类似聚会，常客包括叶夫根尼·特鲁别茨科伊亲王（Prince Yevgeny Trubetskoy，立宪民主党①的创始人之一、宗教思想家、作家）、谢尔盖·布尔加科夫，以及尼古拉·别尔嘉耶夫。[41]

警方得知，特鲁别茨科伊在莫罗佐瓦德家中大声宣读了伊利奥多尔新作的大纲，以及里面的数段挑衅意味极强的描写。在克里斯蒂安尼亚的伊利奥多尔联系到了出版人、历史学家谢尔盖·梅格诺夫，以 2000 卢布的价格出售书稿。梅格诺夫请求他的朋友普鲁加温帮忙筹集这笔钱，后者为此接触了几位杜马成员，但还是失败了。最后，付这笔钱的是一个名叫 S. V. 彼得森（S. V. Peterson）的人，一位可靠的信使取道伦敦，把钱送到了克里斯蒂安尼亚。梅格诺夫的同事瓦西里·西米夫斯基（Vasily Semevsky）从伊利奥多尔手上拿到书稿，又冒着巨大风险把它带回俄国。普鲁加温给伊利奥多尔发了一封加密电报，告诉对方自己收到了书稿："亲爱的母亲已经平安抵达。"梅格诺夫担心书稿的事会给他带来不幸。警方已经得到

461

---

① 又名人民自由党。——译者注

风声，而且正不计任何代价地在莫斯科全城搜寻书稿的下落。赫沃斯托夫下令必须找到书稿，希望借此锁定大臣之位。警察到达梅格诺夫的办公室时，他正好在阅读书稿，但他装出漫不经心的样子把它压在了一堆报纸下。梅格诺夫没有把书稿存放在办公室，为了防止它被发现，还保留了数份副本。他的计划是等待时机成熟，在自己的杂志《往事之声》（*Voice of the Past*）上刊出书稿内容。[42]

但在计划实施之前，普鲁加温已经在沃斯托科夫的报纸《生命的回答》上发表了一篇文章，不仅透露了书稿内容，还刊登了内容节选。[43]那年秋天，特鲁别茨科伊在莫罗佐瓦德家大声朗读的就是这篇文章。莫斯科的"奥克瑞那"开始行动。他们得知《莫斯科公报》会转载这篇文章，而且报社编辑正偷偷复印它。11月底，警方努力收缴所有报纸，然而，尽管他们付出了巨大精力，普鲁加温的文章还是陆续出现在《基辅思想》（*Kievan Thought*）、《卡姆斯科－伏尔加演讲报》（*Kamsko-Volga Speech*）等媒体上。[44]11月28日，赫沃斯托夫给托博尔斯克的行政长官发电报，命令他严密监视媒体，不准任何地方转载普鲁加温的文章。赫沃斯托夫表示，这种文章是在煽动民众"对抗现有的政治秩序"。[45]

与此同时，普鲁加温笔耕不辍，持续发表文章，那年，他创作了一篇题为《长老拉斯普京和他的女助手》（"Starets Grigory Rasputin and His Female Acolytes"）的短文，把它发表在了《俄罗斯画报》（*Illustrated Russia*）上［重取名为《侍奉长老左右》（"At the Side of the Starets"）］。第二年，他又发表了表达隐晦（且毫无事实依据）新版本《列昂季·叶戈罗维齐和他的女助手》（"Leonty Yegorovich and His Female

Acolytes"），在文中整合了他的侄女薇拉·茹科夫斯卡娅提供的信息。警方收缴了流向市面的那一部分，但大部分副本被藏在梅格诺夫的印刷厂，且在警察找上门之前它们就已被销售一空。[46]

462  赫沃斯托夫的预测没错，这些文章再次刺激了公众情绪。10 月 21 日，皇村的护士瓦莲京娜·查波特拉尤娃在日记中写道，刚从其他地方回来的邻居热烈地谈论拉斯普京，拉斯普京已经成了他们唯一的话题。"针对这个可怜家庭的一切愤怒和侮辱都表明，（这个国家）每个角落的人都知道了拉斯普京的名字：'随她怎样生活，可她为什么要伤害自己的女儿们呢？'我的上帝，这太可怕了！"[47]查波特拉尤娃并没有夸大事实：秘密警察收到了类似情报，哪怕在俄罗斯帝国最遥远、最人迹罕至的村庄，人们也都听说过拉斯普京，而且正以一种危险的方式谈论他。[48]

  与此同时，伊利奥多尔正写信请求梅格诺夫把自己引荐给德意志帝国政府。他提到自己在俄国的起落沉浮、沙皇和警察对他的迫害，以及他和拉斯普京的抗争。他称自己是俄国的政治犯，被判终身流放西伯利亚，但他付出巨大代价，冒着生命危险潜逃到了瑞典。现在，他已经是沙皇的仇敌，所以要写作这本书来揭露关于俄国宫廷、沙皇夫妇和拉斯普京的龌龊真相。就像在开玩笑一样，伊利奥多尔补充道，他的书所揭露的诸多真相包括：拉斯普京是阿列克谢的亲生父亲，是把俄国推向对德战争的幕后黑手，是"俄国政府和教会真正的最高统治者"。伊利奥多尔提出把书卖给德意志帝国政府，这样就可以让所有俄国士兵和战俘彻底明白，他们"究竟是在为谁而战"。由于不懂德语，伊利奥多尔建议对方找一个会说俄语的

人和他协商。他保证自己的书一定会引起"德皇威廉"的极
大兴趣。信的最后,他用德文写下了"赞同"和"拒绝"两
个词,表示对方只需要在其中一个词上画圈,再把信寄回给
他。他期待收到对方的答复。[49]

德国人圈下了"拒绝",并开始秘密监视伊利奥多尔。
德国间谍留意到"他给人的印象非常可疑",但过了一段时
间,他们设法在 1915 年 2 月 13 日安排了一次与伊利奥多尔
的会面,当时在场的还有一个名叫奥伯恩多夫(Oberndorff)
的先生。两天后,奥伯恩多夫在一封加密信中向德意志帝国
首相特奥巴登·冯·贝特曼·霍尔维格报告此次会面。奥伯
恩多夫写道,伊利奥多尔一家住在乡下的一间小屋子里,他
的妻子"身材矮小,不善言辞"。至于伊利奥多尔本人,他
"看起来不怎么快活,模样让人同情","有一张知识分子所
特有的面孔,一对黑色的小眼睛炯炯有神"。他的双手和指
甲十分干净,这在俄国人中相当罕见,尤其是在逃亡在外的
俄国人中。他流露出了对祖国的炽热情感,以及对被压迫的
同胞怀有的深切爱意,他希望自己的书可以成为他们的救赎。
奥伯恩多夫称,伊利奥多尔保留的所有材料是在他和拉斯普
京交往的四年中偷偷搜集的(伊利奥多尔是这么说的)。伊
利奥多尔为了证实自己的说法,还提供了拉斯普京是俄国皇
储的亲生父亲,以及他和沙皇夫妇的大女儿奥尔加女大公
"发生过性关系"的书面证据。"令人毛骨悚然的真相,"奥
伯恩多夫写道,"毫无疑问会马上在俄国引发革命。"伊利奥
多尔要求向俄国战俘免费赠送他的书。他告诉奥伯恩多夫,
他愿意亲自去柏林筹备书籍的出版。他不要求任何回报,只
希望在处理完所有事后得到一笔费用,能让他从此过上隐姓

463

埋名的生活。[50]

　　11 月底，德国情报部门称，拉斯普京在俄国的影响力与日俱增。据说有人听见他说："我已经让赫沃斯托夫当上了大臣，这个年轻人一定会为我做事。"[51]赫沃斯托夫本人却认为自己和拉斯普京的关系越发紧张。他表示，拉斯普京的强大意志正一步步侵蚀自己。"连我睡觉时他都不放过我。"他抱怨道。[52]据说，他曾告诉莫斯科市长米哈伊尔·切尔诺科夫（Mikhail Chelnokov）："我只能做他两个月的心腹，之后两个月他就会开始怀疑我，再过两个月他就会设法弄走我。1 月 1 日是我的最后期限。我必须尽快采取行动。"[53]

## 注　释

1. VR，539；*VVFR*，1：219 – 20；*GRS*，2：348.

2. *GRS*，2：341；Mel'gunov，*Vospominaniia*，1：202.

3. Vitte，*Iz arkhiva*，vol. 1，bk. 2，895.

4. Globachev，*Pravda*，82 – 83.

5. RR，363.

6. *GRS*，2：349.

7. WC，213，225 – 28，247，254.

8. WC，213，214n147.

9. *VVFR*，1：217；Stogov，"Salon；"FB，381 – 82，387；*WC*，454；Fuller，*Foe*，70.

10. See Mel'gunov，*Legenda*，407 – 409；*Padenie*，4：152，241；Smitten，"Poslednii，"12：98；VR，538 – 39；FB，384. Stogov 非常正确地质疑了其中一些更离谱的说法，参见 Stogov，"Salon，"130 – 31。

11. FB，387 – 88.

12. RGIA，1617.1.64，25 – 27.

13. *VVFR*, 1：220 – 21.

14. RR, 368；Faleev, "Za chto," 173.

15. VR, 539 – 40；*GRS*, 4：276；FN, 374 – 75；Martynov, *Moia sluzhba*, 217.

16. Beletskii, *Vospominaniia*, 8, 12 – 13；VR, 540.

17. Izmozik, *Zhandarmy*, 453 – 54.

18. *GRS*, 2：349.

19. Khvostov, "Iz vospominanii," 163 – 64；VR, 543 – 45.

20. *WC*, 247.

21. *KVD*, 259.

22. Globachev, *Pravda*, 82 – 83. Andronikov's letters in Stogov, "Salon."

23. Beletskii, *Vospominaniia*, 20 – 22；Stogov, "Salon," 129.

24. FR, 160；VR, 537 – 38, 549.

25. Beletskii, *Vospominaniia*, 23 – 24；Khvostov, "Iz vospominanii," 160 – 62；VR, 537；GARF, 1467. 1. 479, 51；Guchkov, *Guchkov*, 87 – 88；Savich, *Vospominaniia*, 76. 古尔科后来写信告诉萨佐诺夫，他和拉斯普京正在寻找一些"可以治理国家的人"。Gurko, *Tsar'*, 248.

26. VR, 549.

27. Globachev, *Pravda*, 71, 82 – 83.

28. Beletskii, *Vospominaniia*, 26.

29. GARF, 602. 2. 62. Rudnev.

30. GARF, 111. 1. 2981a, 16.

31. Beletskii, *Vospominaniia*, 26；GARF, 111. 1. 2980 中有 453 页相关内容，这里只引用了其中一份文件。

32. GARF, 111. 1. 2981a, 3 – 3ob；Globachev, *Pravda*, 74 – 75. 访客名单，见 GARF, 102. 316. 381, ch. 1, 15 – 21ob, 27 – 29, 34 – 35, 44 – 54, 56 – 61。1916 年的材料，见 GARF, 111. 1. 2981。关于来自澳大利亚的信，见 GARF, 102. 242. 1912. 297, ch. 1, 2 – 7, 10。

33. GARF, 111. 1. 2981, 92, 113.

34. Globachev, *Pravda*, 73 – 75；VR, 683.

35. VR, 557.

36. *WC*, 312.

37. GARF, 102. 316. 381, ch. 1, 100.

38. Beletskii, *Vospominaniia*, 26, 48.

39. *WC*, 288.

40. Tikhomirov, *Dnevnik*, 154.

41. GARF, 63. 47. 484（35）, 65 – 67; 102. 316. 381, ch. 1, 89, 91, 149, 157 – 58, 161.

42. Mel'gunov, *Vospominaniia*, 1: 200 – 201; FStr, 258; PZ, 97.

43. *Otkliki na zhizn'*, No. 1, 1915, pp. 94 – 96.

44. GARF, 102. 316. 381, ch. 1, 116, 118, 129. 普鲁加温 1915 年 11 月 25 日文章的副本，见 *Russkie vedomosti*：folio 155。

45. GBUTO/GAGT, I – 733. 19. 809, 180.

46. Bogoslovskii, *Dnevniki*, 508n46; RGALI, 2167. 2. 43; Lemke, *250 dnei*, 2: 299 – 300; FSu, 306.

47. Chebotaryova, "V dvortsovom lazarete," 181: 203.

48. GARF, 102. OO. 245. 1915g. 167, ch. 52, 8; and ch. 80, 23 – 23ob.

49. PAAA, R. 20986; and R. 9208, R. 20994.

50. PAAA, 6370, R. 20987; 3657, R. 20986.

51. PAAA, AS 5771, R. 20992.

52. Khvostov, "Iz vospominanii," 166 – 67.

53. PA, Lockhart Papers, Diaries, LOC/1. 27 October 1915.

# 第五十章　戈罗霍娃街 64 号

戈罗霍娃街上有一栋楼，
那里是权力和邪恶的所在，
如果你不觉得太厌烦
就请听一听：

入口处，安静地站着一个人，
专注、严肃，
一顶警官的圆帽
永远被严寒冻住。

他被派来这里
作为对人民的正义的威慑——
因为并非每个人都崇敬
长老，我们这个时代的奇迹……

为升官加爵，
为免下地狱，
所有彼得格勒的赶时髦人士
都在清晨五点前来。

马车来来往往，载着
重要的大人物赶赴他们的约会，
最受宠的阿妮娅总是匆匆地
在神的面前鞠躬……

长老，总是如此沉着，
紧紧把握着
皇储的安危，
以及受贿大臣的命运。

拉斯普京一声令下，
彼得格勒上流社会的人
便必须确保每件事顺利进行，
狂野地舞蹈吧，疯狂地舞蹈吧……

465　　我们无法摆脱拉斯普京的镣铐，
匈人大兵无法解救我们，
普里什克维奇先生和米留科夫先生也无法做到，
尽管其在讲坛上的演说振振有词……

诚实的廷臣们，
如果拒绝撒谎，
就会格格不入
因而难逃被驱逐的命运……

越快越好，越远越好，

就像过去那样，

如此一来，得到启示的长老

便可尽情地毁灭这个国家。[1]

这首作者匿名的诗题目为《俄国人如何生活》（"How Russia Lives"），是为位于彼得格勒戈罗霍娃街（Gorokhovaya Street）64 号的一间公寓创作的。1914 年春天，拉斯普京搬来这里，这是他在首都拥有的第一间公寓。直到去世，他只要在首都停留，都会住在这里。拉斯普京从大楼业主安娜·德·莱斯伯爵夫人（Countess Anna de Less）处租下了三楼的 20 号房间，每月房租为 121 卢布。毫无疑问，这笔钱由沙皇夫妇支付。[2]他的邻居是神圣宗教会议的一名官员，名叫帕维尔·布拉戈维什中斯基（Pavel Blagoveshchensky）；楼下 17 号房间里的住客是斯捷潘·加蓬诺夫（Stepan Gaponov）和他的妻子玛丽亚。[3]这里不算高端居住区，反而是下层人士聚集的地方，位置大致在丰坦卡河和运河之间。

公寓本身和其周围的环境一样乏善可陈。它共有五个房间，装修风格朴实：宽敞的客厅里摆着一张木桌子和一组维也纳风格的椅子；接待室里只有几把简单的椅子；拉斯普京书房里的桌子不算昂贵，椅子看起来很沉，还有一张长沙发；卧室里有铁架子床、桌子、衣柜和脸盆架；只有他女儿的房间得到了精心布置。除了玛丽亚和瓦尔瓦拉，在这间公寓里生活的还有拉斯普京 16 岁的侄女安娜·拉斯普京娜（Anna Rasputina）。皮什金娜家的杜尼娅和卡佳轮流住在这里，为拉斯普京打理各项事务。[4]阿基林娜·拉普汀斯科娅就像拉斯普京家的女仆。她做饭，整理房间，为女性访客端茶送水，尽管她总希望客人在

离开前会自己收拾。亚伦·西马诺维奇、亚历山大·斯皮里多
维奇以及其他一些人认为，阿基林娜实际上是古奇科夫派来为
他搜集关于拉斯普京的情报的间谍。但是，没有任何证据能支
撑这种说法。[5]

每天的生活几乎都按部就班地展开。拉斯普京起床很早，
吃早餐前会先去教堂祷告。一切可靠的情报均表明，他吃的食
物很简单，少有变化。主食通常是乌哈汤（一种简单的鱼汤）
配黑面包、萝卜、黄瓜、洋葱。每餐都有格瓦斯（一种俄式
传统淡啤酒，由面包发酵而成）。拉斯普京几乎不碰肉类和奶
制品。下午茶他通常吃黑面包或椒盐脆饼干。然而，媒体总爱
幻想他的餐桌上摆满昂贵的佳肴，如上好的鱼子酱、精致的什
锦冷盘、珍稀鱼类。[6]如果晚上没人邀请拉斯普京出去，他总是
静静地待在公寓里。在他生命的最后两年里，这种情况更常
见。有时他也会喝酒、跳舞、享受性爱的欢愉。[7]

对白天事务缠身的拉斯普京而言，夜间畅饮想必是一种放
松。如今，他已经无法自由支配时间，总要接待源源不断的前
来戈罗霍娃街的请愿者。玛丽亚回忆：

> 从早晨八点起，接待室里就挤满了人，他们或站或
> 坐，等着我的父亲接见他们。整个上午——有时甚至到下
> 午——都一直如此。我的父亲挨个见他们，有时在客厅，
> 有时在书房，不厌其烦地询问或倾听访客的诉求。……他
> 们来自各个社会阶层，有着精神上的困惑或是物质上的困
> 扰，于是来向长老求助……他从不偏袒任何人，不会为了
> 有钱人而怠慢穷人。相反，当有些大人物要求插队时，他
> 的回应常常很粗鲁，有几次甚至堪称无礼和粗暴。他漫不

经心地收下重要人物的礼物，常让他们在前厅里等待数个小时。与此同时，他却在耐心倾听老妇人们诉说悲伤，比如抱怨自己的独生子刚被征兵，儿媳妇病了，或是向某个群体的代表保证，自己一定会助他们早日实现重建桥梁的心愿。从沙皇那里得到金钱后不久，拉斯普京就大方地把它们施舍给有需要的人。他还会给家乡博克维斯科的农夫赠送礼物——一头牛、几只猪崽或几匹小马。……他总是耐心倾听，从客厅踱步到书房，拍拍某人的肩膀，再大刺刺地拥抱另外一个人，让凯蒂亚①把人们放在桌上的一篮篮食物或酒搬去厨房。有时他会责骂一些人，有时又安慰另一些人。他向每位访客都承诺自己会提供帮助和支持。[8]

一位记者如此记录拉斯普京家的一天："行车道上停满了小轿车、四轮马车……为了等待他们的'主人'，身穿制服的车夫们挤成一团。"接待室里挤满前来拜访的仰慕者，"有精心打扮的女士、受人爱戴的将军和陆军上校，还有身穿双排扣长礼服甚至燕尾服的公务员。或许有人会误以为这里是某位贵族的沙龙"。接着，拉斯普京从卧室现身，"他穿着一双拖鞋和一件白色长衬衫，腰间系着一根紫红色的腰带。一见到他，所有人都毕恭毕敬地起身，在他面前排成一队，挨个靠近他、亲吻他。实际上，有些人亲吻他的双手，有些人亲吻他的衣袖，还有一些人会虔诚地抚摸他的衬衫下摆"。[9]这段描述让这间单调的公寓简直就像凡尔赛宫一样，而拉斯普京就是"太阳王"路易十四。

---

① 指叶卡捷琳娜·皮什金娜。——作者注

玛丽亚或许是最清楚公寓里的情形的人，其他消息人士的描述也大多支持她的说法。贝莱特斯基和格洛巴切夫都认为，拉斯普京用一天中的大部分时间接见请愿者，其中多数是女性。她们想见拉斯普京的理由不外乎以下几类：第一类人想让某个家人从前线部队调往后方支援部队，在某个政府职位上任职，或想获得某种物质资助；第二类人来自社交界，大多因无聊或好奇而前来，试图寻求某种刺激或安慰，希望成为像拉斯普京这样的男人的情人；第三类人是他真正的信徒，她们把他当作圣人崇拜，吃掉他盘子中剩下的面包屑，心甘情愿地忍受他偶尔脱口而出的粗言秽语，视它们为某种彰显他神圣性的特殊信号。[10]

拉斯普京的邻居布拉戈维什申斯基如此回忆住在戈罗霍娃街的时光：

楼下总有几位警察局犯罪调查科的探员，还有情报单位的人，他们有自己的排班，以确保随时都有四名暗探在执行任务——三人站在主要的楼梯口，一人待在门口。与此同时，看门人的妻子会盯住车道，看门人和一名守卫则会关注门口的动向。车道入口处，无聊的暗探靠打牌来打发时间。……从清晨到深夜，一直有形形色色的客人来访，他们的年龄、身份各不相同。其中女性占多数，主要是年轻的女人和护士，男人相对少一些，但数量也十分可观。……女人们坐在那里，每个人都打扮得十分端庄，穿着当下最时髦的衣服。就年龄而言，她们已经不再年轻，但带着巴尔扎克时代的风情。偶尔会出现几位相貌姣好、极有魅力的女子。她们真年轻，但脸上严肃的表情总让我惊讶，她们穿过院子，登上楼梯走向"他"的住处的样子，就好像要出席一场严肃的会议。她们像在思考某件十分沉重的事，或是处于精神高度集中的状态。[11]

贝莱特斯基和其他人曾写道，拉斯普京会利用权势占女性请愿者的便宜。例如，他提到一个年轻女人迫切希望被流放的丈夫早日回家。她拿着一张拉斯普京亲手写的字条找贝莱特斯基帮忙，但后者束手无策，因为向她丈夫下达流放命令的是军队，而不是警察部门，这超出了他的职权范围。得知此事后，那位可怜的母亲突然旁若无人地失声痛哭起来。她告诉贝莱特斯基，她把所有珠宝和存款都给了拉斯普京，但还不止这些。他与她调情，暗示更醍醐的事，但被她拒绝了。接着，在她弄清楚发生了什么之前，他把她带到书房，强行压在她身上。她确信，接待室里的人一定听到了所有动静。之后，他又多次去她下榻的酒店，以沙皇陛下的名义保证一定会帮助她，最终她却落得一场空。

许多消息都指出，拉斯普京会引诱女人们去客厅附近的书房，在那里向她们下达"最后通牒"：如果献身，就能得到他的帮助；如果不从，就再也不要来。贝莱特斯基称，拉斯普京有一条原则：任何人——甚至包括他的家人——都不准在他与人单独相处时靠近那个房间。据说，暗探们曾听到从屋里传出尖叫声，看到惊慌失措的女人满脸泪水地跑出公寓。还有人讲过另一类故事：大多数身体接触的暗示都不是拉斯普京而是那些女人提出的。据说，客厅的皮沙发甚至因为频繁的性行为而磨烂了边。[12]布拉戈维什申斯基告诉调查委员会，1916 年 7 月的一个晚上，他和其他几个人从院子里亲眼看见拉斯普京在厨房

469

的桌子上与拉普汀斯科娅（那时她已经上了年纪）性交，"他尽情释放着激情，完全沉醉在重复的动作中"。完事后，心满意足的拉斯普京走到窗边，向在院子另一边偷看的人露出一抹微笑。[13]这是十分生动的描述，但无法判断它有几分可信度。

男访客往往无法引起公寓主人的兴趣。"奥克瑞那"负责人格洛巴切夫把他们分为两类：一类人经常公开拜访拉斯普京的住处，毫不掩饰他们和拉斯普京的关系；另一类人希望得到他的帮助，又总想刻意掩盖和他的来往。男人们向拉斯普京求助主要为了事业升迁，无论是在行政系统、军队，还是在司法系统中的升迁；还有些人希望拉斯普京支持某类生意，而这些生意往往相当可疑，有可能触犯法律。这类活动使公寓成了类似于办公场所的地方，人们在这里精进事业，寻求升职机会，做交易，或者与利益相同者结盟。

俄罗斯的档案馆里保存有大量普通人向拉斯普京求助的信件。例如有一个名叫亚历山德拉·弗拉克曼（Alexandra Frakman）的女人在彼得格勒菩提洛夫工厂工作，她的丈夫很快将被驱逐，因此她把给拉斯普京写信视为自己最后的希望。拉斯普京尽力保护了她的丈夫，尽管那个男人最终的命运如何不太清楚。拉斯普京的种种做法表明，即使求助者无法给予任何回报，他也会助一臂之力。[14]"我亲爱的慈善家格里高利·叶菲莫维奇，"1914 年 8 月 17 日，新切尔卡斯克（Novocherkassk）的法院工作者达维德·休奇金（David Shchuchkin）写道，"上帝以他的全德全能从一个疯狂的谋杀犯手中救下了您的性命，因此您才可以继续通过您的冥想帮助我们获得皇室的祝福和理解，之前我们都被上层官僚挡在了门外。"为法院服务三十二年后，休奇金被不公地免除了法官一职，他之前所做的一切努力均无疾而终。十多年来，由于收入不稳定，他和家人一直挣扎在生存线上，如今他们就快填不饱肚子了。他告诉拉斯普京，只有"沙皇爸爸"才能拯救他，但大臣们故意阻止他向沙皇请愿。因此，他只能向拉斯普京求助，希望拉斯普京向沙皇转告他的冤情，还他一个清白。休奇金保证，作为回报，他一定会来到拉斯普京面前——无论他现在身在何处。他会匍匐在拉斯普京脚下，为后者的善意支付 500 卢布的报酬。

*

诸如此类的希望通过拉斯普京向沙皇请愿的事例不胜枚举。拉斯普京十分严肃地对待它们，正如这封信所显示的——

最令人尊敬的格里高利神父：

我颤抖着，对您的灵魂怀着无上的敬意，向您以及您的妻子献上我最真诚的祝福。您是我们的救世主，您重新给了我们生命。您从噩梦中拯救了我们。

一种神圣的、无法言喻的力量，将我那抱病的妻子带到雅尔塔，带到您的面前。您是上帝派来的使者。您和您善良的内心倾听了一个女人的哭泣，并做了一件大好事。7 月 30 日，我得到了沙皇的赦免。

感谢您，好人，我的妻子和我在您的面前深深鞠躬，亲吻您神圣的双手。我们会铭记您对我们的恩情，会在俄国广袤的土地上反复称颂您的名字，直到死亡。

对您充满感激之情和深深敬意的上校尼克·彼得·阿盖佩夫和他的妻子。

1914 年 8 月 25 日。彼得格勒。[15]

拉斯普京向身在最高统帅部的皇宫卫戍司令弗艾柯夫寄了一张字条："我亲爱的好人，给卢克洛夫①写信，让他给穷人一些免费车票吧。亲爱的，我必须再次为此道歉，但我不得不这么做，因为他们正在哭泣。格里高利·拉斯普京。"[16]拉斯普京的努力并非总能奏效，但即便是这样，请愿者们还是不停给他写信，感谢他为他们付出的时间和精力。[17]有些人写信请求他帮忙祷告："1914 年 6 月 29 日。寄往：拉斯普京，博克维斯科。您的祷告带给我们巨大的喜悦，所有的不幸都远去了。愿上帝拯救您，我亲爱的、珍贵的神父。寄自：美人。"

一个名叫罗辛卡（Rosinka）的人至少给拉斯普京写了三封信：

> 寄往：拉斯普京，博克维斯科。寄自：彼得格勒。阿廖沙不再爱我了。我沮丧极了。我不停地流泪，请为我祷告。帮帮我，祈祷他再爱我一次吧。我痛苦极了。罗辛卡。

> 亲爱的神父：

> ……我的阿廖沙现在要去前线了，但我十分平静，因为我知道您的祷告会保佑他平安。请为他祷告。我总是去教堂，为您，为他，为杜莎科，为安娜·亚历山德罗芙娜②祷告，为您爱着的人祷告。我睡觉时，身边总放着您送给我的圣像，它让我内心平静。

471

---

① 指交通大臣谢尔盖·卢克洛夫（Sergei Rukhlov）。——作者注
② 指安娜·维鲁波娃。——作者注

请别忘了您的罗辛卡。我永远惦记着您。

罗辛卡爱着她的阿廖沙，同时也爱着"亲爱的神父"。拉斯普京离开博克维斯科后，1914 年 12 月，她写下一张内容相当直白的字条："您让我失望了，您已经忘了我。您不再给我写信。我痛苦极了。我想念您，爱您，请写信来。罗辛卡。"[18]

当然，不是所有人都满意拉斯普京的做法。1916 年 1 月 1 日，一个名叫马图谢维奇（Matusevich）的女人怒气冲冲地从家乡库尔斯克给拉斯普京写了一封控诉信：

> 那天，您让我直接写信，交给您一封信或一封请愿书，您说会帮我转交给沙皇。但我什么也没写，因为我对您十分生气，您知道这是为什么。我已经给过您一封要交给沙皇的请愿信，您说把它送去了最高统帅部，但我和那边的管理处确认了，他们从没听说过这件事。也就是说，整整一个月来，我白白在彼得格勒等待。我以为您既然承诺了，就不会让我失望。您甚至发誓会记着我的事，说到圣诞节我的丈夫就自由了。我知道，您不遗余力地协助每一个像我一样去到您跟前的人。因此亲爱的格里高利·叶菲莫维奇，我请求您践行您的承诺。[19]

有些人写信给拉斯普京后没得到回应，便会向玛丽亚或德米特里求助，让他们在父亲跟前提一下自己的事。[20]伊尔库茨克的一位护士不知道拉斯普京的地址，直接在信封上写下："格里高利·叶菲莫维奇·拉斯普京，沙皇的宫殿，彼得格勒。"[21]维鲁波娃留意到，拉斯普京每次去皇宫，口袋里总是塞满从俄国各地寄来的信。尼古拉和亚历山德拉为此相当苦恼，但这没有困扰拉斯普京或阻止他继续这么做。沙皇夫妇往往面露难色地收下这些信，把它们装在一个特别的大信封中，再转交给沙皇的首席私人助理雅科夫·罗斯托夫采夫伯爵（Count Yakov Rostovtsev）。伯爵会逐一阅读信件，评估哪些事情值得关注。[22]

472

拉斯普京还为访客请求大臣和官员的协助，档案中有大量这类拉斯普京仓促完成的笔迹潦草的字条。[23]1914 年 6 月 1 日，拉斯普京给警察局局长写了一张字条，请求对方帮助一名退役轻骑兵的妻子叶卡捷琳娜·斯米尔诺娃（Yekaterina Smirnova）。她在首都寸步难行，没有钱，没有朋友，需要一张返回家乡切尔尼戈夫的车票："亲爱的好人，很抱歉因为这件古怪的事麻烦您。这个痛苦的人过来找我帮忙，请安抚这位老妇人，给她一张车票。格里高利·拉斯普京。"警察局局长拒绝了这一请求。[24]莫斯科市长米哈伊尔·切尔诺科夫收到过一张拉斯普京的字条，内容是恳求自己免除一位妇女的儿子的兵役。切尔诺科夫为此相当不快，装作根本不认识拉斯普京，把那女人赶出了他的办公室。[25]这似乎是官员们收到拉斯普京的字条后的普遍反应。

那些身无分文的人很少空着手离开戈罗霍娃街。玛丽亚回忆，她的父亲从不拒绝讨要几卢布的请求。在得到一笔钱后不久，拉斯普京就会把它们分给可怜人。金钱不再让他兴奋，她写道，"他总是大手大脚地把钱拿给能打动他的不幸之人，总是对悲惨的遭遇深感同情"。[26]格洛巴切夫和奥尔加·亚历山德罗芙娜女大公也证实了玛丽亚的说法，说拉斯普京相当大方。[27]关于拉斯普京，为数不多的不存在疑问的事实之一便是，他从不为金钱所动。拉斯普京不是一个贪婪的人。我们不清楚拉斯普京的收入来源。沙皇俄国的最后一任警察局局长阿列克谢·瓦西列夫写道，亚历山德拉每年都会赏给拉斯普京一万卢布，且这笔钱显然出自她个人的腰包，而非国家财政。[28]但坊间说法认为，拉斯普京在维鲁波娃的协助下，通过甜言蜜语从皇后那里骗走了巨额财富——出现这种说法一点也不让人意外。[29]媒体称，拉斯普京在彼得格勒过着奢靡的生活，他的家人却在博克维斯科为每一个戈比挣扎。[30]不过，据说拉斯普京曾抱怨皇后吝啬，尼古拉的妹妹也提到过皇后个性中的这一面。亚历山德拉会给拉斯普京在博克维斯科的家人寄去衣服和其他物品，但似乎没有承担拉斯普京频繁旅行的费用和他的日常开支。奥尔加女大公承认，她没听说拉斯普京向尼古拉或亚历山德拉要过钱，只有为了别人他才会这么做。[31]他的主要生活来源似乎是富裕的朋友、慈善家和部分信徒的资助。他们为他购买昂贵的礼品、食物和酒。他也常常向阿列克谢·菲利波夫等朋友借钱，但钱借来不久后就会被他分给其他人。他的大门永远敞开，人们络绎不绝地前来，吃他的，喝他的，不仅待在他家里，还去城里的餐厅和俱乐部消费。那些熟悉他的人都十分清楚他的慷慨，东道主和施舍者的身份让拉斯普京感到十分骄傲。[32]

<sub>473</sub>

\*

戈罗霍娃街的生活十分忙乱。玛丽亚回忆说，家里的电话永远响个不停，邀请父亲去剧院、罗德别墅或最流行的酒吧。拉斯普京很少说不。[33]在他生命的最后两年里，许多人都可以背下拉斯普京家的电话号码：646—46。拉斯普京家的电话附近摆着一张纸，上面记录了他最常用的号码——萨布勒、战争大臣苏霍姆利诺夫、穆娅·高罗维纳。[34]名单上还有一个标注为"美人"（电话号码为69—51）的联络方式，据说是经常拜访他的女按摩师，很可能就是前文在信中感谢拉斯普京为自己祷告的女人。[35]有时，维鲁波娃会打电话来；亚历山德拉亲自来电的情况十分罕见，且每次都是让他去皇宫。拉斯普京接到这样的电话时，门口常常已经停好一辆即将载他离开的汽车。

每天下午，拉斯普京都会和亲密的朋友一起喝茶。"我的父亲会聊天、大笑，他兴致勃勃，口中念念有词地在房间里四处走动。"玛丽亚回忆道，"他经常提起西伯利亚，每到这种时候，他总是十分兴奋，念叨着要回去，说已经受够了彼得格勒和一刻不停地监视他的暗探。然后，他又会慢慢平静下来，陷入一阵长长的沉默，似乎在思考什么。"他喜欢用留声机听音乐，或者欣赏他的朋友德洛文斯基（Derevensky）的歌声。夜晚，他通常会外出，回家时女孩们早已入睡。有时，她们会等他回家，一听见走廊里响起他的脚步声，大家就立刻跳上床装睡。他总会先去女孩们的房间，在她们面前画十字，然后才回房间休息。[36]拉斯普京家中偶尔也会举办派对。布拉戈维什申斯基记得，一个夏日夜晚，隔壁的喧闹让他难以入睡。[37]在自家的书房里，他听见笑声、音乐家演奏轻歌剧的旋律，以及格鲁吉亚民谣。客人们情绪高涨，喝得醉醺醺，纵情地唱歌、跳舞。在布拉戈维什申斯基看来，这派对似乎永远不会迎来落幕的一刻。

474

## 注　释

1. GARF, 613. 1. 28, 12 – 13ob.

2. FStr, 457；FB, 358 – 59；GARF, 102. 1916. 246. 357, 62. 其他文献显示付费的是维鲁波娃的父亲或者德米特里·鲁宾施泰因。参见 Amal'rik, *Rasputin*, 195；FR, 137。

3. GARF, 102. 1916. 246. 357, 62—on Gaponovs；1467. 1. 479, 11—on Blagoveshchensky.

4. Buranov, "Strannik," 55 – 56；Globachev, *Pravda*, 68；RRR, 99；FStr, 457；Ordovskii-Tanaevskii, *Vospominaniia*, 390 – 91. 关于安娜·拉斯普京娜，参见 GARF, 102. 314. 35, 13 – 13ob。

5. FDNO, 249, including n13.

6. OR/RNB, 1000. 1975. 22, 32. On his true diet：RRR, 49.

7. Buranov, "Strannik," 55；FB, 360 – 61；Ordovskii-Tanaevskii, *Vospominaniia*, 393.

8. RRR, 50 – 53.

9. *PK*, 30 January 1914, p. 3. Also：*PK*, 5 February 1914, p. 3.

10. Beletskii, *Vospominaniia*, 51 – 52；Globachev, *Pravda*, 69.

11. GARF, 1467. 1. 479, 11 – 12ob.

12. Beletskii, *Vospominaniia*, 51 – 52；Globachev, *Pravda*, 70；AV, 445 – 48；RR, 372 – 74, 378；"Rasputin v osveshchenii," 280.

13. GARF, 1467. 1. 479, 11ob – 12.

14. GARF, 1467. 1. 628, 6 – 7. See also：GARF, 1467. 1. 710, 4 – 5ob；VR, 449 – 52；Amal'rik, *Rasputin*, 194；FStr, 291.

15. GARF, 1467. 1. 710, 1. 官员库兹马·乌斯切夫（Kuzma Ustichev）的信，见 GARF, 612. 1. 10。

16. "Poslednii vremenshchik," 12：96。

17. See, for example, the letter of archpriest Khristofor, 20 August 1914 in GARF, 1467. 1. 710, 203 – 203ob, 221.

18. GARF, 1467. 1. 710, 21, 26, 134, 201.

19. GARF, 102. 242. 1912. 297, ch. 2, 229.

20. GARF, 1467. 1. 710, 166a – 66aob.

21. GARF, 102. 242. 1912. 297, ch. 2, 236, 240 – 40ob.

22. Vyrubova, *Stranitsy*, 122.

23. See, for example, OR RNB, 781. 1207, 1 – 3; Beletskii, *Vospominaniia*, 51 – 52.

24. GARF, 102. OO. 71. 1914g. 27, 361.

25. Romanov, *Voennyi dnevnik*, 208.

26. Buranov, "Strannik," 56; RRR, 52.

27. Globachev, *Pravda*, 68; *LP*, 455.

28. Vasil'ev, *Ochrana*, 142; FR, 137.

29. Bogdanvich, *Tri poslednikh*, 493.

30. GARF, 102. 316. 1910. 381, ch. 2, 5.

31. *LP*, 455; RR, 97.

32. FR, 108 – 11; GARF, 97. 4. 118, 14 – 16, and 602. 2. 62; *GRS*, 4: 24; FN, 418 – 29.

33. RRR, 55 – 56. 关于他的电话号码，见 Dzhanumova, *Moi vstrechi*, 23。

34. OR/RNB, 1000. 1975. 22, 32; *PK*, 5 February 1914, p. 3.

35. RGALI, 2167. 2. 43, 105.

36. RRR, 56 – 57.

37. GARF, 1467. 1. 479, 11 – 12ob.

# 第五十一章 黑暗势力和发疯的司机

弗拉基米尔·普里什克维奇形容这是"对大臣的'走马
灯'式更换"。仅在 1915 年 6 月至 11 月间，就有八名大臣以
及数位军队、教会体系里的关键人物被革职，包括马克拉科
夫、苏霍姆利诺夫、萨布勒、谢格洛维托夫、尼古拉·尼古拉
耶维奇大公、萨马林、谢尔巴托夫和克里沃舍因（Krivoshein，
农业大臣）。人员的更替还将在皇朝倾覆前的最后几个月加
速。在 1917 年 3 月尼古拉被迫退位之前，俄国还会经历四任
大臣会议主席、五任内政大臣和四任农业大臣。各色人物交替
登场，就像在玩抢凳子游戏。大臣们得到任命，很快又被革职
或调离岗位，而这类变动不再需要任何逻辑和理由。此外，他
们中的许多人根本不具备担纲要职的资格和素质。[1]

"大臣的撤职就像秋风吹掉落叶一样，全凭拉斯普京的一
时兴起，"吉皮乌斯写道，"同样仅凭他的一时兴起，新人就
能得到任命。"[2]必须有一个人为大臣的轮番更替负责，这种想
法深入人心。否则又该如何解释呢？人们问。如果不是拉斯普
京，谁还能拥有如此大权，做出这样的改变高层的任命？格洛
巴切夫写道，每一位新上任的大臣都明白，他们需要考虑的第
一件事就是如何定位自己和拉斯普京的关系：朋友还是敌人？
他们必须做出选择，没有人可以保持中立。[3]人们普遍相信，只

有选择和拉斯普京做朋友，才能在相对较长的时间里保住大臣的职位。人们把大臣的频繁更替都归罪到拉斯普京一人身上，这表明到 1915 年，大部分俄国人相信，拉斯普京才是真正的沙皇。实际上，拉斯普京在一系列任免大臣的决定中发挥的作用实在是微不足道，"抢凳子游戏"不过是在沙皇统治下的俄国为维持陈腐的官僚机器的运作而产生的副作用。战争爆发带来的压力进一步加速了这一体制的崩溃。[4]

476 　　拉斯普京既没有任命也没有解雇大臣，但这不代表他对相关安排没有想法。实际上，他确实有想法，甚至会毫无保留地表达自己的意见。1915 年 5 月初，拉斯普京会见财政大臣彼得·巴尔克（Pyotr Bark），两人交谈长达两小时后，拉斯普京才心满意足地离开。[5]但几个月后，拉斯普京设法使巴尔克落马，让弗拉基米尔·塔季谢夫伯爵（Count Vladimir Tatishchev）上位。塔季谢夫出身富有的贵族家庭，曾在政府任职，而且是莫斯科联合银行（United Bank of Moscow）的主席。他还是博加特里（Bogatyr），即橡胶制品生产与贸易协会的负责人。该协会于 1910 年在莫斯科成立，资金主要由塔季谢夫的银行提供。博加特里的股东包括皇后、前大臣会议主席、财政大臣科科夫佐夫以及拉斯普京。因为有这些关系，博加特里在 1912 年成为皇家御用供应商，这极大地提升了它在市场上的地位。[6] 1915 年秋天，米哈伊尔·安德罗尼克夫亲王也在设法扳倒巴尔克。他在寄给大臣会议主席戈列梅金和弗雷德里克斯伯爵的信中提出，巴尔克参与了不正当金融交易，还称巴尔克是"德国殖民分子和犹太佬"。（安德罗尼克夫打击别人时首选的手段是人身攻击。在他看来，最恶劣的罪行莫过于生为犹太人。[7]）我们不清楚在攻击巴尔克一事上，安德罗尼克夫和拉斯普京是否串通过。

1915 年 11 月 13 日，亚历山德拉给尼古拉写信，讨论让塔季谢夫取代巴尔克，强调塔季谢夫对尼古拉十分忠诚，很喜欢拉斯普京，不赞同莫斯科贵族的想法。塔季谢夫告诉维鲁波娃，巴尔克犯了许多错误，但自己十分乐意帮忙，可以提供建议。"我们的朋友说，塔季谢夫值得信任，他非常富有，熟识银行圈子。如果你能见见他，听听他的建议，就再好不过了。此外，我们的朋友还说他很有同理心。"维鲁波娃告诉尼古拉，她十分乐意介绍两人见面。[8]但无论是拉斯普京还是安德罗尼克夫都没能成功，他们的建议未被采纳。巴尔克一直留任至1917 年 2 月底。

拉斯普京建议的其他大臣人选同样未获采纳。1916 年 1月，他提议由尼古拉·伊万诺夫将军（General Nikolai Ivanov）出任战争大臣；11 月，他又提名俄国西北部铁路运输网的负责人瓦卢耶夫（Valuev）出任交通运输大臣。上述两人都没有获得任命，尼古拉表现得就像从没听说过他们的名字。每当他不赞成亚历山德拉和拉斯普京的建议时，就会采取这种消极对抗方式。值得留意的是，1915 年 6 月，拉斯普京曾反对任命萨马林，但尼古拉仍然坚持自己的选择。类似的例子还有不少。[9]

亚历山德拉和尼古拉之间的通信很好地说明了拉斯普京在 477生命的最后两年中扮演的政治角色。这些信件显示，拉斯普京深度参与了各种事务，经常提供建议，有时还会跟进它们的落实情况。1915 年 8 月底，他建议监狱释放犯下轻罪的囚犯，把他们送往前线，这一建议在次年 2 月被采纳。11 月 6 日，亚历山德拉写信告诉尼古拉，拉斯普京担心向罗马尼亚派兵一事，如果人数不够，他们很可能会被困在当地。这一次，拉斯普京没有满足于只让亚历山德拉传话，他甚至亲自给沙皇本人发了一封电报。同月 15 日，亚历山德拉转达了拉斯普京的另一条建议：俄军必须立刻攻打里加（Riga）附近的德国军队，因为从上个月起俄军就被困在那里。亚历山德拉努力转达了拉斯普京的迫切心情："……他说，这是现在最紧急的事，恳请你下令让我们的部队前进。他说，我们完全有能力而且必须这么做。因此，我立刻动笔给你写了这封信。"她相信，这条建议具有珍贵的价值，因为它以"他夜里看到的东西"为基础。换言之，俄国的作战策略甚至被拉斯普京的梦境左右。拉斯普京不仅向尼古拉传达自己的想法，还亲自给最高统帅部的总参谋米哈伊尔·阿列克谢耶夫将军写信。尼古拉和阿列克谢耶夫都没有搭理拉斯普京。俄军没有攻打里加周边地区。

拉斯普京经常担心战争局势的发展，但他总能保持乐观。11 月，他告诉亚历山德拉，战争在几个月之内就会结束，还兴致勃勃地描述了俄军昂首挺胸走进君士坦丁堡的情形。[10]10月 5 日尼古拉向保加利亚宣战后，拉斯普京写信赞扬了这一决定："最强大的力量来自你的内心，圣母玛利亚的面纱将助你一臂之力，这张无形的面纱会庇护你的所有士兵……上帝和我们同在，我们不需要惧怕任何人。"[11]10 月 9 日，他见了亚历山德拉和维鲁波娃，告诉她们尽管他不那么担心战况，但在最近做了一个噩梦，之后的两小时里他不停谈论这个梦。亚历山德拉向尼古拉转达了拉斯普京的担心："你必须下令让运输面粉、黄油和糖的火车通过。他在晚上看到了一切，就像一种预言，看到了所有的城镇和铁路网。虽然相信他的话不容易，但他说这件事非常重要，只要这么做，罢工就不会再次爆

478

发。……他希望我非常认真、严肃地告诉你这一切……"

拉斯普京告诉亚历山德拉，三天中，除了运输面粉、黄油和糖的火车外，其他火车都不准通过。[12] 俄国人民正在挨饿。拉斯普京曾与他们一起生活，目睹了全国各地正在发生的事，知道自己在说些什么。然而，这一建议从未被理会。整个1915 年及之后一年，人民的生活越发艰难。通胀吞掉了工人涨的工资。加班成了低技能工人的家常便饭，女人和孩子有时也不得不在夜晚工作。消费品越发稀缺，租金飙升，人们排着望不见头的长队买燃料。农村的人大量拥入城市，在生产军需品的工厂工作，工人阶级的住宅因而变得格外拥挤。生活条件极为恶劣。

拉斯普京的担心没错，普通俄国人经历的食物危机和其他问题的确值得关注，但他预言同盟国会战败，则完全出于一种盲目。实际上，在 1915 年秋天他竟然还能抛出如此论断，这实在是让人惊讶。从 4 月同盟国发起一波波攻势到 9 月，俄军不断撤退，不仅丢掉了前一年占领的土地［加利西亚（Galicia）和布科维纳（Bukovina）］，甚至还被迫放弃波兰、立陶宛和白俄罗斯的大片领土。在 1915 年所谓的"大撤退"中，俄国有 100 万士兵死亡或受伤，另有 100 万士兵被俘。战争爆发的三年间，已经有近 700 万俄国士兵死亡、受伤或被俘，占 1500 万士兵的一半。造成如此惨烈的伤亡的因素有很多，包括训练不足、后勤保障不到位、军队高层指挥不利、缺少武器和弹药、超负荷运作导致的运输网络崩溃，等等。实际上，军需物资极度短缺，以至于在 1915 年的一段时间内，每四名被送往前线的士兵中就有一名没有武器。他们接到的命令是，直接从阵亡士兵的身上拿。雪上加霜的是，到 1915 年年底时，俄国西部的难民超过了 300 万人。[13]

479　　　1915 年 7 月，农业大臣亚历山大·克里沃舍因在一次闭门大臣会议上称，他们正经历"接二连三的撤退和令人费解的战败"。这令人费解。克里沃舍因十分了解俄国的现实，不可能不清楚当年国家为什么会被同盟国击溃。每一位大臣都应该心知肚明。但他仍在哀叹："为什么可怜的俄国要经历这种悲剧？"[14]

　　其他人也在问同样的问题。俄国遭遇了什么？对几乎所有人而言，最合理也最简单的解释就是叛国。如果要诚恳地回答这个问题，必须认真检视罗曼诺夫皇朝的核心困境——效率低下、腐败、落后、陈腐的政治体制阻碍了知识分子团结起来建设公民社会，为战争出力。但如果把俄国人视为受害者，答案就会更简单，更有说服力：他们被人从身后捅了一刀，被出卖了。正如一位历史学家的准确评价："叛国，是一切事务最优先、最容易理解的借口。"

　　俄国人相信，他们肯定是一个巨大阴谋的受害者。阴影中的那些人避开了所有人的视线，是当下局势的真正操纵者。他们被称为 *Tyomnye sily*，即"黑暗势力"。对不同的人，他们可以是不同的事物——犹太人、日耳曼人、共济会成员、亚历山德拉、拉斯普京或沙皇身边的奸党。不管是什么，人们都相信他们是俄国的真正主宰者。[15]"黑暗势力"的说法虽然在战争期间甚嚣尘上，但其实早就有迹可循。比如说，1914 年 7 月，米特罗凡·洛蒂泽斯基出版了名为《黑暗势力》(*Dark Forces*)的小说，作为他"神秘三部曲"(Mystical Trilogy)中的一部。他审视了人性的黑暗面，从激情和变态心理，到对神秘主义和敌基督的狂热。洛蒂泽斯基贵族出身，早年在圣彼得堡求学，后来在地方政府大展拳脚。同时，他还是神智学家，着迷于神秘的哲学理论和传统。他体现了那一代人对神秘学和历史上的未知力量的痴迷。[16]沙皇统治暮年，"时代思潮"（*zeitgeist*）的概念能够帮助我们理解为什么如此多俄国人，尤其是受过良好教育、颇有学识教养的男人和女人，会轻易接受癔症式的"黑暗势力"的说法。

对"黑暗势力"的恐惧助长了反犹主义和恐德情绪，两者均在 1915 年成为显著的潮流，而且官方在其中扮演了十分关键的角色。军队将领拒绝承担战败的责任，坚称有叛徒和间谍在捣鬼。与此同时，政府强力镇压国内作为少数族裔的日耳曼人，暗示他们代表了背信弃义的人，正在从内部攻击俄国，从而转移国民对局势恶化的指责。官方试图利用反德情绪将人民团结起来，继续支持战争，实际上却让许多人认为政府执法不力，未能铲除国家内部的敌人。媒体也需要对此负责，他们不停用夸张的故事煽动读者，放大了政府在处置罪犯上的无能形象。这些策略出人意料地破坏了民众对君主制的信心，继而助长了犬儒主义和疑虑。接下来的数年中，几乎所有俄国人都相信，帝国的精英阶层已经彻底被叛国的病毒感染，他们的祖国已经被出卖给了自己的敌人。[17]

1915 年 3 月，谢尔盖·马亚萨伊多夫上校（Colonel Sergei Myasoedov）被捕，他曾是战争大臣弗拉基米尔·苏霍姆利诺夫身边的人。马亚萨伊多夫被控犯有间谍罪，审讯和处决在几天之内便匆匆进行。他之前就被怀疑过，但相关证据漏洞百出。过去，苏霍姆利诺夫还能保护他，但到 1915 年初，前线缺乏弹药且战败的丑闻传回国内时，人们希望血腥处决叛徒的呼声已不容忽视。对马亚萨伊多夫的下场幸灾乐祸的人中

480

就有亚历山大·古奇科夫。多年来，古奇科夫一直公开抨击马亚萨伊多夫是间谍，现在他的观点终于得到了证明，他也因此获得了人们的拥戴。尽管他当时已经知道指控毫无根据，一个清白的人被处决了，但古奇科夫认为一个小官员的命运并不重要，重要的是民众对国家的怨怼情绪日益高涨。然而，这桩丑闻不仅没能平息事态，反而加快了在高层官员中揪出叛徒的行动。"奥克瑞那"在俄国各个城市突击搜查和马亚萨伊多夫有关之人的住宅。到 4 月底，已经有 30 人被捕，数人被判服苦役，还有 4 人被处以绞刑。被处死的人几乎都是无辜的。[18] 接下来的那个春天，苏霍姆利诺夫也因叛国罪被逮捕。1915 年 3月，英国大使布鲁斯·洛克哈特在日记中记下了一则在莫斯科流传甚广的轶事："皇储正在哭。侍女问：'为什么哭呢，小男孩？''我们的士兵被打败的时候，爸爸在哭；而德国人被打败的时候，妈妈在哭。那我该什么时候哭呢？'"[19] 大多数俄国人相信，皇后一直在暗中帮助她的德国"同胞"。

481

1915 年 3 月，莫斯科爆发了仇德暴动。暴徒们一边高呼"打死德国人"，一边洗劫商店、工厂和民宅。一名 72 岁的老妇在家中被活活打死，只因为她有一个德国姓氏；暴徒对付完老妇后，又把另外两名女性拖到街上，将她们溺死在附近的运河里。大公夫人埃拉在德国出生，当她的马车行驶在街上时，愤怒的人们不停朝马车扔石块。当地的军事指挥官、尤苏波夫的父亲同情并支持暴动者，把握住时机出动了军队。等到一切平息时，有超过 15 人丧生，数百家公司和大量私人住宅被洗劫。当年晚些时候，仇恨日耳曼人的情绪从莫斯科蔓延到了其他城镇。政府部门、私人企业，乃至管弦乐队和剧院，都开始清除日耳曼人，甚至拥有外国姓氏的人也受到连累。国家采取了举措，强制迁徙了近 100 万生活在俄国的日耳曼人、犹太人和穆斯林，将他们的私人财产充公，转赠给所谓的"优待群体"。[20]

人们普遍接受的一个事实是，拉斯普京就是"黑暗势力"的核心。"沙皇，我恳求您遣散一心想造反的杜马，与德皇威廉讲和，这样做之后您一定会迎来和平。"人们传阅着这封据说是拉斯普京写的信，它被一再抄写，传遍了俄国的每个角落。[21]亚历山大·列扎诺夫上校（Colonel Alexander Rezanov）参与了揪出前线间谍的调查，他称拉斯普京曾说："流的血已经够多了。德意志已不再是威胁。它太软弱了。"[22]毫无疑问，同盟国亦十分关注这个话题的动向。1915 年 6 月 29 日，《维也纳汇报》（Wiener Allgemeine Zeitung）发表了一篇文章，称人们都知道"农夫拉斯普京"支持和平，而且总在尽力说服政府高层站到他那边。至于尼古拉，他不敢和拉斯普京作对，因为他全心全意地相信拉斯普京的预言，即如果拉斯普京遭遇不测，罗曼诺夫皇朝就会倾覆。一个月后，《新维也纳期刊》（Neues Wiener Journal）报道说，根据"可靠圈子"里的说法，尼古拉和俄国外交部高层一直抱怨，他们的盟友在战争中迫使俄国承受了太多，目前出现了一些表明他们愿意妥协、达成单独媾和的迹象。[23]

柏林的德国外交部政治档案馆（Political Archive of the German foreign ministry）中有大量证据表明，德意志帝国政府当时迫切渴望得知拉斯普京对战争的态度，以及他对沙皇的影响力的大小。1915 年 9 月初，德意志帝国官员爱兹德（Einsiedel）在日内瓦会见了一个当时正在瑞士旅行，被称为"老俄国人"（"the old Russian"）的联络人。这个匿名消息人士称他和俄国皇室十分亲近，并告诉爱兹德，尼古拉对英国越来越愤怒，只不过出于和表兄乔治五世的私人情谊，才继续留在战场。"沙皇迫切地渴望和平，"这个"老俄国人"告诉他的德国联络员，"甚至可以接受失去波兰和库尔兰（Courland）的领土……"他建议奥伊伦堡伯爵（Graf Eulenburg）给他的老朋友费雷德里克斯伯爵写信，不要直接提议和的事，而是告诉对方德意志皇帝对沙皇没有恶意，而沙皇似乎本就有点相信这种说法。爱兹德的加密电报被发给了德国外交部长戈特利布·冯·雅戈（Gottlieb von Jagow），之后又被转交给威廉二世。威廉肯定了这一建议，但档案中找不到其他涉及此事的文件了。[24]

9月，另一份关于俄国情势的报告被送往德国高层，显然还是由那位爱兹德提交的，他和"老俄国人"有了进一步交流。报告称，俄国的"和平派"（包括皇室）目前占了上风，沙皇本人也在寻找达成和解的手段。根据报告的说法，一套方案在彼得格勒流传，即沙皇暂时下台，以摄政形式处理国家事务，这样他就不会在盟友面前丢面子。"拉斯普京以上帝的名义在努力推动这一计划。"爱兹德写道。"老俄国人"表示，自己准备回国，计划召集杜马和"保皇党"，如弗雷德里克斯、俄国驻大英帝国大使亚历山大·本肯多夫伯爵（Count Alexander Benkendorf）、亚历山德拉、拉斯普京，尽快采取行动，促成单独媾和。[25]

但是，拉斯普京和沙皇夫妇的通信从未表明他曾提议与同盟国媾和。他依旧顾虑俄国将付出的代价，包括生命代价和物质代价，但战争打响后，他那支持的决心就未再动摇。"亲爱的，那些损失啊，"1915年夏末，亚历山德拉给尼古拉写信，"让人的心不停流血。但我们的朋友说，他们是在上帝的桂冠前燃烧的火炬，无比崇高。"[26]然而，秘密警察不这么认为。1915年2月，他们得出结论，和俄国皇室有关系的一些德国人试图联手拉斯普京，向杜马中的右翼势力施压，让他们认同结束战争的必要性。根据秘密警察的消息，弗拉基米尔·普里什克维奇也与拉斯普京和这伙日耳曼人站在一起。他们计划组建某个全新的政治组织，成员会先在部队医院中说服受伤的军官认可国家需要和平，再让这个理念渗透前线军队。[27]

拉斯普京和后来谋杀他的凶手之一普里什克维奇之间的这层关系让人难以置信，显然有人搞错了什么。1915年时，拉斯普京和普里什克维奇是敌人，不是朋友。另一种让人惊讶的说法是，拉斯普京尝试与杜马合作。俄国的第四届杜马从1912年11月组建到1917年10月解散一直处于米哈伊尔·罗将柯的领导之下。从1914年年底起，杜马就在"应以哪种方式帮助政府动员并指导全国人民反抗敌人"这一问题上，与尼古拉的政府不断发生摩擦。尼古拉从来不信任杜马，甚至后悔同意成立这一机构。沙皇努力与杜马保持距离，限制他们的权力，不断驳回他们对政府决策的意见。随着战事不断推进，沙皇和杜马间的关系几乎恶化到了无法挽回的地步。[28]

拉斯普京对杜马的态度比较复杂，很难一语道清。例如1915年6月，他告诉亚历山德拉，不赞成于8月再次召集杜马开会，坚称他们只会让事态更复杂，引起不必要的麻烦。他告诉尼古拉，如果杜马一定要开会，就应尽量拖延此事。[29]尼古拉再次无视了拉斯普京的建议，杜马于7月中旬举行了会议。第二个月，除极左翼和极右翼政党成员外的几乎所有杜马成员组建了"进步同盟"。该同盟的诞生正值全国上下对"大撤退"深恶痛绝、对"黑暗势力"越发忧虑之际，其成员因

此宣布，如果尼古拉任命真正享有民意的大臣，他们就愿意与
政府合作。杜马成立"进步同盟"是因为相信，皇室只有与
杜马和社会进步力量合作，才能组建可以赢得所有俄国人信任
的新政府，才能在战场上取胜。

　　然而，尼古拉取缔了这个组织，并驳回了他们中肯的合作
建议。鉴于政府和杜马陷入对立，罗将柯告诉司法大臣亚历山
大·赫沃斯托夫（阿列克谢·赫沃斯托夫的叔叔），如果杜马
被解散，部分成员会发起针对拉斯普京的质询，唯一可以制止
他们的方式便是让赫沃斯托夫亲自签发犯罪调查令，逮捕拉斯
普京。然而，大臣会议主席戈列梅金认为罗将柯只是在虚张声
势，杜马绝不可能这么做。[30]事实与戈列梅金（尤苏波夫亲王
戏称他是上了年纪的"樟脑球味大衣"）的想法相反，杜马当
时真的打算制造这种威胁。戈列梅金知道，"进步同盟"的第
一个措施肯定是罢免他这位大臣会议主席，因此他说服尼古拉
让杜马于9月3日休会。[31]

　　保皇党代表瓦西里·马克拉科夫（Vasily Maklakov）被这
一局面激怒了。9月27日，他怒气冲冲、毫不客气地在《莫
斯科公报》上发表了一篇题为《可悲的局面》（"A Tragic
Situation"）的文章。他让读者想象这样一个场景：他们正坐
在一辆从陡峭山坡往下冲的汽车里，而汽车的方向盘掌握在一
个发疯的司机手中。司机不愿松手，甚至不愿听知道该如何驾
驶的乘客的意见。他为什么要这么做，他们该怎么办？乘客们
不禁问道。他们该一把夺过方向盘，还是放任车祸发生，最终
夺走所有人的生命，包括同在车上的乘客们的母亲？司机嘲笑
他们过度担心，讽刺他们优柔寡断，确信他们一定不会采取行
动。每个人都知道马克拉科夫的故事寓意何在。那个发疯的司

机是尼古拉，那位母亲是俄罗斯帝国，而乘客则是受过良好教育的、以"进步同盟"为代表的开明势力。[32]

戈列梅金继续反对杜马在秋天开会。[33]但此时，拉斯普京已经改变主意，他通过亚历山德拉说服尼古拉允许杜马在11月开会，即便这会给戈列梅金造成麻烦。据说，拉斯普京曾如此解释自己的立场："一个大喊大叫的俄国人不会打什么坏主意；但一旦他陷入沉默，就肯定在暗暗盘算什么，走着瞧吧。"[34]亚历山德拉不知道怎么做才好。11月15日，她给尼古拉写信，称杜马现在无所事事，一旦"他们闲着没事，就会谈论瓦尔纳瓦，谈论我们的朋友，以及政府的大小事务，但他们根本没有权力这么做"。她补充道，她会先和拉斯普京商量，问问他"上帝的旨意是什么"。但亚历山德拉的信还未寄出，她就从维鲁波娃处得知拉斯普京十分担心、焦虑，因为戈列梅金企图阻止杜马开会。如今，拉斯普京认为杜马必须开会，即使只开一会儿，而且尼古拉最好出其不意地现身会场，这将给杜马成员带来巨大冲击。为了避免引发任何丑闻，拉斯普京还告诉维鲁波娃，阿列克谢·赫沃斯托夫和斯捷潘·贝莱特斯基已经向他保证，不会有任何人提起他的名字。拉斯普京相信，目前最关键的是，政府必须尝试与杜马合作，沙皇"必须表明对他们的信心"。亚历山德拉将这一切都转告给了尼古拉。

又一次，尼古拉选择站在戈列梅金那一边，忽视了他的妻子和拉斯普京的建议。亚历山德拉告诉尼古拉，拉斯普京"十分尊敬那位老人"，知道和杜马联手意味着让戈列梅金落马，但他即便个人对戈列梅金怀有好感，还是认为这位大臣必须离开。不过，拉斯普京提出让沙皇等一等，等到自己找到替

代戈列梅金的合适人选。[35]尼古拉允许戈列梅金留任至 1916 年
1 月 20 日，尽管很难说清这一决定是否受到了拉斯普京的影
响。杜马的会议直到 1916 年 2 月 22 日才召开。那时，"进步
同盟"已经撤回了合作建议，完全转变为一支对抗力量。尼
古拉没有接受拉斯普京的意见，或许这给皇室和杜马之间的关
系造成了最致命、最无法挽回的伤害。就像俄国宣布开战一
事，此事也令人不禁思考，如果沙皇听取拉斯普京的建议，如
果他接受与"进步同盟"合作，结局又会如何。

## 注　释

1. On Purishkevich, see Coonrod, "The Fourth Duma," 4 – 5.

2. Gippius, *Vospominaniia*, 384.

3. Globachev, *Pravda*, 77 – 78.

4. FR, 177 – 78；Rogger, *Russia*, 262 – 63.

5. *WC*, 131.

6. 拉斯普京去世后，谣言（并不准确地）称他从博加特里的股份中获
   得了巨额财富。*Kazn' Grishki Rasputina*, Al'manakh "*Svoboda*," 1：7；
   Sokolov, *Temnye sily*, 4 – 6. On Tatishchev：Bokhanov, *Delovaia
   elita*, 231.

7. Stogov, "Salon," 130.

8. *WC*, 304.

9. Ol'denburg, *Tsarstvovanie*, 577 – 78n.；GARF, 1467. 1. 13, 38 – 38ob.

10. *WC*, 188 – 89, 273 – 74, 292 – 93, 295, 307, 314.

11. GARF, 640. 1. 323, 12. 以及他写于 10 月 7 日的信，见 GARF, 111.
    1. 2978, 23。

12. *WC*, 272 – 73.

13. Rogger, *Russia*, 257 – 60；Riasanovsky, *History*, 392；Gatrell, *Russia's

First, 77.

14. Lincoln, *Passage*, 136 – 37.

15. Fuller, *Foe*, 109, 259 – 60.

16. Lodyzhenskii, *Misticheskaia trilogiia*; Vetukhov, "Mikroby."

17. Fuller, *Foe*, 182 – 83; Lohr, *Nationalizing*, 1 – 3, 18 – 22, 166 – 68; GARF, 102. OO. 1915g. 245. 167, ch. 167, 30, 75ob.

18. Fuller, *Foe*, 1 – 9, 140, 141 – 49, 262.

19. PA, Lockhart Papers, Diaries, LOC/1, 10 March 1915.

20. Lohr, *Nationalizing*, 1 – 3, 31 – 35, 42, 53; *WC*, 136; Marie, *Education*, 198, 219.

21. BA, Vostokov Papers, "Tochnyia dannye," p. 23.

22. Sokolov, "Predvaritel'noe sledstvie," 284.

23. HHStA, MdÄ Zeitungsarchiv, 162 – 63.

24. PAAA, AS 5047, R. 20457. 见 Staatssekretär von Jagow 写于 1915 年 9 月 26 日的秘密电报。这封电报被送往德皇威廉二世处, 而且他在 9 月 27 日认可了上面的内容。格拉夫·奥伊伦堡可能指的是威廉二世的外交官朋友菲利普·奥伊伦堡 (Philip of Eulenburg)。

25. PAAA, AS 5047, R. 20457, Report of 27 September 1915. 关于 "保皇党" 的成员, 请参见 *Golos minuvshego*, No. 4 – 6, 1918, p. 36。

26. *WC*, 201.

27. GARF, 102. OO. 245. 1915g. 244, ch. 1, 3.

28. See Coonrod, "Fourth Duma."

29. *WC*, 152 – 53.

30. VR, 517 – 18.

31. Coonrod, "Fourth Duma," 193; Rogger, *Russia*, 263; Ol'denburg, *Tsarstvovanie*, 573; Yusupova in RR, 339. Also: Schelking, *Recollections*, 275 – 76.

32. Ferro, *Nicholas II*, 171; *Gosudarstvennaia Duma*, 357 – 59.

33. FR, 161 – 62; *WC*, 292 – 93.

34. "Aleksandro-Nevskaia Lavra," 207.

35. *WC*, 298 – 300, 304 – 305, 309 – 10, 317.

# 第五十二章　又一个奇迹

　　12 月 3 日下午，沙皇和阿列克谢离开最高统帅部，乘火车去前线检阅部队。皇储染上了感冒，不停咳嗽、流鼻涕，且很快开始流鼻血。皇家外科医师谢尔盖·费奥多罗夫为男孩做了检查，发现情况相当严重。那天晚上，他向沙皇建议最好返回最高统帅部。亚历山德拉也收到了电报。第二天早晨，沙皇的火车回到莫吉廖夫。阿列克谢极度虚弱，体温不停升高。10点 35 分，亚历山德拉给尼古拉发了一封电报：波利亚科夫（Polyakov）医生建议让现场的医师使用烧灼法治疗儿子鼻子的伤口。至于她自己，她在信中告诉尼古拉，她并不担心，因为"我们的朋友说，这是由疲倦引起的，很快就会没事"。[1]

　　然而，阿列克谢的情况在 4 日下午持续恶化。根据费奥多罗夫的建议，他们最好在当天下午返回皇村。途中，阿列克谢似乎略有好转，但情况依旧不容乐观。他还在不停流血，体温在夜晚又升高了。他的体力正一点一点流失。火车不得不时停时走，以便医生更换塞在男孩鼻子中的纱布。那天晚上，阿列克谢两次失去意识。参与诊治的医生担心他可能挺不过来了。尼古拉给亚历山德拉发电报，让她不要安排别人来火车站接他们。

　　5 日上午 11 点，火车驶入皇村火车站。亚历山德拉在车站等待。尼古拉告诉她，阿列克谢好些了，流血已经止住。她转向阿列克谢的家庭教师皮埃尔·吉利亚尔，询问流血是从什么时候开始的。他回答，那天早晨 6 点 20 分。她说她知道，因为拉斯普京恰好在那时给她发了电报："上帝会帮助你们的，他会没事的。"人们小心翼翼地把阿列克谢抬下火车，准备带他回亚历山大宫。途中的小小颠簸再次撕裂了男孩鼻子中的伤口，他又开始流血了。医生烧灼了男孩鼻孔中的静脉血管，但无济于事。血依旧流个不停。现在，亚历山德拉也开始坐立不安了。[2]

维鲁波娃在回忆录中写道，阿列克谢从最高统帅部回来那天（12 月 5 日），她也在现场。她亲眼看到医生们围着皇储手足无措，而亚历山德拉跪在男孩床边，迫切希望能做些什么拯救自己的儿子。回家后，维鲁波娃收到一张皇后的字条，指示她给拉斯普京打电话。他立刻赶来了，随尼古拉、亚历山德拉去探望那男孩。他走近床边，在男孩面前画十字。他告诉他们别担心，因为情况不严重，阿列克谢会没事的。说完这些，他便离开了。没多久，流血止住了。就像三年前在斯帕瓦那样，医生们不知该如何解释眼前发生的一切。根据维鲁波娃的说法，阿列克谢很快就复原了，第二天尼古拉便放心地返回了最高统帅部。[3]

但这次，维鲁波娃的回忆录似乎不可信。实际上，尼古拉直到 12 月 12 日才返回最高统帅部，他在皇村停留了整整一周。更重要的是，拉斯普京似乎没有在 12 月 5 日这个男孩刚回皇宫的关键日子去皇宫探望他，而是在第二天去的。尼古拉在 12 月 6 日的日记中写道，吃完早餐，全家人一起探望了阿列克谢。他的情况好多了，正在退烧，最重要的是，"经过第二次烧灼治疗后，他已经不再流血"。直到晚餐后，拉斯普京

487

才来，他们一起去了阿列克谢的床边。[4]如此一来，可见拉斯普京根本没有在12月5日这天拜访皇宫。贝莱特斯基也告诉调查委员会，拉斯普京在5日被传召时没有去皇宫，而是等到了第二天。[5]警方的档案没有提供更多信息，因为记录只显示拉斯普京在那个月的11日、26日和29日拜访过皇宫。

然而，档案中的确有一封秘密警察截获的电报，是拉斯普京在6日下午1点20分发给沙皇的："您在这充满荣耀的一天，再次感受了奇迹的光辉，这需要许多耐心。这是奇迹降临的证据之一。上帝会安慰我们，永远和我们在一起。不用害怕任何人。格里高利·诺维。"[6]这天也是沙皇的命名日，拉斯普京写信向尼古拉道贺。对阿列克谢而言，这是"奇迹降临"的一刻，因为他再次逃过了死神的魔掌。在拉斯普京看来，这是上帝的旨意，而不是医学的奇迹。我们不清楚尼古拉如何看待儿子重获健康，但至少对亚历山德拉来说，这是他们的朋友拥有无上力量的最新证据。

## 注　释

1. *WC*, 322 – 23；*VVFR*, 1：279 – 80.

2. *WC*, 323；Nicholas II, *Dnevniki*, 2（2）：170 – 71；VR, 523 – 24.

3. Rassulin, *Vernaia Bogu*, 124 – 25；Paléologue, *Ambassador's Memoirs*, 2：134 – 35.

4. Nicholas II, *Dnevniki*, 2（2）：170 – 71.

5. *Padenie*, 4：307.

6. GARF, 111. 1. 2979a, 146 – 47, 152, 161.

第六部

# 最后一年：
# 1916年

# 第五十三章 革命即将降临

"1916 年，我回来了。"吕西安·穆拉特王妃（Princess Lucien Murat）在离开俄国三年后回忆道，"那个农夫蒸蒸日上。人们什么都不顾，只是一味地谈论他。他占据了每个人的头脑。在火车上、电车上、杜马的议事厅里、街上、大公的家中，在每个地方，他的名字都像一段副歌，不停重复，无休无止。腐朽政权的一切过错都落在了这只替罪羊的身上。"[1]

1916 年 1 月，差不多同一时间抵达俄国的一名法国外交官也表达了类似观点，称所有谈话"最后都会变成拉斯普京"。他用一句颇有预言意味的话总结了他的报告："革命即将降临（*La révolution est dans l'air*）。"[2]

让人震惊的不仅仅是人们只顾谈论拉斯普京，还有他们谈论的内容。1 月初，莫斯科"奥克瑞那"发现，当地报纸的几位编辑在传播一首关于拉斯普京的内容下流的打油诗，诗的标题为《病房的闲暇时光：谁在统治俄国》。

一名水手告诉士兵：
兄弟，无论你说什么，
当今的俄国都被一根阳具统治了。
这阳具任命大臣，
这阳具制定政策，

它提名主教，

颁发勋章并任命官员。

这阳具统帅军队，

指挥军舰，

把我们的祖国出卖给犹太佬，

这阳具抬高一切的价格。

因此，这阳具无所不能、权倾天下，

这阳具富可敌国、天赋异禀。

显然，这不是普通的阳具，

人们说它长达 14 英寸……

492　此外，它还忙得团团转。

村里的女人享受这阳具，

城里的女人也不例外，

商人的女人一旦尝过甜头，

肯定也会与贵族女人分享感受。

因此，圣人的阳具获得了至高权力，

简直堪比陆军元帅。

很快，它就进了沙皇的宫殿，

强奸了女侍者，

还有沙皇年轻的女儿，

然而，它最常临幸的还是皇后……

这首诗的作者署名为"被遗忘的人们"，他们请求读者抄写它，把它传播到俄国的每个角落。[3]

拉斯普京的生殖器还出现在其他讽刺作品中。1916 年年初，俄国军官在传阅一幅外国的讽刺画，画中的威廉二世和尼古拉形成了对比：威廉二世正在丈量一枚一米长的炮弹，而尼古拉正跪在地上丈量拉斯普京那惊人的生殖器。那年春天，德国人从飞机上往前线投下了这幅画的大量复制品。那时，俄国的军官们已经开始公开分享这种事，他们哈哈大笑，丝毫不感到尴尬或羞耻。[4]另一张广为流传的讽刺画也描绘了拉斯普京的生殖器，名为"统治俄国的方向舵"（the rudder that rules Russia）。[5]士兵们说，拉斯普京就是靠他那巨大的生殖器稳固了他在皇宫的地位。据说，皇太后玛丽亚·费奥多罗芙娜也该为此负责，因为她"需要一个大家伙"。[6]对士兵来说，拉斯普京和皇后有染一事近乎常识。一个名叫拉尔金（Larkin）的农夫出身的士兵如此解释："他们说，他对女人很有一套，而皇后也是女人，她需要这些，但她的男人去了前线。我们家里的女人——你知道的——和那群奥地利人玩得正欢呢。"[7]

1 月，另一则谣言称，拉斯普京被指定为沙皇的点灯人（lampadnik），负责点亮皇村中皇家教堂圣像前的烛火。实际上，这个职位根本不存在，但这不重要，重要的是这种说法十分符合大众的想象，即拉斯普京常陪伴沙皇一家左右。有些人称，得到这一头衔后，拉斯普京可以随时出入皇宫，乃至接近皇后。《可悲的局面》的作者、杜马成员瓦西里·马克拉科夫在杜马会议上提起了这一谣言。他说，他不清楚这种说法是真实的还是某种玩笑。此时，大厅里突然响起一声"Pravda！"（事实！）。[8]亚历山德拉在 1 月 7 日写给尼古拉的信中也提到了这则谣言，以及它恶毒的影射。她称这种说法"愚蠢至极"，坚称她像每个"理智的人一样"对它嗤之以鼻。尽管如此，

493

她也提到，虽然她很想见拉斯普京，但不会在尼古拉出远门时召见他，"因为人们的想法太龌龊了"。[9]

但看起来亚历山德拉还不清楚人们究竟可以龌龊到何种地步。同月，首都的人都在说，一些右翼政客正在讨论史无前例的沙皇离婚一事。据说，亚历山德拉已经同意离婚，但在得知必须搬去修道院后又反悔了。传言还说，尼古拉对亚历山德拉的反复多变火冒三丈。首都的电车上，人们公开谈论道，现在是皇后搬去修道院的恰当时机。即使是瓦莲京娜·查波特拉尤娃——她因在皇村医院工作结识皇后，而且十分尊敬她——也认为这么做没错。"搬去修道院是十分优雅的姿态，" 1 月 27 日她在日记中写道，"如果她这样做，所有关于她亲德的指控就会立刻消失，关于拉斯普京的下流谈论也会停止。也许，皇室和皇储还能避免一场大危机。"[10]其他谣言则称，会被送走的人是尼古拉，而不是亚历山德拉，而她会以摄政身份和拉斯普京一起统治全国。[11]还有平民说，尼古拉在 "授予格里沙统治帝国的权力后"，已经搬去了修道院。[12]

人们相信，拉斯普京每天都去皇宫。但根据秘密警察的记录，1916 年的前三个月，拉斯普京仅拜访皇宫八次；4 月至 10 月初，拉斯普京仅在皇村现身六次。[13]然而，整个 1 月和 2 月上半月，维鲁波娃作为他和亚历山德拉的中间人，经常去拉斯普京在戈罗霍娃街的公寓。[14]秘密警察的档案显示，不同于过去，拉斯普京不再频繁前往教堂，而是一个月仅去一次，有时连这也做不到。实际上，他大部分时间会喝得醉醺醺的，四处寻欢作乐。[15]

在 1 月 10 日，也就是拉斯普京的命名日，他举办了一场盛大的宴会。亚历山德拉送去了沙皇一家的祝福。"我感到无法言说的狂喜，"他在回信中写道，"上帝的光芒将照亮你们的前路，我们不必惧怕任何事。"[16]赫沃斯托夫和贝莱特斯基动用秘密"小金库"里的钱，给拉斯普京还有他的家人购买了昂贵的礼物。这是拉斯普京生命中的最后一个生日。宴会持续了一整天，直到深夜才结束，一波波客人前来向他道贺，献上精心准备的礼物——金银器物、家具、地毯、画作、艺术品。后来，它们都被普拉斯科维亚和德米特里搬回了博克维斯科。穆娅·高罗维纳也来了，对客人、礼物、果篮、蛋糕的数量大感震惊。她送给拉斯普京一件有银线刺绣的白色丝绸衬衫。神圣宗教会议秘书长彼得·穆德罗柳博夫（Pyotr Mudrolyubov）发表了冗长的祝酒词，歌颂拉斯普京和他对这个国家的关键作用——"一个朴素的人，将平民的苦痛与需求呈送到沙皇跟前"。

　　拉斯普京喝了太多酒，下午睡了个午觉，醒来后继续和客人们谈笑。和他走得最近的小圈子的成员在小型吉卜赛合唱团的歌声中继续喝酒、跳舞。夜晚降临时，几乎每个人都醉了。穆娅不喜欢人多的场合。有些人强灌拉斯普京酒，硬逼他跳舞，好像他是他们的某种取乐工具。穆娅认为，他太天真且脾气太好，没有意识到这点。有几位客人实在醉得回不了家，便留下来过夜。根据秘密警察的记录，第二天，两个妒火中烧的丈夫举着左轮手枪前来寻找他们的妻子。暗探扣下了他们，留出足够的时间让两个女人整理衣衫，从后门偷偷溜走。她们离开后，暗探才让丈夫进屋找他们的妻子。此后一段时间，学乖了的拉斯普京减少了社交活动，保证再也不会留已婚女人过夜，但没过太久，他就又和以前一样了。[17]

　　2月中旬，一则故事广为流传，说在罗德别馆的一次狂欢后，奥尔洛夫－达维多夫伯爵（Count Orlov-Davydov）带着一群官员差点杀死了拉斯普京。[18]据说，拉斯普京被打得很惨，在医院躺了整整两周。还有一些人说他已经死了。但这些说法都不属实。整个 2 月，拉斯普京都待在戈罗霍娃街上的家中。或许是受到这则谣言的影响，普里什克维奇在 16 日向杜马提交了一张照片的副本，照片中的拉斯普京被一群女性崇拜者包围着。普里什克维奇亲自在照片底部用墨水潦草地写了一行字："格里高利·拉斯普京和上流社会的婊——子"。[19]他非常成功地制造了噱头。

## 注　释

1. Murat, *Raspoutine*, 52 – 53.

2. AD, Correspondance politique et commerciale, Nouvelle série, 1896 – 1918, "Guerre, 1914 – 1918:" répertoires. Dossier Général, No. 641. "Mission en Russie," pp. 56, 80 – 81. Also: Mel'gunov, *Vospominaniia*, 1：206.

3. GARF, 102. 316. 318, ch. 1, 159 – 60.

4. Lemke, *250 dnei*, 2：300 – 301, 464.

5. NIOR/RGB, 140. 7. 9, 11ob.

6. Kolonitskii, *Tragicheskaia erotika*, 524.

7. VR, 608 – 609. 奥地利人指关押在俄国的战犯。

8. GARF, 613. 1. 40, 1 – 4.

9. FSA, 337; *WC*, 353 – 54; "Rasputin v osveshchenii," 284.

10. FSA, 337 – 38; Trams：Tikhomirov, *Dnevnik*, 188.

11. Bonch-Bruevich, *Vsia vlast'*, 73 – 74.

12. Kolonitskii, *Tragicheskaia erotika*, 318.

13. 拜访的相关信息来自警方档案，见 GARF, 111. 1. 2979a。

14.　GARF，111. 1. 2979a，121，123ob，125，132ob，136，142，150ob，153ob，160，179.

15.　GARF，111. 1. 2979a，239 – 39ob，250，258；Vulliamy，*Red Archives*，47；Shavel'skii，*Vospominaniia*，2：11 – 12.

16.　PZ，188；*WC*，362；*KVD*，305.

17.　Beletskii，*Vospominaniia*，57 – 58；RR，382 – 83；FDNO，265.

18.　Chebotaryova，"V dvortsovom lazarete，" 181：217；Mel'gunov，*Vospominaniia*，1：209；FSA，339；Oreshnikov，*Dnevnik*，59；PAAA，R. 10740；CUL，Templewood Papers，II：1（16）. 我们找不到任何关于这位奥尔洛夫 – 达维多夫伯爵是谁的说明。

19.　GARF，102. 316. 381，ch. 1，175，183.

# 第五十四章 大臣的谋杀阴谋

早在 1915 年年底，赫沃斯托夫就开始策划谋杀拉斯普京。他曾受托保护拉斯普京，如今却想把拉斯普京弄死。"三驾马车"控制拉斯普京的计划从一开始就不奏效。本应由安德罗尼克夫亲王转交给拉斯普京的钱常常落入亲王的口袋，赫沃斯托夫和贝莱特斯基意识到他们必须趁早排挤掉安德罗尼克夫。于是，"三驾马车"成了"二重奏"。渐渐地，两人发现拉斯普京影响力极大，人脉极广，且不乏智慧和才干。他们低估了他，承认在钳制他一事上不可能比前人做得更出色。此外，赫沃斯托夫曾希望拉斯普京提名自己出任大臣会议主席，但如今在这一职位上的还是戈列梅金，这让赫沃斯托夫十分不满。赫沃斯托夫厌倦了拉斯普京没完没了地递来请愿者的字条，也不喜欢他过分亲热的举止。[1]

但不同于之前的人，赫沃斯托夫不愿认输，而是为自己罗列了一切可能的选项。他告诉亚历山大·斯皮里多维奇："不管是和格里沙一起去妓院，还是把他推下火车铁轨，对我来说都一样。"斯皮里多维奇几乎不敢相信自己的耳朵。"这个情绪激动的胖子兴致勃勃，眼睛发亮，简直不像一位大臣，而像个残忍的匪徒。"[2]调查委员会问，除了靠谋杀牵制拉斯普京的影响力之外，他是否还有其他选项。赫沃斯托夫回答："没有。我通过各种报告了解到他的影响力太大了。我尝试让他们擦亮双眼，但遭到了顽强的抵抗。我只能放弃，继而得出结论——除掉他的唯一方式只有杀掉他。"[3]贝莱特斯基赞同他上司的计划。

12月，赫沃斯托夫和贝莱特斯基想出一个主意，即让拉斯普京在他的老熟人马特米安神父的陪同下，去北部的几座修道院朝圣。赫沃斯托夫给了拉斯普京5000卢布旅费，拉斯普京和马特米安两人开始为这次旅行做准备。拉斯普京起初似乎很喜欢这个主意，但他不知道的是，火车行至偏远地区后，马特米安就会把他扔出车厢。临行前一刻，旅行突然被取消。拉斯普京可能改变了主意，拒绝出发。根据贝莱特斯基的记录，也许官员们们紧张兮兮的模样让拉斯普京起了疑心。但还有一种可能性：马特米安在最后一刻改变了主意。这位神职人员很可能不想和谋杀扯上任何关系。[4]

谋杀拉斯普京成了赫沃斯托夫头脑中的一股执念，他很快开始寻找其他谋杀手段。一个难题是，拉斯普京如今受到严密保护。他身边共有三组人员：斯皮里多维奇（皇宫秘密警察和沙皇一家安全的负责人）手下的暗探、内政部的暗探，以及由赫沃斯托夫亲手挑选的暗探。[5]这三组人互不信任，绝不可能合作。1915年11月24日，吉皮乌斯在日记中写出了围在拉斯普京身边的暗探的荒唐之处："赫沃斯托夫咬紧牙关，'保护'格里沙。然而，谁敢说是谁在保护谁呢？格里沙有自己的守卫，赫沃斯托夫有他的守卫，赫沃斯托夫的守卫监视着格里沙的守卫的一举一动；与此同时，格里沙的守卫也绝不会放松对赫沃斯托夫的守卫的警惕。"[6]

赫沃斯托夫的暗探主要由米哈伊尔·科米萨罗夫上校调配。他曾是彼尔姆市宪兵队的负责人，贝莱特斯基十分欣赏他

496

在"秘密工作"中展现的能力。科米萨罗夫组建了自己的暗探队伍，包括专门的汽车和司机。名义上，科米萨罗夫的工作是防止拉斯普京喝醉，以免其造成不良影响。但实际上，他总想方设法灌醉拉斯普京，介绍拉斯普京认识各种可疑人物。他开始每天数次拜访拉斯普京，向赫沃斯托夫和贝莱特斯基报告自己见到的一切。格洛巴切夫说科米萨罗夫聪明且能力出众，但他"是个大阴谋家，只要有人能满足他的个人利益，无论对方是什么身份，他都愿意与之合作"。[7]

赫沃斯托夫、贝莱特斯基和科米萨罗夫三人开始寻找对付拉斯普京的新手段。对科米萨罗夫这样的人而言，杀死和保护拉斯普京没有区别，都不是容易的事，但只要对自己的事业有利，他便愿意服从上司的一切指示。一天，在彼得·百德莫夫医师位于乡间的度假屋，他一边处理手上的烟熏白鲑鱼，一边平静地说："我会像这样剥了格里沙的皮。"[8]他们讨论了数种方案，其中之一是利用一位身份虚构的女性把拉斯普京引诱到城市边缘的幽会地点，途中将他勒死在汽车里。然后，他们会把尸体抛进涅瓦河的冰窟窿，春天冰块融化时，尸体就会顺流漂向大海。另一种方案是让拉斯普京死在科米萨罗夫手下一群经过伪装的男人手上。男人们会假扮成因被戴绿帽而向拉斯普京寻仇的丈夫。在一次会面中，赫沃斯托夫还称自己会亲手杀死拉斯普京。那一刻，他拔出了腰间的勃朗宁手枪，以证明他说的可不是玩笑话。

贝莱特斯基渐渐产生了质疑。他如今非常清楚赫沃斯托夫对杀害拉斯普京的执着及其不择手段，这让他改变了想法。[9]他告诉调查委员会："政府不能像个土匪一样做事。"[10]不仅如此，贝莱特斯基还发现谋杀拉斯普京几乎是徒劳的，因为很快就会有其他人取代拉斯普京的位置，什么都不会改变。然而，他一直把这些疑惑藏在心中。与此同时，赫沃斯托夫慢慢怀疑起贝莱特斯基对计划的忠诚度。他开始单独会见科米萨罗夫，提议从秘密"小金库"中拿出 20 万卢布，让科米萨罗夫亲手解决拉斯普京。一次谈话中，赫沃斯托夫从保险箱中抽出数张大面额纸币，把它们拍在桌子上，好让科米萨罗夫明白自己不是闹着玩的。赫沃斯托夫让科米萨罗夫不必担心，因为自己会以沙皇大臣的名义保障他的安全，保证不会让他惹上任何麻烦。但科米萨罗夫十分了解赫沃斯托夫，因此并不信任他。科米萨罗夫向贝莱特斯基坦白了一切，而后者向拉斯普京透露了风声。这桩阴谋就此败露，拉斯普京本人甚至没有采取任何措施。[11]

科米萨罗夫和贝莱特斯基联手，希望针对赫沃斯托夫制定一个先发制人的计划。在三人的后一次会面中，贝莱特斯基提议向拉斯普京下毒。赫沃斯托夫十分喜欢这个主意，派科米萨罗夫去搜罗能置人于死地的毒药。很快，他们再次在赫沃斯托夫的办公室会面，科米萨罗夫向另外两人展示了数种毒药以及它们各自的特性。他称已经在一只猫的身上试验了其中一种毒药，并兴致勃勃地描述说，那只不幸的畜生在倒下死去之前上蹿下跳，痛苦地挣扎了好一阵。他们的计划是把有毒的粉末混入拉斯普京最爱的马德拉酒。赫沃斯托夫对此十分满意，但他不知道的是，这包粉末其实是无害的。科米萨罗夫编造了可怜猫咪的故事，并根据一本药理学教材上的内容，向赫沃斯托夫描述了这种毒药的化学特性和功能。[12] 他们先将粉末溶于液体，接着把液体注入一瓶马德拉酒，再以拉斯普京的朋友、银行家德米特里·鲁宾施泰因（Dmitry Rubinshtein）的名义，把酒作为礼物送给拉斯普京。随后，他们便开始等待。当然，什么也

498

没发生。赫沃斯托夫察觉到出了问题，开始怀疑自己被科米萨罗夫和贝莱特斯基耍了。[13]于是赫沃斯托夫决定为自己的计划寻找新的合作伙伴。他很快锁定了拉斯普京最大的敌人，也就是那个已经尝试过谋杀拉斯普京的伊利奥多尔。但考虑到这个前修道士逃到了国外，赫沃斯托夫明白自己还需要另找一个人，他要派此人和伊利奥多尔会面，协助实施谋杀计划。

在下诺夫哥罗德时，鲍里斯·勒热夫斯基（Boris Rzhevsky）曾在赫沃斯托夫手下处理"特别任务"，后来还协助上司赢得了杜马席位。近年，勒热夫斯基主要为媒体工作，比如《莫斯科之声》和《新闻晚报》。在伊利奥多尔被困在弗罗里什夫修道院期间，勒热夫斯基曾乔装成一名演员，说服伊利奥多尔让他进入房间，并对伊利奥多尔进行了采访。鲍里斯身材瘦削，个头矮小，长相给人以狡诈的感觉。根据他的妻子季娜伊达·勒热夫斯卡娅［Zinaida Rzhevskaya，婚前姓扎祖琳娜（Zazulina）］的说法，他是个"随时都准备冒险"的男人。[14]格洛巴切夫称他是个"精神错乱、歇斯底里，完全没有原则的人"。[15]

12月，勒热夫斯基抵达彼得格勒。他此时为红十字会工作，过着相当优渥的生活：他拥有一间豪华公寓、一辆汽车、几匹马，其妻子身上也不乏珠宝和上好的皮草。[16]他十分仰慕自己的前上司，而赫沃斯托夫也打算好好利用勒热夫斯基的才能。赫沃斯托夫指示贝莱特斯基雇用勒热夫斯基，并从部门津贴里拨出一笔钱，让他成立一家记者俱乐部，这样一来勒热夫斯基便能和城里的左翼记者保持密切联系。贝莱特斯基面试了勒热夫斯基，发现他"极其缺乏同情心"，而且"性格乏味，只会以高傲的姿态夸夸其谈"。但贝莱特斯基还是听从赫沃斯托夫的吩咐雇用了勒热夫斯基，每个月付给他 500 卢布的工资。相关经验丰富的贝莱特斯基不可能不对赫沃斯托夫的这个动作起疑心。得知勒热夫斯基是赫沃斯托夫的人后，贝莱特斯基派了手下的几位暗探去跟踪勒热夫斯基，想看看他们能挖出什么来。暗探向贝莱特斯基报告说，勒热夫斯基从红十字会领的工资和他从警察部门支取的钱，绝不可能支撑如此奢靡的生活方式。贝莱特斯基因此命令暗探进一步调查勒热夫斯基的钱究竟从哪里来。暗探发现，勒热夫斯基利用其在红十字会的职务参与敲诈勒索。[17] 如此一来，贝莱特斯基便掌握了勒热夫斯基的"黑材料"。但是，他决定暂时按兵不动。他需要等待一个合适的时机。

　　当时贝莱特斯基所不知道的是，赫沃斯托夫还有更宏大的计划等着让勒热夫斯基实施。赫沃斯托夫告诉勒热夫斯基，自己希望他在伊利奥多尔的协助下谋杀拉斯普京，并询问他是否愿意参与这项极为关键且属于最高机密的任务。勒热夫斯基答复说，愿意，只要他们付给他 5000 卢布，他就是他们的人了。[18] 1 月 8 日，勒热夫斯基和季娜伊达离开彼得格勒，前往克里斯蒂安尼亚。但在他们动身前，鲍里斯为自己留下了一条后路，以免被赫沃斯托夫出卖。他在一封信中详细记述了赫沃斯托夫是这项计划的主谋，以及赫沃斯托夫如何招募自己并让自己踏上这趟旅途。他把信留给了他在记者俱乐部里的朋友，一个名叫弗拉基米尔·海涅（Vladimir Heine）的工程师，告诉对方一旦自己出事，就设法把这封信交给皇后。而这直接导致了勒热夫斯基和赫沃斯托夫计划败露。海涅害怕极了，向警方透露了相关情报。（关于这件事的另一个叙述版本是，季娜伊达在和鲍里斯大吵一架后，向海涅泄露了他们的计划。）因

499

此，勒热夫斯基夫妇刚刚上路，贝莱特斯基就已经做好了在适当时机采取行动的准备。[19]

1月12日，勒热夫斯基抵达克里斯蒂安尼亚，以假名阿特米艾弗（Artemieff）入住斯堪的纳维亚大酒店（Hotel Scandinavia）。那天晚些时候，勒热夫斯基独自一人前去见伊利奥多尔，在他家中见到了他本人、他的妻子，以及另一个俄国女人。勒热夫斯基说出了自己的真名，称自己是内政大臣赫沃斯托夫的私人秘书，正在执行一项秘密任务。警惕心很强的伊利奥多尔让勒热夫斯基出示能够证明其身份的东西。来者身份得到确认后，两人开始坐下交谈。伊利奥多尔询问了勒热夫斯基的目的。"我们会一起干一场大事业，并将因此永垂青史，"勒热夫斯基告诉伊利奥多尔，"赫沃斯托夫派我来这里请求你协助我们杀死拉斯普京。"[20]

伊利奥多尔一时不知该如何反应。他问勒热夫斯基，为什么身为大臣的赫沃斯托夫会参与一场谋杀阴谋。勒热夫斯基告诉他，拉斯普京向犹太人出卖了自己的灵魂，背地里和德国人媾和。不仅如此，拉斯普京还一手遮天，处处妨碍赫沃斯托夫的工作。"他戏弄各位大臣，使他们沦为棋子，"勒热夫斯基说，"他让政府官员的日子非常不好过。"勒热夫斯基告诉伊利奥多尔，在这件事上，赫沃斯托夫不信任任何人，因此只能向他求助。日后，伊利奥多尔在一次采访中告诉瑞典媒体，他和勒热夫斯基合作只是为了弄清楚事情的真相。他向勒热夫斯基保证，会在察里津招募一些过去曾为他效力的人；作为回报，他要求对方支付6万卢布。勒热夫斯基知道，为了这项任务，赫沃斯托夫心中的预算是10万卢布。"不过是小事一桩。"他回答。伊利奥多尔拿出笔和纸，写道："我同意。需要6万卢布。伊利奥多尔。"[21]

　　勒热夫斯基解释了他们的计划。一位为他们做事的侍女会给拉斯普京打电话，告诉他必须立刻进宫。他们会派一辆车去接拉斯普京。接着，乔装成司机的勒热夫斯基会载着拉斯普京去彼得格勒郊外他们事先安排好的一个地方，他们的同伙会在那里接应勒热夫斯基。一旦拉斯普京死亡，赫沃斯托夫就会赦免伊利奥多尔，之后他就能返回俄国生活了。勒热夫斯基之后又和伊利奥多尔讨论了行动的具体细节，包括如何支付报酬，以及他们的同伙（伊利奥多尔从察里津招募的五个人）如何取得护照，以便来克里斯蒂安尼亚接受具体指示。斯堪的纳维亚的媒体发现，伊利奥多尔的故事具备"一部真正的犯罪小说"所需的一切元素。此外，他们还不忘对自己东边的近邻评头论足一番："即使在俄国，这整件事也太过疯狂了，让人难以置信。"[22]

＊

　　在克里斯蒂安尼亚停留两天后，勒热夫斯基和季娜伊达返回彼得格勒。贝莱特斯基已经做好准备。他通知边境警察截下这对夫妇，在他们准备入境时制造一起事件。警察迫使鲍里斯坦白他的真实身份、就这件事撰写一份报告，并告知他回到首都后要接受贝莱特斯基的进一步问话。[23]不安的勒热夫斯基来到贝莱特斯基的办公室。副大臣没有立刻把话引向谋杀阴谋，而是问一个红十字会官员靠500卢布的月薪怎么能过上如此奢侈的生活。勒热夫斯基尝试告诉贝莱特斯基，他误会了。但贝莱特斯基打断他的话，称已经掌握了他的受贿行为，威胁要把他驱逐到西伯利亚。勒热夫斯基的身体开始颤抖。贝莱特斯基告诉他，或许有一个办法可以拯救他：就谋杀拉斯普京的阴谋，写下他所知道的一切细节，尤其是赫沃斯托夫扮演的角色。[24]现在，贝莱特斯基掌握了扳倒上司的证据，只要再加上一点运气，他就能成为下一位内政大臣。

显然，勒热夫斯基曾向朋友弗拉基米尔·海涅求助，问他自己该怎么做。事件从这里开始升级。2月4日，海涅向拉斯普京的秘书亚伦·西马诺维奇透露了这个阴谋。同一天，他们一起去拉斯普京家中告诉他此事。拉斯普京什么也没做，只是让海涅和西马诺维奇保持沟通，并向他报告一切重要进展。第二天，拉斯普京邀请西马诺维奇和维鲁波娃来家中做客。他告诉维鲁波娃自己听说了一桩阴谋，还拿给她一封信，请她转交给皇后，信里记载了所有细节。拉斯普京对待此事显然很认真，但并不过度担心。赫沃斯托夫得知阴谋败露后，被迫立刻转变立场。他联系拉斯普京，让他尽快离开，称自己刚知道有人会威胁他的生命。拉斯普京没有理会赫沃斯托夫的警告，依然很镇静。然而，2月6日，《钟鸣》的编辑斯科沃尔佐夫给戈罗霍娃街打来电话，询问拉斯普京已被谋杀的消息是否属实。直到此时，拉斯普京才开始担心。那天，他的女儿玛丽亚在日记中写道："每个人的心情都很沉重，每个人都在等待某种坏事发生。""乌云"笼罩着这个家庭。玛丽亚去教堂做祷告，点燃了一支蜡烛，祈求上帝保佑父亲平安。拉斯普京无论见到谁，脸色都"难看极了"，但他拒绝退缩，过着与往常一样的生活。"他是多么无畏……上帝啊，请保佑我们。"[25]

拉斯普京写信向维鲁波娃求助，派西马诺维奇去送信。维鲁波娃让西马诺维奇立刻去找战争大臣阿列克谢·波利瓦诺夫的助理米哈伊尔·别利亚耶夫将军（General Mikhail Belyaev），把这一切告诉他。6 日晚，亚历山德拉在皇宫接见了维鲁波娃和别利亚耶夫，得知了拉斯普京被威胁一事。亚历山德拉害怕极了，担心原本被派去保护他的"奥克瑞那"暗探会杀了他。皇后问别利亚耶夫将军能否做些什么来保护拉斯普京，但将军坚称这超出了他的职权范围，拒绝被扯进此事。[26] 那天夜晚，身在彼得格勒的勒热夫斯基得到风声，知道当局正派人去他家搜查。他立刻给拉斯普京写了一封信，向拉斯普京坦白了关于阴谋的所有细节。他把信拿给海涅，称如果他被捕，而赫沃斯托夫没有保护他，就把信转交给拉斯普京。警方没有在公寓中搜到任何他和伊利奥多尔间的信件，因为勒热夫斯基及时把信藏了起来。但他们确实搜到了五把左轮手枪，还有内政大臣签发的转交给伊利奥多尔 6 万卢布的文件。据此，他们逮捕了勒热夫斯基。[27]

502

海涅和西马诺维奇拜访了别利亚耶夫将军。后者向他们保证已经开始调查此事。接着，他们便把勒热夫斯基的信交给了拉斯普京：

当您看到这封信时，我已经被捕。我受一位高层官员指使，策划对 G. 叶菲莫维奇·拉斯普京的谋杀。此刻，我并不确定这一恶行能否得到实施。

我只会亲自向 G. 叶菲莫维奇·拉斯普京报告所有细节。我之所以被捕，是因为谋杀的主谋察觉到我不赞成此事，担心我会向 G. 叶菲莫维奇·拉斯普京泄露所有细节。为了不让我妨害他，他扭曲了事实。

鲍里斯·勒热夫斯基

1916 年 2 月 7 日

又及：我保管了所有能够证明此事的文件。

勒热夫斯基虽然给拉斯普京写了信，但并没有完全放弃向赫沃斯托夫求助。他给赫沃斯托夫发了一封电报，对方在8号收到了它："紧急。彼得格勒。内政大臣。我已经被捕。您委托我做的事正在被清算。许多人被叫去谈话。他们在等待，且感到愤愤不平，因为他们没有收到承诺中的报酬。请给我最新指示。勒热夫斯基。"有人用蓝色铅笔在电报上写道："勒索开始了，也可能是在继续进行。"这很可能就是勒热夫斯基想转告赫沃斯托夫的重点：如果你想让我保持沉默，就必须付出代价，否则我会向警察坦白一切。

赫沃斯托夫试图拦截勒热夫斯基让人转交给拉斯普京的信，但为时已晚。拉斯普京把它交给了皇后。8日尼古拉从最高统帅部回来后，亚历山德拉告诉了他目前她掌握的一切情况。那天晚些时候，沙皇接见了新上任的大臣会议主席鲍里斯·施蒂默尔（他在1月底取代了戈列梅金），命他彻查此事，并向自己汇报。尼古拉还命令施蒂默尔告诉赫沃斯托夫和贝莱特斯基，拉斯普京正受人威胁，并让他们尽一切手段保护他的生命。[28]显然，和亚历山德拉一样，尼古拉还被蒙在鼓里，不清楚谁是罪魁祸首。

503　　10日凌晨1点，"奥克瑞那"暗探进入西马诺维奇的公寓，要求他交出所有涉及此事的文件。接着，他们以一项捏造的罪名逮捕了他，将他带走审问。[29]那天晚些时候，赫沃斯托夫面见沙皇，坚称自己是清白的，而且会帮忙把此事调查个水落石出。尼古拉得到保证后离开皇村，前往最高统帅部。[30]此时的拉斯普京十分惊慌。11日，他收到一封伊利奥多尔发来的电报："立刻派人来，我会给你看政府高层企图置你于死地的所有证据。等待你的答复。"[31]在威胁拉斯普京的同时，伊利奥多尔这个拉斯普京遇到过的最不讲信用的人也给勒热夫斯基发了数封电报，向他通报暗杀行动的最新进展。"兄弟们说没问题。"他写道。他称他们同意参与这桩阴谋。下一封电报里，他说"他们已经被召集起来"。最后一封电报是"他们已经来了"。[32]

所谓的"他们"正是勒热夫斯基发给赫沃斯托夫的电报中所说的那些抱怨没有收到钱的人。2月20日，彼得格勒"奥克瑞那"的人截下了来自察里津的四男一女问话，他们均和伊利奥多尔有关。五个人中打头的是一个名叫罗曼年科（Romanenko）的42岁农夫。1月，罗曼年科联络其他人，告诉他们伊利奥多尔让他们为一件重大的事去克里斯蒂安尼亚见他。根据伊利奥多尔的指示，他们要先去彼得格勒见一个被称为"米哈伊尔兄"（brother Mikhail）的人，他会给出下一步指示并支付报酬。[33]警方的文件没有提到伊利奥多尔的同伙的下场。

也是在11日这天，亚历山德拉给尼古拉写信："礼拜二本该十分美好，却传来了关于我们的朋友的令人苦恼的消息。她（维鲁波娃）会尽一切力量帮助他。他现在心情很坏，对她大吼大叫，焦虑极了。然而，阳光如此明媚，我希望他能尽快恢复往日的平静。他很害怕离开这里，说有人会杀了他。就让我们瞧瞧上帝如何改变一切吧！"[34]

13日和14日，季娜伊达·勒热夫斯卡娅被带到警察局问话。她告诉警方赫沃斯托夫先后两次向她的丈夫提议谋杀拉斯普京，并确认了他们前往克里斯蒂安尼亚之旅的所有细节。她表示，伊利奥多尔确实从察里津安排了五个人去克里斯蒂安尼亚找他讨论谋杀细节。在第一场审问中，勒热夫斯基告诉警方，赫沃斯托夫首次提出谋杀拉斯普京的事是在两年之前，当时他们二人在彼得格勒一家名为帕尔金（Palkin）的餐厅会面，勒热夫斯基拒绝加入。1915 年 10 月底，赫沃斯托夫再次提起了这个话题。这次勒热夫斯基也没有答应他，但赫沃斯托夫很坚持，不想就此罢休。最后，勒热夫斯基答应了，不过他告诉审问者，他从没打算真的去做这件事，只想在伊利奥多尔收到 6 万卢布报酬时赚一笔汇率差。这天的审讯让勒热夫斯基承受了极大压力，一度导致他精神崩溃。问话被迫中止。

第二天，审讯继续进行。但警方惊讶地发现勒热夫斯基推翻了自己前一天的所有供述。他此时坚称不存在任何阴谋，赫沃斯托夫从没和他提过谋杀拉斯普京的事。真相是，赫沃斯托夫之所以派他去见伊利奥多尔，是为了买下伊利奥多尔的书稿，赫沃斯托夫真诚地希望保护沙皇和拉斯普京。当被问及给拉斯普京写信，提醒拉斯普京他有生命危险一事时，勒热夫斯基改口说这是个谎言，自己这样做只是为了赢得拉斯普京的好感。[35] 显然，赫沃斯托夫设法在前一天晚上潜入了勒热夫斯基所在的牢房。一大笔钱就可以买到勒热夫斯基的合作。

奋力自救的赫沃斯托夫编了一个故事：他没有尝试谋杀拉斯普京，而是想靠买下伊利奥多尔的轰动性书稿来拯救拉斯普京。他向皇后讲述了这个故事，告诉她谋杀拉斯普京是贝莱特斯基和勒热夫斯基的阴谋，他对此完全不知情。他还告诉大臣会议主席施蒂默尔，贝莱特斯基不仅计划谋杀拉斯普京，还参与了反对沙皇的阴谋。[36] 让人惊讶的是，赫沃斯托夫被逼到走投无路之际，竟然还摆了贝莱特斯基一道。13 日，贝莱

特斯基被解除内政部副大臣一职，改任年薪 1.8 万卢布的议员
（senator），被任命为伊尔库茨克的地方长官。这是大臣受到流
放的一种形式。[37] 对一个企图谋杀沙皇和皇后最亲密的朋友的
政府高官而言，这种处罚太轻了。但类似的事在尼古拉的执政
生涯中很常见，犯罪行为得到了纵容。在这种堕落的氛围中，
杀人未遂者也可以成为领高额年薪的议员和地方长官。

　　2 月底，西马诺维奇被处以为期两年的流放，流放地是特
维尔；勒热夫斯基则被驱逐到西伯利亚。[38] 赫沃斯托夫努力收
拾残局。28 日晚，施蒂默尔在亚历山大·涅夫斯基修道院会
见了拉斯普京和伊万·马纳谢维奇 – 马努伊洛夫。大臣会议主
席试图用安全问题说服拉斯普京暂时离开首都。近来发生的事
让拉斯普京精神脆弱，他大喊："说你是个人物，你还真是个
人物！沙皇和皇后都让我留在这里，他们亲口对我这么说，但
你竟然想让我离开……你和谋杀犯是一伙的……我哪里也不
去……听着，哪里也不去！"他在房间里四处走动，就像个疯
子一样。"他们会在路上杀了我。他们想抓走我所有的朋友。
我不会离开的……沙皇和皇后让我留下，我就要留下。你，老
头，听着，明年春天你肯定保不住自己的位置了……走着瞧，
老头子。"[39]

　　就在赫沃斯托夫即将迎来胜利之际，他被扳倒了。3 月 1
日，整件事的真相，包括赫沃斯托夫的真实性格，终于传到亚
历山德拉耳中。2 日，她给尼古拉写信："真是让人后怕，我
们竟然在格里高利的推荐下，把赫沃斯托夫介绍给你。这让我
不安极了。你本来是反对的，我却一再坚持……魔鬼缠住了
他，没有别的解释了。……要是赫沃斯托夫还在那个位置，还
在控制预算、指挥警察，说实话，我真不知道格里高利和阿妮

505

娅（维鲁波娃）该怎么办。亲爱的，他实在太让人讨厌了！"[40]
第二天，赫沃斯托夫被革职。那天，贝莱特斯基在很有人气的
点心店巴勒（Balle）给赫沃斯托夫订了一个蛋糕。蛋糕的巧
克力牌子上写了一行字："别再给其他人设陷阱。"[41]赫沃斯托
夫告诉每一个愿意听他讲话的人，他被开除的真正原因是敢
于向沙皇揭露拉斯普京身边有德国间谍，以及拉斯普京如何
向他们透露各种秘密的真相。[42]拉斯普京在得知赫沃斯托夫的
说法后告诉亚历山德拉，如此搬弄是非的人必须受到惩罚。
至于贝莱特斯基，拉斯普京原谅了他，没有追究他在整件事
中扮演了怎样的角色。[43]拉斯普京还尽力帮了西马诺维奇一
把。朋友被驱逐后，拉斯普京给维鲁波娃写信："我希望不
要有任何人为了我受苦。"[44]与此同时，科米萨罗夫在1月被
任命为顿河畔罗斯托夫的行政长官，但仅六个月后就被沙皇
革职。不同于贝莱特斯基，他没有拿到津贴，甚至被剥夺了
继续穿制服的权利。[45]

　　拉斯普京向斯皮里多维奇求助。"他们都是杀人犯，"
506　他咬牙切齿地说，"都是杀人犯。"赫沃斯托夫"是个坏人，
是个骗子。他得到了一切，又背叛了我们。他根本没有良
知。他这个小骗子。就是个骗子。他已经完蛋了，完蛋
了"！斯皮里多维奇尝试安抚拉斯普京，向他保证他现在已
经安全了，彼得格勒的"奥克瑞那"不会坐视他遭遇任何
不测。[46]

　　虽然赫沃斯托夫离开了，但亚历山德拉依旧心神不宁。维
鲁波娃和她的父亲开始收到匿名死亡恐吓信。皇后相信这肯定
是赫沃斯托夫在报复，因为维鲁波娃让她看清了大臣谋杀阴谋
的真相。为了维鲁波娃的安全，亚历山德拉让她不要再拜访拉

斯普京的住处。这让拉斯普京十分恼火，大闹一通。但亚历山德拉还是坚持自己的立场，她在一封给尼古拉的信中写道，拉斯普京也"预言说一些事将发生在她身上"。[47]

贝莱特斯基还火上浇油，向他的朋友、《证券交易公报》主编米哈伊尔·格叶柯布什-戈列洛夫透露了事件的所有细节。他本以为这是两人间的私下谈话，却在 3 月 6 日和 7 日的报纸上读到了关于此事的大篇幅报道。文章里没有出现拉斯普京的名字，但每个人都知道故事的"主角"是谁。尼古拉被贝莱特斯基激怒了，免除了他伊尔库茨克行政长官的职位。至此，贝莱特斯基的政治生涯宣告终结。此后，他在战争期间主要靠给低级军官提供衣物谋生。[48]"太轰动了，"斯皮里多维奇写道，"公众就像读廉价小说一样，欣然接受了丑闻及谋杀计划的所有细节。赫沃斯托夫和他的同伙搞出的所有事被暴露在光天化日之下。人们都疯了。"[49]

季霍米罗夫在日记中写道："也许只有夏洛克·福尔摩斯才知道这件事的真相。"季霍米罗夫说，不能完全相信媒体刊登的内容，因为米留科夫坚称赫沃斯托夫落马是因为他想用另外一个人取代拉斯普京。据说 1916 年 2 月中旬，警察局局长叶夫根尼·克利莫维奇（Yevgeny Klimovich）得知此事后，眼前发黑，一夜之间白了头。[50]但克利莫维奇本不该如此震惊。1915 年年底，他曾亲自告诉沃斯托科夫神父，赫沃斯托夫"会除掉拉斯普京"，而且神父也可能被杀害。沃斯托科夫在听说此事后肯定十分惊喜，因为这正是他心心念念的事。不久后，他告诉谢尔盖·梅格诺夫，俄国需要一场军事政变，那种当年推翻沙皇彼得三世和保罗一世的政变（两人均在政变中惨遭杀害）。梅格诺夫几乎不敢相信自己的耳朵。一位东正教

507

神父竟然提议弑君！[51] 这件事让拉斯普京震惊不已。他知道，他们早晚会杀了他。"我的死期再一次被推迟了，但死神不会放过我的……死神就像一个饥渴的处女，一定会找上我的。"传言他曾这么说过。[52]

*

3月中旬，拉斯普京回家了。去西伯利亚探望丈夫的季娜伊达·勒热夫斯卡娅碰巧和拉斯普京搭了同一列火车。在勒热夫斯基被驱逐后，季娜伊达曾求见拉斯普京，恳求他做些什么。拉斯普京写了一张字条，让她将之转交给施蒂默尔，请施蒂默尔帮忙解救她的丈夫（考虑到她的丈夫曾试图谋杀拉斯普京，这可谓相当慷慨的举动）。但拉斯普京更感兴趣的似乎是和她做爱，前提是她的回忆录足够可信。在火车上，他态度冷淡、恪守礼节，但他的确邀请她去他的车厢共进晚餐。季娜伊达去了。在她敲门时，除了火车压过铁轨的声响，她没有听见其他动静。她推开了门。在她眼前，拉斯普京正和年轻的塔季扬娜·沙霍夫斯卡娅公主（Princess Tatyana Shakhovskaya）做爱。他们没有留意到季娜伊达，她很快退出车厢，关上了车厢门。[53]

这个故事十分香艳，但不太像会发生在火车上的事，而是有一种刻意迎合人们对拉斯普京的幻想的意味。勒热夫斯卡娅竟然和拉斯普京搭乘同一列火车，这件事难道不会过于巧合了吗？让人惊讶的是，俄罗斯档案馆里一封被人遗忘的信可以证明，勒热夫斯卡娅说的很可能是事实。30岁的阿列克谢·塔季谢夫（Alexei Tatishchev）是农业部官员。他从西伯利亚给母亲写了一封信，提到自己在火车上碰到了拉斯普京，以及被赫沃斯托夫派去见伊利奥多尔的官员的妻子。"很不幸，这位女士可能是拉斯普京的信徒之一。她向我们保证，他是个非常善良、温柔、聪明的人，尽管他会利用自己的地位谋取金钱上的好处。"他写道，"根据她的说法，阿妮娅·维鲁波娃也是如此。"[54]季娜伊达和拉斯普京的会面没有随着火车抵达终点而结束。彼得格勒"奥克瑞那"的记录显示，8月，她又和拉斯普京在城里的酒店见了两次面。[55]然而，她没有在回忆录中对此透露只言片语。

*

1916年的整个春天，大臣谋杀拉斯普京未遂的事都在城中流传。5月中旬，杜马向大臣会议主席和司法大臣请求彻底调查这桩丑闻。这件事的肮脏、卑鄙再次给了杜马一个机会。通过让拉斯普京频繁登上报纸头条，他们得以继续对皇室发动攻击。媒体再也不缺故事了。4月15日，《俄罗斯回声报》（*L'Echo de Russie*）发表了《涅瓦河畔的拜占庭童话》（"A Byzantine Fairytale on the Banks of the Neva"）一文。

　　勒热夫斯基的故事登上报纸副刊，堪称连载小说。但我们认为，这种表现形式还远远不够。恶棍、官员、普通市民、冒险家及其情妇、工程师等粉墨登场，让我们目不暇接。事件发生的场景接二连三地迅速转换。我们一下就从彼得格勒到了挪威，从一个冒险家情妇的公寓到了某位上层人士的接待室，从某些政府官员的办公室到了冰冷的监狱。政治成了小说，小说成了政治。……看到这令人悲伤的景象，想到我们的政府面临的艰巨历史任务和艰难处境，人们便不禁不寒而栗。[56]

## 注　释

1. FR, 163 – 65; *WC*, 352, 357n201; Beletskii, *Vospominaniia*, 21; VR, 562 – 63; SML, Spiridovich Papers, Box 6, Folder 3, p. 320.

2. VR, 559 – 60.

3. *Padenie*, 6：79 – 80.

4. GARF, 1467. 1. 479, 54ob – 55; "Poslednii vremenshchik," 1（1965）：106; VR, 558 – 59; Beletskii, *Vospominaniia*, 27 – 28.

5. *GRS*, 2：345 – 46. On Spiridovich：Lauchlan, *Hide*, 124 – 25.

6. Gippius, *Dnevniki*, 1：419.

7. Globachev, *Pravda*, 83 – 84; Peregudova, *Okhranka*, 1：398; *New York Times*, 14 December 1924, p. 73.

8. Globachev, *Pravda*, 84.

9. Beletskii, *Vospominaniia*, 61 – 65.

10. *Padenie*, 4：69.

11. VR, 560 – 61; GARF, 1467. 1. 479, 58 – 58ob; Beletskii, *Vospominaniia*, 61 – 65. 关于赫沃斯托夫除掉拉斯普京的尝试，见 *Padenie*, 1：40 – 43。

12. Beletskii, *Vospominaniia*, 63 – 65. 关于被毒死的猫，赫沃斯托夫向调查委员会讲述了一个截然不同的故事，见 Padenie, 1：43。

13. SML, Spiridovich Papers, Box 6, Folder 3, pp. 278 – 79; GARF, 1467. 1. 479, 58 – 58ob.

14. BA, Z. A. Rzhevskaia, Ms., 1965, p. 1; *Padenie*, 1：40 – 42.

15. Globachev, *Pravda*, 84 – 85. On his biography：VR, 563; SML, Spiridovich Papers, No. 359, 14/1, p. 1; *GRS*, 2：341 – 44. Visit to Iliodor：GARF, 102. 316. 1910. 381, 199 – 99ob.

16. Lemke, *250 dnei*, 2：365.

17. Clipping：1101. 1. 1073; *BV*, 7 March 1916, p. 3; "Aleksandro-Nevskaia Lavra," 205.

18. GARF, 1467. 1. 709, 1 – 5.

19. BA, Z. A. Rzhevskaia, Ms., p. 1; GARF, 1467. 1. 709, 43 – 46ob; 102. OO. 1916r. 246. 56, ch. 2 166 – 66ob; *BV*, 6 March 1916, p. 5; "Aleksandro-Nevskaia Lavra," 206.

20. Newspaper clipping, 29 March 1916 (NS), in RGIA, 1101. 1. 1073.

21. GARF, 1467. 1. 709, 65.

22. Clipping, RGIA, 1101. 1. 1073.

23. Globachev, *Pravda*, 84 – 85; BA, Z. I. Rzhevskaia ms, p. 1. 关于如何得知勒热夫斯基的计划，贝莱特斯基提供了一种截然不同的说法，见 *BV*, 7 March 1916, p. 3。

24. Lemke, *250 dnei*, 2：367 – 68; SML, Spiridovich Papers, Box 6, Folder 3, pp. 279 – 88, and Box 14/1, p. 1.

25. Sotheby's, Sale 2 June 2006, Notes to Lot 115.

26. GARF, 612. 1. 25, 1 – 5; Lemke, *250 dnei*, 2：366 – 67; SML, Spiridovich Papers, Box 6, Folder 3, pp. 279 – 88; and Box 14/1, p. 1; *Padenie*, 2：167 – 70.

27. GARF, 612. 1. 25, 1 – 5.

28. GARF, 1467. 1. 709, 6, 67, 83; 612. 1. 25, 1 – 5; Globachev, *Pravda*, 86.

29. GARF, 612. 1. 25, 5ob; 102. OO. 1916g. 246. 56, ch. 2, 166 – 66ob.

30. *KVD*, 310 – 11.

31. GARF, 1467. 1. 709, 4 – 5. 拉斯普京没有回应，于是伊利奥多尔在 2 月 17 日又发了一封电报。GARF, 1467. 1. 709, 33.

32. GARF, 612. 1. 25, 1 – 5ob.

33. GARF, 1467. 1. 709, 54 – 56.

34. *LP*, 454.

35. GARF, 1467. 1. 709, 1 – 3ob, 43 – 46ob.

36. Lemke, *250 dnei*, 2：369 – 70; Globachev, *Pravda*, 86 – 87.

37. *WC*, 4 38. Clipping, RGIA, 1101. 1. 1073; GARF, 601. 1. 1101, 1 – 1ob; Lemke, *250 dnei*, 2：371; SML, Spiridovich Papers, MS 359, Box 14, Folder 4; *BV*, 6 March 1916, p. 5.

39. SML, Spiridovich Papers, Box 6, Folder 3, pp. 293 – 94. Ellipses in orig.

40. *WC*, 393.

41. Lemke, *250 dnei*, 371.

42. HIA, Vasily Maklakov Collection, 15 – 14, pp. 9 – 10; GARF, 1467. 1. 479, 61; Mel'gunov, *Vospominaniia*, 1：211.

43. *WC*, 418.

44. GARF, 612. 1. 61, 34.

45. *New York Times*, 14 December 1924, p. 73.

46. *VVFR*, 2：55 – 56.

47. *WC*, 399, 406. 这些信很可能来自安德罗尼克夫亲王。参见 VR, 568 – 69。

48. *BV*, 6 March 1916, p. 6；7 March, p. 3；*KVD*, 320；Izmozik, *Zhandarmy*, 455.

49. *VVFR*, 2：63 – 64.

50. Tikhomirov, *Dnevnik*, 212 – 13. 和米留科夫一样，吉皮乌斯拒绝相信关于赫沃斯托夫的真相，坚信是拉斯普京捏造了丑闻，想把他赶下台。参见 Gippius, *Dnevniki*, 1：427 – 28。

51. Mel'gunov, *Vospominaniia*, 1：206 – 207.

52. Amal'rik, *Rasputin*, 233.

53. BA, Z. I. Rzhevskaia, Ms., pp. 2 – 4.

54. RGIA, 878. 2. 186, 158.

55. GARF, 111. 1. 2978a, 258.

56. GARF, 102. OO. 1916g. 246. 56, ch. 2, 166 – 67ob. 03n232；VR, 592 – 93；Izmozik, *Zhandarmy*, 455.

# 第五十五章　伊利奥多尔在美国

至少有一个人对赫沃斯托夫事件拍手叫好。谢尔盖·梅格诺夫在他的期刊《往事之声》中宣布，来年将出版伊利奥多尔的新书。梅格诺夫明白，丑闻只会进一步激发人们的兴趣，推动新书的销售。这位出版人打算利用伊利奥多尔的爆料大赚一笔。[1]然而，如果梅格诺夫以为伊利奥多尔会乖乖等待自己出版手里的书稿，让自己占尽一切好处，那他就大错特错了。伊利奥多尔也清楚丑闻值得利用，且他也尽了最大努力去从中获利。

1916 年年初，伊利奥多尔在和《俄国消息报》的一位记者商谈书稿出售事宜，还有几个德国人也表现出了兴趣。[2]根据秘密警察的报告，伊利奥多尔定期会见德国帝国议会的人，还从他们手中收取了高达 1 万卢布的好处费。美国人也出现在伊利奥多尔的家门前。1915 年 12 月 4 日（公历），亨利·福特和平考察队（Henry Ford Peace Expedition）从美国新泽西州的霍博肯（Hoboken）出发，搭乘蒸汽船"奥斯卡二世"号（*Oscar II*）前往没有被卷入战争的欧洲国家。同行的还有一批记者，包括在德国出生的赫尔曼·伯恩斯坦（Herman Bernstein）。此人也是译者（翻译过托尔斯泰和契诃夫等人的作品），坚持为犹太人争取权利。12 月底，他们停靠的第一站便是克里斯蒂安尼亚。正是在那里，伯恩斯坦和伊利奥多尔讨论了俄国局势，表达了购买书稿的意愿。伯恩斯坦认为，该书稿可以作为扳倒反犹的俄国政权的有力手段。这是一对奇怪的盟友：一人是崇尚暴力的俄国反犹分子，认为沙皇对犹太人过于心慈手软；另一人却是为犹太人争取自由和权利的美国斗士，认为俄国对犹太人的态度过于苛刻。伯恩斯坦开价 8000 美元，并保证书稿一定会在美国公开出版，但根据伊利奥多尔妻子的说法，伊利奥多尔当场就回绝了他。伊利奥多尔表示，自己绝不会接受低于 15000 美元的价格。伯恩斯坦离开时没能带走书稿，但两人的交易远未结束。[3] 实际上，伊利奥多尔在 1916 年 3 月告诉《晚邮报》（*Aftenposten*），他已经把版权卖给了美国出版商，而那个人只可能是伯恩斯坦。[4] 几乎在同一时间，伊利奥多尔还和身在英格兰的俄国流亡者商量在英国出版书稿的可能性。

"奥克瑞那"十分清楚伯恩斯坦的所作所为，因为他们也在设法得到书稿。警察局副局长伊万·斯米尔诺夫按照贝莱特斯基的命令，给俄国在世界各地的大使馆和领事馆写信，让他们查出谁拿到了书稿，并让他们伪装成感兴趣的书商把书稿弄到手。他们得到保证说，"可以使用见不得光的手段，但要格外小心"。驻巴黎的暗探克拉西尔尼科夫（Krasilnikov）建议，派一名暗探伪装成法国出版人前往克里斯蒂安尼亚。但行动还未展开，斯米尔诺夫就突然在 3 月 24 日叫停了一切动作，称已经没有获取书稿的必要了。[5]

"奥克瑞那"之所以收手，也许是因为那时有一股更强大的势力开始与伊利奥多尔协商，且很可能是皇后本人。3 月 1 日（儒略历），伊利奥多尔让妻子娜杰日达带上几封给皇后的信去彼得格勒，告诉她勒热夫斯基来访一事，以及谋杀拉斯普京的阴谋。伊利奥多尔后来坚称，他从未真正打算参与谋杀，只想等到合适的时机再揭发此事。伊利奥多尔又在说谎。他妻子离开的时间说明了一切：当时已经是勒热夫斯基被捕、警方揭露阴谋的数个星期之后。[6]伊利奥多尔不过是在告诉皇后一些她早就知道的事实。然而，亚历山德拉似乎很开心能收到伊利奥多尔的信，相信它们是"真诚的"，还把它们交给施蒂默尔，供其调查使用。[7]

我们不清楚这几封信的具体内容，但除了告知勒热夫斯基来访一事，他似乎还把自己的书稿交给了皇后。4月中旬，一个男人出现在伊利奥多尔门前。他自称是罗曼·伊万·彼得罗夫（Roman Ivan Petrov），为俄国政府工作。和他一同前往克里斯蒂安尼亚的还有一个名叫谢尔盖·奇切林（Sergei Chicherin）的男人，他当时在格兰德酒店（Grand Hotel）的345号房间等候。他们的真实身份分别是宪兵队的陆军中校理查德·佩尔朗（Richard Perang）以及鲍里斯·博尔赫伯爵（Count Boris Borkh）。前者曾参与斯托雷平遇刺案的调查，后者是国事顾问，多年来一直协助大臣会议主席施蒂默尔处理各项事务。根据赫沃斯托夫的说法，博尔赫有时会在施蒂默尔想私下和拉斯普京谈谈时，让他们在自己家中见面。赫沃斯托夫形容博尔赫"是个阴险的家伙"。[8]佩尔朗告诉伊利奥多尔，皇后派他们来购买他的书稿及其他文件，并让把它们带回俄国销毁。作为回报，伊利奥多尔可以得到10万卢布及全面特赦。但是，伊利奥多尔嗅到了一丝异样，担心这是引诱他回俄国的圈套。他拒绝了，至少伊利奥多尔本人是这么说的。[9]其他消息来源则指出，其实是伊利奥多尔主动联系亚历山德拉卖书稿，但后者拒绝了他。"你不可以把白的说成黑的，而且你不能玷污一个人的清白。"据说皇后曾如此答复他。[10]

511

但伊利奥多尔没有放弃。6月8日，暗探克拉西尔尼科夫给警察局局长克利莫维奇发电报，报告伊利奥多尔显然把某些"地位十分崇高的人"（比如亚历山德拉）写给拉斯普京的信①以3万美元的价格卖给了一个美国人。[11]也许这正是1916年6月伊利奥多尔登上蒸汽船"伯根斯福德"号（*Bergensfjord*）离开挪威前往美国的原因之一。[12]他于18日抵达纽约，在布朗克斯（Bronx）落脚。他到美国的主要目的就是为自己的书稿找一位出版人。他迅速行动，很快就和《大都会》（*Metropolitan*）杂志签下了价值5000美元的合约，该杂志会从当年10月起以连载的方式发布书稿内容。[13]俄国驻美大使格奥尔基·巴赫梅捷夫（Georgy Bakhmetev）指示身在纽约的领事米哈伊尔·乌斯季诺夫（Mikhail Ustinov）和大主教叶夫多基姆（Yevdokim）与伊利奥多尔接触，试探是否能与他做些交易。大臣会议主席施蒂默尔从彼得格勒汇给巴赫梅捷夫5万卢布，让他用这些钱买下书稿和信件。与此同时，大使巴赫梅捷夫联系了身在纽约的英国间谍，让他们监视伊利奥多尔的一举一动，并说服《大都会》放弃刊登伊利奥多尔的书稿。很快，伊利奥多尔的妻子与叶夫多基姆神父见了面，告诉对方她的丈夫愿意卖掉所有文件，并开出5万卢布的价格。虽然巴赫梅捷夫准备的资金足够了，但叶夫多基姆还是告诉娜杰日达，她的要价太高，政府只愿意支付2.5万卢布，加上签发特赦令，无法接受更高的要求。伊利奥多尔差点就被打动了，但就在此刻，又一位美国出版人开出了更诱人的条件：用5万美元买下书里的五篇文章，

512

---

① 它们会是内政大臣马卡罗夫交给沙皇，且米哈伊尔·罗将柯声称自己在革命爆发后带出了国的那些信吗？——作者注

并安排伊利奥多尔在十个美国城市做巡回演讲。不仅如此，这位出版人还承诺寻找电影界人士根据书稿内容拍摄一部影片，并会与伊利奥多尔合作推出一出以罗曼诺夫皇室为主题的戏剧。

在俄国，亚历山德拉、维鲁波娃、侍女长莉迪娅·妮可缇娜（Lydia Nikitina，她的父亲由施蒂默尔一手提拔，她本人还是大臣会议主席和拉斯普京的重要联络人）还在争论究竟该付给伊利奥多尔多少钱。8 月 31 日，妮可缇娜给维鲁波娃发电报，称向伊利奥多尔付钱一事必须在 24 小时内敲定。第二天，维鲁波娃从最高统帅部给妮可缇娜发电报，称亚历山德拉打算推迟和伊利奥多尔的交易。[14]皇后不愿被敲诈勒索。9 月 6 日，施蒂默尔给巴赫梅捷夫发电报，指示他中止和伊利奥多尔的一切谈判。大使告诉施蒂默尔，整件事已经没有意义，因为书稿落入了"当地犹太人的手中"，他说的是赫尔曼·伯恩斯坦。美国媒体得到了"全面授权"，俄国方面已经无法阻止伯恩斯坦出版书稿。如果它真的出版了，他们唯一的选择便是公开抨击伊利奥多尔的书是一派胡言，只是"毫无意义的捏造和胡说"。[15]

伊利奥多尔很快就熟悉了美国人的做事方式。《大都会》杂志违约后，他向纽约的最高法院提起诉讼并获胜。[16]12 月底，伊利奥多尔在卡耐基音乐厅（Carnegie Hall）举行了一场小型新闻发布会。此外，他还告诉《纽约时报》的记者，在挪威时，他曾是一桩谋杀阴谋的目标——彼得罗夫和奇切林想把他引诱回俄国，窃取他的书稿，再杀了他。他重复了一些以前的谎言：他曾是皇室的神父，并是沙皇夫妇的私人告解神父，拉斯普京是阿列克谢的亲生父亲。他还编造了新的谎言。伊利奥多尔称，斐迪南大公遇刺时，他和沙皇在克里米亚，尼古拉当时让他为军队祈祷，他们都希望俄德之间尽快开战，拉斯普京则在背地里搞小动作，尝试与日耳曼人串通。伊利奥多尔不仅向记者透露了以上信息，还预告说更多劲爆内容会出现在新书里。作为市场营销的一部分，他还计划扩大在美国巡回演讲的规模。[17]除了打官司、见媒体之外，伊利奥多尔还发展起自己的娱乐事业。第二年年初，他担任赫伯特·布雷农（Herbert Breno）导演的《罗曼诺夫皇朝的覆灭》（*The Fall of the Romanoffs*）的顾问，甚至亲自出演。该影片于 1917 年 9 月底在纽约的百老汇剧院（Broadway Theatre）首映，上映了整整两周。此外，他还参与了莫里斯·B. 布卢门撒尔（Maurice B. Blumenthal）的《罗曼诺夫皇朝的暴政》（*The Tyranny of the Romanoffs*）的拍摄。[18]伊利奥多尔被新泽西州的利堡（Fort Lee，好莱坞的前身）的舞台灯光晃得几乎睁不开眼。

《俄国的狂妄修道士伊利奥多尔：谢尔盖·米哈伊洛维奇·特鲁法诺夫的生活、回忆录和自白》（*The Mad Monk of Russia, Iliodor. Life, Memoirs, and Confessions of Sergei Michailovich Trufanoff*）最终于 1918 年在纽约出版。1917 年，梅格诺夫以《圣魔》（*Sviatoi chert*）为题，在俄国出版了该书的俄文原版。伊利奥多尔把这本书献给了"我的好朋友"、他在娱乐界的靠山赫伯特·布雷农。许多年来，这本书一直是关于拉斯普京及其一生的重要信息来源。它和杀害拉斯普京的凶手费利克斯·尤苏波夫的回忆录一起塑造了公众对拉斯普京的印象，它们的影响力远超其他任何作品。然而，借用亚历山大·布洛克（他不是拉斯普京的捍卫者）的说法，伊利奥多尔的书完全是"一派胡言"。阅读这本书简直让布洛克感到恶心。调查委员

513

会则称，书中"充斥着夸张的言辞和想象"。[19]玛丽亚·拉斯普京娜认为，伊利奥多尔的书是"比从前的任何作品都更加离谱的诽谤"。[20]这是相当中肯的评价。

# 注　释

1. Mel'gunov, *Vospominaniia*, 1：214.

2. PZ, 98 – 99；GARF, 102. 316. 381, ch. 1, 188 – 88ob；1467. 1. 709, 31.

3. PZ, 99；GARF, 1467. 1. 709, 31；102. 316. 1910. 381, ch. 2, 109 – 109ob. 关于伯恩斯坦和这次远行，参见 Kraft, *Peace Ship*, 104 – 105, 108, 148 – 51。

4. *Aftenposten*, 29 March 1916, clipping in：RGIA, 1101. 1. 1073.

5. GARF, 102. 316. 381, ch. 1, 156, 164, 173, 177 – 77ob, 186, 197 – 97ob, 204 – 206.

6. 伊利奥多尔妻子离开的时间，见 Iliodor's interview, Aftenposten, 29 March 1916, clipping in RGIA, 1101. 1. 1073。关于伊利奥多尔的谎言，见 GARF, 1467. 1. 709, 41；以及他 1916 年 3 月底告诉报纸 *Norske Intelligenz-Seddeler* 的话，见 GARF, 102. 316. 381, ch. 1, 210 – 10ob。

7. WC, 407.

8. 关于佩尔朗，参见 Tabachnik, *Krestnyi put'*, 523 – 26；*Padenie*, 4：31, 68, 440；关于将博尔赫，参见 *Padenie*, 1：43, 66；4：393 – 97；7：310。

9. IMM, 328 – 37；GARF, 1467. 1. 709, 42 – 42ob；102. 316. 1910. 381, ch. 2, 109 – 109ob；*PZ*, 98.

10. GARF, 602. 2. 62, Rudnev, "Pravda"；Rassulin, *Vernaia Bogu*, 342.

11. GARF, 102. 316. 1910. 381, ch. 2, 3 – 3ob.

12. PAAA, 15986, R. 20996. Telegram of 15 June 1916（NS）to Bethmann Hollweg.

13. Cook, *To Kill*, 232 – 39.

14. GARF, 1467. 1. 709, 21 – 22, 26, 32, 34, 36. On Nikitina：*Padenie*,

2：47 – 48，3：390.

15. GARF，102.253.188，1 – 6ob；1467.1.709，16. 伯恩斯坦确实在报纸 *Der Tag* 上发表了部分内容，但后来被是竞争对手的媒体起诉了。 *New York Times*，3 January 1917（NS），p. 4；on the dispute，see 30，31 December 1916.

16. *New York Times*，24 October；3 November；30，31 December 1916； GARF，102.316.1910.381，ch. 2，103 – 104.

17. *New York Times*，27 December 1916；GARF，102.314.36.

18. *New York Times*，24 September；24 November 1917.

19. FN，13，566 – 67.

20. RRR，64.

# 第五十六章 "选我们还是他们？"

赫沃斯托夫的丑闻爆发后，杜马再一次将注意力转向了麻烦不断的教会。1916 年 2 月底，杜马代表马特维·斯科别列夫（Matvei Skobelev）在演讲台上质问，为什么政府和神圣宗教会议还没着手处理四年前米哈伊尔·诺沃肖洛夫的争议发生后产生的申诉。接着，他朗诵了诺沃肖洛夫于 1912 年 1 月发表在《莫斯科之声》上的以"你还想滥用我们的耐心多久？"开头的信中的数个段落。当时，斯科别列夫还复述了古奇科夫告诉杜马成员的话："俄国正在经历黑暗、艰难的日子。……神圣的事物正面临威胁。为什么神父们还在保持沉默？为什么政府依旧无动于衷？"[1]

杜马对教会事务的重新关注由一系列事件引起。首先，解雇神圣宗教会议主席萨马林的决定非常不得人心。接着，杜马对萨马林的继任者亚历山大·沃尔任（Alexander Volzhin）的响应也不怎么热烈。沃尔任性格平和乏味，是地方贵族、神父，曾出任地方长官。人们想当然地以为拉斯普京在背后操纵了任命沃尔任一事，尽管贝莱特斯基告诉调查委员会，该为此事负责的是赫沃斯托夫和尼古拉·扎法科夫。[2]沃尔任似乎早就明白，自己的任命会被视为拉斯普京暗中运作的结果。因此，他在消息曝光前就拟好了一份简短的声明，表示自己清楚拉斯普京在皇宫中的地位，而自己不会受到任何外部势力的影响。

他把声明发给了彼得格勒和莫斯科的主要报刊的编辑。他在声明的开头写道，尼古拉终于准备抛弃拉斯普京了，这不是件容易的事，因为"拉斯普所独有的具有磁性的力量对受到脊椎疾病困扰的皇后非常有益"。因此，在找到"合适的男性或女性按摩师前"，不可能把他赶走。但之后，拉斯普京就会永远消失。根据沃尔任的说法，为减少拉斯普京对阿列克谢的影响，沙皇把皇储带去了最高统帅部。等拉斯普京离开，那男孩就会回到宫里生活。[3]

沃尔任选择走"中间道路"，既不得罪拉斯普京，也不轻易向他的一切要求妥协。1916 年夏天，他没有阻止为约安·马克西莫维奇封圣，还提拔瓦尔纳瓦为大主教。然而，有一件事他无法同意，那就是让扎法科夫成为他的助理。扎法科夫是参议院中一名无足轻重的官员，但被拉斯普京选中出任沃尔任的副手。1915 年 11 月，亚历山德拉在信中催促尼古拉，尽早让沃尔任接受扎法科夫。[4]拉斯普京和亚历山德拉在意识到沃尔任不会轻易让步后，想出一个主意：专门为扎法科夫设立神圣宗教会议主席的第二副手这个新职位。这种做法激起了公愤。杜马跟进此事，调查了这一做法的合法性。此时瓦西里·马克拉科夫跳出来谴责说，这是"藐视法律的举动"，而且是"违背宪法的犯罪行为"。马克拉科夫坚称，这个提议反映的不是法律层面的无知，而是对杜马的公然挑衅。他甚至更进一步说道：

> 我们知道背后的始作俑者是谁，以及他都干了些什么。这件事的背后是俄国上下近期都在努力反抗的那股隐秘的黑暗势力。……先生们，掌控这股黑暗势力的臭名昭

著的格里高利·拉斯普京能为他自己以及他的亲信、支持者的私利做出任何事情,这并不可怕;他喝醉后便一家接一家地造访莫斯科的酒馆,让自己出尽洋相,不停吹嘘自己的影响力,这并不重要;他的支持者用他无所不能的神话来敛财,这也不重要。真正可怕且重要的是,这些都不是谎言,他确实拥有左右国家事务的影响力。

马克拉科夫用一个抛给政府的问题结束了自己的攻击性演讲:"当整个俄国都在和黑暗势力斗争时,皇室选择站在哪边?选我们还是他们?当权者是否明白,我们不愿接受一个神神秘秘的神圣会议主席第二副手?他们是否明白,这件事是一桩彻头彻尾的丑闻?"⁵最后,沃尔任和杜马成了这场争执的获胜者。高层没有为扎法科夫设立特殊职位。⁶

　　然而还存在其他问题。也许最大的困扰便来自大主教皮季里姆。他出生于1858年,原名帕维尔·奥克诺夫,1883年成为修道士,从此开始使用皮季里姆这个名字。1891年他被任命为圣彼得堡神学院院长,1909年又升任大主教。考虑到早在图拉省担任主教时,他就曾和一个男性爱人同居,以及他曾为实现个人目的把教会财产挥霍一空,他在教会中的平步青云让人意外。皮季里姆曾为一群异教徒辩护,这件事让拉斯普京第一次听说这个名字,且留下了深刻印象。之后拉斯普京便在皇后面前赞扬了皮季里姆。⁷拉斯普京不是唯一对皮季里姆有正面印象的人。据说,皮季里姆年轻时十分英俊迷人,在主持宗教仪式时会使用一种独特的"舞台腔",这吸引了神圣宗教会议主席萨布勒的注意,后者决定提携皮季里姆。根据维鲁波娃的说法,尼古拉1914年在高加索第一次接见了皮季里姆,当

516

时他是神圣宗教会议成员和格鲁吉亚都主教。尼古拉相当欣赏他，保证只要有机会就会提拔他。[8]

机会出现在 1915 年秋基辅的都主教弗拉维安去世之际。11 月，亚历山德拉给尼古拉写信，希望他可以把彼得格勒的都主教弗拉基米尔（波戈雅夫连斯基）调去基辅，弗拉基米尔留下的空位则安排皮季里姆去填补。她知道这对弗拉基米尔而言无疑是当头一棒，因此遵照拉斯普京的建议，劝尼古拉"一定要坚定"，别受沃尔任影响。她极力赞扬皮季里姆，称拉斯普京说他是"一位伟大的敬神者"和"唯一合适的人选"。至于该由谁接任皮季里姆在格鲁吉亚的职位，亚历山德拉称拉斯普京还没有决定具体候选人，但尼古拉必须保证不是大主教谢尔盖（斯特戈罗德斯基）、都主教安东尼（赫拉波维茨基）或格尔莫根中的任何一人，因为他们都是拉斯普京的敌人。最后，尼古拉选了大主教普拉东［Platon，俗名罗日杰斯特文斯基（Rozhdestvensky）］。他算不上拉斯普京的朋友，曾在颂名派事件中反对拉斯普京。[9]

让弗拉基米尔贬职是一桩丑闻，从没有其他都主教受到过如此对待。沃尔任为尼古拉准备了一份报告，罗列了皮季里姆的不妥行为，试图阻止对他的任命，但尼古拉没有理会。他甚至无视神圣宗教会议的权力，亲自批准了这个决定。[10] 尼古拉选择对传统不屑一顾，这激怒了每个人，而他正依赖这些人维护他的统治的神圣性。人们火冒三丈，彼得格勒和莫斯科的神职人员中甚至开始流传一种说法：他们要脱离神圣宗教会议，成立一个所谓的"自由东正教教会"。萨马林也是这一提议的支持者，他认为这件事是个悲剧，但已经无法避免。[11]

皮季里姆的举动常常让神职人员怒火中烧。他任命了一个名叫菲拉列特(Filaret)的人担任彼得格勒的亚历山大·涅夫斯基修道院的院长。菲拉列特公开和情妇同居,还在人们使用修道院时向他们索贿。皮季里姆在修道院举办了盛大的派对,拉斯普京还参加了其中几场。据说,皮季里姆曾偷偷从侧门放进几个女人,供神父们寻欢作乐。让彼得格勒的市民更为震惊的是皮季里姆在那种事上的偏好。他来首都时,带着英俊年轻的神父安东尼·吉利斯基(Antony Guriysky),与皮季里姆一样,此人也是同性恋。皮季里姆还把其他男性同性恋放在自己身边,比如第比利斯神学院院长、后来成为喀琅施塔得都主教的麦基洗德〔Melkhizedek,俗名米哈伊尔·帕夫斯基(Mikhail Paevsky)〕,以及皮季里姆的情人兼私人秘书伊万·奥西片科(Ivan Osipenko)。人们还不停谈论皮季里姆财务上的不当行为。有传言说,皮季里姆从出售墓地的交易中捞了一大笔钱,不仅充实了自己的钱包,还拿出一部分回报拉斯普京的支持。这些说法的真实性很难求证。[12]

很难想象拉斯普京不知道皮季里姆和其他男人的同性恋关系。实际上,大家都知道拉斯普京在1915年和萨拉托夫主教帕拉季〔Pallady,俗名为尼古拉·多布龙拉沃夫(Nikolai Dobronravov)〕关系热络,而帕拉季也是同性恋。此外,拉斯普京也曾和主教伊西多尔〔Isidor,俗名为彼得·科洛科洛夫(Pyotr Kolokolov)〕走得很近,伊西多尔曾因为和男性发生性行为而受到惩罚。拉斯普京甚至一手提拔了伊西多尔,伊西多尔后来还成了他的酒友。[13]拉斯普京知道所有事,但他不在乎。他从没有在信中或文章中评价同性恋行为。这对他不重要,这种漠不关心可以理解为他对所谓的"边缘人"有一定程度的包容,不管他们是同性恋、犹太人、妓女、异见分子还是教派主义者。这种态度在当时的俄国十分少见。拉斯普京的确以"要么是朋友，要么是敌人"的两分法看待世界，但他的划分标准显然和俄国的传统标准不同。有权有势的人不一定更容易成为他的朋友，同理，被边缘化和被污蔑的人不一定更容易沦为他的敌人。也同样出于这个原因，拉斯普京才会批判东正教的斯拉夫同胞，赞美穆斯林。实际上，早在1910年，《察里津思考》就曾嘲笑他是"伊斯兰之光，穆罕默德的右手"。[14]

518　　　对弗拉基米尔和皮季里姆的调动如同一年前走马灯式地更换大臣一样，成了争议焦点。这一问题又因大臣会议主席戈列梅金在1916年1月20日被解职而进一步激化。戈列梅金不怎么得人心，但他的继任者、上了年纪的退休议员鲍里斯·施蒂默尔也没有比他更高明。"无足轻重的家伙，"舒尔金如此评价施蒂默尔，"欧洲所有君主都在努力动员他们的力量，我们却任命了一个'圣诞老人'出任大臣会议主席。"[15]施蒂默尔喜欢视自己为藏在天鹅绒手套之下的铁拳，但大家一致认为他一无是处。"二等公民"，"太老，太自私，太蠢，根本配不上这个关键职位"——同时代的人如此评价这位新上任的大臣会议主席。[16]据说拉斯普京曾说，必须用根绳子拴住施蒂默尔，不然他就会弄断自己的脖子。[17]

　　而牵住绳子另一端的人正是拉斯普京。亚历山德拉向尼古拉吹枕边风，让他启用施蒂默尔，她指出了施蒂默尔的重要品质——他非常尊敬拉斯普京。[18]起初是施蒂默尔接近皮季里姆，请求他把自己介绍给拉斯普京。施蒂默尔至少为讨论对自己的任命见过拉斯普京两次。施蒂默尔的厨娘安娜·尼查娃（Anna Nechaeva）称，任命公布不久前，她见过拉斯普京和她的男女主人共进晚餐。[19]拉斯普京对"史蒂特尔"（Shtriter，他如此称呼施蒂默尔）印象平平。据说，拉斯普京曾说："他年纪太大，但没关系，他没问题的。"施蒂默尔很快证明了他对拉斯普京的感激之情和耿耿忠心。在获得任命后的 24 小时内，施蒂默尔就悄悄拜访了拉斯普京，保证会向他效忠，执行他的指示。[20]

根据格洛巴切夫的说法，从来没有哪位大臣像施蒂默尔一样关心拉斯普京的安危，因为施蒂默尔知道自己的地位完全取决于拉斯普京的看法。他要求格洛巴切夫提交关于拉斯普京日常活动的详细报告。他十分谨慎，生怕拉斯普京遇险，不厌其烦地命令格洛巴切夫采取更多措施确保其安全。格洛巴切夫的暗探会监视施蒂默尔和拉斯普京的定期会面，地点通常是亚历山大·涅夫斯基修道院中皮季里姆的办公室，或者是鲍里斯·博尔赫位于丰坦卡街 18 号的公寓。施蒂默尔还担心拉斯普京在自己不知情的情况下私自会见其他人，担心他在培养新的大臣人选。他格外关心拉斯普京准备让谢尔盖·克雷扎诺夫斯基（Sergei Kryzhanovsky）出任内政大臣一事，但他其实不必多虑：3 月 1 日，赫沃斯托夫落马后，施蒂默尔就接替了他。至此，两个最关键、最具权威的职位已被施蒂默尔收入囊中。赫沃斯托夫也曾希望拉斯普京能给自己这种奖励，但从未成功。[21]随着时间推移，施蒂默尔信心渐增，开始更加独立地行事，这绷紧了拉斯普京手中的那根绳子。拉斯普京留意到了这种改变。8 月，拉斯普京指示施蒂默尔频繁拜访亚历山德拉，向她（同时也向拉斯普京本人）报告他的一切计划。

3 月 14 日，亚历山德拉给身在最高统帅部的尼古拉写信。

　　我亲爱的甜心：

　　我给你寄了来自我们的朋友的一只苹果和一些花

519

瓣——我们都有水果作为告别礼物。今天晚上，他悄悄地离开了，说更美好的时光即将到来，他会和我们一起共享明媚的春光。他告诉她（维鲁波娃），伊万诺夫是接替战争大臣的合适人选，此人不仅在军队中很有人气，还深受全国各地的民众爱戴。他的说法当然没错，但是你可以按你认为的最佳方式行事。我只是请求他为你的选择祈祷，他便给了我这个答案。[22]

拉斯普京离开首都时十分紧张，害怕有人会在路上杀了他。启程前，他给尼古拉写了这封信："上帝保佑我们，保佑你的成功，上帝的成功与我们同在，连大山也会向我们臣服。敌人会发疯，他们的双眼会被迷雾笼罩。这是喜悦，是毫无疑问的胜利。有一些小小的不快、小小的误解让我觉得受伤。有人密谋陷害我，这可不好。"[23]

虽然有些心神不宁，但拉斯普京准备再次插手政府高层的安排。1915 年 6 月，苏霍姆利诺夫被革除战争大臣一职，并于第二年的 4 月底被捕。阿列克谢·波利瓦诺夫将军取代了他的位置，而且表现得十分出色。到了 1916 年春天，和"大撤退"时期相比，俄军的士气大为振作。但波利瓦诺夫引起了亚历山德拉的不满，因为他希望和"进步同盟"及旨在支援战争的公共团体合作。我们不清楚究竟是亚历山德拉还是拉斯普京提名了尼古拉·伊万诺夫将军。伊万诺夫一直在西南前线担任总司令，直到 1916 年 3 月 17 日布鲁希洛夫取代了他的职位。3 月中旬，尼古拉虽然考虑解雇波利瓦诺夫，但无视了皇后和拉斯普京两人的推荐，选择了足够尽职但算不上能力出众的德米特里·舒沃夫将军。[24]这次受挫并未阻止亚历山德拉继续向尼古拉提供新人选。3 月 17 日，她写信传达了更加重要的指示："亲爱的，看在孩子的分上，我们必须足够坚定，否则他将来的日子一定不好过。他不会向任何人低头，除了他真正的导师（我们必须承认这一点）。但在俄国，他就该这么做，因为太多人没有受过教育，非常无知——菲利普先生和格里高利都这么说过。"

同一天，尼古拉在最高统帅部接见了俄国陆军和海军的首席神父格奥尔基·沙弗斯基。沙弗斯基为这次会面准备了一段时间。他多次向弗艾柯夫将军和阿列克谢耶夫将军提起，他们需要和沙皇谈一谈关于拉斯普京的事。那年春天，沃伊科夫这么做了，但没有取得任何效果。尽管如此，弗艾柯夫还是鼓励沙弗斯基试着亲自与沙皇谈谈，说或许他的运气会更好。阿列克谢耶夫也认为应该这么做，表示会在沙弗斯基之后亲自向沙皇提起这件事。那天晚上，他们聚在沙皇的办公室。沙弗斯基先讲起往事：1911 年和沙皇第一次见面时，他曾发誓永远对沙皇讲实话，无论真相是什么，而皇后表示非常欢迎他这么做。接着，沙弗斯基告诉沙皇，军队中的人是如何谈论拉斯普京的，包括他的生活如何淫乱，他如何与"犹太佬和各种上不了台面的人"一起外出喝酒，他如何受贿和参与战争事务的决策，他如何把军事机密出卖给敌人。沙弗斯基把从士兵口中听来和从文件上读到的内容一股脑地告诉沙皇，没有任何保留。

尼古拉静静倾听。沙弗斯基说完后，尼古拉问，他来这里控诉拉斯普京的种种劣迹前是否有过担心。沙弗斯基回答说，虽然向沙皇复述如此不堪的真相不是件容易的事，但他从没有感到一丝恐惧。无论沙皇如何处置他，他都已经完成了自己的使命。沙弗斯基惊讶地发现，之后的数天和数周，沙皇不仅没有疏远他，反而和他更亲近了，总是在用餐时坐在他的身边，甚至还提出为他添菜。实际上，虽然尼古拉与亚历山德拉分享了他们的谈话内容，她又转述给了皮季里姆，但沙弗斯基一直和沙皇夫妇保持着十分融洽的关系。[25]

尽管对沙弗斯基很有好感，但得知他所说的关于拉斯普京的话后，亚历山德拉还是相当沮丧。几周后的复活节，她给尼古拉写了一封信。

521　　　我亲爱的甜心：

……

这个世界的罪恶不断增加。晚上，我在读《圣经》时总是想起我们的朋友，想起七个"书呆子"法利赛人如何迫害基督，并假装自己是如此完美的人。（而他们实际上完全是另一回事！）是的，先知的确永远不会在他自己的国家得到承认。我们应当心怀感激，因为有那么多人听见了他的祷告。哪里有这样一位上帝的仆人，哪里就有邪恶集团，他们会包围他，尝试伤害他、赶走他。真希望他们明白自己究竟干了什么好事！为什么他要为了君主的权力，为了俄国，也为了我们，背负所有的诽谤。大斋节的第一个星期，我们和他一起出席了圣餐仪式，这让我很开心。

我们的朋友的语气是如此忧伤。他被排挤出彼得格勒后，复活节期间一定会出现更多饥肠辘辘的人。他总在施舍穷人，把得到的每一分钱转交到他们手中，让给他钱的人也因此获得祝福……

如果沙弗斯基提起我们的朋友或者都主教皮季里姆，

要保持坚定，表现出你对他们的欣赏。沙弗斯基听到不少不利于我们的朋友的故事，而他本该挺身而出，全力制止这些流言蜚语的。他们不敢说他和德国人有任何关系。我们的朋友对每个人都如此慷慨、善良，就像基督曾经做的以及所有基督徒应该做的那样。你一旦听见他的祷告，便能够经受一切考验。我们已经有足够多的例子。他们竟敢针对他，你必须坚定，捍卫我们的朋友。[26]

可他们的确敢针对他。那年春天，沙弗斯基神父出席了为西部战线的数百位士兵和军官筹办的大型庆祝午宴。用餐期间，大部分闲聊围绕拉斯普京进行。让沙弗斯基大吃一惊的是，亚历山大·根格罗斯将军（General Alexander Gerngross）突然用所有人都听得见的声音宣布："如果可以撕烂拉斯普京，我甚至愿意在彼得保罗要塞里蹲六个月。噢，我多么想把那个流氓撕个稀巴烂啊。"他的话引起了哄堂大笑。沙弗斯基简直不敢相信自己的耳朵，因为根格罗斯将军身边还坐着第四军总司令亚历山大·拉戈萨将军（General Alexander Ragoza）。[27]

4 月 13 日，尼古拉返回皇村。拉斯普京差不多也在此时从西伯利亚回到首都。23 日是皇后的命名日，拉斯普京在皇宫见了沙皇夫妇。第二天，尼古拉再次前往最高统帅部。[28] 接下来的五个月，拉斯普京很少前往皇宫——从 4 月底至 10 月初，他只去了六次。[29]

拉斯普京来首都的部分原因是他要处理玛丽亚的事。3 月，玛丽亚满 18 岁了。她出落成了身材修长的金发女子，有一对深蓝色的眼睛，体态可人，但正如一个男子曾形容的，美中不足的是她的"脸型不太周正"。[30] 男人们开始进入她的生

522

活。她和一个年轻的中尉共度了美妙的一夜，不再是处女。这是一段深刻的回忆，让她"迫不及待想要活得更刺激"。就在那时，她结识了一个名叫西蒙尼科·哈卡泽（Simoniko Pkhakadze）的人，这个格鲁吉亚人"在我的心里放了一把火"。叶里斯托夫家族（Eristov）的一位王子把他带到他们的公寓时，她与他第一次见了面。她记得，他"十分温柔，男人味十足，很强壮"。从那一刻起，她的双眼便无法从他身上移开，"我感到自己被征服了，我愿意任他摆布"。[31]他是骑兵部队的一名军官，朝气蓬勃，相貌英俊，曾因立下战功而被授予圣乔治勋章（St. George's Cross），他细心地把它佩戴在了外套上。然而，真正俘获她内心的是他的那双眼睛，它们有"一种无法描述的光彩和力量，散发着爱的激情，让人晕眩"。有一段时间，她的父亲经常见他，甚至会和哈卡泽以及叶里斯托夫家族的人一起外出。秘密警察在 5 月 25 日的报告中称，哈卡泽的年纪在 25 岁至 27 岁，身材高大，体格中等，有深棕色的头发、挺拔的鼻子和一撮暗色的小胡子。他穿带马刺的高筒靴，走路时拄着拐杖，很可能在战争中落下了残疾，但这反而增添了他的魅力。[32]拉斯普京显然曾出力把哈卡泽调到彼得格勒的预备部队。维鲁波娃告诉调查委员会，哈卡泽一无是处，"只想着逃避兵役"。[33]

玛丽亚和哈卡泽订婚了，但拉斯普京不赞同这门婚事。父亲和女儿吵个不停，他还威胁要把她送回博克维斯科，强迫她远离自己的未婚夫。玛丽亚认为，她的父亲似乎觉得哈卡泽在利用她从自己手里获得好处，而且他的嫉妒心会使她的生活苦不堪言。[34]拉斯普京用尽一切手段阻止女儿见他。除非有她的妹妹或杜尼娅·皮什金娜陪伴，否则便不让她外出。玛丽的法语家庭教师沙克夫人（Mme Chack）总是找借口邀请她去自己家，她的父亲也总是让她出席家中的茶话会。与此同时，拉斯普京打算亲自做媒。拉斯普京在喀山就结识的老朋友尼古拉·索洛维约夫如今在神圣宗教会议担任秘书。他和妻子伊丽莎白就在不远处的戈罗霍娃街 69 号公寓里生活。拉斯普京打算撮合玛丽亚和尼古拉的儿子鲍里斯（Boris），他是一位 23 岁的少尉。

鲍里斯本打算入读家乡辛比尔斯克（Simbirsk）的神学院，后在 1914 年自愿参军。1915 年，他在俄军从喀尔巴阡山脉（Carpathian Mountains）撤退时负了伤，被送回彼得格勒，无法重返现役。那年，他结识了拉斯普京，开始拜访他的公寓，主要是为了见玛丽亚和瓦尔瓦拉，他认为这两人既有魅力又善良。他也和拉斯普京讲过几次话。有一次，鲍里斯对自己将来的发展感到格外沮丧。拉斯普京倾听了他的诉说，告诉他别太担心，只要祈祷上帝的指引，听从自己内心的声音，一切就都会好起来的。鲍里斯感到拉斯普京很喜欢他，他也喜欢拉斯普京。虽然他们只见过几次，但鲍里斯对拉斯普京十分尊敬。"这个男人身上充满了爱和善良，"1919 年被囚禁在赤塔（Chita）时他告诉调查员尼古拉·索科洛夫，"这些品质在他身上是如此突出，他对我太重要了——而且让我有点难以启齿的是，他甚至比我的父亲还重要。"[35]

根据玛丽亚的回忆录，两人第一次见面时鲍里斯就爱上了她。他被介绍给皇后，皇后祝福了他们的结合。哈卡泽嫉妒得发疯，威胁要绑架玛丽亚，带她逃往高加索。[36]传闻称，哈卡泽甚至尝试自杀。经历数月的心痛和恼怒后，玛丽亚解除了与哈卡泽的婚约，但她还是拒绝嫁给鲍里斯。[37]

\*

在拉斯普京为玛丽亚的感情生活操心之时，俄国正在筹备战争期间规模最大的军事行动。在 1915 年灾难式的溃败之后，前战争大臣波利瓦诺夫重整了军队。1916 年春天，军队高层策划了一场大型突袭：阿列克谢·布鲁希洛夫将军（General Alexei Brusilov）将率军沿西南部前线进攻奥匈帝国军队。这次行动后来以"布鲁希洛夫攻势"（Brusilov Offensive）著称，它可以说是整场战争中最漂亮的一次胜利，几乎达到了摧毁奥匈帝国皇帝弗朗茨·约瑟夫（Franz Josef）的部队的目标。细致的准备工作长达数个月。实现出其不意的效果对这场战役的胜利至关重要，尼古拉担心自己向亚历山德拉透露了太多内情。3 月 9 日，他在写下了这项计划的诸多细节后，补充道："我恳求你不要告诉任何人。"亚历山德拉他当然知道他指的是谁。但拉斯普京还是得知了一切，甚至送了一幅圣像给尼古拉，为这次攻势送上"祝福"。[38]

5 月 22 日（儒略历），一轮大规模火力进攻为对战拉开了帷幕。接着，布鲁希洛夫将军派出 65 万士兵冲破重重烟雾，挺进敌人的战壕。奥地利人被彻底蹂躏了一番。仅仅数个星期后，俄国就俘虏了奥地利东部前线上的近一半士兵。哈布斯堡王朝的总参谋长弗朗兹·康拉德·冯·赫岑多夫（Franz Conrad von Hötzendorff）很快意识到战况凶险，称他们应立刻展开和平谈判，否则就可能面临全军覆没的危险。布鲁斯洛夫攻势取得最后成功的关键在于阿列克谢·埃弗特（Alexei Evert）将军和阿列克谢·库罗巴特金（Alexei Kuropatkin）将军要对德军防线发动大规模进攻，他们分别是西北部前线和北部前线的总司令。但两人都陷入了犹豫,这让德国人抓住机会向奥地利军队派出援兵,帮助他们避免了彻头彻尾的大溃败。[39]

6月4日,亚历山德拉给尼古拉写信:"我们的朋友祝福所有信仰东正教的军人。他恳求我们不要强行向北方挺进,因为他说,如果我们在南方持续打胜仗,北方的军队会自行撤退或发起进攻,这样一来,他们就会损失惨重;但如果由我们在那里发起进攻,我们的损失就会相当的大……"7月底,在拉斯普京从西伯利亚回彼得格勒后,亚历山德拉给尼古拉写信,转达了拉斯普京对局势的最新想法:"他认为最好不要固执地一味挺进,因为这样做损失将非常惨重——要有耐心,不要勉强,我们终将迎来最后的(胜利)。或许有人在发疯,想让战争在两个月之内结束,但这样我们就会牺牲数千条生命。耐心一些,胜利终究会是我们的。等待可以避免让鲜血白流。"虽然拉斯普京对生命的敬畏值得认可,但他的军事建议完全没有价值。他显然对军事战略一无所知,但埃弗特和库罗巴特金的决定和他的话完全无关。随着俄国士兵的死伤人数不断攀升,布鲁希洛夫攻势陷入了僵局。

直到9月,拉斯普京还在向尼古拉提供军事上的建议。22日,尼古拉写信告诉亚历山德拉,局势已经"没有希望",因此他指示阿列克谢耶夫命令布鲁希洛夫停止进攻。但第二天,尼古拉改变了主意,允许布鲁希洛夫继续进攻。亚历山德拉对此惊讶不已,给尼古拉发去电报说:"他(拉斯普京)赞同你最初的方案:缓一缓,从其他地方发起进攻。但现在,你又得出了截然不同的结论。愿上帝保佑我们。"24日,她又写信称,拉斯普京也改变了想法,十分"满意"新计划。尼古拉觉得有必要回应拉斯普京的话。他回信解释了为什么要重新启动进攻，还提供了相关细节，但又补充道："这些细节只有你可以知道，拜托了！只用告诉他：'沙皇已经下令采取明智的举措！'"但拉斯普京仍是不满意。26 日，亚历山德拉写道："我们的朋友担心，有人（布鲁希洛夫）没有听从你的意见。你最初的想法是正确的。很可惜，你没有坚持，但你希望改变的想法没错。他拿起圣母像从远方祝福你，说：'愿太阳从那里升起。'"第二天，尼古拉再次写信为自己让布鲁希洛夫继续进攻的决定辩护，但亚历山德拉和拉斯普京拒绝接受："我们的朋友说，事情不会有好转的，除非执行你最初的方案（停止布鲁希洛夫的进攻）。"这封信的落款日期为 28 日。[40]

如今，历史学家普遍把布鲁希洛夫攻势的失败归咎于俄国指挥官们在执行或停止执行任务时的不力，尤其是阿列克谢耶夫和埃弗特。[41]然而在当时，很多人都怪罪拉斯普京。人们相信他动用自己的影响力，阻断了整场战争中最成功的一次进攻，好让他的德国主子不必打败仗。熟悉的说法又出现了：俄国被叛国者从背后捅了一刀。

## 注　释

1. *Petrogradskii listok*, 28 February 1916, p. 2.

2. Zhevakhov, *Vospominaniia*, 1：84 – 86；VR, 579 – 80；*Padenie*, 3：396 – 98.

3. NA, FO 371/2746, No. 212150. Russian original text in：CUL, Templewood Papers, II：1（11）.

4. *WC*, 292 – 93；FR, 174 – 77.

5. GARF, 613.1.40, 1 – 4.

6. *WC*, 562n339.

7. FR, 171 – 72; "Aleksandro-Nevskaia Lavra," 200 – 201.

8. VR, 583 – 85; Shavel'skii, *Vospominaniia*, 1: 375 – 76, 383 – 85.

9. *KVD*, 286; *WC*, 292 – 93, 301. 请注意, 这份文件错误地将皮季里姆的继任者写为普斯科夫的主教阿列克谢。

10. FR, 174.

11. GARF, 102. 316. 381, ch. 1, 214 – 17ob.

12. "Aleksandro-Nevskaia Lavra," 201 – 205; FR, 174; GARF, 1579. 1. 139, 1 – 17. 皮季里姆的同性恋取向在当时是个公开的秘密。Tikhomirov, *Dnevnik*, 203.

13. *Nov'*, 30 March 1914; *PK*, 29 March 1914, p. 2; GARF, 102. 242. 1912. 297, ch. 1, 26. On Isidor: VR, 658, 701 – 702; FR, 173 – 74; *WC*, 617.

14. *TsM*, 2 June 1910, p. 2.

15. Shulgin, *Years*, 254.

16. Schelking, *Recollections*, 280; Buchanan, *Dissolution*, 142; Hoare, *Fourth Seal*, 344.

17. FR, 163.

18. *WC*, 352, 357n201.

19. GARF, 1467. 1. 13, 4.

20. FR, 357 – 58. Nickname: "Aleksandro-Nevskaia Lavra," 208.

21. Globachev, *Pravda*, 91 – 92.

22. *WC*, 413, 554n336, 561.

23. GARF, 640. 1. 323, 13ob.

24. FR, 178; OR/RNB, 1000. 2. 765, 301.

25. Shavel'skii, *Vospominaniia*, 2: 212 – 21; *WC*, 421, 600, 628; VR, 610 – 13.

26. *WC*, 437 – 38.

27. Shavel'skii, *Vospominaniia*, 2: 222; Lemke, *250 dnei*, 2: 648.

28. *KVD*, 331, 335 – 36; GARF, 1467. 1. 479, 18ob – 19.

29. 警察记录了日期, 见 GARF, 111. 1. 2979a; Nicholas II, *Dnevniki*, 2 (2): 225, 260。

30. Markow, *Wie*, 195.

31. RRR，108.

32.  Shishkin，*Rasputin*，231 – 39；OR/RNB，1000. 1975. 22，35ob；GARF，111. 1. 2981，533，535. 警方把他的名字写成了 Semen Ivanovich Pkhakadze。关于他的服役记录，见 GARF，102. 1916. 246. 357，36 – 36ob。

33. RR，385.

34.  RRR，109 – 10；HL/Sokolov，Vol. VII：testimony of M. Solovyova（Rasputina），undated. 奥列格·希什金认为，哈卡泽是在利用玛丽亚接近拉斯普京，为的是谋杀拉斯普京。Shishkin，*Rasputin*，231 – 39。

35. HL/Sokolov，Vol. VII：testimony of B. N. Solovyov，31 December 1919. 关于鲍里斯的双亲，见 "Rasputin v osveshchenii，" 272n6，277 – 28。

36.  RRR，16 – 17，111 – 12；HL/Sokolov，Vol. VII：testimony of M. Solovyova（Rasputina），undated.

37.  RRR，113 – 115；Steinberg，*Fall*，390 – 91；Sokolov，*Ubiistvo*，114 – 16；FN，326.

38. *WC*，392n225，393，406.

39. Dowling，*Brusilov*，esp. 67，98，167 – 76.

40. *WC*，488，546，603，608，611，611n372，612.

41. 最权威的英文研究中甚至没有提到拉斯普京的名字，见 Dowling，Brusilov。又见 FR，152 – 53；WC，567n341。

# 第五十七章 拉斯普京是间谍吗？

1916 年 6 月 5 日（公历），驻喀土穆（Khartoum）的英国陆军元帅兼战争大臣基奇纳伯爵（Earl Kitchener）在奥克尼群岛（Orkney Islands）登上英国的"汉普郡"号（*Hampshire*），开始一次秘密航行。几个小时后，船上发生爆炸，数分钟内整艘船便沉入大海。船上的 655 人中，仅 12 人生还。基奇纳不仅不在幸存者之列，而且连尸体都没有找到。基奇纳原本计划前往俄国，再次向沙皇保证英国会提供一切军需用品，尽管英国对俄国的战争承诺持怀疑态度。

基奇纳的意外是一场国家级悲剧，各种对他死亡的猜测顿时涌现。从一开始就有很多阴谋论的说法。媒体称，爆炸发生是因为德国间谍在背后作祟。还有一些谣言称，这场破坏行动的幕后主使要么是布尔什维克潜入者，要么是爱尔兰民族主义者。据说，一个名叫布尔（Boer）的神秘间谍伪装成一名俄国贵族，是混在英国情报机构里的害群之马。奥斯卡·王尔德的情人阿尔弗莱德·道格拉斯（Alfred Douglas）勋爵称，温斯顿·丘吉尔和一个国际犹太人阴谋团体策划了这次谋杀（丘吉尔对此提起了法律诉讼，道格拉斯最后因诽谤罪蹲了六个月大牢）。还有人称，基奇纳其实没死，他顺利抵达了俄国，如今正在指挥沙皇的军队。真相比人们的猜测乏味得多。基奇纳的任务早就不是秘密，对德国情报人员来说收到风声不是难事。"汉普郡"号起航后不久，德国的 U—75 号潜艇就在预定航线上设置了水雷。那艘船撞上了其中一枚水雷，在瞬间被炸成了碎片。[1]

在俄国，话题相当自然地转向了拉斯普京和亚历山德拉。人们传言，皇后在宫中有一台特殊的"无线电发报机"，她用这台机器向柏林发送俄国的作战部署。正是通过它，皇后向敌人透露了基奇纳出发的日子和行船路线。[2]费利克斯·尤苏波夫相信，泄露情报的肯定是拉斯普京。他认为拉斯普京的身边都是德国间谍，他们肯定灌醉了他，从他口中套出了基奇纳的起航日期。[3]拉斯普京对基奇纳遇害的新闻的反应十分古怪。亚历山德拉说基奇纳的死对尼古拉而言是"不折不扣的噩梦"，但她在 6 月 5 日（儒略历）的信中告诉尼古拉，拉斯普京对维鲁波娃说他的死是件好事，因为"他之后可能会对俄国不利，幸好现在没有弄丢关键的文件"。[4]

这里提到的"文件"长久以来滋生了阴谋论。2004 年，历史学家奥列格·希什金（Oleg Shishkin）称，基奇纳这趟旅行的真正目的是交给尼古拉一批英国间谍从俄国和欧洲其他地区搜集的资料，它们会证明亚历山德拉、拉斯普京和另一些人正和德国人秘密谈判。基奇纳的任务是说服尼古拉接受事实，让俄国继续参战。拉斯普京及其支持者得知基奇纳任务的真相后，把他的旅行细节透露给德国人，导致基奇纳惨死，化解了宫中"德国派"的危机。[5]拉斯普京是德国间谍的传言从未消停。

关于拉斯普京间谍活动的故事堪称喜剧。据说，拉斯普京通过向德国人出卖机密聚敛了大量财富。战争期间，他甚至偷偷潜入柏林会见了对他心怀感激的威廉二世。[6]在 1917 年出版的拉斯普京传记中，威廉·勒丘的说法更加荒唐。他称拉斯普京在戈罗霍娃街的地窖中藏了一只保险柜，里面保存了大量文件，所以此人肯定是间谍。勒丘曾计划出版那些文件的影印本，后来却遗憾地告诉热心读者，自己因为"目前的纸张短缺而只得作罢"。他那充满想象力的作品称，拉斯普京参与了德国人通过从加拿大进口有毒苹果在俄国散播霍乱病菌的阴谋。[7]还有一些人认为，亚历山德拉向拉斯普京透露了保存皇冠和珠宝的保险箱的密码，拉斯普京将宝物洗劫一空，卖给了德国人。[8]

希什金有一点没说错——欧洲各地的情报机构都在忙着确认拉斯普京在战争这件事上的立场。但奇怪的是，此前没有任何一位为他撰写传记的作者查看过情报机构的结论。在柏林的档案提供了相当有趣的信息：德国人拼命想搞清楚拉斯普京的立场，却几乎对此一无所知。德意志帝国外交部收到的报告自相矛盾。1916 年 2 月 6 日（公历）的一份德国秘密公文称，拉斯普京支持和平，但他认为讲和的时机尚未成熟。[9]接着，三个星期后，前驻俄大使、时任驻斯德哥尔摩公使的赫尔穆特·卢修斯·冯·斯托登告诉德意志帝国首相贝特曼·霍尔维格："拉斯普京依然拥有影响力，他现在已经被英国收买了。"[10]

1916 年 5 月 12 日（公历），弗里德里希·冯·德·罗普男爵（Baron Friedrich von der Ropp）给德意志帝国外交部发送了一封秘密报告，题为"基于可靠情报的关于俄国'影子政府'及其运作的报告"。罗普是波罗的海国家立陶宛的日耳曼人，在俄罗斯帝国非俄罗斯民族联盟（League of the Non-Russian Nationalities of the Russian Empire）中担任常务秘书长，这个组织由一群移民组成，在战争期间与德国政府合作对抗俄国。报告的核心内容称，俄国其实由一批非官方人士领导（所谓的"影子政府"），他们基本等同于所谓的由拉斯普京领导的"亲德派"，其成员包括皮季里姆、维鲁波娃和安德罗尼克夫。如今，拉斯普京控制着政府所有主要决策的制定和有关战争的安排。这个集团没有政治纲领，完全受贪欲和野心驱动。拉斯普京会收受大笔贿款，没有 1000 卢布根本别想见到他。"影子政府"的官方宗旨是"使俄国摆脱德意志帝国的影响"，并把国家的一切问题归咎于作为俄国国内少数族裔的日耳曼人和犹太人。此外，拉斯普京和他的团伙试图终结战争的观点完全不正确，实际情况恰恰相反。战争为他们创造了无限的搞阴谋和贪腐的机会，无所不在的腐败又使他们获得了巨额财富。罗普估计这是他们的主要目的。他敦促德国不要与俄国讲和，因为在俄国国内的反德情绪如此高涨时，没人敢这么做。此外更重要的是，骚乱和革命正蓄势待发，罗曼诺夫皇朝已经走到穷途末路。威廉二世阅读了罗普的报告，于 1915 年 10 月把它的副本发给了保加利亚国王斐迪南一世（Ferdinand I）及德国当时的其他盟友。[11]

8 月，一个被称为荣豪斯先生（Herr Junghaus）的人向巴塞尔（Basel）的德国官员报告说："拉斯普京再次表示支持英国，他已经是英国人的朋友了。"[12]荣豪斯是巴黎的富商，与俄国有广泛的生意关系。几个月后，柏林政府收到的另一份报告提供了截然相反的说法，称拉斯普京受够了战争，他和皇后一致希望与德意志帝国展开和平谈判。直到 12 月拉斯普京去世，柏林仍持续不断地收到各种互相矛盾的情报。德国驻斯德哥尔摩的 R. A. 齐泽先生（Herr R. A. Ziese）给贝特曼·霍尔维格写信称，自己从一位可靠人士那里得到的情报是："人们似乎并不了解拉斯普京。据说他热爱和平且十分诚实，利用金钱贿赂他、接近他是根本不可能的事。（这只会把事情弄得更糟。）"[13] 即使在拉斯普京死后，德国人还在设法弄清楚他的立场。一份撰写于 1917 年 1 月 6 日（公历）的关于俄国局势的报告称，虽然拉斯普京一度呼吁和平，但他近期加入了支持战争的阵营，"因为他担心自己的生命受到太多势力的威胁"。[14]

拉斯普京支持和平。拉斯普京支持战争。拉斯普京被英国人收买。拉斯普京希望与德国人媾和。拉斯普京贪得无厌，极易收买。拉斯普京诚实正直，从不贪恋金钱。战争期间，德国政府构建了各种大相径庭的拉斯普京形象。唯一能够确认的是，拉斯普京不是德国间谍。

英国人不比德国人明智。一位英国官员于 1916 年 11 月 4 日撰写的匿名信称："（俄国）统治集团是我们的敌人。"因此，该报告断言拉斯普京等人亲德，四处传播各种不利于英国的谣言。"如今，大公的宫殿 [指康斯坦丁宫（Constantine Palace）] 正在举行秘密会议，参与者包括拉斯普京身边的女性、两三位反动官僚以及据说是战俘的黑森 - 达姆施塔特的一位亲王。情势十分危急。这群人肯定在想方设法背叛我们、背叛俄国。"[15]

英国人显然害怕尼古拉受拉斯普京影响背叛自己。但拉斯普京其实不太关心俄国的盟友。据阿尔多夫斯基 - 塔纳夫斯基说，拉斯普京经常说"英国人从来都是叛徒，他们这次也会出卖我们"。[16] 拉斯普京对英国的评价很低，而且怀疑战争结束后他们会对付俄国。这才是基奇纳死后拉斯普京态度冷漠的原因，而不是担心自己所谓的间谍身份被曝光。

\*

拉斯普京可能不是间谍，但他无疑是其他人手中的工具，
至少很多人都这么认为。扎法科夫曾为了在神圣宗教会议谋得
高位而接近拉斯普京，他在回忆录中写道，自己过去的保护人
其实是"国际"犹太势力打击俄国皇室的秘密武器。该国际
组织在拉斯普京成名前就接近他，协助他传播带有其精神力量
的话语，甚至策划了他在圣彼得堡的成名之路。为拉斯普京铺
好通往皇宫的大道后，这个犹太人阴谋团体又致力于摧毁由他
们一手扶持起来的拉斯普京，以便实现他们的终极目标——摧
毁罗曼诺夫皇朝。[17]弗拉基米尔·沃斯托科夫神父的观点与之
接近，但他相信拉斯普京不是无能的工具，而是犹太国际组织
的间谍，他被选中去摧毁"神圣罗斯"，以及基督教本身。[18]

话题一旦涉及犹太人，就很难不提到共济会，拉斯普京的
情况也不例外。第一个将拉斯普京与共济会联系在一起的人是
米哈伊尔·罗将柯。他在回忆录中称，他在为沙皇准备一份关
于拉斯普京的报告时，发现了外国媒体上的一篇文章。它显示
1909 年或 1910 年（他无法确定具体时间），国际共济会成员
大会在布鲁塞尔召开，他们确认了拉斯普京是在俄国推行
"新世界秩序"的最佳人选，相信他能够在两年之内让俄罗斯
帝国瘫痪。[19]罗将柯的故事和《莫斯科之声》1912 年 2 月 21 日
发表的一篇文章相呼应。该文章称，拉斯普京正前往布鲁塞尔
面见"一个不可小觑的人物"，而那人将利用拉斯普京针对俄
国。[20]罗将柯没弄错，1910 年国际共济会成员大会的确在布鲁
塞尔召开了，但该组织 1894 年在安特卫普、1900 年在巴黎、
1902 年在日内瓦也召开了类似会议，而且从未提过拉斯普京

的名字。然而，对于那些相信历史是由那些"隐藏起来的手"推动的人来说，这些都无关紧要。[21]

当代民族主义历史学家对共济会阴谋上做了轻微的扭曲。简而言之，是俄国的共济会创造了关于拉斯普京这个嗜酒的邪恶"鞭身派教徒"兼叛国者的神话，他们将此视为扳倒俄国的最有效武器。参与这一阴谋的领导者是自由派杜马成员，比如立宪民主党领袖帕维尔·米留科夫、亚历山大·伊万诺维奇·古奇科夫，以及作为中间派的十月党领袖。[22]这种说法存在许多严重漏洞。米留科夫和古奇科夫都不是共济会成员，而且俄国国内最早攻击拉斯普京的人并非来自左翼，而是右翼。此外，右翼从未停止攻击拉斯普京，他们一直在和自由派、极左翼人士争相以更恶毒的方式打击拉斯普京。[23]右翼认为攻击拉斯普京是他们的职责，他们要通过拯救皇室来拯救整个俄国；左翼也认为这是他们的职责，他们希望通过改革甚至推翻皇室来拯救这个国家。左翼和右翼共同创造了具有腐蚀性的拉斯普京"神话"。拉斯普京的作用就是让俄国各种势力团结起来攻击他，并最终把他们的怒火引向帝国本身（其实，他并没有为此主动出哪怕一份力）。

他的批评者们都把自己的敌人投射到了拉斯普京一人身上。1914年7月，第比利斯的《工人报》视他为反动势力的代表："他的身后存在一支神秘势力，他们钻了俄国的空子——这个国家缺少一部真正的宪法和欧洲式的自由。他们在暗中操纵政府和各位大臣，按照他们的意志走马灯式地更换政府要员。为了达到反动目的，他们在这个国家制造了各种惊险场面。"[24]那年夏天，德国报纸《人民之友》（*Volksfreund*）写道，拉斯普京是一些神职人员手中的工具，并和一小撮极有势

531

力的保守派合作。1914 年夏天，波兰报纸《波兹南通讯》
（*Kurjer Poznański*）则称，拉斯普京属于一个名为"创造奇迹
的长老"（starets-miracle-workers）的秘密社团，他们的势力遍
布整个俄罗斯帝国。[25]谢尔盖·梅格诺夫坚信他被一群皇室的宠
臣和自私自利的人利用了。[26]莉莉·德恩写道，拉斯普京是革命
者手中的工具。他们本想利用喀琅施塔得的约翰，但他死得太
早，于是他们只能转而利用拉斯普京。德恩称，拉斯普京背后
的人是阿基林娜·拉普汀斯科娅，她伪装成一名护士，却在暗
中与革命者合作，操纵拉斯普京。[27]英国记者罗伯特·威尔顿
（Robert Wilton）称拉斯普京是保加利亚国王斐迪南派出的间
谍。[28]阿列克谢·赫沃斯托夫称他是谢尔盖·维特伯爵的武器。[29]

　　最离奇的观点来自费利克斯·尤苏波夫亲王。他在回忆录
中写道，拉斯普京是所谓的"绿党"（the greens）的工具，他
们可以从遥远的地方（显然是瑞典的某处）操纵他，连拉斯
普京本人都不知道他们是谁，也不清楚他们为什么要利用他。
尤苏波夫从未透露他们是通过什么方式实现这种惊人的操纵
的，但他断言，他们的最终目的是利用拉斯普京说服尼古拉与
德意志帝国媾和。1916 年底，尤苏波夫称亲眼看到四个"明
显有犹太人特征的人"，以及另外三个仪表堂堂的人（尤苏波
夫怀疑这三人不是"绿党"）出现在拉斯普京的公寓。调查员
尼古拉·索科洛夫也提到过神秘的"绿党"。他写道，他们的
总部位于斯德哥尔摩，他们可以利用拉斯普京影响政府的一切
重要决定。

　　尤苏波夫和索科洛夫的意思应该是拉斯普京一直在被德国
间谍利用。[30]这在当时是十分普遍的看法，阿列克谢·赫沃斯
托夫和其他政府官员也对此深信不疑。拉斯普京在戈罗霍娃街

532

上的公寓被视作德国间谍从拉斯普京的闲言碎语中搜集情报的地点。[31]经常拜访戈罗霍娃街的可疑人士之一是亚瑟·古林（Arthur Gyulling）。古林是一位芬兰议员的儿子，40 岁左右，于 1916 年 7 月结识了拉斯普京，此后便成了他家中的常客，直到他去世。我们不清楚他们之间的真实关系，尽管古林很可能想利用拉斯普京推动一系列有利可图的生意，比如他们出售了好几艘船，拉斯普京因此获得了 100 万卢布的佣金。"奥克瑞那"怀疑古林是间谍，因为数位官员曾在他位于丰坦卡街54 号的公寓落脚或聚会，而且他还称自己拥有 60 万芬兰马克（Finnish Mark）。他每月从中拿出 600 卢布支付租金，还另外拿 300 卢布雇了私人秘书列昂季·沃罗宁（Leonty Voronin）。沃罗宁也是斯科沃尔佐夫创办的保守东正教报纸《钟鸣》的首席政治记者。古林告诉"奥克瑞那"，虽然他投资了各种生意，却没有得到什么好处，但"奥克瑞那"不相信这种说法。他们在沃罗宁的通讯录中找到了好几个有间谍嫌疑的人。不仅如此，沃罗宁还娶了一位奥地利公民。根据沃罗宁的说法，古林其实是瑞典外交大臣克努特·瓦伦贝里（Knut Wallenberg）的亲戚。[32]

1916 年 12 月 19 日晚，彼得格勒"奥克瑞那"逮捕了古林和另外六人，包括玛丽亚·拉斯普京娜的前未婚夫哈卡泽、内斯特·叶里斯托夫（Nestor Eristov）和沃罗宁。"奥克瑞那"担心，他们可能会在拉斯普京的葬礼上"示威"。沃罗宁告诉"奥克瑞那"，他的上司和拉斯普京见面只是为了给后者"介绍几桩好买卖"，他们在古林家中的聚会没有其他目的，纯粹是一种社交活动。沃罗宁坚称古林和拉斯普京的来往不涉及任何非法或叛国行为，还补充说古林的主要目标是在斯堪的纳维亚国家中成立一个反德联盟。这些人在被扣押留两天后重获自由，没有任何证据表明他们是德国间谍。[33]

接着是关于查尔斯·佩伦（Charles Perren）的事。没有人知道他究竟是谁。战争爆发前，他持美国护照抵达彼得格勒，自称是一名医生。他在当地媒体发布广告，称自己有催眠、冥想和预言天赋，还曾在大剧院的表演中展示上述才能。他接近拉斯普京是为了结交政府高层，他的确达到了这个目的，其中身份最显赫的是俄罗斯帝国最后一任内政大臣亚历山大·普罗托波波夫。俄国的反间谍组织在战争期间留意过佩伦，发现他的真名是卡尔（Karl）而不是查尔斯，他实际上是奥地利人而不是美国人。1916 年 7 月 4 日，佩伦因被怀疑从事间谍活动而遭到驱逐，后在斯德哥尔摩定居。拉斯普京被谋杀后，普罗托波波夫曾试图把佩伦弄回彼得格勒，希望他的神秘力量能助自己一臂之力，或者至少有一些人是如此认为的。沙俄时代的最后一位警察局局长阿列克谢·瓦西列夫则告诉调查委员会，其实是佩伦两次给普罗托波波夫写信，请求返回俄国，但普罗托波波夫礼貌地回绝了他的请求。[34]

古林、沃罗宁和佩伦都不是德国间谍，1916 年春天被任命为美国驻俄大使的戴维·罗兰·弗朗西斯（David Rowland Francis）也不是，但当时俄国一位女大公认为他们是的。她坚称，美国的首都已经被德意志帝国控制。[35]认为拉斯普京被间谍包围了的不只是俄国人。1918 年初，美国军事情报机构开始监视伊达·莱奥妮·冯·赛德利茨男爵夫人（Baroness Ida Leonie von Seidlitz）、在匈牙利出生的知名肖像画家维尔马·利沃夫－保尔洛吉公主（Princess Vilma Lwoff-Parlaghy），以及俄国驻纽约的前领事德米特里·弗洛林斯基（Dmitry Florinsky）。

美国人认为他们是"俄国皇后、修道士拉斯普京和俄国前大臣会议主席施蒂默尔的密探"。据说，他们曾在"纽约一个被称为戈德史密斯太太（Mrs. Goldsmith）的人的家中"秘密聚会，在场的还有前德意志帝国大使约翰·海因里希·冯·伯恩斯托夫（Johann Heinrich von Bernstorff），以及知名百万富翁、慈善家、在德国出生的犹太银行家雅各布·希夫（Jacob Schiff）。美国的军事情报机构认为他们在纽约见面是为了让俄国与德国暗中媾和，该机构还在拉斯普京"神话"中加入了一个新元素——他们被怀疑和"俄国的布尔什维克运动"有关。1918 年 11 月，冯·赛德利茨男爵夫人被捕，被囚禁在佐治亚州的奥格尔索普堡（Fort Oglethorpe）。[36]

534

　　1917 年，调查委员会的任务之一便是揭露旧政权"黑暗势力"背后的真相，尤其是弄清拉斯普京、维鲁波娃、皇后是不是德国的间谍或工具。调查委员会带着极强的偏见，用尽一切方法寻找相关证据。最后，他们依然一无所获。[37]一百年来，公正的历史学者们一再调查、求证这件事，最后他们都得出了相同的结论。

## 注　释

1. Paxman, "Strange Death."

2. Kolonitskii, *Tragicheskaia erotika*, 301, 311 – 13; Tikhomirov, *Dnevnik*, 211, 304, 307.

3. YLS, 202 – 203.

4. *WC*, 476n281a, 490.

5. *Rasputin*, 95 – 99. Andrew Cook 在 2005 年出版的 *To Kill Rasputin* 中试

图证明拉斯普京是间谍，但并不成功，见第 138～139 页。希什金精彩地反驳了他，请参见 Rasputin, 195 - 207。负责调查沙皇一家谋杀案的尼古拉·索科洛夫认为，拉斯普京是间谍；亚历山大·克伦斯基也同意这种看法，请参见 Sokolov, Ubiistvo, 109；VR, 672。米哈伊尔·科米萨罗夫同样声称，拉斯普京和弗艾柯夫该负责任，请参见他在 1924 年 10 月 12 日的《纽约时报》上发表的故事。

6. Maud, *One Year*, 200.

7. Le Queux, *Rasputin*, v, 115 – 17, 123 – 24.

8. Omessa, *Rasputin*, 90 – 96.

9. PAAA, 3439, R. 20366.

10. PAAA, R. 10684；5943. R. 10740. 关于卢修斯和他在瑞典的活动，见 Nekludov, *Diplomatic Reminiscences*, 338 – 43。

11. PAAA, 15260 and 15986, R. 20996. On Ropp and the league：Zetterberg, *Die Liga*.

12. PAAA, R. 20467.

13. PAAA, A 35162, R. 3079.

14. PAAA, 1001, R. 20380.

15. PA, E/3/23/4, pp. 7 – 8.

16. *KVD*, 506.

17. Zhevakhov, *Vospominaniia*, 1：132, 170, 184.

18. BA, Vostokov Papers, "Tochnye dannye," pp. 4, 15 – 17; see also Maud, *One Year*, 191. And the words of Senin in *Iuzhnaia zaria*, 4 June 1910, p. 2.

19. Rodzianko, *Reign*, 30.

20. GARF, 102. 316. 1910. 381, 49.

21. See Berger, " European Freemasonries"; idem, " Local—National—Transnational Heroes. "

22. See, for example, PZ, 54 – 55, 62 – 63; VR, 171 – 72.

23. 最权威的俄罗斯共济会成员名单上并没有古奇科夫的名字。Serkov, Russkoe masonstvo. 更多关于拉斯普京与共济会关系的探讨，见 VR, 334 – 35。

24. GARF, 102. 242. 1912. 297, ch. 1, 116.

25. GARF, 102. 242. 1912. 297, ch. 2, 83 – 84, 204 – 206ob.

26. FN, 11；GARF, 612.1.42, 5ob.

27. Den, *Podlinnaia tsaritsa*, 60, 72 – 73, 81.

28. VR, 636 – 37.

29. FStr, 295 – 303.

30. YLS, 227, 231, 233. 关于"绿党"，见 Mel'gunov, *Legenda*, 379 – 89。

31. VR, 672 – 73；Bonch-Bruevich, *Vsia vlast'*, 73 – 74；Sokolov, *Ubiistvo*, 109；idem, "Predvaritel'noe sledstvie," 282 – 87.

32. FR, 145 – 46；Shishkin, *Rasputin*, 173 – 85；GARF, 102.1916.246.357, 36 – 36ob；111.1.2979a, 291.

33. GARF, 102.1916.246.357, 37. 虽然缺乏可靠证据，但希什金仍试图将古林描述为间谍。Shishkin, *Rasputin*, 173 – 85.

34. Shishkin, *Rasputin*, 184 – 85, 211 – 16；Bonch-Bruevich, *Vsia vlast'*, 73；Danilov, *Na puti*, 180 – 81；PA, LG/F/59/1/9；Nekludoff, *Diplomatic Reminiscences*, 458 – 59；*Padenie*, 2：24 – 25.

35. *Russia in Transition*, Phillips letter to Francis, 23 March 1916.

36. NA/US, RG165, Box 2040；NA2, M1194r161, MID, "Ivan Narodny," File 9140 – 2525/224, 21 January 1918；NA2, M1194r161, MID, "Ivan Narodny," File 274, 27 April 1918；NA/US, RG 165, Box 2073.

37. GARF, 1467.1.479, 32 – 32ob；Rudnev, *La verite*；Fuller, *Foe*, 150 – 59；Pomeranz, "Provisional Government."

# 第五十八章　拉斯普京和犹太人

　　尤苏波夫曾在彼得格勒亲眼看见"有明显犹太人特征"的人出入拉斯普京家中，因此怀疑拉斯普京在做龌龊的勾当。沙弗斯基神父向沙皇抱怨说，拉斯普京同"犹太佬和各种上不了台面的人"一起外出喝酒。秘密警察发现，一位明斯克的犹太商人曾拜访拉斯普京在博克维斯科的家，并把那个商人查了个底朝天。俄国上流社会几乎不和犹太人来往。和犹太人扯上关系被视为不上档次的事或比这更糟糕的事。

　　很长一段时间以来，拉斯普京也如此认为。多年来，他一直和知名的反犹神父——比如格尔莫根和伊利奥多尔——走得很近。贝利斯事件期间，他曾猛烈抨击犹太人，热情赞扬黑色百人团的行动，许多人相信他也是黑色百人团的一员。然而，和格尔莫根、伊利奥多尔决裂后，他的态度发生了转变。拉斯普京摆脱了早年对犹太人的恶劣偏见，开始接受他们，成为他们的朋友和生意伙伴，甚至支持国家对犹太人执行宽松政策，可以说他的思想远远领先于他的大多数同胞。俄罗斯民族主义者与拉斯普京渐行渐远的事实固然是出现这种情况的部分原因，但拉斯普京本人的性格、对其他民族和信仰的包容，以及他推崇和平共处的天性也发挥了关键作用。

　　艺术家亚历山大·拉耶夫斯基回忆说，1912 年他为拉斯普京画肖像时，突然有人在工作室诅咒犹太人，拉斯普京立刻打断那个人的话。"胡说八道!"他喊道，"上帝面前人人平等……我在耶路撒冷时曾和一个犹太人一起旅行。他是个善良、虔诚的人。就像基督徒，他们中的许多人也拥有可贵的品质。"[1]黑色百人团很可能是因为这番言论才开始攻击拉斯普京的。同一年，他们嘲讽拉斯普京忙着帮"犹太佬"摧毁信奉东正教的俄国。[2]

　　和拉斯普京关系最密切的犹太人是他的秘书亚伦·西马诺维奇。西马诺维奇来自基辅，原本在当地经营一家小型珠宝店。他在20世纪初来到圣彼得堡，很快就靠向城里的有钱人出售钻石积累了一小笔财富。他还拥有几家赌场，他本人就是老辣的赌徒，知道该怎么赢或输，总在下了大赌注的赌桌上大放异彩。关于他的性格有很多大相径庭的说法。"奥克瑞那"的一份报告形容他是个"相当无耻的人，善于奉承，是个不可小觑的幕后操纵者，乐于冒险和尝试新鲜事物"。[3]但彼得格勒"奥克瑞那"的负责人格洛巴切夫认为，西马诺维奇是个诚实的赌徒，没受过什么教育，几乎无法阅读或书写俄文，但他很聪明，且早年的街头生活进一步增加了他的智慧。贝莱特斯基形容他是个无可挑剔的一家之主和父亲，关心孩子们的成长和教育。西马诺维奇靠赚来的钱成了一流商人，这种社会地位也让身为犹太人的他获得了在首都永久居留的权利。他与妻子和六个孩子一起生活在一间宽敞的公寓。许多人都说西马诺维奇很大方，总是乐意送他人小礼物或贷款给需要的人，尽管也有些人抱怨他要的利息太高。[4]革命爆发后，西马诺维奇（可能是在别人的授意下）写作了《拉斯普京与犹太人》（*Rasputin and the Jews*）一书，人们对拉斯普京的印象在很大程度上受到这本书影响。但十分遗憾的是，书中有许多谬误和

536

失实的描述（例如，拉斯普京治好了沙皇酗酒的毛病，奥尔洛夫是皇储的亲生父亲，等等）。[5]

拉斯普京被谋杀后，西马诺维奇称，他和拉斯普京于1900年在喀山的火车站因巧合相识，后来一直保持着来往，并在1911年前后越走越近。[6]西马诺维奇对赌博的沉迷是否也发挥了作用呢？1914年，圣彼得堡的媒体报道，打着"首都艺术与社交俱乐部"（Capital Arts and Social Club）旗号的最大赌场濒临破产，拉斯普京的介入让赌场老板谈下一笔巨额贷款，维持了它的运营。根据这篇文章的说法，该俱乐部因犯罪活动和非法交易而臭名昭著，但拉斯普京对此毫不在意，且他本人虽然不赌博，却喜欢在赌场看别人赌博。[7]和媒体对拉斯普京的绝大多数报道一样，我们很难求证它的真伪。

拉斯普京在西马诺维奇之前有过其他秘书。最早是拉普汀斯科娅，她聪明、诚实、勤奋；之后是一个名叫沃林斯基（Volynsky）的男人，我们对他几乎一无所知；接着是一个名叫伊万·多布罗沃尔斯基（Ivan Dobrovolsky）的人。他们扮演的角色与其说是传统意义上的秘书，不如说是拉斯普京和不计其数的请愿者之间的"守门人"。他们负责收下礼物和贿款，以及给他们的老板的其他"费用"。多布罗沃尔斯基曾是一所公立学校的校长，他和妻子玛丽亚（Maria，用维鲁波娃的话来说，她是个"浓妆艳抹的可疑人物"）从经手的钱中收了一些小费，并用逐渐积累的财富过上了奢侈的生活。拉斯普京得知此事后便解雇了他们。根据最后一位内政大臣亚历山大·普罗托波波夫的说法，多布罗沃尔斯基在1916年夏天被捕。西马诺维奇接替了他的位置。[8]

在拉斯普京生命的最后两年，西马诺维奇大部分时间都待在戈罗霍娃街的公寓里。拉斯普京一家和他十分亲近。玛丽亚亲热地称呼他为西莫奇卡（Simochka）。在赫沃斯托夫事件中，西马诺维奇救了拉斯普京一命，也因此付出了沉重的代价。拉斯普京没有忘记他，一直想让他早日结束流放生活。据说西马诺维奇在戈罗霍娃街亲眼见证了拉斯普京对犹太人的尊敬。"如果来访者中有将军，"西马诺维奇回忆，"他就会对他们开玩笑：'亲爱的将军们，你们已经习惯了享受优先服务。但这里有一些犹太人，他们没有任何权利，所以我要先见见他们。犹太人，让我们先谈吧。我愿意为你们做任何事。'"[9]

拉斯普京很可能通过西马诺维奇了解到了俄罗斯帝国中的犹太人的悲惨处境，西马诺维奇还向他介绍了一些城里的犹太名人，[10]亨里希·斯利奥斯贝格（Genrikh Sliozberg）便是其中之一。斯利奥斯贝格是一位知名律师，在俄国积极为犹太人争取各项权利。1914 年，两人第一次见面，拉斯普京请求他捐一些钱，在博克维斯科盖一座救济院。拉斯普京还请斯利奥斯贝格吃午餐，待他就像认识多年的老友。斯利奥斯贝格立马就被打动了。"他的眼中闪着某种吸引人的光芒，"斯利奥斯贝格说，"当然，他的每个动作、每句话都可以让人感觉到他不是有教养的人，但他让人很难不留心听他讲话。他的每个表情都如此生动，这证明他是个非同一般的聪明人。"[11]

他们的话题很快转向了犹太人事务。拉斯普京告诉斯利奥斯贝格，因为他的提议，沙皇才取消了在贝利斯事件中犹太男孩尤夫金斯基遇害的地方修建礼拜堂的计划。他告诉沙皇，这么做会让男孩成为殉道者，可他的遇害并非一场祭祀，所以最好别这么做。和斯利奥斯贝格吃过午餐后不久，拉斯普京公开表达了对这件事的看法。他告诉媒体，贝利斯事件不值一提，

538

不过是一群混蛋捅的娄子。[12]拉斯普京还向斯利奥斯贝格透露了自己在俄国的另一桩丑闻——"牙医事件"（Affair of the Dentists）中扮演的角色。当时犹太人没有权利居住在莫斯科，除非他们的职业是牙医。后来城里涌现了一大群手持普斯科夫（Pskov）的一家口腔医学院的毕业证书的人。官方介入调查后，曝光了一家制造假文凭的工厂，几个涉案人员被带上法庭。与此同时，犹太牙医被赶出了莫斯科。正如拉斯普京告诉斯利奥斯贝格的，许多人向拉斯普京求助，而他帮助数百人摆脱了被赶出城市的命运。拉斯普京没有说谎。其他资料可证实拉斯普京的确帮助了莫斯科的犹太"牙医"。赫沃斯托夫也表示确有此事，拉斯普京因此惹了一身麻烦，但回报只有"一顶毛帽子和一件大衣"，连他受贿得来的 3 万卢布也被用来打点相关事宜。就像"牙医"一样，许多犹太人在战争期间得到了拉斯普京的帮助，因而被免除了兵役。[13]拉斯普京和斯利奥斯贝格吃完午餐准备离开时，向他许下了解决"栅栏区"（Pale of Settlement）问题①的重大承诺。"如果我不解决这事，我就不是拉斯普京。"他对斯利奥斯贝格说。[14]他也向薇拉·茹科夫斯卡娅说过类似的话，虽然他又补充道，自己尽管很乐意看见犹太人自由自在地生活在俄罗斯帝国的各个角落，但并不赞同他们享有和俄国人一样的权利。茹科夫斯卡娅认为，拉斯普京帮助犹太人并非出于人道主义，只是为了获得金钱，但这种指控

---

① "栅栏区"是始于叶卡捷琳娜二世统治时期的专供犹太人居住的区域，位于俄罗斯帝国西部。只有拥有特殊技能或富有的犹太人才可以获得在俄罗斯帝国其他地方永久居住的权利。尽管如此，俄国各地都有来自"栅栏区"的非法移民。1915 年夏末，"栅栏区"已经名存实亡，临时政府最终在 1917 年从法律层面废除了它。——作者注

和许多文件里关于多拉斯普京不为金钱所动的描述是矛盾的。[15]即便拉斯普京真的向沙皇提过这件事，它也仅限于一场无疾而终的谈话。尼古拉和亚历山德拉终其一生都是反犹主义者，而且像当时大部分俄国人一样，不愿废除"栅栏区"或赋予犹太人他们应得的权利。拉斯普京去世、罗曼诺夫皇朝覆灭后，"栅栏区"依旧维持原样，直到1917年3月才被临时政府废除。

＊

　　德米特里·鲁宾施泰因出生于哈尔科夫一个贫穷的犹太人家庭。哈尔科夫距"栅栏区"不远，是犹太人可以定居的地方。19世纪末，那里已经是一个富有而充满活力的犹太社区。鲁宾施泰因很聪明，在雅罗斯拉夫尔一间法式学校学习，后来获得法律博士学位，进入银行界，跻身一流商人的行列，成为圣彼得堡法俄银行（Franco-Russian Bank）的负责人及董事会主席。鲁宾施泰因常被称为"米特卡"（Mitka），他拥有财富和人脉，却不被大部分精英接受。他和妻子施特拉（Stella）都想进一步提升自己的社会地位。他毫无意外地选择了投身慈善事业，因为这是被首都精英接纳的不二道路。鲁宾施泰因一家非常慷慨，给皇后在皇村创建的军事医院和维鲁波娃创建的一家诊所捐赠了巨款。1914年，他们向皇太后玛丽亚·费奥多罗芙娜创建的慈善机构捐赠了2万卢布，德米特里因此获得了四等圣弗拉基米尔勋章。鲁宾施泰因最大的愿望是成为国事顾问，但无论他有多么努力，都无法得偿所愿。他的请求不断遭到拒绝。[16]

　　到了某个时间点，鲁宾施泰因意识到如果没有拉斯普京的帮助，他就永远不可能成功。他开始频繁拜访戈罗霍娃街，1915年秋天，他引起了"奥克瑞那"的注意。11月，一位暗探在报告中写道，鲁宾施泰因住在察里津斯卡亚大街（Tsaritsynskaya Street）5号的宅邸中，它是索菲亚·伊格纳季耶娃伯爵夫人的宅邸。他希望通过拉斯普京的协助买下这栋房子，并答应向拉斯普京支付买入价的20%作为佣金。报告还称，鲁宾施泰因还在瓦西里岛上租了一栋房子，用于让士兵疗伤。拉斯普京以这件事为由头，安排了一次他和皇后的会面。[17]

亚历山德拉第一次在写给尼古拉的信中提到鲁宾施泰因是在1915年9月。鲁宾施泰因或是本人告诉皇后，或是托拉斯普京向皇后转告说，他捐赠了1000卢布用于发展俄国尚在起步阶段的空军事业。如果他能够被任命为国事顾问，他会再捐赠50万卢布。亚历山德拉觉得这个要求令人厌恶："在现在这种时候，提这样的请求真无耻。慈善都是花钱买来的，太邪恶了！"作为现实主义者，拉斯普京告诉亚历山德拉，虽然她认为这种做法欠妥，但在国家迫切需要资金的现在这种时候，还是应该批准鲁宾施泰因的请求。[18]鲁宾施泰因不是唯一的例子。还有一个名叫伊格纳季·马努斯（Ignaty Manus）的受洗犹太人也是富有的银行家、实业家。像鲁宾施泰因一样，马努斯向慈善事业捐赠了大量金钱。1915年，他获得了国事顾问的头衔。马努斯也曾因为同样的理由接近拉斯普京，那时拉斯普京是唯一能接近皇后的人，而皇后会向沙皇传话。不管是掌有权力的人还是寻求权力的人，都无法忽视拉斯普京。根据格洛巴切夫的说法，这两人都曾为拉斯普京举办盛大的派对和舞会。依靠拉斯普京的协助，他们做成了大生意，获得了重要合约。每达成一桩交易，拉斯普京都能分到一笔佣金。他有时很满意自己的所得，有时则会吵吵闹闹，要求更多。他用这些钱来维护戈罗霍娃街的公寓和供养博克维斯科的家人，但大部分都被他施舍给了有需要的人。[19]这是一种以满足私利为出发点的人际关系。他们利用拉斯普京，拉斯普京也利用他们，大家都有很强的目的性。

在当时的社会偏见下，拉斯普京与马努斯和鲁宾施泰因等人的关系很快就引起了外界关注。有两个人试图揭露他们关系的本质，这两人分别是米哈伊尔·邦奇-布鲁耶维奇将军（General Mikhail Bonch-Bruevich，北方前线参谋部负责人弗拉基米尔·邦奇-布鲁耶维奇的兄弟），以及他的下属尼古拉·白特辛上校（Colonel Nikolai Batyushin，后被提拔为将军）。邦奇-布鲁耶维奇对揪出间谍这件事十分狂热。"马亚萨伊多夫事件"后，他相信间谍已经渗透进军队、皇宫、政府和前线。他发誓要把德国间谍赶出自己的国家，而且在这件事上没人比他更较真。白特辛和他的上司有着同样的狂热。1916 年春天，他接到米哈伊尔·阿列克谢耶夫将军的命令，要他组建一个委员会，彻底消灭军队中的间谍活动。该委员会执行的第一个任务是"调查威胁国家内部安全的活动"，调查对象是银行家德米特里·鲁宾施泰因参与的金融交易。阿列克谢耶夫提出一个要求：不准向拉斯普京透露这次调查，因为拉斯普京用一己之力就可以让他们的工作陷入瘫痪。调查开始前，白特辛就认定鲁宾施泰因有罪，相信他的慈善之举只是为了掩盖某种不可告人的真相的烟幕弹。白特辛和许多人一样，相信拉斯普京是被蒙在鼓里的工具，受间谍（如德米特里·鲁宾施泰因）操纵。白特辛认为鲁宾施泰因肯定向拉斯普京透露了德军的情报，知

541

道他会把它们转告给亚历山德拉和尼古拉。这样一来，德国人就能打乱俄国的部署，从而使俄军按柏林的预想调兵遣将。他还相信拉斯普京肯定从鲁宾施泰因手里收受了巨额贿赂。白特辛的目标是扳倒鲁宾施泰因，同时摧毁拉斯普京。[20]

其他人也在追踪拉斯普京和犹太富人的交往。1916 年 2月，"奥克瑞那"留意到，拉斯普京成了阿布拉姆·博贝尔曼（Abram Boberman）宴席上的常客。博贝尔曼是萨马拉的犹太商人，常在自己下榻的欧洲大酒店设宴款待来宾。警方称，博贝尔曼参与了"大规模金融操作；他的大部分生意都和 G. 拉斯普京有合作"。同时，他也是戈罗霍娃街的常客。[21]媒体上充斥着拉斯普京和人合伙做生意的报道，他的合作对象有些名声不正，还有些是外国人，且交易涉及军火。除此之外，据说拉斯普京还和博贝尔曼商量在彼得格勒盖一家电影院，展示电影放映机这一托马斯·爱迪生的最新发明。人们普遍相信这些生意有行贿嫌疑，拉斯普京从中捞了一大笔。[22]

百德莫夫于 1916 年 10 月 8 日写给拉斯普京的信揭露了游戏规则：

亲爱的拉斯普京·叶菲莫维奇：

"上帝高高在上，沙皇遥不可及"，因此人们仍在说该让谁来关心他们生活中碰到的严峻问题。大臣依旧如此懦弱无能，只有国家杜马抽他们几鞭，他们才会无奈地动一动。并非每个人都可以唤起他们的注意力，让他们关心迫在眉睫的问题。中间人随处可见，他们在索取大笔金钱后，会努力影响大臣的决定。但并非所有中间人都值得信任，很多人拿了钱却不一定办事。现在有一位当事人愿意花一大笔钱，因此我希望你可以引起亲爱的沙皇的注意，只有他才可以影响参议院的运作。如果他采取普通方式，那就要花上很长时间等待结果。我还想补充一句，这可是工业发展中的一个关键问题。我向你传达当事人最为诚挚的请愿，请相信我和库尔洛夫将军。他告诉我们，如果事成，他可以给我们 5 万卢布。我们拒绝拿他的钱，不过我们的确告诉他会帮忙问你，看看你是否可以通过合适的渠道解决这件事。这是一桩好生意，而且它本来就是正当的事。应该让大臣们明白，沙皇本人正在关注它的进展。……

给你诚挚的爱，彼得·百德莫夫[23]

当然，百德莫夫没有拿钱的说法不太可信，但他清楚地暗示如果愿意帮忙，拉斯普京就可以参与瓜分这 5 万卢布。

邦奇-布鲁耶维奇和白特辛认为，为了弄清间谍的秘密活动，他们需要找一个了解反间谍手段并能接近关键人物的人。他们选中了有"俄国的罗坎博雷"之称的伊万·马纳谢维奇-马努伊洛夫，虽然他们对他多少有些保留。他们十分清楚他的"两面派"特质，而且了解他的新角色是大臣会议主席施蒂默尔的特别助理，也就是说他非常可能是拉斯普京的盟友。邦奇-布鲁耶维奇和白特辛无法百分百确定马努伊洛夫会选择与他们合作还是作对，但他们认为值得去试探他一番。[24]

起初，各种线索显示德国间谍网的负责人不是鲁宾施泰因，而是马努斯。沙皇的随从、俄国军事行动的官方记录官德米特里·杜本斯基将军（General Dmitry Dubensky）坚称，银行界的一个可靠消息来源反映称，马努斯操控着援德的资金流。3 月 1 日，马努斯被扣下问话，但他大喊大叫地否认自己是德国间谍或属于任何"亲德派"，之后便获释了。[25]

与此同时，马努伊洛夫报告说，白特辛对鲁宾施泰因的怀疑似乎可以得到证实。7 月 10 日，鲁宾施泰因因间谍罪和叛国罪被关押在普斯科夫。他们去鲁宾施泰因的住处搜集能支持马努伊洛夫的情报的证据，但白特辛和他的手下出乎意料地一无所获。白特辛不愿接受他们想找的文件并不存在的事实，认为有人提醒了鲁宾施泰因，鲁宾施泰因因此销毁了证据，通风报信者可能是内政大臣普罗托波波夫，或那年 3 月上任的警察局局长叶夫根尼·克利莫维奇。[26]

白特辛无法提供证据，这让负责审理鲁宾施泰因一案的检察官谢尔盖·扎瓦德斯基（Sergei Zavadsky）大感震惊。扎瓦德斯基形容白特辛的行为是"孩子气的胡闹"，因为除了谣言和八卦，他什么也没有。扎瓦德斯基说，如果鲁宾施泰因真的有罪，那么白特辛及其同僚就是他最好的掩护者；如果他是清白的，那么这种做法就太"可怕"了。其他人的批评更加激烈。1916 年下半年被重新任命担任两个月内政部副大臣的帕维尔·库尔洛夫大力抨击了白特辛及其同僚，认为他们的行动远远超出了其职权范围，而且极其专横武断。库尔洛夫称，白特辛指挥下的反间谍行动成了"白色恐怖"。[27]

8 月底，白特辛选择的合作伙伴马努伊洛夫被捕，这让他的工作面临更大的困境。警察局局长克利莫维奇指控马努伊洛夫参与敲诈勒索。警方称，有证据表明马努伊洛夫试图敲诈莫斯科联合银行 26000 卢布（该银行的老板是塔季谢夫，拉斯普京曾推荐他出任财政大臣）。此外，他还从法俄银行（其董事会主席不是别人，正是鲁宾施泰因）非法收取现金。这次拘捕被视作对拉斯普京的打击，因为马努伊洛夫是拉斯普京的盟友。克利莫维奇是失宠的前内政大臣阿列克谢·赫沃斯托夫的朋友，也和赫沃斯托夫的叔叔亚历山大·赫沃斯托夫走得很近。亚历山大在 1916 年 7 月上旬至 9 月中旬担任内政大臣，这正是马努伊洛夫被捕之际。[28]克利莫维奇是个狠角色。内政部的一份档案文件显示，他在 1907 年担任莫斯科"奥克瑞那"负责人时，曾参与谋杀杜马代表、民主立宪党成员犹太人格里高利·伊奥拉斯（Grigory Iollas）。[29]拉斯普京和亚历山德拉都没有忘记这件事。

逮捕行动将白特辛置于相当尴尬的境地：如果没有马努伊洛夫的协助，白特辛便无法开展工作；但考虑到马努伊洛夫受到的指控和指控的严重性，为他脱罪是不可能做到的事。实际上，克利莫维奇逮捕马努伊洛夫的真正原因很可能正在于此，而不是为了攻击拉斯普京和他的圈子。[30]无论出于何种目的，结果都一样。白特辛明白，抓捕拉斯普京的努力失败了。如果西马诺维奇的话可信（尽管它听上去相当可疑），白特辛现在只能放下面子，向维鲁波娃求助。尼古拉把白特辛叫到最高统帅部，威胁要革他的职，但在阿列克谢耶夫的求情下，白特辛还是保住了自己的职位。此后，白特辛转变了对拉斯普京的态度，甚至尝试讨好他。[31]或许这便是调查委员会把白特辛列为67 个"拉斯普京党"之一的原因。[32]

1916 年 5 月，亚历山大·列扎诺夫上校也加入进来，和白特辛一起依照阿列克谢耶夫的指示行动。列扎诺夫是司法部官员，多年来一直被控从事间谍活动。他和邦奇 - 布鲁耶维奇、白特辛一样，坚信间谍活动在犹太实业家之中十分猖獗。1921 年，他在巴黎向调查员尼古拉·索科洛夫叙述了犹太人

544

的间谍网是如何运作的。许多大型保险公司都开展控制国外风险的保险业务，但这只是一种巧妙的掩护，这种活动的真正目的在于把俄国的军工产品信息和军事机密泄露给敌人。根据列扎诺夫的说法，所有大型公司都参与其中。他告诉索科洛夫，亚历山大·伊万诺维奇·古奇科夫在这些活动中扮演了重要角色。调查委员会搜集了古奇科夫的犯罪证据，但在实行逮捕前，革命爆发了，古奇科夫因此逃过一劫。

另一位关键人物是鲁宾施泰因。列扎诺夫称，他们在鲁宾施泰因家中没收的加密信件可证明他参与了间谍活动。至于拉斯普京，列扎诺夫称自己和他有数面之缘。列扎诺夫告诉索科洛夫，自己不认为拉斯普京是间谍，但他的身边从不缺少间谍，他们都受马努伊洛夫指挥，每个人都在为自己的利益行动。列扎诺夫称，在俄国组织整张间谍网的人是身在瑞典的赫尔穆特·卢修斯·冯·斯托登。然而，柏林外交档案馆保存的卢修斯的信件表明，此人没有参与指挥、布置在俄国的间谍。这一事实令列扎诺夫的指控的可信度大打折扣，我们无法判断他向索科洛夫所供证词的真伪。[33]

＊

545　　　拉斯普京和亚历山德拉没有对鲁宾施泰因、马努伊洛夫的命运袖手旁观。9 月 26 日，亚历山德拉给尼古拉写信，称普罗托波波夫认同她和拉斯普京的观点，即对鲁宾施泰因的调查和拘捕只是为了摧毁"我们的朋友"，而且幕后黑手一定是古奇科夫。亚历山德拉不认为鲁宾施泰因是正直的人（"他肯定参与了肮脏的金钱交易，但这么做的不止他一个"——她如此告诉尼古拉），但针对他的行动从一开始就带着偏见。她希望沙皇释放

上左：尼古拉·扎法科夫亲王，拉斯普京的信徒，神圣宗教会议副主席（1916）。

上右：拉斯普京的秘书亚伦·西马诺维奇，他编造了许多关于拉斯普京的神话。

下图：伊万·马纳谢维奇－马努伊洛夫（中）和大报编辑、政治人物在一场舞会上。前排左侧：《新时代》编辑米哈伊尔·苏沃林。前排右侧：土耳其大使图尔汉·帕沙（Turkhan Pasha）。

拉斯普京遭古谢娃袭击数年后。

1915 年，拉斯普京给雕塑家瑙姆·阿伦森当模特。

左图：《火花》刊登了阿伦森创作的半身像作品，这件作品与拉斯普京的《我的思考与反思》同时发布，为拉斯普京的"作家新角色"拉开帷幕。

右图：1915年，肖像画家、插画家尤里·安年科夫（Yury Annenkov）创作的拉斯普京素描。

拉斯普京，蠢猪。1915 年 2 月，彼得格勒期刊《鲁金》（*Rudin*）发表《蠢猪》（"The Swine"）一文的配图。该文将拉斯普京比作一头叫万卡（Vanka）的猪，即一个"猪唐璜"（porcine Don Juan），它神不知鬼不觉地控制了贵族的庄园，贵族的女儿们都沦为这头猪的情人。

拉斯普京罕见的晚年照片，是肖像画家、人像摄影师西奥多拉·克拉鲁普在彼得格勒的工作室为他拍摄的。

上左：内政大臣阿里克谢·赫沃斯托夫（1915~1916）。

上右：斯捷潘·贝莱特斯基，内政部副大臣（1915~1916）。

下图：米哈伊尔·安德罗尼克夫亲王。

伊利奥多尔的纸条：同意以 6 万卢布的报酬加入赫沃斯托夫谋杀拉斯普京的阴谋。

左图：费利克斯·尤苏波夫亲王和他的新娘伊琳娜。

右图：季娜伊达·尤苏波娃公主。

ENOV0027750　Russia: April 1, 1910. Grand Duke Dmitry Pavlovich leaning on an automobile. He was involved in a plot against Rasputin. ©RIA Novosti / The Image Works
Image contains a halftone screen　　NOTE: The copyright notice must include "The Image Works" DO NOT SHORTEN THE NAME OF THE COMPANY　　Image contains a halftone screen　©RIA Novosti / The Image Works

德米特里·帕夫洛维奇大公。

左图：弗拉基米尔·普里什克维奇。

右图：谢尔盖·苏霍京中尉。

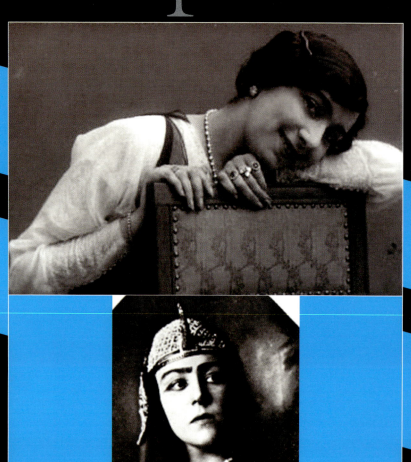

谋杀拉斯普京当晚，舞蹈家薇拉·卡拉莉（上图）和德米特里同父异母的姐姐玛丽安娜·德费尔登（下图）可能都在尤苏波夫宫。

上图：谋杀现场。尤苏波夫亲王费尽心思营造了谋杀当天的氛围。他精心挑选可以彰显其富有和品位的家具，希望让受害者分心。

下图：12月17日早晨，警方拍摄的尤苏波夫宫外的院子，当时距谋杀仅过去数个小时。拉斯普京显然是从边门逃出的（左侧黑色的小长方形处），打算跑过院子。调查员发现了雪地上的血迹，一直延伸到大门附近。

上图："额头中枪"——官方验尸报告在这张照片下方这么写道，揭示了拉斯普京的死因。他身上可怕的伤口大多是由浮冰、水流以及把他从水中打捞起来的钩子造成的。

下图：俄国报纸的头条，标题为"格里高利·拉斯普京被谋杀。新的细节—拉斯普京传记—《拉斯普京的一生》的场景"。两张照片，一张是拉斯普京被谋杀前最后的肖像画，另一张"在他的信徒中传播甚广"。

上图：拉斯普京被谋杀仅几天后，弗拉基米尔·佩利亲王创作的讽刺亚历山德拉的漫画。亲王是德米特里大公同父异母的兄弟，他的父亲是保罗·亚历山德罗维奇大公，即德米特里的父亲；他的母亲是保罗的情妇奥尔加·卡尔诺维奇（Olga Karnovich，日后被称为佩利王妃，成为保罗的妻子）。就像许多人一样，佩利低估了亚历山德拉的坚强程度，她没有在失去她的朋友后崩溃。

下图：彼得格勒工学院的焚烧炉。拉斯普京的遗体很可能是在 1917 年 3 月上旬于此被火化。

Церковь, спѣшно строившаяся надъ могилой Распутина.

左图：拉斯普京的下葬地，位于皇村中以维鲁波娃名义修建的教堂地下。

右图："处死格里沙·拉斯普京"。君主制崩溃后出版的《"自由"年鉴》封面。头部中枪后拉斯普京仍设法逃跑，但被普里什克维奇打倒。

Гришка Распутинъ, проснувшiйся послѣ пьяной оргiи.

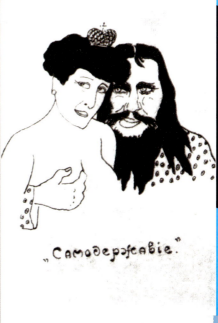

"Самодержавiе".

左图：制造神话。同一期《"自由"年鉴》复制了一幅 1914 年夏天拉斯普京被古谢娃袭击后在秋明医院养伤的画，但这一次标题换成了："从宿醉纵欲中醒来的格里沙·拉斯普京"。

右图："Самодержавие"，对俄文"独裁"一词——samoderzhavie——的戏谑用法，它的字面含义为"掌握在自己手中"。这幅画很可能出现在君主制崩溃不久后。

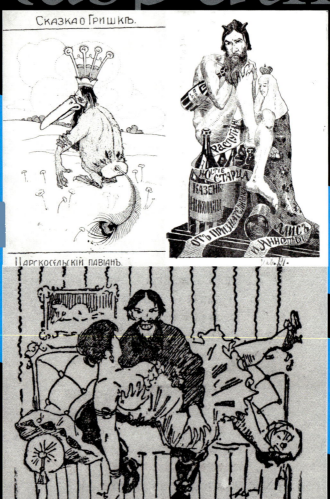

上左：讽刺连环画《格里沙故事》（"The Tale of Grishka"）中的一幕，皇村的孔雀其实是只狒狒。

上右：1917 年的一张明信片，画面上是喝醉的、邪恶的拉斯普京和亚历山德拉。

下图: 好色之徒拉斯普京和皇后在皇宫中，来自《堕落者格里沙的故事》（*The Tale of Grishka the Reprobate*）。

上左：1917 年春天，《拉斯普京、苏霍姆利诺夫、马亚萨伊多夫和普罗托波波夫有限公司》的海报。这部电影分四部分，包括"俄罗斯清仓大甩卖——批发和零售""人民屠夫""公司的崩溃"等。

上右：1917 年春天出版的《新爱情神话》（ New Satyricon ），图题为"此纪念碑为俄国革命的主要英雄而立"，献给拉斯普京和普罗托波波夫。

下图：二月革命期间，两个侏儒打扮成内政大臣普罗托波波夫和"格里沙·拉斯普京"的模样，骑在一口写有"旧政权"的棺材上，参与一场莫斯科的大型工人示威。

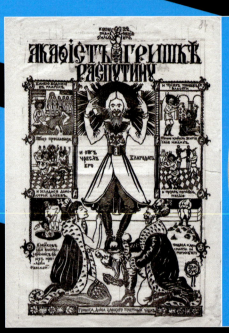

左图：一首亵渎神明的赞美诗（akathist，俄罗斯东正教和东方天主教基督徒吟唱的赞美诗。——译者注），献给"格里沙·拉斯普京，沙皇皇室的名誉成员"。两侧的画面包括拉斯普京一生中的某些场景：在公共浴室和裸体女人一起"祷告"；在皇宫中和一个赤裸上身的女人跳舞；颁发奖牌；被普里什克维奇射杀。下方的画面中，有一个男人在拉斯普京的坟墓上大便。

右图：拉斯普京的女婿鲍里斯·索洛维约夫。沙皇一家被囚禁在托博尔斯克时，他是沙皇和皇后与安娜·维鲁波娃之间的秘密信使。

The State Rights' Sensation That Will Make You a Fortune

HERBERT BRENON
Presents
THE FALL of the
ROMANOFFS
With
ILIODOR
The Famed "Mad Monk" of Russia
and an all-Star cast including
NANCE O'NEIL ― CONWAY TEARLE
ALFRED HICKMAN ― EKATERINA GALANTA
and a score of others

Herbert Brenon's Screen Masterpiece Tells the Amazing Story of Rasputin and the Russian Court, of Social and Religious Intrigues and of a Nation's Dramatic Stroke for Liberty.
Personally Directed by Herbert Brenon

ILIODOR PICTURE CORPORATION
729 7th Avenue, New York City     ::     ::     Telephone: Bryant 7340

上图：1918 年 4 月 27 日，玛利亚女大公和父母一起被从托博尔斯克带往叶卡捷琳堡，途中在博克维斯科换马休息时，她画下了这幅拉斯普京家的素描。

下图：伊利奥多尔，影星。1917 年电影《罗曼诺夫皇朝的覆灭》（*The Fall of the Romanoffs*）的广告，电影中，命运多舛的伊利奥多尔为了挽救君主制，亲自上阵对抗拉斯普京。

左图：拉斯普京一家，博克维斯科，1927 年。德米特里·拉斯普京、他的母亲普拉斯科维亚、他的妻子费奥克蒂斯塔，以及卡佳·皮什金娜（后排）。

右图：玛利亚·拉斯普京娜，马戏团演员、驯兽员，巴黎，1935 年。

左图：2014 年，秋明市立医院前竖起一尊拉斯普京的玻璃钢雕像。一百年前，拉斯普京因被古谢娃袭击在此疗伤。除皇村公园中的一处非正式纪念地外，它是俄罗斯境内唯一一座拉斯普京雕像。

右图：克拉鲁普创作的最后一幅拉斯普京肖像画，落款为日期 1916 年 12 月 13 日，即拉斯普京被谋杀四天前。

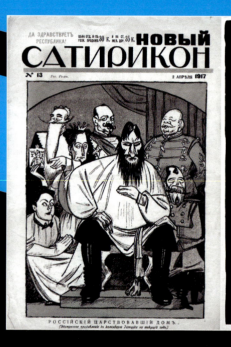 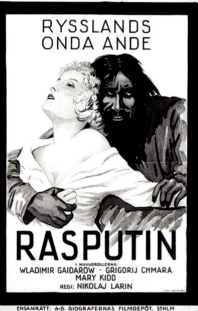

左图："俄罗斯帝国的统治家族"。《新爱情神话》(1917年4月)的知名封面。画面上，拉斯普京是真正的沙皇，他的身边围绕着尼古拉和亚历山德拉、首相鲍里斯·施蒂默尔、内政大臣亚历山大·普罗托波波夫和战争大臣弗拉基米尔·苏霍姆利诺夫。安娜·维鲁波娃跪在他的脚下祷告。

右图：1928年瑞典电影《俄罗斯的恶灵》(*Russia's Evil Spirit*)的海报。电影带有强烈的种族主义视角，将拉斯普京描绘成捕食欧洲女性的野兽。自从拉斯普京进入公众视野以来，他就一直是银幕的"宠儿"，折射出人们的各式恐惧和担忧。

鲁宾施泰因，或悄悄把他从普斯科夫弄去西伯利亚，"不要留他在这里激怒犹太人"。[34]她和拉斯普京不止一次地写信为鲁宾施泰因求情。鲁宾施泰因于12月6日获释，但对他的指控并没有被撤销。不久后，他再次被捕；直到二月革命爆发，人们冲击彼得格勒的监狱时，他才和大批囚犯一起重获自由。[35]

12月10日，亚历山德拉再次给尼古拉写信，恳求他取消即将在15日进行的对马努伊洛夫的审讯。她称，白特辛见过维鲁波娃，认为不该进行审讯，因为他意识到对马努伊洛夫的指控都是为了伤害拉斯普京而捏造的。根据白特辛的说法，幕后指使者是阿列克谢·赫沃斯托夫，他到处跟人们说，"奇克"（Tchik，这是亚历山德拉或赫沃斯托夫为鲍里斯·勒热夫斯基取的昵称）没有杀死拉斯普京让他十分失望①。审讯会再次唤醒人们关于赫沃斯托夫谋杀拉斯普京之企图的记忆。亚历山德拉根本不敢往下想。她让尼古拉对马努伊洛夫的案子下达"中止调查"的命令，并立刻通知司法大臣亚历山大·马卡罗夫，免得太晚了。与此同时，她恳求尼古拉解雇马卡罗夫，因为她相信马卡罗夫是拉斯普京的敌人，还提出最好让马卡罗夫的副手尼古拉·多布罗沃尔斯基接替他的职位。沙皇照做了。十天后，多布罗沃尔斯基取代马卡罗夫成为司法大臣，马努伊洛夫暂时重获自由，他的审讯被推迟到了2月。[36]（有谣言说，多布罗沃尔斯基的术士身份让他得到亚历山德拉的提拔。）[37]15日,亚历山德拉给尼古拉写信："感谢你对马努伊洛夫的处　546

---

①　值得注意的是，赫沃斯托夫曾试图用毒酒谋杀拉斯普京，而当时向拉斯普京送毒酒的人正是鲁宾施泰因。赫沃斯托夫认为这是一石二鸟之举：拉斯普京会死，鲁宾施泰因会被投入监狱。参见 Mel'gunov, *Legenda*，400－401。——作者注

置（"我们的朋友"拉斯普京也向你道谢）。"[38]沙皇的决定让众人义愤填膺。在 2 月中旬的审讯后，马努伊洛夫被判有罪。他被剥夺一切财产，并被关入了监狱。但他也没有在监狱里待太久：和鲁宾施泰因一样，人们于 2 月底冲击监狱时，他便重获自由了。

普罗托波波夫告诉调查委员会，鲁宾施泰因重获自由后心怀感激地购买了价值 500 卢布的鲜花送去拉斯普京的公寓。他补充说，用这样的方式宣扬拉斯普京的能力真是愚蠢的做法。[39]拉斯普京的确在释放鲁宾施泰因一事上出了力，可不管有没有送过花，鲁宾施泰因发现拉斯普京不能再为他所用后，就毫不犹豫地站到了拉斯普京的对立面。罗曼诺夫皇朝覆灭后，他在接受波兰媒体的采访时称，他一直是拉斯普京"坚定不移的敌人"，从来不是他的朋友。他称，自己从未向拉斯普京求助，事实恰恰相反，拉斯普京和维鲁波娃曾以皇室的名义，并以支持财政部为由，强迫他从自己的银行拿出一笔钱，如果不这样做他就会失去所有和政府有关的业务。他承认，拉斯普京的确协助他谈成了几笔生意，但很快就开始陷害他。可无论如何，如果不是拉斯普京接受了鲁宾施泰因的妻子发自肺腑的恳求，鲁宾施泰因绝不可能重获自由，也无法逃脱死亡的下场。[40]

## 注 释

1. OR/RNB, 1000. 1975. 22, 26ob.

2. Firsov, in Tereshchuk, *Grigorii Rasputin*, 484 – 86.

3. PZ, 196.

4. VR, 620；Globachev, *Pravda*, 72；Sliozberg, *Dela*, 3：349；HIA, Batyushin, "V chem byla sila；" FN, 30 – 31.

5. See FN, 30 – 32.

6. OR/RNB, 307. 80, 10.

7. *PK*, 11 April 1914, p. 2；GARF, 102. 242. 1912. 297, ch. 1, 34 – 45.

8. 关于多布罗沃尔斯基, 见 Globachev, *Pravda*, 72；RR, 276 – 77；FR, 137 – 38；FB, 381；VR, 455；*Padenie*, 5：238 – 39。

9. *GRS*, 1：370 – 71.

10. 谨慎地参见 "Rasputin i evrei" in Simanovich, *Rasputin*, 42 – 48。

11. Sliozberg, *Dela*, 3：347 – 48.

12. GARF, 102. 316. 1910. 381, 152.

13. *GRS*, 2：347；VR, 614 – 18.

14. Sliozberg, *Dela*, 3：347 – 49.

15. Mel'gunov, *Vospominaniia*, 1：205.

16. RR, 279 – 80；Bokhanov, *Delovaia elita*, 217；*Padenie*, 7：412；VR, 629 – 30；PZ, 188 – 89.

17. GARF, 111. 1. 2980, 196 – 96ob.

18. VR, 631.

19. Globachev, *Pravda*, 72；RR, 280 – 81；Bokhanov, *Delovaia elita*, 178；*Padenie*, 1：178 – 80；Guchkov, *Guchkov*, 88 – 89.

20. HIA, Batyushin, "V chem byla sila Rasputina," 3, 26 – 35, 61 – 66, 69 – 71；VR, 623 – 26, 631；Batyushin, *Tainaia*, 219；Fuller, *Foe*, 150 – 59, 163 – 69.

21. GARF, 111. 1. 2980, 213.

22. GARF, 102. 242. 1912. 297, ch. 2, 133；*Den'*, 21 December 1916, p. 72；FR, 137；Lemke, *250 dnei*, 2：346；*Za kulisami*, xiii, 31.

23. GARF, 713. 1. 9, 1 – 1ob.

24. VR, 620, 627 – 30；HIA, Batyushin, "V chem byla sila Rasputina," 61 – 66, 69 – 71.

25. *Padenie*, 6：390 – 91；Gessen, "Ignatii."

26. HIA, Batyushin, "V chem byla sila Rasputina," 3, 26 – 35.

27. VR, 633；Mel'gunov, *Legenda*, 398 – 403.

28. GARF, 102. 314. 35, 29; *WC*, 573 – 75; Lauchlan, *Hide*, 182; VR, 638 – 40; editors' commentary in Batyushin, *Tainaia*, 244 – 48.

29. GARF, 102. 314. 35, 29; *Gosudarstvennaia Duma*, 234 – 35.

30. 关于这种解读，见 editors' commentary in Batyushin, *Tainaia*, 246 – 48。

31. VR, 640 – 41; Simanovich, *Rasputin*, 108 – 109.

32. GARF, 1467. 1. 13, 26ob, 38.

33. Sokolov, "Predvaritel'noe sledstvie," 282 – 87.

34. *WC*, 607; VR, 632; Den, *Podlinnaia tsaritsa*, 74; Rassulin, *Vernaia Bogu*, 317 – 18.

35. VR, 632; *Padenie*, 2：326.

36. *WC*, 666 – 68. 解雇日期被错记为 12 月 22 日。VR, 640.

37. Nekludoff, *Diplomatic Reminiscences*, 452.

38. *WC*, 677 – 68.

39. *Padenie*, 5：238 – 39.

40. SML, Spiridovich Papers, 359, Box 14, Folder 5, clipping.

41. *Odesskiia novosti*, 22 December 1916, p. 2.

# 第五十九章 "太阳将照耀……"

6月中旬，拉斯普京离开彼得格勒前往托博尔斯克，出席
约安·马克西莫维奇的封圣仪式。拉斯普京动身前，托博尔斯
克的行政长官尼古拉·阿尔多夫斯基-塔纳夫斯基前往首都见
了拉斯普京，尝试说服他别去，因为在人群中警方难以保障他
的安全，他的生命安全可能会受到威胁。拉斯普京没有理睬他
的提醒。6月的最后一天，拉斯普京从托博尔斯克给沙皇发去
一封电报："圣人约安·马克西莫维奇大主教用他充满力量
的、神圣的、全能的手祷告，（能）阻挡没有信仰的人、敌人
的军队和邪恶势力。太阳将照耀我们的军队，善良将赢得最后
的胜利。"[1]7月2日，他给维鲁波娃写信："我刚在安放遗体的
神殿参加了圣餐仪式。出席仪式的人纯朴又简单，他们中没有
一个官僚或贵族。他们每个人都信仰上帝，与上帝对话。我们
即将往维尔霍图里耶。"[2]维鲁波娃回信说，前线的天气不太好
（寒冷又下雨），请求他祷告，这样"上帝就会保佑前线迎来
晴天"。拉斯普京照做了，但没什么用。太阳始终不肯露脸。
7月底，拉斯普京返回彼得格勒。

初夏时分，拉斯普京在斟酌好几件事。回托博尔斯克前，
他让亚历山德拉在信中向尼古拉提了不少问题和建议。他想知
道该如何正确对待杜马，是否该撤换彼得格勒的总督亚历山
大·欧本兰斯基（Alexander Obolensky），该如何看待首都领

取食物的长队，以及该为日益严峻的粮食和能源危机负责任的究竟是内政大臣还是农业大臣。近来火车票价从 5 戈比上涨到了 10 戈比，拉斯普京对此非常不满。他让亚历山德拉转告尼古拉，定价这么高"对穷人不公平——应多向富人征税，而不是向每天搭不止一趟火车的那些人"。拉斯普京尤其不赞成不准现役士兵在战争期间搭乘首都有轨电车的相关规定，他告诉维鲁波娃必须向亚历山德拉和尼古拉转告此事。他认为这么做十分荒唐且不公平，会在普通士兵中激起对可以自由搭乘电车的军官的厌恶和愤怒。在拉斯普京看来，这是一项必须废止的政策。在这点上，拉斯普京看得很准，因为这项不必要的羞辱性规定后来成了煽动愤怒情绪的关键因素，继而导致了二月革命的爆发。亚历山德拉要尼古拉将此事转告施蒂默尔，还说拉斯普京让尼古拉对大臣强硬一点。拉斯普京还表示，在他去博克维斯科之前，他希望沙皇能回皇村暂住一两日，以便他们讨论这些"最基本的"事务。[3] 尼古拉没有理睬拉斯普京，继续留在最高统帅部。

7 月 7 日，沙皇完成了对政府高官的又一次"大洗牌"。施蒂默尔保住了大臣会议主席之职，但亚历山大·赫沃斯托夫取代他成为内政大臣。亚历山大曾担任司法大臣，是之后谋杀拉斯普京的凶手之一阿列克谢·赫沃斯托夫的叔叔。亚历山大·马卡罗夫被任命为新的司法大臣。外交大臣谢尔盖·萨佐诺夫被解职，他的工作暂时交由大臣会议主席施蒂默尔处理。[4] 拉斯普京和亚历山德拉均不满对马卡罗夫的任命。两人还在为 1912 年时马卡罗夫对伊利奥多尔信件丑闻的处理耿耿于怀，认为他没能尽力保护皇后。尽管如此，他们还是多少感到安慰，因为马卡罗夫没被任命为内政大臣（尼古拉在 5 月时曾如此考虑），而司法大臣的权力相对较小，没那么危险。[5]

　　然而，拉斯普京似乎已经开始密谋弄垮新上任的大臣。8月2日，安德罗尼克夫亲王以"最高机密"的形式给皇宫卫戍司令弗拉基米尔·弗艾柯夫写信，告诉对方马努伊洛夫和白特辛的副手亚历山大·列扎诺夫上校曾前来拜访自己。马努伊洛夫告诉安德罗尼克夫他正忙着策划扳倒赫沃斯托夫、马卡罗夫和施蒂默尔的阴谋。"格里高利·拉斯普京在这件事中扮演了重要角色，"马努伊洛夫承认，"因为拉斯普京信不过亚历山大·赫沃斯托夫，认为他和阿列克谢·尼古拉耶维奇·赫沃斯托夫没什么两样。"至于马卡罗夫，他之所以成为攻击对象，是因为他没对拉斯普京表现出应有的尊敬。

　　　　马努伊洛夫用嘲讽的语气大声宣称，皇后比任何人　549
　　都强大，会好好看着"意志薄弱的沙皇"。到此为止！那
　　帮阴暗的家伙。马努伊洛夫和上校会统治俄国，接着，我
　　们就必须以最快的速度逃走，不然后果简直不堪设想！

　　　　无论如何，我们现在必须支持赫沃斯托夫和马卡罗
　　夫，联合起来对抗那些无赖和骗子，他们只关心个人利
　　益，从不考虑皇室和祖国的未来！

　　　　这是来自我灵魂的呼唤，希望可以引起您高贵心灵的
　　共鸣！[6]

安德罗尼克夫的这封信究竟想说什么？他和马努伊洛夫见面的事是真的吗？就算真有会面的事，他在信里说的就是事实吗？还是说，这只是安德罗尼克夫阴谋的一部分，他这样做是为了向弗艾柯夫和新大臣们传达好意？这封信和当月晚些时候发生

的马努伊洛夫被捕一事有关吗？马努伊洛夫的被捕是信中提到的内政大臣赫沃斯托夫发起的反击吗？

安德罗尼克夫还在信中写道，"那帮人"留意到神圣宗教会议主席沃尔任的很大一部分原因是他不买维鲁波娃的账，甚至拒绝拜访她。沃尔任已经厌倦了针对他的阴谋，安德罗尼克夫所不知道的是，8月1日，也就是这封信写下的前一天，沃尔任提交了辞呈。沃尔任推荐的继任人选未获考虑，最高层决定启用尼古拉·雷夫。这是个令人遗憾的决定。雷夫分量不够，而且甚至不是神职人员。他早年学习亚洲语言，后在教育部工作多年，其间创办了一所女子大学。沙弗斯基后来如此评论了他那平庸的思想和惹人发笑的外表：乌黑发亮的假发、染过色的八字胡和下巴上的大胡子把雷夫刷了漆般的油亮脸颊衬得更突出了。"他给人未老先衰的印象，而且不够正派。"沙弗斯基写道。[7]让雷夫获得任命的首要因素是他作为帕维尔·雷夫（Pavel Raev）的儿子的身份。帕维尔（于1898年去世）曾担任圣彼得堡都主教，他更为人所知的名字是帕拉季（Pallady）。让皮季里姆出任圣彼得堡神学院院长的人正是帕维尔。拉斯普京见了雷夫，和他谈了一个多小时。然后，拉斯普京告诉亚历山德拉，这个人是"上帝派来的真正使者"。[8]雷夫明白是谁提拔了他，也十分清楚对方的要求——他保证会让扎法科夫做自己的助手。[9]如今，一切都尘埃落定。拉斯普京获得了操纵教会的权力，他的对手则败得体无完肤。

*

7月28日，亚历山德拉和她的女儿们离开皇村前往最高统帅部，计划在那里庆祝阿列克谢的生日。拉斯普京发来了最诚挚的祝福: "这是光芒四射的一天, 钟声在一片光明中响起, 它的声音将永伴我们左右。这是上帝的恩赐, 敌人不可夺去。"[10]拉斯普京鼓励亚历山德拉拜访最高统帅部, 称上帝乐意看到她这么做, 并借此"将他的祝福撒向军队"。[11]在那里, 亚历山德拉同阿列克谢耶夫将军谈起了拉斯普京。她送给将军一幅来自她的朋友的圣像。之后, 她告诉尼古拉, 希望将军在正向情绪下收下这份礼物, 因为它会给部队带来更多祝福。后来, 阿列克谢耶夫向最高统帅部的外勤军官德米特里·季霍布拉佐夫上尉 (Captain Dmitry Tikhobrazov) 转述了亚历山德拉的话: "他是个如此神圣、令人不可思议的男人, 却被人肆意诽谤。他满怀真诚地对待我们一家, 热切地为我们祷告。相信我, 将军, 如果他可以拜访最高统帅部, 一定会给每个人带来更多快乐。"

阿列克谢耶夫皱起眉头, 冷淡地回答: "告诉皇后, 关于这件事, 很久之前我就有了自己的判断, 不可能改变。我还想补充一点。如果他出现在最高统帅部, 我就立刻辞职。"

"这是你的最后决定吗, 将军?"

"毫无疑问, 是的。"

至此, 他们的对话结束。季霍布拉佐夫留意到, 阿列克谢耶夫的话语非常坦诚, 他却从没有因为公开抨击拉斯普京受挫。阿列克谢耶夫不仅没被革职, 还深受尼古拉尊敬, 虽然亚历山德拉的想法可能不同。[12]

亚历山德拉带女儿们回皇宫后写信给尼古拉, 让他和阿列克谢耶夫谈谈拉斯普京。"正是因为拉斯普京, 一年前你才能如此坚定, 在所有人的反对声中承担起指挥的重任,"她写道, 描述的内容与实际情况多少有些出入, "只要告诉他, 他就会理解拉斯普京的智慧——许多理解拉斯普京的人因为拉斯普京的祈祷而在战场上逃过一劫，更不用说我们的孩子和阿妮娅（维鲁波娃）了。"11月，阿列克谢耶夫心脏病发作，被送往克里米亚疗养。在亚历山德拉看来，这就是上帝的惩罚。[13]沮丧的阿列克谢耶夫告诉沙弗斯基："你知道的，格里高利神父，我想辞职。工作没有一点意义：你无权决定，对局势又无能为力。真的，不然你能拿那个孩子怎么办！他正在悬崖边跳舞……还一幅心平气和的样子。那个疯女人正操控着国家大事，围在她身边的尽是一群蛀虫：拉斯普京、维鲁波娃、施蒂默尔、雷夫、皮季里姆……"[14]

551

*

8月9日，拉斯普京和他的女儿们、维鲁波娃、莉莉·德恩、季娜伊达·勒热夫斯卡娅、两名贴身男仆以及一名宪兵离开首都，去西伯利亚。动身前，拉斯普京交给亚历山德拉两朵玫瑰，作为送给阿列克谢的礼物。这个队伍会代表皇后前往托博尔斯克，在新追封为圣人的约安·马克西莫维奇的遗骸前祷告。维鲁波娃当时心情低落，不想离开首都，而且她拄着拐杖，走路又慢又痛苦，但拉斯普京坚持要她去，她便照做了。[15]在托博尔斯克，他们住在下城区一栋属于行政长官的白色大房子里，那里恰好是1917年夏末至1918年春天沙皇一家被囚禁的地方。他们只计划停留两天，向存放遗骸的神殿致敬，接着就会搭蒸汽船去博克维斯科。[16]拉斯普京坚持要众人去他家做客，普拉斯科维亚热情地招待了大家。他们在那里待了一天，一起钓鱼，拜访拉斯普京的农夫朋友。拉斯普京告诉莉莉·德恩，希望有一天沙皇夫妇也能来这里。她回答说，这里太偏远，对他们来说太过劳累。但拉斯普京很坚决，严肃地又说了一遍："他们必须来。"[17]

离开博克维斯科后，他们又去了维尔霍图里耶。塔玛拉·希什金娜（Tamara Shishkina）——她的母亲是当地一所女子学校的校长——亲眼见证了他们的来访。

真是令人难以想象，大教堂里挤满了人。拉斯普京和他身边的一群人站在教堂正中。每个人都穿着正装，许多人是从叶卡捷琳堡甚至更远的地方赶来的。教堂里的每件东西都闪闪发亮……

格里高利·叶菲莫维奇·拉斯普京站在为了迎接他而铺设的地毯上。他上身穿着一件亮黄色的衬衫，衣服上装饰着肩带和流苏，下身是一条宽松的紫色裤子，鞋子擦得锃亮，梳着整齐的中分头。他热切地祷告，在胸前画着巨大的十字。他是如此沉静而全神贯注，脸上洋溢着愉悦之情。

礼拜仪式结束后，人们从讲坛上搬来一个巨型十字架，把它安放在教堂正中的架子上，供每个人亲吻。第一个上前亲吻十字架的人是拉斯普京，接着是和他一起来的人。在他们之后，一群信徒几乎是朝十字架扑去，试图接近拉斯普京，好好端详"长老"一番，摸摸他。就在此刻，人们恰好把我推到了"长老"身边，就在他的右手臂，也就是他用来祈祷的那只手旁。

我们在维尔霍图里耶停留了三天。就像格里高利·叶菲莫维奇抵达城里的那天一样，同样的场面每天都在上演。到处都是聚在一起的人，他们都在谈论自己与"长

552

老"的邂逅，或是他在教堂里神情肃穆的祷告。[18]

停留期间，拉斯普京和身边的人在守斋戒，并在圣西蒙的遗骸前祷告。拉斯普京给尼古拉发了一封电报："我们在义人的圣殿实现了愿望。他会治愈我们，会给我们的军事指挥官清醒的头脑。清醒的头脑会让我们大获全胜。"[19]他还写信祝贺沙皇担任军事总指挥一周年，似乎选择在这样一个时间点进行这次旅行既是为此事祷告，也是为请求圣人在战争中助沙皇一臂之力。接着，他们拜访了修道院几英里外位于森林深处的马卡里的简陋住处。维鲁波娃带着浓厚的兴趣听拉斯普京和马卡里两人谈话。[20]马卡里认识拉斯普京许多年了，他们初遇时拉斯普京还只是一位普通的朝圣者。这是他们的最后一次见面。维鲁波娃和德恩从维尔霍图里耶启程返回了彼得格勒，拉斯普京则回了老家。

## 注　释

1. *WC*, 498 – 99, 507; Ordovskii-Tanaevskii, *Vospominaniia*, 392 – 97; *KVD*, 331 – 32, 355.
2. GARF, 612.1.61, 79.
3. *WC*, 340 – 41, 496 – 98, 505, 508, 532, 541, 546; Pipes, *Russian Revolution*, 83.
4. Faleev, "Za chto," 173.
5. *WC*, 473 – 74.
6. RGIA, 1617.1.63, 53 – 54ob.
7. Shavel'skii, *Vospominaniia*, 2：67.
8. FR, 174 – 76；*WC*, 571.

9. *WC*, 562n339.

10. *KVD*, 360.

11. *WC*, 529.

12. CU, Bakhmeteff Archive, Tikhobrazov Papers, Box 3, Rasputin i stavka, pp. 5 – 11.

13. *WC*, 547, 655.

14. VR, 609 – 10.

15. *KVD*, 364 – 66; *WC*, 548, 550n30; RGIA, 878.2.186, 155; *Tsesarevich*, 62.

16. Vyrubova, *Stranitsy*, 121.

17. Den, *Podlinnaia tsaritsa*, 69 – 71; Vyrubova, *Stranitsy*, 121.

18. Smirnov, *Neizvestnoe*, 21 – 23.

19. *KVD*, 370.

20. VR, 642; Rassulin, *Vernaia Bogu*, 121.

# 第六十章　神化拉斯普京

　　9月5日晚，拉斯普京前往皇宫，亚历山德拉单独接见了他。他让皇后向沙皇转交两朵花和一张字条，字条上写着："我们享受着暴风雨后的温暖，太阳即将升起，把喜悦带给虔诚的英雄。光明和祝福与他们同在。"[1]第二天，亚历山德拉在信中向尼古拉转达了更多拉斯普京的想法："他说，从今天起我们就会收到好消息。我拜访过数次的那座修道院（他知道那里，多年前他漫游俄国时曾在那里祷告）中的画像告诉他，一个奇迹会拯救俄国。因此我马上去了那里，反正它离家不远。圣母玛利亚的脸庞是如此甜美。"[2]尼古拉回信："温柔地亲吻你，还有 A① 和我们的朋友。"[3]

　　玛利亚的圣像也许会拯救俄国，但与此同时，还必须更换更多大臣。鲁宾施泰因事件和马努伊洛夫被捕证明了内政大臣亚历山大·赫沃斯托夫和他的助手克利莫维奇将军对拉斯普京来说很危险。赫沃斯托夫刚上任两周，情况就发生了变化。7日，亚历山德拉向尼古拉转告，拉斯普京提出的人选是亚历山大·普罗托波波夫。"我想，任命他是最好的选择了，"她热情洋溢地写道，"从四年前起，他就十分喜欢我们的朋友，这已经足够说明他是怎样的人……请听听他（拉斯普京）的意

---

① 指维鲁波娃。——作者注

见，他只会为你打算，而且上帝赋予了他更多的洞察力、智慧和启示，比整个军队拥有的还多。他对你、对俄国的爱是如此深沉，上帝派他来协助你、引导你、诚挚地为你祈祷。"[4]

9 日，尼古拉感谢她传达了"我们的朋友的意思"，保证会考虑普罗托波波夫。"我必须好好想一想，这个名字让我很意外，"他十分坦率地写道，"正如你所知道的，我们的朋友对别人的评价有时会让人摸不着头脑。在挑选高层官员时必须非常谨慎。"[5]

1866 年，普罗托波波夫出生在辛比尔斯克（列宁和卡尤娅·古谢娃的出生地）的一个贵族家庭。拉斯普京称呼他为"加里宁"（Kalinin），但这个叫法没什么特别含义。普罗托波波夫生来就聪慧且有天赋，在孩提时代就学会了数种语言，曾师从儒勒·马斯内（Jules Massenet）学习钢琴，在皇宫担任过侍卫，后来又接手了家族的棉花工厂。他于 1905 年的革命后踏入政坛，成为十月党人的领袖，在罗将柯领导的第四届杜马中担任副主席。他外貌出众，举止文雅。侍从武官彼得·巴吉利夫斯基（Pyotr Bazilevsky）曾形容道："普罗托波波夫有一种魅力，每个和他打过交道的人都会被他的真诚以及发自内心的优雅谈吐和举止打动。"[6]

但外在表现并不能说明一切，普罗托波波夫也有不对劲的地方。比如，他有时会表现得很奇怪，在他人在场的情况下突然对着桌上的圣像自言自语。这类古怪的举止部分可归咎于梅毒导致的精神错乱（他在担任侍卫时染上了这种疾病），部分可归咎于药物成瘾。他拜访了百德莫夫医生，开始依赖后者的神秘粉末。他会抽搐、突然哭泣，还会听到头脑里的奇怪声音，并与之对话。他经历过一次精神崩溃，在百德莫夫经营的

554

疗养院住了六个月，这栋装修华丽的大别墅就位于首都南部。据说，他还是知名精神病专家弗拉基米尔·别赫捷列夫的病人，但别赫捷列夫也对他无能为力。[7]"在细节上眼光毒辣，但缺少全局观，"亚历山大·布洛克这样评价他，"有天赋，但不安分且缺少自制力。"[8]有一件事是肯定的：他热爱罗曼诺夫皇室，尤其是皇后。他相信是命运召唤他来拯救俄国的。[9]

正是在百德莫夫的疗养院中，普罗托波波夫第一次见到了拉斯普京，时间很可能是在1913年。从一开始，拉斯普京就看好普罗托波波夫。[10]在1916年拉斯普京决定换掉亚历山大·赫沃斯托夫后，百德莫夫就在铸造厂大街的家中为两人组织了几次"聚会"，希望他们能相互增进了解，然后拉斯普京能提名普罗托波波夫。最后推了普罗托波波夫一把的人很可能正是百德莫夫本人。百德莫夫显然在某种程度上控制了他的病人。他努力推普罗托波波夫上位，很可能是为了进一步推进他的医疗事业和各种计划。只要他能说服拉斯普京，他相信后者一定会让维鲁波娃向皇后推荐普罗托波波夫。至于普罗托波波夫的助手，百德莫夫推荐了帕维尔·库尔洛夫将军，此人是百德莫夫的生意伙伴和前警察局局长。[11]与此同时，百德莫夫很清楚拉斯普京是怎样的人。"'鞭身派'教徒、骗子、说谎精"——百德莫夫曾如此形容拉斯普京，但当然没让对方知道自己的这种看法。[12]

按照计划，百德莫夫、库尔洛夫和拉斯普京会构成新的权力的"三驾马车"，而普罗托波波夫会成为他们的人。拉斯普京对普罗托波波夫很满意。拉斯普京知道，此人不会像阿列克谢·赫沃斯托夫那样尝试杀了自己，也不会像亚历山大·赫沃斯托夫及其助手克利莫维奇将军那样，策划针对自己和自己盟友的阴谋。普罗托波波夫的杜马经验意味着他也可以在那里捍卫拉斯普京。作为推普罗托波波夫上位这一计划中的一个环节，百德莫夫给皇后写信，称拉斯普京、维鲁波娃乃至沙皇夫妇都处于巨大的危险之中。他称，他们被"阿泽夫的追随者包围了"。这里他说的是臭名昭著的双面间谍耶夫诺·阿泽夫（Yevno Azef），此人同时为社会革命党和"奥克瑞那"做事，在1905年协助组织了对沙皇的叔叔谢尔盖·亚历山德罗维奇大公的暗杀行动。"阿泽夫的追随者诡计多端、头脑灵活，但他们通常怀有十分危险的目的。我想，我们已经被提醒过多次。我认为，沙皇的身边应该多些能尽心尽力地工作的人。"[13]与此同时，拉斯普京写信向尼古拉推荐普罗托波波夫。拉斯普京告诉沙皇，普罗托波波夫是个"让人嫉妒的人"，特别热爱祖国，内心十分"单纯"。拉斯普京告诉亚历山德拉，普罗托波波夫是"我的不二人选"，他会"成为你的太阳，给我带来喜悦"。[14]可怜的普罗托波波夫完全处于他的掌控之中，几乎无法以自己的意志参与这场游戏。普罗托波波夫的兄弟称，他是"一个被一群魔鬼绑架的婴儿"。[15]

9月16日，亚历山大·赫沃斯托夫被革职，普罗托波波夫接替了他的职位。拉斯普京十分欣慰，但他现在必须让"加里宁"明白他应该扮演的角色。22日，亚历山德拉给尼古拉写信称，普罗托波波夫"需要听我们的朋友的指示，要防止他自我膨胀"。[16]任命公布后，据说普里什克维奇告诉杜马成员们，普罗托波波夫一定向拉斯普京行过贿。[17]法国大使帕莱奥洛格说，虽然俄国的每个人都对对普罗托波波夫的任命惊讶不已，"但柏林的人一定早就知道了这件事"。[18]

对普罗托波波夫的任命一向被视为拉斯普京运作的结果，

556

但真相其实更加复杂。1916 年夏初，外交大臣谢尔盖·萨佐诺夫曾向沙皇推荐普罗托波波夫出任政府高层，还在 7 月 19日安排两人见了面。尼古拉对普罗托波波夫的印象相当不错。尼古拉很快就有了想法，认为普罗托波波夫是经过理智考虑定下的人选，因为他能够帮助缓和自己与杜马的关系。实际上，对普罗托波波夫的任命一经公布，不仅自由派满意，连激进分子也对此表示欢迎。亲社会党的报纸的评价很积极，说选择普罗托波波夫"将开启政府与社会和解的新时代"。美滋滋的亚历山大·古奇科夫称，这是"民意的巨大胜利"。[19] 股市在普罗托波波夫接受任命的那天全线上扬。然而，事实证明这只是短暂的蜜月期。

*

9 月 21 日晚，拉斯普京、普拉斯科维亚以及他们的女儿在维鲁波娃位于皇村的家中面见了皇后。也许在此次会面中，拉斯普京让亚历山德拉向尼古拉转达了一系列指示。几天后，她照做了。

> 请好好保管我的信。我们的朋友恳求你向普罗托波波夫转达以下事项。如果你能让他听我们的朋友的话、相信他的建议，就太好了。请让我们的朋友觉得你没有在回避他的名字。每次谈到他时，我都感到内心平静。普罗托波波夫在身体十分虚弱时认识了他，那是许多年之前，是百德莫夫带他来的。提醒普罗托波波夫小心安德罗尼克夫的靠近，尽量远离那个人。抱歉打扰你了，但我总是担心你工作时会废寝忘食，会忽略一些事，所以让我扮演你的笔

记本吧，我的阳光。

向普罗托波波夫转达：

1. 想办法让苏霍姆利诺夫出狱；

2. 弄走鲁宾施泰因；

3. 留意那位官员；

4. 为官员加薪，展现你对他们而不是大臣们的善意；

5. 关于食品供给，以严厉、坚定的语气告诉他，必 557 须尽一切努力恢复正常——由你亲自下令；

6. 告诉他要听我们的朋友的建议，他会因此得到祝福和协助，你也会。请就这么说，让他知道你信任他——他多年前就认识我们的朋友了。[20]

请好好保管这封信。

沙皇和他的大臣照办了。

10月12日，前战争大臣弗拉基米尔·苏霍姆利诺夫从彼得保罗要塞重获自由。他的获释激起了群愤，每个人都相信，他和已被处死的他的手下马亚萨伊多夫一样，也是个叛徒。他被释放的理由引发了一系列猜测，许多都集中在苏霍姆利诺夫长相出众的妻子身上。苏霍姆利诺夫的第三任太太叶卡捷琳娜·布托维奇·苏霍姆利诺娃（Yekaterina Butovich Sukhomlinova）比她的丈夫小三十四岁，是一位人气颇高的音乐厅歌手，一心想提升自己的社会地位。叶卡捷琳娜知道怎么把丈夫弄出监狱。苏霍姆利诺夫曾是拉斯普京的敌人，但叶卡捷琳娜制定了一个让拉斯普京帮助自己的计划。她拜访了拉斯普京。拉斯普京第一次见到叶卡捷琳娜时，就被她迷住了。"这个世界上只有两个女人偷走过我的心，"据说他曾这么告诉马努伊洛夫，"她们就是维鲁波娃和苏霍姆利诺娃。"叶卡捷琳娜设法让拉斯普京时刻惦记着自己。拉斯普京去克拉鲁普的工作室当模特期间，她频繁给拉斯普京打电话，问他什么时候有空去看她。[21]

整个夏天，拉斯普京拜访了叶卡捷琳娜六十九次。她不仅满足了拉斯普京的需求，很可能还付给了他一大笔现金，因此达成了自己的愿望：她先被引荐给维鲁波娃，接着是皇后。她在皇后面前诉说丈夫的清白。拉斯普京本人也插手了这件事，让亚历山德拉要求尼古拉释放又老又病的将军。"所有人——即使是最十恶不赦的罪人——在饱受恐惧的折磨后，其灵魂也会有得到升华、净化的时刻。这时，我们就该伸出手，在他们坠入痛苦和绝望前拯救他们。"他如此告诉沙皇夫妇。无论拉斯普京协助苏霍姆利诺夫的动机是什么，其结果都是公正的，因为苏霍姆利诺夫确实是无辜的。接着，拉斯普京又敦促撤销对苏霍姆利诺夫的审问。[22]亚历山德拉同意了，恳求尼古拉在11月1日杜马重开会议前就驳回整件事，因为他们肯定会再次借此攻击拉斯普京。

"我十分担心你，我的甜心、具有包容心的小天使，"她
558 在10月31日写道，"但我相信我们的朋友，他总在为你、为我们的孩子、为俄国设想。在他的指引下，我们终将渡过难关。这将是一场艰难的战斗，但上帝的使者就在你的身边，会保护你乘坐的船平安驶过暗礁，而阳光就在暗礁之后。保持内心坚定，不要对自己的决定动摇，怀着信念和爱，为那阳光、为我们的祖国而战斗。"尼古拉被皇后的话打动了，他还按她的说法调整了官员的薪水。

信中出现的"那位官员"指的是彼得格勒总督亚历山大·欧本兰斯基。拉斯普京不喜欢他，想找人取代他。拉斯普

京最大的不满主要在于首都日益严峻的粮食危机，他认为欧本兰斯基在这件事上处置不力。早在当年 1 月，拉斯普京就开始担心食物短缺且价格过高等问题，他颇有先见之明，预见到这不仅会让城里穷人的生活越发艰难，还可能引发动荡，影响国家稳定。[23]拉斯普京的确十分关心平民。他的女儿玛丽亚回忆道：

> 运输延误特别让他生气，它加剧了城里的饥荒。
>
> "人们必须有东西吃，"他会这样大喊，"您必须让他们运些玉米来，陛下。您必须让他们运来更多玉米，而不是士兵和弹药。上帝可不想见到玉米烂在货仓和谷仓里。不管玉米什么时候运到，你都必须把它们分给挨饿的人。"[24]

拉斯普京甚至计划让皇后领导一个组织，亲自向首都的穷人施舍面包和面粉。他向亚历山德拉提出了这个想法，她很支持。拉斯普京希望，皇后可以真正站在街上分发食物，以此表达她对普通人的真诚关怀。然而，这个想法没有付诸实践。[25]

那年秋天，拉斯普京不停给农业大臣阿列克谢·博布林斯基伯爵（Count Alexei Bobrinsky）写信：①

> 请原谅我的唐突，但我们需要更多肉制品，别让彼得格勒的人挨饿。拉斯普京。

> 抱歉，那些陌生人让你操心了，填饱他们的肚子，别　559

---

① 这些字条充斥着语法和拼写错误，拉斯普京甚至写错了自己的名字。——作者注。

让他们挨饿。他们告诉我吃不饱。拉斯普京。

　　请再多运些燕麦来吧，奥伦堡的人更可怜。我们需要很多很多燕麦。彼得格勒的货运司机很担心，这可不是件好事。西伯利亚还有些吃的，填饱彼得格勒和莫斯科的人的肚子吧。[26]

收到拉斯普京抱怨粮食危机的字条的不止博布林斯基一人。那时，拉斯普京向许多人表达了这种担心。[27]

　　欧本兰斯基和拉斯普京见了一面。他派出最豪华的汽车去接拉斯普京到自己的办公室。问候拉斯普京时，欧本兰斯基因为感到紧张而有明显的颤抖。他花了整整一小时为自己辩护，坚称自己尽了全力，保证今后在履行职责时会征求拉斯普京的意见。他拿出一大沓信和请愿书（都是过去几年里拉斯普京转交给他的），称自己总是尽最大努力尊敬每个人。拉斯普京质问欧本兰斯基有没有收受贿赂，欧本兰斯基否认了，但坦白说他的助手收了不少。拉斯普京走后，总督甚至因为紧张过度而哭出了声。

　　这是一次非同寻常的会面。欧本兰斯基不仅是一位重要官员，他还出生在俄国最古老的贵族家庭之一，曾担任御前大臣，是沙皇的重要随从。这样一个人却在一个西伯利亚农夫面前卑躬屈膝，担心丢掉自己的官职，担心在沙皇面前失宠。这样的片段在拉斯普京的一生中很少见，它清晰地展现了其影响力是如此强大。这无疑是对拉斯普京的神化。欧本兰斯基的自我羞辱并没能拯救他自己，11月，他被解除职务，以旅长的身份被派往前线。

　　拉斯普京对如何更快包装和销售食品有不少具体建议，希望能以此缓和人们排长队时的怨气。他表达了所有想法，但没有被采纳。[28]他还提议把食品供给的工作从农业和交通运输部转移到内政部。然而，普罗托波波夫拖拖拉拉，这让拉斯普京勃然大怒。待内政部接手工作后，气急败坏的大臣博布林斯基又故意破坏新的采购体系。他向全俄地方官员发通知，要他们无视所有普罗托波波夫的指示。[29]拉斯普京的提议无疑是明智的，但就算没有博布林斯基的阴谋诡计，它也很可能不会奏效。到了1916年秋天时，问题集中爆发了。其中之一便是运输系统瘫痪：当时，俄国可能已经没有足够的运力把最基本的食物运往挨饿的城市。[30]无论如何，拉斯普京对粮食危机的关注都十分有先见之明，但如果有人在1月时就积极回应他的担心，事情的发展可能会完全不同。最终，彼得格勒于2月爆发了面包骚乱。

\*

除了忙着为粮食危机提建议，拉斯普京还多番指出该如何提升俄国尚在起步阶段的空军的实力（他对总出故障的发动机有一些想法），为波兰的自治出谋划策（他本人并不赞同自治，认为沙皇必须把他的帝国完整地传给他的儿子），就俄国该如何与盟友谈判发表意见（他坚持要英国和法国公开秘密协议的内容，即在战后把君士坦丁堡交给俄国），建议把国内的卫理公会派教徒送上战场（让他们挖战壕，在前线协助医疗事务）。[31]在拉斯普京眼中，事情并无大小之分。

"拉斯普京造成的破坏不可估量，但他曾尝试为俄国和沙皇的统治出力，"古尔科评价道，"而不是伤害它们。如果仔细阅读皇后的书信（里面包含大量拉斯普京的建议），我们就会发现虽然拉斯普京的建议大多显得简单、幼稚，但完全不至于真正伤害到俄国。"[32]古尔科的看法让人很难不认同。

## 注　释

1. *KVD*, 371；*WC*, 554；GARF, 1467. 1. 479, 18ob – 19.

2. *WC*, 571.

3. *KVD*, 372.

4. *WC*, 573 – 75.

5. *LP*, 472.

6. FR, 178 – 79；NIOR/RGB, 15. 4. 1, 68ob – 70.

7. FR, 179 – 81；Sliozberg, *Dela*, 3：352 – 53；Savich, *Vospominaniia*, 172 – 73.

8. Blok, *Sobranie sochinenii*, 5：363 – 64.

9. Globachev, *Pravda*, 95.

10. Shulgin, *Years*, 270.

11. FR, 179 – 80；*Za kulisami*, x – xv；*WC*, 514n308.

12. GARF, 713. 1. 50, 1 – 3ob.

13. *Za kulisami*, 29 – 30.

14. GARF, 713. 1. 52, 2, 5 – 6.

15. VR, 661；and see Blok, *Sobranie sochinenii*, 5：363 – 64.

16. *WC*, 598.

17. Shishkin, *Rasputin*, 162.

18. AD, Correspondance politique et commerciale, Guerre, 1914 – 18：répertoires. Dossier Général, No. 644, No. 102.

19. Lyandres, "Progress Bloc," 451 – 55.

20. *WC*, 595, 610. And *KVD*, 386.

21. Krarup, *42 Aar*, 128.

22. 最好的文献资料是 Fuller, *Foe*, 40 – 60, 80 – 83, 190, 203 – 205,

209。此外还有 Shulgin, *Years*, 233 - 35；*WC*, 600, 634；拉斯普京写给维鲁波娃的电报，见 GARF, 612.1.61, 70。

23. *WC*, 373, 582 - 83, 610 and n371a, 634 and n387；Gatrell, *Russia's First*, 154 - 75.

24. RRR, 53 - 54.

25. FDNO, 276.

26. RGADA, 1412.3.1593.

27. *LP*, 473；*WC*, 631 - 32, 636, 638 - 39；Vasil'ev, *Ochrana*, 134 - 35；VR, 435.

28. *WC*, 584, 598, 612.

29. Coonrod, "Fourth Duma," 8, 22 - 24.

30. Gatrell, *Russia's First*, 169 - 72；Fuller, *Foe*, 229 - 30.

31. *WC*, 549, 573 - 75, 627.

32. VR, 435.

# 第六十一章　愚蠢还是叛国？

"非常期待你回来，只要两天就够，" 10 月 2 日，亚历山德拉给尼古拉写信，"来接受我们的朋友的祝福，这会给你新的力量。我知道，你很勇敢，很有耐心，但你只是人类。让上帝安抚你，减轻你的痛苦，赐予你新的智慧和能量。我不只是口头上说说——我真的对此深信不疑。"[1]

然而，在亚历山德拉称颂拉斯普京的力量之时，后者的生活正濒临失控。他的女儿玛丽亚回忆道：

> 最后那段日子里，他喝酒很凶，这让我觉得他很可怜。酒精没有影响他的思考能力，他说得更兴奋了……普罗托波波夫向我抱怨说，他（拉斯普京）很累，很痛苦，只有上帝才能帮助他。如果可以的话，他会搬去某个不起眼的修道院，然而，他不可能放弃对"他们"——沙皇和皇后——的爱。

其他人也观察到了类似的情况。拉斯普京的出版商菲利波夫称，每次拉斯普京来见他时，总想尽快灌醉自己，然后会叫来吉卜赛女孩，开始寻欢作乐。格奥尔基·萨佐诺夫告诉调查委员会：

> 我记得他去世的六个月前的一天，他喝得醉醺醺地来

见我，还痛苦地抽泣着告诉我，他昨天一整晚都在和吉卜赛人痛饮，豪爽地花了 2000 卢布，而他本该在清晨 6 点去见皇后的。我带他去了我女儿的房间。抽泣中，拉斯普京说："我太邪恶了，是个魔鬼。我有罪，我已经不再是圣人了。我不配待在这个纯洁的房间里。"我相信他的悲伤是十分真实的。[2]

萨佐诺夫认为，拉斯普京酗酒是因为内心受到折磨，他明白自己很堕落，希望用酒精减轻痛苦。玛丽亚却认为这是一种预兆。"临近 1916 年年底时，我父亲的头脑中似乎笼罩着一片乌云。是因为他察觉到了身边人的敌意吗？他是不是已经感到自己成了攻击目标？或许他神秘地预感到了自己的死期？"[3]

其他人也一致认为，1916 年秋天时，拉斯普京相信自己的生命再次受到了威胁。他感到危险正在逼近，要求增加守卫人数。一天，一位女士出现在戈罗霍娃街。他察觉到一丝异样，要求对方给他看她的右手拿的是什么。当时，她正握着一把左轮手枪，然后把它交给了拉斯普京。她说她是来谋杀他的，但在看到他的双眼后意识到自己做错了。[4]或许，拉斯普京已经接受了他的生命即将走到尽头的事实。父亲被谋杀一年后，玛丽亚在日记中写道，那段时间她的父亲经常叨念："死亡是我的小伙伴。"[5]

10 月 25 日（公历），人称帕皮斯的热拉尔·昂科斯在巴黎去世。据说，他曾在 1905 年告诉尼古拉，他会用尽一切手段防止俄国爆发革命，可一旦他去世，他的力量就会完全失效。一位 T 女士告诉法国驻俄大使帕莱奥洛格，她曾看见高

562

罗维纳拿出一封帕皮斯写给亚历山德拉的信，信里谈到了拉斯普京。这封信如此结尾："从某种神秘主义的观点出发，拉斯普京就是一个容器，就像潘多拉魔盒，容纳了所有邪念与罪恶——所有存在于俄国人身上的恶。如果这个容器坏了，我们就会看到里面那些令人恐怖的东西遍布俄国的每个角落。"据说，皇后把这封信拿给了拉斯普京。"这正是我反复在说的话，"他回应道，"我一死，俄国就会灭亡。"6

*

10 月 19 日，一群杜马代表把普罗托波波夫叫到了罗将柯的公寓。代表们十分气愤，因为他们中竟然有人愿意和施蒂默尔这样的人共事，还释放了苏霍姆利诺夫。在他们看来，普罗托波波夫已经背叛了他们，和敌人站到了一起。他们要求他马上辞职。普罗托波波夫中了圈套。他本以为自己是来参加讨论的，而不是会成为被质问的对象。普罗托波波夫解释说，苏霍姆利诺夫还没有获得自由，他只是离开了监狱，但被软禁在家中。至于对他和施蒂默尔共事的指控，普罗托波波夫坚称热爱沙皇对自己来说才是最重要的事，认为自己正在做的事是职责所在，没有必要理会政府中其他人的目光。然而，普罗托波波夫不愿回答和拉斯普京有关的任何问题，尤其是拉斯普京是否干预了对大臣的任命。普罗托波波夫告诉米留科夫，这是个"秘密"。代表们告诉普罗托波波夫，他让杜马和十月党人蒙羞。普罗托波波夫离开时，米留科夫在众人面前朝他大喊："你正在让俄国走向毁灭。"舒尔金则指责他是犹大。7

普罗托波波夫曾这样向调查委员会说明自己和拉斯普京的关系：

所有因他而出现的破坏与厌恶，我都不能归罪到他身上。他身边围绕着一群邪恶的、不道德的人，他们一味追求个人利益，利用他干了各种肮脏事……我没有参与类似的事。我要做的是摆平麻烦，扑灭丑闻，为酗酒和接二连三的狂野派对善后。正如你所看到的，我在某程度上很成功。[8]

根据数份报告的内容，杜马代表还对普罗托波波夫在 6 月出国访问时遇到的事起了疑心。那次，普罗托波波夫与一名杜马代表及数名参议院成员一同访问欧洲，途中见了英国国王乔治五世和意大利国王维托里奥·埃马努埃莱（Victor Emanuel）。回程经过瑞典时，普罗托波波夫与代表团中的德米特里·奥苏菲夫伯爵（Count Dmitry Olsufev）和亚历山大·瓦西列夫又去见了弗里茨·瓦尔堡（Fritz Warburg）。瓦尔堡是德国大使馆的顾问，还是极有影响力的汉堡银行家马克斯·瓦尔堡（Max Warburg）的兄弟。人们对这次会面的性质一直有许多猜测。有人认为，普罗托波波夫试图通过瓦尔堡试探德国人对单独媾和的态度；另一些人则相信，虽然单独媾和是他们的目的，但不是普罗托波波夫本人的意思，他只是依俄国驻德大使阿纳托利·涅克柳多夫（Anatoly Neklyudov）的指示行事。但两种推测都是错误的。根据涅克柳多夫的说法，会面是普罗托波波夫的主意，但目的不是与德国人单独媾和，而是了解德国国内的普遍情绪，普罗托波波夫一行人也调查了英国和法国的民意。会面的消息传回俄国后，毫无疑问已严重与事实不符，例如，传言中，普罗托波波夫见的是德国大使而不是瓦尔堡。这件事引发了人们对普罗托波波夫的强烈怒意。俄国人无法相信，一位支持战争的杜马代表竟然变成了一个与黑暗势

564

力结盟的叛徒。媒体刊登的故事进一步煽动了群众的愤怒，普罗托波波夫在回国后就瑞典的事做了解释，但他提供的与传言相悖的说法只是让事情变得更加糟糕了。[9]

德国档案馆中保存的加密电报显示，俄国的敌人手段高明地扭曲了真相。一位身在瑞典的官员心满意足地给柏林的外交部写信，汇报了普罗托波波夫和奥苏菲夫会面的事如何被"错误地解读"，以及俄国媒体如何报道了此事。德国人还巧妙地放出关于施蒂默尔的消息，称他愿意让德意志帝国接管波兰，还抱怨英国企图毁掉俄国。这是德国使出的舆论妙计。[10]

这个故事骗过了彼得格勒的法国和英国代表，他们均认为要非常严肃地对待单独媾和的可能。"危机近在眼前，"当时，法国大使馆的一份报告写道，"而且不容小觑。"法国人在俄国皇宫和外交部的朋友们告诉他们："做好准备，最近或许会发生让你们大吃一惊的事。你们有预防措施吗？你们理顺了所有事情吗？"[11]

10月底，尼古拉和亚历山德拉去基辅拜访皇太后玛丽亚·费奥多罗芙娜。整整两天中，尼古拉的母亲、保罗·亚历山德罗维奇大公、亚历山大·米哈伊洛维奇大公（桑德罗）以及尼古拉的妹妹奥尔加，再次劝说尼古拉远离拉斯普京和施蒂默尔。他们劝说时，尼古拉表情冷淡，一言不发。之后他便回了最高统帅部。[12]几天后，尼古拉沙抵达基辅。亚历山德拉得知此事气得火冒三丈。她深信尼古拉沙和她的婆婆在酝酿针对自己的阴谋。她以"革命党"称呼这两人，在信中告诉尼古拉，他们正把国家推向深渊。"小心点，"她说，"记住，格里高利曾从恶人手中救过你一次。"[13]尼古拉那古怪的被动姿态似乎坐实了上流社会中盛行的谣言：亚历山德拉和拉斯普京对尼古拉使用了百德莫夫的粉末，导致他反应迟钝，丧失了统治国家的能力，这让他们钻了空子。这种说法甚至公开出现在了全俄贵族联合大会（Congress of the All-Russian Nobility）上。尼古拉滥用药物的说法并非毫无根据。实际上，他在战争期间吸食了可卡因，虽然当时的人不认为这是危险的做法，而且这种事并不少见。医生也给亚历山德拉开过使用巴比妥类药物、鸦片和可卡因的处方。[14]对这类药物的使用（或甚至是滥用）是否影响了沙皇夫妇的思考和行为，这一问题至今没有答案。

565

\*

11月1日，杜马再次召开会议。米留科夫站在讲台上，发表了掷地有声的指责性演说，他日后将此称为"革命即将爆发的信号"。他抨击施蒂默尔和普罗托波波夫的政策，点出了皮季里姆、马努伊洛夫和拉斯普京的名字。这是一种非常危险的策略，因为杜马不应该发表任何质疑皇室荣誉的讲话，但米留科夫自有其应对之道。他举起一份《新自由报》（Neue Freie Presse），称这不是他本人的说法，而是奥地利报纸刊登的内容。他小心翼翼地打着擦边球。提到任命施蒂默尔一事时，他再次朗读起报纸上的内容："这是围绕在皇后身边的保皇党人的胜利。"他一一列举政府的过失，并不停重复同一个问题："这是出于愚蠢还是叛国？"最后，米留科夫回答了自己提出的问题："不，先生们，愚蠢之举太多了，我们已无法单单用愚蠢来解释这一切。"话音刚落，大厅里就爆发出掌声。一位右翼代表高喊："诽谤，诽谤！"[15]他说得没错，但没有人听他的。

米留科夫清楚，他没有掌握任何关于叛国的证据，他是在故意说谎。他的主要目的不是曝光政府的劣迹，而是把水搅浑，促成杜马和皇室的联手。[16]他希望激起一种反应，而且他做到了。虽然他的发言没有被完整地保留在官方记录中，但演讲内容还是传遍了整个国家。普里什克维奇批量印刷了讲稿，用自己经营的医务火车把它们运到了前线军官和士兵手中。尽管米留科夫知道自己在撒谎，但读者们不知道，他们以为读到的就是真相。[17]演讲刚发表那几天，讲稿的复制品卖出了 25 卢布的高价。拥有讲稿的人甚至开价 10 卢布把讲稿借给没有的人读。俄国人都在为米留科夫欢呼。玛丽亚·蒂尼莎娃王妃（Princess Maria Tenisheva）感谢他终于说出了"我们期盼已久的真相"，称他的演讲"是英雄之举"。[18]如今，反对普罗托波波夫的人已经不仅仅是他曾经在杜马的盟友了，社会上逐渐出现了他因感染梅毒而精神错乱的说法，这显然是不惜一切要毁掉他的计划的一部分。[19]

令人惊讶的是，米留科夫没有因为抨击政府和皇后叛国而受到任何惩罚。没有人站出来为他们辩护。然而，有传闻称拉斯普京正在策划谋杀米留科夫。还有一种说法：《俄罗斯旗帜报》（Russian Banner）的编辑雇了职业杀手刺杀米留科夫。可这些都没有依据。[20]

米留科夫发表演讲的当天，尼古拉·米哈伊洛维奇大公见了尼古拉并交给他一封信。大公警告说，沙皇已经成了黑暗势力的奴隶，那些人不停向皇后撒谎，皇后又向沙皇吹枕边风，让他对他们的谎言信以为真。国家正走向失控。"你可能以为我们即将迎来一个动乱的时代，但我要说，情况比这更严重。我们即将迎来一个谋杀的时代。"他表示，沙皇如果再不摆脱这些人就来不及了。[21]尼古拉把这封信交给了亚历山德拉。她写了一封措辞尖锐的回信，指控大公才是"所有罪恶的化身"，还埋怨丈夫没有在那次会面中为她辩护。"我是你的妻子，你必须支持我，这也是为了你和你的孩子。如果我们没有（他），这个世界早就完蛋了。"亚历山德拉还把大公的信交给了拉斯普京。"从他的信中找不出一丝一毫上帝的善良品质，里面只有邪恶，"拉斯普京说，"他和米留科夫是一丘之貉，他们都一样邪恶……他是个无可救药的男人。"拉斯普京告诉亚历山德拉自己做了一个梦，上帝告诉他所有攻击都"没有意义"。[22]

　　一位皇室成员似乎已经开始思考下一步行动的内容，而非停留在口水战上。1916 年 11 月 5 日是周六，那天下午，尼古拉·弗兰格尔男爵（Baron Nikolai Vrangel）向沙皇在加特契纳（Gatchina）的弟弟米哈伊尔·亚历山德罗维奇大公转述了几则首都的最新消息。讲到关于拉斯普京和政府的最新丑闻时，大公表示必须"除掉"拉斯普京。他向弗兰格尔提议，他们应该现在就驱车去杀了拉斯普京。弗兰格尔在日记中写道，米哈伊尔说着除掉拉斯普京的玩笑话，但在幽默的表述背后隐藏着真实的杀意。[23]沙弗斯基神父在回忆录中写道，11 月 9 日，前教育大臣彼得·考夫曼（Pyotr Kaufman）在最高统帅部问沙皇，能否授权让他除掉拉斯普京。据说沙皇流泪了，他拥抱并亲吻了考夫曼，但没有回答这个问题。[24]

　　在弗兰格尔男爵抵达加特契纳的同一天，皇村的一座新教堂举行了奠基仪式，它是为了感谢上帝在前一年的火车事故中拯救维鲁波娃的生命而修建。出席仪式的人包括拉斯普京、伊西多尔主教、亚历山大·瓦西列夫神父和德米特里·洛曼上校。仪式结束后，一场小型招待会在维鲁波娃捐建的医院里举行。根据亚历山德拉的说法，拉斯普京"吃完晚餐后非常兴奋，但没有喝醉"。有人拍摄了招待会的照片，其中一张的场景是拉斯普京和几位护士坐在一起，他们面前的餐桌上摆满了食物和美酒。光看照片很容易让人误以为这是场狂野的派对。之后，有人对照片进行了加工，使它看起来更像是一名修道士正猥琐地搂抱着护士。普里什克维奇得到了这张照片，标记了上面的每一个人，还在边缘处写下龌龊的说明文字。接着，照片被翻印了 9000 份，普里什克维奇把它们送到了杜马代表和报社编辑的手中。[25] 从此，照片就开始讲述不符合实情的故事。有人说，照片反映了拉斯普京的放纵生活，维鲁波娃、沙霍夫斯卡娅公主和伊格纳季耶娃伯爵夫人都是这种生活的一部分。[26]

仪式举行四天后，尼古拉不顾亚历山德拉的反对，解除了施蒂默尔大臣会议主席的职务，取而代之的是亚历山大·特列波夫（Alexander Trepov）。特列波夫当时是交通运输大臣，拥有非常丰富的政府工作经验，但成绩不算亮眼。同时，他还是一名保守派，是忠诚的保皇党人，尽管他已经意识到了改革的必要性。"对他的任命让我们的朋友感到十分遗憾，"亚历山德拉告诉尼古拉，"他知道特列波夫相当反感他……而且他很伤心你没有征求他的意见。"尼古拉显然明确指示特列波夫对付黑暗势力，新上任的大臣会议主席也丝毫没有掩饰自己打算解除内政大臣普罗托波波夫职务的想法。毋庸置疑，特列波夫的终极目标是拉斯普京。亚历山德拉赶往最高统帅部，尝试说服尼古拉不要这么做；拉斯普京则向沙皇连发四封电报，恳求他重新考虑自己的决定。[27] 在数封值得关注的信中，亚历山德拉都提醒尼古拉，他们绝不可以失去拉斯普京。

再一次，为了你的国家，为了你的孩子，为了我们，你需要我们的朋友的建议和他充满力量的祷告。还记得吗，去年所有人都为了尼古拉沙针对我们，是我们的朋友帮助了你，给了你掌控一切的力量，拯救了俄国……噢，亲爱的，我热切地向上帝祷告，希望他能让你明白，我们的朋友在保护我们，如果失去他，我无法想象会发生什么。他在用祷告和明智的建议拯救我们，而这正是我们的信仰和力量的基石。[28]

568

她告诉尼古拉，必须"从内心深处相信我们的朋友的祷告和帮助，因为正是他的力量让你能够走到今天"。[29]

尼古拉收回了命令，普罗托波波夫保住了自己的职位。但特列波夫不愿轻易认输。特列波夫让自己的内兄弟亚历山大·莫罗索夫将军转告拉斯普京，如果他不再搅和政府事务，就能得到 20 万卢布、首都的一栋房子、每月津贴和可靠的保镖。拉斯普京发了一通脾气。"你难道以为沙皇和皇后会允许你这么做？我不需要钱，其他生意人会给我钱，让我分给穷人和需要的人。我也不需要什么愚蠢的保镖。啊，他还以为这样就能打发我呢！"[30]

## 注　释

1. *WC*, 619.
2. RR, 386, 418, 448；VR, 649.
3. RRR, 117.

4. Buranov, "Strannik," 57; FR, 193 – 94; Paléologue, *Ambassador's Memoirs*, 2：240.

5. Rasputin, "Dnevnik," 526.

6. HIA, Nikolaevsky Papers, Series No. 74, 129 – 6.

7. Shulgin, *Years*, 270 – 77; Lyandres, "Progressive Bloc," 459 – 61. Also：Savich, *Vospominaniia*, 173.

8. VR, 662.

9. RR, 408, 411, 415; *Russkaia volia*, 20 December 1916 in OR/RNB, 1000. 1975. 22, 36; Chernow, *Warburgs*, 178 – 79; NA, FO 371/2746, Letter of E. Howard, 14 December 1916 (NS); Nekludoff, *Diplomatic Reminiscences*, 424 – 27, 452 – 55. 他写道，瓦西列夫选择不去见瓦尔堡和另两个男人，担心会面可能造成不好的影响。还可参见 *Padenie*, 1：138 – 39。

10. PAAA, AS 2929, R. 20467.

11. AD, Correspondance politique et commerciale, Guerre, 1914 – 18：répertoires. Dossier Général, No. 644, pp. 243 – 44. Also：Dossier Général, No. 645, Nos. 677 – 79. And：PA, LG/E/3/23/2. George Buchanan to "Charlie", 20 October 1916.

12. *KVD*, 404; Hall, *Little Mother*, 271 – 72; WC, 632 – 33; CU, Bakhmeteff Archive, G. A. Tal Papers, Memoirs, Notebook 32, pp. 13 – 14.

13. *WC*, 642 – 43.

14. Kolonitskii, *Tragicheskaia erotika*, 222 – 24; YLS, 203, 230 – 31. 关于大会，见 NIOR/RGB, 14. 4. 1, 74 – 75, 93。

15. VR, 674 – 75; Coonrod, "Fourth Duma," 16.

16. See Lyandres, "Progressive Bloc. "

17. VR, 671; NIOR RGB, 140. 7. 8, 16; Tikhomirov, *Dnevnik*, 310 – 11.

18. VR, 674.

19. Lyandres, "Progressive Bloc," 454.

20. RGIA, 472. 50. 1619, 8, 10; Hoare, *Fourth Seal*, 115.

21. VR, 651 – 52.

22. *WC*, 640 – 41, including n296.

23. RGIA, 920. 1. 54, 440ob – 41, 444 – 45; Mikhail, *Dnevnik*, 306 – 307.

24. Shavel'skii, *Vospominaniia*, 2：224 – 25.

25.　Chebotaryova，" V dvortsovom lazarete，" 181：240；FSA， 349；817n244，822n259，822 – 23n260；Vyrubova，*Stranitsy*，89；*WC*，642 – 43；Purishkevich，*Murder*，142；RR，420 – 22；Raupakh，*Facies*，169.

26. OR/RNB，585. 5696，28ob.

27. 电报见 Bokhanov，*Rasputin*，346。

28. *WC*，649 – 51.

29. FR，181 – 83.

30. VR，664 – 66；FR，181 – 83.

# 第六十二章　"万尼亚来了"

　弗拉基米尔·普里什克维奇不愿被米留科夫比下去。1916年11月19日，他站到杜马跟前，发表了有史以来最为激愤的反拉斯普京演讲。

> 今天，我站在这里，站在国家杜马的讲坛上，公开说出这句话：所有黑暗势力和恶劣影响滋生的邪恶勾当……都是由格里沙·拉斯普京主导的。……我向大臣会议求助。如果对大臣而言责任高于个人事业的发展……如果你们是团结的，那么就去告诉沙皇，不能再这样继续下去了。这不是对国家的抵制，这是你们对君主的责任。……去吧，去沙皇所在的最高统帅部，跪倒在他脚下，请求他允许你们让他看清可怕的现实，求他让俄国彻底摆脱拉斯普京和他的支持者，不管他们是大人物还是小人物，无论他们权力有多么大。……相信我，先生们，我知道你们的想法和我一样，我知道所有俄国人都像我一样在你们面前重复着同样的话，无论他们属于哪个党派……别再让格里沙·拉斯普京主导俄国的生活。[1]

他的话音刚落，大厅里就爆发出一阵喝彩声，人们不断呼喊着"太棒了"。当时在场的人中就有费利克斯·尤苏波夫亲王。

一位在场人士称，他脸色发白，开始颤抖，好像被"一种无法抑制的情感"控制了。[2]

这样一篇讲话出自普里什克维奇之口一点也不让人意外。他一向有举止古怪的风评。普里什克维奇出生在比萨拉比亚（Bessarabia）的一个富裕地主家庭。1901 年，他在维亚切斯拉夫·冯·普勒韦（Vyacheslav von Plehve）领导的内政部担任一个特别委员会的委员，这是他从政之路的起点。之后，普里什克维奇进入杜马，虽然他的主要目的看起来更像是不停侮辱这个机构、扰乱它的运作。作为保守派重要人物，他从原则上反对俄国的议会机制。他攻击议会代表乃至主席。他最擅长的策略是调侃对手。舒尔金称，普里什克维奇会因为紧张而抽搐，身体的颤抖会使他的手镯碰撞在一起，发出哐哐声。[3]一次，他甚至在裤门襟处别了一朵康乃馨。他有好几次因为行为太出格而被赶出杜马。马克拉科夫称他是个"麻烦制造者"。战争爆发后，普里什克维奇致力于为罗马尼亚和南部前线的俄军争取药物补给，主要负责与红十字会合作。[4]1914 年 6 月，一位记者询问拉斯普京对普里什克维奇的看法。"普里什克维奇是个真诚的人，"拉斯普京回答，"他工作勤奋，但有一点不好：管不住自己的嘴。所以人们才说：'我的舌头是我的罪。'"[5]普里什克维奇的回忆录的编辑显然不怎么欣赏他，形容他是个"丑角，从事的活动相当可疑，而且为人卑鄙、利欲熏心"。[6]

普里什克维奇还是俄国人民同盟和另一个右翼反犹组织大天使米迦勒联盟的创始人之一。1914 年 6 月，《彼得堡信使报》曾发表一篇文章，说普里什克维奇作为大天使米迦勒联盟的主席，决定授予拉斯普京联盟终身荣誉会员的身份，因为

570

拉斯普京告诉他，他想要捐赠数千卢布资助他们的活动。普里什克维奇视这篇报道为一种挑衅，愤怒地斥责它纯属"一派胡言"。拉斯普京告诉媒体，普里什克维奇之所以恨自己是因为自己不时为犹太人辩护，比如协助犹太人获得在下诺夫哥罗德做生意的许可。"他不可能原谅我，因为我在西伯利亚帮助了许多可怜的犹太人，"拉斯普京说，"而且他毫不掩饰对我的不满。"[7]

拉斯普京在演讲发表当天就得知了普里什克维奇的发言内容。他那天写给沙皇的信显示，他没有太担心这件事："普里什克维奇胆子不小，但我没有受到伤害。我依旧很平静。上帝会赐予你力量。没有人能夺走你的成功和你的军舰。"[8]但拉斯普京并没有透露自己的全部想法，只不过想在沙皇面前摆出英勇无畏的姿态。与此同时，他给皇宫卫戍司令弗艾柯夫写信，想把他争取为自己的盟友：

> 听着，亲爱的，在你习惯前，你不会觉得麦片粥好吃。普里什克维奇的臭嘴也是同理。现在，数以百万计的黄蜂已经孵化。所以相信我，在信仰问题上，我们应该表现得像最团结的朋友。虽然这个圈子仍很小，但里面的人都有相似的想法；对方虽然人数众多，但力量分散。他们被怨恨击败，而我们拥有真理的精神。看看安努什卡（维鲁波娃）的脸：那便是对你最好的安抚。
>
> 格里高利·诺维[9]

20 日，普里什克维奇家中的电话响个不停，祝贺他的朋友和熟人络绎不绝。其中一人是费利克斯·尤苏波夫亲王。他问他们两人是否可以见面，因为他想亲自告诉普里什克维奇几件关于拉斯普京的事，以及拉斯普京在宫中扮演的角色，而通过电话讲这些内容话会"很尴尬"。第二天晚上9点，尤苏波夫来到普里什克维奇家中，两人谈了两个多小时。尤苏波夫告诉普里什克维奇，单凭话语是无法解决拉斯普京的问题的，他们需要采取行动。"但可以做什么呢？"普里什克维奇问。尤苏波夫目不转睛地盯着他说："除掉他。"普里什克维奇接话道，也许他们找不到可以做这件事的人。尤苏波夫语气坚定地说："是的，我知道！但你面前就有一个人选。"[10]

刺杀拉斯普京的主意来自尤苏波夫，他是大约在10月下旬产生这个念头的。[11]根据尤苏波夫的回忆录（必须指出它不是可信的史料，后文会进一步讨论该文本），他最早把一定要杀死拉斯普京的这个想法告诉了他的夫人伊琳娜，"她完全同意"。然后，他又把自己的计划告诉了几个"有影响力的人"，但发现没人有勇气这么做。这些人中便有杜马主席罗将柯，他娶了尤苏波夫母亲的家族里的一位亲戚，因此和他们家走得很近。罗将柯告诉尤苏波夫："唯一的解决方法就是杀了那个流氓，但俄国没一个人敢这么干。如果我年轻一些，我就会亲自干掉他。"在尤苏波夫看来，就是这句话让他下定决心要"精心筹备，冷血地杀掉那个人"。[12]

11月3日，瓦西里·马克拉科夫在杜马发表了攻击政府的强有力的演讲，其中最让人难忘的一句话是："要么选我们，要么选他们——我们不可能共存。"该演讲肯定让事态发展有了质的变化。[13]不久后，尤苏波夫前去拜访马克拉科夫。马克拉科夫被尤苏波夫的提议吓坏了，他反问："你以为我是为刺客办事的吗？"接着，马克拉科夫告诉尤苏波夫，拉斯普京不是一无是处：他的影响力破坏了沙皇政权的威信，很可能导致皇室垮台，从而创造一个民主的国家。而且，就算杀了拉斯普京，亚历山德拉也会找另一个人取代他。尤苏波夫不同意这种观点，告诉马克拉科夫，他会这样想说明他还不理解拉斯普京的"超自然能力"。尤苏波夫接着说："但我很熟悉神秘学，所以我知道真相是什么。我向你保证，拉斯普京身上有一种百年一见的能力。如果今天杀死拉斯普京，皇后在两周内就会被送去精神病院。她完全靠拉斯普京来保持精神上的平静。他一死，皇后就会崩溃。如果沙皇不再受拉斯普京和皇后的影响，一切就都会改变。他会成为一位贤明的立宪君主。"尤苏波夫坚持，谋杀是唯一的出路。

但尤苏波夫承认，考虑到他自己的身份，他无法亲自动手，不然别人会认为他是想发动革命。他在考虑雇人做这件事。马克拉科夫小心翼翼地提醒道，如果一个人能为了金钱而答应谋杀拉斯普京，他就也能为了获得更多钱而出卖尤苏波夫。不，这太危险了。会面至此结束。[14]

尤苏波夫开始招募帮手。他先找到了谢尔盖·苏霍京中尉（Lieutenant Sergei Sukhotin）。苏霍京是在禁卫军骑兵团（Life Guards Infantry Regiment）服役的年轻军官，身体强壮，29 岁，和尤苏波夫同龄。苏霍京在战场上受伤后，可能是在尤苏波夫家负责运营的皇村伤员列车上结识了尤苏波夫，并逐渐与他走近。就像尤苏波夫所想的那样，苏霍京赞同他对拉斯普京的看法，很快就决定加入行动。当时，尤苏波夫的密友德米特里·帕夫洛维奇大公远在最高统帅部，因此他决定等德米特里回来再商量此事。11 月中旬，德米特里知道了此事。德米特里告诉尤苏波夫，这几个月来他也在考虑谋杀拉斯普京，于是他顺理成章地成了计划参与者。[15]

参与这桩阴谋的第四人是尤苏波夫的母亲季娜伊达，当时她身在克里米亚。他们不信任邮政系统，便让苏霍京的兄弟亲自跑腿送信。为保险起见，他们在写信时使用了许多代号：沙皇是"叔叔"，皇后是"阿姨"或者"瓦利德"，罗将柯是"梅德韦杰夫"，普罗托波波夫是"内部"，拉斯普京则被称为"庞廷"、"那本书"或者"管理人"。季娜伊达的信显示，她不仅支持这项计划，还大力鼓动实施它。11月18日，她给尤苏波夫写信："告诉叔叔米沙（指罗将柯），我们没有别的办法，只能除掉'那本书'（指拉斯普京）并驯服瓦利德。这是命令。"12月3日，她再次给尤苏波夫写信，称杀死拉斯普京"既是命令，也是最紧急的事"。[16]

11月20日，尤苏波夫兴致勃勃地给身在克里米亚的伊琳娜写信：

> 我为除掉R（拉斯普京）的计划忙得团团转。这是当务之急，否则一切都来不及了。……你必须参与进来。德米特里·帕夫洛维奇大公什么都知道，他也在帮忙。我们打算在12月中旬出手。……真想快点见到你，但你最好不要来太早，因为房间直到12月15日才能收拾好，还不是全部的房间。楼上的房间也没整理好，没有你能睡觉的地方。别告诉任何人这封信的内容，这是我们的计划。……记得让母亲读我的信。[17]

伊琳娜震惊地在回信中写道："非常感谢你的疯狂来信。我不太明白你在说什么，但知道你正在为某种大胆的行动做准备。

请一定小心，别让自己陷入糟糕的处境。"起初，伊琳娜根本不理解尤苏波夫在信中说了什么，但她接下来写道："我写下这些字时，才明白你说的那些话意味着什么，那些人是谁。我只有一句话：千万小心！"[18]

21 日，尤苏波夫和普里什克维奇会面，招募了这桩阴谋的第五个参与者。听过他的演讲后，尤苏波夫便确信普里什克维奇一定会加入他们，而且尤苏波夫希望行动参与者中能有一名政客。他在回忆录中写道，他认为"让各个阶级的人都参与这一重大事件非常重要"。尤苏波夫头头是道地说，德米特里出身统治家族，自己和母亲是贵族，苏霍京是军官，身为政客的普里什克维奇加入后，这幅拼图就完成了。令人惊讶的是，无论是俄国国内最庞大的农民阶级，还是规模较小但还在不断增长的中产阶级和工人阶级，都没有出现在尤苏波夫的头脑中。[19]

那天晚上 8 点，尤苏波夫邀请普里什克维奇到自己家，也就是位于莫伊卡河畔的尤苏波夫宫做客。普里什克维奇还在那里见到了苏霍京中尉和德米特里，接着他们便开始讨论该怎么杀死拉斯普京。他们一致同意下毒是最佳选择，开枪可能会被人听见，引起不必要的怀疑。普里什克维奇还建议让斯坦尼斯瓦夫·拉佐维医生（Dr. Stanisław Lazovert）加入他们。拉佐维是波兰人，曾在前线为普里什克维奇工作过两年。他熟知各种毒药，这一点或许可以为他们所用。此外，他非常勇敢——曾三次负伤，获得过好几枚勋章。[20]他们决定在 12 月中旬采取行动。会面结束前，他们在一个关键问题上达成了共识：绝不能告诉任何人他们参与了谋杀拉斯普京的计划。但这个郑重的承诺几天后就被破坏了。[21]

拉斯普京的刺杀者们都相信，他们正在执行一项高尚的爱国主义任务，但他们其实也有其他动机。普里什克维奇受到个人野心和虚荣心的驱使，想证明自己是个行动派。尤苏波夫的动机比他解释给马克拉科夫的更加复杂，其中肯定有取悦他盛气凌人的母亲的想法，且他也想为无所事事的生活寻找意义。策划对拉斯普京的谋杀给了他一个目标，除了重新装修莫伊卡河畔的尤苏波夫宫外，他在那年秋天又有了一项重要任务，多了一个发泄精力的途径。取悦埃拉肯定是德米特里的动机之一。她就像他的第二位母亲，在和她进行长谈后，德米特里才认可谋杀拉斯普京是正确的选择。[22] 普里什克维奇和尤苏波夫的考量中还有虚荣自负的元素：他们会成为被历史铭记的人物，因为他们拯救了俄国。然而，他们中没有一人意识到，他们理解拉斯普京及其在俄国所扮演角色的方式其实和亚历山德拉的如出一辙。亚历山德拉只看到了镜子的一面，而他们只看到了另一面：双方都相信俄国的命运掌握在拉斯普京手上，区别只在于他到底是能延长俄国的生命还是会毁灭它。关于如何拯救俄国，尤苏波夫和他的同谋就像皇后一样单纯。

21 日的会面结束后，尤苏波夫又见了马克拉科夫一次，希望改变他的心意。马克拉科夫没有回避讨论谋杀，但告诉尤苏波夫，12 月时他在莫斯科，所以没办法加入计划。马克拉科夫建议他们制造一起交通事故，但尤苏波夫告诉他，他们已经决定下毒。至于尸体，他们希望它可以被人找到，否则亚历山德拉可能永远不会相信他的死亡。后来，这两人还见了数次，讨论了更多细节上的问题。最后一次见面时，马克拉科夫交给尤苏波夫一只 2 磅重的"包着胶皮的哑铃"，称它也许会派上用场。尤苏波夫说自己还从他那里拿到一盒氰化钾晶体，但马克拉科夫后来否认了此事。[23]

24 日晚，五个人在华沙车站普里什克维奇的火车车厢里碰头。在这次会面中，尤苏波夫给大家展示了马克拉科夫提供的氰化钾晶体。他们决定让拉斯普京食用下了毒的蛋糕和酒。一旦他停止呼吸，苏霍京就会扮成拉斯普京，与德米特里和拉佐维一起驾车前往华沙车站，而普里什克维奇的妻子会在火车上的炉子里销毁拉斯普京的衣物。三个男人会把车留在华沙车站，搭出租车去德米特里在涅瓦大街上的宅邸，再搭德米特里的车去尤苏波夫宫。他们会把拉斯普京的尸体裹成"木乃伊的样子"，带到河边某个偏僻的地方，绑上链子和重物，扔进冰窟窿里。普里什克维奇负责在亚历山德罗夫市场（Alexandrov Market）购买链子和重物。一一确认计划的步骤后，会议在午夜时分结束。29 日早晨，普里什克维奇在市场上买到了东西。下午众人分乘两辆汽车，在河边花了数个小时寻找合适的抛尸地点。他们只找到两个有用的冰窟窿，而位于城外的马来亚涅夫卡河（Malaya Nevka River）上的那个最合适，它就在彼得罗夫斯基大桥（Large Petrovsky Bridge）附近。30 日晚，他们再次集合讨论剩下的细节。实施计划的日期被定在 12 月 16 日。[24]

在此期间，普里什克维奇在杜马碰到了瓦西里·舒尔金。"听着，舒尔金，"他告诉对方，"记住 12 月 16 日。"舒尔金一脸疑惑地看着他。"我会告诉你是因为我信任你。我们计划在 16 日杀他。"舒尔金告诉普里什克维奇，自己"不看好"这个想法，还尝试向他解释这个计划没有意义，什么也不会改变。普里什克维奇一句也没听进去。他发抖着告诉舒尔金，他知道拉斯普京和皇后的那些故事都是谎言，但这无关紧要。

"无论如何，我们不能坐视不理。我们一定会将计划实施到最后一步。情况没法比现在更糟糕了。我会像杀一条狗那样杀了他。"[25]11月23日，普里什克维奇上门拜访了历史学者谢尔盖·普拉托诺夫（Sergei Platonov），含蓄地向他和他的妻子透露了即将发生的事。[26]很快，一个名为 M. I. 贝克尔（M. I. Beker）的女记者出现在马克拉科夫的办公室。她说，普里什克维奇在杜马和一群记者争论后宣布，他和尤苏波夫亲王、德米特里·帕夫洛维奇大公会在12月17日谋杀拉斯普京。他们以为他在开玩笑。马克拉科夫也向她保证，这的确是个玩笑。但马克拉科夫马上给尤苏波夫打电话，告诉他普里什克维奇说了什么。尤苏波夫大吃一惊，抱怨他的同谋把烂摊子都甩给他。[27]12月初，普里什克维奇安排了一次和塞缪尔·霍尔（Samuel Hoare）的会面，后者是英国情报机构驻彼得格勒的负责人。在霍尔的办公室，普里什克维奇一本正经地告诉他，"他和他的朋友们已经决定'找拉斯普京算总账'"，还向他透露了计划细节。但霍尔并没有很惊讶。他已经听过太多要谋杀拉斯普京的说法，而且普里什克维奇的言谈透出的随意态度让他觉得不必当真。[28]普里什克维奇从来都管不住自己的嘴巴。至此，人们肯定都会在事情发生后认定他们是谋杀拉斯普京的凶手。甚至在谋杀拉斯普京的当晚，普里什克维奇也没能乖乖闭嘴，而这最终决定了他们的命运。

576

伊琳娜是计划中的重要一环。拉斯普京一直想见尤苏波夫那位可人的娇妻一面，因此她将负责引诱拉斯普京前来尤苏波夫家。25日，紧张、疲惫但久久无法入睡的尤苏波夫给妻子写信："各种想法和计划让我的思绪变得支离破碎。"他称，为了计划能成功，她必须在 12 月中旬抵达彼得格勒。"我们在商讨计划的细节，已经敲定了四分之三，只剩下最后的部分需要等你来确认。这是拯救当下的唯一并且最可靠的方式，尽管局势看起来已经无可救药。当然，不要向任何人透露这件事。马拉尼娅（Malanya）也是计划的一部分。你是诱饵。明白吗？所以越早来越好。"[29]

"马拉尼娅"很可能指的是玛丽安娜·德费尔登（Marianna Derfelden，娘家姓为皮斯托尔科尔斯），她是德米特里大公同父异母的姐妹（可能还是大公的情人）。尤苏波夫提到她一定是为了说服伊琳娜加入他们。但伊琳娜不赞同丈夫的计划。她拒绝前往彼得格勒，还尝试说服他退出，让他去克里米亚。"我无法忍受失去你，"她在 12 月 3 日写道，"快来看我。"[30]但尤苏波夫已经下定决心。他留在了首都。

*

现在，费利克斯·尤苏波夫需要和他的目标人物联络。自 1915 年 1 月以来，他就没再见过拉斯普京，因此只能找穆娅·高罗维纳帮忙。他是否向穆娅透露了请求她帮忙的真正原因呢？这是个有趣的问题。他不太可能说出真相，因为她如果知道的话，就肯定不愿意帮他了。多年来，她和她的母亲一直是拉斯普京的信徒。她们信任拉斯普京，没有什么能让她们出卖他，因此尤苏波夫肯定向她说谎了。他说自己病了，经常无缘无故感到疲倦和胸口痛，因此需要拉斯普京的帮助。[31]根据穆娅的说法，费利克斯请求她为他们安排一次会面。她在 11 月 17 日邀请两人前往她在冬运河附近的公寓。这次见面结束后，穆娅鼓励他们再见一次，并陪同费利克斯去了拉斯普京家。[32]他们非常谨慎,几次见面都避开了暗探的监视。[33]拉斯普京保证会治愈尤苏波夫,因此尤苏波夫开始定期前往拉斯普京的公寓。

正是在戈罗霍娃街公寓的小书房里,拉斯普京对尤苏波夫进行了第一次治疗。拉斯普京让他躺在沙发上,口中嗫嚅着祷文,用双手在尤苏波夫的胸部、颈部和头部做着一些"催眠的动作"。费利克斯在日后写道,他感受到了拉斯普京所拥有的"巨大催眠力量"。

> 我感到某种能量像暖流一般把热量注入我的全身。我感到一阵麻木,我的身体渐渐僵硬了。我想说话,但舌头不听使唤。我逐渐陷入了昏昏欲睡的状态,就好像被人施了强大的催眠魔法。我唯一能看清的只有拉斯普京那双闪着光的眼睛。它们发出的两束光交汇形成一个巨大的光环,有时离我很近,有时则很远……
>
> 只有我的意志是自由的,我清楚地知道自己正一步步被这个邪恶男人的力量吞噬。接着,我开始反抗他的催眠。我的意志力一点一点地增强,构成了保护我的盔甲。我感觉到,拉斯普京和我之间、我的意志和他的意志和之间,正在发生一场残酷的斗争。我知道我在拼命抵制他的控制……[34]

费利克斯花了大把时间和穆娅、拉斯普京相处。他告诉伊琳娜:"他们很喜欢我。"穆娅称费利克斯为"我的小伙伴",因此拉斯普京开始称呼他为"小朋友"。尤苏波夫令这个一向看不起贵族的农夫着迷。拉斯普京会在晚上邀请他一起观看吉卜赛人表演。[35]尤苏波夫称很乐意邀请拉斯普京到自己家中做客，让他见一见自己的妻子，他们定在了12月16日这天。13日早晨，尤苏波夫给普里什克维奇打电话，说出了那句暗号："万尼亚来了。"[36]计划即将启动。

## 注　释

1. Coonrod, "Fourth Duma," 18 – 19; GARF, 1467. 1. 567, 575a – 78.

2. FR, 203.

3. Shulgin, *Years*, 45.

4. Purishkevich, *Murder*, 46 – 50, 99.

5. GARF, 102. 242. 1912. 297, ch. 1, 80.

6. Purishkevich, *Murder*, 44, 62.

7. *PK*, 6 June 1914, p. 2; 7 July 1914, p. 1; GARF, 102. 242. 1912. 297, ch. 1, 63, 83.

8. *KVD*, 424.

9. GARF, 1467. 1. 628, 15.

10. Purishkevich, *Murder*, 72 – 73, 73 – 78.

11. 虽然没有证据，但拉津斯基认为这是德米特里的主意。RR, 429 – 30. 在同样缺乏证据的情况下，博哈诺夫（Bokhanov）认为这是马克拉科夫的主意。Bokhanov, *Rasputin*, 353 – 59.

12. YLS, 217.

13. *Gosudarstvennaia Duma*, 357 – 59.

14. HIA, Vasily Maklakov Collection, 15 – 14, pp. 1 – 9; YLS, 234 – 35; Purishkevich, *Murder*, 124; Mel'gunov, *Legenda*, 369.

15. YLS, 217 – 18; FR, 203. 普里什克维奇写道，苏霍京在普列奥布拉仁斯基近卫军团。参见 Purishkevich, *Murder*, 73 – 78; FDNO, 275。

16. Vulliamy, *Red Archives*, 108, 110, 113 – 14; Mel'gunov, *Legenda*, 369n3. 关于她杀死拉斯普京的决心，见 RR, 400; Voeikov, *S tsarem*, 149 – 50。

17. *Reka vremen*, 2：149.

18. Vulliamy, *Red Archives*, 115 – 16；Mel'gunov, *Legenda*, 369 – 70.

19. YLS, 234.

20. Purishkevich, *Murder*, 73 – 78；FR, 203.

21. YLS, 234 – 35；Purishkevich, *Murder*, 124.

22. Marie, *Education*, 280.

23. YLS, 234 – 35；Purishkevich, *Murder*, 58 – 59, 124；FR, 202, 212. 马克拉科夫在 1920 年接受尼古拉·索科洛夫的调查时，没有提到毒药是从哪里来的。HIA, Vasily Maklakov Collection, 15 – 14, pp. 1 – 9.

24. Purishkevich, *Murder*, 81 – 83, 91 – 93.

25. Shulgin, *Years*, 267 – 68.

26. OR/RNB, 585. 5696, 7.

27. SML, Spiridovich Papers, Box 6, Folder 3, pp. 366 – 67；Mel'gunov, *Legenda*, 371. 这里给出的名字是 Bener。

28. Hoare, *Fourth Seal*, 67 – 68；CUL, II：1 (34), p. 58. 德米特里大公当时向朋友暗示过他们的计划。Gavriil Konstantinovich, *Velikii kniaz'*, 287.

29. *Reka vremen*, 2：149 – 50. "马拉尼娅" 的身份无法确定。拉津斯基认为这封信写于 11 月 27 日，而 "马拉尼娅" 就是玛丽安娜·德费尔登。RR, 440 – 41, 477.

30. Dolgova, *Nakanune*, 174 – 76.

31. GARF, 102. 314. 35, 9 – 10.

32. OR/RNB, 307. 80, 10.

33. GARF, 111. 1. 2981a.

34. YLS, 218 – 19, 227 – 29.

35. *Reka vremen*, 2：149；关于拉斯普京对尤苏波夫的昵称，见 GARF, 102. 314. 35, 9 – 10。

36. Purishkevich, *Murder*, 95, 122 – 23.

# 第六十三章 "我的丧钟即将敲响"

　　1916 年 12 月，俄国的整体氛围相当压抑、沮丧。绝望情绪在非同寻常的冷空气中游走、回荡。城市中，粮食短缺问题越发严峻，劳资纠纷不断。过去几年，警察和工人之间不断爆发血腥冲突，但如今情况不同了。士兵不再向工人开枪，而是加入走上街头抗议的工人队伍，挥舞着"停止战争"的横幅，和人们一同高唱《马赛曲》。[1]这是罗曼诺夫皇朝的最后一个冬天。一个阴沉的下午，一群男孩在彼得格勒的街上追着沙皇的妹妹谢妮亚的汽车跑，朝它扔雪球，喊着："快下台吧，肮脏的资本家！"[2]1916 年年底，安德烈·洛巴诺夫－罗斯托夫斯基亲王（Prince Andrei Lobanov-Rostovsky）抵达彼得格勒时，被眼前的景象惊呆了，称这里就像一座"精神病院"，到处弥漫着"有毒"的空气，"失望和恐惧挥之不去"。[3]身在斯德哥尔摩的大使涅克柳多夫收到祖国一位友人的来信："我们都算不上活着，我们气愤极了。毒品和耸人听闻的新闻——'面包和游戏'① ——就是你能在街上听到的一切。"[4]

　　在发给警察局的一份被归类为"最高机密"的报告中，彼得格勒的"奥克瑞那"描绘了俄国灾难性的恐怖景象。粮食和生活必需品的严重短缺与 300% 的通胀率将下层阶级推到

---

　　① 即拉丁语短语 *panem et circenses*，用来比喻肤浅的政治手段和愚民政策。——译者注

了危险的反叛边缘。城里到处都在流传"俄国已经处在革命边缘"的说法，这个说法不再是德国间谍的煽风点火，而是很快就会成为现实。国家即将爆发"饥饿叛乱"，接着还会发生"野蛮的暴行"。[5]

大部分国民不再尊敬皇室。涅克柳多夫的另一位朋友从地方上的庄园搭火车返回彼得格勒，他回忆了在三等车厢中他从磨坊主、富农以及农村生意人那里听来的话：大家无所顾忌地谈论皇室，毫无遮掩地开亚历山德拉和拉斯普京的玩笑，没完没了地交换"不堪入耳的下流谣言，还哈哈大笑个不停"。这让他非常震惊。[6]

埃拉最后一次前往皇村，想劝妹妹远离拉斯普京。她认为自己有责任让亚历山德拉看清事实：局势凶险，必须立刻采取果断的行动。但亚历山德拉对她非常冷淡，完全听不进她的话。埃拉离开时告诉妹妹："不要忘记路易十六和玛丽·安托瓦内特的下场。"第二天，亚历山德拉给埃拉写了一张字条，让她赶紧回莫斯科。埃拉还尝试说服尼古拉，但他拒绝见她。离开前，埃拉前去见了尤苏波夫。"她就像赶一条狗一样要我走，"她哭着告诉尤苏波夫，"可怜的尼基，可怜的俄国！"这是她最后一次见自己的妹妹。[7]

12月2日，埃拉离开的第二天，尼古拉、亚历山德拉、他们的女儿奥尔加在维鲁波娃家中和拉斯普京共度了夜晚时光。维鲁波娃回忆道，拉斯普京那天晚上的举止很古怪。沙皇离开时像往常一样请求拉斯普京为他祝福。但这一次，拉斯普京说："今天要请你祝福我。"沙皇照做了。[8]这是两人最后一次相见。

同一天，全俄贵族联合大会的第十二次会议通过一项决议：考虑到"黑暗势力"已经控制了国家和教会的最高层，应采取必要措施立刻永久清除他们的影响。该决议称，俄国正在经历"危机重重的历史性时刻"，因此应尽快回应民意，组建更强大、更团结的政府，与各个立法机构合作，同时对沙皇负起责任。[9]这项决议非常重要，因为它是由罗曼诺夫皇朝的统治支柱之一颁布的。杜马和媒体的批评不算意外，但如今贵族，也就是俄国最传统、最忠诚的那批人也站出来反抗"黑暗势力"，从中足见国家几乎失去了一切支持。很难想象罗曼诺夫皇朝还能存在多久。

列弗·季霍米罗夫在日记中准确记录了这一时刻的重要性：

580
贵族大会发出的决议比国家杜马和参议院的声明更加有力。仅仅因为一个无足轻重的邪恶分子，国家便被乌云笼罩了——光是想到这一点就让人恐惧不已。"黑暗势力"究竟指什么？从根本上来说，它指的就是格里高利·拉斯普京。所有依附他的人都是那么微不足道、不值一提。然而，就是这样一个无足轻重的邪恶分子动摇了整个皇朝的根基。历史上从没发生过这样的事。他们已经准备好牺牲所有的施蒂默尔和库尔洛夫，却唯独不愿牺牲拉斯普京。那个该为一切破坏负责的人的地位依旧不可动摇。这其中一定存在无法解释之处。

几天后的12月9日，季霍米罗夫更加悲观地写道：

是的，一场革命正在酝酿中，它离我们越来越近。现在，它会首先出现在上流社会中，工人和农民会以他们的方式参与其中。只有上帝知道谁能幸存。但你可以预想到，该负责的人，也就是格里沙·拉斯普京所代表的"黑暗势力"，一定会在关键时刻逃往海外。[10]

大约在那个时间点，亚历山德拉收到一封信，恳求她把"黑暗势力"逐出皇宫。写信的人是索菲亚·瓦西切科娃王妃（Princess Sofia Vasilchikova）。她是皇宫里的侍女，也是参议院成员、前农业大臣鲍里斯·瓦西切科夫亲王的妻子。"有很多事你不知道，也不会传进你耳中，"瓦西切科娃写道，"但我和许多圈子的人来往，明白局势有多么危险。我恳求你拯救自己和你的家人。"她还在信中提到，曾听到有人谈起希望皇后去死。亚历山德拉气得火冒三丈，但依旧固执己见。她向皇村医院的查波特拉尤娃提起过这封信，还说沙皇会"保护我"。她把信拿给维鲁波娃看，抱怨说瓦西切科娃甚至不懂怎么选一张合适的信纸，只是随便从笔记本上撕了两张纸。瓦西切科娃的不拘小节似乎和她的话一样让亚历山德拉心烦意乱。[11]很快，瓦西切科娃被迫离开首都，回到诺夫哥罗德的庄园。几家媒体报道了这桩丑闻，每家都不忘强调，王妃离开前，她的家中涌来大量访客，包括数位参议院成员，以及她收到了无数对她表示支持的信和电报。[12]

到最后，亚历山德拉仍然不愿面对现实。12 月 4 日，尼古拉和阿列克谢返回最高统帅部。她写道：

> 再见了，亲爱的！你们的离开让我很痛苦，其程度甚至超过了我们在艰难时刻经历的那种痛苦。但热爱一切的

581

仁慈上帝会让事情朝好的一面发展，再多一些耐心，坚定地相信我们的朋友的祈祷和帮助。一切都会好起来的。

我全心全意地相信，你们和俄罗斯帝国即将迎来美好、伟大的时刻……让所有人都看看，你是主人，而别人必须服从你的意志。赦免和温和统治的时代已经结束，现在请向国家展示你的意志和力量。他们应该向你鞠躬，听从你的吩咐，恳求你的原谅。

人们为什么恨我？因为他们知道我意志坚强，如果我相信某件事是正确的（并受到了格里高利的祝福），就不会改变心意。他们无法忍受这一点……

别忘了菲利普先生把那幅画和铃铛送给我们时说的话。你太温柔善良了，还容易相信别人，因此我就是你的铃铛。那些不怀好意的人无法接近我，而我也会提醒你。那些害怕我的人做错了事，不敢直视我的眼睛，他们和我完全不同。

……

好好休息，我的内心和灵魂与你同在，我的祷告陪伴在你周围——上帝和圣母玛利亚永远不会抛弃你。

你永远永远的妻子

亚历山德拉对拉斯普京以及他说的每一句话似乎更加信赖了。5 日，她在信中告诉尼古拉：

听从我们的朋友的建议吧，我保证它们没错。他日日夜夜热忱地为你祷告，他无时无刻不与你同在。请像我一样坚定，就像我在埃拉面前表现的那样，然后一切都会好起来的。在《上帝的朋友》中，上帝身边的一位老者说，一个国家如果有圣人相助，就永远不会迷失。这是对的，但前提是要有人倾听、相信他的话，征求他的建议。不要以为他不知道。上帝使他看见一切，这就是为什么人们虽然无法理解他的灵魂，却如此崇拜他的智慧，并准备好了理解一切。如果他祝福一件事，它就会成功；如果他提出建议，不用怀疑，它们一定是正确的，即使后来它们变了，那也不是他的错。他看错人的时候比我们少，因为上帝给了他经验。

她似乎对尼古拉的软弱越来越不满，因此语带威胁地要求 582
他"拍桌子"，拿出沙皇的样子，因为"俄国人就是喜欢挨鞭子"。她转达了拉斯普京让尼古拉坚定地站到大臣面前的建议，尤其是大臣会议主席特列波夫。"他恳求你保持坚定，拿出主人的架势，不要总是向特列波夫妥协，因为你比他知道得更多（但还是让他牵着鼻子走）。为什么不让我们的朋友通过上帝来引导你呢？"她要求自己的丈夫表现出"男人"的样子，还说"让你保持坚定比忍受他人对我的憎恨更难，这让我的心都凉了"。她还曾恼羞成怒地呼喊："怎样做才能把我的意志注入你的血管！"[13]但她做不到。正如亚历山德拉所说，她的丈夫缺乏意志，从而使整个皇室受到威胁。从拉斯普京身上，亚历山德拉希望找到能支持尼古拉和他的国家的力量。她从未动摇对拉斯普京的信念，但她对拉斯普京能引导尼古拉的希望显得越来越渺茫。

11 日，亚历山德拉和女儿们前往诺夫哥罗德。她们去兹纳缅斯基大教堂做了祷告，并在那里接见了大主教阿尔谢尼

（Arseny）。他交给亚历山德拉一幅圣母玛利亚的圣像。她把圣像拿给维鲁波娃，让她转交给拉斯普京。这幅圣像会和拉斯普京一起下葬。[14]她们还在迪西提尼修道院（Desyatinny Monastery）见了年事已高的长老玛丽亚·米哈伊洛芙娜（Maria Mikhailovna），据说她当时 107 岁。她们走进她阴暗的房间时，玛丽亚惊呼："看看这个殉难的皇后亚历山德拉·奥费多罗夫娜！"亚历山德拉没有听清她的话，但听到的人被吓得直打哆嗦。[15]

12 日晚，拉斯普京在维鲁波娃家中与亚历山德拉及她的女儿奥尔加和玛丽亚共进晚餐。这是他们最后一次相见。[16]几天前，亚历山德拉给尼古拉写信称，拉斯普京最近心情"不错，看上去兴高采烈的"。[17]但其他人的说法与之相反，拉斯普京可能在皇后面前掩饰了自己的情绪。他的秘书亚伦·西马诺维奇（有必要再次强调他的记录并不可信）在拉斯普京死后不久称，遭到谋杀前的那段时间，拉斯普京收到了许多警告，说是有人可能会伤害他。拉斯普京严肃地对待此事，向内政部和皇宫通报了相关情况。[18]西马诺维奇后来告诉维鲁波娃，拉斯普京在他生命中的最后那些日子里十分"悲伤"，常常"陷入绝望"。[19]据说，谋杀案发生两天前，穆娅·高罗维纳曾向拉斯普京提起尤苏波夫加入了一个英国人的秘密团体。拉斯普京回应道："他会杀了我的。"[20]瓦西里·斯科沃尔佐夫的说法与西马诺维奇和高罗维纳相似。斯科沃尔佐夫在拉斯普京去世前几天见过他，发现他垂头丧气，看上去病恹恹的，就像被打上了"死亡的印记"。同样在这个时期见过拉斯普京的贝莱特斯基却认为他充满活力和信心。尼古拉·多布罗沃尔斯基即将取代拉斯普京的仇敌亚历山大·马卡罗夫出任司法大臣，拉斯普京视此为一次重大胜利。贝莱特斯基在回忆录中写道，尽管如此，他还是警告拉斯普京不要去"不熟悉的人的家里"。[21]

拉斯普京的艺术家朋友西奥多拉·克拉鲁普在回忆录中写道，11 月底，"两名外国官员"拜访了她的工作室，提出会给她一大笔钱，只要她能在拉斯普京下次过来时偷偷放他们进来杀了他。她直接去了戈罗霍娃街提醒拉斯普京，但他并不担心。"不用害怕，西奥多拉，"他告诉她，"我们的上帝会看顾我。"[22]几周后，谋杀案发生几天前，禁卫军骑兵团的一名年轻军官出现在皇宫卫戍司令弗艾柯夫家中。弗艾柯夫当时在最高统帅部，因此这名军官告诉弗艾柯夫的妻子："我知道那个老头就快没命了，有人会杀掉他。"那个男人的语气非常坚定，没有人会怀疑事情的严重性。他的话立刻传到了维鲁波娃耳中，但她没有太惊讶，而是说："杀死一个人不是那么容易的事。"[23]也许她说得没错，但有证据表明拉斯普京的确提高了警惕性。15 日，亚历山德拉给尼古拉写信称，拉斯普京"除了来这里外，很久没有出门了"。在他和穆娅拜访喀山大教堂和圣以撒大教堂的前一天，亚历山德拉愉快地向尼古拉报告说："没有人不高兴，大家都很平静。"谋杀事件发生不久前，拉斯普京向亚历山德拉说过一番古怪的话："道路十分狭窄，但你必须一往无前，像上帝而不是像人类那样。"[24]

11 月和 12 月的警方报告所记录的拉斯普京形象同样是垂头丧气的。他 11 月 23 日上门拜访了高罗维纳，但大部分时候都待在家中。一次罕见的外出发生在 11 月 30 日，目的地是涅瓦大街 23 号的马卡耶夫酒馆。12 月的前十一天异常安静。7 日，他去丰坦卡街 54 号拜访亚瑟·古林，然后又拜访了亚历山大·科恩（Alexander Kon）。38 岁的科恩是皇室顾问，也是彼得格勒新闻事务委员会的成员。10 日，他去尼克拉夫斯基街见了西马诺维奇。就是这样，没有派对，也没有社会活动，一切都十分平静。现存最后一份关于拉斯普京的警方报告的时间为 11 日。记录他生命里最后五天的报告似乎就这么消失了。[25]

**584**

塑造拉斯普京神话的一份基础性文本是西马诺维奇回忆录中收录的一份所谓的遗嘱。西马诺维奇声称，拉斯普京花了一整晚向律师阿伦森（Aronson）口述这份遗嘱，自己在一旁看得目瞪口呆。在遗嘱中，拉斯普京预言自己会在年底去世。然后拉斯普京表示，如果置他于死地的是俄国农夫，那沙皇就不必担心，他的皇朝还会绵延数个世纪；但如果杀死他的是贵族，俄国就会发生流血事件，经历二十五年的手足相残；此外，如果随丧钟声传来的是他是由沙皇的亲戚杀死的消息，那么尼古拉家族的每一位成员都会在两年之内死在纳罗德手上。西马诺维奇写道，拉斯普京死后，自己把这封信交给了亚历山德拉。[26]然而革命爆发后，人们在她留下的文字记录中没有找到这封信。原因很简单：拉斯普京从来没有写过这封信。但拉斯普京的确给家人写了一封语义模糊的信，玛丽亚在父亲的遗物中找到了它：

亲爱的：

一场灾难正在威胁我们，巨大的不幸即将来临。圣母玛利亚的脸色暗沉，平静的夜晚也让人心神不宁。这种平静不会持续太久。愤怒令人恐惧。我们该逃走吗？《圣经》里写道：所以，你们要儆醒，因为那日子，那时辰，你们不知道。我们的国家已经迎来这一天。会出现流血，会出现呼喊。在充斥着悲伤的黑暗中，我什么也看不清。

我的丧钟即将敲响。我不害怕，但我知道那一定会非常苦涩。我会受苦，人们会得到宽恕。我会接手这个王国，但你们会得到拯救。上帝知道你们将受的苦。无数人将死去。许多殉道者将失去生命。兄弟们会自相残杀。大地会颤抖。饥荒和瘟疫会蔓延到整个国家，人们会看见征兆的。祈祷吧，为了你们的救赎。在救世主和圣母的仁慈之中，只要靠近他，你们就会得到慰藉。

格里高利[27]

拉斯普京对即将到来的灾难的描述算不上预言。1916 年 12 月，许多人都预见到了即将爆发的血腥革命。然而，他关于自己死亡的言论依旧让人震惊且无从反驳。也许，拉斯普京的确预见到了他的生命将在暴力中终结。

585

## 注 释

1. Lincoln, *Passage*, 215 – 17; Gatrell, *Russia's First*, 70 – 71.

2. Bashkiroff, *Sickle*, 27.

3. Lobanov- Rostovsky, *Grinding Mill*, 193 – 94. And: Paléologue, *Ambassador's Memoirs*, 3: 164.

4. Nekludoff, *Diplomatic Reminiscences*, 455 – 56.

5. Pokrovskii, ed. "Politicheskoe polozhenie," 4, 6, 11.

6. Nekludoff, *Diplomatic Reminiscences*, 455 – 56.

7. *LP*, 489; YLS, 202; *KVD*, 429, 431; VR, 649 – 50.

8. *LP*, 482; *KVD*, 433; Vyrubova, *Stranitsy*, 127 – 28.

9. *Novoe vremia*, 2 December 1916, pp. 6 – 7.

10. Tikhomirov, *Dnevnik*, 313 – 15.

11. FSA, 349 – 50, 823n261, 823 – 24n262; *WC*, 656n413. 那个月，亚历

山德拉收到了另一封内容相似的信，来自富裕的圣彼得堡贵族尼古拉·巴拉绍夫（Nikolai Balashov）。

12. GARF, 97. 4. 118, 9 – 10; and 102. 316. 1910. 381, ch. 2, 93 – 95; OR/RNB, 585. 5696, 16ob; and 152. 4. 189, 7; *WC*, 660, 664.

13. *LP*, 486 – 87; *WC*, 658, 665, 672, 675, 678.

14. OR/RNB, 1000. 2. 551, 1 – 5; *WC*, 672; Zhevakhov, *Vospominaniia*, 1: 187 – 88; *Petrogradskaia gazeta*, 21 March 1917, p. 2. 拉斯普京陪同他们前往诺夫哥罗德的说法是错误的。圣像的照片，见 *KVD*, Insert before p. 418。

15. *WC*, 670 – 71n433; OR/RNB, 1000. 2. 551, 5.

16. *KVD*, 451 – 52.

17. *WC*, 659.

18. GARF, 650. 1. 19, 45 – 49.

19. Beletskii, *Vospominaniia*, 18.

20. Vyrubova, *Neizvestnye fragmenty*, 66. See also FDNO, 272.

21. Beletskii, *Vospominaniia*, 18. On Rasputin and Dobrovolsky: Sokolov, "Predvaritel'noe sledstvie," 284.

22. Krarup, *42 Aar*, 137 – 38.

23. Voeikov, *S tsarem*, 149 – 50.

24. *WC*, 678.

25. GARF, 111. 1. 2979a, 288 – 291.

26. Simanovich, *Rasputin*, 138 – 39. On this bogus testimony, VR, 692 – 93; Romanov, *Voennyi dnevnik*, 211.

27. RRR, 151 – 53. 信件的照片，见 SML, Spiridovich Papers, Box 16, Folder 3。原信在 1956 年被芝加哥外科医生买下，后来很长一段时间由纽约的 André de Coppet 保管，现在下落不明。*New York Times*, 26 July 1956, p. 26.

# 第六十四章　最后一天

每个在 12 月 16 日见过拉斯普京的人都同意他看起来有些紧张、不安。那一天是从早晨的一阵电话铃声开始的。拉斯普京接起电话，听见一个陌生的声音威胁说要杀他。[1]之后，他又收到数封匿名恐吓信。[2]随后传来消息称，西蒙尼科·哈卡泽企图用手枪射击胸口自杀。尽管没有成功，但那一枪也够他受的。情况很糟，拉斯普京担心这件事或许和玛丽亚有关。[3]

那天，拉斯普京家只有寥寥数位访客。上午 11 点左右，西马诺维奇和主教伊西多尔来了，他们待了约三个小时。穆娅也来了，待了整个下午，直到傍晚才离开。穆娅到达之后不久，塔季扬娜·沙霍夫斯卡娅、叶卡捷琳娜·苏霍姆利诺娃和维鲁波娃也前来喝下午茶，维鲁波娃还送来几天前皇后在诺夫哥罗德的旅行中得到的那副圣像。维鲁波娃听拉斯普京说他晚上要去尤苏波夫家拜访尤苏波夫的妻子，她很惊讶。她觉得很奇怪，因为拉斯普京去的时间太晚，但他解释说，这么安排是为了避开尤苏波夫的父母。她和穆娅劝拉斯普京别去，提到最近城里在流传一些可怕的说法，最好小心一点，但他没有听进去。"没人能阻止我做想做的事。只要我想出去，我就会这么做。"穆娅离开前，拉斯普京问她："你还想从我这里得到什么呢？你已经得到了一切……"[4]她觉得这句话很古怪，不知该怎么理解。当天夜里晚些时候，她在皇后的会客室向皇后提起了这次见面。"一定有什么地方弄错了，"皇后说，"伊琳娜在克里米亚，老尤苏波夫夫妇也不在城里。"亚历山德拉陷入一阵沉思，维鲁波娃告诉她的事让她很迷惑。"肯定有哪里弄错了。"她说，然后就转换了话题。[5]

587　　深夜 11 点，客人都离开了，拉斯普京的家人准备就寝。玛丽亚留意到父亲的穿戴得格外讲究——淡蓝色的镶丝边衬衣、紫色长裤和刷得发亮的黑色靴子。"你今晚要出门吗?"她问。玛丽亚发现父亲心不在焉，还有些不耐烦，好几分钟后他还没有回答她的问题。接着，他望向女儿的脸笑了，然后又轻轻抚摸了瓦尔瓦拉的前额，说："是的，我又要出门，我的小鸽子。别担心。我要去尤苏波夫家，过了 12 点他就会派车来接我。"他让女孩们别把这件事告诉穆娅。随后，他跟着女儿们去了她们的房间，在她们面前画了十字，看着她们上床睡觉。玛丽亚觉得父亲的举动有些奇怪。这是她们最后一次见到活着的父亲。[6]在外面的大街上，公寓楼的守门人玛丽亚·朱拉沃约娃（Maria Zhuravlyova）锁上了沉重的铁门。[7]

　　拉斯普京在床上躺下，又起身去了厨房。他发现衬衣领口的纽扣有些不对劲，便叫来卡佳·皮什金娜帮忙。就在这时，后门的门铃响了起来。此时已经快到 17 日凌晨 1 点了。拉斯普京开门，尤苏波夫走了进来。"这里没人了，是吗?"他问。拉斯普京说大家都走了，孩子们也睡了。"我们走吧，小朋友。"拉斯普京说，然后两人去了他的房间。他们经过厨房时，卡佳从仆人房间的帘子后朝两人望去，认出了尤苏波夫。[8]

＊

　　整整一天，下人们都忙着在位于莫伊卡河畔 94 号的尤苏波夫宫的地窖里布置谋杀现场。屋里被精心地铺上了地毯，挂上了帘子，还摆放了橡木桌椅和各式古董。尤苏波夫的仆人格里高利（Grigory）和伊万（Ivan）协助主人摆放了家具，又准备了饼干、蛋糕、茶和酒。尤苏波夫临时抱佛脚地看了几小时书（他第二天要参加考试），吃了晚餐，去喀山大教堂做了祷告。他在晚上 11 点回地窖又检查了一次。"桌上的茶壶冒着热气，摆满了拉斯普京最喜欢的蛋糕和各种美食。"尤苏波夫在回忆录中写道。

餐具柜上摆放着一排酒瓶和玻璃杯。从天花板上垂下的古老的彩色玻璃灯照亮了房间。厚重的门帷被放下了一半。花岗岩壁炉里，木材发出噼啪声并不时溅出火花。这是个让人感到与世隔绝的地方。似乎无论发生什么，那天夜里的事都会被永远留在沉默的厚墙背后。

588

*

很快，德米特里来了，接着是其他人。他们聚在地窖里检查了一番。没人说一句话。费利克斯从一只乌木大盒子里取出一包毒药。苏霍京戴上橡胶手套，把氰化物磨成粉末，撒到蛋糕上。按医生的说法，这些药粉足以让数名成年男子当场毙命。桌上只有两盘花色小蛋糕。拉佐维拿走了所有的粉色蛋糕（只有粉色和咖啡色两种），把上半层蛋糕移走，撒上氰化物，又把蛋糕恢复原样，并把它们放回咖啡色蛋糕边上。拉佐维把手套扔进壁炉，屋子里升起一股烟，他们不得不打开了窗户。男人们回到楼上。在客厅里，尤苏波夫拿出两小瓶钾溶液，把其中一瓶递给德米特里，另一瓶递给普里什克维奇。在尤苏波夫为接拉斯普京而动身离开的二十分钟后，他们会把液体倒进四只玻璃杯中的两只，然后把杯子端去楼下的餐厅。一切准备就绪。尤苏波夫披上一件厚重的鹿皮外套，戴上一顶大到几乎遮住了他的脸的毛皮帽子。穿着司机制服的拉佐维医生发动汽车，朝戈罗霍娃街驶去。

两人离开后，其他人检查了留声机，确保它没出问题。音乐声能烘托情绪，让拉斯普京以为派对已经进行了一段时间，还可以分散他的注意力。普里什克维奇从衣服口袋里拿出一把看起来挺沉的萨维奇左轮手枪，放在尤苏波夫的桌上。这一刻是 17 日的 0 点 35 分。十分钟后，普里什克维奇和德米特里下楼把液体倒进了玻璃杯。他们希望尤苏波夫不会因为过度紧张而拿错酒杯。

尤苏波夫搭乘普里什克维奇的大汽车抵达了戈罗霍娃街。街灯熄了，车牌也被遮住了。尤苏波夫跨出车门，走向看门人，说自己是来见拉斯普京的，让对方放他从后门进去。周围黑得伸手不见五指，尤苏波夫只能凭感觉摸向拉斯普京的公寓。他按了门铃，被迎进门。经过厨房时，他感到有一双眼睛在盯着自己。他竖起了衣服的领子，又拉低了帽檐。"你为什么表现得鬼鬼祟祟的？"拉斯普京问，然后向尤苏波夫保证自己没有向任何人提起他们晚上的安排，而且暗探也已经回家了。尤苏波夫帮拉斯普京穿上外套。根据尤苏波夫的回忆录，就在那时，一丝愧疚涌上他的心头："我为自己卑鄙的欺骗行为感到羞愧，我竟然策划了如此可怕的阴谋。那一刻，自我鄙视的情绪填满了我的心，我不明白自己怎么会参与如此懦弱的犯罪。"他面前的拉斯普京"安静地、没有丝毫怀疑地"站立着。[9] 拉斯普京不知道，对面站着的就是会夺取他性命的凶手。

# 注　释

1. *WC*，679n447.

2. OR/RNB，307. 80，10.

3. OR/RNB，1000. 1975. 22，35ob，and 307. 80，10；*Odesskie novosti*，22 December 1916，4.

4. Vyrubova，*Stranitsy*，102 – 103；FDNO，277 – 78. 高罗维纳的回忆录写于一系列悲剧发生之后不久。在她笔下，拉斯普京表现得很期待这次拜访，但实际上他预感到了自己的死期。

5. *LP*，492 – 93.

6. RRR，122 – 23；OR/RNB，307. 80，10；GARF，102. 314. 35，11 – 11ob.

7. GARF，102. 314. 35，14 – 14ob.

8. GARF，102. 314. 35，19 – 20；OR/RNB，307. 80，10.

9. YLS，240 – 43. 关于拉斯普京当晚让暗探回家，见 GARF，650. 1. 19，51 – 52；Shishkin，*Rasputin*，291。On car：GARF，102. 314. 35，17 – 17ob；OR/RNB，307. 80，10 – 11；Purishkevich，*Murder*，125，132 – 34；Romanov，*Voennyi dnevnik*，226 – 27.

# 第六十五章 懦弱的犯罪

12 月 17 日凌晨，拉斯普京在费利克斯·尤苏波夫亲王的家中被谋杀，尸体被抛入涅瓦河的支流。这些是我们已经知道的事实。然而，拉斯普京生命的最后几个小时里发生了什么，这个问题在一百年后仍让人们充满好奇和猜测。

以下是最常见的故事版本。

午夜过后，汽车载着拉斯普京和尤苏波夫停在莫伊卡河畔 92 号的院子里，92 号是尤苏波夫的邻居奥尔洛夫亲王的家。从那里的边门可以前往尤苏波夫家。拉斯普京和尤苏波夫进入尤苏波夫的宅邸时，留声机里正在播放《胜利之歌》（"Yankee Doodle Dandy"）。拉斯普京问尤苏波夫屋里是不是在举行派对，后者向他保证在场的只有妻子的几位朋友，而且他们很快就会离开。他们走入地窖，脱掉外套，坐下谈话，还喝了几杯茶。尤苏波夫递给拉斯普京下了毒的蛋糕，拉斯普京起初拒绝了，但后来吃了一个，然后又吃了一个。尤苏波夫简直无法相信自己的眼睛——拉斯普京完全没有异样，毒药对他不起作用。接着，拉斯普京问有没有他最爱的马德拉酒，尤苏波夫给他倒了一些，酒同样被下了毒。尤苏波夫站起来观察，等待拉斯普京倒下。但就像蛋糕一样，毒酒也对他不起作用。拉斯普京喝了三杯后依然没事，尤苏波夫紧张起来。两人此刻隔着桌子面对面地坐着，目光发生了碰触。"看吧，"拉斯普京突然怒吼道，"你在浪费我的时间，你不可能对我做任何事。"
尤苏波夫知道，拉斯普京一定明白了自己邀请他来家中的原
因。但拉斯普京忽然站起来，盯着放在椅子上的尤苏波夫的吉
他，让他唱一首歌。尤苏波夫听他的话唱了一首，接着又唱了
另一首俄罗斯歌谣。

　　时间在缓慢地流逝。凌晨 2 点 30 分，尤苏波夫担心楼上
的朋友会着急，于是找借口说要上楼看一眼妻子和她的客人
们。毒药不起作用的事让他的朋友们难以置信。尤苏波夫拿起
德米特里的手枪，返回地窖，准备一枪了结此事。这时，他发
现拉斯普京无力地瘫坐着，发出沉重的喘息声。但在喝下又一
杯马德拉酒后，拉斯普京恢复了活力，提议一起去看吉卜赛人
的表演。尤苏波夫试图改变话题，同时凝视着乌木橱柜上悬挂
着的一只意大利出产的由水晶和银制成的巨大十字架。他说：
"格里高利·叶菲莫维奇，你最好看着十字架念一段祷文。"
当拉斯普京这么做时，尤苏波夫举起左轮手枪，子弹脱膛而
出。拉斯普京大叫一声，倒在了熊皮地毯上。听到枪响后，其
他人跑下楼。拉斯普京一动不动地躺在地上，鲜血从他胸前的
伤口流出。拉佐维检查了一番，宣布拉斯普京已经死亡。几个
人关了灯并回到楼上。

　　随后，德米特里、苏霍京、拉佐维开车前往拉斯普京的公
寓。苏霍京穿着拉斯普京的外套，戴着他的帽子。如果那晚有
暗探在监视，他们会看到拉斯普京已被安全送回家中。然后，
这三人回到莫伊卡河畔。与此同时，尤苏波夫和普里什克维奇
正在那里一边等待，一边庆祝俄国和皇室获救，逃过了"覆
灭和受辱"的命运。这时，尤苏波夫突然有一种奇怪的感觉，
于是他下楼去确认拉斯普京是否真的死了。他摸了摸拉斯普京

591

的脉搏，什么动静也没有。但当他正要离开时，突然看见了神奇的景象——拉斯普京的左眼正在颤抖，他的脸开始抽搐，然后他猛地睁开了左眼，接着是右眼。"那对毒蛇般的绿眼珠，"尤苏波夫写道，"死死地盯着我，充满恶意。"惊慌失措的尤苏波夫僵在原地。

拉斯普京一跃而起，口中吐着白沫。房间里回荡着狂野的吼叫声……他向我冲来，试图掐住我的脖子。他的手就像一双铁爪，手指深深掐进我的肩膀。……

那个服下毒药、胸口挨了一颗子弹的魔鬼一定靠邪恶的力量复活了。一定存在着某种骇人的原因，这个十恶不赦的魔鬼才拒绝死去。

我到这时才意识到拉斯普京的真实身份。这个抓紧我不放，似乎直到我死时才会松手的人就是撒旦在人间的化身。

592　但尤苏波夫凭借着"超出常人的力气"挣脱了撒旦的魔爪，跑回楼上向普里什克维奇求助。在他们弄清楚发生了什么之前，楼梯口通往院子的门打开了，浑身是血的拉斯普京逃进了夜色之中，"他用双手和膝盖在地上爬行，发出受伤的野兽般的吼声"。他们一边追他，一边拔出了枪。拉斯普京快要逃到莫伊卡河边上时，普里什克维奇朝他开了两枪，接着又是两枪。拉斯普京踉跄了几步，倒在雪地上。尤苏波夫慢慢靠近他。这次他终于死去了。旁边的两个仆人把尸体抬回屋里，放在侧门边上的楼梯平台上。

德米特里、苏霍京、拉佐维回到尤苏波夫家后，收拾了拉斯普京的尸体，用一块厚亚麻布把它裹起来，再把它搬上车，驾车朝彼得罗夫斯基大桥的方向驶去。街道上空无一人。十分钟后，他们到达了目的地。汽车停在大桥的栏杆附近，他们抬出拉斯普京的尸体，扔进下面结冰的河水中。而在这三人还没从拉斯普京家赶回前，尤苏波夫便因看见楼梯平台上的拉斯普京尸体而晕倒了。普里什克维奇和仆人伊万把他扶上床，他昏睡了数个小时。醒来后，尤苏波夫和一个仆人清理了血迹，整理了地窖，销毁了院子里留下的证据。清晨 5 点，尤苏波夫前往莫伊卡河畔的岳父家（亚历山大·米哈伊洛维奇大公，也就是桑德罗）。"一想到我们已经迈出了拯救俄国的第一步，"他后来写道，"我就充满了勇气和信心。"[1]

*

　　拉斯普京的死亡是他一生中最著名的时刻之一。就连对拉斯普京所知不多的人也听说过他是怎么死的。长久以来，他诡异的死亡一直是全球流行文化的一部分。上述故事来自尤苏波夫的回忆录《拉斯普京》（*Rasputin*），它首次出版于 1927 年。[2]后来，这本书经修订于 1953 年再版，并名为《失落的辉煌》（*Lost Splendor*）。尤苏波夫的回忆录的作者是谁，这仍是个问题。该书问世时，俄国的流亡人士普遍认为此书的作者不是尤苏波夫本人，而是由他人代笔的，尽管没有人清楚那个人是谁。拉斯普京对死亡进行超自然抵抗的场景与陀思妥耶夫斯基于 1847 年出版的哥特式小说《女房东》（*The Landlady*）里的情节有诸多雷同之处，这不禁让人猜想回忆录作者受到了文学作品的启发。[3]无论这本书的作者是谁，它都对大众对拉斯普京之死的认知产生了不容小觑的影响。尤苏波夫的回忆录既没

593

有诚实地记录他的生活，也不是被他杀害之人的传记，它只是单纯的自我辩护、自我美化之作。考虑到这一点，它的影响力之大实在令人惊讶。

凶手的叙述通常存在各种问题（想想《洛丽塔》的主人公亨伯特·亨伯特），但人们往往会忘记审视尤苏波夫和这份文本间的关系。回忆录的成书背景相当重要。尤苏波夫一家在革命中失去了一切，逃往欧洲时只带了几只行李箱。他们失去了可观的财富。流亡期间，费利克斯·尤苏波夫勉强维持着一家人的生活。钱总是不够用。他唯一可以兜售的便是他作为杀死拉斯普京之凶手的恶名，这才是他创作此书的最大动机。他需要赚钱。一本书要想卖得动，就必须充满戏剧性，而他的回忆录就是这样一本书。第二版的出现也是因为他要赚钱。尤苏波夫很清楚，他不能重复同一个故事，因为这样的故事只是旧闻。他必须让它读起来新鲜、刺激，所以他夸大了事实，增强了戏剧性和冲突性。比如，在 1927 年的回忆录中，尤苏波夫说拉斯普京似乎是恶魔；而在《失落的辉煌》里，拉斯普京不仅是魔鬼，还成了"撒旦在人间的化身"。[4]

但缺钱并不是影响回忆录基调的最大因素。尤苏波夫虽然从未流露对自己所做之事的后悔，但捏造理由邀请一个毫无防备之人来家中做客，再冷血地杀害他这一行为本身是站不住脚的。这不是贵族该做的事。所以，他必须对事实加以修饰。在尤苏波夫关于此事的叙述中，他杀死的不是人类，而是撒旦。沙皇的妹妹奥尔加·亚历山德罗芙娜女大公读完尤苏波夫的回忆录后称："在谋杀场景中，拉斯普京被有意塑造成魔鬼的化身，杀死他的人则成了正义的英雄。"[5]尤苏波夫通过夸大拉斯普京身上的恶，不仅让谋杀本身和谋杀手段合理化了，还彰显了他自己的英勇无畏和坚强意志。在他的叙述中，他和拉斯普京的对峙再现了《启示录》中大天使米迦勒击败撒旦的情形。他不该被谴责，而应该得到称颂。

在尤苏波夫之前，另有两名参与者也谈论了这次谋杀。1918 年 9 月，拉佐维告诉《纽约时报》，他们在德米特里大公的住宅附近射杀了拉斯普京，当时他正准备去见皇后。594 拉佐维还告诉这家报纸，警方在谋杀事件后发出悬赏通缉，于是他不得不逃离故土。[6] 拉佐维扭曲事实的手法和尤苏波夫不相上下。

同样在 1918 年，普里什克维奇在基辅出版了他所谓的"日记"，里面记有这次谋杀的详细经过。[7] 它说是日记，但其实是在事件发生很久之后才完成。马克拉科夫用"荒谬"评价这部作品，近期出版的一部拉斯普京传记的作者形容它"措辞空洞，全是胡编乱造"。普里什克维奇的日记和尤苏波夫的回忆录大同小异，只有几处细节不同（比如在地窖里用来杀死拉斯普京的枪是谁的，尤苏波夫上下楼梯几次，等等）。两部作品均承认，是普里什克维奇而不是德米特里或其他人，射出了致命的几枪。普里什克维奇还提供了一些抛尸时的细节。众人乘车抵达积雪的大桥时，坐在驾驶座里的是德米特里。他们把尸体拖下车，抬过栏杆，扔进了桥下漆黑的河水中。但他们在离开时才意识到，忘了给尸体绑上普里什克维奇从市场上买来的链子和重物。愣了一阵后，他们决定把这些东西也一股脑扔进河里。再次准备离开时，有人注意到拉斯普京的一只靴子掉在了地上。他们又扔下这只鞋，但它没有落进水里，而是掉在了下面的防波堤上。最后，他们开车去了德米特里在涅瓦大街阿尼奇科夫桥（Anichkov Bridge）附近的住处。

他们花了比计划更长的时间才抵达目的地，因为引擎似乎出了问题，汽车熄火了好几次。[8]

*

玛丽亚认为尤苏波夫的描述"充斥着想象和粉饰"。[9]她指出，最不可信的部分是他的父亲吃完了所有蛋糕，因为他根本不喜欢甜点。也许拉斯普京没有吃蛋糕，也许他吃了蛋糕但什么也没发生，因为蛋糕没有被下毒。1923 年，身在巴黎的马克拉科夫在法国媒体上发表了一篇评论普里什克维奇回忆录的文章，说自己给尤苏波夫的不是氰化物晶体，而只是一些无害的粉末。一种说法是，它们只是被碾碎的阿司匹林。[10]我们或许可以相信这是马克拉科夫的良心之言。但即使他真的给了他的同谋氰化钾，毒药也可能没有碰到拉斯普京的嘴唇。拉佐维去世前承认，他曾感到良心不安，认为他们的计划会让他违背希波克拉底誓言，因此在当晚用一些普通粉末替换了毒药。[11]

595　　氰化钾分解后会释放氰化氢气体，这种气体会破坏中枢神经系统并导致缺氧，正常人只要接触几秒就会有明显反应。先是呼吸急促，感到头晕目眩，接着是精神恍惚而焦虑。中毒者会恶心想吐，感到脖子就像被勒住了一般，获得接近窒息的体验。在某些案例中，中毒者会感到背部剧痛、肌肉痉挛，接着会瞳孔放大、四肢僵硬，最后进入昏迷，或直接死亡，这一过程通常只有几分钟。氰化钾中毒后，没人能像尤苏波夫故事里描述的那样幸存下来。[12]

玛丽亚同样不相信她的父亲会和尤苏波夫在地窖里待太久，因为"出众的洞察力让他总能很快就弄清楚和他交谈之人的真正目的"。[13]这是一种有趣的说法。许多人表示，拉斯普京拥有异常敏锐的洞察力，但在他生命的最后几年，这种天赋显然日渐减弱。他曾向亚历山德拉推荐阿列克谢·赫沃斯托夫，而且在赫沃斯托夫策划谋杀他时两人还见过多次，但拉斯普京从未意识到危险。在拉斯普京生前的最后一年，帮助他识人的第六感已经弃他而去。

我们永远不会知道，12月17日在尤苏波夫家中真正发生了什么。我们唯一知道的是，拉斯普京死于三颗子弹，其中一颗在超近距离内直接射中他的额头。拉斯普京去世时只有47岁。

无法否认，尤苏波夫对事件的描述很有吸引力，他把一次野蛮的杀戮包装成了一场善与恶的划时代较量。这种叙述手法是他的故事大获成功的关键。实际上，这个版本的故事的影响力是如此之强，以至于当代持民族主义观点的历史学家以此为基础，用新的解读方式增强了它的传奇色彩。在他们看来，尤苏波夫在谋杀拉斯普京时遇到的重重困难（他们又增加了更多恐怖的新细节）并不能说明他杀死的是敌基督，而是恰恰相反：尤苏波夫这个同性恋，这个标榜西方价值观的世俗派代表，很难杀死拉斯普京，因为后者是一名真正的东正教徒，受到全德全能的上帝庇护。[14] 在这个版本中，拉斯普京因对上帝和君主的信仰而成了软弱叛徒手下的殉道者。

无法否认的是，拉斯普京死亡的方式预示了罗曼诺夫皇朝 596 的结局。在凌晨时分走进地窖；不知发生了什么却突然听到枪声响起；血腥的谋杀现场；在夜色中尸体被迅速搬上车，运往一个遥远的地方，再神不知鬼不觉地被抛下，后来才被人发现。尼古拉和亚历山德拉肯定不知道，他们的朋友的死亡预示了他们自己的可怕下场。

## 注 释

1. YLS，239 – 54；*GRS*，4：237.

2. 当时，回忆录有三种语言的版本——英语版、法语版和俄语版，参见 FN，29，653n124。俄语版的题目为"Kak my ubivali Rasputina"和"Konets Rasputina"。

3. Mel'gunov，*Legenda*，380note；VR，687.

4. 参见"Kak my ubivali，"No. 51，p. 14 与 YLS，250 – 51 的比较。见不同的关于尤苏波夫用马克拉科夫的橡胶棍袭击拉斯普京的记录：No. 51，p. 14；YLS，253，and Yusupov，*Murder*，162 – 63；Purishkevich，*Murder*，151。

5. Vorres，*Last Grand Duchess*，142.

6. "Helped to Kill Rasputin，" *New York Times*，23 September 1918.《纽约时报》1923 年还发表了一篇署名为拉佐维的关于谋杀的文章，但不是拉佐维所写。FR，209；FN，28 – 29.

7. 不同版本，见 Shishkin，*Rasputin*，191；FN，28 – 29。

8. Purishkevich，*Murder*，56 – 57，160 – 61. 德米特里的宅邸之前属于他的叔叔谢尔盖·亚历山德罗维奇大公。

9. RRR，134.

10. Purishkevich，*Murder*，60；Faleev，"Za chto，" 161；RR，442.

11. Shishkin，*Rasputin*，187，266 – 67，295；Dobson，*Prince*，93. Also：Vasil'ev，*Ochrana*，158.

12. 谋杀案后不久，有说法称，尤苏波夫声称毒药之所以不起作用，是因为在高温环境中暴露了太久，参见 RGIA，948. 1. 180，10 – 10ob。湿度也会影响药性，见 Moe，*Prelude*，567 – 68。

13. RRR，134.

14. See，for example，Groian，*Muchenik*，174 – 85.

# 第六十六章　调查

17 日的朝阳尚未升起，谋杀的消息就传开了。毫无疑问，普里什克维奇该为此负主要责任。尸体刚被抛下河，普里什克维奇就告诉在尤苏波夫宫门口执勤的两位士兵，他刚杀了拉斯普京。其中一位士兵亲吻了他，另一位说："感谢上帝，正是时候！"离开前，普里什克维奇告诫他们不要泄露风声。[1]但很快，普里什克维奇自己就会向警方坦白他的所作所为。

那天凌晨，有人在尤苏波夫宫附近的街上听到枪声。大约 2 点 30 分，海军部地区警察局（Admiralty Region Police Division）第二分站的警察弗洛尔·叶菲莫夫（Flor Yefimov）听到了四声枪响。三十分钟后，他又看见一辆汽车驶过莫伊卡河畔。他向喀山地区警察局（Kazan Region Police Division）第三分站的同事斯捷潘·弗拉修克（Stepan Vlasyuk）报告了此事。其中一枪来自尤苏波夫的通讯员伊万·涅费多夫（Ivan Nefedov）。当时，拉斯普京还有一口气，但在大量流血。他可能通过边门走进了院子——那里距地窖仅几步远——踉跄着想逃跑，直到响起第三枪、第四枪。拉斯普京的血在雪地上留下了长长的印记。尤苏波夫盯着血迹，当场想到一个主意。他让涅费多夫杀了家里的狗弗拉尔（Frale），拖着它的尸体经过拉斯普京走过的一路，他认为这样就可以应对所有关于血迹的令人不安的问题。涅费多夫做完这些后，把死狗扔进了花园，回到屋里。

凌晨 4 点，弗拉修克进入莫伊卡河畔 92 号核实叶菲莫夫的报告。在他和奥尔洛夫大公家的看门人谈话时，尤苏波夫和他的管家布任斯基（Buzhinsky）走出了院子。弗拉修克问了他们关于枪声的问题，但两人都说什么也没听见。弗拉修克没有怀疑他们的说法，天色很黑，他也没有留意到地上的血迹，就这样返回了位于普拉切克尼桥（Prachechny）和马克西米利亚诺夫斯基大道（Maksim ilianovsky Lanes）交汇处的值班室。他刚回来不久，布任斯基就现身了，转告他尤苏波夫在家中的书房等他。弗拉修克再次前往尤苏波夫宫，进了屋子。那里异常安静。书房里除了尤苏波夫，还有一个他不认识的男人。

"你是东正教徒？"那个男人问。

"是的，先生。"

"你是俄国人吗？"

"是的，先生。"

"你热爱沙皇和祖国吗？"

"是的，先生。"

"你知道我是谁吗？"

"不，我不知道。"

"你听过普里什克维奇这个名字吗？"

弗拉修克回答说不认识他，但知道这个人。普里什克维奇继续道：

"听着，他（指拉斯普京）死了。如果你热爱沙皇和祖国，你就闭嘴，不要向任何人泄露这件事。"

"是的，先生。"

"你可以走了。"

598

说完，弗拉修克转身离开房间，回到值班室。他非常困惑。他没有发现任何谋杀迹象，而且那个人看起来也相当平静。那个人没有喝酒——但日后，尤苏波夫称普里什克维奇喝了。他把整件事当作某种考验：也许他们现在正等着看他会如何处置已经掌握的情报，他这么想。弗拉修克没有犹豫，立刻向分站的上司报告了一切。[2]消息开始在彼得格勒警察局各层级官员之间流传。

那天早晨，上诉法院的检察官谢尔盖·扎瓦德斯基接到一名司法部官员打来的电话，告诉他拉斯普京可能于前一晚在尤苏波夫宫被杀，要他立刻展开调查。[3]上午9点，扎瓦德斯基、特别事务部（Extraordinary Affairs）调查员维克托·谢列达（Viktor Sereda）和一名警察局的摄影师来到现场。他们留意到雪地上的血迹从边门一路穿过院子。根据血液分布判断，可能是某人在死后被拖着穿过院子。谢列达顺着血迹来到一扇小门前，想进房间查看门背后的状况，但遭到了拒绝。因此，调查员取了一些血液样本装在一个瓶子里，用于分析。实验室的报告显示：血液是人类的。[4]尽管如此，更高层的官员却告诉扎瓦德斯基和谢列达不用继续调查。据说，拉斯普京那晚出门喝酒了，很快就会现身。司法大臣马卡罗夫——他不是拉斯普京的盟友——也认为没有理由深入调查。

那天早晨，警察来到戈罗霍娃街上拉斯普京的公寓。他们问他的女儿们她们的父亲去哪儿了。她们不知道且无法理解他为什么不在家。心烦意乱的她们给穆娅打电话，她却向两人保证，如果她们的父亲晚上和尤苏波夫亲王出门喝酒了，现在肯定还在他家睡觉，不用担心。上午11点左右，穆娅来到公寓，

599

这时她开始担心了。她们给尤苏波夫家打电话，但被告知拉斯普京不在那里。这时，西马诺维奇也出门寻找拉斯普京。他带着坏消息回到戈罗霍娃街，告诉女孩们：传言说她们的父亲在尤苏波夫的家中被杀害，尸体被扔在了某个地方。中午，电话响了。电话那头，尤苏波夫要求和穆娅说话。为了避嫌，他们只用英文说了几句。接着，忧心忡忡的穆娅离开，说要回家等待尤苏波夫。一个小时后，玛丽亚、瓦尔瓦拉去到穆娅家中，她告诉女孩们已经和尤苏波夫谈过，他发誓前夜没见过拉斯普京，拉斯普京没去过他家。[5]

*

清晨 5 点，尤苏波夫离开自己家，来到叔叔桑德罗家。尤苏波夫宫装修时，他就借住在这里。他发现自己的兄弟费奥多尔还没睡，在焦急地等着他回来。费利克斯似乎向他提过他们的计划。"拉斯普京已经死了。"他告诉费奥多尔。那天上午 10 点，地方警察局负责人格奥尔基·格里戈里耶夫将军（General Georgy Grigorev）来到桑德罗家中，询问尤苏波夫枪声的事。他问拉斯普京是否在宾客之中，尤苏波夫回答说不在，拉斯普京没来过他家。接着，他说起了死狗的事，并说普里什克维奇之前和警察谈话时的意思是，他们本该杀掉的是拉斯普京，而不是一条狗。[6]格里戈里耶夫心满意足地离开了。

然后，尤苏波夫去见了司法大臣马卡罗夫，说了同样的故事。马卡罗夫也很满意尤苏波夫的叙述。因此，他再次要求扎瓦德斯基和谢列达停止调查。与此同时，内政大臣普罗托波波夫决定自己调查，他找来了彼得·波波夫将军（General Pyotr

Popov）。波波夫曾是圣彼得堡安全部门（隶属于"奥克瑞那"）的负责人，现在是负责内政部特别行动的长官。[7]下午早些时候，总督亚历山大·巴尔克（Alexander Balk）召见了尤苏波夫。这是尤苏波夫在同一天第三次声称他和一些朋友在家中开了派对，但没见过拉斯普京。雪地上的血迹来自他的狗，是早些时候离开的德米特里大公杀死的。他告诉巴尔克，即使他和此事无关，人们也要设法把他的名字和拉斯普京的失踪扯在一起。就像格里戈里耶夫一样，巴尔克也被说服，让尤苏波夫回家了。[8]事到如今，尤苏波夫向三位政府官员描述了当晚的情况，所有人都选择了相信他。他美滋滋的，以为可以侥幸逃脱谋杀的指控。下午晚些时候，他去往涅瓦大街上德米特里的家中见他。[9]

普里什克维奇避过了政府官员。他拜访了自己的母亲，但对拉斯普京一事只字未提。下午晚些时候，他去见尤苏波夫。当时，尤苏波夫正忙着给皇后写一封长信，辩解他是清白的。根据他的回忆录，尤苏波夫和德米特里依旧很紧张，但普里什克维奇试图让他们平静下来。之后，普里什克维奇回到华沙车站的医务车厢，和妻子、两个儿子一起前往罗马尼亚前线。日后他称，火车驶出彼得格勒时，他在日记中写道："是天意让他落入我的而不是别人的手中，让我将他献给沙皇和俄罗斯帝国。"[10]

那天早些时候，两个工人经过彼得罗夫斯基大桥时注意到了栏杆上的血迹，将情况报告给了警卫员费奥多尔·库兹明（Fyodor Kuzmin）。他亲自前往现场，不仅发现了血迹，还发现了防波堤附近的一只靴子。他把靴子取了回来。这是一只男式靴子，棕色，10号，由"特拉格尼克公司"（Treugolnik）制造。库兹明向当地警方报告了这一发现，并通知了自己的上司。很快，水务局负责人亚历山大·瑙莫夫中将（Lieutenant General Alexander Naumov）来了，下令搜查附近地区。[11]如今，搜寻拉斯普京的尸体成了迫在眉睫的事。

601　　警方共审问了15人，大多是在18日和19日审问的。[12]尤苏波夫是在18日接受审问的。他又说了一遍和朋友们在家里开派对的故事，包括德米特里和几位女士。他说，拉斯普京还打电话来邀请他去看吉卜赛人表演，但他拒绝了。至于普里什克维奇，是的，费利克斯记得他的确和一个警察说了些什么，但他已经不记得具体内容了。他还补充说，普里什克维奇那天喝得很醉。警方告诉他，血液检查的结果显示那是人类而非犬类的血。尤苏波夫一阵心慌，称他对此一无所知。他认为这一定是真正的凶手策划的，为了栽赃他。警方并不满意他的回答。因为他们至少清楚一件事，即普里什克维奇滴酒不沾，因此那天晚上他告诉警察的话不可能是酒后的胡言乱语。但是，尤苏波夫还想掩饰，坚称如果拉斯普京真的被杀，那么凶手策划得相当周密，使现场看起来像是由他所为。[13]

　　尤苏波夫意识到事态的发展渐渐无法控制。18日晚，他去往火车站，想乘火车前往克里米亚，但被警察局负责人拦下，并被告知得回家。在得到进一步通知前，尤苏波夫被禁止随意离开彼得格勒。[14]

## 注　释

1. Purishkevich, *Murder*, 149–50.

2. GARF, 102. 314. 35, 4 – 5, 21 – 21ob, 23 – 24ob; "Kak my ubivali," No. 51, 14 – 15; Purishkevich, *Murder*, 165. Also: Savich, *Vospominaniia*, 188 – 90.

3. *GRS*, 4: 231 – 36.

4. Romanov, *Voennyi dvornik*, 227 – 29; GARF, 650. 1. 19, 51.

5. OR/RNB, 307. 80, 10 – 11; *Byloe*, No. 1 (23), July 1917, p. 70.

6. YLS, 254 – 56.

7. Shishkin, *Rasputin*, 36; OR/RNB, 1000. 1975. 22, 35ob; Lauchlan, *Russian Hide*, 150n10, 151, 182.

8. Romanov, *Voennyi dnevnik*, 227 – 29; YLS, 259 – 60; OR/RNB, 307. 8, 10 – 11; *GRS*, 4: 236.

9. [Gibbs,] *Russian Diary*, 76; Harmer, *Forgotten Hospital*, 117; Powell, *Women*, 304. 德米特里宅邸中的一个护士说尤苏波夫的脖子受了伤。如果这是真的，那他伤得不重，因为他下午就过来了。

10. Purishkevich, *Murder*, 127, 165 – 66; OR/RNB, 152. 4. 189, 13.

11. *BV*, 20 December 1916, p. 4; *Byloe*, No. 1 (23), July 1917, pp. 64, 74 – 75; OR/RNB, 307. 80, 10; GARF, 102. 314. 35, 7. 克拉鲁普后来写道，那只靴子属于西马诺维奇，拉斯普京在和尤苏波夫一起离开时穿错了鞋子。但玛丽亚告诉警方，这只靴子是她父亲的。Krarup, *42 Aar*, 139.

12. GARF, 102. 1916g. 246. 357, 9 – 9ob.

13. GARF, 102. 314. 35, 25 – 27; OR/RNB, 307. 80, 10 – 11. On drink: Vasil'ev, *Ochrana*, 177; YLS, 260.

14. Romanov, *Voennyi dnevnik*, 205 – 206.

# 第六十七章　水中的尸体

俄国的每个人都在静候皇室的反应。"皇朝和国家的命运取决于此。"德米特里的姐姐玛丽亚女大公回忆道。[1]

12月16日晚，亚历山德拉睡得相当不错，醒来时已是17日那异常清冽的早晨。外面下着小雪。[2]那天早上，拉斯普京的一个女儿给维鲁波娃打电话说父亲昨晚没有回家。维鲁波娃一到皇宫就转告了皇后这件事。亚历山德拉有些困惑。接着，约一个小时后，普罗托波波夫给亚历山德拉打电话称，尤苏波夫宫附近的一名巡警在夜间听到枪声，而且醉醺醺的普里什克维奇告诉他拉斯普京被杀了。她们干坐着，等待更多消息。"太糟糕了，"那天，亚历山德拉的女儿奥尔加在日记中写道，"格里高利神父昨晚失踪了。他们正四处找他。"[3]

亚历山德拉给尼古拉写信："我们就这样坐着。你能想象我们的感受吗？各种猜想。我们的朋友失踪了。昨天，阿妮娅（维鲁波娃）见过他，他说费利克斯邀请他晚上上门，费利克斯会派车带他去见伊琳娜。"她试图整理目前已知的信息：两个平民驾驶一辆军用汽车接走了他，之后就在尤苏波夫家发生了一桩"大丑闻"；德米特里和普里什克维奇也在那里，他们喝了酒，扣动了手枪的扳机，普里什克维奇跑出门大喊拉斯普京被杀了。她已经告诉普罗托波波夫要阻止费利克斯去克里米亚。她补充道："我们的朋友最近心情不错，但总是紧张兮兮的，Ａ也是，因为白特辛总设法针对阿妮娅。"亚历山德拉为她们担心，让尼古拉派弗艾柯夫过来。她还补充说，阿妮娅暂时和他们住在一起，她担心她会成为下一个遇害者。"我无法也不想相信他被杀了。上帝是仁慈的。太痛苦了（但我很平静，只是不敢相信）。……快回来吧——只要你在这里就没人敢动她或做任何事。费利克斯最近拜访过他……"[4]

同一天，德米特里请求见亚历山德拉一面，但遭到拒绝。随后，费利克斯也试图打电话，想向皇后或维鲁波娃解释，但也被亚历山德拉拒绝了。皇后让他把想说的话写在信中，费利克斯马上照做："亲爱的殿下，我这就按您的指示，向您报告昨晚在我家里发生的事。我这么做的目的是澄清所有针对我的可怕指控。"

尤苏波夫告诉皇后，自己、德米特里大公和几位女士举行了一场小型派对，其间，拉斯普京打来电话，请他们一起去看吉卜赛人的表演。他可以听见电话另一端的嘈杂背景音，但拉斯普京不愿透露他在哪里。费利克斯写道，派对在凌晨3点左右结束，那时传来一声枪响。他们跑出门去查看，但没人知道发生了什么。接着，他给德米特里打电话，德米特里告诉他，一条狗在他们离开时要攻击女士们，于是他一枪打死了它。费利克斯再次跑出院子，发现他家的狗真的被打死了。凌晨4点，客人都已离开，他回到暂住的岳父家。他在信中否认自己和拉斯普京失踪有关，声称相关说法是"彻头彻尾的谎言"，那天晚上他没有离开家，也没有见过拉斯普京。"我向您保证，殿下，我几乎找不到合适的词语来形容我对当下所发生一切的担心，人们对我的指控太恶毒了。我永远是您最忠诚的仆人。费利克斯。"[5]

603

这封信非常可耻（几乎每句话都是谎言），完完全全地展现了尤苏波夫的虚伪和懦弱。一个为人正直、相信自己在替天行道的人，应该告诉亚历山德拉真相并勇于承担后果，但尤苏波夫丝毫不为撒谎而脸红。17日，尤苏波夫见了穆娅·高罗维纳，在她面前坚称那天晚上没有见过拉斯普京。她不相信他的话，并为自己在拉斯普京谋杀事件中扮演的不明智角色感到内疚无比，说她再也无法面对拉斯普京的家人。[6]

亚历山德拉把尤苏波夫的信转交给司法大臣，但一连数天都没有给尤苏波夫回信，因为这件事让她感到恶心。"没有任何人有权谋杀他人，"最后，她在给尤苏波夫的信中写道，"我知道，许多人正在忍受悔恨的折磨，因为参与这件事的人不止德米特里·帕夫洛维奇大公。你的信实在是让我震惊。"[7]

604

\*

下午5点，亚历山德拉给莉莉·德恩打电话，告诉了她发生的事，让她赶紧进宫。莉莉立刻就赶来了，在淡紫色的会客厅里见到了皇后。房间里充满花香和刚锯下的木头的香气。亚历山德拉躺在沙发上，她的女儿们坐在她身边，维鲁波娃坐在皇后附近的小凳子上。亚历山德拉脸色苍白，泪流不止。莉莉看出维鲁波娃之前也哭过。亚历山德拉极度伤心，她拒绝接受拉斯普京可能死了的事。亚历山德拉希望莉莉晚上留宿在维鲁波娃家，看着她。莉莉离开皇宫，去了维鲁波娃家，惊讶地发现那里挤满了秘密警察。他们告诉她，他们刚破获一起以亚历山德拉和维鲁波娃为目标的暗杀阴谋，因此他们留在这里保护维鲁波娃的安全。当天晚上莉莉在维鲁波娃的卧室里休息时，墙上的一幅圣像突然掉落，砸中了一幅拉斯普京的肖像画。[8]她把这视为某种信号。

那天下午，冒着提及该事件便会面临巨额罚款的风险，《证券交易公报》以"拉斯普京之死"为大标题刊出一则短讯："今晨 6 点，在市中心一位显赫贵族的家中参加派对的拉斯普京突然身亡。"几小时后，《彼得格勒晚报》（*Evening Petrograd*）也报道了这则消息。据说，《证券交易公报》因此被罚款 3000 卢布。[9]

12 月 17 日早晨，沙皇的心情格外舒畅。根据最高统帅部工作人员德米特里·季霍布拉佐夫上尉的说法，甚至直到早上的简报时间，沙皇的心情都相当轻松。中午，每个人都放下了手中的工作，因为沙皇邀请他们共进午餐。中午 12 点 30 分，军官们像往常一样，在沙皇的私人公寓和餐厅之间的墙边按军衔站成一列，但一向不让人等的尼古拉这次没有准时现身，人们开始猜测发生了什么。最后，门开了，尼古拉走出房间前往餐厅。他走到摆放点心的桌边拿了一些吃的，给自己倒了一杯伏特加，便让出地方给其他人取餐。法国驻俄国军事代表团团长莫里斯·亚宁将军（General Maurice Janin）也取了餐。他把伏特加送到嘴边时，目光扫过身边的人，轻声说道："他被杀了。"周围的军官立刻明白了亚宁指的是谁。他们不发一语，同时喝干了杯中的烈酒，用这种方式偷偷相互传递得知消息的喜悦之情。所有人坐下后，季霍布拉佐夫盯着沙皇。尼古拉没有流露一丝异样，"从他的眼神、他的声音、他的动作，一点也看不出他对这件事的震惊"。

然而，尼古拉在那天下午的会议上简直成了另一个人。他精神高度紧张，不发一言地坐着。他的目光扫过房间里每一位军官的脑袋，拒绝一切眼神接触。他似乎没有听别人的发言。

当尼古拉·鲁斯基将军（General Nikolai Ruzsky）用低沉而单一的声音谈到士气的低迷时，尼古拉再也忍不住了。"抱歉，将军。"尼古拉打断了他。鲁斯基停止发言。"先生们，每个人一生中总会遇到一些事，在那时私人生活比其他事务都更重要。请继续讨论。但我现在必须离开了。"

他的话音刚落，军官们就站了起来。离开前，尼古拉绕桌一圈和每个人握手。空气中弥漫着一种明确无误的尴尬气氛。尼古拉离开房间后，鲁斯基将军从之前停下的地方接着发言。没人问刚才发生了什么，以及沙皇的话究竟是什么意思，尽管并非每个人都得到了消息。这是为了讨论 1917 年的军事行动方针而召开的重要会议，但沙皇不在，没人能决定该怎么做。最后，会议没有得出任何结论，每位将军暂时可以结合前线的情况自行下达指示。[10]17 日下午 4 点，沙皇的火车离开莫吉廖夫，返回皇村。

18 日的早晨日光明媚，但寒风刺骨。亚历山德拉、她的女儿们、维鲁波娃和莉莉一整天都待在一起等消息。亚历山德拉依旧拒绝相信发生了糟糕的事，坚信拉斯普京一定是被带出了城，随时会回来。但她们都在怀疑费利克斯和德米特里，担心他们已经惹出大祸。德米特里再次求见亚历山德拉，仍然遭到了拒绝。皇后命令副官长康斯坦丁·马克西莫维奇（Konstantin Maximovich）以沙皇的名义禁止德米特里离开家。维鲁波娃持续收到含义不明的匿名恐吓信，亚历山德拉坚持让她和大家一起待在宫中。[11]下午 6 点 38 分，尼古拉从奥尔沙（Orsha）的火车站给亚历山德拉发来电报："刚读到你的信。愤怒、恐惧。共同祈祷、冥想。明天 5 点到。"[12]如今，彼得格勒流传着一则谣言，说亚历山德拉在悬赏征集关于拉斯普京的下落的信息。[13]

19 日，周一，沙皇的四位女儿回到皇家医院帮忙，但她们很难集中精神。亚历山德拉、维鲁波娃和德恩还留在宫中，那天阿基林娜·拉普汀斯科娅也来了。刚过中午，就有消息传入宫中，说拉斯普京的尸体找到了。下午 1 点 50 分，亚历山德拉发电报向尼古拉转告了这个可怕的消息："他们在水中找到了他。"[14]莉莉·德恩记得，亚历山德拉虽然蒙受巨大打击，但没有陷入崩溃，而是尽最大努力保持了镇定。[15]

*

18 日上午 11 点左右，一些潜水员被派往马来亚涅夫卡河上的彼得罗夫斯基大桥附近搜索。那时，拉斯普京的女儿们已经看过橡胶靴子，证实它属于她们的父亲。潜水员在冰面打了一些洞，花了一整天搜索冰面下方的水域，但没有任何发现。19 日的搜索刚开始，一个名叫安德烈耶夫（Andreev）的水警就碰巧在大桥两百米开外处发现了结冰的织物。于是，潜水员被派去那里，在抓钩的帮助下排查冰面下的情况。就在这里，他们找到了尸体。拉斯普京的尸体被冻在冰块中，潜水员必须凿开冰才能把尸体带回地面。警方的一位摄影师记录了当时的场景。

上午 9 点，调查员谢列达抵达大桥。在场者还有库尔洛夫将军、波波夫、检察官扎瓦德斯基、总督巴尔克和其他人。当时，尸体已被抬出水面。几乎所有重要政府官员都聚在一起，除了官员和警察外，其他人都被挡在了大桥外。谢列达在雪地上发现了轮胎痕迹，留意到了尸体是如何被抬过栏杆的。尸体似乎是先被抬下车，靠在栏杆上，然后有人抬起了尸体的脚，

607

将尸体翻过栏杆扔入水中。但凶手力气不够大，尸体没被抛离大桥。拉斯普京下坠时撞到了头，血因此溅到了防波堤上。

尸体被裹在一件毛皮大衣中。凶手在尸体腿部系了一只用蓝色薄布做成的袋子，里面放了某种重物。但袋子在遇水后破了，里面的东西沉到水底，拉斯普京的尸体便没有随重物下沉。这个袋子的材质再次反映了尤苏波夫和罪案有关，因为在他家中发现了类似的织物。尸体在冰下被水流带走。毛皮大衣因没有被绑紧而在冰水中上下翻腾，发挥了类似于救生衣的作用。之后，尸体慢慢漂向岸边，在那里冻住。绑住拉斯普京双手的绳子被扯断了，他的双臂在脑袋附近摆出怪异的姿势。尸体暂时被送往维堡区（Vyborg Side）的一间临时病房，拉斯普京的女儿们被带去认尸。[16]

"那个场面太可怕了，"玛丽亚回忆说，"我紧张极了，几近崩溃，差点无法站立。"

> 浓密、纠缠在一起的黑发上布满血块。整张脸凹陷下去，眼睛呆滞无神。毛皮大衣被脱掉后，里面的衣服就像一层坚硬的皮肤，有些地方还留在原来的位置，有些地方则像云母一样脱落。但最奇怪的是他的右臂——拳头紧握，直到死亡还保持着属于我父亲的姿势。他似乎在水中成功解开了捆住他的绳子，仿佛在尽最大努力自救，尝试画出十字架的形状。[17]

此处，玛丽亚也参与了神话的制造。拉斯普京被谋杀的消息刚传开，他死去时在画十字的说法就开始流传，玛丽亚在回忆录中重复了这个没有根据的谣言。这件事是拉斯普京神话中的一个经典要素。[18]

　　拉斯普京的遗体被抬进棺木，但由于他的手臂在头部上方被冻住，与棺木的形状不合，人们只能草草钉上木棺盖。一整天内，不少官员、记者，包括西马诺维奇，在得到批准后查看了遗体。河边的人越聚越多。有些人开始往桶里装水，相信水里携有拉斯普京体内的神力。

　　没人能决定如何处理遗体。马卡罗夫希望把它送往彼得格勒军事医学院（Military Medical Academy）的解剖中心，但普罗托波波夫不同意，认为把拉斯普京的遗体留在城内会被视为一种挑衅，引发市民暴动。下午5点过后，普罗托波波夫下令把遗体搬上红十字会的卡车，卡车向南驶出城外，把遗体送往车什门斯基宫（Chesmensky Palace）下属的救济院。途中卡车会经过皇村。警方在救济院附近布置了路障和警力。[19]

　　拉斯普京的遗体被送去救济院一小时后，尼古拉和阿列克谢抵达皇村。火车进站时，尼古拉的家人们已经等候在那里。他们很欣慰一家人能团聚在一起。尼古拉刚下车就说："我羞于站在俄国人民面前，因为我亲戚的双手沾上了一位农夫的鲜血。"[20]那天晚上10点，普罗托波波夫来到宫殿，拜访了悲伤的沙皇一家。[21]

　　那天的报纸充斥着用语模糊（但谁都不会弄错）的标题，如"神秘的发现""神秘案件""未解的罪案"。拉斯普京的名字没有出现在任何一篇报道里，只有"那具尸体"或者"谋杀案遇难者"。但是，这些文章透露了一些细节：17日凌晨，有人在莫伊卡河畔听到枪声；有人看见数位蒙面男子提着某个包裹好的重物离开房子，上了汽车；彼得罗夫斯基大桥下找到一只沾血的橡胶靴子；费利克斯·尤苏波夫亲王和弗拉基

608

米尔·普里什克维奇或许与此事有关。[22]

验尸安排在周三（21日）上午11点。负责看守尸体的是I. P. 彼得教授（Professor I. P. Petrov），他接到的命令是不准让任何人接近尸体。救济院停尸间的温度被调高至20摄氏度（74华氏度），以便让尸体解冻。[23]

但19日晚，沙皇打电话给司法大臣马卡罗夫，下令立刻验尸，因为他希望在第二天把遗体送还给拉斯普京的家人。谢列达对这道命令感到震惊，但被告知这是沙皇的意愿。被指定验尸的是彼得格勒的资深验尸官德米特里·科索罗托夫医生（Dr. Dmitry Kosorotov），但当时没人知道他在哪里，也不知道该去哪里找他。警方最终在当地一家餐厅里找到他，他被径直带往救济院。停尸间里没电，警方不得不去征用附近人家的煤油灯。遗体还没有解冻，在四盏煤油灯昏暗的灯光下，科索罗托夫医生和他的助手们在晚上10点左右开始验尸。科索罗托夫后来回忆验尸过程说："我常常经手棘手的、很难称得上愉快的验尸工作，因此我的心理承受能力相当强，见过许多不堪的景象。但那个夜晚的体验对我来说仍是少有的可怕。那具尸体让我害怕。即使经验丰富如我，也觉得他脸上呈现出的山羊般的表情和头上的伤口太糟了。"[24]

拉斯普京身上的那件浅蓝色镶金边的衬衫如今已遍染血迹。（凶手们搞砸了烧掉所有衣物的计划，因为许多东西太大，塞不进普里什克维奇的火车车厢里的炉子。）[25]他的脖子上戴着一根链子，上面坠着一个大十字架，十字架背面刻着的文字是"拯救与庇护"。他的手腕上戴着一只由黄金和铂金制成的手镯，搭扣处装饰着一只双头鹰和尼古拉的专属徽志。他的衬衫在日后造成了许多谜团。一种说法是，有人看见亚历山德拉在军队医院的病房里把这件衬衫盖在受伤士兵的身上，相信它可以治愈他们的伤病。[26]英国情报局官员塞缪尔·霍尔听说，拉斯普京被杀后不久，一位外科医生在为皇储的腿做手术时留意到，亚历山德拉把这件衬衫放在手术台下，视它为促进治愈的护身符。[27]

　　几年后，由科索罗托夫撰写的官方验尸报告从列宁格勒的一份档案中消失了。该报告有可能被走私出国，流入交易市场。1929 年，莱比锡的书商卡尔·W. 赫斯曼（Karl W. Hiersemann）叫价 2 万德国马克，出售"俄国政府调查拉斯普京谋杀案的原始文件"，称它是"俄国近代史上影响最为深远的事件之一的完整版官方记录，历史价值非同寻常，具有普世意义"。我们既不清楚赫斯曼是如何得到这份文件的，也不清楚里面是否真的有验尸报告的原件。[28]

　　1998 年，法国作家阿兰·鲁利耶（Alain Roullier）公开了一份文件，声称它是科索罗托夫报告的副本，之后出版的几本书都引用了他提供的素材，虽然那份报告毫无疑问是捏造的。[29]1917 年时，科索罗托夫曾接受《俄罗斯自由报》（Russian Liberty）的采访，深入谈论过那次尸体解剖。他也和谢列达讨论过解剖结果。他们留下的两份书面记录才是已知仅存的可以用来还原拉斯普京遗体状况的可靠文献。[30]

　　尸体的状况非常骇人。拉斯普京的脸部和头部均受到严重创伤。右侧脑袋几乎无法辨认。他的鼻子曾遭猛击，右眼下陷，右耳几乎被扯下来。左侧躯干存在开放性伤口，也许由刀或剑造成。科索罗托夫认为，许多伤口可能是在死后——在撞击桥面时，或受到河中浮冰的挤压时，或被抓钩从水中打捞出来时——造成的。尽管后来有各种说法，但他的生殖器则未遭受任何损伤。

拉斯普京遭到三次枪击。一颗子弹从他心脏下方的胸部射入，穿透他的胃和右侧肾脏，最后从身体右侧射出。另一颗子弹则从拉斯普京的背后射入，同样穿透他的右侧肾脏，停留在脊柱附近。科索罗托夫认为，任何一枪都可能立即削弱他的行动能力，导致他在二十分钟内死亡。第三枪直接击中拉斯普京的前额。拉斯普京的衬衫上留下的印迹表明第一枪属于近距离射击。最后一枪也是近距离射击，开枪人很可能就在距拉斯普京头部八英寸的地方。虽然科索罗托夫无法通过验尸断定三枪的先后顺序，但他认为射中拉斯普京的第一枪应该来自左侧，他试图逃跑时又再次从背后中枪，然后他仰面躺倒在地，遭受了"致命一击"。但亚历山大·皮斯托尔科尔斯告诉玛丽亚，德米特里大公曾说她的父亲先挨了尤苏波夫从背后射出的一枪，然后才是另两枪。[31]

从拉斯普京身体中取出的子弹严重变形。科索罗托夫表示，无法判断凶手当时使用的是哪种手枪，因为许多左轮手枪都使用类似的子弹。至于下毒，科索罗托夫没有找到任何相关线索，这表明他摄入的毒药已经被分解得无法辨识了，或者他根本没有摄入任何毒药。[32]

611　　　验尸报告的内容几乎立刻就被泄露给了媒体。《证券交易公报》和其他几份报纸在 20 日就提到了拉斯普京的名字，并从 21 日开始刊载相关内容。媒体收到的信息是准确的：拉斯普京的致命伤是前额附近的近距离射击造成的；他的体内没有发现服用毒药的痕迹；受害者的肺部没有发现积水。[33]有一种说法是，拉斯普京在还没咽气时被扔进马来亚涅夫卡河，死于溺水（这样的话，他的肺部应该出现积水），这一说法曾在很长一段时间内十分盛行。科索罗托夫没有在拉斯普京的肺部发现积水，但谋杀案发生数天后，类似谣言就开始传播。维鲁波娃相信这是真的，连拉斯普京的女儿玛丽亚和英国大使乔治·布坎南也认同这种说法。[34]甚至在近期出版的关于拉斯普京的作品中，有些德高望重的学者仍在重复这种错误说法，这真是令人遗憾。[35]

科索罗托夫和助手们完成工作后，遗体在 20 日被交还给阿基林娜·普拉汀斯科娅。她清洗了拉斯普京的身体，为他包上白色亚麻裹尸布。彼得格勒总督办公室以 500 卢布的价格从马丁诺夫葬礼服务公司（Martynov's Funeral Services）购买了一具锌制棺材。（马丁诺夫好心地给棺材打了九折。）棺木被钉上前，普拉汀斯科娅在里面撒了一些干花瓣，安放了一幅有皇室成员和维鲁波娃签名的圣像。她取下拉斯普京的十字架和手镯，把它们交给皇后。[36]

12 月 19 日至 20 日晚，车什门斯基宫的救济院中发生了一件怪事。谢列达和扎瓦德斯基均称，一位打扮成护士模样的女人在遗体边静坐了数个小时。两人都没看清她的样子，因此无法确认她的身份。但他们都不禁怀疑，那位神秘访客是亚历山德拉。[37]这是一种大胆的设想，但可能性不大。

关于拉斯普京该下葬在何处的问题曾引发争议。亚历山德拉问弗艾柯夫哪里最合适，后者告诉她，曾听拉斯普京提起希望长眠在博克维斯科教堂的墓地。但普罗托波波夫反对把遗体运回西伯利亚，担心一旦消息传出，送葬队伍会在路上遭遇暴力示威。亚历山德拉表示希望拉斯普京葬在皇村，这样他就能留在朋友们的身边。但弗艾柯夫认为，这么做或许很难保障墓地的安全。最后还是亚历山德拉胜出了。[38]在皇后与维鲁波娃

和德恩做了进一步的讨论后，众人决定把拉斯普京埋葬在以维
612 鲁波娃的名义修建的教堂中，那里离皇村的亚历山大公园
（Alexander Park）不远。一个月前，拉斯普京还出席了那座教
堂的奠基仪式。维鲁波娃显然曾为此据理力争，称把拉斯普京
直接葬在皇室公园里可能会引发丑闻，而这样做就可以免去麻
烦。[39] 没人想过去问问死者家属的意见，但这或许并不出人
意料。

　　21 日上午 8 点，一辆警用厢式货车把拉斯普京的遗体从
车什门斯基宫的救济院运到下葬地。那里已经挖好了一个浅
坑，甚至在人们聚拢前，棺木已经被放入坑里。为了让悼念者
顺利地通过冰冻的泥土地，地上铺设了木板。[40] 那是个寒冷、
阴暗的早晨。两辆汽车停在亚历山大宫，接上沙皇一家，穿过
公园来到墓地。他们在 9 点左右到达。那是场小型追悼会，参
加者包括尼古拉、亚历山德拉、沙皇夫妇的四个女儿、维鲁波
娃〔在她的医生阿基姆·茹克（Akim Zhuk）的陪同下〕、德
恩、普拉汀斯科娅、皇村的空军指挥官弗拉基米尔·马尔采夫
上校（Colonel Vladimir Maltsev），可能还有另外一两人。皇储
似乎因为身体原因没有出席葬礼。亚历山大·瓦西列夫神父主
持了简单的仪式。亚历山德拉脸色苍白，但看起来还算镇静，
然而在看见棺木后她就痛哭出声。她手捧一束白花，给了每个
女儿一朵，接着又分给维鲁波娃和德恩，她们都把花投向了棺
木。众人念诵几段祷文后，仪式便结束了。10 点时，沙皇一
家已经回到宫殿。[41]

　　一则谣言很快传开，称尼古拉和亚历山德拉的女儿奥尔加
拒绝出席葬礼，因为她不喜欢拉斯普京。这种说法毫无根据，
但奥尔加的确在 1917 年 2 月 5 日告诉瓦莲京娜·查波特拉尤

娃："也许他该死，但不该被如此残忍地杀害。……我感到羞耻，因为凶手竟是我们的亲戚。"[42]

尼古拉没有让葬礼打乱自己的日常生活。他去公园散步，听取两位大臣的报告，接着又出门散步，这一次是在女儿们的陪伴下。[43]下午晚些时候，他们聚在维鲁波娃家中。拉斯普京的女儿们也来了，她们没有受邀参加自己父亲的葬礼。晚上8点，桑德罗来皇宫拜访了尼古拉和亚历山德拉。[44]

在首都，谣言沸沸扬扬。有些人说，拉斯普京的遗体被秘密送回了西伯利亚，会在托博尔斯克或博克维斯科下葬。另一些人说，他的遗体被埋葬在皇村的皇家大教堂或附近其他地方。传说皇家大教堂的守卫拒绝接收遗体，皇后因此下令逮捕了他们；还有说法称，他们找不到愿意挖墓地的人，而且据说亚历山德拉在他的坟前哭得悲痛欲绝。有些人坚称，亚历山德拉给每个孩子戴上了印有拉斯普京画像的饰品。这个说法之后被证实是真的。[45]

12月22日，奥尔加女大公在日记中写道："沙皇和皇后接受了一切。噢，上帝，他们是那么努力，这对他们来说太难了。请帮助并祝福他们。"[46]还没搞清楚状况的阿列克谢问父亲："爸爸，你一定会好好惩罚他们的，是吧？杀死斯托雷平的人可是被判了绞刑！"尼古拉没有回答儿子的问题。[47]更让他们痛苦甚至恐惧的是普罗托波波夫交给尼古拉和亚历山德拉的一封信。它由尤苏波夫的母亲写给沙皇的妹妹奥尔加女大公，但被普罗托波波夫的手下拦截了。信中，尤苏波夫王妃表达了自己的遗憾之情，因为儿子和其他行凶者没能按计划"除掉每个该受惩罚的人"，包括亚历山德拉，她本该被锁进修道院。[48]

那一年的最后几天，宫里派出一辆车去接拉斯普京的女儿们。玛丽亚和瓦尔瓦拉在皇后的卧室里见到了沙皇夫妇和维鲁波娃。尼古拉和亚历山德拉同女孩们交谈，表达了他们支持和保护她们的决心，告诉她们现在可以把尼古拉当作她们的父亲。他说，他永远不会抛弃她们。亚历山德拉和普罗托波波夫给了她们家 4 万卢布。[49]25 日圣诞节，他们又聚在维鲁波娃家中。这次，拉斯普京的遗孀和儿子也来了。两天后，他们返回了博克维斯科。[50]

*

革命爆发后，人们在亚历山德拉留下的记录中发现了她亲手写下的这些诗句：

> 他的身后有野蛮、粗俗的团伙在追赶，
> 还有贪婪的猎犬，它们在皇座四周游弋，
> 他的灰色头颅永远垂下了
> 可能落在了一个共济会成员的手上。

614

> 谋杀。伤痛欲绝又有什么用，
> 同情也是如此，它们显然不是真情的流露。
> 面对遗体，要么是嘲笑，要么是诅咒
> 或者是孤独地流下炽热的泪。
> 为什么他要把自己正义的凝视
> 从宁静的西伯利亚村庄移开。
> 在那里，连卑微的罪行也被刻上烙印
> 真理会得到的是彼拉多的裁决。
> 在那里，买卖灵魂成了兴旺的买卖，
> 在那里，人们不带一丝羞耻地公开兜售肉体

嫉妒的魔鬼像幽灵一样飞过，

真诚地讴歌对真金白银的渴望。

他永远地离开，去了遥远的世界，

请在苦难的道路上宽恕他的敌人们，

在他辉煌的一生中，他拥有英雄般镇定的凝视，

他拥有高尚、天真、孩童般的灵魂。

愿他的灵魂得到安息，抵达平和的天堂

愿他被人们永远怀念，得到天使的亲吻，

因为他曾走过正直、真诚的尘世之路，

在他的坟墓边，世人在为他哭泣。[51]

　　我们不清楚皇后是在拉斯普京被谋杀后自己创作了以上诗句，还是抄写了其他人的作品，但它们记录了她的悲痛和她对这起谋杀的理解。在她眼中，拉斯普京是一个虔诚正直的人，却死在一群嫉妒其天赋的人手中，虽然她认为共济会和他的死直接相关，但她相信试图推翻罗曼诺夫皇朝的革命背后有秘密团体在运作。亚历山德拉很可能认为，杀害他们的朋友是共济会企图推翻欧洲基督教君主制国家的庞大阴谋的一部分。[52]亚历山德拉的悲痛千真万确，但她从未如尤苏波夫和其他共谋者希望的那样从此一蹶不振。她比人们想象的更加坚强，这打击了他们的阴谋的核心逻辑。

## 注　释

1. Marie, *Education*, 258.

2. *WC*, 683.

3. FSA, 456 – 57.

4. *WC*, 684.

5. GARF, 640. 2. 50, 1 – 4ob. 维鲁波娃写道，这封信于 17 日被送到宫里。*Stranitsy*, 103 – 104.

6. GARF, 102. 314. 35, 9 – 10, 19 – 20.

7. Vasil'ev, *Ochrana*, 174 – 75; Vyrubova, *Stranitsy*, 104.

8. Den, *Podlinnaia tsaritsa*, 75 – 76.

9. FR, 216 – 17; OR/RNB, 152. 4. 189, 8. Rumor of a fi ne: OR/RNB, 585. 5696, 23 – 27. 关于这家报社的记者和他 17 日的动作，见 Savich, *Vospominaniia*, 188 – 90。

10. CU, Bakhmeteff Archive, Tikhobrazov Papers, Box 3, Rasputin i stavka, pp. 21 – 28. 其他材料都赞成季霍布拉佐夫对沙皇反应的评价。参见 CU, Bakhmeteff Archive, Tal Papers, Memoirs, "Tragediia tsarskoi sem'i i vliianie Rasputina," pp. 30 – 31。但弗艾柯夫将军给出了相反说法，声称没有从沙皇身上看到任何情绪，参见 *S tsarem*, 147。也可参见同样在场的 N. 丹尼洛夫（N. Danilov）将军的回忆录（*Na puti*, 171 – 72），以及 Mordvinov, *Poslednii imperator*, 51。

11. FSA, 456 – 58; Vyrubova, *Stranitsy*, 104, 107; *WC*, 684 – 86.

12. *WC*, 686.

13. "Svidanie," 23.

14. FSA, 350 – 51, 825n264; *KVD*, 487 – 88; *WC*, 686.

15. Den, *Podlinnaia tsaritsa*, 77.

16. *BV*, 20 December 1916, p. 4; Koshko, *Ocherki*, 130 – 32; GARF, 670. 1. 410, 1; and 651. 1. 19, 49 – 50; OR/RNB, 307. 80, 10; Romanov, *Voennyi dnevnik*, 229 – 30.

17. RRR, 146 – 47.

18. See, for example, Vyrubova, *Stranitsy*, 104.

19. OR/RNB, 1000. 1975. 22, 35ob – 36, 50 – 50ob; *Russkaia volia*, 9 March 1917, p. 5; Koshko, *Ocherki*, 131 – 32.

20. Vyrubova, *Stranitsy*, 105.

21. FSA, 456 – 57; *KVD*, 487 – 88; Voeikov, *S tsarem*, 147.

22. OR/RNB, 152. 4. 189, 10, and 1000. 1975. 22, 30; *BV*, 19 December

1916，4；*Rech'*，19 December 1916，p. 2.

23. OR/RNB，152. 4. 189，11；and 1000. 1975. 22，50ob；and 307. 80，16.

24. FR，220.

25. Purishkevich，*Murder*，155 – 56.

26. *GRS*，4：240.

27. CUL，Templewood Papers，II：1（34），p. 71.

28. *Originalakten*.

29. Roullier，*Raspoutine*，515. 后来有些作品把鲁利耶发布的内容视作权威，见 Cook，*To Kill*，70 – 71；Cullen，*Rasputin*，150 – 52；Shishkin，*Rasputin*，51 – 54。

30. Kulegin，*Kto ubil*，16 – 17；*Russkaia volia*，13 March 1917. 谢列达的叙述由安德烈·弗拉基米罗维奇大公记下，见 GARF，650. 1. 19，49 – 50。

31. HL/Sokolov，Vol. VII，Testimony of M. Solovyova（Rasputina），no date［26 December 1919?］.

32. FR，220 – 21，226；GARF，650. 1. 19，49 – 50. 关于死因，见 *GRS*，4：239。关于摄入氰化钾后，为何验尸时找不到毒药残留，请参见 Cullen，*Rasputin*，222 – 23。

33. *BV*，21 December 1916，p. 4. Also：OR RNB，1000. 1975. 22，35.

34. Vyrubova，*Stranitsy*，104 – 105；*RRR*，146 – 47；Den，*Podlinnaia tsaritsa*，77；Chebotaryova，"V dvortsovom lazarete，" 182：207；PAAA，4351，R. 20382；*Temnye sily*；*Tainy Rasputnogo dvora*，9 – 10；PA，LG/F/59/1/12；*Russkaia volia*，9 March 1917，No. 6，p. 5.

35. See，for example，Roullier，*Raspoutine*，515；PZ，226；Smirnov，*Neizvestnoe*，85；RR，484；Fuller，*Foe*，230. 在所有试图反驳这一迷思的努力中，尤为值得一提的是 FR，217 – 19。赫斯曼出售的文件证明，拉斯普京在被投入河中之前已经死亡，他并非死于溺水。*Originalakten*，8 – 10.

36. FR，222；OR/RNB，307. 80，10；VR，658，705 – 706；Den，*Podlinnaia tsaritsa*，79. 关于棺材，见 GARF，102. OO. 1916. 246. 357，109。

37. *GRS*，4：238；GARF，650. 1. 19，36 – 37；OR/RNB，307. 80，10. 克拉鲁普写道，她和其他几十人也见了遗体。参见 Krarup，*42 Aar*，140。

38. Voeikov, *S tsarem*, 147 – 48；SML, Spiridovich Papers 359, Box 16, Folder 2.

39. Den, *Podlinnaia tsaritsa*, 77 – 78.

40. FR, 222.

41. Den, *Podlinnaia tsaritsa*, 78 – 79；*LP*, 511；VR, 702 – 703；Voeikov, *S tsarem*, 150；FSA, 456 – 57, 817n244；RRR, 484 – 86. 其他资料说主持葬礼的是伊西多尔主教，见 VR, 701。

42. Chebotaryova, "V dvortsovom lazarete," 182；207. And see ibid. , 181；210 – 11. 关于谣言，见 Romanov, *Voennyi dnevnik*, 210；RGIA, 948.1.180, 6ob；NIOR/RGB, 436.11.1, 72 – 73；*GRS*, 2：347；VR, 705 – 706。请谨慎参考阿列克谢·赫沃斯托夫的证词：*Padenie*, 1：39 – 40。

43. *LP*, 511.

44. FSA, 456, 458.

45. OR/RNB, 585.5696, 33；and 307.80, 10 – 11；NIOR/RGB, 218.1325.2, 22 – 22ob；*BV*, 20 December 1916, p. 4；GARF, 102.1916.246.357, 83. 有些人十分清楚拉斯普京的下葬地。[Gibbs], *Russian Diary*, 90, 94.

46. FSA, 456 – 57.

47. PZ, 229.

48. Vyrubova, *Stranitsy*, 106 – 107.

49. RRR, 150 – 51.

50. *KVD*, 499；Nicholas II, *Dnevniki*, 2（2）：272.

51. GARF, 640.2.142, 1 – 1ob. 感谢 Mariana Markova 帮我翻译这份文献。

52. *WC*, 603, 702. 唯一与谋杀案有关联的共济会成员是瓦西里·马克拉科夫，参见 Serkov, *Russkoe masonstvo*, 509 – 511。然而，当代民族主义历史学家仍试图把谋杀描绘成更大的犹太 - 共济会对俄罗斯东正教的阴谋攻击，如见 PZ, 224 – 25；Kulegin, *Kto ubil*, 19 – 21。

# 第六十八章 罗曼诺夫家庭剧

罗曼诺夫大家族的成员的反应很难以一言蔽之。对大多数人而言，得知谋杀消息让他们大舒一口气。21 日，沙皇的妹妹谢妮亚（当时身在基辅）在日记中写道：“有一件事我可以肯定：感谢上帝，他死了。”[1]德米特里大公的姐姐玛丽亚当时在普斯科夫。她后来回忆说，街上涌动着一股欢乐的情绪，人们彼此拥抱，就好像在庆祝复活节。她从来自彼得格勒的舍科夫斯基亲王（Prince Shakhovskoy）口中得知了谋杀细节。“放心，你弟弟的英勇之举让大家敬佩。除掉拉斯普京对俄国而言是天大的好事。”玛丽亚承认，她为此感到骄傲，但德米特里没有提前告诉她真相让她很伤心。玛丽亚身边的人望向她时，脸上带着“克制的兴奋和经过掩饰的敬意”。[2]皇太后玛丽亚·费奥多罗芙娜因拉斯普京的死感谢上帝，但为自己的家族成员参与了谋杀感到非常难过。[3]然而，尼古拉的妹妹奥尔加在回忆录中写道，这是“一种卑鄙的行为，谋杀拉斯普京绝对称不上英雄之举”。她发现具有讽刺意味的是，她不得不赞同托洛茨基的看法，后者把这桩谋杀描述为“品味低下”的人看的电影中的情节。[4]

\*

17 日晚，尼古拉·米哈伊洛维奇大公去帝国游艇俱乐部

（Imperial Yacht Club）了解拉斯普京失踪一事。俱乐部里挤满了人，大家都在谈论这件事。大臣会议主席特列波夫坚称，谋杀的消息是"胡说八道"，不过是普罗托波波夫的又一次危言耸听而已。大公暗中观察坐在附近桌子边的德米特里，发现他的脸色"像死人一样苍白"。他们没有谈那晚的事，但大公确实在无意间听到德米特里说，拉斯普京"要么失踪，要么被杀了"。很快，德米特里离开俱乐部，去了米哈伊洛夫剧院（Mikhailov Theater）。[5]

同一天晚上，埃拉从萨罗夫返回莫斯科。她在萨罗夫停留了一个星期，在谋杀前夜为她的"宝贝们"，也就是德米特里和费利克斯祈祷。第二天早晨，她发出两封电报，一封给尤苏波夫的母亲，祝她儿子行动顺利，并为他和他们全家祷告；另一封给德米特里，让他写信告诉自己"爱国事迹"的所有细节。[6]两封电报都被秘密警察截获，普罗托波波夫确保它们被送进了皇宫。那个月晚些时候，埃拉告诉途经莫斯科的德米特里的姐姐，得知拉斯普京的死讯后自己兴奋不已，感谢上帝选中了她的弟弟和费利克斯。[7]

玛丽亚立刻离开普斯科夫前往彼得格勒。她发现弟弟一直待在家中。谋杀之后数天，人们担心拉斯普京的党羽可能会报复凶手。曾有可疑人士试图潜入德米特里的宅邸，但被及时拦下。有传言说，德米特里已经被杀。为确保他平安，便衣警察守在他家门外。守卫都是特列波夫的人，他担心普罗托波波夫会派出自己的暗探伤害德米特里。安德烈·弗拉基米罗维奇大公在日记中写道："总算有好政府的样子了，因为大臣会议主席终于知道该对内政大臣采取行动了。"[8]对俄国政府而言，这种评论不免让人感到可悲。德米特里紧张极了。"他的脸奄拉着，眼睛下面挂着眼袋。"玛丽亚留意到，一夜之间，"他就老了。"德米特里整夜都站在壁炉前滔滔不绝，同时一支接一支地抽烟。他没有谈那晚的细节，但发誓他的双手没有沾血。她相信了。他告诉玛丽亚，他希望他们不仅是为俄国除掉了一个怪物，还能鼓舞更多人行动起来，防止国家滑向灾难的深渊。虽然德米特里表现出崇高的情感，但玛丽亚感觉到了她的弟弟对谋杀一事的担忧。[9]

德米特里从副官长马克西莫维奇处得知，按皇后的指示，自己现在处于被软禁在家中的状态，尽管马克西莫维奇坦白，没有沙皇的命令，他其实无权这么做。德米特里用电报告知安德烈·弗拉基米罗维奇大公这个消息，同时否认自己和拉斯普京失踪一事有关。[10]

费利克斯也继续撒谎隐瞒自己的所作所为。尤苏波夫在尝试离开城里，却在火车站被警察拦下后，于 18 日晚搬到了德米特里的住处。[11] 19 日，安德烈·弗拉基米罗维奇和另外两位大公探望了德米特里和费利克斯。他们表示想从二人口中知道真相，且无论二人是否有罪，他们都会表示支持。德米特里再次坚称他是清白的。他告诉两位大公，那天晚上，他和几位女士在费利克斯家举行派对，凌晨 3 点左右离开。他们在院子里被一条狗挡住去路，于是他拔出勃朗宁手枪杀了狗。他护送女士们到卡拉瓦纳亚街（Karavannaya Street）附近，凌晨 4 点左右回到自己家。他保证，那天晚上没人见过拉斯普京。尤苏波夫证实了德米特里的说法。[12] 玛丽亚发现，虽然弟弟为自己的举动苦恼不已，费利克斯看起来却很兴奋，尤其是谈到他在整件事中扮演的角色时。他告诉玛丽亚，他现在可以清晰地预见到自己"光明的政治前程"。[13] 后来，米哈伊洛维奇大公前来

617

时，还愉快地称两位年轻人是"杀手先生"。[14]

保罗大公得知谋杀案后立刻质问儿子，能否以死去的母亲起誓，他的双手没有沾上鲜血。德米特里发了誓。保罗不知道该如何处理整件事，但确信自己该责怪尤苏波夫，因为是他把自己的儿子牵扯进了这件事；同时保罗知道，无论发生了什么，都只会对亚历山德拉造成反作用。[15]保罗和德米特里谈话后，在19日深夜11点见了尼古拉。保罗问他，亚历山德拉凭什么让马克西莫维奇软禁德米特里。尼古拉回答，这是自己的命令。保罗知道沙皇在袒护亚历山德拉。他要求尼古拉还自己儿子自由，但尼古拉说当下无法给出明确答复。第二天，尼古拉在信中写道，初步调查结束前，他无法释放德米特里。"我向上帝祷告，"沙皇接着写道，"希望事实会证明德米特里在这件事中是清白的，只是因为脾气不好才被牵扯进来。"[16]

21日傍晚，罗曼诺夫家族成员在安德烈·米哈伊洛维奇大公家商讨对策，讨论的焦点之一是德米特里的问题。保罗告诉众人，他的儿子"在圣像和他母亲的肖像前发过誓，说他的双手从没沾上那个人的血"。众人决定，如果德米特里得不到释放，保罗就去见尼古拉，表明扣留德米特里只会造就一位英雄。举国上下都为拉斯普京的死欢欣鼓舞，迫害德米特里等于把他抬高到全国解放者的地位。德米特里身后的每个人，甚至是军队，都会团结起来反对皇室。[17]

618　　最终，是桑德罗而不是保罗在22日见到了尼古拉。桑德罗试图说服尼古拉终止调查。他重复了上述理由，然后要求尼古拉释放德米特里和尤苏波夫。"整件事应该有个了结，不该有人为此受罚。"他告诉沙皇。之所以挑选桑德罗做这件事，或许是因为他是整个家族中少数认为谋杀之举不妥的人之一——他认为不管从道义上还是从手段上看，这样做都可能让拉斯普京成为殉道者，而且绝不可能击垮亚历山德拉的意志。桑德罗回忆说，他要求尼古拉拿起电话，立刻下令停止调查，但尼古拉拒绝了。尼古拉表示自己不可能这样做，而且暗示说如果这么做，他就无法面对亚历山德拉了。[18]

> 我恳求他不要把德米特里和尤苏波夫当作普通谋杀犯，想说服他相信他们是被误导的爱国者，受到为国家出力的强烈愿望的驱使。
>
> "非常棒的说法，桑德罗，"沉默了一阵后，尼古拉说，"但没有人有权杀人，不管他是大公还是农夫。难道你不这么认为吗？"

然而，沙皇保证"会温和地处理此事"。离开皇宫后，桑德罗给皇太后玛丽亚·费奥多罗芙娜发电报，恳求她说服尼古拉终止调查。她照做了。[19]桑德罗从没原谅过尤苏波夫："不管在当时还是现在，我真心希望费利克斯在某天会为此后悔，意识到在一个真正的基督徒眼中，没有任何正当理由、没有任何群众的欢呼能为谋杀他人正名。"[20]

就像桑德罗，安德烈·弗拉基米罗维奇大公也希望终止调查。他相信，普罗托波波夫坚持调查是为了讨好亚历山德拉。特列波夫反对普罗托波波夫的做法，和大公们站在一起。安德烈·弗拉基米罗维奇预言，如果他们敢审讯德米特里，"公开叛乱"肯定会爆发，根本没必要为一个农夫冒这种风险。"有战争，有伺机而动的敌人，可我们现在竟为这件事忙得团团转。一个恶棍被杀，我们为此吵得不可开交，没有比这更可耻的事。我为整个俄国感到羞耻。"[21]

　　尽管桑德罗没能说服尼古拉，但其他政府高官也在向沙皇施压。内政大臣一派和司法大臣一派之间开始角力，争论调查究竟该进行到哪步。12 月 19 日，警察局局长阿列克谢·瓦西列夫指示波波夫终止调查，波波夫听从指令，在 23 日把此前搜集的资料发给了瓦西列夫。然而，波波夫显然欺骗了瓦西列夫。几天后，他又重启调查，审问了更多与此事相关的人。[22]波波夫是普罗托波波夫的人，因此他很可能只是在糊弄瓦西列夫，同时继续听命于内政大臣。调查员谢列达发现，他在各方面的努力都受到特列波夫的阻碍。不久后，谢列达患病，去高加索北部的温泉镇基斯洛沃茨克（Kislovodsk）疗养。至此，他破解谋杀案真相的努力宣告结束。[23]

619

*

　　德米特里在家中和姐姐玛丽亚、费利克斯、尼古拉·米哈伊洛维奇大公、桑德罗以及他的儿子安德烈（Andrei）和费奥多尔（Fyodor）一起度过了 23 日。他们安静地喝茶，讨论相关事宜。桑德罗坚信调查肯定会终止，尼古拉很可能会允许德米特里回到他父亲的住处。随后，电话响了。话筒那头是马克西莫维奇，说自己要转达沙皇刚刚下达的命令，要求德米特里马上过去。德米特里立刻赶往马克西莫维奇家中，得知了自己的命运：尼古拉让德米特里马上离开首都，向身在高加索前线的波斯的尼古拉·巴拉托夫将军（General Nikolai Baratov）报告。一列加开的火车正在等待大公启程。回到家中后，德米特里向在场者告知了这个消息。有些人哭出了声，另一些人对沙皇的决定气急败坏。午夜时分，巴尔克总督现身，告知德米特里加开的列车会在凌晨 2 点从尼克拉夫斯基车站出发。他告诉德米特里，为了避免引发骚乱，没人知道这件事。总督语气柔和，脸上露出几分难色。在德米特里看来，执行这项任务对巴尔克来说并不容易。德米特里和费利克斯避开所有人，进行了两人之间的最后一次对话。一年后，德米特里在日记中写道：

> 我们讨论了我是该服从沙皇的命令，还是该留在首都，然后我们可以一起去军营，组织一场宫廷政变。那件事发生后（甚至直到现在），我经常问自己：如果不那么做，会有更好的结果吗？或许不那么做就不会爆发革命，但谁知道呢。然而做决定的人不是我，因为我参与谋杀只是为了给可怜的尼基最后一个机会：只有这样，他才有可能改变政治进程；只有这样，他才可以公开和拉斯普京的党羽较量。因此我很明确，我掺和这件事是为了帮助沙皇，是出于我对他的忠诚，而不是为了给自己增光。但那时，许多人认为我是新的皇位候选人，他们说拉斯普京事件是一只弹簧或一张蹦床，可以把我送上沙皇的宝座。

德米特里前往火车站时，全家人都哭了。在刺骨冷风中等待的人有尼古拉·米哈伊洛维奇大公、桑德罗以及他的两个儿子。玛丽亚和她的弟弟一起前往车站，一路上哭得很凶，米哈伊洛维奇也是。德米特里登上火车时，大公发出愤怒的吼声："上帝保佑你尽快带着胜利回到我们身边！"[24] 陪同德米特里的是康斯坦丁·库泰索夫伯爵（Count Konstantin Kutaisov），以及深受德米特里敬爱的导师和前侍卫格奥尔基·

620

米哈伊洛维奇·莱明格将军（General Georgy Mikhailovich Laiming）。库泰索夫是军官，还曾担任沙皇的副官，接到这条命令让他格外心烦意乱。他告诉德米特里，他与他们站在同一边，因此护送德米特里离开的任务让他感到无比羞愧。库泰索夫陷入崩溃，几乎哭了一整路。他甚至想到自杀，认为这是沙皇强加给他的耻辱。[25]

在彼得格勒，德米特里的家人非常担心。有传言称，一伙拉斯普京的支持者正跟踪德米特里，企图在途中暗杀他；还有传言称那些人已经被抓了。[26]另一方面，政府也很担心。如果谁在火车上的消息被泄露出去，肯定会让皇室的反对者联合起来。德米特里被迫全程避免与人接触，据说火车故意绕开了莫斯科这个反拉斯普京、反罗曼诺夫皇室的大本营。对德米特里而言，旅途非常折磨人。他哭个不停，情绪彻底崩溃。莱明格尽一切努力安慰他和库泰索夫伯爵。[27]12月31日，三人见到了巴拉托夫将军。将军欣喜若狂地把"俄罗斯帝国英雄"——他在日记中如此称呼德米特里——迎回司令部。到此时，德米特里的情绪似乎平复了一些。巴拉托夫为他的谦逊、魅力和真诚着迷。德米特里告诉将军，他为自己的举动自豪（巴拉托夫认为这是不言而喻的事实），又补充说自己使用的左轮手枪"是历史性的"，虽然"我的双手没有沾上鲜血"。[28]也许在那时，的确是他的武器射出了致命的一枪，但德米特里不是扣动扳机的那个人。德米特里和他的同伴受到了一场盛大宴会的款待，在宴会上他显然用伏特加彻底灌醉了自己。

从火车站回来后，尼古拉·米哈伊洛维奇大公在日记中写道：

　　我依然无法理解年轻人的精神世界。他们肯定患了某　　621
种精神病，或者过于自恋。他们做的事虽然净化了空气，
但到头来没有起到作用，是一种半途而废，因为我们必须
解决的人是亚历山德拉·费奥多罗芙娜和普罗托波波夫。
看吧，我又在考虑杀人的事了，虽然没有完全想好，但这
样做很符合逻辑，否则事态一定会更加糟糕。我的脑子转
个不停，N. A. 鲍勃林斯卡娅伯爵夫人和米沙·舍科夫斯
基都在吓唬我，恳求我行动，但该怎么行动、与谁合作
呢？我没法一个人做这件事。和普罗托波波夫达成共识似
乎还有可能，但怎么才能让亚历山德拉不受伤害呢？这几
乎是不可能完成的任务。与此同时，时间却不等人，他们
离开后，普里什克维奇很快就会被赶走，我不知道也找不
到任何可以做这件事人。然而，我天生不是唯美主义者，
更不是杀人犯，所以我需要呼吸一些新鲜空气。最好的方
式就是去森林里打猎，在如此心烦意乱的时刻，我可以在
那里做一些蠢事，说一些蠢话。[29]

　　这封信的内容让人震惊，完完全全地暴露了沙皇和统治精
英之间的分歧。尼古拉·米哈伊洛维奇，罗曼诺夫皇朝的大
公、亚历山大三世的堂兄，竟长期为谋杀俄国皇后的念头所
扰；此外，阿列克谢·博布林斯基伯爵的太太鲍勃林斯卡娅伯
爵夫人、农业大臣、参议院成员、圣彼得堡的贵族、元帅等人
还不时煽动、鼓励他，要他将想法付诸实践。

　　德米特里的姐姐玛丽亚回忆说，她在送走弟弟后度过了一
个惨淡又尴尬的圣诞节。她去了父亲保罗大公和继母奥尔加·
佩利王妃在皇村的宫殿。他们——包括王妃的儿子弗拉基米

尔·佩利亲王（Prince Vladimir Paley）在内——现在不仅是反拉斯普京者，还都和杀害他的凶手之一有关。在场的还有佩利王妃在第一次婚姻［丈夫是埃里克·皮斯托尔科尔斯（Erik Pistolkors）］中生下的孩子：玛丽安娜·德费尔登，以及她的兄弟、安娜·维鲁波娃的妹夫亚历山大·皮斯托尔科尔斯。让情况更加复杂的是，佩利王妃的姐姐柳博夫·高罗维纳和她的女儿穆娅也来了。派对上，有些人为德米特里的遭遇而流泪，另一些人则为他们热爱的神父惨死在德米特里手中而悲伤。气氛相当紧张、阴沉。佩利王妃尝试寻找尽量远离房间中"那只看不见的大象"的话题，可是没人愿意配合她。至于保罗大公，他实在无法再多忍受一秒，起身点亮了不远处的圣诞树。[30]

29 日，罗曼诺夫家族在老玛丽亚·帕夫洛芙娜女大公［即"米琴阿姨"（Aunt Michen）、安德烈·弗拉基米罗维奇大公的母亲］家中聚会，讨论德米特里的情况。所有人都无法接受对德米特里的惩罚。他们打算联名给尼古拉写信，恳求他撤回命令，允许德米特里返回其家族在俄国国内拥有的任何一座庄园，坚持认为送他去波斯"肯定会要了他的命"。共有十六名家族成员在这封信上签了名。尼古拉在两天后回信，信纸的最上方潦草地写着："没人有权随意谋杀他人，我知道有许多人正在遭受良心的折磨，因为德米特里·帕夫洛维奇不是唯一参与此事的人。我对你们的求情感到非常震惊。"[31]

他的回答让每位家族成员都大感意外。但实际上，尼古拉的坚持救了德米特里一命。如果允许德米特里返回俄国，他很可能就像许多其他家族成员那样，在之后的革命中遭遇不测。

当时有一则谣言：尼古拉拒绝听从亚历山德拉的要求处死

622

拉斯普京的凶手，还因此被妻子扇了一巴掌。[32] 一个让人好奇的问题是，沙皇没有按儿子的想法处死杀手，小阿列克谢会怎么想。然而终究没有人被处死，即使有人不可避免地受到了惩罚，但这种惩罚和他们犯下的罪行相比绝对算不上严苛。费利克斯被流放到位于库尔斯克附近的拉基特诺耶（Rakitnoe）的家族庄园。普里什克维奇、拉佐维、苏霍京则完全没有受罚。另外一个受到影响的人是尼古拉·米哈伊洛维奇大公，他被沙皇处以两个月流放，流放地是他位于格鲁舍夫卡（Grushevka）的家族庄园，而这个男人仍然在毫不掩饰地策划该怎么杀掉尼古拉的妻子。[33] 1916 年的最后一天，得知将被流放的大公愤愤不平地在日记中写道："亚历山德拉·费奥多罗芙娜赢了，但那个废物还能嚣张多久?! 他是个怎样的男人啊，他这么讨厌我，但我还是深深地爱着他，因为他本质不坏……"[34]

　　大公也许为自己和其他人的受罚而愤怒，但实际上没有任何人被判有罪，没有任何人受到法律的惩罚。杀害拉斯普京的凶手全部逍遥法外。每个俄国人都不难看出，国家不敢动杀人犯。

623

＊

　　费利克斯和伊琳娜非常享受在拉基特诺耶的流放生活。1917 年 2 月 13 日，桑德罗前去探望他们，发觉两人看起来"放松极了"。[35] 普罗托波波夫派人监视他们的住处，暗探的报告称，他们在拉基特诺耶的生活十分惬意、无忧无虑。1 月中旬，六十位贵族——包括两位大公——去那里打猎，停留了数天。他们选择去那里显然是为了表达对费利克斯的支持，以及对皇室决定的不满。尤苏波夫家依然过着奢靡的生活，费利克斯让十名保镖组成一支特别的小队，每个人穿上捷列克哥萨克人（Terek Cossacks）的服饰，不准任何人靠近庄园，任何人都必须在数英里之外就止步。[36] 我们其实不太清楚他此时防的是谁。绝大多数俄国人视他为英雄。1 月初，他收到一封落款为"民众之声"的信，向他保证如果沙皇敢动杀死拉斯普京的凶手一根手指，所有俄国人都会站出来干掉沙皇。[37]

费利克斯除了欣赏留声机里的音乐、招待客人，还在继续谋划。他从拉基特诺耶给尼古拉·米哈伊洛维奇大公写信说，由于杀死拉斯普京没能如他们所料使亚历山德拉陷入崩溃，现在需要制定一项新计划。他建议说，在沙皇 2 月底返回最高统帅部后，皇太后和她身边的人应该前往首都，和阿列克谢耶夫将军、古尔科一起宣布逮捕普罗托波波夫、谢格洛维托夫和维鲁波娃，并把皇后送去里瓦几亚宫。他坚持称，如果此时还不算太晚，这就是他们唯一的希望了。[38]

## 注　释

1. HIA, Papers of Grand Duchess Ksenia Alexandrovna, Box 6, Folder 13, 21 December 1916.

2. Marie, *Education*, 250, 253 – 56.

3. *LP*, 505 – 506.

4. Vorres, *Last Grand Duchess*, 142; Trotsky, *History*, 1：56.

5. "Podrobnosti ubiistva," 97.

6. GARF, 102. 1916g. 246. 357, 6. Telegram to Zenaida in French; to Dmitry in English. Published in *Byloe*, No. 1 (23), July 1917, pp. 81 – 82.

7. Marie, *Education*, 280.

8. GARF, 651.1.19, 11; NA, FO 371/2994, No. 2804, 3 January 1917

（NS）；Harmer，*Forgotten Hospital*，116 – 19.

9. HL/DiaryDP，Book 5，16 December 1917，p. 53；Marie，*Education*，260 – 63. 关于德米特里参与谋杀的传闻，见 OR/RNB，585.5696，36。

10. Romanov，*Voennyi dnevnik*，202，206.

11. RR，460 – 61；"Kak my ubivali，" No. 52，p. 16.

12. GARF，651.1.19，10；Romanov，*Voennyi dnevnik*，205.

13. Marie，*Education*，265 – 67.

14. "Podrobnosti ubiistva，" 98；YLS，264.

15. Marie，*Education*，275 – 77.

16. GARF，651.1.19，11 – 13.

17. *LP*，510；Romanov，*Voennyi dnevnik*，206 – 207.

18. *LP*，505 – 506，515；GARF，650.1.19，25 – 26.

19. Mariia Fedorovna，*Dnevniki imperatritsy*，164.

20. *LP*，515 – 16.

21. GARF，651.1.19，11 – 13.

22. GARF，102.1916g.246.357，9 – 9ob；RGIA，948.1.180，5 – 9.

23. GARF，650.1.19，51.1917 年 3 月 4 日，临时政府的司法部长亚历山大·克伦斯基正式终止了调查。OR/RNB，307.80，1；*KVD*，513.

24. HL/DiaryDP，Book 5，24 December 1917，pp. 71 – 78；"Svidanie，" 24. And，with caution，Marie，*Education*，265 – 69.

25. Marie，*Education*，270 – 71；HL/DiaryDP，Book 5，16 December 1917，54 – 55；Steinberg，*Fall*，71n8；*Collection du Prince*，69，71；RGIA，948.1.180，3 – 4；[Gibbs]，*Russian Diary*，88 – 89；Moe，*Prelude*，574 – 75；"Podrobnosti ubiistva，" 102；Powell，*War*，353.

26. Marie，*Education*，282.

27. RGIA，948.1.180，5；GARF，650.1.19，32；Stopford，*Russian Diary*，93；HL/DiaryDP，Book 5，24 December 1917，pp. 78 – 79.

28. Baratov Papers，HIA，Box 1，Folder 4，Diary：31 December 1916.

29. "Podrobnosti ubiistva，" 102.

30. Marie，*Education*，277 – 78；FDNO，274 – 75，including n40 and n41.

31. Gavriil Konstantinovich，*Velikii kniaz'*，293 – 94；GARF，601.1.2148，6 – 7. 这是原始文件，上面还有尼古拉的答复。

32. OR RNB，585.5696，33 – 33ob.

33. *LP*, 517.

34. "Podrobnosti ubiistva," 102.

35. *LP*, 530.

36. GARF, 102. OO. 1916g. 246. 357a, 3, 6, 12, 16 – 17.

37. *Byloe*, No. 1 (23), July 1917, pp. 82 – 83.

38. VR, 691.

# 第六十九章　纵欲狂欢、同性恋与英国的隐秘之手

　　从一开始，围绕尤苏波夫宫中究竟发生了什么就产生了各种谣言。有说法称，拉斯普京抵达后，有人送上一把手枪，让他自我了断。有说法称，拉斯普京面临两个选择——要么喝下毒酒，要么在脑袋上挨一枪，但他都拒绝了。有人称，拉斯普京甚至把枪对准了企图谋杀他的人，但对方率先发难，打死了他。一段时间以来，没人知道当晚在场的是谁，以及谁射出了致命一枪。除了尤苏波夫、普里什克维奇、德米特里的名字出现在谣言中外，沙皇的弟弟米哈伊尔、德米特里同父异母的兄弟弗拉基米尔·佩利，以及其他几位大公也被提到了。[1]还有报道称，圣愚米佳·科泽尔斯基当晚也在那里。（据说，他告诉媒体，他的叔叔是尤苏波夫家的厨师。[2]）

　　外交大臣尼古拉·波克罗夫斯基（Nikolai Pokrovsky）私下告诉法国大使帕莱奥洛格，拉斯普京是在尤苏波夫家"纵欲狂欢"时被谋杀的。塞缪尔·霍尔也在发给伦敦的电报中提到这一说法。[3]如果狂欢是真的，那么当晚尤苏波夫宫应该有女人出没，但实情究竟如何我们至今仍不得而知。作为诱饵的伊琳娜基本可以确定不在场，因为她当时据说在克里米亚。《俄罗斯晨报》在案发不久后称，那晚有数位女性出现在尤苏波夫家中，包括投机分子凯瑟琳·拉齐维尔王妃、伯爵夫人奥

尔加·克洛伊兹（Countess Olga Kroits）、冯·德伦特林（von Drenteln）女士和芭蕾舞演员薇拉·卡拉莉（Vera Karalli）。[4]

警方调查过这名芭蕾舞演员和谋杀案的关系。卡拉莉时年27岁，供职于莫斯科皇家芭蕾舞团。12月12日，她从莫斯科抵达彼得格勒，和仆人薇罗妮卡·库赫托（Veronika Kukhto）一起入住梅德韦德大酒店（Hotel Medved）。她们显然搭乘了17日晚上7点20分的火车返回莫斯科，尽管另一份警方报告称她们直到19日才离开彼得格勒。卡拉莉停留彼得格勒期间，德米特里大公曾到卡拉莉下榻的酒店拜访她，但她向警方保证，她没有在夜里离开酒店。[5]彼得·波波夫将军核实了卡拉莉提供的相关证据，排除了她和谋杀案有关的可能性。[6]但是，波波夫的工作显然做得还不够细致，因为卡拉莉曾在18日晚去过德米特里家，德米特里在日记中提过这件鲜有人知的事。[7]他在文字中流露了对卡拉莉的深深爱慕，他们很可能是情人。不过，他的日记没有提到谋杀当晚她是否在尤苏波夫家中。

媒体提到的其他女人似乎没有受到警方的审问，但警方的确和另一个名叫玛丽安娜·德费尔登的女人谈过话。从12月初起，暗探一直在秘密跟踪德费尔登（她的代号为"悲剧演员"）。[8]玛丽安娜·德费尔登是德米特里大公同母异父的姐妹，还有说法称两人是情人关系。她告诉朋友们，她像别人一样，是从《证券交易公报》得知谋杀案的，并否认自己与此事有关。[9]然而，警方没有立刻排除对她的怀疑。25日晚，波波夫将军和十名秘密警察搜查了她的公寓，没收了她的信件，并把它们悉数交给警察局局长。德费尔登接受了问话，但她坚称关于谋杀案的一切消息自己都是从报纸上获得的，这和她对朋友的说法一致。[10]警方审查了她的信件，尝试寻找可说明她和阴

625

谋有关的蛛丝马迹，还把她软禁在家中。两名暗探留在了她的公寓里，以便记下每个给她打电话的人的名字。玛丽安娜家中立刻涌来大量访客，包括德米特里的姐姐玛丽亚以及她以前从未听说过的杜马成员。因为被捕，她成了英雄。26 日，普罗托波波夫把她叫到办公室问话。"很不幸，我没有参与，"她告诉内政大臣，"我对此事感到非常遗憾。我只是不明白为什么人们会对一个农夫被杀的事如此大惊小怪。说真的，如果我杀了大楼管理员，就没有任何人会对此感兴趣。"普罗托波波夫告诉她，她还年轻，应该多注意自己说了些什么。（玛丽安娜关于这次会面的记录显示，普罗托波波夫当场爱上了她，而且丝毫没有隐瞒他的感受。实际上，玛丽安娜的确年轻、漂亮、优雅，但对社会地位不及她的人无比势利、冷酷。）

最后，普罗托波波夫没有找到可以表明玛丽安娜和谋杀有关的证据，便释放了她。也许这位大臣曾想向她施加压力，逼她供出更多事实，但皇后反对他这么做。亚历山德拉已经见过玛丽安娜的兄弟亚历山大·皮斯托尔科尔斯，后者向她保证玛丽安娜和拉斯普京的死没有关系。亚历山德拉让他直接去见普罗托波波夫，并亲自给普罗托波波夫打电话，要普罗托波波夫听听他的说法。普罗托波波夫领会了皇后的意思，在见过玛丽安娜的兄弟后便让她回家了。[11] 这也许同样可以解释为什么奥尔加·克洛伊兹伯爵夫人从未受到审问。奥尔加美丽、高傲，是亚历山大·克洛伊兹伯爵（Count Alexander Kroits）的夫人，也是玛丽安娜和亚历山大·皮斯托尔科尔斯的姐姐。普罗托波波夫可能明白，皇后不希望皮斯托尔科尔斯家的三兄妹被扯进谋杀案。[12]

如果那天晚上不是纵欲狂欢，那它是否涉及性呢？谋杀案之后数个月，尼古拉·米哈伊洛维奇尝试说明时刻担心自己被杀的拉斯普京为什么会同意去尤苏波夫家做客。大公只能找到一种解释：拉斯普京爱上了费利克斯，爱的激情让他走上了死亡之路。米哈伊洛维奇相信，两人单独在地窖时绝不可能只是喝酒、聊天，他们肯定曾相互爱抚、亲吻，甚至做了其他事。但他没有证据，拉斯普京把两人关系的真相带进了坟墓。[13] 对拉斯普京的谋杀被米哈伊洛维奇视作涉及性元素的心理剧，而其他人也会用各种形式重复这种推演。[14] 然而，这套理论有个很明显的问题：在拉斯普京生前出现的无数谣言中，没有一则和同性恋有关。他的性生活堪称传奇，但还没传奇到这种地步。不，拉斯普京肯定是异性恋，不可能对费利克斯产生任何隐秘的欲望。那天晚上，拉斯普京想见的是尤苏波夫的妻子。她才是诱饵，而不是她的丈夫。

　　尤苏波夫 12 月 18 日向警方提供的说法也能揭示这一点。尤苏波夫承认在 11 月时曾告诉拉斯普京，希望他协助矫正自己"不正常的"性取向。起初，他告诉拉斯普京，他受到胸痛的折磨。两人最后几次见面时，拉斯普京曾神秘地告诉尤苏波夫："我可以一劳永逸地解决你的问题。只要去看吉卜赛人的表演，你就会见到许多美人，你的病也就会从此痊愈。"[15] 这句话是在说尤苏波夫的身体出问题是因为他被男人吸引吗？还是说拉斯普京是在暗示自己对治愈尤苏波夫无能为力？无论如何，拉斯普京肯定对尤苏波夫的身体不感兴趣，他只是在尝试用某种"谈话疗法""治疗"尤苏波夫的同性恋倾向。

　　然而，这出性闹剧愈演愈烈，且随着时间的推移变得越发扑朔迷离。有传言说，德米特里、卡拉莉和德费尔登是三角恋关系（可能性相当高），或者费利克斯和尼古拉·米哈伊洛维奇大公是情人关系，或者费利克斯和德米特里是情人关系，甚至费利克斯、德米特里和苏霍京是三角恋关系（完全不可信）。有说法称，拉斯普京被杀是因为他发现了费利克斯和德米特里的关系，还向沙皇报告了这件事。[16] 该说法认为，拉斯普京尸体上的淤青是由尤苏波夫造成的，气急败坏的尤苏波夫接过了马克拉科夫递来的棍子重击拉斯普京，作为对拉斯普京多管闲事的愤怒回应。还有与之截然不同的说法：尤苏波夫狠揍拉斯普京是因为被对方拒绝。关于拉斯普京的生殖器也产生了离谱的传说。据说，尤苏波夫割下了它，然后它被他的一位仆人偷偷收藏了起来，此人据说是长老的秘密信徒。这则离谱的传闻继续道，一段时间后，割下的生殖器被运到巴黎，拉斯普京的数位信徒把它保存在冷藏库，只在举行古怪的神圣仪式时才会取出它。这种说法的出现，以及之后的数次渲染，使得现在位于圣彼得堡的俄罗斯首家情色博物馆收藏了大得可怕的暗灰色肉块，该人体组织被浸泡在一只盛有福尔马林的容器中。[17]

还有说法认为，尼古拉·米哈伊洛维奇大公就算不是尤苏波夫的情人，也是这桩谋杀案的幕后主使。大公的确在日记中提过谋杀拉斯普京的想法（甚至还想谋杀皇后），但这种遐想在当时相当普遍。其实，他的日记也表明，他没有付诸实践的打算。最近出版的米哈伊洛维奇大公传记认为，他参与了谋杀的说法十分荒唐。尼古拉·米哈伊诺维奇喜欢成为众人的焦点，如果他和谋杀真的有关，很难想象他能一直保守秘密。[18] 检察官扎瓦德斯基也表达过类似观点，说所有人都知道大公管不住自己的嘴，他绝不可能保持沉默。实际上，扎瓦德斯基在谋杀案发生后不久，就拜访过尼古拉·米哈伊诺维奇大公，确信他所知甚少。[19]德米特里大公在日记中写道，尼古拉是个"悲喜剧式的人物"，这同样证明米哈伊洛维奇大公和谋杀案毫无关系。[20]

\*

628　　　还有英国人的问题。发生了谋杀的消息一经传出，就立刻有谣言称拉斯普京是被英国情报机构的间谍杀害的。这种说法在俄国人和他们的敌人中非常普遍。驻斯德哥尔摩的德国间谍给柏林发电报称，他们掌握的可靠情报表明，那晚尤苏波夫家中的客人包括一个"年轻的英国人"。保加利亚国王收到的机密情报显示，这位英国人在事发后上了车，和拉斯普京的尸体一起离开了凶案现场。[21]上述报告看似可信，但考虑到当时谣言四起的大环境便站不住脚了。说到底，这只是另一种缺乏事实根据的臆测，可信度非常低。尽管如此，神秘的英国人还是引起了人们的兴趣，相关说法开始出现在俄国和国外媒体上。1917 年年初，《瑞典晚报》（Aftonbladet）称，英国"正在监视、控制俄国的一举一动"。作为论据，它提出有个英国人参与谋划了对拉斯普京的谋杀。据说，这个姓名没被曝光的英国人从一开始就参与了这桩阴谋，事后还留在尤苏波夫宫，直到确认"进展顺利，事情彻底了结"。甚至有说法认为，他和其他人一起把拉斯普京的尸体抛进了河中。[22]

　　德国和保加利亚希望有一个英国人出现在谋杀现场的想法不难理解，他们和许多俄国人都相信，拉斯普京被杀是因为他尝试与同盟国单独媾和。英国人迫切希望把俄国留在战场，因此存在很强的动机。早在那年 8 月，一位曾在波斯工作的俄国外交部前官员经观察认定，英国正在搞背信弃义的阴谋。他告诉亚历山德拉，英国大使乔治·布坎南和几个英国人在策划谋杀拉斯普京，但皇后对他的说法置之不理，认为这毫无根据。[23]其他人也在怀疑布坎南，尤其是斯皮里多维奇，他认为布坎南和英国大使馆的人在说服尤苏波夫采取行动上发挥了关键作用。[24]

英国国家档案馆收藏的公报显示，大使在谋杀发生前不久听说过一桩阴谋。12月18日，他在机密电报中写道："一个星期前，我听和几位年轻大公走得很近的朋友说，几个年轻军官发誓要在年底杀死他。"[25]是这伙人杀了拉斯普京还是另有其人？这份公报是表明布坎南提前掌握了谋杀情报的唯一证据，但没有任何档案显示他和阴谋本身有关。

尽管如此，一些俄国人还是想把拉斯普京的死怪罪到英国人身上。12月20日，《俄国消息报》发表了一篇题为《英国侦探的故事》（"The Story of the English Detectives"）的文章。署名为"罗曼诺夫"的作者写道，拉斯普京死前雇了几位苏格兰场的间谍，要他们和"奥克瑞那"的人一起保护自己的安全，但他不知道的是，外国间谍已经被尤苏波夫收买。拉斯普京被杀时，他们就守候在尤苏波夫宫外面。彼得格勒的英国人立刻对这种说法做出反击。英俄委员会（Anglo-Russian Commission）联络了这家报社和这篇报道的作者，要求他们提供消息来源。"罗曼诺夫"回应："有些卷入此事的人说出了英国人的名字，但还需要进一步查证。"英俄委员会称："考虑到目前的情况，乔治·布坎南阁下指示，不管那个'罗曼诺夫'是否会在接下来的几天中否认故事的真实性，我们现在就必须正式宣布那是捏造的说法。"[26]文章发表的同一天，塞缪尔·霍尔给英国军情一处的负责人曼斯菲尔德·卡明（Mansfield Cumming）发了电报。军情一处主要负责大英帝国之外的反间谍行动和情报搜集（日后它将成为著名的军情六处）。霍尔向卡明提起了这件事，询问该故事是否可信，以及如果它说的是真的，那些间谍又是谁。[27]霍尔没有收到任何在俄国执行任务的苏格兰场间谍的名单，因为根本就没有。

谋杀发生的数天后，霍尔意识到俄国的"右翼分子"正试图诬陷英国人，尤其是他自己，参与了犯罪。他写道，关于他是杀手的谣言传播得飞快，而且到处都是，以至于布坎南大使必须通过面见尼古拉来澄清。[28]1917 年 1 月 1 日，布坎南的确在皇村和沙皇讨论了此事。那天，他在一份机密电报中写道：

> 今天的新年欢迎会上，沙皇以最诚挚友好的态度和我交谈。谣言到处散播说——显然是德国人干的——不仅英国侦探被卷入了拉斯普京谋杀案，而且连英国军官也插了一手。我告诉陛下，如果他或皇后相信这些荒诞的故事，那么我会感到很遗憾。我希望向他做出最正式的保证，告诉他那都是一派胡言。

当天，尼古拉和大使谈话谈得非常具体，直接提到了他听说的英国间谍的名字，但那个名字不是霍尔，而是奥斯瓦尔德·雷纳（Oswald Rayner）。布坎南当场向沙皇做出解释。布坎南写道，之所以会有这样的谣言，可能是因为雷纳（"他临时受雇在这里工作"）曾是尤苏波夫在牛津大学的同窗，而且两人经常在彼得格勒见面。"雷纳非常肯定地向我保证，"他继续写道，"亲王从没和他提过阴谋的事。不用我告诉陛下，他也知道暗杀是英国人深恶痛绝的罪行。沙皇陛下肯定听说了一些雷纳的事，他表示很高兴我与他分享这些，并表达了最诚挚的感谢。"[29] 布坎南相信，他已经解决了这件事，但数个月后，尼古拉仍在怀疑布坎南和其他驻俄英国人。[30]

奥斯瓦尔德·雷纳出生于 1888 年，是服装商的儿子，家境普通，但十分聪明，尤其在语言上拥有少见的才能。1907年，他进入牛津大学。两年后，他在这里遇见另一名年轻学生，也就是费利克斯·尤苏波夫亲王，并和他结为挚友。两人从未忘记对方。1915 年 11 月，身为中尉的雷纳前往彼得格勒为英国情报局做事时，顺便拜访了大学时代的老朋友。之后两年，两人的关系变得相当亲密。1916 年秋天，他们经常见面。[31] 俄罗斯的档案馆中保存了一封雷纳写给尤苏波夫的信，信上的落款日期为 1916 年 11 月 9 日或 22 日。雷纳告诉当时不在首都的尤苏波夫，他搬进了新公寓（位于莫伊卡河畔 14号的 56 号公寓），让尤苏波夫回彼得格勒后立刻给他打电话，因为他想在回英国前再见老朋友一面。[32] 那时，雷纳似乎已经不再为彼得格勒的英国情报机构工作。布坎南在圣诞节期间告诉沙皇的话证实了此事，而且 1916 年 12 月 24 日（公历）的一份现役的英国间谍名单中没有雷纳的名字。[33]

尤苏波夫向雷纳提起过他们的阴谋。尤苏波夫在回忆录中写道，17 日晚，雷纳到桑德罗的住处拜访自己，得知了事情的进展。"他知道我们的计划，所以来打听情况。我马上安抚了他。"[34] 换言之，尤苏波夫曾向英国方面透露他们的计划。但普里什克维奇也在 12 月初和塞缪尔·霍尔见面时透露过此事。英国间谍是谋杀拉斯普京的阴谋的知情者，但这是否意味着他们曾出谋划策，并且协助了阴谋的实施？在这一点上，我们还未找到令人信服的证据。但有一封很有意思的信，其落款时间为 1916 年 12 月 25 日（公历的 1917 年 1 月 7 日），发信人是

631

英国军事管制局（British Military Control Department）驻彼得格勒的官员史蒂芬·艾利上尉（Captain Stephen Alley），收信人是驻彼得格勒的英国情报局官员约翰·斯卡莱上尉（Captain John Scale）。斯卡莱当时不在俄国，而是在罗马尼亚执行一项秘密任务。信的内容如下：

亲爱的斯卡莱：

　　……

　　虽然这里的事情没有全部按计划进行，但我们的目的显然已经达到了。大家对"黑暗势力"被摧毁的反应很好，虽然有人就参与者的规模提出了一些尴尬的问题。

　　雷纳正在进行收尾工作。等你回来后，他会向你报告。[35]

　　如果信里的内容是真的（但其真实性非常值得怀疑）[36]，它将是关于英国人介入拉斯普京谋杀案的最有利证据。的确存在介入，但那是哪种介入，以及介入程度有多深，这两个问题的答案我们就不得而知了。既然霍尔和雷纳得知存在阴谋，我们就可以假设情报机构的其他人也得知了此事，很可能还支持它，并且提供了该如何杀死拉斯普京的建议；但这不意味着他们参与了实际行动，或在拉斯普京被杀害的晚上他们就在尤苏波夫宫。

　　虽然没有任何有说服力的证据表明英国间谍在谋杀现场，但人们还是不禁相信拉斯普京是被英国人——尤其是雷纳——害死。[37]这起案件的最新证据集中在击中拉斯普京头部的致命一枪上。当时参与验尸的科索罗托夫、彼得格勒的总检察长以及接触过尸体的调查员均无法确认谋杀用的手枪的精确口径或型号，1993 年重新研究过现存证据的俄罗斯法医弗拉基米尔·扎罗夫（Vladimir Zharov）也对此束手无策。[38] 然而，两项最新研究得出了惊人的结论：根据（可疑的）验尸照片上拉斯普京头部枪伤周围的独特印迹判断，他肯定是死于点 455 口径的韦伯利左轮手枪。该手枪由伦敦恩菲尔德区（Enfield）的韦伯利－斯科特公司（Webley and Scott）制造，是第一次世界大战期间英国军队的标配（俄军使用的是纳甘左轮手枪）。该研究据此认定，肯定是一个英国人杀害了拉斯普京。[39]

但这种说法存在漏洞。首先，作为证据的照片非常模糊，完全无法清晰显示创伤是由点 455 口径的韦伯利手枪造成的。其次，凶手们提到过数个不同型号和口径的手枪。比如 1918 年 9 月，拉佐维告诉《纽约时报》的一位记者，普里什克维奇在尤苏波夫宫的院子里向拉斯普京射出致命两枪时，使用的是"一把由美国制造的自动左轮手枪"。[40] 最后也是最关键的一点是，战争期间使用韦伯利手枪的不止英国人。在俄罗斯联邦国家档案馆中，有一份警方档案收录了大量与拉斯普京相关的资料，其中有一张收据，落款日期为 1916 年 1 月 27 日，内容为向陆军中校波利亚科夫发放一把编号为 26313 的韦伯利－斯科特手枪。[41] 拉斯普京或许的确是被点 455 口径的手枪发出的子弹终结了生命，但只有他和杀害他的人才知道，当时扣下扳机的人是谁。

英国军情六处的档案中没有任何文件指向雷纳、霍尔，或是任何英国间谍或外交官。[42] 然而，这没能阻止一些英国人一口咬定，他们的确参与了此事。1934 年，一战期间曾在俄国服役的英国议员奥利弗·洛克－兰普森（Oliver Locker-

632

Lampson）告诉媒体，普里什克维奇曾请求他杀死拉斯普京。他的说法引来了外界的嘲笑。正如《教会时报》（*Church Times*）所言，奥利弗"具有把自己扯进任何热点新闻的才能"。[43]

这起谋杀案在策划和执行方面的种种外行做法也表明它可能没有职业情报人员的参与。很难想象，如果英国间谍曾插手此事，整个过程还出了如此之多的纰漏。1917 年年初，谢列达在基斯洛沃茨克告诉安德烈·弗拉基米尔洛维奇大公，"他见过许多罪案现场，作案手法既有巧妙的也有愚笨的，但这个案子的罪犯表现出的无能在他的整个职业生涯中绝无仅有"。[44]但对一个用挑剔的眼光看待自己盟友的国家而言，这些都不重要。许多厌倦战争的俄国人都赞成军医瓦西里·克拉夫科夫（Vasily Kravkov）的说法。此人在日记中写道："那些英国人拧着我们的脖子，强迫我们作战到最后一刻。"[45]人们普遍相信，英国人在向俄国发号施令，并强迫沙皇不计代价地继续作战。

当时的状况令人不禁想起俄国历史上另一次重大政治谋杀案后的社会氛围。1801 年 3 月，叶卡捷琳娜二世的儿子沙皇保罗一世被一群贵族和皇家卫队的军官掐死在卧室里。之前，保罗背弃了俄国和英国的盟约，转而支持拿破仑领导的法国。为了挑战英国在海上的霸权地位，他背叛昔日盟友，开始在俄国海域扣押英国船只、囚禁英国水手。沙皇甚至下令让俄军攻击印度的英国人。英国人立刻发动反击。保罗遇难前几天，一支英国舰队驶入波罗的海，向圣彼得堡进发。得知弑君事件以及新沙皇亚历山大恳求恢复盟友关系后，这支舰队才调转船头。拿破仑以及当时俄国国内的许多人都相信，英国政府该为保罗的遇害负责。圣彼得堡出现了一种说法：英国驻俄大使查尔斯·惠特沃斯（Charles Whitworth）插手了此事。但这完全是谣言，英国人涉嫌谋杀沙皇的说法完全是凭空捏造。[46]这件事对理解拉斯普京谋杀事件非常关键。实际上，人们当时已经意识到了两个历史事件的相似之处。有些俄国人认为，尤苏波夫和其他人实际上与谋杀案无关，他们被精明的英国间谍陷害了，而英国人为了自己国家的利益策划并执行了凶杀，就像一百年前一样。[47]

　　最后一枪究竟是尤苏波夫、普里什克维奇、德米特里，还是某个英国间谍射出的，这个问题的答案已经不再重要，因为真正置拉斯普京于死地的是俄国人在 1916 年年底陷入的集体癔症。这个国家发生了什么？对于该怪罪谁以及该如何拯救俄国，几乎每个俄国人都有自己的判断、自己的理解。意大利媒体《新闻报》（La Stampa）准确地捕捉到人们当时的心态："对所有俄国人来说，拉斯普京象征着无所不在但不负责任的政府，将把俄国引向灭亡。对拉斯普京盲目的、不共戴天的仇恨，蒙蔽了每个俄国人的心灵……这个人作为阻碍俄国人革新之路的顽固力量的象征，终于离开了舞台。"[48]大多数人深信，拉斯普京的死对俄国的长治久安必不可少。但很快，他们就会意识到自己犯下了多么严重的错误。

634

# 注　释

1. Cockfield，*White Crow*，75 - 76. 关于拉斯普京被给予死法选择，还可参见 Francis，*Russia in Transition*，Francis letter，11 February 1917

（NS）；CUL, Templewood Papers, II：1（16）；OR/RNB, 585. 5696, 23 - 27；GARF, 651. 1. 19, 4 - 5；Oreshnikov, *Dnevnik*, 97 - 98, 535n107；PAAA, R. 10684；PAAA, 4351, R. 20382；NA, FO 371/ 2994, No. 2804, 3 January 1917；NA, FO 395/105, No. 13794, 5 January 1917。

2. *Russkaia volia*, 10 March 1917, p. 3.

3. AD, Correspondance politique et commerciale, Guerre, 1914 - 18：répertoires. Dossier Général, No. 645, No. 1367. 塞缪尔·霍尔还向伦敦报告，拉斯普京在纵欲时死亡。CUL, Templewood Papers, II（1）：16.

4. OR/RNB, 1000. 1975. 22, 50ob. 冯·德伦特林女士可能是亚历山大·德伦特林的女儿安娜·冯·德伦特林。

5. GARF, 111. 1. 2981b, 12；GARF, 102. 1916. 246. 357, 51 - 51ob.

6. OR/RNB, 307. 80, 10.

7. HL/DiaryDP, Book 5, 16 December 1917, p. 53.

8. GARF, 102. 1916. 246. 357, 52 - 56, 59 - 61, 73 - 75, 77 - 79.

9. RGIA, 948. 1. 180, 2.

10. OR/RNB, 307. 80, 10；RGIA, 948. 1. 180, 5 - 5ob.

11. RGIA, 948. 1. 180, 5 - 9.

12. On Kroits：FDNO, 237；RGIA, 948. 1. 180, 2 - 2ob.

13. "Podrobnosti ubiistva," 104 - 105.

14. RR, 478 - 79；Etkind, *Khlyst*, 258 - 59, 628 - 29.

15. GARF, 102. 314. 35, 25 - 27.

16. Shishkin, *Rasputin*, 118, 214 - 15, 307 - 08；Kulegin, *Kto ubil*, 19.

17. FR, 204；Shishkin, *Rasputin*, 304；Kniaz'kin, *Bol'shaia kniga*, 8 - 12.

18. FR, 200 - 201；Kotsiubinskii, *Rasputin*, 225；Figes, *People's Tragedy*, 189；Nelipa, *Murder*, 102 - 206；Cockfield, *White Crow*, 175 - 77；YLS, 263 - 65. 关于大公与阴谋无关，见 Mel'gunov, *Legenda*, 374 - 75。

19. Romanov, *Voennyi dnevnik*, 235；"Pozornoe vremia," 36 - 37.

20. HL/DiaryDP, Book 5, 16 December 1917, p. 54.

21. PAAA, 4351, R. 20382. 给保加利亚国王的报告，见 HIA, Papers of King Ferdinand I, Box 62, Folder 11（Reel 81），"Bericht über eine

Reise," p. 2。关于俄国人中的说法，见 VR，690。

22. GARF，97.4.118，20 – 21.

23. Vyrubova，*Stranitsy*，96.

24. SML，Spiridovich Papers，Box 14，Folder 6；*VVFR*，1：204 – 05.
Margarita Nelipa（*Murder*，197 – 99）和 Jamie Cockfield（*White Crow*，
175）一样，也认为布坎南知道这一阴谋，因为 Nelipa 读了尼古拉·
米哈伊洛维奇大公在 1916 年 12 月 17 日的日记。她坚称，五点半的
那通电话是布坎南在早晨打给大公的，因此如果布坎南知道这件事，
只可能因为他参与了谋杀。但是，日记清楚地显示电话是下午五点
半打的。那时，整个城市都在讨论谋杀案。关于日记，请参见
"Podrobnostiubiistva，" 97 – 98。电话打于下午五点半这件事也得到了
［Gibbs］，*Russian Diary*，74 – 75 的证实。

25. NA，FO 371/2994，No. 705，31 December 1916（NS）.

26. NA，FO 395/105，No. 13794，5 January 1917（NS）；Vogel-Jorgensen，
*Rasputin*，125 – 28. 这种说法还出现在 *Odesskie novosti*，23 December
1916，p. 76。关于英俄委员会，见 Hoare，*Fourth Seal*，241。

27. CUL，Templewood Papers，II：i（50）.

28. CUL，Templewood Papers，II：1（34），72；*Yorkshire Post*，22 June
1933，p. 10. 扎法科夫也认为英国负有责任。*Vospominaniia*，1：250
– 51.

29. NA，FO 371/3002，No. 11942，14 January 1917（NS）.

30. See Vyrubova，*Stranitsy*，133 – 34.

31. See Cook，*To Kill*，76 – 84，142，155；Cullen，*Rasputin*，16 – 17.

32. OPI/GIM，411.66，24 – 24ob.

33. NA，FO 371/2994，p. 11.

34. YLS，262.

35. Cook，*To Kill*，217.

36. See Cullen，*Rasputin*，204 – 207. 这封信显然在艾利后代的手中，但
无法确认它如今的下落。

37. See，for example，Cook，*To Kill*，220 – 21；Cullen，*Rasputin*，ix；VR，
687 – 88，691.

38. FR，221.

39. Cullen，*Rasputin*，210 – 11；Cook，*To Kill*，210 – 14. See also FR，229.

40. *New York Times Current History*, 17：306 – 307.

41. GARF, 63. 47. 484（35）, 98.

42. See Jeffrey, *Secret History*, 98 – 109. Jeffrey 教授拥有查阅英国情报机构的权限，他没有发现任何英国参与谋杀的迹象。我在 2014 年 1 月 14 日与他通过邮件进行了沟通。

43. *Church Times*, 9 March 1934, p. 294；*Daily Express*, 3 March 1934, p. 7.

44. Romanov, *Voennyi dnevnik*, 235.

45. NIOR/RGB, 140. 7. 9, 6ob. And also：NIOR/RGB, 436. 11. 1, 72ob – 73.

46. See James J. Kenney, Jr. , "The Politics of Assassination"（esp. pp. 126 – 27, 137, 141）in Ragsdale, *Paul I*.

47. Kir'ianov, "Pravye," 221.

48. GARF, 97. 4. 118, 114.

# 第七十章　"托博尔斯克桎梏"的终结

　　拉斯普京的死讯传开后，俄国成了欢乐的海洋。12 月 19 日，塞缪尔·霍尔写道："这种情绪在彼得格勒最为显著。每个阶级的人在言行上给人的感觉都是，他们从肩上卸下了某种重担。仆人、出租车司机、工人都在无拘无束地讨论这件事。许多人说，这比俄国在战场上取得的最重大胜利更令人欢欣鼓舞。"[1]

　　没有人关心其他问题，只有这件事才是重要的。22 日，作为知名历史学家的妻子，娜杰日达·普拉托诺娃沮丧地在日记中写道，就连彼得格勒鱼市的收银员都在毫无顾忌地大谈特谈对此事的看法，甚至还敢公然谴责沙皇在拉斯普京的肮脏勾当中扮演的角色。[2]消息传到莫斯科时，帝国剧院在观众的要求下中止演出，乐队奏起了国歌《天佑沙皇》，所有人起立并齐声高唱。[3]类似情况在帝国的其他城市不停上演。

　　凶手们被歌颂为英雄。伦敦的《泰晤士报》报道说，在一位富裕银行家的家中举行的派对上，尤苏波夫受到了热烈欢迎，人们献上无数鲜花，他被人们扛起。[4]据说全俄地方自治联盟（All-Russian Zemstvo Union）以尤苏波夫的名义设立了一项基金，专门用于救助受伤士兵，捐款者络绎不绝。[5]费利克斯收到了俄国各地祝福者潮水般的贺信。[6]莫斯科一个由三百名医师组成的协会经投票决定向德米特里授予桂冠，以表达全国上下的感激之情。[7]英国战地记者亨利·汉密尔顿·法伊夫（Henry Hamilton Fyfe）报道称，后面几代俄国人会为凶手们修建纪念碑。[8]

没有明显主张报复的言论，但彼得格勒的"奥克瑞那"的确在19日逮捕了和拉斯普京关系密切的七个人，担心他们惹出麻烦。哈卡泽、内斯特·叶里斯托夫亲王和商人谢尔盖·维特根（Sergei Vitkun）都在逮捕名单上。维特根告诉当局，他打算亲自勒死凶手，还责怪穆娅·高罗维纳向杀人犯出卖拉斯普京。有说法称，除非为拉斯普京报了仇，否则哈卡泽绝不会善罢甘休。[9]但当时只有极少数人持这种态度。

对大多数俄国人而言，拉斯普京的死意味着国家终于可以从漫长、可怕的黑夜中醒来，迎接新一天的朝阳，迎接一切希望和可能性。20日，《俄罗斯晨报》精准地捕捉到了因拉斯普京之死而产生的强烈乐观情绪：

> 人们想要相信"黑暗势力"的"黑暗"之死会给俄国带来改变，希望死亡会发挥前所未有的净化作用，希望这次死亡让坚持紧闭双眼的人最终睁开眼睛……就用历史性救赎的死亡之水洗净这肮脏的血，将国家带往光芒四射的前方；就让俄国的"黑暗势力"用他的鲜血为我们深爱的国家赎罪。[10]

《俄国消息报》宣布，拉斯普京的死亡使国家摆脱了"托博尔斯克桎梏"（Tobolsk Yoke），这个说法源自"蒙古桎梏"——用来形容中世纪遭受蒙古入侵时俄国的状态。拉斯普京曾让这个国家蒙羞，而此刻所有俄国人都团结了起来，组成了不可分割的"公民社会"。[11]因此，拉斯普京的一生确实具有真正的历史意义，它象征了俄罗斯公民社会的诞生。但媒体上还存在另一些声音，他们敢于抛出令人不适的尖锐问题。

《俄罗斯晨报》在赞颂谋杀之外，还刊登了一篇报道，质问一个国家会为死亡欢欣鼓舞这件事意味着什么。人们古怪的反应折射出了"历史上真正的俄罗斯精神"，在这片大地上，"纳罗德的每一次欢乐和每一次前进都建立在尸体上"。这不是该庆祝的时刻。必须通过谋杀才能让人们感受生活的美好，这个现实实际上令人无比绝望。这只能说明俄国在政治和文化生活上的停滞让人不寒而栗。这就像是人们为国家进入一个新阶段而自豪，但欧洲的其他国家早在中世纪就经历了这个阶段。人们对拉斯普京之死的反应就像他们中了彩票一般。幸运、命运主宰了俄国人的生活，而不是人们的努力、自发性和责任心。不，他们和"罗马奴隶"没什么两样，文章遗憾地写道，愿上帝怜悯，展露微笑。拉斯普京的死不会改变任何事，因为他从来不是问题的根源，只是一种症状。俄国无法跨过终极黑暗的原因在于"不负责任和政治上的专横"。

《日报》表达了相似的观点："表面上拉斯普京被称为'黑暗势力'，但在真正的黑暗势力面前，拉斯普京根本不值一提。黑暗势力并未因他的死而受到动摇。拉斯普京让我们忽视了黑暗势力的存在。因此，拉斯普京死后，俄国人并不能更自由地呼吸。没有什么会发生改变，国家陷入崩溃的概率反而增加了。"[12]《俄罗斯自由报》认为，谋杀拉斯普京就像砍掉"九头蛇的脑袋"：拉斯普京死了，但造就他的体系毫发无伤，它肯定会推出另一个人取代他的位置。拉斯普京的死完全不重要。[13]

23 日，舒尔金在《基辅报》（*Kievlyanin*）①上撰文称，虽然这些"行刑志愿者"的动机是"纯粹的"，但他们"选择了错误的方式，可能会给我们带来许多麻烦"。随后，他相当准确地把谋杀和 18 世纪及 19 世纪初的风潮联系起来——那时的反叛朝臣小群体会残忍地推翻并杀害沙皇，最臭名昭著的例子是 1762 年彼得三世的遇害和 1801 年保罗一世的遇害。[14]

托博尔斯克的行政长官阿尔多夫斯基 - 塔纳夫斯基也许是沙皇政府中唯一敢于公开谴责谋杀行为的人，他认识拉斯普京的时间比任何人都长。早在 1900 年，他就去过拉斯普京在博克维斯科的家。他熟悉拉斯普京家里的每一位成员，也了解拉斯普京的恶习。他始终以早年看待拉斯普京的方式看待他，没有让日后涌现的各种谜团蒙蔽他对现实的认知。在托博尔斯克的一次大型集会上，阿尔多夫斯基 - 塔纳夫斯基站出来宣布："我们这里的一位农夫，即来自托博尔斯克的格里高利·叶菲莫维奇·拉斯普京像殉道者般死去了。我之所以称他为'殉道者'，是因为他像兔子一样被人围堵……亲爱的上帝，请宽恕您的奴隶格里高利，宽恕一切他有意或无意犯下的罪，也宽恕我们以他之名而犯下的罪，因为每个人都是戴罪之人。我们会热忱地祷告。他的不知悔改让他丢掉了性命。"[15]

在 1916 年前后的俄国，许多东正教神父不但赞成对拉斯普京的谋杀，甚至还祝福谋杀行为。这种现象说明了很多问题。拉斯普京之死的消息传来时，谢尔盖·布尔加科夫正在前往莫斯科附近的左赛莫夫修道院（Zosimov Monastery）朝圣的

---

① 发行于 1864 年至 1919 年的保守派报纸。——译者注

路上。布尔加科夫震惊地发现，所有修道士都在庆祝拉斯普京遇害。[16]都主教耶夫洛基（Metropolitan Yevlogy）承认，他在报纸上读到消息后，"松了一口气"。即使在数年之后，这位俄国东正教高层的内心仍然从未为拉斯普京之死感到丝毫悲伤、遗憾或不安。俄国东正教信徒、沙皇的一位朋友、没有犯下人们所控之罪的清白之人被冷酷地杀害了，而涌上都主教心头的唯一情绪只是松了口气。[17]

格尔莫根称，得知拉斯普京死亡的数分钟后，他听见拉斯普京巨大的讲话声从身后传来。"有什么好开心的？"那个熟悉的声音质问道，"人们不该庆祝，而是应该哭泣！看看今后等着你们的是什么吧！"格尔莫根不敢相信自己的耳朵。这是真的，那个声音是真的。他不敢回头。他僵在原地，在胸前画着十字。最后，他终于鼓起勇气向后望去。房间里没有人。他打开门，楼道里也空无一人。[18]

帕维尔·扎瓦尔津（Pavel Zavarzin）听到消息时，正在穿越俄国中部的火车上。当时，他和旅伴们在餐车里读报纸，一位西伯利亚的中年商人突然打破沉默："感谢上帝，他们终于除掉了那个流氓。"他的话音刚落，每个人都开始发表意见，乘客们的观点各不相同。"一条狗像狗一样死了。"一些人嘀咕道。另一些人则认为事情有些不对劲。一个人说，一位真正的贵族不该在邀请别人去家中做客后又杀了对方。另一个人说，凶手和皇室的关系太近，他做的事就像在俄国统治阶级的背后捅了一刀。"这是崩溃和不可避免的革命的征兆。"一个戴眼镜、蓄长胡子的西伯利亚男人说。[19]

平民没有忽视杀死拉斯普京的人是王公贵族这一事实。一位上流社会的女士在彼得格勒的军事医院中不经意听到一些受

638

伤士兵抱怨说："好吧，只有那个农夫能接近沙皇，所以那些主子杀了他。"这种观点在平民中十分普遍，助长了他们对俄国上层人士的仇恨，而这种仇恨马上就会像火山般爆发。[20] 1918 年年初，在谢尔盖·马尔科夫经过博克维斯科时，一位当地农夫告诉他，是"贵族"杀死了拉斯普京，因为拉斯普京会在沙皇面前捍卫平民的利益。[21]

毫无疑问，拉斯普京遇害对其信徒而言是沉重、巨大的打击。据说，高罗维纳一家听到消息时异常绝望。[22] 但柳博夫·高罗维纳似乎很快接受了事实。贝莱特斯基写道，第二年春天自己曾在维鲁波娃家见过柳博夫。她告诉贝莱特斯基，拉斯普京的死亡证明他不是真先知，否则他肯定会预见到自己的悲剧。贝莱特斯基表示同意。在 1916 年 6 月的一个星期日的晚上，贝莱特斯基在戈罗霍娃街的公寓里亲耳听到拉斯普京说，他还会和信徒们相处五年，之后他就会离开大家和他的家人，像古代圣人那样遁世隐居。[23]

尤苏波夫和他的同谋希望消除拉斯普京和亚历山德拉对尼古拉的影响，从而挽救君主制，可他们非但没能拯救君主制，还加速了它的灭亡。正如亚历山大·布洛克那句著名而准确的评价所言，杀死拉斯普京的那颗子弹"不偏不倚地打进了皇朝的心脏"。[24]

*

虽然子弹已经射中目标，但当局仍然努力保持警惕。实际上，莫斯科的"奥克瑞那"在 12 月底惊讶地指出，人们没有停止谈论拉斯普京，他的遇害反而刺激了他们的表达欲。"奥克瑞那"发现所有媒体都在刊登充满咒骂的文章。当局这时

才明白，批评者的终极目标不是拉斯普京，而是被他影响下的
那些圈子中的人，他的敌人依旧把那些人当作攻击目标。亚历
山大·普鲁加温发表的文章包含大量"耸人听闻"的内容，
这使莫斯科附近的人对一些地位最崇高的人物失去了信任。他
的材料大多来自伊利奥多尔的作品，他已经在《莫斯科公报》
（*Russian Gazette*）上刊登了那本书的部分内容。此外，他还在
和英国、法国、德国的出版商谈伊利奥多尔著作的版权交易事
宜。与此同时，谢尔盖·梅格诺夫计划在俄国出版此书。据
说，律师、杜马政客、后来成为临时政府中的领袖人物的亚历
山大·克伦斯基（Alexander Kerensky）准备揭露拉斯普京最
新、最劲爆的故事。他打算采用最简单的表达方式，尽可能扩
大受众范围。

　　瓦西里·马克拉科夫忙着在莫斯科的各个小团体中高谈阔
论。他告诉听众们，拉斯普京造成的邪恶影响超出了任何人的
想象。如果说之前只有俄国的主要城市听过这样的故事，那么
此时它已经传遍整个国家，就连最偏僻村庄里的农夫都不会感
到陌生。马克拉科夫说，如果统治者能听到破旧的房屋中的谈
话，肯定会吓得要命。一切都太晚了。俄国人已经开始酝酿一
场革命，其规模很可能大到前所未有。数百年来，纳罗德信任
沙皇，服从于上帝赋予的沙皇的权威，但这种信任和顺从都濒
临崩塌。这比革命更可怕，俄国如今面临着一场大灾难。"俄
罗斯帝国，"马克拉科夫在得知拉斯普京被谋杀后写道，"只
剩下一座没有十字架的穹顶。"[25]桑德罗试图让尼古拉和亚历山
德拉明白革命可能马上就会爆发。他在圣诞节当天告诉沙皇夫
妇，他们正经历俄罗斯历史上最危险的时刻。[26]然而，他的话
被视为毫无根据的信口开河。

640

12 月 31 日，乔治·布坎南在皇村面见尼古拉。那次会面糟糕透了。沙皇高高在上，他显然不希望布坎南碰触让人不舒服的话题，但英国大使认为自己别无选择。布坎南强调了当下局势的凶险性，称"必须重新赢得人民的信任"。尼古拉回复说："你的意思是我该赢得人民的信任，还是人民该重新赢得我的信任？"布坎南没有就此打住。他试图向尼古拉传达他对笼罩的沙皇及其家人头上的危险的恐惧。布坎南离开皇村时，几乎陷入了绝望。"我无法预料危机将如何收尾，"他表示，"但沙皇和皇后似乎已经疯了，摆出了要在灾难中自生自灭的态度。"[27]

布坎南离开后，尼古拉外出散步，还在午夜参加了一场宗教仪式。"我热切地向上帝祷告，请怜悯俄罗斯帝国！"他在日记中写道。[28]

## 注 释

1. CUL, Templewood Papers, II：1（16）. And：VR, 695；Tikhomirov, *Dnevnik*, 321.

2. OR/RNB, 585. 5696, 27 – 27ob.

3. Shulgin, *Years*, 269；NIOR/RGB, 218.1325.2, 22ob – 23.

4. *The Times*, 9 January 1917（NS）, p. 6.

5. OR/RNB, 585. 5696, 29ob；and 1000.1975.22, 50ob.

6. Kolonitskii, *Tragicheskaia erotika*, 235 – 36.

7. GARF, 651.1.19, 19.

8. GARF, 97.4.118, 8.

9. GARF, 102.196.246.357, 36 – 38ob.

10. OR/RNB, 1000.1975.22, 35.

11. *Russkoe slovo*, 21 December 1916, p. 68.

12. OR/RNB, 1000. 1975. 22, 35 – 35ob. And also: *Rech'*, 20 December 1916, p. 3; 21 December, p. 2; *BV*, 21 December 1916, p. 3; *Odesskie novosti*, 22 December 1916, p. 4.

13. OR/RNB, 1000. 1975. 22, 31ob.

14. *Kievlianin*, 23 December 1916, p. 202; Shulgin, *Years*, 269; idem, *Poslednii*, 125, 329.

15. Ordovskii-Tanaevskii, *Vospominaniia*, 396, 422 – 27.

16. Bulgakov, *Avtobiografi cheskie zametki*, 85.

17. VR, 700.

18. Markov, *Pokinutaia*, 304 – 305.

19. Peregudova, *Okhranka*, 2: 123 – 24.

20. VR, 699; Raupakh, *Facies*, 193 – 94; Miliukov, *Vospominaniia*, 447; NIOR/RGB, 436. 11. 1, 72ob – 73.

21. Markow, *Wie*, 145.

22. RGIA, 948. 1. 180, 2 – 2ob.

23. Beletskii, *Vospominaniia*, 18 – 19.

24. Blok, *Poslednie dni*, 8.

25. GARF, 102. 1916. 246. 357, 45 – 46ob, 80 – 83; Blok, *Zapisnye knizhki*, 363.

26. *Lettres des Grands-Ducs*, 207.

27. PA, LG/F/59/1/6, Buchanan to Charlie, 13 January 1917 (NS).

28. LP, 518.

第七部

# 后续：
# 1917年～1918年

# 第七十一章　多米诺效应

1917 年 1 月初，德意志帝国驻斯德哥尔摩代表赫尔穆 特·卢修斯·冯·斯托登会见了一位最近从俄国回来的瑞典外交官，此人出席了俄国皇宫里的新年招待宴会。瑞典外交官告诉卢修斯，沙皇的脸很红，有说法称他近来喝酒很凶。除了拉斯普京谋杀案，没有人谈论其他事，每个人都认同罗曼诺夫家族的每位大公都和此案有关。还有传言称，皇后也差点性命难保，但凶手在行动前被发现并被立刻处以绞刑，因此这件事才没有让公众知道。但是，之后肯定会发生更多暗杀事件，袭击名单上的人依次为维鲁波娃、普罗托波波夫、安德罗尼克夫亲王和弗艾柯夫将军。[1]

12 月底，维鲁波娃收到一封恐吓信：

> 最后，那个邪恶的存在、恶棍拉斯普京，被人从地表抹去了。不要指望他那腐烂的肉体会给你和亚历山德拉·费奥多罗芙娜带来快乐——你们这群叛徒，他们不会放过你和她。皇家费奥多罗夫斯基大教堂会被炸成粉末，这样那个流氓——他曾嘲笑整个俄国和欧洲——的遗体才不会玷污神坛。你和那个黑森蠢货竟然设法把他埋在那里。与支配俄国的厄运一起痛苦吧，嚎叫吧，歇斯底里吧。俄国伟大的儿子们在恰当的时机取了他的性命，我们为此欢呼雀跃。[2]

布坎南也向伦敦发回了关于暗杀的情报。他早在新年到来之前就表示，和尼古拉·米哈伊洛维奇大公交谈后，他相信会发生更多暗杀事件，而头号暗杀目标便是普罗托波波夫。[3] 布坎南报告说，大臣会议主席特列波夫非常担心被杀害，正在考虑辞职。还有谣言称，皇后也是暗杀目标。[4] 1月3日，布坎南写道，彼得格勒的人普遍认为，"如果沙皇不作为，宫廷政变或谋杀事件很可能会在接下来的两周内发生，人们相信谋杀的发生概率更高。虽然这些说法存在夸张的成分，但我确实听到前大臣和数位政府高官讨论沙皇和皇后是否会被杀死"。[5]

1月，军医瓦西里·克拉夫科夫在日记中写道，他从前线回到彼得格勒时，被城中那种革命前夕的氛围吓了一跳。人们非常期待宫廷政变的发生，不停地谈论政治谋杀。他甚至听说布鲁希洛夫将军企图射杀沙皇。[6] 2月初德国外交部收到的一份来自哥本哈根的电报称，一位和尤苏波夫走得很近的禁卫军军官向沙皇开枪，但没有打中。这位军官的下场不得而知。[7] 1月24日（公历），德国陆军元帅保罗·冯·兴登堡（Paul von Hindenburg）收到一份关于俄国局势的机密报告，它详细描述了笼罩整个俄国的那种革命前暗潮涌动的氛围。九十位禁卫军军官发誓要杀死普罗托波波夫和维鲁波娃，接着是沙皇和皇后。兴登堡把文件转交给威廉二世，威廉二世在报告下方写下了自己的看法：

> 如果沙皇想要活命，就必须处死大公和那些凶手，包括尼古拉，还必须尽快摆平布坎南夫人那个女撒旦，否则他一定会输，英国肯定会像除掉沙皇保罗、波里奥、饶勒斯、凯斯门特、维特、拉斯普京一样除掉他！任何为他着

644

想的人，都必须当面直接向他指出这一点。[8]

德国政府在 1 月收到的情报显示，俄国政府至少在酝酿一项计划：皇室会尝试把民众的愤怒和仇恨转移到犹太人身上，发起抵制犹太人的运动。该计划背后的一个逻辑是，犹太人必须为拉斯普京的死付出代价。"犹太人将用自己的鲜血来偿还拉斯普京流的血。"[9]

当然有人尝试让尼古拉看清局势，但沙皇拒绝看清。1 月底，桑德罗给尼古拉写信，称国家正在经历历史上最严峻的时刻，他们正走向不可避免的毁灭，沙皇必须行动，必须倾听民众的声音，以弥合皇室和人民之间日益扩大的分歧。之后，桑德罗又亲自拜访尼古拉和亚历山德拉，当面提醒他们局势凶险。亚历山德拉的反应十分冷淡。尼古拉则坐着，安静地抽烟，摆弄着切尔克斯式外套上的褶皱，不发一言。"我不想继续争论，"亚历山德拉发话，"你在夸大危险。等到哪天你不这么激动了，或许就会承认我知道的不比你少。"[10]这是他们最后一次见面。大约在这个时候，亚历山德拉做了一个梦，梦里拉斯普京在天堂里张开双臂祝福俄国。[11]一切都会好起来。她坟墓里的朋友是这样告诉她的。

一个月前，布坎南和沙皇之间也有过一次类似的谈话。他在一份机密电报中写道：

> 我问沙皇他是否真的意识到了形势的严峻，意识到了革命的话语不是仅出现在彼得格勒，而是传遍了整个俄国。陛下说，他很（清楚）人们沉迷于这些话题，但不必太当真。我说，拉斯普京被杀一周前，我曾听说有人想

结束他的生命，但我没放在心上，因此现在我无法忽视从各地传来的暗杀情报。我们不知道他们什么时候才会收手……

谈话结束前，我恳求沙皇原谅我的直白，并请求他相信我这样说都是出于对沙皇陛下和皇后的热爱以及我的担心——如果他和他的人民之间无法达成和解，俄国必定会战败。沙皇陛下走到了十字路口，一条路会把他引向胜利与光荣的和平，另一条路则通往革命和灾难。

尼古拉感谢了布坎南的坦诚，表示赞同他的看法。但大使在离开时就知道，沙皇不会听他的建议，也不会采取任何行动。[12]

传言称，现在尼古拉和亚历山德拉只听得进普罗托波波夫的话，而普罗托波波夫已经彻底疯了。1月29日，美国大使戴维·罗兰·弗朗西斯给美国国务院写信称，自己听说普罗托波波夫在和皇后谈话时突然进入了催眠状态，之后他告诉皇后他刚刚在和基督对话，然后皇后指示他听从"圣人拉斯普京"的教诲。[13]一则广为流传的谣言称，普罗托波波夫和尼古拉、亚历山德拉一起出席了降神会，通过这种方式，他们和拉斯普京的灵魂相见并向他寻求建议。其他谣言则称，普罗托波波夫告诉沙皇夫妇，拉斯普京的灵魂已经离开原来的肉体，进入了自己体内。一位俄国外交官称，普罗托波波夫还尝试模仿拉斯普京说话的方式。[14]德国外交部从瑞典收到的情报称，普罗托波波夫经常和亚历山德拉一起在拉斯普京的坟前祷告，而且这位大臣急需用钱，这意味着开启单独媾和谈判的可能。[15]

在人们相信普罗托波波夫成了宫廷宠臣的同时，也有关于其他竞争者的消息。一则消息称，拉斯普京从前的对手圣愚米佳回来了，试图加入对拉斯普京所留空位的争抢。[16]另一名竞争者是一位名叫玛德瑞（Mardary）的修道士。神父玛德瑞[俗名为乌斯科科维奇（Uskoković）]是黑山人，毕业于圣彼得堡神学院，后来被提拔为主教。早在 1916 年年初就传出了他会成为拉斯普京的继任者的说法。他在布道时饱含激情，拥有先知般的天赋，而且和拉斯普京一样，他的一双眼睛总是闪烁着炽热的光芒。他只有 27 岁，还很年轻，而且模样英俊。[17]拉斯普京一去世，媒体就报道说他在过去三年里一直担心玛德瑞会取代自己的位置，因此在设法把玛德瑞赶出俄国。样貌俊美的修道士在首都沙龙里日渐上升的人气让拉斯普京越来越气愤。[18]根据罗将柯的说法，阿列克谢·赫沃斯托夫曾计划让玛德瑞成为自己在宫里的棋子，想让他取代拉斯普京。[19]

玛德瑞显然也想提升自己的地位。他想要在 12 月 22 日以"俄国的谜团"（The Mystery of Russia）为题向杜马发表演讲，讲话内容将包括他对拉斯普京谋杀案的看法。[20]实际上，他当天的确在彼得格勒发表了一次演说（但不是在杜马跟前），吸引了大量听众。许多拉斯普京的信徒闻讯赶来，说愿意付给他4000 卢布，要求他不要在演讲中提到拉斯普京的名字，他拒绝了。不久后，内政部副大臣也来了，以最严厉的语气警告他不准提到拉斯普京的名字，否则自己会立刻取消演讲。这次，他没有违背指示。玛德瑞的身边挤满年轻女性，她们不停询问他的电话号码和住址。那天晚上，玛德瑞的一位男性信徒写道，他是如此与众不同，比拉斯普京更加高明："玛德瑞完全是另一种人，是虔诚的俄国爱国者、捍卫斯拉夫统一的勇士。他来自黑山共和国，相貌英俊，长了一头棕发，看起来就像耶稣。如果他去染一头金发，就和他更像了。"[21]

似乎没有人能取代拉斯普京在皇储阿列克谢心目中的地位。阿列克谢在 2 月生了一场病，海军士兵德伦文柯（Derevenko）——他的职责是照顾皇储——告诉阿列克谢，只需要向圣人祷告，让他们保佑阿列克谢恢复健康，一切就都会没事，但男孩根本不听德伦文柯的话。"已经没有圣人了！曾经有一位圣人，也就是格里高利·叶菲莫维奇，但他们杀了他。现在祈祷已经没用了，也不用救我。如果他在这里，一定会带一只苹果给我，抚摸我受伤的地方，然后我就会立刻好起来。"[22]

2 月 22 日，亚历山德拉在皇村给尼古拉写信——

我非常非常珍贵的爱人：

怀着深深的痛苦、难过，我让你离开了——你独自一人，没有那个温柔、甜美、阳光的小家伙①的陪伴！在如此艰难的时刻，分别让一切变得更加让人难以忍受……我什么都做不了，只能不停地祈祷，祈祷，我们的朋友在那个世界肯定也为你做着同样的事——在那里，他离我们更近。我们渴望听到他的声音，它会带来安慰和勇气。……基督与你同在，圣母玛利亚永远不会让你失望——我们的朋友离开我们，前去陪伴她了。[23]

第二天，她把拉斯普京被杀时佩戴的十字架寄给尼古拉，让他戴着它，因为它能在他需要做出艰难的决定时帮助他。[24]

---

① 指皇储。——作者注

至于尼古拉，他认为根本不需要十字架，因为他不认为自己
会做任何艰难的决定。他在回最高统帅部的火车上给妻子写
信说，他想起了多米诺骨牌效应。用沙皇自己的话说："现
在已经没我的事了。"

就像过去两个月一样，亚历山德拉在女儿玛丽亚的陪同
下，于 2 月 26 日去拉斯普京的坟前祷告。教堂修建的进度
让她满意，因为她跪下祷告时墙体刚好能遮住他人的视线。
在这里，她感到非常平静。"他的去世是为了拯救我们。"
她在那天的信中告诉尼古拉。[25]第二天，也就是 27 日，皇后
在维鲁波娃、莉莉·德恩的陪伴下再次前往墓地。[26]这是她
最后一次去那里。两天前，彼得格勒爆发了骚乱。二月革命
开始了。

23 日早晨，数千名女工走上街头，要求得到更多面包。
队伍向前行进时，更多的工人加入了她们，这些人的呼喊声响
彻彼得格勒的工厂。中午时分，近 5 万人走上街头；到夜晚，
他们的人数已经超过 9 万。如今，人们的口号成了"结束战
争！"和"打倒沙皇！"。窗户被砸得粉碎，商店遭人入侵，城
市中面包店的货架被洗劫一空。当局勉强恢复了秩序，但第二
天，罢工人数竟飙升至 20 万。罢工的工人行进到首都中心区
域的涅瓦大街。这情形让警方不知所措，困惑地面面相觑。2
月 24 日，关键部门的大臣、杜马主席罗将柯、彼得格勒市长
聚在一起讨论如何应对危机，只有普罗托波波夫缺席。法国大
使帕莱奥洛格在 25 日写道，危机期间，普罗托波波夫"肯定
在和拉斯普京的灵魂进行精神上的对话"。[27]到 25 日时，抗议
人数已经上升至 30 万。自 1905 年革命以来，人们再未如此愤
怒。被派去镇压示威者的人开始加入示威者队伍。"革命万

648

岁!"的呼声压过了"结束战争!"。局势变得越来越失控。26
日，几十名示威者被射杀，可人们非但没有受到打击，反而变
得更加团结了。士兵也加入了人群，他们把枪对准自己的长
官，宪兵队伍中不停爆发兵变。当局彻底失去了对城市的控
制。27 日，工人和士兵打开监狱的大门。随后，他们又洗劫
了警察局、法院、内政部和"奥克瑞那"总部，烧毁了一大
批文件。示威发展成了暴动。警察遭到围攻。衣装整洁的人成
为袭击目标。整座城市都被洗劫一空。那天夜晚，沙皇的大臣
们聚在马林斯基宫（Mariinsky Palace），纷纷递上辞呈，然后
潜入夜色，希望能平安回家。冬宫上方升起了红旗。

　　28 日一大早，尼古拉从最高统帅部返回皇村，但火车被
迫停在皇村外 100 英里处，因为他接到报告说，附近的部队爆
发了叛乱。从那里，皇家列车又向西驶往普斯科夫，那里是北
方前线的总部。3 月 1 日，列车抵达目的地。"看看你做了些
什么，"北方前线总司令鲁斯基将军质问刚到的弗艾柯夫，
"你们这些拉斯普京的同党……俄国被你们搞成了什么样
子?"[28] 亚历山德拉担心极了，不清楚尼古拉是否安全。2 日，
她给丈夫写信，提醒他即使戴起来不太舒服也要戴上拉斯普京
的十字架，因为它能让他得到片刻平安。[29]

　　在尼古拉在火车上度过的两天中，事态发展迅速。在彼
得格勒，一群杜马成员为尽快恢复秩序成立了临时委员会，
它不久后就会成为（在名义上）领导俄国长达八个月之久的
临时政府。罗将柯、鲁斯基和其他将军都无意出动前线部队
镇压工人，因为镇压尽管可能奏效，却有引发内战的风险。
迫于这些军队指挥官的压力，尼古拉发现他唯一的选择只有
退位。1917 年 3 月 2 日晚，尼古拉二世的统治结束，罗曼诺

夫皇朝长达三百年的统治也就此终结。尼古拉在日记中以简单的一行字形容那个时刻:"到处是背叛、怯懦、欺骗!"[30] 9日,尼古拉终于回到皇村,和家人在亚历山大宫团聚,他们都被软禁在那里。

沙皇退位的消息引发了一阵狂喜。由于尼古拉的统治和罗曼诺夫皇朝的噩梦已经结束,人们十分乐观,希望事情最终会得到改善。一个全新的自由时代似乎就在眼前。一个农夫说:"除了格里沙登上皇位这件事,民众的灵魂什么都能忍受。"平民开玩笑说,皇宫上方飘扬的不再是皇室的旗帜,而是拉斯普京的一条裤子。[31]

## 注 释

1. PAAA, R. 10684, Lucius to Bethmann Hollweg, 23 January 1917(NS). 维也纳也收到了相似的报告,见 HHStA, P. A. V, Karton 55, Bericht 15。其他人提到,皮季里姆和瓦尔纳瓦也在谋杀名单上。Tikhomirov, *Dnevnik*, 331.

2. GARF, 102. 1916. 246. 357, 64.

3. NA, FO 371/2994, No. 1187, 1 January 1917(NS); FO 371/3002, No. 8111, 9 January 1917(NS).

4. NA, FO 371. 2998, No. 3743. And: PA, LG/F/59/1/18. Letter dated 30 January 1917(NS).

5. NA, FO 371/3002, No. 13484. 法国大使也向巴黎做了类似报告,参见 AD, Correspondance politique et commerciale, Nouvelle série, 1896 – 1918, "Guerre, 1914 – 1918:" répertoires. Dossier Général, No. 647. Report of 5 March 1917(NS).

6. NIOR/RGB, 140. 7. 9, 10ob – 12.

7. PAAA, R. 10684.

8. PAAA，AS 251，R. 10694. 威廉二世写下的部分名字分别指：1801 年，沙皇保罗一世在宫廷政变中被谋杀；公元 1 世纪，瓦莱瑞亚·麦瑟琳娜（Empress Valeria Messalina）处死罗马帝国政治家盖乌斯·阿西尼乌斯·波里奥（Gaius Asinius Pollio）；1914 年，法国社会主义代表人物让·饶勒斯被谋杀；1916 年 8 月，爱尔兰民族主义者罗杰·凯斯门特（Roger Casement）在伦敦以叛国者罪名被绞死。

9. PAAA，3008，R. 10741.

10. *LP*，526 – 31.

11. Mel'gunov，*Legenda*，378.

12. NA，FO 371/3002，No. 10744.

13. *Russia in Transition*，Francis letter，11 February 1917（NS）；Cockfi eld，*Dollars*，84 – 85.

14. AD，Correspondance politique et commerciale，Nouvelle série，1896 – 1918，"Guerre，1914 – 1918：" répertoires. Dossier Général，No. 647. Report of 5 March 1917（NS）；PA，LG/F/59/1/6，p. 3；NA，FO 395/107，No. 26862；PAAA，AS 339，R. 10694；NIOR/RGB，15. 4. 1，93ob – 94；Schelking，*Recollections*，294；VR，717；Romanov，*Voennyi dnevnik*，222；Globachev，*Pravda*，95.

15. PAAA，R. 10684. Letter dated 1 March 1917（NS）.

16. Oreshnikov，*Dnevnik*，102，538n9；*Sibirskaia torgovaia gazeta*，1 March 1917，p. 2.

17. Lemke，*250 dnei*，2：371 – 72；SML，Spiridovich Papers 359，Box 14，Folder 1；PAAA，R. 10684；PAAA，4351，R. 202382；GARF，111. 1. 2091a，12. 18. OR/RNB，152. 4. 189，12. Also：1000. 1975. 22，50ob.

19. Rodzianko，*Reign*，158.

20. *Odesskie novosti*，22 December 1916，p. 4.

21. GARF，102. OO. 1916g. 246. 357a，44. See also：*Zemshchina*，31 December 1916，p. 71.

22. Shavel'skii，*Vospominaniia*，2：253.

23. *WC*，686 – 87.

24. *KVD*，510.

25. *WC*，688n463，689，695.

26. *Poslednie dnevniki*, 16 – 17.

27. AD, Correspondance politique et commerciale, Nouvelle série, 1896 –
1918, "Guerre, 1914 – 1918:" répertoires. Dossier Général, No. 647.
No. 303.

28. Lieven, *Nicholas II*, 232.

29. *WC*, 699.

30. Warth, *Nicholas II*, 247 – 48.

31. OR/RNB, 585. 1. 4402, 38.

# 第七十二章　这里埋着一条狗

　　罗曼诺夫皇朝倾覆数天后，拉斯普京的坟墓就被人发现了，但这个过程令人迷惑且充满矛盾。据称，3月1日，临时政府的司法部长亚历山大·克伦斯基在彼得格勒的塔夫利宫（Tauride Palace）接见了一群记者，与他们讨论"敏感事宜"。他告诉众人，必须马上找到格里高利·拉斯普京的埋葬地，以免它被拉斯普京的追随者当作被谋杀的圣人的圣祠，进而成为旧政权拥护者的集会点。当时似乎没有人知道拉斯普京的遗体被埋在何处。谣言称，遗体被运回了西伯利亚，或被悄悄埋在首都的某片墓地里。克伦斯基告诉记者们，无论遗体在那里，都"必须找到并悄无声息地摧毁它"。[1]

　　根据这件事的另一个叙述版本，空军作战部队驻皇村负责人克里莫夫上尉（Captain Klimov）听说，拉斯普京的遗体就埋在皇村，因此在3月1日派人展开搜寻。他试图找到当时的掘墓人，但被告知掘墓工作结束后他们都直接被送回了西伯利亚，因为宫里不相信他们能管自己的嘴。当地人传言说，12月底，树林中举行了一次仪式，就在为维鲁波娃修建的教堂附近。克里莫夫派人监视亚历山德拉和她的女儿奥尔加，发现她们不止一次地出现在该教堂附近。他还听说有人专程去施工现场偷偷搜集雪块和木屑，因为据说它们具有神秘的治愈效果。克里莫夫立刻把注意力转移到此地，命人挖开地下的祈祷室。

在用来安置圣坛的地方，人们发现了一具金属棺材，它被埋在地面以下三米处。

3月9日，媒体报道了这一发现。文章写道，拉斯普京躺在白色丝绸枕头上，他的头颅已经发黑，额头上致命的枪伤里被塞了棉花，眼睛陷进了头骨中。棺材被移出地下，抬上卡车，运往当地的市政厅。皇村的指挥官给彼得格勒的新政府领导人打电话，请示下一步工作。[2]

地方官员检查过遗体后，拉斯普京的棺材被抬上卡车，运往皇村火车站。在那里，棺材被装进一只木柜并被抬上一辆货运火车。在火车上棺材被封死，临时政府还在车上安排了专人把守，让这些人等待进一步的命令。[3]在首都，临时政府的负责人格奥尔基·李沃夫亲王（Prince Georgy Lvov）决定，必须销毁拉斯普京的遗体，永除后患。他找来记者菲利普·库钦斯基（Filipp Kupchinsky），满怀信任地把这项工作交给他。他们讨论了该如何处置拉斯普京的遗骸，认为最好的方式是烧掉它。库钦斯基离开皇村时，李沃夫说："当然，毁掉遗体就不会出现尸体崇拜，也不会惹出任何麻烦，这对各方都有好处。……在我的委托下你可以采取一切必要行动，但记住一点：小心为上。"

9日晚上，库钦斯基抵达火车站时，那里已经聚集了一群人，他们都是听说拉斯普京遗体的传言后赶来的。库钦斯基担心，如果他动手移动棺木，就会被人跟踪，因此命令火车悄悄驶往东南方向的巴甫洛夫斯克（Pavlovsk）。在巴甫洛夫斯克那个空无一人的车站，库钦斯基和一辆卡车等火车抵达后就会把遗体运回彼得格勒。卡车冒着大雪于10日凌晨1点抵达皇家马厩。他们停好车，锁上马厩的大门，然后离开了。据说，

651

装尸体的卡车就停在皇家婚礼马车旁边。第二天早晨，库钦斯基回到马厩。他打开棺木，亲自确认了拉斯普京的遗体还躺在里面。接着，他上门向李沃夫报告遗体已被运到城里。李沃夫指示他当晚了结此事。深夜，库钦斯基和几位他信赖的助手为卡车装满汽油，并让司机做好准备。10 日午夜降临前，卡车驶出马厩，缓缓穿过无人的街道，驶向城市边缘。司机有一张由新政权颁发的特别通行证，因此卡车不会被沿途的民兵扣留。离开城市后，卡车往北朝列斯诺伊（Lesnoi）的方向驶去。

652　　卡车之后去了哪里，成了百年未解的谜团。根据库钦斯基的说法，抵达列斯诺伊前，卡车被困在大雪中。商量了一阵后，车上的人决定把拉斯普京的遗体抛在此处。他们打开后车门，从木柜中拖出锌制棺材，沿路边一条岔路走向树林深处。棺材很重，抬棺的人双腿陷进了雪地，因而前进得十分缓慢。就这样，他们拖着沉重的步伐向树林深处走去，当时已经是 11 日凌晨。

几个人生了火，往火上浇了汽油；另一些人打开棺材，撬开最上面的盖子。虽然他们置身风雪之中，但腐尸的气味依旧扑面而来。库钦斯基望向打开的棺材：“在火光中，我瞥见了完全暴露在外的、还依稀可以辨认的拉斯普京的脸。他的胡子梳理得很好，只有一点杂乱，一只眼睛陷下去，头部明显受到重击。一切都保存完好。他的双手看起来和活人的差不多。他的丝绸衬衣显得崭新又干净。”

他们把遗体抬出棺木，扔进火堆，又往火上添了几块木板。接着，他们倒了更多汽油。很快，拉斯普京的身体就冒出黑烟，它四周飞溅出蓝绿色的火花。库钦斯基回忆道：

令人窒息的烟雾和难以忍受的恶臭给人以噩梦的感觉，诡异极了。

我们围成一小圈，站在火堆边，目光从未离开那个男人的脸。拉斯普京的胡子早就烧没了，但经过防腐处理的胸部顽固地在火光中挣扎了许久。伴着嗞嗞声，从尸体里面冒出了一股股恶心的黄烟。[4]

米哈伊尔·沙巴林（Mikhail Shabalin）当时站在火堆旁。他记得尸体燃烧了数个小时。天空泛起光亮，他们开始担心被人发现。有路人留意到了火光，他们只能派出几位穿制服的男人去拦住他们。早晨7点，火里只剩下了拉斯普京的胸部，不知出于什么原因它无法被烧尽。突然，他们中的一个人抄起一把铁锹，插入烧焦的骨头和肉体，他一次又一次地把铁锹插入拉斯普京的躯干。慢慢地，残肢开始瓦解，发出可怕的气味。"原谅我们，格里高利·叶菲莫维奇。"有人嗫嚅道。[5]他们把火熄灭，铲走灰烬和骨头的残片，盖上新鲜的白雪和树枝。中午之前，他们就回到了城里。不久后，库钦斯基返回焚烧现场。他发现有人在附近的桦树边竖了一块粗糙的牌子："这里埋着一条狗。"[6]

653

媒体报道了火化拉斯普京遗体一事。"他的骨灰被撒向田野，覆上白雪，"《证券交易公报》的一篇文章一本正经地写道，"等春天来临，雪水就会带走骨灰和残留的污秽，或许新生的嫩芽会把拉斯普京这个名字从我们的记忆中挤走。"尼古拉和亚历山德拉从报纸上读到了库钦斯基的"冒险之旅"。他们其中一人用笔在最可怕的描述下画了红线。季娜伊达·吉皮乌斯读完报道，在日记中写道："从心理上不难理解这种做法，但从俄国人的思考方式来看，这件事中有让人觉得肮脏的地方。"[7]

肮脏，是的。但事实真的如此吗？

那年 5 月，库钦斯基发表了关于此事的文章，关于拉斯普京尸体命运的故事普遍以此为基础。但最近，有人重新检视了他的说法。目前看来，关于那天凌晨发生的事，他也许没有说真话。

按照库钦斯基的说法，在拉斯普京的遗体被焚烧之前和之后，他们都曾在列斯诺伊的彼得格勒工学院（Petrograd Polytechnic Institute）停留。的确，事后马上起草的拉斯普京遗体销毁文件上有六个签名来自该学院的学生，他们协助了库钦斯基处理遗体。而库钦斯基不仅仅是记者，革命爆发的数年前，他曾推动在彼得格勒修建第一座火葬场。落实这项计划时，他拜访过这所学院的专家，征求了他们的意见。他具备相关知识，知道彻底焚烧一具尸体需要多大规模的火堆，因此他很可能明白在雪堆中仓促搭出的篝火堆根本不可能烧毁拉斯普京的尸体。在学院停留时，他很可能被带到焚烧室，那里的设备可以轻松处理拉斯普京的遗体，而且不会有人知道。李沃夫指名让库钦斯基处理遗体，也是因为知道他对火化的兴趣。也许，从来就没有陷在雪地中的卡车，也没有熄灭的火堆。库钦斯基直接把遗体运到了列斯诺伊的学院，搬下棺材，把它投入焚烧炉，将它彻底火化。实际上多年后，曾就读于该学院的两人——其中之一是苏联著名化学家伊万·巴希洛夫（Ivan Bashilov）——曾证实，库钦斯基在 3 月 10 日晚到学院销毁了格里高利·拉斯普京的遗体。[8]

库钦斯基之所以说谎，很可能是为了取悦临时政府。通过编造一个故事，即他在一片无法确定位置的森林中焚烧了拉斯普京的遗体，库普钦斯科圆满地完成了销毁拉斯普京遗体的任务。他掩盖了他们的行踪。没人能找到拉斯普京最后的停留之地。

## 注　释

1. Kulegin, *Zagrobnye prikliucheniia*, 5.
2. OR/RNB, 307. 80, 10；*Den'*, 9 March 1917, No. 4, p. 3；*Russkaia volia*, 9 March 1917, No. 6, p. 5；FN, 155.
3. Kulegin, *Zagrobnye prikliucheniia*, 8.
4. Kupchinskii, "Kak ia szhigal," 1 – 4；Nelipa, *Murder*, 446. 在 3 月初被任命为皇村指挥官的叶夫根尼·科比林斯基（Yevgeny Kobylinsky）上校对事件有不同表述，参见 HL/Sokolov, Vol. III, pp. 106 – 136。
5. VR, 707 – 708.
6. Kupchinskii, "Kak ia szhigal," 6 – 7.
7. VR, 704, 708 – 709；Kulegin, *Zagrobnye prikliucheniia*, 10.
8. Kulegin, *Zagrobnye prikliucheniia*, 11 – 13；Nelipa, *Murder*, 449 – 61.

# 第七十三章　神话

君主制的瓦解推动了一股反拉斯普京的舆论攻势，并从此确立了拉斯普京神话的最终形态。实际上，这波攻势从拉斯普京刚去世时，也就是两个多月之前便已开始。但如今罗曼诺夫皇朝的覆灭移除了对言论自由的所有限制，因此，以拉斯普京为主题的小册子、报纸、剧院表演、电影、卡通、讽刺作品形成了一股巨浪。在玩了十多年的猫捉老鼠的游戏后，人们终于可以自由地表达意见，也的确这么做了。

《"自由"年鉴》（"*Freedom*" *Almanac*）出刊第一期就选择以拉斯普京作为主题。"整整一代俄国人的生活都和这个名字联系在一起。"文章如此开头，"那是一个屈辱的时代，一个谣言满天飞的时代，一个所有人都在皇后和宫廷贵女的宠臣和情人面前颤抖和保持奴性的沉默的时代。"正如人们在重获自由的最初几周所控诉的那样，该杂志回顾了拉斯普京的一生：拉斯普京贪得无厌，拉斯普京是性瘾魔鬼，拉斯普京是邪恶巫师，拉斯普京是德国间谍。这不是一个真实的人的画像，而是一幅讽刺漫画。后宫之主拉斯普京不顾年轻女性的意愿，支配了她们的生活。她们想逃跑，但明白这样做没有用，因为他的影响力不可估量。她们就算跑出数千英里远，也依旧无法摆脱拉斯普京，她们还是被他控制、操纵。她们无处可逃。他不仅酗酒，还在罗德别馆举办长达数天的狂欢派对。他自称

"沙皇格里高利一世"（Tsar Grigory I），吹嘘他对皇后的影响力，挥舞着他的"免死金牌"——亚历山德拉躺在他淫荡的怀抱中摆出各种姿势的色情照片。还有关于拉斯普京是巫师的说法：沙皇被骗着喝下施了魔法的酒，从而成了拉斯普京的人质。他的性欲似乎永远无法满足。他能连续数小时一个接一个地和女人做爱。满足的女人跌在床下，陷入宗教式的狂喜状态，而他继续贪婪地向下一个目标进攻。[1]

在该杂志的第二期中，拉斯普京被描述为俄国的"全面主宰者，无论他想要什么，都能得偿所愿"。[2]有媒体称，拉斯普京是"黑色内阁"（Black Cabinet）的主要成员，该组织由内政部的数位官员设立，专门监视皇室和政府高层，是一种影子政府。[3]《彼得格勒通讯》称，拉斯普京是"俄国真正的沙皇和牧首"。[4]

拉斯普京的家族历史被彻底扭曲。《俄罗斯自由报》告诉读者，拉斯普京家族的几代人都是酒鬼，拉斯普京曾因盗马和作假证被审判并被处以鞭刑。本就属于虚构的1915年雅餐厅丑闻有了好些更离奇的版本，被媒体大量传播。据说，拉斯普京通过偷窃、贪污和受贿聚敛了巨额财富，还在大型渔业公司、橡胶公司（考虑到他和博加特里的关系）拥有大量股份。[5]"金钱、伏特加、佳肴、女人——托博尔斯克的盗马贼就喜欢这些。"一个名叫 P. 柯瓦列夫斯基（P. Kovalevsky）的人在题为《格里沙·拉斯普京》（Grishka Rasputin）的小册子中写道。[6]

他被塑造成某种超越人类的存在。伦敦的《泰晤士报》称，拉斯普京拥有"动物般旺盛的活力"，"其身体中蕴含着某种大猩猩的特质"。[7]这些说法一再强调了他所具有的非同寻

656

常的力量。1917 年，威廉·勒丘在传记中写道，这个"残忍的好色之徒的能量极大"，"身居高位的男人在他的话语下也会毫不犹豫地剥光自己的制服、配饰，让自己的肉体接受羞辱"。他的"催眠之力不可抵挡，哪怕是地位很高的女性也不行，就连宗教领袖也做不到"。[8] 1917 年 2 月，美国大使弗朗西斯在一封寄往华盛顿的信中重复了这种说法，写道："他是与众不同之人，拥有史无前例的性欲，据说没有一个女人能从他的进攻中全身而退。"[9]

《每日快报》（Daily Express）的医疗记者发表了《拉斯普京致命双眼的秘密》（"The Secret of Rasputin's Deadly Eyes"）一文。他研究了拉斯普京的照片，发现拉斯普京的力量源自他独特的斜视。利用这一特征，催眠师得以"让被催眠者凝视自己，他们被与众不同的斜视摄住后，便会长时间注视催眠师的双眼，而这为进入催眠状态提供了必要条件"。[10]

其他人则将他的力量归因于他的生理构造。在《拉斯普京为何必然现身》（Why Rasputin Had to Appear）一书中，作家、律师（以及未来的党卫军军官）格里高利·布斯图尼奇（Grigory Bostunich）称："拉斯普京在事业上的成功完全归功于他异常的性特征，医生称之为阴茎异常勃起，普通人则称之为'狼病'。"根据布斯图尼奇的说法，拉斯普京有鞑靼人般的性耐力，这使他能够满足最难以取悦的女信徒，包括皇后。[11] 一位英国传记作家在 1920 年出版的作品中称，拉斯普京"肯定深受各种性冲动、阴茎异常勃起、求雌癖等病症折磨，可以无限延长女人的性高潮，自己却无法从中获得快感"。[12] 按如今的说法，他征服了数以千计的女性。[13]

当时俄国的一本小册子称，拉斯普京通过性交治愈了亚历山德拉的所有小病小痛。这本小册子还把拉斯普京是阿列克谢亲生父亲的说法描绘成人尽皆知的"事实"。[14]另一出版物称，拉斯普京不止染指了皇后和她最年长的女儿奥尔加，其实亚历山德拉的四个女儿都是他的猎物，包括在拉斯普京被谋杀时年仅15岁的阿纳斯塔西娅。[15]据说，亚历山德拉因拉斯普京的死悲痛欲绝，她把遗体抬到自己的卧室，躺在他的身边。她坚持把拉斯普京埋在皇村。葬礼结束且所有人都离开后，她彻底陷入崩溃，把自己的耳朵贴在刚刚盖好的泥土上——她可以听见拉斯普京的声音从棺木深处传来。坟墓四周种满了鲜花，但到第二天，它们突然全都神秘地消失，只留下一摊恶臭的黄色黏液。仆人清走脏东西，重新种上鲜花。然而一天后，黏液再次出现。这样的情况持续了数天，最终人们相信，最好的做法是重新挖出遗体，把它送回托博尔斯克。据说，在托博尔斯克也发生了同样的事。没人可以解释这个现象，更不用说阻止它继续发生。[16]

那年春天和夏天，首都的剧院上演了一系列舞台剧：《拉斯普京的快活日子》《拉斯普京的纵欲生活》《格里沙的后宫》。舞台剧《维鲁波娃家的午茶时间》同样在1917年首演，包括拉斯普京在内的旧政权的重要人物都是剧中人物，且在剧中拉斯普京靠神奇的"男性特征"赢得了亚历山德拉的芳心，成为她真正的丈夫。在《拉斯普京的纵欲生活》中，亚历山德拉和维鲁波娃跪在拉斯普京跟前，亲吻他的双手。"你可以感受到我吗？"拉斯普京问。亚历山德拉陷入一阵"迷醉"的呻吟，回答："是的，我能感受到你……我可以强烈地感受到你。"在接下来的一幕中，拉斯普京会在罗德别馆的一个私人房间中为皇后驱魔。

658

　　普罗托波波夫（醉醺醺的）：看吧，这就是天赋。巨大的天赋。你知道他拥有巨大的天赋吧？

　　维鲁波娃（窃笑）：噢，我知道，他拥有很大、很大的天赋……[17]

不难想象，这种无聊的幽默肯定引发了哄堂大笑。观众的热情让这出剧在好几个月中连续上演，每天都要演两场。节目单在城里四处传播："具有感官冲击力的戏剧——拉斯普京和亚历山德拉的亲密关系"。连亚历山大·布洛克都去看了表演。他承认它有些夸张，但里面的确存在"真实元素"。[18]

　　沙皇退位两周后，第一批在电影院上映的影片包括《人民的罪与血》《圣魔》《12月16日彼得格勒的神秘谋杀》《顽固的罗曼诺夫》《拉斯普京、苏霍姆利诺夫、马亚萨伊多夫和普罗托波波夫有限公司》《拉斯普京的葬礼》。它们都大受欢迎。最早上映而且最成功的影片之一是《黑暗势力：格里高利·拉斯普京和他的党羽》，其宣传文案写道："具有感官冲击力的电影，分上下两部。"它的确很有感官冲击力，且即便以现在的标准来看也称得上色情影片。[19]3月底，《格里高利·拉斯普京的一生》在秋明地区的电影院上映。当地媒体称，电影院外排了惊人的长队，人们疯狂地你推我搡，生怕抢不到票。拉斯普京在尤苏波夫宫的地窖被杀的场景赢得了观众雷鸣般的掌声和叫好声。[20]

　　报纸、小册子、明信片和其他出版物肆意谩骂，纷纷打包票会揭露更多旧政权的惊人内幕，这样的印刷品数不胜数且传遍了整个国家。[21]照相馆冲印了不计其数的拉斯普京和他的信徒一起喝茶的照片。俄国人十分热衷于收集它们，而且喜欢指认坐在拉斯普京身边的女人们。许多人都把维鲁波娃或穆娅错认成皇后。[22]还有一些讽刺帝国的宣言，以"我，格里高利一世及末世，盗马贼，从前的全俄独裁者，如今的地狱主宰者"为开头。[23]此外，一系列渎神的"圣歌"传播得尤为广泛。这种"圣歌"原本是东正教教堂中用来歌颂圣人和圣三一的一种特殊赞美诗：

> 致新诞生的圣人格里高利，"圣·盗马贼"·诺维，　　659
> 噢，格里高利·诺维，撒旦的圣人。你亵渎基督教信仰，
> 摧毁俄国大地，玷污女人和女孩，你因此死去。为此，我
> 们尊敬你，赞美你……[24]

小贩在街头兜售这种拙劣的模仿作品，它们很受欢迎。1917年1月，当局从一些莫斯科士兵的手上收缴了这些"圣歌"。2月时，警方又发现某些人在西伯利亚城镇新尼古拉耶夫斯克（Novo-Nikolaevsk）① 的围墙上非法张贴这样的"圣歌"。[25]

市场对拉斯普京相关作品的反应很热烈，于是立刻吸引了大量出版商、发行人，他们都想从中快速捞一笔。[26]最终，俄国人开始感到厌倦。一位记者记录下了在彼得格勒的有轨电车上和一位士兵的谈话。

> "你喜欢现在他们写的这些吗？"我问。
>
> "是啊，喜欢，这还用说吗？现在他们在写纳罗德，写自由。我只是不太喜欢他们写拉斯普京的方式。他在皇

---

① 今天的新西伯利亚。——译者注

宫做了什么没有意义。"

"真的吗？"

"那有什么意义呢？现在大家都在谈论共和。当你拿起报纸时，你以为你能看到共和制在其他地方、其他国家、外国人中间是如何运作的，你知道它是从国外来的，但现在你看到的所有小报都在谈格里沙，没有别的东西。我已经受够了！"[27]

## 注 释

1. *Al'manakh "Svoboda,"* 1. 关于用照片作 "免死金牌"，也可见 *Zhivoe slovo*, 10 March 1917, p. 3。注意：强制关押女人，以及可以远距离控制她们的说法，可以追溯到 1910 年，见 *Iuzhnaia zaria*, 30 May 1910, pp. 2 – 3; *Rech'*, 28 May 1910, pp. 2 – 3。

2. *Al'manakh "Svoboda"* 2: 8.

3. Kulikowskii, "Rethinking," 174.

4. *Petrogradskii listok*, 4 May 1917, p. 11.

5. OR/RNB, 152. 4. 189, 12; *Al'manakh "Svoboda,"* 1: 7; Sokolov, *Temnye sily*, 4 – 6; *BV*, 9 March 1917, p. 4.

6. *Grishka Rasputin*, 4.

7. *The Times*, 23 April 1929, p. 14.

8. Le Queux, *Rasputin*, 4.

9. *Russia in Transition*, Francis letter, 11 February 1917（NS）.

10. *Daily Express*, 3 March 1934, p. 7.

11. Bostunich, *Otchego*, pp. 11 – 12; Kolonitskii, *Tragicheskaia erotika*, 352, 358 – 61.

12. Marsden, *Rasputin*, 23; and Mikhailov, *Temnye sily*.

13. *Petrogradskaia gazeta*, No. 68, 21 March 1917, p. 2.

14. Kovyl'-Bobyl', *Tsaritsa i Rasputin*.

15. *Al'manakh* "*Svoboda*," 2: 7 – 8.

16. OR/RNB, 307. 80, 16. 另一种说法是，落在他墓地上的雪具有特殊的疗效。*Petrogradskaia gazeta*, No. 68, 21 March 1917, p. 2.

17. Tumanskii, "Zlobodnevnye p'esy."

18. Kolonitskii, *Tragicheskaia erotika*, 364 – 65.

19. OR/RNB, 307. 80, 3; Vishnevskii, *Khudozhestvennye fi l'my*, 132 – 41; FN, 17 – 19; Kolonitskii, *Tragicheskaia erotika*, 365 – 66; Grashchenkova, *Kino*, 135.

20. *Sibirskaia torgovaia gazeta*, No. 65, 22 March 1917, p. 2.

21. Kulikowskii, "Rethinking," 174 – 79; Kolonitskii, *Tragicheskaia erotika*, 362. For an example, see *Petrogradskii vesel'chak*, Nos. 14, 15, 17, 19 for April and May 1917.

22. Kolonitskii, *Tragicheskaia erotika*, 354; Chebotaryova, "V dvortsovom lazarete," 182: 206.

23. RGIA, 919. 2. 1161, 1. For more anti-Rasputin verses and the like: NIOR/RGB, 439. 33. 10; NIOR/RGB, 140. 9. 16.

24. OR/RNB, 1000. 2. 1145, 3.

25. GARF, 102. 1916. 246. 357, 101 – 102, 116; Kolonitskii, *Tragicheskaia erotika*, 323. Also: *Trepach*, No. 1, 1917, p. 14; Khersonskii, *Akafi st*, 2 – 3.

26. Kolonitskii, *Tragicheskaia erotika*, 356.

27. *Sovremennyi mir*, Nos. 2 – 3, 1917, pp. 306 – 307.

# 第七十四章 未完之事

临时政府无意惩处杀死拉斯普京的凶手，因此君主制的崩溃意味着尤苏波夫成了自由人。根据媒体报道，他在 1917 年 3 月 12 日这天回到彼得格勒。两天后，他接受了《新时代》的采访。尤苏波夫讲述了这样一个故事：拉斯普京和百德莫夫医生让沙皇服用了一种特殊的东方草药，导致他丧失个人意志，变成没用的废物；皇后则长期饱受"严重躁郁症"折磨，幻想自己是叶卡捷琳娜大帝再世，从德国远道而来拯救俄国；维鲁波娃、拉斯普京和普罗托波波夫无疑助长了这种自我欺骗，宫廷的小圈子把国家引向了没有出路的毁灭。尤苏波夫试图确保每个人都知道他愿意承担怎样的风险。他告诉报纸读者，杀死拉斯普京回到自己的房间后，他看到一个一身黑衣的神秘女人，她警告他拉斯普京的二十名信徒准备杀死他。[1]

尤苏波夫十分喜欢杀死拉斯普京的凶手这个新的身份。他的生命获得了意义。他开始在如今广为人知的地窖中举办派对，那里的摆设和命案发生时一样。他向年轻女人讲述恐怖的故事，欣赏她们吓得瑟瑟发抖的模样，还指给她们看那张白色熊皮地毯，说上面曾沾满拉斯普京的鲜血。德米特里的姐姐玛丽亚曾出席过一次这样的聚会。她仔细地检查了地毯，完全没有发现血液的痕迹。[2]

那年春天，尤苏波夫前往莫斯科拜访埃拉，亲自向她讲述谋杀当晚的事。"杀死拉斯普京不是犯罪，"日后被封为东正教圣人的埃拉表示，"你除掉了一个魔鬼，他是邪恶的化身。"³她的话让尤苏波夫很开心，但尤苏波夫不需要任何人来让他安心。那年晚些时候，牙医谢尔盖·科斯特里茨基（Sergei Kostritsky）曾到托博尔斯克照顾被软禁的沙皇一家。科斯特里茨基问尤苏波夫是否为杀人而内疚，尤苏波夫微笑着回答："从不。我杀了一条狗。"让科斯特里茨基感到恶心的不仅是尤苏波夫的用词，还有他那种冷酷的调侃语气。⁴"我从未受到良心的谴责，"尤苏波夫在回忆录中冷淡地写道，"从不会因为想起拉斯普京而失眠。"⁵ 661

然而，德米特里与他截然不同。1月，德米特里从位于波斯加兹温（Qazvin）的俄军指挥部给父亲写信，提到最近的日子"格外艰难"，他费了九牛二虎之力才没有让自己陷入崩溃或在火车上哭得像个孩子。也许这些话是说给尼古拉和亚历山德拉听的。他在同一封信中写道，他不知道谁杀了拉斯普京，但做这件事的人显然"真挚地、狂热地热爱俄国，热爱祖国……而且全心全意地效忠于他们的沙皇"。德米特里知道"奥克瑞那"会审查他的信，因此希望这些话能传进沙皇耳中。4月底，德米特里以更加坦诚的语气和父亲谈起这桩谋杀，说他是经过深思熟虑才加入行动的，但他现在承认，杀死拉斯普京让事情变得更加糟糕了。克伦斯基公开呼吁不该逮捕德米特里，因为他是在和旧政权抗争。然而，德米特里没有明确表示愿意返回俄国。他在信中告诉父亲，沙皇一退位就回去的做法对"可怜的尼基"太"粗暴"。更重要的是，他担心克伦斯基的话无法让他躲过牢狱之灾。无论他在谋杀拉斯普京的行动中扮演了何种角色，他毕竟还是罗曼诺夫家族的人。⁶虽然迫切希望回家，但到 9 月他依旧滞留在波斯。他在日记中解释说，"尤苏波夫多次直截了当地指示"他不要回家。最后，德米特里选择不回俄国，而这个决定很可能救了他一命。

在谋杀案一周年之际，与英国驻德黑兰的代表团待在一起的德米特里发现，德黑兰被白雪覆盖了。意料之外的景象令他的思绪飘回了彼得格勒，他想起了一年前发生的那件事。

今天是 12 月 16 日，距那个令人难忘的日子已经过了一整年。在这里，在我的日记本上，我的灵魂依旧没有停止反省。我必须公开承认，我非常想摆脱关于这件事的记忆。我真的——在字面意思上——参与谋杀了另一个人吗？是的，对其他人而言，对绝大多数人而言，我的确这么做了，而且是怀着最崇高的爱国主义情感做了这件事。但我无法在这里摆出骑士的姿态。现在，我要毫不含糊地说，我的灵魂因心上的重物不停受到折磨。上帝没有让我亲手杀人，这件事太令人欣慰了。我的双手没有沾上鲜血，我对母亲的记忆也没有因为我在父亲面前发的誓而受到玷污。……

只有一件事会永远折磨我，那就是可怜的尼基的感受。我常常产生难过的想法，认为他还在恨我，完全把我当作罪人和杀人犯！他甚至可能认为是拉斯普京的死导致了俄国如今的状况。还有阿历克斯！也许她的想法和他完全相同，她肯定支持丈夫的想法！……

可怜的尼基。如果能和他说上话，我愿意付出一切。我要劝他相信我不是一心只想杀人的凶手。……我永远不会相信，阿历克斯会故意推行让整个社会反对尼基和她自己的政策。这绝不可能。我坚信她是迷失了方向。她一定从头到尾都相信，只有执行那些政策才能让尼基维护自己的权力和国家的秩序。她也许并没有错得太离谱。[7]

3月21日，安娜·维鲁波娃被人从皇村带走，投入彼得保罗要塞特鲁别茨科伊堡垒中的监狱。她被关在70号牢房，左右两侧分别关押着叶卡捷琳娜·苏霍姆利诺娃（71号牢房）和伊万·马纳谢维奇-马努伊洛夫（69号牢房）。旧政权中的关键人物不停被送入监狱——弗艾柯夫将军、苏霍姆利诺夫将军、鲍里斯·施蒂默尔、伊万·谢格洛维托夫、斯捷潘·贝莱特斯基。连奥尔加·鲁克缇娜也被抓了。贝莱特斯基处于精神崩溃的边缘。他感到虚弱、痛苦、恐惧，且无法入睡，因为拉斯普京不停出现在他的梦中。[8]他们受到新成立的特别调查委员会的审问，且审问时间往往很长。调查委员会迫切希望证明维鲁波娃曾和皇后、拉斯普京及其他人一起在家中举行秘密集会，策划叛国阴谋。[9]维鲁波娃遭受了极为苛刻的对待，看守朝她吐口水，扇她耳光，殴打她，剥光她的衣服。有时，他们还威胁要杀了她。她从没有抱怨过。后来她告诉调查委员会的成员之一："他们没有罪，因为他们不知道自己在做什么。"[10]狱医为她进行的特殊检查是被关押期间最让她感到屈辱的事。调查员拒绝相信她不是拉斯普京的情妇的说法，希望掌握确凿的证据。安娜被迫躺在桌上，张开双腿。在一系列检查后，医生肯定了她的说法。安娜还是处女。[11]

663

维鲁波娃在调查委员会面前不停为拉斯普京和沙皇夫妇辩护，普罗托波波夫却没有这么做。他在被捕后称，自己手上掌握了最高层统治者叛国的证据。他怀疑拉斯普京通过从西马诺维奇或马努伊洛夫收受贿赂，然后把贿款交给皇后。他还暗示阿列克谢·赫沃斯托夫、马努伊洛夫、施蒂默尔和安德罗尼克夫都是叛国贼。普罗托波波夫这样做显然是为了保命。亚历山大·布洛克对他的评价是"双面雅努斯"①。西马诺维奇的做法不比普罗托波波夫更高明——西马诺维奇告诉调查委员会他不认识拉斯普京，和他没有任何关系。[12]

调查委员会不太关心教会，而教会正为内部事务忙得焦头烂额。神圣宗教会议和俄罗斯正教会均未谴责谋杀拉斯普京和亵渎他的坟墓的行为。相反，他们正忙着让近年受到折磨的神职人员官复原职，并准备清洗那些存在于他们之中的真的或是人们认为的拉斯普京支持者。沃斯托科夫神父回到了莫斯科。他在 3 月 8 日要求革职所有被拉斯普京"玷污"的人。新当选的神圣宗教会议主席弗拉基米尔·李沃夫曾是杜马成员及坚定的反拉斯普京者，他无情地向所有拉斯普京支持者宣战。他的首轮行动包括把莫斯科都主教皮季里姆和马卡里逐出神圣宗教会议。4 月，他筹建了一个调查委员会，宣布由自己出任主席，调查内容是拉斯普京在教会行政体系中扮演的角色。根据《新时代》的说法，他会"采取一切措施根除拉斯普京的影响"。[13]《彼得格勒通讯》上的一篇向教会中的拉斯普京支持者宣战的文章提到，叶卡捷琳堡和伊尔比特（Irbit）的主教谢拉菲姆［Serafim，俗名谢尔盖·戈卢布亚特尼科夫（Sergei Golubyatnikov）］因为与拉斯普京的关系丢掉了教职，被迫提前退休。他的主要罪状是：在古谢娃袭击案发生后，他在秋明地区安抚了拉斯普京，并确保拉斯

---

① 罗马人的保护神，有两张脸，象征世上万事万物的矛盾性。——译者注

普京得到治疗。[14]

主教瓦尔纳瓦因担心受到残酷审判离开了托博尔斯克，前往阿巴拉克修道院。当局搜查了他的公寓，收缴了他和拉斯普京、尼古拉、亚历山德拉以及其他人之间的信件，把它们当作犯罪证据寄往临时政府。[15]在首都，皮季里姆被拖出自己的公寓，沿着涅瓦大街游街示众，遭到了路人的戏弄和嘲笑。[16]

像调查委员会成员一样，教会高层也深信拉斯普京造成了恶劣影响。他们费劲地搜集可以用来指控拉斯普京及其党羽的毁灭性证据，但最终一无所获，只看到了谎言、谣言和集体性癔症。调查委员会仔细阅读了"奥克瑞那"搜集、整理的涉及拉斯普京的媒体报道，发现公众对拉斯普京的认识和真实的拉斯普京、他的生活、他的影响力之间存在巨大差距。俄国人认知中的拉斯普京只是一种"想象"，但这种危险的想象最终对君主制造成了致命威胁。

如果说彼得格勒的军事叛乱演化成了革命，如果说军队和纳罗德阶层中没有一个人站出来捍卫昔日的沙皇，那么造成这一现象的不仅是无产阶级和革命军队，还有秋明地区的农夫格里高利·叶菲莫维奇·拉斯普京。他在君主制苟延残喘的时期被视为圣人，他的"事迹"摧毁了纳罗德阶层对贵族阶层及沙皇的神圣威权的最后一点信任。我们不知未来是否会有心怀感激的俄国人为拉斯普京竖起纪念碑，但无法否认某种神秘巧合的存在：一个俄国农夫拯救了第一代罗曼诺夫；三百年后，另一个农夫却毁掉了这个皇朝的最后象征。[17]

前一个农夫是指伊凡·苏萨宁（Ivan Susanin），米哈伊尔·格林卡（Mikhail Glinka）1836 年创作的歌剧《沙皇的一生》（*A Life for the Tsar*）就是围绕他创作的。在 17 世纪早期那个动乱年代，波兰人逮捕了苏萨宁并将其折磨致死，因为他不肯泄露米哈伊尔·罗曼诺夫的藏身之处。苏萨宁为拯救沙皇而牺牲自我的英雄事迹原本鲜有人知，但 19 世纪时，浪漫主义者把这段传奇包装成了真实发生的事件。他们创造苏萨宁的神话是为了证明沙皇和他的人民之间存在神圣联系。拉斯普京神话的创作意义则摧毁了这种联系。

*

665　　那年春天，饱受麻疹折磨的维鲁波娃做了一个梦。她回到托博尔斯克，在街上遇见了拉斯普京。拉斯普京很生气，他的表现吓到了她。他告诉维鲁波娃："告诉沙皇和皇后，我是来和他们告别的。"她尝试告诉拉斯普京这不好办，因为他们在皇村。拉斯普京打断她的话，说："他们就在托博尔斯克。"同时还指了指沙皇的蓝色专列。[18]

　　8 月 1 日，罗曼诺夫一家登上一列火车离开了皇村，与他们一起走的还有 39 个仆人和侍从和超过 300 个守卫。为了保护他们的安全，火车上装饰着红十字会的标志，并悬挂着日本国旗。没有人告诉沙皇一家他们会被送去哪里，但亚历山德拉早有预感。她给维鲁波娃写信，说他们马上会去"我们的朋友"的家乡，还说"那不是很好吗"。[19]罗曼诺夫一家在秋明下车，被带往图拉河上的码头，登上一艘开往托博尔斯克的蒸汽船。5 日的晚餐时分，他们抵达博克维斯科。船停靠后，阿列克谢和塔季扬娜走上河岸，摘了许多野花。其他人——除了亚历山德拉，她生病了，因此只能躺着——也走上甲板，眺望拉斯普京的家乡。[20]皇后告诉她的贴身男仆阿列克谢·沃尔科夫（Alexei Volkov）："格里高利·叶菲莫维奇曾在这里生活。他曾在这条河捕鱼，还会把鱼带到皇村送给我们。"沃尔科夫留意到她的眼中泛着泪光。[21]所有人都认为在博克维斯科停留是个好兆头。"拉斯普京曾预言这件事，"家庭教师皮埃尔·吉利亚尔回忆说，"他的话再次应验了。"6日晚上，他们抵达了托博尔斯克。[22]

罗曼诺夫一家路过托博尔斯克时，拉斯普京的家人一直留在家中。对他们而言，这个时期也无比艰难。到2月底之前，玛丽亚和瓦尔瓦拉每周都会拜访亚历山德拉和维鲁波娃两次。革命发生后，戈罗霍娃街经常受到搜查，住在那里变得十分危险，她们便搬到了尼克拉夫斯基街8号的西马诺维奇的家中。3月中旬，拉斯普京的三位子女在彼得格勒被捕，被带往塔夫利宫问话，不久后又被释放了。在这之前，普拉斯科维亚返回了博克维斯科，侥幸躲过了逮捕。[23]后来，一家人在博克维斯科团聚，一起度过了剩下的春日时光和整个夏天。9月初，玛丽亚和瓦尔瓦拉回到彼得格勒，住在她们的法语家庭教师、犹太人沙克夫人的家中。[24]

拉斯普京没有留下遗嘱。落款为1917年3月24日的一份财产清单表明，他不算穷人，但也不像许多人以为的那么富有。他在博克维斯科有一栋带有四间马厩、三座谷仓和一间浴室的房子（总价值约1万卢布），一些牲口（包括一头公牛、两头母牛、八匹小马驹和成年马以及八只羊），一些家具（包括二十张维也纳式椅子、一台留声机、五十张唱片以及一架价值约900卢布的奥芬巴赫牌钢琴），一些上好的银器和珠宝

666

（包括一块著名的帕维尔·布雷牌的男式金表及表链，价值约
700 卢布），一些衣物（一件灰色外套、一件海狸领的毛皮大
衣、一双皮靴以及一沓黑色衣服）。[25]拉斯普京总共留下价值
18415 卢布的物件，以及国家银行秋明分行中的 5092.66 卢布
存款。考虑到当时的通胀问题，这些资产其实不值一提。他的
大部分资产在 1917 年 12 月被归还给了他的两个女儿，还有一
小部分被还给了他的遗孀和儿子。[26]

1917 年春天和夏天，回到博克维斯科的玛丽亚无比愉快。
"这里是多么美丽啊，"玛丽亚在日记中写道，"每一件小事都
让我想起亲爱的爸爸。"[27]然而，家乡的生活并不容易。4 月 22
日，一艘蒸汽船载着一队士兵途经博克维斯科。船上的男人们
得知自己正经过拉斯普京的家乡时，要求上岸走走。在西伯利
亚步枪团的陆军准尉谢尔盖·科丘罗夫（Sergei Kochurov）的
带领下，他们伴着手风琴的演奏声，来到拉斯普京家门前。男
人们开始砸门，要求进去，称他们不会伤害任何人，只想四处
看看。当时，两个女孩在家，他们的堂姐妹安娜·拉斯普京娜
和卡佳·皮什金娜也在。她们害怕极了，拒绝开门。男人们威
胁说如果她们不开门就破门而入，放火烧了房子，她们这才打
开了门锁。士兵们立刻进屋洗劫。他们扯下墙上拉斯普京的照
片，拿走一只镀金的时钟和其他纪念品。桌子被掀翻，橱柜里
的东西被倒在地上，衣物扔得到处都是。男人们在发现数百张
印有拉斯普京画像的明信片后，当着女孩的面把它们撕毁。接
着，他们抢走了两幅肖像画，一幅是克拉鲁普的作品，另一幅
是拉耶夫斯基画的大型全身像，曾在 1912 年公开展出。科丘
罗夫把拉耶夫斯基的作品从画框中割下，卷在腋窝下，玛丽亚
苦苦哀求他不要把画带走。和其他人一起离开时，科丘罗夫喊

着："向格里沙·拉斯普京问好！"回到蒸汽船上后，他们把剩下的明信片分给其他士兵，大肆吹嘘他们的收获。科丘罗夫把拉耶夫斯基的作品挂在门上，并在其下方写道："格里高利·拉斯普京，博克维斯科的圣人。"画像挂上没多久，就被一个过路的人撕下，随手扔进了河里。科丘罗夫留下了克拉鲁普画的肖像画。没有人清楚它后来的命运。[28]

整个夏天，鲍里斯·索洛维约夫不停给玛丽亚写信，恳求她嫁给自己。她的心不在他身上，但普拉斯科维亚说服女儿，考虑到目前的形势，嫁人是正确的决定。最后，玛丽亚妥协了，在很大程度是因为她知道这是她去世的父亲的愿望。9月22日，他们在彼得格勒结婚。亚历山大·皮斯托尔科尔斯牵着新娘的手走过礼堂。新婚夫妇在博克维斯科和鲍里斯的家乡辛比尔斯克度了短暂的蜜月，然后返回彼得格勒。[29]10月底，临时政府被推翻，国家眼看就要陷入内战。亚历山德拉从托博尔斯克给维鲁波娃写信，在信中哀叹俄国会受苦完全是因为拉斯普京被谋杀。[30]拉斯普京去世一周年之际，亚历山德拉告诉维鲁波娃，虽然她们之间隔着千山万水，但关于那天的可怕记忆将她们紧紧联系在一起。"我们正在重新经历这一切。"亚历山德拉说。那天晚上，沙皇全家聚在拉斯普京送给他们的一只十字架前，为拉斯普京的灵魂祷告。[31]

回到彼得格勒后，玛丽亚和鲍里斯在城市边缘避难。维鲁波娃会冒着巨大的风险悄悄探望他们。[32]与此同时，亚历山德拉给维鲁波娃寄去悲伤的信，说他们需要钱、衣服和其他个人物品，于是鲍里斯·索洛维约夫被派去为他们送东西。10月，他去了一次托博尔斯克；1918年1月，他又去了一次。第二次旅行期间，鲍里斯接触了一小撮君主主义者，决定加入他们拯救罗曼诺夫一家的行动。[33] 月底，他抵达托博尔斯克，假扮成一个鱼贩子，带着一些钱和小礼物（给阿列克谢的巧克力，还有给女孩们的书和古龙水），假装和亚历山德拉的贴身男仆沃尔科夫、女仆安娜·罗曼诺娃（Anna Romanova）擦肩而过。从行政长官家的窗口，一家人看见鲍里斯待在安全距离外。鲍里斯发现沙皇一家望着他时，他画起十字，跪倒在地。亚历山德拉写信感谢他，祝福他和玛丽亚的婚姻。她把他的来访称为上帝的奇迹。[34] 鲍里斯似乎给沙皇一家捎去了毫无根据的逃跑希望。他暗示，想要拯救他们的地下君主主义者的数量比想象中的多。亚历山德拉信以为真，认为他们很快就会得救。[35]

668

鲍里斯在托博尔斯克停留了两周，其间，他与拉斯普京昔日的仇敌格尔莫根见了一面。3 月，格尔莫根被任命为托博尔斯克的主教，他向鲍里斯坦白了对拉斯普京的真实看法：

> 我爱过他，相信过他，或者说曾相信他的使命是为俄国的生活带来某些新气象，这种新气象会增强沙皇和纳罗德阶层之间的联系并让后者受益。然而，他的膨胀使他偏离了我们的初衷，他选择践踏、对抗我的愿望，他攻击君主主义者，包括尼古拉·尼古拉耶维奇大公等人，而在我心中，他们对于国家是基石般的存在。拉斯普京的做法迫使我和他划清界限，而随着他在皇宫的影响力与日俱增，我意识到他的想法会变得更加危险，因此我开始致力于发动针对他的大力抨击。

格尔莫根接着说，当时，他没有意识到他和拉斯普京的对抗会被杜马中反对皇室的人利用。或者说从头到尾，真正的魔鬼一直是伊利奥多尔，而不是拉斯普京。[36]最后，鲍里斯离开前，格尔莫根祝福了他和玛丽亚的婚姻："我知道，在如此艰难的时刻选择迎娶拉斯普京的女儿，你一定做好了准备，你将为此背负一只非常非常沉重的十字架。"他祝愿这对新人健康、幸福。[37]

　　玛丽亚的日记显示，1918 年一整年她都痛苦、心碎。钱总是不够用，日用品也相当短缺。她爱鲍里斯，但他待她很坏。他会不知羞耻地和其他女人调情，取笑她的外表，辱骂她，有时甚至还会打她。她在爱他和渴望逃离他的残忍这两种感情之间游移不定。然而，她认为自己不仅是个毫无还手之力的孤儿，还是俄国人第二仇恨的男人的女儿，所以需要有人保护。她无法说服自己离开。1 月 11 日，她在日记中写道："这就是上帝赐予我的十字架——受苦。"她不时记起父亲告诉她的话："好吧，玛丽莎，你是我不幸的小家伙。"她留在了彼得格勒，和维鲁波娃、奥尔加·鲁克缇娜、穆娅·高罗维纳待在一起。她喜欢拜访克拉鲁普的工作室，父亲生前在这里受到热情欢迎，这里总能让他感到放松。3 月初，她父亲的灵魂来到她身边："上帝不会停止祝福！……第一次，我感到亲爱的父亲离我这么近，这感觉太美妙了，但也太苦涩了，因为我无法再亲耳听见父亲的话。但我们毫无疑问都明白，他和我们同在。"拉斯普京开始出现在玛丽亚的梦中。"我太开心，太开心了，他最近都和我们在一起，我感觉得到。"鲁克缇娜告诉玛丽亚，她去了戈罗霍娃街，在院子里站了一小会儿。拉斯普京的灵魂肯定在我们身边，她说。[38]

　　那个月，拉斯普京在博克维斯科的家被糟蹋得一团乱，鲍里斯被逮捕，然后被带往秋明。玛丽亚急忙赶到丈夫身边，用 2000 卢布贿赂了士兵。[39]鲍里斯终于在 4 月底复活节的两天前获释。节日使她越发思念父亲。"为什么，噢，上帝，您怎么这么快就把他从我们身边带走了？我们就像离开大树的落叶。爸爸，亲爱的爸爸，请和我们一起斋戒，和我们——鲍里斯和我——在一起。我是个罪人，也许你不愿和我在一起，但请饶恕我。"[40]

当玛丽亚忙着在秋明救鲍里斯时，罗曼诺夫一家成了囚犯。4月26日一早，尼古拉、亚历山德拉、他们的女儿玛丽亚，以及其他几个人被从托博尔斯克带走。阿列克谢当时病了，和另外几个女孩一起留在行政长官家中。河面结了厚厚一层冰，无法坐船旅行，于是沙皇等人改走陆路。亚历山德拉和玛丽亚乘坐一辆四轮大马车，尼古拉乘坐一辆二轮运货马车，他们经邮路前往秋明。27日中午，他们在托博尔斯克稍做停留，就在离拉斯普京家不远处更换马匹。尼古拉在日记中写道："我们看到他的家人都站在窗边。"[41]玛丽亚取来纸和铅笔，画下了拉斯普京家的样子。一个守卫留意到亚历山德拉正朝一扇窗户打手势。"离开窗边！"他吼道，向他们举起枪，"否则我就开枪了！"普拉斯科维亚和其他人离开了窗边。[42]他们从秋明向叶卡捷琳堡的乌拉尔镇（Ural town）前进，在4月30日抵达目的地。他们被关在伊帕切夫别墅（Ipatiev House），这里也被称为"特殊用途屋"。[43]

5月20日，皇储和他的三位姐姐离开托博尔斯克。两天后，玛丽亚·拉斯普京娜来到秋明的码头，购买去阿巴拉克修道院的船票。她惊讶地发现码头停着一艘守卫森严的蒸汽船。看守不许人们靠近船只，但玛丽亚设法偷看了一阵。她从船上的一扇窗户看见了阿列克谢和皇后的侍女阿纳斯塔西娅·亨德里科娃（Anastasia Gendrikova）。他们也看见了她。"他们开心极了，"玛丽亚在日记中写道，"这是奇迹创造者圣尼古拉的安排。……真可惜，我无法和他们说上话！他们就像天使！"[44]

第二天，沙皇一家在叶卡捷琳堡团聚。乌拉尔镇里的气氛充满敌意。反拉斯普京的舆论被到处散布，每条街上都在出售以拉斯普京和皇后为主角的淫秽小册子、宣传品，当地电影院在上映拉斯普京和亚历山德拉及她的女儿们做爱的影片。[45]

被流放期间，罗曼诺夫一家一直带着拉斯普京给的纪念品。他们保存着过去几年中拉斯普京送给他们的四个十字架，还有一个装满拉斯普京亲笔信的小盒子。"（这是）我们拥有的最珍贵东西。"尼古拉写道。[46]离开皇村前，四个女儿和她们的母亲往裙子和内衣里缝进了十一颗黄宝石——同样是来自拉斯普京的礼物。直到被谋杀的那一刻，他们都穿戴着这些。[47]

"特殊用途屋"的守卫们有他们自己的提醒方式——他们在囚犯必经之路的墙上涂满粗俗的涂鸦。最频繁出现的内容是拉斯普京和亚历山德拉做爱，或是两人摆出下流的姿势，旁边的尼古拉则低着头郁闷地喝酒。守卫还在墙上涂写了关于"格里沙和萨舒拉（Sashura，即皇后）"的淫秽打油诗，见缝插针地提到拉斯普京的巨大阴茎。[48]正是在这些怪诞的色情画和文字下，沙皇一家人走向了生命的终点。1918 年 7 月 17 日凌晨，最后一次，罗曼诺夫一家走过二十三级木台阶，走入伊帕切夫别墅的地窖。

# 注　释

1. *Novoe vremia*, 12 March 1917, p. 7；14 March, p. 7；*Russkaia volia*, 13 March 1917, p. 3. 那年春天，尤苏波夫和布坎南大使就百德莫夫的药有过一次长谈。PA, LG/F/59/1/14.

2. Marie, *Princess*, 102 – 103；RGIA, 948.1.180, 11ob.

3. YLS, 276 – 77.

4. Mel'nik, *Vospominaniia*, 48. See also Stopford, *Russian Diary*, 163; Bulgakov, *Avtobiografi cheskie zametki*, 85 – 86.

5. YLS, 294 – 95.

6. GARF, 644. 1. 170, 11 – 26, 42 – 47, 49 – 50, 62ob – 65; Steinberg, *Fall*, 135 – 36.

7. HL/DiaryDP, Book 5, 16 December 1917, pp. 2 – 3, 50 – 56.

8. Vyrubova, *Stranitsy*, 116 – 17, 160; RR, 499; GARF, 124. 69. 529, 1 – 5ob; Blok, *Zapisnye knizhki*, 352, 357.

9. Rassulin, *Vernaia Bogu*, 283 – 89.

10. GARF, 602. 2. 62, Rudnev, "Pravda. "

11. Rassulin, *Vernaia Bogu*, 354 – 61.

12. FN, 141, 377 – 38.

13. VR, 709 – 13; *Petrogradskii listok*, 3 May 1917, p. 4.

14. *Petrogradskii listok*, 11 May 1917, p. 13.

15. *Petrogradskii listok*, 3 May 1917, p. 4; VR, 713 – 14.

16. VR, 714.

17. GARF, 1467. 1. 479, 85 – 88.

18. *KVD*, 517 – 18.

19. Steinberg, *Fall*, 166n3, 168; Yale University, Beinecke Library, Romanov Collection, GEN MSS 313, Box 1, Folder 2.

20. *KVD*, 519.

21. *Poslednie dnevniki*, 72.

22. Steinberg, *Fall*, 168 – 71.

23. *Petrogradskaia gazeta*, 21 March 1917, p. 3; *Sibirskaia torgovaia gazeta*, 22 March 1917, p. 2; RRR, 157 – 61, 175 – 83.

24. RRR, 182 – 83; Steinberg, *Fall*, 222; Buranov, "Strannik," 57; HL/ Sokolov, Vol. VII: Testimony of M. Solovyova (Rasputina), undated. 这份文件中把沙克夫人的名字写成了 Shag。

25. GBUTO/GAGT, I – 154. 24. 58, 7 – 10, 19ob.

26. GBUTO/GAGT, I – 733. 1. 49, 5 – 5ob, 19 – 21. On money for Dmitry: HL/Sokolov, Vol. VII: testimony of B. N. Solovyov, 29 December 1919.

27. Rasputin, "Dnevnik," 541.

28. 细节来自：GBUTO/GAGT, I – 774. 1. 1。拉耶夫斯基创作了一幅大型全身像和一幅较小的作品，他认为后者的表现力更好。但出于某种原因，那幅较小的作品没有出现在 1912 年的展览中。这两幅画均已下落不明。OR／RNB，1000. 1975. 22，26ob.

29. HL／Sokolov，Vol. VII：testimony of M. Solovyova（Rasputina），undated；and of B. N. Solovyov，29 and 31 December 1919；FN，328 – 29.

30. Vyrubova，*Stranitsy*，119；Alfer'ev，*Pis'ma*，191.

31. *KVD*，521 – 22；Alfer'ev，*Pis'ma*，187 – 88.

32. RRR，175 – 83.

33. Markow，*Wie*，169；RRR，185 – 94.

34. Alfer'ev，*Pis'ma*，242 – 43，253，260 – 61，263；M. Rasputin，"Dnevnik，"529n17，531n20；*KVD*，523；FN，319；Markov，*Pokinutaia*，314；*Poslednie dnevniki*，135 – 40.

35. Warth，*Nicholas II*，262.

36. Markov，*Pokinutaia*，303.

37. Markow，*Wie*，206 – 207. 索洛维约夫于 3 月初反回托博尔斯克：*Poslednie dnevniki*，163。

38. M. Rasputin，"Dnevnik，"530 – 31. All dates in her diary are OS.

39. Alfer'ev，*Pis'ma*，321；Markow，*Wie*，159；*Poslednie dnevniki*，177.

40. M. Rasputin，"Dnevnik，"537 – 39. 某些日期和 HL／Sokolov，Vol. VII 上的信息有所出入，但两份文献对事件脉络的描述是一致的。

41. *LP*，616；*KVD*，527；*Poslednie dnevniki*，195. NB：27 April（NS）.

42. *KVD*，528. Maria's sketch in RRR，between pp. 64 – 65.

43. Warth，*Nicholas II*，263. 这里的日期是公历。

44. Steinberg，*Fall*，305；M. Rasputin，"Dnevnik，"640.

45. Preston，*Before the Curtain*，105.

46. *KVD*，526，529 – 32；PZ，6；Sokolov，*Ubiistvo*，346；Diterikhs，*Ubiistvo*，1：32，188.

47. Sokolov，*Ubiistvo*，270 – 71；and photograph No. 119；Diterikhs，*Ubiistvo*，1：212.

48. HL／Sokolov，Vol. I：Descriptions dated 11，12，14 August 1918；Vol. III：Protocol for 15 – 25 August 1919；Vol. IV：Protocols for 23 January 1919；19 May 1919.

# 尾　声

　　幸运的人逃离了这个国家，其他人只得留在国内。确实有几个人设法躲过了惨死的下场，包括百德莫夫医生、亚历山大·萨马林、普里什克维奇、皮季里姆、瓦尔纳瓦和萨布勒，但他们只是特例。更多的人难逃厄运：贝莱特斯基、普罗托波波夫、谢格洛维托夫、扎克夫斯基、缅希科夫、诺沃肖洛夫、马纳谢维奇－马努伊洛夫、安德罗尼克夫亲王、尼古拉·马克拉科夫、亚历山大·马卡罗夫、阿列克谢·赫沃斯托夫、叶卡捷琳娜·苏霍姆利诺娃、保罗大公、尼古拉·米哈伊洛维奇大公、埃拉、伊西多尔主教、亚历山大·瓦西列夫神父、约安·沃斯托尔戈夫，连圣愚米佳·科泽尔斯基也没能幸免于难。死亡名单很长，以上只是部分名字。[1]

　　鲍里斯·勒热夫斯基先是在莫斯科加入了契卡（全俄肃反委员会），在因虐待囚犯而坏了声誉后又背离新主，挪用了一大笔钱，然后和季娜伊达一起逃往了敖德萨。在那里，他继续过着上流社会的生活，参与了一系列地下犯罪交易。1919年2月的一个早晨，他的尸体在艺术家俱乐部（Artists' Club）附近的街道上被人发现。关于其死亡原因出现了各种说法。季娜伊达称，他身中两枪，头部被砍十七刀；还有说法则称，人们在他身上找到了十五个枪眼。[2]无论如何，鲍里斯的生命以异常血腥的方式结束了。

格尔莫根的下场同样惨烈。1918 年 3 月，他被逮捕并被
囚禁在叶卡捷琳堡，随后又被转移到秋明。6 月，他从那里登
上蒸汽船，前往托博尔斯克。船驶近博克维斯科时，只穿了一
条内裤的格尔莫根被拖上甲板。他的双手被绑在身后，胸前被
绑上一块大石，然后他被推入河中。他的尸体直到几周后才被
村民发现，上面还有生前被殴打的痕迹。人们把他安葬在博克
维斯科教堂的墓园。后来，他的遗体被迁往托博尔斯克，葬在
圣人约安·马克西莫维奇旁边。1991 年，格尔莫根被东正教
会追封为圣人。[3]

村民发现格尔莫根的尸体时，玛丽亚和家人都待在家乡博 　672
克维斯科。普拉斯科维亚、德米特里和他的新婚妻子费奥克蒂
斯塔（Feoktista）一直留在家乡。1920 年，这家人被剥夺所有
财产后被迫搬家，为修建医院腾出位置。他们从一处辗转到另
一处，终于设法在村子边缘盖了一栋小房子，并在那里居住到
了 1930 年。同年 5 月，他们被定性为富农（kulaks），被流放
至更靠北的鄂毕河（Ob River）附近，被迫参与一家大型鱼罐
头工厂的修建。那里的条件很艰苦。1933 年 9 月 5 日，费奥
克蒂斯塔死于肺结核。几天后，她和德米特里 6 岁的女儿、拉
斯普京的孙女伊丽莎白（Yelizaveta）也撒手人寰。三个月后，
德米特里死于痢疾。四天后的 12 月 20 日，普拉斯科维亚的心
脏停止了跳动。[4]

瓦尔瓦拉在秋明政府当速记员。她孤身一人，手头拮据，
生活凄惨。城里的男人愿意帮她一把，但要求她用身体作为报
答。她拒绝了。"主啊，我太苦了，"她给姐姐写信，"我的灵
魂碎成了一片片。为什么我要降生在这个世界？"1924 年 2 月
的某天，她前往莫斯科，希望离开故土与玛丽亚会合，当时玛

丽亚已经设法逃到了欧洲。抵达莫斯科后不久，瓦尔瓦拉便死于斑疹伤寒。玛丽亚相信，她的妹妹是被当局毒死的。瓦尔瓦拉被安葬在新圣女公墓（Novodevichy cemetery）。但政府在1927年决定，那里只能安葬重要人士，于是瓦尔瓦拉的棺材被挖出并被随意抛弃。[5]

1919年12月初，鲍里斯·索洛维约夫因涉嫌参与间谍活动在符拉迪沃斯托克（海参崴）被逮捕。后来，他被送往赤塔，接受尼古拉·索科洛夫的审问，索科洛夫是调查沙皇一家谋杀案的负责人。丈夫被抓后，玛丽亚也跟着去了赤塔，但同样只落得入狱的下场。索科洛夫相信，鲍里斯是布尔什维克的暗探，他关于曾和其他君主主义者一同计划营救沙皇的说法是谎言。这一指控伴随鲍里斯度过了余生。许多白俄流亡者相信，他要么为苏共工作，要么为德意志帝国效力，但没有证据能证实这些怀疑。如今，人们普遍接受的观点是，拉斯普京的女婿是清白的。索科洛夫和费利克斯·尤苏波夫等人认为，鲍里斯必须为罗曼诺夫家族的命运负责，而这种态度不过是在再次把俄国的不幸怪罪到拉斯普京或和他有关之人的身上。如果说拉斯普京是君主制崩溃的替罪羊，那么鲍里斯就是沙皇一家遇害的替罪羊。[6]鲍里斯和玛丽亚经受了索科洛夫长时间的审问。索科洛夫认为，鲍里斯肯定偷了沙皇的珠宝，还偷了本该被交给沙皇一家供其在囚禁期间使用的钱。索科洛夫称，只要他们认罪，自己就会放了他们。但他们没有认罪，因为他们无法供认自己毫不知情的事。最后，玛丽亚·米哈伊洛芙娜·莎拉班（Maria Mikhailovna Sharaban）介入了。莎拉班是杰出的卡巴莱歌舞演员，她是当地军阀、哥萨克人首领阿塔曼·谢苗诺夫（Ataman Semenov）最宠爱的情人。她说服索科洛夫在

1920 年的头几天释放了他们。[7]

这对夫妇在符拉迪沃斯托克（海参崴）分别，玛丽亚取道的里雅斯特和布拉格前往柏林。此时她已是两个小女孩——塔季扬娜（Tatyana）和玛丽亚（Maria），她们被冠以沙皇的两个女儿的名字——的母亲。母女三人和亚伦·西马诺维奇生活了一段时间，随后搬往巴黎。在那里，她们和鲍里斯团聚了。他们一家身无分文，在蒙马特（Montmartre）挣扎求生。鲍里斯靠洗车赚点法郎。他们还开过一家餐厅，后来它倒闭了。1926 年，鲍里斯死于肺结核。独自带着女儿的玛丽亚利用自己的名声成了一位卡巴莱舞表演者，继承了父亲的舞蹈天赋。1932 年，她和一个哥萨克合唱团一起演出，还在巴黎冬季马戏团训练小马驹。之后，她在西马诺维奇的催促去往柏林，开启了新的表演事业。[8]玛丽亚的名声迅速传开了。第二年，她跟随一个马戏团在拉脱维亚表演。接着，1934 年 12 月，她在英格兰的伊斯灵顿（Islington）成为一名驯兽员。[9]三个月后，玛丽亚渡过大西洋，加入哈根贝克－华莱士马戏团（Hagenbeck-Wallace Circus），被誉为"轰动欧洲的竞技之星"。她的事业在 1935 年迎来高峰，但在印第安纳州的珀鲁（Peru）表演时，她遭到一头熊攻击，几乎丢了性命。在医院休养五周后，玛丽亚于 1935 年 11 月返回欧洲，在马戏团做更安全的女骑手工作。1937 年，她重返舞台，加盟玲玲马戏团（Ringling Brothers），在纽约的麦迪逊广场花园（Madison Square Garden）演出。

1940 年，她在迈阿密再婚，嫁给了格里高利·伯恩（Gregory Bern），媒体说伯恩是她童年时代的俄国玩伴。玛丽亚在六年后提出离婚，称受到丈夫难以用言语形容的残酷对待。[10]玛丽亚最终在洛杉矶的银湖区（Silver Lake area）落脚，靠做私人语言老师和出版各种回忆录为生，她的身边都是她过去在俄国生活的照片。1977 年 9 月，玛丽亚在家中去世，享年 79 岁。她被安葬在威尼斯滨海大道附近的安吉鲁斯 – 罗斯代尔公墓（Angelus-Rosedale Cemetery）中的棕榈树下。[11]

西马诺维奇同样从柏林前往美国，尝试靠兜售所谓的拉斯普京的"秘密"为生，但没能吸引到任何人的注意。后来，他搬到法国生活，一度因造假被捕，在监狱待了一段时间。在巴黎的一家旅店，身患肺结核的西马诺维奇给一个犹太朋友写信要钱，称自己是俄国唯一"掌握一切政治大权"的犹太人，曾在沙皇时代拥有"无限权力"。他坚称自己曾利用拉斯普京秘书的身份帮助了许多犹太人，自己和家人因此冒了许多风险。他吹嘘说，在俄国没人能像他这样尽心尽力地帮助犹太人。但没人寄钱给他。西马诺维奇最后被送进纳粹集中营，但设法活了下来。战争结束后，他成功抵达利比里亚，开了一家餐厅，取名"拉斯普京的大西洋"（Atlantik chez Rasputin）。[12]

革命爆发后，德米特里大公前往德黑兰，受英国大使查尔斯·马灵爵士（Sir Charles Marling）保护。他和马灵一起生活了近两年，后前往伦敦。在那里，他和姐姐玛丽亚团聚了。德米特里在欧洲大陆四处游荡，主要在法国打发时间，过着一种他所谓的"狂热而慵懒"的生活。他白天打高尔夫球，在俱乐部见朋友，晚上喝酒，经常去赌场，虽然他没有太多可用于赌博的闲钱。他和美国辛辛那提（Cincinnati）的一位女继承人结了婚，生下一个儿子，搬到了美国。但他的婚姻生活没能持续太久，离婚后他又回到欧洲。他开始参与流亡人士的政治活动，成为加布里埃·香奈儿的情人，但没有一件事能治愈他的无聊病。1942 年，他因肺结核在达沃斯（Davos）的一家疗养院去世，享年 50 岁。[13]

德米特里信守了承诺，绝口不提谋杀拉斯普京的事，而不是像他的朋友费利克斯那样。两人曾同时在伦敦停留，但德米特里故意躲着费利克斯，他不明白他的同谋为什么可以如此轻松地谈起他们曾发誓要守口如瓶的事。根据玛丽亚的说法，她的弟弟十分厌恶费利克斯对谋杀事件的漫不经心，而且永远不会原谅他不停地把这件事当谈资。[14]1920 年 2 月 27 日，德米特里给费利克斯写信，称他们对那件事的不同看法或许会毁掉他们的友情。对德米特里而言，这永远是"我良心上的一个污点"，因为"谋杀就是谋杀，永远都是如此"。[15]玛丽亚赞同弟弟对费利克斯·尤苏波夫的看法，她对尤苏波夫既怜悯又鄙视，不明白他怎么能把臭名昭著当作名望，自欺欺人地以为自己是具有重大历史意义的人物。[16]

675

1927 年，手头不宽裕的尤苏波夫出书谈论谋杀一事，惹恼了流亡群体中的许多人。但尤苏波夫没有一丝悔意。"直到现在，我依旧没有后悔杀人。"他如此告诉媒体。尤苏波夫无论走到哪里，丑闻都如影随形。法国媒体和白俄流亡人士办的《日报》（编辑为亚历山大·克伦斯基）报道称，1928 年年初，尤苏波夫因为引诱一位知名政治家的未成年儿子而被迫离开法国。那位父亲抓到现行，毒打了两人，男人的儿子还由于受伤过重而被送进医院。政治家父亲不想把事情闹上法庭，于是尤苏波夫给了他一笔钱，企图平息事态。《日报》曝光此事后，尤苏波夫起诉该报，抱怨过去八年来，他不间断地受到谣言和诽谤的攻击。尤苏波夫打赢了官司，即便法国法院拒绝了 50 万法郎的赔偿要求，只让《日报》象征性地赔偿了 1 法郎。[17]

法律诉讼成了尤苏波夫生活的一大主题。1932 年，由于不满德国电影《拉斯普京》对他的刻画，他向电影制片人提起诉讼，坚称要么剪辑掉关于他的内容（没有可行性，因为影片已经上映），要么赔偿他 5 万马克。[18] 两年后，他又起诉米高梅电影公司出品的《拉斯普廷：魔僧》（*Rasputin the Mad Monk*），该影片由埃塞尔·巴里摩尔（Ethel Barrymore）、约翰·巴里摩尔（John Barrymore）和莱昂纳尔·巴里摩尔（Lionel Barrymore）主演。这桩官司的焦点在于，电影中拉斯普京引诱伊琳娜的画面是否损害了尤苏波夫的名誉。米高梅赔偿了尤苏波夫惊人的 2.5 万英镑。裁决公布后，尤苏波夫得意扬扬地向记者说：

> 你们无法想象重温拉斯普京之死对我的折磨……这件事让我格外痛苦，因为我认为，尽管我的本意是为了拯救祖国，但杀掉那个修道士仅仅让他体内的所有恶魔都被释放出来了。后来发生的事媒体多有报道，而且革命爆发，导致俄罗斯帝国崩溃。然后，辩方还厚颜无耻地暗示说杀死拉斯普京的不是我尤苏波夫亲王，而我明明一直为此饱受折磨。没有人可以估算谣言对我造成的伤害。[19]

1965 年，尤苏波夫再次赌上运气，在纽约起诉哥伦比亚广播公司，要求对方赔偿 150 万美元。他称，该公司制作的电视节目侵犯了他的隐私，暗示他利用自己的妻子做诱饵引诱拉斯普京来他家中做客。接着，他称自己谋杀拉斯普京不是出于任何政治动机，纯粹是因为厌恶他的放荡行径。针对这一说法，法庭一片哗然。庭审持续了数周。最后，纽约州最高法院驳回了他的起诉。1967 年，尤苏波夫在巴黎去世。[20]三年后，伊琳娜也随他而去。

其他几位凶手在革命爆发后没有留下太多线索。1921 年，苏霍京迎娶了托尔斯泰的孙女索菲亚（Sophia），但这段婚姻没有维持太久。1926 年，苏霍京患病，尤苏波夫慷慨地把他接到巴黎，不久他便在那里病逝。[21]1918 年夏天，拉佐维来到巴黎。他利用杀害拉斯普京的凶手的身份，向大英帝国申请了过境签证，称他想要到俄国远东地区加入白军，抗击布尔什维克。[22]9 月 22 日，他抵达纽约，告诉媒体他是来见总统伍德罗·威尔逊（Woodrow Wilson）并向他报告苏俄的情况的。两天后，他接受《纽约时报》的简短采访。采访中，拉佐维确认了是普里什克维奇而不是尤苏波夫在尤苏波夫宫的院子里向拉斯普京射出了致命一枪。他告诉《纽约时报》，参与谋杀拉斯普京的只有他自己、尤苏波夫、德米特里大公、苏霍京和普里什克维奇。[23]

革命期间，古奇科夫、科科夫佐夫、米留科夫和罗将柯均逃离俄国，最终客死他乡。费奥凡死在索菲亚。1931 年，媒体曾报道他发了疯，被送入了疯人院。把拉斯普京介绍给皇室的事让他饱受折磨，他认为是自己导致了君主制崩溃。许多个夜里，由于对这个想法深信不疑，他跪倒在索菲亚的涅夫斯基主教座堂（Nevsky Cathedral）的圣坛前，为自己所犯之罪痛苦哀号。1940 年，他在法国去世。[24]沃斯托科夫神父搬去了美国。在接下来的四十年间，他都致力于让世人看清"犹太人和共济会"对基督教文明的威胁。[25]他有一位盟友——扎法科夫。亲王孜孜不倦地宣传《锡安长老会纪要》（*The Protocols of the Elders of Zion*)① 的反犹骗局，为墨索里尼和希特勒的崛起欢呼叫好。我们不清楚亲王最后的命运。[26]

677　　革命爆发后，伊利奥多尔的生活是最为丰富多彩的，这一点令人毫不意外。1918 年 5 月，他回到察里津，告诉每个人他在美国赚了一大笔钱，还在梅西百货给他仅剩的好朋友买了礼物。[27] 1921 年，作为俄罗斯人民普世基督教会（Russian People's Universal Christian Church）的牧首，他给列宁写信，称愿意协助建设共产主义社会。列宁根本没有理会他。在察里津挽回名声的努力遭遇失败后，伊利奥多尔于第二年回了纽约。他编造了许多关于苏俄的谎言。他称 1918 年复活节，他在伊帕切夫别墅拜访了罗曼诺夫一家；他曾受到列宁和其他布尔什维克高层领导接见；在参观克里姆林宫时，他见过尼古拉二世的头颅。伊利奥多尔说头颅被放在一个行李箱里，然后被运到莫斯科，而经手人正是卡尤娅·古谢娃。如今，头颅被保存在一只巨大的玻璃瓶中，死去的沙皇左眼瞪得很大。伊利奥多尔的想象力过于丰富了。[28]

　　伊利奥多尔参与了一系列活动。他尝试和政府合作，寻找沙皇留下的黄金，还给利堡的导演寄去电影剧本。伊利奥多尔打算亲自出演按他的生活经历改编的《地狱五载》（*Five Years in Hell*）。因这部影片和旭日制片公司（Rising Sun Productions）谈判破裂后，他起诉对方欺诈，成立了自己的电影制作公司。他开始幻想各种迅速致富的计策，称如果成为百万富翁，就会修建一座宏伟的永恒真理教堂（Cathedral of Eternal Truth），

---

①　1903 年在沙俄出版的反犹主题的书，原始语言为俄语，作者不详，它描述了所谓的犹太人征服世界的阴谋的具体细节。——译者注

在那里传播一种全新的福音。伊利奥多尔赚到的钱都在 1929
年的股灾中打了水漂。之后，他的妻子离开了他，还带走了孩
子。[29]1936 年，他向维京出版社（Viking Press）和花城出版公
司（Garden City Publishing Company）提起了金额为 10 万美元
的诽谤诉讼，因为它们出版的勒内·富勒普－米勒（René
Fülöp-Miller）的《拉斯普京：圣魔》（*Rasputin：The Holy
Devil*）把伊利奥多尔描述成反犹分子，并且称他是谋杀拉斯
普京的主谋。陪审团翻看了经过翻译的伊利奥多尔贬低犹太人
的污言秽语，以及他过去在俄国的布道，只花了四十分钟便驳
回了他的起诉。[30]由于在美国受挫，伊利奥多尔在 1947 年给斯
大林写信，请求对方批准他返回苏联。我们不清楚苏联领导人
是否回了信。[31]1952 年 1 月 27 日，伊利奥多尔在曼哈顿的贝尔
维尤医院（Bellevue Hospital）去世，享年 72 岁。生命的最后
几年，他靠在麦迪逊大道（Madison Avenue）上的大都会人寿
保险公司（Metropolitan Life Insurance Company）当门卫维持
生计。[32]

　　1917 年 3 月 27 日，临时政府批准卡尤娅·古谢娃离开托
木斯克的精神病院。虽然新政权在成立之初面临大量亟须解决
的问题，但他们没忘记还拉斯普京的暗杀者自由。古谢娃消失
了两年，1919 年 6 月 29 日才重新出现在莫斯科。她在五年前
的这一天袭击了拉斯普京；如今，她试图在莫斯科的救世主大
教堂（Cathedral of Christ the Savior）门外的台阶上行刺牧首吉
洪（Tikhon）。她再次失败了。由于她的精神病以及早年袭击
拉斯普京的举动，临时政府决定采取宽松立场，宣布她无罪。
此后，古谢娃便消失在历史中。[33]

　　奥尔加·鲁克缇娜也被临时政府关入了彼得保罗要塞中的

678

大牢，后来才被布尔什维克释放。1923 年，有人看见她在彼得格勒的火车站行乞，之后便没有人知道她的踪迹了。[34] 拉斯普京其他女信徒的命运几乎都无法查证。季娜伊达·曼什达特一度设法和亚历山德拉保持联络。她给皇后写信，甚至寄给她一份《锡安长老会纪要》。后来，她因为和前皇后通信被捕，与丈夫一起遭到处决。[35] 维鲁波娃留在彼得格勒，多次被逮捕并面临处决威胁。她身无分文，又冷又饿，终于在 1920 年 12 月设法和母亲一起逃到了芬兰。1923 年，她在瓦拉姆修道院（Valaamsky Monastery）成为玛丽亚修女（Sister Maria）。1964 年 7 月，维鲁波娃去世，享年 70 岁。亚历山德拉的另一位亲密友人莉莉·德恩逃离俄国后，先后取道英国和波兰到了委内瑞拉。1957 年，她回到欧洲，会见了一个名叫安娜·安德森（Anna Anderson）的女人。外界传言此人就是已故沙皇最年幼的女儿阿纳斯塔西娅。两人相处了一周。之后，莉莉在德国汉堡法院宣称，安德森的确是沙皇的女儿。她表示，这个女人告诉自己许多事，而这些事除了沙皇一家外就没人知道了。[她错了。"阿纳斯塔西娅"其实是波兰的一个精神不正常的工厂女工，真实姓名是弗兰齐斯卡·山茨科夫斯卡（Franziska Schanzkowska）。] 1963 年，德恩在罗马去世，享年 78 岁。[36]

西奥多拉·克拉鲁普一直留在苏联，直到 1938 年才返回自己的祖国丹麦。近二十多年来，她一直小心地把关于拉斯普京的数件纪念品——几件家具、他的一束头发、几张她为拉斯普京创作的肖像画——保存在家里。在被谋杀前不久，拉斯普京最后一次拜访了她的工作室，交给她了一本厚厚的相册和一部手稿，手稿里是他关于俄国情况的告诫和思考，多年来由穆娅·高罗维纳为他记录。他告诉克拉鲁普，将来某天可以出

版它，并保证这会为他敬爱的贫穷艺术家带去一笔财富。革命
爆发后的那几年，拉斯普京的手稿根本不可能出版，因此它们 679
一直躺在克拉鲁普的书桌中。离开苏联时，她不能带走太多个
人物品，只能遗憾地烧毁了手稿、相册和所有肖像画。[37]

　　内战期间，几位罗曼诺夫家族的成员设法逃离了故土并得
以幸存。在之后几十年里，他们大多过上了平静的生活。1928
年，皇太后玛丽亚·费奥多罗芙娜在哥本哈根去世；1933 年，
尤苏波夫的岳父桑德罗在法国去世；1929 年，尼古拉沙在法
属里维埃拉（French Riviera）① 的昂蒂布（Antibes）去世；两
年后，他的兄弟彼得大公在同一个地方去世；1935 年，尼古
拉沙的遗孀斯塔娜也在此离世；斯塔娜的姐妹，另一位"黑
乌鸦"米莉恰比她的丈夫多活了二十年，于 1951 年在埃及的
亚历山大港去世；沙皇尼古拉的两个妹妹奥尔加和谢妮亚都于
1960 年去世，分别逝于加拿大和英国。

*

　　"特殊用途屋"的指挥官雅科夫·尤洛夫斯基（Yakov
Yurovsky）在处决罗曼诺夫一家和剩下的几位仆人后，把尸体
运上一辆卡车，并在夜色中驾车驶往叶卡捷琳堡。尤洛夫斯基
和手下向北行进了约 12 英里，前往人称"四兄弟"（Four
Brothers）的废弃煤矿矿井。在科普特亚奇村（Koptyaki）附
近，他们捡了松树枝和桦木条，又把遇害者的尸体搬上数辆手
推车，然后把车推进森林深处。最后，他们抵达"四兄弟"，
把尸体抬到地上。他们生起两堆火。尤洛夫斯基命令手下脱光

---

　　① 地中海沿岸区域，一部分属于意大利，一部分属于法国。——译者注

死者的衣服。脱掉亚历山德拉和她女儿的衣服后，他们发现她们的内衣里缝着珠宝，里面就有拉斯普京送给她们的黄宝石。这个新发现和眼前的裸尸让众人一下子骚动起来，尤洛夫斯基不得不去维持秩序。他们烧毁衣物，把尸体扔进一口九英尺深的泥泞竖井。尤洛夫斯基往坑里扔了几颗手榴弹，企图炸毁坑道，藏起尸体。

1918 年 7 月 17 日早上 10 点，尤洛夫斯基和手下完成了工作。他们走回卡车，带着从死尸上摘下的珠宝。除了宝石和珍珠外，沙皇的四位女儿被杀时脖子上还戴着护身符，每个护身符上都有拉斯普京的肖像和他的一句祷文。[38] 在临终的时刻，罗曼诺夫一家依然没有失去对他们的朋友的信任。

680

## 注 释

1. VR, 718 – 68；FN, 500 – 501；Izmozik, *Zhandarmy*, 455.

2. BA, Z. A. Rzhevskaia, Ms. , 1965；Globachev, *Pravda*, 87 – 88；SML, Spiridovich Papers, No. 359, 14/5；Savchenko, *Avantiuristy*, 145 – 47；Faitel'berg-Blank, *Odessa*, 135 – 37.

3. Mramornov, *Deiatel'nost'*, 327 – 33；Alfer'ev, *Pis'ma*, 322；M. Rasputin, "Dnevnik," 548；VR, 741.

4. GATO, 198. 1. 7, 9, 34, 73；GATO, 198. 1. 87, 10ob – 11；GBUTO/GAGT, R-1042. 3. 59, 275ob, 286ob；VR, 752 – 53；Smirnov, *Neizvestnoe*, 96 – 99. 关于拉斯普京家人的生命中的最后几年，不同资料上的信息存在一些矛盾。

5. Smirnov, *Neizvestnoe*, 94 – 96. With caution also RRR, 201 – 22；FR, 235. 拉津斯基令人费解地声称，瓦尔瓦拉一直在列宁格勒生活到 1960 年代，见 RR, 492。

6. 关于相互矛盾的说法，请参见 VR, 729 – 36。认为鲍里斯是间谍的有：Hall, *Little Mother*, 296 – 97；YLS, 297；Sokolov, *Ubiistvo*, 114 – 18, 133 – 34。认为他不是间谍的有：Markov, *Pokinutaia*, 473 – 74, 477, 485；FN, 329 – 31；Steinberg, *Fall*, 181 – 82。索科洛夫搜集的证据显示，对鲍里斯的指控是站不住脚的。见 HL/Sokolov, Vol. 1：S. Y. Sedov；Vol. III：S. G. Loginov；Vol. VII：E. K. Loginov；K. S. Melnik；V. S. Botkin；B. N. Solovyov；M. Y. Solovyova（Rasputina）。

7.  HL/Sokolov, documents in Vol. VII. On Sharaban：Bisher, *White Terror*, 152；RRR, 185 – 94.

8.  SML, Spiridovich Papers, Box 16, Folder 2. Newspaper clipping；Krarup, *42 Aar*, 141.

9.  *Daily Mirror*, 11 January 1933, p. 17；15 December 1934, p. 1.

10.  *New York Times*, 3 April 1936, p. 16；1 June 1946, p. 4.

11.  HIA, A. Tarsaidze, Box 16, Folder 16 – 18. Obituary clipping.

12.  SML, Spiridovich Papers, Box 16, Folder 1；VR, 762 – 63.

13.  Perry, *Flight*, 256 – 61, 299 – 305.

14.  Marie, *Princess*, 20 – 21, 69, 102 – 103, 282.

15.  *Collection du Prince*, 72.

16.  Marie, *Princess*, 103 – 104.

17.  SML, Spiridovich Papers, Box 14, folder 6. Clipping from *Dni*, 10, 11 January 1928；*New York Times*, 26 January 1928, p. 9；18 October 1928, p. 16.

18.  *The Times*, 29 February 1932, p. 11；25, 28 November 1932, p. 19.

19.  Napley, *Rasputin*, 196 – 97.

20.  *The Times*, 9 November 1965, p. 12；*New York Times*, 21 October 1965, p. 12.

21.  FR, 236.

22.  NA, FO 371/3338, Nos. 136473, 140545, 144465, 14506, 145796.

23.  *New York Times*, 23 September 1918, p. 3；*New York Times Current History*, 17：306 – 307；FR, 236.

24.  *New York Times*, 5 February 1931, p. 10.

25.  VR, 756 – 78.

26.  VR, 765 – 66；"Russkii fashist," Radio Svoboda.

27.  Iliodor, *Velikaia stalingradskaia*, 53, 69.

28. *New York Times*, 12 June 1922, p. 3; Iliodor, "Pis'mo"; idem, *Pamiatka*, 5 – 6; idem, *Velikaia stalingradskaia*, 75 – 77; idem, "The Mystery"; Dixon, "'Mad Monk'," 411; Shulgin, *Years*, 78n; VR, 759 – 60.

29. Iliodor, *Velikaia stalingradskaia*, 56 – 57, 75 – 77; *New York Times*, 12 December 1923, p. 10; 20 January 1924, p. 58.

30. *New York Times*, 19 June 1936, p. 23.

31. Iliodor, *Pamiatka*, 5 – 6.

32. Dixon, "'Mad Monk'," 413; press photograph of Serge Trufanoff with caption, Keystone View Co. of NY, author's collection.

33. VR, 412; Kulegin, *Kto ubil*, 9; FStr, 264 – 70.

34. GARF 124. 69. 529; RR, 499.

35. FDNO, 246 and n11.

36. VR, 760 – 61.

37. Krarup, *42 Aar*, 125 – 29.

38. Massie, *Romanovs*, 6 – 8; Steinberg, *Fall*, 354; Sokolov, *Ubiistvo*, 270 – 71; and photograph No. 119. On Four Brothers, Diterikhs, *Ubiistvo*, 1: 212.

# 致　谢

对我来说，感谢写作本书期间帮助、支持过我的人是一件 681
乐事。他们是：Robert K. Massie、Helen Rappaport、Daniel
Beer、Jeremy Bigwood、Rudy de Casseres、Dr. William Lee、
Peter Basilevsky、Denise Youngblood、Nikita Sokolov、Alexander
Bobosov、Anya Babenko、Pavel Shevyakov、Boris Ilyin、
Jonathan Daly、William Pomeranz、David Myers、Keith Jeffrey、
Rachel Polonsky、Mel Bach、Aurelia van Moere、Beatrice
Benech、Kim Kraft、Britt Lewis、Paul Norlen、Melissa Lucas、
Dr. Maria Mileeva、Vladimir von Tsurikov、Dr. Anne Turner、
Brian Perry、Dr. Merrell Wiseman、Frances Asquith、Charlotte
Miller、Selby Kiffer、RD Zimmerman、Sarah Gordon、Derek
Butler、Andrew Jack 和 Jo-Anne Birnie Danzker。我还要感谢佛
蒙特大学（University of Vermont）的 Kevin McKenna、Wolfgang
Mieder 和 Denis Mahoney 多年来的支持和鼓励。

我有幸与几十位优秀的图书馆和档案馆工作人员共事，尤
其是胡佛研究所档案馆（Hoover Institution Archive）的 Carol
Leadenham、Stephanie Stewart、Vishnu Jani 和 Rachel Bauer。多
年来，胡佛研究所俄罗斯与欧亚馆藏部的负责人 Anatol
Shmelev 为这本书及我以前的作品提供了巨大帮助。我要感谢
Prince Andrew Andreevich Romanoff 允许我引用胡佛档案馆中关

于 Grand Duchess Ksenia Alexandrovna 的文献；感谢耶鲁大学的 Tatjana Lorkovic、William Massa、Stephen Jones、Anne Marie Menta，以及耶鲁大学拜内克古籍善本图书馆（Beinecke Rare Book and Manuscript Library）和耶鲁大学斯特林纪念图书馆（Sterling Memorial Library）中的热心工作人员；感谢哈佛大学的 Anna Rakityanskaya 和 Hugh Truslow；感谢哥伦比亚大学巴赫梅特夫档案馆（Bakhmeteff Archive）的 Tanya Chebotarev 及其他工作人员；感谢亚特兰大国家档案馆（National Archives in Atlanta）的 Catherine Miller 和西雅图分馆的 Charliann Becker；感谢德国联邦档案馆（Bundesarchiv）和德国外交部政治档案馆（Politische Arkhiv des Auswärtigen Amts）的 Solveig Nestler 和 Dr. Gerhard Keiper；感谢瑞典国家档案馆（Swedish National Archives）的 Lena Ånimmer 和 Kerstin Söderman；感谢奥地利国家档案馆（Haus-, Hof- und Staatsarchiv in Vienna）的 Thomas Just。在莫斯科，我尤其要感谢俄罗斯联邦国家档案馆（State Archive of the Russian Federation）的前馆长 Sergei Mironenko，他曾允许我阅读大量关于拉斯普京的警方档案；也要感谢俄罗斯国家文学艺术档案馆（Russian State Archive of Literature and Art）的 Viktor Neustroev。在圣彼得堡，俄罗斯国家政治历史博物馆（State Museum of the Political History of Russia）的 Alexei Kulegin、Valentina Ushakova 和 Svetlana Khodakovskaya 同样为我提供了很大的帮助。

在西伯利亚，我要感谢秋明州立档案馆（State Archive of the Tyumen Oblast）的 Olga Tarasova、Natalya Galian 和 Anna Miachenskay；感谢托博尔斯克档案馆（Tobolsk Archive）的 Tatiana Kokliagina、Liubov Zhuchkova、Olga Iuzeeva 和 Dinara

Akberdeeva。Vladimir Smirnov 和 Marina Smirnova 亲自陪同我参观了他们在博克维斯科建立的拉斯普京博物馆（Rasputin Museum），并热情解答了我的许多疑问。秋明州立大学（Tyumen State University）的 Sergei Rasskazov 格外热情，Natalya Karmanova 和 Vlad Urban 也是如此。

　　Natalya Bolotina、Svetlana Dolgova、Yelena Matveeva 和 Yelena Mikhailova 提供了珍贵的协助，为我寻找并翻译了数百份藏于俄罗斯的档案；在 Tatiana Safronova 的努力下，我得以阅读俄罗斯国家历史博物馆（State Historical Museum）的馆藏文献。我对他们怀有深深的感激之情。Mariana Markova 向我提供了各种帮助，尤其是为我翻译了许多我无法辨认的拉斯普京的手写俄文。我的同事 Willard Sunderland、Nadieszda Kizenko、Melissa Stockdale 和 Peter Pozefsky 阅读了此书各个阶段的草稿，提供了许多有益的建议，并指出了大量错误。

　　我十分有幸能与优秀的版权代理人 Melissa Chinchillo 和 Peter Robinson 共事，其支持、建议和鼓励的重要性无法估量。我还想感谢他们的同事，也就是我的代理公司 Fletcher and Company 和 Rogers, Coleridge & White 的其他工作人员。感谢我的出版商 Macmillan 和 Farrar, Straus and Giroux；感谢它们的工作人员 Jonathan Galassi、Jeff Seroy、Devon Mazzone、Laird Gallagher、Amber Hoover、Steven Pfau、Robin Harvie、Nicholas Blake、Philippa McEwan、Charlotte Wright、Jo Gledhill、Douglas Matthews、Fergus Edmondson、Caitriona Row、John English，尤其要感谢我了不起的编辑 Eric Chinski 和 Georgina Morley。

　　我要将最深的谢意送给我的家人 Annette Smith、Emma、Andrew 以及最重要的 Stephani。感谢你们为我所做的一切。

# 参考文献

关于拉斯普京的文献不仅庞杂，而且在可信度、有用程度和作者意图上也差别极大。必须指出的是，有关拉斯普京的最早、最具影响力的文献并不想揭示关于此人的谜团的真相，而是为了公开诋毁他才问世，这一点在伊利奥多尔和尤苏波夫亲王的作品中体现得尤其明显。

在拉斯普京去世后的一百年间，有好几十本他的传记作品出版面世。每本传记的作者都在用自己的方式诠释这个神秘人物，过去一个世纪中的调查、研究和思考让我受益良多。在俄国出版的最诚实、最可靠的单行本作品是 Alexei Varlamov 的 *Grigorii Rasputin – Novyi*（2008）。我也大量借鉴了 Oleg Platonov 和 Sergei Fomin 的作品，他们的书不仅给出了关键的新信息，而且谨慎地排除了反犹主义情绪和对恐俄阴谋的沉迷。英语出版物中，最优秀的两部传记都出自 Joseph Fuhrmann 之手，它们是 *Rasputin：A Life*（1990）和 *Rasputin：The Untold Story*（2013）。我还参考了 Fuhrmann 的权威作品 *Complete Wartime Correspondence of Tsar Nicholas II and the Empress Alexandra*（1999）。虽然 Edvard Radzinsky 的作品收录了许多很有价值的拉斯普京信徒的说法，但在阅读他所著的 *The Rasputin File* 时仍须小心。

市面上存在太多和拉斯普京的一生有关的伪文献。其中最著名的也许是历史学家、临时政府特别调查委员会成员 Alexei Tolstoy 和 Pavel Shchegolev 撰写的安娜·维鲁波娃日记，而且它曾多次在俄国再版。2008 年，莫斯科曾出版一本所谓的拉斯普京日记。根据我阅读到的文本，它同样是伪造的，此书编辑甚至也承认自己怀疑它的真实性。2000 年，在俄国出版的玛丽亚·拉斯普京娜的回忆录 *Rasputin：Pochemu？：Vospominaniia docheri* 同样不可信。我没有在这本书中引用它的内容，正如我没有引用前述造假作品。玛丽亚出版了一系列有关她父亲的作品，其可信度随时间推移逐渐递减。因此，我没有使用她于 1977 年出版的 *Rasputin：The Man Behind the Myth*，对她作品的引用主要集中在最早出版的两部回忆录上。

关于拉斯普京的回忆录汗牛充栋，但其可信度千差万别。我在使用它们时始终保持谨慎，会仔细甄别作者可能持有的特殊偏见。尽管这些作品有其瑕疵，我们却无法忽视它们包含的丰富信息。这些作品在让我们产生的疑问的同时，也为我们了解拉斯普京本人和他所生活的时代提供了新的洞见。

在我研究和写作本书的六年中，我尽量搜寻、使用一手文献，努力减少对二手文献的依赖。虽然我不赞成盲目迷恋档案的做法，但数十年来，俄罗斯依旧没有公开更多和拉斯普京有关的文献，这无疑阻碍了我们进一步了理解这个人，同时也无助于纠正多年以来被公众信以为真的那些谎言、歪曲和谬误。

## 缩写说明

AD: Archives diplomatiques (La Courneuve)

BA: Bakhmeteff Archive, Columbia University

BV: *Birzhevye vedomosti*

Commission: *Chrezvychainaia sledstvennaia komissiia dlia rassledovaniia byvshikh ministrov i prochikh dolzhnostnykh lits*

CUL: Cambridge University Library, Department of Manuscripts

FA: S. V. Fomin, "*A krugom shirokaia Rossiia—*"

FB: S. V. Fomin, *Bozhe! Khrani svoikh*

FDNO: S. V. Fomin, *Dorogoi nash otets*

FN: S. V. Fomin, *Nakazanie pravdoi*

FR: Joseph T. Fuhrmann, *Rasputin: The Untold Story*

FSA: S. V. Fomin, *Skorbnyi angel*

FStr: S. V. Fomin, "*Strast' kak bol'no, a vyzhivu—*"

FSu: S. V. Fomin, *Sud'ia zhe mne Gospod'!*

GARF: Gosudarstvennyi arkhiv Rossiiskoi Federatsii

GATO: Gosudarstvennyi arkhiv Tiumenskoi oblasti

GAUKTO/TIAMZ: Gosudarstvennoe avtonomnoe uchrezhdenie kul'tury Tiumenskoi oblasti: Tobol'skii istoriko-arkhitekturnyi muzei-zapovednik

GBUTO/GAGT: Gosudarstvennoe biudzhetnoe uchrezhdenie Tiumenskoi oblasti "Gosudarstvennyi arkhiv v g. Tobol'sk"

GRS: Kriukov, *Grigorii Rasputin: sbornik istoricheskikh materialov*

HHStA: Haus-, Hof- und Staatsarchiv

HIA: Hoover Institution Archives, Stanford University

HL/DiaryDP: Houghton Library, Diaries of Grand Duke Dmitry Pavlovich

HL/Sokolov: Houghton Library, Documents Concerning the
  Investigation into the Death of Nicholas II, 1918–1920. (Nikolai
  Sokolov Investigation)
IMM: Iliodor (Trufanov), *The Mad Monk*
KVD: Rassulin, et al., *Khronika velikoi druzhby*
LP: Maylunas and Mironenko, *A Lifelong Passion*
NA: National Archives (Kew)
NA/US: National Archives (College Park, MD)
NIOR/RGB: Rossiiskaia gosudarstvennaia biblioteka, nauchno-
  issledovatel'skii otdel rukopisei
OPI/GIM: Gosudarstvennyi istoricheskii muzei, otdel pis'mennykh
  istochnikov
OR/RNB: Rossiiskaia natsional'naia biblioteka, otdel rukopisei
PA: Parliamentary Archives
PAAA: Das Politische Archiv des Auswärtigen Amts
PK: *Peterburgskii [Petrogradskii] kur'er*
PZ: Oleg Platonov, *Zhizn' za tsaria*
RGADA: Rossiiskii gosudarstvennyi arkhiv drevnikh aktov
RGALI: Rossiiskii gosudarstvennyi arkhiv literatury i iskusstva
RGIA: Rossiiskii gosudarstvennyi istoricheskii arkhiv
RR: Edvard Radzinsky, *The Rasputin File*
RRR: Marie Rasputin, *The Real Rasputin*
SML: Sterling Memorial Library, Yale University
TsM: *Tsaritsynskaia mysl'*
TsV: *Tsaritsynskii vestnik*
VR: Aleksei Varlamov, *Rasputin*
VV: *Vechernee vremia*
VVFR: Spiridovich, *Velikaia voina i fevral'skaia revoliutsiia*
WC: Fuhrmann, ed., *The Complete Wartime Correspondence*
YLS: Felix Yusupov, *Lost Splendor*

## 档案馆

奥地利

Haus-, Hof- und Staatsarchiv (Vienna)

法国

Archives diplomatiques, Ministère des Affaires étrangères et
  européennes (La Courneuve)

德国

Das Politische Archiv des Auswärtigen Amts (Berlin)

俄罗斯

Gosudarstvennoe avtonomnoe uchrezhdenie kul'tury Tiumenskoi

oblasti, Tobol'skii istoriko-arkhitekturnyi muzei-zapovednik (Tobolsk)

Gosudarstvennoe biudzhetnoe uchrezhdenie Tiumenskoi oblasti "Gosudarstvennyi arkhiv v g. Tobol'sk" (Tobolsk)

Gosudarstvennyi arkhiv Rossiiskoi Federatsii (Moscow)

Gosudarstvennyi arkhiv Tiumenskoi oblasti (Tyumen)

Gosudarstvennyi istoricheskii muzei, otdel pis'mennykh istochnikov (Moscow)

Gosudarstvennyi muzei politicheskoi istorii Rossii (St. Petersburg)

Rossiiskaia gosudarstvennaia biblioteka, nauchno-issledovatel'skii otdel rukopisei (Moscow)

Rossiiskaia natsional'naia biblioteka, otdel rukopisei (St. Petersburg)

Rossiiskii gosudarstvennyi arkhiv drevnikh aktov (Moscow)

Rossiiskii gosudarstvennyi arkhiv literatury i iskusstva (Moscow)

Rossiiskii gosudarstvennyi istoricheskii arkhiv (St. Petersburg)

### 瑞典

Riksarkivet (Stockholm)

### 英国

Cambridge University Library, Department of Manuscripts (Cambridge)

National Archives (Kew)

Parliamentary Archives (London)

### 美国

Bakhmeteff Archive, Columbia University (New York)

Beinecke Rare Book and Manuscript Library and Sterling Memorial Library, Yale University (New Haven, CT)

Holy Trinity Orthodox Seminary, Archives and Library (Jordanville, NY)

Hoover Institution Archives (Stanford, CA)

Houghton Library, Harvard University (Cambridge, MA)

National Archives (College Park, MD)

# 当时的报刊

*Aftenposten*

*Aftonbladet*

*Al'manakh "Svoboda"*

*Astrakhanskii listok*

*Avanti!*

*Badische Landes-Zeitung*

*Berliner Allgemeine Zeitung*

*Berliner Morgenpost*

Berliner Tageblatt
Berliner Zeit
Bich
Birzhevye vedomosti
Byloe
Chertenok
Church Times
Dagens Nyheter
Daily Express
Daily Mail
Daily Mirror
Den'
Dépêche de Toulouse
Deutsche Warte
Dni
Donetskaia zhizn'
Drug
Dsihwe
Dsihwes Spehks
Dym otechestva
Dziennik Polski
L'Echo de Russie
L'Eclair
Ekaterinburgskie eparkhial'nye vedomosti
Ermak
Frankfurter Zeitung
Gazeta-kopeika
Gazette de Lausanne
Golos minuvshego
Golos Moskvy
Golos naroda
Golos Rossii
Golos Rusi
Groza
La Guerre Sociale
Hamburger Fremdenblatt
L'Homme libre
L'Humanité
Iskry
Iuzhnaia zaria
Iuzhnye vedomosti
Iuzhnyi krai
Jauna Dienas Lapa

*Le Journal*
*Journal de Genève*
*Kamsko-volzhskaia rech'*
*Kazanskii telegraf*
*Kievliane*
*Kölnische Volks-Zeitung*
*Kolokol*
*Köslinger Zeitung*
*Kurjer Poznański*
*La Lanterne*
*Le Matin*
*Morning Post*
*Moskovskie vedomosti*
*Moskovskii listok*
*Nasha rabochaia gazeta*
*Nationalzeitung*
*Neue Freie Presse*
*Neues Wiener Journal*
*New Statesman*
*New York Times*
*Norske Intelligenz-Seddeler*
*Nov'*
*Novaia voskresnaia vecherniaia gazeta*
*Novoe vremia*
*Novosti dnia*
*Novyi satirikon*
*Nya Dagligt Allehanda*
*Ob"edinenie*
*Odesskie novosti*
*Odesskii listok*
*Orenburgskaia gazeta*
*Otklik na zhizn'*
*Penzenskii krai*
*Peterburgskaia gazeta*
*Peterburgskii kur'er*
*Peterburgskii listok*
*Petit Parisien*
*Petrogradskaia gazeta*
*Petrogradskaia listovka*
*Petrogradskii listok*
*Petrogradskii vesel'chak*
*Post-och Inrikes Tidningar*
*Priazovskii krai*

*Pridneprovskii krai*
*Przegląd Codzienny*
*Rannee utro*
*Rassvet*
*Rech'*
*Reichspost*
*Revel'skii vestnik*
*Rheinisch-Westfälische Zeitung*
*Rostovskii listok*
*Rudin*
*Rul'*
*Russkaia pravda*
*Russkaia riv'era*
*Russkaia volia*
*Russkie novosti*
*Russkie vedomosti*
*Russkoe slovo*
*St. Peterburger Herald*
*Saratovskii listok*
*Saratovskii vestnik*
*Sibirskaia nov'*
*Sibirskaia torgovaia gazeta*
*Sibirskie voprosy*
*Smekh dlia vsekh*
*Solntse Rossii*
*Sovremennoe slovo*
*Sovremennyi mir*
*La Stampa*
*Step'*
*Stolichnaia molva*
*Strannik*
*Svet*
*Le Temps*
*The Times* (London)
*Tobol*
*Trepach*
*Tsaritsynskaia mysl'*
*Tsaritsynskii vestnik*
*Tserkov'*
*Ufimskii vestnik*
*Ural'skaia zhizn'*
*Utro luga*
*Utro Rossii*

*Vechernee vremia*
*Vechernie izvestiia*
*Vechernii Petrograd*
*Vestnik Zapadnoi Sibiri*
*Volksfreund*
*Volzhskii vestnik*
*Volzhsko-Donskoi krai*
*Voskresnaia vecherniaia gazeta*
*Vossische Zeitung*
*Wiener Allgemeine Zeitung*
*Yorkshire Post*
*Za narod!*
*Zaural'skii krai*
*Zemshchina*
*Zhemchuzhina*
*Zhivoe slovo*
*Zhurnal zhurnalov*

# 一手文献

Al'bionov. "Zhitie nepodobnogo startsa Grigoriia Rasputina." In *Smekh dlia vsekh.* Petrograd, 1917.

Alexander, Grand Duke of Russia. *Once a Grand Duke.* New York, 1932.

———. "Pis'mo k Nikolaiu ot 25 dekabria 1916 g.–4 fevralia 1917 g." *Arkhiv russkoi revoliutsii* 5 (1922).

"Aleksandro-Nevskaia Lavra nakanune sverzheniia samoderzhaviia." *Krasnyi arkhiv* 77 (1936).

Aleksin, S. *Sviatoi chert. (Blagodat' Grishki Rasputina.).* Moscow, 1917.

Alfer'ev, E. E. *Pis'ma tsarskoi sem'i iz zatocheniia.* Jordanville, NY, 1974.

*Al'manakh "Svoboda"* 1 ("Kazn' Griskhi Rasputina.") (1917).

Andrei Mikhailovich, Velikii kniaz'. "Iz dnevnika velikogo kniazia Andreia Vladimirovicha za 1916–1917 gg." *Krasnyi arkhiv* 26 (1928).

Arbatskii, F. P. *Tsarstvovanie Nikolaia II.* Moscow, 1917.

Badmaev, P. *Za kulisami tsarizma. (Arkhiv tibetskogo vracha Badmaeva).* Leningrad, 1925.

Bashkiroff, Z. *The Sickle and the Harvest.* London, 1960.

Basily, Nicholas de. *Nicolas de Basily, Diplomat of Russia, 1903–1917: Memoirs.* Stanford, 1973.

Belaia, S. [Markiza Dliaokon']. "Rasputinskaia blagodat'." *Teatral'nye novinki* (1917).

Beletskii, S. P. *Grigorii Rasputin. (Iz zapisok).* Petrograd, 1923.

———. "Vospominaniia." *Arkhiv russkoi revoliutsii.* Vol. 12. Berlin, 1923.

Bel'gard, A. V. "Pechat' i Rasputin." *Mosty* 9 (1962).

Beliaev, A. I. "Dnevnik protoiereia A. I. Beliaeva, nastoiatelia Fedorovskogo sobora v Tsarskom Sele." *Dvorianskoe sobranie* 5 (1996).

[Belling, A. A.]. *Iz nedavnego proshlogo: Vstrechi s Grigoriem Rasputinym*. Petrograd, 1917.

Benckendorff, Count Paul. *Last Days at Tsarskoe Selo*. London, 1927.

Berberova, N. *Kursiv moi*. Moscow, 1999.

Blok, A. A. *Poslednie dni imperatorskoi vlasti*. Moscow, 2005.

———. *Sobranie sochinenii*. Vols. 5, 6. Compiled by V. Orlov. Moscow, 1982–83.

———. *Sobranie sochinenii*. Moscow-Leningrad, 1962–63.

———. *Zapisnye knizhki, 1901–1920*. Moscow, 1965.

Bobrinskii, A. A. "Dnevnik A. A. Bobrinskogo (1910–1911)." *Krasnyi arkhiv* 1 (26) (1928).

Bogdanovich, A. V. *Tri poslednikh samoderzhtsa: Dnevnik*. Moscow-Leningrad, 1924.

Bogoslovskii, Mikhail. *Dnevniki (1913–1919)*. Edited by Tat'iana Timakova. Moscow, 2011.

Bok, M. P. (Stolypina). *Vospominaniia o moem ottse P. A. Stolypine*. Moscow, 1992.

Bonch-Bruevich, M. D. *Vsia vlast' sovetam*. *Vospominaniia*. Moscow, 1958.

Botkin, Gleb. *The Real Romanovs*. New York, 1931.

Bricaud, Joanny. "Un mage à la Cour de Russie." *La Revue* 16–17 (1918).

Buchanan, Sir George William. *My Mission to Russia and Other Diplomatic Memories*. 2 Vols. London, 1923.

Buchanan, Meriel. *The Dissolution of Russia*. London, 1932.

Bulanov, L. P. *Skol'ko stoilo narodu tsar' i ego sem'ia*. Petrograd, 1917.

Bulgakov, M. A. *Dnevnik. Pis'ma. 1914–1940*. Moscow, 1997.

Bulgakov, S. N. *Avtobiograficheskie zametki*. 2nd edn. Paris, 1991.

———. *Khristianskii sotsializm*. Novosibirsk, 1991.

———. "Na piru bogov." In *Iz glubiny*. Moscow, 1991.

Buranov, Iu., comp. "Strannik iz sela Pokrovskogo." *Rodina* 3 (1992).

Burtsev, V. L. "Delo ob ubiistve Rasputina. Rasputin v 1916 godu." *Illiustrirovannaia Rossiia* 17 (363) (23 April 1932).

Buxhoevden, Sophie. *Before the Storm*. London, 1938.

Cantacuzène, Julia, Princess. *Revolutionary Days; Recollections of Romanoffs and Bolsheviki, 1914–1917*. Boston, [1919].

Chebotaryova, Valentina. "V dvortsovom lazarete v Tsarskom Sele: Dnevnik 14 iiulia 1915–5 ianvaria 1918." *Novyi zhurnal* 181, 182 (1990).

Chernyshev, A. V., and N. S. Polovinkin, editors and compilers. *Grigorii Rasputin v vospominaniiakh sovremennikov: sbornik*. Moscow-Tiumen', 1990.

Cockfield, Jamie H, ed. *Dollars and Diplomacy. Ambassador David Rowland Francis and the Fall of Tsarism, 1916–1917*. Durham, NC, 1981.

*Collection du Prince et de la Princesse Félix Youssoupoff*. Auction Catalogue. Olivier Coutau-Bégarie. Paris, 2014.

Damer, Aleksandr. "Rasputin vo dvortse." *Illiustrirovannaia Rossiia* 16 (362) (16 April 1932).

Den, Iuliia. *Podlinnaia tsaritsa: Vospominaniia*. Moscow, 1998.

Diterikhs, M. *Ubiistvo Tsarskoi Sem'i i chlenov Doma Romanovykh na Urale.* Pt. 1. Vladivostok, 1922. Reprint, Moscow, 1991.

"Dnevnik Andreia Vladimirovicha za 1916–1917 gg." *Istochnik* 3 (1998).

*Dnevnik krest'ianina A. A. Zamaraeva, 1906–1922.* Edited by V. V. Morozov and N. I. Reshetnikov. Moscow, 1995.

Dolgova, S. R. *Nakanune svad'by.* Moscow, 2012.

Dorr, Rheta Childe. *Inside the Russian Revolution.* New York, 1918; 1970 reprint.

Dostoevsky, Fyodor. *The Brothers Karamazov.* Translated by Constance Garnett. New York, 1950.

Durnovo, A. "Kto etot krest'ianin Grigorii Rasputin." *Otkliki na zhizn'* 11–12 (1917).

Dzhanumova, E. F. *Moi vstrechi s Rasputinym.* Petrograd-Moscow, 1923.

Dzhunkovskii, V. *Vospominaniia.* Moscow, 1997.

Eager, M. *Six Years at the Russian Court.* London, 1906.

Elizaveta Fedorovna, velikaia kniaginia. "Pis'ma k imperatritse Marii Fedorovne, 1883–1916 gg." *Rossiiskii arkhiv* 11 (2001).

Engel'gardt, Nikolai. "Iz Batishcheva. Epizody moei zhizni. (Vospominaniia)." *Minuvshee* 24 (1998).

Epanchin, N. A. *Na sluzhbe trekh imperatorov. Vospominaniia.* Edited by A. Kavtaradze. Moscow, 1996.

Evlogii, Mitropolit (Georgievskii). *Put' moei zhizni: vospominaniia.* Moscow, 1994.

Fabritskii, S. S. *Iz proshlogo. Vospominaniia fligel'-ad"iutanta gosudaria imperatora Nikolaia II.* Berlin, 1926.

Feoktistov, E. M., V. Novitskii, F. Lir, E., and M. Kleinmikhel'. *Za kulisami politiki. 1848–1914.* Moscow, 2001.

Fetisenko, O. "Iz dnevnika 'peterburgskogo mistika' (Evgenii Ivanov i ego eskhatologicheskie vozzreniia." *Eskhatologicheskii sbornik.* St. Petersburg, 2006.

Francis, David. *Russia from the American Embassy, April 1916–November 1918.* New York, 1921.

———. *Russia in Transition. The Diplomatic Papers of David R. Francis, Ambassador to Russia.* Frederick, MD, 1985.

Fuhrmann, Joseph T., ed., *The Complete Wartime Correspondence of Tsar Nicholas II and the Empress Alexandra. April 1914–March 1917.* Greenwood, CT, 1999.

"G. E. Rasputin glazami ofitsial'nykh vlastei." Edited by S. L. Firsov. *Russkoe proshloe* 6 (1996).

Gaiderova, Z. N. . . . *Tsarstvovanie Nikolaia II. (Ocherk obshchestvennogo i revoliutsionnogo dvizheniia).* Moscow, 1917.

Gavriil Konstantinovich. *V mramornom dvortse. Iz khroniki nashei sem'i.* St. Petersburg-Düsseldorf, 1993.

———. *Velikii kniaz' Gavriil Konstantinovich v Mramornom dvortse.* Moscow, 2001.

[Gibbs, Philip]. *The Russian Diary of An Englishman, Petrograd, 1915–1917.* New York, 1919.

Gilliard, Pierre. *Thirteen Years at the Russian Court*. Translated by F. Appleby Holt. London, 1921.

Gippius, Z. N. *Dmitrii Merezhkovskii*. *Vospominaniia*. Moscow, 1991.

———. *Dnevniki*. Moscow, 1999.

———. *Vospominaniia*. Moscow, 2001.

Glinka, Ia. V. *Odinnadtsat' let v Gosudarstvennoi dume*. Moscow, 2001.

Globachev, K. N. "Pravda o russkoi revoliutsii. Vospominaniia byvshego nachal'nika petrogradskogo okhrannogo otdeleniia." *Voprosy istorii* 7–8 (2002).

———. *Pravda o russkoi revoliutsii. Vospominaniia byvshego nachal'nika petrogradskogo okhrannogo otdeleniia*. Moscow, 2009.

Golder, Frank. *War, Revolution, and Peace in Russia. The Passages of Frank Golder, 1914–1927*. Stanford, 1992.

"Gor'kii i russkaia zhurnalistika nachala XX veka. Perepiska." *Literaturnoe nasledstvo* 95 (1988).

Gorodtsov, P. A. *Pis'ma k bratu Vasiliiu. Iz bumag P. A. Gorodtsova, sudebnogo sledovatelia, advokata i sobiratelia sibirskogo fol'klora*. Supplement to *Iskateli prikliucheniia*. Accessed online on 28 January 2015: http://magru.net/ pubs/1819/Pisma_bratu_Vasiliyu?view_mode=slider#1

Gosudarstvennaia Duma. *Stenograficheskie otchety, 1912–1916*. Vol. 4. Moscow, 1995.

Grabbe, P. *Okna na Nevu. (Moi iunye gody v Rossii)*. St. Petersburg, 1995.

Graham, Stephen. *With the Russian Pilgrims to Jerusalem*. London, 1914.

*Grigorii Rasputin. Iz ego zhizni i pokhozhdenii. Iliodor i V. M. Purishkevich o Rasputine*. Kiev, 1917.

*Grigorii Rasputin: Iz ego zhizni i pokhozhdenii*. Kiev, 1917.

*Grigorii Rasputin v vospominaniiakh uchastnikov i ochevidtsev. (Iz materialov Chrezvychainoi komissii Vremennogo Pravitel'stva)*. Moscow, 1990.

Guchkov, A. I. *Guchkov rasskazyvaet*. Moscow, 1993.

Gul', R. B. *Ia unes Rossiiu*. 3 Vols. Moscow, 2001.

Gumilev, N. S. *Selected Works*. Translated by Burton Raffel and Alla Burago. Albany, 1972.

Gurko, V. I. *Cherty i siluety proshlogo: Pravitel'stvo i obshchestvennost' v tsarstvonie Nikolaia II v izobrazhenii sovremennika*. Edited by N. P. Sokolov. Moscow, 2000.

———. *Tsar i tsaritsa. O tsarstvovanii Nikolaia II*. Moscow, 2008.

Iakhontov, A. N. *Prologue to Revolution. Notes of A. N. Iakhontov on the Secret Meetings of the Council of Ministers, 1915*. Edited by Michael Cherniavsky. Englewood Cliffs, NJ, 1967.

Ilarion (Alfeev), episkop, comp. *Spory ob imeni Bozhiem. Arkhivnye dokumenty 1912–1938 godov*. St. Petersburg, 2007.

Iliodor (Trufanov, Sergei). *Kogda-zhe konets?* Moscow, [1906].

———. *Pamiatka o vechnoi istine*. New York, 1947.

————. "Pis'mo ieromonakha Iliodora V. I. Leninu." *Otechestvennye arkhivy* 4 (2005).

————. *The Mad Monk of Russia, Iliodor. Life, Memoirs, and Confessions of Sergei Michailovich Trufanoff.* New York, 1918.

————. "The Mystery of the Head in the Kremlin." *Liberty,* 18 February 1933.

————. "Sviatoi chert. (Zapiski o Rasputine)." *Golos minuvshego* 3 (1917).

————. *Sviatoi chert. (Zapiski o Rasputine).* Introduction by S. P. Mel'gunov. Moscow, 1917.

————. *Tainy doma Romanovykh.* Moscow, 1917.

————. *Velikaia stalingradskaia marfa.* New York, 1943.

Ilyin, Olga. "The Court and I." Unpublished manuscript.

Ioffe, G. Z. "'Rasputiniada', bol'shaia politicheskaia igra." *Otechestvennaia istoriia* 3 (1998).

*Istoriia tsarstvovaniia Nikolaia II.* Vols. 1–2. Moscow, 1917–18.

Istratova, S. P., comp. *Zhitie bludnogo startsa Grishki Rasputina.* Moscow, 1990.

Ivnev, R. *Neschastnyi angel.* Petrograd, 1917.

"Iz dnevnika A. V. Romanova za 1916–1917 gg." *Krasnyi arkhiv* 26 (1928).

"Iz semeinoi perepiski Iusupovykh." *Reka vremen* 2 (1995).

"K istorii poslednikh dnei tsarskogo rezhima (1916–1917)." *Krasnyi arkhiv* 1 (14) 1926.

"K istorii ubiistva Grigoriia Rasputina." *Krasnyi arkhiv* 4 (1923).

Kafafov, K. D. "Vospominaniia o vnutrennikh delakh Rossiiskoi Imperii." *Voprosy istorii* 7 (2005).

*Kak khoronili Rasputina. Za velikokniazheskimi kulisami.* N.p., n.d.

Kakurin, N. "Iz dnevnika generala V. I. Selivacha." *Krasnyi arkhiv* 2 (9) (1925).

Kalpaschikoff, Andrew. *A Prisoner of Trotsky's.* Garden City, NY, 1920.

Karrik, V. "Voina i revoliutsiia: Zapiski, 1914–1917 gg." *Golos minuvshego* 7/9 (1918).

*Kazn' Grishki Rasputina.* Compiled by E. Sno. Petrograd, [1917].

Kerensky, Alexander. *The Catastrophe; Kerensky's Own Story of the Russian Revolution.* New York, 1927.

————. *Russia and History's Turning Point.* New York, [1965].

Khersonskii. *Akafist Grishke Rasputinu.* Petrograd, [1917].

————. *Skazka o tsare-durake, o tsaritse-bludnitse i o Grishke Rasputinoi shishke.* Petrograd, [1917].

Khvostov, A. N. "Iz vospominanii." *Golos minuvshego* 2 (1923).

Kireev, A. A. *Dnevnik, 1905–1910.* Edited by K. A. Solov'ev. Moscow, 2010.

Kir'ianov, Iu. I., comp. "Pravye v 1915-m–fevrale 1917go. (Po perliustrirovannym departamentom politsii pis'mam)." *Minuvshee* 14 (1993).

Klaving, V. V., comp. *Ia szheg Grigoriia Rasputina.* St. Petersburg, 2001.

Kleinpennig, Petra H., ed. *The Correspondence of Empress Alexandra of Russia with Ernst Ludwig and Eleonore, Grand Duke and Grand Duchess of Hesse, 1878–1916.* Norderstedt, Germany, 2010.

Kliachko, L. M. . . . *Za kulisami starogo rezhima*. (*Vospominaniia zhurnalista*). Vol. 1. Leningrad, 1926.

Kliuev, N. *Slovesnoe drevo*. St. Petersburg, 2003.

Kokovtsov, V. *Iz moego proshlogo*. Moscow, 1991.

———. *Out of My Past: The Memoirs of Count Kokovtsov*. Edited by H. H. Fisher. Translated by Laura Matveev. Stanford, 1935.

Koni, A. F. *Nikolai II: Vospominaniia*, Vol. 2. Moscow, 1966.

Korostovetz, Vladimir. *Seed and Harvest*. Translated by Dorothy Lumby. London, 1931.

Korovin, Konstantin. "Sviataia Rus', Vospominaniia." *Illiustrirovannaia Rossiia* (2 April 1932).

Kovalevskii, P. *Grishka Rasputin*. Moscow, 1917.

Kovyl'-Bobyl', I. I. *Tsaritsa i Rasputin*. Petrograd, [1917].

———. *Vsia pravda o Rasputine*. Petrograd, 1917.

Krarup, Theodora. *42 Aar i Czarriget og Sovjet*. Copenhagen, 1941.

Kriukov, V., comp. *Grigorii Rasputin: sbornik istoricheskikh materialov*. 4 Vols. Moscow, 1997.

Kshesinskaia, M. *Vospominaniia*. Moscow, 1992.

Kshesinskii, S. *Sviatoi chert*. (*Imperatritsa Aleksandra i Grigorii Rasputin): Istoricheskii roman v 2 chastiakh*. Moscow, 1917.

Kulikov, S. V., ed. "'Uspokoeniia nichego ozhidat': pis'ma kniazia M. M. Andronikova Nikolaiu II, Aleksandre Feodorovnoi, A. A. Vyrubovoi i V. N. Voeikovu." *Istochnik* 1 (1999).

Kupchinskii, F. P. "Kak ia szhigal Grigoriia Rasputina." *Solntse Rossii* 369 (1917).

Kurlov, P. G. *Konets russkogo tsarizma: Vospominaniia byvshego komandira korpusa zhandarmov*. Moscow-Petrograd, 1923.

Kuz'min, M. A. *Dnevnik, 1908–1915*. Edited by N. A. Bogomolov and S. V. Shumikhin. St. Petersburg, 2009.

Laganskii, E. "Kak szhigali Rasputina." *Ogonek* 52 (1926); 1 (1927).

Lamzdorf, V. N. *Dnevnik*. Moscow, 1926; 1934; 1991.

Lazovert, Stanislaus. "An Account of Rasputin's Assassination." In Charles F. Horne and Walter F. Austin, eds. *Source Records of the Great War*. Vol. 5. Alabama, 1923.

Lemke, M. K. *250 dnei v tsarskoi stavke, 1914–1916*. 2 Vols. Minsk, 2003.

*The Letters of Tsar Nicholas and Empress Marie, Being the Confidential Correspondence Between Nicholas II, the Last of the Tsars, and His Mother, Dowager Empress Maria Feodorovna*. Edited by Edward J. Bing. London, 1937.

*Lettres des Grands-Ducs à Nicolas II*. Translated by M. Lichnevsky. Paris, 1926.

Levin, K. N. *Poslednii russkii tsar' Nikolai II*. Moscow, 1918.

Liberman, Anatoly. *On the Heights of Creation. The Lyrics of Fedor Tyutchev*. Greenwich, CT, 1992.

"Lichnost' Nikolaia II i Aleksandry Fedorovny po svidetel'stvam ikh rodnykh i blizkikh (gazetnye materialy)." *Istoricheskii arkhiv* (April 1917).

Lockhart, Sir Robert Bruce. *The Diaries of Sir Robert Bruce Lockhart*. Vol. 1: 1915–1938. Edited by Kenneth Young. London, 1973.

———. *Memoirs of a British Agent*. London, 1932.

Lodyzhenskii, M. V. *Misticheskaia trilogiia*. *Temnaia sila*. Moscow, 1998.

Lopukhin, V. B. *Zapiski byvshego direktora departamenta Ministerstva inostrannykh del*. St. Petersburg, 2008.

Lukomskii, A. S. *Vospominaniia*. 2 Vols. Berlin, 1922.

Lunin, S. *Rasputin. P'esa v 4 deistviiakh*. Leningrad, 1927.

L'vov, L. *Za kulisami starogo rezhima. (Vospominaniia zhurnalista)*. Vol. 1. Leningrad, 1926.

Makhetov, A., ed. "'Starets' Grishka Rasputin v vospominaniiakh sovremennikov." *Pravoslavnyi khristianin* 3 (2003).

Maklakov, V. A. "Nekotorye dopolneniia k vospominaniiam Purishkevicha i kniazia Iusupova ob ubiistve Rasputina." *Sovremennye zapiski* 34 (Paris, 1928).

Marie, Grand Duchess of Russia. *Education of a Princess. A Memoir*. New York, 1931.

———. *A Princess in Exile*. New York, 1931.

Marie, Queen of Romania. *The Story of My Life*. New York, 1934.

Mariia Fedorovna, Empress of Russia. *Dnevniki*. Moscow, 2006.

Mariia Fedorovna. *Dnevniki imperatritsy Marii Fedorovny (1914–1920, 1923 gody)*. Moscow, 2005.

Markow, Sergey von. *Wie ich die Zarin befreien wollte*. Zürich, 1929.

Martynov, A. P. *Moia sluzhba v otdel'nom korpuse zhandarmov. Vospominaniia*. Edited by Richard Wragi. Stanford, 1972.

*Materialy k zhitiiu prepodobnomuchenitsy Velikoi Kniagini Elizavety Feodorovny. Pis'ma, dnevniki, vospominaniia, dokumenty*. Moscow, 1996.

Maud, Renée Elton. *One Year at the Russian Court: 1904–1905*. London, 1918.

Maylunas, Andrei, and Sergei Mironenko. *A Lifelong Passion: Nicholas and Alexandra, Their Own Story*. Translated by Darya Galy. New York, 1997.

Mech (Mendelev), R. *Golos s togo sveta, ili Grishka Rasputin v gostiakh u satany*. Moscow, 1917.

Mel'gunov, S. P. *Poslednii samoderzhets. Cherty dlia kharakteristiki Nikolaia II*. Moscow, 1917.

———. *Vospominaniia i dnevniki*. 2 Pts. Paris, 1964.

Mel'nik (Botkina), T. *Vospominaniia o Tsarskoi Sem'e i ee zhizni do i posle revoliutsii*. Moscow, 1993.

Men'shikov, M. O. "Dnevnik 1918 goda." *Rossiiskii arkhiv* 4 (1993).

Mikhail Aleksandrovich, Velikii kniaz'. *Dnevnik i perepiska, 1915–1918*. Edited by V. M. Khrustalev. Moscow, 2012.

Mikhailov, A. *Temnye sily*. Moscow, 1917.

Miliukov, P. N. *Political Memoirs, 1905–1917*. Edited by Arthur P. Mendel. Translated by Carl Goldberg. Ann Arbor, MI, 1967.

———. *Vospominaniia*. Moscow, 1991.

Miule-Vasil'ev, V. K. *Grishka Rasputin u tsygan. Byl' v litsakh s peniem v 1-m deistvii.* Petrograd, 1917.

Moe, Ronald C. *Prelude to Revolution: The Murder of Rasputin.* Chula Vista, CA, 2011.

*Monarkhiia pered krusheniem (1914–1917 gg.): Bumagi Nikolaia II i drugie dokumenty.* Edited by V. P. Semennikov. Moscow-Leningrad, 1927.

Mordvinov, A. A. "Poslednii imperator, vospominaniia fligel'-ad'iutanta A. Mordvinova." *Otechestvennye arkhivy* 3–4 (1993).

Mosolov, A. A. *Pri dvore poslednego imperatora: zapiski nachal'nika kantseliarii ministra dvora.* St. Petersburg, 1992.

Naryshkin-Kurakin, Elizabeth. *Under Three Tsars.* Edited by René Fülöp-Miller. Translated by Julia E. Loesser. New York, 1931.

Naumov, A. N. *Iz utselevshikh vospominanii, 1868–1917.* 2 Vols. New York, 1954–55.

Nekludoff, A. V. *Diplomatic Reminiscences, Before and During the World War, 1911–1917.* Translated by Alexandra Paget. London, 1920.

*New York Times Current History, The.* Vol. 17. New York, 1919.

Nicholas II, emperor of Russia [Nikolai II]. *Dnevniki imperatora Nikolaia II (1894–1918).* Edited by S. V. Mironenko. Vol. 1. Moscow, 2011; Vol. 2, Pt. 2 (1914–1918). Moscow, 2013.

———. *Letters of the Tsar to the Tsaritsa, 1914–1917.* Translated by A. L. Hynes. Commentary by C. E. Vulliamy. London, 1929.

———. *The Secret Letters of the Last Tsar.* Edited by Edward J. Bing. New York, 1938.

*Nikolai II Romanov: ego zhizn' i "deiatel'nost'", 1894–1917 gg. Po inostrannym i russkim istochnikam.* Petrograd, 1917.

*Nikolai II. Materialy dlia kharakteristiki lichnosti i tsarstvovaniia.* Moscow, 1917.

*Nikolai II. Semeinyi al'bom. Katalog vystavki.* Moscow, 1998.

*Nikolai i Aleksandra: Dvor poslednikh russkikh imperatorov. Katalog vystavki.* St. Petersburg, 1994.

*Nikolai II i velikie kniaz'ia: Rodstvennye pis'ma k poslednemu tsariu.* Moscow-Leningrad, 1924.

Nikolai Mikhailovich, Velikii kniaz'. "Zapiski N. M. Romanova." *Krasnyi arkhiv* 47–49 (1931).

Nikol'skii, B. V. "Vyderzhki iz dnevnika." *Krasnyi arkhiv* 1 (1935)

Nikon (Rklitskii), archbishop. *Zhizneopisanie blazhenneishego Antoniia, mitropolita Kievskogo i Galitskogo.* 10 Vols. New York, 1956–63.

Nikulin, L. V. *O startse Grigorii i russkoi istorii . . . : Skazka nashikh dnei.* Moscow, 1917.

*Novaia knizhka ob sviatom cherte Grishke, ob Nikolae bezgolovom, glupom i bestolkovom, ob Alise-nemke, chto snimala s russkikh penki, o ministrakh-predateliakh i obo vsekh pridvornykh obirateliakh.* Moscow, 1917.

Novoselov, M. A. *Grigorii Rasputin i misticheskoe rasputstvo.* Moscow, 1917.

Obninskii, V. P. *Nikolai II—poslednii samoderzhets. Ocherki iz zhizni i tsarstvovaniia.* Moscow, 1992; orig. 1917.

Ol'ga Aleksandrovna, velikaia kniaginia. *Memuary.* Moscow, 2003.

Ordovskii-Tanaevskii, N. A. *Vospominaniia.* Caracus, St. Petersburg, Moscow, 1993.

Oreshnikov, A. V. *Dnevnik, 1915–1933.* Book 1. Edited by P. G. Gaidukov. Moscow, 2010.

*Originalakten zum Mord an Rasputin. (Original Legal Documents Concerning the Murder of Rasputine.) With a Description in English. Offered for Sale by Karl W. Hiersemann.* Leipzig, [1929].

*Padenie tsarskogo rezhima. Stenograficheskie otchety doprosov i pokazanii, dannykh v 1917 g. v Chrezvychainoi sledstvennoi komissii Vremennogo pravitel'stva.* 7 Vols. Edited by P. E. Shchegolev. Moscow-Leningrad, 1924–27.

Paléologue, Maurice. *An Ambassador's Memoirs.* Translated by F. A. Holt. 3 Vols. London, 1923–25.

Peregudova, Z. I., ed. *"Okhranka": vospominaniia rukovoditelei politicheskogo syska.* 2 Vols. Moscow, 2004.

*Perepiska sviashchennika Pavla Florenskogo i Mikhaila Aleksandrovicha Novoselova.* Tomsk, 1998.

"Podrobnosti ubiistva Rasputina." *Krasnyi arkhiv* 6 (1931).

Pokrovskii, M., ed. "Politicheskoe polozhenie Rossii nakanune Fevral'skoi revoliutsii v zhandarmskom osveshchenii." *Krasnyi arkhiv* 17 (1926).

Polivanov, A. A. *Iz dnevnikov i vospominanii po dolzhnosti voennogo ministra i ego pomoshchnika. 1906–1916.* Moscow, 1924.

Polovtsev, A. A. "Dnevnik." *Krasnyi arkhiv* 3–4 (1923).

Portugalov, V. V. *Tsarstvovanie polednego Romanova.* Petrograd, 1917.

*Poslednie dnevniki Imperatritsy Aleksandry Fedorovny Romanovoi. Fevral' 1917 g.–16 iiulia 1918 g. Sbornik dokumentov.* Edited by V. A. Kozlov and V. M. Khrustalev. Novosibirsk, 1999.

*Poslednie dni Rasputina.* Arkhangel'sk, 1917.

"Poslednii vremenshchik polednego tsaria." *Voprosy istorii* 10, 12 (1964); 1–3 (1965).

Pourtalès, Friedrich. *Am Scheidewege zwischen Krieg und Frieden. Meine Letzten Verhandlungen in St. Petersburg, Ende Juli 1914: Tagesaufzeichnung und Dokumente.* Berlin, 1927.

Preston, Thomas. *Before the Curtain.* London, 1950.

Priadilov, A. N. *Krakh Rossiiskoi imperii: Svidetel'stva i suzhdeniia uchastnikov i ochevidtsev.* Moscow, 2005.

Prishvin, M. M. *Dnevnik, 1918–1919.* St. Petersburg, 1991.

———. *Dnevniki, 1914–1917.* St. Petersburg, 2007.

"Protokol doprosa M. G. Solov'evoi (Rasputinoi) sledovatelem po osobovazhnym delam N. A. Sokolovym, 26–27 dekabria 1919 g. v Chite. (Iz arkhiva Sokolova)." *Rodina* 3 (1992).

"Protokoly doprosa admirala Kolchaka chrezvychainoi sledstvennoi komissiei v Irkutske v ianv.–fevr. 1920 g." *Arkhiv russkoi revoliutsi.* 10 (1991).

Prugavin, A. S. *Leontii Egorovich i ego poklonnitsy.* Moscow, 1916.

Purishkevich, V. M. *The Murder of Rasputin.* Edited by M. E. Shaw. Translated by Bella Costello. Ann Arbor, MI, 1980.

Raitblat, A. I., ed. *"Okhranka".* *Vospominaniia rukovoditelei politicheskogo syska.* Moscow, 2004.

"Rasputin as Known to the Secret Police (Ochrana)." In C. E. Vulliamy, ed. *The Red Archives: Russian State Papers and Other Documents Relating to the Years 1915–1918.* London, 1929.

"Rasputin v osveshchenii 'okhranki.'" *Krasnyi arkhiv* 5 (1924).

*Rasputin v vospominaniiakh sovremennikov.* Moscow, 1990.

Rasputin, Grigorii. *Blagochestivye razmyshleniia.* St. Petersburg, 1912.

————. *Dnevnik Rasputina.* Edited by D. A. Kotsiubinskii and I. V. Lukoianov. Moscow, 2008.

————. *Dukhovnoe nasledie. Izbrannye stat'i, besedy, mysli i izrecheniia.* N.p., 1994.

————. *Moi mysli i razmyshleniia.* Moscow, 1991.

————. *Moi mysli i razmyshleniia. Zhitie opytnogo strannika. Pis'ma.* Moscow, 2001.

————. *Velikie torzhestva v Kieve. Poseshchenie Vysochaishei Sem'i. Angel'skii privet.* St. Petersburg, 1911.

————. *Zhitie opytnogo strannika,* in Platonov, *Zhizn' za tsaria.*

Rasputin, Marie [M. G. Rasputina]. "Dnevnik Matreny Grigor'evny Rasputinoi." Edited by L. A. Lykova. *Rossiiskii arkhiv* 11 (2001).

————. [Solovieff-Raspoutine, Marie]. *Mon père Grigory Raspoutine.* Paris, 1925.

————. *My Father.* London, 1934.

————. *Rasputin: Pochemu?: Vospominaniia docheri.* Moscow, 2000.

————. *The Real Rasputin.* Translated by Arthur Chambers. London, 1929.

————, and Patte Barham. *Rasputin: The Man Behind the Myth: A Personal Memoir.* Englewood Cliffs, NJ, 1977.

*Rassledovanie tsareubiistva. Sekretnye dokumenty.* Moscow, 1993.

Rassulin, Iurii, Sergei Astakhov, and Elena Dushenova, comps. *Khronika velikoi druzhby. Tsarstvennye mucheniki i chelovek Bozhii Grigorii Rasputin-Novyi.* St. Petersburg, 2007.

Raupakh, R. R., von. *Facies Hippocratica (Lik umiraiushchego): Vospominaniia chlena Chrezvychainoi Sledstvennoi Komissii 1917 goda.* Edited by S. A. Man'kov. St. Petersburg, 2007.

Remizov, A. M. "Dnevnik, 1917–1921." *Minuvshee* 16 (1994).

Rodzianko, M. V. *The Reign of Rasputin: An Empire's Collapse.* Introductions by Sir Bernard Pares and David R. Jones. Translated by Catherine Zvegintzoff. Gulf Breeze, FL, 1973.

Rom-Lebedev, Ivan. "Zapiski moskovskogo tsygana." *Teatr* 3–6 (1985).

Romanov, A. V. *Dnevnik velikogo kniazia Andreia Vladimirovicha.* Leningrad, 1925.

————. "Pozornoe vremia perezhivaem." Iz dnevnika Velikogo Kniazia Andreia Vladimirovicha Romanova. *Istochnik* 3 (34) (1998).

————. *Voennyi dnevnik velikogo kniazia Andreia Vladimirovicha Romanova (1914–*

1917). Edited and compiled by V. M. Osin and V. M. Khrustalev. Moscow, 2008.

Romanov, D. P. "Pis'ma k ottsu." *Krasnyi arkhiv* 30 (1928).

Romanov, K. K. *Dnevniki. Vospominaniia. Stikhi. Pis'ma.* Edited by E. Matonina. Moscow, 1998.

Romanov, N. M. "Dnevnik velikogo kniazia Nikolaia Mikhailovicha." *Krasnyi arkhiv* 4, 6, 9 (1931).

———. "Zapiski." in *Gibel' monarkhii.* Moscow, 2000.

Romanova, A. F. (imperatritsa Aleksandra Fedorovna). *Divnyi svet. Dnevnikovye zapisi, perepiska, zhizneopisanie.* Moscow, 1999.

Rozanov, V. V. *Apokalipticheskaia sekta (khlysty i skoptsy).* St. Petersburg, 1914.

———. *Listva. Iz rukopisnogo naslediia.* Moscow, 2001.

———. *Mimoletnoe.* Moscow, 1994.

———. *O sebe i zhizni svoei.* Moscow, 1990.

———. *V nashei smute. Stat'i 1908 g. Pis'ma k E. F. Gollerbakhu.* Moscow, 2004.

———. *Vozrozhdaiushchiisia Egipet.* Moscow, 2002.

Rozanova, Tat'iana. "Bud'te svetly dukhom." *(Vospominaniia o V. V. Rozanove).* Moscow, 1999.

Rudnev, V. [V. M. Roudnieff]. *La vérité sur la Famille Impériale Russe et les Influences occultes.* Paris, 1920.

———. *Pravda o tsarskoi sem'e i temnykh silakh.* Ekaterinodar, 1919.

———. "Vospominaniia." *Russkaia letopis'.* Vypusk 2. Paris, 1922.

Sablin, N. V. *Desiat' let na imperatorskoi iakhte "Shtandart."* St. Petersburg, 2008.

Sadovskii, B. "Zapiski (1881–1916)." *Rossiiskii arkhiv* 1 (1991).

Saf'ianova, A. *O startse Grigorii i russkoi istorii . . . Skazka nashikh dnei.* Moscow, [1917].

Savich, N. V. *Vospominaniia.* St. Petersburg, 1993.

Sazonov, S. D. *Fateful Years, 1909–1916: The Reminiscences of Serge Sazonov, Russia's Minister for Foreign Affairs.* London, 1928.

Schelking, Eugene de. *Recollections of a Russian Diplomat.* New York, 1918.

Semennikov, V. P. *Monarkhiia pered krusheniem. 1914–1917 gg. Bumagi Nikolaia II i drugie dokumenty.* Moscow-Leningrad, 1927.

"Sem'ia Romanovykh—Nikolai i Aleksandra: Svidetel'stvuiut rodnye i blizkie." *Neva* 8 (1997).

Sh. P. *Grigorii Rasputin. Ego zhizn', rol' pri dvore imperatora Nikolaia II i ego vliianie na sud'bu Rossii.* Moscow, 1917.

*Shaika shpionov Rossii i gnusnye dela Grishki Rasputina.* Moscow, 1917.

Shakhovskoi, Prince Vsevolod. *Sic Transit Gloria Mundi (Tak prokhodit mirskaia slava), 1893–1917.* Paris, 1952.

Shavel'skii, Georgii. *Russkaia tserkov' pered revoliutsiei.* Moscow, 2005.

———. *Vospominaniia poslednego protopresvitera russkoi armii i flota.* New York, 1954.

Shelley, Gerard. *The Blue Steppes. Adventures Among the Russians.* London, [1925].

————. *The Speckled Domes: Episodes of an Englishman's Life in Russia.* New York, 1925.

Shkulev, F. S. *Nikolai v adu: Rasskaz o tom, kak Nikolai Romanov v ad popal, gde Rasputina Grishku uvidal.* [Moscow, 1917].

Shtiurmer [Stürmer], B. V. "Vsepoddanneishie zapiski B. V. Shtiurmera, 1916 g." *Istoricheskii arkhiv* 6 (1994).

Shulenberg, V. *Vospominaniia ob imperatritse Aleksandre Fedorovne.* Paris, 1928.

Shul'gin, V. V. *Dni. (Zapiski).* Belgrade, 1925.

————. *Poslednii ochevidets.* Moscow, 2002.

————. *The Years. Memoirs of a Member of the Russian Duma, 1906–1917.* Edited by Jonathan E. Sanders. Translated by Tanya Davis. New York, 1984.

Simanovich, Aron. *Rasputin i evrei.* Moscow, n.d. [1991?].

———— [Simanowitsch]. *Rasputin, der allmächtige Bauer.* Munich, 1928.

Sliozberg, G. B. *Dela minuvshikh dnei, zapiski russkogo evreia.* 3 Vols. Paris, 1934.

Smitten, B. N. "Poslednii vremenshchik posledngo tsaria. (Materialy chrezvychainoi sledstvennoi komissii o Rasputine i razlozhenii samoderzhaviia)." Edited by A. L. Sidorov. *Voprosy istorii* 10, 12 (1964); 1, 2 (1965).

Sokolov, N. A. "Predvaritel'noe sledstvie." 1919–1922 gg." Compiled by L. A. Lykov. *Rossiiskii arkhiv* 8 (1998).

————. *Ubiistvo tsarskoi sem'i.* Berlin, 1922; reprint, Moscow, 1990.

Sokolov, V. *Temnye sily Rossiiskoi Imperii.* Moscow, 1917.

Sotheby's, Auction Catalogue, 2 June 2006.

Spiridovich, Alexander I. *Last Years of the Court at Tsarksoe Selo.* Vol. 1. Translated by Emily Plank. Fremantle, Western Australia, 2009.

————. *Les dernières années de la cour de Tzarskoïé-Sélo.* Paris, 1928.

————. *Zapiski zhandarma.* Moscow, 1991.

*Stenograficheskie otchety zasedanii Gosudarstvennoi Dumy.* St. Petersburg, 1906–17.

Stoeckl, Baroness de. *Not All Vanity.* Edited by George Kinnaird. London, 1950.

Stolypin, P. A. "Iz perepiski P. A. Stolypina s Nikolaem II." *Krasnyi arkhiv* 5 (30) (1928).

[Stopford, Albert]. *The Russian Diary of an Englishman, 1915–1917.* London, 1919.

Stremoukhov, P. P. "Moia bor'ba s episkopom Germogenom i Iliodorom. Iz vospominanii senatora P. P. Stremoukhova." *Arkhiv russkoi revoliutsii* 16 (Berlin, 1925).

Sukhomlinov, V. A. *Erinnerungen.* Berlin, 1924.

"*Sviatoi chert.*" *Rasputin Grishka, zloi genii Doma Romanovykh.* Moscow, [1917].

"Svidanie dolzhno byt' obstavleno tainoi (novye materialy ob ubiistve Rasputina)." *Istochnik* 3 (1993).

Syroechkovskii, B. E. *Nikolai II i ego tsarstvovanie.* Moscow, 1917.

*Taina Doma Romanovykh.* Vol. 1. Petrograd, 1917.

*Taina Doma Romanovykh ili pokhozhdeniia Grigoriia Rasputina.* [Kiev, 1917].

*Taina vliianiia Grishki Rasputina. Grishka i zhenshchiny. Grishka politik. Grishka i "Sashka". Grishka spirit.* Petrograd, [1917].

*Tainy tsarskogo dvora i Grishka Rasputin.* Moscow, 1917.

*Tainy Tsarskosel'skogo Dvortsa. Tainy kartiny i grammofonnoi plastinki.* Petrograd, 1917.

Teliakovskii, V. A. *Dnevniki direktora Imperatorskikh teatrov.* Vol. 4. Edited by M. G. Svetaeva. Moscow, 2001.

————. *Vospominaniia.* Moscow-Leningrad, 1965.

*Temnye sily. Tainy Rasputnogo dvora. "Rasputin".* Petrograd, 1917.

Templewood, Samuel John Gurney Hoare. *The Fourth Seal. The End of a Russian Chapter.* London, [1930].

Tenisheva, M. K. *Vpechatleniia moei zhizni.* Leningrad, 1991.

Tikhomirov, L. A. *Dnevnik L. A. Tikhomirova, 1915–1917 gg.* Edited by A. V. Repnikov. Moscow, 2008.

————. "Iz dnevnika." *Krasnyi arkhiv* 3 (1930); 6 (1935); 1 (1936).

————. *Vospominaniia.* Moscow-Leningrad, 1927.

————. "25 let nazad. (Iz dnevnikov L. Tikhomirova)." *Krasnyi arkhiv* 1–5 (1930).

Tkhorzhevskii, I. I. *Poslednii Peterburg: Vospominaniia kamergera.* St. Petersburg, 1999.

Tolstoi, A., and P. Shchegolev. *Zagovor imperatritsy (p'esa).* Moscow, 1926.

Tomskii, O. *Skazka o Grishke Rasputnom, glupykh ministrakh i Dvore Vysochaishem. [V stikhakh].* Petrograd, 1917.

Trewin, J. C. *House of Special Purpose: An Intimate Portrait of the Last Days of the Imperial Russian Family Compiled from the Papers of their English Tutor, Charles Sydney Gibbes.* New York, 1975.

Trotsky, Leon. *History of the Russian Revolution.* Vol. 1. Translated by Max Eastman. Chicago, 2008.

*Tsesarevich. Dokumenty. Vospominaniia. Fotografii.* Moscow, 1998.

Tumanskii, A. "Zlobodnevnye p'esy." *Teatr i iskusstvo* 20, 21 (1917).

Uspenskii, K. "Ocherk tsarstvovaniia Nikolaia II." *Golos minuvshego* 4 (1917).

"V tserkovnykh krugakh pered revoliutsiei. Iz pisem arkhiepiskopa Antoniia Volynskogo k mitropolitu Kievskomu Flavianu." *Krasnyi arkhiv* 6 (31) (1928).

Vasilevskii, I. M. *Belye memuary.* Petrograd, 1923.

Vasil'chikova, L. L. *Ischeznuvshaia Rossiia. Vospominaniia kniagini Lidii Leonidovny Vasil'chikovoi. 1886–1919.* St. Petersburg, 1995.

Vasil'ev, A. T. *The Ochrana, the Russian Secret Police.* Edited and with an Introduction by René Fülöp-Miller. Philadelphia, 1930.

Vatala, El'vira. *Grigorii Rasputin bez mifov i legenda. Roman v dokumentakh.* Moscow, 2000.

Vecchi, Joseph. *The Tavern is My Drum. My Autobiography.* London, 1948.

Veniamin (Fedchenkov), Metropolitan. *Na rubezhe dvukh epokh.* Edited by A. K. Svetozarskii. Moscow, 1994.

Vershinin, A. P. *Sviatoi chert (Grigorii Rasputin). P'esa v 1-m deistvii (repertuara mosk. i petrogr. teatrov).* Viatka, 1917.

Vetukhov, A. "Mikroby zla". (Zametki po povodu knigi M. Lodyzhenskogo "Temnaia sila"). Khar'kov, 1916.

Vinberg, F. Krestnyi put'. Chast' 1: Korni zla. Munich, 1922.

Vinogradov, Igor. "Nicholas II, Stolypin, and Rasputin: Letter of 16 October 1916." Oxford Slavonic Papers 12 (1965).

Vitte, S. Iu. Vospominaniia. 3 Vols. Moscow, 1994.

———. Iz arkhiva S. Iu. Vitte: Vospominaniia. Edited by B. B. Anan'ich, et al. 2 Vols. St. Petersburg, 2003.

Vladykin, Akim. Taina rozhdeniia b. naslednika i pridvornaia kamaril'ia. Petrograd, 1917.

Voeikov, V. N. S tsarem i bez tsaria. Vospominaniia poslednego dvortsovogo komendanta Gosudaria Nikolaia II. Moscow, 1995.

Volkov, A. A. Okolo tsarskoi sem'i. Paris, 1928 [Moscow 1993].

Vonliarliarskii, V. Moi vospominaniia. Berlin, n.d.

Vrangel', N. N. Dni skorbi. Dnevnik 1914–1915 godov. St. Petersburg, 2001.

"Vsepoddanneishie zapiski B. V. Shtiurmera. 1916 g." Istoricheskii arkhiv 6 (1994).

"Vstrecha v stavke. Nikolai II i A. D. Samarin." Istoricheskii arkhiv 2 (1996).

Vulliamy, C. E., and A. L. Hynes, eds. The Red Archives: Russian State Papers and Other Documents Relating to the Years 1915–1918. London, 1929.

Vyrubova (Taneeva), A. A. "Dnevnik A. A. Vyrubovoi." Minuvshie dni 1, 2 (1927); 3 (1928).

———. "Neizvestnye fragmenty 'Vospominanii' Anny Vyrubovoi." Rodina 2 (1988).

———. Rasputin. Moscow, 1990.

———. Stranitsy moei zhizni, in Vernaia Bogu, Tsariu i Otechestvu. Anna Aleksandrovna Taneeva (Vyrubova)—monakhinia Mariia. Edited and compiled by Iurii Rassulin. St. Petersburg, 2005.

Woytinskii, W. S. Stormy Passage. New York, 1961.

[Yusupov, Felix]. "Kak my ubivali Rasputina." Ogonek 50, 52 (1927).

———. Lost Splendor: The Amazing Memoirs of the Man Who Killed Rasputin. Translated by Ann Green and Nicholas Katkoff. New York, 2003.

——— [Iusupov, F. F., kniaz']. Pered izgnaniem, 1887–1919: memuary. Edited by N. Strizhova. Moscow, 1993.

——— [Youssoupoff, Prince Felix]. Rasputin. NY, 1927.

Yusupova, Princess Zinaida Nikolaevna. "Diary, January 1–April 25, 1919." Translated by Christine Galitzine. Unpublished ms.

Zancke, H. Th. v. Rasputin. Russische Sittenbilder nach den Erinnerungen eines Okhrana Agenten. Berlin, 1917.

Zavarzin, P. P. Zhandarmy i revoliutsiia. Paris, 1930.

Zhdanov, Lev. Nikolai "Romanov." Poslednii Tsar': Istoricheskie nabroski. Petrograd, 1917.

———. Sud nad Nikolaem II. Stranitsy istorii proshlykh i nashikh dnei. Petrograd, n.d.

Zhevakhov, N. D. La Verità su Rasputin. Bari, 1930.

————. *Vospominaniia tovarishcha ober-prokurora Sviashchennogo Sinoda*. 2 Vols. Moscow, 1993.

*Zhizn' i pokhozhdenie Grigoriia Rasputina*. Kiev, 1917.

Zhukovskaia, V. A. "Moi vospominaniia o Grigorii Efimoviche Rasputine, 1914–1916 gg." *Rossiiskii arkhiv* 2–3 (1992).

Zotov, M. *Grishka Rasputin (muzhik vserossiiskii). P'esa v 1-m deistvii*. Petrograd, 1917.

## 二手文献

Alberg, V. L. "Grigori Efimovich Rasputin, 1871–1916." *Social Studies* 47, no. 8 (1956).

Almazov, Boris. *Rasputin i Rossiia. (Istoricheskaia spravka)*. Prague, 1922.

Amal'rik, A. *Rasputin. Dokumental'naia povest'*. Moscow, 1992.

Antrick, O. *Rasputin und die politische Hintergründe seiner Ermordung*. Braunschweig, 1938.

Arkhipenko, V. "Zagovor Iliodora." *Nauka i religiia* 9 (1969).

Aronson, G. *Rossiia nakanune revoliutsii*. New York, 1962.

Ashton, Janet. "'God in All Things': The Religious Beliefs of Russia's Last Empress and Their Personal and Political Context." *British Library Journal* 6 (2006).

Avrekh, A. Ia. *Masony i revoliutsiia*. Moscow, 1990.

Bariatinskii, V. V. "Oshibka istorii." *Illiustrirovannaia Rossiia* 16 (362) (16 April 1932).

Bartlett, Rosamund. *Tolstoy. A Russian Life*. New York, 2001.

Batyushin, N. S. *Tainaia voennaia razvedka i bor'ba s nei*. Edited by I. I. Vasil'ev and A. A. Zdanovich. Moscow, 2002.

————. *U istokov russkoi kontrrazvedki: sbornik dokumentov i materialov*. Moscow, 2007.

Bennett, J. D. C. "Princess Vera Gedroits: Military Surgeon, Poet and Author." *British Medical Journal* 305 (19–26 December 1992).

Berberova, Nina. *Kursiv moi: avtobiografiia*. Moscow, 1999.

————. *Liudi i lozhi. Russkie masony XX stoletiia*. New York, 1986.

Berdiaev, N. *Sud'ba Rossii*. Moscow, 1990.

Berger, Joachim. "European Freemasonries, 1850–1935: Networks and Transnational Movements." In *European History Online (EGO)* by the Institut für europäische Geschichte, Mainz, 2010. Accessed at: http://www.ieg-ego. eu/bergerj-2010-en.

————. "Local–National–Transnational Heroes? Hero-worship in Western European Freemasonries (c. 1870–1914)." In *Hinter den Kulissen. Beiträge zur historischen Mythenforschung*. Edited by Claus Oberhauser and Wolfgang Knapp. Innsbruck, 2012.

Berry, Thomas E. "Séances for the Tsar: Spiritualism in Tsarist Society and

Literature." *Journal of Religion and Psychical Research* (January 1984–January 1986).

Betskii, K., and P. Pavlov. *Russkii Rokambol' (prikliucheniia I. F. Manasevicha-Manuilova)*. Leningrad, 1925.

Betts, Richard. *Pshenitsa i plevely: bespristrastno o G. E. Rasputine*. Moscow, 1997.

——, V. Marchenko. *Dukhovnik tsarskoi sem'i. Sviatitel' Feofan Poltavskii (1873–1940)*. 2nd edn. Moscow, 1996.

Bienstock, J. W. *Raspoutine. La fin d'un régime*. Paris, 1917.

Billington, James. *The Icon and the Axe. An Interpretive History of Russian Culture*. New York, 1970.

Bisher, Jamie. *White Terror: Cossack Warlords of the Trans-Siberian*. Abingdon, 2009.

Blok, A. *Poslednie dni imperatorskoi vlasti*. Moscow, 2005.

Bokhanov, A. N. *Delovaia elita Rossii, 1914 g.* Moscow, 1994.

——. *Pravda o Grigorii Rasputine. Ostorozhno: fal'sifikatsiia*. Moscow, 2011.

——. *Rasputin: Anatomiia mifa*. Moscow, 2000.

——. *Rasputin: Byl' i ne byl'*. Moscow, 2006.

——, et al. *The Romanovs: Love, Power and Tragedy*. London, 1993.

Borisov, D. *Vlastiteli i chudotvortsy. (Iliodor, Germogen i Rasputin)*. Saratov, 1926.

Bostunich, G. *Masonstvo i russkaia revoliutsiia: pravda misticheskaia i pravda real'naia*. Moscow, 1993.

——. *Otchego Rasputin dolzhen byl poiavit'sia. (Obosnovaniia psikhologicheskoi neizbezhnosti)*. Petrograd, 1917.

Botsianovskii, B. F. "Karikatura i tsenzura v nachale XX v." *Byloe* 4 (1925).

Brown, Candy Gunther. *Testing Prayer: Science and Healing*. Cambridge, MA, 2012.

Budnitskii, O. V. *Russian Jews between the Reds and the Whites, 1917–1920*. Philadelphia, 2012.

Bukharkina, Ol'ga. "Tak pisal Rasputin." *Diletant* 10 (22) (October 2013).

Buksgevden, S. K. *Ventsenosnaia muchenitsa. Zhizn' i tragediia Aleksandry Feodorovny, imperatritsy vserossiiskoi*. Moscow, 2006.

Carey, Benedict. "Long-Awaited Medical Study Questions the Power of Prayer." *New York Times*, 31 March 2006.

Carlson, Maria. *"No Religion Higher Than Truth:" A History of the Theosophical Movement in Russia, 1875–1922*. Princeton, 1993.

Chambrun, Charles. *Lettres à Marie, Pétersbourg-Pétrograd, 1914–1917*. Paris, 1941.

Chambrun, Marie, Princesse Lucien [Marie] Murat. *Raspoutine et l'aube sanglante*. Paris, 1917.

Cherepakhov, M. S., and E. M. Fingerit, compilers. *Russkaia periodicheskaia pechat' (1895–oktiabr' 1917)*. Moscow, 1957.

Chernow, Ron. *The Warburgs: The Twentieth-Century Odyssey of a Remarkable Jewish Family*. New York, 1993.

Chernyshev, A. V. "O vozraste Grigoriia Rasputina i drugikh biograficheskikh detaliakh." *Otechestvennye arkhivy* 1 (1992).

————. "Rasputinskaia tema na stranitsakh izdanii nashikh dnei (1988–2005)." Tiumen', 1996.

————. *Religiia i Tserkov' v Tiumenskom krae. Opyt bibliografii.* Pt. 2. Tiumen', 2004.

————. "Vybor puti (Shtrikhi k religiozno-filosofskomu portretu G. E. Rasputina)." In *Religiia i tserkov' v Sibiri. Sbornik nauchnykh statei i dokumental'nykh materialov.* No. 11. Tiumen', 1998.

Cockfield, Jamie H. *White Crow: The Life and Times of Grand Duke Nicholas Mikhailovich Romanov, 1859–1919.* Westport, CT, 2002.

Coleman, Heather J. *Russian Baptists and Spiritual Revolution, 1905–1929.* Bloomington, IN, 2006.

Cook, Andrew. *To Kill Rasputin. The Life and Death of Grigori Rasputin.* Stroud, 2007.

Coonrod, Robert Wingate. "The Fourth Duma and the War, 1914–1917." Ph.D. Dissertation. Stanford University, 1950.

Crummey, Robert. O. *The Formation of Muscovy, 1304–1613.* New York, 1987.

Cullen, Richard. *Rasputin: The Role of Britain's Secret Service in his Torture and Murder.* London. 2010.

Curtiss, John Shelton. *Church and State in Russia, The Last Years of the Empire: 1900–1917.* New York, 1940.

Daly, Jonathan W. *The Watchful State: Security Police and Opposition in Russia, 1906–1917.* DeKalb, IL, 2004.

————, and Leonid Trofimov, eds. *Russia in War and Revolution, 1914–1922: A Documentary History.* Indianapolis, IN, 2009.

Danilov, Iu. N. *Na puti k krusheniiu: ocherki iz poslednego perioda russkoi monarkhii.* Moscow, 1992.

de Enden, M. *Raspoutine et le crépuscule de la monarchie en Russie.* Paris, 1991.

De Jonge, Alex. *The Life and Times of Grigorii Rasputin.* New York, 1982.

"Delo ob ubiistve Rasputina." *Illiustrirovannaia Rossiia* 28 (374) (9 July 1932).

Dionisii (Alferov), ieromonakh. "Rasputin i pravoslavnaia asketika." Accessed at: http://catacomb.org.ua/modules.php?name=Pages&go=print_page&pid=270.

Dixon, Simon. "The 'Mad Monk' Iliodor in Tsaritsyn." *Slavonic and East European Review* 88. nos. 1/2 (January/April 2010).

————. "Superstition in Imperial Russia." *Past and Present* (2008): 199 (Supplement 3).

Dobson, Christopher. *Prince Felix Yusupov. The Man Who Murdered Rasputin.* London, 1989.

Dowling, Timothy C. *The Brusilov Offensive.* Bloomington, IN, 2008.

Dresner, Samuel H. *The Zaddik.* New York, 1960.

Dudakov, S. *Etiudy liubvi i nenavisti.* Moscow, 2003.

Elliott, J. H., and L. W. B. Brockliss, eds. *The World of the Favourite.* New Haven, 1999.

Erdmann-Pandžić, Elisabeth von. "*Poéma bez geroja" von Anna A. Achmatova.* Cologne, 1987.

Essaulov, Captain A., and G. P. Malone. "Rasputin: A Vindication." *Contemporary Review* 211, No. 1221 (1967).

Etkind, Alexander. *Eros of the Impossible: The History of Psychoanalysis in Russia.* Translated by Noah and Maria Rubins. Boulder, CO, 1997.

————. *Internal Colonization. Russia's Imperial Experience.* Malden, MA, 2011.

————. *Khlyst: Sekty, literatura i revoliutsiia.* Moscow, 1998.

Evreinov, N. N. *Taina Rasputina.* Leningrad, 1924.

Evsin, I. V., comp. *Oklevetannyi starets: Istoricheskie svidetel'stva o G. E. Rasputine.* Riazan', 2001.

Faitel'berg-Blank, Viktor, and Viktor Savchenko. *Odessa v epokhu voin i revoliutsii. 1914–1920.* Odessa, 2008.

Faleev, V., and V. Raikov. *Grigorii Rasputin bez grima i dorisovok.* N.p., 2007.

————. "Za chto ubili Grigoriia? (Novye materialy k biografii G. E. Rasputina)." *Dorogami tysiacheletii* 4 (1991).

Feinberg, Carla. "The Placebo Phenomenon." *Harvard Magazine.* January–February 2013.

Ferro, Marc. *Nicholas II. The Last of the Tsars.* Oxford, 1995.

Figes, Orlando. *A People's Tragedy. The Russian Revolution, 1891–1924.* New York, 1996.

Firsov, S. L. *Pravoslavnaia Tserkov' i gosudarstvo v poslednee desiatiletie sushchestvovaniia samoderzhaviia v Rossii.* St. Petersburg, 1996.

————. *Russkaia Tserkov' nakanune peremen (Konets 1890-kh–1918 g.).* Moscow, 2002.

Fomin, S. V. "A krugom shirokaia Rossiia—". Moscow, 2008.

————. *Bozhe! Khrani svoikh.* Moscow, 2009.

————. *Dorogoi nash otets: G. E. Rasputin-Novyi glazami ego docheri i dukhovnykh chad.* Moscow, 2012.

————. "Lozh' velika, no pravda bol'she—". Moscow, 2010.

————. *Nakazanie pravdoi.* Moscow, 2007.

————. *Poslednii Tsarskii Sviatoi.* St. Petersburg, 2003.

————. *Skorbnyi angel. Tsaritsa-Muchenitsa Aleksandra Novaia v pis'makh, dnevnikakh i vospominaniiakh.* St. Petersburg, 2006.

————. "Strast' kak bol'no, a vyzhivu—". Moscow, 2011.

————. *Sud'ia zhe mne Gospod'!* Moscow, 2010.

Fuhrmann, Joseph T. *Rasputin: A Life.* New York, 1990.

————. *Rasputin: The Untold Story.* Hoboken, NJ, 2013.

Fuller, William C., Jr. *The Foe Within: Fantasies of Treason and the End of Imperial Russia.* Ithaca, NY, 2006.

Fülöp-Miller, René. *Rasputin: The Holy Devil.* New York, 1928.

Gatrell, Peter. *Russia's First World War. A Social and Economic History.* New York, 2005.

Geifman, Anna. *Russia Under the Last Tsar: Opposition and Subversion, 1894–1917.* Malden, MA, 1999.

Gerasimov, A. V. *Na lezvii s terroristami*. Paris, 1985.

Gessen, V. Iu. "Ignatii Porfir'evich Manus—promyshlennik, bankovskii i birzhevoi deiatel'." Accessed at: http://www.hist.msu.ru/Banks/sources/gessen/gessen.htm. 22 September 2015.

Ginzburg, S. S. *Kinematografiia dorevoliutsionnoi Rossii*. Moscow, 2007.

Girchich, G. "Tol'ko pravda." *Vechernee vremia* (Paris) 119 (30 August/12 September 1924).

Giroud, Vincent. *Nicolas Nabokov: A Life in Freedom and Music*. New York, 2015.

Goldberg, Harvey. *The Life of Jean Jaurès*. Madison, WI, 1962.

*Gosudarstvennaia Duma Rossiiskoi Imperii*. Vol. 1: 1906–1917. Moscow, 2006.

Grashchenkova, I. N. *Kino Serebrianogo veka*. Moscow, 2005.

Groian, T. *Muchenik za Khrista i za Tsaria. Chelovek Bozhii Grigorii. Molitvennik za Sviatuiu Rus' i Eia Presvetlogo Otroka*. Moscow, 2001.

Guess, Harry, Linda Engel, Arthur Kleinman, and John Kusek, eds. *Science of the Placebo: Toward an Interdisciplinary Agenda*. London, 2002.

Gusev, B. *Petr Badmaev. (Krestnik imperatora. Tselitel'. Diplomat)*. Moscow, 2000.

———, and T. I. Grekova. *Doktor Badmaev: Tibetskaia meditsina, tsarskii dvor, sovetskaia vlast'*. Moscow, 1995.

Hall, Coryne. *Little Mother of Russia. A Biography of the Empress Marie Feodorovna (1847–1928)*. New York, 2001.

Halliday, E. M. "Rasputin Reconsidered." *Horizon* 9, No. 4 (1967).

Hanbury-Williams, John. *The Emperor Nicholas II, as I Knew Him*. London, 1922.

Hantsch, Hugo. *Leopold Graf Berchtold, Grand-seigneur und Staatsmann*. Graz, 1963.

Harcave, Sidney. *Count Sergei Witte and the Twilight of Imperial Russia. A Biography*. Armonk, NY, 2004.

Harmer, Michael. *The Forgotten Hospital*. Chichester, West Sussex, 1982.

Haurani, Farid I. "Rasputin Used Hypnosis: Reply to 'Russia's Imperial Blood.'" *American Journal of Hematology* 80:4 (2005).

Haywood, A. J. *Siberia. A Cultural History*. New York, 2010.

Heresch, Elisabeth. *Rasputin. Das Geheimnis seiner Macht*. Munich, 1995.

Heretz, Leonid. *Russia on the Eve of Modernity: Popular Religion and Traditional Culture Under the Last Tsars*. Cambridge, 2008.

Hunt, Priscilla Hart, and Svitlana Kobets, eds. *Holy Foolishness in Russia: New Perspectives*. Bloomington, IN, 2001.

Iakobii, I. P. *Imperator Nikolai II i revoliutsiia*. St. Petersburg, 2005.

Idel, Moshe. *Hasidism: Between Ecstasy and Magic*. Albany, NY, 1995.

Ioffe, G. Z. "'Rasputiniada': Bol'shaia politicheskaia igra." *Otechestvennaia istoriia* 3 (1998).

Iskenderov, A. A. *Zakat Imperii*. Moscow, 2001.

*Iurkin konduit. Tiumenskie familii v pis'mennykh istochnikakh*. Compiled by Iurii Zotin. 5 bks. Tiumen', 2009.

Ivanov, Sergey A. *Holy Fools in Byzantium and Beyond*. Translated by Simon Franklin. Oxford, 2006.

Izmozik, V. S., comp. *Zhandarmy Rossii: politicheskii rozysk v Rossii, XV–XX vek.* St. Petersburg, 2002.

Jeffrey, Keith. *The Secret History of MI6.* London, 2010.

Judas, Elizabeth. *Rasputin: Neither Devil nor Saint.* Los Angeles, 1942.

Kazarinov, M. G. "Rasputinskii schet." *Illiustrirovannaia Rossiia* 22 (368) (28 May 1932); 24 (370) (11 June 1932).

Kendrick, John. "Rasputin Didn't Hypnotize Alexei." *American Journal of Hematology* 80:4 (2005).

———. "Russia's Imperial Blood: Was Rasputin Not the Healer of Legend?" *American Journal of Hematology* 77:1 (2004).

Kilcoyne, Martin. "The Political Influence of Rasputin." Ph.D. dissertation. University of Washington, 1961.

King, Greg. *The Court of the Last Tsar. Pomp, Power, and Pageantry in the Reign of Nicholas II.* Hoboken, NJ, 2006.

———. *The Man Who Killed Rasputin: Prince Youssoupov and the Murder that Helped Bring Down the Russian Empire.* Secaucus, NJ, 1995.

Kizenko, Nadieszda. *A Prodigal Saint: Father John of Kronstadt and the Russian People.* University Park, PA, 2000.

Kniazev, S. "Rasputiny iz sela Pokrovskogo i ikh korni v Komi krae." *Genealogicheskii vestnik* 5 (2001). Accessed at: http://www.vgd.ru/VESTNIK/5vest3.htm#.

Kniaz'kin, Igor'. *Bol'shaia kniga o Rasputine.* St. Petersburg, 2007.

Kolonitskii, B. I. "Evrei i antisemitizm v delakh po oskorbleniiu Chlenov Rossiiskogo Imperatorskogo Doma (1914–1916)." In *Mirovoi krizis 1914–1920 godov i sud'ba vostochnoevropeiskogo evreistva.* Moscow, 2005.

———. "K izucheniiu mekhanizmov desakralizatsii Monarkhii (slukhi i 'politicheskaia pornografiia' v gody pervoi mirovoi voiny)." *Istorik i revoliutsiia: sbornik statei k 70-letiiu so dnia rozhdeniia O. N. Znamenskogo.* Edited by O. N. Znamenskii, et al. (1999).

———. *Simvoly vlasti i bor'ba za vlast'. K izucheniiu politicheskoi kul'tury rossiiskoi revoliutsii 1917 goda.* St. Petersburg, 2001.

———. "Tragicheskaia erotica": obrazy imperatorskoi sem'i v gody pervoi mirovoi voiny. Moscow, 2010.

Koshko, A. *Ocherki ugolovnogo mira tsarskoi Rossii.* Vol. 2. Paris, 1929.

Kotsiubinskii, A. P., and D. A. Kotsiubinskii. *Rasputin: tainyi i iavnyi.* St. Petersburg-Moscow, 2003.

Kozlov, N. *Drug tsarei.* Moscow, 1994.

———. *Ubiistvo Rasputina.* Moscow, 1990.

Kozyrev, F. N. *Rasputin, kotorogo my poteriali.* St. Petersburg, 2000.

Kraft, Barbara S. *The Peace Ship: Henry Ford's Pacifist Adventure in the First World War.* New York, 1978.

Krivorotov, V. *Pridvornyi iuvelir. (Strashnoe igo. Rasputiniada i ee sekretar').* Madrid, 1975.

Krivoshein, K. A. A. V. *Krivoshein (1857–1921 g.). Ego znachenie v istorii Rossii nachala XX veka*. Paris, 1973.

Kulegin, A. M. *Kto ubil Rasputina? Versii i fakty o pokusheniiakh na "sviatogo cherta."* (Seriia "Legendy politicheskoi istorii"). St. Petersburg, 2011.

———. *Zagrobnye prikliucheniia "sviatogo cherta."* St. Petersburg, n.d.

Kulikov, Sergei. "Chisto politicheskoe ubiistvo." *Rodina* 3 (2007).

Kulikowskii, Mark. "Rethinking the Origins of the Rasputin Legend." In *Modernization and Revolution. Dilemmas of Progress in Late Imperial Russia*. Edited by Edward H. Judge and James Y. Simms, Jr. New York, 1992.

———. "Rasputin and the Fall of the Romanovs." Ph.D. dissertation. SUNY Binghamton, 1982.

Kurlov, P. G. *Gibel' Imperatorskoi Rossii*. Moscow, 1992.

Lachapelle, Sofie. *Investigating the Supernatural: From Spiritism and Occultism to Psychical Research and Metaphysics in France, 1853–1931*. Baltimore, 2011.

Le Queux, W. *Le Ministre du Mal: mémoires de Feodor Rajevski, secrétaire privé de Raspoutine*. Paris, 1921.

———. *Rasputin the Rascal Monk: Disclosing the Secret Scandal of the Betrayal of Russia by the Mock-Monk "Grichka" and the Consequent Ruin of the Romanoffs, with Official Documents Revealed and Recorded*. London, 1917.

Leskin, Dimitrii. *Spor ob imeni Bozhiem. Filosofiia imeni v Rossii v kontekste afonskikh sobytii 1910-kh gg*. St. Petersburg, 2004.

Levin, Edmund. *A Child of Christian Blood. Murder and Conspiracy in Tsarist Russia: The Beilis Blood Libel*. New York, 2014.

Levin, K. N. *Poslednii russkii tsar' Nikolai II*. Khar'kov, 1919.

Liepman, Heinz. *Rasputin: A New Judgment*. Translated by Edward Fitzgerald. London, 1959.

Lieven, Dominic. *Nicholas II: Emperor of All the Russias*. London, 1993.

Lincoln, W. Bruce. *The Conquest of a Continent. Siberia and the Russians*. New York, 1994.

———. *Passage Through Armageddon. The Russians in War and Revolution, 1914–1918*. New York, 1986.

Livchak, B. "Chrezvychainaia sledstvennaia komissiia Vremennogo pravitel'stva glazami A. A. Bloka." *Voprosy istorii* 2 (1977).

Lohr, Eric. *Nationalizing the Russian Empire: The Campaign against Enemy Aliens during World War I*. Cambridge, MA, 2003.

Loks, K. "Povest' ob odnom desiatiletii (1907–1917)." *Minuvshee: istoricheskii al'manakh* 15 (1993).

Lopukhin, V. B. "Liudi i politika (konets XIX–nachalo XX v.)." *Voprosy istorii* 10 (1966).

Lyandres, Semion. "Progressive Bloc Politics on the Eve of the Revolution: Revisiting P. N. Miliukov's 'Stupidity or Treason' Speech of November 1, 1916." *Russian History/Histoire Russe*. 31, No. 4 (Winter 2004).

McKee, W. Arthur. "Sobering up the Soul of the People: The Politics of Popular

Temperance in Late Imperial Russia." *Russian Review*. Vol. 58, No. 2 (April 1999).

McMeekin, Sean. *The Russian Origins of the First World War*. Cambridge, MA, 2011.

McReynolds, Louise. *The News Under Russia's Old Regime. The Development of a Mass-Circulation Press*. Princeton, 1991.

Maevskii, Vl. *Na grani dvukh vekov*. Madrid, 1963.

Mager, Hugo. *Elizabeth: Grand Duchess of Russia*. New York, 1999.

Marchant, Jo. *Cure: A Journey into the Science of Mind Over Body*. London, 2016.

Markov, S. *Pokinutaia Tsarskaia Sem'ia*. Vienna, 1928; Moscow, 2002.

Marsden, Victor. *Rasputin and Russia: The Tragedy of a Throne*. London, 1920.

Massie, Robert K. *Nicholas and Alexandra*. New York, 1967.

————. *The Romanovs. The Final Chapter*. New York, 1995.

Mel'gunov, S. P. "Kak my priobretali zapiski Iliodora." *Na chuzhoi storone* 2 (1923).

————. *Legenda o separatnom mire*. Paris, 1957.

————. *Na putiakh k dvortsovomu perevorotu. (Zagovory pered revoliutsiei 1917 goda)*. Paris, 1931; Moscow, 2003.

Mille, Pierre. "Esquisses d'après Nature. Philippe de Lyon." *Le Temps* (23 November 1904).

Minney, R. J. *Rasputin*. London, 1972.

Mironova, Tat'iana. *Iz-pod lzhi. Gosudar' Nikolai II i Grigorii Rasputin*. Krasnodar, 2004.

Montefiore, Simon Sebag. *Jerusalem: The Biography*. 2011.

————. *Young Stalin*. New York, 2007.

Moorehead, Alan. *The Russian Revolution*. New York, 1958.

Moynahan, Brian. *Rasputin: The Saint Who Sinned*. London, 1998.

Mramornov, A. I. "'Delo' saratovskogo episkopa Germogena 1912 g. i sinodal'naia sistema upravleniia Russkoi tserkov'iu v nachale XX v." *Klio*. No. 3/34 (2006).

————. *Tserkovnaia i obshchestvenno-politicheskaia deiatel'nost' episkopa Germogena (Dolganova, 1858–1918)*. Saratov, 2006.

Mstislavskii, S. *Gibel' tsarizma. Nakanune 1917 goda*. Leningrad, 1927.

Myles, Douglas. *Rasputin: Satyr, Saint, or Satan*. New York, 1990.

Napley, Sir David. *Rasputin in Hollywood*. London, 1989.

Nazanskii, V. *Krushenie velikoi Rossii i doma Romanovykh*. Paris, 1930.

Nelipa, Margarita. *The Murder of Grigorii Rasputin, a Conspiracy that Brought Down the Russian Empire*. Pickering, Ontario, 2010.

Niemi, Maj-Britt. "Placebo Effect: A Cure in the Mind." *Scientific American*. February–March 2009.

Nikolaevskii, B. I. *Russkie masony i revoliutsiia*. Moscow, 1990.

Nikoliukin, Aleksandr. *Rozanov*. Moscow, 2001.

Oakley, Jane. *Rasputin: Rascal Master*. New York, 1989.

Obolenskii, D. *Imperator Nikolai II i ego tsarstvovanie*. Nice, 1928.

Ofri, Danielle, M.D. "A Powerful Tool in the Doctor's Toolkit." *New York Times*,

15 August 2013. Accessed at: http://well.blogs.nytimes.com/2013/08/15/a-powerful-tool-in-the-doctors-toolkit/?_r=0 on 4 January 2015.

"Okhota za masonami, ili pokhozhdeniia asessora Alekseeva." *Byloe* 4 (1917).

Ol'denburg, S. S. *Tsarstvovanie imperatora Nikolaia II.* St. Petersburg, 1991.

Omessa, Charles. *Rasputin and the Russian Court.* Translated by Frances Keyzer. London, 1918.

Onchukov, N. E. "P. A. Gorodtsov. (Zapadno-sibirskii etnograf)." *Sibirskaia zhivaia starina* 7 (1928).

Paert, Irina. *Spiritual Elders: Charisma and Tradition in Russian Orthodoxy.* DeKalb, IL, 2010.

Pares, Sir Bernard. *The Fall of the Russian Monarchy.* New York, 1939.

———. "Rasputin and the Empress: Authors of the Russian Collapse." *Foreign Affairs* 6 (1927).

Pavlov, N. *Ego Velichestvo Gosudar' Nikolai II.* Paris, 1927.

Paxman, Jeremy. "The Strange Death of Lord Kitchener." *FT Magazine,* 7 November 2014.

Peregudova, Z. I. *Politicheskii sysk v Rossii. 1880–1917.* 2 Vols. Moscow, 2000.

Pereverzev, P. N. "Ubiistvo Rasputina." *Illiustrirovannaia Rossiia* 21 (367) (21 May 1932).

Pipes, Richard. *The Russian Revolution.* New York, 1990.

Platonov, Oleg. *Rasputin i "deti d'iavola."* Moscow, 2005.

———. *Ternovyi venets Rossii. Nikolai II v sekretnoi perepiske.* Moscow, 1996.

———. *Ternovyi venets Rossii. Prolog tsareubiistva. Zhizn' i smert' Grigoriia Rasputina.* Moscow, 2001.

———. *Zhizn' za tsaria. Pravda o Grigorii Rasputine.* St. Petersburg, 1996.

Poliakoff, Vladimir. *The Empress Marie of Russia and Her Times.* London, 1926.

Pomeranz, William. "The Provisional Government and the Law-Based State." Unpublished ms. Forthcoming in *Russia's Great War and Revolution.*

Powell, Anne. *Women in the War Zone: Hospital Service in the First World War.* Stroud, 2009.

Radzinsky, Edvard. *The Rasputin File.* New York, 2000.

Radziwill, Catherine, Princess. *Rasputin and the Russian Revolution.* New York, 1918.

Ragsdale, Hugh, ed. *Paul I: A Reassessment of His Life and Reign.* Pittsburgh, 1979.

Rappaport, Helen. *Four Sisters. The Lost Lives of the Russian Grand Duchesses.* London, 2014.

Raskin, D. I. "Dnevnik 'Sviatogo cherta.'" *Rodina* 10 (1993).

Rassulin, Iurii, ed. and comp. *Vernaia Bogu, Tsariu i Otechestvu. Anna Aleksandrovna Taneeva (Vyrubova)—monakhinia Mariia.* St. Petersburg, 2005.

Rogger, Hans. *Russia in the Age of Modernization and Revolution, 1881–1917.* New York, 1983.

Rosenthal, Bernice Glatzer, ed. *The Occult in Russian and Soviet Culture.* Ithaca, NY, 1997.

"Rossiia epokhi gosudaria imperatora Nikolaia II." *Dvorianskoe sobranie* 2 (1995).

*Rossiia v sviatoi zemle. Dokumenty i materialy.* 2 Vols. Moscow, 2000.

Roullier, Alain. *Raspoutine est innocent.* Nice, 1998.

Rylkova, Galina. *The Archeology of Anxiety: The Russian Silver Age and Its Legacy.* Pittsburgh, 2007.

Sava, George. *Rasputin Speaks.* London, 1941.

Savchenko, V. A. *Avantiuristy grazhdanskoi voiny: istoricheskoe rassledovanie.* Moscow, 2000.

Schewäbel, Joseph. "Un précurseur de Raspoutine. La mage Philippe." *Mercure de France* (6 June 1918).

Semennikov, V. P. *Politika Romanovykh nakanune Revoliutsii.* Moscow-Leningrad, 1926.

―――. *Romanovy i germanskie vliianiia, 1914–1917 gg.* Leningrad, 1929.

Serkov, A. I. *Istoriia russkogo masonstva XX veka.* Vol. 1. St. Petersburg, 2009.

―――. *Russkoe masonstvo. 1731–2000. Entsiklopedicheskii slovar'.* Moscow, 2001.

Service, Robert. *Spies and Commissars. Bolshevik Russia and the West.* London, 2011.

Shargunov, A. "G. Rasputin: opasnost' razdeleniia v Tserkvi." *Radonezh* 1 (130) (Moscow, 2003).

Shemanskii, A., and S. Geichenko. *Poslednie Romanovy v Petergofe. Putevoditel' po nizhnei dache.* Moscow-Leningrad, 1931.

Shevzov, Vera. *Russian Orthodoxy on the Eve of Revolution.* New York, 2004.

Shishkin, Oleg. *Rasputin: istoriia prestupleniia.* Moscow, 2004.

Sh.[pitsberg], I. "Delo episkopa Palladiia." *Revoliutsiia i tserkov'* 3–5 (1919).

Smirnov, V. L, and M. Iu. Smirnova. *Neizvestnoe o Rasputine P.S.* Tiumen', 2010.

Smith, Michael. *Six: The Complete History of the Secret Intelligence Service.* London, 2007.

Smyslov, I. V. *Znamenie pogibshego tsarstva.* Moscow, 2002.

Solov'ev, M. E. "Kak i kem byl ubit Rasputin?" *Voprosy istorii* 3 (1965).

Solov'ev, V. "Ziat' Rasputina u episkopa Germogena v Tobol'ske." *Nashi vesti* 10–11 (1988).

Spiridovich, A. E. "Nachalo Rasputina." *Illiustrirovannaia Rossiia* 15 (361) (9 April 1932).

―――. *Raspoutine, 1863–1916, d'après les documents russes et les archives privées de l'auteur.* Paris, 1935.

―――. *Velikaia voina i Fevral'skaia revoliutsiia, 1914–1917 gg.* New York, 1960.

Startsev, V. I. *Russkoe politicheskoe masonstvo nachala XX v.* St. Petersburg, 1996.

―――. *Tainy russkikh masonov.* 3rd edn. St. Petersburg, 2004.

Stein, Frank N. *Rasputin: Teufel im Mönchsgewand?* Munich, 1997.

Stein, Rob. "Researchers Look at Prayer and Healing." *Washington Post,* 24 March 2006. Section A, p. 1.

Steinberg, Mark D. "Russia's *fin de siècle*, 1900–1914." In *The Cambridge History of Russia.* Volume III: *The Twentieth Century.* Edited by Ronald Grigor Suny. Cambridge, 2006.

———, and Heather J. Coleman, eds. *Sacred Stories: Religion and Spirituality in Modern Russia*. Bloomington, IN, 2007.

———, and Vladimir M. Khrustalëv, eds. *The Fall of the Romanovs: Political Dreams and Personal Struggles in a Time of Revolution*. New Haven, 1995.

Stogov, D. I. "Salon kniazia M. M. Andronikova i sistema vlasti Rossiiskoi imperii." *Klio*. No 3/34 (2006).

Svift, Entoni (Anthony Swift). "Kul'turnoe stroitel'stvo ili kul'turnaia razrukha? (Nekotorye aspekty teatral'noi zhizni Petrograda i Moskvy v 1917 g.)." In *Anatomiia revoliutsii. 1917 god v Rossii: massy, partii, vlast'*. Edited by V. Iu. Cherniaev. St. Petersburg, 1994.

Tabachnik, D. V., and V. N. Voronin. *Krestyni put' Petra Stolypina*. Khar'kov, 2011.

Tal'berg, N. D. *Nikolai II: Ocherki istorii imperatorskoi Rossii*. Moscow, 2001.

Telitsyn, V. L. *Grigorii Rasputin, zhizn' i smert' "sviatogo greshnika"*. St. Petersburg, 2004.

Tereshchuk, A. *Grigorii Rasputin: poslednii "starets" Imperii*. St. Petersburg, 2006.

Thompson, Donald. *Blood Stained Russia*. New York, 1918.

Tisdall, E. E. P. *Dowager Empress*. London, 1957.

Trotsky, Leon. *History of the Russian Revolution*. New York, 1932.

"Tsarskaia okhranka o politicheskom polozhenii v strane v kontse 1916 g." *Istoricheskii arkhiv* 1 (1960).

Tumanskii, A. "Zlobodnevnye p'esy." *Teatr i iskusstvo* 20 (1917).

"Ubiistvo Rasputina." *Byloe* 1, 23 (July 1917).

Vada, Kh. "Rasputin, tsar' i tsaritsa: Chitaia roman Valentina Pikulia." In idem, *Rossiia kak problema vsemirnoi istorii: Izbrannye trudy*. Moscow, 1999.

Van der Kiste, John, and Coryne Hall. *Once a Grand Duchess: Xenia, Sister of Nicholas II*. London, 2002.

Vance, Wilson. *René Fülöp-Miller's Search for Reality*. London, n.d.

Varlamov, A. N. *Grigorii Rasputin-Novyi*. Moscow, 2008.

Varnava (Beliaev), episkop. *Ternistym putem k Nebu. Zhizneopisanie startsa Gavriila Sedmiezernoi pustyni. (†1915)*. Moscow, 1996.

Vasil'evskii, I. M. *Nikolai II*. Petrograd, 1923.

Vishnevskii, V. E. *Khudozhestvennye fil'my dorevoliutsionnoi Rossii*. Moscow, 1945.

Vogel-Jørgensen, T. *Rasputin: Prophet, Libertine, Plotter*. New Hyde Park, NY, 1971.

von Reenen, P. "Alexandra Feodorovna's Intervention in Russian Domestic Politics during the First World War." *Slovo* 10, Nos. 1–2 (1998).

Vorres, Ian. *The Last Grand Duchess: Her Imperial Highness Grand Duchess Olga Alexandrovna*. New York, 1965.

Vozchikov, V. A., Iu. Ia. Kozlov, and K. G. Koltakov. *Koster dlia "sviatogo cherta."* Biisk, 1998.

Warth, Robert. "Before Rasputin: Piety and the Occult at the Court of Nicholas II." *The Historian* 47, No. 3 (1985).

———. *Nicholas II: The Life and Reign of Russia's Last Monarch*. Westport, CT, 1997.

Warwick, Christopher. *Ella: Princess, Saint and Martyr*. Hoboken, NJ, 2006.

Wcislo, Francis W. *Tales of Imperial Russia: The Life and Times of Sergei Witte, 1849–1915.* New York, 2011.

Wilcox, E. H. *Russia's Ruin.* London, 1919.

Wilson, Colin. *Rasputin and the Fall of the Romanovs.* New York, 1964.

Wolfe, B. D. "The Reign of Alexandra and Rasputin." In idem, ed. *Revolution and Reality: Essays on the Origin and Fate of the Soviet System.* Chapel Hill, NC, 1981.

Wood, Alan, ed. *The History of Siberia: From Russian Conquest to Revolution.* New York, 1991.

Zaslavskii, D. *Poslednii vremenshchik Protopopov.* Leningrad, n.d.

Zerman, Z. A. B., ed. *Germany and the Revolution in Russia.* Oxford, 1958.

Zetterberg, Seppo. *Die Liga der Fremdvölker Russlands, 1916–1918 : ein Beitrag zu Deutschlands antirussischem Propagandakrieg unter den Fremdvölkern Russlands im ersten Weltkrieg.* Helsinki, 1978.

Zuckerman, Fredric S. *The Tsarist Secret Police Abroad: Policing Europe in a Modernizing World.* New York, 2003.

————. *The Tsarist Secret Police in Russian Society, 1880–1917.* London, 1996.

Zvonarev, K. K. *Germanskaia agenturnaia razvedka do i vo vremia voiny, 1914–1918 gg.* Kiev, 2005.

## 影像资料

Rayner, Gordon, and Muriel Harding-Newman in "Time Watch: Rasputin: Marked for Murder," aired on BBC2, 1 October 2004.

## 广播节目

"Russkii fashist kniaz' Nikolai Zhevakhov." Radio Svoboda. Broadcast 28 November 2009. Accessed online at: http://www.svoboda.org/content/transcript/1890856.html on 3 April 2015.

图书在版编目（CIP）数据

拉斯普京：信仰、权力和罗曼诺夫皇朝的黄昏：全
二册 /（美）道格拉斯·史密斯（Douglas Smith）著；
徐臻译 . -- 北京：社会科学文献出版社，2022.1
　　书名原文：Rasputin：Faith，Power，and the
Twilight of the Romanovs
　　ISBN 978 - 7 - 5201 - 8749 - 7

　　Ⅰ.①拉… 　Ⅱ.①道… ②徐… 　Ⅲ.①拉斯普京 - 传
记 　Ⅳ.①K835.125.6

　　中国版本图书馆 CIP 数据核字（2021）第 227603 号

## 拉斯普京：信仰、权力和罗曼诺夫皇朝的黄昏（全二册）

著　　者 /〔美〕道格拉斯·史密斯（Douglas Smith）
译　　者 / 徐　臻

出 版 人 / 王利民
组稿编辑 / 董风云
责任编辑 / 张冬锐　廖涵缤　钱家音
责任印制 / 王京美

出　　版 / 社会科学文献出版社·甲骨文工作室（分社）（010）59366527
　　　　　　地址：北京市北三环中路甲 29 号院华龙大厦　邮编：100029
　　　　　　网址：www.ssap.com.cn
发　　行 / 市场营销中心（010）59367081　59367083
印　　装 / 南京爱德印刷有限公司

规　　格 / 开　本：889mm×1194mm　1/32
　　　　　　印　张：34.75　插页：1.5　字　数：790 千字
版　　次 / 2022 年 1 月第 1 版　2022 年 1 月第 1 次印刷
书　　号 / ISBN 978 - 7 - 5201 - 8749 - 7
著作权合同
登 记 号 / 图字 01 - 2016 - 4874 号
定　　价 / 198.00 元（全二册）

本书如有印装质量问题，请与读者服务中心（010 - 59367028）联系